青海民俗志

第一册

QINGHAI FOLK-CUSTOM CHRONICLES

青海省地方志编纂委员会 ● 编

赵宗福 主编

社会科学文献出版社

SOCIAL SCIENCES ACADEMIC PRESS (CHINA)

青海省地方志编纂委员会

2017 年 2 月至 10 月

主　任：王建军

副主任：张西明　苏　宁　杨逢春（常务）　纪仁凤

委　员：高　煜　陈　玮　吴海昆　党明德　高玉峰

　　　　李建青　陈正果　魏守良　解晓东　王志忠

　　　　杨松义　刘　伟　李玉胜　先　巴

2017 年 10 月至 2018 年 9 月

主　任：王建军

副主任：张西明　苏　宁　杨逢春（常务）　纪仁凤

委　员：张黄元　高　煜　陈　玮　吴海昆　巨克中

　　　　高玉峰　贾小煜　谢宏敏　张继东　魏守良

　　　　解晓东　王志忠　杨松义　刘　伟　马成俊

2018 年 9 月至今

主　任：刘　宁

副主任：张西明　高　华　杨逢春（常务）　杜德志

委　员：张黄元　董杰人　王志忠　杨松义　党晓勇

　　　　侯碧波　张　宁　刘天海　谢宏敏　张继东

　　　　魏守良　解晓东　陈　玮　庞宁涛　河生花

　　　　马成俊

青海省地方志编纂委员会办公室

主　任：高　煜（2015 年 2 月至 2017 年 11 月）

　　　　杨松义（2018 年 9 月至今）

副主任：杨松义（2012 年 8 月至 2018 年 9 月）

　　　　魏守良（2019 年 1 月至今）

《青海民俗志》编纂委员会

主　任：杨松义　高　煜

副主任：魏守良　李泰年

委　员：赵宗福　云公保太　米海萍　霍　福

　　　　刘淑青　杨树寿　师玉洁

主　编　赵宗福

副主编　米海萍　霍　福

撰稿人　毕艳君　鄂崇荣　甘　泉　耿英春　霍　福

　　　　何志芳　贺喜焱　刘大伟　李卫青　李言统

　　　　李国顺　李俊杰　李玉英　米海萍　马都尕吉

　　　　蒲生华　唐仲山　文忠祥　王小明　王文业

　　　　邢海珍　徐世霞　晏周琴　跃　进　杨　军

　　　　张　筠　赵宗福

摄影人　毕艳君　本巴尔　蔡　征　达　洛　董　婕

　　　　鄂崇荣　范海骅　胡　芳　霍　福　何志芳

　　　　甘　泉　刘　鹏　李晓南　李国顺　李俊杰

凡　例

一、《青海民俗志》是青海省地方特色志书之一。该志的编纂坚持以马克思列宁主义、毛泽东思想、邓小平理论、"三个代表"重要思想、科学发展观、习近平新时代中国特色社会主义思想为指导，按照地方志的体例格式，忠实记录和深度描述现行青海省行政区域内各民族民俗文化事象，凸显存史、育人和资政功能，为繁荣和发展中国特色社会主义文化事业服务。

二、本志以物质生产民俗、物质生活民俗、社会组织民俗、社会生活民俗、口承民俗、特色民族民俗、机构与人物、民俗文献为主体框架，坚持实事求是与"述而不论"原则，准确把握青海多民族民俗文化事象，以现行地方志体例形式为载体，以民俗学话语体系为表述核心，运用民俗志的深描理论方法和标志性文化理论，客观反映青海民俗文化诸事象，力求做到科学性与思想性、专业性与资料性的统一，突出青海多民族民俗文化特色。

三、全志采用"编、章、节、目"四级结构和述、记、志、录四种基本体裁。其中"编"为最高层次，凡8编27章。序、综述、大事记略和各分志同级并列，图表穿插其中。首设《综述》，宏观记述本省概貌、民俗文化基本形态、渊源流变及其功能和特征。次设《大事记略》，简要记述青海省从远古至2016年的民俗文化大事。后为各分志，是本志的主体，依民俗志内容体例，对青海多民族民俗文化事象分门别类，翔实记述。最后设附录，列参考文献等，辑存青海民俗文化重要文献。

四、全志记述贯通古今，略古详今，重在当代。多数分志的时间上限溯至民俗文化事象的发端，下限断至 2016 年底，力求反映青海各民族多元民俗文化的历史与现状，突出青海民俗文化的传承特点、时代特点、地方特点和民族特点。

五、本志篇目设置符合志书"事以类聚""类为一志"的基本要求，各分志下设章、节、目等层次，一般在章下设概括而简要的小序。事以类从，根据民俗文化事象的实际情况设置门类，客观合理，归类得当，排列有序，层次分明；横分纵述，纵述青海民俗发端、变化和现状，横写青海民俗文化事象的主要方面。各分志内容力求安排得当，标题简明，准确规范，题文相符，整体布局合理。

六、全志内容记述不机械重复，有些民俗文化事象的记述虽有交叉，但概从不同的视角记述，或此详彼略，有的采用互见法加以记述。对于民俗文化人物的记述，坚持生不立传原则，以事系人、人随事出。记述民俗人物事迹准确客观，以突出其对民俗文化传承或研究的贡献。

七、全志组织机构、会议、著作等专有名称一般用全称。过长的名称第一次出现时用全称，第二次以后出现时则用简称，但以不产生歧义为准。历史上的地名、民族名等皆用当时的名称，并用"（ ）"夹注今名。1911 年以前按照各朝各代帝王年号纪年，用"（ ）"夹注公历，从民国元年起，一般按照公元纪年。有关机构、历史人物职务，均按当时的称谓。少数民族语言的翻译以通译、通称为准。

八、本志各分志中的注释，符合学术规范，便于查找原文和出处。较简短的采用文内注，较长的则采用脚注方式。注释形式全书统一。所使用的统计数据，符合国家统计法律、法规的有关规定，以国家统计部门公布的法定数据为准。

九、本志所用民俗资料真实、可靠和准确。描述民俗文化事象发生、发展及变迁过程的资料连贯、系统；人、事、物、时间、地点和事件等要素齐全。

河湟手扶拖拉机耕种
摄影：赵贵邦

春耕铺地膜
摄影：霍福

长势喜人的小麦
摄影：米海萍

大白菜
摄影：蒲生华

高原作物青稞
摄影：刘大伟

稇排子
摄影：霍福

架子车拉运麦稇
摄影：刘鹏

打碾粮食
摄影：霍福

脱粒机
摄影：赵宗福

水磨 1
摄影：文忠祥

水磨 2
摄影：霍福

世义德酒坊
摄影：赵宗福

劳动工具·手摇石磨
摄影：赵宗福

陈酿中的湟源陈醋
摄影：米海萍

蒙古族妇女打酥油
摄影：霍福

西宁早市
摄影：霍福

汉族老人和盒儿
摄影：霍福

藏族女性服饰
摄影：唐仲山

藏族服饰
摄影：蔡征

回族服饰
摄影：达洛

土族服饰
摄影：蔡征

撒拉族新娘服
摄影：马建新

撒拉族毡服
摄影：马建新

络鞮
摄影：毕艳君

蒙古族传统服饰
摄影：范海骅

农业区藏族妇女
服饰·辫套
摄影：赵宗福

土族毡帽
摄影：甘泉

土族绣鞋
摄影：甘泉

农家萱麻饼（背口袋）
摄影：徐世萍

土族"普世佐"（油粿儿）
摄影：胡芳

开花洋芋
摄影：晏周琴

烤羊肉
摄影：蔡征

蒙古族炸油饼
摄影：跃进

街头小吃·杂碎
摄影：蔡征

羊肉手抓
摄影：王文业

藏式点心
摄影：王文业

尖扎昂拉大饼
摄影：范海骅

青海回族糕点
摄影：马永祥

果洛班玛县碉楼
摄影：赵宗福

立有石敢当的大门
摄影：刘大伟

果洛藏式篱笆楼
摄影：李俊杰

民居主房木雕
摄影：刘大伟

乌兰县城夯土墙遗存
摄影：赵宗福

藏式厨房
摄影：董婕

藏族客厅布局
摄影：董婕

河湟农村烤箱
摄影：赵宗福

河湟传统木窗
摄影：赵宗福

河湟新农村中堂
摄影：赵宗福

炕柜
摄影：唐仲山

藏式木箱
摄影：李俊杰

藏式铜茶壶
摄影：蒲生华

奶茶桶
摄影：达洛

铜制锅具
摄影：唐仲山

长江源头
摄影：李晓南

祁连牧场
摄影：范海骅

目　录

第一编　物质生产民俗

第三编　社会组织民俗

第四编　社会生活民俗

附　录

序 一

在中国近现代人文叙事语境中，有一句口头禅"有史以来"被习惯使用。其实，如果认真咬文嚼字审视一番就会发现，它仿佛欠缺点什么。是的，严格说应该是"有史志以来"。因为志与史是中国文化的两大渊薮，同源有别，殊途共进，相辅相成，相得益彰。纵观中国历代官私史书，无不以其丰富的志书类聚而显得厚重。史志文化难解难分！

《青海民俗志》就是一部厚重的志书。在这里就不能不涉及地方志和特色文化志的话题。在中国修志建志的优良文化传统中，历朝历代都曾经编修颇具规模的地方志书，其中不乏对地方民俗文化的记载或著述。但是，其中专门的民俗志的数量还是很少。因此，处于 21 世纪的我国，编撰具有地方特色或民族族群特色的民俗志，就成为传承地方民俗文化的一种重要形式。民俗志，简单来说就是对民俗现象的记录，是现代民俗学的基础和重要内容。民俗志是民俗理论研究的重要资料，是对民俗进行比较研究、梳理民俗发展史的重要支撑。现代意义上的中国民俗学肇始于 20 世纪初，但有关民俗志的萌芽早在先秦就已出现，民俗志作为记录民俗文化事象的专门志书，从为民俗理论研究提供翔实、可信的资料而言无疑具有重要意义。中国的民俗学从 20 世纪 80 年代的觉醒、复苏、重建，走向活跃、崛起、繁荣，与民俗资料的不断搜集、丰富有关。时至今日，虽然民俗学仍在国家文化建设、经济发展、社会繁荣等各个方面发挥着重要作用，但是，中国幅员辽阔、地大物博、民族众多，地域民族民俗文化异彩纷呈，对于这些民俗事象的记录，不管从精细度还是宽广度上看，都还远远不足。强调中华优秀传统文化已经成为中华民族的基因，植根在中国人内心，潜移默化地影响着中国人的思想方式和行为方式。党和国家强调弘扬中华优秀传统文化，立足中华优秀传统文化，深入挖掘中华优秀传统文化蕴含的思想观念、人文精神、道德规范，结合时代要求继承创新，让中华文化展现出永久魅力和时代风采。在这种时代背景下，学术界对传统文化的历史渊源、文化内涵、发展传承、现实价值等进行了深入阐发。家风家训的展示、乡贤文化的传扬、文化遗产的保护、传统节日的振兴等方兴未艾，各种活动层出不穷，这些正是民俗融入社会发展、构建和谐社会的契机。《青海民俗志》正在这样的时代背景下应运而生的。

《青海民俗志》作为青海省地方志中的特色志之一，体量宏大，较为细致地展示了青海民俗，突出了青海民俗的特色。青海历史文化悠久灿烂，民族文化丰富多彩，是中华民族文明的发祥地之一、中华民族文化的交融地之一、中华民族精神的展现地之一。自古以来，在青海大地上繁衍生息的汉族、藏族、回族、土族、撒拉族和蒙古族6个世居民族，积淀了极为丰厚的民俗文化，这是人们通过对青海高原严寒恶劣的自然地理环境的适应而逐步积淀传承下来的。在青海高原这个历史舞台上，多种民族民俗文化交相辉映，历经风雨，经过接触、采借、整合，逐渐形成了具有区域的独立性、信仰的和谐性、样式的包容性、产品的共享性、形态的古朴性、时代的适应性等特征的民俗文化，这些特征在志书中得到了明显的展示。

《青海民俗志》的编纂，体现了地方民俗学者对民俗文化应有的情感认知和责任担当。青海的民俗文化是青海乃至国家的重要文化资源，是青海文化软实力的组成部分。无论发展文化产业还是开展非物质文化遗产保护，无论建设文化名省还是建设新青海，都离不开民俗文化。该志的编纂出版，将充分发挥民俗文化在构建和谐社会与促进文明进步方面的积极作用，也必将对地方文化建设、文化产业发展等提供有力的学术支撑。更进一步讲，有助于推动中国民俗学科的发展和国家学术事业的繁荣。

　　《青海民俗志》的编纂，是民俗志理论与地方志理论有机结合的新的尝试，也是完善和提升志书编纂形式的新探索。《青海民俗志》作为特色志，是对青海地方民俗文化进行忠实记录和深度描述的新创志书，全书主体框架涵括所有地方民俗事象，对青海民俗文化做了较为完整、系统和立体的梳理描述。该志的特点是把民俗志学科理论方法与现行的地方志体例有机结合起来，以民俗学话语体系为根本，以普通地方志形式为载体，以青海多民族民俗文化为特色，以科学规范的精品著作为追求。从现有书稿看，已达到了预期的编纂目的。无论是框架规模，还是科学规范，都称得上是青海地方志和国内地方民俗志中的佳作。

　　《青海民俗志》的编纂，还体现了编纂人员专业、敬业的特点。此志由青海省民俗学会会长赵宗福教授担任主编，其统率近 30 位拥有硕士、博士学位的专业人士编写，实属不易。高素质的修志队伍是确保高质量的民俗志编纂的专业基础。志书中处处体现着这些长期从事青海民俗研究工作的专业人员的研究积淀，学术理念紧跟时代潮流，田野资料鲜活可靠。在青海这样偏远的省份，能够召集如此庞大的学术队伍进行民俗志编纂，其经验值得向全国推广，也值得全国的同行学习借鉴。

　　《青海民俗志》的出版，不论在民俗志编写理论的探索上，还是在民俗资料的汇集上，都做出了重要贡献。该志的出版发行，是新时代民俗学焕发活力的体现。愿以此为契机，祝中国各类民俗志的编写更上一层楼。

乌丙安[*]

于 2017 年小寒

---

[*]　乌丙安，著名民俗学家，中国民俗学会荣誉会长、国家非物质文化遗产保护工作专家委员会副主任、国际民俗学者组织（Folkore Fellows, FF）全权会员、辽宁大学教授。

序 二

《青海民俗志》主编宗福兄嘱我为该书作序，我立即就答应了。我愿意为该书增一谫陋序文有如下原因：一则是出于对这部皇皇百万言大作的敬意，二则是出于对多民族的大美青海的感情，还有就是我对于志书的某种偏爱。

我曾多次前往青海参加学术文化活动，对这片美丽的土地和长期生活在这里的各族民众，有一些接触和了解。概而言之，青海地处祖国西部，生态环境禀赋特别，这里是长江、黄河、澜沧江的发源地，是名副其实的"三江源头""中华水塔"；这里是中华文明的发祥地之一，文化传统悠久灿烂，也是多民族文化的交会地之一。自古以来，羌族、汉族、鲜卑族、吐蕃族、蒙古族、回族、撒拉族等民族繁衍生息于此，特别是元明以来，汉族、藏族、回族、土族、撒拉族、蒙古族6个世居民族杂居共处、多元共荣，形成了青海类型多样、多彩多姿的民俗文化。这些民俗文化既是优秀的传统文化，更是国家的重要文化资源，是推进社会文明进步、多元文化和谐发展的文化基础。迈入新时代，建设新青海，离不开民俗文化的滋养涵育。

民俗文化在一个国家、一个民族、一个地区内属于传承历史最为悠久、享用人数最为广泛、社会影响最为深远的文化，历来受到学界的关注。五四新文化运动以来，民俗学在中国学界应时兴起，许多著名的学者不同程度地参与到了民俗文化的研究中。尤其是改革开放之后，在以钟敬文先生为代表的老一辈民俗学家的带领下，中国的民俗学蔚然兴盛，出现了一大批学术成果。而在进入 21 世纪的十多年里，中国的民俗学发展迅速，学术研究进一步深入，而且为国家和地方的文化建设做出了世所公认的贡献，引起了社会各界的普遍关注，使民俗学俨然已成为中国学林中的显学。

民俗志作为记录民俗文化的一种研究范式和书写模式，历史颇为久远，古代就出现了《荆楚岁时记》《东京梦华录》等记录各地民俗事象的著述。但是科学意义上的民俗志则是随着民俗学理论方法的逐渐成熟而出现的，一批民俗学者把民俗学的基本原理自觉地运用到各地民俗志的编纂之中，进行着民俗志撰写的实践探索。

《青海民俗志》就是在这样多方面的历史与现实中应运而生的。我翻阅这部百余万字的民俗志，感到这不仅是一部对青海地方民俗文化做出忠实记录和深度描写的著作，而且是对民俗志书写模式进行探索的创新性成果，具有鲜明的编纂特点。

本志在民俗志学科理论方法和现行的地方志体例有机结合方面做了有益探索。据我所见到的一些国内民俗志，大致上有两种趋向。一种是侧重于民俗志理论的创新实践，与现行的地方志模式差距较大，所以较难融进地方志的编纂系列；另一种是机械地按照现行地方志体例撰写，由于民俗文化特殊性和地方志格式化的矛盾，这类民俗志又缺乏民俗文化个性。《青海民俗志》则不同，把民俗志理论方法与现行地方志体例进行科学嫁接，以现行地方志形式为志书载体，又以民俗学话语体系为表述核心，突出青海多民族民俗文化特色，而且遵循学术规范，追求文化个性，打造民俗志精品。这样的学术追求本身就决定了书稿的科学品质和文化特色，从书稿看，事实上也达到了预期的学术目标。

这部民俗志全书凡 8 编 27 章，加上综述、附录等，总共 148 万余字，通过物质生产民俗、物质生活民俗、社会组织民俗、社会生活民俗、口承民俗、特色民族民俗、机构与人物、民俗文献等框架和板块，对青海民俗文化做了较立体、完整和系统的梳理描述。其中大部分资料还来自编写者们多年来分别进行的民俗田野工作，属于第一手的科学资料。这既保证了志书的科学性和创新性，也体现了作为地方民俗学者对民俗文化应有的情感认知和责任担当，这是值得点赞的。

在与宗福兄的交流中还得知，本志的编纂过程也是颇为艰辛的。在宗福兄的统领下，近 30 位民俗学、民族学、艺术学、历史学等相近相关专业的博士、硕士参加了编写，如米海萍、霍福、文忠祥、鄂崇荣、李言统等一批学术成绩不俗的中青年学者都参与其中。应该说，这是一支高素质的修志队伍，这也是本书专业质量的基本保证。志书从 2016 年初正式启动，多次集中讨论，统一思路，就民俗志理论指导、具体的章节内容、框架以及体例等达成共识，并形成本志编纂大纲。在编写中还就有关问题进行了 10 多次研究协商，不断修正完善。初稿完成后，逐章逐节由指定专家审阅修改，补充了部分章节，其中有几章因不符合要求，还重新进行了撰写，有的章节六七次易稿后方算通过。编纂者们的艰辛付出是不难体味的。

艰辛成正果，严谨出精品。正是科学的编写和艰辛的付出，才确保了志书的质量。这部民俗志全面系统、科学规范地展示了青海各民族丰富多彩的民俗文化，有力地弘扬了地方优秀传统文化，也很好地丰富了民俗志的理论实践探索。其不仅对青海地方文化建设有直接的助益，而且对中国民俗志的发展和学术事业的繁荣有很好的意义。因此可以说，无论是从民俗学科的科学规范看，还是从民俗志的书写探索看，这部书都堪称地方志中特色鲜明的佳作，也是国内地方民俗志中的佼佼者。

是为序。

朝戈金*

2018 年元月于北京

---

* 朝戈金，著名民俗学家，民俗学博士、研究员，中国民俗学会会长，国际哲学与人文科学理事会主席，中国社会科学院学部委员、民族文学研究所所长。

综　述

　　青海地处中国西北部，因境内有国内最大的内陆咸水湖青海湖而得名，又因是长江、黄河和澜沧江的发源地，被誉称为"三江源头""中华水塔"。青海有悠久而灿烂的历史文化和丰富多彩的民族文化，是中华民族文明的发祥地之一、中华民族文化的交融地之一、中华民族精神的展现地之一。从古老的昆仑神话到丰富多彩的各类非物质文化遗产，给世人留下了神圣、神奇、神秘而令人神往的大美青海印象，同时也积淀有汉族、藏族、回族、土族、撒拉族和蒙古族6个世居民族极为丰厚的民俗文化。

　　民俗是一个国家或民族中的中下层民众所创造、享用和传承的生活文化。[①] 而民俗文化则是我们民族文化的DNA，是我们的祖辈在生产生活中创造的最具有历史底蕴和生活气息的文化。青海的民俗文化是青海乃至国家的重要文化资源，是青海文化软实力的有机组成部分，发展文化产业离不开民俗文化，非物质文化遗产保护离不开民俗文化，建设文化名省离不开民俗文化，建设新青海也离不开民俗文化。

　　本志是对青海地方民俗文化的忠实记录和深度描述，以物质生产民俗、物质生活民俗、社会组织民俗、社会生活民俗、口承民俗、特色民族民俗、机构与人物、民俗文献为主体框架，对青海民俗文化进行的一次完整性、系

---

　　① 　钟敬文主编：《民俗学概论》，上海文艺出版社，1998，第1页。

统性和立体性的梳理。本志体现了地方民俗学者对民俗文化应有的情感认知和责任担当，在青海民俗文化史上具有里程碑式的意义。通过科学地挖掘地方民俗文化内涵，弘扬地方优秀传统文化，为保护发展民族文化传统尽到地方学者的责任，同时积极参与和支持地方文化建设，发挥民俗文化在构建和谐社会与促进文明进步方面的作用，亦助推中国民俗学科的发展和国家学术事业的繁荣。

一　青海民俗的生成语境

（一）地理环境

青海省位于青藏高原东北部，东西长约 1200 公里，南北宽 800 公里，面积为 72 万平方公里，约占中国总面积的 7.5%，居全国第 4 位。东部和北部与甘肃省相接，西南部毗连西藏自治区，东南部邻接四川省，西北部毗邻新疆维吾尔自治区。下辖西宁市、海东市以及海南、海北、黄南、玉树、果洛 5 个藏族自治州和海西蒙古族藏族自治州，共计 8 个市、州，共有 48 个县级政区。省会西宁市是全省政治、经济、文化中心。在地理上，青海分为祁连山地、柴达木盆地和青南高原 3 个自然区域，全省平均海拔 3000 多米，有一半以上的地区海拔超过 4000 米。境内高山逶迤，河流纵横，湖泊星布，草原肥沃，盆地浩茫。高大雄伟的著名山脉犹如一把巨大的椅子，稳坐于青海大地。昆仑山像高高的椅背，高耸横贯于中西部，唐古拉山、祁连山像两边的扶手矗立于南北，遥相呼应，中间是辽阔浩瀚的青南高原和柴达木盆地，前面是青海东部以及向东扩散蔓延开来的祖国大地。

青海属于典型的高原大陆性气候，年平均气温 5.8℃ ~8.6℃。日照时数长，辐射强；冬季漫长，夏季凉爽；气温日差较大，年差较小；降水地区差异大，东部地区雨水较多，西部地区干燥多风、缺氧、寒冷，形成了特殊的气候条件。

青海是中国四大牧区之一。日月山是青海农牧区的天然分界线，东边是河湟农业生产区，西边则是广阔的牧业区，物产丰富。在已探明的 129 种矿产资源中，有 54 种储量居全国前 10 位，23 种储量居全国前 3 位，9 种储量居全国首位。钾镁盐储量更是占到全国总储量的 96.37%，是国家重要的战略资源储备接替地带。柴达木盆地蕴藏着世界最大的盐矿资源，总储量达 900 多亿吨。① 牧区产出的藏系羊毛、牦牛肉干、冬虫夏草等闻名遐迩。独特的自然环境影响着这里各民族的生产生活方式。

（二）历史演进

根据考古发现，早在 3 万年前的旧石器时代晚期，就有人类生活在青藏高原上，青海高原是中华文化的发祥地之一。先秦时期的青海属于羌戎之地，到战国之后青海羌人发展迅速，逐渐占据了以青海为中心的广大地区，史书上称为"西羌"，他们过着逐水草而居的游牧生活。

汉武帝元狩二年（前 121），为打通汉朝与西域诸国的交通，骠骑大将军霍去病用兵西北，击退祁连山一带的匈奴人，在河西走廊设置武威等四郡。不久，汉军又西入青海东部的湟水流域，在今西宁市故址修筑军事设施西平亭，这是汉人进入青海的开端，也是青海省省会西宁在历史上的最早建筑记录。汉宣帝时，后将军赵充国屯兵青海，是青海大规模农业生产之始。西汉末年，王莽还在青海湖北设置西海郡，首次将青海牧区纳入中央王朝的版图。东汉建安年间，以西平为郡治，正式设置西平郡，从此西宁成为青海政治、经济、文化的中心，历 2000 年而不衰。随着汉军屯田的发展和行政建置的设立，青海东部逐渐形成了一个汉文化圈，而青海西部仍是羌人游牧区。

从西晋末年开始，青海地区进入鲜卑文化时期，并延续到唐朝初年。西晋末，鲜卑吐谷浑部迁牧甘肃南部和青海，建立了吐谷浑王国，并逐步向青海全境扩展，吐谷浑在青海立国长达 350 年。十六国和北朝时，青海东部

---

① 赵宗福等：《青海对全国发展的重要贡献研究》，《青海社会科学》2011 年第 5 期。

先后辖属于前凉、前秦、后凉、南凉、西秦、北凉、北魏、西魏、北周等政权。其中南凉是由鲜卑秃发部在青海境内建立的地方小王国，虽仅历三王18年，但以文化教育上的成绩突出而颇具影响。鲜卑乙弗部还一度在青海东北部建立过一个乙弗勿敌国。

唐代初年，崛起于西藏雅砻河谷的吐蕃政权逐渐向青海扩展。贞观十五年（641），唐太宗以宗室女文成公主嫁与吐蕃赞普松赞干布，和亲队伍路经青海的湟水流域、日月山、海南、玉树草原而入藏，唐蕃古道上留下了许多至今仍在汉藏人民中间广为流传的传说故事。

北宋初年吐蕃唃厮啰政权崛起，由于复杂的历史原因和独特的地理因素，唃厮啰在文化上具有很强的开放性和兼容性。都城青唐城（今西宁市）是当时中西文化、经济交流的中心，声誉远及中原和西亚。宋徽宗崇宁三年（1104）秋，宋军攻入青唐，以青唐城为州治而设西宁州。这是今天青海省会"西宁"一名的由来。南宋时，金、西夏、蒙古等先后占领青海地区，成吉思汗于公元1227年攻占西宁州后，青海全境纳入元朝版图。这一时期回族、撒拉族等进入青海定居，而土族也逐步形成，他们与当地的吐蕃人及蒙古人和睦相处。

明朝建立后，明军随即进入青海，改西宁州为西宁卫，隶属于陕西行省，实行土司制度。并在青海草原设安定、阿端、罕东、曲先等卫，称西宁"塞外四卫"。朝廷派官员在西宁等处与当地少数民族"土官"一同治理地方，这对安定地方、促进民族团结、融合民族文化具有积极的意义。与此同时，随着较大规模的移民守边屯垦，汉民族再次迁入青海东部从事农业生产，传统的汉文化教育再度传播和振兴，有明一代出现了一大批著名的青海籍将军、进士等。

从明代中叶开始，来自蒙古高原的蒙古部众先后徙牧青海湖地区，清初来自新疆的和硕特蒙古在其首领顾实汗率领下进入青海牧区，进而统治了青海。在顺治、康熙年间，青海东部的行政建置基本上沿袭明朝。雍正初年清廷对青海的行政管理做了较大调整，到乾隆时完善定型。在青海东部设立西宁府，下辖四县三厅，管理东部农业区；西部则设青海办事大臣予以管辖，办事大臣驻地后移西宁，故又称"西宁办事大臣"。青海蒙古族整饬为 29 旗，由札萨克（即旗长）统领，各旗定期会盟，盟长由清政府指定。牧区藏族部落则设千户、百户统领。藏族居黄河以南，蒙古族居黄河以北，分而治之，统归西宁办事大臣管辖。

1912 年，马麒任镇守西宁等处总兵官，两年后任青海蒙番宣慰使兼甘边宁海镇守使，掌握了青海的军政大权，从此势力逐渐扩大。1929 年春，青海正式建省，孙连仲任主席，马麒为建设厅厅长。1930 年，马麒接任省政府主席。至 1949 年 9 月初，马氏家族统治青海近 40 年。

1949 年 9 月 5 日，中国人民解放军进入西宁，青海解放。1950 年元旦，青海省人民政府正式成立，青海历史翻开了崭新的一页。

（三）世居民族及其分布

青海现有 6 个世居民族，根据 2010 年第六次全国人口普查资料，常住人口为 5626722 人，其中汉族人口 2983516 人，占 53.02%；藏族人口 1375062 人，占 24.44%；回族人口 834298 人，占 14.83%；土族人口 204413 人，占 3.63%；撒拉族人口 107089 人，占 1.90%；蒙古族人口 99815 人，占 1.77%；其他少数民族人口 22529 人，占 0.40%。[①] 青海河湟地区是主要的人口居住区，全省 85% 以上的人口都居住在这里，日月山以西以牧业为主的地域人口较少。

汉族是现在青海各民族中世居最早的民族之一。早在西汉时汉族就进入青海东部定居，明初汉族大量进入河湟地区从事农业生产，后裔成为地道的青海人。汉族在极力保持儒家文化传统的同时，又因地制宜，吸收各少数民族文化的长处，在语言、服饰、饮食、生产，甚至在宗教信仰方面颇受藏族等民族的影响，形成了迥异于少数民族又不同于内地汉族的风俗习惯，具有

---

① 《青海省 2010 年第六次人口普查主要数据公报》，三江源网，http：//www..sjy.gov.cn/l。

明显的边际文化特质。1949年以后，因开发青海和工业建设的需要，内地各省市汉族陆续进入青海，基本上是城镇居民户口，从事工业生产和商贸经济、文化教育等工作，其第二代及第三代已逐渐本土化，大多数人也乐于自称是"青海人"了。

藏族是具有悠久历史和灿烂文化的世居民族之一。青海藏族的来源呈现出多元民族融入的复杂性。世代居住于青藏高原的众多羌人部众，是藏族先民中的重要一支；公元7世纪前后，在吐蕃东向发展过程中大批吐蕃人定居青海，是现在青海藏族的来源之一；鲜卑秃发部、乞伏部、吐谷浑部等逐步融入其中。因不断包容当地和外来民族文化，藏族逐步成为人口数量最多的少数民族，广泛分布在青海各地的农牧业区。在明代定居河湟、从事农业的藏族被称为"熟番"，没能完全归附朝廷、在牧区从事牧业的藏族被称为"生番"。史书和民间通称藏族为"西番"，清代简称为"番"。直到民国时期，才统称为藏族。

回族是青海的世居民族之一。作为一个民族共同体，其大体形成于元末明初。据史料记载，早在北宋时，一些来自西域的阿拉伯商人就在青唐城（今西宁市）经商，有的留居于此成为回族的先民之一。13世纪初，成吉思汗西征时从葱岭以西、黑河以东的伊斯兰教地区征调"西域亲军"从征，元朝建立后这些亲军被安置到河湟以及甘肃等地区屯兵戍守，这部分人形成青海回族的主体，在之后的发展中融合了当地的一些其他民族的成员逐步形成了青海回族。回族主要分布在今西宁、湟中、大通、民和、门源、祁连、贵德、循化和化隆等地。

土族是青海的世居民族之一。史书上称其为"西宁土人"，俗称"土民"，藏族称其为"霍尔""白鞑番""朵朵"，蒙古人称其为"察罕蒙古尔""朵儿朵"，土族自称为"土昆""土护家""蒙古尔"等。20世纪50年代，根据历史记载和本民族意愿，统一称为土族。主要分布于互助、民和及大通等东部农业县以及海北州的门源县和黄南州的同仁县等。关于土族的族源学界有争论，目前主要有吐谷浑族源为主体说和蒙古人为族源主体说两种观点。持吐谷浑说的学者认为，土族可以追溯到吐谷浑人，吐谷浑王国在唐高宗时被吐蕃攻灭后，大部分吐谷浑人降服于吐蕃，少部分人随王室东迁至今宁夏、陕北和山西一带，还有一部分留在祁连山一带、浩门河流域和河湟地区。土族就是以留居在甘青地区的这部分吐谷浑人为主体，又吸收一些藏族、汉族、蒙古族等民族的成分而逐渐形成。持蒙古说的学者认为，元明以来蒙古族进入今天的土族活动地区，与当地霍尔人在长期相处中逐渐融合发展成为土族。由于土族生活的地域空间处于其他民族之中，因而在文化上受藏文化和汉文化影响深刻。

撒拉族是青海的世居民族之一。主要聚居于循化撒拉族自治县，也有少量散居于化隆、西宁以及各州县，主要从事农业、园艺以及商业等，是青海特有的少数民族。史书上称为"番回""撒拉回""循回"，新中国成立后正式称为"撒拉族"。撒拉族的先民是元代初从中亚撒马尔罕一带迁居青海的撒鲁尔人，最初奉成吉思汗之命驻守积石州（今循化县及周边地区），其首领尕勒莽被委任为积石州元帅府最高镇守官。他们"上马则备战斗，下马则屯聚牧养"，后来转为编民，由军屯变为民屯。他们与周边各民族和睦相处并吸取其长处，特别是同回族等民族联姻结亲，逐渐形成了一个新的民族。明清王朝在撒拉族中实行土司制度，以其首领为土官。撒拉族信仰伊斯兰教，在节令、饮食、婚丧礼仪、信仰、禁忌等方面与回族等民族具有雷同性或相似处，而在服饰、居住、游艺等方面则又吸收了藏族等兄弟民族的一些习俗。

蒙古族是青海的世居民族之一。主要分布于海西州及黄南、海北二州的部分县乡，从事牧业生产；也有少量散居于青海东部，从事农业生产。蒙古族在南宋末年进入河湟，自此多有定居戍守或游牧者，明初随着明军进入青海大部分退往蒙古草原，也有少量从事农业生产的留居青海，其首领被明朝封为"土官"治理地方。从明代中叶开始，漠北草原的蒙古部众迁徙到青海湖地区，至清初时又有和硕特蒙古入居青海。雍正初年，蒙古族被整编为内藩29旗。蒙古族文化与藏族文化关系密切，信奉藏传佛教，对藏传佛教格鲁派的兴盛发展起过举足轻重的作用。

上述 6 个青海世居民族的分布，除玉树、果洛、海南 3 个州基本上是单一的藏族外，其他地区往往呈现出"大分散、小聚居"的多民族杂居态势，你中有我、我中有你，相互影响、相互包容，形成多民族多元文化和睦并存的奇异景观。

（四）经济生产与生活方式

早在史前时期，河湟地区和柴达木盆地就出现了原始农业。西汉时期赵充国在这里推行"罢兵屯田"政策，极大地促进了农业发展。此后，河湟地区成为青海的粮仓，精耕细作，延续至今。20 世纪 50 年代以来，青海的农业生产得到恢复和发展，环湖地区、柴达木盆地、玉树通天河谷地区相继出现农业耕植。河湟地区是青海人口密度最高的地区，这里居住着汉族、藏族、回族、土族、撒拉族、蒙古族 6 个主体民族，虽然各民族的生活方式和宗教信仰不同，但他们都从事农业生产，过着农耕生活。

青海是中国的主要牧区之一，畜牧业生产历史悠久，在史前考古中发现了随葬的牛、羊等动物骨骸。现今，畜牧业仍然是青海的一大传统产业。据有关资料统计，全省有天然草场 3645 万公顷，占全国草场面积的 1/10，居全国第 4 位。其中可利用草场面积 3161 万公顷，冬春草场面积为 1586.3 万公顷，夏秋草场面积为 1574.6 万公顷。[①]藏系羊毛是优质的纺织原料，在国际上曾经享有很高的知名度，被称为"西宁大白毛"，用这种羊毛编织的藏毯是世界三大名毯之一。

河湟地区的汉族、藏族、回族、土族、撒拉族等，在勤于稼穑的同时又多畜牧，从事着农牧业兼具即半农半牧的生产和生活。这既是一种生产模式，又是一种生活样式。

青海自古就是重要的商贸通道和主要的茶马贸易之地，唐蕃古道和丝

---

① 《大美青海·草场资源》，青海省人民政府网，http://www.qh.gov.cn。

绸之路南道穿境而过。清朝初期的西宁城，辐辏交错，商业非常繁荣；湟源在清末民初之际还发展成为西部地区的一个商业中心，中外客商汇集于此从事商贸活动，被誉为"西海商都"。玉树结古镇、海西香日德等，亦是有名的商贸中心。新中国成立后，通过社会主义改造，私营商业被国营和集体商业所取代，成立了贸易公司、供销合作社等，发展国营商贸，并且将国营商业推广至全省各个州县，带动了商业活动的发展。改革开放以来，私营经济和乡镇企业迅速发展起来，外资和连锁商业也进入青海，西宁市成为全省最大的商品集散地和商贸交易中心。现今各州县城镇都是当地的商贸活动中心，农村大多也建有经销店和集市，商品经济在城乡得到普及。青藏铁路通车后，西宁和格尔木成为交通枢纽和物品中转站，进一步推动了青海商贸的发展。

二 青海民俗的历史与现状

（一）历史发展

根据考古发掘资料，青海原始文化分旧石器时代（小柴达木湖、拉乙亥遗址）、新石器时代（包括马家窑、半山、马厂、齐家诸文化）和青铜时代（包括卡约、辛店、诺木洪文化），从中可窥青海史前民俗文化之一斑。如在属齐家文化的民和喇家遗址内发现了 4000 年前用小米做成的面条，是迄今为止世界上最早的面条遗存实物。属马家窑文化的乐都柳湾遗址出土的"阴阳合体壶"裸体人像彩陶，是先民生殖崇拜的表现形式。因在母系氏族社会中女性处于主导地位，当父权制即将取代母权制时，男女性同时崇拜，并如实体现在"阴阳合体壶"彩陶礼器上。在同德县宗日文化遗址中出土了用动物骨头加工制成的骨叉、骨刀和骨勺餐具。诺木洪文化和卡约文化是青海特有的文化遗存，[①] 距今 3500~2600 年的遗址数量在全省多达 1700 余处，主要是

---

① 俞伟超：《古代"西戎"和"羌""胡"文化归属问题的探讨》，载青海省文化厅、青海文物考古所编：《青海考古五十年文集》，青海人民出版社，1999，第 127~137 页。

农业、畜牧业、狩猎业兼营的经济形态。

羌人是青海最古老的世居居民，民族学家任乃强认为，其在周代以前拥有优于当时欧亚各民族的高度文明①。羌人崇拜虎，昆仑神话中西王母最突出的装扮就是"虎齿豹尾"，战国初期著名羌人首领无弋爱剑因为得到了虎神的保佑而躲过了秦兵追捕，被河湟群羌拥戴为首领，世世代代为诸羌部落的酋豪。今同仁县年都乎村流传的"跳於菟"，实际上就是古羌人虎图腾崇拜的文化遗存。② 羌人以羊为美而崇拜羊，羊被视为羌族部族的保护神，享有以专门仪式进行祭祀的礼遇。

西汉时内地先进的汉族文化源源不断地传入河湟，在大通上孙家寨近200座汉晋墓葬中，"既有大量汉文化的因素，又保留着浓厚的当地固有文化传统，表现为汉式的墓葬形制和羌人等土著民族的埋葬习俗共存，也表现为汉式陶器与土著文化陶器共出"③。魏晋之际中原内乱，而青海相对安定，汉文化在青海经过200余年的积淀根植于河湟大地，初步形成了以儒学为主导思想的汉文化圈的兴盛局面。

南北朝时期，青海羌人故地增添了鲜卑民俗文化内容。其乙弗部居于环湖草原游牧，在食肉饮奶的食物中出现了富有营养的裸鲤、枸杞等荤素品种，生活优越，后被秃发氏所灭。秃发氏据湟水流域建立南凉政权，只存在了18年而亡，国主秃发傉檀熟知汉文化，史称"神机秀发，信一代之伟人"④。他受当时名僧昙霍耐心劝导，改变旧有的信崇巫术习俗，终于"节杀兴慈，国人即蒙其祐"⑤，转而信仰佛教。

吐谷浑居住形式与一般游牧民族相似，王室及贵族居宫室官府，普通民

---

① 任乃强：《羌族源流探索》，载任乃强著、任建新编《川大史学·任乃强卷》，四川大学出版社，2006，第616~630页。
② 赵宗福：《昆仑神话》，青海人民出版社，2005，第108页。
③ 任晓燕：《大通上孙家寨汉墓群反映的主要问题》，载青海省文化厅、青海文物考古所编：《青海考古五十年文集》，青海人民出版社，1999，第145~148页。
④ 《晋书》卷126《秃发乌孤载记》。
⑤ （梁）释慧皎撰：《高僧传》卷10《释昙霍传》，汤用彤校注，中华书局，2007，第375页。

众则居毡庐，以"肉酪为粮"①，依靠河湟羌民和汉民兼营农业，故"亦知种田，有大麦、粟、豆。然其北界气候多寒，惟得芜菁、大麦，故其俗贫多富少"②。其衣着服饰既保持了北方游牧民族传统，又吸收了汉族服饰样式。吐谷浑人对绸缎绫罗钟爱有加，今海西都兰县唐代墓葬群中，出土了大量罕见的从北朝到盛唐的丝织物，据研究其纺织工艺有织、绣、缬三大类，品种分锦、绫、罗、缂丝多种，几乎包括了目前已知的唐代所有的丝织品种。吐谷浑人初期信仰原始巫术，凡遇事占卜，祭祀山川和日月，崇拜长生天。由于经常奔走于丝绸之路，从西域和南朝两路传入佛教而"国内有佛法"。拾寅可汗时在成都立九层佛寺，夸吕可汗专门派遣使者向梁朝"求释迦像并经纶十四条，敕付像并制旨涅槃、般若、金光明讲疏一百三十卷"③。青海佛教信仰较之秃发南凉时期又得以进一步扩布。

党项是羌人的一支，隋唐时广泛生息于青海高原。两《唐书》之《党项传》简略地载其习俗曰：此地气候多寒，五月始生草，八月霜雪降。饲养牦牛、马、牛、羊等牲畜，以供其食；不产五谷，亦不知稼穑，从他处换来大麦酿酒。居住于用牦牛毛、羊毛织成的帐篷；男女衣裘褐，披毡为上饰。妻其庶母及伯叔母、嫂、子弟之妇，同姓不婚。老死者以为尽天年，亲戚不哭，少死者则云夭枉，乃悲哭之，死则焚尸，名为火葬。没有文字，但候草木以记岁时。三年一相聚，杀牛羊以祭天。崇尚武力，尤重复仇。随着吐蕃东向发展，党项人因受其强势统治多年，习俗文化完全被吐蕃化了。

吐蕃文明中心在卫藏一带，而在靠近中原的湟水谷地，在宋代兴起了以吐蕃人为主体的唃厮啰政权。青唐吐蕃的衣食住行风俗"大抵吐蕃遗俗"，服饰"贵虎貂皮，用缘饰衣裘，妇人衣锦，服绯紫青绿"。居住板屋，或毡幕庐帐。饮食"喜啖生物，无蔬茹醶酱，独知用盐为滋味，而嗜酒和茶"；

---

① 《魏书》卷101《吐谷浑传》。
② 《北史》卷96《吐谷浑传》。
③ 《南史》卷7《梁本纪》。

以生肖动物为纪年，"道旧事则数十二辰属，曰兔年如此，马年如此"①。受汉文化影响，许多部落名称冠以赵家族、马家族等汉姓，首领俞龙珂仰慕包拯的忠贞而被宋神宗赐予包姓，国主木征及子孙被宋朝赐国姓赵氏。汉文化植入的同时，促进了河湟农业生产、手工业技艺的提高。

　　青唐吐蕃笃信佛教，史籍载其"尊释氏"，"人好诵经，不甚斗争"。城内寺院众多，"城中之屋，佛舍半之"。历代国主亲善僧侣，"有大事必集僧决之"②。而信仰佛教并不与固有的原始宗教本教相悖，青唐吐蕃仍有"不知医药，疾病召巫觋视之，焚柴声鼓，谓之'驱鬼'。信咒诅，或以决事，讼有疑，使诅之"③之习。青海是藏传佛教二度复兴的发祥地。朗达玛赞普灭佛时，山南修行僧人藏饶赛、肴格迥和玛尔释迦牟尼"三贤哲"等，辗转逃到青海，在今化隆丹斗寺落脚，剃度贡巴饶赛为僧，共同培养了这位"下路弘法"的鼻祖。贡巴饶赛向前来学法的西藏僧人授戒，使西藏佛教再度兴盛，丹斗寺便成了藏传佛教"后弘期"弘扬的中心地④。玛尔释迦牟尼等还得到了众多信徒的捐资，在湟水流域修建佛寺，今互助白马寺即其遗址，佛教影响扩及各地。

　　由少数民族文化主导青海之际的唐宋时期，汉文化在民族政权的缝隙中顽强生存。大诗人高适游历西平郡，看到汉族唱杨柳歌、舞绣麒麟的喜庆场面时，挥毫写下"万骑争歌杨柳春，千场对舞绣麒麟"⑤之句。吕温出使吐蕃路经河源军汉族村落，写有"耕耘犹就破羌屯""伏蜡华风亦暗存"⑥的诗句。刘元鼎入蕃路上途经河湟龙支城时，千余耆老前来拜会，声言"顷从军没于

①《宋史》卷492《吐蕃传》。
②（宋）李远：《青唐录》，载元代陶宗仪《说郛》卷35，涵芬楼影印本。
③《宋史》卷492《吐蕃传》。
④ 蒲文成主编：《甘青藏传佛教寺院》，青海人民出版社，1990，第111页。
⑤（唐）高适：《九曲词》之二，引自赵宗福《历代咏青诗选》，青海人民出版社，1986，第18页。
⑥（唐）吕温：《经河源军汉村作》，引自赵宗福《历代咏青诗选》，青海人民出版社，1986，第50页。

此，今子孙未忍忘唐服"①。安史之乱后，青海属吐蕃人管辖，吐蕃人强迫汉人穿毡裘、讲蕃语，只有在每年大年初一才允许汉人穿冠裳汉服祭祀祖先，几代人后出现"一自萧关起战尘，河湟隔断异乡春。汉儿学得胡儿语，却向城头骂汉人"②被吐蕃化的景象。

在明代，河湟地区容纳了来自安徽、江苏、河南、山东、湖北、陕西等地数以万计的汉族。自汉族集中迁入，河湟儒学兴起并得到发展，重武轻文风气大为改观，社会气质显现"内地化"风貌。河湟汉族整体上保留了华夏文化的传统，在祭祀、婚丧、年节习俗方面，传承性和内倾性极强。但因来自五湖四海和处在多民族杂居区，遂将内地不同地区的汉文化，以"循古求本"的自觉方式完成了文化的本源重构，③且在向周围辐射自身的优势文化时，也吸收了当地其他民族的文化元素。

汉族除推崇儒家思想外，有相当一部分民众信仰佛教、道教，近代以来又信仰基督教，还膜拜山神土地神、牛王马祖、阴司冥界诸神灵，泛神信仰色彩浓厚。西宁土楼观史称北山寺、北禅寺，又名永兴寺，其西王母殿、玉皇阁、灵官殿、玄女宫、三清殿、魁星阁、城隍殿、斋堂等道教建筑栉比相连，俗称"九窟十八洞"，里面塑像有玉皇、观世音、宗喀巴、文殊、普贤、关云长等，皆受朝拜。而昆仑山下玉虚峰，俗称是道教发祥地的昆仑主道场，被视为昆仑道教圣地。明清以来在西宁建有汉传佛教的禅宗派葆宁寺、莫家寺、雷鸣寺，在乐都建有西来寺等。对儒释道的杂糅信仰，构成了人与人之间、人与自然之间的和谐，在这个基础上形成了以儒学为主、释道兼而有之的汉文化圈。

明代以后藏传佛教诸教派势力遍及青海。在西宁一带"番僧寺族，星罗棋布"，由明太祖赐寺额的瞿昙寺，是一座具有皇家宫殿风格的名刹，人称

---

① 《新唐书》卷 216 下《吐蕃传》。
② （唐）司空图：《河湟有感》，引自赵宗福《历代咏青诗选》，青海人民出版社，1986，第 73 页。
③ 蒲生华：《河湟汉族古风厚重的婚俗语境》，《青海民族研究》2010 年第 3 期。

"小故宫"。而建于宗喀巴大师诞生地的塔尔寺，逐渐发展成格鲁派六大寺院之一；被称为"大慈法王塔院"的弘化寺，由明英宗特敕而建，是宗喀巴弟子释迦也失的香火地。统治者沿用"惟因其俗尚，用僧徒化道为善"策略，对上层僧人授予大国师、国师、禅师、都纲、喇嘛僧职，在朝廷扶持下藏传佛教寺院具有政治、宗教和经济、文化传播多种功能。在清高宗乾隆时，佑宁寺的章嘉、土观，塔尔寺的阿嘉、赛赤、拉科，广惠寺的敏珠尔，东科尔寺的东科尔和却藏寺的却藏等8位转世活佛被封为驻京呼图克图。乾隆帝钦定驻京喇嘛班次，章嘉为左翼头班，敏珠尔为右翼头班，地位十分尊崇。而以囊谦才久寺、称多拉布寺、同仁隆务寺等为中心，形成局部政教合一的寺庙集团，藏传佛教发展加快。普通信众虔诚敬佛，不惜千里之遥，一路风餐露宿，坚持叩等身长头，前来朝拜佛寺。塔尔寺大金瓦殿前廊地板，因信众叩长头而凹陷，每隔三五年更换一次。信徒还把平日里节省下来的钱财布施给寺院，供养僧人、修建寺庙。

从南宋末至清初数百年间，蒙古族分期分批迁入青海，从根本上改变了青海民族分布的格局，蒙古上层贵族曾经信仰过景教、伊斯兰教、基督教和道教，终因民众普遍接纳藏传佛教而让位，入寺为僧是普通百姓引以为荣的大事，崇佛信佛习俗渗入日常生活中。但仍旧保留了一些原有旧俗，称天为腾格里，遇有重大行事，向天神祷告。

土族普遍信仰藏传佛教。土官李南哥修建了宁番寺（今西宁大佛寺）、卧佛寺；民和卡地卡哇寺、灵藏寺和弘化寺的兴建，与宗喀巴及其弟子释迦也失相关；[1] 清代的却藏寺、广惠寺、红善寺等皆盛极一时。佑宁寺僧人数千，属寺众多，被誉为"湟北诸寺之母"，高僧辈出。普通民众更是虔诚信仰藏传佛教，家中"二子必有一人为僧"，供佛像，立嘛尼旗杆，垒煨桑炉，念经祈祷，遇事拜求神佛保佑或请僧人念经。

如上所述，青海藏族信仰藏传佛教各教派，蒙古族和土族则信仰藏传佛

---

① 蒲文成主编：《甘青藏传佛教寺院》，青海人民出版社，1990，第31~37页。

教格鲁派，这三个民族的民俗文化形成了藏传佛教民俗文化圈。

青海回族是在中亚伊斯兰教文化与汉文化交会下形成的民族。早在元代，就有来自西亚的贤者在西宁传教，当时镇守青海的西宁王速来蛮（成吉思汗四弟之玄孙）特建拱北于西宁南山埋葬，立碑铭曰："天方圣裔古土布·览巴尼·尔卜都·来海麻尼复命归真。"① 明初，大批江淮回民将士随征西北，落籍青海者甚多，和汉族一样在民间长期流传着其先民系"南京"迁居而来的说法。回族人的语言、服饰、姓氏等渐趋汉化，汉语言被回族群体普遍接受。虽然不同族源的回族人散居各处，但共同的宗教信仰将其联系在一起，伊斯兰教成为回族人之间构建社会关系的主要渠道，其信仰制度和礼仪方式深入回族人社会生活的各个方面，形成回族独特的风俗习惯。

撒拉族自 13 世纪初迁居循化，在明代朝廷赐撒拉族"金牌信符"，成为"领茶中马"的十八番族之一。撒拉族文化中遗留有古代中亚的语言系属、体制外形、庭院布置习俗及强悍的民族性格，又吸收了周边其他民族的文化。撒拉族与回族的宗教信仰一致，生活习俗基本相同，早期的清真寺建筑布置格局与回族的相似，又吸收了汉族宫殿式风格和藏族寺院装饰。

上述共同信仰伊斯兰教的回族和撒拉族丰富了青海的民俗文化。宗教渗透到这两个民族的习俗生活及民族心理的各个方面，可谓族教合一，形成了河湟伊斯兰教民俗文化圈。

（二）民俗现状

伴随着时代的脚步，历史上形成的青海三大民俗文化圈生存的社会环境，正发生着日新月异的变化和面临着全球化的冲击。20 世纪 50 年代以后，青海社会发生了巨大变化，尤其是改革开放以来，世居各民族自由地享受着电视、电脑、互联网、微信、微博等一系列科技文明成果，思想观念随之更新，话语系统发生转换，生活方式出现了由传统向现代转型的趋势，民俗文

---

① 马进虎：《两河之聚——文明激荡的河湟回民社会交往》，甘肃民族出版社，2006，第 60 页。

化的形式和内容发生了变化，由此触动了某些民俗事象的流变。

就三大民俗文化圈生存的文化环境而言，它们仍旧有不可抗拒的文化魅力。当传统民俗文化的生存空间被现代文明逐渐淹没而面临困境时，青海多民族共同融合而成的丰富多彩的传统民俗文化，仍然以顽强的生命力在展现和延续着。汉族仍以耕读传家为信念，亲族扫墓祭祖以克尽孝道，重新编修家谱的活动有增无减；土族"纳顿"在秋收的喜悦中一村接一村地表演；藏区赛马会、黄南六月会、柴达木盆地那达慕大会如期举行；多民族传承的"花儿"依旧传唱。

目前在藏传佛教民俗文化圈，藏族使用藏语文，全民信仰藏传佛教，遵从手持念珠、烧香拜佛等藏传佛教的宗教仪轨。在伊斯兰教民俗文化圈，格的目、伊赫尼瓦和不同门宦，都只是宗教仪式和修持方法不同而已，相沿成习的伊斯兰教开斋节、古尔邦节和"圣纪"三大节日内涵不变，信教者恪守伊斯兰教最基本信条和重视教义教法的义务。在儒释道民俗文化圈，过春节、闹元宵、清明扫墓、端午插艾、中秋拜月、九九登高等，依旧传承着缅怀先祖、驱邪除病、春祈秋报的民族文化心理，民俗节日里积淀了民族文化精髓。以儒家文化为主导的传统文化，"天行健，君子以自强不息"的人生观，"以义为上"的价值观，"太极、阴阳、五行化生万物"的思维模式，崇尚中和的民族心理等，对其他民族价值取向和社会心理持续产生影响。

三　青海民俗的基本形态

（一）物质民俗

青海的物质民俗主要包括生产民俗、商贸民俗、饮食民俗、服饰民俗、居住民俗、交通民俗等方面。

农业生产在青海有较长的历史，河湟地区是主要农业区，此外还有牧业区农业、半农半牧区农业等形式。有"小江南"之称的河湟两岸农作物品种繁多，有粮食、油料、蔬菜、果类等农作物。在传统农业生产中，糖、木锨、木杈、连枷、架子车等传统木制农具使用较为广泛，也有绳子、筐、背斗、扫帚、簸箕、筛子等生产工具，牛、马、骡、驴等生产耕畜，以及水磨、油坊等粮油加工器具。随着农村经济的发展，部分农业开始半机械化耕作，播种机、拖拉机、收割机、脱谷机等新式农具也逐渐得到使用。基于对各民族生产实践经验的总结，言简意赅的生产谚语在青海普遍流传，有些有很强的地域特色。东部的农业主要依靠自然的恩赐，需要顺应农时进行农业生产，农民将风调雨顺、五谷丰登的希望寄托于神灵的保佑，由此形成的农业祭祀和禁忌习俗传承至今。

青海日月山以西的藏族、蒙古族居住的大部分地区以畜牧业生产为主，东部农业区的部分地区也兼营一定的畜牧业。牧区以饲养羊、牛、骆驼、马为主，其中牦牛是世界上古老的原始牛种中的优良品种，以载重强、善登山而赢得了"高原之舟"的称誉。骆驼主要分布在海西柴达木地区，马以河曲马、浩门马和玉树马最为有名。牧区的牧民在各个不同的季节按照划分的牧场放牧，即"夏季放牧上高山，春季返回山腰间，冬季赶畜去平川"的三季轮牧。东部农业区主要饲养羊、牛、驴、鸡等，汉族几乎家家养猪，大多主要靠圈养。牧业生产中的配种、畜群、育幼、饲草饲料、挤奶、剪毛、宰杀牲畜等活动，在长期的实践中已经成为约定俗成的生产方式。

青海是"唐蕃古道"的中转站，因此其商业有着悠久的历史。自古以来青海通过这些古道进行着"茶马互市"，今西宁西20公里的多巴，是唐宋时期很大的茶马贸易市场。从清朝开始在城镇中逐渐形成了固定的商贸市场，农村的商品交换在集市上进行。1949年以后在西宁周边等地建立定期集市，每10天开集3次，农村庙会、戏会也是物资交流的重要场所，届时商贾云集、交易繁荣。牧区藏族和蒙古族逐水草游牧而没有固定的市场，因而寺院附近常是商品交易的场所。市场上歇家、叼郎子、货郎子、铺子家、藏客、摊贩、牙行等各种商贩络绎不绝，捏价、"言子"、"吃鸡头"、"相公生涯"及店铺规矩等商业习俗具有地方特色。改革开放以来青海的商业在已有基础上发展更为迅速，尤其是金融业的崛起和繁荣，也催生了许多新的行业，旧有的一些商业逐渐消失。

青海各民族饮食习惯因其信仰和地域的不同而各有特色，具有不同的饮食信仰和饮食禁忌。但总体而言，汉族、回族、土族、撒拉族饮食以面食为主，而蒙古族和藏族以牛羊肉等肉类、奶制品和青稞炒面为主，每一种饮食都有独特的制作方式，这种不同的饮食习惯与各民族的生产方式和经济形态密不可分。茶是青海各民族日常生活中的必需品，常见的有清茶、奶茶、酥油茶、糌粑茶、麦茶、盖碗茶等。由于青海地处高原，气候寒冷，因而青海人素来就有饮酒的嗜好，酩馏酒和青稞烧酒是普遍的饮用酒，蒙古族和藏族最喜欢饮马奶酒。青海人还饮用既充饥又解渴的酸奶，酸奶是草原上的夏季饮料，营养价值高于一般的奶品。

青海地处高原，气候比较寒冷，在20世纪80年代以前，不论哪个民族家家都有冬季御寒的皮衣。青海多产牛羊，就地取材羊皮制作的羊皮袄，御寒效能好，经济又实惠，同时羊毛也是制作棉袄的主要原料。20世纪八九十年代随着商品经济的发展，各种布料进入普通百姓家，但各民族服饰在样式上都具有自己的传统特色。藏族民族服饰有藏袍、藏帽、藏靴等，回族的民族服饰有"白布汗褡青夹夹"、"中拜"、号帽、六牙帽、"太斯达尔"等，撒拉族的民族服饰和回族大致相似又有区别，"古古儿鞋"就是撒拉族特有的民族服饰，土族的民族服饰有红缨帽、"木尔格逊"、白汗褡儿、大裤裆、羌鞋、秀苏等，蒙古族的民族服饰有"德吾里""拉吾谢格""吾齐""特日格勒"等。各民族服饰除了衣着，还有与之相应的装饰，具有审美价值和象征意义。

"庄廓"是河湟地区的主要民居形式，是以土夯筑成四合院式土墙，院内用木料建筑平顶的房屋。河湟地区的六个主体民族都居住庄廓，庄廓分为主房、厢房和角房等，主房的中堂屋一般供有神佛，汉族的中堂一般供的是财神或者关公等图案，藏族供的是"拉毛佛"或"塔窝佛"等，土族则供神箭，回族和撒拉族不供中堂。近几年随着城市扩建，农村也出现了用砖瓦、钢筋、水泥、铝合金和玻璃等材料建成的小洋楼。牧区的藏族住的是帐房，帐房有黑牛毛帐房、白布帐房等，现在也用简易帐房。游牧的蒙古族住的是圆形蒙古包，由天窗、顶杆、栅栏和包门组成木架，外面用毛毡包裹而成。现在玉树、格尔木等地建有牧民定居点，修建了简易住房或小洋房供牧民居住。

青海传统的交通运输工具式样繁多，极大地方便了人们的生产生活，也推动了商贸的发展。有牦牛、马、骆驼等畜类行走在青藏高原上运输货物，也有马车、捆骚车等农用交通工具，还有筏子、渡船、木瓦、油皮袋等渡河交通工具，更有浮桥、吊桥、握桥、冰桥等渡河设施。现在青海的公路、铁路、民航等公共交通设施十分发达，使青海交通运输网络四通八达。

（二）精神民俗

在青海民间流传有多种宗教信仰，如藏传佛教、汉传佛教、伊斯兰教、基督教、道教、本教及民间宗教信仰等。在古代，由于生产力低下，人们无法正确认识自然、解释自然现象，于是想象着有一种超自然的神秘力量主宰着世间一切，万事万物各有自己的灵魂，人力无法与自然力量对抗，只有讨好它、祈求它，才能消灾避祸，因而产生了人类最初的崇拜和信仰——原始宗教信仰，如图腾崇拜、祖先崇拜、自然崇拜等。现代宗教产生以后，原始宗教居于次要地位。原始崇拜物一部分逐渐消亡，一部分被纳入现代宗教的信仰体系，还有一部分独立地被民间所崇信，有许多崇拜对象仍然存在于人们的思想意识当中，其中有的是原始宗教信仰的遗存，有的是世俗化的宗教神佛，有的是产生较晚的崇拜偶像。泛神信仰者认为天地日月、山石林木、河流湖泊等几乎所有自然物、自然现象都有神灵或者精怪存在，并对之顶礼膜拜。此外，还有一些英雄神、道教俗神等也被人们所崇拜。随着生产力的发展和科学知识的普及，许多精神信仰正在消失，但新的信仰物又在不断生成。

巫术和禁忌也是精神民俗的一个极为重要的组成部分。巫术由巫师扮演神灵使者的角色，为一些崇信此道的人预测吉凶、除邪降魔、治病祈福，有时巫师会做油锅捞钱、舌舔热铁、刀枪刺身等神秘行为。禁忌可以说是一种人们为了保护自身利益而约定俗成的行为规范。人们相信处处都有神灵或精怪存在，稍有不慎即会触怒它们，惹来不必要的麻烦，危及自身，因此人们就以种种禁忌来约束自己的言行。民间有一些如打喷嚏预示吉凶，乌鸦叫灾、喜鹊叫喜的俗信，也有数字信仰、色彩的崇拜等，其中有纯精神的信仰，也有一部分是人们生产生活经验的总结，有些俗信还以民谣、谚语的形式流传。

（三）社会民俗

社会民俗包括村落民俗、部落民俗、家族民俗、人生仪礼和岁时节日民俗等。

村落在青海基本上是各民族依地理环境自由聚居而形成的自然村，许多村落是多民族杂居，村落组织必然带有多民族的特点。村落结构由于历史、地域等关系，主要有两类，一类是由几个民族共同居住而形成的村落，往往以地名来命名；另一类是同姓村落或单一家庭村落。村落中除国家正式设置的机构外，还有一些民间组织和宗教团体，负责村落中的公共活动。村落内的道路、水渠、水井、寺庙、公墓、山神庙等都属村落共有，人们共处同一村落逐渐形成一些共享的习俗，也要共同遵守村落日常禁忌。

青海游牧民族的部落组织名称不尽相同，但都是具有统治性质的部落单元。蒙古族的"旗"最早是清朝雍正初年平息罗卜藏丹津事件后，为了加强管理而划定的部落组织，共有29旗。千百户制度是明清以来主要管理藏族等民族的制度；对土族实行土司制度，由土司各统其部落，以听"征调、守卫、朝贡、保塞"之令，至1931年命令废止。

在青海，家族狭义上被认为是父系家族，就是以父亲为核心而形成的血缘集团，实际上是指宗族集团，宗族观念在青海东部农业区比较重。由一个家族单独组成一个村落的情况非常普遍。对于一个家族来说，与另一个家族联姻，姻缘关系和血缘关系构成了亲族关系。由姻亲关系而产生的亲属通常情况下也有往来，俗称"走亲戚"。人们由于家族亲属间的相互关系而产生了亲属称谓，各民族的称谓各不相同、别具特色。青海的家庭规模不大，核心家庭和三世同堂的家庭居多，俗语云"树大要分杈，家大要分业"，分居制度在普通家庭中很常见。为了树立良好的家庭形象，使一个家族能够正常立足于社会群体当中，家规、家法、家教对每个家庭成员影响深远。

人生仪礼主要包括诞生礼、成年礼、婚礼、葬礼等，青海各民族的人生仪礼内容丰富，形式多样。汉族和藏族的诞生礼主要有求子、起名字等，回族有洗三、命名、剃头礼，撒拉族有看月和命名，土族有"塔何拉""保拉""夫果尔夫尼"，蒙古族有命名、洗礼、剪发礼。藏族和土族习惯为女孩举行成人仪式，是姑娘的成年礼，目的是喻示和宣告"成人"，回族、撒拉族男子以割礼为成年仪式，阿拉伯语称之为"赫特乃"（一译为逊乃提，意为圣行）。尽管各民族的婚礼仪式各不相同，但大致包含说媒议亲、订婚、婚礼、回门等重要的仪式，与古代的"六礼"纳采、问名、纳吉、纳征、请期、亲迎非常相似，都有约定俗成的婚姻禁忌，希望婚姻幸福美满。寿诞礼是青海各民族青睐的一种人生仪礼，汉族的过寿、藏族的"加曲加东"、土族的"喇嘛加拉"、蒙古族的"赞迈日"都是人步入老年后在特定的年龄举办的庆祝仪式。由于各民族传统习惯和宗教信仰等原因，葬礼也显示出各民族不同的特色，但大致包括临终守护、报丧吊唁、出殡下葬等活动，主要的丧葬形式有天葬、火葬、塔葬、土葬、二次葬和水葬等，各民族传统的丧葬形式也都有大家共同遵守的丧葬禁忌。

青海的汉族节日民俗与全国大同小异，传统节日除夕、春节、元宵节、清明节、端午节、中秋节、重阳节都是以中原的节日文化为主导，这是中原文化持续渗入而又在本地发展的结果。河湟地区至今流传着祭农神、护青苗、酬神、观冰等生产习俗，祈求神灵保佑农业生产风调雨顺、五谷丰登，秋后还有隆重的谢神仪式。而伊斯兰教节日开斋节、古尔邦节、圣纪节，土族的纳顿，蒙古族的"那达慕"，藏族的"六月会"、"拉伊会"和赛马会等少数民族节日，则大多表现出地方和民族特色。花儿会是汉族、藏族、蒙古族、土族、回族、撒拉族人民共同的节日，民和七里寺花儿会、大通老爷山花儿会、乐都瞿昙寺花儿会、互助五峰寺花儿会等花儿会，在每年的夏天是各族民众通过"花儿"进行交流的典型场地。

（四）口承民俗

青海的口承民俗具有鲜明的地域性，神话、传说、故事、史诗、叙事诗、歌谣、谚语、俗语、谜语、儿歌等民间文学在各民族中口耳相传，是广大劳动人民集体智慧的结晶，各族人民通过讲述、演唱、表演等形式传承着丰富多彩的民间文化。其中，"花儿"是六个世居民族共同传唱的民歌。

汉族民间传说与民间故事丰富多彩，有表达对美好生活的向往、对丑恶现象进行鞭挞的，也有讽刺官场腐败黑暗的，内容丰富，语言生动明快。神话传说有《牛没上牙的来历》《杜康酿酒》等，民间故事有《吃人婆的故事》《想长和想短》《马莲花与川草花》等。

藏族的民间文学极其丰富，有浓厚的浪漫主义色彩。风物传说有《青海湖的来历》《扎陵湖和鄂陵湖的传说》《阿古登巴》《木化的故事》等，家喻户晓。著名的格言集《萨迦格言》《木喻格言》《水喻格言》收集了很多藏族谚语，是藏族道德准则和为人处世的教材。英雄史诗《格萨尔王传》是迄今为止世界上最长的一部史诗，生动再现了古老的藏文化和藏族人民生产斗争的知识经验，史诗中蕴含了藏族从原始社会到近现代历史、政治、宗教等方方面面的内容，被称为藏族的"百科全书"。

回族的口承文学比较丰富，除大量的神话、传说、故事、歌谣、谚语外，独具特色的是宴席曲和花儿，前者是在喜庆宴席上演唱的，叙事性强，喜庆气氛浓；后者是在山坡田野中歌唱的，抒情性强，表达青年男女相爱相思之情，哀怨感人。

土族神话传说《学种庄稼》反映了土族从畜牧业发展到农业的艰苦历程。民间叙事诗《拉仁布与琪门索》《祁家延西》脍炙人口，"安昭""道拉"等民间歌曲种类繁多，唱腔独特。民间故事《阿里姐》《饥汉哥》《红水沟》揭露了剥削者的残酷，《黑马张三哥》《蟒古斯》《花牛犊》表现了土族与自然和邪恶势力的斗争，《孔雀》《登登玛秀》《青蛙女婿》是青年男女向往爱情自由的故事。寓言《红狐狸与黄眼狼》《爱听谗言的鸟王》《想吃太阳的鸠》《兔子传圣旨》等以物寓理，富有哲理性。

撒拉族人民创作了很多民间故事和传说，其故事内容多反映传统时代撒拉族妇女的不幸遭遇和反抗，如《阿姑尕拉吉》《采赛尔》等。神话故事《阿腾其根·玛斯保》反映了撒拉族人民勤劳勇敢的精神品质，传说《韩二哥》赞颂了苏四十三率领撒拉族人民反清的事迹。寓言故事、童话故事《狼、狐狸和兔子》《阿吟保日》《青蛙与农夫》等表达了撒拉族人民坚信正义、善恶分明的观念。

蒙古族口承文学形式多样，内容丰富，特别是英雄史诗方面歌颂成吉思汗的《固始嘉吾汗》《汗青格勒》等颇具地方和民族特色，而其大量的民间故事和民间传说则显示出与藏族民间文学的互融性。

此外，曲艺戏剧也是源远流长，丰富多彩。青海地方曲艺主要有平弦、贤孝、越弦、道情、倒江水、打搅儿、太平秧歌等。安多藏戏、皮影戏、骆驼戏也深受民众喜爱，在不同的地域和民族中都有传唱和表演。

（五）游艺民俗

游艺民俗在青海一方面主要表现在民间文娱体育活动上，是各民族在节日或者闲暇以娱乐、健身和竞技为主要目的的生活文化。藏族的传统体育活动多种多样，果洛、海南、海北等地的游牧藏族一般每年春节进行赛牦牛活动。土族的体育活动也是名目繁多，每逢节日和农闲时，他们便打"毛蛋"、掰"羊头"、拨腰转。土族的"轮子秋"是一项深受群众喜爱的体育活动，还表演一些复杂的高难动作，围观者既兴奋又不时地喝彩，气氛热闹欢快，充满乡村气息。打"蚂蚱"、蹬棍儿、拔腰、打缸等传统体育项目是撒拉族人民喜爱的具有民族特色的活动。乐都瞿昙寺周围"北山跑马，南山射箭"历史悠久，深受当地人的喜爱和重视。

游艺民俗在青海另一方面主要表现在民间工艺和民间艺术上，青海的民间工艺和民间艺术独具地方特色。刺绣是汉族和少数民族妇女喜爱的针线活，也是妇女最基本的生活技能，她们在枕头、鞋垫、鞋面上绣上各种图案，栩栩如生的刺绣图案常给人以极大的视觉享受。香包是青海端午节重要的民俗事象，农家妇女都有一套做香包的绝活，各式各样的香包既受到小孩子们喜爱，也是姑娘们送给情人的礼物。湟中县丹麻山区出产一种被当地群众称为"丹麻玉"的石头，雕刻艺术家们根据玉石花纹层次精工细作，制成各种笔筒、笔架、花盆等，古色古香，典雅美观。自清朝皮影戏从山西传入青海后，皮影制作技术也随之流传开来，皮影雕刻艺人雕刻出许多优秀的皮影作品，形成了富有青海高原特色的皮影。热贡艺术是艺术画廊里的一朵奇葩，是藏传佛教艺术的瑰宝，包括绘画、堆绣、雕塑等，主要流传于黄南藏族自治州同仁县的"五屯"——吴屯、年都乎、郭玛日、脱家、尕赛日。作为塔尔寺艺术三绝之一的堆绣，是刺绣与浮雕结合的工艺美术珍品，它是用五彩丝线在绣缎上绣出各种图案来，以表现人物为主，其构图布局可谓巧夺天工，立体感很强，有很高的观赏价值和艺术价值。塔尔寺酥油花是雕塑艺术的一种形式，是僧侣们在寒冷的作坊里用纯净的酥油加入矿物质染料制成的油塑原材料，其内容丰富多彩，有花草树木、珍禽异兽、亭台楼阁，还有取材于历史和神话传说的故事场面等，无不逼真优美。塔尔寺"艺术三绝"中的唐卡是一种布绘卷轴画，以佛教故事、宗教生活为内容，具有浓厚的藏传佛教艺术特色，描绘极其精致，生动优美。湟中农民画也是一种独特的青海民间艺术，它以独特的地域特色和民族特色登上了中国的艺术大雅之堂，为湟中博得了"农民绘画之乡"的美誉。

四　青海民俗的基本特征

（一）融合性与包容性

青海多民族共存共荣的特征，决定了不同民族民俗文化之间必然会相互吸收，将其他民俗文化的优秀部分，融合进自己的民俗文化之中，发生相互采借。"一种新的民俗在一个民族、一个地区形成，在经历了一段时间的完善之后，它的功能和价值被充分显现出来，它不仅为该民族、该地区的民众所接受，成为传统文化的延续和发展，而且开始向其他民族地区渗透。"① 采借发生的根本动力是被采借的民俗事象所承载的共同利益。

在特殊的地理环境中，各民族生计方式呈现相互包容的特点，青海特有的地理环境与特有的民族文化形态要求各民俗生活方式趋同。这里是农耕文化和游牧文化的交会地带，历史上生活在这里的许多民族都发展了一种介于农耕与游牧经济形态之间的半农半牧或农牧兼营的生计方式。迁徙进入该地域的民族，在民族文化发展过程中会逐渐适应区域地理环境，并逐渐采用适应区域自然环境的生计方式。这样就出现了对于生计方式的相互采借，相互采借最为明显的地域就是河湟地区。

地缘上的文化边缘性促进了各民族民俗文化的包容特点。河湟地区从文化圈角度考量属于典型的边缘地区，而边缘地区由于地处各种文化的边缘地带，与文化核心区域存在较大的空间距离，并由此营造出一种文化心理空间距离。在青海这样一个各种文化的边缘地带，远离母体的边缘文化关系的发展演变呈现一些特殊的现象："弱弱相和"效应——势力较弱的若干个文化相互交融，和谐趋同，相互依存，取长补短，最终形成一种新的复合型的文化共同体，进而发展成为一种新的民族文化。

各民族交错分布方式加强了各民族文化的包容性。青海的藏传佛教文化和伊斯兰教文化虽说分属不同的宗教形式，而且在教义教规方面存在较大差异，但在青海民俗文化圈内，两种文化形式相互包容，相互交融，共存共荣。儒释道文化与伊斯兰教文化之间更是形成交错分布、互相交融、共同繁荣的包容格局。信仰伊斯兰教的回族、撒拉族、东乡族等民族的文化发展与儒释道文化保持密切关联，传入中国的伊斯兰文化与汉文化之间进行了深刻交流。作为中原主流文化的儒释道文化与主导西陲文化的藏传佛教文化的交流，历史悠久而且深厚，交往频繁，在区域历史上具有重要的地位和影响。

---

① 钟敬文主编：《民俗学概论》，上海文艺出版社，1998，第15~16页。

（二）多元性与互享性

从文化形态来分，一种文化现象往往包含多民族文化元素。青海东部在历史上经历过复杂的民族融合过程，当地民间的很多谚语就反映了这种历史发展与民族融合的现实，如"回族是汉族的亲戚，藏族是撒拉族的阿舅"；回族也有"回民大大，汉民娘娘"[①] 的俗语，诸如这样的民族融合产生了文化的多元性。

青海现存有藏传佛教、汉传佛教、伊斯兰教、基督教等多个宗教，各民族的宗教信仰不一，有的是多个民族信仰同一宗教，如信仰藏传佛教的有藏族、土族、蒙古族、汉族等多个民族，也有同一民族信仰不同的宗教。

从区域来看，东部地区多民族、多宗教文化共生共荣的特点突出。河湟地区是六个世居民族共同生活的地方，被称为"中国多元文化的走廊"，藏传佛教、汉传佛教、道教、伊斯兰教、基督教等都在这一地区流传，呈现出多民族、多宗教文化并存共荣的局面。

多元文化并存的局面促进了文化之间的互享。在物质生活中，农区、牧区、半农半牧区都种植青稞，青稞面和糌粑是藏族、蒙古族、土族、汉族、回族等共同享用的食物，以青稞酿造的青稞酒更是青海各族人民招待客人、逢年过节馈赠亲友的最好礼品。畜牧业产出的羊皮袄、皮大衣等服饰被各民族所接受，同时处于牧区的少数民族穿羽绒服、牛仔裤等，也比较普遍。居住方面，农区各民族共享土木结构四合院格局的"庄廓"，因地理环境或财力条件等因素的不同，在内部装饰和陈设上有些差异。在交通方面，传统社会中，各民族多以马、骡、驴等为乘骑，水上以羊皮筏子为渡河工具。

青海各民族通过长期的接触、交流，最为深层次的精神产品也为各民族所共享。区域内各民族具有豪迈奔放、吃苦耐劳的精神素质，在世界观、价值观方面具有很大的共享性。如随处可见的"拉则""鄂博"等山神信仰，在藏族、

---

① "大大""娘娘"：河湟方言，分别指伯父、姑姑。

蒙古族、土族、汉族等各民族中通行。腊八节也与内地不同，汉族、藏族、土族等民族在腊八日的黎明前，每户人家都到河边去打"腊八冰"，把整块的厚冰搬到家里，分别献在佛前、中宫、庄廓四角及附近农田里。同时，从山泉中汲来清水，舀上第一碗放在中宫里，待结冰后观察冰中胞粒形状，如果圆形颗粒多则认为豆类作物收成好。通过祭冰，祈求来年风调雨顺，五谷丰登。

由于各民族的持续交往，在民俗文化圈中部分回族、撒拉族、土族、蒙古族、汉族等会说藏语，有些回族会说土语，青海黄南年都乎土族，在家里和村落内说土语，遇到藏族时说藏语，遇到汉族时说汉语，同时掌握三种语言。各民族语言之间的借用更是普遍，汉语词语大量进入各民族语言中，尤其是现代新名词，直接被借用到其他民族语言中。青海"花儿"是汉族、回族、土族、撒拉族和部分藏族、蒙古族、东乡族等民族共同用汉语演唱的民歌，其中所谓的"风搅雪"花儿，往往是汉语与藏语、汉语与撒拉语、汉语与土语以及阿拉伯词语交会混用所产生的，这种各民族的语言互享性非常突出。

（三）功利性与伦理性

民众对于宗教以及鬼神、偶像的崇拜往往是出于一种比较功利的目的与心态，将其作为享受人生、消解内心焦虑的一种辅助方式。他们对宗教的真正要求并不在于其高深的哲理体系、玄妙的彼岸境界和缜密的逻辑思维，只是希望通过庄严而又随时可行的仪式来满足延年益寿、消灾避祸及心遂所愿的心理。他们为谋求安全，免受病害、灾难以及社会不安定因素的困扰，跪拜在神灵面前，虔诚祈祷，期盼生活安定。他们能包容多种宗教及其神灵。尤其生活在底层的广大民众，其赖以为生的农耕生活，与大自然关系密切，他们在无力左右、改变自然界的情况下，常常视晴雨、丰歉为天意。为求得大自然的宽容与恩赐，保佑四季平安，减少或者消除农业生产所遇到的各种灾难，人们便进行祈雨、献祭、禳灾等活动，通过拜天地、供龙王等方式礼遇一切关乎一年四季农作物生长、丰歉的天体、气象、动物、土地、山川河流等，这些数不胜数的神灵受到虔诚的祭祀供奉，成为人们生活中崇拜的对象。

在儒释道文化圈，佛教以五戒比附于儒家的仁、义、礼、智、信，要人们奉行五戒来化育民俗。道教也强调道德、忠孝等伦理观念，宋代以来的善书，就是将宗教与伦理糅合在一起，向社会各阶层渗透。用善恶报应与世俗的伦理道德标准以及鬼神信仰、神秘心理等，使民众深受其影响。

在日常生活中，尊重长者是一贯的传统，百事孝为先，亲亲为大，要做到"养生丧死""不饥不寒"，赡养老人、敬祖敬宗、慎终追远是普通人应遵行的规则，也是普通人应履行的一种义务。在自给自足的自然经济状态下，所有的活动都是以家庭及家族为中心展开的，每个家庭在生产生活中都形成了一定的家庭祭祀习俗、家庭庆典及家庭信仰，体现和表达了尊祖敬宗、父慈子孝、兄友弟恭、男欢女爱、含饴弄孙、四世同堂的世俗伦理精神。

（四）地方性与稳定性

一个民族的文化传统由人们在其所处的自然与社会人文环境中创造的文化要素凝聚而成，具有典型的地方性特征。青海独特的地理环境是各民族传统文化产生、传承的基础，给生活、生产于此的各族民众提供了最初的生存空间、创造文化的场所和物质的可能。在与自然界共同前进的长期历史过程中，各民族对于与自己生产生活密切相关的自然现象、自然事物逐步有了较为清晰的认识，其中对捉摸不定的自然力的各种原始的、幻想的观念衍化为他们的原始宗教，形成了大自然崇拜、动植物崇拜、鬼魂崇拜、图腾崇拜、偶像崇拜等方式，地方性很强。各种崇拜对象都以与人们的生产生活密切相关的自然物质为原型，并根据自己现实生活的需要规定了神的性能和地位。以藏族民俗文化为例，藏族先民在广袤的高原上生产生活受到自然条件强烈的限制，畜牧业自然成为可选择的最佳产食适应方式，并由此直接创造了畜牧业文化。青海高原作为畜牧文化的载体，畜牧文化初期的生产方式、生活方式受制于当地的自然环境，这种地方性的特点成为藏族先民进行更大范围的文化创造的基础，是更深广文化层次的物质前提。

青海各民族的物质民俗、精神民俗、社会民俗、口承民俗、游艺民俗随着社会的发展无论在形式上还是内容上都发生着变异，但长期以来青海以农业、牧业、半农半牧为主的经济基础和意识形态没有发生改变，民俗文化仍然具有相对的稳定性。以青海伊斯兰教文化圈为例，回族、撒拉族的民俗，就伴随着他们的生产生活方式长期相对稳固下来，成为他们日常生活不可或缺的组成部分。饮食方面的饮茶、炸油香及各种饮食禁忌习俗，卫生方面的洗大、小净习俗，服饰方面的戴白帽、盖头等习俗，伴随着青海回族、撒拉族的形成、发展延续至今。尽管一些民俗随着历史的发展、社会和生产方式的进步、生活方式的改变而淡化甚至消失，但那些根本性、关键性的习俗却一直传承至今。伊斯兰教生活方式成为青海回族、撒拉族主要风俗习惯后，并没有脱离宗教意义，因而仍受到伊斯兰教的约束，具有相当大的稳定性。

民俗特征的表现是多种多样的，不同地域、不同民族、不同国家的民俗，既有共性又有个性①。融合性与包容性、多元性与互享性、功利性与伦理性、地方性与稳定性是青海民俗文化的个性特征，它是适应青海自然地理环境、历史人文环境的综合产物。青海民俗文化作为中国民俗文化的组成部分，也具有集体性、传承性和扩布性、稳定性与变异性、类型性、规范性和服务性等民俗文化的普遍性特征。

五　青海民俗的主要功能

（一）传承与教化功能

从历时的角度看，文化是以累积的方式向下一代传递的，它依赖于人们的传承而得以延续，传承是文化能够继续发展的前提条件，传承内容、传承方式、传承人是民俗文化得以传承的重要因素。各民族的物质生产方式基本秉承了历史传统，即汉族、土族主要从事农业生产，藏族、蒙古族主要从事畜牧业生产，回族、撒拉族擅长商业活动。这种农业生产、牧业生产、商贸

---

① 钟敬文主编：《民俗学概论》，上海文艺出版社，1998，第11页。

活动的民俗传承使六个世居民族之间互通有无，满足各自的物质需要而形成一个稳定的经济共同体。物质生产民俗在很大程度上决定饮食、服饰、居住等物质生活民俗，由于青海独特的自然环境影响，不同民族在物质生活民俗的传承上具有民族特色和诸多共性。

在宗教信仰方面，儒释道传承了儒家的忠孝节义、佛教的因果报应、道教的清静无为等精神，以儒做人、以道养生、以悟佛参禅清心。藏传佛教作为一种精神信仰融入藏族、土族、蒙古族和汉族等民族中，以固定的信仰空间为依托、系统的信仰义理为准则，以世俗的生活做践行。回族、撒拉族严格遵循着《古兰经》和圣训的规定，对本民族的民俗文化影响至深，宗教生活成为日常生活的一部分而被穆斯林传承。

世居民族的社会民俗文化非常丰富，尤其是民俗节日和人生仪礼都是民俗文化特色的集中体现。在青海高原，民俗节日的内容和形式多种多样，中华民族的传统节日和独具地方特色、民族特色的节日习俗共同构建了青海的节日文化体系。由于各民族信仰体系不同，各民族在青海民俗节日的传承中呈现出不同的风格。藏族、土族、蒙古族的节日风格从内容到形式都具有佛教信仰的特色，节日体系中传承保留了许多宗教性的节日活动，如藏族的传昭大法会、酥油灯节、晒佛节等，土族的佑宁寺"观经"大会。回族和撒拉族的节日体系主要由宗教性特色节日构成，如开斋节、古尔邦节、圣纪节。

诞生礼、成年礼、婚礼、葬礼是人一生中最为重要的礼仪，这四种礼仪在青海各民族中内容丰富，形式多样，其中包含了许多仪式。各族人民按照固有的传统，传承祖先遗留下来的人生仪礼，完成一个个体从生到死仪式化的人生历程。

各民族的语言民俗十分丰富，既有少数民族语言和青海各地方言，又有各种俗语、谚语、歇后语、神话、传说、故事和歌谣等，这些口承语言民俗都有各自特定的展演形式和场所，在说者与听者的动态交流中顽强地得到传承。民间游戏和民间竞技等活动也在不同的人群中传承，是在特定的时间或者日常闲暇里以娱乐为目的的民俗活动。

（二）维系与调适功能

文化是维系一个区域社会稳定和发展的重要因素，民俗作为一个区域民众的传承内容不断被后代复制，是维系社会稳定和发展的生命力之一，民俗具有很强的维系功能，"民俗不仅是社会成员的行为方式，更重要的是维系着群体或民族的文化心理"[①]。民俗文化能有如此强大的维系力量，关键在于群体成员对于文化的认同作用。青海多民族聚居、多元信仰并存、多种文化传统传承，不同文化的交流与碰撞产生了文化他者与自我，形成了多种文化认同层级。最小层级为一个民族内部的文化认同，其次是相同宗教信仰形成的民俗文化圈内部的文化认同，然后是扩及整个区域的文化认同及中华文化的认同，最后上升为对中国国家主权的认同。就促成区域文化认同与群体情感维系的普适性文化因素来看，影响五个层级的认同因素有许多共性，如地理环境、物质生产、语言、衣食住行、节庆、礼仪、艺术、宗教等。青海多元民俗文化在多种认同并存中使自我的文化特色更加凸显，增强不同层级内部的情感联系，是不同文化认同层级群体内所有成员保持向心力和凝聚力的核心维系力量。

在民俗生活中大量的民俗事象具有娱乐、宣泄、补偿等功能，使人们的社会生活和心理本能得到及时的调节。青海藏族的六月会、蒙古族的那达慕、土族的纳顿、汉族的庙会等节日活动都具有娱乐和宣泄的功能，人们在节日里尽情狂欢，让日常生活中压抑的心理得到宣泄，定期调适自己让内心世界趋于平和。青海六个世居民族通过汉语共同传唱的"花儿"更是一次民间的"狂欢节"，人们在农闲时间的"花儿会"中通过歌声表达自己的心愿，在对歌交流中释放自己的快乐或者压抑的情感。

（三）认知与建构功能

在文化认知领域，他者文化对于自我文化认知十分重要，可以说由于他

---

① 钟敬文主编：《民俗学概论》，上海文艺出版社，1998，第30页。

者的存在，主体的意识才得以确立，他者是自我的先决条件。在多民族生活的区域内，文化的交流与碰撞势必会产生他者与自我的区分，对于文化他者的确立有利于自我文化的认知，进而促进本民族文化的认同。在青海区域范围内，"文化他者"所指有两个层面：一是儒释道、藏传佛教、伊斯兰教三个信仰民俗文化圈彼此互为他者，二是汉族、藏族、回族、土族、撒拉族、蒙古族六个世居民族彼此互为他者。可以说，在青海多元文化背景下各民族文化的确立、民俗文化圈的形成，离不开对异文化，即他者文化的认知；反过来，多元民俗文化圈也加强了对民族间的他者特色的文化认知。

宗教信仰内核是三个信仰民俗文化圈民族之间互为他者的基础，宗教信仰的文化核心成为他者文化特色建构的核心力量。六个世居民族中全民信仰宗教的现象非常普遍，其构架的文化核心是宗教信仰，宗教信仰是建构他者文化特色的文化核心力量，这样就形成了文化他者的第一个层面，即以不同信仰民族文化圈构成的互为彼此的文化他者。

生活习俗的文化表征是六个世居民族互为他者的基础。生活习俗的文化表征包括很多方面，如语言、饮食、服饰、居住、节庆、祭祀、婚丧嫁娶等，这些都是他者建构的主要方面。不同文化圈之间各个民族的文化特色差异很大，即便在同一信仰民族文化圈里不同民族文化虽然很多风俗习惯具有一定的相似性，但因历史传统、生产生活方式等不同也各有特色，构成不同民族之间的文化他者。

（四）规范与控制功能

社会规范有多种形式，它们大略可以分为四个层面：第一层是法律，第二层是纪律，第三层是道德，第四层是民俗。其中民俗是产生最早、约束面最广的一种深层行为规范。[1]民众传承的各种民俗活动是约定俗成的风俗习惯，本身是一套不成文的行为规范，对人的行为具有约束和规范的功能。在

---

[1] 钟敬文主编：《民俗学概论》，上海文艺出版社，1998，第29页。

物质生产民俗中有诸多禁忌，某些禁忌就是在规范和控制人的行为。俗称的天下三百六十行，每个行业都有行规和行业神，行规就是对从事本行业的所有人的一种行为规范，遵循行规既能在本行业中有立足之地，也使行业有序正常发展，正所谓"无规矩不成方圆"。每个人的衣、食、住、行等物质生活民俗在不同的民俗环境中也形成不同的习惯，人们按照传统的生活习惯约定俗成地生活着。汉族给客人奉茶饭时要双手递送，而不能用单手，吃饭时严禁将米饭粒、馍馍渣、面条等随便散落在地。藏族在喝酒时要用无名指从杯中蘸一点，向空中弹洒三次，表示敬献神灵，俗称"敬三宝"，然后才能自己饮用。回族和撒拉族妇女在做饭、盛饭、吃饭、倒茶、喝茶之前，都必须用阿拉伯语念"太斯米"，然后才能开始采取动作。土族在逢年过节，或盛大宴席上，或日常生活中吃饭喝酒时，首先用无名指蘸着酒、饭向空中弹三下，以表示虔诚祭天。

青海的儒释道文化圈、藏传佛教文化圈、伊斯兰教文化圈三大文化圈的宗教信仰都具有规范人的行为的功能。在儒释道文化圈内，民众的民俗行为在这些宗教思想的影响下形成并传承，是这种宗教思想在民间生活领域的体现。伊斯兰教不只是一种宗教信仰，而且是一种文化形式和生活方式。藏传佛教在产生与发展过程中，宗教的教义与生活的本真融而为一，人们在生产和生活的习惯与法则中践行了人与自然的和谐理念，更多地蕴含在常态化的民俗文化中，使教规成为塑造和彰显民族性格和民族精神的重要文化模式。回族、撒拉族严格遵守教规，成为他们生活的准则，同他们的日常生活紧密联系，他们长期遵从这种生活方式，也就必然地成为他们的风俗习惯。

青海村落中的村规民约对每一个村民都有约束和保护的作用，有的村规民约到现在还具有调解邻里矛盾、解决村落内和村落之间纠纷的功能。家族内部的家法家规是对家庭内部成员和财产管理的一种规范，是约定俗成的一种习惯法。藏族基于神灵信仰的"神判"，是基于佛教信仰的领袖调解与部落头人威信的裁决，使得习惯法在现实社会中发挥了规范和协调部落内部或者部落之间各种关系的作用。此外，村落内举办大型庙会等集体民俗活动时，为了民俗活动顺利进行和有序传承也会制定相关的规范，明确每个人的职责义务。

（五）服务与和谐功能

"人类创造了文化，目的是为享用它。"① 青海东部农业区在长期的物质生产过程中积累了大量的农业生产经验，通过"伏天里翻歇地，十分收成不用急""春动一锨土，秋粮增一斗""今年多翻一遍地，明年少锄三遍草"等谚语流传于广大农区，对于农民从事农耕具有现实性的指导意义，长期服务于人们的生产活动。土族的纳顿节，借助于舞蹈的表现形式，把人们对生活最真实最质朴的情感，倾注于宗教活动的信念中，通过各种仪式活动客观上调节了人与自然的紧张关系，从而给人以生存的希望和信心。藏族和土族共享的热贡六月会也是沟通人与自然关系的重要方式之一，六月会和纳顿节同属农事祭祀活动，同样具有通过神灵崇拜，沟通人与自然关系，为人们的生产生活提供精神寄托的功能。他们通过祭拜各个等级的山神、被地方化的汉地二郎神等神求得心灵的慰藉。道教的斋醮仪式，仍然调节着人与自然关系，某些醮仪中供奉的神灵是民间将自然人格化的形象，实际仍是人与自然的关系。因此在客观上，各种信仰民俗仪式均要创造让民众安心、安全的生活、生产的理想状态，建立一种和谐的社会生活秩序，最终让民众在心理上获得安宁，达成民俗个体身心内部的和谐。

（六）审美与娱乐功能

民俗文化是根据人民大众的审美观念来创造、传承和分享的，尤其是带有文学艺术性质的精神产品，如传说故事、歌谣、戏曲、音乐、美术、舞蹈，其创作和欣赏原则都是符合民俗审美习惯的。比如民间叙事的道德伦理、人物形象、故事场景、逻辑关系、语言风格乃至象征意义，民俗艺术作

---

① 钟敬文主编：《民俗学概论》，上海文艺出版社，1998，第 31 页。

品中的造型、图案、线条、旋律、音符以及特有的文化含义，都是依据民族或地方的文化传统来生成和传承的，人们也是依据这种文化惯性来欣赏和鉴定的。格萨尔王是藏族以及蒙古族、土族所崇拜的史诗英雄，人们习惯性地欣赏着他英武正义的高大形象，史诗的说唱形式也符合藏族的欣赏习惯，否则就不被人们所认同。湟中农民画中的吉祥图案及其文化寓意，则完全符合河湟多民族追求幸福、期盼吉利、和谐稳定、大简至美的审美习惯。即使在综合性的民俗展演中，符合民众的审美也是不可或缺的，比如河湟春节社火中高台、狮子舞以及各类"身子"（民间舞蹈队），甚至服饰打扮以及扇子、花灯等，都在当地民众审美的标准中被评价、被鉴赏。从这个意义上讲，青海民俗文化具有鲜明的地方民族审美功能。

与审美功能紧密相关的就是娱乐功能，二者之间既有重合又有区别。所谓"寓教于乐"，是民众千百年来喜闻乐见的文化传承方式，无论是教化传承，还是规范调适，民众都不是板起面孔说教，而是用轻松生动和娱乐消费的方式让后来者愉快地自然习得。河湟花儿既是一种情感的抒发方式，又是一种娱乐的途径，很多有戏谑内容的对歌，相互调情戏耍，意在取笑娱乐。民间曲艺中的"打搅儿"、皮影戏中的即兴表演、民间故事中的笑话、社火展演中的"贾大爷放鹰"等，都以娱乐为主。即使在一些神圣性仪式上，有些内容也是既表演给神灵看，以娱乐神圣，同时也是表演给观众看，让人们在笑声中得到娱乐。所谓"娱神娱人"就是这一功能的简洁概括。正是在审美与娱乐的社会作用中，青海民俗文化才得以传承不息。

大事记略

史前时期

20世纪80年代，中国科学工作者在柴达木盆地的小柴旦湖采集到雕刻器、刮削器、尖状器、砍砸器等，这些都属于旧石器时代中期的石器，是距今3万年前"小柴旦人"生活的遗物。小柴旦湖遗址是青海省境内目前发现的最早的一处旧石器时代晚期遗址，"小柴旦人"堪称中国最早的居民之一。

20世纪80~90年代，在格尔木市南的东昆仑山、黄河上游龙羊峡地区发现骨器、贝壳装饰品等。大量加工的石器中出现琢修技术，这些石器属于旧石器时代晚期，这说明在距今1万年到4000年前时，先民们开始使用装饰品。

公元前3800年至公元前2000年是马家窑文化时期，呈现出先民创造的原始民俗文化：一是先民以氏族为单位定居在河流两岸的台地上；住房大多是半地穴式，屋中有灶，房屋周围还有贮藏物品的窖穴。二是以原始农耕经济为主，主要粮食作物有粟、黍等，同时还饲养猪、狗、羊等家畜。三是制陶业比较发达，有一定规模的制陶作坊。1973年在大通上孙家寨出土的舞蹈纹饰彩陶盆，反映了先民的生活情景。四是异性二人合葬墓较多，反映原始先民的婚姻状态已从对偶婚向一夫一妻制过渡。

在青铜器时代的齐家文化中，出土了石斧、石刀、石铲，红铜或青铜制的刀、锥、镜、指环等，贵南县尕马台出土的青铜镜是中国最早的青铜镜。

公元前1600年至公元前740年的卡约文化遗址中，出土了造型复杂逼真的铜斧、铜刀等铜器。墓葬多为"二次扰乱葬"，甚至出现人殉、牲殉、牲祭等丧葬民俗。

诺木洪文化是青海特有的地域文化，因发现于都兰诺木洪而得名，塔温他里哈遗址、塔里他里哈遗址由国务院公布为全国重点文物保护单位，距今3000年左右，其文化的下限则延续到汉代。文化遗存主要是房子、土坯围墙、牲畜圈栏和木棺墓葬及大量骨器、陶器、毛布、毛线、麦类作物等。依据遗址，先民的住房建在土坯围墙中，用木架支撑屋顶，木构件为榫卯。附近还有牲畜圈栏，积有羊粪及马、牛、骆驼的粪便，证明骆驼等已被先民们驯化，成为交通工具。还发现了用牛皮制作的革履，采用了鞋帮、鞋底分件构成的形式。在出土文物中，还有磨制精细的骨笛、骨哨，用陶土制成的牦牛等，是先民们在劳动之余从事精神民俗活动的物证。

乐都柳湾原始社会氏族公共墓地分别为马家窑文化半山、马厂类型和齐家文化，属于新石器时代，出土各种生产工具、生活用具和海贝、蚌壳、绿松石装饰品等文物3万余件，其中各种形制的彩陶器皿达15000件之多。陶器是先民们的日常生活用具，表面为橘红色或紫红色，配上黑色线条的几何形花纹或动物形花纹，器型和花纹融为一体，不但是制陶工艺发达的标志，更是先民智慧创造的结晶。彩陶的器型主要有盆、壶、罐、瓮、豆、碗，部分彩陶壶的腹下部绘有各种不同的符号。这些符号或是陶器制造者的记号，或是代表氏族的徽号，抑或是中国最原始的古文字。男性墓中多有石刀、石斧等生产工具，女性墓葬中多有石纺轮、陶纺轮、骨针、骨珠等，表明当时出现男耕女织的社会分工。

在同德县宗日文化遗址中出土的文物包括生活用具、生产工具、装饰品等。如舞蹈图案彩陶盆、二人抬物图案彩陶盆，乳白色陶上施紫红彩、变形鸟纹和多道连续折线纹等，骨叉、骨勺等生活器物，多是宗日文化特色的新器物。

青海省考古研究所等组成的文物普查小组，在海南州共和地区、柴达木盆地先后发现了多处古代岩画，有动植物、车马、人物等图案，时间最早的距今 1000 年左右。手法简练，线条流畅，苍劲古朴。

乐都地区的双二东坪遗址发掘出马家窑文化马厂类型泥质红陶彩绘，有波折纹、锯齿纹、网格纹的壶、盆、罐残片；齐家文化泥质陶饰绳纹、篮纹的双耳罐残片；辛店文化加砂陶、素面陶及饰有绳纹、附加堆纹、彩绘太阳纹、回纹、大角羊、鹿等纹饰的双耳罐、钵、盆、鬲，大耳厚重的彩陶罐残片。石器有石磨盘、磨棒、石杵、石刀、石斧、石凿、盘状器、石核等生产生活器物。

民和回族土族自治县官亭镇喇家村喇家遗址，是一处新石器时代的大型聚落遗址，距今 4000 多年，分布着从庙底沟时期、马家窑文化、齐家文化到辛店文化等多种类型与青铜时代的古文化遗址。尤其发掘出了非自然性死亡人体遗骸，是迄今为止发现的中国唯一一处大型灾难遗址。这座因地震和黄河洪水毁灭的史前遗址，是 2002 年我国十大考古发现之一，是 2001 年被国务院公布的第五批全国重点文物保护单位。喇家遗址聚落是由窑洞建筑形成的聚落，发现具有广场性质的一大片硬土面，是当时人们举行仪式活动的重要场地；清理出奠基坑、人牲杀祭坑、埋藏坑、灰烬层、露天灶址等，还有玉器、卜骨、石圭和精美陶器。其中出土了国内最大的玉刀和"黄河磬王"，还出土了一件盛在碗中的面条状遗存物。经鉴定，确认食物成分是大量的粟与少量的黍，当是迄今最早的面条遗存。

先秦—唐宋时期

典籍《山海经》中保存了西王母"虎齿豹尾"、大禹治水等近百则昆仑神话片段。

典籍《穆天子传》记载了周穆王西巡昆仑山，瑶池宴请西王母的故事，成为后世佳话。

典籍《尔雅》为辞书之祖，其《释地》曰："觚竹、北户、西王母、日下，谓之四荒。""西北至美者，有昆仑虚至璆琳琅玕焉。"其《释丘》曰："一成为敦丘，再成为陶丘，三成为昆仑丘。"其《释水》曰："河出昆仑虚，色白。"

诗人屈原每每失意时神游昆仑山，《楚辞·离骚》中"登昆仑兮四望，心飞扬兮浩荡"等有关"昆仑"的描述比比皆是。今人姜亮夫先生认为"屈原的祖先来自西部的昆仑"[①]。

《史记·大宛列传》曰："汉使穷河源，河源出于阗，其山多玉石，采来，天子（这里指汉武帝）案古图书，名河所出山曰昆仑云。"汉武帝把于阗南山认定为昆仑山，第一次钦定昆仑山所在。

据《汉书》等典籍记载，战国秦汉时，今青海地区生息的民族为古羌人，以虎为图腾，"以战死为吉祥，以病终为不祥"。青海地区被称为"羌中"或"湟中"。

《汉书·地理志》记载金城郡临羌县"西北至塞外，有西王母石室、仙海、盐池，北则湟水所出"[②]。

东汉和帝永元四年（92），护羌校尉邓训病逝，河湟汉羌民众家中供奉他的神龛，遇有病则祈祷求治。

汉平帝元始四年（4），中郎将平宪等，携带大量黄金货币，西出塞外，引诱卑禾羌献地称臣。当时，在全国已设有东海、南海、北海三郡，王莽为凑"四海"之数，取"四海归一"之意，将良愿等所献之地称为"西海郡"。并凿一尊硕大的花岗岩西海郡虎符石匮，上座为俯卧状石虎，石虎下

---

① 姜亮夫指出："诗中说要到昆仑，实则是到祖坟上去哭诉，因为昆仑是楚之发祥地。古今的人，在风俗习惯上还有相同之处。"姜亮夫：《楚辞今译讲录·〈离骚〉析疑》，北京出版社，1981，第64页。

② 据考证研究，汉晋时期的西王母寺在今海西州天峻县315国道338公里处，属于关角乡。这里发现了"长乐未央""长乐万亿"铭文的瓦当。寺址对面有一天然石洞，当为西王母石室。见崔永红：《西王母的三面孔》，载《青海社会科学》2010年第6期。

有石座，称石匮，凿刻"西海郡虎符石匮，始建国元年十月癸卯，工河南郭戒造"二十二个篆字。[①]就此事，哲学家王充在其无神论名著《论衡·恢国篇》中曰："汉遂得西王母石室，因为西海郡……西王母国在绝极之外，而汉属之，德孰大，壤孰广！"

《后汉书·西羌传》专门记载了先秦秦汉时期西部古老民族羌人的衣食起居、精神信仰、婚姻丧葬、经济生产等诸多民俗文化。

西晋经学家杜预《春秋释例·土地名》曰"河出西平西南二千里"，西晋西平郡治在西都即今西宁市附近。

东晋孝武帝太元十一年（386），吕光建立后凉政权，强迫居住在西海郡的百姓迁往凉州，百姓以歌声鸣不平，创作《西海郡谣》："朔马心何悲，念归心中劳；燕雀何徘徊，意欲归故巢。"后来这首民歌被收入《西宁府新志》中。

《晋书·沮渠蒙逊载记》："蒙逊西至苕藋，遣前将军沮渠成都将骑五千袭卑和虏，蒙逊率中军三万继之，卑和虏率众迎降。遂循海而西，至盐池，祀西王母寺。寺中有《玄石神图》，命其中书侍郎张穆赋焉，铭之于寺前。"

据《上孙家寨汉晋墓》中的研究分析，在今西宁市大通县上孙家寨发掘的180余座墓葬，属西汉中期至魏晋的墓葬，墓葬形制、埋葬习俗及随葬陶器、模型器、货币等种类基本与中原汉墓相近或相似；但共出有本地传统文化上的陶器、葬式（二次扰乱葬、附身直肢葬）等。"既有大量汉文化的因素，又保留着浓厚的固有文化传统，表现为汉式的墓葬形制和羌人等土著民族的埋葬习俗共存，也表现为汉式陶器与土著文化陶器共处。随着时间的后移，这里的文化，通过相邻的甘肃河西走廊地区的媒介而扩大着同关中地区的融合，共性愈益加强，至东汉末年，可以说已基本上融为一体。总之，这批墓葬文化内涵所反映出来的青海河湟地区的汉文化因素，是在卡约—唐汪

①　赵宗福《昆仑神话》解读云："石匮上的虎就是西王母的象征……其象征意义就是这里曾经是西王母的地方，如今西王母的白虎却成了守卫大汉西海——西疆圣兽，而且有此圣兽的守卫，汉王朝的西边将永远安宁无虞。"赵宗福：《昆仑神话》，青海人民出版社，1995，第99页。

文化的基础上通过突发的外来影响而逐步形成并发展起来的。此外，在本批墓葬中还可以看到一些其他民族如匈奴文化的因素。"①

《晋书》《魏书》《北史》《南齐书》《宋书》《旧唐书》《新唐书》等 12 部史籍的《吐谷浑传》中，较为简略而连贯地记载了从西晋末年至唐代中叶时期鲜卑吐谷浑人的诸多社会信仰及服饰、丧葬、婚姻和经济民俗。

隋大业五年（609），隋炀帝亲自统兵入青征讨吐谷浑，在金山（今大通县娘娘山，又称金娥山、圣姥山）大宴群臣，陈兵讲武。今大通地区流传有诸多与隋炀帝有关的传说。如《浩门桥墩的传说》，讲述隋炀帝西巡青海时怒斩建桥官员的故事;《娘娘山的传说》，说隋炀帝将多次劝谏他的正宫娘娘发配到西北落云山牧马，娘娘跳崖自尽，落云山改为"娘娘山"。

20 世纪 80~90 年代，在都兰县热水草原发掘的晋至唐代墓葬群中，出土了大量丝织品，丝绸品种之全、图案之精美、时间跨度之长在国内考古发现中均属罕见。考古工作者已经在这里发现丝绸 350 多件、130 余种。在这些丝绸残片中，有 112 种为中原汉地制造，18 种为中亚、西亚所制造。其中一块波斯人使用的钵罗婆文字锦是目前世界上发现的唯一一块已确认的 8 世纪波斯文字锦。在两座墓的三具木棺四面均有彩绘，经过复原看出，主要是以赞普、赞蒙（王、王后）为中心的迎宾图和职贡图。具体形象有帐居、射猎、宴饮、迎客、击鼓、起舞、骑士、商旅等。其中有吐蕃人特有的风俗和装饰风格，有身穿圆领窄袖长袍、翻领长袖长袍，戴圆帽的中亚人和波斯人的形象，以及鲜卑骑士等。

唐贞观四年（630），李靖为西海道行军大总管，侯君集、李道宗任副帅，进攻吐谷浑。贞观九年（635），侯君集等进逾星宿川，到达柏海（今扎陵湖、鄂陵湖）一带，《旧唐书·侯君集传》还专门记载了他"北望积石山，观河源之所出焉"一事。

贞观十五年（641），文成公主进藏，松赞干布在柏海亲迎。景龙四年

---

① 青海省文物考古研究所编：《上孙家寨汉晋墓》，文物出版社，1993，第 215~217 页。

（710），金城公主经青海前往吐蕃。在进藏路上，留下了《日月山的传说》《倒淌河为什么倒淌》《文成公主和"甲莫温曲"》《金城公主》《藏王赤都松和茶》等民间故事，后来藏戏中还有专门的《文成公主》传统剧目。

开元十九年（731），吐蕃向唐请求划界和互市，"交马"于鄯州西南石堡城西二十余里地的"赤岭"（即日月山）互市。赤岭互市是青海境内进行茶马互市的最早记载，而民间饮茶习俗抑或更早一些。

贞元二十年（804），侍御史吕温出使吐蕃途中，写有《经河源军汉村作》诗："行行忽到旧河源，城外千家作汉村。樵采未侵征虏墓，耕耘犹就破羌屯。金汤天险长全设，伏腊华风亦暗存。暂驻单车空下泪，有心无力复何言。"河源军故址在今西宁市东，诗中描述了这里千家汉村、耕耘种田及传承的伏腊华风汉族民俗。①

元和元年（806），玉树勒巴沟大日如来殿摩崖石刻凿成。

长庆元年（821），刘元鼎出使吐蕃，写有《使吐蕃经见纪略》一文，记录了黄河源头的山川形势。他把所经历的巴颜喀拉山认定为昆仑山。

诗人司空图《河湟有感》写道："一自萧关起战尘，河湟隔断异乡春。汉儿学得胡儿语，却向城头骂汉人。"反映了当时汉藏民族之间的碰撞与融合。

会昌元年（841），吐蕃灭佛，山南修行僧人藏饶赛、肴格迥及玛尔释迦牟尼"三贤哲"辗转逃至青海，在今化隆县旦斗寺落脚，招来并剃度贡巴饶赛为僧，共同培养了这位"下路弘传"的鼻祖。

《隋书》《旧唐书》《新唐书》《新五代史》《旧五代史》中的《党项传》记载了党项羌的生产生活、服饰装扮、经济形态等物质民俗和精神民俗。新旧《唐书》、新旧《五代史》中的《吐蕃传》记载了吐蕃的发展渊源、伦理道德、丧葬婚姻、服饰打扮、精神信仰等民俗。

藏族的著名英雄史诗《格萨尔王传》，是世界文化史上杰出的鸿篇巨制，代表了古代藏族口头叙事艺术的最高成就，在广大藏族民众中广为流传。

---

① 赵宗福：《历代咏青诗选》，青海人民出版社，1986，第50~51页。

宋哲宗元符年间（1098~1100），李远随宋军进入河湟，他将自己所见所闻撰成《青唐录》一卷①，在记载北宋兵进河湟史实的同时，对此地的经济民俗、居住民俗以及信仰民俗做了简要描述。

《宋史·吐蕃传》记载了湟水流域唃厮啰政权始末。对这一时期的商贸、服饰、宗教、饮食、居住等民俗方面亦有反映，如"市易用五谷、乳香、硇砂、马牛以钱帛。贵虎豹皮，用缘饰衣裘。妇人衣锦，服绯紫青绿。尊释氏，不知医药，疾病召巫觋视之，焚柴声鼓，谓之逐鬼"等。

崇宁三年（1104），唃厮啰政权宣告结束，宋王朝设置西宁州，治所青唐城，即今西宁市。"西宁"一名开始见于历史，取"西陲安宁"之意。至今，西宁这一名称已有 900 多年的历史了。

元明清时期

元代初年，穆罕默德二十世孙古土布·览巴尼·尔卜都·来海麻尼由今伊拉克来到中国，他先在云南传教，而后到西宁从事讲经活动。去世后，当时镇守青海的蒙古族西宁王速来蛮（成吉思汗四弟之玄孙）为他在凤凰山修建了拱北，并树碑纪念。

至元十七年（1280），元世祖派招讨使都实等，对河源地区做了大规模的实地考察，这是历史上第一次对河源地区进行有组织大规模的考察，比前人的认识更加深入。根据都实等人的描述，潘昂霄写成《河源志》一书，这是中国最早的记录河源考察状况的珍贵文献。同时代的朱思本，从一位藏族高僧手中得到一本用藏文记载河源的书，将其翻译成了汉文，内容与潘昂霄的《河源志》互有详略。说河源"水从地涌出如井，其井百余，东北流百余里，汇为大泽，曰'火敦脑儿'"，明确指出河源来自星宿海西南百余里，这正是今天黄河源头卡日曲的位置。

---

① 参见马忠《关于〈青唐录〉的整理》一文，载青海省少数民族古籍整理规划办公室《青海地方旧志五种》，青海人民出版社，1989，第3~5页。

元代，操着阿尔泰语系突厥语族西匈语支乌古斯语族、信仰伊斯兰教的撒拉族先民，由首领尕勒莽率领辗转迁徙于今循化地区，尕勒莽被封为积石州世袭达鲁花赤。其职传子于奥尔玛，奥尔玛传子于神宝。藏传佛教萨迦派传入青海地区。

明洪武三年（1370），神宝即韩宝率众归附明朝。三年后韩宝被封为世袭百户，是为撒拉族土司始祖。

洪武十一年（1378），西宁回族人士冶正国、冶正明倡议并主持修建东关清真大寺。竣工后，冶正国任掌教，冶正明掌管南山拱北。

洪武十五年（1382），诗僧宗泐从西域求经归来，途经黄河源头，宿巴颜喀拉山，饮黄河正源卡日曲之水，东望阿尼玛卿大雪山，写下了《望河源并序》这首著名的河源诗，其序文详细地指出了黄河的真正源头。

明初，齐鲁之邦、晋陕大地、吴越淮泗等地的汉族迁居河湟，整体上保留了华夏文化的传统，尤其在祭祀习俗、婚丧习俗、年节习俗方面，传承性和内倾性极强，民间普遍流传着祖上来自南京珠玑巷或山西洪洞大槐树的传说。

宣德元年（1426），会宁伯李英在西宁城内东北隅修建广福观，当时的翰林学士曾棨撰《广福观建修记》碑文，以纪其事。

正统六年（1441）在今民和县敕建弘化寺。

嘉靖三十二年（1553），由西宁兵备副使侯东莱主持，在今乐都碾伯镇复建真武庙，李凫写有《真武庙碑记》纪其事。

嘉靖三十九年（1560），兴建塔尔寺，以后得到扩建并日趋兴盛。该寺的壁画、酥油花和堆绣"艺术三绝"蜚声海内外。同时，藏传佛教格鲁派始祖宗喀巴的许多传说故事流传至今。

明中叶以降，东蒙古诸部先后入据环湖草原，被称为"西海蒙古"。万历六年（1578）土默特首领俺答汗与格鲁派领袖索南嘉措在青海湖畔仰化寺会晤，双方结成同盟，确立"供施关系"。由此，蒙古族广泛信仰藏传佛教格鲁派。蒙藏民众因信仰而有许多共同的民俗文化内容。

天启、万历年间，在今湟中县南佛山建立了玉皇阁、张仙殿，大通县元朔山顶建立无量大殿。嘉靖时，贵德县城内建立玉皇阁等。

万历年间，诗人高洪西游湟水流域时，写有《古鄯行吟》组诗，其中"青柳垂丝夹野塘，农人村女锄田忙。轻鞭一挥芳径去，漫闻花儿断续长"一诗，明确提到"花儿"一词，可知民歌花儿在明中叶已经在河湟地区传唱了。

崇祯九年（1636），卫拉特蒙古和硕特部首领固始汗率其部众进入柴达木盆地，建立了和硕特部的游牧基地。

民歌"花儿"约形成于明代的青海东部和甘肃临夏。① 青海六个世居民族共同用汉语演唱的"花儿"民歌，是各民族交融的标志性民俗文化。

明时，土族民族共同体业已形成，以宗族和家族形态过着"耕牧自食"的生活。

明代以降，以汉族为主的儒释道民俗文化圈，以藏族、蒙古族和土族为主的藏传佛教民俗文化圈，以回族、撒拉族为主的伊斯兰教民俗文化圈形成。②

清顺治九年（1652），五世达赖喇嘛进京途中经过西宁时，西宁东关清真大寺掌教李旭东率领50余人看望并赠献礼物。是为伊斯兰教界与藏传佛教格鲁派高僧的首次接触。

《西宁志·地理志·风俗》（顺治）记载今湟水流域多民族习俗曰："西宁卫，外戎内华，山阻地险。俗尚佛教，人习射猎。夏秋少暑，冬春多寒。毳皮为衣，酥湩煎茶。彝人以皮马为礼，畜养为业。力农务学，不殊内地。"

清初，今平安区洪水泉清真寺建成。该寺以汉族古典建筑风格为主，在装饰上突破了清真寺中不能出现有眼睛的动物图案等禁规观念，山门、墙壁

---

① "花儿"是流行于西北甘青宁新四省区，由汉族、回族、土族、撒拉族、东乡族、保安族以及部分藏族、蒙古族和裕固族等九个民族的民众用汉语演唱的一种民歌。详见赵宗福《西北花儿的研究保护与学界的学术责任》，《民间文化论坛》2007年第3期。

② 赵宗福主编：《青海多元民俗文化圈研究》，中国社会科学出版社，2012，第76页。

的砖雕和木雕，有"二龙戏珠""龙凤呈祥""麒麟送子""万蝠图""猫跃蝶舞""兔守百财"等寓意吉祥的图案，也有"花中四君子"梅兰竹菊，道教宫观常用来作为装饰的"暗八仙"；礼拜殿木门雕刻有藏族常见的法轮、宝伞、金鱼、宝瓶、莲花、白法螺、吉祥结、胜利幢"吉祥八宝"图案。汉族、藏族、回族等不同信仰民族的民俗文化元素同时出现于同一座建筑物中，在中国伊斯兰教寺院中实属罕见。

康熙四十三年（1704），拉锡、舒兰一行探寻河源，康熙指示道："尔等务须直穷其源，明白察视其河流至何处入雪山边内，凡经流等处宜详阅之。"之后绘制《星宿海河源图》。

康熙四十六年（1707），满洲镶红旗人殷泰任西宁等处地方总兵官，在今西宁城西主持修建了"都龙王庙"，并写有《重修都龙王庙碑记》一文纪其事。

康熙五十六年（1717），高僧楚尔沁藏布喇兰木占巴和理藩院主事胜住等考察河源，"逾河源，涉万里"，测绘青海、西藏地图，再次确定河源所在。编制《皇舆全览图》于第二年全部告成，共 35 幅，其中第 9 号为河源图。

康熙五十九年（1720），谕曰："梵书言四大水出于阿耨达山，下有阿耨达池。以今考之，意即冈底斯。唐古特称冈底斯者，犹云众山水之根，与释典之言相合。冈底斯之前，有二湖连接，土人相传为西王母瑶池，意即阿耨达池。"[1]暗示着康熙帝将冈底斯山认定为昆仑山。

雍正元年（1723），蒙古和硕特部贵族罗卜藏丹津起兵反清，清军追击至青海湖畔人马渴乏时，掘地寻水而涌泉成溪，遂以"青海神显灵"上奏。朝廷诏封青海水神为"灵显宣威青海神"，派官员至青海湖边立碑而志封号，碑上用满、蒙、汉三种文字书写，隆重致祭，并筑碑亭，[2]是为官方在湖滨祭海之

---

① 见雍正九年敕编《圣祖仁皇帝圣训》卷 52，又见《清圣祖实录》卷 290、《卫藏通志》卷 3。

② （清）魏源：《圣武记》卷 3《雍正两征厄鲁特》之附录。

始。乾隆年间，礼部奉敕按名山大川例，规定每三年一次，在秋天以祀"四渎"典礼祭青海水神。蒙古族一般把四月作喜庆月，多有婚嫁宴庆事。祭海、会盟亦在春天举行，有祈福禳灾、祛病消疾，求得一年牧业丰收和人畜平安之意。自朝廷派大臣主持会盟以来，改为秋天举行，相沿成例。道光年间，环海藏族加入祭海和会盟之列。光绪末，建海神庙于湖东，为祭海典礼之所。祭祀仪式结束后，举行歌舞和竞技活动，之后逐渐演变成为蒙古族、藏族的娱乐性节日。

雍正十年（1732），在循化境内黄河边敕建河源神庙，《御制建庙记》《御制祭文》以纪其盛。自此，"每季前往致祭"成为定制。嘉庆初西宁办事大臣奎舒上书建议，所有致祭河源事宜改为由和硕特部蒙古西右后旗的札萨克台吉主持，地方官员致祭河源活动才宣告结束。

雍正十一年（1733），今西宁城内修建关帝庙。

乾隆十二年（1747），杨应琚修纂《西宁府新志》40卷，是青海省历史上第一部较为完备、系统的地方志。其中记载的地理、山川、风俗、城池、河防、户口、田赋、物产等自然与社会类目中，有许多内容反映了青海及周边地区的道德风尚、都市民俗、村落民俗、信仰民俗、民间医药等文化事象。

乾隆十六年（1751），由傅恒主持编绘的9卷本大型民族图志《皇清职贡图》问世，主要由图像和图说两大部分组成。该文献直观描绘了清朝盛世时期藩属国、海外交往诸国以及国内各少数民族人物的样貌、服饰、生活以及向清政府贡赋等状况。其卷五有"西宁县土指挥祁宪邦等所辖东沟等族""西宁县缠头民""西宁县哆吧番民""西宁县土指挥佥事汪于昆所辖土民""碾伯县土指挥同知李国栋所辖东沟等族土民"等11幅图，描绘了青海地区各族状况。

乾隆二十六年（1761），《十方圣主格斯尔可汗》北京版木刻本成书，这是接受藏族文化的蒙古族僧人"约是在1630年从五个额鲁特部的青海说书人那里记录下来的"[1]。据研究，北京版《格斯尔传》的语言，与青海卫拉特人

---

[1] 齐木道吉：《关于蒙文"格斯尔"的几个问题》，载《格萨尔研究集刊》第2辑，中国民间文艺出版社，1987，第69页。

口语非常接近,是迄今流传最广、影响最大的蒙古文版本。

乾隆四十二年(1777),今湟源县北极山建紫霄观。

乾隆四十七年(1782),侍御阿弥达奉命前往西宁祭告河神。并追溯河源,是清朝官方探测黄河正源的又一次努力。清高宗钦定"阿勒坦郭勒"即卡日曲为黄河源头,并命著名学者纪昀等撰成《河源志略》,此书凡36卷,是一部有关河源问题的水利"官书",总结了传统时代人们对于河源问题的认识。

乾隆四十八年(1783),由西宁办事大臣亲自前往阿勒坦郭勒恭祭河源。

乾隆五十七年(1792),循化厅同知龚景瀚编纂《循化厅志》,其中的卷六、卷七和卷八对循化的撒拉族、回族、汉族和藏族民俗多有记述。

嘉庆九年(1804),西宁办事大臣恒敬主持并修建青海湖海神庙,写有《修建海神庙碑记》。

道光十六年(1836),俄国学者施米特在圣彼得堡复印并发行了北京版蒙文七章《格斯尔传》。

道光十七年(1837),贵德县城内玉皇阁重新修建,此事前后经过记载于民国修纂的《贵德县志稿·艺文志·复修玉皇阁碑记》中。

咸丰元年(1851年),法国人古伯察的游记《中华帝国——鞑靼西藏旅行记》用法文写成后在巴黎出版刊行。其中第二卷的数章中,大量篇幅涉及今青海汉族、回族、土族、藏族和蒙古族的信仰民俗、生活民俗及经济民俗等内容。

同治六年至光绪十四年(1867~1888),俄国人普尔热瓦尔斯基在中国探险11年,其中六次往返和探险柴达木盆地,到过茶卡、都兰、香日德、诺木洪、乌仁和尕斯库勒等地,在其著作《青海和柴达木》《走向罗布泊》《荒原的召唤》中,收录有大量有关青海的民俗、历史、宗教、文化、人类人种方面的内容。

光绪三十一年(1905),德国摩拉维亚的传教士在印度加尔各答出版了他在下拉达克记录的《格萨尔》,书名为《下拉达克格萨尔传》。

现当代时期

1917 年，西宁大旱，回汉两族共同祈雨，东关清真大寺的阿訇联合宗教上层人士率 2000 多教众到西宁西山湾一带和回民坟园赤足高声诵经。随后又到南山拱北做"乃麻子"（即礼拜）。大雨倾盆而下后，当时身兼"甘边宁海镇守使"及"青海蒙番宣慰使"二职的马麒在镇守使衙门前迎接求雨群众，沿街汉族民众高举香蜡明烛，迎接祈雨的穆斯林同胞。①

1923 年，俄国人彼·库·科兹洛夫用俄文出版了他于 1907~1909 年在新疆、青海和西藏考察的成果《蒙古、安多和死城哈拉浩特》一书，其中第二篇的十章内容大多描述的是青海民俗等。

1925 年，地质学家袁复礼在北京大学《歌谣》周刊第 82 期发表了《甘肃的歌谣——话儿》及所搜集的 30 首"花儿"，虽然该文把"花儿"误写成"话儿"，但仍在学术界产生了一定的影响，这是"五四"新文化运动后，第一次向全国介绍西北民歌"花儿"。

1929 年，青海建省。从地理上看，整个中国分为内蒙古和新疆所在的西北干旱区、东部诸省市所在的东部季风区以及青藏高原区。而青海省则可分为青南高原区、西北干旱区和东部季风区三大自然区，其独特之处在于它是中国三大自然区的缩影和交会处，青海湖就是这三大区的交会点。这在客观上造就了青海多元民族和多元民俗文化的美美与共。

1920~1930 年，西宁、大通、互助、乐都、民和、巴燕、循化、湟源、门源、同仁、共和、贵德、玉树、都兰 14 县风土调查报告基本编写完成。

1931 年，法国女学者亚历山大·达维·尼尔到青海玉树及原西康邓柯等地搜集整理《格萨尔》，整编《岭·格萨尔超人的一生》，用法文在巴黎出

① 马进虎：《河湟地区回族与汉藏两族社会交往的特点》，《青海民族学院学报》2005 年第 4 期。

版,该书在西方产生较大影响,许多西方人士通过这部书了解到《格萨尔》,并引起了他们研究藏族史诗的兴趣。

1932年,比利时籍神父许让(中文名康国泰),将其在20年前传教于土族的亲身经历著成《甘肃土人的婚姻》一书,由上海徐家汇天主堂出版。

1934~1935年,摄影家兼人类学家庄学本考察甘青川滇四省,在青海拍摄了多民族图片1100余幅,写下了《行走果洛》《从西京到青海》《塔尔寺等会》《群科滩蒙旗》《青海土族》《青海土人的文化及其地理分布》《青海南道》等有价值的考察报告。

1938年,王洛宾先后在兰州、西宁等地搜集整理"花儿"曲令30多种,他还登上舞台,演唱"花儿"。

1940年,张亚雄编著的中国第一本花儿选集和学术研究专著《花儿集》在重庆出版,在花儿学领域甚至在西北民族民间文学中具有划时代意义。

1943年,作曲家王云阶夫妇来青海从事音乐教育事业,并编辑《青海民国日报》的副刊《乐艺》,并在《乐艺》上开"青海民国专号",每期发表由其记录整理的青海民歌,对花儿曲子的介绍和传播起了重要作用。

1947年,萌竹在《西北通讯》上连续发布了《青海的花儿》《青海花儿新论》等文章,对青海花儿的起源、名称来源等进行了比较系统的探讨和评价。

1948年,《西北通讯》第三卷第三期上发表了王树民搜集整理的《乾隆四十六年河州事变歌》,这是长期流传在撒拉族中间、反映乾隆年间苏四十三反清起义的叙事歌谣。

1948~1949年,德国人多米尼克·施罗德教授在今青海省互助县威远镇沙堂川甘家堡,根据蒙古尔(土族)歌手官波甲的口述,并在其岳父依夫拉(朵先生)的监督下用拉丁字母和特殊符号搜集记录了12000行的土族格萨尔史诗,施罗德将自己的记录稿称为"我们三人的集体创作"。该记录稿后经瓦尔特·海西希整理,以德文出版。

1953年3月,青海省文教厅举办首次民族民间艺术会演,将流传在各民族民间的歌谣、舞蹈和曲艺搬上舞台。在音乐、舞蹈会演中,发现藏族艺人华甲不但会跳鹰舞、鹿舞，而且会唱《格萨尔》，会后将艺人华甲留下来，请王沂暖先生把华甲说唱的《格萨尔》的内容译成汉文。这就是后来的"贵德分章本"。

1956 年，朱仲禄等人以青海民间小调和"花儿"旋律为素材，共同创作出抒情歌舞《花儿与少年》。其间，由朱仲禄提供青海民间小调《蓝玉莲》《四季歌》《五更鼓》等原始素材。

1957 年 12 月，中共青海省委发出《继承与发扬本省民族民间文化遗产的指示》，对搜集民间文学工作提出了明确要求。

《青海湖》文学杂志相继刊登回族民间叙事诗《马五哥与尕豆妹》，藏族叙事诗《宝刀与珊瑚串》，汉族叙事诗《白娘娘和许仙》，藏族传说《文成公主》、机智人物故事《能姐儿》。

1958 年，中共青海省成立民歌办公室，在全省范围内大规模的民歌创作、演唱活动迅速开展起来，群众创作演唱的新歌谣和传统歌谣被编辑成册，结集印刷或公开出版。

1959 年 10 月，青海人民出版社出版《青海民间故事选》。

1959 年 11 月 27 日，中共青海省文联党组在《关于藏族民间文学〈格萨尔王传〉的调查、搜集、翻译、整理情况的报告》中指出，已经调查到具体部名的有天岭卜筮、英雄诞生、赛马称王、欢娶珠牡等 34 部。

20 世纪 50 年代至 60 年代初，我国开始了《格萨尔》的抢救工作，青海省率先组织人力进行大规模的普查和抢救工作，搜集到大量的资料，共搜集到藏文手抄本、木刻本 28 部 74 种之多，并将其译成汉文，铅印成资料本，约 1700 万字，百万诗行。藏学家王沂暖与艺人华甲合作翻译的史诗《格萨尔王传》之贵德分章本，是整理的最古老、最原始的版本。

1960 年 4 月，青海省文联召开全省第一次民间文艺工作者代表大会，成立青海省民间文学研究会（即青海省民间文艺家协会前身）。藏族诗人伊丹才让搜集翻译了在贵德县藏族中流传的《藏族婚礼歌》，由人民文学出版社出版。

1961 年，以青海民族学院师生为主组成的青海民族民间文学调查团，对青海省内 39 个县 135 个公社的 588 个生产队流传的民间文学进行调查和搜集。

1962 年 6 月，青海省音乐家协会编印了《青海花儿曲集》，这是一本收集花儿曲子最多也很有资料价值的集子。

1961 年~1962 年，青海学界热议"花儿"的源流问题。赵存禄的《"花儿"的"来龙去脉"再探》（《青海湖》1961 年第 12 期），孙殊青的《"花儿"的起源》（《青海湖》1962 年第 6 期），王浩、黄荣恩的《"花儿"源流初探》（《民间文学》1962 年第 6 期），刘凯的《再谈"花儿"与元代"散曲"》（《青海湖》1963 年第 1 期）、《可疑的和可信的——"'花儿'的'来龙去脉'再探"读后》（《青海日报》1962 年 3 月 10 日），黄荣恩的《〈河州是"花儿"的正宗〉质疑》（《青海日报》1962 年 9 月 9 日）等文章，从古诗文、民间传说、曲调、韵律等方面，多角度、多侧面地对"花儿"的起源问题进行了热烈争论，虽然讨论最终没有得到一致看法，但在"花儿"研究学术史上产生了良好的影响。①

1962 年，桑热嘉措、才旦夏茸等整理的藏文版《霍岭大战》首次在西宁出版，汉文版由上海文艺出版社出版，引起了国内外的强烈反响。青海人民出版社出版王尧编译的《说不完的故事》。

1965 年，德意志联邦共和国的赫尔曼依据安多方言藏文本翻译的《藏族岭格萨尔的民族史诗》出版；青海人民出版社出版了韩涛搜集整理的《青海农谚》；青海民族出版社出版了山木丹整理的藏文版《说不完的故事》。

1978 年 7 月，青海省首届民歌会演在西宁举行，历时 9 天。11 月，青海省文联机构恢复。在此之前，回族民间故事《马五哥与尕豆妹》、土族民间传说《拉仁布与吉门索》被改编成歌剧在西宁、互助等地进行演出。

1979 年，《西宁演唱》第一期发表了《果洛藏族民歌》（4 首）。青海省民间文学研究会重印 20 世纪 60 年代故事资料本 3 本，新印《青海民族民间文学资料》25 辑。

① 详见米海萍主编的《青藏地区民族民间文学研究》，中国社会科学出版社，2012，第 405~409 页。

1980 年以来，一些欧美学者开始关注和研究花儿。美国新泽西州普林斯顿大学东亚系劳瑞、哈佛大学东亚语文系兼艺术系教授赵如兰女士、印第安纳大学民俗研究所苏图伊女士、日本东京大学中文系大木康博士等，都曾来青海、甘肃等地或采风或参加学术研讨会。①

1980 年，青海人民出版社出版辛存文搜集的《藏族民间谚语选》、尕藏等搜集的《藏族谜语》。5 月 29 日，全国第一次《格萨尔》工作会议纪要中显示，青海曾翻译 40 多部资料本，成立《格萨尔》搜集小组，以玉树地区为重点进行搜集工作，进行了一部分录音，收集到 11 部手抄本。

1980 年，大通县元朔山（又称老爷山、北武当）重新修建道观。民间重新出现的农历六月六老爷山"朝山会"和"花儿会"，是西宁地区和临近各县各族群众集商贸、游山观景为一体的盛会。

1981 年 3 月，青海省群众艺术馆编的《藏族歌谣》由青海民族出版社出版。6 月，青海省民间文艺工作者第二次代表大会召开，协会更名为中国民间文艺研究会青海分会。

1981 年，第 1~2 期的《民族文学研究》发表了由王殿搜集整理的土族散文体故事《二郎杨戬和阿库》，这是在土族地区搜集整理的《格萨尔》故事。

1981 年 11 月，青海省举行首届花儿学术讨论会。提交论文 25 篇，字数多达 28 万字。代表性文章有魏明章的《半个世纪以来的花儿研究》、李文实的《花儿与〈诗经·国风〉》、许英国的《河湟少年音韵发微》、曹起华的《试谈花儿与宗教庙会的关系》等。

1981 年，开展蒙古族英雄史诗《汗青格勒》的搜集与整理工作。该史诗在中国有几种异文本，最早出现的文本是 1957 年 2 月 20 日，由图白、曹鲁蒙记录的甘肃省肃北县民间艺人罗布桑说唱的英雄史诗《呼德尔阿拉泰汗》。青海省海西地区对《汗青格勒》的记录有多种版本，有 1981 年发表在《罕腾格尔》第四期上的英雄史诗《汗青格勒》；有由哈达宝力德采

---

① 详见赵宗福著《花儿通论》，青海人民出版社，1989，第 305~306 页。

集、著名《汗青格勒》说唱艺人乌子尔说唱的蒙文原始整理本；还有 1983 年由才仁巴力采编、著名传承人乌子尔说唱，发表在《花的柴达木》上的蒙文文本。

1982 年，青海省民间文学研究会汇编了 82 万字的《少年（花儿）论集》内部资料本；马光星搜集的《土族婚礼歌》由青海省民研会内部铅印发行；《骆驼泉》《青海藏族民间故事》由青海人民出版社出版。

1983 年，李友楼的《土乡风情》，全面介绍了土族婚礼的 12 个场面和各场面所唱的婚礼歌，刊印在《青海民族民间文学资料本》中；马甘搜集的《青海庄户话》由青海人民出版社出版，收录谚语 300 则。

1984 年 5 月 27~31 日，青海省第一次《格萨尔》工作会议在西宁召开，与会代表总结了青海省自 20 世纪 50 年代起，前后 13 年搜集、整理、翻译、出版《格萨尔》的经验教训，并提出建设性意见。

1984 年 10 月，在青海省文艺评奖中，民间文学获奖作品 35 件，其中 2 部故事集《骆驼泉》《青海藏族民间故事》先后在全国获奖。

1984 年，由中国民间文艺研究会、文化部、国家民委共同发起，在全国范围内展开民间故事、民间歌谣、民间谚语的大普查、大采录，开展"三套集成"文化工程，青海地区民族民间文学搜集、整理工作得以大规模、高质量地开展。

1984 年，西宁市文联连续编辑《河湟民间文学集》12 集；中国民间文艺研究会青海分会编印系列丛书《青海民族民间文学资料》7 种，包括《土族文学专集》（三集）、《回族专集》、《撒拉族专集》、《传统花儿专集》、《故事歌谣专集》、《西宁太平歌》、《谚语、歇后语专集》；跃进编辑蒙文《青海蒙古族民间口头文学集锦》等。

1984 年，青海省民研会已发展省级会员 132 人，会员中一半以上是少数民族，全国会员也由"文革"前的 10 余人，发展到 32 人。

1984 年，由才仁巴力搜集的《蒙古族谜语体问答》一文，获 1984 年青海省文艺优秀作品奖。

1985 年 5 月，李友楼搜集整理的《土族民间故事选》由中国民间文艺出版社出版；《青海湖畔的传说》《青海回族民间传说》由青海人民出版社出版。

1986 年，在全国《格萨尔》工作总结表彰及落实任务大会上，青海省代表吴均、王歌行、赵秉理等 13 人参加并受到表彰。

1986 年，杨恩洪、李友楼在互助县根据土族说唱艺人丹增嘉措的说唱采录、翻译了《土族英雄史诗〈格萨尔王传·诞生之部〉》，整理的史诗在《格萨尔研究》杂志上发表。

1987 年 8 月 8 日，青海省果洛藏族自治州首届《格萨尔》民间艺人演唱会在大武镇召开。搜集到各种《格萨尔》手抄本 21 部，其中 14 部是国内尚未出版的新传体，发现 20 多名演唱《格萨尔》的民间艺人。

1987 年 9 月 10~14 日，在共和县黑马河乡举办青海省首届《格萨尔》民间艺人演唱会，来自玉树、果洛等州县的 18 位藏族民间艺人演唱了英雄史诗《格萨尔》。

1988 年，搜集、出版藏文版《格萨尔》61 部，蒙文版《格萨尔》11 部，汉文翻译 20 部。搜集的木刻本、手抄本有 300 部。

1989 年 4 月，赵宗福的《花儿通论》由青海人民出版社出版。该书从文化学视角，对"花儿"进行了系统而深入的理论研究，是国内第一部对"花儿"进行整体性研究的专著，填补了"花儿"整体研究的空白，该书被台湾音乐学院等大学选为研究生选修教材。

1989 年，由马学义、马成俊编著的《撒拉族风俗志》由中央民族学院出版社出版。

1990 年 9 月 12~15 日，青海省首届《格萨尔》学术讨论会在西宁召开，共收到论文 15 篇，其中藏文 6 篇、汉文 9 篇，共计 16 万字。

1991 年 4 月 17 日，中国社会科学院、全国《格萨尔》工作人员领导小组、甘肃人民出版社、中共青海省委宣传部、青海省社会科学院在人民大会堂西藏厅举行《格萨尔学集成》首发式；4 月 19 日，在中国社会科学院召开《格萨尔学集成》出版座谈会。

1990~1998 年，青海省社会科学院研究员赵秉理编纂的五卷本《格萨尔学集成》陆续出版，该书分门别类地收录了我国从 20 世纪 30 年代至 90 年代有关《格萨尔》的论著，是中国第一套比较完整研究《格萨尔》的大型学术资料工具书，被称为"研究格萨尔史诗的资料宝库"。该书获第五届中国图书奖二等奖。

1993 年 12 月 13 日，青海师范大学民俗学社成立，聘请赵宗福担任名誉社长，大会通过民俗学社章程；12 月 23 日举办首次民间文化研讨会。

1994 年 1 月 1 日，青海师大民俗学社社刊《风土》第一期出版。报头由民俗学家乌丙安题写。刊登了民俗学大师钟敬文、历史学家张广志的题词和青海民间文艺家协会的贺信。

1994 年，施罗德记录、李克郁翻译的《土族格赛尔》由青海人民出版社出版。

1995 年初，中国民族风情游青海活动在湟中塔尔寺宾馆广场拉开序幕，陆续推出塔尔寺四大法会、6 月花儿会、黄南 6 月转山会、玉树民族歌舞会等一系列丰富多彩的民俗风情游活动。

1995 年 3 月，青海师大民俗学社召开"民族节日风俗座谈会"。

1996 年春节期间，青海省文化厅举办 10 台新社火展演活动、全省首届"花儿"歌手暨藏族民族歌手大奖赛。

1996 年 7 月，青海省首届少数民族传统体育运动会在西宁举行。

至 1997 年，从 20 世纪 50 年代起陆续收集各种藏文《格萨尔》史诗 57 部 120 多种，整理出版藏文本 28 部 25 本。

1998 年，角巴东主等编写并出版"《格萨尔》儿童文学丛书"（6 本）。青海省花儿艺术团被文化部首次授予"全国乌兰牧骑式先进团（队）"荣誉称号。

2000 年，青海省参加第六届全国民族运动会，共获得 3 块银牌、3 块铜牌；轮子秋获表演一等奖，皮筏子获表演二等奖。

2000 年 3 月 22 日，官却杰、赵宗福获青海省第五届"德艺双馨会员"

称号。

2000年，"《格萨尔》儿童文学丛书"（1~6册）荣获青海省"五个一"工程奖和青海省第四届文艺创作优秀作品奖。

2001年8月8日，西宁召开"海峡两岸昆仑文化考察学术研讨会"，与会代表考察了青海地区的藏戏、曲艺、民歌、傩祭、宗教舞等民族民间传统文化。

2001年，青海民和喇家遗址被国务院公布为第五批全国重点文物保护单位，是中国唯一的灾难遗址。在此遗址中发现了4000年前的一碗面条，是迄今为止发现的世界上最古老的面条。

2001年，民族出版社出版国家"九五"重点科研项目《格萨尔》精选本（40卷）中的《霍岭大战》（上下册）。

2002年4月，在首届"全国农民歌手大赛"上，青海省代表当周才让演唱的《我的草原》获二等奖和优秀新作奖，孙斌演唱的"花儿"获优秀奖。青海省剧协组织推荐的马达学的《青海民间藏戏面具艺术》、付晋青的《试论藏戏现代戏的创作特色》两篇论文，分别获得第二届全国戏剧文学评奖二等奖和三等奖。

2002年5月，青海省民协与西宁市城东区文化馆共同举办"四月八踏青花儿会"。

2002年6月，《中国民间故事集成·青海卷》通过终审，被誉为"中国民间故事优秀范本之一"。

2002年7月，大通县举办"六月六老爷山花儿会暨青海省首届花儿歌手大赛"。

2002年12月，青海省民协协助中国社会科学院民族研究所文化人类学影视工作室的专家赴黄南州拍摄民俗文化人类学纪录片《於菟》。

2002年，才让旺堆为青海省《格萨尔》研究所创作出一幅长2.5米、宽2米的《格萨尔》唐卡。

2003年，青海省民间文艺家协会与青海省电视台联合拍摄的纪录文化专题片《把根留住》，入围"第四届中国民间文艺'山花奖'第二届民俗影视音像奖"，获铜奖。

2003年，经国务院学位办批准，青海师范大学民俗学专业获得独立硕士学位授权资格，成为青藏地区该专业唯一的硕士学位招生点。

2004年8月初，青海省民协举办的"青海省首届藏族拉伊（情歌）演唱大赛"在海南州举行。

2005年，才让旺堆完成《扎拉盃甲宗》的说唱录音任务，共计115盘磁带，30多万字。

2005年，青海民间工艺品"唐卡"被列为"中国民间文化遗产抢救工程"重点抢救项目之一。

2005年，青海省民协和青海省曲艺家协会主办、承办了"青海省第二届藏族曲艺（拉伊）大赛""瞿昙镇药草台花儿会""西宁地区2004年青海地方曲艺大赛"等。

2005年，青海省民协组织召开"青海省首届民间文艺理论及民俗学学术研讨会"。

2006年，青海民族出版社整理出版才让旺堆说唱本《阿达鹿宗》《尕德智慧宗》《南铁宝藏宗》三部史诗部本，共计100多万字。

2006年，玉树县政协委员尼玛多杰投资650万元，在西宁兴建建筑面积4000平方米的青海省首家民营博物馆——青海雪域民俗博物馆。

2007年6月，青海师范大学民俗学学科被确定为省级重点建设学科。

2007年7月4日，"首届全国《格萨尔》艺人演唱会暨学术研讨会"在西宁举行。

2007年，《热贡艺术》《河湟花儿》《加牙藏毯》等19个项目被列入第一批国家级非物质文化遗产名录。青海省政府公布首批33个省级非物质文化遗产代表名录。

2007~2008年，自民间文学"三套集成"工程启动以来，在州、市和县搜集整理资料的基础上，《中国民间故事集成·青海卷》《中国歌谣集成·青海卷》《中国谚语集成·青海卷》，由中国 ISBN 中心公开出版。

2008 年，建立青海省非物质文化遗产保护联席会议制度，成立了青海省非物质文化遗产保护中心、专家委员会和评审领导小组。省政府颁布了《青海省非物质文化遗产名录评审规则（试行）》和《省级非物质文化遗产代表作申报评定暂行办法》。

2008 年 8 月 8 日，第二批国家级非物质文化遗产《土族轮子秋》参加北京奥运会开幕式表演。

2009 年 9 月，"首届全国藏族民间棋艺大赛暨学术研讨会"在西宁举行。

2009 年 11 月 23 日，"青海省第二届民俗文化与文化青海建设理论研讨会"在西宁举行。

2009 年，唐卡《千手千眼观音》《无量光佛极乐世界》入围第九届中国民间文艺山花奖·民间工艺美术作品奖，并分别荣获首届中国民间工艺精品博览会金奖和银奖。

2009 年，黄南州成为国家正式批准的第三个国家级文化生态保护试验区。大通县、互助县丹麻乡等 29 个县、乡被文化部命名为"中国民间艺术之乡"。

2010 年 8 月，"圣殿般的雪山——献给东方最伟大的山脉·昆仑山交响音乐会"在青海格尔木市海拔 4300 米的昆仑山玉珠峰下举行。音乐会通过音乐语言，唤起人们对文化根源的认同，探讨传统文化的历史意义和现实价值，赞颂中华悠久的历史和灿烂的文化，赞颂富裕、文明、和谐的社会。

2010 年，《藏族传统射箭文化》、《格萨尔》说唱部本（5 部）由甘肃民族出版社出版。

2010 年，《热贡艺术》被联合国教科文组织批准列入人类非物质文化遗产代表作名录。

2011 年，"青海非物质文化遗产保护丛书"（10 种）由青海人民出版社出版；赵宗福、刘永红合著的《飞禽走兽趣谈》由中华书局出版。

2012 年 5 月 11 日，青海省民俗学会成立，青海省委常委、宣传部长吉狄马加应邀出席大会并讲话，大会通过《青海省民俗学会章程》，青海省社会科学院党组书记、院长、教授赵宗福当选为会长。

2012年5月，青海省民俗学会等主办"2012年首届土文化国际学术研讨会"。

2012年7月7日，美国印第安纳大学民俗学与音乐人类学系东亚研究中心副主任、博士苏独玉（Sue.M.C.Tuohy）在青海师范大学民俗教研室为部分省民俗学会员做"美国民俗学前言理论与方法"的学术讲座。

2012年7月，青海省民俗学会等主办"格萨尔与世界史诗国际学术论坛""昆仑神话的现实精神与探险之路国际学术论坛"。

2012年12月，青海省民俗学会会长赵宗福率学会理事、学会党支部等部分成员前往乐都县彩陶博物馆以"从原始文化中寻找现代民俗之根"为主题，开展党支部活动。

2012年12月，青海省民俗学会编印了内部资料本《青海省民俗学会通讯》第1期"成立大会专辑"。

2012年，完玛冷智、才加主编的《安多民间射箭文化》一书，由青海民族出版社出版，这是青海省第一本中小学民俗文化读物。

2012年，"原生态"纪录片《土族最后的寺院话剧——〈诺延审喇嘛〉》在中国网络电视台播映。

2012年，青海省海湖藏毯有限公司等3家单位被文化部公布为全国第一批非物质文化遗产生产性保护示范基地。《热贡文化生态保护区总体规划》获文化部正式批复。

2013年6月，由中国训诂学研究会、青海省民俗学会等主办的"训诂学与民族民俗文化研讨会"在西宁举行。

2013年7月18日，应青海省民俗学会会长赵宗福邀请，台湾师范大学教授钟宗宪在西宁进行学术座谈交流。座谈会上，赵宗福向钟宗宪赠送《青海多元民俗文化圈研究》等专著和相关资料。

2013年8月，由青海省民俗学会等主办的"2013中国昆仑文化国际学术论坛"在格尔木召开；中国民俗学会中国昆仑文化研究基地揭牌成立。

2013 年 11 月，赵宗福主持的"昆仑文化与中华文明"被列为 2013 年度国家社科基金重大项目，这是青海省首个获准立项的国家重大课题。赵宗福被特聘为国家社会科学基金学科规划评审组专家。

2013 年 12 月，在中共海西州委宣传部举办的"首届大昆仑文化高峰圆桌会议"上，赵宗福做主旨发言，并荣获"首届大昆仑文化奖·杰出学术理论奖"。

2013 年，《青海省非物质文化遗产名录图典》由青海人民出版社出版。

2013 年，"第十一届土族安昭纳顿艺术节"在民和县举行。

2014 年 3 月，青海省民俗学会内部编印了《青海省民俗学会通讯》2014 年第 1 期。

2014 年 7 月，青海省社会科学院民族宗教研究所和青海省民俗学会合作建立的"田野调查基地"在互助土族自治县东沟乡大庄村落户。

2014 年 8 月，青海省民俗学会会长赵宗福参加由中国民俗学会和河南大学举办的"民俗学：学科属性与研究范式"研讨会，并主持"民俗学基本问题"研讨。

2014 年 11 月，赵宗福组织青海省民俗学会部分理事及会员召开专题讨论会，具体研究部署"青海民俗文化论萃丛编"选编事宜。

2014 年，"2014 年美国民俗学会年会"在美国新墨西哥州圣达菲市召开，青海民俗学会会员张筠应邀作为中国民俗学界中青年学者代表参加了会议并在会上介绍关于青海河湟方言及其民俗文化的研究情况。

2015 年 4 月，青海省民俗学会主办的《中国民俗学集刊》（2014 年第 1 期），由社会科学文献出版社出版。

2015 年 9 月，第二届大昆仑文化高峰圆桌会议在德令哈举行，青海省民俗学会副会长、教授米海萍荣获本届"大昆仑文化奖·昆仑文化研究杰出成就奖"。

2015 年，玉树州新寨嘉那嘛尼城震后总体抢险修缮工程获全国十佳文物保护工程"特别荣誉奖"。

2015 年，青海省文化厅在韩国首尔举办 2015"欢乐春节——青海民族民间文化艺术品展""青海文化周""青海民族传统手工技艺"等活动。

2015 年，青海省民俗学会被省民政厅评为 2015 年度 AAA 级社会组织。

2016 年 1 月，在青海省社会科学界联合会召开的 2015 年工作总结大会上，青海省民俗学会获"2015 年度青海省社科联优秀学会"荣誉称号。

2016 年 5 月，青海省民俗学会和青海师范大学民俗学教研室共同邀请美国华盛顿史密森学会博士后、美国民间生活与文化遗产研究中心研究员陶音魁（Timothy O'Connor Thurston）在青海师范大学为省民俗学会部分会员做了题为"美国民俗学研究的现状与热点"的专题讲座。

2016 年 12 月 25 日，青海省民俗学会承担青海省地方志编纂委员会办公室《青海民俗志》的修撰任务。

2016 年 12 月，中国民俗学会西王母文化研究会基地和青海省民俗学会共同完成的《青海民俗文化论萃丛编》（10 册、10 个专题）由青海人民出版社出版。

第一编

物质生产民俗

第一章 农业生产民俗

考古发现表明，早在史前时期，在今青海东部的黄河、湟水、大通河两岸，青南的隆务河和通天河河谷地带，以及柴达木盆地边缘的部分地区已经产生了农业。秦汉以降，河湟地区成为重要的农耕区。日月山是祁连山的一条支脉，也是中国自然气候和农牧区的重要分界线，来自东海和南海的东南季风最远就吹到日月山东坡，故而日月山以东的河湟地区呈现良田绿树生态，是历史上重要的农耕区；日月山以西为广阔的高原草原，是传统的牧业区。1949 年以后，尽管牧区和柴达木盆地适宜农业耕种的地方开垦了许多农田，但河湟地区依然是青海最重要的农业区。

第一节 农业民俗生态

一 农区分布

（一）河湟地区

河湟地区是指日月山以东，黄河和湟水流域之间的广阔区域，主要包括黄河流经的贵德县、尖扎县、化隆县、循化县，支流湟水流经的湟源县、湟中县、互助土族自治县、平安区、乐都区、民和回族土族自治县，以及湟水的支流大通河流经的门源县、大通回族土族自治县等县。这里是中国黄土高原向青藏高原和西北干旱区的过渡地带，地形复杂多样，有山地、丘陵、谷地等多种地貌类型。黄河及其两条支流提供了稳定而丰富的水源，气候相对温和，雨量较充沛，土地肥沃，是青海的主要农业区，适宜居住，开发历史悠久，多民族文化积淀深厚。据青海省第二次土地调查资料，截至2015年全省有耕地882.6万亩，其中西宁和海东市耕地面积占全省耕地面积的62.44%。[①]

（二）环湖地区

环湖地区指环绕青海湖、地处祁连山地和阿尼玛卿山地之间的区域，大致包括今海南藏族自治州所属的共和县、贵南县、同德县、兴海县，海北藏族自治州所属的海晏县、刚察县、祁连县，海西蒙古族藏族自治州所属的天峻县。北部有祁连山，南部有阿尼玛卿山，中部是青海湖盆地、共和盆地、同（德）兴（海）盆地和青海湖，其中青海湖被大通山、日月山、青海南山、橡皮山紧紧环抱。区内地貌多样，高山、丘陵、盆地、滩地、台地、河谷、沙漠、河谷错综分布，地形复杂，起伏较大，水热条件悬殊。该地区是一个以牧为主的经济区，也是青海的主要牧区之一。但在环青海湖边和黄河流经的谷地上也有农作物种植，且开发历史悠久。

（三）柴达木盆地

柴达木地区包括今海西蒙古族藏族自治州所属的格尔木市、德令哈市、乌兰县、都兰县，以及茫崖、冷湖、大柴旦三个行政委员会。柴达木盆地是中国四大内陆盆地之一，这里高寒缺氧，少雨多风，高原大陆性气候特征明显。盆地内有大小河流160多条，绝大部分河流注入盆地内的湖泊或渗入地

---

① 《青海省人民政府办公厅转发省发展改革委等部门关于青海省耕地草原河湖休养生息实施方案的通知》，青海省政府信息与政务公开网，http://xxgk.qh.gov.cn，2017年10月10日。

下。大小湖泊 90 多个，多为咸水湖。辽阔的荒漠半荒漠地带，野生动植物种类繁多，矿产资源尤为丰富，已探明储量的矿种有 40 多种，主要是石油、天然气、湖盐、芒硝、硼砂、钾、镁、锂、石棉、铁、铜、铅、锌、石灰石等，因而柴达木盆地赢得了"聚宝盆"的美称。盆地内分布着绿洲农业区，现有耕地面积 50 多万亩。

（四）青南地区

青南地区包括柴达木盆地、青海南山及贵德巴音山以南的地区，也称为三江源地区，面积 35 万平方公里，占全省总面积的一半。主要山脉有昆仑山脉及其支脉可可西里山、巴颜喀拉山、阿尼玛卿山等，高原海拔多在 4000 米以上，是本省海拔最高的地区。长江、黄河、澜沧江发源于此，这里河流密布，湖泊、沼泽众多，雪山冰川广布，被称为"中国水塔"。西部可可西里无人区，是藏羚羊等野生珍稀动物的家园。青南地区的隆务河、通天河等河谷地带分布着农业。

二　农业历史

（一）先秦时期的农业

在公元前 5000 年至公元前 3000 年，青海气候较温暖的河湟谷地和柴达木盆地就有原始的农业生产活动。拉乙亥遗址出土了食物加工的研磨器，表明在公元前 4800 年左右，在贵南县黄河谷地已经存在农业生产。在属于马家窑时期石岭下类型的民和阳洼坡遗址中，出土了常用的农业生产工具，有石质或骨制的刀、斧、锛、锄、铲、镰等，表明先民们过着定居生活。耕作使用的骨铲在齐家文化、辛店文化、卡约文化及诺木洪文化遗址中均有发现。其中诺木洪文化遗址中发现的骨耜达 60 多件，有的还带着残存木柄。在距今 4000 年左右的青铜文化时期的齐家文化、卡约文化、辛店文化、诺木洪文化遗址中发现了大量的农作物种子，主要有粟、麦、黍和麻。2002 年，在民和喇家文化遗址出土了一碗面条，经鉴定其食材为粟，研究发现当时的作物主要是粟、黍。在大通长宁齐家文化遗址发现了粟、黍和大麦。互助县丰台卡约文化遗址出土了大麦、青稞、小麦、粟、燕麦等的种子，大通上孙家寨和循化阿哈特拉卡约文化墓地均发现有盛放麦类、粟类的陶瓮。辛店文化时期的农业也以粟、黍为主，另有少量大麦。1959 年在海西塔里他里哈遗址进行的试掘中发现了炭化麦粒，还出土了石斧、石刀、石杵、研磨盘等工具。麻是先民们种植的作物之一，在柳湾墓葬人骨周围发现有布纹的痕迹，专家推测是用麻制作的麻布。1977 年，在彭家寨东汉晚期墓葬中发现有麻籽，说明那时已经在种麻。

（二）秦汉时期的农业

秦汉时期，青海主要居民是羌人，史称西羌。公元前 5 世纪中叶，羌人无弋爰剑在战斗中被秦国俘获，他在秦地学会了犁地、播种、收割、打碾等农业技术，后来伺机逃回河湟地区，被当地羌人推举为首领。他将在秦地学习的农业种植技术传授给当地的羌人，河湟地区农业得以发展起来。汉代时，河湟地区农业仍然有相当的规模。《后汉书·西羌传》记载，公元前 1 世纪青海大小榆谷（今同仁、尖扎县）等地已种植麦子。[①]《汉书·赵充国传》记载公元前 1 世纪居住在鲜水（今青海湖）附近的罕羌已种植麦类。汉宣帝时，金城、湟中（湟水中游）的谷物每斛八钱，赵充国曾劝说司农中丞耿寿昌买入二百万斛谷。神爵二年（前 60）五月，赵充国请求罢兵屯田，留上万士兵在河湟地区屯田，牛耕和铁犁等先进农业生产技术开始传入，屯田者修浚渠道，灌溉农业由此兴起，在历史上产生了深远的影响。东汉时期，继续实行屯田移民政策，后期世家豪族兴起，出现了赵、麹、游等汉族"河右大

---

① 《后汉书》卷 87《西羌传》载："友乃遣兵出塞，攻迷唐于大、小榆谷，获首虏八百余人，收麦数万斛，遂夹逢留大河筑城坞，作大航，造河桥，欲度兵击迷唐。"中华书局，1965。

族"①，他们亦农亦牧。然而自东汉中期开始的羌汉战争延续百余年，农业人口大量减少，《后汉书·西羌传》说"湟中诸县，粟石万钱，百姓死亡，不可胜数"②，河湟地区的农业遭到很大破坏。

（三）魏晋隋唐宋时期的农业

东汉末年中原大乱波及河湟地区，百姓流离失所，至建安十年（205），苏则任金城郡（郡治在今民和县）太守时，郡内"户不满五百"，农业生产遭到严重破坏③。西晋时全国出现短暂的统一，青海也相对安定。太康初（280~285）河湟地区有编户约4400户，22000人。④ 前凉时，中原民众避难来到河湟，张氏政权推行轻徭薄赋、劝课农桑、兴修水利等政策，农业生产得以恢复。此后前秦、后凉、南凉、西秦、北凉等政权相继统治青海东部，战祸不断，灾荒连年，《晋书·秃发傉檀载记》说"连年不收"，"上下饥弊"。至北魏、西魏、北周时，河湟地区的农业才得到一定程度的发展。

隋唐时期，青海境内为重要的屯田区。隋代时，在今海南藏族自治州兴海、共和、贵南、同德、贵德等县的黄河沿岸、沙珠玉河、大河坝河有大量的屯田。唐代，在今西宁、大通、互助、平安、乐都、民和、化隆、湟源、海晏、贵德、循化等县屯田，各屯田区除利用汉代以来的旧渠，还新修渠道引水灌溉农田。永隆元年（680），河源军经略大使黑齿常之主持屯田，《旧唐书·黑齿常之传》记载："度开营田四五千余顷，岁收百余万石。"《唐语林》卷三载，开元初"入河湟之赋税，满右藏，东纳河北诸道租庸，充满左藏。财宝山积，不可胜计，四方丰稔，百姓乐业，户计一千余万，米每斗三钱，丁壮之夫，不识兵器，路不拾遗，行不赍粮"⑤。贵德积石军的屯田作物每到秋收时便遭吐蕃军队抢劫，边人称为"吐蕃麦庄"，天宝六年（747），

① 赵宗福：《汉魏六朝时期西平郭魏二姓家族考论》，《江河源文化研究》1994第1期。
② 《后汉书》卷87《西羌传》，中华书局，1965。
③ 《三国志·魏书·苏则传》，中华书局，1972。
④ 崔永红：《青海经济史》（古代卷），青海人民出版社，1998，第41页。
⑤ 崔永红：《青海经济史》（古代卷），青海人民出版社，1998，第95页。

悍将哥舒翰设伏击走抢麦者，吐蕃军不敢再来抢麦。安史之乱后，唐军主力东调，河湟屯田随之结束。

北宋时期，唃厮啰政权在河湟地区仍推行农业经济。崇宁三年（1104）宋军占领西宁后，对"元系西蕃王子董毡、瞎征、温溪心等"因参加过抗击宋军而对其田土予以没收。朝廷在河湟地区招募弓箭手大兴屯田，给汉族弓箭手每人2顷（200亩），出战马1匹者加50亩，已归顺的少数民族弓箭手也每人给地1顷，今湟中丹麻、贵德尕让等地每人多给50亩。[①] 政和五年（1115），何灌、赵隆等分别主持在今民和、平安一带修葺或开辟渠道，上万亩荒芜地变为肥沃良田。至靖康二年（1127）宋王室南迁前，青海东部的弓箭手屯田大约进行了20年。宋代河湟地区种植的作物有小麦、大麦、青稞、荞麦、糜、谷、豌豆等，蔬菜有芥菜、香菜、大白菜、蔓菁、萝卜、葱、蒜、韭等[②]。

（四）元明清时期的农业

元代的土地分国有和私有两类，国有土地包括被没收的旧贵族、大官僚、大地主、部落首领的土地，少量是自耕农因流徙或死亡留下的土地，以及抛荒熟地和可耕生荒地，统治者通过赐田、职田和屯田，将国有土地分配给蒙古族诸王、驸马、官吏、勋臣、地主以及寺院和宗教上层人士。明代在青海实行军屯，从洪武十年（1377）开始，根据陕西都指挥使司的建议，将庄浪卫1000新军调往碾伯（今乐都），1000新军放在西宁守城，同时屯种。此后，在湟水流域、隆务河流域都开辟了军屯和民屯，到永乐年间，西宁卫屯田有202552亩。[③] 在今贵德莫渠沟河流域、尖扎康场一带和同仁隆务河中游河谷地带都有屯堡，《循化厅志》称"贵德其十屯，而保安有其四"[④]，指的

---

① 崔永红：《青海经济史》（古代卷），青海人民出版社，1998，第106页。
② 崔永红：《青海经济史》（古代卷），青海人民出版社，1998，第97页。
③ 崔永红：《青海经济史》（古代卷），青海人民出版社，1998，第169页。
④ （清）龚景瀚：《循化厅志》卷4《族寨工屯》，李本源校，青海人民出版社，1981，第162页。

就是这些地方的军屯与民寨。弘治年间，在民和巴州至上川口一带新修"札都渠"后，出现"禾茂过他稼，收获济济，公私俱足"的景象。[①] 清初河湟地区农田增加较多，雍正四年前后在河湟地区有番地1277617.5亩，其中水地为172427.3亩；到乾隆三十七年前后，番地面积增加到1329848.5亩，其中水地为190785.8亩。[②] 在民和三川地区，从大山下闇门起至咸水沟，筑有"浚边濠"，分水岭"东南之水，经美都沟而溉三川"，且有上川口渠等31条灌溉渠。[③]

明清时，青海农民普遍进行麦豆轮作、麻豆轮作，麦类夏禾与糜、谷类秋禾倒茬等，以保持地力。种植作物有稷、麦、豌豆、胡麻、菜籽、青稞、蚕豆等，随着农业经济的发展，作物品种不断增加，仅西宁府种植的作物就有小麦、大麦、荞麦、青稞、大豆、豌豆、藏豆、扁豆、糜、芒谷、胡麻、油菜籽、燕麦等。蔬菜、瓜果种植品种较多，蔬菜有瓠子、茄、芥、芹、茄莲、圆根、白菜、茼蒿、芫荽、木耳、甜菜、菠菜、莴笋、王瓜（黄瓜）、蒜、苋、蔓菁、菜瓜、葫芦、西瓜、苜蓿、山药（洋芋）等，还有辣椒、苦豆等。[④]

（五）民国时期的农业

民国时期政府在柴达木地区进行了少量屯垦。1942年5月，国民政府委派马步青为柴达木屯垦督办，率骑兵第五军进入柴达木盆地屯垦。次年2月，撤销督办公署，设立柴达木垦务局，隶属青海省政府屯垦局。垦务局下属屯垦大队及香日德、赛针克、夏日哈、查查香卡、察汗乌苏等垦务组。

在1951年土地改革前，仅民和县6个区的42个乡（街），就有地主556户，共占耕地6.9277万亩，每人平均15.58亩，而雇农每人平均仅有0.028

① 民和回族土族自治县地方志编纂委员会编：《民和县志》，陕西人民出版社，1993，第200页。
② 崔永红：《青海经济史》（古代卷），青海人民出版社，1998，第173页表4-3，第175页表4-4。
③ 民和回族土族自治县地方志编纂委员会编：《民和县志》，陕西人民出版社，1993，第200页。
④ 崔永红：《青海经济史》（古代卷），青海人民出版社，1998，第167页。

亩。地主占农村总户数的 2.23%，而占有总耕地的 10.1%，是雇农的 25.54 倍、贫农的 4.38 倍、中农的 3.01 倍。农村的剥削形式主要有地租剥削、雇工剥削、放债剥削、借助势力敲诈勒索等。[1]

（六）新中国时期的农业

土地改革　简称"土改"。1951 年，青海省开展土地改革运动，各县成立"土地改革委员会"，遵照"依靠雇贫农，团结中农，中立富农，有步骤地分别地消灭封建剥削制度，发展农业生产"的总路线，抽调人员在农村开展了土地改革运动。总的政策是没收地主土地，按比例征收小土地出租者和半地主式富农土地，将没收和征收来的土地公平合理地分配给无地和少地的农民，颁发土地证，同时废除封建债务。土改的基础工作是划分阶级成分，土改过程中采取"自报公议，允许申辩，三榜定案"的办法，按土地拥有情况划分为地主、半地主式富农、富农、小土地出租者、中农、贫农、雇农、工商业家、其他等阶级成分。

农业生产互助组　1950 年秋后，农村原来的变工组改称为互助组，有长年固定互助组和季节性、临时性互助组两种形式。一般由 3 户至 5 户以"自愿互利"的原则组成农民协作组织，以变工互助形式进行农事活动。季节性、临时性互助组有"春紧夏松秋散伙"的特点。1953 年，民和县有 5757 个互助组，其中临时性和季节性的 5623 个，常年固定的 134 个，参加农户 21634 户，占农户总数的 90.1%。互助组实行民主管理，通过协商制定生产计划，根据劳力和畜力出工情况计工算账，以工换工。[2]

初级农业生产合作社　1953 年至 1955 年间，在互助组的基础上，青海农村出现了初级农业生产合作社，出现农业合作化的高潮，仅民和县就建立

---

[1] 民和回族土族自治县地方志编纂委员会编：《民和县志》，陕西人民出版社，1993，第 134 页。

[2] 民和回族土族自治县地方志编纂委员会编：《民和县志》，陕西人民出版社，1993，第 137 页。

初级农业生产合作社 632 个，占农户总数的 90% 以上。[①] 其基本形式是农户以土地、生产资料折价入股和统一经营，收益扣除农业税、公积金、公益金后，一部分作为土地、牲畜的"分红"，其余由社员按劳分配。入股前，土地采取死租活评，或评产入股，由社租用，按比例分红；牲畜采用死分活评的办法计工，私有私养社内租用，按比例分红；大型农具折价归社或由社内给予适当折旧费；籽种按地亩摊派，交股份资金或按亩投资，秋后归还。在劳动管理上，初级农业生产合作社内的农活统一安排，分组（队）劳动，实行定额管理，有包工包产、按件计工、只包工不包产，以及劳动分工后生产队常年固定、土地划片后耕作区常年固定、耕畜和农具搭配后保管和使用常年固定等"四固定"几种形式。劳动分配原则一般是劳力占七成，土地及牲畜占三成，也有的劳力占六成，土地、牲畜占三成半，公积金、公益金占半成。年终按劳动所得工分，分配现金、粮食和副产品。为了公平公正，有的社内还选举产生有管理委员会和监察委员会，对社员进行民主管理，对管理委员会实行监察。

高级农业生产合作社 1956 年春至 1958 年，在初级农业生产合作社基础上，经过整顿合并，组建了高级农业生产合作社，民间称为"进社"。在民和县，90% 以上的农户参加了高级农业生产合作社，平均每社 120 多户，最大的高级农业生产合作社有 672 户，同时还保留有 36 个初级农业生产合作社。[②] 高级农业生产合作社的管理有包工包产包财务、包工包产、包工不包产、随时派活等形式。到 1958 年，取消了初级农业生产合作社土地入股分红办法，将土地、牲畜、大农具等生产资料作价入社，统一管理、统一调配和统一使用。高级农业生产合作社以社为单位，以"按劳分配、多劳多得"为原则，进行核算和分配。公积金和公益金分别按年集体收入的 2%~4% 和

---

① 民和回族土族自治县地方志编纂委员会编：《民和县志》，陕西人民出版社，1993，第 137 页。

② 民和回族土族自治县地方志编纂委员会编：《民和县志》，陕西人民出版社，1993，第 138 页。

1%~2% 提取。高级农业生产合作社建社由于发展过快，形式单一，出现了一些难以解决的问题，影响了社员的积极性，造成农业减产。

人民公社 1958 年 8 月，根据中央精神，省内农村兴办人民公社。在乡的基础上成立人民公社，辖生产大队，大队下有生产队，100% 的农户入了人民公社。人民公社对"国家、集体、个人"三兼顾，从总收入中扣除生产费、管理费等各种费用，缴纳国家税金，按比例将公积金、公益金和储备粮等集体提留后，对社员进行现金和粮食分配。人民公社初期以生产队或生产小队组织安排生产，少数公社推行军事化，建立营、连、排组织来安排生产。1961 年开展整风整社运动，处理"一平二调"，纠正干部"五风"，解散农村食堂。生产上实行定额管理，评工记分，贯彻多劳多得原则，克服平均主义。经营管理上推行"四固定"（土地、劳力、耕畜、农具固定到生产队）和"三包一奖"（包工、包产、包费用，超产奖励）。1962 年继续开展以社会主义教育为中心内容的农村整风整社运动，落实按劳分配原则，调整国家、集体、个人三者之间的关系。按比例给社员分自留地，允许社员开种小片荒地、自养大牲畜。鼓励社员饲养小家禽，帮助社员恢复家庭副业。正式确立了人民公社三级所有、队为基础的体制，调整了公社、生产队规模，固定了以生产队为基本核算单位。生产上因地制宜，贯彻农业"八字宪法"，恢复合理的倒茬和轮歇耕作方式，粮食产量有了回升。1964 年，开展"农业学大寨"，平整土地，治河造田，兴修水利，取得一些成效。1966 年后在学大寨过程中否定社会主义按劳分配原则，取消评工记分制度，推行"自报公议，评政治工分"，把多种经营、家庭副业、按规定划归社员的自留地统统当作资本主义尾巴砍掉，农业生产又遭到破坏。1970 年后，贯彻北方地区农业会议精神，大搞平整土地、大办水利、狠抓渠系配套，加强管理，注意良种和化肥的推广使用，生产有所恢复。1981 年，人民公社再次化小；1984 年 4 月，取消人民公社，恢复了乡（镇）村建制。

联产承包责任制 十一届三中全会以后，农村进行经济体制改革，逐步实行农业生产大包干到组的责任形式。1980 年后，陆续建立包产到户，包干到户，专业承包、联产计酬，大包干到组，小段包工、定额计酬，"三包一奖"等形式，至 1982 年，农村基本实行了以家庭联产承包为主的生产责任制。此后，逐渐出现了以养殖业、种植业为主的重点户、专业户，还出现了一些经济联合体。

青年农场 1956 年 2 月，河南省青年志愿垦荒队 1000 人抵达西宁，当年在托勒台建立了第一个青年集体农庄，北京等地青年在察汗乌苏建立了第二个青年集体农庄，当年安置青年移民 2.7 万多人。1958 年，相继在柴达木盆地、海北、海南、玉树、果洛等地区建立了 24 个青年农场，开垦荒地 21 万亩。1960 年有青年农场 32 个，共安置青年移民 8 万多人。1961 年，重点转向全面整顿，撤销了 10 个农场，当年青年农场开荒 2.33 万亩，实有耕地 38.62 万亩。1964 年，全省青年农场全部撤并。①

机关农场 1950 年，青海省农林厅建立了省实验农场。刚察县 1957 年组织机关干部开荒种植青稞成功，1958 年，县属各公社便开垦耕地 8083 亩，形成了单位农场和集体农场。② 农场主要种植青稞和燕麦，还有小油菜、青草（青燕麦）以及少量蔬菜。从 1960 年起，省级机关也大量参与创办机关农场，当年就有 59 个部门和单位共创办农场 159 个。至 1963 年剩下 50 个，次年机关农场全部撤销，这些农场分别移交给了州县、省劳改局和畜牧厅。③ 自 1980 年起，青海农垦农牧场陆续移交给青海省农林厅管理，1985 年，全省农垦农场耕地面积为 27.82 万亩，其中水浇地 7.63 万亩。海西地区以生产小麦、青稞为主，有少量油菜。海南地区以生产油菜籽为主，有少量青稞、大麦。贵南牧场成为油菜生产基地。

部队农场 1964 年 11 月，青海省成立了生产建设兵团筹备委员会，1966 年 5 月，青海省农建十二师成立。但直到 1978 年，耕地增加仍不多，

---

① 青海省地方志编纂委员会：《青海省志·农业志 渔业志》，青海人民出版社，1993，第 215~218 页。

② 刚察县地方志编纂委员会：《刚察县志》，陕西人民出版社，1997，第 226 页。

③ 青海省地方志编纂委员会：《青海省志·农业志 渔业志》，青海人民出版社，1993，第 210 页。

单产较低，粮油生产一直亏损。除军垦农场外，驻军还建立了一些小型农场，至 1989 年部队有唐曲农场、中川农场、海北军分区农场和海南军分区农场等 4 个农场，种植粮食、油料、蔬菜、瓜果等。[①]

三　耕地类型

旱田　旱田也称为旱地、山地，主要分布在脑山和浅山地区。脑山是湟水流域边缘海拔在 2800~3200 米的低山丘陵区，这些地区多为黑色褐色土壤，土地肥沃，多种植青稞、燕麦、小油菜、胡麻和洋芋等作物；浅山是海拔 2200~2800 米，相对高差在 300~500 米的低山丘陵区，多种植青稞、油菜、大豆、豌豆、洋芋等农作物。据统计数据，2005 年底，全省山旱地面积为 548.55 万亩，占全省耕地面积的 67.44%。[②] 因为农田坡度大，无法进行人工浇灌，浅山区遭受侵蚀严重，地形遭受强烈的刻切，起伏很大，支离破碎，造成沟道短促，坡度大，多悬谷、滑坡、崩塌等地貌形态，水土流失严重。脑山和浅山地区农作物的生长完全依靠天然雨水。

川水田　川水田大多分布于川水地区。由黄河和湟水及其较大支流冲积形成的若干大小不一的河谷阶地，被称为川水地区。河谷平原海拔 1565~2200 米，依附于水系呈树枝状分布在黄土低山丘陵之间，大的平原宽达 5 公里，小的宽仅 200~300 米。这里分布着大量农田，因为开发较早，水利设施比较完善，可以用河水进行浇灌，产量高而稳定。至 2005 年底，全省有效灌溉面积为 264.83 万亩，占耕地总面积的 32.56%。[③]2015 年，川水田耕地约有 110 万亩，[④] 种植有春小麦、马铃薯等，在民和、乐都、循化等地还种植有玉米、冬小麦等作物。

① 翟松天、崔永红：《青海经济史》（当代卷），青海人民出版社，2004，第 96~97 页。
② 青海省地方志编纂委员会：《青海省志·农业志》，青海民族出版社，2016，第 63 页。
③ 青海省地方志编纂委员会：《青海省志·农业志》，青海民族出版社，2016，第 63 页。
④ 王永利：《湟水流域浅山区水土资源开发利用面临的问题与对策》，《经济研究导刊》2015 年第 25 期。

梯田 梯田是在丘陵山坡地上沿等高线方向修筑的条状阶台式或波浪式断面的田地。1964年,省内掀起"农业学大寨"运动,平整土地,治河造田,兴修水利,有些旱田被修成梯田,同时修建水库、涝池、水渠等灌溉设施,部分旱地成了水浇地。1970年后,农村又大搞平整土地,大办水利,改造了许多梯田。今湟源县小高陵梯田已成示范梯田。

大棚 20世纪50年代,在西宁出现了大棚种植。后来发展出了塑料大棚、温室大棚等,由于收益高,近年来温室大棚在川水地、浅山地区得到较快推广,甚至在脑山地区也出现了少量的温室大棚。温室大棚中多种植蔬菜和花卉。

四 灌溉饮水设施及灌溉方式

水库 水库是拦洪蓄水和调节水流的水利工程建筑物,是在山沟或河流的狭口处建造拦河坝形成的蓄水在10万立方米以上的人工湖泊,具有防洪、蓄水灌溉、供水、发电、养鱼的作用。20世纪60年代以后各地修建有许多水库,如湟中县什张家水库、蚂蚁沟水库、南川水库、胜利水库、盘道水库、云谷川水库等,大通有黑泉水库、景阳水库、中岭水库、大哈门水库,这些水库以农业灌溉为目的,对当地的农业灌溉起到了巨大作用。

涝池 涝池是干旱地区为充分利用地表径流而修筑的蓄水工程,蓄水大多在10万立方米以下。青海的涝池始建于20世纪50年代以后人民公社化时期,在干旱的沟坡上人工修筑坝面,用水渠将水引来蓄水,功能简单,坝底留有出水口,装有闸门,主要用来灌溉农田。青海浅山和脑山地区曾经修建了许多此类工程,但自实行联产承包责任制后,这类水利工程因为责任不明确、管理不善而被废弃。

水渠 水渠是把水库、涝池、河流等水源地的水引来灌溉、饮水、发电的水利设施。水渠由漕沟、闸门、涵洞、水管、分水口等组成,漕沟两壁有垂直和坡度两种,一般用水泥制成的漕沟横截面多为方形,纯土质开挖的水渠横截面多为倒梯形，沟渠两边种植树木，以固坡。

水窖 又称为旱井，是干旱、半干旱地区的人们聚积雨水，用于人畜饮水的设施。以往的水窖是人们在院子或其他地方直接挖出窖坑，地面做成一定的倾斜度，下雨时廊檐雨、地表水自然地流进窖内澄清、存储，现在的水窖用水泥做成，较以往更为干净卫生。使用水窖存水多少要看当年的雨水状况，因而人们对水更为珍惜，在红白喜事中相互要借水，水甚至成为贵重的礼物。

机井 利用机械动力泵将地下水抽出地面的水井。1955 年以前，全省农田灌溉中没有机电排灌机械，1955 年 6 月 18 日，在西宁北禅寺左侧建成有史以来的第一座电力抽水机站，开创了机械抽水浇地的先例。1962 年，开始使用深井泵浇地，年均增加深井泵 2.5 台，但发展缓慢。1972 年后增长迅猛，8 年增加了 1221 台，到 1980 年达到 1246 台，此后发展减缓，1984 年时，全省有深井泵 1263 台（包括深井潜水泵），浇灌面积为 14.7 万亩。[1] 1975 年 9 月，民和巴州公社羊羔滩大队凿了一眼灌溉机井，安装有 8J-25 水泵 1 台，装机容量 250 千瓦，灌溉面积 100 亩。1980 年，民和县共有成井 55 眼，到 1985 年，民和县有效机井共 53 眼，实灌面积 3560 亩。[2] 机井除了灌溉，还供人畜用水。

喷灌 适合于川水、浅山地区的灌溉技术。一般麦苗长到四五个荚时，用软水管将水从涝池等水源地引进地中，在管尾装置能够自动摇头的喷头，开启后，随着喷头扇形摇摆，利用水压将水喷为"细雨"洒到植物叶面上。1976 年，乐都、循化两县首先建成固定式喷灌机站 5 处，安装了 5 台 3BA-9 型喷灌机，管道总长度为 29.47 公里，喷灌面积 4605 亩。1982 年，全省的喷灌机站共 266 处，装机 674 台，为最高水平。[3] 喷灌适用于大面积的耕地浇灌，

① 青海省地方志编纂委员会：《青海省志·农牧机械志》，青海人民出版社，1993，第 44~45 页。
② 民和回族土族自治县地方志编纂委员会：《民和县志》，陕西人民出版社，1993，第 207 页。
③ 青海省地方志编纂委员会：《青海省志·农牧机械志》，青海人民出版社，1993，第 49~50 页。

在人民公社化时脑山浅山梯田中使用过这种设施，自从土地承包后，农田逐渐小块化，农户独家无力承担维护运营喷灌设施成本，这种灌溉形式越来越少。青海使用的机电喷灌机有 3BA-9 型和 1980 年从美国引进的 2 台 4071 型电动喷灌机，后者机组全长 429.8 米，喷水转圈半径 416.8 米，每小时喷水227 立方米，自转一周可以喷灌 1005 亩。还有一种为省内自行设计的塑料管道自压式喷灌设备，这套设备依靠水位差自压喷水，不耗费能源，投资少，使用方便，1976 年 8 月 7 日在乐都县共和、达拉两公社试验成功，但后来被废弃。①

漫灌　川水平地的一种粗放式灌溉方式。田地四周修有塄，如同围墙，塄边或两塄之间修有水沟。流水通过沟渠边时挖开缺口，将水引进地中，任水自由流动，灌满一块地后，再浇灌下一个地块。

五　作物种类

（一）粮食作物

小麦　全省种植面积最广的粮食作物。分布在黄河流域、河湟流域、隆务流域、柴达木盆地边缘等几个主要的粮食种植区。除了贵德、循化、民和等黄河边的农田种植冬小麦，其余地方种植春小麦。20 世纪 70 年代，在民和川口地区的水地引种唐麦 2 号和东方红 1 号成功，实现了两年三熟。小麦的主要品种原有水地的齐头麦、和尚头、大白麦；浅山有六月黄、火麦、白尖口；脑山有红短麦等农家品种，这些品种具有耐旱和耐寒性能，耐瘠、稳产、适应性好，但都不抗锈病和黑穗病，不耐肥、秆软、易倒伏，产量低。1950 年，青海省引进碧玉麦；1952 年，开始推广；1958 年，碧玉麦全省种植面积达 57.4 万亩，成为青海省小麦第一次品种更换的主栽品种。1957 年，青海省引入阿勃小麦，1964 年开始推广。后来推广过甘肃 96 号、南大 2419、

---

① 青海省地方志编纂委员会：《青海省志·农牧机械志》，青海人民出版社，1993，第 45~46 页。

内乡 5 号、甘麦 8 号、晋麦 2148、小红麦、602、308 等品种，现已被淘汰。阿勃小麦是迄今为止全省种植面积最广的品种，红麦有耐旱、抗倒伏、抗锈病、产量高、成熟晚、面质好等优点，在浅山脑山地区种植面积仅次于阿勃小麦。

青稞　禾本科大麦属的一种禾谷类作物，因其内外硬壳分离，籽粒裸露，故又称裸大麦、元麦。青稞"肚里黄"茎秆矮，穗头向上，"白浪散"茎秆高，麦穗长，四棱，穗头向下弯曲。一般在河谷地带的脑山和半浅山、半脑地区种植，主要品种有瓦兰、白浪散、磨多一号、肚里黄、白六棱、西藏 60 号等。青稞具有丰富的营养价值和突出的医药保健作用。在高寒缺氧的青藏高原不乏百岁老人，这与常食青稞有关。

大麦　青稞的一种，有白大麦和黑大麦两种，主要在浅山、川水地区种植。大麦比青稞成熟得稍早一些，颗粒之外包有一层皮散，有麦芒。黑大麦可以入药，也常用来熬酒，泡成药酒可用于治疗关节病。妇女坐月子时把炒熟的黑大麦在沙罐中熬成麦茶喝，据说有祛风散寒的功效。常吃黑大麦面，有助于健胃。可治疗胃病。白大麦用来食用，现代改进后的白大麦亩产可达 800 斤。

粟　又称为稷，俗称为谷子，去皮后称为小米。在原始农业中，是最主要的作物，在青海柳湾遗址，以及卡约文化中都出现了随葬的粟。粟的特点是耐旱、自生能力强，适宜在半干旱地区种植。

黍　俗称为糜子，去皮后称为小黄米。黍粒比粟粒略大，颜色呈红色或黄色，穗散。青海种植黍的历史悠久，这种作物在新石器时期便已出现。至今在平安区等地还有少量种植。

玉米　主要分布在较暖的川水地区，民和、乐都等地种植较广。

荞麦　又叫乌麦、花麦或三角麦，穗三棱形，开白桃红花，红秆绿叶。荞麦生长期短，一般先种青稞，收割后再种荞麦，三个月便可收割，收成好。但口感稍差一些，现在是高血糖症患者的辅助食品。

燕麦　分连皮和不连皮两种。连皮的称为燕麦，不连皮的称玉麦或铃铛麦。燕麦主要有尕燕麦和大燕麦两种，尕燕麦也叫黄燕麦，身矮；大燕麦身高而多节。刚察县种植的燕麦有 3 个品种，其中黄燕麦是农家传统品种，亩产 100 公斤；巴滩二号和百燕麦则是搭配品种。玉麦长相与燕麦相似，但没有燕麦般的麦芒，尾部有小筒，无皮。玉麦可做成甜醅小吃，美味可口。

豆类作物 豌豆是轮茬作物，为种植面积最大的豆类作物。果实和秸秆大多被作为牲口的饲料。也可以磨成豆面，做散饭、搅团，将豌豆面与荨麻嫩叶做成拌汤，涂在油饼上卷成的"背口袋"是青海山区的一种名小吃。蚕豆在青海也叫大豆，为轮作倒茬的养地作物。分布在脑山地区和部分沟岔水地。黄豆仅在较暖的川水地区作为小麦和玉米的间、套种作物种植。1984 年开始，在黄河沿岸的官亭、中川、峡口等乡水地与小麦套种成功，并迅速得到推广普及。冰豆儿也叫偏豆，叶子小圆，以单角或双角为主，常与麦子套种。

藜麦 又称印第安麦、奎藜、灰米或小小米，是南美洲高地特有的谷类植物，主要产于南美洲安第斯地区的秘鲁、智利、阿根廷等国家。2013 年，乌兰县首先试种藜麦成功后，2014 年，由乌兰县扩及德令哈、格尔木等地，共试种 2250 亩，收获 360 吨，2015 年，海西州格尔木市、德令哈市、乌兰县、都兰县共试种 6900 亩。[①] 藜麦在青海的种植时间最短，但发展迅猛，两三年间不仅推广到海南州兴海县、黄南州同仁县等地，而且种植面积和产量增幅也很大，如乌兰县 2015 年种植 1520 亩，总产量为 61.5 万斤；2016 年，种植面积为 11090 亩，总产量为 510 万斤。[②] 藜麦因其营养价值高而备受人们喜爱。

（二）油料作物

胡麻 植高二尺左右，开蓝色小花，每颗内含有四粒至六粒籽。是种植历史悠久的品种，多分布在浅山、脑山地区。胡麻的收成不如大菜籽，因

---

① 《海西州藜麦试种工作进展顺利》，见中华人民共和国农业部网站，2015 年 5 月 14 日。
② 《乌兰县藜麦产业发展现状、存在的问题及下一步打算》，青海省海西蒙古族藏族自治州人民政府网，http://www.haixi.gov.cn，2017 年 10 月 18 日。

而在浅山地区逐渐退出了，现在脑山地区仍有种植胡麻的。以前，在孩子出天花、儿童食站（方言，消化不良）、身上长疙瘩、牲畜得病时，喂胡麻油解病。

油菜 原有的白菜型和芥菜型油菜，俗称为尕菜菜。20 世纪 60 年代青海开始引进甘蓝型油菜，70 年代中期引种加拿大奥罗、托尔等甘蓝型油菜品种成功，并成为全国大面积种植低芥酸油菜品种的第一个省份。其中奥罗菜籽高近 2 米，开杈多，收成高，是东部地区主要的油菜品种。尕菜籽身高二三尺，主要在高寒地区种植。黄菜籽是做芥末的原料。云盖与白籽麻相似，色红，味辛辣，烟大，以前油多用来点灯。青海湖及海北的油菜品种主要有青海湖小油菜、门源小油菜、小黑油菜、门油 3 号、浩油一号等。油菜花已成为一种旅游资源，每年吸引大批旅客前往青海观赏。

大麻 也叫麻头，是民和地区的特产，总堡的大麻株高 2 米以上，曾以纤维韧而长而闻名全省。麻秆皮剥下来后捻成麻线，用来纳鞋底、织麻布。1949 年前，每到大麻收获季节，湟中县鲁沙尔靴铺老板都派人到总堡购买大麻，用此麻绳缝制的藏靴质量颇高。大麻籽可榨油食用，其味芳香，别具风味。麻仁常被当地农家做成"麻麸"包子，堪称一绝。

（三）薯类作物

马铃薯 也称为洋芋，乐都等地还叫山药，青海东部为主要产区。马铃薯在我国的栽培已有 400 多年的历史，以前多在平地种植，且品种老化，产量不高。进入 20 世纪 70 年代，棱种逐渐推广，产量提高明显。在人民公社化时期，曾以二斤马铃薯折算一斤主粮分配给农民。进入 21 世纪后，用塑料地膜覆盖种植，使马铃薯产量大大提高。

（四）蔬菜

青海川水地区种植蔬菜品种，浅山、脑山只有大头菜、甜菜、萝卜、白菜、葱、蔓菁等少量的几个品种，且只种植在园内或庄廓周边的小块田地中，萝卜和甜菜还间种在洋芋地中。1949 年以后，蔬菜种植面积扩大，品种增多，1980 年以后大棚种植得到推广，黄瓜、西红柿、辣椒、西兰花这些新引进的种类被称为细菜。现在的蔬菜有萝卜、葱、白菜、甘蓝、菜花、菜瓜、韭菜、西兰花、大头菜、西红柿、辣子、茄子、笋子、菠菜、甜菜、甜根、蔓菁、切莲、生菜、苦菊、黄瓜、茼蒿、洋姜、南瓜、刀豆、芹菜、大蒜、香菜等。由于大棚栽培技术比较成熟，加之高原日照时间长，玉树、果洛等高寒地区也能种植各类蔬菜。

（五）其他作物

向日葵　草本生植物。以前有农家品种，后来也有市场品种，一般不大面积种植，只在庭院或庄稼地周边等点种一些，秋天成熟后吃葵花籽。现在有一种是观赏花卉型向日葵。

红花　一年生草本，喜温暖、干燥气候，抗寒性强，耐贫瘠，高 1 米左右，常种在田边。主秆到上部分权，顶端有椭圆形总苞，从中长出伞状花序，叶片边缘有针刺。农家人常将花序揪下，晒干，和进面中做成花卷。

香豆　一年生草本，常种植在地边，揪取嫩叶晒干揉成粉，用作烤饼、烙饼、花卷、灶卷及月饼等面食的香料。

六　家畜家禽

马、骡、驴　马和骡子称为大牲口。马有母马、种马和骟马之分，骟马没有生育能力。以前还有训练走马，备以上乘马鞍，参加赛马会，主人引以为傲。马性情刚烈，在较陡的山地运肥、耕作时不好控制。骡子是马和驴的杂交品种，马生的称为马骡，体形近似马，体大力壮；驴生的称为驴骡，体形较小，骡子耐力强，无生育能力。驴主要分布在浅山和半浅山地区，未经割骟的公驴叫作"叫驴"，专用于配种。马、骡子和骟驴常用于种植、拉车、碾场、驮运、骑乘。在藏传佛教文化区，人们忌吃马肉、骡肉和驴肉。

黄牛、犏牛、牦牛、毛杂（音译） 黄牛尾巴细长，属蒙古小型黄牛，性情温顺，生长发育缓慢，圈牧饲养结合，主要分布在浅山和川水地区，用来耕地、拉车。20世纪70年代后，引进了不少国外品种，如西班牙的"西门塔尔"等，产奶量多于当地黄牛，现在养殖的奶牛以"黑白花"最多。犏牛是牦牛和黄牛的杂交品种，适应于浅山、脑山地区气候，形似牦牛，尾巴短粗多毛，以前农家人常用其尾巴来扫面，犏牛也用来耕地。犏公牛没有繁殖能力。牦牛适应于高寒地区，耐潮湿，抗病力强，性情凶猛，个头比黄牛大，圈牧饲养结合，以放牧为主，不适应川水地区的环境。在有山神信仰的地方，有献神牛的习俗，人们忌偷盗、殴打和驱赶神牛，认为得罪山神会带来灾难。在湟中县苏木世村，村民们将一至两头牦牛献给山神，并将这种牦牛称为"神牦牛"，此后，任其老死，有时也会献小牛，祷祝后替换老牛并宰食。还有一种是牦牛与黄牛杂交而生的牛叫毛杂，俗称尕力巴，因体形和生产性能低劣等因素，传统上一出生就被淘汰。

绵羊、山羊 绵羊多为藏系羊，羊毛纤维长，出产的毛品质优良。享誉世界的"西宁大白毛"，是加牙织毯（当地称为栽绒毯子）的主要原料。公羊割骟后称为羯羊，羯羊只用来吃肉或献祭，种羊俗称为"骚胡"。现在有了引进的新疆细毛羊、小尾寒羊等品种。青海藏传佛教较盛的地方，人们将羊献给当地山神，称为神羊，标志是羊角上系有红布，待遇如同神牛。在民间的挡雨、背经、谢降等仪式中往往要宰羊。山羊也称为"亚马"（音译），有奶山羊、毛山羊、绒山羊、毛皮山羊和普通山羊，具有成熟早、早期生长发育快、繁殖力强、遗传性稳定等特性。

猪 以前有农家古老的土猪品种大耳朵黑猪，俗称为"八眉猪"。这种猪1~2年才出栏。后引进约克夏、苏白、内江、长白、巴克夏、新淮、克米洛夫、金华、北京黑猪等品种，苏白俗称为乌克兰白猪，养殖6个月以上就可出栏。猪在农村主要是自家过年食用。有的家族有养"坟猪"的约定，坟头家在"天社"（春分前后）上坟前一天将猪宰杀并做成爬伏状，猪头盖一片板油。上坟时献于祖坟，待祭祀完毕后运回家煮食，族中人人都可享用这"祖先的份子"。坟猪肉一般不外买，超出约定斤两的部分归坟头家所有。现在家族人少，供祭整猪的越来越少。

兔　有野兔、家兔之分。20世纪80~90年代，国家曾经推广长毛兔养殖，通过卖兔绒以增加家庭收入，后来逐渐被淘汰了。

鸡　在川水、浅山、脑山地区均有分布。有一种乌骨鸡，俗称为乌鸡儿，是稀有品种，分布在脑山地区，数量极少，有药用价值。以前几乎家家都养鸡，公鸡报时称为"叫鸣"，一只鸡叫，别家的鸡也都随着叫鸣。鸡叫一遍叫"头鸡儿叫了"，为深夜三点左右，隔一个时辰再叫一遍，鸡叫四遍时天已大亮。以前的农村土鸡体小，靠母鸡抱窝孵化小鸡，母鸡抱窝前会出现一些征兆，民间称为"燥"（青海方言），会主动护蛋，做出抱窝的动作，此时选十多个受过精的鸡蛋，母鸡会精心孵化，三周左右小鸡出壳。现在出现了养鸡专业户，家庭养鸡的越来越少。

鸭、鹅　这两种动物都较喜水，多养在川水地区。但养殖数量很少。

狗　狗在农牧区用来看家护院。有哈巴狗，也有藏獒。藏獒又名獒犬、番狗，是一种高大的猛犬，是世界上最凶猛的犬种之一。体毛丰厚，耐寒冷，外层披毛粗硬，底毛则浓密软如羊毛。对主人极为亲热，护领地，护食物，善于攻击，对陌生人有强烈敌意。

猫　在农家主要用来治鼠害，习惯于夜间活动。以前的庄廓墙为夯土墙，猫常从墙角爬上爬下，为了保护墙角，在墙角上部突出一块古板，猫爬到此处无法翻越，故戏称为"气死猫"。

七　瓜果种植

瓜类种植　与分布青海的瓜类栽培始于明代，民和享堂、马场垣的旱沙地种植有甜瓜、西瓜和籽瓜。享堂产的意大利瓜曾经在香港市场销售。川口、马场垣等地的籽瓜可冬藏，至翌年二三月仍鲜味不变，是传统的出口产品。西瓜的种植后来扩大到乐都、贵德等地。乐都等地的南瓜也颇受市场欢迎。

果树种植与分布　青海有700多年的果树种植历史，民和史纳村至今仍保存一棵有500年历史的核桃树。明御史李素在《西平赋》中描述："果则丹杏充赟，林檎实边天，楸子累累兮赤弹悬。"《西镇志》记载："把丹杏（核仁甘美，元人用为贡）、梨（河西皆有，惟肃州、西宁独佳）、沙枣（有红黄二色，似枣而小，花开香袭人，肉白似沙）。"《康熙碾伯所志》记载："果类：桃、杏、李、林檎、苹果、沙枣、胡椒、楸子、核桃、山樱桃。"清乾隆《西宁府新志》记载："金瓶梨（各种）、苹果、核桃（壳薄者）……出碾伯县。"又载："椒、梨……出贵德所。"书中记载的果类有杏、李、楸子、山樱桃、林檎、沙枣。①

青海的果树主要分布在东部地区，生长有苹果、梨、桃、杏、葡萄、核桃、山楂、枣等多种温带落叶果树。湟水流域和大通河流域属暖温区，民和县川口镇、马场垣、隆治、巴州、核桃庄、松树庄，乐都区洪水乡、高庙镇、雨润、岗沟等地适宜果树栽培。这些地区在新中国成立以前就有山杏、山桃、山楂、山荆子、毛山荆子、花叶海棠、甘肃海棠、杜梨、酸梨、野葡萄、毛李子、胡桃楸、核桃、文冠果等。1949年以后，青海在民和、乐都的湟水、大通河沿岸发展苹果、梨、桃、杏、核桃等果树种植。民和回族土族自治县是全省果树栽培的重点县，被称为"瓜果之乡"。川口镇东垣村生产的新红星苹果曾获国家科委星火"五·七"计划博览会银奖，远销北京、上海、广州、深圳等地。此外，民和的核桃、乐都的沙果、同仁的黄果、贵德的长把梨和软儿梨也较有名。软儿梨在民间还有药用价值，有润肺止咳、健胃消食的功效，食用时，先将软儿梨冷冻后消融，颜色由青变黑，果肉化为水，冷食不伤胃。花椒树分布也较广，其中以循化的花椒最有名气。

---

① 杨津梅主编：《青海果树志》，青海人民出版社，2005，第24页。

第二节　农业生产过程

一　耕作制度

一年一熟与两熟　青海的农作物大多为春播秋收，一年一熟。一年两熟的记载最早见于清乾隆时期，《循化志》中说循化等地"其乔麦则青稞割后方种，惟此为两收"[①]。湟中苏木世村等地在 20 世纪 40~50 年代，偶有青稞、荞麦复种，一年两种。随着小麦种植面积不断扩大，逐渐形成一年一熟的耕作习俗。

复种　早熟作物收割后再次播种的习俗。浅山和脑山有些地区在青稞收割后复种燕麦将其作为青饲料，有些川水地在小麦收割后种植白菜等蔬菜。青海海拔最低、气候较好的民和地区，在新中国成立后复种指数不断扩大，黄河流域的官亭、中川、峡口三乡，湟水流域的松树、核桃庄、巴州乡的部分地区和川口、马场垣、隆治 3 乡的川水地区为一级复种区，以种植洋芋、豌豆、油菜籽、蔬菜为主，新民、李二堡、巴州、联合、古鄯、大庄、马营、转导等浅山地区为二级复种区，多种植糜子和青饲料。

倒茬轮作　也叫倒茬子。为恢复和提高土壤肥力，防治病、虫、草害，提高粮油产量和品质，定期在同地块耕地上轮换种植不同作物，进行轮作即倒茬。各地不太一致，在民和地区，水地以春小麦、青稞、大麦、蚕豆、油菜籽倒茬轮作，新砂田以春小麦、西瓜倒茬轮作，老砂田以籽瓜、谷子倒茬轮作；浅山地区以春小麦、青稞、大麦、玉麦、豌豆、胡麻、洋芋、菜籽等倒茬轮作；脑山地区以春小麦、青稞、洋芋、蚕豆、胡麻等倒茬轮作。新中国成立后，浅山、脑山地区轮作品种变化不大，只是随着杂粮种植的减少，

[①] （清）龚景瀚撰、李本源校：《循化厅志》卷 7《物产》，青海人民出版社，1981，第 294 页。

仅麦类作物与少量豆类作物、麦类作物与油料作物每隔 1~2 年互相倒茬轮作；川水地区以玉米、小麦间作，复种洋芋、秋菜倒茬。刚察县的轮作程序是：歇地—油菜或青稞 2 年；油菜—青稞—青草 3 年；油菜—青稞—歇地 3 年；油菜—青稞—青稞—歇地 4 年；歇地—青稞—青草 3 年；青稞或青草—油菜—青草—歇地 4 年；油菜—油菜—青稞 3 年 [①]。

歇地 在传统农耕时代，农业区的脑山、浅山地区人少地多，山地、旱地地力贫瘠，俗称为薄地，这种田地连续种植会造成收成逐年下降。于是农民对耕地进行有计划的休耕，不耕作不种植，任其荒芜长草，以休养地力，歇地一般有一年至三年。长期不种便成为撂荒地。

二　翻地施肥

翻地 耕地分为熟土和生土。熟土是指由于耕种和施肥，地面有一定深度的土壤变得肥沃而疏松，熟土之下是生土。刚开垦还未种植作物的土地也称为生土。生土地力差，不适宜种植庄稼作物，但可以种植萝卜等蔬菜。每年播种前和收割后，都要进行翻地，将地面的草籽、植物和农作物根翻入土下，可以疏松土壤，减少来年的杂草。以前，春播时要翻地，特别是撒播时，地面上撒有种子，要求浅翻，犁铧入土要浅，之后耱平地面。秋收后，要深翻，以增加地力。秋天翻地有的耱平，也有的等来年春播前再耱地面，所以有"深翻浅种"之说。秋天翻地还有保持土地肥力的作用，一般在霜降节气以前要翻完地，俗话说："霜降，格子架到梁上。"霜降之后地气下降，草等无法腐烂，这时翻地对地力没有补益作用。

人力翻地 种植大棚和小块地的蔬菜时，因为四面有墙或者地块太小，不适宜牲畜和机器翻地，只能使用铁锨、镐等工具进行人力翻地。

二牛抬杠 二牛抬杠历史悠久，一套二牛抬杠工具包括格子、大牵绳和

---

① 刚察县地方志编纂委员会：《刚察县志》，陕西人民出版社，1997，第 234 页。

铧三个主要部分。格子是一段较粗的横木，多选弓形的材料，在弓背外上下各穿两眼，把四根木钉状的木棍穿在眼中，俗称为格次子。格子的弓形刚好搭在牛脖颈上，两根格次子的宽度以牛脖颈宽度为标准，不宜过窄或过宽。格次子末端穿眼系绳，俗称为格带绳，一根结为环，另一根留为绳。格子正中水平方向穿眼，将一根称为"格木板子"的长方形条木穿在眼中，板子前端上下穿眼，穿一根木钉固定在格子上，这根木钉俗称为"脑打子"。格木板子后端上下穿一圆孔，穿上大牵绳。架格子时，先将两牛缰绳穿过牛鼻圈（用柏木棍弯成环状，穿过牛鼻子，柏木性凉，牛鼻子不易感染），留一定宽度系住绳。将格子架在两牛脖颈上，系住格带绳，使格子有一定空隙而不能从牛脖颈上滑落。而后将铧辕套在大牵绳上，再将一根长绳两端系在牛鼻圈上，绳中固定在铧扶手上，俗称为骈绳。因为两绳等长，犁地人通过拉扯偏绳可以控制两牛的行走方向。因二牛抬杠的耕作效率低，手扶拖拉机出现后逐渐退出农业生产，现在基本消亡了。

大牲口翻地　20 世纪 50 年代以前，脑山地区用霸王格子翻地，这种格子专用于马和骡子等大牲口，不同于牛格子。霸王格子较为固定，在平地比较好用，但在山地中，两马无法同时用力。以后又出现了肚棍。肚棍是一套工具，包括夹夹子、肚棍、大牵绳等。夹夹子是两根木棍，上端留一定宽度，用绳子系起来。中间穿两小孔各系环留用。下端特许格带绳子，也是一边绳一边环。肚棍有三根等长的棍子，每根棍的左中右各穿一孔，两根棍水平摆放，左右孔系绳留用。中间孔穿绳，等距离系在第三根棍的两端孔中，第三根棍中间孔缩大牵绳。架犁时，先用缰绳穿过笼头固定一个合适的宽度，再把夹夹子套在肩胛前，马骡力大，容易拉伤自己，夹夹子后垫有毡等软物。两棍分别放在两匹马的肚下，棍两端绳分别系在夹夹子两侧的环上，犁铧套系在第三根棍的大牵绳上。肚棍长短的掌握凭经验，系短了，犁地中棍子会打到马肚，轻者起疙瘩，重者会出血；系长了马使不上劲。骈绳系在笼头外侧。使用肚棍，马和骡有了一定的灵活性，在山坡地上，两马各自使力，解决了霸王格子的局限性。

拖拉机翻地 1953 年开始，在农区推广国产仿制型双轮双铧犁，后来还出现了圆盘耙。圆盘耙耙幅宽，自身重，大型拖拉机可同时带动两组圆盘耙，机器翻地效率高，但不适宜在山区使用。此后，出现了手扶拖拉机带动的耙，这种耙的叶片如同榔头，与地面垂直，在拖拉机带动下可将地面打翻起来。不利的是尘土非常大，时间不长便被淘汰了。同时，一种手扶拖拉机带动的双叶铧逐渐普及开来，这种双铧头可以左右翻转，拖拉机往返时只用脚踏转叶片便可快速犁地，适应在山区小地块作业。现在已成为主要的翻地工具。

肥料 有家肥、野灰、化肥、追肥和叶面肥等分类。

家肥 是人和家畜家禽粪便的积肥，以前的人圈（俗称为圈圈、茅屎圈等，后称为厕所）、马圈、牛圈、猪圈等，人畜粪便积累到一定程度后取用干燥的白土覆盖，再积肥，再盖土，称为垫圈。秋天农闲时除圈，将粪土挖出圈外堆积在粪场上，略干后摊开一层用榔头粉碎，直到全部粉碎后运到田中，堆成小堆，再盖一层土。也有的将粪土先运到田中堆盖，播种前再粉碎。家肥一般要上在种植洋芋、小麦等作物的地中，有提高地力、疏松土壤、打破土壤板结、改善通透性的作用。现在农业机器逐渐取代马、骡、牛等牲畜，家肥主要靠养猪积肥。炕灰也是家肥的一种，青海农村大多使用的是火炕，冬日里要煨炕，早晚将燃料和火种送入炕中燃烧取暖，烧剩的灰可作为农肥，叫作"炕灰"，也叫"小灰"。土炕使用一段时间后，也要砸碎作为肥料。灶中烧得的灰叫"毛灰"，烧灶一年后，将锅头砸碎，作为肥料，再重新盘做锅灶和土炕。家肥中还有少量的鸡粪。

野灰 也叫碱灰。青海农区尤其在浅山和脑山地区，为了增加土壤肥力，村民们除施用家粪外，还用一些土办法制肥，其中有一种特殊的制肥方法，叫"烧灰"，也叫烧"野灰"。这种办法烧制的灰叫"土灰"，具体的烧法有三种：一是烧碱灰；二是烧地坨子；三是烧毛堆灰。烧灰要在秋后选一块植被好且较平缓的塄坎草皮，用一种平面的"坐锨"将地面裁成大方块，翻起晒干，再将土块顺坡一行一行地垒成有空隙的土块墙，到来春时土块干透。烧灰时用大土块垒成火门、火墙，后面垒上拳头大小的土块，之间留出空隙，再用树枝、干草在火门处焚烧，将土块引燃。后面不断续垒小土块，顶部盖土，两侧用大土块做墙，火苗不断向后引燃。烧灰时白天晚上都要照看，农民凭借经验，根据火的位置，或者垒土块或者压土，盖土早会压灭火苗，盖土晚会冒火，后面的土就不能燃烧，成为死灰。最后火熄冷却后，将土块粉碎，背到田中作为肥料。如果选不到理想的烧碱灰草皮，秋收后在农田里撒草秆，赶牲畜碾场一样踩实，再挖成土块，称为地坨子，再用烧碱灰程序来制土灰。毛堆灰是将草根土块垒成塔状，从底下引燃焚烧制成的土灰。这些制肥办法在青海很多山区曾被长期使用。

化肥 20世纪60年代开始，政府开始推广过磷酸钙（俗称为"青泥疙瘩"）、日本尿素等化肥。为了推广化肥，供销社给每个生产队下达了指令性任务，并检查是否按计划施用了化肥。当时政府部门给每块田地进行了酸碱度检验，并对化肥品种提出了建议，但农民仍然不愿接受化肥。此后，使用化肥的农田收成显著提升，化肥开始大量使用起来，化肥的种类增多，农民对化肥的认识也更加丰富。化肥从散装的过磷酸钙、碳铵、尿素到复合的二铵（硝酸二磷钾），使用起来更方便，现在种田已离不开化肥，甚至出现了"白扛"（俗语），就是只用化肥不用家肥。

追肥和叶面肥 油菜播种后在长出两三个荚时，可以移苗，这个阶段要撒一次化肥，称为追肥。叶面肥主要用于蔬菜，用喷雾器按比例兑水喷洒在蔬菜叶面上。

三 耕种形式

撒播 撒播是最传统的播种形式，主要步骤有撒种—犁地—耱地或者撒种—耙地—耱地。肥料抛撒在地面后，一人用绳子将木制敞口斗子斜肩兜在胸前，内盛粮种，左手扶斗边，右手边走边抓种子撒向地面，同时用脚画印标记，以便往返时能够找到方位和距离。撒完种子后，再驾牲口犁地浅翻

土地，后耱平地面。手扶拖拉机使用后，出现了一种"耙"，取代了原来的
犁地环节，用耙将地面打翻起来，再耱平地面。试用效果不佳，没有推广开
来，后被旋耕取代了。以前小麦、青稞、燕麦、油菜、胡麻、大豆、豌豆、
和冰豆儿套种等都用撒播耕种，大豆等种粒大的作物不适宜用手扶拖拉机耙
地耕作。

条播 出现于 1949 年以后，主要步骤有犁地—条播—耱地。先将肥料
撒在地面后翻地耱平，再用条播机播种，最后再耱平地面。条播长出的庄稼
行距清楚，便于拔草。以前还用一种叫耧摆的播种机，结构和原理与条播机
相同，单匹牲口拉车，一人在后面不停地摇斗，以使粮食漏到铁铧下入土。之
后条播机代替了耧摆，主要在生产队时期使用。条播播种作物主要是小麦。

棱种 传统上是平地种植洋芋，20 世纪 70 年代开始推广洋芋棱种形式，
先在田地中培出土棱，然后等距离戳出洞，再丢进种子。这种种植比以前
平地种植效益明显，现在洋芋种植都采用这种形式。萝卜等蔬菜也采用这
种形式。

间作套种 间作套种在民和川口地区比较常见，有夏秋作物套种、秋
田作物套种、粮食作物与蔬菜作物套种，还有夏田作物不同品种合种等。如
小麦地套种黄豆，玉米地套种豌豆，小麦地套种胡萝卜，春麦地周边点种蚕
豆。在靠近日月山的湟中脑山地区，有洋芋地棱之间套种萝卜、菠菜等蔬
菜。

大棚种植 1949 年前，青海没有蔬菜温室。1956 年，引进北京的单斜
面木架玻璃棚温室，在西宁市郊区得到推广。[①]1973 年，青海省农林科学院
园艺所助理研究员熊培桂在西宁友谊队蹲点时引进塑料大棚生产蔬菜。其结
构为竹木简易棚，试种喜温蔬菜获得成功。当年冬季便在市郊推广应用。至
1977 年郊区共兴建竹木结构塑料大棚 569 个，面积 1135 亩，到 1979 年发展
到 1707 亩。1983 年，《保护地蔬菜丰产栽培技术研究》被列为青海省"六五"

---

① 西宁市志编纂委员会：《西宁市志·农业志》，陕西人民出版社，1997，第 115 页。

重点科技攻关项目，同年，西宁市农业技术推广站推广了塑料大棚蔬菜周年生产技术，在 12.25 亩塑料大棚内一年种植四茬蔬菜，每亩净收入 1618.08 元。以后逐年提高大棚面积，1985 年，市郊塑料大棚蔬菜周年生产面积 267.52 亩，每亩净收入 2556.87 元，比 1984 年面积增加 3.1 倍多，净收入提高 42.2%。[①]

地膜覆盖种植　这种种植模式始于 20 世纪 80 年代。1980 年，西宁市农业技术推广站引进地膜覆盖栽培蔬菜，当年试验了 11 亩，到 1985 年发展到 2100 亩，增产增收效果十分显著。地膜种植茄子、辣椒、甘蓝、菜花、笋子、洋葱、菜瓜、韭菜、洋芋等，是继塑料大棚后的又一重大科技成果。1982 年获省人民政府技术引进推广成果二等奖。[②]1985 年，在民和地区利用地膜覆盖栽培洋芋、玉米、蚕豆，其中浅山地区的平旱地膜洋芋每亩增产 350~720 公斤，脑山地区地膜洋芋每亩增产 1000 公斤左右，地膜玉米比露天玉米早熟 15~20 天。后来，这种种植模式不断向西推广，在湟中脑山、浅山地区，地膜覆盖栽培洋芋最为成功，推广的面积也最大。此外，地膜点种蔬菜也有很好的收成。

四　青苗护理

拔草　传统上田间除草的劳作，大都是妇女们的工作。在夏天，小麦、青稞长出两个菜后开始拔草，叫作"头草"，这时候妇女们头戴白凉圈帽，或蹲或跪在田中拔草，是农村常见的一道风景线。拔草有疏松土壤的作用。庄稼长大一些，再次拔草，叫作"二草"。等到小麦、青稞株高长足后的拔草，称为"剔大草"，这时候无法用铲，只能用手拔草。1958 年左右出现过一种手锄，由铁匠打制，一寸半长，一寸宽，装有长柄，因为不锋利，没有推广开来。进入 21 世纪以来，这种手锄再次推广开来，用的是钢质镰刀刀片，两寸长，一寸宽，刀片锋利，作业时站立着为大豆、洋芋、菜籽等除草。

[①]　西宁市志编纂委员会：《西宁市志·农业志》，陕西人民出版社，1997，第 118 页。

[②]　西宁市志编纂委员会：《西宁市志·农业志》，陕西人民出版社，1997，第 118~119 页。

浇水 浇水有喷灌、漫灌等形式，新中国成立后，在一些浅山、脑山地区修建了涝池等水利设施，通过喷灌给禾苗灌溉。漫灌常见于川水地区，川水地边都修有水沟，浇水时挖开沟坎，水流进地里没有方向，流速很快，要在地中挖出较深的沟坎引水挡水，直到田内水与禾苗等高时才封堵住沟坎。漫灌浇水时没有白天黑夜，只要流到地边，就是在深夜也要浇水，水头到下一块地中，上面的地就不再挖开沟坎，这是一种民间的约定。

杂草药 20 世纪 80 年代以后，出现了除草剂，开始时使用六〇粉（农民叫"虱子药"），是主要的杀虫药，由于其毒性太大，现已被淘汰。后来出现了杂草药，已经改进了好几代。这些杂草药跟一定量的水稀释后，用喷雾器喷洒在叶面上，大部分杂草不能继续生长。杂草药除草省力，但是毒性大，对人有伤害，对环境有污染。

抓老鼠 用老鼠弓抓农田硕鼠是一种古老的方法，这种硕鼠俗称为"瞎老鼠"，体形大，惯于在农田中挖洞打窝，将土顶出地面成一个个土堆，把大豆、豌豆、小麦甚至洋芋从洞中拉走，对农田的破坏性很大。农家人用黄刺做成弓和箭，设置于老鼠洞口，埋住洞口，老鼠来打洞时，触动机关被射杀。这种方法现在几乎已失传，人们改用毒药毒鼠。

牲畜集中上场 在人民公社时期，庄稼播种后，为了保护庄稼，生产队的牲畜要集中赶到场上，派人驻场放牧。等到秋收前才赶回村中。联产承包责任制实行后的一段时间里，这种方式还延续了一段时间，之后牲畜养殖越来越少，牧场也被放弃无人管理。

五 秋收

收割 秋收称为割田、收田，还有拔胡麻、拔大豆、拔菜籽、挖洋芋等农村术语。小麦、青稞、玉麦、燕麦都能用镰刀收割，将这些作物从地面以上割断，麦秆捆绑成散头或捆子，再将捆子两头相错排成排子，接受风吹日晒。麦秸秆是秋冬季节牲口的主要食物，在收割庄稼时讲究茬子要低，旗手要好，这是评价收割技术好坏的标准。旗手好指用镰刀的技术，使用拉镰时麦茬低，可以最大限度地收取麦秆，而且人不易劳累，地面也干净。砍镰收割使用猛力，人容易劳累，茬子参差不齐。

运输　庄稼收割完毕后，以家庭或家族为单位打场面碾场。生产队时期，以队为单位打一至两个场面用来碾场。实行联产承包责任制以后，有一家打场面的，也有几家合打场面的。现在为图方便，有些浅山、脑山地方的人们借用水泥公路来碾粮食，造成了严重的安全隐患。打好场面后，要集中时间取捆子。将捆子用车拉或用牲口驮到场边，一层一层摞起来，以后每天取下一定量的捆子摊场打碾。人民公社化后，由队长组织分派活种，组织人打好场面，分配男人赶牲口拉车驮捆子，将麦捆拉到场面上，一般是妇女负责摞成方形或圆形的麦捆墩。土地承包后，随着人口增加，人均土地面积不断减少，每家的打碾量只有几场，因而大多边拉捆子边打碾。

收割机　1950 年 9 月，由西北军政委员会农林部拨给青海省摇臂收割机一台，次年 8 月在青海省农林试验场和大通县首次试验使用。该收割机由传动机构、切割装置、拨禾机构组成。作业时由牲畜牵引，靠地轮与地面接触摩擦阻力，在地轮转动时，经地轮上的内齿驱动轮带动传动齿轮，再经传动齿轮一路传到拨禾机构，驱动 4 个木耙拨禾。拨禾器先将割下的作物放倒在收割台上，然后定时地将作物从收割台上成堆堆到地面，再由跟随的辅助工打捆。其捆大小，可通过调节农作物在收割台上停留的时间调整。2 人 4 畜，配 6~8 个辅助工，日效率 4.7 公顷（70.5 亩）。到 1959 年 9 月，全省累计推广 1012 台。[1] 由于牵引阻力大，牲畜牵引困难，这种收割机仅在国有农场使用过，未能推广到农村，此后逐渐被淘汰。1953 年秋，从苏联引进一台 C-6 型牵引式联合收割机（译名"康拜因"），在国营莫家泉湾机耕农场试验使用。之后引进了苏联、匈牙利等国生产的多种联合收割机，主要在国有农牧场、半农半牧区的农机管理服务站和种田大户的家庭农场使用。[2]

---

① 青海省地方志编纂委员会：《青海省志·农牧机械志》，青海人民出版社，1993，第 36 页。
② 青海省地方志编纂委员会：《青海省志·农牧机械志》，青海人民出版社，1993，第 41 页。

联合收割机 1964 年，青海使用东风 KBD–3.6 型自走式谷物联合收割机。后来改进型的东风 2KB–5 型自走式谷物联合收割机配有半履带和拣拾装置，能在多雨、潮湿地块作业，既可同时完成收割、脱粒、分离、清选，也可将收割与拣拾脱粒进行分段作业，其喂入量为每秒 5 千克，班次生产率为 8 公顷（120 亩），适宜大地块作业。东风收割机不断改进型号，提高柴油发动机功率到 88 千瓦（120 马力），同时完善了各工作部位警报装置和信号，提高了作业能力。[①]

六 打碾方式

碾场 在"土改"以前，因为土地私有，自家人少，劳动工具落后，生产效率不高，打碾中村民们相互变工，牲口也被计算为出工。摊场是有讲究的，撒开麦捆子，断腰儿，一道道铺开，后面压着前面，麦穗儿都在上面，顺时针方向转一个圈。碾场最主要的是打碡子，围绕着场中心，逆时针方向转小圈，后面的碌碡印刚好顶上前一次的痕，就这样小圈环环叠加，碾到了每一个穗头。碾完了一周，要翻一翻草，好叫粮食沉到下面，把没有碾好的草和穗子翻到上面来，这叫"头草"。这样碾三遍后，就要"起场"，将面上的草轻轻挑翻，集中抱走，不使其带有粮食，再用掠杆打扫碎草，最后将粮食、麦糠和细草等推成一条与当天风向成 90 度角的直线草堆。扬场时，先用荆叉将草沿直线抛起，靠自然风将糠皮杂草吹走，将粮食粗略分开。后用木锨扬场，边用长扫帚略去麦堆上面的草秆，还要加"夯（方言 hang）"，就是麦粒与麦糠相混处再扬场，将混入麦糠的粮食分离出来。小麦、青稞、大豆、豌豆、油菜籽等都是用这些方法打碾的。后来出现了安装在手扶拖拉机上的简易风帽儿，扬场摆脱了对自然风的依赖。

脱粒机 民间称为脱谷机。脱粒机出现很早，以前用人工动力，后来出

---

① 青海省地方志编纂委员会：《青海省志·农牧机械志》，青海人民出版社，1993，第 42 页。

现了电动力，机身是木制的。生产队时，出现了小型的脱谷机，20 世纪 80 年代出现了大型脱谷机。机器脱粒的同时麦秸成为碎草，这些草没有经过碌碡碾压，草秆短而硬，牲口吃草受到影响。土地承包之后，脱粒机时有时无，现今在脑山地区还有零星使用的。

轻选机 取代传统的秋收形式的农业机器，现在河湟地区浅山川水地的人们改用收割机，以公路作为碾场地，轻选机代替了扬场时戗粮食的环节，这个环节将秕粮食分离，选出颗粒饱满的好粮食。轻选机最早出现在粮站，每年收公粮时用轻选机筛选粮食，用轻选机速度快，效率高。

七 储存形式

粮仓 粮仓储存是最古老的方法。在麻袋出现以前，每家都有用土块砌成的仓。一般粮仓要在储藏间靠墙建成，仓的内外壁用细泥抹光，后来出现了砖和水泥砌做的粮仓。粮仓底与地面留出一定空间来防潮。有的人家在粮仓底还做有出口，也有的封死不留口。秋收后晒干的粮食直接装入仓中存放，可以存放好几年。仓口敞开，家鼠容易偷吃粮食，家中便养猫防鼠。粮仓装取比较费力，装麻袋中存储搬运比较方便，逐渐取代了粮仓。

面柜 面柜是存放面粉的木制大柜，有四只腿脚，正面有圈口装饰，顶部开有一个方形盖，是存取面的柜口。在传统时代，面柜一般用油漆刷成大红色，两只柜称为一对儿，一般靠墙放置在中堂屋。除存放面粉外，还是供神祭祀的平台，依墙放有家谱、煨桑匣、灶堂等，中间还陈设有镜子、花瓶，正墙上汉族一般挂家神图案，从而营造出一个神圣空间。现代洋房打破了原来的房屋结构，将堂间屋和客房统一为套间，面柜逐渐遭到淘汰。

油缸 在传统时代，农村家庭人口多，青油即菜籽油和胡麻油比较少，人们对青油非常珍惜，大户人家存放在陶质油缸中，一般家庭只存放在油罐或油坛里。私家榨油坊也用油缸来掞油。油缸存油不变味变质，同时缸体重，不易翻倒。用油时从缸中舀到小容器中，不易浪费。以前因为油少，一般只有过年时才炸油饼，平时做汤面时，用铁勺热油炝点葱花算是比较好的。20 世纪 80 年代以来，食用油越来越宽裕，因为塑料桶存油会变味变辣，油缸仍然是存储油的最佳容器。俗语说"油缸倒了都不扶"，意思就是不负责任，连油缸倒了这么重要的事情都无动于衷。

窖藏 窖是在地上挖出的土坑，口小底大如葫芦状，主要用来存放洋芋。有的还在窖底挖出偏洞，存放与洋芋不同属的萝卜等农作物。窖这种存储方式有保鲜功能，极适应当地的气候特点。秋季将洋芋等蔬菜存放进窖中，封住窖口，到来年春天，洋芋不会冻坏腐烂，春种时洋芋还能当种子。

囤子 囤子是用芨芨草等编织而成的圆形容器，造型为口小底大，这种容器透气性好，储存物不易潮湿，可以存放青稞、燕麦等。以前私家酿酒时，常把拌好酒曲的青稞、燕麦等存放在囤子中发酵。

冷库 进入 21 世纪，在政府支持下，农村出现了冷藏库，可用于储存洋芋、蔬菜等大宗农产品，进行反季节销售或提前推后上市，获取较好的收益。

第三节　农用工具

一　翻地工具

传统犁与新式步犁 传统犁古称耒耜，为生铁制成，安于木制的耒头，也称为铧张或老铧。1950 年，从西安购进华北造的五寸、七寸步犁四部，投放在青海省农林试验农场和互助县试验示范。在平川沙质土壤使用较好，土垡翻科彻底，翻土碎，沟底无塄。常用此犁翻地既能灭草除虫害，又能培肥土壤，工作时人和牲畜也较轻松。后来西北农具研究所研制了一种小型畜力山地步犁，这种新式农具的犁头能左右翻转，翻土、碎土性能好，调节简单，往返可以转动犁头单向翻土，既利于翻土，又利于土地平整。耕深、耕宽均为 16 厘米，故称 16 号山地步犁。1955 年 10 月，经西宁机械修配厂改制后，耕宽较原犁增加 5 厘米，耕深达 16~25 厘米。该犁在浅脑山区耕地使用较广，自 1953 年至 1957 年，全省推广 35048 部，直到 1985 年仍是山区农民翻地的主要农具。

双轮双铧犁　这种犁起初从苏联、波兰等国引进。1953 年，开始推广国产仿制型犁。犁由犁架、筒型犁壁、梯形犁铲、弯形犁柱和深浅调节机构组成。适用于耕熟地和沙壤土。1958 年，西宁农牧机械厂针对引进、仿制双轮双铧犁阻力大、牲畜拉不动等问题，改进设计，制成一种轻型双轮双铧犁。

铁锨　由钢板锻制的锨头和木柄组成，锨头形态不一，用途不同，有圆头锨、筒锨、平头锨等，用来挖土、翻地、挖洋芋、扬粪肥等。

耱子　一种平地保墒农具，种类很多，用于播种前平地保墒，播后覆盖籽种和保墒。常见的耱子用较粗的皂角树条编织而成，打耱子时在火中边烧皂角树条边围扭在耱盘上编织而成。作业时人站在耱子上或耱子上放置重物增加压力，用牲畜牵引，在田里 S 形往复转圈，压碎土块，达到平整地面的目的。

榔头　一种碎土整地农具，由硬质圆木制成，一般为桦木。由直径 10~15 厘米、长约 20 厘米的圆柱形头与长约 150 厘米的木柄组成，主要用来敲碎田地犁后出现的土块和施用的块状家肥。

镐　主要是十字镐，也有单头镐。由铁制镐头和木柄组成，铁镐头一端成片状，另一端成尖头，用来刨冻土和坚硬生土层，破碎土块，疏松土壤。

耙　圆盘耙是一种碎土平作机械，用于耕翻后的耙地作业，也有用来灭茬。由两列耙组、两个角度调节器和耙架及加重箱组成，每列耙组有 6 个耙片，耙片直径 40 厘米，耙幅 100 厘米，角度调节范围在 0~15 度，最大耙地深度为 10 厘米。作业时 1 人 4 马，日效率 4 公顷（60 亩）。这种圆盘耙更适合由大型拖拉机带动，在平坦广阔的田地中耕作。

二　运输工具

背篼　一作背斗，青海农村传统的人力背运工具。编制时，将两根黑刺或黄山刺棍在火中边烤边围成弧状，叫背篼弹子。将两根弹子交叉成十字状，作为支承骨架，再用芨芨草或有柔性的河坝柳（也叫西翻柳、麻柳）的灌木枝条从底向上编织成一个口大底小的兜。使用时，把两根绳子系结在背篼一面的弹子上作背带，将其套在肩上来背运粪土及其他物资。将背篼放大，中间留出空栏称为花篮，一般用来背运粗长且重量较轻的草秆。

联贯子 将两只荆条编织的小背篼连起来称为联贯子，专用于驮粪、驮土。使用时，在驴背备三鞍子（一种专用木鞍），将联贯子系在三鞍子上，把肥料运送至车辆难以到达的较陡田地中。

架子车 最早使用的是木车，也叫大马车，全部用木料做成，车轮的幔向外闪出，车幔与车辐不在同一平面上，这种车走山路或停在陡坡不容易翻倒。木车的轮厚度有五寸左右，总共有十二个网子（用半圆形的木料拼成一个车轮，其中的一段叫"一个网子"），一个轮子有六片网子，一个网子有三根辐条。后来出现了一种叫作冈骚车的大车，车轮比木车稍窄一些，在轮脊及其两侧钉有轮胎胶皮，车轮两侧钉有铁泡。因为车大轮小，要三至四匹马来拉运，故而有"三大套""四大套"等名称。后来的铁车，车轮比冈骚车还要窄，宽约二寸，在轮脊上钉有大约一指厚的厚钢板，车轮两侧及辐条上都钉有铁泡。这两种车的车幔与中轴都在一个平面上。1958年左右，修建水库中试用了内地的人力单轮车，因山路坡陡很快便淘汰了。20世纪六七十年代以后出现了架子车，有"小钢弹""大钢弹""钢棍车""牛肋巴车"等车型，也有工厂生产的小型人力架子车，主要用来拉运货物、拉粪、取捆子等。

拖拉机 手扶拖拉机对路况适应性强，载重大，维护简单，易于掌握，机动灵活，在平川和山区运输中优点突出，已取代了传统的架子车，成为重要的农业运输工具。同时还出现了小型四轮拖拉机、俗称为"三马子"的三轮拖拉机等多种类型的小型拖拉机。

三 播种工具

老犁 传统的种地工具，这种犁由犁辕、犁底、犁箭、犁把、梭子、提手、托头、犁铧等构成，犁尖是铁制的，套在犁箭上使用。这种铧入土不深，适宜耕种。湟中等地的农民对老犁进行改进，只留有犁辕、犁把和中间的横木，用横木调节犁的深浅，作业时更加轻便灵活。

耧摆　是一种木制的条播农具。由耧摆架、种子箱、漏种腿、扶手等部件组成。作业时，由一人牵引牲畜，一人扶持，前进中扶持者要不停地摇晃耧摆架，使种子均匀地播入地下。1949 年前，在民和县东部和马场垣一带使用。以后改撒播为条播，将耧摆条播技术向湟中、乐都、互助、大通等县推广，并做了改进，效率提高近一倍。同时，用改制的耧摆在山区进行试验推广，后为畜力条播机所取代。

条播机　1950 年春，从西安市引进了畜力 10 行圆盘播种机，由机架、种子箱、排种器、开沟器、覆土器及传动装置组成，行距 15 厘米，播幅 150 厘米，播深 10 厘米，人工调节，适用于青稞、小麦等平作播种。1969 年 4 月，湟中县农业机械厂与青海省农牧机械科学研究所在 12 行锄铲式畜力播种机的基础上，研制成功工农 –5 型畜力播种机。由于拉力轻，工效高，操作轻便，转弯灵活，适用于山区坡地耕作或小块地使用，推广面覆盖全省，1985 年仍是山区农民的主要条播农具，现在逐渐被旋耕取代。

旋耕　旋耕由传动轮、传动轴、焊接在轴上的旋耕刀和外壳组成，使用时装于手扶拖拉机下，由皮带传动旋转，将一定深度的耕地铲翻起来。旋耕刀与耙的带动原理相同，只是刀片薄且有一定的弯度，适用于川水地和山地。在水地种植时，翻地后土块不耱平，撒上种子后马上漫灌，等地面干燥后再来耱平，省力省时。这种旋耕设备出现于人民公社化时期，当时人们不会使用，设备被闲置。随着手扶拖拉机逐步取代畜力，旋耕已成为农村最主要的播种工具。

四　除草工具

手铲　一种传统的拔草工具。由铁匠打制，铲头小而有开口，并有一定的刃口，铲柄后竖直装木把。

喷雾器　喷雾器主要用来喷洒农药。早在1951年，青海就使用过植保机械552丙型压缩式喷雾器喷洒农药。十年后开始推广使用由苏州农业药械厂生产的背负式工农–16型喷雾器，作业时把喷雾器背在肩背上，左手操作打气筒压杆打气加压，右手持喷枪对着农作物，边向前走动，边打气加压，即可进行喷雾农药的连续作业。由于优点突出，工农–16型喷雾器使用量很大，占青海喷雾器总量的90%以上。

手锄　锄子是20世纪50年代从省外引进的。近年来，这种手锄又得到推广。有的将钢制刀片钉在锄头上，弯曲的锄颈有环，环中装有长木柄。作业时，人站立着双手前后挥动割断杂草。

五　打碾工具

连枷　一种古老的脱粒农具，由荆条编织成的转动敲板、木轴和手柄组成。手柄一端有圆孔，敲板一端套在一根木轴上，木轴的一端穿入手柄孔内并用销子固定，作业时手柄上下扬动，使敲板围绕木轴转动，以敲打农作物，使谷壳、秸秆与谷粒分离。至今个别地区还在使用。还有的在木柄一端钉铁环，拴以皮绳取代敲板，制作更加方便。

碌碡、碾杆和包夹　碌碡、碾杆和包夹是一套打碾工具。碌碡为石制，碾场的碌碡一头略大，另一头略小，碌碡面上雕有八条棱。两端留有内凹的圆坑，装有两根木棍，称为碌碡鳍。碾杆是用骡马碾场的工具，一根三米多长的圆木两端，上下装有格子，可夹在牲口的脖子上，从中间系出拉绳，绳头系在木制的包夹上。包夹有圆孔，可套在碌碡鳍上。手扶拖拉机用于碾场后，碾杆逐渐被淘汰了。

叉扬与木锨　叉扬为"丫"字形的树枝，是起场工具，一同使用的还有掠杆、躺板、荆叉、木锨、长扫帚、栽把。碾好场后，用叉扬挑离较长的草，后来出现了铁制的叉扬。掠杆是直接砍来的桦树枝，用来扫去较长的草秆。躺板是一块平板与木柄组成的"丁"字形工具，将扫去长草的场草和粮食推到一起，形成一字形粮草堆。荆叉是将四个齿头装在横木上，后面装长木柄组装而成的扬场工具，齿头以前用的是黑刺，后来出现了钢筋的齿头。齿间距离有两寸左右，可挑起粮草，借助风力对粮食与秸秆进行初步分离。木锨是平面的铲面后装木柄组成的扬场工具，对粮食进行精细分离。长扫帚是用芨芨草栽成扫帚头，再装进长木把而成的清扫工具。在扬场时用长扫帚"掠"去粮堆上的杂草秸。"掠"是打碾时的一项技术活。经过"掠"出的草秸粮食等俗称为"格杂子"。栽把是磨短的芨芨扫帚或用桦树枝栽成的扫帚，装有长木把。用来清扫场边或"格杂子"。

簸箕与筛子　簸箕和筛子是清选粮油谷物的工具，青海本地不产，皆来自外省。簸箕是用藤条或去皮的柳条编成的大撮子，扬米去糠的器具，使用时双手上下抖动，将杂物扇出簸箕口。筛子是以竹篾或铁丝编织的筛面，固定到圆形的筛框上制成。作业时，由人两手端着筛子框，做平面弧形的往复转动和振动，使谷物与砂土等杂质分离。后来出现了两人可抬的筛床，效率比单人用的筛子高。

扇车　为木质结构的清粮工具，由漏斗、风扇和出粮口组成。工作时将谷物倒入漏斗，用人力摇动风扇，在谷粒下落过程中，秸秆、杂物被风扇鼓出的风吹走，谷粒由滑板下落到粮口，达到粮与杂物分开的目的。后来出现轻选机，由电力带动，已经取代了扇车。现在手扶拖拉机装有风帽儿，由机器带动产生风力，不再靠自然风扬场。

升子与大秤　量具。升子有五斤升、十斤升、十五斤升等多种规格。在生产队时期，打碾后就用升子分配当天的粮食。以前的秤为十六两秤，权为石砣。准星象征着北斗七星、南斗六郎，再加福禄寿三德，凑足十六，传统上认为缺斤短两会被上天看到，将夺其福、减其财、损其寿，秤的这些寓意告诫人们要做到买卖公平。1949年以后，逐渐推广公斤秤，现在传统的十六两秤已经消亡。

第四节　农事祭祀与禁忌

一　祈谷仪式

1. 皇地（邦）仪式

在隆务河两岸的保安镇下庄村、浪加玛日村、浪加日秀玛村、银扎木村、宗囊村、东干木村、哈拉巴图村、石哈龙村、尕队村，隆务镇擦庄村、和日加、加查么村，及年都乎乡年都乎村、郭么日村等 14 个村落中，流传着"皇地""邦""霍康""胡贡"（均为音译）等仪式。据调查[①]，1958 年以前，有近 10 个村落的"霍康"仪式是由保安镇下庄村的拉哇夏吾南加主持的，夏吾南加认为其他村的仪式都是从保安镇下庄村传去的，"皇地"是这个仪式的源头。主持仪式的拉哇（音译）一职属于内部传承，只在父子之间或舅甥之间传承，不传外人。汉族村落中没有这个仪式。

按照当地人的说法，"皇地"仪式持续三天两夜（实际为两天一夜），整个仪式由请神、赞庙、过邦（年都乎村称为"邦"，保安下庄没有具体名称）、立杆升"匏"、属相问答、响铃、送尸、搬旗、除匏、存福、祀灶、祀门等多个小仪式组成。没有响铃等仪式的称为"玉乎肖"（音译），不算"皇地"。从仪式文本分析，皇地仪式除了祭祀天地，还祭祀先农、五帝、五祀、十二辰、高谋等神系，仪式中的匏（音译）造型象征麦穗，有祈谷的意义，仪式还有祈求风调雨顺、人畜繁衍、村落平安等多种诉愿。

表 1-1　同仁"霍康"仪式现状

村名	活动时间（农历时间）	现状
保安镇宗囊村	十一月四日	举行
保安镇东干木村	十一月十四日	无

① 霍福：《同仁"皇地"仪式研究》，载《沉睡的记忆——神话传说、彩陶纹饰解读与田野调查》，青海民族出版社，2010，第 240~306 页。

续表

村名	活动时间（农历时间）	现状
保安镇哈拉巴图村	十一月十七日	无
保安镇下庄村	十一月二十七日	举行
保安镇石哈龙村	十一月二十九日	无
年都乎乡年都乎村	十一月八日、十二日、十四日、十九日	举行
隆务镇擦庄村	十二月六日	无
保安镇尕队村	十二月十九日	举行
保安镇浪加日秀玛村	十二月二十七日	无
保安镇浪加玛日村	十二月二十八日	无
保安镇银扎木村	十二月二十九日	无
隆务镇和日加村	十一月四日	无
隆务镇加查么村	十二月四日	无
年都乎乡郭么日村	十二月二十五日	无

2. 唪唪会

唪唪（音 biang biang）会多流传在土族、汉族村落中，其中互助土族自治县大庄村的唪唪会较为有名。这个活动从准备到整个活动结束共需三天时间，主要仪式有竖幡、跳神、招魂、放幡、卜卦等，通过酬谢本村龙王而求得当年庄稼丰收，人畜平安，又称为"龙王会"。"唪唪会"因仪式中法师手持单面扇形羊皮鼓，边舞边用木棍敲击鼓面，发出"biang"的声音而得名。

农历正月三十，大庄村广福寺的庙官、老者、"特肉其"聚集在一起，依据前一年农历十月初一龙王选的跳会地址，扎帐房、摆香案，同时请来邻村的法师（因为大庄村没有法师）7 位，其中一位为总主持，大庄村村民称其为"完善"，举行竖幡、招魂、放幡等仪式。在帐房前竖起高达三丈多的幡杆，该幡杆露出地面三丈三尺，埋入地下一尺八寸深，其寓意为代表三十三天界和十八层地狱。用黄表纸、白纸剪贴云纹、连环套等花样长幡和长钱，挂在杆头，用来招请众神。幡杆顶端横置两齿叉，各戳一个馒头，象征日月当空。幡杆用数根长绳固定，这些绳子上还系挂着包有粮食、红枣、花生、水果糖、核桃等物的"粮弹子"。

二月初一，完善法师带领一队人马去某一选定地点，由大法师领班，其余法师跟随其后，手举法鼓，身穿法衣，头戴法冠，齐敲鼓点，高诵祷词，开始跳神，以求禳解避邪，保佑大庄村平安，称为"出兵"。傍晚，众人抬着神轿、神箭等出动，法师们到选定的某地去招魂。招魂时在方斗握把上置一小瓶，瓶口插七炷香，法师作法，勾来一童男魂魄（瓶倒认为魂已勾来）酬龙王、神箭。所以在"哪哪"会期间，土族村民们都在自家孩子身上缝一小红布袋，内装蒜、五色粮食及红布条，以免魂被勾去。

二月初二整个活动达到最高潮，届时将大庄村广福寺龙王神轿、神箭等神灵全供在"哪哪"会场上，大庄村村民们穿着节日的盛装，陆陆续续来到会场煨桑、磕头、上香、点灯祈福求平安。法师们磕头、祷告、齐声诵词祈祷后，手执单面团扇形羊皮鼓，齐敲神鼓起舞。放幡时，围观的众人纷纷争抢"粮弹子"和杆头馒头，得馒头者以为能生"状元郎"，得"粮弹子"者可禳灾避祸，人们还撕一点幡纸，作为孩子冲邪时用。2007年6月，土族"哪哪会"被列入青海省非物质文化遗产名录。

二 年成预测

腊八冰预测 腊八这天早上，村民们打来冰块，称为腊八冰，献在田地中或粪堆上，也有人舀一碗水献在花园里，因为天冷不久就会结冰，人们根据冰块中的气泡预测来年的庄稼长势与收成，如果小的气泡多，预示来年菜籽收成好；大的气泡多，预示来年洋芋收成好。

民谚预测 除夕之后，万象更新。从大年初一开始，民谚有"一鸡二狗，三猪四羊，五牛六马，七人八谷，九果十菜，十一萝卜十二蒜，打过十三再不算"的说法，人们按当天天气的情况来预测人事和年成。"八谷"，即正月初八这天，如果上午天气好，风和日丽，下午刮狂风或阴天，认为当年早熟庄稼收成好，晚熟庄稼收成差。现在在科学种田思想影响下，这种传统的经验预测已经消亡。

火把颜色预测　民和三川地区流传着一个跳火把（也叫送火把）的仪式。每年正月十五夜晚，家家扎一支火把，点燃后送到村周围的小山上，火把堆聚在一起燃烧，最后大家按顺序跳过大火堆回家。人们认为燃烧的火焰预示着当年的收成，红色预示收成好，白色预示收成不好。

布谷鸟摆尾预测　以前，人们还从布谷鸟的尾巴方向上来预测当年的收成。布谷鸟蹲在树枝上时，尾巴会不停摆动，有时上下摆动，有时左右摆动。人们认为上下摆动是簸箕，预示会收到秕粮，左右摆动是筛子，能除去杂质，预示当年有好收成。

三　护苗仪式

炒虫王　农历二月二，青海农村有炒大豆的传统。有一种说法，炒大豆是在炒虫王。这天炒大豆有特别的讲究，先取来白土，研细后在锅中炒热，再把提前浸泡好的大豆倒进去炒熟，有的还放入颗粒盐等，增加爆响声。人们认为爆响声会惊跑虫王，当年庄稼生长过程中不会受到虫害。这天还有诡大豆的游戏，一人双手拿相同数量的大豆（一般为二颗或三颗），另一人拿着大豆说："诡里情，诡里情，若要双手捏得停（意为均匀、平均），前手找几个（说的是自己手中的大豆数），后手里我俩一样停。"向对方手中添大豆，加上对方的大豆，数够大豆数后，将剩下的大豆与其另一只手中的大豆对数，相等则被猜中拿走。同理，让对方放三堆大豆后说："从左边往中间放一个，从右边往中间放一个，左边或右边有几个从中间取走几个，中间剩下三个。"

城隍出巡　城隍信仰曾经在河湟民间非常普遍，现今西宁市、湟源县、乐都区、贵德县等地保存有城隍庙。始建于清乾隆年间、落成于嘉庆七年（1802）的湟源县城隍庙，庙内有同治年间御赐的"福庇西平"和光绪年间御赐的"威灵赫濯"匾额，①2013年5月，城隍庙被国务院列为国家重点文物保护单位。城隍出巡仪式只存在于湟源县城隍庙，其起源没有明确记载。当地人解释，每年清明时恶神饿鬼和屈死的魍魉会出来害人，城隍出巡将他们收来，交由判官审判，按其生前善恶，判到人生道、牲畜道、飞禽道等道上，再交到十八层地狱中，由阎王发落。到农历十月初一时再放出鬼去转世。另一个重要原因是，城隍收来恶神饿鬼，使它们无法参与制造冰雹等灾害，保护庄稼丰收。清明前一天，老师傅（阴阳先生，道教正一派）在城隍庙布置道场、起经、请亡、请轿出宫、升幡。清明这天是城隍出巡的正日子，信众们来到城隍庙，烧纸、撒小黄米祭奠先祖。仪式开始后，众人抬着城隍八抬大轿，出门向东，走出庙门时，会头放鞭炮、烧文书、龙票、法宝和木郎。行进过程中，有人往炉中添桑，有人磕头添香钱，有人拿着黄烧纸向城隍爷磕头祈福，有人来搭红。会头用黄烧纸点祈福者头，说吉祥话，然后把烧纸塞进城隍袖中，抓红枣、桂圆和糖果给祈福者。有的祈福者磕头、跪趴在原地，抬轿者举轿从其头顶上抬过去。出巡队伍走过时，人们聚集在大路两边看热闹，有的家门前煨着桑，有的洗车店门前放鞭炮，会头们也向他们撒红枣，大家争抢。来到行宫前，吹鼓手停止吹奏。

城隍进北极行宫 湟源的北极行宫全称为"北极山法幢寺行宫"，是一处汉传佛教小寺，修行者多为居士林。城隍轿抬进行宫安放在殿前的高桌上，背对大殿，轿前陈设供品，准备停当后，会头绾住城隍的袍袖。身披红褐色袈裟的居士林在轿前站成两排诵经，完毕后"老师傅"再到城隍轿前念经，结束时从东面房顶向院中撒红枣、桂圆和糖果，围观者争相抢拾。之后抬轿排队出行宫回城，进城隍庙时放鞭炮烧黄纸。与此同时，在城隍庙戏楼上演出青苗戏。这天下午还有放亡、降幡仪式，最后将城隍轿抬进后宫安放，整个仪式结束。

交苗 流传于湟中县苏木世村等地的习俗。②每年农历五月十九日，人

① 湟源县地方志编纂委员会：《湟源县志》，陕西人民出版社，1993，第573页。
② 霍福：《青海苏木世村的农事祭祀活动》，《民族研究》2004年第2期。

们给庄稼拔完头草后，把全村的庄稼交给山神爷来管理，叫作"交苗"。"交苗"时，要宰一只白羯羊。原先要用白山羊，现在人们已不养山羊，改用绵羊。献完"全羊"后，羊肉就地煮食。以前按烟囱数平摊成本和羊肉，现在采取自愿的办法，愿吃肉者要先报名，再将买羊的成本平摊给吃肉者。"交苗"后，全村庄稼的生长、防灾和丰产便交由山神管理，直到"谢降"时才"赎回"。从"交苗"当天起直至收割完成期间，严禁伐树、割草、动土建房等活动。1956 年以前，对违反规定者的惩罚是相当严厉的，具体执行处罚的是"红牌"和"乡老"等人。那时，庙里有一个敞口大油坛，可盛青油十多斤，违规的代价是交一坛青油以资助庙中点灯，或是交几升柏香，用作放桑。生产队时期有专门护青的人员，负责看护庄稼青苗和保护草坡，尽量不让牲畜频繁踩踏，对护青人的报酬是秋收后给他一些粮食。人民公社时期，这些习俗消亡了。改革开放后又得到恢复，近年来又渐趋消亡。现在仍有交苗仪式，但规模非常小，村民们大都不知道。

背经 背经即背负藏文经文行走。在藏传佛教信仰地区，这是村民们的一种祭祀活动，以祈求风调雨顺，当年的庄稼有好收成。背经有固定的时间，湟中县苏木世村（今共和镇南村和北村）每年有两次背经，一次为农历五月二十日，另一次为六月十五日。不管是汉族还是藏族，只要家中不忙的男女，都要去庙中背经。这些经可以是藏族自家的经，也可以是存放在大庙中的经。早上 8 点，背经队伍从大庙出发，打着四面旗帜，旗帜有先后顺序，上面都画着飞虎似的图案，还带有锣、钹等乐器。背经队伍边走边念着"六字真言"，要沿着山脊，围绕苏木世村走一圈，需要一天的时间。途中遇到泉水便煨桑，遇到"挡雨墩"时便绕三圈，然后继续行走。晚上再回到大庙中，焚香叩头后各自回家。

请雨 以前，天旱不雨时有"请雨"的习俗。据在湟中县部分农村的调查，"请雨"有村内请雨和村外请雨两种，村内请雨的仪式与背经相同，村外请雨按地区来组织。村民们说，那时苏木世、山甲、东台、花勒城、苏尔吉、盘道、葱湾、转咀等村为一个请雨组织，苏木世是主要的组织者。届时苗头通知各村，各村村民都打着本村村庙中的旗帜，带着响器，头戴杨柳帽，身背香筒，男人和藏族妇女都赤着脚，身穿破旧衣服，妇女们都穿着长布衫，汉族妇女因为是小脚，允许她们穿鞋。在约定的时间里到山甲村集中，先徒步到西宁城隍庙，不论官员还是平民，都不得骑马。请雨队伍到达西宁后，当时省长都要亲自迎接，手拿杨柳在省政府门口蘸水抛撒。一路上，骑马者碰到请雨队伍时，老远就要下马候在路边，否则就会挨打。在请雨的人看来，天旱是一项社会性的灾难，他们在为公众的事情受苦，而独自骑马享受是不能容忍的，也会惹怒神灵。请雨队伍从西宁走向湟中，过蚂蚁沟，到南佛山，晚上住在野外或附近人家中，一次请雨需要 5~6 天。一路上，请雨队伍口诵"六字真言"。最后一次村外请雨是在 1953 年进行的，花了 6 天时间。参加过那次请雨的老人们说，西宁人一见请雨旗帜，便相互奔走相告："西川家的少年客（指花儿歌手）来了，天要下了。"在西宁城隍庙，西宁的小商贩和饭馆免费给请雨者供饭食，每家门口和饭馆门上都插着杨柳枝。这一习俗 1953 年后消亡了。1996 年左右连旱三年，村民们在本村请了雨，但没有下雨。以后天旱再无人提议请雨。

朝山会 每年农历六月初五至初六，大通县城关、西关、衙门庄、代同庄、煤窑、庙沟、新城、上下柴家堡等地的十五六支农民朝山队伍都会聚到老爷山上，举行庄严而隆重的朝山仪式，祈求神灵护佑庄稼丰收、人间太平。由三官庙升幡、请亡、送亡、行香、正式朝山等仪式组成，为了保障安全，大通县政府对各个朝山队伍的行进路线和朝山时间进行了规定。以新城乡上关村朝山会为例，2011 年 7 月 1 日，农历六月初一，鸡叫头遍的时候，新城乡上关村"朝山会"的众头目和请"幡"人就到老爷山上的三官庙去升"幡"。他们在三官庙里把"幡"吊在空中，点起香烛明灯，烧香化表，道士们大声诵经、叩拜。此时，升"幡"的人们扯起"幡"绳，高唱佛号《升幡号》。①

① 邢海珍：《神圣的民俗化与民间信仰的多元性——青海省大通县老爷山"朝山会"调研》，《青海社会科学》2011 年第 6 期。

朝山会仪程 朝山队伍出发前，三位道士在村庙中念经祈祷。饭后再由少年和老年人高唱降幡佛号，少年唱前半句，老年人和后半句，称为"应号"。佛号唱毕，大家行三跪九拜之礼，接着再由三位道士在村庙的院子中央面对高悬的"幡"，念经祷告。初四、初五早晨，道士在村庙念完经，大家面对"无量佛"的画像行过三跪九拜的大礼后，开始"降幡"，并按"执事"的顺序定好位，朝山队便到附近二十里内的各村镇去"行香"。朝山队每到一处，都会受到人们热情而虔诚的迎接。他们在自己家门口摆上香案供桌，点燃香蜡明灯，并根据自己的条件给朝山队献上一定的财物，也有的献彩旗、彩伞、香包或馍馍、茶水、红枣、糖果等。朝山会的成员则排成长长的两行，高唱"佛号"，祈求佛祖保佑人们吉祥平安，从而答谢跪拜的迎接者。

朝山会行走 整个朝山队按照既定路线行走。沿途遇到桥或庙宇，都要停下来排成两排，炮手鸣炮，乐队吹奏，道士带领高唱相应的"佛号"，唱毕，接着行走。成员不分年龄大小各个表情严肃，沿途的行人更是毕恭毕敬地给朝山队主动让道，驻足虔诚祷告。朝山队在行进途中若遇上别地的朝山队，双方会面对面地跪成两行，轮番高唱"遇会佛号"。"佛号"唱念完毕，双方又各奏乐器，炮手们将火炮打得震耳欲聋，才算会面结束，然后互相谦让，各走其道。当朝山队到达山顶后，按先后顺序巡回到老爷山各庙朝拜，最后都到"无量大殿"焚香化表，烧化旗幡，祷告神灵保佑国泰民安、风调雨顺。至此，朝山队的"朝山"活动基本完毕，其成员将归朝山队所共有的所有物品交回给"匣长"统一管理后，可自由活动，来年的"朝山会"依然如此。

四 挡雹仪式

交雨粮 此仪式在湟中县拦隆口镇的图巴营村流传。[①] 村民们认为，每

---

① 霍福：《青海图巴营村的"交雨粮"仪式调查报告》，《青海民族研究》2008年第4期。

年的冰雹是天上的"雷部"来征收粮草的。在每年正月初一半夜时分，村民们背着粮食到山神庙处烧粮祭祀，祈求当地山神向雷部"转交"公粮，避免遭到真正的雹灾。"交雨粮"的准备从秋收时就开始了，主要分收雨粮、供毛吉、做武器和"交雨粮"几个阶段。活动中只有男人，女性不能参加。到时间后，大家打着旗，背着麦草，拿着兵器或扛着自家供过的毛吉，排着一字队形向山上进发。一路上不断有人扛着毛吉加入队伍中。乐队中两人抬鼓，一人打鼓，另有两人分别敲锣打钹，还有两位吹鼓手吹唢呐，送雨粮的行进仪式据说是模仿雷部起雷雨时的仪式进行的。来到山上，人们纷纷向山神磕头，并把栅子中上年的毛吉和武器撤换下来，将新的兵器插放到毛吉中间。在一片比较平坦的地方，先点燃一大堆柴草，年长者把五色粮食倒进火中，在火前奠酒，此时唢呐曲变为《大佛号》，锣鼓钹响声震天。管家放三眼炮，意在告知雷部神灵们雨粮交到了。响器停止后，大家环跪在火前，管家请一位长者做祷祝，祷祝者说："某某年正月初二的早上，本方的山神你老人家，雷部的老人家们一卦（即全部），你们（哈）雨粮交着来了。还要保佑一年四季风调雨顺，恶风暴雨，一袍袖打在空山林中；清风细雨，下在地下。还要保佑了图巴营嫡哇的千家万户，众姓人等，保佑了平平安安，出门遇贵人，空身出去，满怀进来。磕头，磕头。"大家向火堆三磕头，仪式即告结束。

插牌　插牌是信仰藏传佛教的地区民众的一种挡雨习俗，也称为挡雨牌。插牌一般立于村界，有"界牌"之意，意为划清各村之间的界线。在民和三川的土族各村庄，"插牌"被认为能够镇压地方，阻挡恶风暴雨、冰雹。立夏结束后由众"牌头"组织举行立"插牌"仪式，具体过程是：先请阴阳先生在一块柏木的牌上书符文，并用一个画有符文的黑瓷碗，加上砖、羊毛、五金、杂粮、各种花、茶叶、棉花等物埋于地下。上堆起小土堆，插上十字形草把，中间插上书写有"勒令封山神土地把守地界"等字样的木条。在湟中县共和镇南村等地，村民们从塔尔寺请来印有佛教符号的图案，在木杆顶做成木牌，将图案张贴在木牌上，背经之后，将牌插在高山顶上，图案面向雹雨多来的方向。谢降之后再将木牌收回存放在庙中,来年再重复插牌。多巴四队在每年农历四月十五日插牌,届时从塔尔寺请来阿卡念经,插牌时两个阿卡来到白马山神和青牛山神处念经,整个诵经仪式需要一天。互助县大庄村村民们在每年农历五月十三日举行"插牌"仪式,这天早上,庙官、老者、"特肉其"和村内各家代表会集于广福寺,先向龙王神轿煨桑、磕头,请神轿通过仪式确定插牌时间,准备好三尺高半尺宽的柏木五根。插牌时,众人抬着龙王神轿,出广福寺门,在寺门口打一木桩,寺院四角各打一根柏木桩。而后抬着龙王神轿到大庄村的南北两山顶,并在山顶上各插一面绘有佛案的大旗。插牌以后,禁止在田间地头放牧牛羊,禁止村民打架斗殴,禁止砍树、拆房,插牌期间需要拆房,必须向龙王等神佛请示。

挡雨墩　挡雨墩也叫"镇墩",有大有小,围绕着本村落的边界山顶而建。在传统上人们认为雹雨等天气灾害是一些精怪等不干不净的邪气造成的。传说湟中县娘娘山上有一个涝池,里面有三只成精的青蛙,每年的雹灾是这些蛙精来收取粮食造成的。为了防止造成雹灾,在村界边上往往建有一些镇墩,用巫术的手法来保护庄稼免遭雹灾。在湟中县与湟源县交界处,109国道南边的山顶上建有一个大镇墩,叫"撑马墩",当地村民们认为这个镇墩挡雹雨的效果最好。据说下面埋有一段写有经文的四棱柏木桩、宝瓶和僧人的袈裟。村民们认为,镇墩的力量每年都会减弱,所以每年村民们还要来"紧桩",就是在交苗、背经时,人们来到挡雨墩边煨桑,三磕头,还用火燎墩,以增加其"力量"。现在这些习俗已经消亡了。

插白　流传在同仁县加仓麻村的挡雨民俗。[①] 每年农历五月初五清晨日出之前,插白仪式的主持者们先到村庙内煨桑,然后一路敲着锣来到山顶,用前一日折来的柳枝捆扎成两米多高的巨型人偶,人偶左手持剑,右手持一副弓箭,悬一副抛儿石（一种放牧时使用的抛石器,多由毛线编织而成）。还做一极为夸张的振起阳具,龟头插一束鲜花。村民们认为,这个巨型人偶

---

① 唐仲山:《青海同仁屯堡人端午节俗调查分析》,《民俗研究》2005 年第 2 期。

能够阻挡暴雨和雹灾，当主管暴雨和冰雹的神灵看到阳具时就会害羞转头回去。当地雹灾多来自西面，竖起的人偶就脸面朝西，剑与弓箭指向南方。之后主持者们就地煨桑，踏着锣声节奏，两手高举柳枝，伴以柔缓的舞步围着人偶逆时针转三圈，意为取悦柳人，祈其抵挡暴雨冰雹，护佑庄稼丰收。之后众人到庙内煨桑，在桑火内放入羊腿等，称为煨荤桑，活动结束。扎草人挡雨的习俗也存在于其他地方。据调查，以前湟中县千户村也有扎草人来挡雨的习俗，在庄稼拔头草时，村中的会头们请来老师傅（阴阳先生），在村庙中诵经，并在西山神的亚豁口（西面有山神的山的豁口处）扎一个草人，手中拿着弓箭来挡雨，与同仁的插白相似。

厌雨阵　每年农历四月举行的祈祷风调雨顺的仪式，俗称"挡过雨"。这一习俗流传在青海省民和县隆治乡桥头村，该村有一座西王母庙。[①]一般是在青苗善事结束后，向龙王爷的神桌请求举行厌雨阵的具体时间，桥头村举行厌雨阵仪式的时间为农历四月二十七日或二十八日。在举行仪式的当天早上六点左右，在龙王爷神桌的带领下，到各山顶雨阵处，埋上由桑木、椿木、桦木、柏木、桃木等制成的木桩和牌子，木桩一般长三尺三寸，牌子长五寸、宽二厘米，上面由神桌用红黑二笔画上各种符号，俗称"盘符"，请上僧人诵经。各处埋置停当后，参与人回到官房，神桌回相，厌雨阵仪式结束。当地还有三年一大阵的活动，每过三年，就有当年的会头组织在各山头的雨阵房子举行供佛爷的仪式。佛爷是由红胶泥放进专门模子制作而成，然后由僧人诵经开光后，供在房子里。

挡雨　挡雨指阻挡冰雹，雹灾严重的地方挡雨习俗极为普遍。20世纪50年代以前，在湟中县共和镇苏木世村每到夏秋季节就有乡老在大庙中值班，出现雷雨时，"过尼尔"（庙倌爷）在庙中煨桑，乡老敲锣、打鼓、吹喇叭、吹羼篥，还拿着剑向着云头的方向左右摆动，意为摆散云朵，祈求免遭冰雹。共和镇维新等地挡雨时，除了在雷神殿煨桑、请老师傅念经，还对着

① 李言统：《乡村社会中的西王母信仰——以民和县隆治乡桥头村西王母庙会为个案》，载《中国民俗学集刊》第二辑，社会科学文献出版社，2015，第141~167页。

雷雨云头的方向，用土火枪朝地面打抢，以期吓退雹雨。在同仁县郭麻日村，每年端午节都要举行挡冰雹和暴雨的祭祀仪式，在一个固定的田埂土堆上，插三叉树枝，并用树枝捆成人形（藏语称"赛日尕"）。据说此仪式以前由部落头人主持，现在由各分队队长或选出的年轻人主持，逐年轮流。每年五月初五开始，郭麻日村寺院也有挡冰雹的法事，并有专门僧人负责全天候观察天气。一旦有暴雨及冰雹征兆，便吹法号阻挡，如若无效，寺内要转动一种特殊的经轮，俗信其所产生的风能将乌云吹散，这种观天象活动直到秋收为止。据说以前从五月初五起，村民要将村庙中的山神画像请出，轮流在每家每户大门上悬挂一昼夜，抵挡天灾，保佑各家各户庄稼丰收。

五　庆收仪式

纳顿　从农历七月十二至九月十五，民和三川各个村落按照庄稼收割的先后顺序，依次过纳顿节酬谢神恩、庆祝丰收。纳顿节分为小会和正会两天，一般正会的前一天为小会，主要仪式有请神、献供品、许愿、还愿等仪式。正会当天，先要跳会手舞，主队、客队"合会手"，在若干次"合会手"的过程中，夹杂着"唱搭头词""报喜""唱喜讯"等仪式，这些仪式以歌唱的形式热情赞美神灵、表达对神灵的谢意。[1]

谢降　举行过"交苗"仪式的村落，在秋收结束前后几天要举行"谢降"仪式，用意是感谢神灵的保护。以前谢降仪式还有通知大家拉捆子打碾的意思。各地的谢降仪式有差异，湟中县苏木世村民们在八月十五前后的某一天进行，具体日期要经会头和老人们商量而定。这个活动比较简单，从早上六点起，庙倌爷在大庙内放桑，点灯敬神。早饭过后，念经的老人们像往常一样陆续来到大庙中，集中起来念最后一次《平安经》。庙倌爷除了点灯放桑，还要献施食，之后在庙中宰一只白羯羊，最后一次献"全羊"。在

---

[1]　纳顿民俗事象具体见第六编第一章《特色民族民俗（上）》。

1956 年以前，这也是规定全村统一打碾的信号，有人要在"谢降"仪式之前拉捆子打碾，就会受到处罚。土地承包以后，"谢降"这一仪式又开始逐渐恢复。

互助县大庄村在每年农历九月初九举行谢降，村民们开始抬上龙王神轿和神箭，带着炊具碗筷，到大庄村北面山顶，宦爹敲着鼓铙，诵读经文。庙倌和老者们齐跪在龙王神轿前祷告，感谢龙王和众神保佑庄稼丰收。为答谢神恩，还牵来一只羯羊献给龙王，一边往羊身上倒水，一边向龙王神轿祷告。如龙王神轿向前一倾，羊浑身一抖，表示神已悦纳。献完牲后，将羊宰杀煮熟，分给在场的众人食用。结束时，村民们拔除山顶上的大旗，到广福寺门口时还将插牌时所插的柏木桩拔出保存，以备来年再用。"谢降"仪式举行后，表明从五月十三日开始的"护青"活动结束，允许众人在田间放牧牲畜、砍树、拆房。在有些村落中，农历九月初九这一天还是前任青苗头离任和新任青苗头上任的日子。

炒面喂狗 在藏族的习俗中，当年的新青稞炒面（藏语称为糌粑）拌好后，第一口要喂给狗，之后才由人吃食。在神话故事中讲述了一只狗首先从神那里得到了青稞种子，又指示人们耕种、收获和加工成糌粑，人们为了感谢狗，把新收获后的粮食加工做成糌粑后，第一口给狗吃。

果子敬老人 藏族、撒拉族等有优秀的敬老习俗，收获水果后，摘下的第一个果子要送给村中德高望重的老人先吃，希望来年有更好的收成。

第二章 牧业生产民俗

　　青海的牧业生产历史悠久，早在新石器时代，先民们就在青海大地上从事畜牧业生产。在乐都柳湾墓考古遗址中出土了大量的纺轮；在诺木洪的塔里他里哈遗址中，出土了牦牛毛和绵羊毛制成的毛线、毛布、毛片和毛带等，证明3000年前柴达木盆地就已经饲养有牦牛、绵羊等。青海早期的羌人从事牧业。此后的吐谷浑、吐蕃、蒙古族等都是游牧民族，从事畜牧业。宋代时青海农牧区的分野初步形成，日月山以东地区自两汉以来不断地开垦农田，成为青海主要的农业区，日月山以西地区则是广阔的牧业区。现今，青海牧区为全国四大天然牧区之一，在畜牧业生产中，有独特的牧业生产民俗。

第一节 牧业民俗生态

一 草原生态

（一）草原分布

　　草原概况 青海省总面积为71.75万平方公里，占全国土地总面积的7.5%。其中河湟流域总面积为3.69万平方公里，占全省土地总面积的5.14%；环青海湖地区土地面积9.33万平方公里，占全省土地总面积的13.00%；柴达木地区土地面积 25.24 万平方公里，占全省土地总面积的 35.18%；青南高原地区土地总面积 33.49 万平方公里，占全省土地总面积的 46.68%，各地区都有面积不等的草场，使青海成为全国五大牧区之一。[1] 青海牧区草地属于低草类型。据资料统计，1988 年青海省共有草地面积 5.47 亿亩，可利用草场 4.74 亿亩，[2] 分为高寒干草原类、山地干草原类、高寒荒漠类、山地荒漠类、平原荒漠类、高寒草甸类、山地草甸类、平原草甸类和附带草地类等很多类型，其中高寒草甸类面积最大，分布于青南高原、祁连山地、青海湖等地区的浑圆山顶部、宽谷，滩地和山体上部，海拔 3000~4000 米，可利用面积为 32238.78 万亩，占全省可利用草场面积的 68%。海北藏族自治州、海西蒙古族藏族自治州、海南藏族自治州、黄南藏族自治州、果洛藏族自治州和玉树藏族自治州都处于这些地区。据最新《青海省志·畜牧业志》统计的数据，全省可利用草场面积为 0.33 亿公顷。[3]

草原分布 祁连山区、柴达木盆地和青南高原是青海的主要牧区。祁连山自西向东南形成了一系列的山脉和谷地，绵延千余公里，南北宽约 300 公里。海拔 4500 米以上地域多为常年覆盖积雪的冰川，海拔 3000~4000 米地域是辽阔的草原。在东段山地，由冷龙岭、大坂山、拉脊山和大通河、湟水、黄河相间形成了三个谷地，其间分布有许多黄土丘陵。山地西段从北向南形成了黑河等六个谷地，大多为海拔 4200 米以下的坡地，海拔较高，牧草生长良好，是重要的天然牧场。青海湖是一个重要地理坐标，从湖北边的大通山到南边的青海南山，中间形成了一个宽阔平坦的内陆盆地，历史上便是优良的环湖牧区。柴达木盆地四周有阿尔金山、祁连山和昆仑山，中间形成了约 25 万平方公里的盆地，从边缘到中央有高山、风蚀丘陵、平原、盐沼等地貌，盆地山区和滩地绿洲是良好的天然牧场。在唐古拉山以北至柴达木盆地之间有阿尼玛卿山、巴颜喀拉山、唐古拉山、可可西里山、布尔汗达山、

① 青海省地方志编纂委员会：《青海省志·畜牧业志》，青海民族出版社，2016，第 41 页。
② 青海省地方志编纂委员会：《青海省志·畜牧志》，黄山书社，1998，第 35 页。
③ 青海省地方志编纂委员会：《青海省志·畜牧业志》，青海民族出版社，2016，第 40 页。

昆仑山等著名山脉,海拔大多在 5000 米以上,许多山峰常年积雪。山脉之间是海拔 4000 米以上的高原或谷地。青南高原区面积广大,占到了全省面积的 1/2,整个高原西高东低,中西部是黄河、长江源头地区,地势较平缓,水流不畅,每年冰雪消融后便形成大面积的沼泽地和湖泊,仅适合于放牧牦牛。东南部的长江、黄河和澜沧江下切形成高山深谷险峡地,草场辽阔,牧草低矮,适于放牧牦牛、藏系羊。

(二)草场分布

玉树州草场 玉树州草场面积 30422 万亩,可利用草场 17481.75 万亩,其中冬春草场 7585.42 万亩,夏秋草场 9896.33 万亩,主要牧养有绵羊、玉树山羊、牦牛、犏牛、黄牛、马、驴。天然草场有 5 个草场类,10 个草场组,35 个草场型。在各类草场中,高寒草甸草场有 12301.28 万亩,占可利用草场面积的 70.37%;高寒沼泽草场 3372.69 万亩,占 19.29%;山地灌木草场 891.11 万亩,占 5.10%;高寒草原草场 673.85 万亩,占 3.85%;山地疏林草场 242.84 万亩,占 1.39%。自东南向西北依次排列着山地森林—高寒灌丛—高寒草甸—高寒草原—高寒荒漠和垫状植被,而沼泽植被主要镶嵌在高寒草甸草场之中。在东南部的峡谷山地由于高差大,水热条件差异显著,垂直带谱相当明显,由下而上依次排列着河谷草原—山地森林—高寒灌丛—高寒草甸—高山流石坡稀疏植被。

海南州草场 海南州 1985 年草原面积为 5256.78 万亩,可利用草场 4947.73 万亩,其中冬春草场 2714.27 万亩,主要牧养有绵羊、牦牛、黄牛、犏牛、山羊、马、驴、骡、骆驼。草场类型有高寒干草原类、山地干草原类、山地荒漠类、平原荒漠类、高寒草甸类和平原草甸类等 6 个草场类,14 个草场组,60 个草场型。山地干草原类是较好的冬春草场,平原草甸类也可作为冬春草场。山地荒漠类集中于境内黄河中段以下的两岸阶地及冲积扇上,适合于放牧山羊和藏系羊。

果洛州草场 果洛州可利用草场 56833 平方公里,从东南往西北依次表现为湿润、半湿润、半干旱特征，分布有高寒干草原类、山地干草原类、高寒草甸类、山地草甸类，主要牧养有牦牛、犏牛、黄牛、马、绵羊，也有少量山羊。

黄南州草场　黄南州可利用草场2531.2万亩，分布有山地干草原类、高寒草甸类等草原类型。河南县和泽库县以牧养绵羊、牦牛为主，另有少量马和山羊；北部农牧结合地区以牧养绵羊、犏牛、黄牛为主，也有少量驴和骡，马的数量最少。

海西州草场　海西州草场面积14558万亩，可利用草场13355万亩，其中冬春草场7773万亩，夏秋草场5583万亩，有高寒干草原类、山地干草原类、高寒荒漠类、山地荒漠类、高寒草甸类、山地草甸类等六个类别，主要牧养有牦牛、黄牛、犏牛、骆驼、马、骡、驴、羊。

海北州草场　海北州天然草场面积3892.13万亩，可利用草场3492万亩，其中冬春草场1740万亩，夏秋草场1752万亩。草场类型有高寒干草原类、山地干草原类、平原荒漠类、高寒草甸类、附带草地类等五类，主要牧养有绵羊、山羊、牦牛、黄牛、犏牛、大通马、驴等。

二　草场轮牧

（一）轮牧方式

两季草场　环湖地区主要分为冬春草场和夏秋草场。冬春草场海拔在3000~3500米的山间滩地、台地上，这些地方地势平缓，较为暖和，牧草返青早，枯黄迟，畜群一般在10月中、下旬进入，放牧7~8个月，至翌年6月中旬、下旬退出。夏季草场一般在海拔3500米以上的高寒山地，气候凉爽，没有蚊蝇滋扰，草场类型有草原化草甸类、沼泽草甸类、灌丛草甸类，畜群一般在6月中旬、下旬进入，放牧4~5个月，到10月中旬退出。

三季草场　青南地区主要分为冬季、春秋、夏季三季草场。冬季草场选择地势平坦、背风向阳、气候暖和、水源充足的滩地、山沟地带，每年10月中旬、下旬畜群进入，放牧 7 个月左右，至翌年 6 月中旬、下旬退出。春秋季草场多选在山谷和向阳的山坡，地势比较平缓，处于冬夏草场之间，便于在冬季草场和夏季草场之间过渡。每年利用两次，第一次自 6 月初畜群从冬季草场转场来到这里，到 6 月底前便转场到夏季草场，第二次自 9 月上旬从夏季草场转来，到 10 月中旬离开，转往冬季草场。夏季草场选择地势高寒、潮湿的山坡、沟脑、沼泽地带，畜群自 6 月中旬进入，放牧 3 个半月左右，9 月底转场。

冬窝子　蒙语称"额布拉·金"，越冬之意。冬季牧草枯黄，牲畜体质较弱，容易受大风暴雪侵袭。冬窝子一般选在靠山朝阳、离水不太远的草场，且地势不高，但山峰不能过低，因为山峰过低挡不住寒风。冬季草场在其他季节不放牧牲畜，专门留作越冬之用。柴达木地区的戈壁滩春夏季有大片的芦苇、红柳、白刺生长，这里的蒙古族通常选择芦苇滩、红柳滩和白刺林地带过冬放牧。每当寒冬来临，牧人就将牲畜赶到芦苇、红柳林里避风，不仅可以避风挡雪，而且芦苇和红柳叶子也是牲畜过冬的主要食物。牧人们还利用红柳的干叶和细枝铺成厚厚的垫子，用芦苇秆圈成厚厚的墙壁，搭成一个干燥而温暖的窝子，让幼畜居住，以便能安全越冬。

夏窝子　蒙语称"居萨·浪"，越夏之意。夏季是牧草生长的旺季，也是牲畜恢复体质的时期。牧人们根据不同的草场情况采取不同的方法来度过夏季。夏季天气温暖，草木繁茂，能使剪毛后的畜群尽快恢复膘情、增强体力，故驻牧黄河两岸的河南县蒙古人就把夏季草场选在黄河南岸。海北和海南州的藏族牧民夏天来到青海湖周边过夏放牧。海西柴达木的牧民此时就把绵羊、牦牛和部分山羊赶到海拔较高、较远、较宽广的山地丘陵地带草场放牧，可以避免盐碱地和沼泽地带的炎热使牲畜中暑死亡，也可以避免牲畜患寄生虫病。在高山放牧不仅气候凉爽，而且药草丰富，牲畜容易上膘。尤其是柴达木地区游牧的蒙古人经常到高山深处走"敖特尔"，即转牧夏季牧场。柴达木地区从冬春季牧场到夏季牧场的转场路线漫长。台吉乃尔人（原台吉乃尔旗人）、宗家人（宗家旗人）的夏季牧场是现在的格尔木乌图美仁和老宗家房两个地方，春季、冬季牧场的转场是柴达木盆地较低洼处，夏季牧场却在乃吉山和布尔罕布达山一带，距离上百公里。这种临时短期转场的放牧方式，蒙古人称其为"敖特尔草场"。走"敖特尔草场"的目的，是让绵羊和牦牛等耐寒性好的牲畜避开酷夏，同时，也是为了充分利用夏季牧场。

秋窝子 蒙语称"纳木日·金"，越秋之意。秋季是牲畜增膘的黄金季节，牧民称牲畜增膘为"抓膘"。经过夏天的畜群体力大增，秋季到来时，牧民们边放牧边赶着畜群向水草丰茂的平原牧场进发，在这里精心放牧，使畜群膘肥体壮，待天气变冷降霜结冰后，转场到冬季草场。

春窝子 蒙语称"哈布尔·金"，越春之意。春季牧场一般选择较温暖的低洼地带。对生活在青藏高原的牧人来说，高原的春天来得太晚，这时青草还未长出，母畜无法供应充足的奶水，再加上高原寒冷，有条件的地方会设立围栏、篷房等保护产羔和体弱的畜群。

（二）轮牧时间

新中国成立以后，特别是在人民公社化时期，青海对草场进行了有组织的季节轮牧。海西地区从 1956 年起实行冷（冬春）、暖（夏秋）两季轮牧，也有冬、春与夏秋三季或四季轮牧的。冬季草场 10 月中旬至翌年 5 月中旬，放牧 210 天左右；春季草场 5 月中旬至 6 月底，放牧 40 天左右，夏季草场 7 月初至 8 月底，放牧 60 天左右；秋季草场 9 月初至 10 月中旬，放牧 40 天左右。夏秋草场帐圈较集中，冬春草场帐圈较分散。

海北地区的放牧，一般分三季，6 月和 10 月为春秋季，在平坦地放牧；7 月至 9 月为夏季，在高山放牧；11 月至翌年 5 月为冬季，在沟谷和阳坡地放牧。

海南地区的兴海、同德、贵德三县的部分乡、村，在 1952 年开始试行四季轮牧，草场载畜量提高，死亡率下降。1955 年开始全州推行四季轮牧或三季轮牧。每年 10 月中旬至翌年 5 月中旬在冬季草场放牧 200 天，5 月中旬至 6 月底在春季草场放牧 40 天，7 月初至 8 月底在夏季草场放牧 60 天，9 月初至 10 月中旬在秋季草场放牧 40 天左右。

果洛地区的草场在 1949 年前为部落所有，支配、使用权操控在头人、牧主手中。20 世纪 50 年代末，各县以公社为单位划分草场，固定使用。生产队有各自的冬春草场和夏秋草场。6 月上中旬搬迁到夏秋草场，10 月中下旬搬进冬季草场。

玉树地区实行两季放牧，夏秋草场宽裕，占可利用草场面积的 52%，放牧利用时间短，占全年的 1/5；冬春草场面积占比不足 48%，且放牧时间占全年的 3/5。有"春放滩，冬放湾，秋放山边，夏季上高山"的放牧传统。

三 牲畜种类

（一）羊

藏系羊 中国三大古老绵羊品种之一，公羊和母羊都长有角，羊头呈三角形，额宽，鼻梁隆起，嘴较尖瘦，腿长而小尾，腰背平直。藏系羊寿命约为 10 年，周岁以内生长最快。这种羊机警不易接近，采食能力强，合群性好，极适应高寒环境和粗放条件。藏系羊毛色多为白色，头部、四肢和腹部间有杂色，被毛松散，有明显的毛辫和毛束。藏系羊毛纤维粗长、弹性强、伸展力大，光泽好，清末至民国时期在国际市场上颇受欢迎，被称为"西宁大白毛"，是制造地毯和长毛绒的上等原料。羊皮也是牧民们用来制作皮袄的上好材料，大羊皮和老羊皮称为裘皮，皮板坚厚，毛长绒密，保暖性强。羔皮更受牧民欢迎，旬月内的羊羔皮被称为二毛皮，皮板厚实，毛穗弯曲，轻暖舒适；两个月内的羔皮称为大毛皮，比大羊皮轻，保暖性好。牧民们过冬御寒，全靠皮袄大衣。

欧拉羊 是一个古老的藏羊品种，分布于黄南州河南县、果洛州久治县及甘德县的下藏科乡等地。这种羊体格较高原型藏羊大，公羊角粗而长，母羊角较细，腿长，骨骼粗壮，体质结实，头肢多杂毛，颈、胸部多生黄褐或黑色长毛，体躯多无毛辫结构，被毛中都有不同程度的干死毛，毛质较差，产毛量低。善于攀登陡峭高山，反应灵敏，采食时边走边吃，嘴唇薄而采食灵活，对牧草选择严格，产肉性能较好。皮板大而厚实，是缝制皮袄的上好原料。闻名于甘、川及青藏区的河南蒙古族皮袄，用的便是这种羊皮。

黑藏羊 藏系羊中一个独特的经济类型，多产于贵南县森多地区。黑紫羔皮有"皮板坚韧，通体被毛黑紫发亮，而且花纹紧密，毛质柔软，毛辫不易粘结"的特点，在清末至民国时期的羊毛经济时代被国内外市场视为皮毛中的珍品，1930年，每张羔皮价格高达2.5~3元白洋，每到产羔季节，就有大量的山西、陕西、四川、河南等地商人在森多（鲁仓）设点收购黑紫羔皮。当时的青海省国民政府规定这些地区必须以黑紫羔皮缴纳牧业税。1950年，西北军政委员会羊毛改进处在贵德县瓦什塘（今属贵南县）建立黑藏羊选育场。20世纪60年代以后黑藏羊主产区划为半细毛羊改良区，黑藏羊数量锐减，1985年，贵南县仅有2万只。在海北州祁连县野牛沟、托勒牧场有少量黑藏羊。

改良羊 1953年开始对绵羊进行杂种改良，海南州的改良羊集中在共和县倒淌河、江西沟、黑马河、石乃亥、切吉，兴海县河卡，贵南县过马营、塔秀，同德县巴水，贵德县常牧等地。1983年进入新品种的育种阶段，共改良出了茨新藏、罗茨新藏和波新藏三个类型，形体特征都比较明显。如茨新藏羊的公羊长有大而粗的螺旋状弯角，母羊长有小角或没有角。颈部有2~3条不明显的皱褶，前体较窄而腰背平直，四肢粗长。罗茨新藏羊公母都长有小角或无角，头额和四肢短而粗，唇鼻端有黑色素，腰背平直，体躯呈现圆筒状，蹄壳黑色，毛色纯白。波新藏羊公羊长有半螺旋形大角或无角，母羊长小角或无角。这种羊眼圈呈现黑褐色，耳及唇部有小块黑色素，蹄壳为肉红色。性情近于藏系羊，合群性好。

山羊 有丫马、加拉（音译）等多种方言称谓，分布于海北州，黄南州同仁、尖扎县浅、脑山地区，海南州，果洛州、海西州也有少量分布。山羊属蒙古系山羊种，头呈楔形，公羊角大而向后弯伸，母羊角比公羊的角细而短，呈镰状，前额有发毛，眼与鼻梁微凹，有羊须。颈短直，肢短体瘦，蹄小而坚实，尾短而上翘。被毛多为黑色、白色或青色，花色、杂色较少，外层为粗长毛，内层为绒毛。对环境适应性好，喜干燥，耐粗放，抗病力强，合群性好，善攀登山崖峭壁采食，利用其他牲畜无法到达的草场。在海拔较低的山区、灌丛草原地带有极强的适应性，繁殖率高，有的年产两胎，有的一胎产双羔。主要用来取绒、食肉、取皮。

（二）牛

牦牛 又称犛牛、髦牛、豪牛、犣牛等，由野牦牛驯化而成，因其叫声似猪，有"猪声牛"之称，远在殷周以前即已成为羌人的家畜和祭祀品。牦牛在青海牧区分布最广，分为高原型牦牛和环湖型牦牛两种类型，公牛头粗重呈长方形，颈短厚而深。母牛头长额宽，颈长而薄。牦牛眼睛大而圆，鬐甲高，前躯发达，四肢短壮而端正，后肢呈刀状，蹄圆而坚实，全身生粗毛，粗毛下层伴生细而密的绒毛，四肢及腹下长有粗而长的毛裙。其中高原型牦牛头大，公母均有角，角均为圆体张开环抱，角尖向内弯曲成弧形，背颈、嘴唇、眼眶周围毛短，对高寒湿冷气候有很强的适应性。环湖型大多没有角，体躯较小，鼻狭长，鼻中部多凹陷，角细长，弧形小，鬐甲低，被毛较杂乱，适应半干旱气候。牦牛绒是牧民编制帐房的主要原料。牦牛尾短并生有蓬松长毛，呈帚状，传统生活中，农家多用作案板上扫面的工具。

犏牛 是黄牛与牦牛的杂交种，分为黄犏牛和牦犏牛，体格大于牦牛和黄牛，是青藏高原特有的牛种，分布于海北、海南、黄南、果洛、海西等地。犏牛头宽长，角细长而向前上方弯曲，颈短粗，鬐甲低，背腰平直，体躯长，胸宽深，四肢强健，蹄坚实，被毛黑色居多。犏牛可用来农耕，产奶量也大，以前商队中的驮牛队用的就是犏牛，他们往返于海西、果洛及西藏等地。犏公牛没有生殖能力，犏母牛所生的牛犊被称为"尕勒巴"或"牦杂拉"，役力低下，不能用来生产，一般只能用第一代犏牛。

黄牛 古称"封牛""旱牛"，主要分布于玉树、果洛、海北、海南、海西等地河谷两岸，共和盆地等地。公牛头扁短粗，额至顶部密生卷毛，母牛头狭长，额略宽。黄牛角细长，呈弧形弯曲，两眼凸起，眼大有神。躯体长且前躯低，后躯高，腰背平直，四肢健壮，蹄质坚实，尾巴细而长，被毛有黄、红、黑、花诸色。黄牛适应温暖的气候，生活在海拔 2200~3200 米的农区或半农半牧区，多用来耕地、拉车和取乳。

（三）马

河曲马 属高寒山地草原马种，古称"秦马""吐谷浑马""南蕃马"，藏语称为"乔科（沼泽之意）马"，主要分布在黄南州河南县、泽库县，果洛州久治县，海南州同德县等地。1954 年，西北军政委员会畜牧部正式将其定名为"河曲马"。这种马头粗重，耳长而尖，前竖灵活，颚凹较宽，唇厚紧凑。颈长而深厚，体格高大健壮，肌肉丰满，胸宽深，背宽而略凹，肋骨圆宽，腰略短，尻宽平，四肢粗壮，筋腱血管不明显。蹄子大但软而粗糙易裂。毛色以黑色居多，骝色、栗色次之。河曲马性情温顺，步法灵活敏捷，善于跋山涉水，善走沼泽地，合群性好，容易调教，挽乘兼用，对新环境有较强的适应能力。

浩门马 也称青海马，旧称"大通马"，因过去称门源为北大通，浩门河原称大通河而得名，是一个历史悠久的地方马种，主要分布在门源、祁连、刚察、天峻、共和等县，黄南州同仁、尖扎、泽库等地，海西州及湟水流域。1963 年 10 月，在青海省畜牧厅主持的青海省马匹鉴定学术会议上将其定名为浩门马。浩门马"一高二走三宽四大"，一是有一定体高，二是大部分为对侧步的走马，三是槽口宽、胸宽、臀宽，四是眼睛大、鼻孔大、蹄子大、关节大。这种马的头呈兔头或半兔头形，鼻孔狭长而大，耳小直立，颈短而厚，鬐甲低，体格较河曲马小，前胸稍窄，背腰平直，四肢健壮，蹄质坚实，恋膘性好。毛色以黑、骝为主，白、青、花等次之。大通马适应于高寒山地草原，粗放群牧，抗病力强，繁殖力强，特别是善走对侧步，俗称为"走马"，多用于骑乘。

柴达木马 又称"柴旦马"，属于蒙古马系，主要分布在海西州都兰、乌兰、格尔木等地。这种草原马种体格不大，躯体粗壮，体型低长，性情温和，抗病力强，对荒漠、盐泽、酷寒炎热温差大、蚊虻多的环境有很好的适应能力，善于走沼泽和沙地，多用作农耕畜力，或者骑乘。

玉树马 高寒山地草原马种，藏族群众称之为"格吉"马，意为石马，主要分布在玉树、囊谦、杂多等县的解曲、支曲、扎曲流域及海西唐古拉地区。这种马头形多呈直头或半兔头，体格较小，背腰平直，胸阔适中，腹形略卷，躯体较短，蹄质坚硬，毛色以青、骝为多，适应海拔 4500 米左右的特殊生态环境和高寒气候，能扒雪觅食，善于爬高山雪巅，不害怕沼泽坑洼，运步灵敏，能走对侧步，性情温顺而容易调教，用以农业畜力和骑乘。

环海马 主要分布在共和县倒淌河、江西沟、黑马河、切吉、石乃亥。这种马面目清秀，鼻梁隆起，两耳前竖，眼大有神，颈短而宽厚，背腰平直，肋骨开展，多呈回尻或斜尻，四肢粗壮，筋腱发达，毛色多为骝色或青色。经调驯成走马，"大走"时跨步大，步速快，鞍口平稳，乘骑者感觉舒适，有"小卧车"的美名。"小走"时速度慢，持久力强，人们多用来骑乘。

（四）驴

青海毛驴食量小，对高寒自然条件适应力强，是省内半农半牧区群众的重要役畜，其中"郭密驴"由甘肃凉州驴与当地驴杂交而来，主要分布在海东、海南、海北、黄南等地的农区和半农区，在海南州和玉树州通天河流域也有少量分布，海西州的驴是从东部农业区带进去的。

（五）骆驼

青海的骆驼都为双峰驼，主要分布在柴达木地区的乌兰、都兰、格尔木，在海南藏族自治州的共和、兴海也有少量分布。大约 4 世纪初，辽东鲜卑吐谷浑人将骆驼带入了青海。青海骆驼的头呈楔形，鼻隆起，耳小，眼凸起，颈长而弯曲，背腰短，四肢长，后肢呈刀状，尾短。鬐甲、峰、颈部生有长毛，其余部位长有绒毛，毛色以驼色为主。生活在海拔低、气候干燥、日温差大、植被稀疏的荒漠及半荒漠地带，主要用于驮运役使和生产驼毛。1951年西藏和平解放后，青藏公路还没有修通，为了解决向西藏运输物资问题，有关部门从甘肃、宁夏购买了数千峰骆驼，与青海骆驼共同组成运输总队，在茶卡、香日德、大柴旦设立了三支运输大队，当运往西藏的物资由汽车运到青海香日德后，改由骆驼一路驮运到西藏那曲。在修建青藏公路时，修建的不少物资也由骆驼驮运。

（六）骡

骡子是马和驴的杂交种，主要分布在黄南、海南及海东等州地的农业区和农牧交错区，海西也有少量分布。骡的外形介于马和驴之间，头较重而长，耳比马耳大，鬃尾毛不如马发达，蹄比马蹄稍狭而高，其中驴生的称为驴骡，体格较小；马生的称为马骡，体格较大。骡的役用性能比马强，食量少，耐劳，宜粗放，抗病力强，使用年限也比马长。

四 牧场所有制

垄断制 1949年以前，草场有三种所有形式：一是部落公有，实际上是王公、千百户所有，这是主要的形式；二是寺院所有，实际为宗教上层人物所占有；三是牧主占有。《青海省志·畜牧志》载，据1951年在玉树、同德、同仁、兴海、都兰、祁连、共和、海晏、曲麻莱、刚察、尖扎、贵南、玛沁、河南、泽库等15个县的调查，共有藏族部落、蒙古族旗315个，喇嘛寺院249个，千百户、部落首领368人，宗教上层（仅指活佛、大喇嘛）695人。水草丰美的草场几乎被这些人占有。[1] 马步芳统治青海时期又增加了军、公牧场。《海南州志》记载，1956年，海南州共有牧主（含封建主）427户，

---

[1] 青海省地方志编纂委员会：《青海省志·畜牧志》，黄山书社，1998，第64页。

占总牧户的 2.91%，拥有各类牲畜 86.6 万头（只），占牲畜总数的 29.42%，户均 2028 头（只），人均 512 头（只）。其中无畜赤贫户 1072 户，占总牧户的 7.28%，相当于全州牧主与富牧之和。贫苦牧民有的做雇工，藏语称为"力越乎"或"拉瓦扎"，有的做奴隶，藏语称"才玉乎"，为牧主终生无偿劳役，可被任意鞭打、剁手、挖眼、砸拐骨。出租牲畜藏语称为"血树乎"，贫苦牧民每租牧主绵羊 100 只，三年后需交 250~300 只，每租 1 头犏母牛，年交酥油 30 斤，当年交不清者，翌年加息三分之一。封建王公、千百户、宗教上层和牧主们还放高利贷，除货币外，还有酥油、皮张、粮食、茶叶等，年利率分 25%、35%、50% 三等。

国有制　1949 年以后，原来的三角城、门源、共和牧场和皇城滩羊场、贵德军马场、巴滩牧场、茶卡驼场等收归人民政府。1950 年，将三角城、门源、共和、贵德的牧场改称人民牧场。1952 年，省属三角城、门源、大通、贵南 4 个牧场，共有职工 208 人，草场 158.56 万亩。至 1990 年，全省有三角城等 4 个种羊场和大通种牛场等 7 个省属牧场，另有 6 个州县牧场。在管理上，1951 年，青海省人民政府宣布对牧区的政策不分牛羊、不分草场。1955 年 8 月中共青海省委提出："积极稳步地提高与发展畜牧业生产上原有的团结互助组织，是牧区劳动人民克服困难，发展生产，走向富裕的必经之路。" 1956 年，组建了各种类型的互助组，1957 年 11 月，互助组发展到 4225 个，入户牧户 1.69 万户，占牧区总牧户的 25%。互助组有常年性、季节性和临时性合作三种，在牲畜放牧、剪羊毛、接育幼畜、搬帐房等方面进行互助。1983 年 1 月，根据中共中央一号文件，牧业生产实行大包干，3 月后牧区人民公社制度不复存在。这年的年底，牧区六州实行牧业大包干的生产队有 2678 个，占牧业生产队总数的 97.3%。在坚持草场公有制的前提下，牲畜作价归户，冬春草场使用权固定到户或帐圈，做到草随畜走，长期不变。

公私合营制　1955 年冬，根据中央七届六中全会决议 "在纯牧业地区，如果有条件，也可以试办牧业合作社" 的精神，中共青海省委发文试办牧业合作社和公私合营牧场。1958 年，中共青海省委要求 5 年内在不同地区先后基本完成对畜牧业的社会主义改造，当年 5 月底，海北州建牧业社 201 个，公私合营牧场 43 个；海西州建牧业社 135 个，公私合营牧场 34 个；海南州建牧业社 678 个，公私合营牧场 113 个，72% 以上的牧户加入了牧业社和公私合营牧场。1958 年 8 月以后在牧区进行社会主义改造，将纯牧民划分为牧主、富牧、中牧、贫牧 4 个阶层。将贫苦牧民和中等牧民组织成合作社，牧主参加公私合营牧场。富牧主要参加公私合营牧场，同时也被允许参加合作社。1958 年 9 月，在牧区兴办人民公社，到年底，海南、海北、海西、黄南 4 州和玉树、果洛的部分地区实现了公社化，原来的牧业社、公私合营牧场和个体牧民一律并入人民公社。

草场承包制 从 1984 年开始，青海省牧区全面实行"草场公有，承包经营，牲畜作价归户，户有户养"的生产责任制，破除了旧的体制对生产力的束缚，也打破了草原"大锅饭"的局面，由此激发和调动了牧民群众的生产积极性，生产力得到进一步解放。草原承包到户的基本原则和做法是：（1）以互利互让，有利于生产、有利于团结为目的，坚持"大稳定、小调整"的原则，稳住中间，调整牧户草场过小或过大的两头。（2）生、丧、嫁、娶的，原则上不作草场调整，新立户的草场在原承包的草场中调剂解决。（3）原有乡、村、社、户之间草场界线基本不变，对有争议的地段，争议双方协商解决。解决不了的，各自提出理由，由上一级人民政府裁决。明确草场的四至界线，订立永久性标志。（4）按测定的草场等级承包，也可将草场等级折算成标准草场进行承包。（5）牧户承包的草场上超载的牲畜，要作出栏处理，以利草畜基本平衡，对草场建设搞得好、产草量明显提高的牧户载畜量允许有一定幅度的突破。这种生产责任制符合牧区生产力发展和草原畜牧业经营特点。

五 狩猎

藏族狩猎 藏族的拉伊中唱道："高德喇嘛告诉我，枪莫背猎亦莫打，喇嘛说得是很对，但我难以从命。枪要背，因为它是我生命的守护神；猎也得打，因为鹿茸价格高。"狩猎是一种技术活，分为大型和个体两种形式。大型狩猎成员众多，有领头人、运输队、打猎人员、后勤人员，狩猎前往往要举行一些宗教活动，如祭祀山神，煨桑祭天，许愿为死去的生灵诵念"六字真言"等，还要请迷幻师预言吉凶，请卦师预测结果。成员的属相也是推算的内容，如果属相相克就不能同去，主要狩猎野牦牛、岩羊、盘羊、黄羊、鹿、麝等，所获猎物平均分配。因为信仰的原因，神山和寺院靠山等地禁忌狩猎，也忌杀飞禽、鱼类和野驴。

个体狩猎 一般是用铁夹脑、弓身刀、石板挟头、兽洞燃烟、皮绳暗套等方式获得一些小猎物。蒙古族在狩猎中一般使用铁夹脑、枪支或设陷阱，他们用木、石、皮绳制作成一种套索（蒙语称哈吉），这种套索可以捕杀老虎等猛兽。铁夹脑（蒙语称哈布哈）由底圈、弓、簧、踏板、铁链和锚钩（拖物）等部件组成，可以捕猎兔子、黄羊、狐狸、狼等动物。猎鹿的猎夹子架子底环为四边形，系有两条铁链，夹弓粗宽，夹簧长而宽，坚固异常。大的夹子甚至能捕获豹子和狗熊。使用时，将夹脑埋在动物经常过往的路口或洞口，这要凭观察和经验。先挖下坑去，用铁链或锚钩固定了夹脑底圈，拉开弓簧和踏板，用土或草盖住。动物踏在上面，别弓滑脱，两个半圈的铁环片合拢夹住动物腿，动物就很难逃脱。海西地区在 20 世纪 80 年代初还使用哈布哈来捕捉猞猁和狗熊。进入 20 世纪 90 年代后，凡在中国境内，除非特许，私自狩猎成为犯法之事。

蒙古族狩猎 蒙古族狩猎有集体狩猎与个体狩猎的习俗，狩猎过程可分为猎前、猎中和猎后三个时间段。在猎前，要进行占卜等活动，以确定方向，预测收获，并进行煨桑念经。在猎中，遵守约定俗成的行为规则，必须按照"不杀怀胎、带仔动物，只猎雄性、年老、不产仔"的不成文规则进行狩猎。打到猎物后，只带走一部分兽肉，留下头和内脏，置放在高处，一方面表达敬重、忏悔之意，另一方面留给其他食肉动物。在狩猎活动中，猎人们常常给山神讲故事听，以便取悦山神，恩赐猎物。所以就有了"猎人故事家"的现象。狩猎结束后，分发兽肉，因有"得来的东西大家享用""不给份子，以后找不到猎物"的说法，故见者皆有份。进入 20 世纪以来，蒙古族积极遵守国家禁止捕杀野生动物、不准私藏和携带枪支弹药的法规，狩猎行为逐渐退出人们的生活。[1]

第二节　放牧民俗

一　牧羊民俗

放牧　羊好动，在放牧过程中牧人要时刻跟随在羊群后面，防止遭到狼和鹰的袭击，也防止与别的羊群混群。因此牧人一天只能吃早晚两顿饭。在天峻牧人中流传着一首歌："春日长如年，牧人走行尸，口沫稠似酪，裆睾重如石。"幽默形象地反映了放牧的辛苦。每个季节，牧人都要为羊群调节牧草，冬天隔日饮水，春天每日饮水，夏秋无须专门饮水。夏季放牧一般离家很远，羊群喜欢高山地带，有经验的牧羊人不会盲目跟随羊群，而是走在羊群前面，站在一个制高点上，控制羊群，如果羊群流动的方向有偏差，牧羊人吼几声或用"抛儿石"抛出鸡蛋大小的石块待其发出"噼啪"声后，羊群也会按照牧人的意志改变方向。在成千上万只羊中，牧人重点记住毛色独特、羊角独特、个性独特的羊，也就基本上掌握了整个羊群，如有的羊总爱走在羊群最前面，有的总落在最后面，还有的爱吃特别的草等，羊群在大范围长距离流动中会有掉队、分离的，牧羊人根据这些情况会及时掌握羊群情况。俗话说"羊饱回家，牛饱上山"，羊群一到下午后，会转向回家的方向，边吃边走回家去。山羊分为乳用山羊、毛皮用山羊、绒毛用山羊和综合用山羊，在海西地区，一般是绵羊与山羊、母羊与羯羊混合放牧和圈拢。

---

[1]　仁增：《青海蒙古族狩猎文化刍议》，《青海民族研究》2000 年第 4 期。

挤羊奶　挤奶羊多为山羊，早晚各挤一次。蒙古族把山奶羊赶到挤奶场地，用一条长长的链羊绳打个活结，把它们头对头交错拴链在一起，一链能拴30只至40只羊，奶羊多的设有多根链子。拴链奶羊时牧人会注意链绳的松紧度，拴链完后从一头挤起，直到全部挤完。羊羔则分开单独成群放牧和圈拢，挤过奶后让羊羔再吃奶。

产羔　绵羊和山羊，公母合群，自然交配，公羊从2岁开始配种，母羊1岁就能产羔，一般一年一胎，一胎一羔，极少有双羔。产羔多在冬春两季，这时也是牧民最忙的时候，白天黑夜要守护在羊群旁。他们往往采取挤怀胎母羊的奶来察看颜色，以此推测母羊的产期，若无奶，短期内不会产羔；若有奶，产期临近，要格外关照。母羊产羔的时节天气尚冷，羊羔的胎毛湿润，最怕冻伤冻死，一旦羔羊毛尖结冰，就容易生病死亡。牧民放羊时，白天背着一条用毡缝制的羊羔装袋，羊羔出生后就装进接羔袋中保暖。晚间产羔时用毡片或用皮子包裹。羊羔多的人家，在羊圈旁搭有棚子，刚产的羊羔放进棚内保暖。也有的在羊圈外或蒙古包旁挖一个大坑，坑底铺上羊粪，顶部搭上木板或木棍，上面再铺一些旧毡或旧皮子，并用细土盖严实，产羔后就将羊羔放进棚坑内保暖。对于瘦弱的羊羔，还要喂面粉和奶子面汤，以增强其抵抗力。

劝认羊羔　有的母羊产羔后不认羊羔，这时牧民们拴起母羊，一边喂小羊羔，一边以柔和而优美的声音唱起《认羔歌》，用歌声来感动母羊认羔哺养小羊羔。据说母羊会被这种低沉的民歌所感动，有时会流出眼泪。还有的牵引母羊，用手抚羊和歌唱，或者将盐水涂在羊羔身上，使母羊认羔哺乳。《认羔歌》的唱词比较简单，一般为"啦嘎……啦嘎……台格……台格……""叽格……叽格……叽格……叽格……"还有《劝弃幼母畜歌》，歌词大意是："套格！套格！套格！这不是你亲生的可爱的羊羔吗？你不怕这弱小的生命会死去吗？套格！套格！套格！不要铁心肠对待你的羔崽！不要让这可怜的小家伙饿肚子！套格！套格！套格！快快拿出你的爱心来，快快献出你的乳汁来！"这种优美、低沉、忧伤的长调到底是如何发挥魔力的，人们也难解其真实原因。母羊不认羔有多种原因，有的母羊膘分差体力弱无奶可喂，就放弃喂奶；有的母羊嗅觉很灵，产羔时因胞衣有异味而不认羔；个别母羊有不认羔的习性。牧人视其原因，采取不同的办法使其认羔喂奶。蒙古族还有《认驼羔》《认驹歌》《认牛犊歌》等歌谣。

育羔 母羊死亡或缺奶时，牧人会用黄牛角做成奶羔嘴喂养羊羔，羊羔长到 15 天左右就开始吃草，牧民们预备好青草吊在棚子中央，让羊羔慢慢学习嚼吃，1 个月后就会跟着羊群去吃草。为了增强羊羔体力，还要喂豌豆粉、青稞粉等饲料。由人喂奶长大的羊羔对人有一种特殊的感情，羊羔长大后主人一般也不忍心杀来吃肉。海西蒙古族除"接育羊羔"外，还有"接育驼羔"和管护犊驹的习俗。一般情况下，牧民不需要管护骆驼、马和牛等大牲畜。

阉羊 海西蒙古族在每年 6 月进行阉羊。届时请来专人，在绿草地铺上白毛毡，阉者坐在白毡上，主人首先从羊羔群中选最好看的白羊羔拉到阉羔者跟前，阉羔者先说祝词"献给大汗的羊群吧"，之后开始阉羔。由一人控制羊羔四肢，令其平躺，阉者用刀剖开阴囊，挤出睾丸，握住睾丸用力抽掉后，再将伤口捏住稍抖动即可。阉羔完毕，主人将阉者请到家里用奶水（将奶子倒入水中）洗手，并献哈达表示谢意。蒙古人将羊等小畜的睾丸叫作"伊木"，要盛放在木桶中，桶口缠有白羊毛，桶内撒些五谷，预祝五畜兴旺；还要滴一点奶子，期望像奶子一样干净，所骟之畜安全康复；也有的主人自己念一些经语祈祷。当骟完一畜时，有的人也会说一些"所骟的畜身比羽毛轻，伤口比箭快的速度愈合"之类祝福吉祥的话。

留种羊 牧民一般凭经验选择骨骼粗壮、身架高大、毛长（绵羊）绒厚（山羊）、毛纯强壮而多生母羊的种公羊后裔作为新一代的种羊。

二 牧马民俗

放牧 牧民对马有一种特殊的情感。养马首先用于骑乘，牧区出行放牧都离不开马，农区马主要作为役畜。在牧区，马群由公马统领，大的马群多达七八十匹，最小的马群也有十多匹。放牧时任由马群在草场自由吃草，每隔几天，查看收拢一次。挤马奶时，先拴住马驹，放母马去吃草，隔一段时间母马会来喂马驹，就挤一次奶，一天可以反复挤多次。晚上将母马和马驹赶到草场一同去吃夜草。公马 3 岁开始配种，母马 3 岁开始产驹。

管护犊驹　每年四五月间马下驹，牧人比较注意对母马的保护，不使其激烈活动，即使役使也不让其劳累过度。刚产驹的母马一般不挤马奶。马驹在马群中比较安全，野狼侵袭时，马群会集聚起来，幼驹在内层，外围是母马，公马绕群奔跑，口咬蹄踢，把马群迅速赶往安全地带。

留种马　选躯体健美、毛色纯正、行路稳快的公马留为种马。公马有极强的护群意识，两个马群接近时，公马会做出扬头屈颈、前蹄刨地的动作，并发出喷鼻声，甚至互相咬踢，直到自己的马群离开。

骟马　公马到 2 岁时要被骟割。海西地区一般在每年 5 月，选择风和日丽的吉日进行，这天忌杀牲。骟割能手叫"手轻人"，骟马要请那些手轻人，喇嘛和妇女不能参与。阉割时，先将马捆缚四蹄，令其侧卧，手轻人把公马睾丸外囊切个口抽出睾丸，用一个叫"沙布斯力格"（木夹子）的器具夹紧血管，再用烧红的烙铁给血管止血，在伤口撒些盐末。用细绳扎住靠近胯裆之间的尾巴，防止尾巴粘连伤口。取出的睾丸在马的四蹄上抹一下，扔到远处，接着吟唱祝赞词：

　　　　愿这匹马走起路来，

　　　　像羽毛一样轻松飘逸。

　　　　祝它成为出色的骏马。

　　　　愿这匹马驰骋起来，

　　　　像飞箭一样神速。

　　　　祝它成为赛场的魁首，

　　　　祝它成为可汗的坐骑，

　　　　祝它成为好汉的良友。

然后放马起来，慢慢遛走，七天后可备马乘骑，并要逐渐加大马的运动量，直到伤口完全愈合。在天峻地方，阉割后的马身上盖一块毡毯，选择好草场，用长绳将马拴在草场上，专人照看其吃草饮水，每天还要骑着遛一遛，但不能剧烈跑动，也不能抽打马屁股，称为"热身"。痊愈之前，家人烧水做饭时忌使炊具中的水喷溢到火中，忌将肉油烧焦，认为那会影响马的刀口愈合。

三 牧牛民俗

放牧 牛群也是混放，早出晚归，牛群在草场自由吃草，每过一段时间，赶拢一次，傍晚赶回驻地入圈。有些山势比较大的地方，牧人直接将牛打进山中，甚至一周才看顾一次。吃奶的牛犊要聚成一群放牧，在大牛群返回前先拴好牛犊。挤完牛奶后让牛犊吃奶，之后再与母牛分开。公牛3岁开始配种，母牛3岁开始产犊。

挤奶 每年5月可对母牛开始挤奶，可以挤三个月奶。挤奶时地上拉有一根长绳，蒙语称"结勒"，母牛和牛犊脖上拴有项链似的襻儿，系有小木别子。挤奶前将母牛和牛犊分别拴在"结勒"上。先牵来牛犊，待牛犊吃到奶旺之时揪住襻儿拉走，拴在"结勒"上。挤奶的妇女坐到母牛乳房下，双手各抓一只乳头，交替往奶桶里挤奶。初次产犊的母牛会拒绝人挤奶，甚至会角顶或踢人，挤奶者会抚摸交谈或发出一种较深沉的声调，使躁动的牛安静下来。要是这些办法都不管用，就用一种"绊绳套"（蒙语称为"图西亚"）绊束住牛的两条后腿，不使其活动，等到牛安静之后开始挤奶。产奶旺季一天可挤两次奶。牛犊和母牛分开牧放也是为了多挤奶。在河南县等地，姑娘们挤奶时还唱《挤奶歌》。牧民用牛奶制作奶皮、酥油、曲拉、酸奶酪等奶食品，营养价值极高，是牧民常用的食品，也是牧民馈赠亲友的贵重礼品。

阉牛 每年夏季对2岁的公牛犊进行阉割。先缚住牛的四腿，使其侧卧，割开阴囊，取掉睾丸，用细绳拴牢刀口即可。蒙古族还将取出的睾丸连起来搭在牛背上，然后说祝词：

> 愿这头牛成个老实的犍牛，
>
> 愿这头牛能成为结实的好驮牛！

留种牛 将体大健壮、毛质好、毛量多、毛色纯正的小公牛留为种牛。

四 牧驼民俗

分群牧驼 骆驼性喜热，耐旱，抗风沙，喜食叶小多刺的植物，牧民们一般采取"天牧""瞭牧"形式，将其放牧于自家牧场中，每隔一段时间，往蒙古包周围收拢一次，以免走失。驼群有固定和专门的草场，由专门的放驼人来管理。骆驼妊娠期为 13 个月，一般三年产两羔，每胎一羔，产羔期在冬末春初。有经验的放驼人一般采取分群放牧，即公驼、母驼和幼驼分开放牧，以防止挤踏，不使母驼流产或使幼驼受伤死亡。因为此时的青海寒冷异常，春草尚未生长，大的骆驼群中母驼不容易吃饱，奶水不足易使驼羔饿死或冻死。柴达木地区的牧驼人牧放时一般将公驼群赶到离家较远的牧场牧放，母驼群和弱幼驼牧放于离家较近的地方。公驼 4 岁开始配种，母驼 3 岁开始产羔。

接育驼羔 母驼在产前半个月会经常抬头眺望，寻找产羔的僻静去处。这时牧民们跟群放牧，归圈后拴好或套上脚绊，防止母驼走失。一旦母驼的腹部右方下陷并呼吸起伏，这是一周内要产羔的征兆，牧民们还通过挤奶来推测产羔期的远近。骆驼产羔一般不需人帮助，但难产时也需要人来帮助，也有些脾性不好的母驼要缚住后腿，用装有沙子的口袋牵引的办法来接生。母驼不认驼羔时，牧民们把盐水涂在驼羔身上，或者唱《劝弃幼母畜歌》，同时帮助小驼羔接触乳头吃奶。

取乳 牧人认为驼奶性凉，只在盛夏时挤取。挤驼奶时，先拴住驼羔，放母驼去吃草，每隔一段时间母驼就会来喂驼羔，这时挤一次奶，一日可以反复挤多次。晚上，将母驼连同驼羔都赶到草场去吃夜草。骆驼奶容易吸收消化，营养良好，常被用来喂养缺奶婴儿，也能加工成酸奶酪等奶食品。

阉驼　公驼 3 岁时阉割。在数九寒天，捆缚公驼四蹄，使其侧卧，用刀剖阴囊，施术者紧握骆驼睾丸拧转一两周后，用结实的细绳扎紧根部，以阻断血液循环。手术后一星期左右，睾丸因冻结会从扎绳处自行脱落。蒙古人阉毕骆驼也说祝词：

> 祝愿驼群繁殖成群，
>
> 愿成为大汗的坐骑！

留种驼　选骨骼粗壮、力大体匀、皮肉坚厚、能驮健步、毛色美丽、口齿整齐、蹄大而圆、不喜吼叫的公驼留为种驼。

驮驼　海西的蒙古族骆驼主要用于驮载运输和远程乘骑。一峰成年的骆驼一般能驮 150 公斤到 250 公斤，骆驼不善于飞奔疾驰，但腿长步子大，行走稳健，持久力强，一日能行走六七十公里。蒙古人对骆驼有着特殊的情感，在青海蒙古族民间文学中有《受骗的骆驼》《身含生肖的骆驼》等传说和颂词。还有一种说法认为，骆驼身含十二生肖的特征：

> 问：十二生肖怎么没有骆驼？
>
> 答：骆驼身含十二生肖的特征。
>
> 问：骆驼身含什么样的特征？
>
> 答：两只漂亮的鼠耳，
>
> 两只柔黑的牛眼，
>
> 四只结实的虎掌，
>
> 一张灵巧的兔嘴，
>
> 一条细细的蛇尾，
>
> 四条健美的马腿，

一身柔软的羊毛，

一顶鸡冠似顶髻，

一双坐猴般的驼峰，

一嘴猎犬般利牙，

一副肥猪般肚量，

所以未入十二生肖。

第三节 牧业管理民俗

一 草场管理

驻牧 1949年以前，牧民们在部落集团内统一行动，部落有自己的驻牧区域，内部由部落头人统一调节季节草场，放牧则以家庭为单位。此外，还有先占者先有的驻牧传统，在部落间有习惯性的放牧界线。在转场搬迁中，牧民先有一个称为"菜尔达"（定占住地）的人骑马赶往驻牧地，选好扎帐地点后便垒立一根石柱或土柱，称为"菜尔托"（山帐篷界桩），后来者看到柱子后只能另选其他地方下帐。因为要抢占放牧驻牧地，所以在部落头人确定搬场的日期后，牧民们会争先恐后抓紧收拾，星夜搬往新草场，天亮后旧草场上往往空无一物。千户、头人占有的草场都比较固定，未经允许，别人不得擅自放牧，否则会受到处罚。在部落内部，富裕户与贫困户之间也存在差别，富裕牧户往往对草场享有优先选择权。由于常年往返放牧会形成一些固定的安扎帐篷的地点，称为"菜尔娘"（旧住地），因为时间久了也会形成一种特权，拥有该区域的牧地者，会受到别人的默认和尊重。

定界 按照传统的习惯法，如果过界放牧，侵占他人草场时，主人可以赶走外来的牲畜为己有，这是部落习惯法认可的，或者是罚牛羊。一般牧民要是在千户或头人草场放牧，可以任意处罚，有时割掉马的鬃毛和尾巴，割牛尾巴或摘掉牛脖子上的拴绳。1949 年以后，畜牧业发展很快，草场不能满足需要，越界放牧时会出现草场纠纷，有时会出现械斗甚至死人事件。20 世纪 80 年代以来，草场包干到户，牧场与人的关系以法律的形式被确定下来，草场管理走上了法制的轨道。牧户之间的草场界线和所属清晰，人们沿界线架起围栏来保护自己的草场，同时划分出了不同的季节草场。

二 调驯牲畜民俗

调驯骑马 骑马调驯一般在春末夏初进行。驯调马是青年骑手的拿手好戏，马匹灵敏温驯，胆小易惊，驯马者先用套马绳套住生马，在伙伴们的帮助下将马放倒，用套马绳编一副简易的笼头套在马头上，用三叉绊子绊住三条腿，然后让马翻身起立。骑手放长牵绳任它乱跳乱蹦，以使其适应绊子和拉绳，这叫"去惊"。牧人知道，生马吃得太饱，若猛骑速跑就容易得病，所以当天不骑驯，要吊控一日。次日凌晨骑手给生马戴上马嚼子，在马背上搭一块毡垫，并用毛制肚带捆紧，解除马绊，骑上马背。初驯的生马有的受惊疾走直冲，有的就地腾空乱跳，这时骑手左手握紧缰绳，右手抓住肚带绳，待生马乱跳乱蹦或跑得筋疲力尽之时，才跳下马来休息片刻。待生马恢复体力后再骑上马背，这时骑手要勒住缰绳不让它再乱跑，还用手拍打使马熟悉。三四天后开始备上鞍子乘骑，十天左右便可驯服，之后放开驯马混入马群中，待到秋天再骑用。

调驯骆驼 每到寒冬腊月季节便对 3 岁左右的骆驼进行调驯。骆驼体格高大，性情温驯但容易惊恐喷叫，调驯难度很大。调驯骆驼之前先要上鼻弓，鼻弓由坚硬的柏木或红柳条制成。上鼻弓时，几个年轻牧人把骆驼放倒，捆紧四肢，再由一名经验丰富的牧人找准位置，也就是骆驼上嘴唇的后方，长有几根针茅似的绒毛处，此处鼻腔中间有一个小的空穴位，然后用鼻弓的尖头向左扎进去，尖头从右边扎出后套上一块圆形的皮垫，以便拴系骆驼缰绳。扎鼻弓要扎准位置，否则骆驼便不能使唤。骆驼这个庞然大物全凭这支小木棍来指引，使其服从人的役使。扎好鼻弓拴上缰绳，戴上毛绳笼头后开始牵引骆驼，有经验的牧人起初要拉紧笼头绳，不能硬拉猛牵缰绳，因为新扎的鼻弓使骆驼带伤而十分疼痛，调驯不好会养成乱吼乱喷的恶习。等到骆驼基本顺从牵引之后，开始进行卧跪训练，先用长毛绳缠住骆驼的两条后小腿，两人向前使劲狠拉可使其卧倒，如此反复多次后骆驼就开始卧倒，不必再用绳子缠住后腿，只要手执驼缰，口中叫着"苏格、苏格"，骆驼便自动卧倒。经过牵引和卧跪训练后的骆驼就可进行乘骑训练。

三 标记牲畜

牲畜命名 牧民终日与牲畜相处，细心观察各类牲畜的生活习性，对五种牲畜的性别、口齿、年龄、外形、毛色、走势、步态、叫声都有专用名词。蒙古族将驼羔叫"宝图呼"；骆驼一岁叫"陶尔木"；二岁的公驼叫"台力格"，母驼叫"夏尔西力布"；三岁的公驼叫"古尼"，母驼叫"棍吉"。对牲畜的种种体能特征都有固定的表述语言。

打耳号 对牛、羊做标记之法。在自家牛羊耳朵上剪一个不同于邻家牲畜的标记，牧民们能在牛羊的一双耳朵上剪出约20种相互区别的记号，如剪去耳尖或剪裂口等。天峻县的牧民们在骟羊羔的同时打耳号，耳号有两种，一种是用刀割同一侧的耳尖，另一种是将搓好的"Y"形耳号绳由上往下穿在羊耳一侧，两个岔头留在耳面上，下面打为死结；也有的同时打两种耳号。割下来的耳尖用绳串起来挂在帐篷内杆上。

挂布条 对牛羊做标记的一种方法。有些人家在自家牛、羊（也有骆驼）的某个耳朵上穿洞，将红、绿、黄等颜色鲜明的小布条穿孔打结系住，用来识别自家的牛羊。

烙印 对马骡和骆驼做标记的方法。首先请喇嘛或德高望重、年长有知识者设计图案，或者自己设计图案，图案一般寓意吉祥且与邻近人家不同，再请铁匠锻造成铁印。有的人家立即烙用，有的用锅灰或墨拌以油，涂印在牲畜身上试用一个时期，不满意时要重新设计制造，直到满意为止。同一家族可以通用一种印模，但要烙印在牲畜的不同部位上。马和骡子有四处烙印部位，分别是左右腿部和胯部。骆驼有十处烙印部位，分别是左右后胯、左右腿部、左右颊、左右眼下部、左右鼻旁。买来或赠送的骡马和骆驼已经有烙印时，要将自己的印烙于原印的上面。

染毛色 将锅灰或墨用油脂搅拌后，涂在牲畜的某个部位。每年夏季剪毛后涂一次。因涂抹方便，容易识别，采用者越来越多。也有的人家用红土涂施标记，因为红土褪色快，每年要涂抹两次。近年来，油漆渐多且色标牢固，有不少人家将油漆直接涂抹在牲畜身上作为标记。

四　牲畜管制

笼头 马、骡和驴的管理工具，蒙古语称"脑格头"。由毛绳或熟皮缝制，用来套在牲畜头上，连接缰绳，以便控制和役使牲畜。由扯手、嚼铁（叉予）和皮绳组成，骑乘时用以指挥牲畜的行动方向。

鼻圈 牛的管理工具，蒙古语称"兑日尔"，将刺柏或柳条拱围成圈，穿入牛鼻前隔中以便管制和役使。

鼻弓 又称鼻拘，骆驼的管理工具。蒙古语称"布力"。鼻弓由坚硬的柏木或红柳条制成，长约 12 厘米，一头削出疙瘩，以便穿入骆驼鼻子后不易抽脱，另一头是尖的，便于从骆驼鼻子眼中穿过去。两头比中间稍粗，用来牵引骆驼。当驼羔长到两岁时，在鼻弓一头套放两层圆皮垫，一头刺穿驼鼻中隔即可。若役用骆驼，将缰绳一端拴在无皮垫的鼻弓端部，就可牵引。

脚绊 一般是对马和骡子等大牲口的管理工具，是用熟皮或畜毛（牦牛、山羊、骆驼等的长毛）缝搓（或缝制）而成的，限制牲畜的行动。脚绊一般分双脚绊和三脚绊两种，蒙古语分别称"图夏"和"却都尔"。双脚绊两头有活扣且带小别棍。使用时，将牲畜的一双前腿腕或前后腿腕各一用扣套住，别上别棍。三脚绊呈"丁"字形或三角形，三头都有活扣和别棍，使用时套住牲畜的两条前腿和一条后腿之腕部，别上别棍。脚绊的作用在于使牲畜迈步跨度受限，便于役使者控制。

绊马拴马　绊马一般使用的是毛绳。若马的脾性温驯，放牧于离住处较近之草地，役用时抓来即可；若马的脾性不好，则套脚绊束其腿腕，放牧在邻近处的草地，以便随时役使。有时对母马取奶时也要用绊，取完奶后再放开。

羊圈　羊圈有两种，冬季和春季的棚圈四周有挡风，部分地方搭盖顶棚或挖成半地穴式的坑，部分坑面搭有顶棚。夏秋季节用绳圈，根据需要圈绳可大可小。但在走"敖特尔"（蒙古语，短期转场放牧）的时间里，每晚往往把羊群拢于一背风之地，不拉绳圈。

鞍子　马鞍可以自己制作，也可以购买，追求精致美观。蒙古族和藏族人非常讲究和重视马鞍，因为马鞍是他们在生产、生活中不可或缺的一个生产工具。牛鞍为驮运物品之用具，一般由自己制作，简单结实，经久耐用。牛鞍头用木棍制成，呈拱形，两侧各有一棍，略高于贴在牛背上的木板，以便于捆绑东西。骆驼因有驼峰，故驼鞍无鞍头。驼鞍由一片衬子（用结实的粗毛布或毡片制成，搭在畜背之上、鞍板之下，起保护畜背作用）和两边各一根手腕粗细的木棍相连组成。使用时，搭于驼背之上，使棍在两侧顺置，再让两条绳子分别通过前峰前面和后峰后面把两棍两头连接起来。

引绳　在离蒙古包不远的地方，将一根粗长的绳子钉在地面上，以绳当"桩"，用来拴住牲畜的缰绳，叫引绳。其长度按需要而定，一般家庭所用在几十米至百余米之间。除引绳外，还有抓牲畜的套绳，驮牛、驮骆驼时捆绑东西的皮绳和毛绳，其长度十米左右。

抛儿和鞭子　抛儿在藏语中叫"吾尕"或"吾朵"，蒙古语称"兑吾尔"，主要用来驱赶牲畜。青海汉语方言称"抛儿"。由三段组成，中间为略小于巴掌的椭圆形织物或皮毡片，两端系绳，一根绳末端有套环，另一绳端做成鞭梢。绳的长度按使用者的身高、臂长和力气大小而定，一般长 1 米。使用时，一手握两根绳端，中指套入套环中，在皮毡片上放石块，抡甩几圈后松开细梢绳臂，石子即飞向目标。鞭子蒙古语称"米拉"，鞭绳多用细皮条编织而成，一般长约 60 厘米，一般把柄长 20 余厘米。主要用来驱赶乘马，在放牧时多扬鞭呼喊，示警而已。米拉一般不能乱放，如果去别人家做客，必须将米拉顺手放置在蒙古包的外面，有的地方还可以搭在蒙古包外的任何一个可以挂的钩上。

淘汰牲畜 马和骆驼不用人工淘汰之法，任其自然死亡。驼死剥皮，马死不取皮，将二者尸体或扔于荒山，或挖坑掩埋，不食其肉。牛羊及役牛在齿老体弱后经育肥屠宰食肉。

第四节 牧业信仰与禁忌

一 放生民俗

为守护神放生 藏区有为山神等守护神敬献牛羊的习俗，这种牛羊身上系有彩色布条，称为"彩他"（音译），人们对这种"神牛神羊"有一种敬畏感，不打不杀；在有些农业区，任其游食，村中有宗教祭祀活动时才将神牛神羊赶到庙中，活动结束时再放。当神牛神羊糟蹋某家的庄稼时，人们反而会认为是这家没有积德，是山神的警示。神牛神羊年老时，有时人们向山神祷告，许献小的神牛羊，将老牛羊宰食。蒙古族主要供奉的守护神有大黑天和吉祥天女，所以家家户户以这两位守护神的名义给牲畜挂彩带，大黑天的彩带为黑色或白色，吉祥天女的彩带为红黄色。挂守护神彩带时，要请喇嘛念经。即日将五色绸缎系在牲畜的肩胛骨部的毛上编结，再把圣水泼洒在牲畜身上，点熏香净化所系彩带，往牲畜头、角、耳、鼻、额、膝处涂抹酥油，牵着神畜顺转桑台，放入羊群中，不得触摸、剪毛、骑用、出售、宰杀"神畜"，任其自然死亡，要将其尸骨安放于人畜不易踩踏的高山净地。之后，再选择其他的牲畜挂彩放生。

为长寿放生　藏区人家为自己的老人祈求长寿，或者为了减轻病人疾病、延缓寿命时有放寿羊的习俗。放寿羊前要经过打卦，或有活佛的授意，老人自己也可以做决定。划定一只或若干只寿羊后，羊耳上串红布条作为记号，羊身上洒净水后，送到寺院的羊群或自家牧养，任其老死，不能宰杀。

为病患放生　如果家有重病患者久治不愈，就去寺庙祈求活佛保佑，经活佛喇嘛占卜，需要牲畜挂彩放生时，便选牲畜挂护身彩放生。俗话说："挂一畜护身彩放生，则救万只牲畜性命。"蒙古族认为畜群中挂彩带越多越好，当作一项从善积德的事情。任何牲畜都可以挂护身彩带放生。

为龙王放生　蒙古族自古就崇拜山神、水神、树神，如遇到干旱，草原发黄、牲畜不抓膘时，就祭祀江河、湖泊，祈求水神保佑。在祭祀过程中，许诺献牲畜，给水神龙王挂彩带放生。青海蒙古族于农历的每月初五、初八、十五给水神龙王挂彩带放生，与挂守护神彩带相似，但不念诵守护经。凡是挂彩放生必须选择体格健壮、膘情好、犄角长势好、牙长齐的牲畜。挂彩放生的牲畜不能剪毛，严禁宰杀、劳役、出售，任其自然衰老死亡，死亡后又重新选畜挂彩放生。

二　"招福"仪式

"招福"仪式，蒙古语称"达来啦嘎"，原本出自蒙古族原始信仰中对神灵的崇拜观念。人们认为万物具有神灵，由神灵赐赋福分。随着蒙古人信奉藏传佛教，神灵又成为"招福经"仪式中的主要人物。海西蒙古族"招福经"有"招收牲畜兴旺福禄经""招收财源茂盛福禄经""招收五谷丰登福禄经"等仪式，包含着对福运的招请、挽留和企求之愿。招福时，在一根柳条或一支箭上拴系羊毛和各种色彩布条，以此作为招福用具，亦可称为"招福棒"。进行招福仪式时，由僧人手持招福棒，口诵相应的招福词。在僧人面前，盆中置米、面等，当僧人诵经时，将盆中粮食洒向蒙古包内正上方座位。僧人诵经结束，把招福棒插在盆中供在包内上方，三五日内不许触摸。招福仪式主要在一年之中牛羊肥壮、五谷丰收时节举行。

三　禁忌民俗

生产禁忌　牧民在长期的游牧生产生活中形成了许多民间禁忌，伴随着他们的信仰和生活习惯传承下来。牧人在挤奶时有一些禁忌习俗，挤奶时不能打骂母畜，自己的心情要保持愉快，要哼唱一些与挤奶的动作相适应的歌谣；煮奶时不能将奶子从锅里溢出或溅到炉子上，否则母畜乳房会长出茧子；禁止用尖利的工具来捣锅中的奶子，以为这样会使母畜乳房开裂。骟牲畜的家中七天以内忌给别人送出或借东西，并用白羊毛缠住骟畜刀把，夹放在蒙古包门上方的包杆上。藏族在买卖牛羊时，忌在傍晚拉走，晚上是牛羊回圈的时候，赶走牛羊认为不吉利。就算价格谈成了，也会委婉地说"牛羊刚吃饱"予以拒绝，要等到次日天亮后才能赶走。蒙古族忌讳将系羊的链绳随意扔在羊圈中，忌讳散乱丢弃圈用的接格格，忌踩踏或跨越拴马和圈用的毛绳，应该绕过去或钻过去。① 牧民重视环境的平衡，从树林中打柴时都取枯树干枝。砍树时将主要枝杆留下，砍去乱枝。认为植物有生命，从不连根拔去，不取食野鸟蛋。禁止乱挖草皮，砍伐幼小树木和践踏花草，忌在水边（泉水小河等）大小便。忌猎取怀孕、体瘦幼小和正在哺乳的动物。

生活禁忌　主人忌向客人前方倒炉灰。客人进蒙古包时不能带着枪、棍、鞭子、笼头、绳子等物，如果必须带入时，刀尖、枪口向上或向外。忌骑马直接到别人家门口或把马缰系在帐篷围带上。骑马、骑骆驼到别人家做客，接近毡帐时要轻骑慢行，以免惊动人家的畜群。进门要从右边进入，在主人的陪同下坐在右边，离开时也要走原路线。走出家门后忌立即

---

① 僧格：《人类学视野下的蒙古狩猎文化》，民族出版社，2015，第219页。

骑乘马或骆驼，要牵着走一段路，等主人回去后再骑马赶路。蒙古族习俗，马鞍不使用时，要把它放在干净的地方，并且要将鞍头朝着东北方向搁置。对这个习俗有这样两种解释：其一，这是太阳升起的方向。蒙古族非常敬仰和崇拜太阳，蒙古包的门始终是朝着太阳的。其二，这跟和硕特蒙古人的历史有关。今天，生活在青海、新疆等地区的和硕特蒙古人，最早生活在现在的内蒙古呼伦贝尔大草原一带。离开这片土地的和硕特蒙古人为了记住和纪念自己的祖先，就养成了把马鞍始终朝着自己民族发祥地方向搁置的习惯。

第五节　牧业谚语

一　生产类谚语

蒙古族、藏族人民自古以来过着以畜牧业为主的生活，季节性的逐水草而牧的生活特点和规律，以谚语口头传承的形式流传了下来。如：

> 牲畜圈在阳坡上，蒙古包扎在高埠处。
> 秋天可以粗放牧，春天一定要细放牧。
> 扶养孤寡为振兴，饲养瘦弱为发展。

二　知识类谚语

蒙古族、藏族主要从事畜牧业，兼顾狩猎等经济，所以，他们的谚语中就有大量的这方面的内容，尤其是处理协调好人、畜和大自然关系，协调发展畜牧业经济和适当发展狩猎经济的思想和内容的谚语，就比较有特点。原因在于内蒙古等地区的蒙古族虽然经济生活基本相同，但由于气候、自然地理条件的差异，在生产方式等方面还有一定的差异，由此而产生的谚语也就有了区别。认识自然、总结生产经验教训的谚语，表现出青藏高原游牧民族的特点。如：

> 暖处圈羊，高处扎蒙古包。
>
> 天边暗了要晒哩，天项晴了下雨哩。
>
> 湍急的水中没有鱼，枯死的树木没有叶。
>
> 为了一年的丰收，就得费两年的功夫。

三 教育类谚语

游牧民族口承着许多教育类谚语。在蒙古族和藏族民间谚语中，就有许多提倡勤奋学习、尊重知识、虚心向他人学习的谚语。如：

> 一年的丰收，两年的工夫。
>
> 大海不嫌水多，牧人不嫌羊多。
>
> 草场好了牛羊肥，墨汁好了字迹显。
>
> 兴旺人家的母狗不孕，衰败人家的母牛不孕。
>
> 阎罗般的骑马，母亲似的饲马。
>
> 秋季选草放牧，春季省草放牧。
>
> 森林是大山的壮观，知识是人的力量之源。
>
> 大地有了植物才有灵气，人类有了知识才有力量。

这些谚语反映了牧民群众倡导学习、提倡文明的民族传统美德和热爱山水草木、热爱大自然的广阔胸怀，以及人与自然和谐共处的生态观念。

第六节 家畜产品加工民俗

一 剪毛收绒

剪毛 每到夏季 6 月底或 7 月份，绵羊经过几个月采食青草，开始抓"水膘"，新的绒毛开始生长，原毛与新毛明显脱离间隔，蒙古族称其为"加布斯尔"，即顶毛，这时就要剪毛。将羊按倒，捆住三条腿，从右后腿剪起，剪完上面，翻转过羊身，再剪另一侧，一只成年羊可剪 2 公斤左右的羊毛。以前山羊剪毛时不分毛和绒，后来毛绒价高，先剪下长毛梢子，然后用毛梳子（形似弯曲的梳子，用来抓抠牲畜绒毛）梳下细绒。剪下的羊毛蓬散，两人为一组把羊毛拧成二三十庹长的细毛股盘卷存放，用来擀毡、捻线。出售的羊毛捆成方块，以便交换运送方便。剪骆驼的长毛、马的鬃尾和牛尾时人站在牲畜旁边，用剪刀直接剪下。

拔毛 牦牛不能剪毛，只能拔毛。先绑住四肢使其不能乱动，将牛毛缠绕在一种长约 20 厘米、头部粗约 3 厘米、有螺旋形凹槽的木棒上，左手压住毛梢，右手用力猛拉棒，将牛毛拔下。牛背上的绒毛要用手抓下。这种方式容易使牛受惊，所以乳牛不能拔毛，如果受到疼痛惊恐，就不让人接近挤奶。

二 皮袋与褡裢

皮袋，蒙古语称为"托罗木"，用牛皮和山羊皮缝制而成。牧民用皮袋来装面粉、青稞、牛羊油等，结实耐用，容量大。

褡裢是用粗棉、毛线手工编织的旅行袋，开口在中央，两端各成一个口袋，口边留有绳扣，可以串连成锁，既结实又耐用。牧民可以搭在肩上，也可以搭在牲畜的背上，携带方便。褡裢同时也是一件工艺品，编织的图案富有民族特色，多用几何纹样，色彩斑斓，线条粗犷，不同的地区又有不同的风格。蒙古族还有一种"马褡子"，用地毯做面子，用布料做里子。可以携带衣物，还可用作挡风遮雨、护身保暖的用品和野外露宿的垫褥。马褡子和马鞍在参加喜庆节日活动时对马极具装饰作用，所以制作工艺精细，色彩艳丽，赏心悦目。牧民中还有用布料或较薄的羊皮缝制成小袋子，用来装炒面、曲拉、茶叶、食盐等，美观耐用。

三　沤制皮子

沤制牛皮　生牛皮晾晒干后在水中泡软，剥去皮上的油脂，抹上碱土，再折叠后浸泡在水中，六七天之后捞出，抓掉快要脱落的牛毛后铲刮干净。这样的皮子，按不同需要，有三种制法：第一种制法是将皮放进溶有盐和奶子（或面粉）的水中，过几天拿出来鞣制成熟皮；第二种制法是按制作板形皮绳或用来拧绳的需要裁割好后放入溶有盐、奶（或面粉）的水中，熟后取出鞣搓或拧绳；第三种是缝制靴子的特殊制法，先临时盘一处灶火，燃烧使之冒烟，将牛皮放置在灶上反复熏烤成熟皮，使皮子叠起后在隆凸处能挤出水为标准，可以用来缝制靴子。这种熟皮也可以编制各种牛皮绳。

沤制羊皮　生羊皮的沤制方法有两种，一种是用水将生皮泡软，刮去油脂，晾晒干放进盐和达拉水（制作酥油时的剩余水）的混合水中，或混合有面粉的盐水中，几天后取出皮，稍干后反复刮鞣至柔软如布。用达拉水沤制的皮子始终柔软不发硬。另一种是将泡软的皮子缝合成筒状，留下一处腿部开口，灌装进盐和奶子，或者水、盐和面粉的混合液体，扎紧口后放在毡包中，随时用手搓动，几天之后成为熟皮，倒出液体拆除缝线，稍作晾干便刮鞣至柔软。

四　擀毛毡

擀毡是一门专有的技术活，擀毡所用材料一般是绵羊毛或牛绒。农区有专门的毡匠，擀毡时需多人协助，先组织劳力、选定时间和地点、备齐工具，通过选毛擀制、猛拉伸展和折叠捆扎等工序来擀成毛毡。一般是先将打好的羊毛絮平铺在旧毛毡上，上面喷洒热水，再用一根两米长的粗木从毛毡一头卷起来，外面裹上牛皮，用皮绳绑紧。木桩两头用套绳拴在马镫上，一人骑着马来回拉着滚动一段时间之后，解开裹绳，擀整齐新毡的角边，在草地上展开晒干。新毡擀成之后厚薄不均，不甚规则，又极度缩水，因此由两个身强力壮的年轻牧人面对面而坐，双脚蹬地紧握毡沿，猛拉伸展，使其变得匀称平展，更好使用。蒙古族是"毡帐"民族、"毡衣"之民。毛毡在蒙古族的生活生产中用途广泛，蒙古包的盖毡、围毡，牧民穿戴的毡帽、毡衣、毡靴，盖被、垫褥，接羔袋、锅垫等都由毛毡缝制。绵羊毛有老羊毛、小羊毛之分，还有粗毛和细毛之别，粗毛和长毛制成毛绳，羊羔毛用来做毡衣和袜子。

五　编织毛绳

绳索在游牧民族的生产生活中使用量很大，按用途可分为驮物刹绳、套马绳、缰绳、包绳（蒙古包围绳、压绳和绑带绳等）、拴羔绳和奶羊链绳等。先要将毛捻成线，捻制毛线的工具蒙古语称为"伊格"，即纺轮，是一小块带有小孔的圆形木盘，中间插一根筷子粗细的木条制成，用手指一摆转，便可捻线，是牧区妇女捻制缝纫毛线的主要用具。

编织所用的主要是绵羊毛、牦牛毛、驼毛、马鬃，马鬃马尾量有限，毛质粗糙坚硬，与牦牛毛绒掺和搓成长绳，经久耐用。绵羊毛一般用于搓制细索、绑带，或编织毛衣。蒙古族用绵山羊毛和骆驼毛捻制成用途各异的线绳，用于织粗毛布、编织毛衣和缝织皮毡。牧民们善于编织蒙古包的带子、马缰、笼头、马绊等，打捻成双股、三股、扁、平、圆形的绳索，花纹精致又结实耐用。马缰绳、肚带绳、马笼头等编织讲究，色泽黑白相伴，织有美观的花纹图案，可称工艺佳品。毛线还可以打毛衣，织褐子（毛线布），还把各种毛色搭配成条画，作织毯、口袋之用。

第三章　商业贸易民俗

　　青海横贯在农业文明和草原游牧文化之间，向东通向中原内地，向西经沙漠边缘与新疆相通，向西南翻越雪山可通达西藏，直至南亚，这些线路上自古以来商贸不绝。在同德县宗日文化遗址中出土了的贝币，反映出5000年以前青海的商贸活动。汉代以来形成了丝绸之路、唐蕃古道等多条著名的文化和商贸通道，20世纪90年代在都兰古墓中出土了汉代中原漆器、金银器和古罗马金币、波斯银币、西亚和中亚的金银器、彩色琉璃珠等文物，特别是出土了130余种丝绸残片，其中有112种为中原汉地制造，18种为中亚、西亚制造，还出土了公元8世纪的波斯钵罗婆文字锦，确证了丝绸之路青海道的重要性。西宁是唐蕃古道上的重要商贸城市，1956年，在西宁就出土了76枚波斯萨珊朝金币和货泉、开元通宝等铜币。明清以来兴起的白塔尔（大通城关镇）、多巴、丹噶尔（湟源）等城镇都因商贸而兴衰，山陕商帮、歇家、洋行、山陕会馆、供销合作社等主体形态都载入了青海商贸史册，并在民间遗留下了独特的贸易习俗。

第一节　商业古道与茶马互市

一　丝绸之路青海道

"丝绸之路"是古代中国连接西方的重要陆路交通线，也是沟通中西经济、政治、文化和思想的大动脉。中国丝绸之路主要有三条线路：北路是途经内蒙古居延海的居延路，也称作草原路；中路是贯穿整个河西走廊的丝路河西道；南路是行经西宁的青海道。在南北朝时期，青海境内通往西域的道路大致有三条：一是由伏俟城经过今都兰一带（白兰），向西北至小柴旦、大柴旦，翻越当金山口到达敦煌，由敦煌西出阳关至今新疆若羌（西域鄯善），汇入传统的丝路南道；二是由伏俟城经都兰地区，西至格尔木，再向西经过乌图美仁、尕斯库勒湖，翻越阿尔金山至西域鄯善，与西域南道汇合；三是从伏俟城经过都兰地区，西走格尔木一带，再往西南的布伦台，溯今楚拉克阿干河谷进入新疆，西越阿尔金山，至今阿牙克库木湖到且末，再与西域南道汇合。此路线的开辟畅通，延续了中西文化经济交流。

中外商贸地　20世纪90年代，在都兰古墓群的发掘中出土了数百片汉地和中亚、波斯等地织造的丝绸残片，唐代"开元通宝"，粟特金银器、红色蚀花珠等文物，表明在南北朝时期，都兰成为丝绸之路上的重要中继站。公元11~12世纪初，河湟地区出现唃厮啰政权，此时西夏占据河西走廊，往来北宋和西域的商队改走丝路青海道，唃厮啰治下的青唐城（今西宁）是当时中原通达西域的交通枢纽，史载："厮啰居鄯州（西宁地区），西有临谷城通青海，高昌诸国商人皆趋鄯州贸卖，以故富强。"[①] 高昌使者、商人常经青唐城到宋地，用马匹、药材、香料等交换宋地的丝绸及其他物品。波斯、阿拉伯、天竺等地的货物，经高昌转贩到中原。南宋之后，丝绸之路逐渐势

---

① 《宋史》卷492《吐蕃传》，中华书局，1977。

衰。明朝在今海西州到新疆南部建立了曲先、阿端、安定等卫所，各卫在西宁进行茶马互市。清朝时，白塔尔即今大通城关镇、多巴、丹噶尔即今湟源县等地市场上都有新疆、蒙古商人做生意。

僧人求经路　在青海道上，除了商人络绎不绝地往返奔走，还有许多僧人通过青海道前往印度求经。晋隆安三年（399），高僧法显与景慧等五人便从长安西行，经过甘肃（时有西秦政权），进入青海东部（时为南凉政权），再向北翻过大坂山（养楼山），经过扁都口到达张掖，而后西去。南朝宋永初元年（420），僧人法勇等25人经青海湟水流域西行，穿越由吐谷浑人控制的柴达木地区，进入高昌即今吐鲁番地区，再向南疆行走，去往印度。北魏孝明帝神龟元年（518），僧人宋云等人从洛阳经陕西、甘肃进入青海，翻过日月山，沿青海湖西行，穿行柴达木盆地达南疆，而后南下印度。

二　唐蕃古道

唐蕃古道是一条从唐朝都城长安（今西安）至吐蕃都城逻些（今拉萨）的交通线路，全长2118.5公里，因唐朝文成公主沿此道入藏，与松赞干布联姻，便称为唐蕃古道。唐蕃古道进入河湟地区后，与原来的丝绸之路青海道（吐谷浑道）相合。其走向为：陕西西安—甘肃河州（过黄河）—青海民和—西宁市—多巴镇海堡（通海）—湟源大小方台（石堡城）—日月山—倒淌河—共和东坝—切吉草原—鄂拉山—温泉—苦海—黄河沿—称多县清水河乡—扎曲—通天河尕多渡口—玉树结隆乡—玉树年吉措—子曲—杂多野云松多—当曲以北加力曲一带—唐古拉山查午拉山口索雄以东—聂荣县白雄—那曲—桑雄—桑曲桥以北—羊八井口北—拉萨。

唐蕃古道不仅是一条重要的条商贸通道，也是经济文化交流通道。贞观之后，由剑南西川经玉树入西藏，南行过雪山至天竺的商道和唐蕃古道同时昌盛起来。中原的丝绸、茶叶、瓷器等特产经由这两条路不断输往吐蕃、尼婆罗、天竺。由天竺输入胡椒、棉花、砂糖、香料等。自文成公主和金城公主和亲后，唐蕃人员往来更加频繁，唐蕃古道成为汉藏民族间沟通的黄金桥，"金玉绮绣，问遣往来，道路相望，欢好不绝"[①]。一路上，各处驿站供应交通工具和食宿。往来的使臣承担着通好、和亲、献物、会盟、报捷、朝贺、报聘、报丧、吊祭、请互市、迎送僧、求诗书、求医、求匠等任务，据统计，从唐太宗贞观八年（634）到唐武宗会昌六年（846）的213年间，唐朝出使吐蕃66次，吐蕃出使唐朝125次。[②] 唐蕃古道也是中原通往南亚天竺、尼婆罗等国的重要干线，王玄策三次出使天竺，天竺、尼婆罗等国的使节、僧侣、商人往来中原都取道唐蕃古道。尼婆罗使臣向唐太宗献上菠棱（菠菜）、酢菜、浑提葱的种子和特产方物，唐朝的荔枝、花生、造纸术也传入了尼婆罗。唐蕃古道为佛教传播发挥了重要作用，玄照、道希、玄太、玄恪、道方、道生、师子慧、慧轮等唐朝的佛教高僧们到天竺取经。公元668年，五天竺（中天竺、东天竺、西天竺、南天竺、北天竺）通过唐蕃古道，遣使与唐朝通好。

"藏大路" 清朝雍正以后，从藏区到河湟各镇又开辟了新的通道，形成了两条主要的商贸通道：河州（临夏）—循化—贵德—同德—玉树；河州—循化—贵德—民和—西宁。[③] 但是唐蕃古道仍然是商贸主通道，各族商人们沿着唐蕃古道的南北两路，往来于拉萨与西宁、湟源、湟中之间，进而转往内地。唐蕃古道在近代还被称为"藏大路"，民国时期青海的土特产品便经过"藏大路"运往西藏出口，并运来英国和印度的布匹等日用品。

日月山贸易 湟源境内的日月山是青海东部一条非常著名的山脉，唐朝时称为"赤岭"，唐与吐蕃曾以日月山为界。开元十九年（731），唐与吐蕃商定交易马匹于赤岭，并设立互市，双方还设有市监，派有监丞，他们

---

① 《全唐文》卷384《敕与吐蕃赞普书》。
② 青海省地方志编纂委员会：《青海省志·唐蕃古道志》，黄山书社，1996，第64页。
③ 喇秉德等：《青海回族史》，民族出版社，2009，第177页。

的职责是检查进出商品，维护市场秩序并核定价格，征收市税。[①]雍正二年（1724），清王朝在今日月山（满语称"那喇萨拉"）开放市场，日月山再次成为牧区群众与商人交易的互市地。规定蒙、藏、回、汉各族民间商人，在每年的二月、八月到此进行贸易，后来改议为每年春夏秋冬四季均可在此贸易。交易的主要货物中，游牧民族用牛羊、马驼动物皮毛等换到的是来自江南的各种丝绸蟒缎和日用生活品，如茯茶、布匹、烟叶、糖果、锅碗碟箱、姜枣及哈达等。1949 年后修建的青藏公路经日月山，日月山发展成为著名的旅游胜地。

三 茶马互市

隋唐宋时期的茶马交易 茶马贸易是一种以物易物的贸易形式，在中国商贸史上持续时间长，影响巨大。早在隋朝时，今贵德县尕让乡千户庄一带就有与吐谷浑的互市地。唐高祖武德八年（625）正月，因吐谷浑、突厥请求，朝廷允许设立互市。唐玄宗开元十九年（731），朝廷经过讨论，在今日月山设立互市，与吐蕃进行茶马贸易，并立石刻约。早期的互市中，中原汉地的丝织品、茶叶、布匹、粮食和手工业制品等输入青海牧区，吐谷浑和吐蕃的马、牛、羊、沙金、麝香、牦牛尾、毡、褐及土特产等输往汉地。北宋时与青海的唃厮啰地方政权进行茶马贸易，宋神宗熙宁七年（1074）后，宋在熙河路设立买马场 6 处，从此"国马场仰于熙河、秦凤矣"[②]。三年后，宋朝为了监督马市贸易，专门设置"群牧行司"。通过熙河路，宋朝每年从唃厮啰买马 15000 匹以上。元丰六年（1083）设立"都大提举茶马司"，朝廷统一经营茶贸易，规定"凡市马于四夷，率以茶易之"[③]，以后成为定制。宋徽宗元符三年（1100），宋朝将熙河兰会路各处的存茶集中到湟州，专门用

---

① 青海省地方志编纂委员会：《青海省志·商业志》，青海人民出版社，1993，第 83 页。
② 《宋史》卷 198《兵志十二》。
③ 《宋史》卷 167《职官志七》。

于与吐蕃易马。

明清时期的茶马交易　明朝初期在甘肃天水（秦州）设茶马司，收四川茶，易买西宁等地的马匹，以后又增设了洮州、河州、甘州、庄浪等茶马司。为了就近易马，于明太祖洪武九年（1376）在西宁等四地置茶马司。按照行政区划，规定今青海循化、尖扎、同仁、同德、贵德及民和、化隆县的部分地区属河州管辖，在河州纳马，茶马市场在循化县东 60 华里的积石关。曲先、阿端、安定、罕东四卫及申中、申藏等十三族都在西宁纳马，其中曲先、阿端、安定三卫大致包括祁连、天峻、柴达木盆地西北至新疆塔里木盆地一带，罕东卫在今甘肃敦煌一带，申中等十三族分布在青海东部农业区各县。西宁茶马司设在西宁城内北大街，茶马市场在镇海堡（今湟中县多巴镇通海）。洪武二十五年（1392），为了防止"以诸卫将士有擅索番人马者"，乃"降金牌信符赐番族，以防诈伪"。朝廷制作了 41 面金牌。金牌为铜质，正面楷书"信符"二字，背面为十二个篆文"皇帝圣旨合当差发不信者死"。对分为两半，一半存在内府，另一半存在纳马部落。当时的河州茶马司有金牌 21 面，纳马 7705 匹；西宁茶马司有金牌 16 面，纳马 3050 匹。

垄断茶马交易　茶马贸易是官方垄断贸易，自然是官方定价。洪武二十三年（1390），规定易马茶数：上等每匹一百二十斤，中等七十斤，下驹五十斤。明武宗正德十年（1515）以后，因为市马时羌人"不辨称衡"，引进篦为单位，规定每一千斤定三百三十篦，以六斤四两为准，作正茶三斤，篦绳三斤。万历二十年（1592），朝廷的巡茶御史先委托西宁参将招中茶马，大约上马茶三十篦，中马二十余篦，下马十五六篦。清朝顺治时规定，每茶一篦重十斤，上马给茶十二篦，中马给茶九篦，下马给茶六篦。雍正九年（1731），规定马价为上马一匹给茶十二篦，中马一匹给茶九篦，下马一匹给茶七篦，即上马给茶 120 斤，中马给茶 90 斤，下马给茶 70 斤。清政府严禁边境地区私茶贩运出境。

茶马贸易结束　茶马交易在康熙年间便出现衰落，清康熙七年（1668），裁撤了茶马御史，将茶马事务交由甘肃巡抚兼管。康熙四十四年（1705），停止以茶换马。雍正三年（1725），将西宁茶马事务归为西宁府管理。雍正九年（1731），因为平定噶尔丹战争的需要，恢复了茶马贸易，五年后战事结束，官方正式结束了茶马贸易，茶马转为民间贸易。乾隆二十五年（1760）后，各茶马司相继撤销，延续了上千年的茶马贸易宣告退出历史舞台。

第二节　商贸市场形态

一　城镇

西宁　西宁是丝绸之路青海道和唐蕃古道上的交通枢纽，自古便是一座重要的商贸城镇。北宋时河湟地区建立唃厮啰政权，政治中心青唐城是丝绸之路南道上的商贸重镇。北宋崇宁三年（1104）置西宁州，当时的西宁城即青唐城东居住有"惟陷羌人及陷人之子孙，夏国降于阗，四统往来贾贩之人数百家"[1]。西宁地理位置十分重要，历代为兵家所争之地，《秦边纪略》载："西宁据兰、靖、宁、延之上游，当庄浪甘、肃之左腹。王韶谓：'欲取西夏，当先复河湟。'火落赤谓：留兵牵制西宁，精兵捣河、洮、临、巩，则五郡皆囊中物。由是观之，西宁为重于河东西有较然矣。"[2] 清朝康熙年间，西宁为甘肃西部最大的商业城市，四方商旅云集，商贸繁盛异常："西宁卫，汉初为龙居郡。……自汉人、土人而外，有黑番、有回回、有西夷、有黄衣僧，而番回特众，岂非互市之故哉？城中之牝牡骊黄，伏枥常以万计，四方之

---

① （宋）李远：《青唐录》，转引自青海省民委少数民族古籍整理规划办公室编《青海地方旧志五种》，青海人民出版社，1989，第10页。

② （清）梁份著：《秦边纪略》，赵盛世、王子贞、陈希夷校注，青海人民出版社，1987，第53页。

至，四境之牧不与焉。羽毛齿革，珠玉布帛，茗烟麦豆之属，负提挈载，交错于道路。出其东门，有不举袂成云、挥汗成雨乎？"① 乾隆四年（1739），西宁道金事杨应琚、知县靳梦麟捐俸，在学街空阔地修建了数十间铺面，专门存储粮面并交易，后来细化出了专门的菜果市、骡马驴市、柴草市、石煤市、石炭市、粮面上市、粮面下市、牛羊市、缨毛市、硬柴市，形成了专业的城镇市场。同治年间受战乱影响，商业衰落，光绪朝以后由于皮毛贸易兴起，商贸逐渐恢复，西宁的过载行、绸缎行、布匹行等发展起来。20世纪初期，青海羊毛在国际市场受到追捧，从湟源、贵德、鲁沙尔、上五庄、大通等地收购来的皮毛和药材在西宁集中，再用皮筏沿湟水运往外地。外地商品也先运到西宁后再分转到各县和牧区。民国初年现代邮政和电信业落户西宁。20世纪30年代时东大街商贸兴隆，南、北、西大街只有少量的杂货铺和熟食摊。东东、石坡街、大新街、饮马街、观门街等处集中了西宁的手工作坊和大部分的商号。1929年建省以来，西宁作为省会城市，兴起了洗浴业、照相业、五金业、文具书店业等新兴行业，1933年，在大新街和饮马街之间的原贡院旧址上设立了中山市场，非常繁华。如今西宁是全省的政治、经济、文化中心，全国中型城市。

多巴　史书中也写作"多坝"或"哆吧"，明末清初是中外贸易通道上的重镇。清康熙年间，多巴"黑番、回回筑土室成衢，为逆旅主人。凡九曲、青海、大通河之夷，为成垄断。远而西域回夷，为行贾者，皆于是乎在"②。因为清初以前史书没有记载，梁份在《秦边纪略》中推测多巴是新创的城镇，但当时已是"居然大市，土屋比连，其廛居逐末，则黑番也。出而贸易，则西宁习番语之人也。驮载往来，则极西之回与夷也。居货为贾，则大通河、西海之部落也。司市持平则宰僧也，至于那颜独无之。多巴岂非内

① （清）梁份著：《秦边纪略·西宁卫》，赵盛世、王子贞、陈希夷校注，青海人民出版社，1987，第63~64页。
② （清）梁份著：《秦边纪略·西宁卫》，赵盛世、王子贞、陈希夷校注，青海人民出版社，1987，第77~78页。

地，而顾为夷之垄断哉。北至北川七十里"①。清人冯一鹏《塞外杂识》亦记载道："西宁之西五十里曰多坝，有大市焉。细而珍珠、玛瑙，粗而毡毬、藏香，中外商贾咸集。一种缠头回子者，万里而来，独富厚于诸国，又能精鉴宝物，年年交易，以千百万计。"多巴兴隆之后取代了白塔尔的商贸地位，当时聚集着四面八方的各族商人，新疆的马、牛、羊、皮张、羚羊角、香牛皮、玉石、毛织品、葡萄，来自本地和内地的粮食、手工业品、丝绸、茶叶、布匹、瓷器、铁器等种类繁多。丹噶尔兴起后，取代了多巴的商贸大镇地位。

白塔尔 今大通城关镇。雍正二年（1724）筑白塔城，乾隆九年（1744），大通卫署从门源迁到白塔尔。这里地处明朝时期与蒙古人互市场所的洪水至西宁的必经大道上，西域经河西走廊运往西宁的商道也经过白塔尔，逐渐形成商业集散地，清康熙以前这里商贸繁荣，《秦边纪略》记载曰"四方之夷，往来如织"，当时建有一些土屋平房，"则汉、回错杂，各为村落，弓矢佩刀，未尝去身"。货物有"镔铁、金刚钻、球琳、琅玕、琐幅、五花毯、撒黑刺、阿魏、哈刺、苦术、绿葡萄、琐琐葡萄"；皮革有"貂鼠、白狼、艾叶豹、猞猁狲、元狐、沙狐、牛皮、鹿、麝、羊羔"；放牧有马、骆驼、犏牛、牦牛、羖羊、羱羊等。康熙以后被兴起的多巴所取代，"以旧市于北川，今近于多巴"。

丹噶尔 因湟源东科尔寺而得名。丹噶尔系蒙古语"东科尔"的音译，意为"白海螺"，今之湟源县。《丹噶尔厅志》载："（明代）以丹地原为东科尔旧寺，自明末商贾渐集，与蒙番贸易，有因而世居者；番族亦渐次开垦，牧而兼耕，各就水土之变，筑室成村落也。"②雍正三年，设丹噶尔为互市地，三年后建立城池。鸦片战争后，羊毛贸易兴盛起来，"西宁大白毛"成为国际上抢手的上等纺织原料，山陕商人、西方洋行和买办纷至沓来，英、美、

---

① （清）梁份著：《秦边纪略·西宁卫》，赵盛世、王子贞、陈希夷校注，青海人民出版社，1987，第68~69页。
② （清）杨治平：《丹噶尔厅志》卷1《历史》。

俄等国的泰兴、仁记、泰和、怡和、居里、瑞记、美斯、瓦里等八大银行在丹城设立办事机构，形成了有名的 48 家歇家。当时的丹噶尔是典型的出口型贸易城市，自光绪年间至 20 世纪初，青海全省年出口羊毛 800 万斤（一斤16 两）左右，丹噶尔一地便占到全省贸易量的一半以上，1924 年更是达到500 万斤，价值达 100 万两白银。光绪时期，丹噶尔商业通达四海："藏番之货，西泄于英吉利、印度之商；玉树远番之货，南泄于打箭炉、松茂之川商；蒙古近番之货，北则甘、凉、瓜、沙，南则洮、岷、河州，无所不之。"周希武的《宁海纪行》也说："前清嘉、道之际最盛时代，伊时（青）海（西）藏之货，云集辐辏，每年进货价值至 120 成两。"①

丹噶尔主要贸易对象为牧区的蒙古族和藏族，因为羊毛价升，蒙藏人民购买力增强，带动了丹噶尔的挂面制作、榨油、酿酒、制醋等行业，清末时每年销往牧区的挂面约有 40 万斤；每年榨油十余万斤，十分之三四售往牧区。当地的木匠、银匠、皮匠、铁匠等匠人中很多面向牧区经营，其中银匠中十之八九主要制作蒙藏妇女的辫套银饰。国家级非遗保护项目湟源陈醋、湟源排灯等项目都产生于这一时期。市场上的大宗货物还有布匹、茶叶、粮食、金属及陶瓷用具和杂货，如国外进口的洋布，陕西三原的大布，兰州运来的茶叶，宁夏、河州等地的大米，山西、陕西的铁锅、铜壶、铜罐，江西、天津等地的陶瓷等。丹噶尔号称"环海商都""小北京"，繁华异常。商贸发达甚至改变了当地的民风民俗，《丹噶尔厅志》卷五说"三十年前，粮价恒低，服用俭朴，居家之费，十口岁需不过三、四十金。今则百物昂贵，人趋华靡，十口岁费百余金至二百余金者，厥有数端：一、增于玩好器物也。镜屏、彩灯、洋瓷、景泰兰之属，每岁输入者渐多矣。一、增于服用观美也。皮毛之贵，衣皮褐者改而斜布矣。丝布、洋缎服者比比。彩布、花纸、惟墙褙尘、窗嵌玻璃、屋饰油漆、金边毡笠，遍于耕樵夫矣。一、增于妇女饰具也。玉翠玎珰，珊瑚珠串，饰于发而环于臂者，一女之费以数十

---

① （民国）周希武：《宁海纪行》，甘肃人民出版社，2002，第 19 页。

金计。而衣襟缘饰又日新月异而岁不同。一、增于酒饭珍馐也。从前酒席，猪、羊二肉土酒家蔬之外无他物，今则中人之家，务极海陆珍错之备。有此四，故而丹俗之趋于华侈，从可知矣"。

同治年间河湟地区经历了长达十多年的战乱，丹噶尔商业衰落，直到民国初年才有所恢复。1928年前的湟源县城有大小商号和手工业者一千余户，商业资金总额达500万两白银，这年遭马仲英血洗屠城，加之"九一八"事变后，海运不畅，商业衰败不堪。马鹤天《青海考察记》载，"西宁、湟源之商向以皮毛为大宗，年来（指20世纪30年代初——引者）因军事影响，交通滞塞，许多皮毛积屯，包头天津，收货之客，裹足不来，各商号有三年前收买之货，尚未出售者。又因路滞，各种货物，转运不来，以致无商可营。且因军事连年，赋税繁重，困难益甚"[①]。20世纪40年代，在当局官僚资本的频繁打击下，丹噶尔歇家悉数破产。

鲁沙尔 鲁沙尔因塔尔寺而成为商贸市场，1943年，西宁县移治鲁沙尔后，发展成为商贸城镇，1946年建立湟中县，县府设在鲁沙尔。早在清光绪年间，鲁沙尔就开设有德盛隆、璞成珍、顺盛元、永顺兴、福兴堂等商号，挂牌经营，称为坐商。鲁沙尔最初市场不是很大，但到贸易季节时，连西藏的商人都携带货物前来与汉人交换，交易兴盛一时。民国初时有坐商30家，新中国成立前有商户140家，其中坐商49家，行商23家，摊子商68家，经营棉布、绸缎、中药、五金、杂货、旅店、理发、饮食、屠宰等。1926年左右，英商天津帮的新泰、仁记洋行派人来鲁沙尔设立分号，专门从事畜产品收购，运往天津出口。此后马步芳在鲁沙尔设集成商栈（俗称为羊毛工厂），收购羊毛皮张，加之坐商的竞争，洋行失利，1937年撤走。鲁沙尔现在是全县的政治、经济、文化中心，依托藏传佛教塔尔寺丰富的宗教文化资源，湟中县打造"八瓣莲花"产业，将铜银器、堆绣、壁画、藏毯、镶丝、雕刻、泥塑、农民画产业化，并大力发展旅游业，商

---

① 马鹤天：《青海视察记》，《新亚细亚月刊》1932年第4卷第6期。

贸比较发达。

结古 结古在藏语中是"货物集散地"的意思，因结古地处青海、四川和西藏的交界地区，唐蕃古道的必经之地，于是逐渐在历史上形成重要的民间贸易集散地。现在的结古镇为玉树藏族自治州的首府、玉树市辖镇。长江上游通天河从镇中流过，是长江流域中第一个人口密集的地方。民国年间，每年从四川雅州发出的数万驮茶叶运到结古后，再从结古分别发往西藏拉萨和青海南部各藏区。从印度经过拉萨进口的英、德、印等国的货物，也从结古发往西宁、青南藏区、西藏东部和四川西部的藏区。当时商民有200多家，虽然市场简陋，但过载量很大，大宗商品以茶叶、布匹等生活日用品为主，商人惯于在家中做交易。2010年玉树地震灾后重建之后，结古作为商贸城镇更为发达。

二 乡村集市

官设集市 青海的集市最早出现在城镇，后来扩展到了乡村。早在明代和清朝初年，今乐都区便有集市，每月初一、初五、十一、十五、二十一、二十五共有六集，康熙十二年（1673）五月起改为三、六、九三集，每月九集，集市中有米粮市、菜果市、柴草市、骡马市、牛羊市、缨毛市、铺陈市，其中米、粮、菜、果每天都有集。[①] 乾隆时期，西宁道金事杨应琚、知府刘洪绪、所千总彭醖在贵德所创设集市，有粮食市、牛羊市、驴马市三个市场，逢三、八为集，每月六集，史称"青趺白选，始有识者"[②]。1943年2月11日（正月初七）官方在化隆甘都牙路乎村设立集市，为此在西宁至临夏的公路旁专门修建了一条长半华里的街面，从西至东依次为杂货、柴草、粮食、瓜果、骡马等市。此后，在大通后子河、多巴、邦巴、平戎驿、大通县桥头、互助县张其寨、贵德县康杨、乐都县城、高庙、瞿昙寺相继设立

---

① 乐都县地方志编纂委员会：《乐都县志·商业》，陕西人民出版社，1992，第224~225页。

② （清）杨应琚：《西宁府新志》卷9，青海人民出版社，1988，第276页。

集市①。

集市交易　集市商品丰富，如平戎驿集市上市的物品有河南的土布，当地的小麦、豌豆、青稞、燕麦、青油、肉类、马、牛、驴、骡，还有农具、山货、笔墨等。民国年间官方专门制定的《各县筹设集市工作提要》，提出开办集市的目的是"调剂农业社会的金融，以谋渐次达到工业化"，开办集市要符合"七分务农三分营商"的条件，提倡"以物换物，大买卖赶标，小买卖赶场（集）"。对各集的开市时间做了规定，其中多巴、瞿昙寺逢一、四、七开集，后子河、张其寨为二、五、八，桥头、平戎驿为三、六、九日。每个集市一般设有柴草市、骡马市、粮食市、山货市、食品市、布匹市和杂货市。集市选正副集长，负责维持集市秩序，调解纠纷。强迫集市附近30里内资本千元以上的商号移至集市居住营业，平时强迫商人闭门歇业，开集日开门营业，同时禁止货郎和私贩营业的经营。据1951年调查，全省共有34个集市。改革开放以来，乡村大大小小的集市如雨后春笋兴起，丰富活跃着各地的市场。

三　现代贸易

消费合作社　1942年，成立青海合作事业管理局，西宁县组成了17个消费合作社。1944时，省政府厅、局、处的员工们组织了1个消费合作社，除股金外，省政府投资了1000万元（法币）。1947年，全省先后组成消费合作社19个，综合合作社3个，乡镇（区）合作社226个，共有社员45125人，股金法币13034709元。1950年底，大通县新城乡和西宁市三区也建立过消费合作社。

当铺　一种融资借贷机构，西宁的当铺最早出现在清嘉庆初年，有位董姓山西人在城北区朝阳村开设当铺。光绪年间在民主街、仓门街各开设有一

---

① 程起骏、毛文炳：《青海解放前一些地区的集市贸易》，《青海文史资料选辑》第十七辑，1988年12月内部铅印本，第92~95页。

家当铺，至清末相继歇业。光绪二十八年（1902），一名叫贾玉山的甘都人在化隆县钟鼓楼附近开设当铺"积福当"，20余年后因其子经营不善而破产。民国时期当铺业得到较快发展，民国初年，在西宁相继有六家当铺开业，北大街有山西人经营的"统心当"，大什字有山陕人合营的"庆盛当"，西大街有山陕人合营的"益恒当"，南大街有山西人经营的"益成当"（东家为西宁益盛丰商），莫家街有陕西人经营的"恒泰当"，石坡街有山西人经营的"世诚当"。同期，化隆县有三位回族人合伙开设的"三顺当"。1927年，化隆商会会长陈炽将其原来的茶布商号"永兴魁"更名为"永兴当"，因教长马禄以于教义不合而反对回族人开当铺，"三顺当"归于"永兴当"，业务延伸至乐都、民和、尖扎、同仁等县。抗日战争以前，除"永兴当"外，其他当铺相继歇业。1950年，实行减租减息政策时，作为封建剥削制度下的典当业解体关门。1980年以来，当铺在西宁又悄然复生。

当铺经营 开设当铺要领取营业执照，旧时称为"帖"。出资人称为"老伙计"或"东家"，他们一般委托或聘请经理当"掌柜"。当票是交易的凭证，由木刻版印刷，上写来当者的姓名、住址、当物名称、编号、息率及赎当期限等项目，票头印有"军器不当，裕国便民"和图章。"永兴当"的当票长约3寸4分（市制），上面横书"××当号"字样，下面自右至左竖排说明："本当票认票不认人，每月3分行息，过3不过5，24个月为满，过期拆卖，丝绸衣服，鼠啮虫蛀，本号概不负责，特此注明。"左侧边缘附有年月日，写有架阁号码，以便于核对当物。填写当表使用的是一种专门的草书，一般人无法认识，是当铺的暗号。当物中有衣服、生活用品、铜铁器具、生产工具及文物等，有时粪土和青苗也会成为当铺的业务，成交之后，当铺在粪堆上插一木牌，上写已收当字样，再开一张当票，春耕时再赎回。当价由掌柜决定，一般只当半价，当期一般是两年，过期不赎则成"死当"，由当铺转售拍卖，当票自行作废。遗失当票要到当铺挂失，叫"打失票"。当票上所写"过3不过5"是按月日计算，如每月超3日，不加利息；超过5天起便要加一月利息，还可协商付息延期。

小押当 一种个体经营的小额抵押借贷者，在民国时期比较盛行。1921年前后在西宁有十余家小押当。开办小押当只需在官府办理备案后就可以营业，他们没有当票，使用的是简单的私人收据，当物有衣服、小器物等，估价和利息都比当铺要高，当期只有一两个月，超过三个月就成为"死当"。1949年以后小押当消亡。

供销合作社 新中国成立初期便出现的一种以农牧民为主集资兴办的集体所有的商业组织，经历了自下而上又自上而下的发展过程。供销合作社最初出现在大通县多洛下乡，1950年初，该乡的乡长黎启明和农会主任祁保国等人发动群众自愿入股，以每股5.5元的价格共筹集到60股，经民主选出筹备委员、经理、会计，借用乡政府的两间房为营业室，建立了多洛下乡供销合作社，组织社员们打猎，贩运韭菜、烧酒等业务，入社的社员除享受价格优待外，三个月后每股还分得红利1元多。看到入社有好处，群众纷纷要求入股，到10月底供销合作社股本增加到238股，社员105人。到这年年底，不仅在大通县的多洛下乡、多洛上乡、逊让乡、极乐乡、古娄乡、新庄乡、樵渔乡等7个乡建立了供销合作社，影响还波及县外，湟源县的哈城乡和高陵乡、民和县大石垒乡、乐都区瞿昙乡、西宁市五区都建立了供销合作社，共和县曲沟乡建立了医药合作社。1950年10月西宁成立了"西宁市合作联合社"。1950年12月青海省合作办事处召开供销合作社主任联席会议，确定各地供销合作社组建采取"自上而下，上下结合，重点组建"方针，制定了《青海合作社登记暂行办法》，提出"边整顿边发展"。1954年6月召开全省供销合作社首届社员代表大会，成立了青海省供销合作社联合社（简称省供销合作社），直属工业品供应、农牧副产品推销两个站。1955年基层供销合作社成立了理事会、监事会，健全了民主管理规章制度。

合作社分布与职能 由于政府的推动，短短几年间全省大多数农牧区县都成立了供销社。1952年，湟中、互助、民和、门源、贵德县成立供销合作社；1953年，乐都、循化、化隆、海晏、都兰、同仁、尖扎、同德、兴海、刚察县成立供销合作社，同年西宁市合作联合社改名为西宁市供销合作社联合社；1954年海南州成立供销合作筹备处；1955年，玉树州成立供销合作社办事处及河南蒙古族自治旗、泽库县供销合作社；1956年，治多、杂多、曲麻莱县成立供销合作社。此后经历了不断的反复，由于牧区市场小，供销社不能享受国家给予少数民族地区国营贸易的资金、利润、价格补贴；1965年，青海省委等决定各自治州纯牧业县不再设供销合作社，已成立的改为当地民族贸易公司基层商店；1958年省供销合作社并入商业厅；1961年又恢复各级供销合作社；1963年3月召开的省供销合作社第二届第一次社员代表大会正式恢复了青海省供销合作社联合社；1969年1月青海省革命委员会撤销省供销合作社，业务由省革命委员会生产指挥部办理；1975年成立省农副产品公司；1978年6月省革命委员会恢复省供销合作社。1984年6月西宁市郊区成立供销合作社联合社，下属贸易公司及大堡子、马坊、彭家寨、南川、中庄、廿里铺、十里铺供销合作社。

合作社经营　供销合作社主要经营农牧业生产用品和日常用品。1985年，青海省供销合作社直属企业中，青海省农牧生产资料公司经营化肥、农药、中小农具、农用薄膜；青海省农副产品公司经营干鲜果、干菜、调味品、蔬菜等；青海省土产杂品公司经营土特产品、日用杂品、废旧物资及蜂产品。1985年，各县供销合作联合社直属的业务机构中，民和县有生产资料公司、土产公司、农副产品公司；乐都县有生产资料公司、日用杂品公司、农副产品公司；化隆、贵德县有生产资料公司、农副产品公司；大通县有生产资料日用杂品公司、农副产品公司；循化、尖扎县有农业生产资料公司、农副产品公司；湟中县有农业生产资料公司、农副土特产品公司；门源县有农业生产资料公司、青石咀土产杂品公司；湟源县有农牧生产资料公司；互助、平安、共和、同仁县有生产资料公司。

代购代销店（员）　基层供销合作社在偏远村落建立的购销网点，由生产队农民作为店员，负责从供销社进货销售。改革开放以后，特别是农村实行家庭联产承包责任制后，私营商店兴起，不少代购代销店自行消亡，也有的逐步转为个体经营。

商场 新中国成立以后，大力发展国营商业，在主要城镇建立国营商场，商场一般面积较大，商品种类比较齐全，以零售为主，如西宁大什字百货商店、西大街百货商店等。改革开放以来，私营经济发展迅速，这些商场纷纷进行股份制改制，改为现代企业。

超市 超级市场的简称，又称自选商场，以顾客自选方式经营食品、家庭日用品、食物为主的大型综合性零售商场，一般在入口处备有手提篮或手推车供顾客使用，顾客将挑选好的商品放在篮或车里，到出口处收款台统一结算。超级市场于20世纪30年代初最先出现在美国东部地区。第二次世界大战后，特别是五六十年代，超级市场在世界范围内得到较快的发展，是许多国家特别是经济发达国家的主要商业零售组织形式。超市最初经营的主要是各种食品，以后逐渐扩展到服装、家庭日用杂品、家用电器、玩具、家具以及医药用品的销售。西宁市第一家大型超市是在城东区花园南街开设的华联超市，现在已有大百超市、纺织品超市等多家超市，还有一些私营小超市。

批发市场 一种插在生产者和生产者之间、生产者和零售商之间，特别是向二次及以下批发商和零售商进行专门批发贸易的中间商，商户们从生产者手中收购商品，再转卖给其他生产者或零售商。西宁市城东区小商品批发市场最为有名，商铺多，货品全，批发价格低，很多商品流向全省农牧区。此外还有粮油批发市场等更细分的批发市场。批发价低于零售价，批发市场对购买者一般有数量要求，低于批量会按零售价出售。

电商 电子商务的简称，以信息网络技术为手段，以商品交换为中心的商务活动，通过互联网以电子交易方式进行交易活动和相关服务的活动，也是实体商店的补充。网上交易称为线上，网下交易称为线下。青海的电商发展较快，尤其是红枸杞、黑枸杞、藏黑茶、牛羊肉等青海地方特产都可在网上购买。企业和公司都积极注册自己的网站，甚至塔尔寺周边的不少银铜器加工作坊也开通有自己的网络页面来销售商品。电商带动了快递业务的发展，顺丰快递、韵达快递、圆通快递等全国性快递公司的业务覆盖了较大的城镇。

微商　由微盟 CEO 孙涛勇提出的一种社会化移动社交电商模式。它是企业或者个人基于社会化媒体开店的新型电商，主要分为两种：基于微信公众号的微商称为 B2C 微商，基于朋友圈开店的称为 C2C 微商。微商基于微信"连接一切"的能力，实现商品的社交分享、熟人推荐与朋友圈展示。这种模式在青海推广较快，甚至有些偏远农村的养殖户也在朋友圈中发布自己的养殖产品信息，以此招徕生意。

四　寺院贸易

法会期间的贸易　宗教寺院在青海农牧区有特殊地位，牧区几乎每个或数个蒙藏部落都有一个或数个寺院。围绕着寺院，往往会形成集市，而这些集市又与寺院的宗教活动结合紧密。20 世纪 30 年代时，青海"南部番人会市多聚集于寺院，凡会期将届，商贩不速而来，所市之物皆番地土产，皮张、茶、糖、布匹尤为大宗。凡番人所需要者类皆有之，寺院会集，俱有定期"[1]。互助佑宁寺在每年正月初二日至十五日、六月初二日到初九日举行两次大法会，还有四月十五日的释迦成佛日，腊月二十九日的"跳神"会，在"这些节日或'法会'时，各族群众前往做生意，土族参加赛马等活动，极为热闹"[2]。塔尔寺是青海最大的寺院，每年有 4 次会集：正月十五日、四月十二日、六月六日、九月二十二日，20 世纪 30 年代时寺院商贸繁荣，马鹤天在《甘青藏边区考察记》中说（塔尔寺）"每届会期……远近蒙、藏族男女来集。故有临时市场，帐幕如街。所售多喇嘛及蒙藏男妇之用品，如红黄紫色布匹，铜壶、铜盂、念珠、护身佛，马鞍、皮靴、妇女装饰等，而日货居多。闻拉萨藏人来此经商者，每年旧历正、二月来，约七八十帮（藏名瓦

① 黎小苏：《青海之经济概况》，《新亚细亚月刊》1934 年第 8 卷第 2 期。
② 王剑萍：《互助佑宁寺概况》，《青海文史资料选辑》第十辑，1982 年印行，第 92 页。

卡），每帮七八人至十余人不等。来时带藏货，如氆氇、红花等，每年五六月回藏，去时买骡马或少数茶叶"[1]。

寺院日常经商　普通僧人也参与经商，他们或走西藏，或往牧区，有的自己有商货，有的搭随其他商队。有的活佛去西藏朝拜做佛事时，也会组织自己的商队。寺院经商在玉树等地较为普遍，一般有出资本或自营两种方式，马鹤天在《甘青藏边区考察记》说玉树（结古）"市上较大商店，约三十余家，资本大者约十万元，系寺院资本，走前藏拉萨及西康，以茶为主"[2]。周希武《玉树调查记》中说，一些寺院出商本，上层活佛会同部落头人指派寺院管家等出任"会首"，任期2~3年，专门负责经商，利润分成，"唯不得亏本，亏本则籍没其家财以为偿。川边、海南番寺皆然"[3]。20世纪30年代，"青海各大寺院，均有自营商业。其法系按年由寺中喇嘛选举经理经营之，有利则除公积外，其余分于大小喇嘛，亏失则由经理者负赔偿之责"[4]。以前，寺院周边也有一些僧人入股筹资设立的店铺，由寺院僧人专门经营，利润归寺院及僧众集体所有。

第三节　交易民俗

一　赶集

赶集时限　集市的开市和闭市都有时限，交易者来自四面八方，有些人路途遥远，前往集市就得赶时间。许公武《青海志略》记载居住在海北的蒙古族，于"每年秋冬二季至湟源、门源、大通一带互市，春夏二季则在本

---

① 马鹤天：《甘青藏边区考察记》，甘肃人民出版社，2003，第189~190页。

② 马鹤天：《甘青藏边区考察记》，甘肃人民出版社，2003，第278页

③ 周希武：《玉树调查记》，吴均校释，青海人民出版社，1986，第97页。

④ 黎小苏：《青海之经济概况》，《新亚细亚月刊》1934年第8卷第2期。

境以内集市，数百里间皆来赶集，就旷野为市场，物贵者蔽于帐，贱者暴于外，器物杂陈，汉商所贩者，大抵皆茶糖布匹木器及供佛应用之零星物件，土人所出卖者，则全为本地产物，交易由双方拣择估价至相当价值而止，每次凡二十余日乃散"[1]。

跨县区赶集　循化县甘都集市开集后，邻近的甘肃大河家、韩家集等地的民众也前来赶集。上五庄邦吧集市，于农历二月初九开集，赶集的人有3万多，参加集市贸易的商贩摊点共有160多家。其时临近春耕，集市畅销的是各式农具如耱子、木锨、驮鞍、车辆、犁架、簸箕、背斗、桦杠等，各色粗布丝线也较畅销。赶集的人多，饭馆生意也兴隆。时任教育厅秘书的杨子文著《集市杂吟》诗30多首，其一："日中为市自羲农，便利边氓步往踪；湟渎东风春似海，行商货色积如墉。"其二："运来珍错兼薪刍，方便井间通有无；木屑竹头皆货色，物能利用胜明珠。"[2]在甘肃民乐县的集市上，也有青海门源县的农牧民前去赶集，交换农畜产品，购买日杂百货。

玉树"走集"　玉树地区旧时称为"走集"，没有常设的市场，大多是围绕着寺院活动而形成的类似于集市的交易形式，地点是固定的，时间有一天到数天不等，如正月十二至十五日扎武新寨、竹节喀耐寺、迭达庄、觉拉寺，二月十二至十五日拉布寺、惹尼牙寺，三月二十八至二十九日结古寺、歇武寺、朵藏寺，四月初七至初十称多东周寺，四月十八至十九日竹节青措寺，四月二十八至二十九日竹节寺，五月初七至初八日拉布寺，五月十四至十五日禅姑寺，七月二十七至二十八日陇喜寺，十月初七至初十日班庆寺，十一月十五日朵藏寺，十二月十三至十五日新寨，时间最长的是结古大市，八月、九月都有交易，牧民和商人们依这种约定俗成的时间节点往这些地方去走集。现今各地集市在春节前最为火爆，届时各地商贩到集市地点摆设摊位。乡村集市的摊位比较简单，有的直接将商品摊摆在地上，有的将

---

[1]　许公武：《青海志略》，商务印书馆，1943，第80页。

[2]　程起骏、毛文炳：《青海解放前一些地区的集市贸易》，《青海文史资料选辑》第十七辑，1988年12月内部铅印本，第92~95页。

衣物等摆挂在木杆或架子上，甚至有的将汽车车厢作为柜台售卖东西。各类商品琳琅满目，有衣服、鞋袜、被面等日用品，有各类小吃、饮料，还有玩具、糖果、水果、蔬菜等，商品种类多，价格便宜，很受人们的欢迎。

上货下货　青海方言中将东面或内地称为上面，习惯上将内地运来青海的货物称为上货，将青海运往外省的货物称为下货。1949 年以前，省外运来的货物以工业品为主，主要有产自湖南、四川等地的茶叶，陕西的土布，四川的绫罗绸缎，陕西汉中的镔铁、铁锅、铜器，宁夏的黄酒，此外还有瓷器、文具、纸张、药材、西药（津沪）、日杂百货等货物。青海运往外省的货物以畜产品为主，其中羊毛、皮张是大宗商品，还有药材、鹿茸、麝香、砂金等货品。

袖筒捏价　传统的骡马市场都是露天交易，为了保密，人们创造出了一种捏指头来讨价还价的谈价方式。以前人们冬天穿皮袄，夏天穿宽袖衣，捏价时一人将手伸进另一人的袖筒里，或在衣襟下，或将捏价的双手盖住捏价。五个手指中，食指表示 1，加中指表示 2，加无名指表示 3，加小指表示 4，五指合捏表示 5；捏住拇指与小指表示 6，再加无名指表示 7，拇指与食指表示 8，弯曲食指表示 9。如果卖方捏住对方的拇指和食指说"这么个百数儿"，再捏住拇指与小指说"这么个十数儿"，就是告知对方要价为"860元"。换买方来捏对方的手指还价，如果捏住拇指、小指和无名指说："这么个百数儿嗬啊么者？"再捏住五个指头说："这么个十数儿嗬合适。"就是告知对方出价是"750 元"。如此直到双方都满意后成交。如果有一方不满意，双方就各自走开，别人也不知道他们谈判的价格数。因为大家都明白货物的价格区间，在百元内、千元内、万元内捏手指时有时只说"就这么个价"，对方也会明白具体的钱数。

言子　是一种特殊的数字暗语[①]，如在青皮行中，"见"为 1，"丑"为 2，"仓"为 3，"苏"为 4，"泡"为 5，"闹"为 6，"跳"为 7，"靠"为 8，

---

① 朱世奎主编：《青海风俗简志》，青海人民出版社，1994，第 22 页。

"稍"为9，"九千八百二十三元"便说为"稍千靠百丑十仓"。还有一种暗语，"眼仁"指十元，"一杆杆"指百元，"羊头"指千元，"牛头"指万元，如说"一杆杆，两个眼仁儿"，便代表是"一百二十元"。现在还有用"大团结""红票子"代表百元的。

撒拉族暗语论价　撒拉语中"比日玉孜"表示一百元，"比日民"表示一千元，"比日赞孜"表示一万元，"尕热巴西"（直译为黑子）代表十元，这是以钱的特点所用的暗语。其他民族商人在场时，撒拉族商人之间常用民族语言谈论价格，避免其他人明白价格底线。

二　歇家

歇家在明代时指专营生意经纪、职业介绍、做媒作保、代打官司等业务或从事这种职业的人，"其初不过通番语之牙侩而已"[1]。清朝时，歇家要在钦差大臣衙门备案领照，称为"官歇家""歇役"，开设旅店，专供牧区蒙藏牧民来做生意者。"各城内向设官歇家，容留住宿。该蒙番等易买粮茶，什物，均系官歇家为之经理，仍于蒙番等来去时日报官查核，倘有滋事，即惟官歇家是问。"[2]乾隆二十六年（1761），政府开放茶马贸易，允许内地商人领取西宁办事大臣衙门颁发的印票可往青海牧区贸易，茶马贸易被歇家垄断，"官歇家"逐渐取代了"茶马司"。当时歇家的任务主要在催征粮赋，征调徭役，通语诉讼，包揽粮赋，类同"衙役"。

歇家种类　歇家有官、私之分，在官府领照备案者为官歇家，还有许多是自行开设的私歇家。后来，"私歇家"经"报官备核"之后便成了"官歇家"。道光二年（1822），西宁城内注册的蒙古族歇家有 18 家，藏族歇家有 21 家，土族歇家有 4 家，总计 43 家。"蒙番等易买粮茶、什物，均系官歇家为之经理"。鸦片战争后，随着"西宁大白毛"走俏国际市场，羊毛贸易兴

---

① 青海省地方志编纂委员会：《青海省志·商业志》，青海人民出版社，1993，第 12 页。

② 竟凡：《历代汉番茶马互市考》，《开发西北》1935 年第 3 卷第 5 期。

起，在湟源、贵德、大通、循化、上五庄等地的皮毛集散市场上都有歇家，其中湟源的歇家最为有名，光绪年间湟源有名的歇家有万盛奎、宝盛昌、福兴源、顺义兴、德兴盛、忠兴昌、福兴连等，每家资金有白银 10 万至 40 万两，清末民初，湟源歇家发展到 48 家。

歇家"官照"　歇家的"官照"规定了他们接待蒙藏商人的范围，接待其他地区的牧民被视为越规。湟源有名的"歇家"中，城关马明瑜系德义兴商号东家，接待柴旦蒙古族及海西汪什代海藏族客商；西关马鹤亭精于藏语，接待刚察客商；东关马升柏接待果洛、玉树地区商客；城台马明五系刚察千户之至交，接待刚察地区商客；忠兴昌东家阎某，经理为张镛、魏生海，此商号资本雄厚，经营地区广大，接待海西台吉乃（现格尔木地区）、宗巴隆（都兰、乌兰县）、海西天峻县、海南同德县等地区的蒙藏客商；万发祥商号接待柴旦一带蒙古族客商；吴月秋接待兴海县一带藏族客商；鲁善亭接待柴旦、宗巴隆一带蒙古族客商；沈和接待共和县都秀一带藏族客商；福兴连商号接待刚察地区藏族客商；高文源（回族，亦称高乃皋）、李露天、谢浩连、李亚隆、牛益山、李向应、吴尕玉、马黑子、李耀庭、谢四辈、谢六十二、张玉祥、杨质三、马三哈、谢得禄、车虎臣、吴得奎、张尕八、祁斗二、王统邦、李育寿、李明玉、盛永孝、史迁汉、贾德元、车永兴、安兴海、毛鹏九、米永珍、李进章、谈生祥、莫建章、王世林、张明、李启旺、李明秀、陈国盛等均接待藏族客商。

歇家服务　每到秋冬季节，牧区的蒙藏牧民赶着牦牛，驮着羊毛，来到湟源，住在"歇家"，先前歇家只在地上搭建一些帐篷来招待牧民，以后为了争夺市场，歇家建成了大的院落，还有能容纳数百头只牛、羊、马、骆驼的畜圈。歇家大院内还设有大厨房，安置大锅三口，用来熬茶、炸馍、煮牛羊肉[1]。歇家妇女操持烧茶做饭，牧民们随来随吃。歇家还免费提供牲畜的草料，牧民们将带来的羊毛、皮张绝大部分卖给歇家，行规规定其他歇家不能

---

[1]　蒲涵文：《湟源的"歇家"和"刁郎子"》，《青海文史资料选辑》第八辑，1981 年 11 月内部铅印本，第 37~41 页。

过问他们的交易内情。歇家还为牧民代办他们所需的物品，如青稞、面粉、挂面、茶叶、馍馍等，这些东西有的歇家自己供应，有的从市场代购。

歇家定价 歇家使用的"吉下"歇家们共同制定的行业价格，看似公平透明。如羊毛每百斤定为"吉下"价格白银十两，以同等价格从牧民手中买进或向洋行卖出，不得增加或减少。歇家采取压秤、掺假等手段牟取暴利。歇家除代理蒙藏牧民经商外，有时在蒙藏牧民交易过程中充当牙人，对货物进行评价；有时充当债务担保人；牧民有卖剩的残货，路远不愿驮回时，往往请歇家代为存放；官歇家还对蒙藏商人负有稽查监督职能。

歇家职责 歇家拥有雄厚资本，又精通蒙藏语言，与牧民建立深厚感情，既得其信任，成为牧民与洋行的中间人。徐珂《清稗类钞》中说："羌海沿边要邑，有行户，曰歇家。蒙、番出入，群就之卸装，盖招待蒙、番寄顿番货之所也。完纳赋税，歇家为之包办，交易货物，歇家为之介绍，渔利甚多，蒙、番安之。而寄居之汉族多与通声气，旅行出关，必令代办驼马，乃可沿途畅行，得其一纸护符，且可邀蒙、番之保护也。""歇家之赴番地也，彼族待为上宾，不敢稍拂其意……丹城歇家都凡四十余户，若欲开设行栈，必得同业互相作保……故其挟制商户，刻待遐氓，无所忌惮……然长官信牌实不若歇家凭证之可恃，有其凭证，处处可得蒙、番优待，行程不致迁延，驼价不致昂贵也。"[1] 洋行离开歇家，难以收购到大宗羊毛和皮张；牧民没有歇家更是无法与洋行等客商直接成交。歇家如此重要，所以有外商感叹"交结歇家比交结中国地方官员还难"，洋行外商时常登门拜访，给歇家请客送礼。歇家也以囤积居奇的手法，挟制外商。

歇家衰落 1919年至1920年间，西宁办事长官下令缴换"歇家"执照，因索价过高，各"歇家"陆续上交旧照而不领办新照，歇家行业势衰。抗日战争爆发后，马步芳以国民党中央颁布的所谓防止以各种物资资敌为借口，在协和商栈和德兴海西宁总号之下广设分支机构，建立遍布省内外的官僚资

---

[1] （清）徐珂：《清稗类钞》之《农商类·青海商队》，中华书局，1984，第2312页。

本商号网络，"统购统销"，限制私商染指皮毛生产，歇家在官僚资本运动中逐步退出了历史舞台。

刁郎子 是对一种流动中寻找商机的小商贩的称谓。在民国时期，丹噶尔、鲁沙尔等商贸重镇都有他们的身影，有的刁郎子一无资金二无摊铺，依靠精通蒙藏语言、善于应变的本事，平时在街头流动，寻找蒙藏牧民了解所需物资的信息，自己当媒介，买空卖空获利；有的从事先认识的商店赊买一些牧民需要的藏刀、珠串、木碗、鼻烟、鼻烟盒、银戒子、腰带、旱烟袋等物品，拿到街上或到歇家家中去寻找顾客，零星地换取牧民如羔皮、大羊皮、狐皮、麝香、零毛、蕨麻等东西，其中不乏以次充好、以假充真、坑蒙拐骗的；也有的自己有一点资本，但不设铺摆摊，家中囤购一些牧民需要的用品，在街头流动中寻找顾客，商谈交易。刁郎子的交易总是以物换物，从来不用货币论价。这种人在当时的湟源有三十多家，自从歇家衰落后，刁郎子也逐渐消失了。

货郎子 民间把用担箱、驮箱、背箱装载民用小百货，走乡串户的个体小商贩叫作"货郎子"，他们手拿"巴郎鼓"，送货上门，在巷道口处贸易。

三 藏客

行商和坐商 行商和坐商是旧时对商人的两种分类，行商专门从事长途贩运业务，他们的足迹到达天津、北京、上海、四川、西藏、内蒙古、印度等地和牧区，双向贩运货物，其中以绸缎、茶叶、各地的民族用品，以及印度和英国货物。坐商就地做生意，以零售为主。旧时在西宁、湟源、鲁沙尔等城镇既有行商也有坐商，坐商中有外地商人，行商也有青海商人。也有些商家既做行商生意，也做坐商生意，新中国成立以前鲁沙尔的万兴永、涌生魁、德盛隆、全兴永、柏泰顺等商号便是这种经营。鲁沙尔的行商以泰盛店为代表，他们专门从事长途贩运批发。行商中还有塔尔寺僧人，他们专门往返藏区做生意。

藏客 是专门驮运货物到西藏拉萨做生意的商人。20世纪20年代后，歇家行业逐渐没落，一些熟悉蒙藏语言，长期与蒙藏牧民交易的客商便改变经营，他们或独资，或合伙，采办骡马、茯茶、青稞、白面、挂面、布匹、湟源陈醋、威远烧酒、陕西红枣、柿饼、景德镇龙碗等运往西藏与牧民贸易，逐渐出现了"藏客"行业。湟源至西藏行程约6000华里，路途遥远而艰难，那时主要靠牦牛、骆驼驮运，行程需4个月，牲畜运力有限，也无法一口气走完全程，藏客们采取的是分段轮换的办法，途中骡马及货物会有不小的损耗，有时还会遭遇土匪抢劫。1921年前后，湟源有三家藏客，仅十年后就发展到二三十家。同时湟中等地也出现了不少藏客。他们返回时从西藏带来的氆氇、藏香、金线、水獭皮、名贵药材、斜布（俗称藏斜）、皮鞋等货物也非常受欢迎，特别是从印度进口的罗马表和瑞士表，货值高，重量轻，便于携带，市场奇缺，曾在西宁等地风靡一时。

标期 民国时期西宁流传的一种行业结算习俗。当时的"绛太帮"商号在经营中一律讲求君子协定，往来结算和借货时从不签订合同契约，也不出具欠条和收条，提货时也不要求货款两清，一般是先提货后付款，阴历每月二十一日为结算日，称为"标期"。张志珪认为"标"是"镖"字演化而来的，因为清代不能汇兑，远途运银需要镖局承保，称为"保镖"，用牲口驮运的镖驮到达西宁的时间为每月二十一日，这天被称为镖期，商号派人在东稍门迎镖，交接镖物称为过镖，这天商户互相结算旧账，以后相沿成习。开通汇兑之后镖局消失，但这一习惯保持了下来[①]。抗战前，货物都是批发给西宁的零售商，每标只付赊欠款的二分之一至四分之一，续赊续还直到年终。

四 洋行

洋行出现 洋行是循着西宁大白毛而来的。产自青藏高原的藏系羊毛纤维可长达8寸，有光泽，和外国的羊毛交织起来是最佳的纺织原料，西宁毛逐渐享誉国际市场，需求剧增，利润丰厚，引起了洋行的注意。1895年，西

---

① 张志珪：《略谈原在西宁经商的山西"绛太帮"》，《西宁城中文史资料》第四辑，1991年11月内部铅印本，第1~29页。

宁出现了第一家洋行，不几年，湟源（丹噶尔）、鲁沙尔、上五庄、门源、永安（距门源县 50 多公里）、大通（白塔）、贵德、祁连、隆务等地的洋行增加到 30 多家。羊毛属专门行业，由于外商不辨羊毛质量，于是培养、利用一批买办商人，为其进行羊毛收购并推销外货。

交易协议　清朝晚期，买办商人与洋行总店达成一些协议之后，可以袭用天津洋行总店字号开设个人洋行，协议的主要内容有：（1）洋行每月给买办支付一定的佣金。（2）允许买办使用自己的仓库。（3）外商以自己名义为买办办理三联单，买办拥有自由使用权，在交易纠纷时可依据外商名号保护自己。（4）在必要时，外商可以给买办以一定的投资。（5）经买办之手达成交易时，洋行需付给买办百分之二的分成。（6）买办在持所属洋行三联单在内地独立进行羊毛收购活动时，应与所属洋行相商，经允许后方可卖给他人。（7）买办受雇于洋行之前，须付给洋行一定的现金作为保证金。（8）买办须对自己的一切商业行为负责①。之后，买办商人自筹资金，也有的从洋行得到投资设立个人洋行，被称为外庄洋行或内地洋行。

洋行兴衰　西宁的英商洋行仁记、新泰、瑞记、聚立、和平，在丹噶尔的洋行英商新泰、仁记，美商平和、怡和，德商美最时，俄商瓦利等都是天津商人打着外国洋行招牌设立的内地洋行。个人洋行因为不懂蒙藏语言和风俗信仰，很难得到蒙藏牧民的信任，无法直接交换商品，又必须通过当地歇家来收购羊毛和皮张。天津洋行总店与内地洋行没有直接的业务联系，但在业务上受制于天津洋行。内地洋行收购羊毛前，通过买办与天津洋行接洽，订立合同，规定羊毛价格、数量、交货地点、交货时间，天津洋行即将款项全部或部分交付给买办。买办通过自己设立的内地洋行收购，货物运到天津先要卖给买办，买办再卖给洋行总店。有些外商和外国洋行也直接参与皮毛收购，他们大多在农历三月、七月皮毛收购季来到青海，发运完货物后大多便离开了。1900~1920 年是洋行发展的鼎盛期，最多时青海的洋行估计达到

---

① 李晓英：《天津洋行、货栈与近代西北羊毛贸易——以满铁调查的〈支那羊毛〉为中心》，《西北师大学报（社会科学版）》2012 年第 5 期。

百家左右，洋行垄断了青海羊毛的进出口贸易，其中新泰洋行年收购羊毛达 200 余万斤，仁记洋行年收购量也达 100 多万斤，其他洋行在五六十万斤至百十万斤不等。1929 年之后由于资本主义世界经济危机影响，国际市场羊毛滞销，价格大跌，同时日俄战争后东北、华北局势动荡，加之山陕商人和马步芳官僚资本的竞争，洋行失势，逐渐退出了青海。

五　物资交流会

物资交流会是新中国成立以后出现的名称，旧时这种交流会通常与花儿会、庙会、寺院法会、那达慕大会等相伴生，一般一年或半年举行一次。20世纪 20 年代时的花儿会上往往有迎神赛会、骡马大会、赌博会等。专家指出："在花儿会上，由于参加人员众多，衣食住行缺一不可，就与商业贸易发生了密切关系。做生意的人是绝不会放过这样一个广进财源的机会的。他们根据群众的需要，把商品送到会场，甚至关闭在城镇的铺门，把货物统统搬到花儿会上，给歌手、群众提供必要的物资。"[①] 改革开放初期，物资交流会往往由政府主办，从起初纯粹的商品交流会，以后加入了文艺表演，再后来出现了"文化搭台，经济唱戏"模式。以后物资交流会被"展销会""博览会"等名称取代了。在民间，物资交流会回归传统，被称为"某某会"的庙会或集会所取代。

第四节　会馆与商会

一　商人

客娃　旧时西宁人对晋南商人的称谓。清末至 20 世纪 30 年代，晋商在

---

①　赵宗福:《花儿通论》，青海人民出版社，1989，第 256 页。

青海的势力达到全盛，在西宁市东大街、观门街、石坡街、生产巷、大新街等街道上的商铺几乎都为晋商所开，民间有"客娃满半城"的说法。新中国成立前省商会的历届会长中以晋商为最多。晋商中以山西新绛县和汾城（旧称太平县）人居多，被称为"绛太帮"，他们以西宁为中心，向农业区各县延伸，其中门源县近十家有名的商号中，福源兴商号、三合诚商号、合盛涌商号、福元成商号等都是"绛太帮"商人。晋商主要经营布匹、土产杂货、茯茶、铁器五金、酱园等，市场几乎被垄断。第一次世界大战时德国洋行从西宁撤走，"绛太帮"又涉足羊毛和皮张等贸易，高峰时贸易量占到全省的30%以上。后在马步芳官僚资本的排挤打压下，"绛太帮"经营每况愈下，老商号世诚和（石坡街）、新益福（东大街）、复生隆（石坡街）相继关闭。

车子客　1948年到1952年期间，有郭顺喜、李平安、李友梓、李友梅、崔槐转等十余名身强力壮的"绛太帮"小伙子，专门骑自行车到兰州载货，人们称他们为"车子客"。西宁到兰州有200多公里，车子客一般在夏天去载货，他们骑着抗战前进口的德国僧帽牌自行车，清晨4点从西宁出发，当晚到达兰州。在兰州置办好布料、纸烟等货物再骑行回西宁，一般需要两天，每辆车载重约200斤，晋商吃苦耐劳而又团结互助的精神可见一斑。

山陕商帮　传统上，来青海经商的陕商与晋商统称为山陕商人。明清以来，山陕商人就进入青海，其中合盛裕、晋益老等商号都有200多年的历史，民间传说"先有晋益老，后有西宁城"。清雍正三年（1725）停办茶马贸易之后，山陕商人靠贩运皮毛获利丰厚，清末民初，山陕商人势力最盛，他们大多集中在西宁、贵德、民和、门源等城镇，经营范围还包括布匹、绸缎、百货、药材，其中经营中药材者大多为陕西华县商人。西宁著名的商号，如泰源涌、世诚和、德合生、德兴旺都为山陕商人经营。抗战时期，山陕商帮经营的商号有三义和、同昌玉、永盛恒等四五十家。在民国38年（1949）时，青海大中商号中绝大多数为山陕商帮经营。山陕商人不仅实力雄厚，且崇尚"义"文化，在青海不少地方筹资修建了山陕会馆。今天仍然有不少山陕商人在青海经营他们的生意。

官商　马氏军阀统治青海时期，移设、吞并、改造出了一批官僚商号，如德顺昌、义源祥、协和商栈、德兴海、湟中实业公司等，把商业与政权结合在一起，出现了一批军阀背景的商人。据莫如志先生回忆，1942 年 7 月当局成立新的"协和商栈"时就宣布："我省正筹建'协和商栈'，外县及省外设立分栈，收购运销，不许各商店私自收购。过去各商店收购储存的羊毛、皮张、土特产等一律交当地分栈，按市价付款。"[①] 官商手握实权，享有超国民待遇，惯于强横施暴，如义源祥商号"既不纳任何捐税，收集羊毛时又有各地政权机构与军队协助，运输时能随时强拉民夫，派乌拉，出省以后经宁夏、包头，一路还有武装护送，青海的大宗贸易为其一手垄断"[②]。

"德兴海"商号　官商中以"德兴海"最具代表性。"德兴海"成立于1939 年，总店设在西宁东关，在全省各地普遍设有分店，商号经理大多是与马氏军阀有关联的亲信或退役军官、退职官吏，是马家军阀利用官僚资本统治青海的经济工具。这些官商利用官府权力，开展农副土特产品的统制和收购，课金和金账的征收和管理，工业品及农副杂货品的批发与零售，供应军需物资，特别是以高利贷方式赊销放账，垄断经营，打压民间商贸。他们代理了一部分政府的职能，直接参与征收"草头税"和课金。各地的"德兴海"都划定有经营范围，如海西希里沟"德兴海"负责汪什代海、茶卡、德令哈、赛针克等地区，察汉乌苏"德兴海"负责日安、苟勒、香日德、宗加、巴隆、台吉乃、查查香卡、夏日哈、南柯柯等地区，垄断了各种皮张和土特产如鹿茸、麝香、大黄、枸杞的经营，不许别人经营牛皮和羊毛，沿途还设关卡严查[③]。

"德兴海"官商的另一大发财手段为高利贷，民间称为"阎王债"。1940年，互助东沟姚马村的贫农冯治明借"德兴海"7 斗 5 升（750 斤）小麦，等

---

① 莫如志：《马步芳经营的"协和商栈"内幕》，《青海文史资料选辑》第十四辑，1985 年12 月印，第 174~185 页。
② 青海省志编纂委员会：《青海历史纪要》，青海人民出版社，1980，第 121 页。
③ 靳克义：《"德兴海"在海西的垄断纪念》，《海西文史资料》第三辑，1991 年 5 月内部铅印本，第 92~98 页。

到还债时，油价上涨就折算成油，小麦涨价又折合为小麦，逼使冯治明卖房还债，到 1949 年初时，共还小麦 15 大石（24000 斤），而账面上还欠"德兴海"6 石粮食和 1000 斤青油。互助县东沟乡拉洞村刁生福的侄子因为还不起一包茯茶逃走了，"德兴海"找不到债主，就向已经分家几十年的刁生福讨债，捆绑吊打迫使他认账，三年中共还粮食 3360 斤，才算还清了一包茯茶债。据统计，1940 年至 1949 的 10 年间，互助县有 60% 的农户成为"德兴海"的债务人，1940 年时他们中尚有七成能解决温饱，到 1949 年时温饱者只占二成。相反，到 1949 年时"德兴海"拥有水地 5800 余亩，旱地 12000 余亩，房屋、院落 390 余处，油房和磨坊 27 处，牲畜 64000 余头只[①]。军阀官商罪恶累累，广大老百姓怨声载道。1949 年 9 月青海解放，这些官僚资本运作中形成的军阀官商也随之崩溃。

青海籍商人　回族以善于经商而著称，明清时期，青海商人大多为回族，他们经营屠宰、饭馆，或远途贩运。近代以后其他民族商人多了起来，如西宁的裕丰昶、福顺昌，湟源的德兴成、德义兴，湟中的泰生店、万兴永，门源的天泰恒，贵德的张子周等数十家有名的商号都是青海商人开设的。裕丰昶的前身为光绪十九年（1893）西宁人廖裕禄开设的"裕后长"，后来他的三个儿子继承父业，业务不断扩大，在西宁、湟源开设分号，在汉口、天津、成都、兰州等地设有庄口，主营布匹、绸缎、百货、茶叶，兼营沙金、猪鬃、大黄、鹿干角、牛马尾等，业务还延伸到西藏。抗日战争时期业务达到最盛，在祁连、刚察等牧区办有裕丰牧场，在陕西凤翔县开设有裕丰酒店，在三原县创办富民棉纺织染厂。1941 年以后，在马步芳官僚资本的排斥和苛捐杂税打击下，商号纷纷倒闭。改革开放以来，民间商贸重新焕发生机，清真饭馆是城镇商业的一大门面，人们称为"下馆子"，各种商铺兴起，传统的酿皮、酸奶等都成为有名的商品。历史上著名的青海籍商人还有西宁的廖蔼庭，湟源的李耀庭、魏生海、申海忠等人。

---

① 麻宝珠：《"德兴海"对互助县各族人民的掠夺和剥削》，《互助文史资料》第一辑，1989 年 6 月内部铅印本，第 87~91 页。

江浙商人 1978年以来，来自全国各地的商人到青海各地经营布匹、五金、畜产品、矿业、冬虫夏草等无所不包，其中浙江义乌商人的小商品批发最为有名。在西宁市火车站东的小商品批发市场从小到大不断发展，与人们生活息息相关的商品如衣服、鞋帽、五金、工具、自行车、玩具、毛巾、擦脸油、文具、纸张等无所不有，非常丰富，他们的商品辐射到全省农牧区，年贸易额达2亿元。

二 会馆

西宁山陕会馆 西宁山陕会馆建成较早，原址在西宁市城东门外路北，清光绪十四年（1888）重修，光绪二十一年（1895）阴历七月会馆毁于战火。光绪二十六年（1900），山陕商人再次集巨资，在今兴隆巷（原后街茶店地址）创修山陕会馆。会馆坐北朝南，门前广场铺有青石板，三间山门外设有木栅栏，门前立有两根大旗杆。山门檐下悬挂着"山陕会馆"匾额，为民国书法家于右任所书。会馆建有钟楼、鼓楼和"品"字形戏台。大殿内供有关公像，塑像为绿袍金甲，左手捋长髯，右手执《春秋》。两旁塑有关平和周仓像，前面设有供桌。关公背面塑有诸葛亮像，身穿八卦道袍，手持羽扇，也设有香炉供桌。

会馆职责 会馆分为内帮和外帮，内帮要申请入会，交纳会费；外帮为山陕籍闲散人员、小商户和摊贩。会馆的职能有：一是以同乡会的名义与官方协调，支应差遣摊派。二是调停仲裁会众之间的纠纷纠葛。三是支配会馆财产，放贷生息。四是救济帮内遇灾者，给无家者提供住宿，介绍就业，资助回家路费，给贫困死亡者帮助购买棺木等。五是证明在青的山陕商身份，必要时进行担保。六是山陕籍人出省时发给护照。七是筹办会馆庙会，组织戏场演出及其他娱乐活动，在正月间组织演社火、出高台、打花鼓等。后来成立的"旅青山陕同乡会"与会馆一套人马两块牌子。

会馆组织 会馆的会首和副职由商户推选产生，任商会会长的山陕商人大多也兼任会馆的会首。会馆费用来源多元,有商号交纳的会费、商户或个人的捐款、会馆的货款利息、布施、香火田地租、南门外"山陕义园"厝放棺木的收入、戏班场租等。规定会费为每户白银20两,实际上并不交本银,而是每季度收取的二分半的利息。山陕会馆力量强盛,在20世纪30年代时一些本省商人和外省商人也参加山陕会馆的聚会,20世纪40年代时更有河南、山东、四川的大量商户依附于山陕商帮,参加聚会和布施,山陕会馆的墓地也允许外籍商人使用。新中国成立前夕山陕会馆收费可观,仅流动的现金约有白洋十万元,大多放贷生息。

会馆文化活动 山陕会馆在当时也是一个文化中心,除演出会戏和节令戏外,戏院成为固定的演出场所,有经营性的演出。阴历五月十三日关帝会和七月二十二日财神会演出会戏,会戏要连唱三天,如七月二十二日是财神会的正日子,要演到二十三日结束。另外在五月端阳节、八月中秋节等节日时演出节令戏。1921年,蒲剧来会馆演出,1929年魏升奎京剧班在会馆进行了长期的演出,1930年在会馆放映无声电影,反响巨大。后来有一军三师宣传队(西宁秦剧团前身)在此日夜两场固定演出。平日会馆山门前有说书的,拉洋片的,卖香烟、瓜子、腊花豆的,颇为热闹。1951年抗美援朝时,会馆成为中国人民志愿军加工牛肉干的车间,以后成为"烈军属被服厂"。①

民和山陕会馆 建址在川口东街,占地约5亩。馆内北面建有三间大殿,供奉有财神爷、关公和马王爷三个牌位,没有塑像。大殿两边为伙房和库房。南边三间戏楼,下面是通道,上面为戏台,两边为铺面。会馆每年农历五月十三日、六月二十二日、七月十三日、九月十三日召开4次会议,会议由4个商号轮流筹备,会费由商号捐助,事后以香钱名义张榜公布。与会者先要给神上香,之后商量商务事宜。1958年过渡为公私合营,绝大部分商人回家务农,山陕会馆活动结束。后来整修街道、修建百货大楼时将会

---

① 张志珪:《西宁的"山陕会馆"》,《西宁城中文史资料》第十二辑,2000年10月内部铅印本。

馆拆除[①]。

贵德山陕会馆 清光绪十一年（1885）以后，山陕籍商人相继进入县城河阴镇经商。1914 年，在贵德有 182 家商家，经营者大多为山西和陕西人，他们从兰州、四川等地运来茶叶和布匹，一半在本地销售，余数从牧区换羊毛皮张运销天津，其中三义公、泰远涌、和兴义、晋泰恒、晋益丰、永盛德等都是山陕商号。1917 年，在古城中心街修建了山陕会馆，建有大殿，供奉关公像。还有庭院和戏楼、厢房等建筑。每年农历七月二十二日财神会、八月十五中秋节和正月十五元宵节时，山陕商人和有业务关系的商号掌柜们在会馆聚会。活动由会长组织，会长由各大商号掌柜轮流担当。参会者先给关公上香，然后施放布施，人到齐后开宴，会后公布账目。最后是戏班子演戏，结束时，与会者都会领取一把馓子（会品）[②]。

三 商会

行会（同业会） 明末清初以来，西宁、湟源等地商业手工业发展起来，成立了众多的行会，被称为"七十二行"。民国 28 年（1939），西宁县成立了过载、蒙藏器具、藏货、运输、绸布、西药、书籍、南北货、皮货等商业和鞍鞯、服装、制革等工业同业会。1944 年时西宁的商业同业发展为 14 个，分属于国药（中药）、新药（西药）、皮货（裘皮）、书籍业（书店、文具店）、染坊、照相、水烟、纸烟、过载（长途贩运、批发）、食品、绸缎、布匹、百货、摊子等行业。1945 年，手工业同业公会有 26 个，分属于面房、五金、理发、戏剧、漂染等行业。同业会的主要任务是：（1）关于会员商品之共同购入保管运输及其他必要之设施；（2）关于会员营业之统制；（3）关于会员营业之指导研究调查及统计；（4）办理合于第三条所示宗旨之其他

---

① 马德章：《川口山陕会馆》，《青海文史资料选辑》第十六辑，1987 年 12 月内部铅印本。
② 李士发：《贵德山陕会馆概述》，载轩西明主编《贵德县文史资料》第六辑，2011 年 10 月内部铅印本。

事项^①。

近代商会　商会是近代商贸发展的结果，清宣统三年（1911）4 月，西宁府首先成立了商务会，此后各县也相继成立了商会，特别是民和县、互助县、同仁县、门源县和湟中县在设县的同时便成立了商会。有些县在较大的商贸集镇，如民和马营，乐都高庙、瞿昙，湟中多巴、上五庄等设立了分会。各县的商会一般有会长 1 人，会董数人至十几人不等，规模最大的商会当数西宁县商会，1932 年时有会长 1 人，副会长 1 人，特别会董 4 人，会董 20 人。

青海省商会联合会　成立于 1941 年 10 月 10 日，设有理事会、监事会和事务所，下辖有西宁、民和、乐都、湟源、互助、大通、贵德、门源、化隆、循化、同仁等 11 个县级商会，办公地点设山陕会馆财神殿。《青海全省商会联合会章程》规定商会有 9 项任务：（1）筹议工商之改良及发展事项；（2）关于工商业之征询及通报事项；（3）关于国际及省际贸易之介绍及辅导事项；（4）关于工商业之调处及公断事项；（5）关于工商业之统计调查编纂事项；（6）关于商业市场之维持及管制事项；（7）关于各机关委托及咨询事项；（8）关于工商事业之建议事项；（9）关于工商事业范围内其他事项^②。1995 年 1 月 18 日，新的青海省商业联合会成立，简称青海商会，副省长刘光和、省商业厅厅长赵恒伦被选为名誉会长，会长为省供销社副主任张致义。1999 年后，青海省商业联合会成为自收自支单位。

其他商会　改革开放以来，外地来青海经商者不断增多，外省资本增加，2009 年时在青海的温州商人达 3 万人，2014 年时，川商兴办各类企业 4000 余家。各地商人经营的范围非常广泛，如陕西商人经营领域就有铝业、矿业、制造业、装备业、房地产、制药、餐饮、物资供应、建材、物流、商贸等行业。外地商人增多，成立商会成为一种发展趋势。自 2008 年以来，外省商会如雨后春笋，如 2008 年 12 月，青海省江西商会、青海省湖北商会成

---

①　翟松天：《青海经济史》（近代卷），青海人民出版社，1998，第 229 页。
②　翟松天：《青海经济史》（近代卷），青海人民出版社，1998，第 226~227 页。

立，2009 年 9 月，青海省温州商会成立，2010 年 1 月，青海省湖南商会和青海省江苏商会成立，同年 11 月，北京青海企业商会成立；2011 年 6 月，广东省青海商会成立，2011 年 9 月，青海省甘肃商会和义乌市青海商会成立，到 2013 年 1 月青海省陕西商会成立时，全国在青海已经成立了 13 个省级商会。另据"中国异地商会"网站显示，全国 34 个省区市及港澳台地区在青海建立了异地商会，称为"青海某某商会"，如青海北京商会、青海台湾商会①。

2013 年以来，在青海的异地商会中，出现了一些大的城市和地区，如2013 年 11 月，青海省南通（江苏）商会成立，2016 年 1 月，青海省菏泽（山东）商会成立。异地商会也从一个方面反映出青海的经营企业和商贸业的繁荣程度。

---

① 中国异地商会，http://www.hstx.org/link_5.html。

第四章　手工业民俗

　　手工业是广大民众生活智慧和创造能力的集中体现，也是长期适应特定的自然环境和社会生活的结果。这种依靠手工劳动为生产和生活服务的技艺性活动，由于手工业形态繁多，所形成的技艺习俗因不同的生产方式而有显著的差异。青海地区在历史上有农业和牧业并重的生产模式，不同生产模式下形成的手工业民俗，地域特色和民族特色非常突出。

第一节　手工业民俗形态

一　行业形态

　　手工业工匠在民间称为"匠人"。"匠人"类别较多，如木匠、石匠、铁匠、砖匠、皮匠、鞋匠、褐子匠、银匠、铜匠、粉条匠等，他们掌握有专门技能，并形成了不同的行业，有些行业还出现了固定的手工作坊。农业的播种、除草、收割、打碾、运输、存藏、加工、存储，畜牧业的毛制品加工、皮制品加工、打猎工具制作，各民族的饮食加工、服饰加工、居住建筑等各个环节中都有不同"匠人"大显身手。

　　铁匠　传统上各地都有专门锻造铁器的匠人打制生产工具，如镰刀、铁锹、拔草铲子、镢头、斧子等，也打制生活工具，如火铲、火钳、铁勺、铁绳、柴刀、火盆、刀具、马镫等，还给骡马钉马掌。铁匠的工具比较简单，一具炉灶、一只风箱，以及铁砧、铁锤和铁钳等。工作时，一人拉风箱，要锻造的铁器放在炉火中烧烤，到一定温度时钳出放到方形的铁砧上，用锤子不断地锻打，温度下降后再放入炭火中烧烤，反复加工到成品为止。铁匠中很多为家庭传承，1949 年以后，由于新的铁制工业品不断推广并应用到生活中，铁匠的许多功能被替代，铁匠这一行业逐渐趋于消失的境地。

栽毛匠 民间将编织栽毛毯子的艺人称为栽毛匠。根据《湟中县志》的记载，在民国 2 年（1913），"加牙村有职业学校 1 处，与村民共做马褥、地毯。全村妇女皆能捻线栽织，产品花样新奇、精致，在县内及甘肃武威等地销售 6000 余条"[1]。这所学校仅存在了几年，但在附近村民中普及了织毯技艺。后来的"栽毛匠"大多是在家族（家庭）或亲戚中得到传承延续的。现今湟中县加牙村的"栽毛匠"中数杨姓的传承比较完整，据说杨姓家族来自南京竹子巷，祖上便懂得"溜"的编织技艺，相传至今，已历七世，代代相传，谱系清楚：杨正泰（一世）→杨福（二世）→杨喜章（三世）→杨生渭（四世）→杨如泮（五世）→杨新春、杨怀春（六世）→杨永良、杨永柱（七世）。

缝纫匠 藏语称为"索哇"。藏族缝纫匠主要是男性，他们的工具有剪刀、大小针、用熟牛皮做的顶针、木尺等，主要产品为藏袍、藏靴、帐篷等。

造纸匠 玉树东部地区农民旧时有自造纸的习俗，他们将狼毒（藏语称为"阿浆日江"，汉语俗称为"馒头花"）的根洗净、熬煮后捣成碎末，漂洗后清除根须皮渣。再布置一块平整的布面，将糊状物均匀地铺在布面上，晒干后揭下就成为纸。这种纸因为有毒性，不会遭到虫咬，可存放数百年。旧时政府曾将这种纸作为摊派的税种，在囊谦县时价曾达到每张纸为一碗青稞。

---

① 湟中县地方志编纂委员会：《湟中县志》，青海人民出版社，1990，第 133 页。

旋儿匠　旧时在贵德等地将木料加工成圆形器物的专门工匠，他们以旋的工艺加工的产品有木碗、木盒、调料盒、茶叶盒、蒜窝、笔筒、花瓶、蜡烛台、栏杆、桌撑、桌腿、擀面杖、驴臭棍等。旋工所需木料主要有柳木、榆木、沙枣木、梨木等，这些木料质地细密，较为坚硬。旋工使用旋床，木制的旋床如同缝纫机，上面有固定木料的机头，床下有脚踏板和皮带轮，皮带连接机头。踏动踏板，机头便左右旋转，旋的过程中要操作凿子和旋刀，加工出各种用品。新中国成立后，这种手艺逐渐失去了市场而消亡。

碗儿匠　1949 年以前，在西宁等地有一种专门钉锅钉碗的工匠，被称为碗儿匠。当时青海交通落后，从外地运进的碗盆缸等瓷器价格高，物品稀，人们都非常珍惜，当这些瓷器不小心撞破时，就会请碗儿匠来修补。碗儿匠的工具是一副挑担，一头装工具箱和铁砧子，另一头容纳小炉灶、风箱和小方凳等。修补碗碟之类时，碗儿匠先围起围裙，双手将器皿碎片对好缝口，拿绳子捆扎结实，双腿夹住碗。拿出金刚钻，将一只小酒盅反扣到钻杆顶端用左手按住，钻头对准打眼的部位，右手持弓弦缠在钻杆上来回拉弓，金刚钻头便或顺时针或逆时针转动，时不时还要向钻眼处滴一滴青油作润滑剂。等在裂缝两侧打好洞眼后，再将合适的扒钉（也称蚂蟥钉，俗称为疤子，一般是铁片）铆上去，用小铁锤敲打合缝稳固之后，在扒钉上抹油，用细土擦一擦，就算完工了。碗儿匠钉大缸、鱼盆等大器件时拿钻头敲打洞眼，扒钉是用豆秆粗细的铁丝打制的，他们还能钉锅焊锅。经他们修补，一件破损的器物又能使用若干年。1980 年以后补碗儿这一行当不多见了。

二　地区形态

手工行业分布　在青海牧区，把铁匠、银匠、石匠、皮匠和画匠称为"五匠"[①]，其中奶制品加工、绳索编织等是牧区传统的特色手工艺。果洛地区

---

① 玛沁县志编纂委员会：《玛沁县志》，青海人民出版社，2005，第 283 页。

在 1949 年以前只有铁匠、银匠、铜匠、石匠、木匠、织褐子等手工业；在海西都兰地区，旧时的工匠只有铁匠、木匠、石匠、银匠、毡匠、靴匠、裁缝等几种，产品也较少，主要有镰刀、铁锹、剪刀、木桶、马掌、铁铲、石磨、碌碡，以及首饰、服饰、门窗、桌凳、箱子、毛毡、皮袄、马褡子、毛口袋等。而在东部农业区，如乐都地区传统的手工业就有木工、石工、铁工、制砖、制革、制毡、织褐、铜银器加工、铸造、酿酒、制醋、制粉、缝纫、山货编织、烟草加工等。河湟地区农业生产中使用的传统农具，如背斗（背篓）、筛子、簸箕、耱子、篮子、针线笸箩、箩筐等都采用了编织的工艺，所使用的材料主要有柳条、红柳、藤条、竹篾等，辅料采用毛线、棉线、皮条（皮线）等。工艺过程中有利用煨烫育型、盘曲定型、劈条分缕、编织、穿线固定等技法。在粮油加工方面，还形成了磨坊、油坊、酒坊、醋坊等专业作坊。此外，还有糖坊、粉醋坊等食品加工作坊。

烟草加工　民国时期，在乐都区旱地湾、长里店、蒲家墩等东部川水地区种植的烟草很有声誉。据顾执中、陆诒《到青海去》一书介绍，1932 年时乐都当地就有北门李家、东街吴家、上校场林家等八家烟坊，加工烟草 4000担，价格 8790 元（银圆）[①]。烟草加工有三类：一类是将烟叶加工成条烟、白旱烟、麻烟，销往乐都以西的农业县和牧区；二是将烟叶晒干，称为黄烟，主销县内；三是将烟茎粗制成鼻烟原料，销往牧区制作成鼻烟。因为有民间烟草加工的基础，1975 年，乐都县人民政府筹建乐都卷烟厂，这是全省唯一的卷烟生产厂家，建成后生产的"青海湖"牌等卷烟曾行销全省，非常受欢迎。

皮货坊　青海是全国五大牧场之一，盛产牛羊等养殖动物皮，也盛产狐狸、狼、猞狸等野生动物皮。加之过去在寒冷的冬季需要这些动物皮制作衣物来御寒，皮货业便发展起来。1949 年以前的西宁东关及城内便有 150 多家皮货作坊，其中较大的皮货商号如福兴隆、泉泰涌、隆泰兴等，这些皮货作

---

① 顾执中、陆诒：《到青海去》，董炳月整理，中国青年出版社，2012，第 184 页。

坊有的专做羔皮，有的专做野生动物皮，有的专门缝制老羊皮大衣，有的专做藏族皮袄，专业化程度较高。原料大多来自牧区，"歇家"是当时重要的中间商。皮货作坊大多是自产自销。

磨坊 20 世纪 50 年代以前，青海多用水磨加工面粉。水磨坊一般为三间，人们在水源旁修建土木结构的房屋，修建水渠和磨槽，利用水在磨槽中的下冲力带动磨轮运转。根据河水大小，有的为单磨，也有的将平轮磨和油磨建在一起，之间用隔板分隔。这种磨多用来磨青稞、燕麦等，也有专门磨油籽的磨坊。最著名的是在今西宁市五一桥附近的湟水上，曾建有十盘水磨。1980 年以后，出现了电动石磨，后来又出现了电动钢磨，这些磨坊就建在村中，村民们加工面粉更加方便，机械磨逐渐取代了水磨。现今有些偏远山区或景区，或有水磨，大多作为景观，实用性不强。水磨还成了一些地名，如西宁城中区便有水磨村。

油坊 专门以土法榨油的作坊。以前小油菜、胡麻为主要油料作物，加工时先将原料磨细蒸熟，再用扛杆压榨出油。服务于这些工序，油坊往往与磨坊建在一起，还有灶、土炕等设施。自 20 世纪 70 年代以后，电动榨油机逐渐普及，取代了原来的土油坊。

酒坊 以前酿造的酒有酩馏酒和烧酒之分，酩馏酒以家庭酿造为主，烧酒在互助、贵德等地形成了专门的作坊，著名的有互助威远烧酒。自 1955 年合作化运动后，私营酒坊逐渐消失，成为国营酒厂。改革开放以来，出现了私营酿酒厂，但不是传统的小酒坊模式，而是成长为现代企业，如湟中县的"万元酒厂"等。

醋坊 专门生产醋的作坊，大多是自产自销。清末，湟源有名的醋坊（也写作醋房）有陈醋房（陈林甫）、马醋房（马进福）、简醋房（简有才）、林醋房（林有瑞）等 4 家[①]。新中国成立后的合作化运动中，私营醋坊消失，以后又从合作社转变成为国营醋厂。改革开放以来，私人酿醋企业出现并发

---

① 杨生祥:《湟源陈醋》，《青海文史资料》第十六辑，1987 年 12 月内部铅印本，第 148~150 页。

展壮大，如湟源县 2003 年注册成立了"湟源鑫源陈醋酿造厂"，2007 注册成立了"青海吉友湟源陈醋实业公司"等。同时，原有的国营醋厂转为现代企业，如"湟源县副食厂"转制成为"湟源日月山陈醋有限责任公司"，除传统的陈醋外，还开发出了虫草醋饮料、蛋醋饮、沙棘果醋、红景天醋饮、黑醋、白醋、老抽王、生抽王等新的产品。在这种竞争激烈的现代市场环境中，传统的小醋坊生存空间被严重挤压。

染坊 民国初期，陕西人史学鼎、史生福兄弟来到川口镇，与一名段姓同乡在山陕会馆和西门开办染房，涤染土布、洋布和毛毡①。1952 年，宝鸡人王鼎三与史家合伙经营，专门为棉布批发商号"厚致富"和"渊发明"染土布和洋布。1954 年后，国家实行棉布供应，染坊业被淘汰。

水食行 粉醋作坊的俗称。1949 年以前，民和县川口镇的粉条和陈醋生产经营者全部为回族，共有 16 家生产作坊。由于生产落后，产量不高，如生产粉条时先用牲口推小磨磨出豆粉，约 30 公斤豆料能制取 15 公斤左右的淀粉，累积 7 天之后才能产出 50 公斤粉条。7 家醋房中只有 4 家为常年生产，每公斤麸皮加工 1.5 公斤醋，这些产品仅能满足当地需要，一到过节和喜庆之时，便供不应求②。新中国成立以后，个体粉醋坊合作成为川口粉醋加工厂，还兴办起了国营食品加工厂、农场粉醋加工厂。

三 民族形态

蒙藏民族手工行业称呼 藏族工匠主要有缝纫匠、银匠、铁匠、木匠、塑匠、石匠、泥陶匠、造纸匠等；蒙古族有一些匠人是兼做或流动工作的。在安多藏语中，画师称为"拉索"，即画匠，是较为神圣的手工艺人，以前

---

① 青海省民和回族土族自治县川口镇《川口镇志》编写组：《川口镇志》，1991 年 9 月内部铅印本，第 141~142 页。

② 青海省民和回族土族自治县川口镇《川口镇志》编写组：《川口镇志》，1991 年 9 月内部铅印本，第 140~141 页。

大多是僧人，当代已在民间普及。铁匠称为"瓜日哇"（音译），主要加工镰刀、锄头、铁橛子、藏刀、马钗子等。银匠称为"额格日"，主要加工银佛壶、银耳环、银戒指、银包藏碗、银包鞍具等。裁缝称为"索哇"，主要加工各种皮料、布料藏服、缝藏靴、藏帽、帐房、皮袋等。石匠称为"多索"，以加工石磨为主。木匠称为"相索"。在蒙语中，银匠称为"蒙根达日恒"，木匠称为"毛顿达日恒"，石匠称为"却隆达日恒"，铁匠称为"特模尔达日恒"，主要制作手镯、戒指、烟锅、鞍子、木箱、蒙古包架子、石磨、马掌、桶箍等。

撒拉族手工行业称呼 在撒拉语中，木匠称为"天文基"，石匠称为"答石基"，毡匠称为"起合基"，打糖子称为"吾素古吾尔"，编背斗称为"切登付尔"，犁称为"索万"，扬场称为"体西巧侬"，磨新麦称为"尕勒玛起合尔"，尝糌粑称为"塔罕外尔"，水桶称为"苏加合"，种萝卜称为"土尔玛栽啦"。撒拉语中还有一些合成词，如打连枷称为"连枷稍拉"，种辣子称为"辣子厄合"。

土族手工行业称呼 在土族语言中，皮袄称为"尼克"，褐布衣服称为"木尔格·迭"，褐子匠称为"木尔格其"，河湟地区的庄廓称为"日麻"。这些不同的称谓其实生产工艺大同小异，变化不多，尤其在多民族边缘地区，手工业品更兼具多民族特色。

第二节　生产类手工民俗

一　手工编织

（一）工具编织

编背斗 背斗又写作背篼，是青海农村地区常用的背运工具，用来背运农作物、土和农肥，以及其他物品，用途非常广泛。背斗手工编就，用料就地取材，大多为黑刺、黄刺、缠条、雄条、麻柳条、皂角条、猫儿刺等灌木枝条和芨芨草等，选择的枝条为实心杆，空心杆容易折断且不耐用，猫儿刺等枝条较重，麻柳条是比较理想的材料。农民们一般在冬天编背斗，夏天因为树木发芽而使枝条变得较脆。将可用枝条放置在南墙（阴面）或窖中存放数天再编，芨芨草先要在水中浸泡后，用旧麻袋、塑料布等包裹存放数日，使其变得柔软不刺手。农村习惯上把用灌木条编的称为"条儿背斗"，用芨芨草编的称为"席芨背斗"。先把背斗骨架编好，用火烧烤较粗的黑刺、黄刺、缠条的中间部分，使其变软，围成抛物线状的两根骨架，顶端呈"十"字形搭在一起，称为背斗盘盘。盘口处做一略呈梯形的背斗弓，系住背斗盘盘，以使其不变形。再将八根枝条搭成"米"字形，用脚踩在地上，将较细的枝条在"米"字形经条之间上下缠绕，编到碗口大小时，用绳子固定在背斗盘底部，再继续编绕枝条，不断增加经条（称为增条）。在盘口处，连同增条一起拧绕编压在一起。编好的背斗前后略宽，两侧略窄，如果前后为五路增条，则两侧只用四路增条。最后距盘口五寸处系背斗绳[①]。

编花篮 花篮是农村常用的背运工具，多用来背运较轻较松散的草糠。花篮的编法如背斗，中间空留两段，不编枝条，形成花窗般空隙。上下空档再起编时，用两根枝条相绞编起，称为绞条。绞条之上，一如背斗编法，这种编法可以防止枝条脱落。

编笼子 笼子用麻柳条编成，先选取粗细适中的枝条，剥去皮，在水中浸泡数日。再置经条，编纬条，最后编出提梁。这种笼子洁白好看，以前常用来秋后提洋芋，也可以盛放其他东西，但不太耐用。

盘耱子 耱子是播种和翻茬后平整土地的工具，盘耱子也称为打耱子。农民们就地取材，选取粗细适中的雄条、皂角等树枝条若干条，三根称为耱棍的木棍，以及三块俗称为耱鱼儿的木板，在三块耱鱼板上等距离挖出三个圆孔，中间的耱鱼儿较长，居中时长出两边，便于手提。将三块耱鱼儿等距

---

① 编背斗、编花篮、编笼子、盘耱子等资料，根据湟中县共和镇南村村民柳发林的讲述整理。

离摆放，把三根糌棍大小头（根部和头部）交叉穿在糌鱼孔中。煨一堆火，将枝条在火上煨烤变柔，用手拧编在糌鱼之间。最后以中间糌鱼为中线，左右各一尺处拴牵引的糌绳。以前的糌长为五尺五寸，后来为缩短到五尺，现在只有三尺。

垛口袋　口袋是农村常用的背运工具，多搭在毛驴背上驮运青稞、燕麦、油菜籽等。制作口袋叫做"垛口袋"，"垛"是织褐子的技法，先织出毛褐布，再将4条褐布边用毛线拼合缝接成一片，对折缝住两边，形成一个空筒的袋子，袋口沿边反卷缝制，这样易于扎住口绳。口袋角两边都加缝进红布条，作为背运时的抓手。小的口袋宽度约为1米，周长约为1米，长度达1.5米许，能装200斤左右的粮食；大的口袋能装270多斤粮食。1949年以后，出现了麻袋等更轻便的背运工具，这种粗硬的毛线口袋逐渐被淘汰了。

（二）加牙藏毯

1. 栽毛褥子

据《湟中县志》记载："清嘉庆年间，宁夏地毯工匠大、小马师来加牙村，村民马得全、杨新春二人拜其为师，学习栽织地毯技艺。杨、马两家的地毯手艺，世代相传。"[1] 另据村民杨永良讲述，约在道光年间，从宁夏来了一位姓薛的乞丐，被村民收留，让他去看守水磨。后来得知他会织毯技艺，几位青年人便跟从学习，这门技艺在村中逐渐普及开来。"加牙"是藏语，原属塔尔寺"六族"中的申中族驻牧地。加牙藏毡在民间只称作栽毛褥子，以栽毛褥子为主要产品而得名。加牙村95%以上居民为汉族，藏族只有少量几户。加牙栽毛褥子是用双手将毛线绕在经线之上并用刀割断，从而将线一根根"栽"在经线上；而藏毯编织使用的是绕线杆，它是先将毛线绕在穿过经线的圆形线杆之上，再沿着线杆中间用刀割断绕线，所以二者的工艺截然不同。加牙栽毛褥子在近200年的发展中，形成了一套完整的编织工序，包

---

[1]　湟中县地方志编纂委员会：《湟中县志》，青海人民出版社，1990，第133页。

括选毛、分色、染色、洗毛、纺线、设置图案、栽编等多道工序，并形成了卡垫、马褥毯、炕毯、地毯、挂毯、龙抱柱等多个品种，据说现在已经发展到了 14 个系列、20 多个品种。现今塔尔寺大经堂的"龙抱柱"就是加牙栽毛匠的作品。自改革开放以来，加牙织毯艺人曾在果洛等地带徒授艺，甚至在西藏拉萨也有他们开办的作坊。

2006 年，"加牙藏族织毯技艺"被列入国务院首批公布的国家级非物质文化遗产代表作名录，"加牙藏毯"之名以法律形式确定下来，并成为青海藏毯的一个代名词。2007 年，村民杨永良被评为该项目的国家级"非遗"传承人。

2. 选毛与撕毛

选羊毛　加牙藏毯所选用的是青海出产的藏系羊毛，这种羊毛在清末国际市场上被称为"西宁大白羊"，羊毛纤维长、拉力强、弹性好、色泽亮、耐酸性好，曾经是西方工业国家争相抢购的纺织原料。识毛是艺人的基本技能，长期的实践经验使他们能够识别出羊毛的产地和优劣。青海的气候差异较大，羊毛的品质也因此不同。在农业区，由于气温比较高，每年在五月和八月各剪一次羊毛，因而羊毛短，毛绒含量少，再加上天热而使羊的油质渗入羊毛中，与尘土形成油板，这样的毛被艺人们称为"麸子毛"，出线率低，不受欢迎。加牙藏毡主要选用的是海西、玉树、果洛等地产的优质羊毛。匠人们还对这些产地不同的羊毛作了更为细致的品质分类，按照他们的说法，海西的羊毛稍子长，有些长达 30~40 厘米，这样的毛能捻线；果洛的羊毛含绒量高，一般用手撕不开；玉树的羊毛中有新生毛，把旧毛都顶起来了，这些特点是识别羊毛产地和质量高低的技巧。买来的羊毛首先要选毛，将原毛按黑白二色分开，以便于染色。

撕毛　青海农村的房屋大多是平顶式，特别适合于晒东西。加牙人将那些分好色的羊毛松散地撒在房上，在阳光下曝晒。之后用手把羊毛撕得松散，同时除去毛中的杂草和石子等杂物，使绒毛和长毛交混在一起，再将撕好的羊毛松散地绕成胳膊粗细的毛绳，缠绕在木棍上，架在房梁上备用。

3. 捻线

捻线杆　选一根长度为一尺左右、直径为半公分左右的圆形木杆，在木杆的一端安装纺线轮（当地叫线砣子），另一端沿着线杆的方向开一小段小槽，叫作线口。也有的不开线口，只在杆头钉一个线钩子，作用都是一样的。捻线时，左手拿一团羊毛，先撕出一缕羊毛捻成线系在捻线杆上，将线身夹进线口或挂在线钩子上，之后用右手猛捻一下线杆，线杆就带着纺线轮飞转起来，右手不断地从毛团中撕出羊毛续入旋转着的线绳中，线绳的长度不断加长。等捻到一定长度，将这些毛线绳缠绕在线杆上，再继续纺线。这是一种古老的纺线技术，从考古出土的纺线轮推断，这种纺线技术已有几千年的历史了。正是由于它携带方便，不占场地，轻便实用，不受时间和空间的限制，曾经在劳动的间歇、田间地头、开会的会场上、演出社火时都可以看到人们拿着它纺线的场面。加牙村人的捻线杆上用过石纺轮、陶纺轮和木纺轮，后来因为陶纺轮容易破损、石纺轮制作费时费力，逐渐被淘汰了。加牙人的石纺轮与几千年前古人们使用过的纺轮完全相似。

打拨吊石　加牙人不使用骨纺轮，但他们发明了一种叫打拨吊石的纺线方法，这种纺线法不见于文字记载。首先选取牛前腿小腿部的主骨，这段骨头两端有大骨节，中间部分粗细均匀。先在骨杆中间钻孔插入短木杆，使木杆与骨头形成"丁"字形。纺线时，拨转牛骨，其功能和方法如同捻线杆，等线纺到一定长度时，将线缠绕在牛骨上。

纺线车　纺线车传入加牙村的历史并不是很长，他们又做了改进，用自行车轮子取代了木轮子，用脚踩踏脚板来纺线，生产效率大大提高。用电动力取代人力纺线是近几年才出现的。近年来，在青海省政府的推动下，藏毯编织业发展迅速，已成为青海的一个新兴产业，外销藏毯的量不断上升，藏毯公司设立的藏毯加工点也越来越多，藏毯协会又不失时机地对农民进行业务指导和培训，人员素质不断提升，提高了劳动生产率。订单加工要求工期紧，对毛线的需求量又很大，手工纺线的速度和量远远不能满足编织的需要，于是在这些加工点中便产生了专业分工的趋向，有些年长者或年轻人便专门来纺线，而另外的人则专门编织藏毯。

4. 洗线和染线

洗线 纺织好的毛线以四根为一股，缠绕在一个"工"字形的桄线拐子上，绕 100 圈为一把。这些纺好的线先要进行洗毛。一大早，人们用扁担两头担着线绳，来到河边清洗。他们将线绳放在选中平石上，边浇水，边用木棒砸毛线堆。洗过的羊毛拧干水后，担回家晒干，之后要染色。自上新庄地毯厂建立后，捻线、洗线等手工艺基本消失了，人们织毯时更愿意买现成品。

染线 传统的染色原料大多用当地的一些植物，如黄腰子根、大黄根等。黄腰子可以染出淡黄色和米黄色，在都兰出土的"毛席"残片中就有黄色。后来人们直接买来颜料包配色染线，这些配色包是由甘肃的小商贩们专门贩运到加牙村的。染色还要考虑各民族的审美需求和爱好，如回族喜欢蓝色，"三蓝"色（深蓝、中等蓝和浅蓝）的褡子深受他们的喜爱；而藏族则喜爱鲜艳的色泽，大红大绿的艳丽颜色是他们的所爱；汉族则喜爱石青带彩的颜色搭配。加牙藏毯的染线工艺有两种，一种是用缸来染线，叫作缸染法；另一种是用铁锅煮线染色，可以称为煮染法，这些土方法都不同于藏毯企业中的"蒸汽染色"。"缸染法"现今已经失传，但有懂得其技艺的老艺人还健在。它只能染出"三蓝"色，所需要的颜料是从国外进口的被称为"碘蓝"的原料。染色时要做一个大锅台，栽放两口大缸，其中一口缸用来染色，另一口缸用来控水。染色要不断搅动，以使染色均匀，同时控制水的温度，温度过高则会使颜料失去其化学性能，无法染色。第一次染色时线的颜色最深，染好的线捞入空缸中控水，再染第二缸，第二次染色比第一次浅一些，如此三遍，就染出了三种蓝色，这便是有名的"三蓝"，织出的毯子颜色鲜艳夺目，属藏毯中的高档品。据杨永良介绍，由于进口的颜料原料价格昂贵，所以这种染色法并不普及，只在军阀马步芳的艺园工厂中使用过，加牙村民刘宝柱等人在该工厂做工时带回加牙村，曾做过少量的来料加工染色。"煮染法"是一种土染技术，最为普及，现今仍有人在使用。方法是先将羊毛线用温水浸泡，挤干水后撒上颜色配料，并在铁锅中烧开水后也放入同一种颜色配料，再将羊毛放入后用温火煮沸，同时不停地翻转毛线，做到染色均匀。染色前锅中还要放入食盐和醋，另放一种酸，如蚁酸、盐酸或硫酸，以保证色泽的稳定性，使毛线长久不掉色。而煮沸的时间越长，色泽越鲜亮，经久不脱色，这都是技术活。

洗色　染色过后还要洗色，因为刚染出的线上面还粘有一些色块，叫作"浮色"，经过清洗除去这些浮色，毛线的颜色才纯正，毛线才能用于编织。

5. 编织工艺

架子　藏毯的编织机称为架子，以前的编织机是村民们用木头制作的，因为这个缘故，在民间，藏毯的数量是以"架"作记数单位，一条褥子也被称为一架褥子。每块毯的尺度不同，有"二四"或"三五"等规格，即宽二尺、长四尺，或宽三尺、长五尺，这样的尺度最受农牧民的欢迎。

道　织毯的质量高低与毛线的粗细也有关系，在一寸长度内纬线层数越多，则质量越高。过去，人们看毯子时，用中指中间关节量一个长度（一寸），数一下纬线的层数，有六层就称为六枣（音译），有七层就称为"七枣"。"枣"可能是"道"或"遭"的音转，现在统称为"道"。现今已经能织出90道的毯子，机纺线甚至可以织出120道或160道，甚至更高道数的毯子。

溜　是一种古老的编织技艺，它因编织时的"溜子"（梭子）而得名，这种"溜子"形如枣核，便于在经线中间左右穿梭打纬线。人们将这种方法编织的粗毛布用来缝制毛口袋，而细毛布大多染成褐色，用它缝制的长衫叫"褐衫"，缝制的被子叫"褐被"。它的宽度一般只有40多厘米，与诺木洪出土的毛席残片较为接近。藏族的黑牛毛帐房也是用这种方法编织缝制而成的。"溜"工艺织出的是毛布（毛席），并不是毯子，然而藏毯编织技术却是在"溜"工艺的基础上发展形成的，这种技术在20世纪50年代以前在加牙村流传过。

"8"字扣工艺　加牙藏毯的传统编织工艺，在2006年以前也是加牙村中唯一的一种织毯技术。这种编织方法是在机架上放好经线、增棍，编织时左手拿线头，右手握刀，将线头围绕着前后两根经线环绕一个"8"字扣后便割断线头，再继续绕线，不停地割线，整个过程中手不离刀。把毛线一根根栽织到经线上，栽织一行纬线后，要交叉着放二道棉线，一粗一细，一紧一松，称为过线，再用弹子将线层打紧。弹子是铁制的如梳子状的工具，便于在若干经线中上下打紧纬线和过线。编织完一道纬线，将增棍拉下或推上，两层经线就交替了，外线成为内线，内线则成了外线。20世纪50年代以前，村中使用的是双手上推或下拉的"凑铰"织毯，现在则将增棍放置在头顶上，单手可以完成经线交替的"拉铰"法。为了防止纬线脱落，要用细线（多用棉线）将经线头编织成死线，这称为打须，之后才编织纬线。两边余留四根经线作边子，编织时用另一种"8"字扣，叫织边。用这种编织法，还可以织出边为圆形的被称为"一杆旗"的毯子来，在上乘的马背褥子编织中所用的便是这种工艺。

"U"字马蹄扣工艺 这种编织法是进入新世纪之后才传入到加牙村的，当地人称为藏毯编织法。2006年，村民杨永泉与上新庄地毯厂联合，在加牙村设立了藏毯加工车间，引进的便是这种编织技术。它不同于以往匠人们用手栽织毛线的方法，而是将毛织缠绕在织线杆上来织地毯。编织时，将毛线经过环扣绕在经线与编织杆上，之后用刀顺着编织杆割断毛线，取出编织杆。这种工艺比加牙人传统的栽织毯速度要快。从横断面上看，缠绕着毛线的圆形线杆形如马蹄，被形象地称为"U"字马蹄扣工艺。这种技艺存在局限，它只能编织80道以下的毯子，90道以上的毯子则必须用"8"字扣工艺。

6. 图案及色彩

加牙藏毯主要销向藏区，包括宗教寺院和藏族同胞，所以藏毯的图案突出了藏文化的内容，由于织毡者中绝大多数是汉族，因此图案中不可避免地又出现汉文化元素，形成了汉藏文化交融的特点。加牙藏毯常用的图案有玫瑰景、三蓝五彩、对头牡丹、桃柳寿司、鱼鼓箭板、琴棋书画、梅兰竹菊、松鹤延年、藏八宝、汉八宝等。藏八宝体现了藏传佛教文化教义，象征符号有法轮、法螺、宝伞、宝盖、荷花、宝瓶、双鱼、盘花八种图案；汉八宝也称为暗八仙，属道教文化，象征符号有宝剑、宝葫芦、渔鼓、阴阳板、仙笛、宝扇、花篮、荷花八种图案。此外，根据不同的需要，加牙匠人们也可以加进其他民族的文化元素，甚至将汉字织进毯中。加牙藏毯的图案和色彩别具一格，与内蒙古的包头市和宁夏等地产的藏毯区别较明显，两者比较，加牙藏毯的图案简略，写意性强，白、浅桃红、黑、黄、绿等色线较多，多选用三团、对头牡丹、折枝牡丹、桃柳寿司、琴棋书画、玫瑰景、简板景、狗脸郎砖块、富贵不断头的砖块、翻天应鞭子等图案（匠人们的术语），加上染色独具特色，行内人一眼就能识别出加牙藏毯。

7. 平整

平整是织毯的最后一道工序。匠人们用剪刀将毯面剪平，除去杂色线，旋出花纹，使花样呈现出立体感。如果在这时出现差错，几个月的努力都将付诸东流，因而技术要求很高。平整过后，一架成品褥子就可以下架交付使用了。

（三）擀制毛毡

毛毡是青海农牧地区最常见的一种铺盖生活用品，隔潮保暖，经久耐用。由专门的匠人制作毛毡，民间称为"毡匠"。据1934年《青海省农业概况调查》记载，当时循化毡匠年加工白毡230条，黑毡260条[1]。

农区擀毡 一般有备毛、铺毡、洗毡和搓边四个工序。备毛是先把羊毛分拣出来，在太阳下曝晒，再用连枷或树枝抽打毛团，把毛根块打散再用手撕开小毛根。撕好的毛用拧钩（一种专用的铁制工具）拧成如人的胳臂粗的长绳，再用斧头剁碎，铺在案上，用一张木制大弹弓弹得更为松散均匀。这张大弹弓用一根绳吊在铺案上，匠人一手扶弓，一手用手柄击打弓弦，弹起的羊毛变得松散如絮。铺毡时，先在地上铺一张长方形的竹帘，匠人一手拿

① 循化撒拉族自治县志编纂委员会：《循化撒拉族自治县志》，中华书局，2001，第298页。

毛絮，另一手拿一根三叉竹条拍打羊毛，碎羊毛就纷纷落到竹帘子上。毡的尺寸有规定，农村常用的是宽4尺、长6尺的"四六毡"。铺毡是决定毛毡质量好坏的重要环节，要做到薄厚均匀，否则擀出的毡会出现洞眼。铺好羊毛，再用竹制工具压扁压平，喷洒热水，之后卷起帘子，用绳子扎紧竹帘卷，匠人二人坐在凳子上，凳子上绑一根绳子，绳中间置竹帘，每人拉一根绳头放松或拉紧绳子，一边用脚揉压，来回滚动竹帘。一个多小时后，毡坯成形，打开竹帘，修正毡坯，补毛卷边，有的匠人还用有色毛勾出一些简单图案，用以分别正反面。之后再卷竹帘继续揉压。洗毡时，在毡坯上浇热水，卷起后用麻袋片包裹，放在倾斜的木板上，匠人坐在凳子上，用两条洗带兜住毡卷，在木板上来回滚动踩揉。一段时间后拆开卷，重新折叠或调换方向，再浇热水再揉毡。匠人们说"洗毡不洗毡，全看四道边"。搓边，在毡的四边浇热水后用手不断揉搓，使羊毛黏合更加紧密。完成四道工序之后的成品毡羊毛黏合紧密，四边成直线，边角都相等。之后将毡搭起来控水，最后在阳光下晒干便可使用。

牧区擀毡 方法与农业区有别。牧民们先把羊毛块撕散，用细枝条反复捶打，使之松散如絮。在地上铺一条旧毡，将散羊皮铺在上面，喷洒热水，之后将羊毛和旧毡从一头用一根两米长的粗木桩卷起，用牛皮包裹，用皮绳扎实。从马鞍上系两个马镫，分别套在木桩的两头，一人骑马在草地上来回走动，带动着滚动毡卷，最后解开裹绳，整齐毡角，晒干后留用。如果有不平整，或毛块堆集的，就由两名强健的男子面对面坐在地上，双脚蹬地紧握毡沿，猛拉伸展，直到平展合用为止。

擀毡祝词 蒙古族非常讲究擀毡活计，选定好时间，进行集体劳动。擀制了最后一条毡时，特意做成羊尾形状，众人坐在这条毡上设宴欢庆。席前一位长者按照传统要说《擀毡祝赞词》："祝福安乐吉祥！在辽阔美丽的草原上，擀毡的人们欢聚在一起，在平展展的草坪上，铺开了雪白的羊毛，擀出了洁白而又牢固的毛毡。麻母之毛像蟒缎，特勒格之毛像蟒缎。今年动手较晚，来年动手提前。擀出的毛毡叠成山，毛毡铺开水一般，愿我们大家幸福无边。"说完祝词，众人齐声合答："如愿！"①

羊细盖 蒙古语，毡毛被子。柴达木盆地的蒙古族在做毡时，将整块羊毛夹在毡坯中，把毛梢打成一撮撮小结，擀出毡后，再把毛结打开，做出的成品一面为毡，另一面为羊毛。这种毡被轻柔暖和，挡风隔雨，结实耐用，轻便易带，非常适合牧人冬季长途外出、野外狩猎和流动放牧时盖用。

（四）皮张和绳加工

鞣皮子 最初剥取的牲畜皮张称为生皮，因皮面有脂肪等物，这种皮张变干后容易变硬且易断，为使干燥后的皮子柔软，就要鞣皮子。其工序是：第一步先用水清洗皮张，用木棒锤打或脚踏等方式洗净泥污；第二步是先晒皮面，后晒毛面，使皮子干燥后不易脱毛；第三步是将皮张泡在大桶中，加洗衣粉或皂角水，反复揉搓，洗净毛内的油污，毛色变得鲜亮润滑；第四步是边醮水边用大铲刀铲去皮面上的油脂；第五步称为攀皮，人工把皮子一张张放入沸水中，慢转数分钟后拉出，铺在大缸中，撒上黄米面粉。每隔两三天煮一次皮，反复7~10天后出缸晒干，再铲一次皮，称为面铲；第六步是在皮面上抖散皮硝粉，使毛花疏散干净为止。

沤牛皮 牧区的沤牛皮方法与农业区不同，一般是将晾干的生牛皮在水中泡软后刮去油脂，涂抹碱土，折叠后浸泡在水中。六七天后取出，清除牛毛，刮铲干净后放进盐和奶子或面粉的水中，几天后取出鞣制成熟皮。制作板形皮绳或者用来拧绳的牛皮，先按要求裁割好后用盐和奶水浸泡鞣制。缝制靴子的牛皮则有特殊的加工过程，一般先要做一台灶，用灶烟反复熏烤牛皮，达到折叠处能挤出水的标准后，便成为熟皮。这种方法熏出的皮也可以用来拧皮绳。

鞣制羊皮 海西等地牧业鞣制羊皮的方法与沤牛皮相似，牧民们将用水

---

① 麻母：蒙古语，母绵羊；特勒格：蒙古语，二岁小绵羊。参见跃进：《青海海西蒙古族风俗文化》，青海人民出版社，2009，第89页。

泡软的羊皮刮去油脂后放进盐和达拉水①，几天后取出反复刮鞣，羊皮会柔软如布，且永久不变性。根据牧民的经验，改用盐和面粉混合的水泡制鞣出的熟皮就没有这种优点。牧民们还将泡软的羊皮缝成筒状，灌入盐和奶子等物后缝合，放在毡包中，不时揉搓外部，几天后羊皮也成为熟皮。

拧皮绳　皮绳在农村用来拉运捆子、装运大件东西、背负草糠等。农业区使用的皮绳一般用牛马骡驴等皮编织而成，先将皮张沤熟后，用大皮铲铲除油污，再放硝等沤制数日，除去毛，皮匠再按要求割成条状。将一种特制的木架固定在地面上，一具木架顶端装有一道可转动的铁环，另一具木架顶端平行装有三道铁摇手，将细皮条固定在铁环和摇手之间，转动摇手拧成皮条，最后用一根刻有三个槽的圆木棒套在三根皮条上，边反方向转动铁环，绳头处便开始合在一起，边在绳上抹青油，边移动圆木棒，最后均匀地合成一根皮绳。取下拧好的皮绳后，由两名身强力壮的年轻人使劲缠绕在廊柱上固定，晒干后便可使用。皮绳结实耐用，但不能浸水，否则容易干硬，失去柔软性。

搓牛皮绳　撒拉语叫"尕希吾尔罕布尔"。先将牛皮在盐水缸中浸泡至柔软，取出后将一角固定在房柱或树上，有一种脚套的特制钝刀刮去牛毛，将牛皮四脚剪成椭圆形，再用利刃将牛皮沿边裁割成宽一寸左右、长十几米的皮条。选好场地后在地上固定好木架，其中一具木架只有一根摇把（可固定），另一具有三根铁制摇把。先把三根皮绳的一头固定在一个摇把上，另一头分别固定在三根摇把上。转动三根摇把，将单根皮条向同一方向旋紧，然后一人向相反方向转动单根摇把，另一人用一个刻有三个木槽的圆形木棍套在三根皮条上，随着摇把的转动移动圆形木棍，三根皮绳便紧紧地扣在一起。一边合绳一边还要在皮绳上涂擦青油，以保持绳子的柔软。拧好的皮绳在阳光下晒干，下架后装入青油袋或酥油袋中，不时揉搓，直到皮绳柔软才算达到使用要求。

---

① 达拉水：打取酥油后剩的奶水。

编皮带　海西蒙古族牧民们善用动物皮张编织出各种皮带和皮绳，他们把一两寸宽的皮子分割成数条甚至更多宽窄相等的皮条，再相互编织而成的皮带，一面有数条编织辫，另一面却是光面，用这种皮带作为马肚带等都非常合用。他们还能根据需要编织出不同造型的皮绳，如皮鞭、马笼头、蒙古包用绳等，因用途不同，造型各异。

搓麻绳　在传统日常生活中农业区的人们穿布鞋，布鞋的千层底是妇女们用麻绳纳出的。先在地边种植麻头，秋收后将麻秆泡在水池中沤数天，再将皮剥下来，干燥后一缕缕分好捆扎存放。使用时，从中分取两股，将一头打结，一手捏绳，另一手在小腿外侧皮肤上向内方向同时搓紧两根麻线，再向外同时反搓，两根细绳就合为一根。一边用手捏紧绳子合口，不让其拆散，一边在两根绳头分别续入麻丝后紧搓合绳，搓出需要的长度的绳子。

拧毛绳　用牦牛等牲畜的毛拧成，这种毛纤维较长，使用柔软，且结实耐用，经常用来背负物品。

马绊　用鞣制好的皮条或较长的牦牛毛、山羊毛和骆驼毛搓编、缝合成的绊绳，有双脚绊和三脚绊之分，用以縻绊马匹。使用时，双脚绊系住马的前后蹄，三脚绊套住马的前两蹄和一只后蹄。比较讲究的脚绊为活扣，编织到头时分为两叉，一头留下扣环，另一头系上木扣子，当木扣子卡入扣环中，分叉部分便形成了一个适中的环，届时套在马蹄上，可以限制马走动的速度。马绊不用牛皮，因为牛皮潮湿后容易拉长而失去作用，铁质三脚绊安全而牢靠，为了防止铁器磨烂马蹄，在铁环内要粘衬毡片。

二　粮油加工

旱磨　旱磨是用人力或畜力把粮食去皮或研磨成面粉的石制工具。由两块尺寸相同的短圆柱形石块和磨盘构成。一般是架在石头或土坯等搭成的台子上，接面粉用的石或木制的磨盘上摞着磨的下扇即不动盘、上扇即转动盘。两扇磨的接触面上都錾有排列整齐的磨齿，用以磨碎粮食。上扇有两个磨眼（小磨一个眼），供漏下粮食用。两片扇磨之间有铁制轴叫磨脐子的，以防止磨扇在转动时掉下来。有直径超过 1.2 米的大磨，需用三匹马同时拉动。一斗（约合 50 市斤）粮食用十多分钟就能拉一遍。一般磨直径 80 厘米左右，一个人或一头驴拉动。小磨直径不足 40 厘米，可以用手摇动，用于磨青稞炒面（糌粑）、花椒面、辣子面等。

水磨 在 20 世纪 50 年代以前的青海农业区使用水磨很普遍。一般建于河水边，用水渠将水引到磨下，河水与磨盘之间形成 45 度的水流槽，流槽的顶端有闸门，开启闸门，流水倾泻而下，提供动力，打动磨盘转动。不用时关闭闸门，流水从水渠上的另一个出水口即"退水"处排出。水磨以水轮的平置或立放分为平轮磨和立轮磨，平轮磨又有小平轮水磨和大平轮油磨之分。小平轮水磨习惯上称为尕磨儿，主要由水轮、轴、磨扇、贮斗等构成，磨扇为石质，是两块圆形且凿有线条的石块，下扇较厚，安装在磨坊地板上。上扇较薄，可以拆卸。水轮头上安装铁杆并做拐头，叫做磨脖子，套在上扇的凹槽中带动上扇转动，为防止粮食洒出，在磨脖子周围打入木楔子。下扇中央穿圆形洞，用来安装水轮轴头。轴下端安装水轮，水轮底部安放在一根横木上，横木上装有生铁铸的"辘面"，是一长约 10 厘米的正方形铁块，四面有圆形的凹坑，可以四面换用。水轮底部安装有十字形生铁辘角，一头放在辘面的圆孔中，以减少摩擦。水轮底部的横木上连接一竖木通到上面，可以调解水磨的转速和面粉的粗细。磨扇上面吊一个牛皮装，叫贮斗，牛皮袋的脖子是贮斗的漏嘴，并用绳子控制其高低及粮食流量的大小。贮斗嘴上另置一根 50 厘米左右的木棒，一头搭在漏嘴上，另一头搭在磨扇上，转动的磨扇振动木棒和牛皮漏嘴，使粮食均匀漏入磨眼中。这种磨转速快，一般用来磨面，每小时能加工面粉 70 斤左右。大平轮油磨习惯上也称作大磨，专用于磨油菜籽。这种磨与小平轮水磨的区别是上磨扇厚重而下磨扇较薄，上扇用绳子吊着固定不动，水轮转动时直接带动下磨扇转动。上磨扇上面放着一个底下有小孔的木箱，木箱中的油菜籽从小孔流进磨眼中，通过松紧磨扇上的吊绳可以调解油磨的转速和磨出的油籽粗细。

八盘磨 1949 年以前，在今湟水河南岸自城中区青海日报社至城东区杨家巷以北的白家河湾修有一道水渠，称为"磨沟"，渠中注入南川河水和湟水河的水，渠岸上植有垂柳和杨树。现在的青海日报社、五一劳动公园、省人民医院和白家河湾四处修建有水磨，每道置八盘磨，共修有四道 32 盘大型水磨。河水冬夏常流，水磨也一年四季运行，生产的面粉供应省、市机关及驻军、学校等，保障着上万人的生活用粮。新中国成立后，电动磨面机得到推广和普及，这些水磨被废弃并被拆除。

手磨 一种小型的家用石磨，常用来加工青稞炒面或麦索等食物。手磨由两片圆形石片组成，两片结合处都刻有凹孔，底座磨扇正中栽装一截小木桩，与上片石扇凹坑套在一起，形成隼卯结构。上片磨扇面中间凿出凹面，用来堆放粮食，略离中心处开凿孔洞，供粮食漏到两片磨扇之间。上片磨扇另凸起一块，居中凿出凹孔安装木把手，使用时，手握木把手使力，逆时针转动上面的磨扇时，从磨缝中流出青稞炒面或青稞麦索。

油坊 传统上专门榨油的作坊就是油坊。食用油料多为油菜籽和胡麻。先用石磨将油料磨成粉状，再放到油坊专用的大锅上用蒸箅蒸熟，再在地上凉冷，后用草绳和马莲叶包成圆饼状，放到油梁下的油台上，油台实际为生铁圈，放置油饼后用绳子和草等封闭住铁圈口。在油梁上的木网中堆放石头。油梁的另一段设置有一块将军柱，也称为七星板，用木楔固定油梁。抬高油梁称为升油梁，用辘轳绳拉起，巨大的油梁加上石头，产生了巨大的压力，压榨出油来，挤出的油流到盛油容器中。七八个小时后吊起油梁，拉出油包，倒出麻渣，这道工序一般要反复三次，直到榨干为止。用这种方法榨出的油，称为土油榨。20 世纪 70 年代以后，这些传统油坊逐渐被机械榨油机所取代。

三 生活用品加工

蒙古族木雕 柴达木盆地的蒙古族在长期的生产生活中发展出了具有

民族特色的手工雕刻艺术，并形成了相应的木雕手工行业。工匠们多采用圆润的刀法与线刻刀法相结合的手法，选用当地出产的野生红柳、白刺等易于雕刻的原材料，雕刻出造型奇特、木质柔软、不易变形或腐蚀、可以长期保存，且花纹清晰、颜色鲜艳的日常用品。雕刻的人物有成吉思汗、忽必烈、罗卜藏丹津等历史人物，有各种各样的佛像等；雕刻的动物有牛、羊、马、骆驼、狗、猫等，圆润、丰满而雄健有力，特别是鬃毛、尾部等部位采用线刻的手法，增加了动感；生活用品有蒙古包、挤奶桶、木碗、桌、椅、板凳等。

马鞍 传统上农牧区民众出行时，按条件有骑马、骑骡子、骑驴、骑牛等方式。俗话说"好马配好鞍"，牧区的人们对马鞍非常讲究。如在天峻等地，牧民们常用的马鞍有"大四平"、"中四平"、"小四平"和"猴头鞍"，前两种马鞍都配有前攀后肚带，鹿腿皮加银镫，也有景泰蓝镫，大摆鞴。"小四平"和"猴头鞍"只有肚带和铁镫，牛鞍也是"猴头鞍"。

安冲腰刀 牧区民众对刀有着特殊的感情，刀不仅用于日常生活中还用来装饰和护身。玉树地区所产安冲腰刀，制作精良，久负盛名。主要的手工工艺有"布扎"和"笔索"，制作工具为有大小不一孔眼的钢板（称为"珍孔"）和有刀刃的木柄模具（称为"布嘎"），先将金银等切割成条状后用"珍孔"拉扯成丝状，再用"布嘎"割磨成有槽眼的镙丝状，制作成"布扎"。"笔索"是打制为更加细小的"布扎"。先在刀柄和刀鞘上用有槽的"布扎"焊接出龙凤、花卉、八宝等花纹样式，然后将更细小的镙丝状"笔索"嵌入条块中组成各种图案。更讲究的在刀柄和刀鞘正中部位还镶有鳄鱼皮，在"笔索"和装饰皮上镶有红珊瑚、玛瑙、绿松石等贵重饰品。腰刀分为男式和女式，男式刀多为直线形，形体刚健，刀刃锋利，镀金镶银，装饰性更强。女式刀大多为月牙形，阴柔小巧而做工细腻，造型美观。2008年6月，"藏族金属锻造技艺（藏刀锻制技艺）"被国务院公布为国家级非物质文化遗产保护项目。2009年，龙多然杰被评为该项目的国家级"非遗"传承人。

囊谦黑陶 主要流传于玉树藏族自治州囊谦县吉曲乡山荣村等地，曾是囊谦千户时代玉树二十五族的贡品。黑陶的制作从取土石、和泥、醒土、初加工、毛坯成型、打磨、风干、烧制、酥油抛光、细加工等工序都用手工完成，最后用牛粪烧窑。之所以呈黑色，是在烧窑时用了一种"封罐熏烟渗炭"的特殊方法，在烧制过程中，通过严格控制温度和湿度，使炭粒渗入陶坯所致，形成了"黑如炭、硬如瓷"的特点。常用的器型有坛罐、壶、香炉、酥油灯等，艺人白玛群加在继承的基础上，还开发了"将军壶"等新的造型。2008 年，"陶器烧制技艺（藏族黑陶烧制技艺）"被国务院公布为国家级非物质文化遗产保护项目。2013 年，白玛群加被评为该项目的国家级"非遗"传承人。

大通砂罐　砂罐是在传统生活中河湟地区人们常用的一种生活用品，常用器型有熬茶罐、熬药罐、砂锅、土火锅等多种。大通桥儿沟的回族匠人们选用色红、质细、柔软、无杂质、耐火强的红土，再加入煤矸石、青泥等原料，粉碎过筛，按比例调配成泥，再用手工制作成坯胎，晾干后装炉烧制出的砂罐具有耐高温、耐酸、耐碱、韧性好、不炸不裂等特点，熬出的肉汤美味独特，煎熬的中药汤济药性不变，在当地较有名气。

银铜器加工　青海民间多有银匠、铜匠等匠人，他们将银和铜等加工为生活用品、首饰品、服装饰品、宗教用品、建筑装饰品等。银铜匠有家族传承的，也有亲戚传艺的，还有带徒授艺的。银器的加工一般有化银、制坯、灌胶、刻花、火焊、打磨、霉洗、装嵌、清洗等九道工序，表现上有高浮雕、浅浮雕、嵌丝、镂空、镶嵌等手法。铜器制作主要有构图、下料、焊接、锻砸、灌胶、精锻、抛光、错金、镶银等工序，其中锻雕镂刻花纹的技法有浅雕、凸雕、镂雕三种，比较有特色。鎏金是通过煞金、抹金、开金、压光等工序，通过特殊工艺将金镀在银铜器表面的一种工艺。由于需要量巨大，在塔尔寺周边形成了银铜器加工街。2011 年，"湟中银铜器制作及鎏金工艺"被国务院公布为国家级非物质文化遗产保护项目。2013 年，何满被评为该项目国家级"非遗"传承人。

西宁泥炉　1949 年以前，西宁人家多买泥炉子来做饭和取暖，这种泥做的炉子大小不一，有圆形的，也有长方形的，造型精巧美观，占地面积小，坚固耐用，搬运方便。当时最好的泥炉子要白洋 1.3 元左右，最小的要五六角。而当时的铁炉子卖到 16 元，铜火盆在 13 元左右，相比之下，泥炉更有市场。据民国老人张奋生回忆，当时西宁街头生产和出售泥炉的铺店有十七八家，知名的有赵寿、魏君兴、孙福生、雷春发、赵顺、雷良多、丁永秀、刘生福、刘永德、许永德、熊长业等[1]。

泥炉制作　做泥炉的红黏土取自南山，泥炉表面专门敷一种无砂的细红土，这种红土产于西宁东郊乐家湾山后的石沟一带，当时当地的农民用毛驴驮运到西宁来，一小袋卖白洋一元左右。泥炉手将红土堆放后中间挖坑放水，放置一夜后，在红黏土中加入毛发来做筋，搅拌均匀，用脚踩踏后，将很黏的红土分为四段：第一段用脚踏成厚约一市寸的圆形炉底，底上立放四根五六寸的小泥柱，作为炉身的交架；第二段用精泥包裹形成炉身；第三段塑制炉头；第四段为宽四五寸的炉沿。成型的泥炉放置在阴凉处，待炉身沿变干后，再用细红土和石灰、纸筋等拌成糊状，用手均匀地涂抹在炉沿表层。再等到半干后用碎瓷片细心磨擦，直到炉身光滑发亮，看起来如瓷如砖，即可送到铺店去出售。

四　生产类代表性工匠

袁忠魁（1847~1920）　炉院匠。江苏南京人，汉族。传统社会中将手工铸造作坊称为炉院，铸造工匠被称为炉院匠。据说袁忠魁的祖上是在明洪武八年（1375）从南京随军来到西宁观门街定居，专门铸造犁铧、铁锅、钟磬、香炉、火盆等产品的。袁忠魁根据青海不同地区特点和农民的反馈意见，对传统犁铧的铸造工艺和造型进行改革，生产出了"西宁铧""玉树铧""贵德铧"三种铧，分别适合于湟水流域农业区、玉树和贵德等地区的

① 张奋生：《解放前西宁泥炉手工业简介》，《西宁城中文史资料》第二辑，内部资料，1989年 8 月印，第 110~112 页。

农业耕作，他铸造的铧入土深浅适宜，铧面光滑不沾土，耕作省力，不掉铧，不易断，被称为"袁炉院老铧"。袁炉院还为塔尔寺铸造过六口铜锅，最大的两口直径约 1.2 米，深 0.7 米，重 0.5 吨。此外，西宁城隍庙原有的重约 0.5 吨的生铁煨炉，西宁城门楼的 4 口大铁钟，化隆蕊札寺重约 0.5 吨的大铜锅和重约 1 吨的大铁钟等均为袁炉匠铸造。

杨喜娃（1850~1920） 马鞍匠。陕西渭南人，汉族。清光绪二十三年（1897），杨喜娃父子二人在西宁石坡街开设鞍辔铺，专门生产马鞍和车马挽具，他们生产的马鞍取材于互助北山的桦木，马鞍的前后鞍头是用整块桦树根做成的，形成了鞍头大、鞍桥宽、鞍墁适合于肥瘦各型马背，被称为"西宁马鞍"。

王三元（1878~1943） 木匠。乐都区高庙镇西村人，汉族。1937 年，王三元利用撬杠原理，在当地小河上设计建造了一座握桥，据《高庙村志》[①]介绍，这座桥"两头不设墩柱，铺设伸臂木梁，层层叠压，每层由横木穿连（肋木），以便透气，防止木质腐朽。层层木梁向河中挑出，中间相握而成，上面铺设厚木板，桥两边设有防护栏杆"。王木匠还根据水磨的原理设计制作了一台旱磨，磨底下装有两个大小各异的齿轮，用畜力推动齿轮转一圈，上面的石磨转三圈，少到 8 斤粮食都可以磨成面粉。他做的转灯别出心裁，为里外两层框架，用纸裱糊。中心装有可转动的轴，顶端装纸做的风扇，灯座上插一支蜡烛，点燃后烛烟上升，冷热空气交合形成动力，推动风扇转动。里层框架的四个面上绘有《三娘教子》《姜子牙钓鱼》《桃园结义》等画面，也随着转动起来，在春节彩灯中独占鳌头。

李永寿（1871~1950） 铁匠。湟中县土门关王沟脑村人，汉族。年轻时在西宁学得铁匠手艺后，在今大什字南大街开设了铁匠铺，他锻打的镰刀厚薄均匀，刀口处加了一层"川钢"[②]。由于镰刀淬火技术好，刀口锋利不卷

---

① 高庙村志编纂委员会：《高庙村志》，内部资料，2004 年 8 月印，第 305~306 页。
② 川钢：当时人们将从武汉生产的钢材经长江水路运到四川，再从四川运到西宁来，称为"川钢"。

刀，分量轻，不磨手，用这种镰刀割麦时麦茬宽而低，经久耐用，深受农民欢迎，除周边地区农民外，湟中、大通、湟源、互助、平安、乐都、民和等地的农民都慕名而来。李永寿特地在他的镰刀上砸上了对葫芦图案，葫芦中间有个"李"字，作为与其他铁匠铺的产品区别标识，于是"李葫芦镰刀"之名便不胫而走。那时的李铁匠铺，师徒4人一天只能生产12把镰刀，麦收季节早晚加班也只能生产24把。除镰刀外，李永寿还生产铁锨、镢头、耙子、锄头、手铲等农业生产工具，推刨刃、锛子头、锯条等木工工具，泥抹子、瓦刀等泥瓦工工具，还有蒸笼匠用的铲刀、割刀等工具，皮匠用的铲刀、刮刀、割刀，牧民用的羊毛剪等，还生产一些菜刀、剪刀、铁勺、漏勺、锅铲、门扣、火钳等生活用工具，每件铁器上都砸有"葫芦"标记。

王延昌（1887~1953） 银匠。青海湟源人，汉族。自幼跟随父亲学艺，后在湟源县城开设银匠铺，制作藏式汉式金银首饰。1938年与孙子王海龙在西宁饮马街13号开设"德盛银楼"，制作的藏式首饰有银盾、牌子、带环、奶钩、佛阁、耳坠、戒指等。1945年为大通县一名顾客设计定做了一顶重20两纯银的菩萨凤冠，做工精细，同行争相观赏，赞不绝口。

徐成全（1885~1959） 风匣匠。西宁人，汉族。1912年，徐成全在西宁西大街开设木匠铺，主要制作风匣。他的风匣有单杆、双杆和四杆等规格，用料讲究，做工精细，木板平展，合缝严密，不变形，不裂缝，风箱中的猫儿头上加垫鸡毛或黑龙纸，风力大，使用平滑轻便，被称为"尕徐风匣"。

张得福（1910~1972） 石匠。西宁人，汉族。张得福子承祖业后对手艺精益求精，选用互助、湟源等地的花岗石，凿刻的产品有磨扇、手磨、碌碡、碾盘、碾子、臼窝（俗称茶窝）、石条、石碑、石柱、石狮、柱础（俗称为柱顶石）、桥石、桥栏杆、石猪槽、石井盖等。特别是刻制的石磨石质软硬搭配，磨口松紧适度，砂口畅利，出粉率高，面细而白，口感好，颇有名声，当时西宁的80多盘磨中，半数以上是张得福维护的。

马国祯（1894~1989） 铁匠。甘肃临夏人，回族。1928年，马国祯一家逃荒来到西宁，在北小街口开铁匠铺，以锻打藏刀为主，在刀面上砸有一个手掌图形的标记，人们称为"手牌"藏刀。他打的藏刀有 5 寸和 7 寸两个规格，配有牛角花纹把柄，刀鞘做工十分考究，特别是还配有筷子、镊子、挖耳勺等附件，造型独特，一物多用，深受藏族群众喜爱。1956 年，马国祯参加了西宁市铁工生产合作社。

第三节　生活类手工民俗

一　饮食加工民俗

（一）食品加工

炒面　藏语称为糌粑，即把炒熟的青稞磨成的面粉，食用时在适量茶水碗中加入炒面，用手调拌适中后捏食。糌粑是牧区的主要食物。在农业区，以前还将玉麦、燕麦等焜熟（蒸熟）后在水磨上磨成炒面，但青稞仍然是最主要的炒面原料。讲究的人们在炒青稞时，先在锅里放入一种干净的细砂子，加热后放入青稞，改用文火并不停地翻搅到一定程度，青稞就如同爆米花一样裂口开花。炒好的青稞冷却后在手磨上磨成炒面食用。在牧区，妇女们在干净的青稞中洒些水，在太阳下晒干后才炒制。炒制时先在锅中放入细白土，烧红后再放进青稞，炒出的青稞受热均匀，皮面焦黄。再将炒好的青稞装进小毛口袋中揉搓去皮后，用簸箕分去皮糠，在手磨上磨成炒面。有一则藏族谜语"石崖头上羊羔跳，石崖下面雪花飘"，猜的就是磨炒面。这样做出的炒面香甜可口，香味远飘，很是吸引人。为了保持新鲜，她们每隔六七天就要做一次炒面。

"心"　藏语和蒙语都称为"心"（音译，也写作"星"），是一种民族食品。制作时先在锅中将酥油融化，再放进适量的人参果（蕨麻）、奶酪（曲拉）、炒面（糌粑）、红枣、葡萄等，盛在容器中冷却后，上面放一个红枣。

这种"心"是一种礼仪食品，在过年拜年时作为礼物，小的"心"每人一个，大的"心"有的直径有 50 厘米左右。蒙古族做"心"的方法与藏式做法大同小异，且多为长方形，"心"上面的装饰图案更有民族特色。

"吾菜" 藏语音译，即春肉。在冬春季节草干水冻，牲畜变瘦，牧民一般不宰杀牛羊。为保证肉质，一般在冬季前牲畜膘肥之时储备牛羊肉。宰杀时要选择肥羯羊、肥牛。早晨时分，男主人在牲畜出圈前，用套绳套住羊，揣摸尾巴根和胸部，如果手下浑圆，表示羊的膘肥；要是摸到骨头，说明膘不好，要放回。牛的肥瘦要判断其耳朵，牛耳内油渍渍的表示膘肥，如果干巴说明是瘦牛。选中的牛羊宰杀后，剥开皮子，脊背处皮肉相连，取出肠子内脏后再将皮子合起来，放置在帐房边，春天时再拿出作为"吾菜"食用。

甜醅 甜醅是青海的传统食品，制作方法简单方便。先将簸选好的干净青稞或玉麦煮开，后用文火，煮至颗粒开口时捞出，在面板上摊匀凉冷，将甜醅曲捻成粉，按一定的比例均匀拌入其中，再盛装在容易保温的瓦盆中，放置在火炕上，罐底铺草，罐身覆盖棉被棉衣保持恒温。两三天后会闻到酒香味，罐身会发热，观察粮食上生出粉状略带绿色白毛时表示已经成功了，便可取食。甜醅冬夏皆益，夏天能清心提神，冬天能壮身暖胃，增加食欲。过去在西宁流传着一首顺口溜说："甜醅甜，老人娃娃口水咽，一碗两碗能开胃，三碗四碗顶顿饭。"

粉条 粉条由洋芋、豌豆等加工而成，主要工序有选料提粉、配料打芡、加矾和面、沸水漏条、冷浴晾条、打捆包装等。湟中县多巴镇的豆粉（豌豆粉条）曾经较有名气，粉条匠们选取优质豌豆，粉碎磨成豆面后，在盆上放纱布，上面放豆面后用水冲洗，之后放置沉淀一夜后，将液体排出，留下的称为粉面，晒干后备用。下粉时，将干淀粉用热水调和成糊状，用沸水边冲边搅拌，称为打芡。在芡粉中加入适量明矾，再与湿淀粉混合，和成不结块、不粘手的软面团。下粉时，先将大锅水烧沸，下粉者蹲在大锅沿处，一手撑漏勺，一手将面团放在漏勺中均匀拍打，面团通过漏勺眼，成为条状徐徐落入锅中，遇到沸水后便凝固成粉条。下粉讲究中间不能中断，因此大多在夜间下粉。一勺下完后，用棍挑起粉条，在冷水桶中冷却，再搭到双杠式的粉条架上，冷冻日晒，干透后打捆储存或出售。

（二）陈醋酿制

湟源陈醋 湟源酿醋是中国药膳保健醋之一，以高原独有的青稞为主料，配上雪莲、红景天、党参、当归、枸杞等60多味草药，还加入草果、八角、茴香等香料，经过制曲、上料、发酵、淋醋及晒醋等多道工序精酿而成。陈醋酿造约始于清乾隆年间，至清末间，最有名的醋房有4家：陈林甫的"陈醋房"、马进福的"马醋房"、简有才的"简醋房"和林有瑞的"林醋房"。当时丹噶尔城（即湟源）贸易中销售的大宗商品之一就是陈醋，商人们还把陈醋装入特制的木质小筲内，驮运至蒙藏牧区、西藏乃至尼泊尔、印度等地，获得丰厚利润。为了方便牲畜长途驮运，醋坊还根据客户需求，将醋浓缩制成醋干，买家勾兑上凉开水融化即可食用。由于其味道醇厚、酸甜适度，是食用牛羊肉、吃面条、拌菜绝佳搭配作料。

莫家陈醋 1949年前后，西宁人莫雨亭酿制的陈醋，在西宁和牧区颇有名气。在每百斤麦麸皮中加入20斤青稞面、白面（小麦面）和豆面，再加入适量的陈皮、白及、党参、黄芪、党归、砂仁、丁香、荜菝、良姜、桂皮、草果、花椒、生姜、麻黄、乌梅等中草药粉，加水搅匀，制成每块约5斤重的曲块，后用麦草盖好使其自然发酵，四五十天后即成醋曲。再将青稞煮烂，加入醋曲后装入大木桶内，经过二三十天发酵，制成青稞曲醅。再将麦麸皮装入大木桶内，加入20%的青稞醋醅，经过三四十天的自然发酵，酿成醋麦。再经过四次反复过淋，制成醋液，装入大瓷缸内，经过半年多的日光曝晒，蒸发浓缩成陈醋。由于制作时间长，人们称为慢醋。

循化拌醋 拌醋曾是循化传统的特产之一。大部分循化人家都能酿造，成品拌醋黑如漆，稠如饴，异香扑鼻。饭碗中调入一匙，全碗成黑褐色，香气溢出室外，余味无穷。撒拉族还形成了以酿醋来预测年景的习俗，酿醋好是吉祥的征兆，如果酿醋不成功，表示来年不吉祥。以酿醋成败来预卜来年吉凶顺逆在行业中比较普遍，所以民间常把"坏事了"说为"一缸缸儿酸了"。

头醋 淋醋时第一次接的醋称为头醋，第二遍淋醋称为二茬醋，第三遍为三茬醋。再淋醋时，又用三茬醋搭二茬醋，二茬醋搭头醋，这样淋下的头醋不需要再淋，可以贮存起来。

醋大曲 循化拌醋的拌料，大小与建筑用砖相当，其中最负盛名的是甘都大釉。但可惜这种制曲技术疑已消亡。

醋曲方 循化拌醋有独特的处方，每付方子共有十六味中药，其中羌活、独活、赤芍、秦艽、麻黄、陈皮、荆芥、薄荷、姜皮、花椒等十味各一两；乌药、肉桂、毕拔、良姜、吴芋等五味各五钱；甘草二两。

（三）制取碱盐

土碱 撒拉语叫"乔干答拉"，汉族、回族等称为"沙篷灰"。制作时，先从干旱沙丘荒滩中采集一种野生碱草，烧成灰后，放进一个漏底的沙罐，加水，碱汁就漏到下面，收集这种碱水后和入面中，做出的面食脆香可口。

土盐 据清《循化厅志》载："循化所食之盐有二种：一为土盐，即在黄河以北诸山下沿河一带碱土，回民取土以水泡之，经夜去土，将水入锅，熬煮成盐，为方块；一为青盐，出于青海蒙古人驼西宁，由西宁转贩入境。青盐味佳，而自西宁至此路远，脚价重，故来者少，民间多食土盐。"[①] 用盐渍土制取的盐撒拉语称为"都孜答拉"。在清乾隆年间，积石镇丁匠、石头坡、乙麻目、大别列、尕别列村的群众使用的就是这种土盐。到民国时期，仅大别列就有25户102名村民依靠土盐为生[②]。1949年以后，政府加大茶盐供应，

---

① （清）龚景翰撰《循化厅志》，李本源校，青海人民出版社，1981，第284页。
② 循化撒拉族自治县志编纂委员会：《循化撒拉族自治县志》，中华书局，2001，第297页。

至 1953 年，政府封禁土盐并发放救济款 500 元，43 户盐民全部转产农业，土盐生产中止。

（四）奶制品加工

酸奶　酸奶深受农牧区人们的喜欢，一般在家中自制。首先是将煮沸的牛奶凉到温度适中时，再加入适量酸奶酵，之后用衣物等保护容器，使其保持恒温，数小时后便成为酸奶。过去，农村人一般喜欢在晚上做酸奶，保持恒温的办法是在煮过奶的铁锅中铺些干草，再放进酸奶锅，如果铁锅温度太低，再烧少许草加温。放置一夜后，次日起床时整锅雪白的酸奶已经成型。制作酸奶的关键是掌握温度，温度过高会"烫死"奶酵，温度过低也成不了酸奶。

酥油　藏语称为"芒"，色泽呈金黄或乳白色，营养非常丰富，一直是游牧民众吃食糌粑的主要作料。最早的做法是将熟牛奶和剩酸奶装在牛皮袋中，吹气后扎住口，在地上滚动摇晃，数千次后加工出酥油。后来出现了酥油桶，一般是用柏木等木料做成的圆形桶，桶盖中间有孔眼，中间置木杵，杵柄穿过孔眼，十字形的杵头与桶壁之间有一定的间隔。当熟牛奶和剩酸奶积累到一定量后，妇女们便上下打木杵，需反复数千次，当桶中积出一定量的酥油时，便用双手聚到一起捞起，挤出奶水，反复拍打成圆块，这时的酥油水分多而较软，便放进凉水中速凝成形，再反复拍打后放置在石块上晒干水分，后存放食用。现在普遍使用机械分离酥油，但其质量不如手工打制的酥油。

酥油箱　一种存放酥油的木箱，一般用生牛皮或羊皮镶面。天峻等地的牧民们将打出的酥油抹在酥油箱中，层层积累到五六十斤时，再用刀将酥油挖出来，把酥油块泡在冷水中，用手捏拌成大块酥油，在干净的石板上揉搓提打，将水分彻底挤出后装在羊肚或牛肚中存放，也有的装在羊皮袋中存放食用。

奶酪　藏语称为曲拉。分离酥油后剩下的奶水带有酸味，倒进锅中用温火煮，就会形成豆腐状的奶酪，还有发青的奶酪水。天峻等地的牧民们分离奶酪也有特殊方法，他们用牛毛织成滤袋，吊在帐房门口的两根杆之间，袋的下面为煮奶酪的锅。分离时，用一根棍子撑开滤袋口，将煮沸的奶酪和水倒进袋中，奶酪水下漏进锅中，奶酪留在袋内。一般第二天将奶酪倒出，晒在阳光下，用手掰成小颗粒。晒干后的奶酪呈象牙白，较硬，有帮助消化、健胃、止腹泻等功效。

奶皮　门源地区的回族群众擅长制作奶皮，其中尤以麻莲回族乡的奶皮最受人们喜爱。当地人制作奶皮多选用奶脂高的牦牛、犏牛奶，制作时，将新鲜牛奶在锅中烧沸，改用温火，继续保持沸腾，用长把勺舀起牛奶，再细细地倒入锅中，反复数百次之后，牛奶表面会浮起一层奶油泡沫花。停止搅动，保持温度，但不能烧沸，将锅盖半沿盖在锅上，放置一夜后，上面便形成凝结的奶皮。揭起奶皮，使奶皮向外对折，放置在通风阴凉处自然风干。食用时，将奶皮切成菱形小片盛在盘中，用奶茶或熬茶浸泡片刻食用，也可以直接食用，富有营养，且可口。

二　服饰加工民俗

织褐子　褐子是用羊绒和牛绒织成的手工粗布。据《西宁府续志》载："毛褐、蕨麻、茜草、冬虫草等类，由玉树土司地方运来销售。每年一次、两次不等。数亦难稽。"[①] 说明在明末清初之时，玉树所产的褐布较为出名。织褐子时首先要从羊毛和牛毛中分选出短而柔软的绒毛作为织褐子的原料，再用传统的纺车纺织成细而均匀的线来织出更细密的褐子。长的牛毛、羊长和山羊毛等纺成更粗的毛线织成褐布，多用来做口袋和褡裢。为了增加毛线的柔韧性，还要将纺成的毛线在锅中用水煮熟后用脚踏踩去除水分晒干，使毛线结实耐用。褐子幅宽一尺左右。在褐架上布好经线后，用梭子开始织

---

① （清）邓承伟等：《西宁府续志》卷10《志余》。

布，并不断地用木刀捶打织布，增加紧密性。织好的褐子还要染色，大多为褐色，也有米黄、黑、白等色。褐布在旧时多用来做被面、褐褂、褐衫、毛毯、褡裢、茶袋、粮袋、背包、帐篷等。到清朝后期，这种手工土毛布多流行在民间和工人之中，据《丹噶尔厅志》载："毛褐以羊毛捻线织成者，厚致温暖，亦能资以御寒。工作下人服用，大半资焉。岁中织造约千余匹，每匹三两，共银三千两。"[①]1949 年后，各种机械织布普遍开来，手工织褐子因费时费力，质量较为粗糙等被淘汰。

剁布　织褐子时，用专用的木刀不停地捶打织布，以使褐布更加紧密，这道工序称为剁布，其中的木刀称为剁刀。因为这个工艺特点，织口袋也称为剁口袋。

缝大羊皮袄　藏语称为"作化"，有冬板皮袄和秋板皮袄之分，冬板皮袄在冬季穿着，秋板皮袄在春秋两季穿用。以天峻地区为例，冬板皮毛长而厚，秋板皮是剪过羊毛后一两个月时的羊皮，毛茬齐但毛层不厚，缝制一件皮袄要用 7~9 张羊皮。一般冬板皮不作装饰，而秋板皮在鞣制时要用黄土上色，使毛色变为淡土黄色。镶边装饰在当地称为"三点水"，好的皮袄最上面用金线绳，中间为平绒或条绒，下面则是 10 厘米宽的花氆氇，还有的在镶边外缝制 5 厘米宽的羔皮。领子都用羔皮或狐皮作装饰。

缝羔皮皮袄　藏语叫"察日"，天峻一带的藏族将羔皮分为"文巴"（死大毛）、"哇察日"（二毛皮或中皮）和"跟察日"（小羔皮）三种，一件皮袄用料为 30~40 张羔皮。老年人多穿"文巴"缝制的皮袄，暖和而轻便。冬春季节牧民穿"哇察日"皮袄，夏秋季节穿"跟察日"皮袄。羔皮皮袄都搭面子，常用的有平绒、条绒、缎子等，镶边多用水獭皮、织锦缎、花氆氇、金线绳等。用藏红狐做皮筒子、黄马裤呢做面子的则是藏式皮袄中的极品。

制"吓热亥"　撒拉族的一种简易皮靴。制作时，剥取牛的大腿弯曲处的皮子，人的脚后跟正好可以放在中腿的骨节上，再按脚的长度和宽度缝

---

① （清）杨治平:《丹噶尔厅志》卷 5《制品类》。

制。这种靴晚上要放置在阴凉潮湿处，以防牛皮变干变形。

制"劳特" 撒拉族的一种牛皮制的冬靴。制作时，先揉搓好牛皮，再按脚的大小把四周皮撸在一起，用线连接，靴头做成虎爪形，穿着时靴内垫一些草取暖。这种靴结实耐用，适合于雪地劳作和打猎时穿着。循化孟达乡塔沙坡村的"劳特"靴曾经比较有名气。实际上，在青海东部气候条件相当的山区，汉族等其他民族也都自制过、穿用过这种靴子。

缝制藏靴 今黄南藏族自治州同仁县曲库乎乡江什加村被誉为"藏靴之乡"，这个村的村民祖祖辈辈以缝制手工藏靴为生，因制作的藏靴工艺精湛、用料考究且经久耐用，曾经在青海、西藏、甘肃、四川等地十分畅销[①]。湟源县在清代、民国年间为蒙藏民族制作靴子的手工行业比较兴盛，最盛时有80余家。约在咸丰以前销往牧区的藏靴达万余双，每双值银六七钱或1两多[②]。制靴子的主要用料是牦牛皮，加工好的每张牛皮可做藏靴两双半。藏靴的制作过程比较烦琐，但要求很高。一张生牛皮要经过熟皮、染色，变成手感柔软、不干裂、无皱纹、色泽透亮的缝靴革，然后按图形分片裁出。靴底用牛皮数层，用麻绳缝制，纳靴底时要求计码均匀、前后端正。做好一双考究的藏靴需要10~20天时间，做一双最普通的藏靴也得3~4天才能完成。制成的靴子皮底皮帮，底厚帮高，具有工艺精巧、色彩鲜艳、防寒保暖、结实耐穿等特点，且式样特别，左右可以换穿。这是游牧人家乘马踩镫时不可缺少的必备用品。

三　行业著名工匠

莫雨亭（1887~1953） 酿醋匠。西宁人，汉族。莫雨亭幼年丧父，家境贫寒，经亲友介绍，到西宁观门街傅家醋坊当学徒。学徒期间，虚心好学，刻苦勤劳，经过8年的实际操作，掌握了酿醋的生产技术，成了酿醋能

---

① 同仁县地方志编纂委员会：《同仁县志》，三秦出版社，2001，第349页。
② 林生福：《湟源藏靴琐谈》，《青海文史资料》第十六辑，内部资料，1987年12月印，第145~147页。

手。出师后，在南大街路东开了"合盛统"陈醋店，独自酿造和经营陈醋，后来又在西大街开了"合盛西"分店。他在酿醋过程中不断地总结经验，改革了酿醋的操作工艺和配方，形成了"莫家陈醋"的独特风味，酿制的陈醋夏不生花，冬不结冰，醋味醇正，清香甜润，质地浓稠，色、香、味俱佳，深受人们的喜爱。

冶生贵（1904~1981）　皮匠。西宁人，回族。冶生贵缝制皮袍的手艺高超，可以选用 120 张狐狸皮的不同部位和毛色，裁制出 11 件不同规格、不同毛色和图案的狐皮上衣，用狐皮脊背皮裁制配成的图案有"腋抱脊""脊抱腋""六道脊""鱼儿钻纱"和"锅盖梁"等；用狐皮嗉子皮裁制配成的图案有"一毛儿""乌云抱"；用狐皮前后腿皮和头皮裁制配成的图案有"颠倒腿""牛蹄抱""虎蹬头"；用狐皮腋窝皮裁配的图案有"孔雀眼""吉祥腋"；用狐皮的不同部位和毛色裁配出的图案有"高山流水""鸳鸯戏水""孔雀开屏""松鹤延年""怀中抱月"等。

马纪良（1900~1993）　糕点匠。西宁人，回族。1918 年马纪良子承父业后，聘请糕点技师韵汉林为指导，在"万盛马"清真糕点生产中采用"什锦南糖"糕点做法，结合回族群众传统的蜜食技艺，生产的水晶饼、提糖月饼有柿子、佛手、石榴、梨、桃、白兔、黄岛、鱼、虫等多种造型，形象逼真，其中的馅料有糖馅、枣泥馅和豆沙馅，配料独特。他生产的芙蓉糕、夹沙糕、沙琪玛、金果麻圆、花琪糕及回族传统食品中的一刀切、蜂窝糖、蜜汁麻花、芝麻酥等食品甜、酥、脆，风味独特，花样繁多，可保存三个月之久。

第四节　手工业祭祀与禁忌

一　祭祀

祭拜祖师　手工业各行业有祖师，木匠敬奉的祖师爷是鲁班，铁匠敬奉太上老君，画匠敬奉吴道子等。传统上在过年或传说是祖师的生日等特定时节会进香祭祀，或师傅收徒举行仪式时，敬拜祖师爷。1949 年以前，银匠每年农历五月十五日同行聚会，祭祀祖师太上老君李耳，在"会首"主持下，杀猪、宰羊、念经、唱戏，娱乐一天，费用均由会员摊付。铁匠、铜匠的祖师也是太上老君，在老君庙设有"金火丹炉太上老君莲花宝座"神位，每年农历二月十五日和八月十五日两次祭祀，届时由"会首"主持，杀猪、献馒头（称为献子）、焚香表，祭后大家欢聚一天。理发业供奉的祖师为吕洞宾，每年定期聚会祭祀。醋房家认为酒醋同艺，供奉的祖师为杜康父子，传说醋是杜康儿子经过 21 天发酵后在酉时淋出的，故称为"醋"。有的人家在造醋前，沐手焚香，向杜康父子神位叩拜。

敬油神 传统上人们的观念中，油房里也有"油神"。每逢榨油前要煨桑祭祀，祈求多出油。同理，认为在磨房中也有神鬼，甚至在每扇后都有神。1949 年以后，这些信仰逐渐消亡，祭祀仪式中止。

拜烘炉 20 世纪 50 年代以前，生铁铸造作坊称为炉院家，工具有用焦炭作为燃料的烘炉、冶炼铁水用的坩埚、风箱和各种模具等。每年二月十五日开炉的时候，工匠要给烘炉点灯、上香揖拜。

阴阳宅选址 青海汉族、藏族、土族和蒙古族等民族在阴阳宅的选址与建造过程中，很多祭祀仪式与堪舆术紧紧连在一起，请阴阳先生或高僧大德看风水选宅地。从破土开工到建成进宅，每个重要环节都要选择吉日良辰，整个过程有着一系列的巫术、祭祀、禁忌活动。如奠基等仪式中要祭奠地方神灵；上梁、封顶仪式中进行祷祝喜辞，舍散糖果馒头，宴请嘉宾。

回族建房习俗 回族以前建房只选吉日（主麻日）开工，开工前一般请阿訇和亲友念"亥亭"，以告慰先人，祈祷平安。上大梁时，请阿訇在纸、布和绸子上书写一段经文，用红布包到大梁中段，以镇压"易卜劣斯"（魔鬼）。有些地方因受汉藏风俗的影响，在梁中放五色粮食，有的放发面[1]，其

---

① 朱世奎主编《青海风俗简志》，青海人民出版社，1994，第 381 页。

民俗意义与汉族的"上宝梁"相同。

祭碌碡　传统上农区民众在每年除夕夜有祭碌碡仪式。如湟中县共和镇南村，在行祭前，村民将碌碡集中到打碾场中，先在碌碡上贴钱马，并点一盏泥灯，在碌碡的鳍眼中填几块猪肉，周围地上奠茶，在一个馒头上点三炷香，磕三个头便祭祀完毕，之后取肉回家。藏族多用猪头祭碌碡，烧纸磕头，说祝词："碌碡哥，你孽障。牛粪粘在你身上，打下的粮食我吃上。"祭毕后才煮食猪头。祭碌碡仪式在 20 世纪 50 年代后便消亡了。

祭土神　土神即土地神，也叫"土地爷""土主"，属多民族信仰。在打庄廓前，请"老师傅"合日子，认为不小心得罪土神会引来病灾，出现家人腿疼或腿肿等病症，一般用"谢土"和"回土"的仪式进行祭祀禳解。"谢土"是新家入住前的仪式，这种仪式大多是"古尔典"主持的，还要请人扮作土地爷。"回土"是对土神进行的谢罪性质的仪式，一般是家人收集家中各处的土后送到十字路口等处。随着科学普及和老年人过世，这些祭祀多已消亡。

淘金者敬佛求神　在 20 世纪 80 年代兴起的淘金热中，淘金者路经湟源峡黄草湾段的佛尔崖处时，向路边石壁上的佛像行祭祈祷，以求佛保佑他们能挖到金子。一般在出行前一天，淘金者到本村的山神处点香煨桑祈祷，以求山神保佑挣到钱。采金者们在金场挖不到金子时，也会聚土插香，遥祝祈祷本方山神，并许愿说如果神保佑挖到金子，回家后给山神献一只羊。

二　禁忌

工具禁忌　民间认为，木工、铁匠和石匠的工具都是地位比较高的神。木匠认为他们的工具是天上的二十八星宿，具有神性，因此在工作期间忌讳别人，尤其是女性从锯、斧、刨、锛等工具上跨来跨去。认为"脏"了工具，会出现砍伤人的事件，甚至会影响到做工的质量。

石器禁忌　民间对石磨、碌碡有许多禁忌。他们将碌碡称为"青龙"，不能坐在石磨和碌碡上面，认为坐碌碡会"压青龙头"，一定会触犯神灵。谚语说"坐石磙，烂裤裆，少打粮"，认为惹怒神灵就会得到这样的惩罚。平时忌将石磨摆放在庭院当中，认为那样会影响到家人的身体、事业和家运。

畜牧禁忌 蒙古族忌在牛羊圈里大小便，忌讳外人清点牛羊头数和打牧羊狗。藏族忌晚上来借东西或拉走牲畜，即使谈成了牲畜买卖生意，也会让次日清早赶走。牲畜离家前，还会揪一撮毛留下，同时忌带走笼头。

锅灶禁忌 农家在厨房中盘锅起灶时，位置要避开房梁，认为梁压住锅盖，揭不开锅，家里会变穷。

第五节　行规与行话

一　行规

拜师 师傅带徒弟，有一定的行规，其中最主要的是拜师。传统上拜师有正式的仪式，并且约定时间，学徒就生活在师傅家中，成为师傅家的一员，只有过节或农忙时经师傅同意可以回家数日。徒弟平日的工作没有工钱，过年时师父会给徒弟做一套新衣，徒弟则要给师傅拜年。学徒期满，经师傅同意可以出师，师傅一般要送徒弟一套工具。"一日为师，终身为父"，以后徒弟每年都给师傅拜年。在果洛州甘德县，旧时银匠带徒弟为期1年，铁匠的徒弟时间不固定，直到学会为止。徒弟跟随师傅期间，生活在师傅家中，要自带伙食，师傅不支付工钱。出师之后，徒弟要送给师傅一头牛来谢师，师傅则送给徒弟一套工具。

师徒合约 1949年以前，银匠招收徒弟时要写"师徒合约"，内容规定徒弟生病死亡时师傅不负责任，同时规定了徒弟的义务和待遇等。一般的行规是，第一年学徒打毛坯，干粗活和家务活，师傅只管饭不发工资。第二年徒弟开始进行粗加工，年工资约 10 元白洋。第三年上门面（到作坊干活），干细活，出师。从出师之日起，根据工作量可与师傅三七或四六分账（师傅拿大头）。以后徒弟可以独立门户，或者继续在师傅作坊干若干年。

徒弟礼拜师傅 1949 年以前，铜匠拜师较为简单，不写文契，但要请介绍人和保证人，并当面口头约定学业年限、待遇、义务等。之后每年祭祀祖师太上老君时，徒弟对师傅行三拜九叩大礼。

手工钱 手工劳动一般是按工算钱，所得酬劳称为手工钱或工钱。在牧区，旧时工钱多用酥油、牛羊来支付，如在果洛州班玛县，缝制一双靴子的工钱是 4 斤酥油，一双马靴的工钱是 15 元，缝两件羊皮袄的工钱为 1 只母羊，缝一顶双层布帐房的工钱为 20 元；石匠打制一副手磨的工钱为 1 头牦牛，修理一盘石磨的工钱是 2 斤酥油。在达日县，裁缝缝制一双靴子的工钱是 4 斤酥油，缝一顶双层帐房的工钱是 20 斤酥油，缝一件衬衣的工钱是 2 斤酥油；石匠加工一盘石磨的工钱为 1 头牦牛，修理一盘手磨的工钱为 20 银圆至 30 银圆；木匠加工一个炒面箱的工钱为 2 斤酥油，加工一个装物品的木箱工钱为 6 斤酥油或者是白银 2 元。1955 年前，久治县的铁匠加工一把藏刀，工钱为 3~4 斤酥油；银匠加工一两银子的物品，工钱为 1 银圆；石匠打制一副小石磨，工钱为 15~20 斤羊毛；皮匠加工一双藏靴，工钱为 10 斤酥油或 15 斤羊毛；裁缝做一件羔皮藏服，工钱是 1 只母羊。

开炉 20 世纪 50 年代以前，私营的生铁铸造作坊称为炉院家。按照行规，炉院家在每年农历二月十五日开炉，冬至后封炉。

二 行话

花红利市 在比较重要的工程完工之后给工匠的额外酬谢。如木匠立大门、做棺材，石匠完成石碑后，主人家除工钱以外，还要额外给一些钱物，称为花红利市。花红利市只给工匠个人。

抬布施 布施是无偿捐献的钱物，可以给寺庙，也可以给工匠个人。一般在较大的工程中，如建房时上完宝梁，主人家除给木匠抬一副馒头（13个）外，还要给钱物酬谢，称为"抬布施"。布施多以砖茶、红（原为三尺红布，后改为红色被面）、现金等为主，"抬布施"时工程不一定完工。在藏传佛教民俗文化圈中，有些时候将花红利市也称为"抬布施"。

三分斜　木匠术语，也是行话，即在做凳子等开榫卯时，使凳腿与凳面的榫卯形成一定的斜度，做出的凳子才稳当。

货重　铁匠等行话，指工作量的大小。

炉院家　以生铁铸造为业者，其冶炼炉最有特征，故称为炉院家，主要铸造犁铧、火盆等。

保人　即在买卖、借贷、契约中的担保人、保证人。

荐头　1949年以前，铜匠拜师时，要请一位介绍人，称为荐头。同时还要请一位保人做见证人。

待诏　1949年以前，民间将理发师称为待诏，有尊称之意。传说理发师是皇帝封的，相当于举人的身份待遇。有一种挑担理发者，叫剃头担子，一头挑着椅子和理发工具，另一头挑着温筒（下面有炭火）、脸盆，上面有镜子、小旗杆和四方盒等，其中小旗杆据说是用来悬挂诏书的。

右风箱　出风口安装在右侧的风箱。风箱即风匣，一人操作时一只手要拉风箱杆，另一只手要送烧料进灶门，根据主人家的需要，出风口（俗称为风嘴）安装在右侧的称为右风箱，支放在灶台左侧，用左手拉风箱杆；出风口安装在左侧称为左风箱，支放在灶台右侧，用右手拉动风箱杆。

第六节　其他生产民俗

一　淘金民俗

金场　民间将采金矿区称为金场。民国时期，在大通河、湟水、黄河、柴达木河、通天河流域，包括大通、门源、祁连、化隆、贵德、乐都、民和、柴达木、玉树、称多、兴海、同德等地区都有金场，其中较大的金场有化隆的科沿沟、查普沟，门源的赛尔图沟、永安城西河（即大梁）、琉璜河、羊肠子沟、班古寺、天蒙河、高崖、占水窑，祁连的野牛沟，果洛的玛沁雪山，黄河上游的星宿海，甘青两省交界处的金羌滩、果子滩、白木哇等地。1946年后，官僚企业"湟中实业公司"垄断了全省的金矿开采，每年驱使三四万民工到其金场去采金，掠采及由征收"课金"、"金账"和收购所得的黄金每年约有4万两。20世纪80年代，在青海兴起的淘金热中，东部农业区农民涌向果洛、海西等地采金，成为当时人们的主要副业收入。根据黄金的形状，有狗头金（大块金块）、豆瓣金、麸金等名称。采挖到的黄金一般装在青霉素玻璃瓶中，称为金瓶，一瓶恰好为1两。也有用粗的鹰毛管装金。麸金为片状，如麦麸皮，捡到后粘在帽檐内带回家，握在手中无论如何也带不到家中。

沙娃 青海民间将采金人称为沙娃，其中将雇工采金者称为"金头"，雇工旧时称为"金伕"。在民国时期，金头要先期自筹资金，雇用"金伕"，准备好自卫武器、马匹、帐房、生活用品等，然后向省政府提出申请，报明采矿地点、拥有的资金、雇用的人数及枪马数目，经批准后发给"许可证"及"通行护照"，可以受到军警关卡的保护。马步芳垄断金矿后，用兵工和强征民工进行采掘，在所谓"官产"金场中，每个金场的沙娃多达3000人，这些人名义上每月有一二银圆的工资，但实际上由于受到层层克扣和盘剥，有些沙娃反而负债累累。沙娃们终年充当苦役，不少沙娃甚至父死子承，世代生活在马家金场的苦难深渊中。

金伕 大多是生活无着的农民，雇用后每期8个月，工资为100元银币，由"金头"一次交清，同时金头还负责他们的伙食。当时订立的所谓"合同"，主要是防止"金伕"逃跑，"合同"中规定，"金伕"中途逃跑，必定追回，按日退赔工资；倘因疾病或意外工伤事故而死者，"金头"只有经济上的负担，不负刑事责任。

《沙娃泪》 叙事花儿。《沙娃泪》真实地反映了 20 世纪 80 年代至 90 代青海的淘金热中，采金者的真实生活和情感，在民间产生了巨大影响。花儿歌手马俊演唱的循化版《沙娃泪》为最早、最完整的，后来不同的花儿歌手演唱中对唱词略有修改。马俊唱《沙娃泪》歌词如下：

孟达地方的撒拉人，尕手扶开上了玛多的金场里走。

一路上少年哈唱不完，不知不觉地翻过了日月山。

出门人遇上个大黄风，吹起的沙土打给着脸上疼。

尕手扶陷下着走不成，你推我拉的用麻绳俩拽。

倒淌河翻过是海滩，哨儿风吹的是睁不开眼。

饿了时嚼上几包方便面，一路上没水着吃不上饭。

有水的地方里打上个尖，拾牛粪加干柴，才吃了两碗饭。

铺的是地来盖的是天，风吹么狼嚎的睡不着觉。

连明昼夜的赶路程，一天么一天地远离了家门。

风里雨里的半个月正，到了个金场着我们才安了心。

把帐房下给在沙滩上，下哈个窝子了把苦下。

铁锨把蹭手着浑身儿酸，两手的血泡全磨烂。

半碗的清汤半碗的面，端起个饭碗着把星星见。

睡在帐房里合不上眼，天没亮的时刻里又动弹。

身子跟上个摇篮了转，六月天的日头半天里愁。

身上的泥水脸上的汗，沙娃们想家着泪不干。

一想起家乡着山高着路儿远，一想起父母着肝肠断。

再嗒（叮嘱）的话儿还在耳边，出门人只为是要赚钱。

一想起我的婆娘着心儿里酸，送我的时候泪涟涟。

我的心好比是用钢刀剜，想死我的尕娃娃不在眼前站。

捎信带话的路太远，有心肠回家的没盘缠。

吃苦耐劳是罪受完，当一回沙娃是太可怜。

腰里没挣上一分钱，搭上个手扶着回家转。

东西行李的全撂完，沙娃的寒苦哈唱不完，沙娃的眼泪淌不干！

采金禁忌 采金者为了祈求好运，立窝子（扎据点）时帐篷门要对着一定的方位。水烧开了忌叫开水，第一勺开水向天抛撒（祭天）。如果几天还挖不到金子，叫"拉满床"，一般要另迁地再碰运气。

二 采煤民俗

大通煤矿 大通产的煤被称为大通煤。煤矿位于大通县娘娘山侧，即今从良教乡甘沟村至桥头镇牦牛山脚下。煤矿带分布在长 5 公里、宽约 1.4 公里，面积为 9 平方公里的地方，探明储量 1.4 亿吨，煤层分上中下三层，总厚度 20~30 米。大通煤发现较早，在明洪武年间，当地民众便自由采挖露天矿苗，作为燃料。那时人们还不知道煤的名称，叫作黑土，自由采挖。清康熙时已建立起了小型煤窑，转运到西宁、贵德等地。到光绪年间，大通煤行销至西宁、互助、乐都、贵德、湟源，并远销兰州等地。《西宁府新志》载："石煤其黑如漆，其坚如石，遇火则燃，不须橐籥。质细灰白，远胜他处，全湟赖之。"[1] 大通煤为长焰优质煤，燃烧后煤灰少，深受当地人们的欢迎，开采出来的天然煤块成为大煤，碎成拳头大小称为"巴儿煤"。后来出现用机器制成的机砖、蜂窝煤等。

窑井 开洞挖煤的地方称为窑井。民国初年，大通煤矿有喜鹊山窑、黄大窑、黄尕窑、冶家窑等 12 洞口，均系私窑。后来增加到 15 个，井深为10~15 丈。后来被军阀政府并为"大通公平煤窑"进行垄断开采和经营。窑井狭小道深，井内还有青泥、石头、污水等，工人要侧身挖煤。井下的照明为青泥做的油灯，人手一盏，井内卫生设备很差，采煤人生疮、患病者很

---

[1] （乾隆）《西宁府新志》卷 8《地理·物产》。

多。由于采煤的技术很差，窑内事故不断。

窑主 大通煤窑的私人经营者称为窑主，有的窑主是当地地主，也有的地主转租给资本家去开采。租用地主煤窑的窑主每天向地主交纳的租金是200斤煤，有些窑主后来直接购买煤窑及地皮独立经营。清朝末年，地方官僚开始向私窑投资，如西宁的罗镇台和何作霖总兵就向私窑投过资。1895年，西宁总兵邓增投资500两白银，控制了煤窑中的大部分井区。辛亥革命后，大通煤矿共有12个窑主。

窑工 煤矿的劳动工人。1949年以前，煤矿的工人分为成年工、童工和盲人工，成年工多在井下采煤，童工多在井下背煤，盲人工一般是井上绞辘轳、拉煤和排水。挖煤工俗称为窑把式；背煤者称为小工；窑工中有的是因欠窑主债而被逼迫来的，有的是被官商勾结借事强拉来的，大多数是因无法维持生活而去挖煤的贫苦农民和破产的小手工业者，也有一些是临时雇工，农闲时自带干粮到窑上去劳动。窑工的报酬也不一，有的窑主只管饭不发工资，每天只给3袋混煤；有的窑主每日发3角钱（纸币）；也有的只发2斤盐。1949年后，成立国营煤矿，采煤工人的生活待遇、政治地位有了翻天覆地的变化。

三 采盐民俗

茶卡盐湖 距乌兰县茶卡镇南4公里处，露天开采，每年4~9月为开采期，个别气候好的年份中3月和10月时也有开采。当湖内表层出现卤水时，开采者便捞取盐，在盐坑卤水中洗涤后堆放在盐盖上自然风干，便可装运外销，无须经过滩晒工艺。盐池权属原是当地蒙古王公的，新中国成立后收为国有。

哈姜盐湖 位于玛多县鄂陵湖以东约12公里处，最早由当地部落群众和盐商自采自销。1941年后被马步芳控制，设立哈姜盐务局，任命乌吉部落头人米富堂为局长，年产盐8000余担，主要销往川北的康庆多巴，"三果洛"

阿什羌拉吉、那旺、康干、康赛、麦仓等地，另有部分盐运到了四川甘孜、石渠、邓柯、德格一带。同时政府派盐警在运盐队必经之地设立税卡，税卡门前竖了一根木杆，上面悬有人头，以示惩戒。每年征收的盐税 3 万大洋左右。1950 年玉树州接管了哈姜盐务局，1955 年移交给果洛州管理，1958 年移交玛多县，1962 年改称为"玛多县盐场"，1978 年更名为"玛多县哈姜盐场"，1992 年承包给个体经营。

"察兰木" 藏语盐路之意。旧时哈姜盐场运盐主要依靠牲口驮运，多年的运盐过程中，人和牲口在鄂陵湖东沿湖而上的草地上踩踏出了一条专门的运盐小道，当地群众称为"察兰木"。哈姜盐务局在盐场附近还养殖马匹，这些养马的地方，后来藏语称为"达拉尕玛"（意为下马圈）和"达拉贡玛"（意为上马圈）。

多伦多盐场 多伦多盐场在玉树州囊谦县娘拉乡多伦多村。盐场坐北朝南，北高南低，东西宽 235 米，南北长 281 米，占地面积为 66035 平方米。盐泉来自北山的山腰上，盐田按地形走势分割成一千多个错落有致的区块。白色盐田与山腰上红色藏式民居融为一派自然古朴的田园风光。这是一座至今仍然保持着古老传统制盐工艺的手工业作坊。从清代开始，这座盐场制作的食盐销往周边地区。制盐技术依然保持着原始的人工集体作业方式，即定期召集当地村民，将盐水从山上的盐泉引入事先平整好的山脚处的台地盐田，让盐水自然蒸发，收集结晶的颗粒盐，用马匹把盐粒从盐田运往附近的仓库，再销往西藏昌都、四川西部和云南西北部的边远地区。百余年来，盐场一直为当地和周边的人畜用盐提供着便利和保障。在 20 世纪 60 年代时，多伦多盐矿曾是青、藏、川交会地带唯一的盐产地，年产盐 3500 吨左右。由于制盐技术至今依然保持着古老的传统工艺，所产食盐没有任何污染，盐产品深受大众青睐。

四 渔业民俗

青海湖湟鱼 青海湖盛产的鱼类习惯上称为湟鱼，湟鱼是裸鲤的俗称，

为青海湖独有鱼种，如今是国家二级保护动物。在鱼类中属鲤科，学名叫作
"青海湖裸鲤"，属洄游性鱼类，被纳入《青海省重点保护水生野生动物名
录》。裸鲤全身裸露，几乎无一鳞片，体形近似纺锤，头部钝而圆，嘴在头
部的前端，无须，背部灰褐色或黄褐色，腹部灰白色或淡黄色，身体两侧有
不规则的褐色斑块，鱼鳍带淡灰色或淡红色。也有个别全身呈浅黄色或深绿
色的。

打湟鱼　民国年间，当地蒙古族在冬、夏两季捕捞，出售于西宁、兰州
一带。1925 年，当局提倡青海渔业，制定了渔业法规，在湟源、都兰、共和
等沿湖各县设立渔业公司，形成了冰鱼生产季节、夏季捕捞季节、秋季深水
捕捞季节三个生产季节。打鱼者多为农业区农民，被称为"鱼郎"。如湟中
县多巴镇国寺营一带的农民便有在冬季时前往青海湖打鱼的传统，他们利用
冰钻、穿杆、铁锨、引线等在冰面上凿洞下渔网，收获的鱼与水冻结后称为
"冰鱼"。夏天打捞的鱼取掉内脏后抹盐晒干出售，称为"干板鱼"。民间捕
鱼还有一些习俗，如只能按南北方向下渔网，忌向东西向下网，大便要包起
带出湖边等。1979 年，国务院发布《水产资源繁殖保护条例》，湟鱼被列为
保护对象。

五　狩猎民俗

（一）狩猎

猎物与狩猎　青海狩猎历史悠久，形成了一些特殊的传统习俗。在猎捕
对象中，果洛牧区以黄羊、石羊、岩羊、麝、雪鸡、旱獭、野驴等为主；柴
达木地区则以狼、狐、旱獭、野驴、黄羊、岩羊、鹿、麝等为主。20 世纪
50~60 年代之际，乌兰县的机关单位和公社大队都曾组织过专业的打猎队，
猎狩过野牛、野马、黄羊、岩羊、狼、豺狗、豹子、熊、旱獭、猞猁、野
狐、鹿、麝等。1963 年以后这些专业打猎队被撤销。果洛州玛沁县狼害严重，
政府曾组织过打狼专业队。在东部农业区，秋收后有打兔子、打野鸡、抓鸽

子的，属个别人的行为。狩猎所得是对现有生活的一种补充，青海少有专门以打猎为生者。随着经济高速发展，整个社会生活水平不断提高，农牧民衣食无忧，对狩猎没有了必然需求。加之环境和动物保护观念深入人心，打猎行为变得越来越少。

蒙古族狩猎 蒙古族单人狩猎时凭借的是个人经验，而在猎取大型动物时，一般要组成一支三人以上的狩猎队，狩猎时间一般需要数日至数十日。他们提前观察好各自的退路和动物的逃跑方向等，预先有二三位枪法好的隐藏埋伏，架枪等待，其他人喊叫惊吓，将猎物赶到埋伏区，枪手伺机射杀。根据猎物的大小，还用挖陷坑、下扣子、安夹脑等办法捕猎。

猎物分配 蒙古族将所获猎物肉切割成小块搭配，按狩猎人数堆放成堆，参与者每人准备一件标志物，如石块、木棍等，由主持分配者将标志物分放在肉堆旁，各人取走自己的一份，最后不放标志物的一份归分配者。分配中如果碰到路人经过，也要分一份给他，叫"肖日里嘎"。打猎者回到住地，还要给邻居亲友送一些肉，称为"份子"。击中猎物者获得兽皮，而兽肉、麝香、鹿茸等贵重物品参与狩猎者每人一份。

抓"哈拉" "哈拉"即旱獭，是生活在草原和低山丘陵地区的穴居动物，善于挖洞。旱獭洞分为老洞、耍洞、折洞、屎洞等。老洞是其住窝；耍洞是伙伴之间玩耍及躲避鹰等天敌时的藏身洞；折洞较深，是秋分以后的住窝；屎洞是其专用"厕所"[①]。过去湟源等地的农民们在春秋两季有赴牧区打旱獭的传统，称为"春趟"和"秋趟"。届时七八个人组成一个打猎组，称为一个"哇卡"，其中一人称为"挖卡匠"，是剥皮能手，兼负责守护帐房和做饭。手扶拖拉机作为运载工具也算作一人，所获旱獭油和皮张按人均分。

抓旱獭的方法有"下扣子"、"下塌石"、下夹脑、枪击等。"下扣子"又有摸扣和隔扣之分，摸扣是将扣子下在所有洞口处，撞运气；隔扣专门下

---

① 抓旱獭的资料根据湟源县刘家台村村民张海泉和湟中县共和镇南村村民霍录的讲述整理。

在老洞口，离地高度约为一寸，以旱獭进出洞口时，铁丝环刚好勒在腰际为佳，如果扣环套住头部，旱獭就会扭断跑掉。"下塌石"是在洞口处挖成槽，立放带刃的石头，刃上平放一块石板，重心在外，石板之上洞口一侧处立放一根石柱，石柱顶与洞顶之间平放一块重石。当旱獭走出洞口，踩翻石板，石柱便倾倒，重石塌下压住旱獭。夹脑设置在地面上，旱獭踩到机关便会被夹住。枪击受伤的旱獭会逃进洞去，猎人会将棉衣或帽子等伸进洞中，旱獭的牙向后弯曲，一旦咬住便不能松口，靠这种办法将旱獭拖出洞来。随着打工收益高于旱獭皮张，且生病的旱獭容易带来鼠疫等风险，近年来少有人再去打旱獭。

抓麻雀　在 20 世纪 60~70 年代，麻雀曾被列为有害鸟类，学生们在新学期开学时要交三个麻雀头，作为假期作业。后来，宣传说麻雀吃虫保护的庄稼比它自己吃的庄稼多，才禁止打麻雀。麻雀常在农家房屋的椽子之间找缝隙搭窝，民间谚语说："三九三，抓住的雀儿是药旦旦。"认为这天的麻雀有大补作用，麻雀回窝后，有人便在深夜从椽缝窝中掏麻雀烤食。也有在打碾场等处用木棍支起筛子，下面撒粮食为诱饵，麻雀到筛下吃食时，从远处拉动系在棍上的绳，筛子落下扣住麻雀。

（二）狩猎禁忌

不伤幼仔或怀孕母兽　尤其藏族，藏传佛教大力倡导爱护动物的精神和行为。宗喀巴大师指出："我们对其他的人或对畜牲绝不能鞭打、捆绑、囚禁、穿鼻孔、脚踢、追赶、强迫其驮沉重的驮子等。"更不能杀害动物，杀害牲畜就是犯重罪。因此狩猎不许随时随地进行，每年的三月至十月间不许捕杀大型猎物。若狩猎只能猎取快要淘汰的动物，忌猎怀胎动物、带仔的动物、幼小动物、交媾和哺孕期动物。

忌在神山、神湖狩猎　按照神山、神湖的崇拜观念，神山上的所有野生动物都是神的家畜，不能狩猎；神山上的所有树木都是神的宝伞，不能砍伐。比如部落规矩中明确规定："不在神山上挖药材，打猎放牧，以免山神降下灾祸。"在这些区域遇到动物，不鸣枪，不轰赶，还要主动让路，避免使其受到惊吓。遇到受伤的动物，要主动为其包扎好伤口，放回林中。

不射杀鹫鹰　鹫鹰被藏族看作神鸟，凶猛而又神秘，他们对天葬场附近的这些神鸟有一种无比的敬畏之情，认为它们住在天上，能将人的灵魂超度到天上，因此将其列入严禁射杀之列。

六　园艺生产民俗

下川口"果花会"　民和县下川口的"允吾梨花"是著名的"民和八景"之一，这里种植的果树有软儿、冬果、长把梨、香水梨、黄元帅、红元帅、大接杏、蜜桃树等，每年谷雨季节，果花盛开时，村民们以八蜡庙为中心举办祭祀祈福活动，故名"果花会"。

果树嫁接　青海常见的果树有核桃、枣儿、梨、苹果、杏、李子等多种，梨、苹果、李子、杏等树可以嫁接，嫁接前的原生果树称为砧木，等长到一定高度，或从中间截断，或将其一枝截断，在断口处削出口，再将品种较好的带芽接穗插入断口或与断口合璧，包扎之后果树再次生长，可以结出更好的果品。果树嫁接的方法较多，一棵果树还可以嫁接出不同的果品来。不同类型的树，如苹果树与杏树之间不可嫁接。

蔬菜种植　青海常见的蔬菜有蔓菁、甜菜、洋姜、萝卜、胡萝卜、甜菜、白菜、菠菜、茼蒿、莴苣、芹菜、菜瓜、黄瓜、茄子、西红柿、生菜、蘑菇、菜花、西兰花、油菜、甘蓝、大头菜、葱、洋葱、大蒜、姜豆、香菜、芫荽、韭菜等，另外还种植有菜瓜、南瓜、西瓜等。有露天种植的，也有大棚培植的。循化的线椒、乐都的无公害蔬菜是当地的名优品牌。

花卉栽培　农村庄廓的庭院中心俗称为院心，也称为中宫，一般建有比较讲究的花园，位置比较神圣。花园中栽培名贵和有香气的花卉，如干才牡丹、石榴、芍药、龙藻（音译）、檀香、探春、龙柏、紫竹等花木，有一种野生的软秧牡丹，俗称为臭牡丹，花朵艳丽，但不能在花园栽种。龙柏树也是院中常栽的花树，此树开花如丁香，香气浓郁，一年开两次花，俗称为二度梅。室内多放盆栽花卉，城市居民家中多有种植盆花的，现在逐渐普及到了农村，城乡都出现了专门培植花卉的商家，还发展出了花卉租赁业。常见的室内花卉品种有芦荟、倒挂金钟、君子兰、蝴蝶兰、竹节海棠、福贵竹、仙人掌、吊兰、冬青、绿萝、虎尾兰、常青藤、蔷薇、红掌、一品红、龙舌兰、仙客来、四季海棠、马蹄莲、白掌、豆瓣绿、十二卷、虎尾兰、橡皮树、发财树、文竹、夹竹桃等。也有些花卉在露天栽培，常种植在公园、街边、农家院门前等处，如大丽花、波斯菊、金盏菊、万寿菊、菊花、月季、芫荽梅等，美化了家园，显示出人与自然的和谐。

盆景 盆景需要专门设计。现今在公园、大型公共场所、街边、湟水河边、办公区域、茶园、山庄、酒店大厅，农家乐等处多有盆景，有些盆景为较大的树和花草，如盆栽西红柿、盆栽柿子、盆栽橘子、五针松、马拉巴栗、龙血树（青云直上）、龟背竹等，也有的盆景结合石山等，别有洞天。盆景中有些属私人的爱好收藏，凭借个人的审美鉴赏来设计盆景，也有些是专业公司规划设计的。

七 采集民俗

采集植物类 采集业在省内比较普遍，有各类药材、食用菌及野菜等。在东部农业区，还有拾莓子、草莓（地瓢）、头发菜、鹿角菜，挖蕨麻（人参果）、野菜、萱麻、中药材（狼毒、左扭跟、柴胡、大黄）等采集活动。柴达木地区的采集种类主要有大黄、枸杞、锁阳、麻黄、黄芪，乌兰县主要采集白刺果、沙棘果，以及羌活、雪莲、大黄、秦艽、葶苈、大蓟、甘草、薤白等248种药用植物。果洛牧区人们采集冬虫夏草、贝母、雪莲、大黄，秦艽、黄芪、羌活、党参、当归、红景天、甘松等中草药，以及蘑菇、蕨麻、然巴籽等食用植物，在班玛县还出产藏茶。在海南州刚察县，主要采集药材和食用菌，药材主要有甘草、麻黄、雪莲、黄芪、党参、秦艽、羌活、柴胡、冬虫夏草等，食用菌有蘑菇、蕨麻、地耳等。

采制藏茶　藏茶是用采集来野生的花叶海棠和变叶海棠叶为原料加工而成的，这种海棠生长在海拔 3000~3500 米的青藏高原东部地带，在湟中、互助、湟源、果洛等地都有分布。在果洛州班玛县玛柯河河谷地区，当地每年采摘海棠芽和嫩叶加工成茶叶，称为藏茶，已经成为班玛县特色品牌。这种藏茶具有"三降四抗"的作用，在降血压、降血糖、降血脂和抗氧化、抗病毒、抗肿瘤、抗缺氧方面有效果。据说还能提高人体的免疫力，在食用和药用方面也有价值。

挖虫草　虫草性味甘平，益肾补肺，止咳化痰，既是补品，也是名贵的中药。以玉树、果洛等地出产的虫草个大质优，比较著名。每年农历五月至六月一个月左右时间内虫草发芽时，挖草者装载帐篷、粮油食品等，搭伙前往采挖点，立帐篷，架锅灶，居住下来进行采挖，成为一项重要的家庭副业。此时牧区植物尚未发芽，地面仍在冻结，时有大雪封山。在此条件下，挖虫草者身穿冬衣，白天趴伏在冰冷的山地上搜寻虫草，用一种如同小镢头的专门工具挖取虫草。刚挖出的虫草带有泥土，后刷去土层，便露出金黄色的虫体。如今，虫草价格不断上涨，超过了黄金价，因而有"软黄金"的称谓。

拾蘑菇　蘑菇在青海农牧区都有出产。野生蘑菇可食用的品种较多。青海湖周边草原上出产的黄菇，略带黄色，常有牧民们在夏天时采拾后在路边出售，这种黄菇还进入大型餐厅，是一道地方特色菜，但产量较少，价格比较昂贵。在格尔木出产一种鸡腿蘑菇，人们往往在"背阴、潮湿、养分充足"和地面有凸起且有弯弯曲曲裂缝的地方去寻找这种菇。鸡腿菇散发着一种独特的清香，较远就能闻到，这也为采菇者提供了寻找的依据。鸡腿菇集中生长，称为"一盘"，小的一盘有十几只小蘑菇，大的口径有如脸盆大小，多的数量可达上百只菇。

打蕨菜　蕨菜，即龙爪菜，常产于浅山和脑山地区的灌木丛和丘陵地带。新生的嫩蕨菜叶子未伸展开，如同握住的拳头，而几天后叶子伸展开来，茎秆变硬不可食用。打蕨菜便是采集这种嫩蕨菜。

挖蕨麻 蕨麻学名叫鹅绒委陵菜①，为多年生匍匐草本，在草原、河滩、田边和路旁土壤中都能生长，根部长出的纺锤形或椭圆形块根可以食用。蕨麻富含营养，更具抗病毒、健脾益胃、收敛止血、生津止渴、补血益气、增强免疫力等功效，在《四部医典》《中华本草》中对其药用都有记载。多用来做八宝饭、蒸糕点、熬稀饭、做米饭、包粽子的配料，牧民们更将牦牛酸奶和煮熟的蕨麻拌在一起，招待贵客。近年来又出现了一个新名称"人参果"，大有取代蕨麻旧名之势。门源万亩油菜地极适宜蕨麻的生长，经过一季生长，长出的蕨麻块根籽实饱满，个大味甘。每年4月，成千上万人在浩门河畔待种的土地上采挖蕨麻，采挖者挖开土壤，捡拾出蕨麻块根，成为一道风景线，之后玉树、果洛草原上也开始采挖蕨麻。近年来有公司以订单形式进行人工种植蕨麻，收益可观。

---

① 董得红：《高原一宝话蕨麻》，《中国土族》2012年冬季号，第46~47页。

第二编

物质生活民俗

第一章　服饰民俗

服饰民俗与所处地理环境关系密切。青海地处青藏高原，气候寒冷，所以不论哪个民族，家家都备有冬季御寒的衣服。1949 年以前，因交通不便，布匹运到青海非常不易，所以价格昂贵，一般民众购买不起，只在制作衬衣、裤子或皮衣的面子时才购买一些布料。青海多产牛羊，牛羊皮易得，且御寒效果好，牛羊皮及毛是制作御寒服饰的主要原料，当时人们普及的"高档"服装，就是用牛羊毛织成的褐衫等。随着时代的发展和经济的繁荣，布料和高档纺织材料已成为人们制作服装的主要材料，只有牧区的少数民族群众因环境的需要仍穿着褐衫皮袍，城镇以及农业区民众主要以购置穿着新型面料、款式的服装为主。传统的皮衣已经不是日常服饰的主体，但各民族服装在样式上都保留了自己民族的特色。

第一节　汉族服饰

一　发式

男性发式　小男孩常在头顶上留一片头发，俗称"铲铲头"（因形似铁铲而得名）；有些家庭还给小男孩头部左侧留有一条独辫儿，认为好养活。

成年男子留短发。

女性发式 小姑娘的日常发型是头顶上留一绺抓髻，有的还在头的两侧留两只"鬏鬏"，额前留齐齐的刘海，是小姑娘比较喜欢的发型。旧时妇女的发式是区别是否婚配的重要标志。未婚女子主要是以梳单、双辫子或垂剪发于肩的发型为主。已婚妇女的标志性发型是以圆髻绾于脑后并罩上发网来固定发髻，俗称"纂纂"，大都用黑色细丝线做的小网套罩在发髻上，再别上簪子。

二 冠饰

帽子 帽子是男子的基本头饰，戴在头上可保暖、防雨、遮日光或用于装饰。帽子基本分单帽和棉帽。单帽在过去年代以瓜皮小帽为主，20 世纪三四十年代以后，单帽以半圆球体的帽盖和单面帽檐为组合的蓝、黄涤卡布帽为主，偶尔有毛呢布为原料的。棉帽以皮帽、绒帽、毡帽为主，皮帽和绒帽是外层为布，里层挂羊羔皮或栽绒；毡帽用羊毛毡裁剪缝制而成。过去民间都要戴帽子，不戴帽子赶潮流的年轻人戏称为"耍风头"。在 20 世纪 60~80年代，民间年轻人以拥有黄色军用单帽和"雷锋帽"棉帽为自豪。

城镇妇女喜欢用黑色手帕包头，农村妇女在田间劳作时常戴一种白布宽边笠形的"凉圈儿"。20 世纪 30 年代，青年学生中盛行自编的毛线帽子，男学生的叫"一把抓"，似钟形帽顶饰一毛球；女学生的为箕形的"槽槽帽"，取方言"簸箕"的意思，帽两侧装饰有毛绒绳系的两只小毛球，可当帽带用。

头巾 在农区，妇女要戴头巾，头巾以市场出售的棉纱织巾和纱巾为主。戴头巾一方面是礼仪要求，另一方面可保暖、防晒、防雨。中年妇女戴头巾时先将头发梳成长辫，用白的确良布做成的深帽装起来，再裹上头巾；年轻妇女直接将头巾裹在头上。随着时代的发展，对戴头巾没有严格的限制了，有的年轻妇女将头发剪成"摩登"（俗称发发头）而不戴头巾。

三 主体服饰

布衫 女子一般穿以布料子做成的略短于身长的长衫或袍，对襟上衣配裙子等，衫长及膝，袖口宽大，领口、袖口和衣服下摆镶有幅宽不同的花贴边。妇女参加一些红白喜事时把这种布衫当成礼服。农村妇女的衣服一般是下窄上宽大多为筒袖，年轻妇女筒袖口上有十几厘米宽的绣花贴边。随着时代的发展，妇女除参与丧事之外已很少穿布衫了。

旗袍 妇女所穿的旗袍为大襟、小领，两边开衩，用布盘成纽扣，面料多为平绒、丝绒或绸缎，颜色多为蓝、黑色。有些讲究的妇女还在旗袍边缘镶上一条细黑边，俗称"一炷香沿边"。

坎肩 有大襟、对襟两种，没有衣领和袖子。根据气温的变化，可穿单、棉和动物皮的。既可当外套，又可穿在里面。一般都穿黑色面料的坎肩。在传统上由于工艺条件的限制，扣子的样式很单一，只能使用与面料相同的布料做的卷条盘结而成的盘扣，夏季多数女子白汗褡上套黑坎肩。还有一种直接贴身穿的背心式的夹棉上衣，俗称"钻钻"，无领无袖，两腋下开口，可避免腹部着凉。

汗褡 青海汉族夏季多穿汗褡，是用月白细布做成，大都缝成大襟，胯部有开衩。

围肚 裹肚或围肚是青海妇女内衣的一种，多用红、绿、黑色绸子或布料缝成，裹肚上绣有孔雀戏牡丹、鸳鸯戏水等图案。裹肚中间有口袋，两边用带子束在腰部。

长袍马褂 20世纪50年代以前，汉族男子主要以长袍马褂为日常服饰，长袍为长衫，在衣服右边系扣子，衣长至脚腕，长衫下半部左右两侧开一尺多长的衩。马褂为立领对襟，衣长至腹，衣袖略瘦，前襟缀有五枚盘扣。

棉袄 俗称"主袄"，是人们过冬的主要衣服。男子的面料以黑布为主，里子多为白布，内絮羊毛或棉花。农村男子穿"主袄"时还要系上腰带，有皮带、布带、褐带、绫带和绸带等，以自制褐带最常见。腰带两头饰有绣花，常系于腰间，绣花带头垂吊于腹前。女子棉衣的里子也多为白布，内絮羊毛或棉花，面子有花布、绸缎等。"主袄"有对襟主袄和斜襟主袄，对襟主袄是两襟相对，纽扣在胸前正中；斜襟主袄是左襟较宽，搭在右襟上，纽扣在右胳膊下。"主袄"的纽扣是以布条缝制后挽成的盘扣，数目以"五""七"为数，忌"四""六"数，民间称"四六不上身"或"四六不成材"。

皮衣　大羊皮皮袄、皮褂、皮筒子是汉族男子皮衣的基本样式。皮褂分山羊皮褂和绵羊皮褂两种，款式大都为大襟小领带衩口。皮筒子制作较为讲究，主要用材为羊羔皮，款式为长衫式，大襟开衩，并分大领、小领两种，以小领为主。大领用狐皮、黑羔皮、丝绒等做成，不缝纽扣，大襟头和右腋处各缀一布带，以布带扣结或以腰带系之。皮筒子外搭黑色灯芯绒或平绒，既显美观又能保暖。

民间冬季常穿一种用纯羊皮缝制的长袍，不挂布面，皮外毛内，皮面没有任何装饰，故名"白板板皮袄"。

褐衣　汉族常穿一种用褐子（用羊毛捻成细线织成）缝制成的衣服。制成的大襟短衣为"褐褂"。"褐褂"多与长衫、棉袄搭配着穿，有时在衣服边缘贴上大小适中的一块黑布，就当工作服使用。

裤装　敞腰裤装，俗称"大裆裤"。这种裤子裆部肥大腰部超宽，缝制时在连裆的腰部缝上裤腰，裤子前面没有开口，也不分前后，单层称单裤，絮棉花的称棉裤。因其裤型肥大，穿在身上必须用裤腰带紧紧系住，在裤子外面无论单、棉都不套外裤。在腿的下半部还要从膝部到脚腕扎上绑腿，绑腿有丝的或布的，通常为黑色。

上了岁数的男人喜欢穿"套裤"，套裤也称"无裆裤"，圆柱状，有加棉的和不加棉的，此裤没有裤腰，穿着时里边先穿一夹裤或单裤，缀带系于裤带上，后面长及臀部，不影响活动。

20世纪30年代，男子以穿中山装、着"鸡大腿"马裤为时尚。"鸡大腿"

马裤是大腿部两外侧将裤子口袋做成两只半圆形招风耳状，膝盖以下裤腿收缩并用三五个纽扣扣紧，整个形状似鸡腿而得名。改革开放以后，裤装主要有休闲裤、牛仔裤、运动裤等。

鞋饰　以前城镇男子多穿自制的布鞋布袜，冬季常做单帘或双帘（俗称鼻梁）、鞋窠内装上羊毛、名曰"鸡窝"的棉鞋，以其轻暖如母鸡窝故名。

20世纪30年代，青年学生中盛行用羊毛线自己动手织毛鞋、毛袜。毛鞋系用土法染色的毛线（或本色毛线），用勾针织成鞋面，缝上用麻绳纳好的棉布底即成。农村男子为上路方便，常穿一种青海方言叫"挖泥儿皮鞋"的特制鞋。鞋帮鞋底用一整块烘干的牛皮缝制而成。鞋面（俗名舌头儿）则用较薄的熟牛皮连同前端做成"烧麦"状，此鞋整体形状似船不怕泥水。穿时鞋中放一些麦草，用牛皮细绳穿在鞋眼中扎紧即可。

汉族女鞋有缉眼鞋、圆口布鞋等。缉眼鞋头似三角形，底部楦成扇形鞋口，将鞋帮套入鞋口，用线密缉，鞋口两帮钉有4个缉眼，用以系鞋带。青年妇女常自制绣鞋、绣袜，绣有彩色花卉，做工极其考究。

20世纪80年代后，人们多选择皮鞋、塑料底子黑布鞋、运动鞋、球鞋等。

四　佩饰

镶金牙　20世纪50年代以前，有钱人盛行镶嵌"金牙"，一般镶前门牙。

戒指　男子一般戴金戒指，女子则佩戴金、银和玉的戒指。

怀表　男子喜佩银壳长链的怀表，将表装在上衣袋内，表链的一端系于外衣纽扣之上。

手镯　女子多佩戴手镯，质有金、银、玉之别，饰有各种吉祥花纹，样式有固定、活动两类，活动的叫"开镯"。小孩子多佩戴银质的手镯和脚镯。

耳饰　旧时青海汉族妇女普遍佩戴一体双叶、一体四叶或一体六叶的索罗银耳坠或银耳环，

胸壶　专为新婚女子佩戴的，银制、壶形，佩于胸前。

第二节　藏族服饰

一　发式

以前藏族无论男女一般都不随意剪发，藏族男子喜欢将头发辫成辫子盘在头顶或披于身后。康巴男子发式独特，是将长发编成独辫，并加红色或黑色丝线使辫子形状粗大而长，然后将发辫盘绕于头顶，丝线穗垂于额前，还在辫子上佩戴绿松石、珊瑚或玛瑙等宝石的金银发箍，显得十分英武，又称英雄结式。近代以来随着审美观念的改变，藏族男子也越来越崇尚剪短发。

青海藏族妇女传统的发式为头周围梳多达十条甚至百余条小辫，有些妇女还将发辫放入精美的辫套中置于身后或身前。而在牧区，将头发从额中分两边依次排列一周，梳若干小细辫，将细辫辫网整齐地披于背部，并在辫梢处佩戴特制的发套"加龙"和银盾。

现代藏族女子还是以辫发为主要的发式，改革开放以后，其他形式的发式也开始流行，目前牧区妇女还是多编"百辫"。发式可分披发、盘发两种。辫子的造型有按顺序辫的，有先扎后辫，有左右两个辫式的，有三辫式的或群辫发梢串联式等。因辫子的数量、发辫的挽结方式、头饰佩戴种类等发式多少又各有差异，形成了不同的风格。过去在城镇生活的老年妇女喜欢将头发编成辫子盘在头顶，现在城镇年轻妇女更多地追求时尚发式，如披发、烫发等。

二　藏帽

金花帽　又叫"圆盔朵帽"，是藏族男女老幼都喜爱戴的一种帽子，呈圆形，有似叶状四片的帽耳，帽耳边缘向外翘起。质地多为呢类，外檐用金花缎、金丝带做装饰，帽耳以水獭或兔毛围制。根据需要，帽耳可随意开闭。[1]

狐皮帽 这种帽子在冬季里防寒效果极好。它由深秋初冬的狐皮制成，面子为枣红色或红色锦缎。通常分口在后，沿着分口末端往上折叠，狐狸毛被显露出来，当天气寒冷时就把帽边放下，狐狸毛紧粘脸颊，轻柔保暖。如果把帽子分口戴在额头上，把分口两端向内折进帽内，戴在头上则视野开阔。

呢制礼帽 过去，只有家庭经济条件比较好的人才戴呢制礼帽，这种帽子价格不菲，主要是从内地和国外购置来的，老百姓是戴不起的，也只有在大型活动中才戴此帽出行。

红穗帽 这种帽子是玉树藏族男人所特有的，圆柱形状，帽子内径约22厘米，上盖约30厘米，有外檐，为上窄下宽各外露1.5厘米和6厘米长的两层短檐，缀于帽顶中心的红璎珞呈辐射状向外顶檐周围散开，固定于檐边，穗垂四围至口檐下6厘米左右，在运动时会随着身体左右摇摆，富有动感。

"果洛特梅"袖式帽 这种帽子内衬羔皮或狐皮，帽顶及周围用猩猩毡和彩色锦缎一层层堆绣成五彩斑斓的彩饰。女帽在后颈部纵向开一口子，约10厘米。此帽帽围较长，寒冷时全部放下护住耳颈，形成一圈毛边，男女老少皆宜，既实用又美观，是青海果洛地区特有的一种帽子。

三 主体服饰

（一）上衣

羊皮袍 由细羊皮制成，藏语称为"匝巴"，一般称之为"老羊皮袄"。

---

① 李玉琴：《藏族服饰文化研究》，人民出版社，2010，第26页。

它保温、耐磨，不挂面子，在冬天最实用，晚上可以遮着身体睡觉，防风保暖，白天穿在身上又可挡风遮阳。

氆氇袍 "氆氇"，是藏族手工艺人用羊毛线手工编织的饰品，品种分为加翠毛氆氇、花毛氆氇、棉纱氆氇等，其纺织精细，质地柔软，耐磨保暖还能防水，非常实用，袍子的颜色常见的有黑色、白色和咖啡色，而且一边镶有红、绿彩绸。女子常用黑色，男子用白色和咖啡色较多。

呢料袍 经济条件好的人家从内地或国外购置回来的高级呢料，用于袍子的制作，这种袍子一般不作装饰。

夹衫袍 藏族人夏季的常装，具有随身轻便的特点。面料主要是藏蓝色棉布，经济条件好的人家多用上等衣料。在衣领和下摆之间，装饰有宽窄不同的红绿彩绸，绿色较宽、红色较窄，因色彩醒目，也被称之为"彩虹"。

羔皮袍 藏语称为"察日"，边上镶了水獭皮的称为"察日桑古"，是一种相对高品质的藏族服饰。它由纯黑色、蓝色、紫色、棕色、墨蓝色为主色的衣料制成，有锦缎料或布料。这种袍子下摆镶有珍贵的水獭皮。男袍的下边和两个袖子按一定的规格镶嵌水獭皮，女式长袍所用水獭皮通常宽 0.3~1 米不等。袍子的下半部分也由水獭皮自然形成的不同颜色制成。还拼成各种图案，镶嵌金色和银色的扁平线条，长袍以黑色或墨蓝色为主。

玉树藏袍 玉树藏袍就其款式、色彩等与其他藏区有一些差别，它在色彩的拼接上很有讲究，既讲究色彩的纯度，也注意色彩搭配的和谐。在着衣时还佩戴种类繁多的宝石、金银。

（二）内衣

衬衣 男式衬衣多为白色；女式衬衣的特点是颜色鲜艳，以白色、绿色、大红、粉红以及印花绸缎制成。衬衣多选浅颜色衣料。藏式衬衣无论男女一般都是立领式，领子较大，衣袖较长，扣子在一侧，领子和衣服边缘有装饰图案。领子比普通衣服要高一些。女式衬衣短腰、长袖，最显著的特点是袖子长出手指 40 厘米左右，平时收起来，跳舞时则随手舞动。衬衣的纽扣多采用同一质地的布料盘成的或铜、银等金属材料制成的圆形纽扣。

坎肩　也称背心。藏族男子日常生活中，夏季要穿三件衣服，即一件衬衣、外面套一件无袖坎肩，然后着藏袍。坎肩一般选用上等织锦面料，色泽艳丽。

（三）下身装

裤子　各地藏族男子的裤子在样式、材料等方面大体相同，其特点是裤脚宽大、裆宽，裤脚扎进靴筒，呈宽松灯笼形。用料方面除采用一般的布料外，喜用柔软的白色或绛红色麻、涤纶或绸类，穿起来宽松飘逸。

藏靴　有长靴、短靴与单靴、棉靴之分。大致可分为"松巴""嘎洛""嘉庆"三大类。"松巴靴"选料精细，制作精良，靴底主要用牛皮包裹再用牛绒绳缝制，非常结实耐磨。靴帮用红、绿、黑等色的氆氇制成，上面还绣出美丽的花卉图案，色彩对比鲜明。"嘎洛靴"靴面用多色毛呢拼接装饰，靴帮用皮革、氆氇等材料制作，靴靿也点缀着图案，靴底采用质地较厚的牛皮，再用黑色的牛皮连接上靴子的跟部和尖部，靴子的面上用金丝线镶边，再用黑色的牛皮拉条，靴帮开口的地方用染红的皮革加固。"嘎洛靴"靴尖向上向内弯曲，翘起来的靴尖起着保护靴子的作用，也方便草地上行走。为了便于穿脱，在靴靿上半部有个 3 寸多长的开口，上面还装有带子用于系靴。

袜子　袜子为手工编织的羊毛袜。筒筒袜，只有把脚套进去后，脚形就显了出来，非常合脚。

四　饰物

牙饰　藏族人有镶上一两颗金牙的习俗，藏语叫"赛索"，即金牙。藏族人认为镶金牙是为了美观和防毒，实际上已成为一种装饰。

颈饰 藏族颈饰在造型与色彩上装饰性很强，藏语称为"给间"。男子的颈饰一般为中央是一个圆筒状，两侧各有一个银质圆圈的以玛瑙、宝石为主缀连的项链。女性经常佩戴一串或几串多种宝石缀连在一起的项链。男人和女人都佩戴护身用的"噶唔"，"噶唔"里面装有佛像或一些开过光的圣物。

指饰 藏族男女都喜欢戴戒指，一般戴在左手中指或无名指上，藏语称为"泽及"。男士喜欢用象牙、金和宝石，女性喜欢金、银和宝石。

腕饰 藏族男女都喜欢戴雕花的金属手镯、象牙手镯、玉石手镯，他们还在手腕上佩戴象牙、珊瑚或紫檀木珠子，念诵佛经时用。

耳饰 分为耳环、耳钉、耳坠三大类，有金银和金银镶宝石两类。男子也有戴耳饰的习惯，一般只戴左耳。妇女耳环形态各异，主要以金银镶珠宝的为主。

腰带 在藏装的穿着中腰带的作用非同一般。腰带有绸带、绣花腰带、皮带和铜带，藏语叫"尕尕江"。绸带一般是真丝绸、印花绸或单色彩绸，男女通用，男子腰带宽 20~30 厘米，长 2~4 米，多用红、蓝、金黄、明黄等鲜艳的颜色，女用腰带以深绿、淡绿、粉红、桃红为主。皮带系用牛皮制成，通常由三段组成，中间较宽，两边稍窄，皮带面饰有图案，常见的有云纹、花纹。通常在吉祥结的上面镶嵌几个银质装饰。金属带由錾花鎏金的白银板或白铜板连缀而成，上镶珠宝如珊瑚、松石、玛瑙等，其四周边缘錾刻树叶、宝莲、孔雀之类吉祥图案。金属带通常由独立的九节、六节、三节相连，拴在腰上金光闪闪，耀眼夺目。玉树地区的金属腰带分大带和小带，盛装时拴二条至三条，大带系腰，小带围臀。

"欧席" 藏族男子的腰饰称为"欧席"。腰饰既为装饰又很实用，包括各种金银饰品和腰刀等。其中，火镰、针、锥子、刀子四大样是日常随身携带的。

脚饰 藏族在穿靴子的同时还用靴带装饰，在舞蹈时，在靴腕处还挂一串铜质小铃，随着舞蹈的节奏发出清脆的响声。

第三节 回族服饰

一 发式与须式

发式 回族男性的发型根据时代的不同而与时俱进，过去主要是分头、平头，在当代回族男子发式一般是分头、平头、背头等，但基本不留长发，也不留比较怪异的发型。

在发型上对回族女性的要求非常严格，对未婚姑娘要求将头发辫成单辫、多辫再用线绳扎起来固定在头上，再套上盖头，头发不能露出来。已婚妇女也要将头发挽成发髻固定在头顶或后脑勺上，如果头发过长可以多挽几圈再固定后戴上盖头。

须式 回族男子特别重视自己的胡须保养，认为胡须可以体现男人的魅力，同时也是回族男子的标志性特征。过去回族男子二十岁就开始留胡子，认为有了胡子就标志着长大成人了。

回族男子在留胡须时也有不同的形式，脸上毛量多的就留"连鬓胡"，毛量相对少的就留"山羊胡"，胡子的长短也因人而异。无论蓄哪种样式的胡须，都讲究经常清洗梳理，使其保持清洁美观，不经修饰任其乱长的胡须，称之为"脏胡"。20世纪80年代后，回族男子经常外出经商，在观念上也发生了变化，除了老一辈的回族男子和阿訇等宗教人士，一般的回族男子尤其在单位工作的已经不再留胡须了，这也是生活简约化的表现。

二 头饰（冠饰）

太斯达尔 波斯语音译，又译为"达斯达尔""台斯达日""戴斯塔尔"，意即缠头巾。青海回族中的阿訇、满拉以及穆斯林老人在"古尔邦节""开斋节""主麻"日聚礼或一日五次礼拜时，都要头缠"太斯达尔"。缠戴"太斯达尔"的样式一般可分为留尾和不留尾两种。"太斯达尔"是专门制作的，其中以阿拉伯地区出产的为最珍贵，但青海回族中，多数人缠戴黑、白、驼等色毛线编织的"太斯达尔"。

号帽 回族男子所戴的帽子皆为白色无檐帽，通常称"号帽"，宗教职业者在号帽上缠"太斯达尔"。春夏季的号帽多为单层或双层布料做成，秋冬季节所戴的号帽多用白线钩成，老年人所戴的黑色或白色、棕色号帽则多用毛线编织成。

六牙帽 青海民和县马营等地的回民，平时都戴一种六角形的无檐帽，称为"六牙帽"。帽子外形像一座阿拉伯式圆形屋顶，帽顶由六块等边三角形布料做成。帽圈由一块 6~7 厘米宽的布条制成，帽子顶端有一个用布条或马鬃或丝线编制的疙瘩。六牙帽主要以黑、白和墨绿色为主，阿訇戴的六牙帽通常为墨绿色，中青年以白色居多，老年男子多为黑色。

盖头 回族妇女一般要戴盖头，尤其在上街、赴宴、走亲戚时一定要戴盖头。盖头多用绸缎、丝绒做成，也有以棉布为料的。为了避免戴盖头滑落，通常在盖头边缘上缝缀带子、扣子用于固定盖头，系在下巴颏下。

回族妇女的盖头通常为黑色、白色和绿色，老年妇女喜欢戴白色和黑色，中年妇女喜欢戴黑色，近几年姑娘和青年已婚妇女喜欢戴有装饰物的单色头巾式盖头。

三 首饰

回族男子在佩饰方面很简单，也很少用黄金、珠宝装饰自己。回族妇女多用金、银打制成戒指、项链、耳环、手镯等饰物装饰自己，体现出追求时尚、向往美好的心性。

以前，家人都会给女孩和新娘佩戴胸护。胸护是用银子做的，形状就像一颗心，底部有一些小铃铛，别具特色。

四 主体服饰

（一）上衣

"准白" 阿拉伯语音译，意思是"长外套"和"长袍"。这种服饰主要是阿訇在进行礼拜或宗教仪式中常穿的礼服，过去对制作"准白"有严格的要求，首先是长款，要长袖、立领、对襟扣、衣长至脚腕，纽扣是用与衣服面料同色的布条打结做成的盘扣。"准白"因季节的不同可分为单衣、棉衣、皮衣等种类。通常"准白"选用白色、灰色、黑色、藏蓝色等衣料。改革开放以后"准白"也有了一定的变化，如今它的外形与长大衣相比差别不大，颜色以灰、白、黑为主，也有其他颜色。

皮袄 过去冬季穿黑布对襟棉袄或皮袄，那时男子多穿对襟衣服，下着大裆棉裤。皮袄有两种，一种是大领子皮袄，一种是白板皮袄，后者不挂布面。大领子皮袄又分筒子、大羊皮皮袄和皮卡衣几种，都有布面。筒子由羊羔皮缝制，有黑白两种。皮筒子一般要搭配好的黑色面料为大襟或长衫。皮袄的领子多为狐皮或羔皮。当今的人们已经很少穿这种服饰了。

白衬衫 以前在夏季人们都喜欢拥有一件白色的衬衣，尤其搭配上黑色坎肩穿着非常醒目，现在随着生活的富足，已经不局限于白衬衣了。

坎肩 又称马夹，无领、无袖、直对开襟，青海日间温差大，所以保暖很重要，马夹可以穿在里面也可穿在外面，既保暖又不影响手的活动，所以是老少皆宜的实用服饰。马夹有单的、棉的，还有皮的，随着温度的变化可以选择适合自己的坎肩。马夹面料多选用黑色布料，棉马夹里面常填充羊毛、棉花等保暖物，皮马夹采用优质的羊羔皮或短毛羊皮做材料。

回族群众特别喜欢马夹，生活在北方的回族群众，每天五次礼拜前洗

"小净"，冬季因为寒冷穿衣较厚，要完成"洗两手至肘"的要求时，脱了上衣寒冷难耐，穿着上衣又挽不起袖子，穿马夹完成这个仪式实在是非常方便。所以，这也是回族群众喜欢马夹的一个因素。

大襟上衣 这是过去女性的日常服装。款式相对简单，老式立领，右侧有开襟，采用布料制条再盘成扣。注重装饰性，在衣服的显著部位绣有花卉、几何纹样等图案，在衣服的袖口、领边、衣服边压上醒目的边。现在这种大襟上衣除了老年妇女已经没人穿了，老年人穿的一般不绣花。当今回族青年妇女喜欢穿着时尚流行的服饰。

腰裙 类似于围裙的样式，略短于围裙，主要是用于遮盖前半身。腰裙按用途可分为两类，一种是妇女在家务劳动中，为了避免弄脏衣服而采用的防护性服饰，这种腰裙所采用的是深色较厚的布料，呈"品"字形，上面有带子可以挂在颈部，腰裙中部有带子可系于身后。另一种是，腰裙的形状与前者一样，但所选用的布料更精致，上面还有刺绣，周围还有绲边，所用带子均为丝绸，在节日里围着这种腰裙使女人更加美丽动人。

（二）裤式

大裆裤 过去回族男女都穿这种裤子。根据厚度，可分为单裤、棉裤和皮裤等。这种类型裤子的特点是裤子裆部肥大，腰部超宽，在缝制时在连裆的腰部缝上白布裤腰，裤子多用深色布料，用腰带和绑腿。现在回族群众所穿的裤子与汉族裤装款式没有区别。

（三）足饰

毡靴 过去在乡下比较常见，是毡匠艺人用手工把羊毛擀成毡靴，在靴底涂上一层胶液或加上动物皮革以增加耐磨性和防水效果，人们比较喜欢低靿的。毡靴主要有白、黑、灰几种颜色。在高寒地区，户外活动毡靴的保暖性能还是为老百姓所喜爱的。

暖鞋　过去暖鞋是保暖性比较高的，在冬季男女老少都穿，鞋中间有夹层可填充羊毛、驼毛等保暖物，根据鞋帮的高低来决定是否用鞋带。这种鞋子比毡靴行走起来轻便还不冻脚，所以男女老少都非常爱穿它。

高筒布袜　老年回族男人喜欢穿这种手工白布做的袜子，一般有单、夹、棉三种，可以根据季节的不同选择不同的厚度。改革开放后，由于物资的丰富，穿这种布袜的人已经不多了，现在的人们更喜欢穿带弹性的纯棉或化纤袜子。

"麦赛海"袜　"麦赛海"是阿拉伯语的音译，意思是"好袜子"，也称为麦赛袜子，是一种皮革做的袜子，这种皮袜子还配有套鞋，老年回族男人喜欢穿这种鞋。冬天在做礼拜时，穿"麦赛海"袜可以不用洗脚，就没有那么寒冷，这也是回族人喜欢它的原因。

（四）配饰

小刀　回族男子常佩带两种刀，一种通常称为腰刀，尺寸不同，佩带在手臂下，另一种是较小的佩带在腰间的，在遇到危险时会拿出腰刀防身。

牙签和耳勺　是回族男子佩带的银质或铜质的用来剔牙和掏耳垢的带装饰性的工具。一般是在银片或铜片镂刻品的一端，挂上牙签、耳勺和镊子，另一端勾在小链子上，挂在胸前衣服的扣子上，具有实用和审美的双重功能。

胡须梳子　过去回族男子喜欢留长胡子，为了不让胡子凌乱就随身常带一把梳胡须的小梳子，这个梳子非常精美，用料也很考究，有玉石的、牛角的，还有木制的，在小梳子上还有雕刻的花。

钱袋子　回族人非常擅长做生意，钱的进出就是经常事，所以钱包也是回族人很重要的物件。回族人的钱袋子是用布或缎子做成，两端有穗子，边缘用彩色线装饰，中间部分覆盖着各种花朵和几何图案。钱包放在腰带的中间，系在腰部并用长外套覆盖以防止被盗。

针扎　回族妇女经常要做针线，针扎也就成了随身常带的物件。针扎分为外套和内心，内心是装了棉花香草的，缝衣针可以别在上面，针扎套上有刺绣的花卉图案，十分精美，内心顶部有绳子可穿过外套的眼，这样可以固定内心不让针掉出来扎人。针扎的形状繁多，有葫芦的、桃子的，还有球状的，这些针扎也反映了主人的缝纫技艺。

荷包 回族人随身带的荷包有多种形状，常见的有葫芦、桃子等形状。这些荷包用彩色绸子做面子，用不同颜色的布料、绸子拼接在一起，再刺绣上花卉图案，里面再装上香料和宝石。荷包里也包含了少女对未来生活的向往。

第四节　土族服饰

一　冠饰

白毡帽 土族青年男子喜欢戴"鹰嘴啄食"白色毡帽。因毡帽凸起形成椭圆形，前檐向前展开形似鹰嘴啄食，故而得名。

羔皮帽 土族人在冬季常戴的黑色羔皮做的翻边皮帽，在帽子顶上镶嵌有一颗珠子或手辫结。

圆顶绒帽 土族老年男子经常戴黑色或驼色的卷边圆筒帽子。

头帕 以前土族小姑娘梳三条辫子，两鬓之间各梳一条小辫子，头中间梳一条大辫子，然后把三条辫子合辫在一起，发辫根部和辫梢用红线绳扎在一起，系一个海螺圆木，戴银质耳坠和项链，头戴红色、黑色或蓝色的绣彩边的方巾，称之为头帕。是未婚姑娘的头饰。

插花礼帽 土族年轻妇女在喜庆的日子里常戴的一种装饰帽。这种帽子类似于汉族的礼帽，以驼色、黑色居多，上面插有大红、大粉的绢花，中间还放置了一面小方镜子。土族姑娘带上这种帽子很是妩媚。

拉金锁毡帽 是土族中老年妇女的头饰，用羊绒毡子制成，多为棕色或黑色，帽边镶嵌彩色织锦缎或彩色的花边，年长者花边的颜色较深。这种帽子帽檐很大，年长的妇女戴上就显示出端庄大方的气质。

辫套 土族已婚妇女一般梳两条长辫子，垂在身上，并将两条辫子分别装于辫套内，故称"辫套"。辫套从上到下都有很多刺绣片连接，一般刺绣片是黑地绣花，辫套上的刺绣多以花、鸟为主。两条辫套中间左右对称，下边缀有红穗。

扭达尔 是土族妇女在20世纪30年代以前佩戴的头饰。"扭达尔"的样式有很多种。佩戴"扭达尔"是女子是否成婚的标志，老年妇女不戴"扭达尔"，目前这种制作工艺已失传。

托欢扭达尔 红崖子沟托欢村的"托欢扭达尔"，用白珠、珊瑚、烧石等缀为圆形，系发间，它的正面形似圆饼，故又叫作干粮头；另一种的背面形状很像啄木鸟的头，所以就叫作"绊绊切·扭达尔"。据传，吐浑扭达系土族先民吐谷浑贵族佩戴。

适格扭达 "适格"土语意为又宽又大，扭达形状如簸箕。戴在脑后，"簸箕"朝上，"簸箕"里面及沿边满缀红色流苏，亦称"簸箕头"。

加斯扭达 "加斯"土语为犁铧，扭达顶部形似犁铧而得名，倒过来又似一具马鞍，所以既叫铧尖头，又叫马鞍撬。

捺仁扭达 "捺仁"与"那楞"异写同义，意为细。主要分布在互助那楞沟一带，在脑袋后面竖起一根铜质的三叉箭。脑后还有一个铜质的小碗，有两个铜质的大簪绾住头发，亦称"三叉头""尖尖头"。

索卜斗扭达 是民和三川土族新娘头饰，又称"凤凰三点头"。以"头箍""手帕箍""串"等组成头饰形状，形似凤凰。

二 首饰

项圈 土语称为"索"。戴在颈上，是用芨芨草扎成圆环，蒙以红布，然后镶铜元大小圆螺片20余枚而成。它与"扭达尔"等头饰相配。

耳坠　土语称为"面古苏格"，银制大耳坠挂于两耳前笼套挂环上，用彩珠串左右相连，吊于胸前。

三　主体服饰

上衣　互助土族男子上身穿白色斜襟绣花的上衣，衣服袖口镶着黑边，胸前镶一块 4 寸见方的盘绣图案，以示吉祥。衣服面料大都选用棉布，里子一般选用较柔软的布料。

坎肩　无袖，斜襟，平领，土族男子在上衣外套坎肩。坎肩多用浅绿色，翻领镶毛边，也有无领或小立领的。土族青年人坎肩喜欢选织锦彩色面料，老年人喜用深色织锦、黑色条绒或黑色棉布，里子一般选用有颜色的棉布。着装时，将右胸襟尖翻在外，坎肩里子颜色衬托出胸前钱兜的盘绣图案。

褂子　土族中年男子常披在身上的服装。有褐褂、短褂。褐褂是用黑羊毛捻成细线后织成褐布后缝制的，质地厚重，宽松肥大，斜襟小领，领子绣有盘绣花边，衣襟边镶有黑布条，纽扣是用羊毛线绾成的。

长衫　土族老年人常穿的深色棉布长衫，斜襟，立领镶绣边或织锦花边。两侧开衩，腰系红色、紫红色斜纹长腰带。也有用织锦面料做的长衫。土族婚礼中"纳信"（娶亲人）所穿的白褐衫，是用白羊毛捻成细线织成褐布再缝制的长衫。斜大襟，立领，宽松肥大。衣服下摆不开衩，有黑色布条镶在衣服边上。

长袍　土族老年男子冬季所穿的挂里子的棉质长衣，与长衫的样子相同。

袄　土族男子冬季所穿的短款棉衣，样子多为大襟、平领，领子一般用翠绿色布做成，领子边缘镶毛边。袄分棉袄和皮袄，棉袄常选用黑条绒做面料，内絮羊毛或棉花，经磨耐脏。皮袄是土族常用的御寒服装，常用黑色棉布或黑色条纹布做面料，绵羊皮为里子，分长、短两种，大多为羊羔皮制作。衣领是大斜领，下摆镶有氆氇或花边。白板皮袄，衣型肥大，袖子略长一些。

秀苏　常用红、黄、蓝、绿、紫五色（传说代表五行，如果加上黑、白阴阳，就是七色彩虹）彩色布或绸缎条缝制而成的布圈，缝接在坎肩或长衫的肩胛部。土语称"秀苏"。布圈的彩条排列大小不一。衣服上有五个布做的盘制纽扣或铜纽扣。未婚姑娘穿颜色鲜艳短款袖衫，已婚妇女穿五色花袖衫时要配上黑色、枣红色、深蓝色镶花边的坎肩；老年妇女不穿花袖衫，只穿深色长衫。

女式坎肩　土族妇女在花袖衫上套一件斜襟、无袖坎肩。这种衣服多用红、深蓝、绿织锦或黑棉布制成。

袄　女式长袄长到膝盖处，绣花领，袖口处镶有黑布条，下摆宽大，常选用红色、紫色或蓝色绸缎料，配有绣花填袖。

夹袄　土族妇女穿在身上的短袄，这种服装无袖、小领、大襟，用羔皮做里子，用黑棉布或条绒布挂面，往往白色羔毛从衣服底边显露在外。

裤子　土语称"莫儿多"，过去土族人穿的裤子为大裆上裤腰的大裆裤，裤料多为棉布，分单、夹、棉三种，裤裆肥大，裤口镶有红色布条。现在土族人多穿休闲裤、牛仔裤等时尚版裤子。

贴弯　"贴弯"是土族妇女在裤腿上的一种装饰，它是裤腿膝部到裤脚的约一尺长的套筒。"贴弯"和裤筒缝合处有白布夹条，妇女的"贴弯"以蓝色为主，红色为少女"贴弯"的专用色，是一种未成年的标志。黄南州同仁地区土族称这种裤饰为"目东"，成年妇女和少女都是红色，而老年妇女则用咖啡色。在重大吉庆节日时，青年妇女则换上半截为黑色、下半截为灰色的"目东"，以示庄重。

胡尔美　土语称"胡尔美"，互助土族妇女穿的一种裙子，这种裙子分左右两片，每片前面有 5 个褶，后缘有 7 个褶，用白布裙腰连接起来，衣襟下的红色蝴蝶裙又好像蚱蜢的下层红翅膀，故把穿红裙子的妇女形象地称花"恰加"（即蚱蜢）。这是土族姑娘出嫁时舅舅送的最好的贺礼。

四　足饰

羌鞋　过去土族男子穿的鞋，依制作式样的不同分为双楞子鞋和福盖地鞋。双楞子鞋，在两片鞋帮的前部缝合处又加1.5厘米宽的夹条，形成两溜高楞，高楞上蒙漆皮或用线密密错缝，故叫作双楞子鞋。福盖地鞋，用剪贴的蘑菇云图案，子母相配，白线锁边，覆盖在鞋的整个前部。两种款式的鞋帮均要绣上云纹盘线图案或碎花图案。

云子鞋　过去土族人用较结实棉布做成的鞋称为"云子鞋"，鞋尖类似虎头，鞋帮刺绣云子图案，鞋底用白布缝缀而成。冬季穿云子鞋在鞋窠里要填充一些羊毛、棉花等保暖物，云子鞋要配"黑虎下山"的绑腿。

毡靴　用羊毛经过毡匠擀制成靴子的形状，有长靿、短靿两种。

"恰绕"　土族女式鞋的统称。从形态与刺绣的不同可分为靿鞋、花云子鞋、其吉得花鞋、仄子花鞋、翘尖绣花鞋等。靿鞋：形状如靴，在鞋帮上按彩虹状用彩线四周密密错缝，鞋口和鞋靿之间夹许多彩布条；花云子鞋：在鞋帮上用彩线绕云纹图案，轻飘灵巧；其吉得花鞋：在帮上绣着各种花卉蜂蝶；仄子花鞋：在鞋帮上用彩线绣菱形格子；翘尖绣花鞋：民和土族有裹脚的风俗，妇女喜欢穿小巧的翘尖绣花鞋，鞋尖上有上翘的彩线短穗，如船头翘尖，鞋帮、底帮都有绣花。尖鞋后跟部系有鞋带。各种女式"恰绕"都缝接长及膝盖的布靿，鞋后跟缝合处有2寸见方的"叶弯"（即红布溜跟）。

绣花男袜　过去土族男子都穿绣花袜子，把几层棉布粘结在一起，在袜底和后跟处绣花，袜子边缘用彩线绣出花纹。袜面用青或蓝棉布，里衬选用柔软布料。

五　配饰

普斯尔　"普斯尔"是腰带的总称，它不仅种类、花样多，而且系法各不相同。较普遍的有"达包·普斯尔""托力古尔·普斯尔""木尔格·普斯尔"以及彩绸带和布带等。

达包·普斯尔 是青年妇女尤其是少妇回娘家以及喜庆佳节、庙会、物资交流会、花儿会等时必备的服饰。它是在长 30 厘米、宽 15 厘米的布料上绣以各种花卉或盘线图案，然后用 8 块绣花图案分别缝接在一条绿色宽带的两侧，系时一头吊于臀部，一头缠于腰间。背后看去从脚跟到腋下形成鲜丽的百花图案。

托力古尔·普斯尔 土族青壮年男女普遍喜欢系这种腰带。这是一种宽约 30 厘米、长 4 米的绿色布带（也有蓝黑布的），两端各接宽 15 厘米、长 30 厘米的绣花接头，系时把绣花头缀于臀部，显得美丽而精致。

木尔格·普斯尔 是青年妇女平时的腰带，是用柔软的白羊绒细线织成的宽 30 厘米、长 4 米的白褐布带，两端各有 30 厘米长线穗儿，质地柔软，洁白无瑕，毛绒非常轻薄。

前襟子 土族妇女的腰饰，佩戴于腰间，垂于裙摆的右侧。着盛装时必须佩戴此物件。它是把几个带有美好寓意的花卉图案的刺绣片缀连而成，底色为白色，四面镶有彩色织锦花边，底部有彩色吊穗。

围肚 花围肚分男女两种款式。男式土族语叫"缠腰子"，在对襟坎肩左腋下合缝处接一块长 45 厘米、宽 20 厘米的方形绣花肚兜；女式土族语叫"朵朵尔"，将直径为 20 厘米的半圆形绣花肚兜，缝在一块三角底布上，顶端带套在脖子上，两侧系带子于后，是一种贴身服饰。女士围肚有大小两种，大围肚上襟呈菱形，并有绣花口袋呈扇形。是以刺绣为主的女士内衣。小围肚为菱形，是一片刺绣围肚，主要用于遮肚脐，妇女坐月子时为防寒气渗入肚脐多采用这种围肚。

加西吉 土族语，"针扎"的意思。有钟形、圆形、心形、葫芦形、桃形等形态。制作时在剪好的底样上贴面料，用彩线绣制带有寓意的花鸟图案，每相同的两片缝合两侧及顶部，顶端留一小孔，成套筒状。再做一个形似套筒的芯子，上端接系绳，系绳穿过套筒顶端小孔，芯子下端缝缀彩色的穗子。针扎既可以插针，又可作为衣服的佩饰。

达胡 一种古老服饰。过去土族富人家的女人喜欢穿"达胡"。这种服装无领、无袖、对襟，形似坎肩，但比坎肩略长些，而且两边及背部都有开衩，四周都镶以锦缎花边，穿在长袍上，以"登洛"为佩饰，人们也称它为"登洛达胡"。

登洛 是土族妇女的一种佩饰。它是以锡箔纸筒为坯，粗细长短如食指，外缠金丝彩线，用细绳串起来，并排 6 只为一组，若干组串成一副，下端饰红、黄、绿彩穗，共两副吊于胸前，齐至脚面，它与"达胡"（服饰）相配。

罗藏 土族语，指土族妇女佩戴在腰带上的兽头形装饰物，材质一般为铜、银等。上有孔可系一些小佩饰，如绣花手巾、加西吉、荷包等。

褡裢 过去土族人无论男女都在腰带上挂一个装钱币的小褡裢，传统上既是钱袋又是装饰物。后来装硬币的钱褡裢逐渐演变成一种挂在服饰上的装饰物，而男子不再佩戴，女子用三块白地绣片，刺绣带有美好寓意的花卉图案，四周用盘绣作几何图案拼成长条褡裢，下端连缀彩色穗子和小铃铛，顶端套在腰带上。

第五节　撒拉族服饰

一　头饰和发饰

六牙子帽 撒拉族男子头戴六牙子帽，大约出现在清代中后期。所谓六牙子帽，乃是六角帽，上绣有各种花卉，与现代维吾尔族人戴的帽子有相似之处。

缠头巾 阿拉伯语叫"尔玛麦"，波斯语叫"太斯达尔"。为宗教礼拜时所戴，制作、戴法与回族相同。

包头 撒拉族中老年妇女服饰习俗。将头发盘在脑后，用白纱布包头将头发包起来，并绕脑后几圈，将盘在脑后的头发固定。包头一般都是比较长的纱布。撒拉族人认为，妇女的头发属于羞体，不可外露，因此，须用包头包起来。现代妇女用包头的很少了，主要用白布帽子来固定头发替代了包头。

盖头 撒拉族妇女的盖头与回族基本相同。根据不同年龄分为绿、黑、白三种颜色，未婚少女一般不戴盖头。

二 首饰

挂耳坠 撒拉语叫"丝尔格答合"。当撒拉族的孩子还小的时候，母亲用一根金属线固定耳垂，然后慢慢刺入耳垂，最后戴上耳环，因为家里贫困戴不起金耳环就戴银耳环。女孩第一次正式戴的耳环一定是男方家送来的，也表示女孩已经有人家了。

手镯 撒拉语叫"盘吉日答痕"。撒拉族妇女非常喜欢戴银手镯，以此显示自己被婆家人或丈夫重视，这也是夫妻恩爱的见证。

戒指 又叫"盖吉日答痕"，汉语音转及撒拉语合成词。生活条件好的撒拉族妇女戴戒指，但男子一般不戴戒指。

三 主体服饰

（一）上衣

汗褡儿 过去撒拉族人喜欢穿自制的毛蓝布大襟汗褡儿，现在经常穿自制的白色汗褡儿和白色衬衫。

坎肩 无袖，无领。妇女穿的坎肩色彩鲜艳，还用三角布点缀。在冬季，人们常穿用羊皮做的坎肩，保暖轻巧。

祢 撒拉语音译，意近于"长袍"。撒拉族人经常穿具有很强民族特色的大襟的长袍。还有撒拉语叫"厄西麦合"，是羊羔皮做里子的棉袍。

皮袄 撒拉语叫"拖尔腾"。撒拉族人冬季常穿皮袄，经济条件好的在皮袄外面挂绒或布做面子，衣服边和袖口还有一定的装饰，条件不好的多穿光板皮袄。因为它的防寒保暖功能好，老年人非常喜欢这种皮袄。

冈阿刘合 用约半米长的白布自制的新生婴儿衣服，这种衣服不要袖子、衣领，便于小孩的成长。

（二）裤式

与回族相同。

（三）足饰

脚码子 撒拉族人过去在冬季劳作时经常穿的一种鞋，此鞋是牛皮革做的，在鞋底插有铁钉可以防滑，遇到冰雪路面可以防止摔跤。

古古尔鞋 这种鞋子在清末和民国初年非常流行，受到撒拉族妇女的青睐，鞋底厚实，鞋面有非常精美的刺绣花卉图案，鞋尖上翘并有穗子点缀，穿起来既舒服又典雅。

夏恩尕热合 这是一种专门用于在水地里干活的鞋，是用牛大腿关节处的皮做成的，脚后跟正好可放在牛腿骨节处，并按脚的长度、宽度及厚度加以缝制。这种鞋最怕干燥，不用时只能放在阳光照不到的潮湿处。

绣花袜子 撒拉语叫"吉杰合辽资恩"。这种绣花袜子是女孩在出嫁时显示自己刺绣技艺的作品，用深色布料做成袜底，在袜底上进行刺绣，将梅花等植物图案绣于袜子上，黑地配绣花格外鲜艳。

（四）配饰

绣花圈肚 撒拉族男子过去常系绣花圈肚，面料为缎子、棉布等，上绣有牡丹、莲花、菊花等精美图案，用于装硬币及其他实物，兼具装饰作用。绣花围肚用腰带系绑。

手镯 撒拉族妇女喜戴手镯，如银镯、玉镯等。由于玉石昂贵，只有个别人才能戴得起，而银镯则较常见，有半圆形和圆形两种，圆形的又有绳状和扁平两种。镯子是婚礼中男方必备的聘礼之一。

项链 妇女所系项链过去多为银制品，而今已为黄金制品所代替。过去银项链下还挂虎等动物小模型。

耳坠 结婚前，男子要送一副耳坠，让姑娘先戴着，以示此姑娘已名花有主，他人不能再去提亲。成书于清代的《循化志》记载，撒拉族妇女戴"大耳环"，"如钩"，"重至一两"。

胸护 胸护形状似心，用白银制成，下部缀有若干小铃铛，动起来铃声作响引人注意。新娘子在结婚时要佩戴胸护。

第六节　蒙古族服饰

一　冠饰

乌兰扎拉图玛拉海（红缨帽） 红缨尖顶帽是青海蒙古族比较常见的头饰，男女都喜欢佩戴它，帽子顶部较平展的是男子佩戴的，叫扎拉图玛拉海，顶部较尖的是女子佩戴的，叫肖布格尔玛拉海。夏秋季节时，男女都戴这种用白羊羔毛擀制的喇叭状高筒帽。帽子由顶子、红缨穗、系带等组成。整个喇叭形帽顶用蓝、绿等颜色的布料做面子，里子随意选用布料，帽边里子用羔皮，面子选用红、黄色布料，用银绞索把红缨顶珠挤压在帽顶上，顶子四周下缀红缨穗，黑丝绒或羊羔皮镶边，两边缝两个红绸系带。到了近代社会，蒙古族普遍喜欢戴呢子礼帽，而现在红缨帽只在传统节日上戴，平日里基本不戴。

布拉根都格图（貂皮帽） 也叫都尔板齐克图玛拉海，冬季戴的红缨帽子，用毡做帽顶，其上用绸条、毛线等缝饰。有四个貂皮护耳，两面护耳的貂皮较宽，每个护耳用貂皮做里子、绸缎做面子。

套尔次格 老年人和妇女在夏季戴的帽子，由六片组成，分尖顶和圆顶两种。男士的帽顶较尖、缨子稍短，女士的帽顶较圆、缨子稍长，用各种布料、绸缎胶粘到一起，晒干后每片接缝，用各种珍珠、珊瑚缝缀装扮，但平常戴的帽子装饰不太讲究。

陶高热古勒（圆形帽） 主要是冬季戴的帽子，用羊羔皮与兽皮、布料、绸缎都可以做，其形状像衣领，一尺高，顶子稍缝制。

裕尔裕格 用白色的绸缎做面子与里子的帽子，尖顶、带红缨，就像现在带扇边的凉帽。早期为王公贵族所使用。

小帽子 用暗淡的金丝绒、布料做面里的单帽，由五到六片组成，帽顶较起伏，为男士夏季使用。

伊苏格玛拉海（毡帽） 与现在的礼帽样式相似，但边子较窄、后边往上稍卷的毡帽，用黑布条和绸缎、毛线等饰边。

才尔格玛拉海（带扇帽） 20世纪60年代以来青海蒙古族男女普遍戴的带檐子的普通布帽。

上格尔卡格玛拉海 用毛线编织的帽子，没有边子和顶子。

卡日 大体上用枣红色的，为约五尺长、两尺宽的两头带穗子的长条棉布。已婚妇女和未婚姑娘结卡日的方法不一样。

艾日古布其玛拉海 配吾齐戴的帽子，用绸缎和布料做面子，用暗色的布料做里子，中间衬羊毛，顶子稍起伏，帽顶上缝饰回纹，用约15cm宽的兽皮、羔皮等做边子，后面的皮边子较长，两面带红系带。

头巾 专门包头的方巾，以市场出售的棉纱织巾和纱巾为主。

乌苏乃格尔（辫套） 是青海蒙古族妇女头部主要的饰品之一，有挂银牌辫套和刺绣辫套两种。戴辫套时把两个辫子装在套内，然后把辫子中间穿出扣襻扣在纽扣上。银牌有两种，即将约4.5cm见方的银子制作为方形和圆形后，上面刻各种吉祥如意的蒙古花纹。其中在圆形的银牌上刻兰萨等蒙古花纹，这种银牌老年妇女戴，另一种银牌是长方形的，刻有各种吉祥如意的图案，年轻妇女戴。还有一种发辫套上绣百花图。发套较长，所以戴时压在腰带下。银牌一般都是银子的。有些经济不宽裕的人家妇女戴不了银子的就替换为白铜，还有的在布料上绣银牌图案。一个银牌能戴好几代人，如果老人去世的时候传给女儿或儿媳妇，她们把发辫套布料换新后，再钉原来的银牌。

乌松乃东（贝壳） 青海蒙古族姑娘长到十一二岁时将头发编成许多小辫子，长到十六七岁时，把所有的小辫子相互缝缀后戴乌松乃东（贝壳）。用长约85cm、宽约9cm的黑布或条绒做面子，用红布料做里子，且把红布稍突出缝制红边条、上部三角形、下部长方形的布料，其下接缝珊瑚，即长约36cm、宽约9cm的红布。下边有三个三角形的角上缝穗子，在黑色的底布上从上到下满布缝缀珍珠、珊瑚。红色的珊瑚底布上用金银丝线盘绣，再用五颜六色的线刺绣装饰。戴乌苏乃东的时候，姑娘们在中间辫一个粗辫后旁边辫许多小辫子，中间的粗辫上用发卡压戴在黑色的底布上面的三角头，旁边的小辫垂发辫带。

给吉改乃宝都格（辫带） 青海蒙古族男女都用，过去蒙古族男人留长辫，平时把发辫带垂下来，干活的时候把长辫用发辫带绕在头上。女子的在长约85cm、宽约18cm的黑布上用各种颜色的线缝缀边沿，两头缝穗子。男士的发辫带是在长约85cm、宽约36cm的黑布边沿上绣犬牙状花边，中间缝缀花纹，两头带穗子的黑色长布条。

二　首饰

耳环 过去蒙古族男女都戴耳环，女孩到十岁时穿耳眼戴耳环，富人贵族们戴金银耳环，上镶缀珊瑚、珍珠、玛瑙等。

耳坠 蒙古族妇女耳环上钩戴的装饰品，有镶缀玉石、珍珠、珊瑚、四面带孔的小方银的，有装饰了许多小红珊瑚珠子的链子的，还有装饰了银柱的。

戒指 蒙古族已婚妇女将戒指戴在无名指上，未婚者将戒指戴在中指上。青海蒙古族男士大拇指上戴银戒指，妇女常戴马鞍形的银戒指。

手镯 青海蒙古族男女都喜欢佩戴手镯。种类也较多，有金、银、铜、珊瑚或银上镶嵌珊瑚等的手镯，老人们喜欢戴铜手镯，据说能治疗关节等的疾病。

三 颈部饰品

项链 与现代的金银项链一样，传统上蒙古族用珍珠、珊瑚、玛瑙、玉石、金、银、翡翠、铜、金等九宝组成的珠，同大拇指一样大的珊瑚珠子，连在一起戴在脖子上。

尕布 银、铜等制作的小盒子，有圆形的，也有方形的。尕布正面上刻各种吉祥如意的图案，四角、正中间嵌入珍珠、珊瑚等叫"才次格"。尕布里面装常用的药物和熏香、佛像等随身携带物品。有些富人家妇女脖子上戴层层项链，蒙古族认为戴尕布能起避邪的作用。

四 护身品

佛珠 青海蒙古人在脖子上戴象牙珠子和香木等珍贵物品制作的珠子，喇嘛和老年人常用其念马尼或算卦。

护身佛 青海蒙古人为了防止发生各种不吉利的事情，常向喇嘛、活佛等请求算卦，活佛在纸上写经后放在红、黄布里缝好戴在请求者的脖子上，这种东西叫护身佛。

铜镜 用黄铜做的圆形镜子，一头穿孔挂在脖子上，有些是用九宝组成的珠子串在两边戴在脖子上。据说铜镜发光照射不吉利的东西，能起避邪作用。

五 主体服饰

（一）上衣

德吾里（皮袍） 用羊皮、羔皮制作的大襟长袍，男女老幼均穿，蒙古语叫"德吾里"。这种长袍一般在秋末、冬天和初春穿着。皮袍领口以羊羔皮做成斜长领，穿时变成大翻领。下摆的宽度和肩宽比例一般为3∶1；身长与下摆宽度的对称比例为4∶3；身长的直径与长度对称比例为2∶3；袖子的宽度与长度比例为1∶3。大襟、下摆边缘镶大绒流苏，绲边处用白羔皮贴边，并缝有用珊瑚、宝石托盘的银扣子。袖口用蓝红色的布或绒镶边。有的在皮袍上挂布面或绸缎面，有的则不挂。

吾齐　用加工好的羊羔皮吊里子，绸缎和布料做面子的长衣服叫吾齐，吾齐的领子像拉布西格等的领形样长宽，但有的做小方领，在襟部、袖口、下摆缝饰吉嘎，毛线以外缝制细条貂皮、羔皮、马驹皮。按面子，吾齐可分条绒制面吾齐、绸缎制面吾齐、布料制面吾齐等；按里子分为长毛吾齐、短毛吾齐等。秋末冬初穿长毛吾齐，春秋穿短毛吾齐。

特日勒格（袍子）　蒙古族春夏装的统称，是用鲜艳的红、黄、蓝、绿等色泽布料或绸缎制成的夹层长袍。《清稗类钞·服饰类》记载："青海蒙古女子之服饰多颜色衣饰之美，数倍于番服。束发为辫，双垂于前，以布帛为囊而双之。所缀铃片，悉为银者，多嵌以真宝石。帽质为五彩绸，缀以红缨，靴质为绒布，袖以华彩，其式如汉人常用之冠履然。"[1]家境好的妇女在节日或庆典时穿对襟开衩长袍，名为"特日勒格"，外罩一件齐肩无袖的长褂"吾齐"，"吾齐"是一种以绸缎或呢绒为面料的羔皮开衩长褂，边上镶以水獭皮或彩色氆氇，衣领边以彩线绣成花边。

拉布希格（棉布长袍）　蒙古族的夏季服装。未婚女子所穿的拉布希格是高领、大襟下垂，前后开衩，袖口从肘部到肩部用另外颜色面料缝制，并在袖口、领口、大襟、垂襟和下摆边缘加饰不同颜色的窄条绲边，绲边外缘再镶嵌彩条和金银曲线条作为装饰。已婚妇女的拉布希格在马蹄袖、领边、领缀、大襟、垂襟及下摆开衩处边缘镶饰镂金彩条、金银曲线彩条或者直线彩条，在阳光照耀下熠熠生辉。男式拉布希格分为马蹄袖长袍和非马蹄袖长

---

① （清）徐珂：《清稗类钞·服饰类》（第1册），中华书局，1984，第61~69页。

袍两种，一般为圆领、右衽、长袍、肥袖。

策格德格（长身坎肩） 已婚妇女的夏季服饰。婚前由娘家人制作，婚礼时新娘到达婆家换装时，套穿在拉布希格的外面。婚后在公婆面前或在公共场所必须穿长身坎肩。一般用毛呢、真丝缎作面料，对襟、无袖，衣襟、下摆、开衩处均以彩色丝缎作边饰，开衩处缝制云纹图案。两边开衩处各缝三个叫"恰恰格"的穗穗小包，内装茶叶、食盐等。在蒙古族传统婚礼上，有一个"喝新娘茶"的仪式，新娘要在新蒙古包里亲自给公婆和其他婆家人烧茶、倒茶和敬茶，因为刚刚进了新蒙古包的新娘还不熟悉公婆及其家人等，无法向他们索要茶叶、食盐等，只好把离开娘家时准备好的装在穗穗包里的东西取出来用上 [1]。

坎肩 无袖短衣，有用布料、绸缎做的单坎肩，衬棉毛的坎肩，用羔皮、狼皮、狐狸皮吊里子的坎肩等多种，蒙古族男女老少都穿。

措布 用呢子等毛料做的长衣服，形状与拉布希格一样，仅用绸缎缝饰卡子、扣绳、貂皮条，大体上选用枣红色的呢子为主，因为较厚重所以不衬里子，在春秋穿。

克布尼格（毡袍） 是一种古老的传统衣服，一般用两三岁羊羔毛剪下后擀得薄毛毡制成，擀制较松软的毛毡做成的衣服较温暖，天气冷的时候穿；擀制较紧的毛毡做成的衣物不易透雨水，下雨时穿。这种毡袍也当作战袍穿，据说把毡袍用水浸湿拌上泥土和细沙，刀剑不入。蒙古族就有"在服装中最好的是克布尼格，在饮食中最好的是浩力木格（大杂烩）"的谚语。

马蹄袖长袍 青海河南县蒙古族男女老幼在冬季穿的长袍，称为"苏乎则"，其形制因融合了藏族皮袍而相差不大。女式袍服仍然是蒙古族传统式样，宽大襟、右衽，下摆喜用深红色、天蓝色及金黄色绒线镶边，领子为白色羊羔皮缝制的交领。男式皮袍基本保留了蒙古族交领的式样，但领条直接

---

① 纳·才仁巴力：《青海蒙古族风俗志》，青海民族出版社，2015，第40页。

成为袍身的一部分。穿长袍时，将皮袍套上袖子，把后身顶在头上，再把前后大襟小襟提到膝盖上下，然后用腰带系紧放下来，腰带以上的胸前形成鼓包，把日常所需的小物件装进去。

披拉 形状和德布勒一样，面里都用布料做，中间用除掉硬毛的羊毛或驼毛蒸一个小时左右，晾干后制作的长衣服。这样做防止毛堆在一起影响衣物形状，所除掉的硬毛做毛线等。

策格吉木格（短袄） 用绸缎、布料、羊毛、驼毛、毡、皮子等所做的衣服。

克勒格（短衣） 用布衬里子或没有衬里子，拉布西格内穿的短衣，领子、袖口部位缝饰，平时所穿的短衣不讲究缝饰，分有肩和无肩两种。

道图高吉（内衣） 青海蒙古族所有的内衣称为道图高吉。

（二）裤式

敖木德（裤子） 传统上青海蒙古族用加工好的绵羊皮或山羊皮、黄羊皮、毡、毛、棉、布等制作裤子。冬季穿的裤子用动物皮毛制作，夏季穿的则多用布料材质。

（三）鞋靴

艾腾高都斯（翘尖皮靴） 蒙古族男女都穿着牛皮制作的、尖端上翘的、镶有剪牛花的蒙古靴，藏族称为"苏乎兰木"，意思为"蒙古人的靴子"。目前这种靴子已不多见。现在大多数蒙古族都穿牛皮和绒布做成的靴子，其款式与藏靴无太大差别。

西日高都斯（皮靴） 用加工好的牛皮做的靴子，有多层皮底子，脚踝骨处有一条缝子，每个靴片中间加皮条缝制。男士的靴帮到膝盖，女士的仅到小腿，男士的靴帮口比女士的靴帮口稍宽一点。20世纪80年代以前，蒙古族男女老少都穿这种靴子，他们冬季套穿毡袜，夏季套穿布袜。男士们穿靴时把裤口放在靴帮内，男士在靴口上系靴帮带。

帕尔它格　也叫其日格，将生牛马皮按着脚的大小裁剪成圆形后，在脚型收敛的部位开许多小眼后串皮条拉紧系在脚上。鞋帮仅到脚踝骨，在穿着时内穿毡袜或布袜，平时内塞草、破布等晒干定型。一般男士出外干体力活时穿。

伊斯革高都斯（毡靴）　用羊羔毛压毡做成的蒙古靴，在冬天穿，特别暖和。20世纪80年代左右，牧人穿的也较多，有的用未熟制的大畜皮做靴底。

布里嘎尔高都斯（皮靴）　在牛皮加工过程中用一种药物熏后，用机器压出花纹制作的靴子，造型精致、结实、美观。

古日木勒傲木斯（毛织袜）　用羊毛或驼毛编制的袜子，青海蒙古族传统的钩针是骨头钩针，后来又有木制的、铁制的，用各种钩针编制各种花纹的织品。除此以外还有用机器纺织各种花纹的毛袜等织品。

布斯傲木斯（布袜）　用条绒等厚重的面料做面子、薄软的面料做里子的布袜，在底子、袜帮上绣花，主要是春秋穿在皮靴内。

伊苏革傲木斯（毡袜）　有两种，薄毡裁成靴型缝制的袜子称为乌依玛拉伊苏革傲木斯（缝制的毡袜），用羊羔毛压做的袜子称为达入玛拉伊苏革傲木斯（压做的毡袜），都穿在皮靴内。

（四）配饰

皮带　分细带、宽带两种，长度按照人体的腰部来选定，一头带铁卡，细皮带直接系结。

绸带　选用长约500cm、宽66~133cm的绸布做腰带。一般使用红色、蓝色、绿色等鲜亮色腰带的较多，而不选用黑色、白色、黄色的。因为白色的不耐脏，黑色的被认为是不吉祥的，黄色则是活佛的专用色，普通百姓不能使用。男式靠下腰系带，提袍为美。

毛线腰带　用毛线编制、纺织，或将毛线并到一起缝制。约十尺长，分宽细两种，用白羊毛搓细线后许多毛线并到一起缝制或编制、纺织，然后两个头上用各种颜色的丝线绣制犬牙状花纹、缝制穗子等。结实、好看，按服饰材料佩戴不同的腰带。

哈布塔呼（荷包）　在黑、蓝等颜色的布料或绸缎上绣各种图案的荷包，蒙古语叫"哈布塔呼"，内装随身携带品如火镰、鼻烟壶，或是将碗袋、子弹带挂在腰带上。

钢斯（烟锅子）　吸叶烟时用的，用树墩、银、红铜、铁等加工制作烟锅头，用玛瑙、玉石、宝石等制作嘴子的吸叶烟工具。

塔麻肯堂哈格（烟袋）　内蒙古一些地方叫"褡裢"。是一种在中间带小口的长约36cm、宽约9cm的一色布料上，绣有各种花、动物形状和传统花纹的长方形小袋，一边装鼻烟壶，一边装鼻烟末，插戴在后腰带上，形状就像在马、骆驼背上所搭的褡裢一样。

蒙古胡图嘎（蒙古刀）　蒙古族男子的一种装饰品，主要戴在腰带上或插在靴帮内；也是在游牧生活中的必用品和工具，用来宰杀牛羊、剥皮、卸肉等。传统蒙古刀刀身一般采用优质花纹钢反复锻打而制成，钢口坚硬而锋利，刀柄和刀鞘要以好用为主，又突出美观作用。因有主人身份、富贵程度的区别，使用金、银、铜、铁、木、牛角、牛骨、牛皮等材料用不同的工艺制成，其中包银、包铜最为常见，表面或雕刻或镂花，镶嵌绿松石、珊瑚、宝石等，还有精美的图案及花纹。

火镰　用火镰相互搓擦可以产生火星，点燃软草、纸等生火用，是蒙古族人不可缺少的生活使用品。

别勒　皮片上镶珍珠、玛瑙眼子的半圆形银环，其上带针线包、蒙古刀、铜钱等。

针线包　是妇女随身携带的必用品，它是用皮子或绸缎、布料等制作的内装针线、可以佩戴的装饰品。有三角形、方形、叶子形、"8"字形等。用胶乳两层布料缝制，一色布料用各种颜色的线绣动物和百花图案。内有用布料和棉花缝制的多层舌头样的小衬布，专门放各种颜色的线和插放大小针，需要时随时拿出使用。

第七节 服饰流变

在人类发展的历史长河中，服饰始终伴随着人类的成长，无论是原始的保暖功能，还是遮羞功能，以至于后来的审美功能，都反映着人类不同时期的生活。可以说，服饰的演变从侧面映射出人类生产生活的变迁，是现实生活的写照。

一 汉族服饰流变

1949年以前，青海城乡汉族男子多穿长袍马褂，头戴瓜皮小帽，脚穿皮鞋，有自制的，也有购买的。青壮年常用一根黑色缎带缠紧裤脚；女子一般穿长衫、长袍，或对襟上衣配裙子等。农村男子为了劳动方便，通常穿大襟棉袄，长腰大裆直筒裤，常系一条腰带。此外，有皮裤、毡裤、毡帽、皮帽、毛衣、毛裤、毛袜等。

20世纪50年代以来，青海人的服装新旧款式混杂。随着民众生活水平的提高，衣服款式和色彩开始发生变化。上衣以大襟为主的衣衫形式向着"对襟衣衫"发展，并逐步为对襟衣衫所代替。20世纪50年代后期，城乡人在冬季兴起穿"小大衣"。小大衣，领大、对襟、宽敞、穿着方便，男女皆宜。在妇女中间，还穿起了对襟、大领的"列宁服"。60年代后期和70年代初，普遍穿起"军干服"，上设四个兜，开在衫内，大方实用。还有民间自己缝制的"仿军干服"，形式自由活泼，有四个兜的，也有只设两个兜的，同时"中山服"也普遍进入民间。60年代以后，内衣成为人们不可缺少的穿着。秋衣、绒衣、毛衣和汗衫等各式各样的内衣遍及民间。

进入20世纪70年代后期，大腰裤逐步被适合自己腰身的新裤型所取代。男裤在前面开口，女裤在两侧或一侧开口，双侧置兜。以便装随身常用之物，这种裤子比大腰裤既合体又实用。衣服"护体、装饰"的习俗正在发生变化，大部分地区"一衣多季"被"一季多衣"所取代，并开始以衣服的美观适意为主要追求，过去只讲结实耐穿，现在既讲款式的新颖，又注意服饰的色彩搭配。另外，年青一代的乡间人在衣着方面和城镇人的衣着渐趋一致。平时单从衣服的款式上，已看不出城乡之间的本质差别。

进入 21 世纪后，服饰的种类更多。人们的着装观念也发生了变化，开始注重服装的实用功能和审美功能，这样就出现了过冬用的羽绒服、裘皮、棉服以及外出活动的户外防晒保暖装；各种场合的礼服，还有夏季所穿的裙装、短裤、短袖等季节性服饰，色彩也更加丰富多彩。

二　藏族服饰流变

藏族是青海世居的少数民族之一，自古以来就以游牧为生。新中国成立后，藏族人民的生活日新月异，人们对未来的生活有了更多的想法，无论从物质层面，还是在意识形态，都有了翻天覆地的变化，尤其藏族人的生活方式也随之改变，越来越多的藏族群众开始过上定居的生活，原来的游牧生存方式已经远离人们。但原生态的生计方式和高原生态环境下生成的民族传统文化仍然得到了传承。无论是以放牧为主的高原和环湖草原，还是以农耕为主的河湟地区，青海藏族服饰的款式、质地、纹样和附属装饰品，既满足了生活环境、生产方式的需求，又体现出藏民族独特的工艺水平和审美取向，藏族服饰始终保留着袍装的特点，但随着社会经济的发展、文化的融合、审美意识的提高，藏族服饰也产生了变化。

一是面料及装饰的变化。在藏族聚居的地区游牧藏族的服饰基本上还是以光板皮袍为主，这是自然条件决定的，光板皮袍在放牧过程中御寒效果好，耐磨、经脏。而城镇居住的藏族服饰从面料上变化显著，一般着挂面藏袍的居多，挂锦缎尤其是织锦缎的居多。在袍子边缘的装饰上，因受动物保护理念的影响，也很少使用动物皮毛，而较多地使用各色针织物。二是趋向简约化。在城镇居住的藏族所穿的藏袍也越来越轻薄，以棉袍、织锦缎挂面单袍为主。在头部的装饰方面也趋向简约，主要体现了方便快捷。三是趋于时装化。在城镇居住的藏族所穿的藏袍也越来越随身，这样在日常生活中既美观又方便，尤其是妇女可以将自己的身材展现出来。

三 回族和撒拉族服饰流变

（一）回族服饰流变

回族受宗教的影响比较内敛保守，但随着改革开放，越来越多的新事物、新现象、新机遇促使回族与时俱进，包括服饰的改变。

回族最显眼的民族服饰是头饰。盖头是回族女性的显性标志，它是伊斯兰教在传播过程中，穆斯林服饰演变的产物，盖头主要有黑、白、绿三种颜色，回族上了年纪的女性喜欢戴白色的，中年女性经常戴黑色的，少女戴绿色的居多。白色给人的感觉清心肃静，黑色内敛稳重，绿色充满生机。改革开放以后，回族群众随着到麦加朝圣、到全国各地做生意、外出求学等，交流范围不断扩大，他们的观念认识也发生了根本的变化，爱美的回族女性在盖头的外形上选择了变革，首先对传统的盖头进行了改良，使它更具有时尚元素。盖头不再像以前那样板正、色彩单一，取而代之的是各种纱巾，上面还嵌有装饰蕾丝或流苏，色彩也更加丰富，戴上这种盖头的女性显得更加妩媚动人。城镇回族已婚妇女以前戴白帽，现在也开始戴多种材质的头套，色彩也比以前丰富，但总体还是偏重色。这些说明回族妇女的审美情趣有了很大的改变。

回族男士所戴的小白帽也悄无声息地变化着，过去，这种白帽做工简单，现在人们更加注重美观、实用。在制作中选用上好的材料，在白帽上还刺绣一些装饰图案，男人戴上这种帽子显得格外精神。

除了这种小白帽，近年又出现船形的帽子，所用的材料更加高档，颜色也不局限于白色。船帽上刺有装饰图案，使得帽子的审美功能得到加强，实用功能有所减弱。

由于信仰和习惯的关系，回族男子沿袭了阿拉伯人的传统习俗，对人体毛发、胡须、指甲的修剪都有一定的模式。清代伊斯兰教学者刘智认为："胡须、指甲、毛发这些东西，容易藏污纳垢，应随时修剪，保持整洁，才合教义，才有利于健康。"在民国时期，回族中虔诚的穆斯林男子，不留长发，只留胡须，并随时修剪，在沿口上层留一条又细又薄的胡子，干净美观，成为回族男子的标志。回族男子胡须的族属标识意义仅次于白帽。改革开放后，回族男子对外交流不断扩大，观念认识也发生了很大的变化，经常在外、上学和参加工作的回族男子已经不蓄胡子。

回族群众所穿的鞋，也在不断发生着变化。以前，回族妇女穿自己做的布鞋，后来逐渐改穿结实耐用的球鞋、皮鞋和塑料底子的布鞋。改革开放以后，随着生活水平的提高，人们更多地选择购买流行时尚的皮鞋、运动鞋、休闲鞋。

回族主体服饰在形式构成中民族特点已经不是很显著，只保留了一定的民族文化内涵。如回族男子所喜欢穿的"准白"（阿拉伯语音译，意即"长大衣""袍子"）、大襟衣服、坎肩、长裤、兜肚、裹腿等，虽然在款式、服色诸方面都有阿拉伯、波斯服饰文化的因素，但就服饰的形制而言，与汉族的传统服饰更有相近、相似之处。

（二）撒拉族服饰流变

在传统社会中，撒拉族在服饰穿戴方面较为保守，尤其不主张穿窄瘦的衣服，一般崇尚着衣宽松大方，自然得体，绝对禁止穿暴露羞体的服装。在色彩上，尚黑、白、蓝、灰色，而以红、黄二色为忌，这样在服装色彩上给人以单一、沉闷的感觉。

改革开放以后，撒拉族在服饰方面表现了明显的开放性，中青年人西装革履，老年男子的皮袄早已成为过去，代之而起的是各种款式的皮夹克、羽绒服。服装色彩也由过去的比较单一向多元化发展。妇女服装虽然仍在遮体方面显得保守，但在面料、款式和色彩方面也比以前丰富多彩，充分体现了当代社会的精神风貌。

在撒拉族的服饰民俗中，男人禁穿红、黄、紫色，故男子的服饰差不多限定在黑、白、灰几种颜色中。

四 土族服饰流变

由于土族居住地势高，气候相对寒冷，在服装款式和服饰材料方面，起初只强调其保暖功能，以前的褐褂和毡帽就是一个典型的例子。土族的先民是以游牧为生的，所以服装材料多以羊毛、驼毛为主，而且这些材料保暖性强，耐磨经脏。在服饰款式上也以袍装为主，衣服的款式也宽松肥大，便于骑射。直到近代，褐衫、皮袄、毡帽、毡靴等具有原生性质的服饰在土族人的日常生活中依然保留着。

土族的先民较长时间地保留了游牧业，直到元明时期，才逐渐向农业生产过渡，并引起以农业为主的物质生产方式的变化。从其在历史演进中，能够看出土族服饰的诸多特点。

清代《皇清职贡图》有记载并描述土族服饰的内容，其中有关土族的画像共有四幅，这里辑录两段题记如下："汪与昆所管土民亦西蕃苗裔。……男毡帽布衣，妇女盘发戴红布箍，垂绵覆额，中贯铜簪，系以珊瑚、水珠，衣裙间亦多以玉石、砗磲缀之。裹足着履……勤于耕嫁。""西宁县土地指挥部祁宪邦等所辖东沟等族番民……番民男戴白羊皮帽，着长袍褐衣。妇女束红布为额箍，上嵌砗磲，后插银铜凤钗数只，杂插珠石。衣裙俱用红、绿布，而裙与衣齐，裹足着履……。"土族随着生活环境的改变，生活方式也相应地发生了变化，通过与其他民族的杂居，民族间的交流不断扩大，价值观与之前相比也发生了改变。农耕是他们的主要生产方式，为了顺应日常劳作，土族服饰也不再以袍装为主，实用性得到进一步的深化。着装款式趋向多样，各种装饰图案的花色品种琳琅满目。七彩花袖衫的绚丽色彩，绯红百褶裙的卓越风韵，大包腰带的精工细绣，老年长袍的庄重典雅，编织成土乡特有的靓丽色彩和民俗风情。

至近代，土族服饰又有不同的走向和变化，生活在大通、民和的土族，长期与汉族杂居，受汉装的影响，服饰已经没有明显的土族服饰特点，生活在同仁、天祝、卓尼的土族长期与藏族杂居，生活方式与穿戴也趋向于藏族。这主要是受周边民族影响，土族服饰发生了融合。近年来，许多心灵手巧的土族妇女还把"苏绣"的方法运用到服饰的制作中，使土族女装也五彩缤纷。爱美的土族妇女，把扭搭改良成形似礼帽的插画帽，戴在头上分外妖娆。

五 蒙古族服饰流变

蒙古族适应于高寒地区气候条件和游牧生活，衣服材质以牛羊皮为主。在一定程度保留原有蒙古族服饰特色的同时，因长期与藏族交错杂居，服饰上受藏族影响，但其服饰既不同于藏族又有别于内蒙古和新疆的蒙古族。

民国以后，决定蒙古人身份的重要标准是财富的多少，蒙古贵族服饰的标志功能不再重要，有时贵族与平民的穿着没有太大的区别。过去贵族标志性的顶子、翎子、辫发也不再是贵族的专属，只要有钱平民也可以穿华贵的服装，戴贵族的佩饰。

随着区域经济建设和文化事业的发展，人们的生活水平也得到了极大的改善，蒙古族服饰在继承传统的基础上，开始追求美观和实用，在款式、材料和做工方面都有了很大的改进。

20世纪60年代，在内蒙古成立了许多民族服装厂，服饰的制作主要由工厂生产，在一些大中城市也有民族服装厂，生产蒙古族服饰及所需的各类产品，促进了蒙古族服饰在面料、色彩和工艺方面新的发展。

随着生活条件的不断改善，蒙古族物质文化生活、精神面貌、生活情趣都发生了变化，人们对穿着也提出了更高的要求，在继承传统服饰的基础上，对制作服饰有了更多的创新。

现在的人们要求传统服饰能够适应新的生活和工作环境，于是在有些机关单位、文艺团体及学校、幼儿园等出现了自行设计制作的新式民族服饰。除此以外，还有专业人士设计制作的民族服饰、工厂设计缝制的民族服饰等。因为这些服饰具有民族特色，富有时代感，深受蒙古族群众欢迎。

六 服饰流变的因素

（一）自然环境

青海地处青藏高原东边，气候比较寒冷，昼夜温差大，无论哪个民族都要面对高寒地区的生存问题。青海多产牛羊，牛羊皮毛也就成了制衣的主要材料。尤其是羊毛、羊皮等更是应用广泛，所以早期的服饰多是以这些材料为主。

随着时代的发展和经济的繁荣，各种新型材料制作的衣服更加轻便、保暖。

现在生活在牧业区的牧民基本还保留着传统的服饰，尤其是老年人喜欢传统民族服饰，年轻人则特别喜欢购买新型时尚的用现代新材料、新工艺制作的服饰。

在城镇生活的居民由于生活环境的改变，取暖条件的改善，所穿的衣物也不像原先那样厚重。随之而来的是更加轻便、保暖、美观的服饰。

（二）人文环境

1. 生产方式的改变

青海地区早期的居民主要以游牧为生，面对恶劣的自然环境，生存是首先要解决的问题，而解决问题的根本是吃和穿的问题，所以说服饰必须体现它的实用功能。后来随着地域的变迁、生活方式的改变，服饰也随之发生了变化。在以农为生的人群中，在从事农业活动的过程中，需要从业者着装轻便、利索。所以农业区的民众逐渐不穿传统的皮袍，取而代之的是用各类布料制作成的各式服装、鞋帽等。因此，生产方式的改变也促使服饰发生着改变。

2. 多元文化的交融

在多民族杂居的社会背景中服饰也悄然发生变化，在藏族与蒙古族杂居的地方，蒙古族服饰也吸收了藏族服饰的一些特点；在土族与藏族杂居的地方，土族的服饰有明显的藏族服饰的特征；在土族与汉族杂居的地方，土族服饰又有明显的汉族服饰的特点。回族与撒拉族在服饰方面也有许多共性。

青海各民族在漫长的历史发展过程中，在保留本民族服饰特色的基础上也发生了一定的变异。青海正处在我国中原汉文化与藏文化、伊斯兰文化的交叉结合地带，属青藏高原和黄土高原的过渡地带，是汉族农耕区和藏族游牧区的分界线，是非常典型的民族杂居区，由于汉族、藏族分布地域与人口数量的绝对优势，其他各民族在长期与汉、藏民族杂居的过程中，在保持和发展自身文化的同时，也不可避免地大量吸收了藏族和汉族传统文化。

（三）审美观念

1. 追求服饰的简洁时尚

服饰具有具体形象、直观显眼、实用普及等特点，无保留地呈现在人们面前，只要上下打量一眼就可以了解到服饰的质料、形制、色彩、组合，从而也就可以大略了解穿着者处于一种什么样的"文化"水平之上。同时服饰都要进行剪裁缝制、琢磨加工和连缀搭配等工序，因而又直观地反映出某个地区、某个民族乃至某个时代的工艺技术水平。由此，服饰的质料、形制、款式、色彩等体现出穿着者本人和周围人们的审美情趣、审美习惯、审美追求，体现出一定程度的社会文化心理结构。当代随着经济的飞速发展、文化的广泛交流，人们的审美也开始向着简洁、时尚的方向发展。

2. 装饰性加强

服饰在满足人们的基本需要之后，随之而来的是审美功能的强化，当代年轻人的服饰在装饰方面比较突出。装饰性体现在：服装的剪裁越来越符合人体结构，既舒适又美观，也很时尚；服装的色彩搭配和各种装饰越来越突出；颜色的运用也大胆、奔放，凸显个性。美观、时尚已成为当今人们评价服装的关键词。人们通过服装衬托自己，用时装张扬个性，服装的装饰功能已无处不在。

第二章　饮食民俗

饮食是人类最重要的生活内容，也是文明程度和文化内涵的重要载体之一。青海属于高原大陆性气候，平均气温低，昼夜温差大，降雨少，太阳辐射强，冬季严寒而漫长，夏季凉爽而短促。东部地区和河湟谷地以农耕文化为主，南部地区以畜牧文化为主，西部和北部地区农、牧兼用。这种特殊的自然气候，导致适于人类基本生活饮食的粮食、蔬菜、瓜果等不是很丰富，食物结构总体上比较单一。依据地域特点和生产方式体现出不同的饮食特点，粮食作物以小麦和青稞为主，辅以洋芋、豌豆及蚕豆等；肉食产品主要是以牛羊肉和乳酪为主的农畜产品及其附属产品。谚语云："靠山吃山，靠水吃水"，"一方水土养一方人"。相近的生产方式和生活方式，使各民族之间的饮食习俗在相互可以兼容吸纳的范围内互通有无，彼此借鉴，形成了适合青海本土生态文化特点，具有自己材质特色、口味风格、烹制工艺等的饮食民俗文化。

第一节　面米类与豆面类

一　面食

面是由小麦或青稞磨制加工而成的各种食品的总称，"面食"是主食。

小麦面粉称为"白面"，在水磨上碾磨的第一茬面叫头面，二茬面叫二面，是最为精细和可口的面；青稞面称为"杂面"；另有少量的豌豆面、玉米面等杂面作为主食的补充。青海不产大米，但青海人有食用大米的食俗，如给产妇熬的米汤、藏族的蕨麻酥油米饭等。

面食名目繁多，种类多样，或因手工工序之不同而名称不同，或因面食掺杂成分不一样而叫法各异。青海汉族习惯于把馒头、饼子、花卷和包子等统称为"馍馍"，用米和面做成的食品统称为"饭"。按照制作的方法，可分为蒸、烙、烤、炸、煮、煎、拌、馓、熬等类型，做法精细，味道香美，具有独特的高原风味。在民间不管是日常生活、待客，还是礼仪活动，都与面食有着密切的关系，尤其是逢年过节、迎来送往、待客的仪式，更能体现出面食制作的特色和精华。在经济不发达或物质比较匮乏的年代，民众串亲戚，普遍将最实惠的馍馍作为"礼行"馈送亲朋好友。

二 蒸面类

馒头 民间日常生活食品。将白面粉用酵头（酵面）和温水和好，软硬适度不粘手，揉光待至醒好（发酵），揉成粗条状，切成剂子，抟成团，经蒸笼旺火蒸熟而成，成品外形呈半球形状，顶部因面团发酵的适中而绽裂"开花"。

刀把 小馒头的俗称，将发面揉成条状，用刀切断，重约为2两，蒸熟后呈平顶圆形小馒头。

油包 在发面中调以菜籽油蒸成色黄的馒头。因在农区的日常生活中少肉少油，有"油水"的生活是民间期待和盼望的，所以在面食制作过程中偶尔加点油改善一下生活。

花卷 将发面团擀薄，洒上清油、红曲、香豆及姜黄等食用色素，均匀抹开后卷起，切成段，一手拿面段，一手拿一根筷子压住面段中间并扭转卷起，挽成花状，上蒸笼旺火蒸熟，红黄相间或红绿相间，香气四溢，松软可口。

灶卷　用以祭灶的巨型花卷，是在农历腊月二十三日蒸制的面食。

包子　发面揉成条状，切成剂子，撒上面粉，将剂子擀成中间厚外围薄的面饼作皮，一手托住面皮，放上馅，一手拇指支住面皮，一边轻轻转动，一边用食指均匀地打褶收皮儿，收好后再按一下，上蒸笼旺火蒸熟。拌馅常用的料有猪肉、羊肉、牛肉、粉条、甘蓝、韭菜、豆腐、地软（地皮菜）等，根据自己喜好可荤可素。根据馅的不同，叫法也多样，如肉包子、韭菜包子、地软包子等。谚语云"有肉的包子不在褶上"，意思是包子里面的馅有没有肉，好不好吃，不能光看包子外边的褶，褶多并不代表包子一定好吃，民间引申为一个人的真本事或一件好东西不在于外表上。这从另一面强调了包包子有讲究，即"褶"要密、均匀，外观还要好看。

阿卡包子　蒸笼肉包，是藏族、蒙古族、土族等民族中广为流传的美食。"阿卡"是青海方言中对僧人的敬称，阿卡包子意为"阿卡"做的包子，藏语称"夏曹"，即肉包子。阿卡包子的形状为等边三棱锥形或圆形，馅儿为羊肉或牛肉丁，肥肉占四成，瘦肉占六成，再灌入以滑油为主的羊肉汤，皮薄馅大，汤满油多。吃这种包含汤汁的阿卡包子要讲究技巧，因油汤温度高，如不先抿嘴吸油而贸然抛进嘴里，就有可能烫伤嘴。

麻麸包子　是过去汉族祭祖贡品，将麻籽炒熟研成末，与面粉拌匀，加清油、葱末、盐等做成馅蒸制而成的包子，在农历十月一日祭祖时用。民间谚语道："十月到了十月一，麻麸包子送寒衣。"

糖包子　也叫糖饺儿。馅以动物油脂、红糖或白砂糖为主料，玫瑰、葡萄干、枸杞等为辅料，收皮儿打褶的方式有好几种，常见的有蜂窝状和顶部等分三棱状，蒸熟后趁热吃。

蒸饺　将包好的饺子放入蒸笼，蒸出的饺子称为蒸饺。

油花　用青稞面制作的花卷，里面卷上香豆和捣碎的胡麻籽。由于青稞面不筋道，面性比较松散，制作的面食较为粗糙，属于杂粮。

砖包城　外层为白面、内层为青稞面的花卷。将发酵的白面、青稞面分层卷进清油，撒上香豆粉、胡麻籽等食用色素和香料，叠卷成粗条状再切成节，竖起抟成团，上蒸笼蒸熟即成。成品为一层白面、一层杂面，像土筑墙外表砌了层砖，俗称为砖包城。有些地方称缠馒头或缠油花，即两种颜色的面相互缠绕的意思。

月饼 是一种节日食品，一般为农历八月十五蒸制的面食。将上等白面发酵后，揉好擀开，上面涂搽一层清油，撒上香豆粉，或红曲、姜黄等其中一种食色，用手摊匀；再擀开一面团，涂搽另一种食色，如此三四次，再把几块擀开的面饼摞一起并卷起来，切成段，抟好，上面覆盖一层面皮，在面皮上装点上各种用彩面做的花卉或动物图案，上蒸笼蒸熟即成。有时还加入红糖、蜂蜜、葡萄干和核桃仁等改善口味。月饼一般分大月饼和小月饼两种，大月饼一扇蒸笼只蒸一个，小月饼一扇蒸笼可蒸 4~6 个。由于地域和习俗的差异，月饼上装点的花饰繁多，不同花饰代表不同的寓意。如有的在大月饼中心做一蟠桃图案，四周盘绕两条鳞甲凸起的花蛇，蛇头对蟠桃，花椒籽点缀两眼眈眈而视，寓意为福寿双全和子嗣绵延；有的在月饼中心面上装饰三个宝塔图案，周围为十八朵艳花，意即十八罗汉庆三宝；有的在月饼中心捏塑一个寿字，周围作五朵艳花图案，象征着"五福捧寿"。随着日常生活的丰富，专门的馍馍铺经常蒸制出售。

寿桃 祝寿食品，将发面团揉圆，搓出桃尖，蒸熟后在桃尖点上红色的食用色素，形似大馒头。常见于民间上寿和贺寿材仪式中，一副寿桃一般为八个，有"八福长寿"之意；或九个，寓"福寿长久"之意。

献子 祭祀供品，即大馒头。一副献子为十二个馒头。

三　烙面类

锅盔 将发酵好的面团揉匀，压成比烙馍的锅底略小的圆饼，厚 3~5 厘米，放进灶台上做饭用的烧热的铁锅里，盖上锅盖，用文火烤烙，待挨锅底的一面上了火色时翻过面饼继续烤烙。其间，要不定时翻转，直到两面都上了火色，烤熟为止。烙锅盔可用小麦面、青稞面、豌豆面、玉米面等，可卷入香豆粉、红曲粉等食色，也可在面中掺进青油烙成油锅盔。

煊煊　将发酵好的面揉匀，做成5个直径4寸左右、1个直径2寸左右、厚约一指的面饼，放进灶台上做饭用的烧热的铁锅里，中间为小饼，周围为大饼，用文火翻转烙熟即可。用小麦面制作叫煊煊，用青稞面制作叫干粮，还可卷入香豆粉、红曲粉等食用香料。现在的城镇民众将白面煊煊称为"大饼"，做法上略有变通。

"狗浇尿"　又称狗浇尿油饼，有"发面"和"死面"（未经发酵的）两种。将白面和好揉匀擀开，撒上香豆粉，淋少许菜籽油抹匀，卷成长卷，切成小段，逐个抟好压平擀薄饼。在烧热的烙馍锅中均匀搽些菜籽油，将饼放进，用尖嘴油壶或小勺沿锅边盘旋式浇上一圈菜籽油，并不停转动薄饼，待饼上了火色后再翻过来，再沿锅边浇一圈菜籽油，并不断转动饼子，煎烙熟即可。烙制"狗浇尿"时，因沿锅边浇油的动作酷似狗在撒尿一般，所以俗称为"狗浇尿"。这种做法比炸宽水油饼省油且简便，因此民间用此法烙油饼的较多。用发酵面烙制的厚一点，不发酵的则薄一些，且烙制的时间较短。

"背口袋"　是大通、互助地区土族特有的一种油饼，用以招待宾客。土语叫"哈力海"，意为荨麻。做法是：把荨麻嫩叶割来晒干，加工成粉末，将荨麻粉末倒入水中煮，待水变成浓绿色时，撒进青稞面，搅拌成糊状，加入盐，炝野葱花等；与此同时，清油煎烙薄饼子出锅，舀上荨麻糊并卷紧，切成长方形。吃时，取在手中，左右手食指、中指夹住两端，以防糊汁流淌。吃起来清香爽口，百吃不厌。因抓在手中时，荨麻糊卷成的煎饼像一个口袋似的，故名。

死面饼饼　将白面和好揉匀，擀成比烙饼锅底稍小一点的薄饼，直接放入加热的烙饼锅中，不断翻转饼子，烙熟即可。这种饼子薄且干，不易变质，可长时间保存，一遇开水冲泡即软，是外出务工、求学携带的方便食品，也是过去妇女们坐月子时的食品，青海民间讲究妇女在坐月子时不吃发面的馍馍。

面大豆 又称棋子豆或面豆儿，是将白面和好，加入菜籽油、鸡蛋等揉匀，擀成一指厚的饼子，在上面用菜刀刻画成多个约一厘米见方的面丁，放入加热的烙饼锅中，待面饼凝固且底部上了火色，便将每个面丁掰下，入锅内翻炒，炒熟即可。其干而脆，保质期长，是一种外出携带方便、体面的食品，也常作为孩子们的零食。

四 烤面类

锟锅 又称锟锅馍馍。民众根据个人的喜好和家庭条件情况，在制作锟锅时有不用食色的，有掺进鸡蛋和牛奶的，也有掺入大量清油做成油锟锅的。将白面或杂面和好发酵，揉匀擀开，卷入菜籽油、香豆、红曲或姜黄等食色，再卷起，切成块，抟好，顶部用菜刀轻切花纹，装入擦过清油的锟锅（用铁或铝铸成，分锅和盖子两部分）内，埋在碎麦草或干羊粪为燃料的火灰里，烘烤半小时左右后即可出锅。锟锅馍馍外表金黄、皮脆，里面酥软，久置不易变质，是居家待客的体面食品，也是外出携带的方便食品。

曲连 烤面馍馍。是小孩子满月时"娘外家"必送的礼品，数量一般为六个或十个。用发酵好的面团做成大厚饼，有时也掺上清油、鸡蛋、红糖等揉匀，中心用碗扣挖出一个圆孔，在锟锅里烤熟即成。民间对第一个孩子的满月特别重视，送曲连馍馍，讲究的是"连"字，连生孩子，喻示多子。

麻炕炕 将蚕豆大小的石子洗净，平铺在烙饼锅中，烧热后将发面饼子放在石子上烙熟。因烙成的饼子上有凹凸不平的石纹，也称花馍馍。

烤馍 将发面揉团，放入火炉的烤箱中烤熟，根据喜好烤前可加入香豆、红曲、香豆等食色。

火烧馍馍 将白面和好，或将做饭剩余的面，揉成饼状，埋入烧透且火星很旺的灰中烤熟，也有用牛奶调和面做火烧馍馍的。

五 油炸面类

馓子 馓子是在年节或家庭操办婚庆大事中的一种油炸面食。用花椒和明矾熬成的水酵面和面，发酵后掺入适量的碱、鸡蛋、清油，反复揉压，搓成粗细匀称的细条，从头到尾搓成一根，分层盘入盆内，层层刷清油防粘连。待面醒好后，双手分半尺左右，将面条的一头夹在左手的虎口处，用右手将住面条，往双手上绕缠9~10圈后揪断剩余面条，双手虎口夹住两头，往外崩开至尺余长，另一人两手分别拿一只筷子，撑在缠好的面条圈套内，投入七成热的油锅中，刚一见热，立即将一头扭一个半剂，然后抽出筷子，在油锅中炸至定型，上火色后捞出即成。炸馓子需讲究色黄、杆细匀、面脆。做馓子也是可以让民间妇女们大显身手的活计，妇女们往往会做出花样各异的馓子，一方面可以点缀节日气氛，另一方面用来招待客人，也常将之作为馈赠的礼品。

盘馓 馓子的一种，比平常馓子略粗。用花椒和明矾熬成的水和面，掺入适量鸡蛋、清油发酵后加入适量碱，反复揉压，搓成2尺长、小拇指粗细的细条，将面条两头捏在一起成面圈，再将圆圈的两个对点拉在一起成4条并列，在油锅中炸至定型，上火色后捞出即成。

油饼 用花椒水和面，掺入适量的鸡蛋、清油发酵后加适量的碱揉匀，揪一小团放在盘子中用手压平压薄，在面饼中心用刀划开两道口子或手指钻一圆眼，放入热油锅中炸透一面，再翻炸另一面，两面上火色即可捞出沥干油分。因油锅中油比较多，又称宽水油饼，有些地方也叫油香。因炸油饼耗油较多，民间多在节庆和喜庆之日制作。

花花 温水和面，掺入鸡蛋、清油发酵后加入适量的碱揉匀擀开，撒上香豆、红曲等食色，淋上清油抹匀，再卷起，切成面剂，将面剂做成各种样式，如翻跟斗、菊花、牡丹、佛手、仙桃、小兔等，下热油锅炸熟即可，根据需要还可卷入糖和果仁。青海回族妇女制作的"花花"较为出名，仅以面粉加几样简单的食色为原料，即可做出五六十种各式各样的花花，其动植物形象逼真，栩栩如生，吃起来也脆酥适度，香甜可口。

油粿儿　温花椒水和面，掺入适量的鸡蛋、清油发酵后，加适量碱揉匀，抟成小面团，在顶部竖划三刀，放入热油锅中炸熟出锅。

麻花　温水和面，发酵后掺入鸡蛋、清油、适量的碱揉匀，切面剂，搓成细圆杆，一手抓住一头，另一手搓拧，再折叠 2 次，拧成麻绳状，放入热油锅炸至上火色后捞出即可。甜味麻花，出锅后抹上蜂蜜或撒上白糖面，沾上芝麻。

翻跟斗　温水和面，发酵后掺入适量的碱、鸡蛋、清油揉匀，用擀面杖擀成薄片，切成长约 6 厘米、宽约 2 厘米的小面片，把两个面片摞起来，再对折，用刀在 2/3 处竖向切开一口，将一头或两头都从开口里翻出来，放入热油锅中煎炸至上火色后捞出沥干油即可。因要将一头或两头从中间开口翻出来，像翻跟头一样而得名。

牛肋巴　在游牧地区民众用酥油炸制的发面面食，其形如牛的肋骨，故称牛肋巴。

蜜馓　这是过年或喜庆节日待客的传统食品之一。回族、撒拉族妇女擅长制作，有些汉族家庭在年前请回族师傅来家中炸制。白面和好，完全发酵后，掺进清油、鸡蛋或食糖、蜂蜜等，揉成软而光滑的面团，放在面盆中，完全醒透；烧好油锅，油温降低到六七成热，揪取一团面，重 100 克左右，放在手内团好开孔，双手拇指捏外圈面，另外四指并拢在内圈壁，成圆形入锅，一个一个下锅，不紧不慢地炸熟，色泽呈金黄时捞出。因其外脆里软，甜香不腻，备受人们喜爱。如今在城镇里，蜜馓几乎成了日常的食物。

古古馍馍　这是回族、撒拉族所特有的喜庆食品之一。将发面和匀揉光，擀成薄片，切成菱形状或圆形状，油炸熟即可。若遇家中喜事和婴孩出满月，则将核桃、枣儿和古古馍馍一起分散给客人和庄里邻舍。它类似于甜薄脆饼干，口感好，深受儿童喜爱，孩子们在玩耍游戏时常念叨"给你古古馍馍，给你馓子馍馍"，来招呼小伙伴。

六 煮面类

面片 又称尕面片或面片子。温水和面揉匀，切成面剂，抹上清油放在盘里，用塑料或湿毛巾盖住醒面（又称回面）。制作清汤面片时，爁（炒）好饭锅（肉丁、洋芋等炒锅），倒水烧开，然后双手捏扁面剂均匀拉抻成面带，左手拿面带，右手大拇指和食指一片一片揪入锅中，最后简单地加入菜叶、蒜苗、芫荽等，煮熟装碗。根据面片的大小与制作精细程度，民众戏称大而不规则的为"拦嘴面片"，约揪断为1.5厘米见方的面片为"指甲面片"，是揪面技术上好的面片。炒面片时，在锅里下好面片，在炒锅里将肉末或肉丁、青椒丁、菜瓜丁及粉条等炒好，再把面片用漏勺沥水舀入炒锅翻炒均匀即可出锅。根据制作的工序和辅助食材的不同，有不同的种类。如果将下好沥干水的面片装碗，舀入事先做好的杂酱，即为炸酱面片。还有清汤羊肉面片、菜瓜面片、西红柿鸡蛋面片、排骨面片和烩面片等。

拉条 又称家常拉面，即手工拉的长面条。用适量碱水和面，揉光后搓成细面剂，抹上清油放在盘里，用塑料膜或湿毛巾盖住，醒面片刻，然后双手均匀拉抻至细条，入沸水煮熟。根据喜好和家庭条件，食用时可拌臊子、炸酱或调以炒菜、油炝酸菜、辣子、蒜苗、醋等。拉出的面条可以是圆杆的，也可以是扁形的；也可将面拉成两指宽的面带，俗称马肚带、扯面或拖拽皮。民间也常用燃烧扎扎蓬来自制蓬灰替代碱面，增加面的筋道。

牛肉拉面 又称牛肉面，常见于饭馆。将高筋面粉用适量蓬灰水和好揉匀，揪成面剂醒好，拉成细条入沸水煮熟，捞入碗内，浇上牛肉汤，撒上熟牛肉丁、熟萝卜片、香菜、蒜苗，淋上辣椒油即可食用。饭馆里的拉面有大宽、二宽、荞麦楞、二柱、韭叶、二细、毛细等；牛肉面讲究"一清、二白、三红、四绿"，即牛肉汤要清、面要白筋、辣油要红润、香菜及蒜苗要鲜绿。牛肉汤的熬制比较讲究，以青藏高原的牦牛肉、牛油、牛骨熬的汤为最佳，同时配以多种作料。2000年以来，青海牛肉拉面制作的个体户受到政府相关部门的扶持，面走出青海，在全国各地"开花"，"拉面经济"取得了成效，但是这些个体户打的招牌却是"兰州牛肉拉面"而不是"青海牛肉拉面"，因此也产生了一些品牌上的纠纷；同时，为迎合当地人的口味，牛肉拉面的用料、汤料的味道等也有了一些改变，与实际的青海牛肉拉面在口味上有很大的差异。

干拌 不带汤汁的面条，一般多在饭馆里制作，家里做的较少。把煮好的拉面捞出装入盘子，淋上香油，拌匀，再浇上杂酱，撒上一些拌好的时令蔬菜吃食。

炮仗面 不带汤汁的面条，一般多在饭馆制作。将煮好的拉面捞入炒锅内与肉末、粉条、菜瓜丁、青椒片等同时翻炒，用炒勺把长面条捣成2寸左右长，再装入大碗内吃食。

烩面 将肉片、木耳、鹌鹑蛋、豆腐片、西红柿片等做成汤料，将煮好的宽扁拉面捞入碗内，再加入事先做好的汤料吃食。

炒面 先炒好肉片、菜瓜片、青椒段、木耳、银耳等，将煮好的拉面捞入炒锅内与配料翻炒，装入大盘吃食。

拌面 将煮好的拉面捞入盘内，浇盖上炒好的炒菜，根据炒菜的种类有多种叫法，如青椒炒肉拌面、西红柿鸡蛋拌面、蘑菇炒肉拌面等。

臊子面 将牛、羊、猪肉丁或肉末、葱花和调料在锅中焖炒，倒水烧开，加萝卜丁、洋芋丁或茄子丁等滚煮，放入蒜苗和芫荽等时令蔬菜做成臊子；把手擀面或机压的长面条煮熟，捞在碗中，浇上臊子，再佐以醋、油炝辣子和凉拌的红萝卜丝、青笋丝、辣椒丝或炝酸菜等吃食。

长面 在民间过寿诞、婴儿满月、过百岁时吃的长面，取长福长寿或常来常往的意思，面条分机压和手工两种。手工面是碱水和面揉匀擀成薄饼，撒上麦麸吸干水分，以防面粘连，用刀切成长丝，入锅煮熟捞起装碗，舀入臊子即可。现在，手工长面制作较少。

凉面 青海民间夏季较为常吃的冷面食。将机压或手工长面条煮熟，拌以熟植物油放凉，吃时调以盐、醋、油炝辣子、韭辣等作料，也可就食凉拌菜。

抓面 因装碗时需将面用手抓而得名。一般在饭馆内制作。先将机器长面条煮熟拌成凉面;再切好煮熟的羊肉、羊肉肠、豆面肠、牛肚子、牛头皮等配料。食时,将拌好的凉面用手抓一大撮入碗,加入芹菜丁、白萝卜丁等,再倒入漏勺在牛骨头汤中加热后重新装碗,在上面铺盖一层煮好的配料,最后加入油炝辣子、韭辣、蒜泥等配一碗骨头汤就食。因配料的不同,可分为多种:加少许熟羊肉片就叫肉面,加少许熟的肚丝、羊肠或牛头皮肉就叫花面,加入少许羊肉肠和面肠的就叫肠面,不加肉类的叫素面。

扁食 汉族民间称饺子为扁食。温水和面揉成条状,切成剂子,撒上干面粉,将剂子擀成中间厚外围薄的面饼作皮,在面皮中放上馅将馅包住下沸水锅煮熟,蘸香油、辣子、醋、蒜泥等食用。拌馅常用的料有猪肉、羊肉、牛肉、粉条、韭菜、鸡蛋、豆腐、酸菜、地软(地皮菜)等,根据自己喜好可荤可素。按馅的不同,叫法也多样,如羊肉饺子、韭菜饺子、萝卜饺子等。按包饺子的手法和外观不同,又分"老鼠饺子""元宝饺子""火镰背背"等。扁食作为应节食品,常与民众的美好愿望联系在一起,从民间美术的造型与图案中可以看出,常有"老鼠拉西瓜""老鼠拉葡萄"等说法,喻示多子。而金元宝更是财富的象征。民间在过年包饺子时,也常以饺子预测命运,在其中的一两个饺子里各包入一枚硬币,包有硬币的饺子出现在谁的碗中,则喻示该人当年的运气会很旺。民间有"上马饺子下马面""出门饺子迎客面"的俗语,在客人或家人远行即将启程前以吃饺子送行,喻示早日团聚之意。

馄饨 温水和面,擀薄面皮儿,切成边长约 6 厘米的正方形,或顶边长约 5 厘米、底边长约 7 厘米的等腰梯形,或直径约 7 厘米的圆形,居中放馅,卷两卷,然后两翼向中间折一下,煮熟后带汤食用;馅料常用新鲜蔬菜、大葱和牛、羊、猪肉等。

旗花面 汤面面食。切出的面像菱形小旗子一样的形状,故而得名"旗花面"。温水和面揉匀擀成薄面饼,切成菱形,或平行四边形,或三角形,烧好汤水，即焖好饭锅或沸水锅内放入时令蔬菜，或萝卜片、土豆片等，将切好的面入锅煮熟即食。

寸寸面 汤面的一种。温水和面揉匀擀成薄面饼，切成一寸长的丝，烧好汤水，即焖好饭锅或沸水锅内放入时令蔬菜，或萝卜片、土豆片，将切好的面条入锅煮熟即食。

雀儿舌头 汤面的一种，温水和面揉匀擀薄，把面切成形如麻雀舌头小的形状，吃法如同寸寸面。

搓鱼 汤面的一种，又称老鼠尾巴。是青海面食的小吃品种，因其成品的形状中间粗、两头尖，酷似小鱼而得名。温水调和杂面（青稞面），揉匀后揪出一小撮面疙瘩在案板上搓出"小鱼"面型，烧好汤水，即焖好饭锅或沸水锅内放入时令蔬菜或萝卜丁、土豆丁，面下锅煮熟装碗，佐以油炝辣子、醋、韭辣（炝好的韭菜）、炝酸菜等就食。

麻食 又叫秃秃麻食或猫耳朵，一种汤面。温水和面揉匀擀开后切成小方块，再用拇指搓碾成一小卷；或温水和面揉匀，揪一小疙瘩面用拇指搓碾成小卷，形如猫的耳朵。然后将做好的麻食下入焖好的饭锅中煮熟即食，也可在沸水中煮熟捞出后加入各种作料，或煎炒，或凉拌吃，或舀入臊子，食用方法很多。

黑油巴洛 温水和面揉匀擀成薄饼，搽上捣碎的胡麻籽和清油，卷成细圆柱，切成一指厚断面，顺横断面压扁，入沸水锅，放入时令蔬菜，煮熟，炝葱花即可食用。

破布衫 温水和青稞面揉匀擀成薄饼，直接用手随意揪成碎片下入焖好的饭锅煮熟，或下入配好土豆片或萝卜片和时令蔬菜的汤水中煮熟即食，如果再炝入野葱花，口味更佳。因青稞面松散不筋道，擀成的面饼呈现出豁豁垯垯形状，形若穿破的布衫而得名。

八宝米饭 将洗净的大米、蕨麻、红枣、葡萄干等料与酥油混合煮熟，盛入碗内，撒上白糖即食。这种饭食多于寺院大灶房中滚芒加（即举行法事活动中的食物）时制作。

麦仁饭 又叫"腊八饭"。汉族一般习惯在腊月初八吃食。麦仁是将麦粒脱皮后的叫法。寒冬腊月，河上结冰甚厚，于是在干净冰面上凿一冰臼，放入麦粒，用木棒脱去麦皮，腊八前一晚上，把麦仁与剁成小块的牛、羊、猪肉混煮（回族、撒拉族忌食猪肉），经一夜文火熬煮，肉和麦仁烂熟，吃的时候加放花椒粉、姜粉、草果粉、大料粉、盐和蒜苗等，香气扑鼻，味道醇美。土族人家早上吃麦仁饭后，将麦仁涂在各类果树上，用木棍敲打树身，问道："结不结果子？"旁边另一人回答"结！结！结！"，以此表达盼望丰收的心愿。也有在二月二时节，民间汉族群众常将宰杀好的年猪猪头燎刮干净，在前一晚下锅与去皮麦仁加调料文火熬煮，至第二天早晨，肉烂麦仁熟，捞出猪头去骨后将部分切成丁，入锅与麦仁同食。撒拉族称麦仁饭为"果吉"，在丧葬时供村庄邻里吃食。在其村庄内专门备有煮麦仁饭的大锅，遇有丧事，则在大铁锅中煮麦仁饭。

米汤 即稀饭。将大米淘净放入锅，或砂罐内，倒入水慢慢熬制而成。青海民间妇女在坐月子时必食米汤，且常加入红枣、桂圆、红糖等用于补气血，数量为"三圆五枣"。有时在米汤中也调入牛奶，还可打入荷包蛋等。

奶汤面 是牧区的汤面，以新鲜牛奶为汤水，下入碎肉和手擀面条，煮熟吃食。

酥油拌面 游牧地区民众的一种面食。用温水和面，揉成手掌大的面饼，放入煮沸的奶子或水里煮熟后捞出来，再与酥油、曲拉及红糖拌匀后趁热食用，也有民众将其称为"水油饼"。

七 煎面类

锅塌 是把白面或杂面，甚至是豆面、玉米面进行发酵，擀薄，卷入香豆、红曲、姜黄或红花，做成"花卷"，放进锅底擦了清油的热锅，倒入少许水，用锅盖盖严，再用文火间歇性地烧烤，焖烤约半小时，锅塌即成。锅塌底部似烙饼，上半部像花卷一样膨松酥软。

火烧　温水和面揉匀，擀皮，放入馅包好，压成圆形扁平状，将锅烧热，倒入少许清油，放入包好的饼，底部煎至上火色后，沿锅沿边多次滴加适量清水，盖锅盖，文火间歇性地焖熟出锅即可，馅可荤可素。

韭菜盒　把和好的面擀成一大一小两个圆形薄面饼，将拌好的韭菜铺放在大面饼上，再把小面饼放在上面，拟合上下两层面饼的边，放入倒有少许清油并加热的锅中煎烙，根据火候不定时旋转，等底部上火色后，再上下翻转，两面都上火色后，出锅切成块，装盘上桌。

八　糌拌面类

青稞面搅团　将水烧开，然后把青稞面徐徐撒入滚水中，用擀面杖搅动，至黏稠状，文火焖熟即可，配以油炝辣子、醋、韭辣（炝好的韭菜）、炝酸菜等就食。

油搅团　将凉水倒入锅中，下好调料，再倒入水量一半的清油，将适量白面徐徐撒在油面上，用筷子戳几个眼，文火烧开后焖熟即成。也有在碗中倒入凉水，下好调料，再倒入水量一半的清油，将适量白面徐徐撒在油面上，用筷子戳几个眼，上蒸笼蒸熟吃食。

拌汤　温水拌湿面粉，搓成小颗粒状，边撒入沸水锅内，边搅拌，做成流食；调以盐、姜末、花椒粉、葱末、香菜、萝卜丁、芹菜叶等即可。拌汤以清淡为主，民间尤其在醉酒后、生病时喜食。

炒面　将干净的青稞放入炒锅内翻炒，待青稞颜色变至金黄并绽开时出锅，放凉后磨成面粉，即是青稞炒面。因地区差异，还有小麦炒面、燕麦炒面，也有在青稞中加入豌豆的炒面、加入梨干的炒面。炒面以水磨和手工石磨磨出的口味最佳。按生活条件的差异食用炒面有多种方式。在茶碗内倒入热茶，内放一块酥油，再放入适量炒面，根据个人口味和喜好还可加入曲拉（即干奶渣）或白砂糖，用手调和均匀后抓捏而食，这类食法叫拌糌粑；拌糌粑需讲究不溢不洒漏，左手五指托在碗底，右手食指和中指将炒面缓缓压入茶中，左手在右手掌的护持下依顺时针方向缓缓转动碗，右手除拇指在碗外，另四个手指顺着碗壁边抓边捏，直到炒面、酥油和茶水完全混匀，然后抓捏成团即可。牧区民众喜食青稞炒面，因其加工简单、携带方便，长期储存又不易霉变，食用方便，炊具简单，再加上酥油、牛奶、曲拉，脂肪、蛋白质含量高、热量大，既充饥又耐寒。因条件不同有直接用熬茶拌炒面的，也有直接用茶水冲糌成糊糊状食用的，叫糌炒面糊糊；还有先在炒面中焝入清油，再佐以茶水拌拟的，叫拌油炒面；更有直接一撮炒面入口时，就一口茶水的食用方法叫"丢嘎尔"。

熟面　将面粉放入热锅，文火炒熟时面色由白变黄，出锅摊开放凉，食用时放入碗内，开水或熬茶边冲泡边搅动。因熟面易保存、不易变质，常作为出门经商、务工时的方便食品。

豆面糌饭　也叫饭。将豌豆面在沸水锅中边撒边搅，至黏稠时文火煮熟，盛入碗内，配以香醋、油焝辣面、韭辣、油焝酸菜及凉拌时令蔬菜等就食。也可盛入盘子中放凉切成块，下至配有蔬菜的汤水中，焝入葱花连汤食之。

油茶　又叫面茶。将切成丁的羊肉或羊油和白面依次放入热锅，加入葱花、盐和花椒粉等作料文火翻炒，待将面炒至颜色由白变黄，摊开放凉。吃油茶时，在碗内放入油茶用开水边冲边搅后即可食用；或在沸水锅中糌入油茶煮食。因油茶易保存、不易变质，常被作为出门经商、务工时的方便食品。

第二节　肉食类

一　羊肉

羊肉是青海地区的主要食材之一。青海牧区放养的主要是经过改良的藏绵羊，山羊大多退出了民众的饲养范围和餐桌。藏绵羊放养在天然无污染、水草丰美的草山，因此民众说青海的羊"吃的是冬虫夏草，喝的是矿泉水"，绵羊肉质紧，少有浓重的膻味，羊肉味道鲜美，成为青海各族民众喜爱和引以为豪的美食。民间将羊肉视为食补身体的上品，尤以羯羊（阉割过的公羊）肉为上品。羊肉有多种食用方式，可以热吃、凉吃、炒着吃、烩着吃，也可吃新鲜肉、冻肉或风干肉，可根据自己的口味、喜好和储藏条件来决定。在夏季和秋季，羊膘肥肉满时，民间将羊宰杀后，剥皮，或煮或炒或烤。羊肋条、羊脖子等易做手抓肉，羊腿瘦肉较多，易做炒菜、臊子及烤肉串等；羊下水（内脏、羊头、羊蹄等）可做成杂碎、灌羊肠、炒羊筋等。有些地方也有煮食全羊、烤全羊的食俗。

手抓羊肉　煮食大块羊肉方式的统称，以手抓食用而得名。其煮食的方法有多种，如开锅肉、白条、煮羊肉、炸羊排、烤羊肉等。

开锅肉　多为游牧地区煮食羊肉的方式。将羊肉，尤其是羊肋条沿间隙割开，放入凉水锅，撒入适量的盐，旺火烧开，待血水稍加收敛之后捞出即食，一手抓肉，一手拿刀，割、削、挖、剔、片，边吃肉边喝汤，直到把手中的肉吃得一干二净。也可将肉放凉后食用。此种煮法，火候急猛，肉嫩脆而不老不烂。在游牧地区，热情好客的主人家端上手抓时，常将肥美的羊胸叉和羊尾巴摆放在顶部，敬献给尊贵的客人。

白条手抓　将羊肉大块入凉水锅，旺火烧开，撇去血沫，加入少许姜片和颗粒花椒，煮至一根筷子能插入（大概20分钟至半个小时）即可捞出，剁成块状装盘。吃的时候将羊肉拿在手中，佐以椒盐、辣酱和当年的新蒜就食。民间有"吃肉不吃蒜，味道减一半"的说法。也可将煮好的羊肉放凉吃，民间谓之"冰抓"。

煮羊肉　民间最为普及的煮食羊肉的方法。将羊肉入凉水锅，旺火烧开，撇去血沫，加入少许姜片、颗粒花椒和适量盐，小火慢煮，直至煮绵为止，捞出后手抓啃食。用这种方法煮食，汤浓肉绵，老少皆宜。

全羊席肉　多见于蒙古族的食法。全羊在蒙古语中称作"乌察"，被誉为"餐中之尊",是在喜庆佳节或举行盛典时招待贵客的肉食。一般以全羊来显示礼仪的隆重和场面的热烈。全羊的具体制作方法是:先将经过宰杀、剥皮、除去内脏的羊,按四肢、胸腔、腹腔、头等割卸为几大块,煮成半熟,然后连对成爬卧的整羊形状,放在木盘中摆在宴席上让人观赏。到正式煮肉时,再将肉分割成若干小块,待煮熟后,由专人行分割仪式。不过,蒙古族民众吃的全羊也有烤制的,烤好的全羊肥沥不腻、肉嫩、味美。最好吃的是胸尖和肥尾两部分,胸脯处一般割给年长者或尊贵的人;肥尾处则可以平辈互相割赠,以示友好。如果是招待客人,一般是先割胸脯处或脖颈处。[1] 回族亦食全羊肉,名小吃之一的"冶全羊",从羊脖到羊尾,切片出售,肉片肥瘦交错,不腻不膀,蘸盐夹饼子、调凉面共食,颇有特色。[2]

羊肉汤 将煮过羊肉的汤盛入碗内,加入切碎的蒜苗、小葱和芫荽即可。其中以"煮羊肉"方式熬成的羊肉汤因慢火熬煮,汤浓味香,口感最佳。

血肠 在新鲜羊血中,加入适量食盐、花椒粉、葱末及少许切碎的心、肝、羊油等,搅匀灌入洗净的羊肠中,盘起,用线绳扎住,放入沸水锅中,边煮边提住绳子摆动或不时提起再煮,以防膨胀炸开,直至鲜血凝固之际捞出食用。

肉肠 是把羊心、肝和羊油或腿肉切细剁碎,拌入适量盐、花椒、姜粉等调料,填入洗净的羊大肠,入沸水锅中煮熟可食。将煮熟的凉羊肠切断烤热,又叫烤羊肠。

面肠 在剁碎的羊油中拌入面粉,一般多以豌豆面为主,加入适量的盐、花椒、姜粉等调料,填入洗净的羊大肠,入沸水锅中煮熟即成。也有民众称之为油肠。

肝肠 有些地区将新鲜羊肝用铁勺压成肉酱,再加入适量新鲜羊血和肉末,装入洗净的肠内,在沸水锅中煮熟后捞出锅食用。

---

① 赵宗福、马成俊主编:《中国民俗大系·青海民俗》,甘肃人民出版社,2004,第113页。
② 孙考:《青海乡俗》,青海人民出版社,1984,第44页。

羊筏子　因其外形与黄河上古老的水运工具羊皮筏子相似而得名。把羊的肝、肺、肾、脾等内脏剁碎，拌入盐、姜粉、花椒粉、胡椒粉、葱末等作料，再掺入少许面粉拌匀，摊在羊肚油上，卷成5~7寸的长卷，再用洗净的小肠或线绳均匀地捆扎并封住两端，入锅煮熟，切厚片吃食。

炕羊排与炸羊排　将煮好的凉羊排剁成块，合入炸洋芋块、手擀粉等在铝锅中干煸而成的是炕羊排。而将煮好的凉羊排放入热油锅中，再次加工至金黄色，就成了色泽油亮、味道鲜美的炸羊排。

烤羊肉　将煮好的凉羊肉剁段，穿在烤钎上，用炭火烧烤，淋撒上辣椒面、胡椒面、孜然、酱油等作料，烤至金黄即可。按烤羊肉的不同，又有烤羊腱子、烤羊尾巴、烤羊排之分。

烤羊肉串与烤腰子　把羊腿肉生切成小片，将5~6片串在一根烤钎上，置炭火上烧烤，淋撒上辣椒面、胡椒面、孜然、酱油、蒜末等作料，烤至金黄即可。用同样的手法将羊腰子烤熟，叫烤腰子。

盖面煮肉　将新鲜肉洗净，同时准备适量面粉、水、酵母等提前和面发酵，锅内烧油，入葱姜蒜等调料爆香后，将肉放入锅中一同炒至断生，加入适量的水，以刚过肉为宜，大火煮开后转小火进行焖煮，将发酵好的面揉成与锅大小同等的面饼后轻轻盖到肉上，用筷子在面饼上戳几个小眼，之后盖锅盖再次进行焖煮，焖熟后即可食用。

羊杂碎　将洗净煮熟的羊下水切碎装碗，在调制好的原汤中过热后舀入原汤，撒入切碎的蒜苗和芫荽即食。杂碎也可用牛下水制作。杂碎一般在天亮前后开门迎客。过去杂碎多在冬天上市，因冬天天气寒冷，下水易于保存，不腐不变质，同时在寒冷的天气里吃杂碎，驱寒暖胃。

羊脖子　将羊脖子入凉水锅，旺火烧开，撇去血沫，加入少许姜片和颗粒花椒，熬煮到以筷子能轻松扎透为宜，捞出可热食也可凉食，就食时佐以椒盐、蒜泥等。

羊筋　将羊宰杀后，剔取羊蹄的韧带，然后拉直、阴干，扎成小把保存。羊筋常用来做菜，比如红烧羊筋、肉末羊筋、青海三烧等，也可做农家土火锅，是一种较为珍贵的食材。做羊筋菜时，先要发羊筋，制作方法的第一步要发羊筋，有油发、水发、盐发三种，青海多用油发。其法是先挑选粗壮、端正、干透、硬朗、不生虫变质的羊筋，降尘去污，拣净毛杂。在锅内饶热油，待冒烟后，降低火力，把羊筋放在油中干炸，不断翻动，使羊筋炸熟膨胀。然后用少量碱水浸泡一二天，多次冲洗，使原有的油垢污泥完全消除，羊筋成为金黄色的软条，再加工制菜。发筋中主要是拿捏火候，文火慢炸，待羊筋起泡完全膨胀后出锅放凉。过猛则筋条膨胀不匀，皮焦里硬，有焦苦味；过缓则不易熟透胀大。发不透的羊筋在炖烧中也难以煮熟，食时塞牙费舌。

爆焖羊羔肉　秋冬季，羊产羔时节，将出生半月左右的羊羔宰杀剥皮去内脏，洗净切成1~2寸见方的块，锅内烧热清油，入油锅爆炒，待皮肉淡黄时加入辣面、姜粉、椒粉、精盐等调料翻炒，至肉块呈红色时，加适量凉水，盖锅盖文火焖炖，水干肉烂时出锅装盘。

石烤肉　挑选片状或圆形的石头，以拳头大小为宜，将石头洗净后放入柴火里烧烤，烧至石头发红后取出放到金属锅盆中，把提前准备好的牛肉或羊肉切片撒上盐、花椒等调味料后，迅速放到烧红的石头上进行烤制，烤熟后享用。

风干肉　为冬春储备的肉食。深秋时节，当气温在零摄氏度以下时，将生肉切成长条，或原味或抹盐、辣椒粉等作料，挂放于房檐等阴凉地方让其自然风干，到来年3~5月份缺肉时便可食用。可直接割食，也可煮食，还可剁碎后煮面条。风干肉易于储存，携带方便，又能在任何季节食用，既可作零食又可当主食，也可用来馈赠亲朋好友。

羊肝　将羊肝煮熟或烤熟，切成薄片，蘸椒盐食用。

油肺　羊肺除了灌肠等食用方法之外，还有一种特殊的食法。即屠宰后将羊肺完好取出，不使破损，然后将溶化好的酥油放入调料后，经气管缓缓灌入肺中、边溜边揉肺叶，溜好后煮熟食之，其味也是很鲜美的。[1]

---

① 邢海宁:《果洛藏族社会》，中国藏学出版社，1994，第192页。

二 牛肉

在饮食结构中，牛肉和奶酪也是青海地区尤其是牧区的主要食物来源之一。青海的牛主要以高山草原上牧养的牦牛、犏牛及河谷地区的黄牛为主。牦牛肉肉色鲜红，肉质细微，含低脂肪、高蛋白，肉质独特，营养价值极高。在民间，牛肉的食用方法比较多，但最为普遍的是煮食，其次有红烧牛肉、卤牛肉、炖牛肉，还用来炒菜、熬汤等，牛下水也被充分利用做成杂碎，蹄筋可作为炒菜佳品，牛头肉可调成凉拌菜。

煮牛肉 同煮食羊肉的方式类似，可白水煮肉，可放作料煮食，可热食也可凉食，但需要掌握火候和过程，不宜煮老，也有用压力锅将牛肉煮至绵软而食之。

卤牛肉 以牛腱子肉为主，将肉放在凉水锅中烧开煮几分钟，拔出血沫，捞出沥干水分，再放入调制好的卤汤中煮至入味。

红烧牛肉 将牛肉切块放入沸水中汆烫，去除血腥味后捞出沥干水分；炒糖色，使牛肉上色，加入作料翻炒后，兑入适量温水慢火焖炖熟即可；也可炒入洋芋块或胡萝卜块一起炖，叫土豆烧牛肉或胡萝卜烧牛肉。

炖牛肉 先将牛肉洗净切成寸方小块，沸水中汆烫，去除血腥味后捞出沥干水分，再将牛肉、葱姜蒜等作料一起放入高压锅内，加入适量的清水和盐焖压至绵软，加入白萝卜或胡萝卜块煮熟，调味后即食。

牛肉炒菜 将牛肉切片或丝，可分别与各种时令蔬菜炒食。

牛骨头汤 将未剔除干净的牛骨放入冷水锅中烧开，撇除血沫，加入适量盐、花椒粒、姜片等慢火熬煮，或用高压锅压绵，肉、汤同食。民间认为牛骨头汤有补钙功效。

牛骨髓汤 牛骨髓汤以牦牛骨髓为佳，其较高的营养价值得到民众的青睐，民间常在熬制牛骨头汤前敲碎牛骨将骨髓融入汤中，也可将熬制后的牛骨头敲碎直接吸食。

牛杂碎　制作方法与食用同羊杂碎类似。

牛蹄筋　将附在牛蹄骨上的韧带剥离晾干，食用时洗刷干净后用凉水或碱水发制，再以多种方法制作。常见的吃法有烧蹄筋、烩蹄筋，是筵席中的上品。民间有时直接将牛蹄燎刮干净后煮食。

牛头皮　也称牛头肉，将牛头燎刮干净后煮熟，可凉拌、可热食，也可用多种烹调方式做菜。现在饭馆里的一道高级菜叫"牛气冲天"，把牛头肉连同头骨洗净煮熟，剥剔下头骨肉，切成薄片，堆在牛头上，蘸作料吃食，深受食客喜爱。

风干牛肉　风干牛肉的制作方法同风干羊肉相同。

牛肉干　将鲜肉剔除筋皮，以净肉加白水煮熟后，再切成小块，加入花椒粉、咖喱粉、味精、料酒、糖、盐等作料干炒，最后再烘干即成。现在各食品店出售的牛肉干，多用现代机器加工而成。

三　猪肉

猪是农业区常见的家养动物，一般饲养一年即可宰杀，其粪便是很好的农家肥。在青海，食用猪肉的民族有汉族、土族及蒙古族，尤其在汉族和土族中间，猪肉是日常生活中较为常见的食用肉类。

血肠　在新鲜的猪血中合入剁碎的肠油、豌豆面及作料，灌入用食用碱、醋、盐清洗干净的猪小肠内，扎口煮熟。

面肠　习惯上叫"糍嘛"。将猪板油切碎与炒熟的面粉混合，撒入调料，用手反复揉搓混合均匀，装入用食用碱、醋、盐清洗干净的翻转过来的猪大肠内，扎口煮熟。可切段即食，也可日后切块炕热食用。

煮肉　将肉或骨头卸成块放入凉水锅中，旺火烧开，撇去血沫，再下入调料，煮至用筷子戳透即可，蘸油炝辣子和醋食用。也可用煮好的块肉切片炒菜。

卤肉　将肉先入沸水中余烫，去除血腥味后捞出沥干水分，再放入配制好的陈年卤汤中文火煮熟，可热食，也可凉食。上好的卤肉具有肥而不腻、色泽红润的特点。

猪头肉　民间将猪头燎刮干净，可煮可卤，常作为凉拌菜；也可在腊八日与麦仁一起熬煮，将肉切入麦仁同食。

猪蹄　民间用食猪蹄的方式多种多样，可煮可卤，最为特别的是用猪蹄熬汤给产妇喝，作为催乳食品。

腊猪肉　腊猪肉是自然放置而成，由于当时没有冷冻设备，不易长期存放保鲜，只能挂放在温度较低的地方或在面柜中用面埋起来，经过较长时间后，肉质变味但能食用，人们称之为腊猪肉。

腌猪肉　宰杀年猪后，除留一部分过年外，将一部分储藏起来，储藏常用的方法就是腌制。腌制猪肉基本有两种方式：一种是将精选肥瘦搭配的肉切成长、宽各 10 厘米的方形，在开水锅中放盐煮成八成熟，出锅放凉，在陶瓷坛子里整齐排列，把烧开晾温的清油倒入坛子里，使清油刚好淹没肉为佳，再倒入少许酱油，即可放置很长时间；另一种是将精选的肉切成一寸见方的肉片，放入锅内加热，撒入食盐，使部分油脂融化将肉炸熟，然后盛放在陶瓷坛子内，等放凉后，融化的油凝固封住肉，即可长久保存。

"麻哈方子"　土语中称肉为"麻哈"，"麻哈方子"意思是肉方子、肉块。土族过年节时要用大块猪肉（传统上是指羊肉块或全羊，20 世纪 30 年代后逐渐用猪肉替代）隆重待客，肉方一般重 3 千克许，不加作料，是"白水肉"，装盘后上插一把五寸刀，请客人自己动手割吃。有的时候人们又叫"手抓大肉"。在婚礼上，男方家一定要给女方家敬送"麻哈方子"，表示结成了双方都满意的儿女亲家。当"纳什金"（娶亲人）前来女方家时，女方的姑娘媳妇们用歌声戏谑他说："春天的麻哈吹干了，那样的麻哈我不要，拿回去了喂狗去。夏天的麻哈臭掉了，那样的麻哈我不要，拿来回去了喂猪去。秋天的麻哈白毛了，那样的麻哈我不要，拿回去了喂鸡去。冬天的麻哈冻干了，那样的麻哈我不要，拿来回去了喂猫去。"这种用"麻哈方子"词语的重叠反复，增强了婚礼的热闹气氛。

四　家禽

青海主要的家禽是鸡，常用母鸡抱窝孵化小鸡的方式繁衍。鸡的种类较多，按鸡毛的花色和长相起名，有大豆花、枣骝鸡、来黄鸡、毛腿鸡、芦花鸡、乌鸡等等，但个体普遍矮小。民众饲养家鸡，主要是卖蛋卖鸡贴补家用。随着时代的发展、民众生活的富裕，电子孵化的小鸡被民众普遍饲养，鸡蛋和成年鸡常为自家食用。当现代化的、规模化的养鸡方式出现后，农家自然散养的鸡和蛋被视为鸡肉和鸡蛋中难得的上品，也得了个称号叫"土鸡儿""土鸡蛋"。

炒鸡蛋　将鸡蛋打入碗内，撒入适量花椒粉和盐，再抓把面粉与蛋液充分搅匀；热油锅中炝入葱花，倒入搅匀的蛋液，待炒至一面金黄时翻转再炒另一面，待两面都上火色时，取出蛋饼，切块装盘。和入面粉的炒法，主要是在食物比较稀缺的时代，为了节省鸡蛋且能装满盘子的做法，当民众的日常生活得到极大改善、都能吃得起鸡蛋时，炒鸡蛋不再和入面粉。炒鸡蛋的方式也多种多样，与韭菜炒、与西红柿炒、与辣子炒、与酸豆角炒等等。

荷包蛋　外形像荷包而得名。锅中加入清水加热，打入鸡蛋慢火烧开煮熟，或水烧开后关小火待其不沸腾倒入鸡蛋，慢慢煮熟，调入食盐等作料即食。

煮鸡蛋　将鸡蛋洗净放入凉水锅烧开煮熟即可。民间在特定日子，如二月二（贵德等地）、三月三（大通、互助等地）有煮鸡蛋的习俗，届时在庙会上做"碰鸡蛋"比试游戏，比试之时，一人把蛋紧握手中露一敲击点，另一人从上向下碰击，尖头碰尖头，圆头碰圆头，谁的鸡蛋壳先破，就输掉该鸡蛋供人家享用。

炒鸡块　将鸡拾掇干净剁块，入沸水中汆烫，去除血沫后捞出沥干水分，在倒入适量清油的热锅中加入作料爆炒，再加入适量水，转中火加锅盖焖煮即可。

熬鸡汤 民间将鸡汤作为食补饮食，尤其是身体比较虚弱急需营养的病人。将鸡块洗净，放入凉水锅烧开，撇除血沫，加入适量盐、花椒粒、姜片、中药材等慢火熬煮煨烂即可。

五　鱼类

青海天然鱼类主要分布于长江水系、澜沧江水系、黄河水系和内陆水系，有湟鱼、鲤鱼、鲫鱼等，但由于处在高寒地区，鱼数量较少，生长期短，生长速度慢，个体小，种群再生能力相对脆弱，加之部分少数民族忌食鱼类，因此鱼类在民众的饮食结构中仅仅起到调剂作用。尽管多数民众少有鱼吃，但食鱼和捕鱼的习俗早就存在，主要集中在黄河流域以及青海湖、扎陵湖、鄂陵湖等地周边区域。在 20 世纪的三年困难时期，青海湖中的裸鲤（俗称为湟鱼）作为食物，挽救了许多人的性命。但多年的人为滥捕，造成青海湖湟鱼数量的大量锐减，湟鱼的生存受到很大影响，湟鱼已不再被允许肆意捕捞。21 世纪以来，在龙羊峡水库虹鳟鱼养殖成功，增加了青海人餐桌上的美味。随着青海渔业养殖项目的增多，加之运输业的发达，民众能够吃到各种河鱼、海鱼，已是寻常事了。

湟鱼 湟鱼是裸鲤的俗称，是青海湖中的特产，国家二级保护动物。它在鱼类中属鲤科，学名叫作"青海湖裸鲤"。13 万年前，青海湖因地质运动成了闭塞湖，后来演变成咸水湖。为适应日渐盐涩的湖水，黄河鲤鱼的鳞片逐步退化。裸鲤全身裸露，几乎无一鳞片，体形近似纺锤，头部钝而圆，嘴在头部的前端，无须，背部灰褐色或黄褐色，腹部灰白色或淡黄色，身体两侧有不规则的褐色斑块，鱼鳍带淡灰色或淡红色。也有个别全身呈浅黄色或深绿色的。湟鱼生长极其缓慢，每增加 1 斤体重，需要 11 年。1994 年为切实保护青海湖渔业资源，青海省人民政府决定对青海湖实行封湖育鱼，湟鱼被列为濒危物种，已被纳入《青海省重点保护水生野生动物名录》，是明令禁止捕捞的鱼类。

干板鱼　将捕捞的湟鱼剖去内脏，洗净，按大小列摆在滚烫的石板上或沙滩上晒干，即为干板鱼。干板鱼经水泡软后，用葱末、盐、蒜泥、生姜粉、辣面、花椒粉等作料加入面粉，调为糊状，涂抹在洗净的干板鱼上蒸熟，其肉质柔韧，辛辣鲜美。民间有俗语云："贵德的梨儿享堂的瓜，湟源的干板鱼天下夸。"

油炸干板鱼　将鱼剖开去内脏，洗净压平，挂晒晾干，在热油锅中炸至焦黄，撒上辣椒面，在街头巷尾兜售。

炖鱼块　将鱼去内脏，洗净，沥干水分，切段，在放有少许清油的油锅中炸至焦黄，倒入适量水，放入调料后焖炖，水干鱼熟时便可食用。

红烧鱼　将鱼去内脏，洗净，沥干水分，在油锅中炸至焦黄，然后在蒸笼中蒸熟，勾芡装盘。

鱼汤　将鲫鱼等小鱼取出内脏，锅中放少许清油烧热，放入鱼，煎至两面焦黄，加入大葱、生姜等作料，倒入开水文火焖炖半小时，放入香菜即可。

第三节　菜肴类

一　菜肴概述

菜肴是人们日常饮食中必不可少的，但受青海气候条件的限制，蔬菜生长期普遍较短。除河湟谷地少数川水低地能栽种西红柿、辣椒、茄子等喜温蔬菜外，其他大部分农业区只能种植耐低温、生长期较短的洋芋、萝卜、白菜等蔬菜。因此在日常生活中，农区民众形成了以面食为主、少炒菜的饮食习惯；牧区蔬菜更是少之又少，常以肉类和面食为主。尽管蔬菜种类较少，但智慧的民众充分利用一切有利的因素，种植适宜生长的蔬菜，采摘季节性野菜，再配合牛羊猪肉和精湛的厨艺，创造性地制作出了适合青海特点的菜肴，其特点是盘满块大、荤素搭配，醇香软酥、脆嫩酸辣，既有北方菜的清醇、川菜的麻辣，又有南方菜的味鲜、香甜。随着经济的发展、交通运输的发展，现在城镇里都能买到各种新鲜蔬菜，炒菜的花样品种也越来越多。通常的菜肴分为家常菜和宴席菜。家常菜肴主要是素炒或凉拌时令蔬菜、荤炒时令蔬菜和肉菜，也有配以做成包子、饼子等面食的；宴席菜则热凉分开，荤素搭配，整体上比较讲究。

二　家常菜

在民间家常菜中植物类蔬菜占主导地位。较普遍的主要有洋芋、萝卜、大头菜、白菜、油菜、葱、韭菜、蒜、菠菜、菜瓜、芫荽、芹菜、蔓菁、甜菜、粉条等；一些地势较低的川水地区还有辣子、茄子、黄瓜、南瓜、西红柿、笋子等蔬菜。

野菜　根据季节的变化，直接从野外采摘的能食用的野菜有嫩芽类、菌类、藻类、根茎类等。嫩芽类有蕨菜、荨麻桩、蜜苟菜、灰灰菜、萱麻、荠荠菜、娘娘菜、野葱、石蒜、马缨菜、苦苦菜、猪耳朵（车前草）等；菌类有蘑菇中的黄蘑菇、青锤、白蘑菇等，鹿角菜、柳花菜、石花菜等；藻类有地皮菜、头发菜等；根茎类有蕨麻、胡萝卜等。

酸菜　民间制作酸菜是为了延长蔬菜保存期限，以备在冬天没有蔬菜时食用。主要有腌白菜、腌大头菜、腌花菜（大头菜丝、红萝卜丝、蒜苗丝）等，可炝油凉拌，可与肉炒。如今酸菜粉条是一道较为受欢迎的菜。

萝卜干　将萝卜洗净，切成细丝，在太阳下晒干后储藏，待冬春季节少有蔬菜时，将其泡软，下入汤面中或以肉炒食。

干菜　夏秋季节，将吃不完的菠菜、芹菜等新鲜蔬菜洗净晒干储藏，待冬春季节少有蔬菜时，泡软下饭或炒食。

荤菜　用肉类做成的菜，是家常菜中的一类品种。以荤素搭配，肉炒蔬菜或纯肉类。制作方式主要有爆炒、煮、红烧、清蒸、煎炸、凉拌、熬等。

三　宴席菜肴

在青海，遇红白事就有在自家置办酒席宴请亲朋好友的习俗，俗称吃席。席一定要办得体面，让亲友邻里吃得满意。因此，按照民间的规矩要有"空茶""实茶""全盘"，干果、凉菜、热菜、面食等，在色香味形上也比较讲究。以汉族为例，根据家庭经济条件与能力，传统上要准备上八大碗或摆八盘，也有十大碗、十二大碗之说。八盘又分为以猪、羊、牛肉为主的"肉八盘"，菜肴内有海参、鱿鱼、鲍鱼等海鲜的"海八盘"。不过，城乡之间有质量和菜品的差别。20 世纪 80 年代以后，随着餐桌上鸡鸭鱼肉和各类时令新鲜蔬菜品种的增加和丰富，淮菜、粤菜、川菜及鲁菜等各地菜肴纷纷亮相，冷热搭配，荤素相间，在一般的酒店饭馆里吃席，菜品种类没有特别的规矩和限制。

空茶　在婚宴中，吃席客人就位后，每人面前摆放一副红筷子，并给每人端上一碗放有两个或四个红枣的熬茶，让客人喝茶解渴，并用筷子夹食红枣。

实茶　吃过空茶后，撤掉碗筷，抹净桌子，重新上碗筷，给每个人倒上熬茶，上馍馍（通常是花卷、馒头、馓子、油饼等），并上两盘肉片炒菜（通常是大头菜），然后待客人象征性地吃喝完，便将馍馍、菜撤下去，准备开席了。

干果　摆放四样干果，通常是喜糖、瓜子、花生、大枣，开席时值客把它们均分给前来吃席的人，也可让客人揣兜里带走。

全盘　开席时的第一道凉菜，但不算在凉菜数目中。全盘中间放由粉丝、红萝卜丝、海带丝等三丝凉拌菜，外围用肥搭瘦肉片、黄瓜片等搭接包围；顶部放四瓣或八瓣切开的煮鸡蛋，叫"码子"。上全盘预示着开席了。全盘上桌时，先在主位分开摆放两双筷子，且筷子根不出桌子边缘；然后值客开始从主位敬酒，敬酒结束后，再给其他客人摆放筷子；之后在全盘上浇上醋、撒上盐，把"码子"拨开，把主位的两双筷子根推出桌子边缘，喻示可以开始吃了。

老八盘 由凉菜八种、热菜八种等组成，是民间最为正规的酒席菜肴。八盘中，热菜是最重要的，烹饪技术以炖、烧、炒、蒸、煮、熘、炸为主。主要有手抓羊肉、酸辣里脊、糊羊肉或糊牛肉、烧羊筋、酥合丸、爆炒鸡块、红烧鲤鱼、肉炒辣子或肉炒蘑菇等，但也不完全固定，有时有红烧排骨、烧牛肉块、肉炒蒜薹、瓢米、三烧（大肉块、丸子、油炸洋芋块、羊筋）、红烧鱼等，中间还有包子、糖饺，最后是长面。回族、撒拉族也有吃八盘的习俗，以牛羊鸡肉为主料，适当配以蔬菜。最典型的菜品有：手抓羊肉、红烧牛肉、黄焖鸡块、酸辣里脊、烧羊筋、醋熘带鱼、糊牛肉或糊羊肉、牛肉白菜、笋焖豆腐、八宝饭等。一般情况下，手抓羊肉、烧羊筋、鸡块、里脊是必有的菜品。

十二碗 因其主菜有十二碗而得名。上菜次序为全盘，两碗"下酒"（用所有宴席原料做成），前四碗，后六碗。

十大碗 其主菜有十碗而得名。是青海部分地区民间置办酒席时惯用的菜式，上菜次序为全盘，前六碗，后四碗。[①] 十大碗，其最大的特点是上荤下素，一菜两吃。

西宁回族老八盘 口语中将赴宴叫"吃席"或干脆就说"吃八盘"。西宁回族承办喜事多选择在寒冬腊月，因冬日闲暇时间较多，办喜事前后要十天半月才算结束；宴席中的剩菜剩饭因天冷不变味，能放得住而不至于倒掉。开席时桌上放一碟子切成薄片的焜锅馍馍，给每人倒上一盅奶茶，杯中放两颗煮熟的红枣，少许核桃仁，再添茶水时，是茯茶煮成的"熬茶"，大家谓之"变脸"。桌上摆四碟干果，经济条件好点的人家摆六碟或八碟干果，干果为奶糖、葡萄干、大板瓜子、水果糖、花生粘、山楂条、杏干、果脯等。干果是要分给桌上客人带走一份的，分完干果，八盘正式开始。头道菜

---

① 霍福：《多元村落民俗文化研究——以青海苏木世村落为个案》，中国社会科学出版社，2012，第11页。

酸辣里脊,接下来是肉末羊(牛)筋、大海碗的糊羊肉或糊牛肉、爆炒鸡块或蘑菇炒肉、竹笋炒肉等。上完四道热肉菜后,端一碗白开水放在桌上,客人把自己的碟子、勺子、筷子在碗中涮一下,等着上甜食。第一个甜食为酥合丸,用熟糯米为皮,芝麻、冰糖、羊油、干葡萄、人参果等为馅,先炸后蒸而成。不做酥合丸,就会换成米上盖着葡萄干、果脯、人参果、红枣片等的八宝饭。第二个是葛仙汤,(现今葛仙稀缺,汤中基本不放,随之演变为高香汤了)。再后两道是素菜,一海碗由蘑菇、鹌鹑蛋、粉丝、黑木耳熬制的汤,一碟素炒竹笋片,或一碟素炒白木耳,至此八个正菜全部上完。最后是用四个大碗盛的酸汤、菜类和米饭,叫后四碗,吃完宴席也就结束了。上酸汤有讲究,婆家人待娘家客时,这碗酸汤由厨师端着盘子,在起哄的小伙子、大姑娘们簇拥下,端到新娘的父母桌上,由新娘父亲或母亲接下,掏出一条新毛巾送给厨师,意即辛苦了,擦擦汗。现今改为给现金,200元、300元、500元不等。至于"后四碗",流行着一句俗语。有些家境差一些的家庭则省去后四碗,因吃完八盘便可离席,而有些客人因不识趣没有离席,该走而不走,往往被同场客人打趣讥笑:"在等后四碗吗?"后来,"在等后四碗吗"这句话被引申为"该走了""该办事的抓紧办""做事不要拖拉"等意思。

四 特色名菜

糊辣羊蹄 将羊蹄去蹄壳后燎刮干净,用碱水洗去油腻;用茴香、桂皮、香叶、干姜、葱、料酒加水做成卤汤;把羊蹄放入卤汤锅内炖到熟烂后捞出,拌以胡椒、辣面等作料或浇上卤汁即可装盘。

糊羊(牛)肉 将熟羊(牛)肉切成长片,整齐地码在大碗(盘)中,在羊肉汤中加入葱段、大蒜、胡椒粉、鲜姜、水发木耳及盐等烧开,湿淀粉勾芡,浇入盛有羊(牛)肉碗盘中即成。

肉末羊筋 以羊筋作主料的菜有多种做法,菜品名称各异。肉末羊筋是比较常见的荤菜。将羊肉剁成末，在锅中将油烧热，放入肉末、葱段、姜片、蒜片等煸炒，倒入少许羊肉汤，倒入发好的羊筋，加盐、味精、胡椒粉等调料，翻炒烧炖一会儿装盘。其味各有千秋。

红烧羊筋 将发好的羊筋清水漂洗，炒锅里面放底油烧热，放入羊筋，加姜粉、胡椒、精盐、干辣椒、葱段等作料翻炒，倒入少许羊汤烧炖几分钟出锅。

发菜蒸蛋 先将鸡蛋清与蛋黄分开，搅匀蛋清，覆以发菜，笼蒸片刻，待初凝成形，再倒上搅匀的蛋黄，蒸至熟透为止，取出切块，淋含木耳、黄花、笋片、香菜、少许团粉勾芡的鸡汤或羊肉汤。上层洁白如雪，中层乌黑似发，底层一片金黄，色彩鲜明，味道鲜美可口。

蜂尔里脊 先将里脊肉剔除筋膜、剁碎，加盐、姜末、花椒粉调味制成丸子；鸡蛋除去蛋黄以蛋清加水粉搅匀，制成蛋清水粉糊，涂在丸子上，然后烧熟清油炸成金黄色。经反复划散、炸熟后，浇上以味精，糖、醋等配好的芡汁，出锅时再淋上几滴香油后装盘。其特点是色泽金黄，味甜酸，外酥里嫩。

蛋白虫草鸡 选肥嫩鸡脯肉剁成肉茸，加盐、生姜、胡椒少许，与蛋清搅匀、装盘；将冬虫夏草拣去杂质洗净，摆在已装盘的鸡脯肉上，上笼蒸熟。然后改刀，装碗，用鸡汤调味后再蒸片刻，取出，扣入盘内，浇上清汤即成。

鸳鸯芙蓉发菜 先将上好发菜拣净，除去杂质，用温水泡发洗净。然后把鸡蛋搅打均匀，在文火锅中摊成蛋皮煎熟，以柔软为宜；把鸡脯肉剁成鸡茸并加拌生姜、花椒等调味品。在蛋皮上先薄薄地摊上鸡茸，再铺上一层发菜，卷成长筒状上笼蒸熟，切成片放入碗内，灌入调味汁，再上蒸笼蒸五分钟取出，扣入盘内，浇上兑好的鸡汤即成。

松鼠湟鱼 此菜曾是餐桌上的名菜之一。先将湟鱼去内脏洗净，从腹中线纵向片开，除去脊椎骨和腹刺，改成柳叶花刀，用料酒、盐水腌泡数小时，取出，沥干水分，用浓面粉糊拍面，入油锅，以文火炸成金黄色，层次凹凸累累，犹如松鼠状，捞出装盘，浇上白糖、醋、胡椒、辣面、姜粉等作料，焦黄酥嫩。如今，禁捕湟鱼，所以此菜改用鲤鱼、草鱼制成。

羊肉蘑菇 选用新鲜的羊腿肉，切成薄片，用盐、花椒粉、姜粉、少量酱油拌调均匀待用。将野生黄蘑菇置热水中泡透，拣去杂质，洗净泥沙，切为两半。然后锅内放清油加热至起烟时，爆炒羊肉片，待肉色变成粉红色或白色时，蘑菇入锅，并不断翻炒，再加入红辣椒片翻炒。在锅里倒入适量澄清的泡蘑菇水，用文火焖炖，待汤汁浓缩至一半，起锅装盘。

五 暖锅

暖锅即现在的土火锅，常在农家冬天过年时节食用，也是在饭馆的筵席开始前（相当于实茶）食用的一道菜品，其内有肉有菜有汤，热气腾腾，深得民众的喜爱。火锅是用纯铜手工敲打而成，外围似一口小锅，中间有小炉灶，可添加木炭。吃火锅时，在锅里码放肉丸子、炸洋芋、羊筋、酸菜、粉条、木耳、蘑菇、肉片等层层叠起，再加入适量肉汤羊肉汤或鸡汤，加入作料，引燃木炭加热，直到汤水烧滚便可食用。

六 汤菜类

鸡蛋汤 锅中倒入清水烧开，放入嫩菜叶，放入花椒粉、盐、味精等调味品，徐徐倒入打开的蛋液，待其再沸时，淋入香油即可食用。

醪糟汤 锅中倒入清水烧开，倒入适量醪糟，将搅匀的鸡蛋徐徐倒入烧开的醪糟汤中，再放入浸泡好的枸杞、银耳等，加入白糖或蜂蜜，稍加熬煮即成。

粉汤 锅内倒入适量牛羊肉汤，将煮熟的牛羊肉片、泡软的粉条、豆腐块、菠菜等一起下锅烧开，放入花椒粉、胡椒粉、盐、味精等调味品，放入蒜苗末、芫荽末即可。

羊肉汤 民间传统的羊肉汤就是煮过羊肉的汤，汤比较浓，盛入碗内加入芫荽末、葱末或蒜苗末，在吃肉时边吃边喝；城镇饭馆或农家院做的羊肉汤与粉汤类似，要加入煮熟的羊肉片、白萝卜片、粉丝等，另配食"狗浇尿"、花卷等饼馍，常作为早饭。

熬（nāo）饭 也称熬熬（nāo nāo），根据所用的肉类不同，常有羊肉熬饭、牛肉熬饭、大肉熬饭等。将肉切剁成小块，下凉水锅烧开，撇去血沫熬煮，肉快要煮绵的时候，下入白萝卜片（丝）、粉条、洋芋块（条）、豆腐块（干）、凉粉等一起熬煮，同时加入盐、花椒粉、姜粉等调料。熬饭的做法比较普及，只要有肉，随时都可以做，用料根据地方和条件多少不一。有些红白事情中也常做熬饭。

奶粥 熬制的米汤中调入牛奶烧开即成。

肉粥 在牧区集体活动中常食。将淘洗干净的大米、切小块的牛羊肉放进大锅内，加入调料后，熬煮成熟。

第四节　饮品类

一　饮茶

青海不产茶叶，但因有古老的茶马互市传统，老百姓有普遍饮茶的习惯。在高海拔山区生长有一种野生植物花叶海棠，人们采摘其嫩叶和嫩芽加工成茶叶，称为藏茶。在传统生活中，山区民众难以买到茶叶时，在秋季时采摘野生地莓叶子加工成"茶叶"来煮茶饮用。《明史·食货志》云："蕃人嗜乳酪，不得茶则困以病。"意思是说藏族民众以肉奶为食，必须以茶为饮品来助消化，并补充人体所需的维生素。青海民众在众多的茶叶中钟爱茯茶，此茶又称为砖茶、边销茶，因包装形似砖块而得名。因是发酵茶，具有解渴、助消化和驱寒暖胃的功效。湖南益阳产特制砖茶，云南产普洱茶，一直被视作上品，也是待客、串亲访友馈赠的最佳礼品。茯茶在民间缔结婚姻中也起着非常重要的作用，凡是提亲说媒、送礼、娶亲等程序中都要带用红纸缠裹的双数茶包。在食物匮乏的年代，茶叶因来之不易，被视为贵重物品，常将一包砖茶分成若干份后，用红纸包裹作为礼物馈送。随着物质生活条件的不断改善和生活水平日益提高，茯茶的价格比较便宜，用作礼品的场合慢慢减少。外出打工回村子的年轻人因受外界文化的影响，喝茶的种类和方式也改变很多。传统上那种用砂罐燎茶的方式也难觅踪迹了。同时，因生活的地域环境和民族传统习惯的不同，其饮茶的习俗表现出区域地方特色，如回族喜欢喝盖碗茶，游牧的蒙藏民族喜饮用茯茶熬煮的奶茶或清茶。青海民众热情好客，凡是客人来访，不论家境如何，只要来客人，双手奉上一碗熬好的茯茶、端上一碟馍馍，是必须的礼仪。即使非常熟悉的隔壁邻友来访，也必须倒上一碗茯茶。如果奉上一杯白开水，会被人们在背后讥笑的，认为该家主人没有本事，连茶都喝不起，或者认为用白开水待客极不礼貌。民间也有自己创制的茶，如麦茶、果树茶、榔八茶等，以弥补茯茶的不足。

熬（nāo）茶　青海民间将熬茶的过程称"炖茶""煨茶""燎茶"或"烧茶"等。在铜壶、铝壶、砂罐或铁锅等质地容器中倒入适量凉水，放入掰碎的茯茶，加适量青盐熬煮，至色泽黄褐可以饮用，俗称清茶。民众普遍喜好喝酽茶，即稍多加茶叶，熬煮的时间长一些，熬成茶汤深褐色的酽茶，解除困乏，提神醒脑，更能体会出茶的醇厚香味，喝得比较过瘾。青海花儿有云："清茶滚成个牛血了，茶叶儿成了个纸了。"这充分说明了熬煮时酽的程度。在熬茶中加盐，一来补充劳作时流失的盐分，二来改善水质的口味，不习惯喝没有加盐的茶水。谚语云："人浪（游玩）没钱鬼一般，茶里没盐水一般。"当然，青海地域广阔，民族众多，也有不放盐的熬茶，还有加入花椒粒、草果、金根，以改善口味，俗称花椒茶、金根茶的熬茶。

熬茶有甜味，也有盐、花椒等味，作为一种饭后或是闲暇时的饮料，慢慢地品饮，不仅可以解乏暖身，还可以生津止渴，能防止喉咙干燥而引发的多种病症。老年人喜欢喝用铜壶、铝壶或陶瓷罐熬煮的陈茶、老茶，色泽黄褐、微涩浓醇。他们不是喝茶的淡香和清淡，而是喝茶的陈分与涩味以及年份。青海人从小就喝茶，年长后养成茶瘾，闲暇时第一要紧的事就是"嘘溜""嘘溜"地喝茶，茶碗不离手。有些老人，还习惯清晨在被窝里喝一碗后辈们端上的早茶。

燎罐茶 砂罐烧茶是最常用、最讲究的方法，用砂罐烧出的茶水色泽好，味道也格外香。燎茶用的罐子，一般使用产自大通的手工砂罐。罐内放入茯茶、生水和盐，盖上石板盖子，放在厨房锅灶门口，一边烧水做饭，一边燎茶，柴火的热量把砂罐熏烧的温度比较高，罐内的茶水不断翻滚，一罐香气扑鼻的茶就熬成了。或在冬天，把砂罐放在火盆里，一边烤着火，一边悠闲地燎着茶，燎出的茶，味道纯正，没有异味。

暖瓶沏茶 将适量茯茶和盐装入暖瓶，灌满开水，盖紧瓶塞，过一两个时辰，便可倒出饮用。这种方法可以随时沏茶，不用生火熬煮，方便实用，但口感不如熬煮或烧燎的茶。

热物茶 在熬茶中放入热性的调料，如姜片、草果等，具有驱寒暖胃、助消化的功效。

枣儿茶 是民间的一种礼仪性饮料。每逢过四时八节，有亲朋好友来家做客，主人都要端上枣儿茶，表示礼节或节日喜庆。汉族把新娘娶回家后，下马席伊始，给客人奉上泡有四颗红枣的熬茶，同时在场所有帮忙的人也要喝一碗，叫满堂大喜；民间结婚待客时的一道空茶又称端枣儿茶，对前来吃席的客人都要端上一碗枣儿茶。

奶茶 在烧开的熬茶中加入牛奶就是奶茶。以加入牛奶的多少来品奶茶的浓淡。现在煮奶茶时，不仅加茯茶和盐，而且加入适量的陈皮和薄荷叶等，来增加口感，有些食疗的意味。

酥油茶 分两种，或在熬茶中加入酥油，或在奶茶中加入酥油。根据习惯不同，简单些的在熬茶或奶茶中加入酥油，边融化边喝。复杂些的，在特制的奶茶桶中倒入奶茶，加入酥油块后搅打融化，使茶奶和酥油完全融合后再喝。

麦茶 山区民众在茶叶短缺时期，常喝麦茶。把小麦炒焦黄，用擀面杖在案板上碾碎，在砂罐中倒水加碎麦糁子，熬成的汤茶呈黑褐色，味道类似咖啡，有温中、止呕、止泻之效。有时，民间用来制作奶茶。

自制茶 常将果树叶子、椰八茶（一种野草植物）等通过切段、覆盖发酵等过程制作的民间茶，在茯茶缺少时，作为茶的替代品。

盖碗茶 又称喝"三炮台""茶碗子"。茶具分三部分，上有盖、下有托、中间为碗。因配料以花茶、桂圆、红枣、枸杞、葡萄干、核桃仁、冰糖、果脯等多种原料作主料，也叫"八宝盖碗茶"。喝盖碗茶比较讲究，沏茶时开水落点要准，不偏、不漫、不溢。喝茶时，一手拿起托盘，一手拿盖碗，轻轻在水面刮几下，使茶水翻滚，将底下的冰糖甜味翻上来，且茶与其他原料的香味完全融合至水中，并将表面漂浮的原料推刮到边缘，不至于直接喝到嘴里；喝时，用小口品尝，忌一大口喝干，冲茶、刮茶、喝茶、品茶的动作要轻，还要文雅些。

二 饮酒

酩馏酒 酩馏酒的酿造大多是家族传承式，技艺保密，酒质也有优劣之分。一般是先将选好的上等青稞浸湿碾去外皮，簸净，去杂质，入锅焖煮，直到青稞绽开，捞出晾冷，配上用中草药制成的酒曲拌匀，装入瓷坛或缸中密封，盖上棉被，在10℃~15℃的温度下发酵放十天左右，待有酶菌时，在发酵好的青稞原料中加上草药，倒入烧锅内，密封酒锅，然后把酒筒子插入酒锅锅盖的圆眼，与烧锅、酒缸等器物连接起来。再在酒缸内盛满清水，烧火煮酒糟时，蒸气通过酒筒子到酒缸时遇冷凝化成水，流出的便是酩馏酒。民间常将酩馏酒灌入小口大腹的坛子里，密封坛口，埋于地下，过几年再饮，又是另一番滋味。酩馏酒由纯粮食酿造，不勾兑，酒液清冽，味道纯正，尤其是温热后，曲味醇香，甜润可口，是民间待客、馈赠的佳品。

青稞酒 利用优质的青稞为原料，加入精心培育的青稞酒大曲，采用包括发酵、蒸煮、糖化、过滤、脱色、勾兑、灭菌等许多道工序；酒精含量较高，酒味醇香，清亮透明。

马奶酒 汉语称为"蒙古酒"或"马奶酒"。青海蒙古族制作马奶酒的方法有两种。一种方法是：把新鲜的马奶倒入木桶里，盖上盖子，放在太阳下曝晒，每隔一小时搅动一次，然后静放一夜，第二天马奶开始发酵，再把过了夜的马奶倒入另一个木桶里继续曝晒发酵，原桶内可留存少许原发酵的马奶，作为下次加入新马奶时的酵母，如此反复多次，七八天后，马奶完全发酵成熟后即可饮用。第二种方法是：先把牛奶、羊奶制作成酸奶，作为发酵剂放入马奶中发酵。发酵 3~7 天的叫"其盖"，即可饮用。把"其盖"倒入蒸酒器中蒸煮，使蒸气通过管子冷却流入坛中即成马奶酒。经发酵而成的马奶，酸性物质增加，乙酸具有杀菌的作用，蛋白质留存，维生素增多，有很好的滋补功效。马奶酒对治疗肺病、胃病、支气管和动脉硬化等有较好的疗效。在蒙古族医学中，把马奶酒饮疗法列为蒙医 7 项重要疗法之一。

烫酒 民间认为经常喝凉酒会导致手颤抖，且喝起来口感不够劲，所以常常先把酒倒入小茶壶温热，或将酒瓶打开盖子后放入热水中加热，冬天时放置在火炉上加热，趁热喝。

三 其他饮品

浆水 将芹菜、箭杆白菜、菠菜等用沸水烫熟，投入面汤，加上浆水酵子，盛入缸内，放在温暖处发酵三天即可。其为夏季解暑饮品。

达拉水 牛奶提取酥油后所剩发酵的液体，具有清凉解暑的功效。

梨汤 在冬季，将梨切块，加入冰糖、酥油等一起熬制，有润肺止咳功效；有时还可加入花椒、地椒，酥油也可用炼制的大油替代。其中，用冰糖、冬果梨一起熬制的"冰糖冬果"，民间青睐有加，也常作为饮品来饮用，其味略酸中带甜，微显花椒的麻味。

姜汤　将生姜、葱白切丝加红糖熬制，趁热喝，民间普遍用于驱寒、防治感冒等。

第五节　特色食品类

一　果品类

青海省东部农业区冬季不冷，夏季不热，白天温度高，有利于水果进行光合作用，夜间温度低，有利于碳水化合物的积累。全省水果品种有杏子、李子、桃子、楸子、吊蛋儿、沙果、花檎、长把梨、冬果梨、软儿梨等十几种。黄河、湟水两岸盛产水果。贵德县有"梨乡"之称，尤其以"长把梨"最为著名。乐都是花檎、沙果的故乡。化隆、循化产酥梅梨。民和盛产桃子、苹果、旱地西瓜。"一夕山风衣倍加，院来板屋乱鸣鸦，开门惊道满庭雪，细看方知是落花。""河水洋洋世不休，寻芳何必在芳洲，东风一夜无人见，客满梨花枝上头。"这是清代人杨应琚、徐志丙宿民和县川口越圣寺，登川口云林阁时所作诗句，从这些诗句可以看到当时民和县上、下川口栽培梨树的情况。贵德的"接杏"、乐都的"胭脂杏儿"，个大肉厚，酸甜可口，颇有名气。杏儿还有青皮、冰糖、桃型、甜仁、一包水等许多品种。1949年后，河湟地区还引进了大量的苹果，在川水、浅山扎根，有黄帅、红玉、国光、青香蕉等几十个品种。[1] 民和的冬果梨、贵德的长把梨、循化的酥梅梨、乐都的软儿梨被称为"四佳梨"。另外，民和的大接杏、桃、露仁核桃，乐都的沙果等都非常有名。[2]

---

[1]　孙考：《青海乡俗》，青海人民出版社，1984，第90页。
[2]　赵宗福、马成俊主编：《中国民俗大系·青海民俗》，甘肃人民出版社，2004，第19页。

二 小吃类

酸奶 将鲜牛奶煮沸，倒入容器内凉温，加入酵子轻轻搅匀，覆盖皮毛织物类保持恒温，放置八小时左右成嫩豆腐状即成。其间需控制好温度（大概20℃左右），温度过高则易变酸，温度过低不易凝固成形。有些地区为了色泽好看，制作酸奶时在牛奶中滴入几滴清油。在牧区和农区，常将酸奶作为主食来吃，有时与馍馍一同就食。纯牦牛奶做成的酸奶如豆腐块般黏稠瓷实，奶皮厚，奶味浓，城镇居民难得一尝；其他牛奶制作的酸奶远不及牦牛酸奶的口感好。手工土法制作的酸奶不易长时间保存，在城镇出售的酸奶尽管保质期长，但不如原始手工做法的好吃。

牛血酸奶 贫寒的牧民吃不起牛羊肉时，往往从健壮的牦牛颈部取血（不杀死牦牛）。吃时将煮熟的血削成条块或方块加入酸奶，或将血块削碎用小勺舀进酸奶，对穷困人家来说也算是一种美食了。①

奶豆腐 奶豆腐流行于青海、内蒙古等地区，蒙语称作"乔日木"，又叫"呼如达"。把取过酥油的牛奶放入锅中慢慢熬煮，使水分和奶分离，放入布袋中再滤去奶中的水分后放入木模中，制成方块，用刀切成小块晒晾，待它干了以后，就成为奶豆腐。奶豆腐味微酸甜，营养丰富，是冬季日常食品，也是待客的佳品。牧民们常在放牧时携带，或含在口中嚼食，解渴开胃，或拌炒面，或在碗内泡软食用，充饥止泻。②

甜醅 将上好的青稞或玉麦润湿捣碾去皮，洗净入锅煮至表层裂口，出锅沥干水分，摊开放凉，加入甜醅曲子拌匀，装入缸中密闭，棉织物覆盖保持恒温（20℃左右）发酵三四天即成。食用时兑入加了白糖或蜂蜜的凉开水。

爊皮 又称作酿皮。温水加碱面将白面调和揉匀成硬面团，放凉水盆中

---

① 朱世奎主编：《青海风俗简志》，青海人民出版社，1994，第164页。
② 赵宗福、马成俊主编：《中国民俗大系·青海民俗》，甘肃人民出版社，2004，第116页。

反复捏洗，将淀粉析出沉底，沥出面筋，分别将淀粉糊和面筋放于特制的铁皮蒸盘中蒸熟，即成光滑的爙皮和蜂窝状的面筋，放凉后可食用。食用时将爙皮切成条，配数片切好的面筋，佐以油炝辣子、醋、芥末、蒜泥、韭辣、盐等调味料。因蒸制的方式和加入碱面、蓬灰方式的不同，青海爙皮分金黄色的白爙皮、咖色的黑爙皮。爙皮虽是小吃，但可作主食，也可当菜肴。冬季有时将爙皮炒食。

洋芋爙皮 将洋芋磨成泥，放入凉水反复捏洗，过滤去杂质，平锅中倒少许清油烧热，将沉淀的淀粉泥倒入锅内，煎烙熟至两面金黄即可。食用时切条加入调味料。

醪糟 将糯米煮熟放温（20℃左右），放置在干净的容器中，把甜酒曲用凉开水化开倒入，与熟糯米拌匀，恒温发酵两三天即成。食用时，把醪糟放在沸水中烧开，打入鸡蛋花加入葡萄干、枸杞、花生、水果丁、白糖等煮开。喜欢口感再好一些的话，再加入牛奶。醪糟不是本地的传统小吃，而是从外地传入，经本土化的改造后形成了青海的独特风味。

凉粉 将适量豌豆粉面（淀粉）用凉水化开，徐徐倒入开水锅中，边倒边搅动，熬煮至透明的糊状后，盛入盘子里放凉凝固食用。吃时切成块状，佐以油炝辣子、醋、芥末、蒜泥、韭辣、盐等调味料。凉粉可以凉拌着吃，也可以适量配韭菜炒着吃，还可以做成熬饭的配料。

焐洋芋 将若干圆囵洋芋洗净，大的可分切几块，锅底涂一层清油，将洋芋放入锅内，倒入适量水，旺火烧开后文火慢慢焐，待闻有稍稍的焦糊味时，熄火再焖，焐熟的洋芋底部是金黄色焦疤，顶部是沙徹的裂口，配以油炝辣子、油炝葱花或咸韭菜、酸菜等，口味极佳。

洋芋盖被 是肉和洋芋一起做成的食物。焐洋芋时，在锅内铺开的洋芋上面覆盖一层剁块的排骨或羊肉，撒入盐、花椒粉、辣面等调料焐熟。在焐的过程中，肉中的油渗入洋芋和锅底，既改善洋芋的口感，又不易使洋芋粘锅，还改善和调剂了日常生活。

洋芋筋筋 也称洋芋饼饼。将洗净去皮的洋芋擦成细泥，加入适量的淀粉和盐拌匀，淀粉大概是洋芋量的三四倍；烧热铝锅（民间用铝铸造的厚锅），倒入少许清油中火烧热，将拌匀的洋芋倒进锅内，加盖焖烤，一面上火色后翻转，待烤熟两面成金黄色时出锅，切条，作料用油炝辣子、韭辣、油炝酸菜等。

煮豆儿　有煮大豆（蚕豆）和煮小豆（豌豆）之分。采摘饱满的还未发黄的绿蚕豆或绿豌豆，放入锅内，倒入少量水，烧火焖熟，食用时剥皮吃仁。

烧麦子　在庄稼地里挑选颗粒饱满的小麦青穗或青稞青穗，连同一尺长左右秸秆摘下，持杆将穗在火中烧熟，把麦衣皮揉搓干净后吃食，混杂有稍稍的焦糊味和新粮食的香味，不作主食，只是尝新而已。

焜青稞（麦子）　挑选粒饱穗长的小麦或青稞青穗，连带五寸长左右秸秆摘下，扎成小把，放入锅内，加适量水旺火烧开，再焖煮熟，趁热将颗粒揉搓下来，将麦芒和麦衣簸干净，即可食用。

麦索儿　用焜青稞（麦子）再加工成的食物。在平整的台子上铺上干净的布单，将手工小石磨放在中间，一边转动石磨，一边把焜青稞或麦子徐徐放入石磨，磨出的蓬松絮状的就是麦索儿。民间将这整个加工过程叫拉麦索儿。麦索儿既可现吃，也可配炝上葱花或炝蒜苗末（青蒜）吃；还可将其晒干存储，食用时，用水泡软后烂炒肉丁、洋芋丁等做成拌汤。麦索儿既可当主食又可当菜肴。

焦大豆　即火烫大豆（蚕豆）。农家人为省事省时，在煨土炕时，前一天煨上羊粪等耐燃物，到第二天从炕中扒出着透且火星的羊粪灰，在滚烫的火灰中埋入一碗大豆，几分钟后不断翻搅火灰，直到大豆皮焦时摊开灰，从灰中捡起烫熟的大豆，凉凉再吃时很脆，有一股豆子的清香味。

炒大豆　每逢农历二月二，民间有炒大豆（蚕豆）的习俗，有多种炒制方式。或用细沙炒制，或用颗粒盐炒制，还有用细干黄黏土炒制的。按炒制方式，炒出的大豆按色泽，最为出名的有黄脆儿、虎皮和黑脆儿。黄脆儿是先将大豆在温水中浸泡软，捞出凉至半干，把干净的细沙放在铁锅中炒热，倒入泡好的大豆不停地翻炒，直至大豆绽开、表皮金黄时出锅；虎皮是将大豆炒至黄黑交映，形似虎皮；黑脆儿是将干净的细沙在铁锅中用旺火炒烫，加几滴清油，然后把生大豆倒进锅中不断翻炒，直至大豆绽开、皮黑似墨，黑中透亮。这几种炒法不一样，咬嚼时或脆或酥，味道也略有不同。

麻麦 选用收拾干净的小麦，用铁锅将小麦翻炒，至金黄并绽开时出锅，民间将其作为闲暇小吃。

烤蘑菇 采摘新鲜野生蘑菇，去掉菇柄，在中心撒上盐，放在炭火烧烤，待盐融化并渗入蘑菇，即可食用。

奶皮 在生铁平底锅中倒入五斤左右新鲜浓牛奶，烧开，改文火保持牛奶沸腾，用长柄勺舀起牛奶，高高举起勺子将牛奶徐徐倒入锅内，如此反复，使锅内浮起一层奶泡沫，退至小火使牛奶不再沸腾，半盖锅盖长时间维持较高温度，奶汁浓缩，待牛奶中水分基本蒸发完毕，牛奶凝结成蜂窝状黄色薄饼，用擀面杖轻轻挑起，折成半圆，放阴凉处阴干，即成一张奶皮。可现食，也可风干后茶水泡食或干食。

藏糖 牧区藏族的节日食品，藏语称"星"或"图"。在磨细的曲拉中掺入白糖或红糖、核桃仁、葡萄干、熟蕨麻等，浇上融化的热酥油后拌和均匀，趁热盛入碗、盆等容器中，表面点缀几枚大枣，冷却凝固后取出即成。

酥油 是直接从牛奶中提炼出来的油脂。先煮熟鲜牛奶，凉温后倒入专门的圆形木桶里，桶口装有与内口径大小一样的圆盖，中心竖立木柄，下安十字形圆盘。不断一提一放上下反复搅拌，使圆盘在牛奶中来回撞击，直到油水分离，木桶表面漂浮着淡黄色的脂肪质时，用手捞出放入盛有清水的盆或桶中，冷却后的脂肪质变硬便成为酥油。牧区民众常将酥油装在洗净的羊肚子或牛肚子中，可保存很长时间。提取酥油的牛奶以牦牛奶为最佳，其脂肪含量高，其他酥油口感、色泽及营养均不及牦牛奶酥油；酥油的质量以夏、秋季为佳。夏天捣制的酥油色黄如金，冬天制成的酥油则色白似雪。

曲拉 即乳酪，分两种类型。一是脱脂类，将"达拉"经过充分熬煮，过滤后所留有的奶渣，晒干后呈不规则形状的颗粒，比较干硬；二是不脱脂类，用没有提取酥油而略有发酵的纯牛奶提取出的曲拉，奶味更浓、更脆。曲拉可当零食咀嚼，可泡入奶茶食用，也可拌糌粑或制作其他食品。

酥油蕨麻 将蕨麻洗净后煮熟晾干，装入碗中，上面浇上融化的酥油和白糖，拌匀即食。

酸奶蕨麻 将煮烂的蕨麻拌以酸奶食用。

青稞粉蕨麻油糕 以青稞磨成粗粉粒，调拌入蕨麻和酥油，上蒸笼蒸熟，切块食用。

油炸糕 将黄米洗净，用适量凉水浸泡数小时，连米带水磨成面糊，加入酵子发酵；用干玫瑰、芝麻、碎冰糖等料拌馅；待面发酵后加入适量碱或蓬灰揉匀，揪一小块发面，抟成团，按一小窝，边旋转边捏，捏成"碗"状厚面皮，装入馅，收口包住馅后压成圆饼；旺火烧热清油，将圆饼下锅，炸熟至金黄色捞出沥干油分即可。

酥合丸 将糯米和洋芋分别煮熟放凉，各半混合揉匀，揪小团抟圆后再压平，包入由白糖、干玫瑰、核桃仁、碎冰糖、动物油脂碎丁拌成的馅，抟圆；旺火烧热清油，将圆饼下锅，炸熟至金黄色捞出沥干油分；食时，上蒸笼蒸热后装盘，淋上糖芡或撒上白糖即可。

炒酒 在城镇过冬至时早晨吃的一种汤菜，是将肉丁焖炒后加入豆腐丁、金针菜、木耳等食料做成的带汤菜。

三 特色食俗

邀（qiáo）值客 凡遇吃席，东家要提前置办好锅碗瓢盆、调料干果、蔬菜、肉类。东家要在厨房、院落支起几口热气腾腾的大锅，请一两个当地小有名气的大厨和一两个主事的"大东"，然后叫上平时跟自家要好的乡邻和本家的兄弟妯娌来帮忙。吃席前，挑选一天把请来帮忙的邻居和本家兄弟妯娌一起请到家里给他们摆几桌，称之为"邀（qiáo）值客"；等酒席办完之后再专门宴请邻里感谢帮忙，俗称"谢东"。

吃席这一天，来的客人送上礼物或份子钱，然后就在值客们的安排下围桌就坐等着开席。所添的"礼"在值客们的迎接和引导下交到请来的管账先生那里，管账先生就会如实记上账簿，给主人以记载，主人事后会知道谁家搭了多少"礼"，再到那家有喜事的时候，依账簿而回礼。席间，一般男女分桌而坐。男人们喜好喝酒，女人和孩子们一起。值客们一盘一盘地往桌上端，吃席的人互相谦让，又互不相让，上一盘吃一盘。随着时代的变化和收入的提高，吃席有了向饭店发展的势头，而且去饭店的越来越多。也有外地厨子全盘承包，从洗菜、配菜到做菜、端菜等等，一条龙服务，主家完全不用插手，只管结账，这叫"拉席"，意思是从一个地方准备好拉到另一个地方开席。

酒俗 除回族、撒拉族外，喝酒是青海地区其他民族不可或缺的，尤其是高度白酒最对饮者胃口。喝酒的场合"多"：逢年过节喝两杯、喜庆之事喝两杯、宾朋相聚喝两杯、闲来无事喝两杯、解除乏困喝两杯、有事无事喝两杯，甚至找个"过阴天"这样的理由也要喝两杯。当然，这个"两杯"，有时让人盛情难却，有时让人感受少有的尊重，有时让人解解烦闷，有时让人过过酒瘾解解馋；有时则呕吐连连，悔天恨地，但难受劲儿过后仍然喝、继续喝。喝酒的方式"狠"：有菜时可以就着喝，没菜时可以干着喝；有盅子时倒着喝，没盅子时顶着喝；有时连着喝几天，有时一天喝多次；有时在房子里喝，有时在草滩、马路牙子上喝；有时喝一样的酒，有时喝多样的酒；有时白的可以喝，有时啤的、红的一起喝；有时文明地喝，有时豪放地喝。这"多"和"狠"不知练就了多少青海人的酒量，所以民间有俗语说青海的麻雀都能喝三两！也有人评价："喝个半斤，马马虎虎；喝个一斤，凑凑合合；喝个斤半的，才算上个会喝点儿酒。"

当然，青海人喝酒还是有理由的、讲规矩的。传统时代的民间，生活相对单调，喝酒有助于驱寒保暖，消食健体，又可令人借酒兴以增加生活的乐趣。青海人素来热情好客，酒成为礼尚往来、沟通关系、娱情和事的催化剂；宾朋来访、朋友离别均需行酬酢之礼，少不了以酒为媒的饮食礼俗，从而形成了"无酒不成礼，无酒不成席"的习俗。

民间对酒的需求量较大，很多县都有自己的酒厂，生产烧酒（白酒）；民间酒坊也多，基本能自给自足。高度青稞白酒的酿制是以青稞和豌豆为主要原料的，农家个体"土法"自酿的低度酩馏儿也以青稞为原料。酩馏酒喝时不醉，但醉后不易醒酒。如青海花儿中唱道："尕阿姐熬下的酩馏儿，尕阿哥喝给了九天；想起憨憨憨的尕肉儿，尕阿哥醉给了九天。"随着生活水平的提高、交通运输业的发达，省外的各类白酒、甜酒、啤酒等进入青海。现在青海本地酒以互助青稞酒业为龙头，打出了青海青稞酒响亮的牌子。

敬酒　凡遇正规的场合，先要给客人或长辈敬酒，俗称看酒。在碟内置四个或六个酒杯（亦叫酒盅），斟满酒，意即酒满敬人；双手托碟奉于客人、长辈面前，以客主、辈分、年龄为序轮流敬酒。四杯取"四季发财"之意，六杯取"六六大顺""仕途高升"之意，给年长的敬八杯，寓意为"八福长寿"；不善饮酒者经推辞后，饮两杯者为"双双有喜"，饮一杯者为"一心一意"。让客人喝得越多，主家越满意。有时，主家的几个人会按序轮流敬酒，作为客人也可以回敬。

藏族、土族、蒙古族敬酒时，主人家托举哈达，常用小银碗或带龙图案的小瓷碗给客人敬上三碗，在日常宴席上也可放三个酒杯敬酒；通常客人要一手端起酒杯，用另一手的无名指蘸酒三次向空中弹抛，以表示敬天、敬地、敬佛，然后喝三杯酒，如果不会喝酒，也要端起酒杯用无名指蘸酒三次向空中弹抛，表示对主人的尊重。有时，还要在摆在盘里的五谷斗里抓一点青稞，向空中抛撒三次。有时，在宴席进行时，主人家几人会唱着敬酒歌轮流多次敬酒，显示出热情好客。青海酒俗中，如果客人没有喝好喝到位，则表示主人家没有招待好。在土族的酒俗中，当客人到来时，下车伊始，先敬上"下马三杯酒"，进入宅院之前，在门口奉上"临门三杯酒"，客人上炕落座，又敬上"吉祥如意三杯酒"，席间还要奉上"宾客相欢三杯酒"，不时还有家中妇女唱着酒曲相敬相劝，在客人即将告别时，还要敬上"上马三杯酒"。

划拳 猜拳的一种方式。青海人敬酒的方式不仅限于端着盘子敬，还要在"拳"上敬，酒过三巡后以划拳的方式尽可能让客人喝好尽兴。当然敬不敬得上得看主家的拳"好不好"了。划拳分大拳和小拳，大拳是以一只手出的指头数加对方一只手出的指头数的和来计算，"和"与谁"喊"出的数字吻合就算谁赢，与双方数字都吻合，谓之"喜相逢"，即平局；小拳俗称"赶羊"，因划拳时口中发出"射"（音 shī）声，类似于赶羊的号子而得名，不会划大拳时，双方都出一个指头，大压小的方式判断输赢。划拳是一种费脑、费口、费体力的活，头脑中预测客人要出的数字，手要出能预测取胜的指头数，眼睛要时刻盯着对方所出的指头数，心理不时地要做加法运算，嘴里大声喊出要叫的数字。尤其当朋友间两人输赢旗鼓相当、不分上下、互不服气时，俗称"绷上了"，此时出手指的力度大、幅度大、喊声响亮，最能吸引在座者的旁观。

划拳讲究 划拳时，出手动作、手指头的方式都有讲究。首先应与最长者划拳，其次按辈分、年龄排序划拳；随着时代的变迁，也有从旁边开始按顺序转圈划拳。当面对长辈划拳时，要一只手托住另一只手出拳，表示尊敬，面对辈分越大的长辈，则托住手腕，辈分略大，则托住手背；有时长辈也要求放下一只手，喻示不要拘束。出手时要从自己怀中平出，忌从高处往低处出拳，认为从高处下来时像砍斧子一样，不礼貌。同时要掌心向上，手端平，叫阳拳，掌心向下时认为不吉利。在出手指数时，大拇指和食指不能同时出，像"手枪"一样不吉利；大拇指和小拇指也不能同时出，小拇指单个对着人认为瞧不起。出一个手指时，必须是大拇指，不能出其他，否则不礼貌；在出两个以上手指时"拳拳不离大拇指"，即大拇指必出。双方划拳时，要互握一下手，表示礼貌，并喻示要开拳了。一般情况下，父子之间、翁婿之间不划拳，但爷爷辈与孙子辈可划拳，俗称"爷爷孙子一辈人"。

失拳 出错拳时，对自我错误的承认，自己连忙说："哎呦，失拳了。"

抓拳 观察别人经常喜欢出的手指数，自己出手指数时押对方易出的数，易赢。

快拳 两人伸出手后，不再收回，直接变手指数，直到决定输赢后才收手。

奸拳 划拳时，双方应同时出手出声，一方则迟出迟叫或早出而迟叫，被认为是出"奸拳"。

赖皮拳 一方在叫出数字前带一连串与数字无关的话语，如梅花 × 朵，看似同时出声，但待自己叫完"梅花"再叫出数字时已看清了对方手指数，听清了对方叫的数字，从而自己根据双方手指数总和叫出数字来，则常赢不输。

哑拳 是划拳的一种，也叫"赶羊"，一般不发声。每次只伸出一个手指，按大拇指大于食指、食指大于中指、中指大于无名指、无名指大于小拇指、小拇指大于大拇指的顺序决定胜负；如果双方出的同一个手指或不相邻手指，则无胜负，重新出指。哑拳通常由不会划大拳者或妇女和小孩采用。有时出指的同时嘴里发出"射"（读作 shī）的声音。

"戴帽" 双方开拳时，先出大拇指，相互喊一声"哥俩好"，再开拳，划拳中断接着划时重新出大拇指，叫"戴帽"；也有出两次大拇指，叫"双戴帽"。也有出一次大拇指后直接划到定出输赢，叫"一帽到底"；也有戴一帽划一拳的。但与长辈、领导或不太熟悉的人划拳时，不叫"哥俩好"，而是要加称呼语，如"某某好""某某俩好"等。

打关 也叫过关或当关，先由主家一人与在座的每一位划拳，叫酒不留客，应拳的叫"迎关"，划到最后一人，叫"通关"；一圈结束，再交给旁边一人（俗称"下家"）继续，叫"交关"；按顺序直到每人都当关一次，称作"圆关"。交关分文交和武交。圆关后，端起酒碟按顺序礼貌地将交给下家让下家当关，叫作文交。另一种是武交，圆关后，与下家要划拳，赢了，则由下家当关；若输了，重新过关或自罚六杯后由下家当关。当关时若按顺时针与大家划拳，在交关时逆时针交给下家，叫作正打反交。

打关评判 对当关者有个总体的评判，当关者全赢，叫"红关"；六拳中三赢三输叫"平拳"；赢二输四叫"马褂儿"；赢一输五叫"长袍儿"；六拳全输叫"黑关"或叫"倒骑驴"，另罚两杯酒；输赢兼有叫"花关"。民间有规矩，不管是红关还是黑关，都要从最后一个划拳者开始倒打一关，认为红关可连当连任，可奖励；黑关对人"没敬心"，可罚。

打关规则 打关时，一般同每人划六拳，也有划三拳、四拳、八拳、十二拳的。打关前，要就所划拳数、喝酒规矩等定好制度。酒规矩制定后，请专人对斟酒、划拳到喝干等系列过程进行公正公平监督，监督者叫量台，不公平时被罚酒。还讲究"不代不赖不卖"，即谁输了谁喝酒，不允许别人代替喝，民间云："谁挖坑坑谁刨土。""代"，不胜酒力者，可允许别人代喝；有时一方常输不赢，又不胜酒力，则请旁观者与赢者划一拳，叫"挡拳"或"卖拳"，赢了，双方都不喝，输了则要喝双倍；输的多又不喝的叫"赖"，是要被讥笑的，"要哈猴儿就是戏""没有金刚钻，就别揽瓷器活"，既然划了拳就得喝。还有"滴点罚三"，即杯中酒要喝干，如杯底留酒并能滴三滴以上者要罚酒；双方平拳时，认为没分输赢，则要另划一拳定输赢，叫"拔旗"。"搭上"，即先喝掉比对方输得多的杯数，留下与对方均等的杯数再划拳，事先定好规矩，赢家喝一到两杯或不喝，其余由输家全喝。

划拳酒令 即划拳时叫出的数字。青海人一般不叫"五"，一则认为"五"是中间数字，易赢；另一则认为划拳时"五"被叫为"魁"，音同"亏"，不吉利；也有个别人专叫"五"的，一般为初学者，叫"五"不会失拳。也有人不叫"宝"的，即零。民间划拳时对数字的叫法，有数字型的、成语型的、典故型的、反问式的等。"零"：宝、宝拳、孕宝儿、宝宝子、宝宝对、宝宝子宝、宝疙瘩儿等。"一"：点、一个、一心敬、一弹弓、点点圆、圆点点儿、一点点儿、一品当朝、当朝一品等。"二"：两个、喜儿对、两相好、两个好、二喜梅、二喜临门、我俩不好吗等。"三"：三个、三三圆、圆三三、三达拉三、三桃园、三星高照、三级连升、三上没动弹等。"四"：财、四个、四财、四红、财财发、发财财、四财财、四红喜、红四月、四季发财、四月里红、四月里红洞洞等。"五"：五个、五魁首、五经魁首、五朵金花、五枝儿梅等。"六"：六个、六六、高升、六六六六、六六子连、六六连喜、六六大顺、六连逢喜、六连高升、高高儿升、高升禄位、六六莲花开等。"七"：巧、七个、七巧、巧七、巧到、雀儿、七个雀、雀娃儿、七雀梅、邀（qiáo）到家里坐、七贤竹林、雀娃儿树上蹲等。"八"：八个、八仙、八仙寿、八俊马、八匹马儿跑、八个仙家、八仙请寿、八仙过海、八福长寿、八抬总阵等。"九"：九个、九长、久久长、九仙爷、九盏连灯、九长星官、好久没见等。"十"：十个、十满堂、十个满堂、十指连心、满堂喜、满堂大喜、全家富贵等。

"官拳"和"民拳" 在划拳酒令中，有"官拳"和"民拳"之分。最为标准的酒令是官拳，即划拳时喊四个字，数字在前，如：一点一圆、二梅相好、三级连升、四季发财、五经魁首、六连高升、七马分鬃、八福长寿、九盏连灯、十满大堂等。"民拳"，则没有限制，随意"喊"酒令。也有规定只喊一个数字，不能喊出两个及以上的字，叫"一字拳"。

满堂拳 划拳时，先叫"满堂喜"，再叫"××喜"。酒令如下：满堂喜，一个喜；满堂喜，两个喜；满堂喜，三个喜；满堂喜，四个喜；满堂喜，四财喜；满堂喜，五个喜；满堂喜，五魁喜；满堂喜，六个喜；满堂喜，七个喜；满堂喜，八个喜；满堂喜，九个喜；满堂喜，十个喜。

段子拳 划拳时将数字与日常顺口的生活话语连起来，以诙谐幽默的段子方式划拳。如："九零九，好朋友"，将数字"九"和"二"含在其中；"好久没见，十分想念"，将数字"九"和"十"含在其中；"三月的桃花四月里开，五月的杏子六（绿）蛋蛋"，将数字"三""四""五""六"含在其中；"雀娃儿树上蹲，一弹弓"，将数字"七"和"一"含在其中等。

打擂台 盛行于海东市的乐都、民和、平安等区的民间婚礼中，婆家和娘家的喜客相互对垒；在庭院中央将两张方桌并在一起，两边置放许多椅凳，桌面上铺设一新，能饮酒的宾客便以长幼之序，各就各位坐在两边，其他宾客们紧围两边观看助兴。在桌上中间置一大碗，寓为"月亮"；在大酒碗两边放置稍小的酒碗，依次再放几个小酒碗，最后再放上两三个小酒杯，倒满酒后双方摆开阵势可以开拳了。从大到小容纳的酒量从一斤至一两不等，五个酒具的叫"五星擂"，七个酒具的叫"七星擂"。输家先从小杯喝起，不准代酒，依次到"月亮"，输了"月亮"，便输了"擂"，输家换人再战，赢者接着打。尽管是打擂，但划拳时数字还要带上"喜""好"等吉祥字眼，有时还要求对咏诗句。

唱酒曲 汉族宴席上的酒曲曲调一般有两种类型：一是专用型，即只能在酒宴上才采用的曲调，演唱时猜拳行令、见物唱物。如《数螃蟹》《数麻雀》《尕老汉》《十道黑》等。这一类是非常有趣的斗智游戏，主要以诙谐逗乐为主，既可以起到酒令的作用，又为宴席增添无穷的趣味和快乐，往往使在座宾客忍俊不禁。如《尕老汉》唱词："一个尕老汉 / 哟哟 / 七十七来吧 / 哟哟 / 再加上四岁者 / 叶子青 / 八十一来吧 / 哟哟；娶上一个媳妇者 / 哟哟 / 九十九来吧 / 哟哟 / 养下一个娃娃者 / 叶子青 / 一百一来吧哟哟。"这将一个活脱脱的可爱的老汉塑造得栩栩如生，相对于八十一岁的老汉来说，这个"尕老汉"是年轻的，还要娶媳妇生"娃娃"呢。这种曲子加以装扮"尕老汉"样子的舞蹈，颇显诙谐。二是借用型，即将其他类小调音乐或甚至花儿音乐融入宴席曲中演唱。这类借用曲调可以是原样借用，也可以是变化借用，只要有利于气氛的活跃并适合于当时仪式的宴饮场合即可。如《孟姜女》《十里亭》《五更调》《八大光棍》《十劝人心》《四季歌》《织手巾》《十盏灯》《张连买布》等。

宰年猪 俗话说"过腊八，宰瞎（音 hā）娃"。"瞎娃"指猪。宰年猪是快要过年的标志，也是一个家庭准备年节的大事。每年腊月，选一天气晴好的日子，从大清早开始经过宰杀煺毛、开膛剖肚、卸肉之后，灌好传统口味的血肠、面肠，煮一锅新鲜的年猪肉，欢欢喜喜热闹一天，还要给长辈、兄弟们都送上一份，其余的则留下来作为自家过年的肉食。谁家宰了年猪，就请亲朋好友和邻里来家里帮忙，并分享自己家的年猪肉。宰年猪时，要请宰把式来宰杀和拾掇，当天煮肉时要将喉结部位（俗称咳咳）送给宰把式享用，并把整个猪脖项送给宰把式带走以示答谢。定下宰猪的日子，接着就要请邻里帮忙，邻居之间很少同一时日宰猪，如果几家人一齐宰，那就意味着不想请这顿年猪客，这在青海人眼中是吝啬的举动。

烧窑 深秋野外，洋芋成熟时节，在矮土坎上挖一灶台，灶顶部用土块搭砌成圆顶堡垒，灶洞中用柴火猛烧，将灶洞和顶部的土块烧热烧红，退火，在灶洞中塞入洋芋、红薯或收拾干净并用锡纸包好的鸡，用土块堵住灶门，拍塌敲碎顶部的土块，再用细土覆盖拍实，四十分钟左右后，扒开土层，捡出食物即可。用这种黄土烤炙出的食物，外焦里酥口感独特。

吃青 因所食食物原料即将生长饱满，但还没到收获时，生长颜色依旧是青绿色，故称吃青；也就是吃未成熟的各种农作物果实。有煮大豆、煮豌豆、烧麦子、焜青稞等等。过去，每当下年不接上年口粮、至五六月份青黄两不接时，民众便将"吃青"作为解决食物的应急办法。后来，家家户户不再为温饱问题发愁时，吃青尝新则是另一番风味了。

点捆子 民间年轻人在劳作之余，"偷"一两个秋收后排在田地晾晒的大豆或豌豆"捆子"，在干燥平整的地方将其点燃，待捆子燃尽后在灰烬中捡起烧熟的豆子食用。乐趣在于"偷"和"烧"。

打平伙 就是现在"AA制"的民间称呼。亲朋好友相约，凑一定的份子钱，购置肉、菜等食材，或买一只整羊，到别人家或野外生火聚餐，若有剩余食材，也均等分配后各自带回家。

浪山 也称浪河滩、踏青或踩青。在春季到秋季之间，选一风和日丽的日子，亲戚朋友相约到户外，一边游玩、观赏自然景物，一边享用各自带来的或现制作的美食。一般中午吃手抓羊肉和其他酒菜，晚餐是羊肉面片。酒酣耳热之际，或吼秦腔，或是"乱弹"，或是唱平弦，或来几句花儿少年，有主唱的、帮腔的，不会唱的击节敲碗碟，或划拳拇战，忘却忧烦尽情快乐。

采野果 每年夏秋季节，野果按季节成熟时节，也是当地孩童们的"小秋收"时节，呼朋引伴去附近野外采摘野果。野果有地瓢儿、酸刺果、野生莓子、野樱桃等。

腊八冰　农历腊月初八日，民间除了吃腊八粥，还有吃腊八冰的习俗。大清早，人们背着背斗，拿着镢头，来到水质干净的河床上，从冻结实的冰滩上用镢头刨挖下大块洁白的冰块，装满背斗背回家。将一些敲碎后，家人都要嚼吃一些，寓意祛病消灾；同时，给自家的鸡喂食一些碎冰，鸡吃了腊八冰就开始产蛋，家里就有鸡蛋了；还要在农家肥粪堆、田地里、院墙头、庭院中、槽头棚圈中、果树树杈间放一些冰块，以示来年雨水充足、风调雨顺、六畜兴旺。老年人还要看冰中的气泡，呈长圆状的是麦子，呈浑圆状的是豆子，以其多寡，预测来年收成的丰歉。

打冬肉　深秋季节是草原牧民们冬宰的时候。挑选多头膘肥体壮的牛羊，将其宰杀后把肉风干或冷冻起来，供整个冬天和春夏之交青黄不接的时节食用。常将宰好的牛羊肉装在牛羊肚子里冷冻。这样贮存可隔绝空气，能保持肉的鲜味。

四　节令食俗

春季食俗　过春节，民间称过年，民间过年食俗围绕"年"的前后一段时间进行。俗语云："过了腊八就是年。"进入腊月开始就为过年进行大扫除、备年货等各种准备。磨新面、宰年猪、蒸馍馍、炸馍馍、包饺子等；举凡年里面的拜年、串亲访友、演社火、办喜事都与"吃"发生着密切关系，相对来说这一段时间食物较平日丰富。农历二月初二，民间有炒大豆的习俗，俗语说："二月二，咬虫儿。"相传年节间大吃大喝，耗财费食，该日吃了炒大豆，心眼绽开，便精打细算过日子，也该下地忙新一年的农活了。有些地方的汉族等，专门在二月二这天吃猪头肉，猪头肉是美味佳肴，民间认为这天吃了猪头肉，人生能转危为安或者平步青云。有些地方围绕庙会有煮鸡蛋、碰鸡蛋活动。清明、天社时日，是祭祖上坟的日子，也是踏青的日子。族人们聚在一起，带着祭祀用品和食物去上坟。祭祀结束后，大家聚餐，将带去的食物分享、喝酒猜拳；其间，还要举行"滚馒头"仪式，由家族中有威望的长辈将"献子"从一坟头滚下，其他族人围着跪成一圈，馒头滚到谁的怀里，喻示该人今年会有好运。四月初八是一个与佛教相联系的日子，同时也是一个民间信仰中与娘娘庙求子有关的日子。因此，民间以庙会、花儿会、踩青等形式开展户外的同时，也是户外聚餐的好时机，在农村，有早晨烙"狗浇尿"油饼、中午吃凉面的习俗。

夏季食俗 端午节，民间常称"当午"，有烙芽面馍馍、韭菜盒、拌凉面、包包子等习俗。有流行的段子云："韭盒儿烙上肉煮上，锁儿线拴在手上；凉面拌上菜炒上，水红的香醋调上。"六七月份是小麦、青稞半青不黄、豆角饱满时节，民间常采摘尝青，有焜青稞、拉麦索儿、煮豆儿等。

秋季食俗 民谚曰："七月二十二，羊肉糊茄儿。"民间以农历七月二十二日为财神爷（赵公元帅）之诞辰，有吃一道羊肉糊茄子菜肴的习惯。在羊肉汤里放入削皮后并破为几半的长茄子，煮到软烂时出锅，盛在碟或盆等器皿中，浇上事先做好的羊肉末汁子，再洒上蒜末就是羊肉糊茄儿。或在羊肉汤中放入切好的萝卜块，待煮烂后，蘸蒜泥及香醋吃食。农历七月十五日有尝新洋芋之说。八月十五中秋节时，蒸制青海特色的大月饼。九月九，即重阳节，民众登高、点篝火、放鹿马的同时，围着篝火堆猜拳饮酒。

冬季食俗 农历十月初一为上坟祭祖并送"寒衣"之日，这天家家吃扁食。冬至时节，青海民间农村有炸油饼、吃"油搅团"的习俗，城镇有吃"炒酒"、饺子的习俗，若不吃饺子会冻掉耳朵。冬至是民间较为重视的节日，老人们说过了冬至，岁数长了一岁。因为冬至曾是"年"（"岁首""元旦"）由来已久，周代以天干地支来记时序，一年十二月以十二地支来分别代表的，子月称"建子"，即冬月（今农历十一月）。冬至过后，进入一个最寒冷的阶段，也就是人们常说的"进九"，白昼渐长，阳气回升，是一个节气循环的开始，是一个吉日。民间童谣唱道："过腊八，宰瞎

（hā）娃；过冬至，宰聋子。"瞎娃为猪，大肥猪胖乎乎的睁不开眼睛，像盲人一样；聋人为羊，民间谚语："加拉（山羊）放屁羊不知——佯（羊）装不知。"羊没有听到，自然是聋了。腊月二十三，为送灶神之日，灶爷到天庭汇报这一家人的善行或恶行，玉皇大帝根据灶王爷的汇报，再将这一家在新的一年中应该得到的吉凶祸福的命运交于灶王爷之手。民间蒸灶卷为灶君送行，期望见到玉帝时多多美言，俗谚云："上天言好事，回宫降吉祥。"

五　调味品类

辣子　这里指油炝辣子。将成熟变红的线辣椒晾干，磨成碎粉状，民间叫辣面。将辣子面放入专门盛油炝辣子的器皿辣缸中，边炝入烧开的热油边搅拌，泛出油沫和香味后，辣子面呈暗红色，放凉后食用。油炝辣子在民间很多面食中作为一种重要的调味品，甚至用热馒头蘸着吃食。

醋　醋也是青海民间必不可少的调味品，在很多面食中经常用到。过去民间醋作坊较多，比较受认可的是湟源产的陈醋。

韭辣儿　将韭菜尤其是嫩韭菜洗净切成末，在臼窝中捣成糊状，再炝入烧熟的热油。在吃汤面、吃凉面、吃凉粉、吃馕皮、就食熘洋芋时常常作为调味品。

咸韭菜　将韭菜洗净沥干水分，切成末，拌入颗粒咸盐，压入坛子里，过几日后即成咸韭菜。常在吃干拌、拉条、面片等面食时作为调味品。

炝酸菜　酸菜是进入冬季以后的佐菜，一般在深秋制作。将洗净沥干水分的大头菜、白菜中拌入颗粒咸盐、花椒颗粒等，压入瓷缸中，上面压上洗净的大块石头进行腌制。作调味品食用时切碎，炝入清油，作为下饭的调味品；用红萝卜丝、蒜苗丝和大头菜丝腌制的叫花菜，可直接从腌菜坛子里捞出后下饭。

红曲粉　又称红曲霉，是用红曲霉菌在大米中培养发酵而成的，外皮呈紫红色，内心红色，微有酸味，味淡，因对蛋白质有很强的着色力，故而常用作食品染色的色素，医学研究报告发现，红曲具有降血压、降血脂的作用，所含红曲霉素 K 可阻止生成胆固醇；还有健脾消食、活血化瘀的功效。在青海民间，把红曲粉当作无毒、安全的食色，用来蒸制花卷、月饼。

香豆粉　香豆是指豆科植物苦豆子。青海东部村社农人一般在自家田地中种植一畦香豆子，立秋前摘取叶子和嫩枝，晒干，磨成粉，色泽呈绿色，有清香味，用来制作烤馍、花卷等。

姜黄粉　姜黄又名郁金、黄姜等，是多年生草本植物，本是主治胸腹胀痛、肩臂痹痛、跌打损伤的中草药。青海人常常把姜黄粉用作食用色素，用来制作花卷、月饼等。

胡麻籽　即胡麻（亚麻）的籽。将成熟打碾好的胡麻籽炒熟、磨碎，用来制作馍馍等；民间还用它专门做黑油巴洛。

芥末　也叫辣芥（芥，读作 gài），将打碾好的大菜籽磨碎，放入碗或其他器皿中蒸熟，炝入清油即可。是民间小吃酿皮、凉面等不可少的调味品。

花椒　是常用的一种调味品，凡是烹饪与肉有关的饭菜时，都要用到；以贵德、循化等地的"大红袍"花椒为著名，其麻味十足。

大蒜　青海红皮大蒜以乐都、格尔木产的较为出名，常在炒菜、食肉时使用，也可捣成蒜泥炝入清油，蘸食或调入汤面饭食中。

蒜苗　民间又叫青蒜，是大蒜幼苗发育到一定时期的青苗，柔嫩的蒜叶和叶鞘可供食用，含有丰富的维生素 C 以及蛋白质、胡萝卜素等营养成分，具有蒜的香辣味道，与大蒜有相似的保健功能。一般是炒菜配料，或是放入杂碎汤、羊肉汤、牛肉面汤或其他汤类中调味。

芫荽　又叫香菜、原荽、园荽等，是日常生活中一种重要而常用的食用蔬菜，因其嫩茎和鲜叶具有特殊的香味，一般用于菜肴或汤类的提味。

葱花　一种是将葱白与葱叶洗净切段或末，用于炒菜或汤中调味；另一种是炝葱花，把切碎的葱放入烧熟的清油中炝出香味，入汤面提味。

盐　民间俗称青盐，在喝茶、做饭、炒菜等饮食中大都要放盐调味。青海柴达木盆地的盐湖资源异常丰富，占全国储存量的80%，食盐中蕴含的氨基酸和有利于人体健康的矿物质很高。

第六节　食俗与禁忌

一　汉族食俗与禁忌

青海的汉族采取一日三餐的饮食惯制，农忙或体力劳动繁重时，也可有四餐或五餐；常以面、米、肉及蔬菜为食材，制作的饮食花式品种繁多，农区的汉族也养猪养羊养牛，肉食相对而言较为丰富，但多数人平日喜食手抓羊肉，一般不食狗、猫、狼、鼠、蛇、昆虫等。汉族重礼节、朴实、热情好客，在客人来访时，双手奉上一杯茶，端上一碟馍馍是最基本的礼节，家中最好的食物，都要让给客人吃；平日里，左邻右舍来串门，赶上饭点时，定会再三劝食，一起用餐。客人吃饱了或不想再吃了，就把筷子平搭到碗上，若把筷子放旁边桌子上，主人家则会再盛上一碗。

祭祖与敬老　基于天然的血缘情感关系基础，祭先祖和敬重老人是汉族孝道伦理的重要组成部分。按照汉族的习俗，每年都有几次隆重的祭祖惯制，届时要置办献食、酒水等贡品。在和睦家庭中，对老人的敬重体现在饮食现象上，吃饭时，饭菜双手奉上，须先端给老人，并请老人先动碗筷等。给老人特意制作咬得动、易消化的食物，熬制浓茶等。

月饼祭月　在民间，一个"针线茶饭"好的家庭主妇往往会得到大家的尊重和赞扬。过农历八月十五时，制作大月饼也是家中媳妇们大显身手的时刻，将自己的巧"心思"和高"手段"充分体现在月饼的制作过程中，蒸制的月饼能得到大家的公认和好评，对她们来说也是一件非常荣耀的事。除了将自家蒸制的大月饼送给亲朋好友，送上一份美好的祝福及作为节日食品外，按照传统习俗，用月饼祭祀月亮。届时，在院落中摆上八仙桌，摆放月饼及时令瓜果，焚香燃烛，供奉月亮。

节俭 生活节俭也是民众的优良传统，尤其是在物产供给缺乏的时代，更有爱惜食物的美德。有些民众在吃完饭（汤面）后，要把碗内舔干净；吃馍馍时双手捧着，怕馍馍渣掉地上等；吃饭时严禁将米粒、面叶儿随便撒落在地；有时吃饱后还有剩余食物，怕倒掉浪费，常将剩余食物硬撑着吃完。于是，民间俗语说："宁可肚子里挣下疮，不叫锅里剩下汤。"

馈赠 馈赠食品是民众礼尚往来的人情。无论是婚丧嫁娶、寿诞生辰，还是逢年过节，作为贺礼或祭礼，都有相应的食品馈赠；平时串亲访友，都要带食品作为礼物，有面制品、蔬菜、瓜果、干果、牛羊肉、乳酪类、茶叶、烟酒类；同时回馈食品也是人情礼节，当客人离开时，要将自家的特产或馍馍作为回馈的礼品，不能让客人空着手出门。

饮食俗信 民间信仰也对民众的饮食习俗产生了一定的影响。如茶叶、酒、寿桃、曲连、月饼、长面等都有一定的象征意义；有时还有仪式行为，如过去民间炸年馍馍时，煨桑上香，要从外面锁上大门，还要在油锅放一枚铜钱，防猫等来偷。

饮食禁忌 平常忌讳反手用勺舀水倒水和盛饭菜；给客人奉茶饭时要用盘子端上，双手递送，而不能用单手；给客人添茶时，双手把杯子拿到一边添茶，不能用茶壶直接添茶；吃饭前、吃饭时不能用筷子敲击碗碟，因为，旧时只有乞丐要饭时才这样敲；忌讳在饭菜上竖插筷子，因为只有给亡人敬献的饭菜上才插着筷子；不能对着人张嘴剔牙缝、打嗝；忌吃饭时放屁；在摆放炕桌时，桌上木纹要横向，不能直接对着上座的客人，寓意拦住客人留下来吃饭。在喜事中，第一盘馍馍应该是馒头，表示事情圆满；相亲时，若女方家给做的主食是拉面，表示同意，则寓意常来常往，而主食是面片时，则寓意不同意，事情到此为止了；在喝酒划拳时，出拳要手心始终朝上，手心手背不可以上下乱翻；划拳出手指时，每次都要出大拇指，意味"拳拳不离老大哥";出拳时不能只出拇指和食指（似枪口对人），否则，会被认为大不敬，甚至会由此而产生口角，发生冲突；划拳忌讳没大没小、胡言乱语、搬弄是非，民间所谓"喝酒单喝酒，不说马文有"，就是酒场上常说的劝诫语。

二 藏族食俗与禁忌

饮食禁忌 游牧地区和农区的藏族在饮食结构上有一定的差异。牧区民众常以牛羊肉类为主食，辅以糌粑、奶制品等；农区藏族也食用牛羊肉和奶制品，但主要以麦面类和蔬菜为主食。在饮食制作上尽管有自己的民族特色，但与周边其他民族的制作方式差异不是很大。藏族不吃偷、抢或来路不明的食物；忌吃马、驴、骡等奇蹄动物，也不吃狼、猫、狗、兔、旱獭、鹰、乌鸦、麻雀、喜鹊等有爪的动物和飞禽的肉。如果有人吃了这些肉，那么就坚决不让那个人接触自己的器皿。忌讳他人借用他们的工具、炊具捕杀、煮食、盛放此类食物，忌讳任何个人用自己的茶杯、饭碗在家中或公用的锅、桶或缸内舀茶、舀水等。有些藏族忌食鱼类，认为鱼类属于龙族，不能伤害和食用。受宗教信仰的影响，藏族忌滥杀滥食，认为无论何种动物、飞禽都有生存的权利，任何人都不能滥杀生灵，因此，每当确实需要宰杀牲畜时，首先要虔诚地念诵"唵嘛呢叭咪吽"六字真言。

礼节 由于宗教信仰的缘故、获得食物的不易，民众十分珍惜食物，视浪费为犯罪，对饮食充满了感恩，因而在获得丰收或捕猎到食物后常先祭祖先神灵，然后自己食用。如喝酒时，一手端酒杯，用另一手的无名指蘸酒三次向空中弹抛，以表示敬天、敬地、敬佛，然后喝三杯酒。如果不会喝酒，也要端起酒杯无名指蘸酒三次向空中弹抛，表示对主人的尊重。

敬客 藏族有着优良的饮食传统习俗，吃饭时，要先敬客人、长辈，按辈分依次进食；吃饭时不随意来回走动，不大声喧闹嬉笑，忌敲打碗筷碟勺；贵客上门定用上好的食物招待，甚至杀牛宰羊；即使素昧平生者初次去做客，也会受到热情款待，频频劝其进食；多用胸叉肉和肋条肉敬客。牛羊的头和小腿肉留作自家食用。肩胛骨处的肉是给牙齿不好的老人吃的，假如小伙子在女朋友家吃了这种肉，即表示女方已默许了他们的婚事。给客人敬茶、斟酒时，要将碗、杯斟得很满，以此来表示其待人之诚，忌讳用破损餐具待客。用水时，须用藏家的勺子舀水，并不得反舀反倒。给客人敬酒时，一般要唱敬酒歌。藏族在招待客人时，常用带龙图案的瓷碗盛茶倒酒，比较讲究的还要在碗上包银，将食物的美和器具的美完美结合在一起。

随着社会和时代的发展进步，藏族的饮食文化也在不断改进和丰富，饮食结构日趋合理，食材类型花样繁多，饮食的观念也逐步开放，炒菜、烧汤、花样面食也逐步进入生活，尤其是改易和创新后的藏餐也成为城镇餐饮文化的一大特色。

三 回族、撒拉族食俗与禁忌

饮食特点 青海回族、撒拉族多处在农业区或半农半牧区，具有丰富的农业生产经验，以面食、蔬菜为主食，肉类有牛、羊、骆驼、鸡、鸭、鱼等。尤喜食牛羊肉、酸奶，嗜好盖碗茶、茯茶、麦茶和奶茶等。平日一日三餐，按一般的饮食习俗，早餐是清茶、奶茶、馍馍，炒菜有粉条、洋芋、酸菜和菜瓜。午餐是馍馍、焜洋芋、炒洋芋、盖碗茶。晚餐以汤面为主，如旗花面、寸寸面、羊肉面片、拉面、臊子面等。在面食的制作上，回族、撒拉族妇女们具有高超的技艺和智慧的饮食思想，尤其是油炸馍馍的制作，炸制的油香、馓子、花花等色泽鲜艳，图案栩栩如生；对菜品的制作技艺与汉族相比毫不逊色，白条手抓、肉末羊筋、酸辣里脊、红烧鸡块等也是名闻遐迩的名菜；在小吃的制作上似乎也是技高一筹，加之善于经商，在大街小巷的小吃中，摆摊设点的几乎是回族、撒拉族妇女；烤羊肉、杂碎、酸奶、抓面以及清真饭馆的各类面食和菜品，无不显示出回族和撒拉族饮食的丰富性和多样性。

饮食禁忌 回族、撒拉族在饮食方面的禁忌与对伊斯兰教的信仰是密不可分的。他们禁食猪、驴、骡、马、狗等不反刍动物和一切凶猛禽兽的肉；禁吃自然死亡或因病因灾而死的动物肉；禁食动物的血液，严禁喝酒。凡宰食牲畜、家禽时，必须由阿訇或懂得屠宰规矩的穆斯林动刀，否则不能食用。在做饭、吃饭、盛饭、倒茶、喝茶之前，都必须用阿拉伯语默念"太斯米"，然后才能开始动作；在打水、盛饭时，忌讳反手舀倒；在敬茶、端饭时要用双手；吃饭、喝茶都要先敬长辈、客人；吃馍馍时，要掰开再吃，不能拿起来张口就咬；严禁乱扔乱倒饭菜、馍馍等。来客必让到上席，敬以茶饭，不到饭饱茶足，主人会轮流劝让不止。

特殊禁忌 在开斋节（尔德节）、古尔邦节（宰牲节）、圣纪节等节日期间，有一些特殊的食俗。开斋节，阿拉伯语称"尔德·费图尔"，是伊斯兰教历10月1日，每年对应的公历和农历时间不固定。伊斯兰教规定穆斯林在希吉拉历九月内斋戒，整个斋月期间，在每日自日升前到日落，严格禁止吃任何东西，忌喝任何饮料。当节日到来时，按传统习惯，准备节日膳食，要宴请宾客，煮手抓羊肉，炖鸡肉，做糖包，制作糕点，炸馓子等。

待客 在古尔邦节期间，根据家庭的经济情况，要屠宰牛、羊，宰后的肉要分成三份，分别留作自用、赠送亲友以及施舍给穷人。在撒拉族婚礼、节日庆典等盛大的宴席上，常给长者、贵客敬奉煮熟的羊背子。羊背子肉是包括两根肋骨并沿着羊后腿取下的羊后背部分。宴席结束时，为参加宴席的每一位至亲远房，敬一块肉份子，来客可品尝这些食品，也可带回家去。特别讲究的是，在某些地方羊的前半个背子，要送给岳父，后半个背子要送给新娘的舅舅。

四 土族食俗与禁忌

概述 土族的饮食既保留了游牧生活的传统，又具有农耕生活的饮食文化习俗。喜食肉食，主要是牛、羊、猪、鸡肉等，饮食结构中面食和肉食兼而有之。土族敬畏上天和土地，对赐予食物的上天和土地充满了感恩。在逢年过节或盛大宴席上必要先祭天神，日常生活中吃饭喝酒时，首先要用无名指蘸着酒、饭向空中弹三下，或掐馍馍或其他食物向空中抛撒三下；开耕时要在地头煨桑祭祀，还有为祈求风调雨顺而举行纳顿仪式。

饮食禁忌　土族讲究礼仪，节俭，在饮食方面也形成了系列禁忌和讲究。忌食马、驴、骡等奇蹄类动物，狗、猫、狼等毛爪类动物以及鹰、乌鸦、喜鹊等食肉飞禽，不食自然死亡动物的肉；吃馍馍时一定要掰开后双手捧着吃；新熬开的茶须先以无名指蘸水弹敬天、神佛和帝王；盛茶的茶碗不能有豁口及裂纹，一定要完整，否则为不吉利。茶不可倒得太满，也不能太浅，杯具的八分满即可；端茶时双手奉上，且手指不能沾到茶水；添茶时要双手添加；舀水倒水不能反手；客人到访，忌问"吃饭了没""喝不喝茶"；忌敲打锅碗瓢盆；忌乱用老年人的专用碗筷；忌在饭碗中剩下饭菜。

待客　土族热情好客，有"客到了，福来了"之说。当客人来临时，在门前摆放方桌，上面放置"希弥尔"（炒面盒子中盛满炒面呈圆锥形，四面放四个条形酥油块至顶部，顶部放日月星辰酥油花图案），两个在顶部放有少许酥油的焜锅馍以及一个盛有兑水牛奶、缠有羊毛的柏树枝的龙碗；然后给客人献哈达和敬酒。敬酒的方式颇为讲究，有下马三杯酒、上马三杯酒、宾客临门三杯酒、宾客相欢三杯酒等。土族传统待客为三道茶，这个"茶"包含有饮食之意，即馍馍和炒菜（荤素兼有）、包子茶（不同馅的多种）、手抓或羊背子（将最肥美的敬献给首席）；其间还上一些小吃，最后为面食。在节庆婚丧礼仪上无肉不成筵，以传统方式敬食手抓羊肉、手抓猪肉，常以肉方子馈赠喜客。

五　蒙古族食俗与禁忌

饮食结构　青海蒙古族的饮食由肉类、乳酪类、面食类和蔬菜类组成。

肉类，分新鲜肉和风干肉两种。主要是牦牛肉、黄牛肉、绵羊肉和山羊肉及狩猎所得的其他肉类。蒙古族把牦牛肉和山羊肉只作为日常食品，一般不做宴客之看馔，而绵羊肉则是款待贵客之佳品。乳酪类，以新鲜奶、奶茶、曲拉、酸奶、奶酒和酥油为主。面类，早晨是青稞炒面，晚上以汤面类为主。

饮食禁忌 蒙古族继承古老的传统宇宙观念和"天人合一"的思想，敬重和感恩天地万物。常在熬好奶子后，向天地泼洒，以示崇敬；喝酒时，用无名指蘸酒，朝空中地上弹洒三次后，才能饮用；平时在吃饭、饮酒时，要向火中扔洒一些，以敬火神。蒙古族不滥猎滥食、滥采滥挖，摘取果实时，禁止折枝或摘未成熟的；采集茎类药材或食物时，禁止连根拔起；不准许猎取怀孕、体瘦幼小和正在哺乳的动物，还规定每月的初八和十五不能杀牛；不损坏飞禽的蛋。忌食马、驴、骡等奇蹄类动物和狗、猫、狼等毛爪类动物以及鹰、乌鸦、喜鹊等食肉飞禽，不食自然死亡动物的肉；大人吃肉不能用牙撕咬，而必须要用刀割；不能浪费粮食；招待客人时，忌用有裂缝和豁口的碗给客人盛饭；吃饭时不随意来回走动，不大声喧闹嬉笑；不能敲打锅碗盆碟等餐具；给人递刀时忌刀尖朝人；吃饭时，须等主人敬让，不能自己先动手。给客人添茶、敬酒时，要将碗、杯中倒满，以此来表示其待人之诚。

待客 在重大庆典或招待贵宾时，要摆"全羊"宴席。由绵羊的两个前臂、两条后腿、背和头组成全羊席。把宰好的羊除去内脏，将头部，前、后腿，胸和臀部等分解成若干块，煮之半熟捞起，在大木盘或面板上按照羊俯卧的姿势把两个前臂放前，两条后腿置后，背放在四肢上，然后将羊头放在羊背上，嘴微张，叼着一片绿柏树叶，献在客人面前。待举行仪式、诵祝赞词之后，将其撤下，切成小块煮熟再食。起先，将羊臀部两边的垂肉按人数削成若干小条搭成十字形，由老而少每人敬食一条，而后才开始随意食用。"羊背子"是"全羊席"的一种简化形式，羊肉由背上的第三根肋骨至尾部割为一段，再把羊肉前后腿按节割开。煮熟后，羊背子摆放在最尊贵的客人面前，其余摆放在其他客人面前恭候进餐。其间，对客人频频劝食，不时为客人敬茶敬酒。蒙古族也十分注重食物的馈赠，常以自家肉类、酥油、曲拉拌的炒面"饽饽"送给每一位离别的宾客，对客人表达美好的祝福。

第三章　居住民俗

　　居住民俗是指民众的居住方式及在建筑房屋的活动中表现出来的习俗惯制，总体上包括居室类型、建房仪式和居住信仰等。俗谚说："金窝银窝，不如自己的草窝。"这个"窝"，就是由自己亲手建造的、供几辈人居住的庇护之所、休息之所和繁衍之所。青海各民族的居住类型大体上可分为帐篷型、庄廓型两种。帐篷是游牧的藏族、蒙古族喜好的居住形式，俗称"帐房""蒙古包"等。帐篷型住房适宜游牧生活，一般容易拆迁。庄廓型住房是其他民族通行居住的样式，建筑多种多样，从屋顶样式看，有起脊大房和平房之分等，特点是地基夯筑坚实，圆木做柱，连柱架梁，梁上搭檩，顺檩搭椽，上覆草泥或屋瓦，山墙用土坯或砖石砌成，窗户、门楣为木制，精工细作。平顶房多建于向阳高处，造型独特；起脊大房是土木结构居室在格局上的改进，是独具一格的庭园。青海农村大多为庄廓，城镇则是四合院。

第一节　牧区民居

一　牛毛帐房

牛毛帐房在藏语里被称作"芭"，主要以黑牛毛为原料捻成毛线，然后手工制成宽 20 厘米左右的褐子，最后将成片的褐子用牛毛线缝合连缀成帐房。缝制时以帐房中间为界，两边各缝成一片，两片之间的预部留 30 厘米左右的空隙，备有活扣，用毛绳连接，并预先备有遮盖空隙的褐片，晴天将其拉开，以便通风采光，雨雪天时将其遮盖，以防雨雪灌入 [①]。

帐房种类　牛毛帐房是牧区民众的主要居住形式。它由牛毛线纺织的片子缝制而成，其形状有翻跟斗式、马脊式、平顶式、尖顶式等种类。高近 2米，面积因种类和用途不同而异，较大的有 30 多平方米。扎帐房时，用数十根木杆支撑，数十根毛绳作牵引，绳的一头系帐房，一头系在钉于地上的木橛上。之后，又用数杆将牵引绳顶起，使帐房增加到相应的高度。牧区常见的牛毛帐房有四种：即大黑帐房"日阿"、黑帐房"热那后"、花色帐房"热格"和白色帐房"热格日"。若以大小分，大黑帐房形制最大，黑帐房次之，最后为花色帐房和白色帐房。后两种帐房具有简易轻便的特点，可作为老人或客人夏季的住所，也可作为牧民短期游牧时的住所。另有一种六角形帐房，周围以蓝黑或棕色布镶边，里面加一层布料，外面印有宗教色彩的多种图案，其形高大宽敞，制作精美。多见于寺院或宗教仪式的场所，藏语称之为"舞日阿"，指的是"聚会的帐房"。

一般结构　普通牛毛帐房为四方八角，一梁二柱，外以八杆支撑，顶部留有随意开合的天窗。帐房内用两根立柱顶起中穿横梁，外围四周和顶部的八根牦牛绳拽紧且系于对应的木橛之上，并用圆木杆撑起。至此，一座高可及颈的牛毛帐房算是圆满落成。帐幕内底沿用草坯、干牛粪垒起矮墙，或整齐地垛以装有粮食的皮口袋。靠近帐门的立柱上可栓挂马鞭、马绊等物件，里柱可挂嘛呢念珠、护身符等诵经、敬神之物。帐内两根立柱之间的中心线专为筑灶之处，垒有长立方体形状的"塔垮"（藏语，灶塘之意）。灶体分灶后的干牛粪储存仓和送牛粪槽（牛粪槽轻轻一扳，牛粪便可进入火塘），灶中的燃烧仓和下部两侧的掏灰洞及储灰池，灶面的前、中、后分别为锅灶眼

---

① 赵宗福、马成俊主编：《中国民俗大系·青海民俗》，甘肃人民出版社 2004 年版，第 91 页。

及两个壶灶眼,以供熬茶煮饭。

帐内设置 进入帐房以灶为界,男左女右,左侧为男人居住,也可用来作待客处;右侧则为家庭主妇操持家务的厨房,也是妇女的居处,背水、盛奶、打酥油的桶、锅、水壶等灶具和干牛粪都堆放在这一边。灶后立柱之帐幕后围之间的正中为家庭供奉如释迦牟尼、宗喀巴、班禅佛像等。在藏式木柜上设有佛龛,内供铜质佛像,佛龛前供有黄绸缎包裹着的佛经、一字排开的酥油灯以及铜质小壶和水盅,柜上献有净水、牛羊肉、冰糖等物以示敬神。酥油灯每天添油一次,昼夜通明。在帐房内进餐时以"男左女右"为序,按习俗入座,男左女右的住宿格局也不得随便打破。帐房外立有一杆,上悬经幡,以驱疫避邪;门前钉有数排牦牛绳用来栓牛;门口一侧或四周木橛上栓有护家的藏狗。

阴帐与阳帐 牛毛帐房还有"阴帐"和"阳帐"之分。"阴帐"位于帐房内炉灶右侧(从帐房内向门口看),此处为妇女的居处,也是厨房和制做奶酪、酥油等食品的地方。"阳帐"位于帐房内炉灶左侧,是男人们的居处,也是待客和宰杀牛羊、灌制血肠的场所[1]。生活在草原深处的牧民对帐房有着特殊的感情。每逢盛夏之际,人们总要进行重大的帐房翻修活动,或添置新的帐房,或替换帐房绳索,或把帐房来个里外翻面。在修整好帐房的那一天,还要举行一次名为"帐宴"的小型庆祝活动,届时帐房的主人会邀请自己的亲戚、邻居、盟友或远道而来的客人一起参加聚会。

二 布料帐房

布料帐房 在藏语里称作"阁",均为白色布料制成,有的帐房是纯白的并镶以花色装饰图案。按其大小、形状、用途等不同可分若干种类,有尖顶式帐房、马脊式帐房、六角形帐房、喇嘛帐房等。多用于喜庆佳节、走圈

---

① 吴杰:《浅析藏族民居帐篷里的空间结构与信仰》,《青海师范大学民族师范学院学报》2011年第1期。

放牧、集体议事、寺院诵经等。其特点是结构紧凑，容易搭卸，方便驮运。分布于青南地区的布料帐房虽然色彩斑斓、形态各异，但其中的帏沿饰案极有规律可循：下部为较长的蓝色褶沿，中部有红、黄、绿三色纹条组成，最上部装饰有黑底白色碎碟念珠状图案。各种精致灵巧、用途各异的帐房，表现了藏族民众高超的造型艺术水平和丰富的生活审美经验。

尖顶式微型帐房 这种布料帐房较为常见，一杆顶中，形制简单，空间也比较有限，只能容住 1~2 人，一般供远途朝觐、放牧或旅途歇息之用。其顶杆头多装有铁予，拆卸下来可作为拐杖或用于防身。

马脊式帐房 这种帐房在藏语里叫作"本文阁"，一般不装饰任何图案。亦属于微垫布料帐房，其特点是一柱顶一梁，多用于储存粮食或夫妻夜宿。

六角形帐房 规模中等，可容纳十几人至几十人不等，过去多为千百户、达官贵人或大户人家专用，藏语叫"班阁"，意为官帐。这种帐房多用金枪、神珠、玉女、主藏臣、白象、绀马将军等"七珍宝"图案作为装饰图纹。作为官帐的六角形帐房质地考究、色彩艳丽、陈设华贵，一定程度上显示了主人的权势或财富。这种帐房多为双顶层，或刻意分开帐顶与帐帏，因而具有通风好、散热快、视线远的特点。有的还在帐前围有封闭式帏幔，供达官贵人们娱乐。现在随着人们物质生活水平的提高和旅游业的持续走热，此处牧区的一些旅游胜地建起了规模较大的帐房宾馆，如青海湖帐房宾馆、孟达天池帐房宾馆等，即用此类帐房招待游客。

喇嘛帐房 是对牧区一种帐房的俗称，因帐房上绘有藏传佛教图案而得名，是牧区特有的一种民居形态，藏语里称其为"喇阁"。这是一种绘有多种图案的布料帐房，图案多为金鱼、宝瓶、胜利幢、法轮、吉祥结、右旋海螺、妙莲和宝伞等"八瑞徽"，带有鲜明的宗教色彩，专供僧侣食宿、诵经之用。①

特殊大帐房 藏语称作"阁莫切"，呈长方形，多用于部落集体议事、

① 朱世奎主编：《青海风俗简志》，青海人民出版社，1994，第 174 页。

接待众多宾客或作为纯牧业区帐房寺院的大经堂，一般可容纳上百人甚至几百人。传说格萨尔时期，岭国的将领们就在这种帐房中舌战群雄，使敌方处于疲于应对、理屈词穷的境地，因而取得了一次又一次的胜利。为了便于驮运，大型帐房的帐顶和帐帏都用活扣连结，拆卸方便。

三 蒙古包

蒙古包是蒙古族牧民生活、休息、起居的主要场所。传统蒙古包多为游动式毡房。此处的"包"有"家"或"屋"的意思。蒙古包古称"穹庐"，又称毡帐、帐幕、毡包等。蒙古语称其为"蒙古里格尔"，满语为"蒙古包"。这种居住形式便于拆迁和架立，抵御烈日和风寒的性能很强，冬暖夏凉，宜于游牧生活。自匈奴时代出现于北方牧区后，蒙古包一直被沿用至今。青海的蒙古包一般高七八尺，直径一丈五尺左右。搭建蒙古包时，包门对着太阳升起的方向。内部的正中间为锅灶的地方，灶门对着蒙古包门，灶后面正中摆放饭桌。锅灶上方正对着天窗，灶烟、水汽飘出天窗。靠围墙正中摆放箱子，箱子上面供佛，左右两边靠支架处置柜子，柜子上整齐地摆放被褥、衣物、粮食之类，上面覆以华丽的棉丝织品或壁毯。灶和桌子将蒙古包的内部分为左右两侧，右侧铺一道毡垫，上方是家中男主人的座位，下方是其他家人的座位；右边还安置一个橱柜，上面摆放炊具和食物，橱柜下放置桶、锅、盆之类器具。左侧铺着地毯，是主人亲友的座位，下方门口放有活动的木制碗架、炊具及酥油桶和挤奶桶等。由于摆设井然有序，显得宽敞整齐、干净卫生。随着时代的发展，一些新式家具、各种家用电器摆置在蒙古包中。新蒙古包搭成后，要举行贺新蒙古包落成典礼，一般邀请亲戚朋友、左邻右舍来参加，吃喝跳唱，热闹一番，还要隆重地吟唱蒙古包赞词。

蒙古包种类 青海的蒙古包一般有以下几种。（1）宝殿。蒙古语称"俄日盖"，其结构比较高大、华美，其构件做工精细、用材讲究。一般是贵族王公居住的蒙古包。（2）毡包。蒙古语称为"格日"，是普通的蒙古包。（3）简易蒙古包，没有天窗，用小块毡片替代天窗。（4）马脊梁包。是没有栅栏围墙的蒙古包，一般用来临时居住，或者是临时转场时使用的简易帐篷。（5）棚子。蒙古语称为"亚布"，是用两根弓形横杆搭在两根柱子上撑起帐篷毡片的简易毡房，顶盖上有用来通风的比较简单的窗网。这种也是临时居住或转场时使用的简易帐篷。

蒙古包主体结构 由木制架木、白羊毛苫毡、牛毛绳带三大材料构成。制作时不用泥水土坯砖瓦，只用木材和毛料。蒙古包的架木主要包括哈尔阿察（天窗）、乌尼（椽子）、特尔麦（支架）、门槛。天窗分联结式和插椽式两种，都为圆形结构，要求木质要好，一般用檀木或榆木制作。这两种天窗的区别在于：联结式天窗的横木是分开的，插椽式天窗不分。联结式天窗有三个圈，外面的圈上有许多伸出的小木条，用来连接椽子。这种天窗和椽子是连在一起的。因为能一分为二，骆驼运起来十分方便。椽子是蒙古包的肩，上联天窗，下接支架。其长短大小粗细要整齐划一，木质要求一样，长短由天窗来决定，其数量，也要随天窗改变。这样蒙古包才能肩齐、浑圆。椽子为细长的木棍，椭圆或圆形。上端要插入或联结天窗，顶端一定要光滑稍弯曲，否则造出的毡包容易偏斜倾倒。下端有绳扣，以便于和支架头套在一起。粗细由支架决定，一般卡在支架一端的丫型叉子中，上端正好平齐为准。椽子一般用松木或红柳木制作。

"特尔麦" 是数十根用牛皮绳连接、可以伸缩的网状支架，它承载着天窗和椽子，决定着毡包的大小。其高低大小可以灵活调节，具有一定的伸缩性，而且承受着来自椽子的重力，具有强大的支撑力，其原料为红柳，轻而不折，打眼不裂，受潮不走形，网眼大小一致，外形匀称美观。特尔麦的弯度要特别注意掌握。一般都有专门的工具，头要向里弯，面要向外凸出，腿要向里撇，上半部比下半部要挺拔正直一些。这样才能稳定椽子，使包形浑圆，便于用三道围绳箍住。

毡门 特尔麦立起来后，调节好网眼大小，依据其高度确定木质门框的高度。门由框定。一般蒙古包的门不是很高，人得弯腰进入。毡门要吊在外面。毡门用三四层毡子纳成。普通门多为红色、白色，蓝边，也有红边。上边吊在门头上。门头和顶棚之间的空隙要用一条毡子堵住，有三个舌（凸出的三个毡条），也要镶边和纳花纹。

苫毡　主要由顶毡、顶棚、围毡、外罩等部分构成。顶毡是蒙古包的顶饰，为半圆形，四角都要缀带子，它有调节空气新旧、包中冷暖、光线强弱的作用。顶毡的大小由正方形对角线的长度决定。裁剪时，以天窗横木的中间为起点，向两边一拃一拃地来量，四边要用驼梢毛捻的线缭住，四边和四角纳出各种花纹，或是用马鬃马尾绳两根并住缝在四条边上，四个角上钉上带子。

顶棚　是蒙古包顶上苫盖橼子的部分。每半个像个扇形，一般由三到四层毡子组成。里层叫查木察，外层叫额斯盖秃尔嘎。以天窗的正中心到支架头（半个横木加支架）的距离为半径，画出来的毡片为顶棚的襟，以半个横木画出来的部分为顶棚的领，把中间相当于天窗那么大的一个圆挖去，顶棚就剪出来了。顶棚裁好后，外面一层周边要镶边和压边。襟要镶四指宽、领要镶三指宽。两片相接的直线部分也要镶边。这样做，可以把毡边固定结实，同时看起来比较整齐美观。围绕支架的那部分毡子叫围毡。一般的蒙古包有四个围毡。

外罩　是顶棚上披苫的部分，它是蒙古包的装饰品，也是等级的象征。裁缝外罩时，其领正好和天窗的外圈一般大。外罩的腿有四个，和支架的腿平齐。外罩的领和襟都要镶边，有云纹、莲花、吉祥图案，襟多缀带子。绳带主要由围绳、压绳、捆绳、坠绳、围毡五部分构成。

围绳　是围捆天窗的绳子，用马鬃马尾制成。把马鬃马尾搓成六细股，三股左三股右搓成绳子，再用二、四、六根并排起来缝成扁带。这种围绳的好处是能吃上劲，不伸缩。内围绳是蒙古包立架时，在赤裸的天窗外面中部捆围的一根毛绳。支架的压力很大，内围绳的质量一定要特别结实。内围绳一旦断裂或没有捆紧，支架就会向外撑出来，天窗下陷，蒙古包就有倒塌的危险。外围绳捆在围毡外面，分上、中、下三根。围绳的颜色有的搭配得很好，搓出来是花的。外围绳不仅能防止支架鼓出来，还能防止围毡下滑。

压带绳 也叫带子。立架木的时候，把赤裸的支架横捆一圈的绳子叫压绳。内压绳蒙古包内有四根或六根，也用马鬃马尾搓成，较细。这些压绳和支架压绳一样粗细，防止天窗下陷或上翘，使蒙古包顶保持原来的形状。外压绳分为普通八条压绳、网络带子和外罩带子三种。普通压绳比内压绳要粗，外压绳用在苫毡的外面。前面四根，后面四根。网络带子和普通压绳不同，套在顶棚上，从包四周流苏一样垂下来。尤其是顶棚襟边的制作更为精致，垂下来缝压在围毡上。外罩带子是有外罩的蒙古包才有的。有外罩的毡包不用其他外压绳，外罩本身就起了包顶压绳的作用。

捆绳 是把相邻两片哈纳的口绑在一起，使其变成一个整体的细绳，用骆驼膝盖上的毛和马鬃马尾搓成。坠绳是套瑙最高点拉下的绳子，牧民对这根带子分外看重，常用公驼和公马的膝毛或鬃尾搓成。大风起时把坠绳拉紧，可以防止大风灌进来把毡房吹走。

围毡 围毡绕包一圈，将其底部压紧进行封闭。在春夏秋三季，围毡主要由芨芨草（枯枝）、小芦苇、木头做成，暖季的围毡是卷成一个圆棒形的，在无风期折起来放好，有风时再围上。冬天则用几层毡子摞起来缝制而成，上面纳有各式花纹。这样，合乎规范的蒙古包就做成了。

蒙古包内陈设 蒙古包内的陈设布置有一定的规矩。正中上方是专门摆设佛龛的位置，左右两侧靠栅栏处整齐地放置箱柜、衣物和粮食之类，盖上洁净华丽的丝绸织物。右侧靠门处放置木制的活动碗架、打酥油桶、背水桶以及挤奶桶等。正中间是火灶，灶门对着蒙古包门，灶后面中间摆放饭桌。锅灶上方对着天窗，可以使烟和水蒸气飘出天窗外。灶和桌子把蒙古包的内部分为左右两侧，右侧铺一道毡垫，上方是男主人的座位，下方是家中其他人的座位；左侧铺有地毯，是主人亲友的座位。整体上看布置得井井有条，干净整洁。

蒙古包拆卸顺序 与搭盖正好相反。把苫毡的带子、围绳的活扣解开，外面三层围绳去掉，一根一根盘好，放在牛粪筐里。拆卸蒙古包的时候，首先要把顶毡取下来，再拆卸顶棚。取下顶棚外面的毡子以后，把围毡上面的围绳解开，再把围毡取下，竖着折起来卷放好。等苫毡全部取下，可以拆卸蒙古包的架木。先取套瑙，将压绳解开，把内围绳稍放松后，才能取出套瑙。然后取下乌尼，拆卸哈那，哈那拆下缩小后，叠在一起，这样捆扎也很方便。哈那的拴绳解开以后，从西边开始卸哈那，最后把门框取下。

贺新蒙古包落成仪式 一座新的蒙古包落成、主人乔迁新蒙古包，都是蒙古族生活中重要的大事，要举行仪式庆贺。尤其是为新婚夫妇搭建了新的蒙古包时，需邀请亲朋好友及近邻参加。客人们带着祝贺的礼物走进蒙古包后，会衷心赞美新蒙古包的华美宽大与坚固耐用，祝愿新包的主人生活美满幸福，并送上自己的礼品。届时请一位专门诵祝赞词者致《蒙古包赞词》，蒙古包外观及内设等都要赞颂一番，如天窗、顶杆、围架、毛毡、毛绳以及箱柜、碗盏等，还对居住者及家庭富裕、子孙兴旺予以美好祝愿。赞词诵祝完毕，众人高声唱起赞颂蒙古包的民歌。

第二节　农区民居

一　庄廓

庄廓是农业区民众最为主要的居住形态，是一种被高原的土筑墙（庄廓墙）包围的院落式民居，以一户独立拥有一座庄廓院为基本单位。庄廓院为方形或长方形平面，墙体由高 4 米左右、宽 1 米左右的板筑黄土墙或土坯墙砌筑而成，院墙包围着内部所有的房屋和庭院。除了唯一的大门之外，庄廓院墙再无其他开口。

庄廓组成 庄廓房屋用木构架承重，黄土屋面，带有廊檐，使房屋与庭院融合成一体。一般人家的庄廓内两面或三面建造了各种用房，条件好的人家四面都盖满了房屋，由此形成了四合院、三合院和两面建房等几种形式。一般以一堂两室的三间为基本单元，布置在正中位置，四角多为厨房、仓库、畜圈、杂用房以及厕所等。院中设有花坛，辟有果园、菜园等，形成一个多功能的组合体，环境优雅、安静。庄廓以平房居多，极少数是平楼结合的。平顶屋面，上敷草泥，用小碌碡压平整。屋顶坡度平缓，下雨时屋顶黄土不致被雨水冲走，雪后便于上房扫雪，以免屋顶漏水。平缓的屋顶又是庭院的补充，屋顶可以晒粮食、干菜等，一般架设木梯子，可供上下屋顶。一般人家在庄廓院内选择阴凉之地，打出约 2 米深的地窖，用以储存洋芋、大白菜和萝卜。也有将地窖打在厨房内的，上面支起案板，既节约地方，又方便存取。与地窖形式相仿的是水井。为方便取水，人们也在庄廓院内打出水井，可用于生活用水、灌溉，也可利用其阴凉的条件隐藏或贮存一些物品。

庄廓院墙　一般多用黄土打造，施工简便。黄土取之不尽，院墙以厚实高大为宜。庄廓的承重体系不用黄土，而用当地出产的柏木或柳木。木材的使用对提高房屋的坚固性和扩大使用空间都有好处。房屋与庭院之间设有前廊，廊檐装饰丰富，窗子格式多样，木雕是装饰的主要手段。

照壁　庄廓大门前面如果没有什么堵挡，一般要修一堵照壁，起到屏障作用。照壁的形状主要有"一"字形和"八"字形。普通照壁由土坯夯筑而成，只用白土泥抹光，没有什么装饰。考究一点的照壁由砖砌成，分座、身、顶三部分，通常装饰有很多吉祥图样的砖雕。

二　主房

主房一般在北面一字排开三间（也有五间或七间的），宽敞向阳，供长辈居住。主房的房门前面一般装一个双扇风门，起防风和装饰作用。主房的居中一间为堂屋，内沿墙壁对称布置家具。靠墙有面柜，柜前面为供桌，桌旁一般有木椅两把分置左右。面柜为长方形，里面可放粮食、面粉等。柜上面的两头设灶龛、佛堂或祖先牌位等。供桌为正方形，在逢年过节时摆放馒头、烟酒和果品等供品及香炉、净水盅儿、烛台、香筒等。汉族民众在堂屋后墙正中都要悬挂大型字画,如"天地君亲师""福禄寿星""财神""钟馗"像,或者是"福""寿""虎"等字,谓之"中堂"。"中堂"两侧配有相应的对联,如"寿"字联为"福如东海长流水,寿比南山不老松"。

板壁 堂屋两边的两间房用木板作隔墙,名曰"板壁",设双扇木门。进入木门即是卧室。卧室的大小和进深与梁架的用材有关,六柱和八柱的开间为基本开间。其中,向阳略大而设备好一点的那间叫"大头儿",为老年人居住;差一点的一间叫"小头儿",为年轻人居住。卧室内有火炕。火炕一般顺着窗户或顺山墙布置,炕上放置衣箱、炕柜、炕桌等,火炕和家具占据室内面积的一半以上。

主房建筑结构 主房建筑非常讲究,家境富裕的人家多选"二架七檩"的起脊大房,廊柱顶部多雕刻花草纹饰,木料多为松木质地。主房室内格局可划分为睡处、神位、照明、取暖等多处空间,其中的堂屋是神位所在,一般供奉有祖先神、门神、灶(火)神、土地龙神和财神等家神。

三 厢房

在一座坐北朝南的庄廓院里,北房为主房,东西两侧的房屋为厢房。家境殷实的人家南边也建有厢房。如果是坐西朝东的庄廓院,则是西房为主,旁侧的房屋即为厢房。厢房要比主房低矮,多为三间,其主要功能为居住,居住对象多为晚辈和客人。晚辈结婚时,所选婚房一般多为主房旁侧的厢房。婚后产妇坐月子时,会给厢房换上新窗户纸,避免漏风和阳光直射,同时在厢房门口贴上方块纸,以示忌门,外人不得擅入。家中若有重病人,一般也都安置到僻静的厢房调养休息。

除了居住之用,厢房还具有储藏功能。农家新获的粮食多整齐摆放在厢房之内,起到库存作用。腊月里制作过年用的风干肉,一般也悬挂在厢房里侧避光的地方。地窖里堆放不下的洋芋、萝卜和白菜等过冬食材,多也存放在阴冷的厢房内。厢房的建筑结构比较简单，一般人家选用平顶厦房，木料多为柳木质地，造价较为低廉。

四 厨房

厨房设在院落内最具生气的地方，若是坐北朝南的庄廓，厨房一般设在东侧。厨房内有灶台，青海民众称其为"锅头"。民众信仰灶有灶神，因而民间对灶的布置非常讲究，一般要建在"坐煞相生"的方位。[1]

修灶 修建新灶要选定吉日良辰，测定方向，请专门的把式来修造。民间讲究灶台锅巷通畅，不吹倒风，若大锅内烧饭时，小锅水能及时烧开，则视为好灶台。灶火门的朝向要开在吉方。一般人家都是坐西烧东（每天都有东西可煮之意），忌讳坐南（难）烧北。烟囱都开在厨房顶部，有的人家在距离烟囱不远处开有天窗，除采光之用，还可以加快空气流通。

锅台连炕 部分土族和藏族人家在厨房内建有一种特殊的家用设施，即锅台连炕，土语称"秃光"，是一种与锅台连在一起的土炕，习惯称"锅台连炕"。他们把耳房作为厨房，锅台筑在居中的一间里，紧挨锅台（忌坐西向东）后面的一间房里盘上满间塌泥炕，炕与锅台泥一堵叫"拦炕"的矮墙，灶膛的烟道经过炕下后才能通往烟囱，利用做饭烧水时余热取暖，一举两得。平时，炕上不铺毡，上炕不脱鞋，一家老小围炕而坐，一起吃饭、休息。若来客人，则要铺毡让客人坐上方。在寒冷的冬天，在炕洞内煨上火堆，一家老小围着火堆取暖，柴灰可作肥料。

五 庭院

庭院即天井，位于各房屋之间，是构成向心性、凝聚性的中介；庭院与

---

① 刘大伟：《河湟庄廓的文化空间研究——以青海省互助县大河欠村为个案》，青海师范大学硕士论文，2007。

堂屋互为对应，功能上是堂屋的外部延伸。堂屋的最大局限是不能与"天"直接相通，而庭院的最大优点就在于与"天"直接相通。庭院是家中的公共活动中心，也是庄廓各个房屋、各个空间进行交流和联系的联结体。从建筑功能来看，庭院的设置是为了采光和提供共享空间。平日，民众可以在宽敞的庭院内筛选粮种、晒洗衣物、排除院内积水、盖房、制作家具等。再大一些的庭院，可供前来"踏煞"的社火队伍举行仪式和简单表演。民间凡操办婚丧嫁娶事宜，一律在庭院设宴待客，客人所带物品如嫁娶中的毛毯、被面和丧礼中的孝帐都要挂在庭院中，供人品评。另外，院落也是小孩子游戏的主要场所。

除了基本的使用功能之外，庭院包含有突出的文化功能，具有与超自然神秘力量的"天"相"连接"的作用，有些人家特意在庭院地面镶嵌吉祥图案，就是出于这样的观念考虑。从风水的角度来看，设置庭院则是为了"养气"。民间认为，庭院是藏蓄之所，是财禄的象征。庄廓院内所有的雨水都会聚集在庭院当中，而水在中国文化中往往与"财"紧密联系在一起。老百姓认为聚水就是聚财。因此他们排水时格外讲究，一定要让积水回环流出。

六　厕所及畜圈

厕所　对于厕所的安置，民间亦很重视。老百姓认为厕所应安置在宅院的次要位置，不要正对房门，不要处在风口上，也不要正对后门，应安排在凶煞方。这种民间观念考虑到了环境卫生条件和隐秘性，更反映了传统民居建筑中主次空间的布局思想，这种思想多借助风水观念得以表达和实施。

青海民间庄廓院落大多坐北朝南，理想的设厕方位是庄廓内的西南方，院内实在无法安置的，则设在庄廓外部，但禁靠近财门、烟囱。虽然这些禁忌都是有关祸福吉凶的，但在一定程度上对保持环境卫生和整体规划布局还是有其合理之处。在传统社会中，由于物质资源的匮乏，老百姓用土筑围墙围成一敞口小圈，谓之"茅庐圈圈"或"圈圈"（圈，读作juǎn），充作厕所。现在随着物质条件的提升和观念的转变，修建的厕所颇为讲究，考虑到方便、封闭、美观及洗浴等多种效用，大多采用砖石结构，安全牢固。

畜圈 民间有俗语称"东牛西马南羊圈"。意即牛圈应设在院内东方，马圈设在院内西方，羊圈则设在院内南方。老百姓认为：震、兑方忌做畜圈；亥方忌设鸡鸭圈，若鸡窝垒在正屋的屋檐下，谓之"双落泪"，不吉利；猪圈应设在财门之外。民众也深信，按此规程设置畜圈即可人畜平安。每逢过年贴春联，老百姓总要在畜圈上贴上"六畜兴旺""牛羊满圈""骡马成群"的吉语。若出现病猪，怕其死去，就在猪圈门口贴上"老张不在，有猪不卖"的条幅，以保病猪渡过死亡难关。[①]

第三节　城镇民居

一　封闭式瓦房

村镇民居形态较之农村民居形态，最大的不同在于房屋的建筑规模和结构形态。由于靠近集市，相对便利的交通条件和较为殷实的经济条件构成了封闭式瓦房形成的直接因素。

封闭式瓦房是对传统房屋建筑的进一步美化和加固。传统房屋无论是"二架七檩"的起脊大房还是屋顶平缓的挑檐厦房，屋顶都是草泥混制的土层，时间一久会长出杂草，遇到暴雨或连绵阴雨还会发生屋漏、墙体垮塌等现象，若遇到大雪天气还需主人上房清理积雪，给人们的生活带来较大的不便。

封闭式瓦房的出现几乎根除了上述不便因素，屋顶上的雨雪消融后经由

---

① 刘大伟：《河湟庄廓的文化空间研究——以青海省互助县大河欠村为个案》，青海师范大学硕士论文，2007。

瓦片流走，对房屋本身就是一种保护。除此之外，整洁耐看的瓦片也提升了房屋的审美功能，瓦房的多少与新旧实际上也是城镇居民家境情况的直接反映。人们讲求砖瓦配套，以新为荣。因而城镇常见瓦房除了屋顶使用瓦片，其房屋墙体皆由砖混结构建造而成，过去多见红砖，现在为了更显古雅，民众多选青砖砌墙，白瓷砖做衬料，并绘有以"松鹤延年""花开富贵"等为主题的图案，稳固结实，美观大方。

进入 21 世纪后，房屋窗户多为铝合金结构，宽大、轻巧、灵活，但房门依然保留了传统的松木质地。门框处也有简单雕刻纹饰，门扇上镶嵌有玻璃，在提升美感的同时也具有了一定的采光性。廊檐及立柱多为油漆彩喷，既有效防止了蛀虫蚕食，又保证了鲜艳的色泽。从房屋门槛至庭院各处，皆用平整的瓷砖铺就，既方便打扫，也可围绕廊柱而坐，闲时观云赏月，拉拉家常，忙时晒粮晒衣，必有多用。

封闭式瓦房在廊檐顶部再续出两米多宽的玻璃顶棚，然后按房间数量全部在外围按置铝合金框架的全玻璃门窗，民间谓之"封闭"。也就是说，整个房屋及廊前两米处的空间，全部被铝合金玻璃结构封闭了，人们出入开启其中一扇小门即可。封闭后的优点是增加了室内亮度，阻挡了风霜雨雪的侵袭，从而保证了室内温度，宽敞明亮又实用。

经济条件宽裕的家庭，将主房旁侧的厢房也封闭起来，各个房屋贯通一处，颇为气派。

二　村镇小楼房

村镇小楼房以双层砖混结构房屋为主。地处乡村的部分农家依旧保留了庄廊院墙，广泛采用砖石结构与砖混结构相互搭配修建二层楼房。既有楼房又有庄廊院落，因而也叫"楼院"。第一层楼房居中空间多为堂屋，内供奉祖先神、财神和灶神，前置红柜和方桌。堂屋两侧分别为厨房和卧室，若有更多房屋空间，则一头留为储藏间，一头留为卧室，室内盘有火炕。第二层楼房居中房屋多为客厅，内置沙发、茶几、电视、烤箱等物品，旁侧房屋多为卧室。

"楼院"建筑内，屋檐、板壁、门窗等部分一般镌刻有各种花卉、云龙等图案，楼梯在外，上下有廊。除了楼房，还另建有中宫花园和菜园。花园居于院落中心，一般由砖石构成，内种牡丹、石榴、川草、芫荽梅、樱桃等花草果树。信仰佛教的人家，在花园墙上建有煨桑的砖瓦结构香炉。花园一侧留出通道，通道旁侧种有萝卜、白菜、葱、甘蓝、西红柿、刀豆等种类繁多的蔬菜，还种有向日葵、红花等。

厕所和畜圈与二层楼房保持一定距离。厕所为砖石结构，多位于庄廓西南角方向。畜圈一般设在与厕所一墙之隔的户外，多用砖石砌墙，塑料膜棚覆盖其上，棚顶开有透气的窗户。

大门多为铁质门板与砖石门墩，门扉较宽，可供农用车出入。

地处城镇的居民用砖块取代了土筑的庄廓院墙，院落较为紧凑，二层楼房上下两用。下层房屋一般租住给外来人口，上层房屋自用。二楼居中房屋为堂屋，供奉神龛。其余房屋分别为卧室、厨房、储物间。条件较好的人家在楼上装有土暖气，建有厕所，屋顶安置了卫星天线和太阳能热水器。条件一般的人家在室内使用烤箱和火炉取暖，厕所也在楼外靠近大门的地方，主人与房客共用。

居住空间稍大的人家，在院落里种有少量果树，树上挂有鸟笼，多为点缀。

三　街道楼房

单位楼房　指政府机关、部队和企事业单位楼房。此类楼房建筑群落较为密集，每幢楼房都有明显标识，指明其用途，楼内每个房间门口标有门牌或名称。楼道内多悬挂名人名言、书法绘画作品及各类介绍性和警示性标语，安装有报警系统、电控系统和安全出口标志。大门颇为讲究，门口有醒目的单位名称标牌，门口有专人值班，管理较为严格。

商贸楼房 此类楼房大多临街而建，按不同商品门类进行分层销售。巨型广告条幅和各式广告灯箱是这类商贸楼房的显著标志。规模较大的商厦楼层都有相对稳定的名号，楼内每户商家都有自己的商户代码和品牌名称，店内大多供奉财神，门口多有招财猫。店主都要遵循行会规范和行业禁忌。每逢重大节日来临，各大商贸楼层都会举行庆祝仪式，并推出各类形式的酬宾活动。

居民住宅楼房 此类楼房以小区为单位，拥有相对集中的建筑群落和标示醒目的小区名称。每幢楼设有不同单元，每单元有若干楼层，每层楼有2~4户住户。根据楼层高低不同，居民住宅楼又可分为多层和高层两种类型。

多层楼房一般在七层以下，人们出入都要步行楼梯，入住底层的住户有时可享受窗外花园的美景，入住顶层的可享受露天天台带来的开阔。楼层为十几层的居民楼一般被称作"小高层"，层数达到20层的就是名副其实的"高层"。高层楼房除了步行楼梯外，都安装有电梯，方便人们出入。高层居民楼的特点是远离噪音区和浮尘区，空气清新，视野开阔，但因地处青藏高原之故，高层建筑多存在风较大、氧偏少的问题。住宅楼下一般都建有地下室，多用以储存杂物。楼外设有停车场、健身区、草坪、广场等公共基础设施。

居民住宅楼户型 常见的户型结构有两室一厅一卫、三室两厅两卫等，如果建筑面积较小，也有一室一厅一卫的户型，建筑面积大的有四室两厅两卫等户型。作为会客团聚的重要空间，老百姓普遍重视客厅的装潢设计，吊顶、灯饰、电视墙、电视柜、沙发、茶几、桌椅等物品的选用颇为讲究。卧室、厨房、卫生间等相对封闭，阳台处多养盆景花卉，阴台多用以杂物储存。室内装饰多挂有字画、影壁和射灯。也有人家多设计有佛堂、书房、琴房、衣帽间和儿童房等。一般人家都装有鞋柜、衣帽架，客厅内有鱼缸、博古架。装修风格大致有中式风格、现代简约风格、美式风格和简欧风格等。

第四节　特殊民居

一　碉房

　　碉房是一种特殊的民居建筑，常见于青南地区，是一种用石头砌垒或土筑的房屋，因其外观很像碉堡，故被称为"碉房"。墙基用石块垒成，墙壁很厚，用天然石板调以泥巴砌成，依山而建。房子顶角处均竖立有一根悬挂印有经文的五色布幡木杆，藏族称之为"嘛尼达却"（汉语称"嘛尼杆"）。[①]也有的碉房为土木结构，其外形看起来与石碉房没有多大差异，但它的厚度比石墙薄一些，也没有石头墙坚固。外形下宽上窄，成等腰梯形。碉房一般为两层，也有三四层者，多用独木锯形梯上下。顶楼一般带有石板阳台，以远眺牧群或近察田间。就布局空间而言，碉房内最好的一间是佛堂，旁边是卧室和厨房。个别小的碉房厨房和卧室共用一间，门窗小，排列不整齐，室内采光差。碉房屋顶为平顶，草泥面用石磙压光，可供打麦、晾晒及做户外活动之用。

　　碉房形式　可分为碉楼式碉房、碉塔式碉房、独立式和院式碉房。碉楼式碉房一般为二三层，个别也有四层，四周高墙封闭，有的上层为凹型平面，利于采光和户外活动。碉塔式碉房是在二三层碉房之上局部突出两三个房间，多作为经堂、佛堂之用，其上做坡屋顶，形成顶点呈塔状。在1949年前多是百户、千户头人的居所。

　　独立式碉房　独立式碉房没有院落，多建在荒山隐蔽的山洼地段，平面随地形而异，分散于山峦河谷之中。在居住集中的村落，这种独立式碉房高低错落、层叠而上，小径石阶通达各碉房之间。而院式碉房除了以碉房为主

---

① 赵宗福、马成俊主编：《中国民俗大系·青海民俗》，甘肃人民出版社，2004，第91页。

体之外，前面或三面砌筑院墙，形成封闭式院落，沿院墙布置牲畜圈、杂用房及佣人住房等。这种院式碉房多为贵族头人所住。在形成村落的地方，有的碉房彼此相连，依山就势，因地成形，突出塔式碉房或院式碉房，在自由多变中形成了一个地区的中心，联系各处的小径巷道，曲曲折折，有宽有窄。

二 篱笆楼

篱笆楼是撒拉族、藏族等居住的一种古老的民居，也是集木、石、编笆于一体的建筑形式，主要分布在海东循化县孟达地区、果洛州班玛县玛柯河地区等。撒拉族的因楼房墙体和部分门扇大部分用杂木笆条编制而成，故得名篱笆楼。而在果洛州的班玛县藏族篱笆楼，习惯上叫作木雕房。孟达地区古称河关地，一直是甘青两地的交通要冲，自元代开始，生活在孟达地区的撒拉族利用当地自然林木土石资源，同时，与周边藏、汉、回、土、保安等民族交往，形成了丰厚的多民族文化，最终修建创造出了篱笆楼建筑。可以说，篱笆楼记载了不同时代的地方建筑特征，也融入了多民族民居文化，是多元民族和文化区域内流传下来的极具个性特质的古老建筑形式。

循化县孟达是撒拉族集聚的地方，这里上庄、台子、衙门、牦牛、长道、中场、五入及新庄，被称为八大巷区，这里的巷道两侧门楼相对，高低错落有致、楼体形体别异，篱笆楼、篱笆楼院落、篱笆楼村落，与周边田地、果树和清真古寺、拱拜等，形成和谐、美观的村落文化景观。现存于牦牛巷口的明代所建三合院式民居篱笆楼，是这地区规模大、建筑年代早的篱笆楼，于2004年被列为省级文物保护单位。

建筑结构 根据地势、家庭经济条件状况，院楼修建有横字式、拐角式、三合院式、角楼式、楼底门道式等样式，属二重楼形建筑，独门独户，布局上北高东西南低。上下带前廊土平顶，室阔廊窄，深浅有别，木构架承用中国传统二层通柱造木砌上明选做法，前、后和中间是棋盘式柱网布列，通常以"间"做单元，由三、五、七间组成楼座。屋顶木构架为横梁纵檩，梁底撑随梁，两间通用双条竖排椽体。梁柱用材精良粗长，低层梁头穿出，柱腰卯孔，不撑随梁，上层柱头插进梁头底部卯孔，檩枋柱以螳螂头榫卯连接，相互支撑，形成抗减压力和拉力。二层廊檐柱间装有花格栏杆，金柱间装修方格壁板，廊道铺置木板，上楼用木制梯子。整体楼座由木构架上下作支撑，左右前后紧固联结，呈现木构架防塌、防震结构的功用。

构架形式 有两种形式。第一种是明清时期的建筑形式，建筑材料主要选用精良松木，建筑布局为三院式，五七间出边间（虎抱头），廊室进深面宽。木构架梁下有随梁，无随檩，两间通檩，双条檐檩，间排九檩，檩下无撑木，金檩上方无固燕尾，檩上排椽，二层柱头雀替长而厚。上层楼主要是客厅、卧室、伙房，下层楼室主要为畜棚、仓库，雨雪天时廊下牲畜避雨。第二种是清代后期至民国现代的建筑形式，基本沿用明代建筑形式，但建筑材质不佳，杨木与松木混搭，建筑布局有三合院式、角楼式、拐角式，二、三、五间不出边间，通进缩短，间为条檩，一间七檩，金檩上方安置固椽燕尾榫，二层柱头雀替变宽而短，一层楼檩上排列细密的椽子，楼上与楼下装修为人员居住、仓库之类。

门窗装饰 在篱笆楼的檐面，雀替、壁板、枋板、走廊栏杆，大门门楣、门簪等处，用镂刻和浮雕手法雕刻木本色的图案，不饰彩色，多为花果树木、云波纹体，人像、猛兽图案禁止用在装饰上。整体上是将汉文化、藏文化和伊斯兰文化融入其中，恰到好处地点缀出了楼面的美观，突出艺术效果。篱笆楼上下屋间的门窗设计灵活，牢固耐久，有不同的门窗形式，别具一格。上层客房门窗选用优质松木板材，装置双扇户枢棋盘门；窗户内外两层，外装花格直摘窗，内层架设擦板窗。其他房间则安置单扇棋盘门。致花格直摘窗，内层加设擦板窗，一窗内外两层功用制作式。其他房室安装单扇棋盘门。楼廊角面壁板上下部，分别开有直径20厘米左右的圆孔小窗，上孔可以作室内通风照亮之用，下孔专门为家猫进出室内方便自由、抓捕老鼠而设。室内盘有石板炕，炕头柱体定置旋轴式木灯台。为冬季保暖、夏季通风之需，大多安装单扇方框门、长板篱笆门、栏杆门。大门的制作形式有两种：一种是单间独座安装门体，另一种是楼底通道间安装门体。门扇制作形式有单扇户枢方框门和双扇户枢方框门两种。通道大门楼上的居住人员，可监巡通道院中人畜活动情况。①

篱笆墙体 孟达村落现保存有明清时代的18座篱笆楼建筑，完全体现出篱笆楼的建筑艺术。每座篱笆楼的上下两层墙体，是用木、石、土、篱笆混做的墙面。楼体底层墙体，用附近的河光石、红石板和泥草混合砌筑，也有用土坯砌筑，还有用黄土夯筑篱笆混制。石砌形式有乱砌式、平砌式、人字砌式，楼墙正面有板格装修式。二层的楼墙为了减轻负荷压力和便于取材施工，并能保证墙体的牢固美观，两侧边墙、背墙、隔墙，都用山林珍稀灌木树种忍冬、红瑞木垂直笆条编成。编笆修墙的施工用具是一把斧头、一把凿子、一把泥刀和一把锯子。在山林中选好材料，用斧头垂直横桩和笆条；用凿子在楼柱体侧面测定距离后凿孔，安置横桩；用斧头将编制的笆条按尺寸剁齐加工，编成粗细均匀的笆条墙，使墙面平齐匀称，墙体紧固；用泥刀在篱笆墙内面，抹上褐底白面的两层草泥。篱笆墙的编制多为横桩竖编，也有竖桩横编的。编制有竖编式、方格或菱格式。篱笆条有粗有细，使墙面形成席状海波纹体，粗犷古朴，牢固美观，具有良好的防御、防潮、防火功用。这种篱笆墙建筑形式，拓展了建筑用材，民族建筑与地方建筑风格十分突出。

在建修篱笆楼的历史中，编制篱笆的工艺流程和形式，并未发生大的改变，其做法基本保持统一。篱笆编制有两种形式，一种是比较原始的编做形式，即在楼体背墙、两侧面及柱体侧面等，直接凿孔，置桩竖编或竖桩横编笆墙。另一种编制形式是根据墙体所需的长短大小，先制作出框架，编制多种形式的篱笆面，如编笆与木雕板笆相结合的墙面形式。制作完成后，涂刷清漆，将框架安置墙面。运用篱笆编墙的形式，可建篱笆楼，又可建篱笆

① 全国政协文史和学习委员会、青海省政协学习和文史委员会编：《中国少数民族文史资料书系·撒拉族百年实录》（上），中国文史出版社，2015，第396~397页。

磨、篱笆厅、篱笆平屋、篱笆牌坊，还可制作篱笆门等建筑构件，篱笆礤、篱笆筐等生产工具，篱笆床等生活用具。

石块砌筑 在篱笆楼的建造中，石砌技艺主要体现在墙体地基、基墙、台阶和院道墁石上。因孟达地处黄河谷道、高山坡地，石类资源丰富，有河光石、黄河石、褐石等，选取规格大小不一的石块，不经任何打磨，即可用于建筑中。（1）墙基砌筑。墙基是整个楼座的基础，施工时先放好挖槽线段，一般开挖土地宽0.7米、深约0.8米的基槽，用不规则的大块石头砌筑一层后，用土泥垫平一层，再用草泥压平泥层，逐次加高至0.8米许，使整个墙基形成平线。（2）基墙砌饰。即砌筑楼座底层墙的底部。在墙底基地用选好的未经加工的石块，有序砌饰筑层，若在石间开有孔隙，用小块石类夹实垫齐，再用土泥垫齐压平。石砌形式有一立一平式、人字一平式。（3）院道铺墁。篱笆楼院道的石砌铺墁显出具有园林建筑艺术的风格。墁石主要砌在门道、院内通道、散水等处，采用糙垃做法，使用未经加工的河卵石、花石子等。先放线栽好花子石，再用河卵石铺墁。院中的甬路、散水，也用长条大石并砌边沿，内部用河卵石墁石花纹、几何纹整修甬路。甬路做成中高边低，以利于排水，做到雨过天晴，院内无水。（4）石砌台阶。楼前多为高约0.4米的台阶。最通常的做法是挖开基槽，台边用自然河光石条砌固。先夯实台面基地，台边用石块或石条并砌，用石规格有大有小，中部用河卵石、砖类墁平，内高边低，以利排水。石砖铺成的式样有十字缝、拐子锦、席子纹、人字纹、花纹类等。

夯土与土坯 篱笆楼的院围墙、楼底墙、楼体上下层顶多用夯土。（1）用夯土、土坯围墙。有两种形式。在现存的古篱笆楼墙体中发现，一种是高筑夯土院墙，夯筑到顶，与楼顶持平，夯土层厚0.2~0.25米，土气浓烈。另一种是楼体底层土墙，一墙两用，既是围墙，又是楼墙，土泥混制，或土坯筑砌。（2）在大部分篱笆楼底层，大门两侧墙面，在石砌墙基上部，用土坯石泥砌墙或用土夯筑。（3）屋顶用土处理。建楼屋顶时，在望板签子上面，先用0.06米的粗泥压稳垫平后，撒上少许干土，再用100：8比例配成的黄土与麦秸细泥抹平，土顶屋面形成 100：6 坡度。晒干后再用碌碡反复碾压，用细土灌入细小裂隙。屋顶周边用砖瓦石头砌饰，安置排水筒滴瓦等。篱笆楼建成后，每隔四五年，上补一次屋泥。

三　屯堡

屯堡分布　青海屯堡建筑主要分布在黄南同仁和民和古鄯李家山等地，具有鲜明的军事色彩。同仁县城以北主要有年都乎村、郭麻日村、尕撒日村、吴屯上下庄、加仓麻村、保安下庄等自然村落，这些村落沿隆务河两岸呈带状分布，相对较为集中，且因历史原因，以屯堡形式居住。历史上称之为"保安四屯"，即季屯（今年都乎村）、李屯（今郭麻日、尕撒日两村）、吴屯（今吴屯上、下庄）、脱屯（今保安下庄），这四座屯堡被周边藏族群众称为"加寨子玉"，意为"汉四寨子"。[1]

屯堡历史　据清代乾隆年间龚景瀚等编纂的《循化厅志》记载："明初立河州卫，分兵屯田。永乐四年都指挥使刘钊，奏调中左千户一所，贵德居住守备，仍隶河州卫，保安其所属也。贵德共十屯，而保安有其四。"又载："屯兵之初，皆自内地拨往，非番人也。故今有曰吴屯者，其先盖江南人，余亦有河州人。历年既久，衣服言语，渐染夷风。其人自认为土人，而官亦目之番人矣。"屯堡式的居住使得这里的文化生态较为稳定，同时也因历史上的军事、经济及文化交流频繁，文化交错相融，语言及习俗交叠，呈现出多元文化共济共荣的格局。

屯堡格局　屯堡村落基本沿袭了历史上形成的自然村落格局，受历史上的军事战争、民族迁徙及行政建置等影响，居住及日常活动空间形成屯堡特征。如年都乎城、郭麻日城、吴屯城、加仓麻城等大小城堡，密布隆务河两岸。其基本特征为因势土筑，城门洞开，城内庭院相连，曲径狭长，高墙小

---

① 唐仲山：《青海同仁屯堡人端午节俗调查分析》，《民俗研究》2005 年第 2 期。

院，土木平房及小二楼。城内进出货物需人力驮背，大小车辆难以自如，如今许多城内居民逐渐迁居城外，购置手扶拖拉机等农用机器，方便耕作也利于从事副业，增加收入。有些年代久远的城堡现已部分拆毁，难窥全貌。

屯堡特征 隆务河流域通常被称为"热贡"，历史上有蒙古族、吐谷浑、藏族、汉族等民族来往迁徙，民族的多元造成这一地域文化的多元。由于历代王朝与当地少数民族政权的军事纷争，民族或地域间为争夺耕地、牧场等资源的纠葛，加之驻牧、屯兵等政策的影响，其屯堡文化特征格外突出。杂居—纷争—共存使得屯堡呈现出壁垒保守的封闭性特征，同时又在文化构成上呈现交叠吸纳的开放性特征，从而在语言、服饰、信仰和生产习俗等方面形成了特有的二元结构。

四 僧舍

僧舍即为出家僧人的住所。青海藏传佛教各大寺院建筑群落中皆有大量僧人宿舍，依地势高低而建，多为庄廓院落形式。

一般而言，地势较高的寺院用地主要用来建造佛殿、经堂等重要建筑，低矮的僧舍可以起到烘托佛殿的雄伟壮观和气势磅礴的作用。僧舍院落中的房屋建筑、庭院布局和大门位置等，与普通民居类似。房屋以平顶厦房为主，墙体为夯土高墙，表面用细泥抹得光滑平整，大门朝路而开，窗户开在庄廓墙内，屋檐及墙体上有暗红色的鞭麻草成分，整体外观坚实浑厚。承重系统内用木隔断，外墙只起围护作用，室内的大梁和椽子承托屋面，其下用木柱作为整座建筑的支撑。

僧舍房间单独朝院内开门，或两进房间向院内开一个门。各个房间依四周围墙而建，从而具有了鲜明的庄廓民居特点，也有少数院落四面围合排列成"L"形或"凹"形院落形式。多数僧舍坐北朝南，有单独的厨房，主要卧室多南向开窗、开门，厕所和马圈多在院落西南部。院内有回廊、天井和小型花坛。

室内装有火炉，用以烧水煮茶，冬日取暖。沿墙置有佛龛、法器、圣物、唐卡或活佛照片。矮床多置窗下，床旁有小桌，便于平日打坐习经。

五 窑洞

窑洞是典型的"穴居式"民居形式，多分布于黄土高原。作为普通民居，存在于青海乐都的山区一带。在乐都县中岭乡铲铲洼村可以见到保存完好的窑洞。

窑洞口安有木门，虽然简陋，但与庄廓院的大门较为相似，有门框、门槛，还有门檐。门不大，仅容一人通过。窑洞里面是拱形，高约1.6米，张开双臂几乎就能摸到两边的墙壁。一进窑洞就是灶台，再往里就是当时的客厅。

卧室在窑洞的最里面，是另外挖出的小窑洞，盘有火炕，炕尾处嵌有窗户，阳光可以照射进来。炕的对面有一很小的窑洞，人只能爬进爬出，用以存放家中贵重东西。

与窑洞较为类似的一种特殊民居形式是地窝子。在平地上挖出一米多深、十几平方米大小的土坑，然后四周砌着几层土坯砖块，上面架起几根并不太讲究的房梁和椽子，上面铺些草料，再用泥巴盖住，就构成了一种奇特的小屋。地窝子的建造过程较为简单，可以就地取材，冬暖夏凉。缺点是光线昏暗，容易漏风漏雨。

如今，窑洞和地窝子不再作为当地民众的居住形式。很多人家依旧保留的窑洞，现在主要用来存放苹果、洋芋、萝卜等果品蔬菜，冬暖夏凉，是理想的储藏空间。

六 府邸

馨庐 西宁市区内保存比较完好的府邸是马步芳公馆。这是青海省保存最为完整的民国时建筑，也是全国唯一一座选用玉石作建造装饰材料的官邸，始建于 1943 年，是民国时期省府主席马步芳的私邸，取名"馨庐"。公馆保留下来的院落占地近 3 万平方米，建筑面积 6800 余平方米，共有房屋 298 间，分别由前院、中院、南院、西一号院、西二号院、西三号院以及后花园 7 个独立而又联系的院落组成，各院和重要厅宅都有暗道相通。馆内许多建筑的墙面镶有昆仑山产的玉石，故人们亦称之为"玉石公馆"。院落设计精巧，建筑古朴典雅，1986 年被省政府确定为省级重点文物保护单位。

香日德班禅行宫 藏传佛教的许多高僧大德也有自己的专用居所，一般被称为行宫。西宁、湟中、海西等地建有班禅行宫。香日德在藏语中的意思为"树木繁多的村庄"，班禅行宫又称为"班禅行辕"，坐落在香日德河畔，密林之中。1680 年（康熙十九年），康熙帝将地处都兰县香日德的一片牧地赐封予班禅作为香火供养地，此后为了历世班禅进京朝圣的方便，1779 年（乾隆四十四年）开始在此建立班禅行宫，后称香日德寺，是历代班禅往返内地必经的驻锡地。行宫南北长 214 米，东西宽 160 米，占地面积 34.24 公顷，分为内墙和外墙，呈"回"字形。外墙内种植树木和农作物，内墙两侧建有僧舍、斋房 82 间，正中央坐落着古香古色的大经堂，经堂面积 1250 平方米，为砖木结构两层楼房。

塔尔寺大拉让 "拉让"是指藏传佛教中教主或活佛等宗教上层的私人公馆或私人办事机构。位于塔尔寺西山半山腰的大拉让是全寺法台所住的地方，又因达赖喇嘛和班禅喇嘛来本寺时，向例驻锡于此，故而称大拉让为达赖、班禅行宫。清顺治七年（1650）卫拉特蒙古王公才旺丹津出资修建此行宫，为汉式寝宫，起名"吉祥新宫"，康熙二十六年（1687）扩建为有四柱八梁的三进藏式院落。乾隆四十二年（1777），又增建了宫墙、华门、牌坊等，清高宗赐名为"永慧宫"。现今的大拉让是一组由大小三座殿堂、华门和牌坊等组成的雅致建筑群落。正门为三拱门歇山顶建筑，两侧各配一段宫墙，整个外墙均饰以红色涂料①。院内正中的牌坊小巧玲珑，正面用蒙藏两种

---

① 普通活佛的住所只能用白色涂饰外墙，而级别高的活佛、寺院法台的府邸才可用红色，达赖、班禅最高级别的活佛府邸用黄色涂饰。

文字书写"吉祥新宫"。正殿楼上是一座四合院，正屋是达赖、班禅活佛来寺时的居住之所，堂屋为小经堂，正中安放着镂刻精美的金漆蟠龙佛龛，四周陈设金、玉、玛瑙、珊瑚及瓷器等，右屋是寝室，内壁、顶棚均用黄色丝缎裱糊；靠近窗户边设云床，上置花梨木嵌大理石面炕桌；左屋为宝座室，正中设金漆镂花宝座，上铺黄色绸缎，两侧设长条禅座，四壁悬挂唐卡。本寺的法台，达赖喇嘛和班禅喇嘛来此寺处理事务、会客和念诵焚修等，都在这里进行。

第五节　民居信仰与禁忌

一　民居建筑仪式

择地　青海多民族共同使用的民居形式是庄廓，庄廓民居建筑仪式主要包括庄廓建筑过程中的选址、择日、打墙、合龙、盖房和立门等内容。[①]

民间讲求庄廓建筑要依山傍水，选择宅地要有"四神砂"（青龙、白虎、朱雀、玄武）和周围水道，选址步骤主要包括觅龙、察砂、观水和点穴四个程序。觅龙就是从宏观上审定来龙的形势，即龙脉的走势，老百姓在选址时要望势觅龙，讲求来脉悠远，生气连贯。在辨认龙脉形势时，还要注意主龙四周要有屏障护卫，左右之山形，前护后拥，方能气势壮大。察砂就是查看龙脉周围的小山，讲求"青龙要高大，白虎不抬头"。观水就是看水的来去，只要知道水的源头，也就知道了山的发脉，知道水的尽头，也就知道了龙的落脉。点穴仪规非常复杂，特别看重地穴的坐山朝向。

居住环境和宅基地确定以后，要选择吉日良辰开工建造。关于吉日良辰的选择，民间有不同版本的推算方法和歌诀，注重敬神避煞和禳解之法。

---

① 刘大伟：《河湟庄廓的文化空间研究——以青海省互助县大河欠村为个案》，青海师范大学硕士论文，2007。

择定吉日 选好吉日即可动工打墙，青海民众称为"打庄廓"。动工前，主人家要在新庄廓院的中央位置焚香煨桑，祭奠五神及太岁，以求建造平安。祭奠完毕，工头组织众人用耜挡、墙板、架杆、石杵子、木榔头、墙楔、橛子等工具夯筑围墙。打墙时筑墙的人要哼唱打墙号子，待筑好一板高的墙体后，拔除下面两块墙板与夹杆之间的墙楔，即可抽出两墙板，翻架上层，再添土夯筑。这样，依次向上翻续，逐级升高。打墙期间，主人家要拿出好饭食招待前来帮情的众乡亲们。

合龙口仪式 新庄廓竣工前，"工头"要主持"合龙口"仪式，主要内容为摆设香案，酬神谢人诵祝口彩。新庄廓既成，开始在院内盖房。盖房注重选择吉日和合宜方位，然后立木雕花，盖房过程中最隆重、最热闹的仪规莫过于上梁仪式的举行。民众认为这是宅院安宁、家庭和睦的重要保证，一定要选在黄道吉日，届时在院子中宫位置献盘一副、红绸一条、花红礼祀数件并焚烧香裱、鸣放鞭炮，以示敬神敬"宝梁"。上梁时，木匠师傅要说长串的吉祥口彩，并抛洒干果钱币。

立门 最后一项规程是立门。立门的时辰、方位和开法也各有讲究。民间认为大门的方向、位置、角度等对主家的财运、门风、安宁和健康状况有很大的影响，故而慎重，民间称立大门为"启财门"，寓招财进宝之意。新门落成时须邀请第一位进门者，此礼仪俗称"踩财门"。踩门者须是当地德高望重、福寿双全的长者。门框立起后，必须当天用砖块或土坯加以固定，不可使之松动、挪位。自第二天起，新居开始"忌门"，其间禁止陌生人入内。

二 庄廓居住习俗

点灯煨桑 庄廓居住习俗主要体现在居室空间划分和房屋装饰方面。在居室之内，一般划出神位、睡处、照明、取暖、储藏等空间结构。神位一般置于堂屋正中，自左至右分别为祖先神、财神和灶神。这些地方平日要打扫干净，每逢节日或祭日要点灯煨桑。

火炕　庄廓民居内部所指睡处皆为火炕。火炕也是北方传统民居中的重要设施之一，民众非常重视炕的位置，认为炕不仅是重要的休息之所，还是家人聚会、款待来客、妇女做活、幼童玩耍的重要场所，而且与子孙繁衍密切相关。农家的炕主要有木板炕和塌泥炕两种。除了睡觉之用，火炕可供人们围坐聊天、宴饮、唱曲儿、讲故事。

照明设施　庄廓居室内的照明设施主要有门窗和灯两类。各个房屋的门窗因其所处的位置各异而采用不同的做法：正房中的门窗大而精，既利于房屋内得到充分的阳光，又使房间外部显得轻柔、华丽；两侧厢房门窗开设也较大，但形状及做工均逊于大房。所用灯具过去多为油灯，现在皆为电灯。室内取暖，除了火炕之外，过去大部分人家使用火盆，用以烧水、取暖，现在有条件的人家添了烤箱，室内温度提高了，人们对热炕的依赖程度也有所降低。

居室装饰　庄廓居室装饰内容反映着老百姓的审美理想与价值观念，通常是在门楼、门墩、照壁、房檐、屋脊和门窗等地块空间处进行镂雕绘画，总括起来包括泥塑、木雕、石刻、瓷瓦和凸花砖等几种类型。装饰重点是房屋的木构部分，即梁、檐、门、窗等。土族民居的门、窗、檐口底部及柱身雕刻着美丽图案纹路，图案巧妙严谨、绚丽朴素。回族民众十分重视居室装饰与家具摆设，但装饰品与摆设的范围仅限于与人体无关的山水画、花卉画、字画、花瓶等。

内外墙均以白土泥抹光是庄廓居住习俗的又一重要特色。它既给人以坚实、整洁的美感，又减弱了水、风对墙体的侵蚀。土族在大门所在的外墙面上用白卵石镶嵌出宝山图形，以示吉祥；墙头的四角上也常置白卵石块用以避邪。室内的墙面则不论贫富都间隔一定时间用白土泥抹光一次。

三　居住信仰

（一）汉族居住信仰

供奉神灵　庄廓民居内的信仰集中体现在民众对灶神、财神、祖先神和门神的信仰方面。① 灶神俗称灶君、东厨司命，为一家之主。河湟地区的许多家庭将灶神安置在堂屋的右侧，灶神牌位是一块红纸，上面写有"东厨司命灶君之神位"，并在灶君神位的两侧写有"上天言好事，下界降吉祥"的条幅。民间多见祭灶活动，腊月二十三日，设祭于灶神牌位前，供物有灶卷、肉食、豌豆、糖果、清水等。主妇点灯，叩头之后将灶神牌位揭下，在烛台上烧了，意为送走灶神，其间念诵祭词。

供奉财神　财神是民间信奉的掌管钱财之神，民间有信奉赵公元帅的，也有信奉赐福天官的。每到春节，河湟地区家家请回财神，供奉财神像，焚香上供品。正月初二清晨祭焚财神像。到了正月初五凌晨，人们抢先打开大门，敲锣打鼓，燃放鞭炮，向财神表示欢迎。清代蔡云《吴觎》中有生动描述："五日财源五日求，一年心愿一时酬。提防别处迎神早，隔夜匆匆抢路头。"所谓"抢路头"即抢接五路财神，人们个个争早放头通鞭炮，以此祈盼发家致富。

门神　是家庭安全保护神。汉族古代沿袭祀典，无论皇室、百官与平民，一概都有祭祀门神的传统，甚至把它与祭灶并列，以示重要。青海民众普遍在庄廓大门上张贴秦琼、尉迟恭二门神镇守宅院，若有人从远方来，或是参加了葬礼归来，则要在进门前燃放一堆火，从上面越过后才能进门，据说火可以吓退如影随形的鬼魅。每到春节，民众在大门上贴掌门神像和黄表纸，印的"钱马"，就算门神归位了。

（二）其他民族居住信仰

藏族　无论是居住帐篷的游牧区藏族，还是居住木石结构土房的农业区藏族，都在房内专设供佛的位置，房内正中尊位供佛神龛，摆上用黄色绸缎包裹的经卷，以及盛有净水的银质或铜制小碗、小盅，点上表述吉祥如意的酥油灯，用虔诚的心情祈求神佛保佑家宅平安。

---

① 刘大伟：《河湟庄廓的文化空间研究——以青海省互助县大河欠村为个案》，青海师范大学硕士论文，2007。

回族　回族民众则在建房开工之前请阿訇、亲友念"亥亭"，祈祷平安，告慰先人；其间有能力者还向清真寺或贫困者散"乜提"（布施）。上大梁时，请阿訇在纸（布、绸子）上写一段经文，用红布包到大梁中段，借以镇压"伊比利斯"（魔鬼），祈求平安。

蒙古族　蒙古族的蒙古包不论大小，结构基本一致，开门必须朝东或东南，这是为了抵御严寒和风雪，以适应自然环境，也与传统的崇拜太阳、朝日习俗有关。蒙古包内的正中上方设有佛龛，上挂佛像，置佛经经卷，摆列酥油灯。

四　居住禁忌

选址禁忌　庄廓民居的整个建筑过程多有禁忌，选址讲究前有照山后有靠山，切忌照山高于靠山，又忌讳照山后面再探出隐约山头，谓之"贼山"。宅院忌讳呈簸箕形，即左右偏房外展，老百姓认为会失财。宅院宜呈四方形，忌呈三角形，俗谓"三条腿的院子"。宅院宜实忌虚，虚的表现是宅大人少、门大内小、墙院不整、井灶不处、地多屋少等。门前溪流回环而去为好，忌笔直流走。忌讳大路、垭豁、坟堆直冲门户，建造照壁予以化解。建家宅，需选好地基，选地基要顺势，忌逆势。按中国人的习惯，建房一般都是坐北向南，忌讳坐南向北。这是根据地理、气候的环境，为避风、向阳而设的。这样的走向，地势上东西方向还问题不大，最忌南高北低，看上去极不顺眼，俗言说："前（南）高后（北）低，主寡妇孤儿，门户必败。后（北）高前（南）低，主多牛马。"[①]

选择吉日时，忌犯神煞，打墙开工前一定要焚香煨桑，祭奠五神，忌犯太岁。新房落成后，不能马上入住，需邀请亲朋好友前来唱喜歌、吃酒宴、闹新居，赶走不吉利的东西才行。贺房之后就该住人，人能带给房子以

---

① 刘大伟：《河湟庄廓的文化空间研究——以青海省互助县大河欠村为个案》，青海师范大学硕士学位论文，2007。

阳气，充满阳气的新房日后住起来就吉利，否则让新房空着，鬼魅就会侵入，若一时来不及搬迁，也要将衣服挂在房间里，以示有人在此，从而吓退鬼魂。

开大门禁忌　大门不能开在庄廓墙的正中，也不能朝向北方，门前不宜有污秽的场所或水沟。立门那天忌遇娶亲、送葬、病人、孕妇、空桶等。立门后的第二天要进行忌门，戴孝者、鳏寡、残疾人、病人、乏人乏马及有过恶行者不得进入。房门是"气口"，白天应该敞开，吸纳生气，如果白天常关门易使人想到"关门闭户"，很不吉利。民间忌讳坐门槛，认为门槛是家神凭依之处，故忌坐、踏、站门槛，否则家中必遭灾祸或破财。

房屋布局讲究　主房、偏房、门楼、厨房、厕所各有定位，不可错乱，否则不吉。建左右偏房时，要注意外段向里收三分，这样可以拢财聚宝。建东西房屋时，"宁叫青龙出头，不叫白虎张口""宁叫青龙高一丈，不叫白虎压一头"，即西房不能比东房的间数多，西房不能比东房高。房屋的间数，宜单忌双。通常以三间、五间或七间为一座。不盖间数为双的房屋。谚语说："四六不通脊，通脊死闺女。"又说"四六不做主"，意即家里没有主心骨。回族家庭忌讳在屋内张贴人物、动物等有眼睛的画像。屋内火炕或床应该置于有生气的方位，忌"坐生向煞"。妇女一旦上炕而坐，须双膝并拢，侧身坐立，忌盘腿而坐。如果下炕，要从别人身后绕过，忌讳直接从人前经过。

烟囱禁忌　民间也多有禁忌，不是腊月大扫除，一般不捅烟囱，否则主家有人定患眼疾。晚饭洗涮完毕后，主妇要在锅内置一东西或添上水，不留空锅，意即顿顿有余、年年有余。此外，禁止烧火时说污言秽语，禁在灶前呕吐、堆放不洁之物，禁坐灶台之上。

中宫　是庄廓的正中方位，民间称之为"中宫院槽"。为避免人们践踏中宫，其上要砌上花坛，花坛之上再设焚香用的小桑炉，坛中种植花草，严禁向花园内抛洒杂物和脏水。院内不可乱挖，不能过于阴湿，应保持地面清洁，排水路径为由内而外、由小到大，不可穿房，不可直泄，回环而去，象征家财聚而不散。排出去的水也不能通过别人的宅院，否则，会把别人的家财冲走。厕所方位十分讲究，严禁居中，也不能靠近主房和财门，厕所若有破损，需及时修好，否则主人多疾病。畜圈忌设在震、兑二方，鸡鸭圈不能建在亥方，也不能垒在正屋的屋檐下，否则"双落泪"，不吉利。

与邻居关系　相邻各家建房时，房屋高度要大体一致。民间忌讳某家的房子、庄廓墙高于其他人家。否则，被认为会压了人家的运势，人家大病小灾都要归罪于此，往往会因此而招致邻里纠纷，甚至会结下世代怨恨。盖房出檐、留滴水等，忌讳超出自己的宅基地，禁遮盖或滴水到邻家房上。后房檐忌砌"狗牙砖"，否则，被认为是"咬着后家"了，后面的人家会竭力反对。屋脊忌冲着邻家的院子，否则，被以为是以"箭"射人，邻家不乐意。若躲不开，须在山墙脊头扣一砂锅。执意不扣砂锅的，邻家会在院中安一面镜子照射，以为这样就使灾祸又返回到对方家中了。

种植树木　庄廓内外种植树木也颇有讲究。民间说法是："前不栽松，后不栽柳，院子里不栽鬼拍手。"一般不在院内种树，尤其忌讳在堂屋正对面种有树木。若种有树木，在院落里忌种碧桃和杏，老百姓认为有"逼逃"和"恨"的意思。

帐篷禁忌　帐房内须遵循俗人不能在僧人上方、女人不能在男人上方就座；席地而坐时，男的盘膝而坐，女的半跪式而坐；凡男人用的东西，女人须绕过，不能跨越。老人进入帐篷时要起立让座，不能向老人座位伸腿；不能对老人直呼其名；有病人或生孩子时忌讳有人来访，以防止生人引来邪气；不能拿着烧红的木枝随意甩动、转圈，否则会招来灾祸；第一次做客人家，忌空手进门，须带适当礼物，客人辞别时，主人家要回赠适当的礼品，忌客人空手而回。在客人面前，家里人不吵架、不打骂孩子，不向客人诉说自家生活的困难；给客人盛饭时，不能用有裂缝或豁口的碗；客人进门后不能立即打扫房屋。俗语云"佛面不要用口吹，人脸不能用指戳"，否则被认为是对佛的不敬，是没有修养的人。

蒙古包禁忌　进蒙古包时，不能踩门槛，不能在门槛垂腿而坐，不能挡在门上，这是蒙古包的三忌。不但脚不能踩门槛，手不能抓门头，连顶毡也不能随便触动。坠绳是蒙古族民众生产生活、五畜繁衍的吉祥物，非常珍贵，外来人不能用手去摸。包内的牛粪箱子等忌讳从上面跨越，不能垂腿坐在上面。牛粪是生火的，无论从崇拜火来考虑，还是从尊重祖宗的香火考虑，进出时都要把袍子撩起来，不要让袍边扫着牛粪箱子。火剪子之类的东西碰到脚下，也要拿开，不能从上面跨越。蒙古包内的许多物品摆放多有禁忌。如放马鞍时，要顺着墙根立起来，使前鞍鞒朝上，骑座朝着佛爷。如果嚼子、马绊、鞭子分不开，笼头、嚼子要挂在前鞍鞒上，顺着左首的鞒鼻向着香火放好，鞭子也挂在前鞍鞒上，顺着右手的鞒垂下去。马绊要挂在有首捎绳的活扣上。摆放衣服时，袍子的领口一定要朝着佛爷。袍子的胸部放在上首，男人的衣服放在上层，女人的衣服放在下层。肉食、奶食、水等不能混放，一切开口朝上的器皿忌讳倒扣。

第四章　交通民俗

　　交通民俗是指在交通设施和交通工具的创造及使用过程中产生的与交通有关的民间习俗与惯制，如道路的开辟、家畜的使用、桥梁的建筑、车船的制造以及相关规约信仰和民俗禁忌等。青海交通习俗大致呈现出地域性、行业性和神秘性三个方面的特点，交通类型以陆路交通为主、水路交通为辅。交通工具的使用与变迁较为明晰，传统陆上交通工具有骒马、毛驴、牛、骆驼、驼羊以及与之相关的马车、骒车、牛车、架子车等，随着社会的进步与生活水平的提升，逐渐出现了农用车、自行车、摩托车、汽车等现代交通工具。陆上交通设施主要包括石桥、木桥、吊桥和浮桥，水上交通设施主要有筏子、渡船、木瓦和皮囊。此外，在民众生活的特定语境中，逐渐形成了与婚车、丧车、驿站、客栈、渡口等特殊交通工具和设施相关的民俗信仰与禁忌。

第一节　畜类交通

一　骒马

　　马是传统上青海农牧区最主要的交通运输工具。河曲马、浩门马、玉树马都是有名的马种，在历史上，它们为各民族间的往来发挥了重要作用。在历史上，吐谷浑人曾将青海湖中的海心山作为良种马的繁育基地，于每年冬季湖水结冰后，将选好的良种母马放到小岛上，待到来年春天进岛收马时，马已怀孕，产下的马驹被称为"龙种"或"龙驹"，大多出落为矫健无比的骏马。吐谷浑人还留心优良马种的引进，如从西亚的波斯引进优种母马，放在海心山，培育出日行千里的"青海骢"。祁连山下的大马营草原上，有一座著名的山丹军马场。其渊源可以追溯到公元前 121 年，由西汉骠骑将军霍去病始创，距今已有 2000 多年的历史了。后虽几经沉浮，仍然成为亚洲最大的军马繁育基地，为我国的良马培养贡献巨大。

在日常生活中，马是民众生产生活中不可缺少的一份子。春节一过，农区民众就开始架起马车，往田地里拉粪肥。春耕下种时，需用两匹马驾驭犁地；秋收打碾时，需要用马拉碌碡碾场。庄稼下种以后至秋收这一阶段，各家的马匹较为清闲，农民也相对空闲，他们常常结伴去给马割草，以备夜里添用。割草回来的黄昏时分，农区儿童都牵起自家的马匹，到较大的草坡去放牧，直至太阳落山时相伴回家。

骡子是马与驴交配孕育的，有马骡和驴骡之分，也是农民重要的好帮手和理想的交通工具。相对而言，骡子虽然不能生育，但遗传基因较好，身体高大，干起活来比马和驴子更有力量，凡是用马能完成的活儿，骡子都能完成得更出色，因此颇得民众珍视。在交易市场上，骡子的价格往往也很高，但有一些缺点，如骡子的脾气较大，不易驯服；由于干活带劲，骡子的体能消耗大，所需草料和豆料相对要多。

二　毛驴

在缺少马匹的地方，人们常以毛驴来协助生产生活。毛驴性情温顺，容易驯服，善听使唤，一般长者、妇女和孩童都能驾驭，而且价格便宜，适合粗放，不易生病，非常容易饲养，一把麸皮、一捆干草就能维持它的生存。毛驴虽然身体娇小，但一般的农活诸如驮土填圈、背桶运水、拉磨、驮麦捆、运粮、运肥、碾场、磨面等都离不了它，特别在拉磨这件既耗体力又耗时间的工作中，毛驴常常表现出极大的耐力，拉上一天的磨轮也不焦躁。过去新媳妇回娘家，一般会选择骑行毛驴，毛驴行走在山路上既稳，又灵巧，深得民众的喜爱。

在民间，老百姓称公驴为"叫驴"，称母驴为"草驴"。一头健壮的叫驴不仅需要参加劳动，还需要肩负起繁衍后代的重任，如果叫驴的表现出色，则会吸引许多家养草驴或母马的人前来寻访，以期让草驴或母马受孕，并给叫驴的主人支付酬金。

三 牛

高原地区多产牦牛，牦牛性情驯服，体力强壮，能驮善走，抗寒耐饥能力强，适宜在3000米以上的高寒缺氧地区负重长途跋涉，是风雪高原理想的交通工具，素有"高原之舟"的美誉，是藏族民众生活中不可或缺的一分子。牦牛还有识途的本领，善走险路和沼泽地，并能避开陷阱择路而行，可作为旅游者的前导。

在过去，藏区的牦牛运输有大帮和小帮之分。大帮驮队多为地方上的大商人所经营，他们自货自运，自称"草地客"。小帮驮队多系汉、回两族人经营，藏族民众称汉族驮帮为"西客巴"，往往受雇于客商，为其驮运货物。小帮驮队一般只有百十来头牦牛，大帮驮队则有上千头牦牛，有的商人还联合组成超过万头的大驮帮。大帮驮队的调度指挥，由参加结帮的商户推选熟悉情况和有经验的人为正副总帮头，并按每户为一个帐篷进行编队，以防互相抢道。大牛帮行进时，前哨有乘马开道，各帐篷依秩序而进。由于牦牛行动缓慢，走在最前面的头帮驮牛已经走了很远的路程，而尾帮还在原地未动，通常要走两三天，尾帮才能起步跟进。在青藏高原，随着牦牛运输作用的不断增大，这些沉默的运输工具慢慢用腿脚踏出了一条条固定的交通运输线路，其中有的路线成为后来公路铁路干线的基础。

黄牛在青海农区生产生活中不可或缺。如果家中没有骡、马、毛驴，则肯定养有一头或几头黄牛。相较于骡、马，黄牛比较稳健，力气又胜过毛驴，因此，农区家庭一般的运输任务也可用黄牛完成。在运送粪土、播种、取麦捆、打碾等方面，黄牛的表现也不差，虽然行动相对迟缓，但比较稳当，不易出差错，安全系数高。

犏牛是牦牛和黄牛杂交后的品种，在体型、力量、性情等诸多方面遗传了二者的优长，因此在生产劳动和交通运输中，犏牛更受民众珍爱。

四　骆驼

骆驼性情温顺，待人忠诚，易于驯服和驾驭。它的脚板厚韧，身高力大，耐寒抗旱，极适合于在干旱缺水地带长途跋涉，因而素有"沙漠之舟"的美誉。骆驼的驼峰里贮存着脂肪，这些脂肪在骆驼得不到食物的时候，能够分解成骆驼身体所需要的养分，供骆驼生存需要。骆驼能够连续四五天不进食，就是靠驼峰里的脂肪。另外，骆驼的胃里有许多瓶子形状的泡泡，那是骆驼贮存水的地方，即使几天不喝水，也不会有大碍。因此，穿行沙漠的理想交通工具非骆驼莫属。

在青海，骆驼生活在多有荒漠隔壁的海西一带。这里风沙茫茫，水源短缺，当地蒙古族民众常将骆驼当作最重要的交通运输工具。香日德镇有个都兰骆驼场，其前身是西北局青藏运输总队。有资料记载，中国人民解放军进驻青海和西藏之后，西北局军政委员会于1951年成立了青藏运输队，属西北局公路局管辖，当时的运输队称运输总队，主要运输工具是骆驼。总队下设中队，中队下设小队，每个中队有骆驼1000峰，驼工百余人。

驼场当时的主要任务是运送剿匪部队的物资，同时还担任由香日德至曲麻莱地区的运输任务。驼场的草山主要分布在香日德、香加、宗巴滩、大格勒一带。1951~1955年，运输队的行程路线为香日德—格尔木—纳赤台—唐古拉，全程约1000公里。当时，在唐古拉山靠近西藏一边的山脚下设立有运输大站，驼队运送的货物全部卸在站里，然后由西藏方面的运输站向拉萨驮运。所运物品多系军用物资，有粮食、布匹、枪支、弹药、食盐、被褥、衣服等，有时还驮运饮用水。青藏公路通车后，运输总队改为骆驼场，养有骆驼 1000 多峰。①

五　驮羊

青海驮羊主要分布在广大牧区和部分山区，是牧民和农区、集镇进行货物交换的辅助交通工具，主要用来驮运盐巴、茶叶、酥油等生活必需品。每只羊能驮 10 公斤左右的物品，每人一次可管理驮羊百只，如果上百只驮羊成群驮运，总量也是非常可观的。驮羊日行夜宿，边走边采食，只要把驮物捆绑在羊背上，不论路途多么遥远，沿途再也不需要装卸，所以运输物品较为简单、省力。虽然体格弱小，但驮羊有种执着的精神，只要驮物上路，就会坚持走下去。据说，因为路途遥远，加之一路颠簸，驮袋常常会磨破驮羊的肌肤，血渍和盐渍相互粘连，驮羊肌肤和驮袋会慢慢融为一体。赶到目的地后，当驮袋从脊背上卸下来时，驮羊的肌肤顺势被撕扯开来，空气直接灌入胸腔，驮羊会瞬间倒毙，场面非常悲壮。因此，民间将执着隐忍、不怕牺牲的精神誉为"驮羊精神"。②

第二节　车类交通

一　畜力类

马车　马车是农业区使用非常广泛的交通工具，车体由木车排、木车辕、车厢、轱辘构成。车轱辘有铁轴和胶轮，轮内铁盘上装有刹车铁锅，用"挂木"制动。过去，马车的分类较为复杂，主要包括单套（二头役畜拉拽，

---

① 卢东升：《都兰骆驼运输的历史变迁》，新华网，2012 年 3 月 21 日。
② 矫友田：《背负太阳的羊》，《中国校园文学》2011 年第 21 期。

辕一，曳一）、双套（三头役畜拉曳，辕一，曳二）、三套（四头役畜，辕一，曳三）三种。三套马车能装运七百多公斤货物，日行四五十公里。现在农区常见马车为一马一车结构，车排上置有铁皮车厢，可用于拉土送粪，运送粮食。在没有汽车和摩托的年代里，农区民众走远路时都要架起马车，车厢内铺上毛毡，盖上棉被，免受路途遥远和天气寒冷之苦。过去，农区迎娶新娘也用马车。届时，将备好的马车装扮一新，并在车排上用红毯绷起车篷，作为喜车。

㧖骚车 在一般马车的车轮上加钉一层胶皮，就成了民间所说的"㧖骚车"。这种马车的叫法颇有来历。据说在 20 世纪 30 年代，马步芳负责修筑省垣公路，公路修好后定了个规矩——只允许橡皮轮子的车辆通过，其他车马禁止通行。为了能在平坦宽敞的公路上跑运输，一些车户就在木车车轮外围加了一层橡皮，赖着上路行驶，并一边走一边脚踢车轮，意欲快走。因而这种板车就得了"㧖骚车"的名号，意为"耍赖皮"。青海有些地方至今还保留着"再别㧖骚了"（意思是说再别耍赖了）的方言。

嘞嘞车 马车有多种类型，还有一种车叫"嘞嘞车"，这种车是草原游牧民族曾经使用的一种较为古老的交通工具，结构上与一般马车差别不大，特点是形制比较宽敞，尤其是两个轮子高大而结实，诗人昌耀曾称其为高车。由于车体高大稳定，民间多用它运输麦捆，一般车辆在摞了高高的麦捆后，若遇道路不太平坦，容易翻倒，嘞嘞车刚好避免了这一缺点。它的缺点是过于高大笨拙，驾驭的马匹需要身强力壮才行。

牛车 如果家中没有马匹，一般农家则使用牛车，甚或驴车。在运输速度上虽然不及马车那么快，但牛车的优点是走路平稳，具有韧劲。牛车的车体结构与一般马车并无二致，只是牛很少被套在"㧖骚车"和"嘞嘞车"上。

青海农区的牛车多用黄牛，家中缺乏壮劳力或难以驾驭马匹骡子的人家多使用牛车。即便是妇女老者或孩童，也可以驾驭牛车运送东西。过去，人们秋收打碾完后，要上缴公粮，粮站一般设在城市或离乡村较远的集镇上，于是人们很早就驾车出发，等到牛车走到粮站时已到中午或下午，交完粮返回家中已经满天星星。人们之所以选用牛车，还是因为它比较稳当安全，不易惊厥。

当马匹在农区渐渐消失的时候，牛车依然存在，只是其运输功能逐渐减退。

骡车 传统上民间将专门拉人的带棚骡车称为"轿车"，车身打造精致，装饰美观，乘坐舒适。由于价格昂贵，一般平民根本坐不起。骡车如何衍化而来，已不可考，但明代人的诗中，有"门前一阵骡车过"之句，可以证明彼时已经用骡驾车。

骡车有大鞍车与小鞍车之别。大鞍车，即鞍较之普通者为大，是为王公贵人、满族命妇等少数有地位的人乘用。制作大方壮观，并无过分考究之处。小鞍车叫普通轿车，其用途较广，人人皆可乘坐。故一般专门讲究车马、衣着的膏粱子弟、纨绔少年，多在小鞍车的制作和装饰上费尽功夫，争奇斗胜。

大鞍车的御者须用三人，皆步行，两人扶车杆（俗呼"拿辕"），一人牵骡。虽有缰绳，但备而不用，另以小绳系于骡之下颏，以手高举小绳，使骡首高昂起。三人步伐须一致，骡行迅则人亦随之。御者皆着深蓝色布大褂，长与膝齐，腰系搭包，内着白色小布褂，翻两白袖于外，宽几半尺。夏日戴凉帽，缀极少而长的羽缨。走起来虽快如飞，而上身却不动，只衫袖、帽缨随步伐飘扬，故有所谓"风摆荷叶一炷香"的说法。

骡车由车身、车轴、车轮、车围、套具等五部分构成。

车身为木制，前面为辕，俗叫车杆，后面坐人的地方叫车厢，车厢与车杆之间为御者坐的地方，叫车前盘，车厢后面有二横梁，叫车后尾。车厢有穹形顶棚，前有门柱，门柱后即为开窗处，再向后又有两柱，柱后为方形窗棂。车厢下部为栏板。车轴和车轮分几种类型，官车的车轮多用十钉瓦，俗名"陕西脚"，车轮较高，辐条稍细，毂为凸形，轴稍长。普通坐车的车轮用平瓦，俗呼"笨脚"，毂作平面形。跑车车轮则特别重，以防止翻车。

车围也分内外两部分。外围用蓝布，在距车底盘约半尺的地方向上翻卷，卷起的部分，采用杂色缎，并以黑缎沿边，名为挽手。车窗用玻璃，亦镶以黑缎或黑平绒。车的内围，栏板部分用杂色缎，黑缎沿边，名为卧厢。卧厢与车顶之间称为里围，车顶和里围多是白色或淡蓝色的。若到夏天，外围两侧各开两纱窗，两窗大小不同，比例为"四六"。车后面亦开纱窗，车帘亦用满纱。两侧纱窗之上加蓝布遮阳，以竹竿架于车辕之上，以覆骡身，名为大帐子。夕阳西下或晚间出门时则撤去。天气一热，车内撤去里围，只留卧厢及车顶，以便通风，周围遮以熟罗帘子。雨天时车外加油布，若道路泥泞，则用拖泥布加于挽手之上。那时非三品以上官不能用红色拖泥布。到了冬天，车上罩以雪顶，雪顶用灰色或黄色氆氇制成，黑色绒缎镶边，颇为美观。

套具是骡车的重要部分，经营这些物品的鞍鞯铺与车铺（制车的铺店）、车围铺都有关系，而鞍鞯铺又与制各种套具的木工、皮件工、绳工、制毯工、铜铁工等皆有密切关系。所谓有套具，不外乎骡身上用的鞍、夹板、笼头、缰绳，以及车上用的皮件、金属什件等，与一般车马使用的套具区别不大。当年使用的缰绳多用白色或蓝色，王公贵人用紫色缰绳，且多用于大鞍车上。

架窝 又叫"驮轿"或"骡驮轿"，是驮在骡背上的轿子，俗称"架窝子"。这种由骡子背上驮轿的交通工具在晚清、民国时期比较盛行，现在已经消失了。根据地方志与文史资料可知，架窝普遍存在于北方各省，包括东北三省、内蒙古、京津、河北、山东、山西、陕西、宁夏、甘肃等地，青海的架窝应是由内地引进而来。青海东部河湟地区山陵密布，交通崎岖难走，素有"半世光阴路上忙"的俗语，架窝便成为大户人家的主要交通工具。因价格较贵，通常也是有钱人的行旅工具。其形制是将两根丈余木杆，用绳索缠缚作成网络，放置铺盖，上面搭上席棚，然后将木杆驾在两匹骡子上，骡子一前一后，由骡夫牵引而行。这一前一后的两匹骡子，在骡夫的

驱役下驯练有素，是长期驮轿的老搭档。前面的骡子相当于辕骡，主要掌
管方向、择选道路；后面的为跟骡，紧跟在辕骡后面，不能脱节，保持稳
定。比畜拉轿车，人在轿中坐卧自如，免于颠簸之苦；又比人力抬的轿子速
度较快，能走窄路，上坡下坡比较容易。当头骡拐弯的时候，轿下面有个圆
盘，能够旋转，使驮轿保持平稳。20 世纪 30 年代时，一些爱国志士、政府
要员前来青海时，就乘坐架窝到各地进行考察。马鹤天的《西北考察记·青
海篇》中记述说："架窝者，系用两木杆，上搭席棚，下结绳络，内装物件，
再铺以褥被，可坐可卧。木杆两端，有横杆，两骡前后架之，为西北最舒
适行具。"庄泽宣在其《西北视察记》中这样写道："自由甘赴青，则仅有大
车道，崎岖难行，且无路面，既不舒适，复无定期，不如坐'架窝子'较
为妥便。'架窝子'者，两骡抬行之轿，可坐可卧且不怕雨阻，为西北交通
最妥善之交通工具。"林鹏侠《西北行》中描述到："夹窝，为北方行路上
号称最舒适之乘具。用木杆二，上搭席棚，下以绳络网，以二驴杠之，如
南方之轿然。行李则均载于座下，被褥铺其上，可坐可卧，行时颠摆如摇
床。"随着 20 世纪上半叶交通方式的近代化，汽车乃至火车等逐渐取代了
架窝。

二　人力类

架子车　这是 20 世纪 90 年代以前，在农村使用的主要运输及交通工具，
是农民的重要生产资料，具有悠久的历史，在农村发展，甚至城市建设过程
中都发挥过重要作用。时至今日，因其制造成本低廉，使用起来非常方便，
许多地方仍然在使用。

架子车的木料非常结实，两边装有两个像自行车那样的轮子，轮子略
粗，两根长而平直的车把，中间一根结实的攀绳。人拉车时站在车把中间，
两手握住车把，肩上套上攀绳，弓腰曲腿向前使劲。如果车上装的东西较
轻，也可以推着走。这种架子车，是农村人必不可少的运输工具，在没有机

动车的年代，普通民众全靠它来运送粮种和肥料，丰收后往家里拉燕麦、洋芋，在建房打庄廓时更需要用它运土、拉砖头。

独轮车 俗称"鸡公车""二把手""土车子"。将人力架子车进行简化，就成了独轮车。独轮车使用范围非常广泛。在现代交通运输工具普及之前，它是一种轻便的运物、载人工具。特别在青海农村，独轮车几乎与毛驴起着同样的作用。传统的独轮车，车轮为木制，制作灵活，有大有小。小车轮与车盘持平，大者高于车盘，将车盘分成左右两边，上面可载物，也可坐人，但两边须保持平衡。在两车把之间，挂有"车绊"，驾车时搭在肩上，两手持把，以助其力。独轮车行走时一般只需一人往前推，但也有大型的独轮车用以载物，前后各有双把，前拉后推，称作"二把手"。

由于车子只是凭一只单轮着地，不需要选择路面的宽度，所以窄路、巷道、田埂、木桥都能通过。这样非常适用于茶区生产运输。又由于是单轮，车子走过，地面上留下的痕迹是一条直线或曲线，所以独轮车又名"线车"。

独轮车以只有一个车轮为标志，操作简单，但极易倾覆，奇怪的是，中国古代人用它载重、载人，长途跋涉而平稳轻巧。车辕长短、平斜，支杆高低、直斜及轮罩的形状，各有做法，因人而异。

自行车 马车、牛车出行则非常缓慢，拖拉机、三轮车出行成本昂贵且存在安全隐患，于是轻便灵巧、低耗环保的自行车逐渐进入寻常百姓家庭，成为重要的家庭交通工具。无论是在城市还是在乡村，大人上班、孩子上学，方便耐用的自行车功不可没。男主人在走亲访友时，一般在车把上挂上礼品，前杠上带娃娃，后盘捎上媳妇，按着车铃行走在乡间小道上，和谐而又有诗意。自行车随即成为婚嫁礼仪中贵重的陪嫁品，那时候不兴金银首饰，一块手表、一架缝纫机和一辆自行车的嫁妆绝对令人羡慕，特别是"飞鸽""永久"等牌子的自行车，因其令人放心的质量和美好的意蕴而备受青年男女青睐。后来，随着摩托车和汽车的出现，自行车在家庭中作为主要交通工具的核心地位受到一定程度的影响，不愿费力蹬车或不便用脚蹬车的人以及经济条件较好的人逐渐选择了其他交通工具，但是自行车没有退出人们的生活圈子，特别在交通拥堵的大城市，自行车依旧发挥着其轻盈灵便的特点，轻松穿行在自行车道上，发挥着重要功能。

三 机械类

手扶拖拉机 民间一般称为"尕手扶儿"，有时戏称为"蚂蚱"。20 世纪 80 年代以来，随着经济条件的改善和人们观念的革新，青海农牧区开始广泛用机动车辆代替家畜驾驭的木质车辆。最早出现的是手扶拖拉机，这是一种小型拖拉机，由发动机、底盘、电气等系统组成，主要用于牵引和运输，转向主要靠左右两个扶手的离合器，不同于方向盘，其小巧灵活且动力强劲的特点颇受农民欢迎。农忙时节，主要用于运输粪土肥料、麦捆粮食等物，农闲时用以载人，走村访友，赶会上街，非常好用。其弱点是时速较低，道路不平或拐弯时容易颠簸和翻车。车体没有顶棚，冬季出行较为寒冷。

四轮拖拉机 分为"大四轮"和"小四轮"两种，其功率比较大。"大四轮"拖拉机车体高大，有气派的驾驶室，车厢宽敞，可承载较多的载重，两个超大车轮既增加了车身的稳定性，又具有较强的前驱力，只因造价昂贵以及对路面要求较高而使用不甚广泛。"小四轮"相对较小，每个轱辘等高，虽无驾驶室，但与手扶拖拉机相比，方向盘的使用增强了操作的方便性与舒适度，车厢也能装载更多物品，颇受普通民众喜欢。

三轮车 20 世纪 90 年代以来，农村慢慢出现了使用起来更为便携的机械三轮车，民间多称其为"三马子"。这是一种经由改装的三个轮的机动车，车把以摩托车把为主，配套有摩托车用发动机，随后又出现了带方向盘的电动车型。这种车型最早多见于城乡接合部，方便运送商贸货物，后来逐渐引入农村，民众也开始用它运输物资。甚至在城乡公交系统不太发达的年月，人们在三轮车的车厢内安置木凳，再给车体安上篷布，成为专门载人的"便车"，奔跑于城乡之间。

双排车 这是 20 世纪 80 年代以来出现的机械车，其名为"双排"，来自这种车的内部设置。载货汽车车厢左右两排长板凳，部分"双排"车甚至在两排长板凳之间加上第三排长板凳，设有塑料帐蓬及窗帘防雨。这种车辆与拖拉机相比，更像汽车，有驾驶室、方向盘、六个轮胎、宽敞的车厢。最早被用于村镇贸易，如农村小卖部需用的油盐酱醋、五金杂品都是经由这种车，从城市拉到农村的。后来，"双排"车多集中到城镇街区，作为专门出租的车辆而存在。

摩托车 在 20 世纪 80 年代后期，这类车首先在西宁市周边的大型企业职工中兴起，后来逐步普及至广大农牧区，逐渐取代了自行车，成为这些地区较为普及的载人交通工具。摩托车曾在公交系统不太发达的年代，相对于固守时间的大客车，更具灵活性；相对于自行车，摩托车更加快捷，节省时间。在民间生活中，摩托车驾驶似乎无须经过专门培训，"只要会骑自行车自然就会骑摩托车"，因此，它能够在较短的时间内风靡广大农牧区。随着物质生活水平的提高，人们对摩托车的选择也开始讲究起来，注重牌子的选择。起初，人们多选择功率较大、车体厚重的"幸福"牌摩托车，认为骑乘其上，稳重大气，很有面子。后来，随着轻型摩托车的出现，人们转而追求轻盈便携，且电动打火的摩托车，被认为是一种时尚。一时之间，街道巷口，来来往往的摩托车川流不息，一个家庭甚至出现拥有好几辆摩托车的盛况。

同样，在民间婚礼上，人们总会期盼地看一看姑娘的嫁妆里有没有摩托车，摩托车的档次决定着人们对其娘家境况的评判结果。

及至今日，虽然汽车日渐进入了普通民众的生活，但摩托车依旧存在于一些家庭，尤其是在牧区，青年牧人还是喜欢骑着摩托驰骋在草原上，放牧牛羊。而在城市一角，大量摩托车作为出租专用，依旧发挥着方便出行的重要作用。

汽车 在青海民间，普通民众开始拥有私家汽车是 21 世纪初期的事。虽然自行车、摩托车并未完全退出老百姓生活的舞台，但随着经济条件的不断改善和思想观念的持续解放，普通民众也通过不断努力，过上那种打电话、开汽车的舒心生活。

在公共汽车相对稀少，且鼓励农村拓展个体经济的时代，农牧区民众热衷的并不是私家汽车，而是"像公家那样，拥有一辆班车"，于是家境条件非常好的人家购置了大班车，并挂靠在各级运输公司，干起了跑长途车的营生。勤劳吃苦的品质逐渐让这部分人先富了起来。

后来随着政府部门不断加大公共交通投入力度，大量公共交通用车投入使用，原来自家购置的车辆逐渐在新的环境下显现困境，于是持有大班车的民众及时转让了大车，转而购置了更为灵活的出租车。一时间，出租车遍布城里乡里，极大方便了人们的出行，但随着市场的不断规范，一些车辆逐渐被淘汰，出租车的生意也逐渐清淡下来。

此时，普通民众更多的愿望是拥有一辆属于自己的汽车，以便上班看病、接送孩子和走亲访友。当大量市民购置了私家汽车后，广大农牧民也不甘落后，纷纷考取驾照，购置私家车。这种风潮自然也影响到农牧区民众的婚姻生活，除了购置城市楼房，还得购置汽车，因此"婆家买房娘家买车"的婚姻前提逐渐被人们认可。现在，青海广大农村逐渐在变空，因为人们大多开着私车住进了城市的楼房。目前，汽车仍是青海民众最主要的交通出行工具，也是他们经济状况的直接反映。

四　特殊交通工具

（一）婚车

婚车及其变迁　婚车是新人结婚时用于娶亲的车辆。结婚是一件大事，因而人们对婚车的选择及装扮格外重视。但是无论如何选择，都会受到时代因素的影响。纵观青海民间婚车变化过程，可以清晰地看到，1949 年之前人们用花轿迎娶新娘；到了 20 世纪 50 年代，老百姓用毛驴车去迎接新娘；60 年代，民间流行用自行车迎接新娘车；70 年代，开始用拖拉机，在马达的轰鸣声中热热闹闹地迎娶新娘，婚车的运行速度在不断加快。到了 80 年代，城市流行用大客车迎接新娘时，农牧区还在用大卡车迎娶新娘。至 90 年代，青海农牧区开始用大客车和面包车娶亲，当时，小轿车也开始作为婚车出现，不过，由于在农牧区还比较少，想借一辆小轿车作为婚车也是一件比较困难的事情。2000 年以后，青海农牧区民众娶亲用车基本实现了轿车化，从最早的桑塔纳到后来的奥迪，一路受到年轻人的追捧。再往后，受到城市婚车的影响，有条件的农牧区青年开始注重婚车的豪华与个性，具体情况因人而异。

婚车选择 青海民众对婚车的选用颇有讲究，总体原则是尊重传统习俗，紧跟时代潮流。在民众眼里，结婚是最大的喜事，处处讲究讨个口彩，婚车自然也不例外，为什么选择这种车辆，阐释理由充满吉祥意蕴。民众首先讲究婚车的数量，在农村一般讲究偶数，认为成双成对、四红四喜是非常合宜的。除此还讲究婚车的颜色，认为婚车的头车用白色或红色更好，因为白色有"白头偕老"的意蕴，红色则象征夫妻生活红红火火。婚车尽量不选择两厢车，避免"有始无终""有头无尾"。如果用奔驰做头车的话，尾车则不用桑塔纳，老百姓忌讳"奔丧"的谐音。婚车的车标如果有吉祥的含义则更好，比如奥迪的圆圈标志象征着团团圆圆，环环相扣，豪华尊贵，是老百姓心目中的理想婚车。大众车牌上有很多个 V，年轻人认为这是很多种"胜利"的意思，比较吉利。北京现代的标志是圆圈内一个微倾的 H，年轻人认为是圆满中喻有"高"（英文单词 high）的意思，故而大受欢迎。但是奔驰汽车的标志中，同样有一圆圈，里面是一个变形的"人"字，老百姓认为这个不好，把人圈起来，不就是"囚"字吗，非常不吉利，坚决不用。雪弗兰的十字车标，总让人联想到不吉利的医院救护等含义。荣威的双狮车标就有"成双成对"的美意，而标致的单狮难免有"孤寡"的嫌疑。

部分民众还非常重视车牌号码，婚车选用时可以选择 6 或 8 为尾号的车辆，如果车号不合意，就用事先准备好的喜帖盖住车号，上面题写"百年好合""幸福长久"等吉祥话语。婚车一开到路上，必定要引来路人的评头论足。所以，现在的城市青年越来越在意婚车的"舆论效应"，不求最贵，但求最新。由此可以看到层出不穷的新奇婚车，如出现了公交车队、自行车队、人力车队等等，而农牧区青年也有标新立异的，启用马队、毛驴车队、拖拉机车队等。

不管是什么车队，民众都非常讲究装饰，除有大量玫瑰花朵的装饰外，还挂有彩色气球，并在婚车上张贴大红"囍"字，搭上吉祥的哈达或红布。

婚车出行禁忌 婚车在出行路上多有禁忌。首先是不走坎坷路，所选路线一定要平顺、宽敞，这样婚后生活才会过得和顺、幸福。如果道路高低不平，会被认为婚姻生活坎坷不定，辛苦难言。其次是不走回头路，婚车不走回头路，这是自古流传下来的一个婚嫁传统。因为走回头路暗含婚姻不能长久之意，这是传统婚礼上的大忌。再次是不过坟地或殡仪馆。婚车所经路途中忌讳碰到发丧队伍，同样也忌过坟地或殡仪馆。老百姓认为这些地方阴气过重，不吉的相遇或会导致婚姻不顺。最后，青海民众还特别讲究婚车在过路时一定要过桥，过桥时一定要放一挂鞭炮，一方面表示敬重各路神圣，另一方面表示将新娘从桥那头接到了桥这头。

婚车到达新郎家门口时，属相相合的人可以迎接新人，而属相不合的人则要躲避。他们认为新人一路行来，定有鬼魅之类跟随，所以要让娶亲队伍从门口的火堆上跨过，才能入门。

（二）丧车

丧车包括送葬者乘坐的车辆和运载灵柩的车辆。在青海民间，如果逝者为没有子嗣的青年人，或外出暴亡的死者，一般选择到花葬，此时才会用到丧车。一般是护送灵柩的丧车先行，车上伴有逝者亲友，吊唁者随后而至，常有逝者家属组织安排。

一般情况下，对于正常而亡的逝者，民间都用传统方法安葬，其间一般不用丧车。尤其是在农村，墓穴一般就在自家农田内，打坟（挖掘墓坑）的人都是步行而去，步行而归。送葬时，孝子在前面打着引魂幡领路，有的地方还有专人抱一只引魂公鸡走在灵柩前面，另有人边走便抛撒纸钱。送葬的人们也会排着长队跟在灵柩的后面，而灵柩多由村上年轻力壮的小伙子前后两头扛着，类似抬轿的情状。

如果路遇灵柩，青海民众认为是非常吉利的事情，他们相信"新人的前头有鬼哩，棺材的前头有喜哩"。乍一听，好像倒置了，其实不然。老百姓认为，棺材就是"官"和"财"的谐音组合，所以路遇棺材是好事。

第三节　舟船类交通

一　筏子

皮筏子　筏子是黄河上游一带撒拉、回、藏等民族使用的水上交通工具，按质地可划分为皮筏子和木筏子。皮筏子又有牛皮筏子和羊皮筏子之分。主要用牛皮袋或羊皮袋做成，民间的做法是将牛或羊宰杀后，完整剥皮，形成一个皮筒状，再扎紧四肢和头尾，然后充气，直至成为皮囊。最后将六只或八只充了气的皮囊排列捆扎在木框上，就做成了皮筏。若要做出大的皮筏，则需十几只或上百只皮囊纵横排列，并在木架绑牢扎紧，这种皮筏可载重数百千克至数十吨。

除了交通之用，皮筏在民间可作为比赛娱乐的重要道具。每逢夏季，黄河沿岸的撒拉族都要在黄河上举行羊皮筏子比赛。一个筏子可坐8~10人，参加者身着民族服饰，多为小伙，也有年轻女子坐在皮筏上敲锣助兴。比赛分集体和单人赛两种，赛程无规定。比赛号令一下，皮筏子便如离弦之箭冲向激流，参赛者要机智地绕过旋涡，避开恶浪，方能安全到达对岸。也有单人骑羊皮袋或牛皮袋渡河比赛的项目。这是一种胆略、毅力、力量、机敏的较量，赛手们呼喊着高亢的号子，奋勇向前，以先到达终点者为胜。皮筏的优点是轻便、不怕碰撞，适用于流急、礁多、滩浅的各种河道。

木筏　是一种简易的水上交通工具，材质多为高大乔木的枝干。制作时，将数根木头并排连在一起捆扎成木排，可用以载人和运送货物。民间将从事木筏运输的人叫"筏子客"。从事这种工作存在一定的危险性，要求筏子客拥有高超的驾驭技术和良好的水性。在传统生活中，黄河河道既无水文资料又无导航设备，筏子能否将乘客与货物安全送达，全凭筏子客们的经验与胆识，因此这个行当有着很多禁忌与风俗。每次开筏漂流前，筏子客们都要沐浴净身，选好"黄道吉日"，然后杀鸡宰羊，祭祀河神或龙王，以期出行顺利。漂流途中每见河神庙或龙王庙，都要停下来进庙烧香磕头，祈求一路平安。

二　渡船

青藏高原所见多为旅客渡船，主要用以载人和运送货物。这种渡船一般为木质结构，6米长短。用细钢丝拧成粗大的一根渡船绳，在两岸固定好横在河面上，渡船船头上系一个滑轮，扣于渡船绳上，滚动滑轮，渡船就可以在河两岸来回移动。

这种交通工具常见于黄河上游的古渡口，船体结构较为简单，船上设备不太复杂，船体轻巧，一般有两套动力装置，用双螺旋桨推进，操纵性好，可以方便地停靠码头，上下旅客，装卸货物。较大码头所用的渡船，一般都有宽大的舱室和甲板，便于多载客、多装货。有的渡船采用双体船船型，船体比较宽大，航行时具有良好的稳定性。

渡船上多用禁忌，如船家忌讳乘客两手卡腰站在船头，如果两船相遇，旅客不能从船头跳到另一船头。乘客上船后应多坐少立，以保持船身重心低。摆渡人不向卖灶爷画的、说书的、唱戏的、剃头的、修脚的、背大篓的要船钱。严禁乘客在船头大小便，因为那里是祀神之处。

三 木瓦

木瓦是一种类似于独木舟的水上交通工具，多见于循化、化隆一带的黄河渡口。制作木瓦时，先在圆形树干要保留的部分涂摸厚厚的湿泥巴，然后火烧树干，挖去烧毁的部分，火烧成碳后易于下凿斧砍，最后打磨光滑，就制成了一艘木瓦。由于是一根树干制成，木瓦制做简单，且不易漏水，划行时要用船桨。有时把两三只木瓦并列连在一起，如同排筏，渡河时用木锨当桨来划动，行走平稳。

木瓦有三种类型：一种是平底独木舟，头尾呈方形，两头不起翘。第二种是尖头方尾独木舟，它的头部尖形且向上翘起，尾部是方形，底部平滑。第三种是尖头尖尾独木舟，头尾都起翘。随着现代船只普及，木瓦现已消失。

四 皮囊

皮囊是一种流行于青海黄河流域的交通工具，多用整羊皮或牛犊皮制成。驾驭筏子者被称为筏子客。

用皮囊渡河的历史非常悠久。据《后汉书》记载：护羌校尉在青海贵德领兵渡黄河时"缝革囊为船"，这里的革囊就是皮囊了。《宋史·王延德传》有"以羊皮为囊，吹气实之浮于水"的说法，这样的记载也是非常清楚地描述了用皮囊渡水，首先需要"吹气实之"的。清人余庆运《维西见闻记》也说了："馄饨，即《元史》所载革囊，不去毛而囫剥殺皮，扎三足，一足嘘气其中，令饱胀，扎之，骑以渡水。"余庆运的说法将制作皮囊及用它渡河的方法说得非常详细。撒拉族民间制作和使用皮囊的过程，与之如出一辙。到了后来，为了让皮囊经久耐用，人们更加注重皮革的处理，将羊皮囫囵剥下后，经浸水、褪毛、以植物油炮制等一系列鞣制过程之后，才制作成皮囊，投入使用。①

　　筏子有大有小，小的有牛皮或羊皮的独皮筏，有2~4只皮囊组成的羊皮筏，也有最大的牛皮筏子由128只皮囊组成，6~8人操作，载重可达数十吨。独皮筏渡河时，事先向皮囊中吹气，待整体膨胀后，扎紧口部，然后系紧在身上后可以下水，也可以抱着皮囊下水，入到水中，一手紧抱皮囊，一手划水，即可向前行走。或者乘客要渡河时，将行人和所携带行李具入皮囊中，筏子客把皮囊吹胀充气后扎紧入气口，并快速推入河中，筏子客骑爬在筏子上，手脚同时划水，横渡过河。羊皮筏曾经为抗战做出过巨大贡献。1942年，日本侵略军封锁了入川的陆路交通线，国民政府急聘20多位筏子客，用羊皮筏抢运军备物资，每个皮筏子由400余只皮囊组成，载重数十吨，及时保障了军事供给。随后有"土豆花开胜牡丹，羊皮筏子赛军舰"之戏说。当然，皮筏子运输有明显的缺点，只能顺流而下，而不能逆流向上。如今皮筏子作为水运交通工具，已经退出了历史舞台，但"皮筏漂流"作为黄河上游的旅游资源，再度出现在世人面前。

第四节　桥梁类交通

一　石桥

　　石拱桥　石拱桥外形美观，养护简便，可以就地取材。青海多山，石料资源也非常充足，而且道路工价相对低廉，因而修建跨度不大的石拱桥显得经济实惠。但石拱桥为实体重型结构，跨越能力有限，拱石的开采、加工、砌筑等均不易机械化，需要的劳动力较多，工期较长，使其发展受到一定限制。石拱桥的主要承重结构为拱圈。拱上结构用石砌侧墙并在墙间填料

---

　　①　齐昀：《话革囊》，《文史知识》2006年第2期。

者称实腹式拱桥，在拱圈上加筑小拱的称空腹式拱桥。黄河上所见大桥多为实腹式拱桥。拱圈一般用拱石在刚度较大的拱架上砌筑；也有以片石砌块或弧形板石代替拱石的。拱圈内的砌面要求垂直于拱圈的内弧，相邻两排拱石须有错缝。跨度大于 10 米的石拱桥，须采用分段法对称砌筑拱圈，分段的位置和砌筑的顺序要使拱架受力均衡，变形最小。跨度较大的石拱桥，因拱圈较厚，需要采取分层砌筑，先砌底层，待其合龙和拱架共同承重后，再砌上层。每层可用分段和预留空缝相结合的方法施工。虽然施工复杂、工期较长，但老百姓还是不嫌辛苦，他们心目中的石拱桥一定是坚固的、美丽的。

石梁桥 用石质材料建筑的桥梁之一。建造的历史比较悠久，但因石梁的抗弯能力较差，大多只用于人行或涵洞中。桥梁所跨道路一般也是乡间公路，少有重型卡车通过。一般的牛车马车和小汽车通行其上，并无大碍。有些地方还在桥梁顶部雕饰有不同花纹，增加了石桥的美感。

二 木桥

木桥是以天然木材作为主要建造材料的桥梁。由于木材分布较广、取材容易，而且采伐加工不需要复杂工具，因而木桥也是青藏高原较早出现的桥梁形式之一。它具有重量轻、强度较高、加工及各部分连接的构造简单等优点。但其也有易燃、易腐蚀、承载力和耐久性易受木材的各向异性及天然缺陷影响等缺点。

在青海地区，常见的木桥有木梁桥、木撑架桥和木桁架桥三种类型。

木梁桥的跨度一般不超过 8 米，木梁多用两面削平的原木或方木组成，不同地区可见单梁、叠置梁或组合梁的结构。其墩台多以木排架组成，故又称木排架桥或木栈桥。木撑架桥由木梁桥演变而成，其特点是从墩台伸出斜撑支撑木梁，以增大跨度或载重能力。木桁架桥常用交叉腹杆式桁架，即豪氏桁架做主梁，其弦杆和斜杆都用木制，竖向腹杆采用圆钢，这种木桥可用于跨度小于 40 米的公路桥。

总体而言，木桥构造简单、施工迅速，但在气候干燥的青藏高原，材质易裂、易遭火灾，且强度较差，因而当前多用于人行桥、抢修或施工时的临时便桥或半永久性的公路桥。

人行木桥多见于公园水上。看惯了青海的大山大河，老百姓也能在场地有限的公园内看到溪水淙淙流过、木桥倒影其中的温婉美景。这种木桥体现交通意义的同时，更多被赋予审美意味。

三　吊桥

吊桥的悬挂系统大部分情况下是用垂悬的索做成的，故又名悬索桥，这是一种通过索塔悬挂并锚固于两岸（或桥两端）的缆索（或钢链）作为上部结构主要承重构件的桥梁。

吊桥缆索的几何形状由力的平衡条件决定，一般接近抛物线。从缆索垂下许多吊杆，把桥面吊住，在桥面和吊杆之间设置加劲梁，上面铺以厚木板或其他材质，同缆索形成组合体系，以减小载荷所引起的弧度变形。

这种桥梁由悬索、索塔、锚碇、吊杆、桥面系等部分组成。其主要承重构件是悬索，它主要承受拉力，一般用抗拉强度高的钢丝和钢缆制作。由于吊桥可以充分利用材料的强度，并具有用料省、自重轻的特点，因此这种桥在各种体系桥梁中的跨越能力最大，跨径可以达到 1000 米以上。

相对于其他桥梁结构，吊桥可以使用比较少的物质来跨越比较长的距离。桥身可以造得比较高，容许船在下面通过，而且在造桥时没有必要在桥中心建立暂时的桥墩，因此吊桥常见于比较深的或比较急的水流上面。

其显著特点是比较灵活，因此非常符合大风频至的高原地区。然而这也表明了它的坚固性不强，在狂风来临之时交通必须暂时终止。另外，吊桥不宜作为重型铁路桥梁，这种桥的塔架对地面施力非常大，如果地面比较酥软，塔架的地基必须非常大，造价相当昂贵。还有一点，索桥的悬索锈蚀后不容易更换。

综合来看，若不是水流湍急的河面，青海当地很少使用吊桥。其昂贵的造价和不甚稳定的特性，使得它慢慢退出了青海桥梁系统，正在慢慢变作历史。

四 浮桥

浮桥指用船或浮箱代替桥墩，浮在水面上的桥梁，因水涨桥高而得名。传统的建造方法是将数十只木船等距离横排在河面上，船的头尾用粗缆绳固定在横空上悬的两根铁索上，铁索是在河两岸用铁柱固定的。然后在船面上铺木板，两旁做横栏，便成浮桥。在青藏高原，以贵德黄河浮桥最为有名。

浮桥是中国古代历史上应用浮力的伟大奇迹，以前军队采用制式器材拼组的军用浮桥被称作舟桥。《诗经》中就有"亲迎于渭，造舟为梁"的相关记载。

浮桥的结构形式有两种，一种形式是在船或浮箱上架梁，再铺桥面。另一种是舟梁合一的形式，或船只首尾相连，成纵列式，或将舟体紧密排列成带式。为保持浮桥轴线位置不致偏移，在上下游需设缆索锚碇。为与两岸接通，在两岸需设置过渡梁或跳板。为适应水位涨落，两岸还应设置升降码头或升降栈桥。

浮桥可用于人行、公路、铁路。其构造并不复杂，拆卸也很方便，但维修费用高。平时可用以应急救灾或作为临时性交通设施，战时可用以保障军队迅速通过江河，为增加其机动性，常用轻金属制成自行式的。随着经验的积累和技术的提升，现在人们不仅可以在小河上架起浮桥，而且在黄河这样的大河上也能架起浮桥。

相传在11世纪初，北方黄河渡口曾架起一座很大的浮桥，浮桥的缆绳用8只铁牛系住，这些铁牛立于两岸，每只铁牛重数万斤。后来由于洪水泛滥，浮桥被冲垮，铁牛也沉入河中。如何把铁牛打捞起来，在当时的条件下显然困难重重。后来人们寻访到怀丙和尚，他叫人在两只大船上装满泥土，再派人潜入水中，用铁索把铁牛和大船系在一起，然后再把船中的泥土除去，利用大船所受的浮力，慢慢把铁牛拉了起来。这种民间智慧，显然是来自浮桥的基本原理。

第五节　交通设施

一　渡口

黄河上游古渡口　黄河自青海省玉树藏族自治州曲麻莱县境巴颜喀拉山北麓各姿各雅山下的卡日曲河谷和约古宗列盆地发源后，由西向东流入四川、甘肃两省交界处，再折向西流入青海省，又北折后东流，在民和县官亭入甘肃省，其间有许多黄河渡口。黄河流过的地方，留下了许多著名渡口。扎陵湖渡口是黄河源头的第一个渡口，黄河上源的第二个渡口是位于青海省果洛藏族自治州玛多县政府所在地黄河沿镇的黄河沿渡口，它自唐代开始，是中国内地通往西藏的重要驿站和古渡口，千百年来只靠牛、羊皮筏子过渡。流经贵南县的主要渡口有拉干峡、拉乙亥和查纳三个。流经玛沁县的有拉加寺渡口，还有共和县的龙羊峡渡口，贵德的滴水崖渡口、阿什南渡口，尖扎县有李家峡、康家寨和马克唐三个渡口，循化县主要有古什群峡渡、伊麻目渡及吊桥、盐泉渡口等，民和有官亭渡口、兴县古渡口等。

拉加寺渡口　位于今果洛藏族自治州玛沁县拉加乡黄河北岸，这是九曲黄河第一曲玛沁县的一个古渡口，附近是建于清乾隆三十四年（1769）的藏族佛教寺院拉加寺。该渡口原属同德县，在历史上，同德县是青南各地的交通要道和贸易集散交易点，当地牧民称此地为"拉加从兰木"（意即拉加商道）。拉加寺古渡在沟通本地与外部世界方面起到了很重要的作用。1986年在拉加寺渡口处建造了钢筋混凝土结构的拉加黄河大桥。

尕马羊曲渡口 位于青海省兴海县与贵南县交界处的黄河上，西岸为兴海羊曲地方，东岸为贵南县境，即九曲黄河的第二弯处。这是自古贯通兴海与贵南，乃至海南州及青海各地的黄河关津渡口。唐代金城公主嫁往吐蕃后，吐蕃以公主的嫁奁"汤沐地"为由，得到九曲之地为河曲。唐军在今贵南、兴海两县交界处的尕马羊曲渡口处建造了一座木桥，名为"洪济桥"，后在战争中被毁。行人、过往商旅乘牛皮筏、羊皮筏或木槽过河。20世纪60年代初，同德巴仓农场在尕马羊曲渡口，以扯船摆渡，放渡人、畜，每次还能渡载重卡车一辆，十分钟时间即可渡过。1982年建造了尕马羊曲黄河桥，结束了千百年来黄河九曲之内靠皮筏、木船渡河的状态，且将交通干线青藏、青康、宁果公路有机地连接起来，成为海南州地区南北及青南交通的咽喉。

查纳渡口 位于海南藏族自治州贵南县沙沟乡查纳村，在历史上是一个古渡口，1949年以前只以皮筏放渡。之后，在此处设木船摆渡，除放渡人、畜外，还可载渡汽车。1963年建成查纳黄河悬索桥，两岸桥墩由混凝土建筑，是通往贵南、同德二县的唯一通道。1981年后因桥址处于龙羊峡库区被拆除。

龙羊峡渡口 位于唐蕃古道必经之地共和县南80公里的黄河东头。唐朝时吐蕃人在今龙羊峡进口处的黄河上设渡口，并建造了桥梁，名为驼骆桥。至今遗址尚存，垒石为基，异常坚固，残存的铁桩也能看到，石壁上还有雕刻的文字，只因在高峻的石壁上，加之久经风雨浸蚀，已无从辨认。1963年在龙羊峡进口处架设了一座长约50米的铁索吊桥，沟通了龙羊峡两岸的交通。已建设成的龙羊峡水电站是黄河上游的第一座大水电站。由龙羊峡水电站下闸蓄水形成的龙羊峡水库是我国目前最大的人工湖，也是淡水养殖基地。

贵德渡口 黄河流经贵德县全境，两岸民众很早就开辟了许多大大小小的渡口，其中贺尔加渡口和滴水崖渡口是贵德黄河上两个最大、最早的渡口。贺尔加渡口位于贵德县河西乡贺尔加村南，滴水崖渡口在河东乡太平村北。

贵德黄河渡口的历史相当悠久，可追溯到东汉时期。据《后汉书·邓训传》记载，东汉章和二年（88），邓训任护羌校尉，对诸羌实行怀柔之策，众羌归附。唯独羌酋迷唐不服，退居大小榆谷（今贵德黄河南岸）对抗。于是邓训发湟中之兵六千欲进击迷唐，但因黄河所阻，无法用兵。邓偶见羌人怀抱羊皮袋渡河，得到启示，即命兵士"缝革为船，置于箄上，以渡河"，并取名曰"革船箄"。这种渡河工具即为今天的皮筏及木箄（木排筏子），那是首次用于贵德县境内的黄河上，距今已有1900多年的历史。东汉永元五年（93），护羌校尉贯友为渡黄河征讨居于大小榆谷的羌酋迷唐，"遂夹逢留大河筑城坞，作大航（即船），造河桥，以击迷唐"。逢留大河为今贵德县黄河北岸贺尔加河注入黄河处，即为贺尔加渡口。此种"作大航（船），造河桥"是黄河上游的第一座浮桥。《贵德县志稿》卷2《地理·津梁》载："滴水崖渡，在所城（指贵德县城）北，即黄河也，旧系私船，多有勒索。乾隆四年（1739），经西宁道金事杨应琚、知府申梦玺、署所千总丁正国详请，设官船二只，每船水手八名，应所需工食，按年从司库请领。又设救生船一只，水手四名。"由此可知，在今县城东1公里处的黄河南岸滴水崖河沿，早在清代时就有私船过渡。至清乾隆四年由杨应琚等府县官员主政时，始设置官办渡口。在不同季节轮换使用渡口，冬春季节在河南的滴水崖放渡，至对岸虎头崖下面出船，回船在南岸滴水崖下游一公里处的麻巴出船。至今麻巴油库附近的黄河沿仍有一庄廓废墟，是原来渡船水手居住处。夏秋洪水暴涨时，在黄河北岸的贺尔加渡口放渡，至南岸滴水渡口出船。

民国时期，贵德黄河上还是沿用古老的传统渡船或皮筏过渡，船只简陋，功效不高，船夫由河阴地区四十八户、东乡杨家崖、河西下排村水手组成，分三班放渡，每班十天，依次轮流。渡船每天只能放渡1~2次，有时三四天不发船，旅客就在黄河岸边露天住宿。每次渡船载畜五六十头，行人八九十人，人畜混渡。渡船不慎时会超越渡口，这时则由旅客将船从下游逆水拉到渡口。人畜过渡均收船费，一般每人收铜钱15文，每头大牲畜收60文，小牲畜收30文，收费随物价而浮动。1934年在贺尔加渡口处修建浮桥，由贵德与共和两县合修，所以定名为"和德桥"。当时竣工后从西宁请来秦腔剧团，在西河滩唱戏三天，以示庆贺。桥建成后，为管理方便，原共和县所辖地方的黄河北部下郭密（今贺尔加、尕让）地区划为贵德辖区，接着也就改桥名为"贵德浮桥"。此处渡口遂废。但民间仍用皮筏等渡河工具在黄河上渡河于南北两岸。1950 年 4 月成立黄河浮桥修建委员会和浮桥管理站，重新对浮桥进行加固改造和维修，至 1978 年 5 月，贵德县黄河大桥建成，浮桥旋即废弃。黄河大桥的建成，使黄河上游的交通面貌得到进一步改善。如今黄河大桥和昔日的黄河浮桥遗址已成为旅游观光的风景区。

尖扎渡口 黄河流经尖扎县的渡口有三个：李家峡渡口、康家寨渡口和马克塘渡口。李家峡渡口是最大一个古渡口。据《宋史·刘仲武传》记载，宋徽宗大观二年（1108），吐蕃人在今尖扎县李家峡附近的黄河上建有一座溪哥桥，其古桥遗址至今还清晰可见。1987 年在今李家峡水电站处建造了隆康黄河桥。康家寨古渡口位于尖扎县康家乡北侧。《贵德县志稿》卷 2《地理·津梁》曰："康家寨渡：在康家寨新城北。乾隆五年，经金事杨应琚、知府申梦玺、康家寨千总柴玉隆、贵德所千总李滋宏详请，设官船一只，以济往来。工食按年从司库请领。"由此可知，在今尖扎县康家乡附近的黄河上在清乾隆初始设官办渡口，以船摆渡。马克塘渡口位于尖扎县人民政府所在地马克塘北侧，20 世纪 80 年代初在此处建造马克塘黄河桥。

循化渡口 黄河流经循化县境内，有许多渡口。《循化厅志》记载清代的古渡口有草滩坝庄渡、清水工渡、孟打工渡、木厂庄渡、古什郡庄渡、查汗大寺工渡、别列庄渡、定匠庄渡、石头坡庄渡等。今主要渡口有古什群峡渡口、伊麻目渡口及吊桥、盐泉渡口等。[1]古什群峡渡口位于县政府所在地积石镇西 15 公里处古什群峡，此为古渡。据段国《沙州记》记载："吐谷浑于河上作桥，谓之'河厉'桥，长一百五十步。两岸累石作基阶，节节相次，大木纵横，更相镇压，两边俱平，相去三丈，并大材，以板横次之，施钩栏，甚严饰。桥在清水川东，此河上握桥之始也。"此桥址"清水川东"，

---

① （清）龚景瀚：《循化厅志》卷 2《关津》。

当在今循化城西 15 公里处积石峡口，即古什群峡口。① 桥为木制握桥，圆木纵横相间迭起，层层伸向河中挑出，两边将桥面铺平，至中间相握连接。此桥为东晋义熙十年（414）由当时活动于青海地区的吐谷浑人所造，在中国历史上是黄河上游建造的第一座实体木桥。又据《宋史·王厚传》记载宋徽宗崇宁四年（1105），宋将王厚兵进河湟，在古什群峡口造起了一座黄河桥，称为"大通桥"。民国二十三年（1934），青海省政府决定，在修建贵德黄河浮桥的同时，在循化上述桥址处，建造了一座长 48 米的原始木结构握桥。

伊麻目古渡口在县城西侧上游五六公里处的伊麻目村，1949 年以前只用木船摆渡。1970 年在此渡口处建造了伊麻目黄河大桥，是黄河上游跨度最大的新型大桥。吊桥渡口在积石镇北侧黄河上。1979 年在此处建造了积石吊桥，是目前在青海境内跨度最大的吊索桥，除通行人、畜、小型车辆外，还可通行大型车辆。盐泉渡口由来已久，据《新唐书·吐蕃传》记载，唐玄宗开元二十六年（738），吐蕃人在今循化县境内的黄河上建造了一座大桥。因桥址附近有一流入黄河的小溪，水中含有大量盐分，岸边土质亦可以淋制成盐可供食用，故称此桥为"盐泉桥"。

官亭渡口 位于青海省民和县官亭与甘肃省临夏县大河家之间的黄河上，是自古以来从甘肃南部进入青海地区的黄河关津渡口。人们用羊皮囊、牛羊皮大筏、大木筏渡河，近代用木船渡河。民和地区的牛羊皮筏比尖扎、贵德等地方的皮筏大好几倍。别处羊皮筏一船 4~8 个皮袋，而民和的羊皮小筏要用 8~12 个皮袋，大型的用 12~24 个羊皮袋编排结扎而成。牛皮筏小型的用 30~32 个牛皮袋，连结扎绑成筏，大型的由 4 个小牛皮筏合并组成，长 30 米、宽近 10 米。每个小型牛皮筏可载运粮油 18000 余斤，运羊毛 8000 斤左右。也有水手专门用一只大牛皮袋摆渡单人，使用时，将人装入袋中，充足气，扎好口，推入水中，水手伏在皮袋上面用手划游泅渡过河。皮筏多为水手个体经营，也有雇用他人为水手者。据民国二十三年（1934）统计，全

---

① 欧华国主编：《青海公路交通史》（第一册），人民交通出版社，1989，第 57~58 页。

县有大皮筏 560 个、小皮筏 500 个。1988 年，在官亭渡口处修建了官亭黄河公路桥。

二 驿站

驿站是中国古代供传递官府文书和军事情报的人或来往官员途中食宿、换马的场所，在古代交通运输中有着重要的地位和作用。过去，在通信方式十分原始的情况下，驿站担负着各种政治、经济、文化、军事等方面的信息传递任务。那时候的驿站虽形式有别、名称各异，但是组织严密、等级分明，所需手续非常完备。旧时王室主要是依靠这些驿站维持信息采集、指令发布与反馈，借以统辖一方。受历史条件所限，其速度与数量与今无法相比，但其组织的严密程度、运输信息系统的覆盖水平也不亚于现代通信运输。可以说那时的驿站就是今天邮政系统、货物中转站、物流中心和高速公路服务区的最早雏形。只是到了后来，随着社会不断发展和科技进步，驿站的功能逐步有所扩展，最后被新生事物所取代了。

进出驿站所使用的凭证是勘合和火牌。凡需要向驿站要车、马、车夫等运送公文和物品时，都要查看"邮符"，若系官府使用，要凭勘合，若系兵部使用，则凭火牌。使用"邮符"时也有非常严格的规定。对过境有特定任务的，派兵保护。马递公文，都加兵部火票，令沿途各驿站的接递，如果要从外到达京城或者外部之间相互传递的，就要填写连排单。公文限"马上飞递"的需要日行 300 里。紧急公文则标明"四百里"、"五百里"或"六百里"字样，并按要求时限送到。驿站管理至清代时已臻于完善，并且管理极严，违反规定，均要治罪。到了清代末期，文报局开始设立并与驿站相辅而行，后来逐渐废除了驿站，同时有文报局专司其事，后来又设置邮政，而文报局逐渐被废止。

位于青海东部地区的平安古驿是古代内地通往西域的"丝绸之路"南线的重镇之一，也是"唐蕃古道"上的重要驿站。据史书记载，仅唐太宗贞观元年之后的 200 余年间，藏汉民族沿着唐蕃古道密切交往，唐蕃使臣相互往来就多达 142 次。频繁的贸易往来让"唐蕃古道"迅速兴盛起来，并很快成为一条站驿相连、商贾云集、使臣互访的交通大道。古道经过的许多地方，仍然矗立着人们曾经修建的驿站、城池、村舍和古寺，记录着人们世代创造的灿烂文化遗存，传颂着藏汉民族友好往来的传说佳话。

三　客栈

民间一向把旅馆叫作"客栈"或"栈房"，这是为了满足人们外出郊游或远行需要而出现的一种设备较简陋的旅馆，有的客栈兼供客商堆货并代办转运，为此，青海民间又称其为"车马店"。客栈也有它的标志，那就是悬挂在屋檐下的幌子或长方形白纸灯笼。幌子或灯笼上面一般都写有联语，民间最常见的是"未晚先投宿，鸡鸣早看天"。也有的客栈在门口挂起红灯笼，这样一来，每当夜幕降临，灯火闪亮，行旅客商远远就可看见客栈，即可打点住宿。那时候，把住宿叫作"写号"或"打铺"。

客栈主要出现于道路或驿站旁，多为原木建筑，规模很小，墙壁多为衣草抹灰，因而旅客也不加爱惜，若有情绪，便在墙壁上胡写乱画，其中也不乏妙诗佳句流传后世。那时候的客栈只供应基本的食宿，让旅客可以有落脚的地点，并没有其他消遣服务。待到装潢考究、服务内容丰富起来时，客栈已经发展演变为现代宾馆和酒店了。

四　车马店

在传统社会中，设立在路旁，招待行人、车马的旅店。车马店与今天的旅店差不多，不仅提供人的住宿，还有供骡马车停放的地方和棚厩。一般都有大车门，店内有炕，同时提供饮食、草料。比较简易方便，价格实惠。

青海民间颇有名气的客栈是位于大通衙门庄的"汪家车马店"。该店始建

于 20 世纪 30 年代，因为靠近著名的广惠寺而出名。当时整个汪家车马店占地
1.5 亩，除临街的 5 间铺面外，车马店内院又有北房 4 间、东房 5 间、南房 2 间，
全部供留宿的客人居住。大院里存放卸下的马车货物，另外还有一个占地约 5
分的后院，用来种植蔬菜。其中 5 间东房与临街铺面隔院相望，称为"过厅"，
是 5 间雕花起脊大房，雕梁画栋十分气派，房屋内部地板、顶棚、隔架、雕花
圈口等也与临街铺面相同。东房窗前有一溜长达 7 米的槽道，房内的客人掀开
木格子窗户就可以看到窗外的马骡是在吃草，还是卧着，槽里的草料还有多
少。汪家车马店成为衙门庄过路人的中转站，长期解决路人的住宿过夜问题。
汪家车马店的大部分客人是从门源、互助等地来大通拉煤的煤客，还有当时的
通讯员、邮递员、拉着骆驼驮青盐去往门源的骆驼客。

在 20 世纪 50~60 年代，车马店生意非常红火。那时候，广惠寺的一些建
筑被拆除，大批拉运木材物品的车马要停歇在汪家车马店内，各生产队来公社
所在地衙门庄交粮的车马也要停歇于此，还有来自各地做买卖生意人都把汪家
车马店当作了歇脚之地。还有一位姓赵的上海人，据说当年被打成"右派"后
来到衙门庄，前后在汪家车马店中住了几年，直到被"平反"了才回去。

那时候汪家车马店的住宿费用为每人每晚 4 毛钱，每辆车马每晚 7 毛钱。
住店后，店家负责用客人自带的面和清油做饭给客人吃。客人们大部分自带
被褥行李，店家要为客人煨炕、烧水、看管牲口与车辆。[1]

第六节　信仰与禁忌

一　出行仪式

出行择日　过去，青海民间还是非常看重出行仪式的。那时候交通不

① 相金玉：《东峡镇的汪家车马店》，《海东时报》2016 年 6 月 29 日。

便、信息闭塞，出一趟远门有可能遇到一些不确定因素，从而产生一定的心理压力，需要借助民俗的力量进行自我调适和安慰。因此，若要放心出门，除了备齐行李、戴上护身符之外，还得通过各种仪式得到神灵的护佑。首先要选定黄道吉日。过去，每家每户都备有"宪书"，也就是黄历，上面标注了每天的吉凶情况。老百姓想外出打工、走亲访友或游学看病，都要寻找一个适合出行的日子。从黄历标注的吉凶情况来看，一个月中几乎有一半左右的时间不宜出行，包括穷日（癸亥日）、墓日（土旺之日）、太岁日（春季每月最后一个庚、辛日）等诸事不吉的凶日较多，还有特别不利出行的"往亡"日等。由于凶日太多，必须提前一个月做好出行计划。不过，也存在像杜甫诗句"九州道路无豺虎，远行不劳吉日出"所说的那样，在世道太平的日子里，老百姓不需要提前查阅黄历。由此可见，那时候老百姓出行择日，主要担心的是路遇兵匪强盗之类，为了祈求自己出入平安，必须得择日而行，以期从中获得一种安全感。

择日卜卦 老百姓择定了吉日后，还要占卜一卦，看看这次出行是否顺利。《周易》中记载的占筮方法需要五十根蓍草，经过一系列复杂工序，才能够得到一爻，如此反复六次，才能得到一卦，然后还要去翻阅《易经》，从周公记载的各种隐晦语句中去揣摩吉凶，非常啰唆。到了后世，人们发明了更为简易的卜筮方法，直接将"大吉""平安""遇贼""失财"等主题写在竹签上，放入留有小口的签筒，出门者诚心祈愿，晃动签筒，根据第一根落下的签，判断此行吉凶。这种抽签手法方便快捷，人人适用，一直到今天，还出现在各类佛寺道观中。

祭祀路神 确定了合适的日期和时间，准备好干粮、盘缠、衣物、药品、武器、护身符等必备品后，终于到了出行的日子。与亲友道别，正式踏上征程之前，旅人还要举行第三道重要程序，那就是祭祀路神。据民间讲述，掌管出门远行的神叫"行神"或"祖神"，相传为上古帝王共工（一说黄帝）的儿子。这位公子一生喜爱旅游，最终死在了旅游的途中。死后阴魂不散，游荡在山川道路间，保护着喜爱外出远游之人。此神并不可怕，可怕的是那些在远路上意外丧命后悲戚哀怨、到处作祟，引诱别人重蹈覆辙的邪神怨鬼。因此，老百姓既要祭祀这位善良的路神，又要取悦那些随处游荡的怨鬼。

青海民间祭祀路神的仪式现虽简化无几，但因出行目的各异而呈多种形式。婚车出行前，娶亲人要在堂屋点燃蜡烛，焚香磕拜，出门时燃放鞭炮，每过一个路口，都要抛洒粮食或燃放鞭炮。婚礼后，新娘家人出门时，一般要喝上马三杯酒，取意吉祥。新娘三天后要回门，早上得很早出发，路上忌讳遇见发丧、空桶等。若是送葬的队伍出发，则要看好起灵的时间，届时鼓手吹响唢呐召集众人，准备停当后由丧官磕拜告知祖先神，统一出发，由孝子手持引魂幡前面带路，有专人一路抛洒纸钱。若是外出打工挣钱，女主人则往外出男子怀里揣一馒头，并口念祝词"囫囵囵儿出去，囫囵囵儿进来；带出去个大馒头，滚进来个金元宝"，意思是说，外出挣钱的人怎么出去的，就要毫发无损原样子回来，带馒头出门，挣银钱回来。在青海民间，年龄幼小的孩童抱出门时，家人要在其怀里揣一个苹果或囫囵馍馍，有平平安安、囫囵囵囵的意思。刚满月的婴孩出门前还要在两眉中间点上小红点，用以辟邪。家中孩子前往远处参加重要考试，父母则会带其到祖坟前去烧纸，禀明情况，求取保佑。在有些牧区，孩子出远门时，父辈会朝着孩子出行的方向抛撒酥油糌粑，以告慰各方行神护佑孩子出行顺利。

在传统上，祭祀完行神之后，还会有酒宴和诗歌唱和活动。这套出行仪式可以一直持续到傍晚，称为"祖饯"。这本来是祭祀礼仪的一部分，但随着时间的推移，其主题慢慢发生了偏移，宴饮逐渐变成了送别的主题。时至今日，青海民间多用饺子为亲友践行，意为囫囵、平安。民间就有"出门饺子迎客面"的俗语。

二　旅途规矩

穷家富路　许多路途规矩是民众集体心理的集中反映，人们经过长期实践，得出了一些约定俗成的规矩。老百姓认为出远门是一件大事，路途遥远难免一路艰辛受罪，众人皆知"家贫不是贫，路贫贫煞人"。因此，在择好出行吉日后，即着手进行出门的准备，即便家中经济状况不好，也要给出门远行的人尽其所能准备好路上应用之物，特别是出行费用要准备充裕，以免路上受罪。由此相沿，便形成了"穷家富路"的观念，人们深深认同，便也成了规矩。过去，经济条件有限，出门人都要带一种切成豆粒大小的烙饼，俗称"面大豆"，这种干粮方便携带和保存，不易腐坏。如果带有较多钱币，则要在内衣隐蔽处缝制口袋，将钱币装入后再缝死，唯恐丢失。

执杖而行 过去，人们为了旅途安全，出门时习惯手拿一根棍棒前行，这样在涉水过沟和翻山越岭时，可作为拐杖来用，也可以在路过村庄、遇到恶狗或夜间行路时作防卫之用。青海山区河流常遇暴雨而引发山洪，洪水来势迅猛。因此，夏季沿河沟行走时，有经验的人会随时观察上游远方天气，以防雨天水涨，如果道路被河水截断，就得设法渡过。俗话说"紧过砾石慢过桥"，意为过河时，看清楚河中的砾石，一只脚踩一块石头，且要专心，倘若胆怯害怕、举步不前或左右摇晃，则很容易失脚落水。另外，踏石过河时，动作要放缓慢，迈步要小，脚不宜抬高，始终保持用两条腿平均支撑上体，以增强流水冲击的抵抗力。若过独木桥或吊桥，需要脚步放缓，沉着行走，若慌张跑动，则容易发生共振摇晃，容易出现意外。此时，手中执杖，可保持平衡。如果行路山中，遇到窄沟时，就可以用手中勾柞，勾到对面的树杆上或草丛中，随杆跃过。翻山越岭也要讲究技巧，如俗言所说，"上山容易下山难"，下山时要把重心放到脚尖，要富有弹性，否则会伤及膝盖。山中若遇瘴气，则可以抽烟叶或用其他有带强烈气味的东西来避瘴气。

不走夜路 民众认为，夜晚认路不便，容易步入歧路。若行至陌生路段，容易迷路。行走夜间，若听到有人叫自己的名字，既不能答应，也不能回头看。民间认为人名为身体的一部分，夜间鬼魅常以呼唤姓名试探行人，人若答应了，其灵魂即被鬼魅所逮，或将遭遇不测。青海民间常有"迷魂儿"的故事流传，据说在深夜独行，容易被鬼魅迷住，走路的人被迷住后永远在绕圈子而自己不知道，直至天明后才恢复清醒。老人们认为腊月里更不便走夜路，因为这个时候人们都忙于准备过年，在外经商做工的人往往要在腊月年根要把一年的收入带回家来，然而强盗也会乘腊月时节行盗截路。若遇天黑赶不到家，行人要到就近亲友家借宿；若必须要连夜赶路，则要事前相约，有接有送。

不与女性同行 中国古代素有"雄飞雌伏""男游女守"的说法，妇女被排除在行旅主体之外，女性为行旅之大忌。其中缘由大致有这样几种：一是女性体力不济，难走长路，认为她们弱小多事，走在路上多有拖累；二是传统观念对女性经血的恐惧，民间还有人视妇女"不洁""晦气"，不愿与之同行；三是性诱惑禁忌，女伴同行易引起性冲动从而可能带来灾祸。因此，在传统社会中，人们受对前途未卜、旅途不靖的忧虑和担心的潜意识影响，有"军中不可有女，不可与女人同坐车船"的俗语，所以那时候女子多不外出，即使外出也明显带有对男性的依附性。行商的扁担忌讳别人从上面跨过，尤其忌讳女人用脚踢腿跨。船工忌讳女人跨过纤绳。青海民间村庄进行法事活动，外出巡游的"龙王神轿"也特别忌讳路遇女子，大老远就有人在巷道里喊——龙王爷出来了，女人们避开！

红色辟邪 民间认为，红色能辟邪，所以身体久病虚弱的人如需外出，则要身上带点朱砂或装些桃树枝，女人头上裹上红方布，即使一些强壮男子腰间也束根红腰带，用以"镇惊除邪"。搬运危险、贵重、难运物品时，习惯在车前或物品上拴一条红布，或插面小红旗以"驱邪"。妇女和儿童出行，必须"红日高照，路有行人"，方可登程。天黑以后，婴儿不准出门上路。认为上路会招致鬼魂，使婴儿遭灾。即便大人出行，也要打起火把，或者有灯笼、手电筒等照明。

恭谦礼让 青海民间素有"出门三里地，就是他乡人"的说法，出门在外，要了解异乡习俗，尊重他人习惯。若有同行者，需恭谦忍让，坦诚相

待，因为"出门人，三分小"，谦虚一些总是好的。若有麻烦别人的，必须
注重礼貌，俗话说"多喊一声哥，少走十里坡"，可以少走弯路，少遇麻烦。
心怀悲悯之心，若路遇过道之蛇，决不伤害，俗信认为蛇为土神，要敬而远
之。[①] 路上见到布袋鞋帽之类的东西，不要随便捡，不贪便宜，如民谚所言，
"拾上帽，往后撂"，避免招惹是非。

三　交通语言禁忌

行业话语禁忌　若水路行船，民间忌说"翻""沉""撞""破""漏"
"没"等字，因为翻船、沉船、破漏等情况都会造成财物损失，乃至出现生
命危险。行进途中，船工只许乘客称呼他们为"掌柜的"或"把式"，不许
称呼其为"筏子客"或"船家"。路过一些"事故多发地点"时，禁止乘客
询问地名。坐在船上，忌说"停"字，忌问"今晚住哪里？"等问题。进餐
时，若吃完上面的鱼肉要吃鱼骨下的一面时，不能说"翻"过来，而要说
"顺过来"。如果在水上遇见死人，对着尸体不能叫死人，应称为"水货"。
陆路行车同样忌讳说"翻""倒"等字眼。路上要遵守交通禁忌，如"一人
不进庙，二人不看井"，"宁走十步远，不走一步险"，"宁跋千山，不涉一
水"。这些俗话的背后，直接关涉车行者的安全，所以出门在外，一定要谨
记。除了如此"慎行"，还须处处"谨言"，走在路上忌说闲话和不吉利的言
辞。人在旅途，尤其忌说"死"字，若非要表达，则要表达为"过身""过
世""去了""走了""老了""百年之后""归西"等，路上遇到蛇，不能直
称为蛇，而要说遇到"肠（长）"了。

行为禁忌　若在路上吃药，则要改称"吃凉水""吃好茶"，把"煎药"
说成是"熘凉水""熘茶"。这些有忌讳生病之意。路上若遇送葬队伍中的
相识者，禁忌打招呼和呼名搭话，唯恐被灵柩中的亡灵得知，对被招呼者不

---

① 娄扎根：《略谈民间行旅禁忌》，《许昌学院学报》2006 年第 4 期。

利。若在水塘或野外遇到水葬及火葬之事，不得呼叫熟识者的姓名，要叫对方只能比手势或暗示，唯恐叫了姓名被土地神知觉，错为亡人，当作"替死鬼"。

外出住宿，早晨起来多有禁忌，最为忌讳的是"梦"字，也忌讳对人讲述自己睡眠时所做的梦，所谓"朝勿讲梦，夜勿讲鬼"，其意无非是畏惧谈论鬼魂事，招致祸殃。若是外出做生意，最忌"折本"，因而讲话是忌"舌"字，要把猪舌称作"猪招财"，将牛舌说成"牛招财"。外出求财，购置财神像时忌说"买"，要说成"请"；卖者也是忌说"卖"，要说"送"。

礼貌用语禁忌 途中问路要特别注意礼仪，讲求讲礼貌，要先施以礼节，加尊称开口，禁忌"背搭话"（没有尊称）问人，否则就得承担"见人不施礼，多走五十里"的后果。

青海民俗志

第二册

QINGHAI FOLK-CUSTOM CHRONICLES

青海省地方志编纂委员会 ●编

赵宗福 主编

社会科学文献出版社
SOCIAL SCIENCES ACADEMIC PRESS (CHINA)

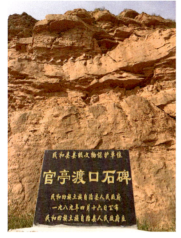

民和官亭渡口遗址
摄影：邢海珍

贵德滴水崖古渡口
摄影：毕艳君

马鞍
摄影：唐仲山

木轮大车
摄影：刘大伟

青苗会转山活动
摄影：胡芳

**湟源城隍庙六月
六朝山会**
摄影：毕艳君

热贡六月会 1
摄影：蔡征

**湟中苏木石村交苗仪式
中打羊肉份子**
摄影：霍福

於菟仪式
摄影：唐仲山

**蒙古族祭
火神仪式**
跃进提供

热贡六月会 2
摄影：蔡征

藏式大门雕饰
摄影：刘大伟

都兰寺佛塔
摄影：跃进

果洛拉加寺建筑
摄影：唐仲山

洪水泉清真寺
礼拜殿木门
摄影：晏周琴

蒙古包

摄影：跃进

洪水泉清真寺内藻井

摄影：赵宗福

瞿昙寺砖雕

摄影：唐仲山

土楼观

摄影：蔡征

新春对联市场
摄影：徐世萍

祭祀"天地君亲师"之位
摄影：霍福

春节放鞭炮
摄影：徐世萍

湟中苏木石村民春节期间自编自演的现代舞
摄影：徐世萍

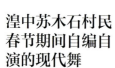

湟中下洛麻村出阎王演出
摄影：霍福

湟中葛家寨村出僧官演出
摄影：霍福

土族安昭舞
摄影：蔡征

正月十五跳火堆
摄影：徐世萍

湟源排灯
摄影：米海萍

土族荷包
摄影：赵宗福

端午节门头插柳
摄影：唐仲山

端午香包
摄影：赵宗福

中秋祭月仪式
摄影：霍福

迎接贵客的高盒儿
霍福提供

娶亲婚车
摄影：王鸿实

撒拉族婚仪·娶亲
摄影：蔡征

土族娶亲人纳什金
摄影：蔡征

西宁婚礼闹公婆
摄影：赵宗福

寿材侧面彩画
摄影：文忠祥

汉族丧礼·灵堂
摄影：霍福

丧事纸扎
摄影：赵宗福

汉族丧礼上的喇叭匠
摄影：赵宗福

汉族丧礼·请亡
摄影：赵宗福

上坟
摄影：徐世萍

回族葬礼
摄影：蔡征

水葬
摄影：蔡征

天葬台
摄影：蔡征

藏传佛教寺院壁画艺人
摄影：米海萍

藏族艺人绘唐卡
摄影：蔡征

湟中农民画家韩复兰
摄影：徐世萍

农民画
摄影：王小明

面具
摄影：王小明

目　录

第一编　物质生产民俗

第三编　社会组织民俗

第四编　社会生活民俗

附　录

社会组织民俗

第一章　宗族民俗

　　宗族与家族密切相关。家族是按照男方家庭的血缘关系维系，并在一定地域内以相应的组织形式结合，涵盖五世以内的同一始祖的血缘群体。宗族也以血缘关系为纽带，是指一个男性祖先的子孙历经若干世代，在一定区域繁衍聚居，并以一定的社会规范结合成一种特殊社会利益的人们共同体。宗族涵盖家族五世以外的同一始祖的父系血缘群体，有明确的世系结构、聚居规模和地缘范围，以及独立的发展历史和发展阶段，比家族涵盖范围要大。宗族之内，辈分表现明确的等级身份，长幼有序，多以"尊祖敬宗收族"或"尊祖敬宗睦族"为其宗旨。在20世纪50年代以前，村落多由一个姓氏为主集中居住的宗族构成。较大的宗族居住地形成村庄或集镇，很多地名源自宗族聚居村落，如王家庄、杨家寨、曹家堡、文家沟等类似地名。有些大的宗族甚至分开居住在空间距离较远的不同地方。21世纪以来，城镇、农村地区，仍以宗族聚居的村落为主，也有多个宗族共同居住在一个村落。

第一节　家庭与亲族

一　家庭

（一）家庭模式与结构

家庭常简称为"家"，是由一定范围的亲属如夫妻、父母子女、兄弟姊妹等所组成的社会生活细胞。它的联结纽带是婚姻关系和血缘关系，进入阶级社会以后又增加了收养关系，从而形成拟制血缘关系。[①] 作为人类自身生产和再生产的一种社会组织形式，家庭的含义，一类注重其生物学属性，一类强调其社会属性。从生物学属性看，家庭作为生育制度，没有婚姻就没有家庭。以婚姻的自然属性两性特征为基础，通过生育而实现种族的繁衍，家庭成员间的血缘联系以及由此而产生的亲属团体，构成家庭在生物学上的自然联系特征。家庭关系以两性的结合和亲属间的血缘联系为其自然条件。因人类较长的幼年依赖期，需要在成年人的保护和养育下才能成长为具有独立生活能力的成人。从社会学角度看，家庭是人们以婚姻、血缘、收养或感情等关系为纽带组成的，以比较持久的共同生活以及一定程度上的经济共有、共享为主要特征的初级社会生活单位。

家庭模式　即家庭类型，是家庭结构和家庭关系的总称。家庭模式除了家庭成员的组成，还包括家庭成员间的代际关系、家庭氛围、教养方式等内涵。不同的家庭模式决定于不同的社会，与社会的生产方式、生活方式相适应。传统的家庭模式分为三类：核心家庭、主干家庭、扩大家庭。但是，家庭在新的时代背景下，非传统家庭模式也日益成为家庭模式中的重要构成。非传统家庭（或称特殊家庭）模式包括单亲家庭、单身家庭、重组家庭、丁克家庭、空巢家庭、"421"家庭等。

---

① 林耀华：《民族学通论》，中央民族学院出版社，1991，第 292 页。

核心家庭也称"小家庭"，就是由夫妻及其未成年子女组成的家庭。家庭内部仅保持着三种最基本的家庭关系，即夫妻关系、亲子关系、兄弟姐妹关系，其家庭成员有父亲、母亲与子女，维持着标准核心家庭的基本三角结构。随着社会变迁，目前，青海农牧区的家庭结构和关系同样越来越趋向于小型化和简单化，核心家庭在家庭数量所占的比例呈现增长趋势。

主干家庭又称直系家庭，是由夫妻、夫妻的父母，或者直系长辈以及未成年子女组成的家庭。其家庭成员有祖父、祖母、父母、子女，也包括父或母和一对已婚子女及其孩子所组成的家庭，一对夫妇同其未婚兄弟姐妹所组成的家庭。青海的农牧区主干家庭具有一定比例，尤其是父母从幼子居住的形式比较多见。一般幼子继承老家并与父母同住，幼子成为主干家庭中仅留的一个继承人，哥哥们分门别居，但老家是他们的联络中心。这种家庭的优势是能在一定程度上培养代际同情心，联络代际感情，也能在赡老、抚幼和管理家务上提供一些便利。而其缺点是家庭中有两对夫妻、两个中心，因而由谁执掌家庭权力问题难以解决，婆媳冲突可能性大。这是大家庭和小家庭间的过渡形式。

多偶家庭指是由多偶婚姻所产生的家庭。多偶婚的一种形式称为一夫多妻，即一个丈夫同时娶几个妻子；另一种形式称为一妻多夫，即一个妻子同时有几个丈夫，这种形式不如前一种多见。多偶家庭在20世纪50年代前的青海，有一定数量的存在，与汉族社会相似，藏族社会、土族社会中也为数不多的存在过一夫多妻制（妻妾制）的婚姻形式。原来认为的一夫多妻制其实是一夫一妻多妾制，民和土族等实际上实行的就是一夫一妻多妾制。正妻在家庭事务中有一定的经济支配权、处理家务的参与权、对妾的使唤权。在家庭生活中妾多听命于正妻，承担重家务活等。妻与妾的子女们的家庭地位悬殊，正妻子女在家庭与社会上的地位要比妾所生子女优越得多，具有家产继承与分配上的优先权、家务活动中的裁决权、外界交往中的正式代表性等方面的特权。1950年以后趋于绝迹。

在传统社会中，为了解决子嗣问题，一般把妻妾制纳入多偶家庭制度中，妻妾制成为多偶家庭形成的制度因素，尤其典型的是一夫多妻制。其实，富裕人家及官宦人家一直实行的是一夫一妻多妾制度，并非真正意义上的一夫多妻制。妾不过是男女交接之用，她们只能为男人解决传宗接代问题，没有资格称为妻子。妻与妾相比，妻的家庭和出身都比妾好，讲究门当户对，而妾一般出身于下等的家庭，甚至是战败方奉献的礼品。因此，妻为娶，而妾为纳，娶妻送的财物被称为"聘礼"，而纳妾时给予家庭的财物，则被称为"买妾之资"。"娶妻纳妾"一词中的一娶一纳，反映了古代社会等级森严的妻妾制度。妾，又称"侧室""小妻""姨太太""如夫人"等，由某种类似婚姻契约而形成，为正妻之外具有类似婚姻关系的女性。一般来说，为夫家生育过子女的，其在家庭中的身份、地位、权利往往会随之提高。此外，视门第教养不同，妾的权益也因之而异，往往在妻、妾与丈夫之间形成微妙的关系。但是，具体到青海，根据地方实际，有必要分开讨论。

扩大家庭由核心家庭或主干家庭加上其他旁系亲属组成。一般一对夫妻和他们的一个或一个以上结了婚的子女生活在一起。也有兄弟关系的若干个核心家庭，即结了婚的兄弟们始终生活在一起，"四世同堂""五世同堂"家庭，即为扩大家庭。扩大家庭曾经是中国人的理想家庭模式，在传统农业社会里，可以提供充足的劳动力，家庭成员之间可以实行合理的分工和互相照应，可以保证家产不被分割，具有一定优越性。但是，实际生活之中，核心家庭户却一直是民间的主要家庭形态之一。扩大家庭包括若干核心家庭，核心家庭的利益与整个家庭发生冲突在所难免，每个人的生产积极性不能得到充分发挥。受到土地、住房等财产的限制，青海扩大家庭较为鲜见，绝大多数是以核心家庭或者主干家庭为主的小家庭。

单亲家庭由单身父亲或母亲养育未成年子女的家庭，其家庭成员只有爸爸或妈妈、子女。单身家庭指人们到了结婚的年龄不结婚或离婚以后不再婚，而是一个人生活的家庭，其家庭成员只有一位成年人。重组家庭是夫妻一方再婚或者双方再婚组成的家庭，其家庭成员有继父或继母和子女。丁克家庭是有生育能力但不要孩子、浪漫自由、享受人生的夫妻所组成的无子女家庭。空巢家庭是只有年老的夫妻的家庭，子女离家独自生活。当代"421"家庭模式指一对独生子女结婚生子后，家庭结构组成：4个父母长辈、1个小孩和他们2人。两个年轻人要负担起4个老人的养老重任和至少1个孩子的家庭压力。这种模式将日益成为我国基本家庭结构。

家庭结构即家庭的构成，特指家庭中成员的构成及其相互作用、相互影响的状态，以及由于家庭成员的不同配合和组织的关系而形成的联系模式。表现为三个层面：一是家庭由多少成员组成；二是家庭由哪些成员组成；三是家庭成员按照哪种关系模式进行组织。1990年的青海省家庭户规模平均4.64人，汉族的平均家庭户规模4.49人，比最小的蒙古族家庭户5.25人还少0.76人。各少数民族的家庭户平均规模相对接近，都比较大。土族家庭户规模为5.64人，仅次于撒拉族，撒拉族家庭户规模6.06人，居青海各族之首。至2000年，各民族家庭户规模均有所缩小，土族、回族的3~5人户所占比例最高，撒拉族以4~6人户居多，而蒙古族、藏族的平均家庭户规模较小。而且，户规模存在明显的城乡差别，1990年青海城镇家庭户平均人口3.90人，农村（不含镇）为5.10人，农村比城镇每户多1.2人。但是，城乡户规模均在较为明显地下降。在家庭类型中，土族两代户、三代户合占91.37%，以二、三代户为主。两代户、三代户合占比例撒拉族为89.50%，回族为85.70%，藏族为82.12%，蒙古族为74.17%。四代及以上户比例，青海平均在0.86%，撒拉族最高为2.09%，藏族为1.35%，土族为1.09%，回族为0.87%，蒙古族为0.47%。一代户比例蒙古族最高，为25.36%，藏族、回族分别为16.53%、13.43%，撒拉族、土族分别为8.41%、7.54%。

（二）家庭管理

家长制 家长又叫家主、户主、当家的、掌柜的，是指掌握家庭的经济支配权力，在家庭中居支配地位，其他成员都要服从的民间组织形式。其源于家庭、家族、宗族、氏族等血缘群体和亲缘群体。家长制是在生产力水平相对低下、社会分工不发达、群体规模相对狭小、结构相对简单的传统社会中的一种组织管理方式。一般由爷爷或父亲担任家长，即使有些女性比较强势而实际掌握家庭的话语权，但对外还是要有家中的成年男性出面。在一些家庭里，名义上男子当户主，但实际主妇说了算，素有"怕老婆""妻管严"的叫法，城镇尤其突出。在家庭中并没有正式的规章，而是依靠约定俗成的习俗等来维持管理与控制。随着社会发展，这种管理方式逐渐被淘汰，但其残余形式仍留存于民间，在农牧区仍然继续发挥着一定的作用。

家长制管理 在家长制管理下，家庭的权力高度集中于家长手中，组织权力不进行划分。由于权力集中于家长手中，其管理水平主要赖于家长的个人组织水平，没有一定的程序和规则，缺乏稳定的正式结构，组织活动呈无序状态。由于社会关系具有不可置换性，因而家长一般实行终身制。现在，有些看似家长制的家庭中，实际多由已婚儿子主持、经营家庭，虽有父母健在，已婚儿子是实际的家长。家长的权威、安排工作等已经明显弱化。

（三）家庭功能

经济功能 指家庭中的物质生产、分配、交换、消费形式，是满足家庭成员基本生存的需要，是家庭其他功能的物质基础。包括生产功能、创收功能、消费与理财功能。其中部分已经广泛地与市场、工厂、商业和银行等服务机构相关联，生产、分配、交换职能已为社会化统筹所替代，家庭在经济上已变成其成员共同生活的消费单位。

生产功能 传统家庭的生产功能的特点是生产力水平低下，生产工具技术含量低且一般自制，生产的维持和有限扩大主要依赖于劳动力的不断投入；家庭作为自成一体的生产单位，血缘关系保证了新生劳动力对生产活动的介入，而家庭中生活和生产的有机融合，使得新生劳动力在日常生活中通过模仿或直接参与掌握生产技能；自给自足和内部互助使家庭经济在无市场竞争的状态下缓慢发展；家庭只能维持简单再生产，为了生存而终日劳作。

生育功能　家庭长期以来被当作生育子女、繁衍后代的基本、合法单位。家庭的生养功能成为其最基本的功能。两性通过婚姻结合，生育并抚养子女的社会功能包括：性爱功能、生育功能、抚育功能、赡养功能等。性是人类基本的生物要求，性生活也是婚姻关系中的生物学基础，通过婚姻缔结的家庭为合法夫妻提供合法的性生活。生育功能是父母抚育了子女，尽到责任义务，而当父母垂垂老矣，或丧失劳动能力，或丧失生活自理能力，或没有了经济收入的时候，子女就具有赡养父母的责任与义务。1980 年实行计划生育政策以来，家庭的生育功能越来越萎缩，二孩政策的实行对生育功能有所提振。

抚养与赡养功能　家庭的抚养和赡养功能是父母对子女有生活上提供抚养的义务，家庭成员之间也相互供养，给予生活援助。子女对父母也有养老的责任，这是代际的相互抚育和照应。家庭养老包括经济上的赡养、生活上的照顾和情感上的交流三个方面。传统的赡养仍然占主导地位，但现在有"淡化"趋势。新时代家庭成员之间经济关系的深刻变革，造成赡养功能的不断削弱。年轻一代经济独立，核心家庭生活方式、代际纠纷等，使得老年人独居的越来越多。社会保险、国家医疗保险、医疗补助、失业补贴和通过其他各种社会立法，取代了家庭中传统的保护功能。家庭赡养老人的功能也已部分转给社会，而社会尚不能很好地解决养老问题，成为一个新时期的社会问题。

教育功能　家庭是人生的第一所"学校"，家庭是儿童社会化的第一场所。子女的教育和儿童的社会化首先从家庭开始，扩及邻里环境中。家庭成员相互教育以完成再习俗化的过程，文化反哺即父母从子女那里学习新的知识。目前，父母从子女那里学习社会知识已成常态，如学习网络知识、外语、流行音乐等等。子女结婚后，儿媳、女婿的进入也是再次适应新的家庭的再习俗化过程。当下的家庭教育喜忧参半，喜者观念、方法、手段在进步，教育资源日益充足；忧者传统家庭教育束缚对子女的教育，农牧区留守家庭中爷爷对孙子的溺爱不利于儿童的发展。农牧区幼儿园的大力发展，教师代替家长对孩子实行基本的教育年龄变小了、变长了。

感情交流功能　俗话说"家庭是心灵的港湾"。感情交流和结合是人生存的高级心理需求之一，是家庭精神生活的重要组成部分。对个人来说，各种心理态度的生成、人格的发展、感情的慰藉和精神的寄托都离不开家庭。社会发展、人口流动强化，使年轻人长期留在家庭的越来越少，感情交流日益弱化，但是"家"的温存、牵挂依然是大家的重要情感形式。

休息和娱乐功能　家庭娱乐对儿童来说尤为重要。儿童在家庭游戏中获得知识、锻炼心智。对成年人来说，家庭娱乐可以调剂生活，增加乐趣。21世纪以来，公共娱乐场所增加，家庭内部电视、手机等娱乐方式和内容的丰富，使家庭过去讲故事的娱乐方式越来越少了，家庭的休闲娱乐功能也在淡化。

宗教功能　家庭原本也是传承宗教信仰、进行宗教仪式的场所。由于家庭成员之间的血缘关系和共同的生活联系，宗教信仰会相互影响并潜移默化。家庭成员经常持同样的宗教信仰，家庭就是一个宗教场所和单位。牧区家庭基本家家设有佛堂，完成日常信仰活动。农区佛堂少见，但仍然在庄廓大房的中堂进行日常的祭神等活动。在当代家庭中，宗教活动已从家庭转向社会，家庭的宗教功能日趋削弱。

政治功能　家庭中家长的权力与他对家庭成员的经济行为、生活选择的掌握和操纵，使家庭成为一个小型政府，家长如家庭的"财政部长""决策者"等。目前，家长的威望、权力、地位从以家庭为中心转向以个人为中心，家庭的政治功能也越来越淡化。

二　分家规矩

俗话说"树大分枝，家大分家"。核心家庭通过人口繁衍、婚姻缔结等方式形成扩大家庭之后，基于扩大家庭的种种局限，面临分家的问题。分家就是家产的再分配，青海又称"领家""另家"。在民间，形成了一整套的分家习俗，存在一些家产继承、分家的习俗规范。

家产继承　家产多半由家中男性来继承，有民间信仰方面的根据：认为人死后变成鬼魂，只接收自己亲生儿子及其子孙后代的祭祀；如果没有亲生儿子及后代，就会变成孤魂野鬼，会过着"受冻挨饿"的日子。所以历来把断子绝孙当作人生最可怕的遭遇。如果没有儿子，就要认领别人的儿子，过继到自己名下，作为自己的子嗣让他延续自家香火。通常，第一选择多过继具有亲近的血缘关系自家兄弟的儿子。在兄弟没有可过继的儿子或者其他原因不能过继时，或从亲戚家过继，或直接过继并无血缘关系的男婴等。过继子嗣，一般要举行一定的仪式。上告祖宗，遍告家族人等，使之合法化。一旦过继后，便具有与亲生儿子一样的权利和义务。

长子继承制　这种继承类型强调长子是家族血脉的主要继承人，长子负责祭祀祖先，因此也就具有支配财产的优先权。从西周宗法制开始，历代帝王世系的继承主要采取这种类型。中国传统的家族分家，一般遵循的宗法原则是"嫡长子继承制"，这是维系宗族绵延的主要手段之一。因此，分家时父母多与长子同住。另外，对于其他众子分家，从维护孝道出发，禁止祖父母、父母在世时分家另过、别籍异财。到清代，父母在世而子孙分家异财已是很普遍的现象。虽然长子在宗族中的地位较之诸子为高，但在财产的继承上并无独占权，诸子平等分家析产。在供养父母方面，大儿子与小儿子无异，小儿子往往最后成婚，可以有较长时间单独陪侍父母，因此一些家庭选择幼子继承的分家方式。在民间，即使有的家庭实行兄弟平分家产原则，但也会预留一份家产用作祭祀祖先专用，并由长子负责保管。实际上，长子仍然是主要继承人。

幼子继承制　幼子继承制度是由最小的儿子继承父亲的财产及社会地位。幼子继承权的产生，多是由于诸子年长后先后结婚成家，并分居另立家庭。父母最后操办幼子婚事，并与幼子居住在一起，由幼子赡养送终，故幼子享有较多的财产继承权。青海省的蒙古族、土族、撒拉族、汉族、回族等家庭多实行幼子继承制。如撒拉族，长子长大结婚后，要另立门户。幼子和父母住在老家，其他弟兄每年得拿出一定的钱和粮食供养父母。父母去世，其他弟兄有权继承父母的遗产，但老家归幼子所有。具体办法是：诸子均分，女儿虽有继承权，但一般只能继承儿子的三分之一，而且不能继承死业，如土地、果园、宅基地等。如果死者无子女，财产由"阿格乃"均分，没有"阿格乃"，由"孔木散"均分。寡妇一般没有继承权，只有使用权，寡妇有子女则有财产保管权，没有处理权。寡妇如果想改嫁，不得将财产带走。

兄弟平分制 兄弟平分制度是弟兄们平分家产的继承制度。儿子们都长大成人后，或者家长年迈在临终之前想把家产分配时采用这种形式。以兄弟几个年龄相仿，都具有一定支配能力后，不管几个是否已婚，在认为需要分家时，按照弟兄几个平分原则进行。如果哥哥已经结婚，具备分家另过条件，在分完后即可另过，有权支配分得的财产。这一制度使家庭的财富一分为二、一分为三或一分为若干，家业在兄弟平分后财产规模缩小。

女儿继承制度 按传统习惯，家庭财产只能由家庭中男性继承，出嫁的女儿不能继承娘家家庭财产，或者寡妇再嫁也不能带走财产。1949 年以后，男女在财产继承方面获得平等地位，夫妻共同支配家庭财产，女儿也可以继承父母财产。典型的女儿继承，只有女儿、没有儿子而入赘女婿后的家产继承属于此类。

分家习俗 分家时，一般具有一定的习俗，而且各地、各民族习俗不同。如一定要邀请家族代表参加，一则作为公证，二则表明家庭事务具有家族性。如果处理不当，家族会出面调解。分家，对于富有人家，一般都会给领家的儿子打新庄廓，盖新房，重新置办生产、生活用具，不会从老家分割房产、生产生活物品。而对于条件有限的穷苦人家，给分家的儿子新打庄廓以后，无力再给他盖房子时，儿子分家时就会分割原有的房产、生产生活物品。如老家原有两排房子，一般会把偏房一面分割给他，让其把房子拆走，在新庄廓重新盖起来。也有兄弟二人分家时因受条件限制无力打新庄廓时，会仍然居住在老家里，但会临时分开锅灶各自生活。遇有矛盾分家的，会在老家院中打起围墙,使老家一分为二。

分家后的义务分摊　除分割财产外,分家后也要把各自义务进行分摊,主要是老人的养老送终问题。其方式每个地方、每个民族、每个家庭都不一样。有的分家后,老人会留在老家;有的兄弟二人,如关系不好会各领一个老人赡养;而有多个儿子的则轮流赡养;甚至有的让老人也另起炉灶,与老人分开过。在老人去世后,对于丧葬费用,有的兄弟平摊,有的已经分家另过的只会出一小部分,主要由与老人生活的儿子负责。

三　家务活

家务指家庭日常生活事务,是每一个家庭成员对于家庭的责任与义务。内容复杂,包括柴、米、油、盐、酱、醋、茶等。除洗洗涮涮,饲养家畜、家禽,打扫房屋外,还包括教育孩子、伺候老人、人情往来等日常生活安排。一般来说,家庭主妇是承担家务的主要角色,家务管理好坏与家庭主妇有很大的关系。随着社会发展,男女平等观念日益被大家接受和实践,妇女主要承担家务劳动的情况也在逐渐改变,男子也越来越多地承担家务活。

生产性家务活　传统上,一个家庭比较大、人口比较多时,家务活的安排权力基本掌握在家长的手里。农闲季节,多在起床后或者吃早饭后安排。农忙时节,多在前一天晚上安排妥当,因为农忙季节时间紧张,大家多在天亮之前早早起床,在吃早饭前先干一阵农活。而且,农忙时节,农活相对一致,收割小麦等男女老少大家齐动员,而犁地的活多由家里男性承担。安排农活,家长多从发挥大家特长出发,让大家干自己擅长的活。其中,女性要承担的农活主要有撒种、锄草、割麦,碾场时与男性一起打连枷,扬场时戴着大凉帽分选麦子与尚未脱净的麦穗、杂物等。

生活性家务活　一般也有男女之分。青海各民族中,男性多做重体力活,诸如家里用架子车拉土填圈,起圈出粪,偶尔的打墙、抹墙等,另外放牧牲口等也由男性承担。女性最重要,也是最主要的家务活就是每天厨房里的活，从早晨早起担水，打扫庭院，一日三餐的准备及制作。农闲时间为家里大人小孩缝制衣裳、制作鞋袜，洗大人小孩的衣裳。每年一定的时间，将需要磨面的麦子等粮食筛选簸净。有些地区妇女还要秋天农闲时间扫树叶、冬天扫干草，以备冬天喂羊、填炕。汉族、土族妇女还承担喂猪喂鸡等家务活。

四　家族

宗法制度　这是一种以血缘关系为基础，尊崇共同祖先以维系亲情，在

				高祖父母				
			族曾祖姑	曾祖父母	族曾祖父母			
		族祖姑	祖姑	祖父母	叔伯祖父母	族祖父母		
	族姑	堂姑	姑	父母	叔伯父母	堂叔伯父母	族叔伯父母	
族姊妹	再从姊妹	堂姊妹	姊妹	己身	兄弟兄弟妻	堂兄弟堂兄弟妻	再从兄弟再从兄弟妻	族兄弟族兄弟妻
	再从侄女	堂侄女	侄女	长子众子长子妇众子妇	侄侄妇	堂侄堂侄妇	再从侄再从侄妇	
		堂侄孙女	侄孙女	嫡孙众孙嫡孙妇众孙妇	侄孙侄孙妇	堂侄孙堂侄孙妇		
			侄曾女	曾孙曾孙妇	侄曾孙侄曾孙妇			
				玄孙玄孙妇				

图 3-1　本宗九族亲属

宗族内部区分尊卑长幼，规定宗族成员各自不同的权利和义务的文化制度（见图1）。中国的家族宗法制度是由父系氏族社会的家长制演变而来的。在父系氏族社会后期，私有财产产生，父系家长去世后，其权利和财产面临继承问题。为了解决父系权利和财产继承问题，家族宗法制度应运而生。

五服制　以丧服轻重和丧期长短来表示生者与死者的亲疏关系。服与期所表示的亲疏关系大致分为五种，故称为"五服"，即斩衰三年、齐衰期、大功九月、小功五月、缌麻三月。"五服"所涵盖的亲疏范围，都直观地体现在图2绘制的本宗九族五服结构中（此处称谓以汉族为标准，其中，有些青海汉族及各少数民族的具体称谓，参见第五编第二章语言民俗中具体内容。）

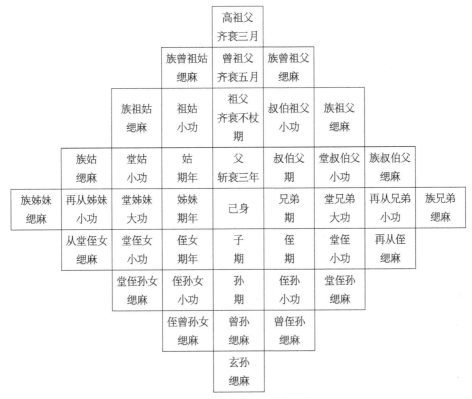

图 3-2　本宗九族五服结构

凡此种种，都说明宗族关系中，五服是一条重要界线。五服以内，依亲疏，有较明确的权利和义务，五服之外，基本上等同于凡人。

房 一个家庭的始祖有几个儿子，分家后自然形成几个房。老大称为大房，老二称为二房，以此类推。一般多在家族始祖开辟一个新的发展地方，并在最初分家时形成。开基立业第一次分家、形成几房以后，各房在分家时都在各个房之内，并不再称为新的房。房有时也叫房支。经历数代繁衍发展以后，各个房合起来其实成为具有共同始祖的宗族，各个房单独是一个家族。

家伍 一个宗族下面，划分的类似于家族的组织体系。比如，土族社会中，一般一个高祖父、曾祖父的子孙们构成一个家伍。回族人在习惯上把曾祖父的各个子孙的家庭称为"远家伍"，把一个祖父的子孙们的家庭称为"亲家伍"。民和土族把家伍也叫作"房数"。土族社会中，家伍的大小规模，视子孙繁衍的人口而定，如果一个高祖父子孙兴旺，形成的家庭数目多，则按照各个祖父辈下的各个家庭合到一起，分成新的小家伍，把高祖父时的家伍称为"老家伍"。如果人口繁衍不足，则保持高祖父时的家伍构成。甚至家道衰落、人丁不旺，一个高祖父的子孙家庭极少而不能正常运作如婚丧嫁娶等事务时，也会与更远一些的、具有类似境况的家庭合作，称为一个家伍。一个房，有时候就是一个家伍，家伍与房重合；当一个房内家庭较多时，含有几个家伍。也有一些村内，因为某一房人口繁衍极少，甚至绝户。所以，出现了有大房、三房，而缺二房的情况。

家伍在生产生活方面互助关系紧密。生产方面，如收麦子、碾场等需要合作的时候，家伍之间互相帮忙，合力劳作；婚丧嫁娶各项事务均由家伍共同操办。家伍内部，看似组织松散，虽然没有明确的领导者，但长辈受全家伍的尊重，享有较高的话语权。在生产、生活上需要家伍共同做出决定时，长辈具有较强的发言权。在处理分家、家伍内部纠纷、家庭纠纷等方面，长辈出面主持、协调说和。

家伍内部的交往，一般呈现在节日习俗中。如在每年过年时，互相按照最大辈分的家到最小辈分的家轮流拜年。大年初一一般都不去亲戚家，而是以家伍、家族、本家间拜年为主。到家伍中，按长辈、平辈、再晚辈的顺序分别到每户家去拜年。有的地方在家伍里拜年时，大多先在最年长的一家里集中，然后成群成伙的在家伍的每户人家里轮流互相拜年。20 世纪 90 年代以前，在家伍里去拜年时，都提着一个笼子，笼子里装满油馃。每转一户人家就在桌子上放下八个油馃（有些地方数量不等）。有的地方向老人斟酒磕头。人家较少的家伍，在初一家伍间拜年结束早时，还要到庄邻和关系较好的人家、亲戚家里去拜年。

本家与党家　家族或者宗族里的成员互称本家、党家或党家子，盖因《尔雅·释亲》曰："父之党为宗族。"本家、党家男性都是同一姓氏。但是，在民和土族社会中，也把关系较好的不同姓村落之间互称本家，如民和中川的杨家与文家之间。这些村落在纳顿节上有互相合作关系。

班辈或辈分　家族里根据宗法制度明确长幼有序，形成了班辈。班辈实际上是亲属称谓较为笼统的另一种叫法。班辈明确了每个人在家族人际关系网络上的角色节点。一般而言，长子长孙一直延续下去，长孙子孙的辈分逐渐变小，即他们在家族里面对他人，可能年龄与他相仿甚至小很多，但按照辈分要叫叔叔、爷爷甚至太爷。一般会说这些人辈分小。

五　家族祭祀

天社（清明）祭祖　每个家族年复一年举行的最隆重的祭祖家族活动，当属天社或清明的上坟。青海的汉族、土族及部分藏族群众有天社上坟祭祖的习俗，俗称"上坟""烧纸"。习惯上"九尽十日为天社"，就是指"九九"以后，再过十天就是天社。也有"社不离戊"，"立春五戊为天社"的算法，春社的时间按立春后第五个戊日推算，即立春后的第五个戊日就是春社日。这样，对于按照农历纪时的民间社会而言，春社日每年都是不一样的，需要稍懂历法的人来推算。由于时日不确定，天社上坟祭祖时间，有的今日，有的明日，每天都有上坟的，要延续三四天，没有确切的日子。因此，对于春社日要回娘家祭祖的女儿们来说，因不能确定具体时间而影响到回娘家祭祖。春社日时间在春分前后几天，为了方便女儿及在外上班的家族成员回家祭祖，把祭祖时间统一在了春分这一天。但是，随着在外上班、外出打工的家族成员数量越来越多，春分这一天不能保证是假日而影响上坟，因此又把在春分统一上坟的时间明确为春分前的一个周六或周日，或春分过后的第一个周六或周日。另外，也有一些家族在清明节祭祖，祭祖情形与天社类似。

祭祖这天，以本姓家族为单位，全员出动，外出上班、打工的人员也要如期归来。早晨，大人们手提肩扛各类祭祀品，小孩子们举着长辈们用黄裱纸剪成的"长钱"，一路招展向山上的坟地逶迤前行。以前上坟，家族内年老的女性成员们都要穿上深色长布衫，现在已不多见。等所有家族成员先后聚集到祖坟前后，小孩子们把"长钱"插在土坟之上，每家拿出携带的酒食果品、饮料奠茶、纸钱牺牲等祭品供奉在祖先墓前。此类祭品按各家生活条件随心意带来，一般都会拿只煮熟的公鸡，但如果当年那家有娶亲生子的喜事，则要带整只煮熟的猪头，若有孩子考上大学则上供一只羊。摆完供品，就开始为坟墓培新土，休整坟墓，为祖先奠茶奠酒，焚香。一切妥当完备，在年长者的指导下，男性成员在祖坟前面焚烧柏香、油香、纸钱等部分供品，妇女们则架锅烧火，将带来的牺牲切割，小部分先焚烧给祖先，剩余的则入锅里炒热，装盘大家一起席地分食。其间，小辈要给长辈们一一敬酒，给祖先焚烧祭祀品的火堆一直续火不断。酒肉飘香，桑烟袅袅，纸灰翻翻，地上、地下，阳间、阴间共同聚会。

祭祖时，过去宰猪不是年年都有，但杀鸡是每年每家都要准备的。现在经济条件好转后，有些家族清明祭祖时每年都准备祭祀用的猪，在家族内部按户轮流饲养，养猪的人家叫"坟头"。如果哪家在这一年得了男孩，就要宰一只公鸡煮熟拿上，还要蒸上一副馒头来上坟。有的会在今年祭祖时向祖先求子许愿，如果明年如愿得子，会在祖坟还愿宰猪。上坟时，男女老少，成群结队一起到坟上，共同烧纸祭祖。然后围坐在坟滩里，喝酒吃肉。

在天社和清明祭祖时，还要在坟头上压纸。把黄烧纸若干张，用土块压在坟上，让他人看见，以示此坟尚有后人。另外，有些地方还有滚馒头的习俗。全族刚结婚或未婚的青年人一字跪在坟边，由一位年长者拿到坟地最高处，从上面滚放两个馒头，看馒头滚到谁的怀里。如果是未婚的得到馒头，那么预示他来年婚姻必成；如果是已婚，就预示来年喜得贵子；要高考的学生则预示会金榜题名。得馒头者在来年上坟时要宰一只鸡，以答谢列祖列宗的恩赐。

祭祖中往往还有祈子仪式。土族认为怀孕生子是祖宗和神灵的恩赐。因此，民和三川土族在天社、清明祭祖时也在坟地上祈子。仪式由本族中辈分高、年长者主持，无子女者跪在坟前，主持在祖坟上滚馒头。若滚下来的两个馒头都底朝天为吉，说明祈子成功，否则长辈们就拿柳枝在祈求者身上抽打，还要子嗣者许愿，长者祈祷祖宗显灵，何时滚出吉卦何时结束。

大年三十祭祖　除天社和清明外，"大年三十见先人"。这天，男人们大多要上坟。年三十全族的男丁都得上坟，烧纸，祭祀祖先。祭祖时拿着油馃、酒、烧纸、肉食等祭祀用的一切东西。小孩们还要穿上新衣，拿上鞭炮高高兴兴地向坟地走去。从早饭到下午，整个村庄有坟茔的地方，鞭炮声此起彼伏。也有些地方，在大年初一早晨拜年之前会到祖坟烧纸祭祖。明清以来李土司家族年节祭祖时的类型、祭器、供品、祭告内容、祭礼程序等，在李培业家藏本《湟郡李氏家谱》卷七《家礼谱》（乾隆二十年李凝霄撰）中有详细记载。如东府八门正旦（农历正月初一）祭祀之礼时，正旦前一天洒扫庭堂，展设先祖遗像，陈设香烛祭馔等。到正旦之日天未明时，族人齐集设供之处，以世次序立，由年高尊长上香、祭酒、进馔，族人行四拜礼。礼毕，无论尊卑长幼，到族中逐门贺拜新春。至午时，各门置备钱币酒果等聚于墓所，焚香奠酒，前后共行八拜礼，并在墓所前饮"福酒"。

中元节　即农历七月十五，俗称"鬼节"，是祭拜祖先的传统节日。青海汉族依照传统习俗，也多在这天上坟烧纸。近年来，西宁市引导市民文明祭奠，对于采取传统祭奠方式的市民，每年提前引导到统一设立的祭奠点烧纸。

送寒衣 "十月一，送寒衣"。十月初一，在青海城乡仍有此俗。据传此俗与孟姜女为修筑长城的范郎送寒衣的民间故事有关。在这天晚上家家都做上长饭，用纸剪成好多纸衣服，夜幕降临时，到家门外对着自家坟墓的方向，煨上火，并奠祭上长饭，烧化纸衣服。在烧纸衣服时，要在地上用手或木棍画圆圈，每画一个圈，就在里面烧一件纸衣服。时节已到初冬，人们为先人送去御寒的衣服，以表示纪念的意思。故有"十月里来，十月一，家家户户送寒衣"的唱词。

祭祀家神 每个家庭每年定期或不定期的祭祀家神仪式。家神是每家所供奉的一位特殊的神，为该家族的保护神，按宗族来供奉塑像、牌位、案子。一般而言，供奉案子的较多。案子是在绸缎或布料上绘制家神的画像，类似于藏族的唐卡。平常卷起来，选择民间认为洁净的地方收起来，在祭祀时打开供奉。祭祀家神的仪式，不同地域、不同民族有所不同。可由阴阳先生主持道家仪式，也可由喇嘛按照藏传佛教的仪式进行，有些地方用民间尚有流传的萨满教遗留的"哪"（法师）、本教的"本本子"来进行。

有的家族以关羽为家神。位于青海民和甘沟乡的著名寺院卡地卡哇寺的头道大殿，里面就供奉着关公。据说原来这是建寺施主乔氏家族的家神。家神案子由不同画匠来画，根据个人水平和见解，同一家神，也会画出不同样式，如关羽的神像就有好多种，有的画着关羽夜读，有的画着关羽出五关斩六将。另有祖师爷、灶君娘娘、白马天将、金丝绵羊、牛头护法、丹煎他母爷、他母爷等不同名称和不同作用。丹煎他母爷与他母爷是喇嘛神，必须家中有人当喇嘛方可供奉，也是原来家族里有喇嘛时供奉起来的。每年农历除夕至正月十五展开，其他时间卷起。

土族家神 土族人家，尤其是老家（一个扩大家庭的最初的庄廓）基本都有家神供奉。"却康"意为"供堂"，也称"佛堂"或"小经堂"，是供奉家神的地方。多设在信徒家中，供有佛像、经卷等，陈列香花、净水、酥油灯等供奉物。虽然如今不是每家每户都供奉家神，但认为在需要的时候只要祈求，家神会莅临祈求的家庭来保佑的。据说，民和中川文家村的村民原来居住在现今文家寺的位置，在今之香康（文家寺后一高台）上供奉有"牯虏旦箭"（山羊神），亦即当时文家村的"却康"。因此，文家家神全为"牯虏旦箭"神。据说旦箭为铁匠，对铁器看管、追踪得十分仔细，而且对于铁特别重视，不容有丝毫的流失。有一则传说，文家村一村民的旧房卖给一外村人，因为是旧房，在拆房时主人没有将门上的铁链取下而顺便带到了买房人家。后来，旦箭神追踪不懈，让买房人不得安宁，最后在别人指点下将门上铁链送还以后才得以解除疾患。

土族家神祭祀　对于家神的祭祀，除了初一、十五烧香点灯，年节上供外，每隔三年举行一次大祭，如民和官亭的赵木川地区是每年祭一次。祭时须请法师跳舞请神，点香烛，烧黄表纸。这时可向家神求问一些问题，如年成如何、家宅人口平安否等。此外，赵木川土族人家，大多供有"打拉嘎"（护法神箭），这是一根箭形木杆，上有羽毛，箭头向下。"打拉嘎"一般插在装有各种粮食、纸钱、棉花、茶叶等物品的木斗中，供在菩萨旁边，象征五谷丰登，粮食钱财像箭一般飞入家中。有的养羊人家，还将其供奉在羊圈中，以祈求保佑羊群平安、兴旺。

旦箭神　旦箭神的形象，被描述为骑着山羊，即山羊是其坐骑。村民们家里赡养的"乞调尔乙麻"就是为旦箭神供献的坐骑。"乞调尔乙麻"，土族语，"乞调尔"即彩色布条的专称，"乙麻"即山羊，"乞调尔乙麻"即系上彩色布条的山羊。有仪式称为"乞调尔护俩"即系彩色布条，通过这个专门仪式以后这只山羊被列为专供神灵使用的山羊。一般，每年腊月让喇嘛诵经喜神，并给"乞调尔乙麻"更新系在头上的五彩布条，换上新装饰。有些家庭向旦箭神供献"乞调尔乙麻"后，神灵也就记住了该人家的供献，即习惯了该人家每年定时的供献。这样，如果供献的人家不再按时更新，旦箭神就会生气而让家宅不宁。如果从最开始就不供献"乞调尔乙麻"，旦箭神也就因为习惯了而不会怪罪于没有供献的家庭，仍然会保护家宅。这里，不是家神直接让家宅不宁，而是家神脱离保护的家宅，致使其他恶灵进入家宅。在家人心中祈念旦箭神时，神就会保护家宅平安，不让邪灵恶气进入家宅。而一旦开罪了旦箭神，就会导致神不在其位，离开家宅而去，使家宅失去保护。这样，家宅就会闹疾病，家宅不安。

其他家神 民和中川鄂家、宋家、甘家等村落家神为"塔木"，即骡子天王；祁家为"广布"；杨家与文家同，但杨家村的小姓张家的家神为"羊四爷"，也是喇嘛教的神灵。有些村落、家庭供奉黑马神、杂神等。家神，似是藏传佛教的神灵系统中的神灵，是在土族民众归依藏传佛教以后，各村分配了不同形象的神灵来供奉。

家神供放 家神一般供放在一个神龛里，并长期烧香。供养家神的方式也不相同。有的姓氏按每户轮流供奉，有的则供养在长辈家里。一些大户人家还专门建有祠堂，供奉家神。对于家神，有的家族有专门的"法拉"（也叫弟子），有的则没有。据说，还有的将一面铜镜、一把宝剑等作为家神供奉。

六　家族庆典

祖坟立碑庆典 祖坟的相关事务，属于一个家族的共同事务。而且，有些家族把祖坟与生者、子孙的兴旺发达相联系，对祖坟的看护十分认真。祖坟立碑，会在祖坟上对按照规矩立好墓碑以后，在碑上绑上红色被面，放炮庆祝。汉族历来有在祖坟为后土、每位逝去先祖立碑的习俗。近些年，随着条件改善与文化交流，有些本没有在祖坟立碑习俗的民族群体，如民和土族，也开始在祖坟立碑。

寿材（诞）庆典 家族里老人高寿时，也会给老人做寿，进行庆典。过去，也有一种与一般的过寿不一样的做寿，就是在年过五旬后，生前给自己把棺材做好，谓之"做寿材"，谓之"盖大房"（意为阴间要住的大房）。时间方面，选择闰年闰月、黄道吉日。因为是生前做，对选料比较讲究，挑选松、柏、柳等木料，请来手艺高明的"掌尺"（技艺精湛的木匠），开斧造材。木料的搭配方面讲究"铁盖铜帮豆腐底"，即以柏木为盖、松木为帮、薄薄的柳木板为底。其意在"速朽"，早日化土，早日超生。寿材的木工刚刚完工，民和土族地方有孝子孝女"换材"仪式，孝子孝女为木工抬上谢礼，感谢木工为老人修成"大房"。

寿材的木工完工后，请来手艺高超的当地画匠进行彩画，寿材头上画一进两院或三院的院落房屋，门旁画上金童玉女，楹联常书："有花有酒春常在，无月无灯夜自明"之句，横额为"五世其昌"。寿材盖上，男性的写"乾元亨利贞"，女性的写"坤柔顺利贞"。写在直径约15厘米的圆圈内。也有不分男女写上"一梦不觉天地老"，七个圆圈分布状如北斗七星，之间用一条线连接起来。七字寿材两个侧面，男性绘以龙，女性画上凤，或书写八个寿字，谓之"八寿团"。寿材四周则饰以莲花、云纹。目前，依不同人家的要求，有的人家的寿材做成"平盖"，有的人家做成"拱盖"。有些地方在寿材盖上还要加盖一薄木板，上绘"北斗七星"，谓之"七星盖"。寿材既成，众亲友前来祝贺，谓之"贺寿材"。老人穿上寿衣，接受儿孙亲友的拜贺，设酒宴招待亲友。①

七　家族共有财产与家族成员关系

祭田　祭田是为了保障宗族的祭祀活动永久开展而给予经济保障的田地，属家族共有财产。如李土司宗族的石嘴堡宗祠专门的祭田，明确划定了田地四至范围，而且规定了只能用作祭祖之资："羊官渠低槽水地，大小共七段，共下子市升七升。四至，……每年所得租粮，以作宗祠祭祖之资。"这些祭田，由土司土舍租给土民耕种，缴纳的租粮专作宗祠祭祀之资。祭田，一是来自分家之际的提留，二是来自后人的集捐。前一种在李氏族舍分家析

---

① 有婴儿诞生、年轻人婚礼、丧礼等也需要全家族参与庆典。

产的合同中即可看出，都有"坟上家人××等，并各人随种田地"的分配额。而大部分来自土舍、土民的捐助。这种祭田，在 1949 年前的土族聚居地区还有保留。有些地区称为"户地"，是类似"族田"性质的公有地，即同一姓的公田。如互助县东沟大庄一共有六姓"户地"，即刁姓、何姓、董姓、东姓、唐姓、胡姓，共二百五十二亩六分（内平旱地二十六亩三分、山旱地二百二十六亩三分），这些地可以租给其他姓的人，也可由本姓人承租，地租比一般地较轻。租粮每年由同姓人轮流保管，每年上坟祭祖时，用作烧纸钱。

祠堂 又称家庙，是祭祀祖先的家族公共场所。祠堂是祖先的象征，也是族人聚集祭祖的地方。青海东部东、西李土司等大族一直有祠堂。比如，大通土关祠堂，是西李府的祠堂，分上下两院。上祠堂在大麦场上，原有三间西房、两间伙房，民国时期拆除；下祠堂在台子上，三间北房，两间伙房，都为砖木结构，坐北望南。祠堂门旁有两棵大榆树，中间挂一口大钟。北屋内供奉李氏先祖画像，两侧分别是清代、民国时期社会动乱中亡者的牌位。还有上下祖坟。上祖坟在离村庄 200 米的上刺坡根，现完整无损；下祖坟在下阳坡根。什家祠堂是东李府的祠堂，原也为上下两院。上院为家庙，供奉李南哥、李英、李文及其夫人的巨幅画像；下院为祠堂，供奉三大教主。后统一为一院，叫"祠堂"。祠堂院门内（今什家小学校门东侧）立有一对石狮，前面立有照壁，长 7.8 米、高 4.3 米，镶以砖雕花纹，始建于清初，已历 380 多年。照壁分正、背两面，其中正面又分为左、中、右三部分。正面中间堂内两边有对联一副——"金书铁券千秋固，博带峨冠百世芳"，横批"克绳祖武"。照壁背面中间一堂也有对联一副——"日修俎豆存三畏，时荐蒸尝凛四篸"，横批"青海人龙"。在海东市乐都区高庙镇老庄，建于清代的李家祠堂保存完整，一幅幅壁画栩栩如生，画中是李家明清两代的列祖。海东市乐都都峰堆乡下李家村李氏宗祠墙壁上挂有"追溯李姓起源""明武备将军李氏三代官品事迹图""二十四孝图"等牌匾。民和川口镇大庄村张氏祠堂原为清代所建，后在"文革"中拆除，1995 年又得到重建，祠堂内供奉的《张氏繁衍世系图谱》将十三世家族脉络记述得非常清晰。乐都高庙地区东、西两村马氏家族，在清朝康乾盛世，修建了 1 亩 2 分左右，土木结构的四合院宗祠，山门前悬挂"马氏宗祠"竖幅匾额 1 方。清同治三年（1864）因社会动荡而焚毁，清光绪元年（1875）重建。正殿内供奉马氏五房宗谱，平时由马氏家族人长年居住看守，每逢初一、十五焚表烧香。

青海许多村落建有宗祠，内供有祖先牌位，在一些墙壁或牌匾上还记述着先祖来源。一些家族对宗祠修建非常重视，将宗祠视为宗族的代表、宗族兴旺发达的象征。乐都区晏氏家族于 2014 年 8 月 15 日进行了乐都区高庙镇晏氏宗祠暨财神楼落成庆典。

其他共有财产 青海家族共有财产一般数目不大，除宗田和祠堂外，还有共同置办的在婚丧嫁娶事务上必用的碗筷杯盏等，现在也置办小型烧水锅炉、可移动的锅灶等。

经济生活与家族 家族成员在经济生活中联系最为密切，是家族关系在社会生活中的主要表现。主要表现在四个方面：（1）养老。家族成员在传统道德观念的支配下，要承担家族长辈的奉养任务。（2）侍寡。兄弟情同手足，兄嫂如父母。兄亡后，对寡嫂的侍养成为弟的主要责任。（3）抚孤。家族对孤儿的抚养。抚孤是家族成员在道义上应尽的主要义务，是家族经济生活中最重要的功能。对家族孤儿的抚养义务，一般要到其长大成人、婚娶立家之后。族内对孤儿的抚养，一种是一般意义上的收养，将缺乏生存能力的孤儿直接作为养子女抚养。第二种是不进行过继，只是作为孤儿将其抚育成人，为其婚娶后独立生活。（4）济贫。对家族成员中需要帮助的贫乏落魄者慷慨解囊。家族成员间经济上的救助更具体地表现在婚丧事宜之中。在家族内遇有婚丧大事时，家族成员往往会不遗余力地帮助。尤其是这些平民家族成员间的丧助，更充分反映出家族成员间在经济生活中依赖性之强。新时代，随着家族企业的兴起，家族成员构建着新型的家族成员的经济关系。

政治生活与家族 利用家族关系来维护家族的政治利益，巩固家族在政治生活中的地位，是家族政治功能的重要体现。家族成员依靠血缘关系，相互攀结、互相支持提携，精心编织着家族政治关系网。

文化教育与家族 家族中那些劝学、修身、立身处世等方面的教诲，不但规范了家族成员的行为，而且培养和提高了家族成员的文化素养。文化教育方面长期的修养最终形成了一个家族的家风、门风。

第二节　亲属称谓

一　宗亲亲属称谓

称谓是生活在社会中的人们处理社会关系的方式之一，是人们基于亲属和其他方面的相互关系以及社会身份、职业关系而获得的社会角色名称，简单说就是对别人的称呼。由各个具体的称谓汇总形成"称谓语"。称谓语既是语言现象，也是社会、文化现象。在任何语言中，称谓语具有建立、确立、改进人际关系的功能，是社会交际过程中必不可少的工具，起着重要的社交礼仪作用，是社会交际用语的重要组成部分。称谓是言语交际中用得最为频繁、广泛的词语，不同的民族有着不同的称谓系统。一般而言，称谓可分为亲属称谓和社交称谓两大类型。其中，亲属称谓又可分为宗亲亲属称谓、姻亲亲属称谓和拟亲属称谓。亲属称谓都要区分性别、血缘、婚姻、年龄和辈分。很多社会称谓除了基于职业和职位的称谓外，就是基于拟亲属称谓（以下各民族具体的亲属称谓，参见第五编第二章语言民俗相关内容）。

汉族亲属称谓 这是世界上最复杂的亲属称谓系统之一，分为血缘亲属关系和婚姻亲属关系，区分父系亲属、母系亲属、长辈亲属、晚辈亲属、同辈亲属，在同一辈亲属关系中还按年龄区分长幼，在直系和旁系亲属中区分性别。此外，汉语亲属称谓在使用时，还根据不同场合区分直接称呼用语和间接称呼用语、正式场合使用的称呼和非正式场合使用的称呼、书面称呼和口语称呼，注重语用中的礼貌原则和面子关系。如女婿当面要称呼妻子的父亲为"爸爸"，而其不在场给别人说时则称呼为"丈人"，即不能当面称呼"丈人"。同理，"丈母"也只有在她不在现场时使用，当面要叫"妈妈"。

长幼称谓 汉族亲属称谓特别重视长幼有序。按辈分区分了长辈晚辈的长幼次序，在同辈亲属中依照年纪区分大小。在父辈中，父辈的多个兄弟，区分为伯伯、叔叔，其中再根据年龄大小，分别称为大伯、二伯，大叔、二叔等等。如同辈中，哥哥、弟弟、姐姐、妹妹，明确了同辈不同长幼次序。当一个家庭中有若干兄弟姐妹时，还要区分大哥、二哥、三哥，大姐、二姐、三姐，大弟、二弟、三弟，大妹、二妹、三妹，等等。汉语亲属称谓明确了亲属关系的亲疏程度。对某些母系亲属关系的称谓，如称自己姐妹的儿女为"外甥""外甥女"；称自己的母亲的父母为"外爷爷""外奶奶"。

与汉族相比，藏族、蒙古族、土族等少数民族的亲属称谓相对简单，比如父辈同辈中，区分比父亲大的叫"大爸爸"，比父亲小的叫"尕爸爸""叔叔"。堂兄弟、表兄弟等一般不加区分，都称为兄弟。

血缘亲属称谓 自20世纪80年代起至今，短短的三十几年中发展和演变迅速，尤其是近十多年来变化非常快。汉语称谓系统内部称谓语逐渐减少，关系日趋简单化，姻亲称谓血亲化。汉族传统中，不同系别、不同类别的亲属称谓语其关系具有亲疏的差别；直系亲于旁系，父系亲于母系、夫系、妻系，血亲亲于姻亲。目前，简化的基本倾向以血亲为基础，以直系、父系为中心，旁系、母系、夫系、妻系向直系、父系靠拢，姻亲称谓语血亲化，用传统文化中亲密程度高的直系、父系的血亲称谓语称呼或指称亲密程度低的母系、夫系、妻系、旁系姻亲或血亲称谓语的指称对象。如"姑舅哥""姑舅姐"等称呼在年轻一代中直接称"哥哥""姐姐"，小孩叫爷爷、奶奶、外公、外婆都为爷爷、奶奶，不加区分。

青海蒙古族亲属称谓 因地域不同而有些差异。海西台吉乃尔地区的蒙古族使用的称谓，称为"台吉乃尔式"亲属称谓；海西宗加、柯鲁柯、柯柯地区的蒙古族使用的亲属称谓，称为"宗柯式"亲属称谓；海西香加、铜普，黄南州的河南县蒙古族，海北州等地的蒙古族，使用的亲属称谓为"香卡式"亲属称谓。这三种亲属称谓的共同点在于：都能区分父母及父母辈以上的辈分。但也有不同，例如，"香卡式"的亲属称谓中使用的称谓词比较少，只有核心家庭的父母与子女、父母同辈亲属有称呼，主要区分父母的兄弟姐妹，对其他亲属不加区分；"宗柯式"的亲属称谓比较丰富，有直系与旁系的区分，也有父系与母系亲属称谓的区分；在称呼母系亲属的兄弟时，表示为直系亲属的意思。

其他民族亲属称谓 藏族、土族、撒拉族等少数民族的亲属称谓在不断汉化的同时，也和汉族称谓一样在不断地大众化和简化。从目前看，各少数民族的称谓语汉化极快。如藏族的称谓，由老一辈的内外不分到内外有别，从单一地使用藏语到藏语和汉语的混用。

当下由于家庭亲属成员的数量少，同是儿子角色，传统的叔叔大爷等直系或旁系亲属角色都逐渐减少以至永不存在。现在，许多孩子对于传统亲属称谓甚为陌生。

二　姻亲亲属称谓

姻亲亲属称谓是基于姻亲而产生的称谓语。姻亲关系又因婚姻的缔结而产生。姻亲关系是否会因作为其中介的婚姻当事人一方的死亡，或者离婚等而终止，民间没有明确的规定，多依个人、两家意愿，听凭姻亲双方自行决定。按照民间习惯，离婚似应作为姻亲关系终止的原因。但是，如果双方有子女，而且子女年龄较大，照顾子女与姥姥、姥爷，舅舅等亲属间可互相继续走动。配偶一方死亡后是否继续保持姻亲关系，可由当事人自行决定。有子女，且两家关系之前也较好，保持关系的可能性较大。

姻亲称谓类型 血亲配偶，指自己的直系、旁系血亲的配偶，如儿媳、姐夫等。配偶血亲，指自己的配偶的血亲，如岳父、夫之妹（小姑子）等。配偶血亲之配偶，指自己的配偶的血亲的夫或妻，如妯娌、连襟等。

汉族的姻亲称谓中，对于分清父亲和母亲家族的不同亲属关系十分讲究和看重。汉族亲属称谓中，父系血亲和母系血亲就是各自使用一个相对独立而不同的称谓系统。因此，孩子从小就开始接触并区分这两套系统的不同之处，随着成长慢慢掌握这套复杂的称谓系统。

舅舅为尊　舅舅在蒙古族、撒拉族、土族乃至汉族姻亲中具有重要地位。舅舅不算是家庭成员，但认为舅舅是家中母亲的兄长或弟弟，是"骨头的主儿"，诸事要听舅舅的话。因此在外甥或外甥女的重大事件，如婚丧嫁娶、参军上学、生子取名等活动中，一般都要请舅舅出席，男婚女嫁必须征求舅舅的意见。撒拉族婚礼中的特殊习俗"阿让恩达"，即是宴请舅舅的意思。舅舅是婚礼中的主要宾客，备受尊敬，要给舅舅"抬"羊背子、送茯茶，以示敬重。有些汉族地方也有与这些相似的习俗。

在青海蒙古族传统中，特别重视舅舅的地位，有"水的源是泉，人的源是舅"的俗语，舅舅蒙古语称为"那格次"，意思是母亲的兄或弟，从日常生活到欢庆重大节日都要有舅舅的参与。举行婴儿剪发礼，舅舅必须到场，先剪去外甥的第一撮"胎发"，并要送牛犊、马驹或羊羔等礼物。按照传统，外甥是舅舅最亲近的保护人，可以继承舅舅的一部分财产。在外甥的婚礼中，舅舅从定亲仪式到大婚整个过程中起主要作用。在宴会、婚礼和接待贵宾时，有一块被称为"达鲁"的肉不能缺少，即羊的肩胛骨肉，除了舅舅外，任何人都不能先动手。如果外甥在舅舅面前动这块肉，就会认为他是不敬长辈、没有礼貌和不懂规矩的人。由舅舅把羊肩胛骨肉分成若干条后，分给在场的每一个人，当在场的每个人接到这份肉时，还要咏诵传统的祝词，如"祝愿马驹儿繁殖到九百九，祝愿舅父您活到九十九！"等来表达尊敬之意。[①]

三　拟亲属称谓

用亲属称谓来称呼非亲属的现象。称呼一个陌生人，习惯上根据年龄区

---

①　纳·才仁巴力:《青海蒙古族风俗志》，青海民族出版社，2015，第1257页。

分为"爷爷""伯伯""叔叔""哥哥""弟弟"等，以及"妹妹""姐姐""姑姑""婶婶""阿姨""奶奶"等。这些称呼，通常是和被称呼人的年龄和性别相联系。只要不涉及非常正式的场合，如正式会议、节日庆典等，人们就使用这些血缘亲属称谓。

认干亲　认干亲习俗在民间曾经比较流行，这是一种独特的拟亲属称谓现象。传统的认干亲有认干爸、认干妈，还有结拜兄弟姐妹。一般孩子多病或体弱时，父母会找人测算，如果认为孩子命里与父母相克，或父亲与孩子属相不合，需要认干爹、干妈解决时，父母亲就会找属相符合的人家给孩子认干亲，一般要求被认的干亲家也要儿女齐全。对方同意认干亲后，双方的父母、子女、兄弟姐妹等自然也成为拟亲属。不过，认了干亲的孩子，对干爸、干妈要称爸爸、妈妈，而干爸、干妈的子女对认亲孩子的父母只称呼叔叔、阿姨。结拜了兄弟姐妹后，对结拜的兄弟姐妹的亲爸妈一般都要叫爸妈。

土族"保拉"　"保拉"是土族语，系"保住生命"之意。土族的"保拉"仪式与汉族的认干亲行为相当。一般以往夭折过一胎或两胎的父母，再生下一个孩子时心理上会产生又不保的想法，赶紧借助其他办法保住婴儿。"保拉"是土族保住婴儿生命的一种特殊仪式。这种习俗，与过去婴幼儿死亡率很高有关。土族的"保拉"，一般寄希望于神佛，形成让神佛保婴孩性命之俗。一般男性姓名多缀"保"字，如万神保、菩萨保、福神保、龙王保、二郎保、天化保、家堂保、灶君保、财神保、护法保等。由法师等神职人员以神的名义对孩子的生命予以保佑，保佑他顺利长大成人。一般被保儿童的年龄限制到7、9、15岁时。从被保到解除禁忌期间有一系列的禁忌，例如禁止剃头、禁去外公家、亲戚家；不准去暗房、孝子家；忌穿戴他人衣帽；禁食他人食物等。"保拉"时间到期之日，要举行剃头仪式，剃头时让孩子怀抱一只大公鸡，跪于神前，由老者净手剃头。礼毕，将公鸡送到神山放生或养至老死，此公鸡亦称长命鸡。是日，要给神佛献牲酬谢，解除对孩子的一切禁忌。这种文化象征出自交感巫术观念。通过"保拉"仪式，人们把对生的忧虑和美好期望，托附到自然和神灵身上，以期实现生命长久的愿望。

撞名字 在孩子满月的那天大清早，有人家抱起婴儿向东走，碰见第一人，请求给婴儿取名，并将取名者认为干爸或干妈；若碰上小狗、鸡之类的，则取名"狗保""鸡保"等。如果有的认为起的名字不吉利，要把场上的碌碡抬起来，让母亲抱婴儿从下通过，给孩子取名为"白虎保"等。也有人在孩子长期疾病缠身医治不好时，通过更换姓名进行治疗。一是认为孩子的生辰与目前的姓名之五行不合而致病；一是认为目前的名字过于金贵，过大，而孩子不能承受，故有疾病。而更换姓名就可以消除致病根源。小名的命名习俗一般都很严肃庄重，在满月日清晨，洒扫庭除，煨桑、供献、点灯、上香后，母子叩头祭告神佛和列祖列宗，祈求消灾避难，护佑平安，赐予吉祥之名。然后请祖父母命名，或请宗族里德高望重的长辈，或请神佛命名。届时，由命名人起名，同时给被命名的孩子送两个馒头，或一些钱物表示祝贺。

结拜兄弟姐妹 这是非亲属关系的人因感情深厚或有共同目的而相约为平辈兄弟姐妹。1950 年以前，结拜礼节习俗限制较多，例如，一是宗亲者不结拜；二是姻亲者不结拜；三是有辈分差别者不结拜；四是八字不合者不结拜；五是两族不睦者不结拜等。随着社会发展，人们不再拘泥于某种形式，认为只要彼此性情相投好相处，就结拜为兄弟姐妹。结拜后，大多称为"干哥""干弟""干姐""干妹"等，也有称为老大、老二、老三等，凡遇婚丧喜庆、过年过节等，均以兄弟姐妹关系来往。这种为互相关爱、支持、帮助的结义形式，随着时间、社会环境和人们思想等因素的变化，其形式、内容、作用也大为不同，构成人与人之间密切而复杂的社会关系。

四 亲戚往来

作为亲戚，在岁时节日、亲戚的人生仪礼上都要往来。岁时节日、人生仪礼上的往来，一般都要有正规的合乎规范的礼品。岁时节日上，如春节互相带的礼物，过去多是自家炸制的数量不等的油香等，后来变成了饼干、茶叶、冰糖等，现在多是酒、包装奶、饮料、保健品等。

回族在开斋节时，男女老少沐浴更衣，换上节日服装后，男的到清真寺举行开斋节会礼。礼拜完毕，互相祝福，回来后向"家伍"、亲友或左邻右舍的老人们祝福问好。妇女们早已将屋内院外打扫得干干净净，并炸油香、摆馓子，沏茶备菜，喜候参加会礼的亲戚和阿訇的到来，家家户户都充满节日的喜庆氛围。节日期间，人们走亲访友，问候四邻，相互道贺，并喜欢将自家精作的油香、馓子、花花、熬肉等食品及其他礼品赠送给亲戚和四邻。

这些往来中，对于婚丧嫁娶上的随礼，民间认为"前是礼，后是账"，给亲戚随礼多少，等到自己家里有同样的事情时，亲戚也会同样随礼，是为还账，是民间互助合作的一种形式。

日常的人情往来中，人们根据亲疏程度决定往来频繁程度。一般，直系亲属之间除节日等重要时间节点外，平日多有往来。这些往来，根据个人情况准备一些交往物品，比如家里有什么方便的物品、农村里时鲜蔬果等都可以成为平日的礼物。有些来往频繁的，也不一定每次都拿礼物。

五　往来规范与禁忌

庆典往来　在婚礼上，根据与新郎、新娘的家庭亲疏决定礼的轻重。民间认为舅舅是人身的骨主，俗话说"阿舅外甥亲"，人们常把舅舅比作水之源、山之松，所以舅舅的礼最重。在做寿礼时，给老人做寿送礼，一般送象征长寿健康和表达关怀心意的礼物，如自家蒸的"寿桃"或者定制的"寿桃"，现在也时兴送生日蛋糕、送衣物、烟酒茶具等一般礼物。同时，送老人礼品要注意禁忌，忌送与"送终"（送钟）、"扶桑（花）"（服丧）等发音相似的物品。

迁居新居往来　在城乡中，乔迁之喜也是重要的需要送礼恭贺之事。祝贺主人乔迁之喜的礼品，例如，比较体面的送锦幛、字画、十字绣等，一般多送锅碗等生活用具，也有同时送食物、鲜花的，或馒头、鲜肉等。但要注意的是，送生活用品时一般不送刀、剪等利器。

探病　在探病礼中，探望同村同乡的病人时，人们多会拿一些自己做的觉得病人喜欢吃的地方小吃，也送鸡蛋、冰糖、茶叶、奶粉等，现在送袋装奶、各色水果、鲜花、保健品等。

人情消费　人情往来本是传统美德，然而当下的礼尚往来却日益畸化为庞大的"人情债"，对多数人来说成了无形的负担。红白喜事中的人情支出在家庭总收入中的占比呈上升趋势。面对日益上涨的人情支出，大家陷入两难境地。不想去，可不去又不行。违反了本地的习惯，社交孤立，舆论压力更是难以承受。谁都脱离不了社会关系网络。为了营造好的口碑，维护与邻里乡亲的关系，大家不得不支付高额的人情费用。日益上涨的人情消费和日益扩大的婚丧嫁娶规模使得低收入家庭苦不堪言。

第三节　家规与家风

一　家教

家教狭义仅指一个家庭里长辈对后代的教育，广义指家训、家风、家法、家规等内容，也包括家庭对家庭成员从小进行的育才教育。家教伴随一个人的习俗化过程。一个人一出生就进入一个已经定型的社会中，逐步接受各方面习俗的熏染，并在此环境中逐渐成长。这是一个动态的过程，随着个体长大而日益丰富、成熟。

习俗化　指任何个人从他所出生的环境中开始对习俗惯制的适应过程；也是群体对他们的成员个体施以习俗惯制的养成过程；同时也是个人在习俗体系中学习并积累习俗知识、培养习俗意识和能力的过程。这使一个自然人

（婴儿）在一定的社会文化环境中，通过和周围人的联系与互动，逐渐认识自我，并使自己成为适应世俗的社会成员。整个过程是人与人之间传播、学习的过程。习俗化过程中，有些时候、有些孩子是有计划、自觉地习俗化，属于乖巧、听话类型；同时，也有一部分孩子是无计划地、潜移默化地习俗化。二者在实际生活中始终纠缠在一起，共同完成个体习俗化。但是，还有一些孩子，个性突出，不太认同习俗，往往被认为是不听话的孩子。

习俗化在不同的年龄阶段有不同的内容和方式。基本包括：①社会生活习惯的养成，更多的是伦理道德的学习；②习俗知识技能的养成，主要是生产生活方面的知识和技能；③语言及口头文艺的养成。每个民族长辈向晚辈传授人类基本生活知识、技能，如消费生活技能、生产技能；同时也包含一些特定的文化技能，如特定节日该做什么、该祭祀什么神灵等；传授人们日常的生活目标和观念，诸如真假、美丑、善恶、吉凶祸福、命运等观念。长辈不断向晚辈传授对自身社会角色位置的认识，即在一定社会集团内确立自身位置，如果不明确，就违背社会规范、越位，受到社会惩罚、谴责。这些自身位置包含家庭位置、社会位置。长辈不断传授行为规范，以此作为对晚辈的道德规范、约束行为。

个体习俗化期 婴儿期：0~2 岁，主要是父母与子女间合理互动，以各种信息表示，重在诱导性。幼儿期：2~6 岁，一般诱导和长辈言传身教相结合，模仿大人举止，加上一些童谣、儿歌等。比较明显地看到社会化对个人品质的影响，儿童必须与同辈的规范相适应，否则就是不合群。此为社会约束影响品德发展的第一种力量，为新生力量，让个体发展发生质的变化。少年期：6~14 岁，从单向家庭习俗化向双向交流扩大，范围也扩大，不断进行着调整，使习俗化不断补充，一些再习俗化已经开始了。青年期：14~25 岁，习俗化的完成时期。也有人认为，0~6 周岁为"完全依赖期"，即通常划分的婴幼儿阶段，6~18 为部分依赖期。这两个阶段合起来为"未成年期"。

习俗化教育 传统社会的教育多是在家庭、宗族、村落里进行的，而现代社会则主要依靠学校、工厂进行教育和训练。传统社会的教育与现代社会的教育内容不同；传统社会的教育与现代社会的教育方法和手段、性质不同。首先，传统社会的习俗教育主要是感性的，而现代社会主要是理性的。其次，传统社会的教育是经验的，而现代社会则是理论的、概念的。最后，由于传统社会与现代社会教育的承担者不同、教育的内容不同、教育的方法和手段不同，人们在两种社会中接受教育的程度和社会对人的社会化、习俗化的强度也不同。

育德育才教育 家教中，育德教育的地位很高，一般谈及家教均会首先想到育德教育。青海各民族民众对于家庭成员的道德教育从小极为重视。一方面，受到儒家思想的影响；另一方面各少数民族历史上也是极为重视伦理道德。

一个家庭，在重视育德教育的同时，也不忽视育才教育。掌握一定的生产生活技能，是每个家庭成员立足于社会的根本。小孩在牙牙学语开始，就被家庭教育和社会教育围绕，大人们常以自身的知识和才干，言传身教，从不放过任何一个教育和锻炼机会。劳动时常带孩子同去，让孩子看大人们的劳动，使其模仿劳动玩耍，直至参与力所能及的活计。平时，孩子们的耍玩形式绝大多数是属于模仿性劳动，如挤奶、耕地、挖锅灶、捏泥碗锅、做饭待客、弈棋、游艺等观察和想象相联系的许多活动，无一不包含开发智力、提高实际操作能力的内容。

家庭主妇是家教的得力实践者和有力传播者，正如俗话说的"多年媳妇熬成婆"，主妇从新妇逐渐转换为婆婆的过程，是对一个家庭家教的体验、接受、认同的过程，对于后来的家庭新成员——儿媳妇的传播和继承，具有重要影响。青海让新媳妇在刚过门后为婆家做面条或熬奶茶的习俗，实为试验其手艺。所以，过去很多家庭特别重视对闺女家教的培养。

二 家风

家风是家庭或家族的传统风尚或作风，是对子孙立身处世、持家治业的教诲。好家风、好家训是一个家庭或家族更好地向前发展的重要保证。好家风、好家训为社会树立了典范，引导社会的良性发展。从古到今，不论时代如何变化，中国人始终注重良好家风的培育和养成。良好的家风犹如不熄的火种，延续着中华民族世代相传的精神谱系。青海自古以来多民族共生共荣，在漫漫历史长路上，不仅汉族家庭世代传承着以儒家道德为基调的家训、家风，而且其他少数民族家庭也逐渐被儒家文化熏染，形成了儒家道德融合各民族文化的家训、家风。青海各民族充满地域特色、民族特色的家风、家训，为青海各民族良好社会风尚奠定了坚实基础。

汉族家风　自两汉以来，随着汉族移民的增加，儒家道德文化重要载体的家训、家风也随之进入青海，成为汉族在青海传家立业的传统。汉族以忠孝节义、礼义廉耻、修己达人为中心的家训、家风丰富了社会道德生态，为社会文明、政治清明起到了良好的作用，使务本修学、耕读传家、勤俭敦厚等美德成为社会新风尚。清代西宁太学生马云龙，其家训强调"性笃孝友，轻财重义，乐善好施"。

藏族家风　藏族的传统文化极为丰富，藏族历史典籍、格言、史诗、民歌、谚语、民间故事和佛教经典中，劝人驱除贪欲、修身养性的内容十分丰富，劝人从善戒恶、歌颂英雄、勤政爱民等伦理道德的篇章比比皆是。《格萨尔王传》中始终贯穿的伦理观念和道德理想对青海藏族家庭教育也有深刻的影响，成为藏族家训家风教育的重要组成部分。《格萨尔王传》主张锄强扶弱、伸张正义，如格萨尔王一降生时就宣布，"为了消除邪恶与不义，锄强扶弱我才来"；强调反对侵略，保家卫国、护佑众生、幸福富裕。格萨尔王每打赢一仗后，总要打开被魔鬼霸占埋藏的珍宝、粮食等，奖励将士，分给人民。每次战争后，赢得稳定，促进繁荣，使人民过上安居幸福的生活；藏族人民是非鲜明，爱憎强烈，感情丰富而强烈，却能以是非驾驭爱憎，以理智制约感情，史诗充分地表现了这一美德。如岭国的英雄们对格萨尔王忠诚、热爱、顺从，对所从事的事业有道义上的自豪感。而对害民的妖魔则疾恶如仇，极为鄙视。这些优秀的传统思想文化资源，被藏族群众通过格言、史诗、民歌、谚语、民间故事等形式，内化为藏民族的家训、家风，赋予了永恒的魅力。

回族与撒拉族家风　青海回族、撒拉族群众中，伊斯兰教倡导的清洁、孝顺、行善等思想转化为他们的家训、家风。一些谚语如"做出好事一件，摆脱灾难一千""顺从自己的私欲，后世必定住地狱""回汉是两教，理是一个理""回汉一条心，黄土变成金"等也强调遏制贪欲、行善忠孝、民族团结。又如"偷盗与行奸，尔咱布（阿拉伯语，罪恶）滔天""口善心不善，枉把安拉念""拜中（礼拜时）闻母呼则应，入寺闻亲疾则归""天堂就在父母脚下"等，反映爱国方面的谚语如"爱国是伊玛尼（阿拉伯语，信仰）的一部分，保卫国家是费勒则（阿拉伯语，主命）"等，这些有关道德劝诫的谚语，实际上就是微缩版的回族家训、家风。

在加强宗教道德教育的同时，回族、撒拉族家庭也非常注重儒家传统文化教育，忠孝廉洁、勤俭朴厚的思想也深入人心。秉承中华传统的家风文化，重德修身也是回族家风文化的核心内容。清末西宁镇总兵马福祥（1876~1932年）完成了《训诫子侄书》《家训》《先哲言行类钞》等家书家训。这些家书家训以述说家史、继承祖业、发展家业为主，教育其后人敬业、崇礼、节俭、忠厚。如马福祥在《家书》中教育子侄："为汝等前途计，首宜培养心田。恒使方寸之地，善念油然而生。对于社会，时存救济贫穷之心。力行施舍钱米之事，不但以我之有余，补人之不足，尤应预为节省，藉便取求庶足。立博爱之初基，彰吾教之美德。而又慎重交游，近益友以扩见闻，屏损友以防习染，立身处世方有把握。"

蒙古族家风　蒙古族传统文化中通过谚语将优秀家训、家风传承下来。例如，"马头琴会说话，好谚语会劝人""井水里没有鱼虾，谚语里没有假话""狐狸红了好，说话真了好""真话面前死人也会点头""要学会口不传闲话，手不做坏事的习惯""对待老人要尊重，遇弱者要帮助""求教老人解疑团，登上高山望平川"等，阐明了说话、做人、做事的道理。"山再高还在蓝天之下，人再凶也在法律之下"强调守法。这些谚语就是青海蒙古族青少年最早的教科书，充满了生活的哲理，起到了以理育人、以情化人的家庭教育作用。

土族家风　土族主张做人要真诚，坚持公正、孝敬、和蔼、行善、怜悯、勤奋、知廉耻。这些优秀的家风教育也以民间故事、寓言和谚语的形式流传，成为土族家风教育的主要内容。鼓励人们勤劳致富、团结的有"没有能挡住太阳的高山，没有能压住人们的力量""再宽的大河由人跨，再高的大山由人越""与其靠金山，不如靠双手""鱼儿不能离开水，人不能脱离村民"等谚语。

才艺教育　藏族家庭教育中，生产技能教育是除品格教育外很重要的一部分。教育子女识别牲畜品种、性别、生育周期、畜龄、习性等，掌握草原及牧草情况，学习放牧、宰杀牛羊、挤奶做饭、灌肠煮肉、缝衣制靴等生活技能，学习天文地理及气象知识。青海蒙古族有"文字是知识的基础，米粒是粮食的一分子""森林是大山的壮观，知识是力量的源泉""大地有了植物才有灵气，人类有了知识才有力量""知识越多越好，傲气越少越好"等提倡学习、热爱知识、尊重知识的谚语。回族、撒拉族等民族同样在才艺风貌上要求勤奋上进，好学求真。要在学习知识、增长才干、追求真理上奋斗不息。认为劳动是谋生的根本手段，是幸福之源，要用诚实的劳动为个人和家庭、社会创造和增加财富，要求勤奋劳动，自食其力。土族有劝导人们勤奋学习的谚语，如"路不走不知，字不学不识""土地越挖越松，知识越学越明""跟上好人走正道，跟上坏人走邪路""鹿的美在犄角上，人的美在知识上"等，"靠金不如靠双手""踏烂精脚板，才得金刚钻""吃够苦中苦，才有甜中甜""春天人哄地，秋天地哄人"等，阐发了土族人民热爱劳动、反对懒惰的伦理价值观念。在土族家庭中，土族把勤劳与兴业紧密地联系起来。民间常说："吃不穷，穿不穷，谋算（计划）不到一辈子穷。"若一个人不勤于稼穑，好吃懒做，则被视为是败坏家风、治家无方的不肖子孙，将受到道德舆论的谴责。

三　家礼

家礼是家庭中人与人所必须遵循的一系列行为规范。过去历史上的"三纲五常"就是儒家提倡的家礼核心。"三纲"中的"父为子纲""夫为妻纲"明确了家庭成员之间的关系。"五常"有说是"父义、母慈、兄友、弟恭、子孝"，强调家庭中不同身份的行为准则。家礼，可包括父子之礼、夫妻之礼（夫义妻顺、贞洁）、兄弟之礼（互相尊重、关爱）、闺媛之礼（对女子的特殊要求）四个部分。过去的家礼虽有其弊端，而其积极作用也不可忽视，值得肯定。

汉族礼节　在父子之礼中，出必告，归必面。外出办事子女要禀告父母，回到家里，子女要先去问候父母；甘食美味，首先孝敬父母，父母不动筷孩子不能动筷，注意父母何时需要添饭、添汤；嘘寒问暖；无论和谁提及自己的父母，都不得直呼其名；让父母心情愉悦，永远给父母好脸色，这是最不容易做到的，所以孔子说"色难"。于父母而言，"欲求子孝必先慈"，父母对待孩子慈善，让孩子有依赖之心，才会感恩行孝。但因几千年父权制传统文化的影响，父亲在家有绝对的权威，因此一般只要求子女要"孝"，却很少要求父母有相应的"慈"。"母虽不慈，子不可以不尽孝道""天下无不是的父母"等正反映了这种观念的根深蒂固。

藏族礼节　藏族早在7世纪就以佛教"十善律"为基础，制定了孝敬父母、恭敬有德、尊高敬老的法规，以法律形式将礼节推行于社会。父辈教育子女从小学习知识，知耻自尊，正直善良，要求母亲对子女严格要求，不得娇纵。子女要对父母感恩而孝敬。忌讳辱骂长辈，忌在父母、兄妹面前唱"拉伊"。藏族有许多引导人们处理好亲情关系的格言，例如，"过了河不忘记桥梁，成了人不忘记父母""饮食先敬父母，行路先让长辈""人有老来难，子女须体谅""父子同心敌人怕，母女同心邻里慕"。

回族与撒拉族礼节　穆斯林孝敬父母，尊重长辈。要感激父母养育之恩，尊敬和善待老人。对长辈无论认识与否都要尊重，主动问好。强调子女对父母的孝敬，认为人生有三要：敬主、忠君、孝亲，把孝看成是人生要义之一。如果有违这三项，就会被认为不忠、不义、不孝。在回族的传统道德中更加强调子女对父母的孝敬，回族人认为"违抗主命主能饶，忤逆父母主不容"。在回族社会中孝敬双亲被视为最起码的道德行为，并受到社会舆论的监督。

撒拉族特别重视长幼秩序。作为一家之长，父母亲在家庭中具有绝对的权威，许多事情都是由父母亲做主，子女没有发言权，包括子女的婚姻方面，也都由父母亲包办。在有关生意、宗教等各种与外界打交道的过程中，子女更不能随便插嘴，否则就会被斥为不敬、不自重。也因为如此，撒拉族社会中几乎看不到父母年老时无人照顾或者是儿女之间互相推卸尽孝义务的现象。

土族礼节 土族就称呼而言，对长者绝对禁止直呼其名，只叫称呼，如"阿爹""阿捏""阿尕""阿依""阿加""希娜吉"等。本人不在场的情况下，才叫其名和称号，如"六十九阿爹""吉然阿吉"等。长辈对晚辈可以直呼其名。吃饭时，对长辈、老人、客人要先敬茶饭、肉酒。端饭时，双手给碗、接碗，不许一只手接碗，绝对禁止背手递碗。忌以有裂纹的碗、杯等用具给客人和长者敬饭菜。忌在长辈前说话没分寸、污言秽语，说话时，必须尊重长辈，注意场合，讲求语言美。

蒙古族礼节 蒙古族十分尊敬老人，"父子吵架是没有慈孝的标志，母女吵架是没有恩爱的表现""年老的人需要尊敬，年轻的人需要教育"等谚语广泛流传。平日进毡房时，先请老人和长者进入；蒙古包内男性老人的坐卧位置在左上方，女性老人的坐卧位置在右边；老人们聚在一起闲聊时，晚辈们不准插嘴，不准在老人面前伸腿、侧身躺卧。幼子继承财产，留守"香火"，故老人的晚年生活，一般由最小的儿子负责，遇有大事，则与弟兄姐妹共同商量。

夫妻之礼 传统社会受到儒家影响，"夫为妻纲"仍然发挥着重要作用，丈夫在家庭中享有尊贵的地位，而妻子地位相对较低。丈夫对家庭的各种事务具有决定权，而妻子应顺从丈夫。过去"三从"（未嫁从父，既嫁从夫，夫死从子）较为明显。各民族注重婚后夫妻忠贞。

回族倡导丈夫必须公平对待妻子，妻子也必须对丈夫忠信诚实。

依据《正教真诠·夫妇》强调的"夫妇之道，乃两厢护卫""夫妇而立，弘道兴伦"的平等原则，撒拉族强调夫妻平等关系，要求丈夫爱妻子、支付婚约的全部款项，做一个热爱家庭和生活节俭的丈夫；强调妻子孝敬父母、尊重丈夫、养育子女，与丈夫共患难、同甘苦；夫妻双方互相尊重、维护、和睦相处。当然，也由于性别分工不同，一般多强调男主外、女主内，强调男性的经济能力和女性相夫教子、孝敬父母、操持家务的态度和能力。同时这也成为衡量撒拉族夫妻关系和家庭婚姻质量的标准。

兄弟之礼　一般要求哥哥对弟弟要关爱、关怀、照顾，做弟弟的要对哥哥恭敬、顺从，"长兄如父，长嫂如母"在一定程度上得到贯彻。各民族大都要求邻居、亲友之间和睦相处、互帮互助。藏族格言说："兄弟无隙，女眷和睦。"为引导人们正确处理友邻关系，藏族有格言，如"邻里家里死了牛，哀怜之心有三日""朋友缺时帮一把，自己缺时有帮手""敌至一起拔刀，友至一起端碗"。回族强调兄弟之间应互相关爱、宽容，要求人们善待亲族，关照邻里朋友。

闺媛之礼　是对家庭中女性的行为规范要求。"男女有别"是各民族闺媛之礼的核心。男女不使用同一生活物品，如不使用同一张寝席，不相互借还物品，不相互混穿衣裳，闺门内的话不传出门外，外面的议论不带进闺门，等等。

四　家规

家族作为一个群体，需要一定的规范来约束和指导成员行为来保证群体的稳定、团结，维持家族运行秩序。这样，就需要家规，也称族规。而族规的实行，往往要联系其实际的执行者、牵头者——族长。族长对内负责处理家族事务，对家族成员实施管教，依照族规做出奖惩，调节族内纠纷，与宗主一起主持宗族祭祀，对族产有管理权和处置权。对外代表本族，或与地方官府打交道，如缴纳粮赋、处理地方事务等，或与其他宗族打交道，商谈处理水利、土地问题，甚至是婚姻纠纷等。

家训是中国传统文化的重要组成部分，也是家庭中的重要组成部分，对个人的修身、齐家发挥着重要的作用。良好的家风一旦培养形成，会影响数代子孙，因此族人会尽力以此为规范来约束自己，以此为标准来要求自己。青海良好的家训在各民族中多有保留和传承，有著名的《李氏家训》《源氏家训》《张氏家训》。

《李氏家训》有家谱例言、箴言及楹联多种形态，主要体现在怀家卫国、忠信礼义的家风传承上。李氏家族通过撰修家谱方式，呈现业已养成和传承的怀家卫国、忠信礼义的良好家风。乾隆五十二年（1787）著名文人吴镇受东府六门后裔李相邦邀请，欣然为李氏家谱作"八箴"之言。

孝箴　万物化育，阴阳造形。鸟哺羊乳，具有灵性。惟昔先圣，行在孝经。奕世孙子，奈何不听。

弟箴　维昆与弟，同气连枝。岂无他人，匪我埙篪。所求乎悌，至圣难之。妇言无用，庶免睽离。

忠箴　谐声会意，中心为忠。事君以此，金石流通。我曹群处，自谋各工。当如宗圣，首省吾躬。

信箴　人言为信，犬言为狺。尼山之门，讵有仪秦。天日指誓，忽若飚尘。车无輗軏，徒劳逡巡。

礼箴　礼范群动，如金在镕。藏身之固，此为城镛。乃祖四勿，复圣所宗。当思相鼠，莫信犹龙。

义箴　义者宜也，君子所由。常与利反，不为勇柔。贪夫营贿，烈士寻仇。勿舍熊掌，而争蝇头。

廉箴　五兵之刃，其锐为廉。惟有棱角，乃无憎嫌。原生辞粟，仲子哇甘。古之矜也，亦可药贪。

　　耻箴　耻之于人，亦大矣夫。失则趾子，得则舜徒。潘间酒肉，涕泣涟如。勿以醉饱，羞尔妻孥。

　　今大通县景阳镇十家村是李昶第十子李珮的居住地，嘉庆二十二年（1817）重新修建祠堂，前有青砖砌成的照壁，正面书"日修俎豆存三畏，时荐蒸尝凛四箴"、背面书"金书铁券千秋固，博带峨冠百册芳"两副家训楹联。李氏家族的家训告诫族人对天地神明常怀敬畏之心，做官为人则要视之可察、听之能审、言之有道、行之守诚。李氏家族祠堂楹联式样的家训，既是发自心灵深处的生命自觉和家风家教传承的外在表现，又是修身齐家治国平天下的人文理想、与国家民族休戚与共忠诚执着的内在蕴涵。①

五　再习俗化

　　再习俗化过程就是在青年期接受家庭教育基本完成以后，走向社会，接受与原来环境不完全相同的其他习俗，甚至是来自各方的外来习俗或异质文化的习俗的过程。这里包含两层意思：一是在原有习俗化基础上的社会性习俗的延伸和补充，是一种继续和扩大习俗养成的活动；二是在原习俗化基础上接受与以前习得的习俗不同或者异质习俗，再吸收与原习俗不同的价值观念和行为方式。后者的可能性取决于习俗环境的重大变化，个人置身于其他民族文化习俗环境中生活日久的被迫改变，个人接受了文明进步或者革新思想教育，主动放弃并革除原有习俗，自觉建立新的文明规范。

　　角色塑造　个体在长期的习俗化过程中，有很多的角色模式（子女、学生、兄弟姐妹乃至父母，社会工作角色中又有不同的分化），而每一个角色模式又对应着一套与其相适应的行为体系。角色的转换，同时需要行为模式也随之转换。传统社会中，男女性别角色及其行为模式一般比较明

---

① 米海萍：《李氏家族：怀家卫国，忠信礼仪》，《青海日报》2016年10月31日，第8版。

显，男女有着严格的区位分野，比如生活范围等。而现代社会，男女角色随着社会变化，开始模糊，如男人蓄发、女人留短发等；随俗角色是对传统角色的认可、追随，以传统角色的行为模式为其行动的圭臬，亦即对传统的俯首帖耳，认为唯传统是对；随意角色是以个体为中心，而此个体又并非一个随俗角色，个体可能根据自己的兴趣来处世行事，因此，随意角色的人，可能在很大程度上表现为对传统的叛逆、抵触，个人行为与周围传统有些格格不入。但是，对于这样的角色，判断的标准看其是否有害于社会，如果对其诱导正确，则无妨于社会。对这些角色出现的判断，更不能以个人好恶进行判断，要以其是否符合社会发展潮流等为依据进行评判。

角色转换 现代社会，正处于急剧变化的时期，社会角色的变化也比过去各种社会角色变化快，目前角色变化快且多，所以对现代社会角色的评判，需要进行一定的研究，需要重新定义。有些角色，不再满足于传统角色的定位，随着主体意识的不断觉醒，要求自主扮演的趋势越来越明显。传统家庭中的妻子，多是贤妻良母，相夫教子，可如今的妻子角色在经济独立之下，至少不再是只主内的"内人"了，充分活跃在社会经济生活中，大有欲与男子试比高的架势。

群体习俗化 民俗事象多以"惯例"而被大家所遵循。人们在无意识地遵循的过程中，具有对惯例的不可替代的共识，"约定俗成""习以为常"。如有些地方的新娘娶进门的第三天天刚亮，在接亲奶奶的陪伴下新娘要担上水桶，带上香表到村子泉眼处焚香化表，诚心叩拜泉神，随后在泉边坐一会儿，称为"坐水对月"，稍后担水回家。水在民间是财富的象征，俗话说"青龙扑满怀，一定发大财"，意为新娘子把财富带进了家门，已成为家中一员。新娘子娶回家三天后的早晨要为全家人做顿饭，"三日入厨下，洗手作羹汤。未谙姑食性，先遣小姑尝"。

宗教皈依 皈是回转、皈向；依是依靠、信赖。人们通过一定的仪式，加入自己信奉的宗教，成为其虔诚的教徒，就为宗教皈依。如皈依基督教，就要在信奉基督教的家人或朋友的引荐下，接受教会受洗仪式，正式成为基督教徒。青海部分地方信仰基督教的群众当属此例。全民信教的藏族一般有两个或两个以上儿子的家庭，需送其中一个进寺庙成为"阿卡"，并受家人一生的供奉，以示其家人虔诚的信仰。还有个别汉族、藏族等与回族通婚，汉族、藏族男性或女性完全脱离本民族的文化信仰，而成了一名穆斯林。在入赘婚中，如果男女双方宗教信仰、生活习惯一致，入赘对男方也不会有太大改变，虽然也面临如女子嫁入男方家的再习俗化的问题，但宗教信仰不一致，要另当别论，如回族女性要和异族男性结婚，异族男性须皈依伊斯兰教，遵守《古兰经》的内容，当众宣读清真言，成为一名穆斯林。由此遵守《古兰经》和《圣训》中的各项内容，异族男性或女性将完全脱离本民族而适应回族的宗教信仰与生活习惯。

第四节 家乘谱牒

一 家谱记忆

家谱又名族谱、宗谱、谱牒、家乘、氏谱、世谱、总谱、通谱、世系录等，其中家谱是人们最常用的说法。因宗支庞大而从本家族中分离出来再撰修的叫支谱。所谓的"家乘谱牒"，正如《文史通义》所言，"家乘谱牒，一家之史也"，就是记录一个家族世系和家族重要成员事迹的谱书，是传统民间社会保存和延续大家族辈分等级、血缘亲疏尊卑的记录文本、民俗文化方式。青海虽然没有著名的宗族，但是修家谱的习俗在汉族、土族等民族中有一定的传承。一些青海的名门望族也有一些家谱传世。

修家谱 也叫做谱，因为每隔几十年才会修一次，是族内的一件大事。届时，首先家族内开会商议修谱的时间，推举成立修谱的组织，并由其负责修谱的所有事宜。自己制作或购买格式化的家谱本，请名人题词、写序，然后请族内文笔较好的人或是族外贤能之人来撰写家谱。所写内容都是要经过详细调查取证，其主要内容有：立谱自序及字辈序言、分清辈分（昭穆）、互知称谓支系、家族的源流世袭、族规家训等，并按谱本格式，分别写好已故家族成员的牌位，生卒年月，辈分关系，兄弟姐妹、妻子女婿、子女、孙辈等名字及其个人简历。家谱修成之后，会举行全家族以及亲戚们共同参加的庆贺仪式，在供奉家谱的一家，做道场诵经礼忏，超度追荐亡魂，并请先生祭写楹联，如"修谱牒仰望传宗接代，行典礼聊表敬祖尊贤""立先祖将来能知本，造家谱以后可晓源"。在做谱完成后，有验谱、祭谱等各种家谱崇拜活动。

上家谱 上家谱就是人死后收入家谱的仪式。这点不同于内地的人成年后便收入家谱。河湟地区，将亡人的姓名、生卒年月以及生平在死后写入家谱。在人死后，丧家将家谱请到家中，供奉在堂屋桌上，点燃香、灯，祭献净水、酒、茶等物。三天后，丧家请族内长辈及先生[1]到家之后，洗手漱口熏香洁净，上炕坐定，孝眷跪在地上，孝男长子将家谱请到炕桌上，行三拜九叩之礼，再献衬谱绢一条或白布一块，提供新毛笔、砚台、墨汁、白纸等用品。先生打开家谱，根据亡人班辈、年岁，确定入谱位置。族内长辈介绍亡人生平及重要事宜，先生根据这些内容书写神位、生卒年月、奉祀孝男名次等。书写结束，孝眷又磕头致谢。

族源记忆 青海汉族来源传说中，较为普遍的是"南京珠玑巷"说。传说在明朝洪武年间，有一年的元宵节灯会，一户人家在灯笼上画了骑着马的大脚女人，怀里抱着一个大西瓜，让路人猜测灯谜的意思。朱元璋一看不禁大为恼火，认为灯谜有意侮辱马皇后，一气之下拟了一道圣旨，将全巷子的居民发配到了地处边塞的青海。此说属无稽之谈，这些汉族的先祖源自南京，明初经多年战乱，尤其是西北人口减少较多，大量移民屯垦实边。珠玑巷是当时设在南京的移民点，很多人移出几代后当初的祖源地日益模糊，只

---

[1] 此处"先生"是指具有一定知识，能够识文断字的人，有时也是阴阳先生的简称。

记得当初派遣出发时的移民点，便有了青海汉族祖源"南京珠玑巷"之说。与此类似，还有祖源来自"山西洪洞县大槐树""大柳树"的说法。如民和县官亭秦氏家谱记载，秦氏先祖来自山西大柳树庄，明时迁至官亭；民间传说何氏祖先与秦氏祖先是一起从山西大柳树迁到官亭地区的，吕氏家族也来自山西大柳树庄，因逃荒来到官亭，在现今的吕家庄碰到一棵大柳树，就定居下来了；等等。

著名家谱 李氏家族撰写家谱、修建祠堂的风气十分浓厚。嘉靖十五年（1536）李英重孙李宁主持修纂《李氏忠贞录》，当时的南京都察院右副都御使赵载为之写序，内有"李氏子姓，捧读王言，宜思委身报国；读族谱，宜思策功绳祖。读诸赠遗讽谕之词，思知所以省察规诫之义"。西府八门后裔李凝霄在乾隆年间《湟郡李氏家谱例言》中写道："我祖宗受兹爵土，世守家法，仰承君命，代已更选矣。而后之宗子有以审时度势，确乎守其恭顺，维持世禄于延延绵绵，斯可谓尽其职矣。不然在国何以为忠臣良将，在家何以为孝子顺孙。司兹土者，宜靖共尔位哉！"强调为臣必须对国家忠诚，为子就要恪尽孝义，突出浓郁的家国情怀。《李氏家谱》是青海地方历史文献中的珍贵史料，也是已知青海省最早的家谱。青海民和县的李土司后裔李鸿仪先生穷50年之力编纂的《西夏李氏世谱》，经其子李培业先生整理后，于1998年由辽宁民族出版社出版发行。

清代青海文人张思宪的家族，被杨应琚誉为"湟中家风，以张氏为最"。《张氏家谱》历经百年沧桑，装帧精美，保存完好。《湟中汪氏族谱》于同治二年（1863）因家族祠堂被烧毁，编撰家谱。门源回族自治县刘家珍藏的《中湘南街刘氏四修族谱》，为十八册敦睦堂刻本，其内容分为凡例、家训、禁约、墓铭等，距今也有一百多年历史。《马氏家谱》中，有书法大师于右任的题词"继往开来"。道光二十一年（1841）的手抄本《祁氏家谱》对青海祁氏家族有全方位的描述，从来源、变迁到迁徙都有详细的记载。流传至今的《湟中纳氏世系家乘》不是老家谱，是从十六世开始续修的，采用明清流传至今的传统样式，写在泛黄的麻纸装订而成的书册上。家谱封面上的红色印笺用楷体中规中矩地写着"湟中纳氏世系家乘"一行字。家谱是手写体，谱中有序言。序言记载了编修的原因和经过，修订于清光绪十二年（1886）丙戌七月。

今青海省图书馆馆藏有 40 多部青海家谱，李氏、马氏、祁氏、杨氏等大姓都收在其中。2001 年上海古籍出版社出版的《中国家谱总目》收集了青海的一些家谱。

二 家谱文本与构成

家谱体例 家谱体例是家谱中一个极为重要的有机组成部分，是表现家谱基本面貌、体现家谱风格特征的体制形式。其编写格式，主要包括体裁、格局结构和文字表现形式等。尽管中国家谱是"人自为书，家自为说"，但它还是有一定的体例和规矩。家谱的体例和内容有密切联系，受其制约。

世系与世系图 世系是家谱的主体，分为图、录两部分。世系是家谱中最重要的内容，是家谱的生命。家谱之所以能区别于正史与方志，主要就在这部分内容上。世系图又称世表、世系表等，是家族血缘关系结构图。以图表的形式记录家族成员的世系，反映家族成员的血缘关系。

世系录 世系录又称为世录、齿录、世纪等，包括父名、行次、字号、生卒年月、享年、功名、官职、葬地、妻妾、子女等内容，是家谱的主体，是对每个人的简历记录，与世系融为一体。

谱序 谱序是家谱必不可少的内容，主要论述修谱的意义，交代修谱的缘起和目的，记载家族的历史渊源及迁徙经历，记录修谱人员构成、历次修谱情况等内容。谱序的内容及数量多寡不一，少则一篇，多则十数篇甚至数十篇。按修谱时间，谱序可分为新序、旧序，新序为本次编修时撰写的序文，旧序是历次旧谱中的序文。一般情况下，续修的家谱都会将以往旧谱中的序文全部保留，因此有些续修次数较多的家谱的序文篇幅较多。按撰序者的身份，谱序分为本族人写的序和族外人写的客序。客序大多请地方官员、绅士及地方文化名人撰写。跋文与序文比，相对较少，其内容主要是补充说明修谱的某些具体情况。

恩荣录 恩荣录又称告身、诰敕、赐谕等，内容主要是记录历朝皇帝对家族及其成员的褒奖、封赠文字，有诰命、敕书、御制碑文、匾额等。此外，也包括地方官员的赠谕文字。辑录恩荣录的目的，就是通过炫耀朝廷对家族及其成员的表彰和奖励，显示家族的地位与身价。因此，恩荣录作为装点家族门面、炫耀家族荣耀历史的重要手段，各家族在修谱过程中都尽力搜罗相关内容。家谱中的恩荣录是了解该家族政治背景、文化背景的重要文献。

像赞 像赞一般在卷首。家谱中一般都绘有本族始祖或家族祖先、历代有功名显达者的画像，并配有押韵的赞词，通常正面是画像，背面是赞词，称为像赞。家谱中像赞的设置，是为了让后人了解先人功绩，培养后世子孙对先贤的崇敬之情，同时也有夸耀家族门望的目的。一般家谱中的像赞数量有限，多为三五幅，常见的是得姓始祖、始迁祖和家族中名望最为卓著的先贤。

图谱 家族的祖庙、祖墓、祠堂、住宅、五服等图，多在卷首。

传志 又称谱传、家传、世传、内传、外传、行状、行述、行实、事状、志略等，是对家族中重要人物所作的专门的传、墓表、墓志等。传志记述一个人一生对国家、民族、社会的贡献，到对地方、家族所做的功绩品德，以作为后人学习的榜样，并荣耀家族。传志一般分为列传、内传和外传。列传记录家族中有功绩的男子；内传记录家族中有品行的女子；外传记录家族中已出嫁有品行的女子。传志中多配有该人画像或关于该人的故事图画，让后代读起来倍感生动形象。与每个家族男性成员均有的世系录不同，家族中只有有功名贤能、特殊事迹或丰功伟业者才能入传志，且无论男女，也就是一般所说的忠臣孝子、节妇义夫之类。由于家谱中的许多传记为其他史料所不载，为后人保存了大量珍贵史料。

诵芬录 外人为家族写的诗词、赠文、信札等的辑录。

字辈 也叫派语，用以辨别辈分的排行字，长幼有序，体现光宗耀祖思想。这是传统中国社会家族取名字的一种叙述规程，同一辈的兄弟姐妹包括堂兄弟姐妹、族兄弟姐妹的名字，用同一个字辈。只有字辈谱系，才能使家族成员在亲族血脉的"坐标图"上定准自己的位置，判断出自己和他人长幼、尊卑关系。在所规定的排行用字中，还体现了忠义孝悌的伦理观念。如民和李土司《李氏世谱》自二十四辈至三十四辈排行字为："永福生善庆、德秉量俭祥、忠孝遵祖训、富贵绍宗芳"20字，就是如此。随着家族繁衍，长幼关系并不能简单地以年龄为标识，民间"白胡子孙子摇篮爷"的说法就是对辈分与年龄关系错位的表达。

家规家训 又称家约、家戒、家法、家议、家典、家范、宗禁、祖训、族规、族约、祠规、祠约、规范、规条、规矩、诫谕等，是家族制定的约束和教化族人的规章制度和希望、要求。一类是强制性的法规，一类是诱导性的说教，内容几乎涉及家族生活的各个领域，包括财产继承、婚姻、职业、买卖租赁、祭祖祀宗、忠君孝亲、家庭教育、日常生活，甚至水源保护、森林保护等内容。其中，对不服从者设置了制裁规定，轻者从训诫到罚跪、罚钱、赔偿等，重者就要除谱。家训主要表现族人对人品的规范。家训对族人教育的色彩很浓；而家规的强制色彩较浓。

志 多为家族中专门资料的汇集，如科名、节孝、仕宦、宗行、宗寿、宗才、封赠、族内学校、学产、祖屋、祖茔、祖产等分门别类的专门记载。这是民间家谱取法于史书中的"志"而成。对于科名、仕宦的记载，有些家谱称为"科第录""仕宦录"等，记载家族成员中官宦名人的事迹，包括履历、科第、政绩、功勋、著作、学说等，侧重介绍传主的功勋业绩和学术见解等方面，与传记不尽相同。祠产志或族产志，主要记录族中集体产业，如祭田、义庄、义田、义塾、房屋、山林等，有时还辑录有关的文书和契约。坟茔志，用以记载家族公共坟地的情况，包括墓地图、坟向、祖坟及各支派墓地分布等，常以图、记、志的形式出现。家谱之所以要列"坟茔"，原因在于"坟墓所以藏祖宗之形骸，为子孙根本之地也"，为防备"时远世迁，桑田沧海，城郭且为之蚯墟，祖坟淹没"，以便"于各传内书某山某向，而坟墓后复为绘图，葬穴冢数，了若指掌，使后人易于稽考"。坟图、墓图、坟山图主要记载墓地四至、形胜、墓位等形状；坟墓记是记载墓地和墓祭情况的记叙文字，墓地志、坟茔志则包含图和记的内容，往往还记录墓田、墓地树木、坟山的买卖契据等。由于祖墓与公共坟地对家族的内部凝聚力具有重要的意义，坟墓在家谱中占有重要的地位，有的家族甚至将这部分内容单独编制成册，以示重视。艺文志，又称著述、文苑，主要辑录家族成员的著述及由名人撰写的与家族成员有关的著述，包括奏疏、诗词、文章、简帖等各种文体。家谱中，艺文少的辑列原文，太多的则仅开列目录，将宗族的文献单独结集出版，一般称为清芬集或传芳集等。

修谱人员　家谱中还要列出参与历次修谱人员的名单，用以表彰其对纂修家谱做出的贡献。

三　家谱功用

家谱在宗族制度体系中发挥着多方面的社会功能。修家谱的目的是"溯本求源"和"辨别亲疏"。家谱上的"五服图"赫然突出，本人在家族中地位一目了然；虽然宗族各成员之间有亲近、有疏远，但是长幼尊卑一清二楚。凭着家谱，每个家族成员都可以在血脉坐标中准确定位自己的位置，明确而恰当地确定自己与他人的亲疏关系。家谱一是维持宗族组织的要件之一，没有家谱对于血脉的明确描述，宗族即使聚族而居，也会出现混乱，宗族关系会被破坏。有了家谱，宗族成员之间长幼有序，可按家谱查对认定。其中的字辈起到了管理作用。二是伦理教材，起到睦族治乡和维护社会秩序的作用。家谱中的规约条文，实际上是家族中具有法律性质的文件，起到确保家族繁荣昌盛的制约机制。这不仅体现在它所包含的各种家训中，实质体现在其所规定的字辈排行用字上。三是实施家长权的依据和保障。祭祀祖先、兴办宗族"公益"事业、用家法家规约束族人行为等活动，皆可按谱进行。所以在实际生活中，家谱起到了维系宗族各种关系与组织的功用。而维系宗族关系与组织，是和其中的字辈谱系密不可分的。四是强化家族历史记忆。家谱本身反映的是一部家族史，常常成为历史记忆的工具。20世纪90年代以来，受儒家文化影响较深的青海西宁市、海东市的一些家族多有修谱之举。通过修谱等一系列实践活动将过去和现在连续起来，向每位成员灌输一种群体意识和认同感。

第二章　村落民俗

　　村落，在青海多称为村子或庄子，少数民族语言中又有各自的叫法，就是长期生活在一个地方的人群所拥有的生活聚居空间，多数村落面积在几平方公里到十几平方公里。这是一个由世代居住、生活、繁衍在一个边缘清楚的固定地点的农业人群所组成的场所单元，有相对稳定的人口、土地和自然资源。作为民间文化传承的生活空间的村落不仅是血缘群体的聚落，也是由具体的各种民间制度所制约的生存空间。村落随着历史进程而发生的空间范围及格局上的变化，反映了世代居住的村民对这个地方环境的认识。因此，村落除了自然意义，又具有作为人类文化创造的产物的文化意义。村落民俗是村落中的一套行为规范及价值功能。一般而言，村落成员的流动性不大，村落是一个透明的小社会，村内无论集体还是每一家的大小事情基本可相互知晓。成员之间在广泛合作的同时也存在相互竞争。

第一节　村落结构

一　经济型村落

　　游牧村落　游牧村落又称为牧业村，主要分布在高寒山区和有天然草原的地方，村民以畜牧业劳动为主，主要收入来源于畜牧业。由于草原载畜量有一定限制，放牧半径远大于农耕区的耕作半径，牧业村一般小而分散。现在，牧业村有定居村落，季节性移动村落和游牧帐篷等固定、半固定和流动三种形式。

半农半牧村落　主要是位于游牧交界地带的村落，村民既从事农业生产，也进行牧业生产，是农业和牧业并重的村落类型。这些地方的自然环境对农民和牧民来说，既有可以放牧的草场，也有适合种的田块。二者都适合但也具有很多的限制，地方文化和生产生活具有明显的两面性。生产上具有"农牧互补"的特征，在文化上也表现出农牧杂糅的特征。半农半牧村落的形成和发展是一个动态的过程，在一定意义上是民族融合的历史。在新的历史时期，社会格局呈现多元化的发展态势，发展随地域特点呈现不同的趋向。

农业村落　主要处于青海东部地区，村民主要从事传统农业，收入主要依靠农作。其中，传统耕作型村落以种植业为主，在这些村落的产业结构中，农业占据绝对比重。农作物以玉米和小麦为主导，间或种些油料作物，如油菜、胡麻等，也种植洋芋、白菜、萝卜等。虽然也有一些其他产业，但居民的主要劳动和劳动收入来源是种植业。除从事种植业生产以外，村民一般还兼营动物饲养、果树栽培和其他家庭副业。根据不同的地貌特点，拥有不同的发展资源，以及发展限制因素，具体再可分为川水村落、浅山村落、脑山村落。

非农业村落　这类村落在地理位置或行政区划上虽位于乡村，但并非以农业为主，多介于城乡交界地带，依托村落的地理位置优势、资源优势等进行发展。主要包括资源型村庄、工业村、商贸村等类型。

商贸市场村落　这类村落充分利用区位优势和良好的交通条件，大力发展以商贸市场为主的第三产业，形成区域内的农产品或其他产品的交易中心，以此形成村庄的经济增长点。大多数村民参与其中，获取生存资源。这部分村民不再从事农业生产。典型如西宁市城西区杨家寨、城东区曹家寨，以及在州县周围的村落，也开始向这个方向发展。

旅游村落　随着乡村旅游业的发展，青海省内也出现了部分以旅游业为主的村落。它们是拥有或者临近优美的风景地，拥有悠久的历史、特殊的文化等独特的旅游资源，吸引游客，是旅游目的地，具有一定旅游接待能力。典型如互助土族自治县小庄村。

二　自然型村落

自然村落　大多都是自然发展而来。这里，主要依据村落人口构成进行划分。在社区记忆强烈、经济社会分化程度较低的自然村，一个人所处的社会关系网络决定着他们的处世行为。有些家族的利益仍没有打破村落原有的人际关系准则，传统的规则仍在规范并指引着人们的合作行为。

单姓村落　又称为同姓同宗村落、单一家族村落。最初，这类村落是一户人家为始祖在一个地方定居下来，后来随着人口繁殖，由一个家庭分家成为数个家庭，再发展成为一个大家族，逐渐发展成为一个村落。因为都是一个祖先的后代，所以媳妇都要从外村娶进来，而女儿都要嫁到别的村落去。如果有些家庭始终没有生养男孩，那么就要从外面入赘一个女婿，但是这个女婿多被要求改姓。目前，青海很多地方，还有这样的村落。如张家村、杨家村等。这类村落，人与人、家庭与家庭之间，在血缘关系基础上叠加地缘关系，构成一个村落。

一姓为主村落　在人员构成上以某一个姓氏为主，同时还有若干的其他姓氏的人家。这种村落，少数姓氏人家的进入，多数是姻亲关系的家庭，没有要求改换姓氏后逐渐称为一个姓氏。比如，没有男孩的家庭，为了解决财产继承问题，没有采取入赘女婿的方式，而是把外甥，甚至外孙子直接过继过来，让外甥或者外孙子作为家庭的子嗣，有时候没有改姓而发展为单一形式村落中的少数姓氏。这种村落，家族势力悬殊，少数姓氏的家族的话语权受到很大限制。

杂居村落　是一个民族内不同宗族，或者多个民族杂居于一个村落内部的情况。具体可分一个民族不同家族杂居村落、多个民族杂居村落。

杂姓村落　在一个村落内，居住者都属一个民族，但不属于一个宗族，是多个姓氏共同居住且各个姓氏人口数量基本均等，各个不同姓氏家族力量在村落内部相对均衡。家庭与家庭之间，并不依赖血缘关系，更多是依赖于地缘关系，构成这样一个村落的，就是杂姓村落。

多民族杂居村落　青海多民族和谐共居，共生共荣，造成村落层面上多个民族杂居于一个村落，形成多民族杂居村落。这类村落主要特点就是各民族杂居，不同民族共同成为一个村落的成员。村落内部，不同的生计方式、不同的宗教信仰和谐共生，依赖于地缘关系。

移民村落　移民村是指有明确移民时间记忆的村落，在海西州多见，也散见于其他地方，多由1950年至今从省内外陆续迁移而来。海西的移民村基本上都是政府组织行为而形成的，村民大多是从原居住地整体搬迁而来，也称"吊庄移民"，是政府扶贫的具体行为。其初始的人员结构变化不大。与整体搬迁而来的移民村相比较，还有一种移民村，移民的迁徙行为均属自发，或个人，或独户迁入。迁徙时间跨度大，几乎横跨整个20世纪。来源地广泛，除青海地区外，还有来自陕西、甘肃、山西、山东等地的移民。移民民族成分多样化，有汉族、回族、土族、藏族、裕固族、朝鲜族和撒拉族等。迁徙原因复杂，诸如垦荒、战乱、逃难、投亲等。

军屯村落　这类村落的形成，是明初"移民实边"等政策实行的历史产物。明代围绕国防建设，在西北地区建立了严密的军事防御体系，推行"耕战一体"的卫所制度，通过"移民实边"，加强对西北地区的统治。例如，贵德十屯位于河曲腹地的黄河南岸，是明王朝控制河曲地区的前沿。据《循化厅志》载："明初，立河州卫，分兵屯田。永乐四年，都指挥使刘钊奏，调中左千户一所贵德居住，守备仍隶河州卫。保安其所属也。贵德其十屯，而保安有其四……屯兵之初，皆自内地拨往，非番人也。故今有吴屯者，其先盖江南人，余亦有河州人，历年既久，衣服言语渐染夷风，其人自认为土

人，而官亦目为之番民矣。"于河州卫拨世袭百户王、周、刘三人，各携眷
口，赴贵德守御池城之后，由此形成今贵德县境内的"贵德三屯"，即王屯、
周屯、刘屯；又增设七屯（今尖扎县康屯、杨屯、李屯，同仁县的脱屯、季
屯、李屯、吴屯），合称"归德十屯"。清代废除卫所制后，原来的军户落
为民籍，原耕屯田变为课田，遂成土著居民。因为每个屯最初的戍兵屯民迁
出地的不同，每个屯的语言、信仰、文化等都有其自身特点。就十屯现有的
主供神灵而言，贵德县刘屯供奉文昌，周屯供奉二郎，王屯供奉龙王、东岳；
尖扎县的李屯供奉二郎（今庙址在杂布村）、杨屯供奉二郎、康屯供奉二郎
（现为娘娘庙，村民称供奉的为九天玄女），由于同仁四屯与当地藏族文化
交融较深，村庙中供奉的神灵既有二郎、文昌等早期屯戍者带来的内地汉族
神灵，又有当地藏族信仰的诸山神。历史军屯村落，基本还保留了军屯时的
古城，依托古城的居住格局也得到保留。如黄南同仁县的年都乎村、郭麻日
村、保安村等。

村落分布特征 第一，聚族而居。青海的村落大多以自然村的形式存
在。村民常是毗邻而居，住得比较集中。自然村多以单姓构成，即使由多姓
构成也是呈某一姓占绝对优势的状态，而该优势姓氏人员大多存在血缘联
系，即每个自然村存在很大成分的血缘因素。具有共同血缘的家族共同体几
乎是自然村落存在的基础，也是区别不同自然村落的标志。第二，大聚居，
小分散。青海的村落按照民族来看的话，呈现大聚居、小分散的空间格局。
如土族，主要聚居于互助、民和、大通、同仁等几个大的聚居区。民和回族
土族自治县的土族绝大多数居于三川，因而土族村落也集中分布在三川地
区，形成大聚居的格局。互助土族自治县的土族也是聚族而居，形成一些相
对聚居的土族村落。在此格局之下，每个自然村又是相对分散而居，每个村
落之间一般都以农田、山林、小溪、河谷等地貌类型中之一种或数种相隔。
村落之间交错分布、紧密连接的现象极其少见。他们的耕地围绕着村落，大
多保持比较适当的距离，即活动半径基本固定。汉族、东部农区的藏族、回
族、撒拉族、蒙古族也都呈现这种空间分布格局。第三，在自然村落的组织

结构中，地缘关系与宗族血缘关系并重。其内部空间结构，每个家庭以庄廓为一个单元的四合院式的建筑形式构成了其空间形式上的封闭性。只有大门为出口，一旦大门关闭，庄廓则成为一处独立的私人空间而与外界彻底隔绝。第四，村落内部和相互之间文化的均质性和同质性。多数村落人口数量不多，人口密度不大，社会分工不明显，不存在专业化产生的基础。在人和人的关系上，每个人之间非常熟悉，每个孩子都是在人家眼中看着长大的，在孩子眼里周围的人也是从小就看惯了的。这是一个熟悉的社会，没有陌生人的社会。有时看见陌生人进入他们的村落，大家会给予极大的关注。成为大家茶余饭后的话题。同质性加上同样的生活方式导致他们对异质性文化的不可容忍，社会舆论压力大。

三 村落特征

村落空间 封闭内向型的村落空间结构反映了河湟村落的重要社会生态特征。村落之间的地理界限、人际关系分明，每个村落形成相对独立的封闭性社区。"乡中农忙时皆通力合作，插莳收割皆妇功为之。惟聚族而居，故无畛域之见，有友助之美。无事则各爨，有事则合食。征召于临时，不必养之于平时；屯聚于平日，不致失之于临时。"① 青海乡村亦如此，作为具有浓厚礼俗社会性质的乡土社会，具有强烈的内聚性，人们彼此关心，团结一致，亲密无间。采取内向封闭的聚落形式多与生产、自卫、心理安全需要密切相关。河湟村落内部的空间结构，表现明显的是村落格局，以及民居、寺庙、祖坟之间等的组合布局关系。村落的空间结构体现着的祖先崇拜、神明崇拜、经济交往，是传统村落社会组织的三大动力。

村落格局 村落多建于山脚向阳缓坡或阶地过渡地带，利于日照、避风、排水等。除了信仰伊斯兰教的穆斯林村落外，其他民族村落四周山头多

---

① （清）黄钊：《西窟一征》（点注本），广东省蕉岭县地方志编纂委员会，2007。

建有"鄂博"，村内有"崩康"，村周围立有"插牌"，村口及庄廓门口有"雷台"。村庙一般建在村落周围的山头或边缘，极少的建在村落中间。祖坟多选择在高地上，位置较高，多与村落中心较远。这样，村落的住宅、寺庙、祖坟之间构成各自的分布区域，构架成为村民日常生活尤其是精神生活的活动框架。

村落的同心圆结构　河湟村落具有典型的同心圆结构，即定居点（核心层）—耕地（第二层）—山林、牧地等（第三层）。核心层的土地领域是严格划分的，各个家庭拥有的地块界限是十分明确的；第二层耕地也是严格划分的，村民各自耕作自家耕地，但道路、水渠、耕地之间的荒地、空闲地是公用的；第三层除了坟地、林地有明确归属外，其他耕地基本上是全村公用的，就是林地也是可以自由进入和牧羊。按照同心圆结构，人们对于各圈层的使用权利和所有权利也是有区别的。同心圆结构，与土壤利用类型的同心圆结构基本重合，符合不同的土地利用方式而形成的。此种同心圆式构成是传统村落社会世界观的具体表现，也是世界观的一种外化或物质化形式。在村民心目中，定居点作为居住的核心地带，通过层层护卫，是相对洁净和安全的地方。作为村落的最外层，传统上山林被认为是最不安全、不洁净的区域，大量的鬼灵游荡于此，伺机危害生人，并换取生人对他们的施舍。目前，人们在田神信仰方面也已经大为淡化。农田作为村落第二层，其安全程度介于定居点和山林之间。

撒拉族村落空间结构　撒拉族聚居在一起，虽然每家庄廓各自独立，但各庄廓之间又紧紧相连，形成村落的中心——住宅区，其中又以"孔木散"为单位而聚居。通常不会有人离开住宅区到田野中建房单门独户居住，否则，村民们会形容其为"离群的羊"或"流浪的羊"。当然有三种原因使有些人将庄廓建到住宅区以外：一是实在无法用田地换到（或买到）住宅区的；二是与原来的邻居不和，宁愿搬得远远的；三是宅主是外来者。因为在过去，外来者是不允许入住在撒拉族村落的，除非通过特殊的途径，比如入赘等。聚族而居是撒拉族村落空间结构的一个重要特征，这使不同"孔木散"之间形成了一定的地理界线，但是这对人们的日常活动并没有形成任何障碍。对于各"孔木散"居住区域的形成，一般都有一套相关的传说故事述及"孔木散"的早期状况。

撒拉族"八工" 撒拉族村落一般按地势分为上、下两部分。每个村中对这两部分的叫法不太一样，有的直接就叫上部与下部，有的村落则有专门的名称。例如"人工"，与此相对应，每个"工"分为"上半工"和"下半工"，整个"八工"则分为"上四工"和"下四工"。其实"上四工""下四工"是历史上两个撒拉族土司分辖的范围，二者至今在社会文化、经济以及人们的思想观念、生计方式等方面有着显著区别。从总体上来说，"上四工"的人相对要开放些，经济也比较发达，而"下四工"的人则相对比较传统和保守，那里保留的许多传统的、原始的文化是"上四工"所没有的。撒拉族语言分为"街子土语"和"孟达土语"两大类方言，其区别基本上也是以"上四工""下四工"为界限的。

撒拉族住宅区与耕作区 撒拉族村落还可以分为住宅区和耕作区两部分。在清真寺周围人们以"孔木散"为单位聚族而居形成住宅区，也就是生活区。围绕在住宅区周围的则是农耕区，其间除种植各种农作物外，还栽种有柳树、杨树、榆树等树木。清真寺一般修建在村落的中心位置，而坟园一般都在清真寺的旁边，这一方面给送葬带来了便利，另一方面为阿訇和老人们去坟园念《古兰经》带来了方便，因为他们一般在每个主麻日（星期五）甚至每天早晨在清真寺做完晨礼之后，都要到公墓去念《古兰经》。同时，在撒拉族的观念中，由于坟园是非常洁净和神圣的地方，因此大都就选在了村落的中心位置。

撒拉族"寒都" 撒拉族每个村落至少有一个"寒都"，该词可能是汉语借词"巷道"的变音，但撒拉族的"寒都"有两种，一种指巷道，一个"孔木散"住一个"寒都"，每个"寒都"有自己的名称，同时又是"孔木散"的名称。比如，苏只大庄因有七个"寒都"而闻名于撒拉"八工"。每个"寒都"只有一个"孔木散"，"孔木散"的名称即作为"寒都"的名称。

另一种"寒都"则被赋予了一种新的含义：既是村里的小孩子和青年人相聚、聊天的地方，也是他们进行各种娱乐活动的主要场所，他们在那里聊天、摔跤、打斗、玩各种游戏。过去对违反习俗或村规的人予以各种惩罚时也在"寒都"进行。如果说清真寺是整个村庄的文化中心的话，那么"寒都"则是村里小孩子和青年人的娱乐文化活动中心。小孩子们从小在这里玩耍长大，但女孩子们懂事之后就不能再去那里玩了，成年女性们一般也要避开"寒都"走，或者经过时要侧脸而过。过去人们的闲暇时间非常多，除吃饭和睡觉外，其余时间几乎全都在"寒都"，因此撒拉族男人们一生中的绝大部分时间就是在"寒都"度过的，几乎所有村里村外的事情都可以在这里打听到。

撒拉族围寺而居　撒拉族以清真寺为中心聚族而居，村落呈现出一种圆形结构，这不仅使人们便于互相照顾和协作，同时也体现了撒拉族特有的价值观和世界观。在撒拉族人的心目中，伊斯兰教永远是最高的规定和指引，凡事以宗教信仰为先，凡行以宗教信仰为标准，因此每当撒拉族人迁到一个新的地方时，首先会考虑修建清真寺的问题。撒拉族的清真寺分三个层次：本村所有的（支寺）、"工"所有的（中心寺）、全民族所有的（祖寺，即街子清真大寺）。1980年以来，由于宗教信仰自由政策的施行、人们思想观念的变化、经济社会的迅速发展等原因，也有一些村里同时建有两座清真寺的，分属不同教派。

村落文化　村落景观是文化观念的物化表现，它受到自然环境以及社会经济发展水平的制约。世代居住在河湟地区的汉族、藏族、回族、撒拉族、土族、蒙古族等诸多民族，在保持自身民族文化传统的基础上，共享区域文化，各民族聚族而居，或者民族杂居，具有河湟特色的时空设置，形成了和谐共处的多民族村落分布格局与村落文化。村落是长期生活在一定农业地域的人群所拥有的生活聚居场所，也是一个由世代生活、居住、繁衍在一个边缘清楚的固定地点的人群所组成的空间单元。村落无论在居住形态还是在景观特点，都有着丰富的特性和文化内涵。村落的时空变化，实际上反映着居住者的精神世界，因此村落既有其自然意义，又有其文化意义。河湟地区村落的文化意义主要表现在空间结构上。空间结构主要指与各民族传统村落社会生活密切相关的重要"空间"，如村落的民居、寺庙、祖坟等的组合关系。村落的空间结构实际上是当地居民生活方式与文化背景的具体展现，亦即空间结构与文化、生活方式相互呼应的外在表现。

四　村境与村产

村境　村境是村落在历史发展过程中占有的自然地理空间，亦即一个村的地理范围，包括这个空间内部的土地、山林、牧场、山泉、水源等生存资源。为了生存需要必须保卫村境，由此明确了村落的地理边界，以边界为限划分了村内与村外。

村境意识　村境意识就是一个村落内部的成员为了共同的利益，协同保护、保卫共同的家园的集体意识。村境意识强化村内成员的认同，凝聚人心。长期的发展过程中，物质的村境意识逐渐演化出精神意义上的村境意识，包括对于村落的认同意识、向心意识、维护意识，与别的村落相对而言形成村落的文化边界。村境意识，不仅仅是指有形的地理空间，而且在一定意义上应该指称无形的村落形象。比如，民间多有为本村落的形象而进行的活动，比如与别的村落的竞争中，要超过他村的愿望下各成员积极展开活动，为村落形象做出各自的贡献。这是一种无形的村境意识的体现。不定时举行的求雨仪式以及每年定时举行围绕各村地方神这一集体表象的酬神仪式，不断激起和强化人们的这种感情，强化村民对村落的向心力和身份认同。从仪式行为本身到仪式的组织，以及人们对于仪式功效的想象都显示了村民强烈的村境意识。也类似于边界意识。同样分有形的边界意识和无形的心理边界。过去，有些村落因干旱有求雨活动。村民认为一旦求水回来，便会有一场大雨，救万民于水火。而求雨村民就会有"就我们的村的地界下雨了，而邻村一点也没有下"的说法，显示了村落强烈的村境意识。村境意识，不断强化村落成员的认同感、凝聚力，同时强化某种排外情绪。

村落村产 是指村落内部的土地、山林、牧场、山泉、水源等生存资源。作为村落的物产，有一部分是整个村落的公共的物产，诸如公共山林、草坡、坟地、水源等，村民可以在不影响后来村民使用的前提下根据需要自由使用。如对于草坡的使用，有些人家的羊之数量比较多，长期在草坡放养，而不养羊的人家的虽然没有使用草坡，也不会有意见。水源也是，有的人家会经常浇水，有些人家一直不浇，也没有异议。但是，水源更多地被划分到了每个家庭名下，每个家庭拥有使用权。如耕地、宅基地、树林等。一般都是祖上的遗产，是先祖们一代代继承下来的。对于这些个人物产，在特殊情况下，也会有村落权利查收干预。比如，有些人家后继无人，家产、土地、树林等面临无人继承的境地时，此家人虽然有出卖给出价更高的外村人的愿望，但是村里人会出面干预不让卖给外村人，村落内部家族优先、村内优先。即使已经卖给外村人，村内人也会百般阻碍，因为外村人买也只能是买有限的宅基地、土地、树林，而这些道路、水源等无法购买，而村落内部会以你是外村人而阻止其使用，因此，外村人很难能将其买下来。

撒拉族"孔木散"内的小家庭都是独立的经济单位，各家在典当、出卖土地时，很少卖死。"阿格乃""孔木散"有优先购买权，在他们中有两人或几人同时要买，则采用先亲后疏的原则，而且价格要低于卖给其他人的价格。"阿格乃""孔木散"在契约上有画押权，赎回时有优先赎回的权力，买方不得违抗。

集体共享财产 指由村落共同置办、集体共享的财产。是村落根据生产、生活需要，集体出资置办、集体使用的财产。有些村落的寺院、村，甚至俄博、崩康等信仰类场所为集体所有，生产类财产过去有村落共有的水渠、水磨等，后来有了钢磨、拖拉机等生产工具；生活用具，由于各个家庭使用次数太少而购置费用较大时，集体购置。如村落公用的大铁锅，过去夯筑庄廓用的墙版等。有些村庙里的庙产，大到整个村庙房产，小到一个油灯，都属于典型的公共财产。

第二节　村落组织

一　村落生产组织

联村组织　不同家族、不同村落的人们通过共同祭祀同一个神明和共同的经济生活交往而相互联系在一起，从而形成跨宗族、跨村落的地域组织和地域团体，形成"联村组织"。这可能是地理的因素，也可能是宗族的关系，有的虽然距离较远，但因历史上是同一宗族、信仰相同而一直保持密切的联系。如民和土族社会中的村际合作及其反映的村落之间紧密联系的历史记忆、水利设施建设中的合作等。因多以水利设施的建设而联合，这种联合借助民间信仰，多个村落共同信仰一个地方神，并进而演化出各种民间信仰活动的联合等。例如，贵德地区解放前的"八大龙官"之说，即是地方上的八个较大的村落负责水利事务活动的人。八个人代表八个相应的村落，联合起来共同管理地方灌溉事务，这也是一种联村组织的具体表现。贵德水利渠道的管理，明末清初主要以民办为主。清乾隆六年（1741）后，渠道的管理有所改进。最初是以地区划分灌溉渠道，设立渠长，按地亩分摊义务民工，修浚疏通。后"渠长"改为"龙官"，由众人推选有声望的人担任，每条大渠设"龙官"一人。他的任务是每年春秋两次组织浚修渠道，临时性的突击抢修；用水紧张时按地亩分水；全灌区性的按渠安排水份等。龙官多是中年人，家庭经济条件优越，属中上层人家，一般以乡老自居，善于言辞，还能调解一些乡间民事纠纷，为当地百姓无偿服务，有一定的威信和群众基础。

各个村落作为一个共同体，在村民心目中不仅与周边的村落之间有着清晰的、不可侵犯的边界，而且即使在国家行政力量已经深入乡村基层社会的情况下，村落内部的问题一般也都在村落内部解决。

青苗会　青苗会的产生与青海村落的生态脆弱性密切相关。青海的青苗会有两层含义：一是指民间祭祀组织，二是指庙会活动。青苗会既是村落的民间管理组织，又是民众迎神祈福、踏青护苗的民族传统节日。相对而言，由于特殊的地理环境和人文历史，青海村落青苗会的民间组织特征不甚明显，庙会的节日特性则较为凸显。以土族青苗会为例，青苗会在不同的土族聚居区有不同的称谓：如民和三川土族称之为"浪青苗""青苗托日"（转青苗）等。互助土族称为"斯过拉"或"过拉"，意为"转经会""转山会"。互助东沟大庄在每年农历二月二、姚马村在三月三、索卜沟在三月十八、东山大泉在四月八会举行的土族"哪哪"会，这是由法师主持并全程参与的古老庙会，其目的是通过敬献供品、祷告祭祀、击鼓舞蹈等形式取悦神灵，祈求神灵保佑一年内风调雨顺、五谷丰登、村寨安宁、人畜两旺。因其活动以禳灾祈年、预祝丰收为主旨，大通、民和、湟中等地区举行类似活动，称为"青苗会""香赛会"。

无论是互助土族的跳"勃"、插牌、祈雨、安镇、转山、祭碌碡、卧犁等活动与仪式，还是民和土族的栽种、插牌、夏至嘛尼、祭鄂博、浪青苗、背经转村界、罚香等仪式与活动，或是同仁土族的"插白"驱雹、插柳驱疫、禁镰护青、踏青娱乐等，几乎都是"劝耕""护青苗""预祝丰收"的农业生产仪式，它们围绕"庄稼平安顺利丰收"主题而展开。

土族青苗会　其组织人员构成较为复杂，由庙官、老者和"特肉其"共同主持和管理青苗会期间的一切活动。其中，庙官是平时管理村庙的收入开支和安排村内各种宗教活动的主事者，也是青苗会的管理者，从村里年龄较大、德高望重并熟悉各种宗教仪式的人中选出，由庙神直接选定，三年一选，可连任。老者是从村内各大家族中选出，有一定地位、德高望重、善于辞令、主持公道的老人充任，各姓无论有多少人，都得选一人，且为终身制，现在有些家族是兄弟们轮流当老者，各担任一年。老者是村庙和村落事务的管理和组织者，协助庙官管理村庙内的香火和钱物、举行各种宗教活动、调解村民纠纷、参与田间管理，以及参与青苗会的管理和组织活动，对违反乡规民约的人进行"罚香"。"特肉其"又称"青苗头"，是在每年"插牌"的时候，由民众推举产生或由村民族户轮流担任的职务，多由办事干练的青壮年男子担任，任期 1 年，其职责是协助村庙中的庙官、老者组织召集村民，商议村内宗教、民间重大事宜，协助老者执行众人议定的事项和收取违反乡规民约而罚的钱粮，同时处理群众的一般性纠纷，对违反乡规民约者执行处罚。

互助土族从"插牌"时就已经开始青苗会活动了。插牌时，老者和"特肉其"一起制定护青的乡规民约。之后，他们每天轮流到田间巡视，如果发现有人违反护青乡规，就按约定进行处罚。青苗会前几天，老者和"特肉其"通知村里的各户人家指派背经转山的人选，必须是男性或未出嫁的姑娘，通知中途歇晌（中午休息吃饭）的村庄做好接待准备。到会期的前一天，庙官、老者和"特肉其"指挥众人在村庙内整理转山用的神旗、锣鼓、佛经，将其抬出来放到村庙殿堂前，在神座前献供煨桑。青苗会那一天，老者和"特肉其"们给村民们分发旗帜和佛经，沿途维持秩序，不让人嬉笑打闹，督促落后的人赶上大队伍。到大东岭后，主持煨桑、磕头、献牲仪式和活动。转山队伍回村后，庙官、老者和"特肉其"还要将庙神神轿请到村外，搭一帐篷让其静坐，守护青苗免遭冰雹，并每天派村民轮流看护神轿、祭祀神祇。

民和三川土族青苗会其各项仪式和活动是由牌头组织实施的。牌头在土族民间组织中具有代表性和典型性。各村对牌头的主事者和协助者的叫法不太一样，如官亭四村和鲍家的主事者叫"水牌"，协助者叫"水头"；中川宋家、鄂家和桑布拉牌头的主事者叫"大牌头"，协助者叫"小牌头"；中川辛家牌头的主事者叫"总家"，协助者叫"小解"等。20 世纪 50 年代前，"水牌"和"大牌头"等主事者是由家境富裕、有一定社会地位的乡绅担任，现在则由村民们推选有能力、办事公正、有威望的人担任，"水头"和"小牌头"则由各家族男性家长轮流担任。

牌头是三川土族的村落民间管理组织，负责整个村庄一年内的祭祀、祈雨、调解民事纠纷、组织管护青苗等诸多事宜，尤其是负责组织浪青苗和纳顿节期间的各项事务。牌头一般在各村纳顿节结束后的"安神日"推选产生，也有在清明节或纳顿节前几天推选产生，是三川土族农村中各项民间事务的实际管理者和执行者。牌头一旦选定，在与前牌头交接后立马上任。大牌头负责召集小牌头、"土饶其"（与互助"特肉其"名称、职能相似）等人员布置实施村庄各项祭祀、田间管理等事务，如堂运、装脏、夏至嘛尼、立插牌、答鄂博、安神等活动，组织实施一年一度的青苗会和纳顿节。相对仪式繁杂的纳顿节而言，青苗会的组织活动较为简单。在正式会期的前几天，在大牌头的安排下，小牌头们购置祭神需要的物品，安排背经人员。青苗会当日，大牌头主持各项祭祀活动，小牌头与村里的年轻人抬神轿、举着神旗、敲着锣，按固定路线巡视村界。而牌头的护青苗活动一般在清明节后开始启动，大牌头带领其他人实施田间管理工作，不准村民在田地地头放牧牲畜，选吉日在庙中祭祀，祈求庙神开始照看庄稼、风调雨顺，如有违反护青乡规的，由牌头负责"罚香"。村民必须服从牌头的领导，牌头有权对不服管理、违反乡规民约的人家进行经济惩罚。如遇有乌云密布的天气，大小牌头还负责在庙里敲锣召集众人，祭祀神祇，祭献羯羊，敲锣打鼓举行驱雹仪式。此外，另类形式的青苗会——"青苗踏克"活动由嘛尼会负责组织举行，参与者主要是本村嘛尼会成员。

"牌头"组织与农业生产灌溉用水密切相关。三川地区水源紧张，许多村庄都是靠几条水量不大的季节河或泉水解决灌溉用水问题。按节令，从立夏前三天至往后 80 天，是三川地区长青苗和抽穗时间，也是农田灌溉的黄金时间，这一时期的灌溉用水被称为"青苗水"，极其珍贵。"青苗水"的分配是固定的，称为"抓分子"，大多被有钱的地主和官吏所垄断，贫民只能浇很少一部分水，不够就要向地主买分子。经济势力强的地主还可以买别的村子的水分子，称为"转过水"，卖给没水浇的贫民。因此，占有灌溉用水多的富裕地主是灌溉用水的管理者和指派者，也是村落事务的主事者，具有相当的权威，被村民们称为"水头"和"大牌头"。中川辛家村则因为是辛土司的驻地，其牌头组织的称呼也相应地带有军事组织的色彩。

大通青苗会 由会头负责组织实施，举办青苗会的各村根据需要，推选若干名德高望重的老者为会头，在传统上称为"青苗头"，全权负责筹办各项事务，如邀请秦腔戏班、给邻近村庄下请柬、办理伙食、收取经费、接待、主持祭祀活动、搭戏台等，年龄较大的男性村民们则自发前去帮会。以城关镇张家庄村为例，会头在青苗会前十天就开始挨家挨户收取经费，购置需要的用品（纸张、黄裱、经幡、酥油、搭红或哈达、鞭炮）等。青苗会当日，会头将村民们分为三组，一组由年轻人组成，共有十几人，由会头带领骑摩托车负责迎接念青苗经的喇嘛；另一组由其他的会头、庙倌以及帮会的老人组成，大约20人，在庙里协调管理，做好进庙后其他接待工作。第三组是村里的妇女儿童和老人，在村道边迎接喇嘛。喇嘛由信众自愿开车护送，到村内后，会头放鞭炮，给喇嘛搭红。青苗会期间，会头还要负责招待前来参会的人员吃饭。会后，会头要召集村民开总结会，请苯苯子打卦看佛爷是否满意，并下帖请回帖贺喜的人到庙里吃饭。过去，大通青苗会插龙旗后，所有人得妥善管理自家牲畜，不得让其践踏和啃吃庄稼，如有违反者，由会头按规定给予处罚，情节严重屡教不改者，由会头召集众人在村庄中心立三叉杆子进行不同程度的体罚，以保护青苗。

贵德王屯龙王庙"青苗绿会" 三月会的俗称，于每年农历三月二十七日、二十八日举行。传说这两天分别是东岳大帝和黑池龙王的圣诞日。分上下两会，二十七日是上会，祭祀东岳；二十八日为下会，祭祀龙王。意在祈求风调雨顺，没有虫害，庄稼获得丰收。王屯每年选两个会头来筹备庙会各项事宜。先从村中各家收取粮食，然后磨面、蒸馍馍，邀请长老到庙上念经。王屯各家到庙上祭拜，并以最后集体的"烧包"仪式活动结束。

二　村落生活组织

嘛尼会 嘛尼会是以宗教信仰为纽带组成的民间社团，其活动以民间庙宇为中心，其组织原则也是以村庙为单位，属于同一个庙的村落，即组成同一个嘛尼会；不属于同一个庙的村落，就不能组成同一个嘛尼会。民和三川地区土族老年人的诵经组织，称参加人员为"嘛尼其"，意为念诵嘛尼经的人。多以村落或庙宇为中心自发组织，由本村落50岁以上、虔诚信佛的老人组成，其成员大多数为老年妇女，少数几个男性老人为主事者或领诵者，称为"嘛尼头"。嘛尼会中的老人大都不识字，只有几个稍识文字，大家跟随这几个人将"嘛尼感本"诵念多遍，背诵下来，在念经时跟着领诵人吟唱。嘛尼会的信仰较为复杂，既信仰佛教诸神，也信仰道教、民间信仰等诸神。他们平时不仅在家早晚念经，还于农历每月初一、十五集中到村庙念嘛尼经，为村庄和家人祈福，祈求风调雨顺、四季平安。遇到特殊日子，如集体的大型信仰仪式青苗会、纳顿节等前几天，或村里某家有婚丧之事，或受邀参加纪念先人的周年活动上，嘛尼其们就要集中到村庙或人家念嘛尼。其中，丧家绝大多数都会邀请嘛尼其在三周（停丧第三天）念嘛尼，而举办婚事邀请的相对少一些，多是家中有老人参加到嘛尼会里面，或虔诚信仰的人家才会在婚事顺利结束后的一天邀请嘛尼其到家念嘛尼。念嘛尼时，男性长者盘腿坐在前排，女性们跪坐在后排，右手拨动念珠，左手摇着小型的手摇嘛尼经筒，也有人手持一座大型的嘛尼经筒，按顺时针方向转动。民和三川地区还存在一种由嘛尼其组织并实施的青苗会，称之为"青苗托日"（托日，土语，意为念经）。如每年农历四月初九，民和县中川县王家村嘛尼其们从寺院请上《甘珠儿佛经》，每人背上一卷，按照固定路线巡游青苗地界。

寺院管理委员会 寺院管理委员会是由本寺香火地范围内的各个村落的头人、寺院僧人等联合组成的管理寺院的民间组织机构。多设主任、副主任等职位，在寺院建设、重要岁时节日、观经法会等事务中发挥作用，俗家委员在这些日子协助寺院做好卫生、接待、安保、会场秩序等工作。

阿格乃与孔木散 阿格乃与孔木散是撒拉族社会中重要而典型的社会组织。"阿格乃"是撒拉语"兄弟""当家"的意思。个体家庭的组成后，由属于同一父系血缘关系的兄弟、堂兄弟等及其家庭组成的近亲组织"阿格乃"。不包括嫁出去的姐妹家庭，但姐妹招女婿不外嫁，其家庭也属"阿格乃"的范围之内。"孔木散"则是撒拉语"一姓人"或"一个根子"的意思。由"阿格乃"进一步向外延伸，形成父系血缘关系相对较远的"孔木散"组织。阿格乃和孔木散是撒拉族村落独有的基层组织形式，两者表明以父系血缘为纽带的近亲组织及该组织血缘关系中断后分化组成的远亲组织。阿格乃是由兄弟分居后的小家庭组成的，包括的户数由两户到20多户不等。撒拉族村落一个村庄有二至四个孔木散，早期撒拉族的阿格乃内严禁结婚，到近代以来，因为血缘关系已经淡薄，内部可以通婚。由于许多外人加入撒拉族村落，所以孔木散由具有氏族组织特征的血缘组织扩大为地缘组织。在举行婚礼时，男方的阿格乃、孔木散各户要招待女方的阿格乃、孔木散各户。由于阿格乃内部又有真阿格乃、近阿格乃及远阿格乃之分，因此在权利和义务上又有差别。撒拉族社会，不同的"孔木散"一起形成一个村落，数个相邻的村落形成一个"工"，所有的"工"加起来就构成撒拉族整体社会。

第三节　村落公共设施

一　村落公共空间

寺院　一个自然村落，或者若干个自然村落共同拥有一个寺院。寺院是出家人进行宗教活动的场所，寺院是信教群众的主要信仰空间，逐步发展为具有多种综合功能的建筑群。过去，寺院除是地方上的信仰场所之外，还是一个地方的教育中心、文化中心、艺术中心。地方上的文化传播，很多依赖于寺院，而很多地方文化艺术品大多在寺院得到保存和展示。一个寺院就是一个建筑艺术群，寺院的壁画、唐卡、佛像等都具有很高的艺术水平。

村庙　青海各个村落基本都有自己的村庙，规格或大或小，供奉神灵不一。作为村庙，有一定建筑面积的公共场所，崇拜对象为地方保护神，有相对固定的信仰人群，每年都有定期的集体性信仰活动，如聚餐（福餐）、做戏、做道场（法会）、游神等，场所内有当地居民自发成立的管理组织。村庙必须是村落民众共同祭拜神明的场所，其信仰活动具有村落影响力，其信仰等级、影响时空、参与人群、控制能力等都远高于一般信仰水平。在长期的信仰活动中，村庙信仰逐渐模式化、制度化，有一定的规律可循。村庙信仰是村落群体性的民间信仰，它以本村落村民为主要参加者，以村庙为主要信仰活动场所，以村庙诸神为主要崇拜对象的信仰活动。村庙是村民供奉神灵、祭祀地方神的处所，一定程度上是地方神的外化形式、象征，更是一个村落商议、处理一年的公共事务的场所，是民间公共空间或者集体力量的象征。青海，尤其是其东部农业区受到气候干旱影响，人们对水有着一种特殊的情结。即使在雨水丰沛的好年景，人们的日常生活、人生礼仪、节日活动，以至于人们的信仰观念，无不浸润着"水"的痕迹，表现出常态下人们对水的渴望与崇拜。而当遇到干旱少雨无力抗争的年景，由于科技与生产力的局限，当人们无力改变生存环境时，只好通过求助于主管施雨的地方神——龙王，祈求风调雨顺，五谷丰登。因此，龙王是很多村庙里都要供奉的神灵。比如，贵德王屯的龙王庙占地约四亩，始建于明洪武年间（1368~1398），清道光二十年（1840）重建。据称，龙王庙在"文革"期间作为仓库有幸保留了下来。2004年5月10日被定为青海省文物保护单位。

　　村庙规制　村庙大多位于村落中地势较高的位置，以能够照看全村为宜。不过，有些地势低平村落的村庙，也会选择建在平地，而且，有些村庙也位于村落内部。其多与当地院落大小相仿，占地约半亩。庙门前小广场上多树立一对神杆，上端有神斗。一般情况下，村庙正门只有在岁时节日及庙会期间才会打开，而日常只会开启侧面的小门供人们进出。庙堂大多是砖木结构的与普通民房截然不同的尖脊形式，大殿多为三间。例如，土族村庙中间供奉本村庙神神轿，左侧供奉二郎神牌位，右侧供奉山神、土地画像。有些村落，由于供奉的神灵较多，会按照民间的顺序排位将神轿一字排开，接受日常香火。在各供奉神灵的后墙上画有相应神灵的图案。两侧画有在二郎神带领下出去捉拿恶灵、抓回恶灵场面的壁画。大殿廊檐均有木雕的花纹、吉祥图案，门窗上也绘有诸如八仙等图案，有些画有现代版的琴棋书画等。庙堂院中，多栽植松树、柏树等民间认为的吉祥树种，并栽植一些花草。而左右厢房，一侧多为庙倌日常起居的空间，另一侧为农历每月初一、十五由"嘛尼其"念诵嘛尼经的空间。而有些村落，将与大殿相对的空间建设成为供庙倌居住和嘛尼其念诵嘛尼经的空间，而将两侧空置。

村庙功用 村庙是供奉村落保护神——庙神的场所。庙神的香火区域与村落的地理区域重合。土族社会中的地方神的享用香火的区域面积仅仅局限于一村一落，真正原因是地方神保护能力的局限性。因为只能保护一村一落，故此也就只有一村一落的人员来信仰了。反推之，如果信仰人员分布区域扩大，其影响面积扩大，香火区域也就大了。村庙还作为大多数集体性民间信仰活动的展演场所，村庙的存在具有两个层面的意义。对外，村庙表现为一种文化与社会的自立与独特性（无论是否存在）。对内，村庙象征一种公开承认的权威中心，是村人赖以寄托精神、物质与象征需求的载体，是判定正邪的机构。

村庙"地界" 每个村庙以及其中供奉的地方神，在民间看来只保护其供奉地界内的民众及其财物，并在此基础上表现为对本村以外的外界的自立特征，多数村落供奉不同的地方神，每个地方神具有不同的神格、神迹，体现出较强烈的独特性。作为精神核心，是全村落人的向心力的中心，以村庙为核心，形成了具有相对明确边界的独立"统治"区域。但是，在民间而言，地理空间界限不仅仅是纯粹自然的地理边界，很大程度上已经被人文化了，是心理与地理的结合。地界的划分虽然以自然地界为基础，但这种地理意义上的界限，在民众的心理世界中被理解或阐释为一种人文边界。对于民众的意义，是地理概念，更是一个心理概念。在民众认知的每个村庙的保护范围内，确信地方神能够随时随地照看得到。言下之意，本村的地方神只会照看本村的地界，而对外村视而不见，显现出明显的边界意识。

村庙"权威" 村庙是一个村落借助民间信仰的方式，集体兴修的公共建筑。这种以民间信仰形式建构的村落权力中心，具有较广泛的社会基础，对村落生活实行有效的控制。这样，村庙被视为村落权力的象征，通过村庙完成对村落的治理，也是通过调动村落民间信仰符号的权力资源来完成村落之间的合作或者竞争。一年中随岁时而展开的各种民间信仰活动在村庙中进行，是村中牌头等组织民众进行地方神祭祀、祈求神灵保佑村落人畜平安、庄稼丰收的活动，同样也成为牌头们聚头商议村落公共事务、做出有关决议的时机。与现在实行的乡村管理体制下的行政村、队和对应的村主任、生产队长为代表的行政架构相比较，以自然村或若干个自然村联合而成的牌头等民间组织者为代表的民间力量，对于普通村民的象征意义、实际意义是有一定区别的。民间力量基于一个村落地方神的信仰范围内而组成，内部更多地考虑到家族力量对比、家族关系，乃至于更大更古老的宗族关系，存在更多的血缘关系因素在内，是地缘与血缘的混合建构，而行政单位纯粹考虑地理意义。这种精神联系，又共同构建起了维系着民众共同的精神世界。村庙依附于地理空间却从心理层面上获得了它的意义，而与这类心理空间相关的活动，就成为维系这个空间的存在，并且不断强化这一空间内在完整性的重要途径。

村庙对于神灵的作用，就如同房屋之于人的关系。人们相信神庙破败或者不够富丽堂皇，就会影响到神灵威力的发挥。庙堂修造得富丽堂皇，神会经常施展神迹来保佑民众，反之，如果庙堂破败，则表明神灵已经没有得到民众的爱戴，神灵已经不在这里了，自然就不能为民众治病除灾。神灵被认为是寄宿于像身，寓居于庙堂，当人们需要神灵的帮助时就会来到这里求拜。而人在求拜成功之前，总会以互惠互利的心态，来装饰、修葺神像庙堂，使得庙堂越发富丽堂皇，存在人与神的互惠互利的关系。神在促成人的愿望达成后的结果是获得人对其庙堂、神像的装饰美化，使之更加辉煌；同时，越发辉煌的神像、庙堂越能使人们相信它的威灵。二者之间存在明显的互利关系，而且相得益彰。神对人的依赖，表现在神以其灵验程度要求相应的酬报，越灵验的神，其塑身、庙宇就会被建造得越壮观。

清真寺　清真寺是穆斯林的宗教生活中心，是穆斯林村落最重要的公共空间。穆斯林以伊斯兰教为纽带，以清真寺为中心，集中聚居、团结在清真寺周围，成为相对独立的小聚居区。也就是说，各地清真寺一般地处穆斯林聚居区中心。同时，清真寺的功能包括：穆斯林主要的礼拜场所；阿訇平时给满拉讲学，给教众讲"瓦尔兹"（戒劝）的地方；是进行经堂教育，培养宗教职业者的讲坛；穆斯林举行一年一度的开斋节、古尔邦节会礼的地方。清真寺一般实行"三掌教"制，即有一位掌教，专门负责宣传教义、领拜说教、劝导教民；有一位阿訇辅佐掌教执行教务、专司教学；还有一位乡老，专管清真寺里日常杂事。有一个在回族群众中德高望重的乡老，主管收学粮以及干"尔埋里"等宗教活动的行政事务工作，每个清真寺还有一位寺师傅，在清真寺沐浴堂烧水，斋月敲梆子等，为众人服务。所有清真寺互不隶属，每个清真寺都有一个阿訇，管事做主，招收学生，开学讲经，处理本坊的宗教事务。规模较大的清真寺成立了寺民主管理委员会（以下简称寺管会），大事由寺管会讨论决定。青海省有古老、著名的清真寺有百座以上，其中被列入中国伊斯兰教全国重点清真寺的有32座。

拱北 "拱北"是中国伊斯兰教先贤陵墓建筑的称谓，由阿拉伯语音译而来，原意为拱形建筑物或圆拱形墓亭，流行于阿拉伯、波斯及中亚地区的伊斯兰教建筑形式，后专指苏菲派在其谢赫、圣裔、先贤坟墓上建造的圆拱形建筑物，供人瞻仰拜谒。穆斯林把这类坟墓称为"拱北"，以区别于一般坟墓，以示对先贤、圣者的尊崇。各门宦在其创始人、道祖的坟墓上建造拱北，始于清代乾隆、嘉庆年间。其建筑形式已与明清时的中国传统建筑相融合，除墓庐多用阿拉伯建筑圆拱墓盖形式外，附设的礼拜殿、坐静室、诵经堂和居室等建筑多为中国庭院式建筑形式。现代以来，拱北多建有六角形重檐塔楼，雕梁画栋，底层墙壁为砖雕图案，镌刻有《古兰经》文和植物花卉。拱北不但是教众纪念先贤等的拜谒之地，也是传教、管理教坊、行教及举行重大宗教活动的中心。修建拱北，是门宦的主要宗教特征之一，从历史上看，可以说没有一个门宦是不修建拱北的；四大门宦及其分支在青海都有传播和发展，在青海也都建有拱北，主要分布在西宁、大通、民和、化隆、循化、湟中、平安、门源、祁连等地区，共有大小拱北 83 处，其中影响较大并具有一定建筑规模的 40 处。

嘛尼康　嘛尼康是藏族、蒙古族、土族等信仰藏传佛教的民族村落中的公共建筑。"嘛尼"是藏密莲花部怙主观音菩萨的根本真言"唵嘛尼叭咪吽"的简称。嘛尼康即念诵嘛尼的地方，类似汉地村庄上的庵、观、庙堂等，建在村内，外观似一般庄廓农舍，内设佛堂，平时无僧住持，仅有类如庙祝的果尼，负责清扫、点灯、锁门等事宜。本村信徒定期在这里举行民间宗教活动。较大活动，有时延请寺院僧人来主持。

青海农村许多地方的信徒要在农历每月的初十、十五和二十九在嘛尼康聚会。农历每年的正月、十月和腊月还要举行为期二十天左右的嘛尼会，信徒聚在一处，念诵经文，还一起聚餐，如同汉地的庙会。藏传佛教信徒在藏历初十去嘛尼康要念诵莲花生大师心咒。藏历十一月的二十九传说是阎王统计人寿的时候，聚在嘛尼康里念般若心经，可以消除来年的寿障。嘛尼康是典型的宗教场所，村民在嘛尼康聚集，诵一样的经文，祈祷生活平安，心理上相互感染，获得同样的慰藉感。

嘛尼康设置　以互助地区一个藏族村落的嘛尼康为例。这里的嘛尼康背靠群山，俯视对面的村落。门前平地上有一眼井，从风水角度讲也是好兆头。嘛尼康沿两排平行石阶而上，红色的经堂顶上还有一层，颇似汉地的小庙，大门顶上塑造二鹿听法，二层建筑顶部是平的，四角还装饰着江南民居的飞檐。门前有白色、塔形的煨桑炉，庙堂左侧还有一个精致的香炉，也是煨桑用的，炉子加底座四层，白色长方体塔身镂空圆形小窗，四周围着朱红色木栏杆，小窗上镶嵌内地常见的精致金属格子雕花，顶上却盖着藏式金灿灿的圆锥塔。这座嘛尼康成了两种文化现代交融的产物。嘛尼康主殿供奉着三尊佛像，中间是释迦牟尼佛披红色袈裟、持钵结跏趺坐，左右安放两尊菩萨塑像。左侧文殊师利菩萨，头戴花冠，右手持宝剑，斩断烦恼，左手的青色莲花上置般若经；右侧普贤菩萨，代表佛的大法力，宁玛派认为普贤菩萨是普贤王佛的报身。佛像前摆放装满五谷的曼扎、干净的塑料花朵、水果，香案上供七碗清水。嘛尼康侧面墙上悬挂"嘛尼坑"是自愿捐款捐物的村民名单，多的捐了一百元，少的十元，除了现金，还捐助粮食。佛像捐助名单下方写着"惩恶扬善、风调雨顺、扶贫济困、五谷丰登、生灵兴旺、安家乐土、永鼎乾坤"等美好希望和祝愿。经堂旁边还设两间侧殿，一间设置了干净床铺，可以安置僧人住宿；另一间做教室，供当地孩子们学习藏文。

崩康 崩康（也写作本康）是村落中保平安的公共建筑物。有些地方崩康的形状为一个四方形的亭子，四周有许多圆柱，中间的四根圆柱作为四角用砖砌成没有门窗的土屋，里面放置着三四千个用模具压制出的一寸大小的泥佛像（擦擦）、宝瓶等，瓶内装有金银珠宝、珍贵药物、四方宝土、五谷粮食、茶叶、五色线、酥油、生活用具等。村民们相信它能挡住冰雹等天灾，可保一方平安。修建崩康时选择吉日，请活佛前来诵经为崩康举行奠基和开光仪式。届时，活佛诵经请山神落居于业已建好的崩康，意为安神。然后活佛大声念诵开光祭祀经文，参加开光典礼的群众煨桑、磕头、口诵六字真言。有些村曾经建过崩康，但历史上被破除后没有恢复。有些村子就是在面积 1.5 米 ×1.5 米左右、高 2 米左右的四面用土坯或者砖瓦砌成的没有门窗的小房子里面，放置众多的擦擦以祈求平安。

俄博 有些地方把"俄博"叫作"敖包"。修建俄博时要选择吉日，请喇嘛前来诵经开光。俄博的下面埋有写着符文的木椿、碗、狗头、砖、羊毛、五金、杂粮、花卉、茶叶、棉花等物。上面堆放一些石块，插有木枝、矛、弓箭和写有经文的布条。在崇拜的神山之巅往往修有俄博，俄博也可以建在其他山豁口。祭拜的时间一般分为固定祭拜和平时随意祭拜两种。村里村民在固定的祭祀时间都会上山祭祀。固定祭拜时间一般是每年正月初一和农历每月十五日，平时祭拜多以三、六、九日为吉日。祭拜仪式主要有煨桑。"桑"是藏语"祭礼烟火"之意，是一种古老而普遍的祭祀习俗。土族对山神的祭拜经常采用煨桑的形式，其他的祭祀形式也伴随煨桑一块进行。煨桑是用松柏枝、艾蒿等枝叶焚起滚滚浓烟，在上面撒一些青稞炒面、酥油、茶叶、白糖等一起焚烧。浓烟滚滚直上云天，认为是将天和地连在一起。据说，在煨桑过程中燃烧松柏枝所产生的香气，不仅使凡人有清香、舒适感，而且对山神的殿堂也起着薰香作用，认为山神闻到也会高兴、快乐，所以土族信徒也希望通过这种方式取悦于山神，使山神降福于他们。土族认为一年中农历的正月初一早上的煨桑是最主要、最虔诚、最能取悦山神的祭拜，是给山神拜年。

嘛尼堆 嘛尼堆是指在村庄附近的高山或山坡中常见到的一些刻有经文图符的石堆或是用土堆成的上面插着挂有经布的树枝或旗杆的一个个柱形土堆。当地的信徒们每次走过嘛尼堆必磕头默默祈祷，或在石堆上添放一些石块，这样嘛尼堆年复一年地增高。人们相信祭拜这些石堆可以保佑地方平安。

公共墓地 公共墓地是一个村落形成之初，以有一个血缘关系亲密的家族为主，因为人口较少，大家在一个祖先名义下共享一个墓地。青海村落多有公共墓地。后来，家族扩大，逐渐分化为较多的家族后，坟地也开始分开，由此有了老坟与新坟之别。老坟还是大家共同的祖坟，在天社、清明祭祖时大家都会到老坟烧纸、压土。新坟只是新家族的公共墓地，只有血缘关系亲密的若干家庭才能共有。撒拉族每个"孔木散"都有自己的公共墓地。"阿格勒"则有公共的山林和牧场。

二 村落公共生产生活设施

水源与水渠 青海的各个村落是紧紧围绕水源而定居的。一般说来，对水源的利用越占优势的村落，被认为在这个地方定居的历史越久远。远离水源，吃水困难的村落是后来才逐渐发展起来的。每个村落都会有固定的若干水源，有的村是山泉，有的村是河流，有的村远离水源，平常将雨水汇集在涝坝为水源，有的山村以水窖汇集雨季的雨水为主要水源。水渠是川水地区村落利用河流灌溉农田的农业设施。过去，修挖水渠由民间自发完成。如果水渠较长，跨过几个村落，而且这几个村落都能用这水渠浇水，大家共同修挖。

田间道路 田间道路是历史上根据农田利用状况形成的道路，主要解决送肥、拉捆子的运输问题。一般而言，每块耕田都会有一条路通到地头。

打麦场 打麦场又称场院，简称场。过去，每个村都有一处甚至几处打麦场，每个麦场一到二亩地大小。有些地方的场是固定的，就是以打麦为主，晾晒作物，冬天演社火，放露天电影。有时候场甚至是农村露天开会的地方，孩子们玩耍的公共场地。有些耕地紧张的村子，场是麦收前才碾好的。当年要准备用作麦场的地块，会种植比麦子成熟提前收获的作物，比如油菜等，提前收了后把地碾成场。用镢头浅浅地刨一刨，再用石磙一遍遍地碾实碾平，碾出亮亮的一层皮，停几天用水泼一泼，然后再碾再轧。经过翻土、灌水、撒糠、碾轧，地面平整、硬实又干净，形成和固定的场差不多的样子。

磨坊 磨坊也叫磨房。过去，磨坊是村民加工面类食物的地点。一般都是水力带动的石磨坊，由引水道、水轮、磨盘和磨轴等部分组成，它日夜旋转，磨面千斤，不但节约能源，而且是无污染的环保磨面工具。磨坊是一个村落集体共有财产，一般由村里一个人负责看管。作为当时当地最佳的活动和交流的场所，自然成为当时农村最为兴旺之地。农户们赶着牲口驮着麦子、青稞、豆子、玉米从四面八方纷至沓来，一边等待磨面，一边谈论农事，交流信息，互通有无。历史上磨坊在中国农耕文化生活中占据着重要地位。

三　村落公共事务

村落权威 自古至今村落公共事务在整个国家体系中都具有一定的独立性。而在村落公共事务中，村落权威发挥着重要作用。村落权威，有些是民间认可的"头人"，是长期的，甚至是终身的。在同姓同宗村落，多与族长职位重合。有些村落虽然没有名正言顺的族长，但是老人的教化权力也一直在宗族村落占有很重要的位置，这种权力的基础是辈分和年龄，辈分以及农业文明的传承性所带来的经验权威使老人在村落中享受人们敬仰，对于村子里面的纠纷和公共事务具有很大的发言权。

村落公共事务　村落公共事物主要包括每年举办固定的祭祀山神、答谢鄂博的集体仪式；筹办定期祭祀地方保护神的庙会；甚至不定期地邀请其他村落社火队到村内表演的组织接待事务等。也包括偶尔的筹资修建村庙、村落集体的戏台等事务。民间信仰仪式等村落公共事务，在村民看来属于自己的事情。作为村落的集体表征，地方神在村民中形成信任和认同。相关的组织人员也具有一定的民间权威。

第四节　乡规民约

一　村落互助

乡规民约　是村民根据村落实际，自发制定的关于生产生活、行为道德的规章制度，是村民的行为准则。作为一种超越家族规范的公共规范，以劝善惩恶、广教化而厚风俗为己任，内容主要是儒礼教化，纯善民风，在制定上基本是按本村习俗，适应本村实际需要自行制定，且在执行上趋于组织化、制度化。其实施机构是农村群众自发组成的民间调解组织，是村民自我管理、自我教育的有效形式。作为约定俗成、世代传承的行为规范，约束村民的言行，是一种习惯法。有些村落有文字性的乡规民约，而更多的是不成文的，但人人知晓，普遍遵守。其中的诚信理念、善良风俗、礼治等合理因素，在符合国家法律精神的情况下，可以起到遏制社会不良风气、改善邻里关系、使乡村内部更加和谐的作用。

1949 年后，由于国家行政司法等各种权力的深入，基层组织建设日趋完善，传统的乡规民约在一定程度上受到限制。特别是"文革"时期，基本处于被废弃状态。改革开放后，一部分旧有的习俗和管理方式被恢复。随着近几年基层管理体制的深刻变革，国家司法行政权力的进一步深入，整个村落内部的秩序维护和纠纷处理也呈多元化。随着时代发展，村民民主法制意识的提高，村民制定的村规民约，不断补充着新的内容，其内容绝大多数和国家法律法规、社会主义道德原则相一致，成为现行国家法律法规和政策体系的有益补充，在维护村落秩序方面有着积极作用。

乡规民约的执行既不是靠村委会干部的个人权威，也不是靠国家强制力量予以保障，而是靠广大村民的自我约束和社会舆论。涉及村落生产生活的方方面面：土地资源的利用和保护；公共基础设施的建设和维护；提倡建立团结友爱、和睦相处的人际关系；倡导尊老爱幼、文明礼貌等社会主义新风尚等。但是，也有少量与正式的法律不能保持一致，甚至有少部分内容与国家现行法律相抵触，比如有些村落的乡规民约中存在男尊女卑等不合理内容，有的随意进行罚款等，需要引导、修正。

撒拉族婚丧互助 撒拉族社会的基本单位是"阿格乃""孔木散"内的独立小家庭，"阿格乃"即"兄弟""本家子"之意。是父系血缘关系基础上的近亲组织，由兄弟分居后的小家庭组成。"孔木散"则是"一个根子"或"远亲"之意，为远亲的血缘组织。若干个"阿格乃"组成"孔木散"，若干个"孔木散"组成"阿格勒"（村庄）。遇有婚姻喜事，同"阿格乃"各户要在主人家帮助招待客人，并且婚事男方的"阿格乃""孔木散"各户要把女方的"阿格乃""孔木散"各户人请到自己家中招待，当中，劈柴、挑水、做饭等活，更需要他们的全力帮助。遇有丧事，主人家陷入悲痛之中，料理丧事自然落到了"阿格乃""孔木散"各户身上。他们一般要以主人家身份筹措埋葬钱物，要招待来"宽心"的客人，要挖墓穴，要通知亡人的所有亲戚前来送"埋体"，还要煮麦仁饭请全村人吃。亡人之家3日内不动烟火，得由他们轮流送饭食。

土族婚事互助 在土族婚嫁习俗中，不论是女方送亲还是男方迎亲，双方家伍的参与和组织过程大同小异，并且有章可循，依据固有的程式展开。以女方家伍在"打发"女儿时的活动为例，首先，召开家伍会议。一般在送亲前几天，并且通常在下午或晚上进行。其次，家伍内成员，不论男女老幼皆要参加，推选出"掌柜子"、"掌柜奶奶"、"礼官"和"库管"，并安排送亲前的准备工作和送亲当天的大小事宜。再次，由"掌柜子"和家伍共同商定送亲前所需做的准备工作，比如杀猪宰羊、置办货物、洗菜蒸馍馍、收拾场地等等。又次，由"掌柜子"分配工作，通常被分配为由"掌柜子"管理下的幕前工作和"掌柜奶奶"管理下的厨房工作两组。不论哪一组，每一个家伍成员都会被安排具体的负责事务，并当晚把这些安排写成"花单"贴在显眼的地方公示。最后，由"掌柜子"、"掌柜奶奶"和主人再次商议送亲前所需物品的置办问题，并最后列出清单交由相关负责人员于第二天进行置办。会议强调各项纪律，明确公用器皿在使用过程中如有破损由主人赔偿，一般都由主人出钱让家伍重新置办。主人将举办送亲的权力全权交给会议推选产生的"掌柜子"和"掌柜奶奶"，送亲当天家伍们都各有所职，保证送亲仪式的有序进行。

村落劳动互助 村落劳动互助是指在劳动时，家族、村落内部互相帮工、换工的形式。青海东部各民族的互助具有地方共同性。例如，撒拉族"阿格乃"和"孔木散"在内部的生产活动中有互相帮助的义务。收种庄稼时，全"孔木散"互相帮助，只管吃饭，不计报酬。以前翻地、打碾都是以工换工，互相帮助，有一种自发的合作社性质。因此，以前生产大队分小队时，也大多以"孔木散"为基本单位来划分。若某家盖房，围庄廓时，全"孔木散"也得在人力上给予协助。兴修水利、开垦土地等公益事业也需要合作，已经由"孔木散"内部扩展到"孔木散"与"孔木散"之间，甚至"阿格勒"与"阿格勒"之间了。

村落日常互助 青海各民族每个村落中，谁家有了病人，大家都会前往探病慰问；谁家有人病重临终，大家都会去见面送行；谁家需要帮助时，大家尽力帮助。每个村落都形成了一套互助互帮的不成文规范。比如，撒拉族中当"阿格乃""孔木散"成员被杀时，整个"阿格乃""孔木散"成员都有决定宽宥或复仇的义务和权利。若被故意杀死，则往往要进行复仇，以命抵命，烧毁凶手房屋，以至于有些杀人犯长年逃落在外，不敢返回撒拉族地区。若人不死，且伤势不重，由村里老人或阿訇进行调解。打人者要到伤者家里去—说"赛俩木"，若伤势较重，凶手得以实物赔偿，否则会引起诉讼或招来更为严厉的复仇。对不参加复仇行动的人，轻则断绝他同"阿格乃""孔木散"间的任何礼仪往来活动，重则以武力进行教训。

二 村落生产规范组织

青苗会组织 青苗会是村落自我管理的有效形式，流传范围广泛。以互助大庄村为例。当庄稼出苗后，每年农历五月十三，大庄村全体成年男性村民聚集在本村村庙内点灯、煨桑，向大殿内的神佛顶礼膜拜，并对大庄村地方保护神龙王进行祭祀，以求庄稼获得丰收。然后由众人商议村内村庙祭祀、保护庄稼等公共事务，并制定和修改与之相关的护青、祭祀制度，要求村内全体成员遵守，若有违反，给予处罚。负责管理这些事务的人员分别是每三年由众村民推选出的庙官和老者、每年按家户轮流的"特日其"（青苗头）。护青制度比较固定，大部分逐渐成为大庄村的习惯法。例如从保护青苗之日起，不许打架斗殴；禁止在田间地头及护坡上放牧；举丧不许哭号，禁止砍树、拆房等。如有违者，老者、青苗头们可以根据情节给予其劝告、罚款、罚粮、罚工等处罚，若不服，则加重处罚。

青苗头 青苗头是组织实施护青的人员。一般由庙官、老者出任，民和土族由牌头等进行田间管理。互助大庄村的村民们在1982年自动恢复了传统的护青苗制度。护青会现由1名庙官、1名光涅、5名老者和6名特日其组成，又称广福寺（大庄村佛寺名）寺管会。庙官是平时管理大庄村广福寺内的收入开支和安排村内护青活动的主事。庙官要从全村年龄较长、德高望重并熟悉各种宗教仪式的人中选出，每隔三年，由"龙王"直接选定。老者也是三年一选，由大庄村下属的每个自然村选出，他们平时负责广福寺内香火、钱物的管理，在村内举行各种宗教活动，并制定护青协议。特日其多为办事干练的青壮年男子担任，任期为一年，由每户村民轮流担任。在护青期间每天有老者、特日其在田间地头巡逻保护青苗。护青期从每年农历五月十三举行"插牌"仪式开始，九月初九举行"谢降"（即拆牌）活动后结束。护青（也叫插牌）间，村内不许砍树、不许拆房，不许村民之间吵架和斗殴，不许村民在田间地头放牧牲畜。如谁违抗，便由庙官、老者、特日其进行处理，轻者劝说、警告，重则罚款、罚粮，罚款数额一般为 20~60 元不等，罚粮数额一般为 50~60 斤。由于老者大都由村内辈分较高、年龄较大、经验丰富、办事公正的人担任，在大庄村民中具有较高的威信。再加上护青苗活动是维护整个村落整体利益，所以对违犯者所进行的处罚都能顺利执行。

　　火神会组织　青海各地有演出社火的村落都有一个社火会，一般都叫作"火神会"。火神会，就是社火的组织单位。火神会，相应的有火神庙。庙里，一个火神抱着一个小孩子，平时在火神会的那个庙里保存着，到时候请出来，给它香火，在它的周围开始展演所有的社火。湟源县的纳隆村就有一个火祖庙，里面供的是火祖炎帝。村里的老人们组成管理火祖庙的火神会，每年农历正月十五，就从庙里出请"炎官"演社火。

三　村落生活规范

　　民事纠纷调节　民事纠纷调解一般依靠各民族的习惯法。各民族习惯法是各民族在长期的生产、生活实践中逐渐形成的，世代相袭，长期存在的一种行为规范，它为维护民族共同利益、维持社会秩序、促进社会发展，传递民族文化起了积极作用，有些至今仍然发挥着重要作用。在藏族的调解纠纷过程中，担任调解人的主体主要有部落头人和领主、活佛及喇嘛、老人或者亲朋好友等。德高望重的"老者"（智者）往往是主持公道、调解纠纷的执法（习惯法）者。撒拉族"孔木散"中都有头目，称"哈尔"，意为长老或长者。修渠挖泥、开垦荒地、管理宗教事务以及与其他"孔木散"或"阿格勒"（村）交往时，均由"哈尔"出面负责。各户间如有纠纷，先由"哈尔"

调解，若"哈尔"解决不了，再转上面解决。清雍正之前，直接交土司解决。土司废除后交"工"里的乡约解决，乡约解决不了再由循化厅解决。每个"孔木散"同时也是1个宗教活动单位，要出1名学董参加村里清真寺的管理工作，即负责管理寺院财产、向群众征收学粮、宗教费用，同时还决定阿訇的聘请。这样的"哈尔"既是行政上的基层统治者，又是宗教事务的基层管理者。"哈尔"最初选举产生，以年长、生产经验和生活阅历丰富为标准。后随土司制的世袭，"哈尔"也进行世袭。土司制废除后"哈尔"也由世袭变为轮流担任。目前，土司制时代意义上的"哈尔"一职基本消失，但"学董"仍然存在，是由选举产生的。不过有些地区还是以"孔木散"为基本单位，即1个"孔木散"出1名学董。有的也以以前的生产队为基本单位，每队选1人，来管理村里的宗教事务。

当回族群众产生家庭纠纷、普通的债权债务纠纷等民事纠纷时，当事人往往会请阿訇、家族长者等来评判是非黑白。而阿訇或者家族长者，往往根据教法的精神和原则，对当事人予以调解，达成协议以后，各方必须遵守；必要时各方还要进行"盟誓"，凭《古兰经》立誓，保证执行约定，否则必遭诅咒和惩罚。

土族调节内部纠纷，一般都与约定俗成的制度和规约相联系：土族遇有内部纠纷发生，如婚姻、田产、口角、打架等，一般先请地方上有威望的老人出面调解。这种调解是根据民间的习惯来解决的。有时，这样调解的方式甚至可以解决很严重的纠纷，如伤害人命的问题。在土族旧官制没有取消以前，民间的纠纷也常常诉诸土官、土司以及其属员。土官、土司不能解决时，方转到官府去处理。但是，按照民间习惯，有群众出面调解，终究是土族解决内部纠纷的一个重要方式。一般来说，互助、民和等土族地区的土司在调解内部纠纷上的方式和习惯大同小异。

一般纠纷的调解。在20世纪50年代之前，一般纠纷解决基本依靠民间习惯法。如海西蒙古族札萨克掌握全旗行政、军事、司法权。旗衙门下设苏木、十户，苏木章京、十户长为其行政长官。一般在民间发生的纠纷先报十户长解决，十户长解决不了的再上报苏木章京（佐领）、札萨克解决。然而，1950年之后，一些习惯法依然得到沿用，比如海西蒙古族注重内部解决纠纷，不喜欢让纠纷传到外部去，俗称"袖内之火灭其内""胳膊虽断且在于衣袖之内，头虽裂且在于毡帽之内"。如互助大庄村村民间一般纠纷包括家庭不和睦、邻里不团结或村民间因生产、生活、债务等发生的争吵和斗殴。发生此类事情，大庄村村民多采用民间习惯法调解。一般情况下，家庭或家族内的纠纷由家长或家族长者调解和处理。属于不同家族的村民间发生纠纷打架，则请村上有声望的老人出面调解。经调解后，理亏的一方须向对方赔情，轻者携酒一两瓶到对方家中互相喝一杯，表示和好，谓之"拿酒上门"；情节较重者，除携酒一两瓶外，酒瓶上尚须搭盖一块哈达或一条毛红（宽五寸、长丈余的红布）；情节特别严重者，须"拉羊搭红"，即拉一只背上搭有红布的羊，外加两瓶酒。

伤害案和命案调解　1950年代之前，在玉树藏区，千百户部落头人将自己的意志上升为法律。一般在部落内发生争吵、斗殴事件，由百户审理判决，香达百户法规规定"将闹事的双方予以鞭笞，或100鞭，或200鞭，同等处罚"。打架斗殴致伤，要赔偿血价，一般以纠纷发生的起因，受害者的伤势轻重为主要依据来确定赔偿血价的数量，通常血价赔偿量还受纠纷双方的社会地位和家族势力的影响。如巴塘部落规定："斗殴致伤，凶手得赔约50锭银子，或被干保、百长、百户毒打200皮鞭。"以赔命价为例，部落法规规定："打死千百户头人，命价最高为100锭银子，次之，60锭银子，最少也得赔偿2000块大洋；若几个部落合伙打死一头人，则每个部落均要分出5户牧民作为死者部落的属民，并要分出5条水流及流域草山；打死百长、干保、居本等小头人，命价分别为20头牛、45头牛、38头牛；打死一般牧民只赔五六头牛，或1锭银（50两）或400块大洋。"[1]土族社会中，如打伤了

---

[1]　苏多杰：《玉树藏族部落法规职能初探》，《青海民族学院学报》（社会科学版）1991年第4期。请参阅张济民主编：《藏族部落习惯法研究丛书》（三本），青海人民出版社，2002。

人，请村上有声望的老者或各家族中长辈出面调解，同时要"拉马搭缎，说理赔情"，即拉一匹马，上搭一匹绸缎，跟随老者去受害人家登门叩头认罪。如打死了人，必须赔命价。命价由双方协商确定，但命价很高，常致凶手倾家荡产。赔过命价，凶手不会再受任何处分，所以当地有"罚了不打，打了不罚"之说。如案件不能了结，死者的亲属聚到凶手家中任意拆毁房屋、器具，牵拉牲畜，长期居住在凶手家中，由其供给肉食油面，何时了结，何时才离开，这种做法叫作"吃人命"。

奸情处理 土族社会中根据习惯法处理奸情，若勾引他人妻子而被其夫发现，通常由地方老者调解。其办法有两种，一种是拿酒搭红出钱上门赔礼；另一种是干脆由其夫将妻子转让给对方，其代价一般为一大石或两大石麦子，并立字据为凭。采用这种办法，其夫最受人蔑视，妻子也会被人叫作"活剩己"（意为坏蛋，活得只剩下自己）。转让字约不得在家里写，更不能到别人的田地、宅院里写。村民们认为在谁家的地边上写这种字约，谁家的田地里就不会长出庄稼。必须到离村庄较远的荒郊野地去写，用破笔、破桌子、破砚台，写完丢弃；同时，必须付给代书人很高的价钱。

第五节　村落信仰与禁忌

一　村落信仰

村落信仰可以理解为村落保护神信仰，是历史上村民对本村地方保护神的一种共同的信仰，包括宗教信仰和各种民间信仰，也是村落成员进行认同，加强凝聚力的一种方式。村落中的信仰，涉及各种仪式展演、民间信仰、深层的思想观念、价值观、宇宙观念等。种类有以下几种：一是从祖先崇拜或英雄崇拜演化而成；二是出于生产和日常生活某一方面的需要，被村民从传统的民间信仰中选定了某个神灵作为该村的保护神而加以祀奉，需要的多元化导致保护神灵信仰的多元化。

村落保护神 村落保护神是各村落村民集体供奉、信仰并认为其专门保护本村村民的神灵。在每个村落通往外界的交通要道或村落高处大都建有村庙，村庙内供奉着多个村寨保护神（如二郎爷、龙王爷、娘娘爷及山神等）。其职司范围十分广泛，以驱雹、赐雨、镇水为主，凡吉凶、祸福、盈亏、丰歉等事也在祈祷范围，被村民视为"福神""老爷"。有些汉藏杂居、土汉杂居、藏土杂居的村落，村民除信仰藏传佛教中各类佛陀和护法神外，还信仰当地山神、土地。农历腊月初八，各村的牧羊人，在村内各家收取一些清油、面粉，带上锅等用具到山里炸油饼祭祀山神。届时，点上灯，煨好桑，献上油饼，祈求山神保佑人畜平安兴旺。农历腊月初八，牧羊人自发组织起来祭祀山神和巴蜡爷（专管虫类之神）。他们从各家各户收取清油、面粉、香表、柴火，带上灶具到山里野外起灶炸油饼，敬献山神土地等神后大家分享。将剩余的油、面再做一锅油面疙瘩，舀上一碗用树枝边沾边洒，口中祷告："天泼洒，地泼洒，保佑挡羊娃娃平平安安，给山神泼洒，狼的眼睛麻洒洒，给巴蜡爷泼洒，害虫不伤人和庄稼。"之后，又分享，烧香祭拜后回家。

村落保护神的职责一是祈雨求晴。可分为勒木、路易加勒与尼答克桑、柴俩布桑、丹木煎桑几大类。祈雨时，将前一类神，抬到河中或泉水处转几圈，然后停放在水边，舀一瓶水放在神像前，并给泥神像盖上席子等遮雨物。求雨之外，还要转山，巫师抱着尼答克桑、柴俩布桑、丹木煎桑，或由人抬着勒木或路易加勒，每家出一男子绕村庄附近的山转一周，以祈求禾苗苗壮成长或避免冰雹灾害。转山时，也有的请本苯子来念经。二是保佑平安、解决疑难、治疗疾病。如互助土族村民认为，所有的神都能保平安，降福祉，但有时遇有疑难，也要向勒木、路易加勒或尼答克桑、柴俩布桑、丹木煎桑等神求问，请神解答。村落保护神有时也被用来祈求治病，有勒木（骑骡天王）、路易加勒（老爷）、尼答克桑（三台护法佛）、柴俩布桑（山神）、丹木煎桑（羊头护法佛）。勒木与路易加勒是供在村庙或喇嘛寺中的白脸泥像。求神治病时，由病人家找四人用小轿将二尊神像中的任何一尊抬到家中供起、求问。尼答克桑、柴俩布桑、丹木煎桑这三尊神外形相仿，作用相同。其形状如铁矛，矛杆上点缀有许多布条。求神治病时，则由患病人家请巫师将其中一尊请到家里求问。

山神崇拜 山神崇拜是青海常见的地方保护神，为藏族、蒙古族、土族及部分汉族等信仰。通常通过祭祀"拉什则""鄂博""敖包"等得以体现。山神观念的形成，直接源于早期人类以原始自然崇拜为基础的山崇拜。作为文化形态之一种，山神信仰在空间上可以分为上、中、下三个层次，亦即"表层"、"中层"和"深层"。山神观念是核心层，亦即山神信仰的"深层"，它是以人的意识形态表现的，是内隐的、无形的、不易察觉的；祭山、祭山神的仪式和禁忌是山神信仰的"中层"，它是以人的行为活动或语言文字方式表现的，是山神观念在人的语言、行为层面的反映；山神的形象、偶像、庙宇等是山神信仰的"表层"，是山神信仰的外显的、可观可感的部分，它是山神观念在物质层面的反映。山神信仰的三层空间结构是彼此联系的，形成一个系统。作为其核心层的山神观念，是山神信仰形成、发展的基础。山神虽然守护一个个不同的区域，但并非一个个互不隶属的孤立存在，每一个山神是庞大的山神体系中的一员。山神自成体系，内部有着严格的等级。黄河源头的阿尼玛卿雪山是安多地区的众山至尊，因而"阿尼玛卿神"成为安多地区的最高山神，其下是安多藏区层层隶属的山神体系。不同等级的山神对应大小不等的地域社会，与区域社会形成一定的互相映照关系，与社会具有同构关系。

"娘娘"崇拜 有些地方将"娘娘"称为"娘娘爷"，也是重要的地方保护神之一，娘娘全称是"九天威方太乙圣母元君"，有些地方认为是三霄娘娘。在青海东部地区的汉族、土族等普遍供奉。它能保佑一个村庄或某一片地区的范围内一年风调雨顺，并能替人禳解灾病，降福于人。日常生活中，"转山""插牌""安镇"等祈求风调雨顺、庄稼有成的活动，都可由其进行操作。此外，婚嫁合"八字"，选嫁娶之日，给孩子取名等事，也可请其完成。

"龙王"崇拜　"龙王"也是重要的村落保护神，在青海东部的不同村落龙王的形式不同。黄南地区龙王有别于汉族、土族的龙王，称为"龙神"，是水中或地下自然力的一种象征，一般是女性形象，当地人称为"勒姆"或"阿妈勒姆"，意为"龙女"或"龙母"。互助土族，如大庄村目前供奉着三个龙王：赤龙、白龙、黑龙，以赤龙为尊。村民尊称龙王为佛爷。龙王一般是供在大庄村广福寺的神轿内，并被各种五彩绸布遮盖。平时禁止他人掀看龙王面目，只有在除夕广福寺的庙官清扫龙王神轿时才能一睹龙王的真面目。据传三个龙王面庞分别是黑脸、红脸、白脸，身穿明朝官服。民和龙王可以细分为两个，"洪石宝山摩羯威灵龙王"和"青石宝山黑池威灵龙王"，而摩羯龙王也被认为是明朝大将胡大海。龙王主要司职雨水，为干旱地区行云布雨，但是其职能逐渐被扩展，也管辖疾病、生育、发财等民众需要的事宜。

"二郎爷"崇拜　民和土族供奉最为普遍的是"清源妙道护国崇宁真君川蜀大帝威灵显化天尊"。当地人普遍称"二郎爷"，年纪大一些的多称"河州帝帝"。"帝帝"一语，在土语中是"爷爷"的意思。土族对神灵的称呼多在名字后缀以"帝帝"，如称天神为"天格热帝帝"，有些熟悉的直称"帝帝"。二郎神在他们心目中，是最高一级的神，其神威无比。各村自己供奉的庙神威力在二郎神之下。所以有些人称二郎神为"三川的总神"。

行业神崇拜　在村落中，一些匠人也会供奉本行业的祖师爷。木匠、铁匠等在过年时，将自己的工具摆上供桌敬奉。从本质上讲，"祖师情结"是中国民众根深蒂固的祖先崇拜的延伸。在各个行业中"师徒如父子"。父母养成，师傅传艺，那么，徒弟对师傅也就应该像儿子对待父亲一样，毫不怠慢地加以供奉。崇拜祖师与祖先崇拜具有很大的相通性，加上祖师开基立业，功泽后世，后人从报恩的基础上又油然而生敬仰之心。行业神崇拜是民间信仰的一种类型，随着社会分工和行业发展以及行业观念在人们心目中的逐步确立而出现。有了社会分工和各种行业也就有了自己的利益要求，这就需要制造出适应本行业特定和需要的、用来护佑本行业利益的行业神。

二　村落信仰的时间制度

村落中村民将自然时间转化为社会时间而组成的季节和日历，是他们的时间安排，他们的各种仪式、日常活动随时间而变化。由于时间角度上的研究总是在特定的空间范围内进行，时间与空间是紧密联系的，依不同规模的空间尺度，其时间安排的组成要素变化亦随之变化。同时受地理位置、自然资源和社会经济文化因素等影响，在不同时间尺度上呈现出不等效性。这主要由于生产力水平的提高，社会经济文化因素的影响，使得区域时间制度的变迁亦具有不等效性。地理位置好、自然资源丰富的村落往往由于生产方式、经营方式等的变革，而比其他村落变化更快。生活在具体时空条件下的不同村落，既具有区域共同的制度特征，也实践着自己的制度创造，不同的村落在具体的生存环境下创造了确立自身存在的时空制度。时空制度包括传统的年节、村落社会自身发明的祭祀周期，以及村落社会发展中形成的独特的仪式与规范。具体的时空制度是对村落的认同，村民们在一定的时间共同举行仪式和庆典，这些区域性的活动突出了村落的凝聚力，加强了村落成员与亲属之间的联系。而村落社会中独特的仪式与规范，或是对村落历史的记忆，或是对普遍性制度的一种变通。

农业生产时间制度　青海各个村落以汉族历法为基础，结合当地的气候条件，形成了具有自身特色的农时体系，其中就自然时间赋予了相当浓厚的文化意义，从自然时间转化为社会时间，形成了各个村落农业生产的时间制度。此时间制度如同一个时间链条，在一年内按部就班地展开，相应的举行相关的仪式活动。尤其是紧紧围绕庄稼丰收这一核心，按照本地气候变化，总结实践经验，把重要的生产节气作为农业生产的界点确定下来，产生了具有自身特色的农事活动链环，给每个时间点又赋予文化意义。典型如民和土族、春天开耕仪式、堂运、浪青苗、立插牌、答鄂博、庙神装脏、夏至嘛尼、九月九祭祀等构成农事时间安排的特殊日子，分别标志特定的季节性变化以及特定的祭祀或社会活动。这样，他们将自然时间转化为社会时间，他们的季节和日历也就有了人文意义。

有些村落在播种之前，要到先播种的地块，架上牛，举行"栽种"仪式，又称开耕礼。届时，架好牛，准备好籽种焚化香表，答报田神后开种。答报上天，答报方神，祈求保佑一年顺利丰收。播种的第一天，要选择日子。一般，在"地嘴"日（属于地中物的生肖日，如猪拱地，蛇在地中，就属于"地嘴"）忌开种，要选择认为适宜开种的马、虎等日子。因为在"地嘴"日开种，播种的农具非常容易出现问题，被损坏。并依照各节气，播种各类作物，如"谷雨种糜谷""芒种种糜子"。过去，土族一年中播种的作物种类比较多，各类杂粮均有所播种，而且每个家庭耕种的土地数量也多，民间均有播种时节的农谚来确定具体播种时间。立夏左右，开始锄草，一般选马日，意思是锄草速度如马一样快。

具体时间制度　在各个村落中，普遍实行的时间制度是以农历为主、辅之以阳历。农历和二十四节气是中国传统的历法。二十四节气以阳历体系即以太阳与地球的关系作为衡量时间变迁的准则，是参照农事周期及季节性变化做出的，仍以其作为预测天气气候变化的指标之一。除了农历和二十四节气的时间制度以外，村落时间还被一年中的节庆和仪式活动划分。三者常常互相作用，共同塑造村落的年度周期。三者之间，以农事为主线，农事的需要主导仪式活动的安排，即仪式活动的执行目的归根结底是为农业生产服务，而农时决定仪式活动的具体举行时间，即农时决定祭祀系列的时间制度。

岁时生活时间设置　在一年中，进入腊月后，"快腊月，慢正月"，大家慢慢开始准备年货。腊月初八，汉族、土族等民众会吃腊八粥。这一天，有些地方村民们要用小麦制作麦仁饭，到自家各田块点火，抛洒麦仁饭给田块，给树木举行喂麦仁的活动。一人打树，并说："今年果子结不结？"一人应："结呀，结，多多地结！"意思是可以灭虫，除虫害。

腊月二十四，送灶神，三十晚上接灶神回宫。有些村落在腊月二十三就送灶神。送时，揭下旧灶爷像（印板印制的），烧钱粮及旧像，说"上天言好事、下界降吉祥"之类的话语。送走灶神以后，才可以大扫除。迎接时，在三十晚上，在庭院洒扫结束，煨好桑，贴上对联、钱马，点上香灯，叩首请万神万将降临享受香、烟。迎接后，供上新的灶神像，其前供上香、灯。故此，新年（正月）初一、初二、初三三天在还没有送神灵归去以前，洒水时要特别注意不能洒得太高，要求贴近地面，因为家中这三天到处是神灵，防止将水洒到神灵身上。请万神万将降临后，这三天每天早晚要点灯、上香、叩头对神灵致敬。初三早上送钱马、送万神万将。三十晚上贴上钱马以后，追债人不能向欠债人催债，要待到新年结束，即正月十五以后才可催账。

一些汉族村落中，还有"破五"习俗。"破五"的"破"字是打破、突破的意思。"破五"就是破除正月初一到初五以来所有禁忌的意思。汉族民间正月初一到初五有很多习俗禁忌，如不能打扫卫生、不能打碎东西、不能动针线等。在过了初五之后，这些禁忌就解除了。民间称正月初五这一天为"破五"或者"破五节"。青海乐都有些地方这一天吃搅团，意为"填穷坑"，并彻底打扫卫生，扫除所有的垃圾，放鞭炮，意味着所有的穷气穷鬼都被赶跑了。

正月十五的晚上，送堂屋（正房）供献的钱粮、天地牌位。之后，打扫庭院，在门口放置七堆麦草。还有一件重要事情就是要扎火把，扎好以后放在门背后，准备晚上点燃。等天黑一人举着点燃的火把，另外一人手提"醋坛桶"，里面放有烧红的三块圆石头，并浇上了醋，放进焚化的香表，两人一前一后从堂屋开始进入每一个房间转一圈，并在口中不停地念叨："醋坛、醋坛……"转完所有的房间，就开始奔向大门外，把桶里的"醋坛"倒进水沟，放下火把，并点燃一串鞭炮，意味着所有的鬼祟疫病都被赶出去了。接着用火把把门口的麦草堆点燃，不送火把的家人都要从火堆上跳三次，口里念着"去了，散了"，意思是一些不干净的东西从此消散。据说这样以后一年平安，无病无灾。

二月二，龙抬头。每个家庭会炒各种粮食（如小麦、豌豆、蚕豆、玉米等）吃，意思是可以消除田中各种虫子，免除灾害。

天社，有些地方称"寒食"，是祭祖的节日。时间大致在春分前后。

清明节，也是祭祖上坟时间。有些村落在天社，有些在清明。

端午节，吃韭饼、菜包子。人戴荷包，系五色线；门口插柳枝、艾草、沙枣枝。"五月端午三角儿，八月十五圆垛儿，十月一长拖拖"，即端午节吃三角形食品，八月十五吃圆形食品，十月一要吃长面。有些与内地吃粽子、月饼的习俗相似。

六月六，喝药水。过去，"六月六，浆衣裳"，在这天浆洗衣裳。现在仍然保留了在六月六这天到邻近的认为是药水泉的泉水处，接上泉水，泡上新鲜花椒，擦洗身体，意在祛除疾病。民和地区在六月六这天，人们聚集在七里寺的药水泉边，不只喝药水，还唱"花儿"。在这里人们以"花儿"会友，用歌声传递着情感，"喝上一口泉水来，唱上一首'花儿'"，这也是民和七里寺花儿会的特色。

七月十二起到九月十五，民和土族各村陆陆续续地过纳顿节，庆祝丰收，酬谢神灵，历时63天。所以有人称纳顿节是"世界上最长的狂欢节"。其间，举行安神仪式，九月九祭祀等活动。

八月过中秋节，祭拜月亮。青海人习惯称中秋节为"八月十五节"，在中秋之夜，月亮高高升起时，家家户户都要在院子中央支起桌案，献上自家蒸的大月饼和各类瓜果鲜花，家中老人在供桌前煨起桑烟，焚香化表，并在大月饼上掰几块下来，扔向房顶，虔诚叩拜、祈祷。这一仪式称为"献月亮"，献祭都由家中女性操持，女性拜月祈祷团圆和丰收最为吉祥。中秋是月亮最圆的时节，此时拜月，人们还希望预卜到来年的年景。古时传说，月中有玉兔，在拜月时，要是看到月亮被云彩遮住，则预示来年年景一般，反之，则预示着丰收和圆满。

"献月亮"仪式结束后，家人都要躲进屋内，说是不能打扰月亮享受供品。有些地方这时小孩子们可以去左邻右舍"偷月"。"偷月"即小孩偷偷拿走邻家供桌上的供品，为节日增添热闹的气氛，是一种友好的习俗。被"偷"的人家不但不生气，反而认为那是一种吉祥的预兆。

对于村落社会来说，国家规定的节假日和公休日几乎没有任何意义。仅有的一些影响，表现在电视时间、学校时间。现在，国家时间或者公历的影响越来越大。

民众一生时间设置 民众对于一生的时间设置，是通过不同时间段不同的人生仪礼开始或结束的。从出生起至死亡为止，大致可以划分出生育仪式、婚姻仪式、贺寿仪式、丧葬仪式等。

孩子一出生，就要向舅家报喜，舅家派人探视。等到满一个月时，摆满月酒，剃胎发，认阿舅。至一百天时，行百日礼，也叫"百碎"，与"百岁"谐音，寓意祝福小孩长命百岁，有的人家还给小孩戴上"长命锁"。满一周岁时，进行抓周仪式，来判断孩子以后的志向。待两三岁时，要"断奶"，即戒掉吃母乳的习惯，减少对母亲的依赖，学会适应独立成长。

到婚姻年龄，进行订婚、结婚仪式。过去有早婚习俗，而且在很小的时候就订婚，请阴阳先生合八字。结婚仪式包括会东、娶亲、改发、上马、下马、拜天地、待客、吃请到、回门等内容。

到一定年龄，即进入老人的行列后，要参加嘛尼会，初一、十五、三十或者一些特定时间到庙里念嘛尼。

贺寿，在老人六十一岁、七十三岁、八十五岁本年时过大寿，称"做寿"或"贺寿"。六十一岁时做"花甲寿诞"，"人生六十花甲子"。按河湟地区汉族的旧俗，认为是"一圈儿转圆了"，活满了一个甲子，相当于过完了天地宇宙人生的一个完整周期，故要隆重庆祝一番。人们把七十岁称为古稀之年，七十三岁的寿仪便称为"古稀寿诞"。人活到八十岁，便被人们誉为"老寿星"，有的人怕活不到八十五岁，便提前一年贺寿，此举叫"抢寿"。有些人家选择老人闰年时的生日为老人打造棺材。土族人一般称棺材为"大房",即到地下住的屋子。

人死亡后,要对亡人进行殓、殡、葬的仪式,称为"丧礼"或"葬礼"。在丧葬仪礼中,后人始终要秉承"事死如事生,事亡如事存"的孝道丧葬观,如此才能表达生者对亡者的哀悼与孝道,才不会被旁人诟病。汉族、部分土族、藏族的葬法与其相似,多采用棺木土葬,有些也有较大差别。如土族部分地方火葬,对夭折的小孩行水葬。

三 村落信仰禁忌

村落信仰的禁忌,围绕神灵以及强化神圣性展开,波及其他。很多村落的"神圣"地方,进入时态度要恭敬,进入前要脱帽。一般限制女性,尤其是对经期女性的限制。禁止她们进入寺院经堂、庙堂。如有些娘娘庙,一直禁止女性进入。有些地方禁止已婚女性触碰家谱。用这种方式一方面显示着对神的敬仰,协调人与神佛之间的关系;另一方面,用限制成年女性尤其是已婚女性的行为,强调一种"男尊女卑"的观念和家长制社会的等级秩序。

村落中,去了丧事人家、产房等的人、吃了葱蒜等异味的人禁止参加神事活动。

护青苗开始后,禁止砍伐树木、拆迁房屋、大声谩骂和打架等。互助土族在从"插牌"之日起,禁止成员在"阿寅勒"内打架,包括禁止"阿寅勒"成员在田间地头吵架或发生肢体冲突;禁止夫妻之间发生口角之后在房内或庭院内大声吵闹;禁止与其他"阿寅勒"成员发生械斗。凡违反这些规定而出现打架斗殴等不和谐事件,不论事由,不管对错,都要受到相应的制裁和惩罚。青苗长成以后,不允许"阿寅勒"内任何成员再拆房,如遇非拆不可则只能在晚上进行,白天绝对不允许进行拆房等活动,直到农历九月九之后,"阿寅勒"成员就可以在白天拆房。在青苗成长期间,忌"阿寅勒"成员砍伐树木,凡违令砍伐树木者,都要以"护青苗"之名受到惩罚。严禁在山上放牛、羊等牲畜,以免牲畜糟蹋和破坏青苗,如有不遵守规约肆意放牧者，被发现则所有外放牲畜都将被赶到"里昂"或"老者"家中，待当事人接受惩罚才退回所"没收"的牲畜。不准许在田间地头唱"花儿"、不准许在有老人或长辈的场合哼唱播放"少年"、不准许在家里听"花儿"，如有家伍成员冒犯规约，不仅会受到舆论的谴责和嘲笑，还会有物质性的惩罚。

四 村落信仰功能

（一）节日与区域社会秩序调节功能

调节人与自然关系 三川地区农业自然灾害频繁，尤其是旱灾连年发生，其间也有雹灾等危及作物。在当时生产力水平低下的情况下，尤其是土族先民开始从游牧民族向农耕民族转化的初期，各种农耕技术尚欠发达，自然灾情更难以控制。在无助的状况下，仍然循着传统思维中敬畏自然而崇拜自然的思路，祈求上天保佑庄稼平安，而且在连年歉收的生活中，偶有一年风调雨顺喜获丰收，在连年灾害折磨下的穷苦大众自然欣喜若狂，要起来庆祝一番。庆祝时自然想起了供奉的神灵，将功劳归功于神灵。在纳顿节整个过程中，各种形式的祭祀活动日期的选择与农时直接对应。这种时空观念，反映着三川土族根据三川的农时变化而产生的农耕文化，反映他们顺应天时而求丰收的心理状态，反映他们长期观察天气变化而得到的防灾经验。

调节人与人之间关系 三川地区的农业生产大多是旱作方式，少有的部分水浇地也是用沟岔间不多的溪水、泉水来灌溉。而民间修渠引水并非一家一户之力所能完成，也并非一家一户想引水灌溉就能实行，需要一村一庄的集体联合。以"牌头"为首，组织人手进行联合工作，负责分配水份、维修水渠和村庄道路、勘察本村地界、田间管理，并协商处理与邻村间的事务或纠纷。过去，村庙是村民的集体精神庇护所，也是凝聚一个村庄最有力、最实用的工具。通过神灵的名义，牌头组织民众进行区域社会自我组织，良性运行。每年由公众选举产生一个纳顿的组织实施班子，由他们负责一年的事务。这个班子中，最高领导为"大牌头"，其下有多名"牌头"或"总家"、"土饶其"。一般是每个家族轮流担任"大牌头"的角色，再由每个家族内部轮流推举一人担任牌头的角色。通过轮流，每个家庭都会积极配合纳顿组织者开展工作。家族作为土族社会中一种很重要的民间社会组织方式，发挥着维持社会秩序、凝聚团结的重要作用。

纳顿节手舞因为最直截了当地宣露情感，并使人与人之间的种种情感最能相互传导，最能深切体验，舞者得到身心巨大的满足和快感。面具舞通过舞者与观者共同的心理共振，舞者的一招一式表现面具的内涵，而观者通过观看，在内心中对面具的内涵进行复现。这样，在一次次具体的舞蹈过程中，舞者一次次地将深藏于心中的那种情感得到重温、得到升华、得到提醒、得到凝结。纳顿特别有益于唤醒人们种种深蕴的潜意识，并把它导向人的自我认识和人与人之间的相互了解。在纳顿节集体手舞中，一年来发生过矛盾的村民在这一天和解了，每个参与者都积极发挥个人才能，保护村落集体荣誉，纳顿节成为化解族内矛盾、凝聚全村的有效手段。

调节村落与村落之间关系 土族社会从畜牧业向农业过渡后，在稳定的村落居住环境和农耕生产条件下，在生产、生活方面的重大问题上，出于一种实际需要，村落之间共建一座庙，同供一尊或几尊地方神，以庙会的形式将民众聚集起来，借福神的威严来调解民事纠纷，裁决和安排浇水、祈雨、田间管理等与民众相关的各项农事活动。而且，在现实中，通过纳顿节的联合组织、表演等互动，加强了村落之间的联系，调节了村落之间的秩序。目前，纳顿节正以一种勃发的状态，发挥着维系功能、教化功能、联系社群功能以及经济功能，对土族社会的影响重大。

（二）道教醮仪与区域社会秩序调节

在青海的汉族、部分土族村落中有信仰道教现象。以民和土族为例，土族社会中，一般在认为集体或者家庭有比较大的危机时举行道教醮仪。与民间巫术的仪式相比较而言，道教醮仪更正规化，宗教色彩更加浓厚，醮仪场面更加宏大，持续时间更长。这样，实际上经济花费、需要参与的人力、物力更多，因此，一般人们首选是采取巫术形式来解决问题，在巫术无法圆满解决问题的情况下才会举办道教醮仪。

醮仪缘由 以 2004 年农历腊月十六到二十二为期七天的仪式调查为例。组织斋醮仪式的理由是，村庄有了灾殃，如果不及时禳除，还会作祟，继续危及村内人的安全。因此，大家商议一致，大力倡议全村集体举行斋醮仪式，以祈福禳灾，获得平安。仪式中的程序和各种仪规如下：第一天，准备时间。要准备幡杆、书写醮条及对联、"告示"，布置斋醮场所。第二天，请醮升幡，约庙行香（到庙里降香）。第三天，上表。上报玉皇大帝举行本次仪式的一切事宜，说明举办原因、意图等。在早上念颂《救苦忏》。第四天，上表，上救苦表，请救苦爷、地藏王菩萨等神灵。早上念《三元忏》。颁简，为所有亡魂向上上报超度，晚上举行消灾灯灯筵。带宝，召请各路亡灵，为其颁发冥钞府阴钱。第五天，诵经一天。早上念《雷祖忏》。第六天，炁邪，驱赶毛鬼神，捉拿收拾各路恶灵，并补穴奠安，架起干坛。晚上举行亡升灯灯筵。第七天，回醮，送神，结束。

斋醮目的 如阴阳先生出示的榜文所言："伏祈——经功恩力，释罪降福，圣光普照，瘟疫远遁，灾害不生，虫蝗殄灭，口舌消散，火盗不侵，山家龙脉顺稳，土炁神煞回官，八煞自消，四季静和，八节康泰，人口安宁，子孙繁衍，六畜兴旺，人寿年丰，出门见财，进门见喜，内外庆吉，财源茂盛，各行各业吉星高照，万事如意！再祈——冥阳两利，存殁沾恩，生者禄马亨通，亡者超升仙界快乐无量，二六时中，吉祥如意，大吉大利！"要消除举行斋醮仪式的村落或者家庭的灾害、危机，营造吉祥安宁的生活环境。

协调人与神灵关系 醮仪中供奉的神位有：天龙三界十方万灵主宰虚空过往纠察一切神；值年太岁至德尊神，三百六十土府，七十二神煞；清源妙道护国崇宁真君川蜀大帝威灵显化天尊（二郎神），本寺寺主、锁脚大帝，摩竭龙王、山神土地；本村合庄三代宗亲之魂、合庄本音祖父母先考妣正魂、合庄左右屈死老幼等魂。这里划分为普遍神灵、地方神灵、本村魂灵三个层次。民间将自然人格化为神灵，实际反映的仍然是人与自然的关系。这里列举的神灵，有些是被用来帮助道士构建神圣空间，协助"抓鬼"降服恶灵外，如山神土地是被祭祀的对象，以免除现实生活中破坏环境的"罪责"，而各种层次的魂魄也是需要安抚的对象，祈求他们不要再危及生人。通过安置被污染的圣泉及龙王，安置被破坏的山脉，安置地煞，捉拿了危险的鬼灵，安抚了本村亡魂，与各路神灵取得了良好的沟通，并为以后的安全着想设立了雷台。通过这些仪式活动，让全村的民众从心理、行为上的紧张、焦虑、不安全转换到了舒畅、安心、平和的状态，顺利完成了从一种状态到另一种状态的过渡。人们的生活又恢复到了常态。客观上，是利用各种手段清除村落内不洁因素的过程，意在通过清除不洁因素将村落环境转换为洁净的环境，创造让民众安心、安全的生活、生产的理想环境，建立一种和谐的社会生活秩序。

村落集体性的斋醮仪式向村民直接地传达了"神"的谕示信息，让人不再游离于模棱两可的信仰状态之外，集中体现了人与神之间的内在联系，显然有助于社区内的信众确立一种趋同的意义模式和思维惯性。比如斋醮仪式的目标，就是要通过地方神"口谕"的形式，总结过去村民对于村内环境的破坏，并严厉警示族人不能再破坏村落环境，借此机会促成修缮已经毁坏的"崩康"、恢复已经污染的被认为是村内"龙脉"的泉水的清洁环境，达到保护周围环境的效果。最值得注意的是这种神谕传递和强化了一种将信仰空间"禁忌化"的信息：村境空间的分割是有神圣与世俗边界的，混淆或突破这种文化空间的界限不仅意味着对神灵的意志的侵犯和亵渎，而且意味着对社会秩序乃至宇宙秩序的扰乱与破坏，因此必然要遭受到神灵严厉的惩罚。

规范行为 仪式把全体村民纳入一种社会秩序中。土族的斋醮仪式将每一个村落成员都带入仪式情境之中，自仪式开始起，不管是否相信真的有神灵，不管是否愿意，都要为斋醮仪式服务。全村动员起来为斋醮仪式的气氛所感染，即使平日不相信神灵的年轻人们也振奋精神，参与到仪式的组织实施中来。在捉鬼驱赶毛鬼神时，全村顿时无眠，等待、配合整个仪式的举行，全村人的步调都与斋醮仪式同步。仪式过程中，每个人丧失了"自我"而被集体意识"集体化"了，集体情感得到极大的培养。

凝聚人心功用 目前的土族社会中，由于从事于民间组织机构中的角色是轮充制度下产生的，具有社会强制性，但没有任何报酬。在商品经济的冲击下，对于安排充当的民间信仰仪式中的角色，在执行、维护组织目标、维护民间信仰的价值观方面产生了微妙的消极对待的现象。其实就是对组织的严肃性、神灵的威力等产生了怀疑的表现。但是，醮仪在一定程度上整合了全村得以调动的资源，把涣散的人心整合得紧密了。

（三）"六月会"与区域社会秩序

"六月会"是青海省黄南藏族自治州隆务河流域藏族、土族人的全民性节日。届时，自农历六月十六至二十五期间，50多个大、小村落陆续举行盛大的仪式，将最好的供品、最美的舞蹈献给神灵，祭祀神灵、预祝丰收。仪式内容主要包括祭祀山神、献祭、舞蹈等，尤其是以类型多样的祭祀舞蹈影响很大。用舞蹈敬神娱神是"六月会"的主要内容。第一，沟通人与自然的关系。六月会同样具有通过神灵崇拜，沟通人与自然关系，为人们的生产生活提供精神寄托的心理秩序。他们通过祭拜各个等级的山神、被地方化的汉地二郎神等求得心灵的慰藉。同时，也是通过祭神的时间点，来突出农事的时间节律。第二，规范村落内部的秩序。保安村在六月会清晨煨桑结束后，全村男性民众在村庙中集中，由法师主持，对于自去年六月会以来一年间村中发生的各种事件进行总结，对于好的加以鼓励、表扬，对于不好的现象进行谴责，对于一些尚未解决的村内纠纷也进行评判、解决。六月会对于凝聚村落力量、规范村落秩序的客观效果极为明显。第三，强化村落之间的和谐秩序。在村落的舞蹈表演期间，不断有邻村的法师和长者前来会场道贺，与本村的法师一同作法煨桑，敬神娱神。作为土族村落的年都乎村六月会上，每年有藏族村落四合吉的法师和群众前来道贺。此外，年都乎村实际包括几个自然村落，通过六月会对几个自然村进行有序的整合。

第三章　部落民俗

部落是指在以游牧经济为基础的生产生活方式下形成的社会组织形式，是由两个以上相互通婚的氏族组成的集生产、行政、军事等职能于一体的社会组织单位。部落组织自形成起，在远离中央政权的边远地区得以长期保留下来，直至 1958 年民主改革时期才被废除。但伴随着部落组织的相关部落民俗，却至今在一定范围内产生着影响。

第一节　部落结构与组织

一　部落概况

部落形成　青海从事畜牧业生产的主要是藏族和蒙古族。青海的牧区地势高峻，氧气稀薄，气候寒冷干燥，太阳辐射强烈，昼夜温差大，自然条件比较差。在这样的环境中，人们需要以群体的力量来获得自身的生存和发展，于是在特定的自然条件和牧业生产方式的需求下缔结成以血缘关系为纽带的氏族，即由两个以上互为通婚的血缘相近的氏族或胞族构成部落。部落出现以后经历了由前氏族部落演变为母权制部落，再演变为父权制部落的过程。部落都有自己的名称，有一片相连接的地域，有共同的语言或方言，有共同的经济（如集体狩猎、生产协作等）及共同的文化和生活方式。婚姻实行部落内不同氏族间的通婚。部落集体有宣布各氏族所选出的酋长和军事首领的权力，也有撤换他们的权力；有共同的宗教观念及祭祀仪式；有讨论公共事务的部落议事会；部落有一个最高首领。部落社会时期，部落之间出现了经济联系，以掠夺财富为目的的部落战争频繁，使得亲族部落之间有必要结成共同对付敌人的联盟，形成以血缘关系为基础的部落联盟。进入阶级社会以后，血缘部落解体，地缘部落延续下来，但地缘部落仍明显保留部落界限以及许多血缘部落和氏族观念的残余。

藏族部落　青海藏族原分布于青海湖地区、长江源头和黄河上游等处。明代中叶，蒙古族进入青海，以今海北、海南、黄南及海西等州为其基地，青海湖周围及黄河北岸各地的藏族，大多数被迫迁往黄河以南。有清一代，藏族各部的数目，每有增减，其游牧地区也常变更，分布在全省各地。1949 年以前，对青海藏族各部，习惯上按其游牧和农耕的地区，划分为玉树二十五族、环海八族、果洛三部和海东各族。海东各族人数不多，分布较散，生活在东部暖区，主要从事农业生产；环海八族比较集中，生活在环湖次暖区，从事游牧业；玉树二十五族、果洛三部等大多数藏族生活在高原冷区，自然条件较差，主要从事牧业生产。

蒙古族部落　蒙古成吉思汗二十二年（1227），蒙古大军进入青海地区，自此青海有了蒙古族部落。明军抵达河湟谷地时，大部分蒙古族部落跟随贵族退居漠北，只有小部分定居在海北一带游牧。明武宗正德年间，东蒙古部落首领亦卜剌、阿尔秃斯及"小王子"等徙居青海湖草原。明嘉靖三十八年（1559），西蒙古俺答汗率领 29 支部落入居青海，又赶走东蒙古各部落。明末时，外蒙古的喀尔喀部却图汗率部迁居青海，俺答汗的子孙被驱逐。清世祖顺治二年（1645），从新疆天山而来的蒙古和硕特部首领固实汗率部进入青海，将青海划为左右二翼，分给其十子作领地。清世宗雍正二年（1724），青海蒙古首领罗卜藏丹津的反清活动被平息后，清廷采纳了川陕总督、抚远大将军年羹尧的奏议，将青海蒙古各部收为内藩，仿照内蒙古"札萨克"制度，统一分编为"旗"，共有二十九旗，授诸"台吉"为"札萨克"。

　　1929 年青海建省后，蒙古族居住地区仍袭用以往的盟旗组织形式，分为左右二翼：左翼盟包括和硕特及土尔扈特等两部十四旗，右翼盟包括和硕特、土尔扈特、绰罗斯、辉特、喀尔喀等五部十四旗，另有察罕诺门汗旗，由喇嘛承袭，旗民全系藏族。以上即通称的青海蒙古五部二十九旗。自清朝雍正年间划分盟旗以来，深受专制统治的剥削与压迫，青海蒙古族各部各旗迁徙、变动频繁，致使人口锐减，和硕特部的东上旗及喀尔喀部的南右旗都不复存在。1949 年以前，大多数蒙旗环青海湖地区和柴达木盆地放牧。

二　组织名称

（一）藏族部落

1. 玉树地区

玉树四十族　玉树四十族原称阿里克四十土司或巴彦南称四十土司。以囊谦千户为其长，原放牧在今玉树藏族自治州，并有一部放牧于今玛多县两湖以南地区及玛沁县花石峡、温泉一带。由于历史原因，原放牧在花石峡一带的阿里克族大部迁至今祁连县放牧，只有一小部分散居今河南蒙古族自治县等处。巴彦南称即囊谦的译音，为囊谦千户所在的族份，散亦称昂欠四十土司。有清一代，从西宁通往西藏的驿站，自黄河源起，即由玉树地区的诸部，支应乌拉。往来的人员，逐渐把囊谦四十土司称为玉树诸土司，久而久之，自道光以后官方文书遂称之为玉树四十土司。并由于各部落分裂、合并、外迁等等缘由，四十土司之数，也转变为二十五族。

玉树二十五族　民国初年，称玉树二十五族的部落有：囊谦族、拉休族、苏儿莽族、苏鲁克族、格吉上中下三族、中坝上中下三族、迭达族、称多族、固察族、安冲族、娘磋族、玉树四族、扎武三族、永霞族、蒙古尔津族、竹节族。其中囊谦是二十五族中的望族，在与四川、西藏、甘肃及青海办理相关事务时，囊谦千户常常充任玉树各部落的代表出面办理，故称为囊谦二十五族。①

囊谦族　囊谦千户直辖族份，是玉树二十五族中一个最大的部落。囊谦千户下的四个百户为群博百户、洞巴百户、阿夏百户及加茶百户。其虽为玉树二十五族之长，除其直辖各部落外，对其他各族，虽有隶属的关系，但不能直接管理。这个族份驻地，位于澜沧江上游杂曲河与鄂木曲河之间，千户驻色鲁玛庄，下辖百户7人。据1943年统计，全族有属民2200户，人口10100人，居民从事农耕与畜牧。

扎武三族　扎武三族即扎武族、布庆族及拉达族的通称。三族共同居住于通天河以南及巴塘等地，居民以定居农耕者较多，帐居游牧者较少。三族各有百户1人，其中扎武百户驻结古（旧亦译为益古多），此为玉树二十五族的政治、经济贸易及交通中心。有清一代之会盟及征收贡马银等，均在此举行，今为玉树藏族自治州首府，2013年撤销玉树县，设立玉树市。拉达百户驻班庆寺附近，布庆百户驻班庆寺之东。

中坝三族　中坝三族即上中坝麦马、中中坝班马和下中坝得马三族，由于中中坝于21世纪初并入下中坝，故亦称中坝二族。同放牧于鄂木曲上游及阿克达木阿直至小唐古拉地区。东与囊谦、苏克鲁为界；西境为荒无人烟的当拉岭；南以当拉岭山脉与西藏的琼布色尔扎、纳鲁养他马等部落为界；北与玉树格吉部落为界。麦马百户驻鄂木曲河南龙喀寺，班马百户驻鄂木曲河北，得马百户驻当木运河上源，为纯游牧地区，居帐畜牧。

格吉四族　格吉四族即格吉麦玛、格吉班玛、格吉扎赛、格吉那仓之通称。放牧于杂曲河及子曲河上游、毛云等地，为纯游牧地区。其中，格吉麦玛主要游牧在杂曲河上游及毛云等地，下属百户1人，驻子曲河上游；格吉班玛主要游牧于子曲河北源及格马卡一带，有百户1人，驻让毛云地方；格吉扎赛主要游牧于杂曲河上源，有百户1人。格吉那仓主要游牧于杂曲河及子曲河源头一带，有百户1人。此四族牧地交错，界线不明。

---

① 周希武：《玉树调查记》，吴均校释，青海人民出版社，1986，第23页。

玉树四族 玉树四族即宗举族、雅拉族、将赛族、如哇族的通称。驻牧在通天河上游，为纯游牧地区。东与娘磋、安冲、扎武等地接壤，西北是人烟稀少的牧草地；南与格吉、中坝毗连。宗举族主要游牧在通天河上游南北两岸，有百户2人，驻通天河北岸曲麻莱地方；雅拉族主要游牧在通天河南岸雅云，当木云及小唐古拉地区，有百户1人，驻通天河南当木云地方；将赛族主要游牧在科遣曲一带，有百户1人，驻通天河南登俄陇水之上游科遣曲一带；如哇族（亦译作鲁瓦族或戎模族）主要游牧在聂卡曲与通天河交汇处一带，有百户1人。

娘磋二族 娘磋二族即上娘磋与下娘磋族，驻地横跨巴颜喀拉山中段，东与加迭喀桑和果洛为界，西南与玉树为界，南至通天河与固察、安冲为界，北濒星宿海及扎陵、鄂陵湖与柴达木盆地相接。大多为牧业区，南境协曲河流域居民少数从事农耕生产。上娘磋族主要游牧于代乃河流域，东至协曲，西至色勿曲河，南至通天河，北达黄河源头两湖以南地区，有百户1人。下娘磋族主要游牧于协曲河流域及巴彦喀拉山南北麓，有百户1人。

2. 果洛地区

清末至民国年间，果洛游牧部落分布在拉加寺以西、黄河源头、积石山一带，东与甘肃临境，南接四川草原，地域辽阔。按照果洛当地的习惯说法，这里生息着果洛三部——上果洛昂欠本、中果洛阿什羌本、下果洛班玛本部落。其中昂欠本分为昂欠曲多和昂欠曲麦两大部落，游牧地主要在今天的达日县和玛沁县；阿什羌本主要游牧在今天的甘德县、久治县、玛多县和玛沁县。其最初分为贡麻仓、康干仓和康赛仓三大部落，被称为阿什羌本三部落，后来，从贡麻仓中分出然洛仓和哇塞仓，一并称为阿什羌本五部。班玛本内部大多在今班玛县境内，东靠久治县，西邻四川色达部落，南靠四川壤塘，北与昂欠相邻。其内部分为八大部落：上卡昂、下卡昂、上吉隆、下吉隆、特合土、旺达、王柔、帮义。[①]

---

① 邢海宁：《果洛藏族社会》，中国藏学出版社，1994，第24~25页。

昂欠本 三果洛中的上部分昂欠曲多、昂欠曲麦两部。[①]相传，此部落首领昂欠本生有二子，长子才丹雅，在今班玛县境内修建碉房居住，称昂欠曲麦；次子才本雅，居住在父亲的老房子，称昂欠曲多。昂欠曲多又分为红科三部、"小头人五部"、曲旁六部、措麻拉合十三部、二十五小支等。昂欠曲麦由上莫巴 11 个部落、下莫巴 9 个小部落、莫查日麻 5 个小部落组成。

班玛本 今班玛县是果洛诸部落的根。早在 600 年前，班玛阿什羌（今亚尔堂乡境内）就有人居住。起初的开拓者们一边刀耕火种，一边经营畜牧业生产及狩猎。随着人口的繁衍发展，生息于此的各部落沿着玛柯河自南向北迁徙，逐渐遍布班玛全境乃至果洛地区。[②]虽然部落众多，但各部落比较小且相互之间不统属。其八大部落中的上卡昂最初源于从事农业的王柔部落，因其名为卡昂的牧户比较富裕而得名，下有东红等 6 个小部落。下卡昂是从卡昂部落弟兄分家而成的，据 1957 年的统计，其下有夏科、卡热等 7 个小部落。上下吉隆早先是从旺达部落分出来的，下属小部落有阿韦贡尕哇三部落、杂科贡尕哇三部落等。旺达是班玛本较为古老的部落，也是班玛本的根基部落之一，下属小部落有合拉麻、果洛果允两部、结郎查木三部落等，从事牧耕生产。王柔部落是从旺达分离出来的，下属小部落有加仓、刚哇等，从事牧耕生产。特合土是因该部落的祖先在一个形似虎状的小山包上修建碉房，故名特合土，下分特合土红热仓、特合土尕热仓两个部落。帮义部落下属的有柔合东、阿旁等，从事牧耕生产。

阿什羌本 阿什羌本部落的由来，据传其最早的首领在今班玛县境内的亚日堂修建碉房居住，因他有"保护地方的人王"美誉而被称为阿什羌。阿什羌贡麻仓部落中的然洛仓又称为女王部落；贡麻仓有上部十部落、下部九部落、曲司六部落等。康干仓有红噶俄两部落、曲旁六部落、卧索七部落、胡热两岸四部落、撒玉儿四部落等。康赛仓有康赛、夏雄两部落，其下附属

---

① "昂欠"一词系音译，在 1942 年的《边疆通讯》第 1 卷第 1 期中，倪错著《果洛之概况》一文写作"汪千"。

② 邢海宁：《果洛藏族社会》，中国藏学出版社，1994，第 42 页。

部落还有大武上下两部落、麦仓卡俄三部落、玛嘉六部落，郭赛尔、哈廓儿、日安三部落，卫苏、格吉、哇摇力三部落，喀尔、多察两部落，汪什代海十部落等。

3. 环青海湖地区

环青海湖地区指北起祁连山南麓，南至鄂拉山、曲什安水，东至日月山，西至布尔汗布达山，即以青海湖为中心分别游牧在今天峻、刚察、祁连、海晏、共和、兴海、都兰等县境内的藏族各部落，清朝时称环海八族。至民国年间，已经超过80余部落，其间，阿里克部落是在道光年间从玉树迁居而来，汪什代海、刚察等部落是从黄南、果洛等地北移而来，居于今兴海和刚察等县。故实际其数远不止此，但以八族为主要部落。1949年前，驻牧环海的主要部落是：刚察族，在今哈尔盖河流域住牧，有千户1人；达如玉族，在海晏一带有千户1人；阿里克族，在今祁连一带有千户2人、百户4人。千卜录族，在今倒淌河地区有千户1人、百户7人。都受族住牧今共和县与贵德县境内，有千户1人、百户3人。郭密族住牧共和切吉草原，千户1人，百户4人。阿粗乎族、曲加族住牧今兴海县，各有千户1人、百户4人。汪什代海族在今兴海县与天峻县一带，有千户1人、百户6人。加咱族住牧在大积石山北麓与黄河西岸一带，有千户1人、百户3人。日安族在今香日德至茶卡一带，有百户1人。住牧在同德县境内的有英欧呼族、贡工麻族、夏卜让族；同仁县境内有和日族、瓜什则族、官秀族、麦秀族、夏吾乃日族等12大部落；贵德县境内有芒巴、夏松、昂拉等20余部落。

环海八族指汪什代海、刚察、千卜录、达如玉、阿粗乎、都秀、阿里克、日安游牧于青海湖周围的8个大部落。此部落格局形成经过了百余年时间。清初时游牧于黄河以南今贵德、贵南、泽库、同仁等地的藏族部落人口增加，形成人众地狭的困局，遂向黄河以北的环湖草原自发移动，不断冲击雍正初年朝廷对青海地区匡定的"南番北蒙"格局，引起蒙藏社会的动荡。经过几任西宁办事大臣与县府地方官员的调停与管理，最终在咸丰年间为北移的藏族部落划定游牧地界，并委任这些部落头领以千户、百户及百户长等，实行层层管束，千卜录、刚察等八部落首领逐一向当时青海最高长官西宁办事大臣呈缴文书，表示安于被划定地界内游牧。由此，持续百年之久的黄河南岸藏族部落北迁活动，以环海八族的形成而告结束，其结果改变了青海蒙藏民族的分布格局。

4. 湟水流域

清代在今循化、民和及尖扎各县境内部落　在"西番四十九族"中，以都纲族、迭恩慢加仓族、宁巴集族、火龙布族和琐力盖族等为"口外东乡五族"，族内事务由头领管理，住土房，从事农业生产，并向当地官府纳粮。在"口外西乡四十四族"中，边都沟七族、下龙布六族、上龙布十八族、合儿五族、阿巴喇八族，或从事耕种，或耕牧兼营；或住土房，或住帐篷。在甘家族、火力藏族、上南喇族等所谓的"南番二十一族"中，有千户 1 人，百户 21 人，分别管理内部事务。或从事农业，或从事畜牧业，或半农半牧业。农耕者住土房，牧业者住帐篷，给当地官府纳粮、缴税。

清代西宁府所属部落　巴燕戎抚番厅的囊思多族、迭祚族多从事耕种，由百户、百长管理内部事务，乡约协助管理；多巴族、舍人不具族、安达池哈族、思那加族、喀咱工凹族、水乃亥族、拉咱族、奔加不尔族、千户族等，主要从事农业经济，由百长管理内部事务，乡约协助；黑城子族、群加族、石达仓族、科巴尔堂族、羊尔贯族等，内部大小事务均由乡约管理，主要从事农业生产。[①] 西宁县的上各密四族多数从事农耕，内部事务由乡约管理；下各密五族从事经济生产，由百户、百长管理，乡约协助。"塔尔寺六族"即西纳族、隆奔族、申中族、米纳族、祁家族和雪巴族，分布在今湟中、平安及大通等县的藏族居住地区，主要从事农业生产，在政治与经济上从属于塔尔寺。喀巴大师的父母亲均为今湟中县人，父亲鲁本格出生于隆奔部落的苏木石庄，母亲香萨阿曲出生于隆奔部落苏尔吉庄。[②] 碾伯县的上札尔族、写儿定族、旧仓家族等，被称为北山 21 族，内部事务由头领管理，多

---

① 陈光国：《青海藏族史》，青海人民出版社，1997，第 356~365 页。
② 敖红：《"塔尔寺六族"与塔尔寺》，《青海社会科学》1991 年第 3 期。

数从事农业生产；普化族、千户族、红山族等被称为南山 23 族，主要从事农业生产，内部事务皆由头领管理。

（二）青海蒙古族部落

蒙古二十九旗由来　清雍正元年（1723），固始汗嫡孙罗卜藏丹津起兵反清，经过一年多的战乱最终被清军平息。此事件标志着青海蒙古社会的巨大变化，和硕特部称雄的时代结束了。负责平息此次战乱川陕总督年羹尧于第二年上奏的《青海善后事宜十三条》《禁约青海十二事》成为清廷对青海直接管理的基本文件。设立"钦差办理青海蒙古番子事务大臣"，简称西宁大臣，驻西宁，办理青海蒙古语藏族事务。依据"宜分别游牧居住"的治理思路，编制"旗"的组织，将青海蒙古编为二十九旗。规定每百户设一佐领，不满百户者为半佐领，各部落首领授为扎萨克；每一扎萨克下设协领（管旗章京）、副协领、参领各一人。其扎萨克、王、贝勒、贝子、公、台吉，俱系世职，均世袭罔替，全部"颁授印绶册诰"。在所编二十九旗中，和硕特部二十一旗，住牧地在大通河上游，布哈河、布隆吉尔河、柴集河两岸及河曲地区；土尔扈特四旗，住牧在河曲地区黄河东西两岸；绰罗斯（即准噶尔部）部二旗，住牧在青海湖东南；喀尔喀部一旗，住牧在青海湖南岸；辉特部一旗，住牧在柴集河东。各旗划定地界，发给地照，不准越界放牧，不准私占牧地，不许私自往来。当时蒙古族的人口，据官方统计，"共壮丁一万五千六百七十五名"[1]，约一万七千户，十万余口。

固始汗诸子后裔编旗　固始汗诸子后裔编旗与住牧地情况如下：达延汗后裔，编为三旗，即阿喀公旗、托茂公旗和布喀公旗，牧地在今海晏县和祁连县默勒一带。鄂木布后裔，编为四旗，即群科扎萨、居里盖扎萨、科鲁扎萨和默勒札萨。居里盖扎萨在今共和县，余在今海北州。达兰泰后裔，编为二旗，即默勒王旗，牧地在今祁连县；另一旗为南左翼次旗，牧地在青海

---

① （清）《西宁府新志》卷 20《武备·青海》。

湖南岸。阿玉什后裔，编为一旗，即东上旗，牧地在今海晏县。伊勒都齐后裔，编为三旗，即河南亲王旗等三旗，牧地在今河南县一带。因牧场优良，"较河北各旗，稍为富强"。多尔济后裔，编为三旗，即青海王旗、柯柯贝勒旗和茶卡王旗，牧地在今海西州。瑚鲁木什后裔，编为二旗，即宗贝子旗和巴隆扎萨旗，牧地在今海晏和都兰。桑噶尔札后裔，编为一旗，即可鲁沟贝子旗，牧地在今海西布隆吉尔河之南。衮布察浑，死而无子。札什巴图尔，其子罗卜藏丹津，反清失败，后死于北京。共十九旗。固始汗兄之后裔一旗即台吉乃旗，固始汗弟之后裔一旗，即宗扎萨。和硕特部共二十一旗。[①]

民国年间二十九旗分布　1929年元月青海省政府成立，此时的青海蒙古二十九旗分布情况大致如下。①今柴达木盆地有和硕特八旗：北左旗，即柯鲁沟海固山贝子旗；西后旗，即柯柯多罗贝勒旗；西前旗，即王扎萨克多罗郡王旗；北右末旗，即柯鲁沟扎萨克旗；西右后旗，即巴隆扎萨克旗；西左后旗，即宗加扎萨克旗；西右中旗，即合吉乃扎萨克旗；北左末旗，即茶卡扎萨克旗。其间有不同的变化。1932年，南京政府任命九世班禅为"西陲宣化使"，曾在塔尔寺、香日德等地停留，设立行辕。九世班禅在香日德时，当地蒙古王公贵族和藏族千户、百户等共同决定拨出一部分牧民作为班禅行辕的属民，归其直接管辖。后来这部分牧民逐渐形成一个部落，当地民众称为香日德香加，亦称"香加旗"。1930年11月设都兰县后，八旗归该县管辖。②今海北州十三旗，其中和硕特部七旗，土尔扈特部二旗，绰罗斯部二旗，喀尔喀部一旗。具体为：和硕特部北前旗，即布哈公旗；和硕特部南右后旗，即阿喀公旗；和硕特部南左首旗，即默勒王旗；和硕特部西右前旗，即默勒扎萨旗；和硕特部北右旗，即宗贝子旗；和硕特部南左末旗，即群科扎萨旗；和硕特部东上旗，即巴彦诺尔扎萨旗。土尔扈特部南后旗，即角昂扎萨旗；土尔扈特部南中旗，即永安扎萨旗。绰罗斯部南右首旗，即尔里克贝勒旗；绰罗斯部北中旗，即水峡贝子旗；

---

① 芈一之：《青海蒙古族历史简编》，青海人民出版社，1993，第181~183页。

喀尔喀部南右旗，即哈里扎萨旗。1929 年设立门源县，1939 年设立祁连设治局，1943 年设海晏县，诸部受辖。③河南蒙古四旗：和硕特部前首旗，即河南亲王旗；和硕特部南右中旗，即达参旗；和硕特部南左中旗，即拉加旗；土尔扈特部南前旗，即安日和扎萨旗。1929 年河南蒙古族归青海省政府直接管辖。1935 年同德县成立，南左中旗划归同德县管辖，其余三旗由河南亲王统领。④海南蒙古四旗：和硕特部南右末旗，即居里盖扎萨克旗；土尔扈特部西旗，即托里合扎萨克旗；辉特部南旗，即端达哈扎萨克旗；特别旗，即察汗诺门汗旗。1929 年建省后，南右末旗、西旗、南旗由共和县管辖，察汗诺门汗旗由贵德县管辖。

三 部落命名

以头人或该部落先民的姓氏命名。这种命名较常见。例如，果洛的朗多仓、朗查仓、朗索乎等部落名称中所取的"朗"，黑河宗的安多嘎加部落的"嘎加"等。

以地名、所在地地形特征命名。这种命名也很普遍。其中包括以山水命名，以比拟位置和相对位置命名等。例如，玉树的年措部落名取自湖名，而同仁的娘洛部落名则以地形取名。

以祖先的职官来命名。例如，玉树的囊谦部落，就是以囊谦千户官职名命名的。

以头人的名字命名。果洛地区的昂欠本、班玛本，还有玉树的选达、阿尼等部落，则都是在新旧头人交替的过程中改用新头人的名字称其部落的。

以神话或传说命名。黄南的官秀部落，"官秀"是藏语保护神的遗迹之意，相传被称为"官保加""官保扎西""官保才旦"的三位护法神曾光临此地，并且留下了遗迹，故名。还有该地区的吾莫德哇，当地传说，从前，该德哇的头人，因喜欢女人服装，不时男扮女装出入公共场所，于是人们遂称其为"吾莫"，后来把该德哇也称为"吾莫德哇"，沿用至今。

以头人或该部先民的族属、来源地命名。玉树的弥雅，果洛的索呼日麻和科，及各地种种的以"岱"为名的称呼等。

以事命名。黄南的完路乎德哇，因当地居民原来信仰苯教，后改变初衷，转而皈依佛门，于是被称为"完路乎"。

以部落分化线索和形成顺序的命名。果洛地区的康干、康赛等。

以职业、技艺命名。这种命名在藏区各地屡见不鲜，并且其产生历史较长，这在古文献中已有记载，如仲哇仓、舟哇仓等。

借物品名为部落名。果洛地区的特合（意为绳子）等。

借用动植物名称作部落名。果洛地区的昂哇仓（意为野鸭）等。

以宗教事物命名黄南的拉康德哇，以及该地的拉萨德哇（意为圣地或神所在地）等。

以人物的相貌特征命名部落。如黄南的锁乃亥（黑牙）、卡且（大嘴）等。

以上的命名方式中，前面的几种较为常见，尤以取自头人、地名及神话三种方式为部落命名的情况较为常见；以部落分化形式命名的也具有普遍性，由于一个母部落分化出的若干子部落，其名称前通常都要留用母部落的名称，但因具体的语言环境，留用的母部落名称有时可以略去。藏族部落的命名有着丰富的文化内涵，对于我们了解藏族的历史、文化，对于我们认识其部落组织结构诸层次有着不可或缺的重要作用。[①]

四　部落组织结构

（一）部落组织平面结构称谓

以职能分工划类　以职能分工划类，如农业部落与牧业部落，一般情况下，前者称"戎岱"，后者称"卓岱"，名称是由部落单位名称加名词构成合成词。而在许多地方还有以单词区别农牧部落的习惯，如称牧业部落为措

---

① 陈庆英主编：《藏族部落制度研究》，中国藏学出版社，2002，第 145~147 页。

哇，称农业部落为岱哇。

以亲疏划类 以亲疏划类这种形式各地都存在，只是程度不同，例如，把直属部落称为"囊岱"——内部落，把附属部落称为"齐岱"——外部落；把头人家所在的部落叫作"岗杂岱哇"，一般译为根子部落；把被征服的部落称为"果大岱哇"，一般译为拴头部落；把与头人关系亲密的部落叫作"杂辛措哇"（亲信部落），一些地方还有各部落共属的"吉岱"——公共部落；有以头人家的日科尔为核心组成的"本科尔"部落（异译形式有环科尔、洪果等）。

以领主划类 以领主划类，如住在寺院附近并供寺院驱役的小部称"嗒哇"，一般译为塔哇部落或寺院部落；属于寺院的部落叫"曲岱"，其中由寺院派头人管理的部落又叫"拉岱"，而仍由该部头人领导的则叫"米岱"。在藏北，属于噶厦的部落的功能，对历史研究很有价值。例如"嘉德""索呼日麻""霍尔德"（三十九族）与蒙古人有关，"霍科尔"与北方某民族有关，"阿夏"与吐谷浑有关，"木雅"与西夏有关等，这些称呼又可以在平面上区分为"蕃岱"。

（二）部落组织纵向层次称谓

这里所说的纵向层次，既含发展过程的纵向层次，也含横向结构上的纵向层次。对于部落在分化发展中形成的各个层次，藏语习惯上把它们分为大部落"措钦"、支部落"措玛勒合"、分部落"措扬勒合"、小部落"措蝉"共四级的表述方式；这种区分形式亦可用于描述横向结构上各个组织层次及其相互关系。

对于部落直线式结构的最高组织层次，藏语里没有专有的单位名称，通常是借用其形成初期或某个强盛时期的属部数字，再加上地名或者是对其属民的泛称构成，如"果洛三部""瓦虚三部""那仓六部""霍尔三十九族""羌日六部""玉树二十五族"等。这种称谓一般比较稳定，一经形成就长期不变。

第二节　部落活动

一　文化活动

讲故事　在藏族部落中，流传着广义上的民间故事数量众多，题材广泛，体裁多样。就连一山一水、一石一树，都有一段优美动人而又神奇的神话故事。如《斯巴形成歌》《猕猴与罗刹女》《阿尼玛卿大山神》《年保叶什则山神》等神话；很多寓意深远而又情趣盎然的民间故事，如颂扬机智人物、反抗压迫剥削的《阿古登巴的故事》和《尼却桑布的故事》；如歌颂藏汉两族人民友好团结的《文成公主》《加毛石》的故事；如反映恋爱婚姻自由的《茶和盐》《歌手与仙女》的故事；还有主张和平共处、反对侵略的动物寓言《猴鸟的故事》《兔子除狼》的故事以及内容丰富的《说不完的故事》等。

唱民歌　藏族民歌丰富多彩，源远流长，在藏族部落里，不论是牧区还是农村，也不论是喜庆节日还是平日劳动或休息时，到处都可以听到音调悠扬、婉转优美、富有高山草原气息的民歌。藏族传统民歌种类繁多，风格各异，浩如烟海。主要包括"鲁"和"拉伊"两种。前者主要指酒曲，后者专指情歌。

鲁体民歌　"鲁"的演唱范围比较广，可以在比较庄重的场合，如在宴会上或集会时，还可以在自己的家里，不分辈分大小都可以在一起唱的歌曲。由于常在喜庆宴会上轮流演唱时，男女都举着酒杯，互相传递，第一个唱完了，把自己手里的酒杯递到谁的手里，就由谁起来接着演唱，因此将这种歌曲又称为"酒曲"。"鲁"体民歌所表达的内容十分广泛，涉及社会生活的各个领域，几乎生活中的一切活动都可以用它来表达，欢乐时有欢歌，悲痛时有悲歌，对待英雄人物有颂歌，对待美丽山河有赞歌，此外还有讥讽歌、咒骂歌、贬损歌、差役歌等。有些民歌的歌词是触景生情，即兴创作，传统歌词是在群众中口耳相传的。民歌有独唱、男女对唱、合唱等形式。

唱拉伊 "拉"意为"山"，"伊"又译"谐"，意为歌，合为"山歌"即情歌之意。所唱内容都是关于爱情的，唱时要回避长辈、尊者，是外出放牧或进行野外活动时，才能唱的一种曲子。"拉伊"在藏族民歌中占有很大比例，为男女青年所喜唱乐闻，流传很广，情歌的主题是描写男女青年对纯真爱情的追求和他们的坚贞情操，表达他们对美好爱情生活的愿望或吐露他们对不幸爱情的哀怨。在藏族情歌中绝无"哥呀""妹呀"的渲染之词，而是用藏族青年纯朴、真切的感情，托物比兴，来歌唱男女仰慕之情。

说谚语 藏族民间谚语是藏族口头文学中流传最早最广、最丰富、最为群众喜闻乐见的语言文学形式之一。由于它词语精练，又常用比喻手段阐明一些事理，所以又常为群众所引用以增强自己的说服力。在藏族社会中，一个人掌握谚语的多少和是否能恰当地加以运用，成为人们衡量此人的口才、才智、学识的标准，也是此人是否受到人们尊重的条件之一。如果一个人善于运用丰富的谚语进行交际，就会受到大家的尊重。当群众中发生了纠纷时，便请此人来调解，遇有买卖交易或订立婚约时，便请此人来做中人，甚至出现部落或地区之间的争斗时，他们就会被推选出来，并代表本部落或本地区与对方进行说理辩论。

跳舞蹈 藏族民众性格开朗、豪放，喜欢歌舞。不论是劳动休息时，还是节日喜庆时，不管男女老少都会聚集在一起，手舞足蹈，歌舞便成为群众最喜爱也最普遍的一种文化娱乐形式。藏族的舞蹈形式有踢踏舞、圆圈舞、手鼓舞、弦子舞、热巴舞和寺院的神舞等，舞姿不同，曲调和风格各异。随着歌舞伴奏的乐器有手鼓、六弦、胡琴、铃，有时也有笛子。有些祭祀舞蹈中，还要吹奏唢呐、击鼓、打钹等。

跳锅庄 "锅庄"是藏语圆圈舞的意思。跳舞时众人围成圈，和着音乐且歌且舞，一般没有乐器伴奏，动作节奏只靠歌声协调。是藏族民众中常见的一种集体舞蹈形式。

跳"羌姆" 羌姆又译为"欠",即寺院神舞,一般都在宗教节日演出,每年都在固定日期,有法王舞、鹿舞、狮舞、骷髅舞等,每一出舞蹈一般均有一僧侣,头戴黄色法帽、身穿袈裟、手捧哈达、点燃高香,在前边带路,众人起舞。舞姿轻捷、简单而又稳健,表演动物形象十分逼真精彩。宗教舞蹈的乐队由吹管乐和打击乐两类组成。以长柄鼓、长简号为主,还有唢呐、钗钹、海螺等,演奏出大自然的声音和飞禽走兽的鸣叫声。

二 经济活动

(一)游牧经济

放牧 传统社会生活中,牧民放牧各类牲畜,游牧范围限于本部落所属草场以内,分季节逐水草而牧。既不种植饲料饲草,也无改良草原措施。无论冬夏,牧民白天把牧畜赶到山里放牧,晚上将牧畜收回露宿在帐房周围,只将牛拴在"挡绳"(拴联牲畜的长绳)上,以免走散丢失。羊群是不用圈的,到了冬天,只给母牛和母羊用牛粪冻结成矮墙为圈,其他杂畜也不建圈。每年藏历三月牲畜进入春窝子,五月左右进入夏窝子,在夏窝子放牧一般长达五个月左右。到九月间移牧于秋窝子,十一月进入冬窝子。夏秋两季牧场选择地势较高的地方,冬春则在低洼处避风,气温稍暖的山沟。每年的七、八、九月,是各类牲畜抓膘的季节,且延长放牧时间,并采取"散牧"方式,多换草场、勤搬圈。一般说,夏秋草场面积占 70% 左右,冬春草场占 30% 左右。由于冬牧场范围较小,牧民又没有修圈和储草过冬的习惯,因此牧畜全靠秋膘丰肥,作为越冬的基础。

牲畜配种 配种也是饲牧技术中的重要一环。选种时,公母畜都要选择。选种公牛时,要求其身躯强壮高大,带有野性。对于母畜是在屠宰时,留下产奶量高、产仔多的母畜。配种时间一般是在天高气爽、百花齐放的时节。配种时间过早,会影响仔畜过冬以及配种母畜的产奶量。

拔牛毛 传统牧民的生产工具极为简单。剪羊毛没有剪子,用刀割。一个好劳力，一天可以割 30 只羊的毛。牛毛一般用手拔，即在一根木棍上刻出一道槽。缠住牛毛后用力往下拔。这种劳动一般由两人进行，先把牛捆住，然后才能将其按住拔毛。两个劳力一天可以拔 20 头牛的毛。

（二）畜产品加工

打酥油 酥油是牧民的重要食物，在果洛本地内部进行物资交换时，也常以酥油为一般等价物。这项劳动由妇女承担。一般说，一个妇女每天能加工 200 斤鲜奶，可提取酥油 15 斤左右、曲拉（奶渣）6 斤左右。由于打酥油用的木桶极缺，许多牧民用羊皮口袋盛奶，反复摇晃揉搓，使酥油从奶液中分离出来。

织帐房 织造牛毛帐房是牧民家庭中一项较大工程，常需在牧户间互助，集中较多劳力进行。各家的帐房，都由各家自己将料备齐。织一顶中等帐房，需用 150 斤牛毛。

鞣皮子 畜产品加工虽然都是家庭手工业，但无论织帐房、制靴还是鞣皮子，都需有技术较一般人好的能手，这些人往往被称为匠人。鞣制牛、羊皮也是一项重要的畜产品加工劳动，男子一般都会。普通牧民各家自己鞣制。鞣一张羊皮需要两三天，鞣一张牛皮需要五六天。

缝制衣物 皮袍、皮帽及简便的皮靴，通常是各家牧民自己动手，有时也集中两三个男劳力，花两天时间即可缝成一件皮袍。

（三）疫病防治

在畜牧业生产中，牧民最大的威胁之一是畜疫。过去，口蹄疫、牛肺疫等是对牲畜危害极大的疫病。由于缺医少药，每逢大疫病流行，往往是由寺院和部落头人共同组织大规模的宗教活动，求神拜佛以禳灾祛疫。在长期的生产实践中，牧民们也逐渐积累了对一般常见畜病的一些土法防治经验，在当时的社会条件下，起了一定作用。有些防治疫病的办法，据说颇有疗效。

马病　一种是流鼻涕，此病易发生在春季、夏季之间。发病后，马经常流鼻涕。一般发病率达 40%。土法治疗是给病马灌兔子肉汤和孩童尿。另一种是癫子，这是马在夏季天气炎热时容易发生的皮肤病。其治疗方法是，用有哈喇味的酥油涂于病马患处。

牛病　牛瘟病一般易发生在夏季牛肥壮的时候。传染快，死亡率可达 40%~50%。土法治疗时，宰一头病牛，取血给其他病牛喝。另外，将一种藏语称为"止"的药与黄羊血和在一起，给好牛灌服，等其鼻子处血管涨起后，刺破取血，灌服给别的牛喝。牛炭疽病易发生在五六月间，土法治疗是用 3~4 寸长的锥子在牛左肋骨，即从牛身中间前数三条肋骨，离脊三寸处扎刺出血。牛肺疫的土法治疗是宰一头病牛，取血与肺煮成汤，加配肚粪、百叶、香柴、沙柳等捣碎后给其他牛灌服。

羊病　羊羔痢的土法治疗是用白石粉堵上羊肛门，几天后可治好。羊痘易发生在夏季，传染快。土法治疗时，是在羊群中洒上自烧酒，羊闻到酒味羊痘便可治愈。此外，给母畜吃一定数量的蜗牛可以保胎。[①]

三　信仰活动

（一）自然崇拜

风　风由于经常吹倒墙屋、刮毁草木，带来更多破坏和灾难，因此，风往往被认为是阴险、凶恶，人们对它不是仰慕和供奉，而往往是躲避，以免受害。迄今在藏区部落中尚存在这些现象。如在青海海东化隆藏族多巴农业部落中，每当天气阴沉、狂风乱作时，人们都认为今天哪里会发生战争了。因为刮风时的情形与战争中的硝烟场面相似。在一些部落中，还流传着一种说法，若周围刮起狂风，其中一定附着鬼。这时，要狠狠吐几口唾液，赶紧躲开，否则，受害无疑。此外，人们还认为山口或隘口不得休息，更不能住

---

① 邢海宁：《果洛藏族社会》，中国藏学出版社，1994，第 70~74 页。

宿，因为那里是黑风鬼的嘴口，容易遭到它的袭击。

雨神 雨水与龙神有着一定的"血缘"联系。龙神又称为水神，因此，龙又是雨水的主人。过去藏区求雨到海子、泉水等龙居之地。求雨的巫师必须穿蓝色的服装，手拿蓝色的供品，因为龙生活在蓝色的江河与大海中，喜欢蓝色，所以开始求雨时，巫师从龙所居的泉中取九勺水，分别装入九个蓝色的瓶中，放在泉水的四周，然后手拿龙最喜欢吃的黑白两种芥子，呼叫龙神之名。这里呼叫的龙神，据称都是分管雨水的龙神。所以它们的名称都与降雨有关。如藏语"朱扎"，雷鸣之意；"罗久儿"，闪电之意；"曲吉"，涨水之意；"恰柏"，降雨之意。叫完了这些神名后，巫师站起来分别向东、南、西、北四个方向磕头、吹气，接着把黑白芥子撒进泉中，把九个瓶子中的泉水也泼向泉中。据称如此仪式能立即招来大量的雨水。①

雹 在青海海东化隆的科巴部落和循化的文都部落中，每年农作物长势旺盛、雨量充足的时候，会有一位懂巫术的防雹师住在山间，念经诵法，以预防雹灾。寺院里也举行为民众预防雹灾的佛事活动。一般在夏季农历六月初一至十五日间举行，其间严禁妇女来寺朝拜，僧人不得以任何理由离寺外出。

土地神 土地神管理着地上生长的花草、树木等一切植物，并且还掌管着地下的金银宝藏等，藏区各地部落还存在对土地神的祭祀仪式，在青海农区各部落中，家里盖新房时，首先要在地基上打一小土台，然后煨桑，摆上供品，请求土地神保护。否则认为土地神会发怒，会把垒起的墙推倒，使盖好的房屋倾斜，甚至倒塌。此外，还要在地基四周埋下装满各种食物的陶瓷宝瓶。有的地方在春耕开始前，要专门择一吉日开始耕种，用狐狸肉烟熏耕地的所有农具，以除凶消灾。另外，对开播时犁头的朝向也特别讲究，一般不朝向当年的种稼神方位开耕。

山神 山神崇拜是藏族部落中普遍存在的自然崇拜形式之一，以自然山

---

① 格勒：《论藏族文化的起源、形成与周围民族的关系》，中山大学，1988。

体为崇拜对象，祭祀山神主要的仪式内容有祭"拉则"，放"隆达"，转山等，青海同仁地区的藏、土族群众每年藏历六月，还有以舞蹈献祭山神的特殊仪式，称为"周卦鲁绕"（六月会）。人们通过各种祭祀仪式，祈求山神保佑风调雨顺、百姓平安、五谷丰登、六畜兴旺。在安多地区众多的神山中，阿尼玛卿神山的地位和影响在农牧民心中比较大。

龙神 藏语中的龙（glu）泛指鱼、蛙、蛇等水族。人们认为龙是人间424种疾病之源，瘟疫、伤寒、天花、麻风病等都与之有关，给部落生活带来很多不幸，因而，人们往往在龙神活动频繁的夏季向它献祭，以求赐福免灾。人们认为不能向河水中抛垃圾、秽物，撒尿、吐痰等，特别是河源泉眼处，以免触怒龙神而遭到惩罚。对龙神的祭祀活动由法师主持，煨桑、诵经、祈祷，献祭龙类动物爱吃的食物，投入河中。青海湖祭海就是规模盛大的祭祀龙神的仪式。

家神 家神就是保护家庭人畜安全、防止厄运祸害的神，有时还代为家庭报仇雪恨，充当战神和财神的角色等。家神藏语称为"尚玛"，没有具体的形象。由于家神为家庭利益的保护神，承担着家中一切财产、名誉乃至生命等多方面的安全保护责任，所以，它一般都表现得比较机智、敏感，而且也比较凶狠、善斗。倘若部落中的两个家庭发生矛盾，结下怨仇后，双方便在暗地里秘密地放咒，意欲置对方于死地。这其中家神扮演了最主要的和最有力的角色；换言之，人们凭借家神之威慑，而使仇家遭灾遭难。这种斗争，并不是在家神和家神之间展开，而是家神与人之间展开，各有其主。人们往往会听说某家的家神以其神力把仇家弄得人畜不宁、家破人亡的故事。他们往往把自己家庭中不幸的遭遇，推测到仇家家神身上，认为是仇家通过家神放咒的结果。家神还可以帮助主人寻找财源，使家庭富裕、美满。但对家神必须认真供祀，侍候周到，讲究卫生。反之，家神不但不帮助主人，反而会把家中牲畜财物皆咒死。因此，各部落都十分重视家神，亦特别注意对它的供奉、祭祀，更注意讲究家庭的卫生。无论是厨房、客房或是草库、畜圈，还是院落周围，都收拾得干干净净。认为这是家神的要求，也是对家神的尊重。

灶神 灶神的主要职责是管理灶台，涉及做饭、柴火、火等。与家神一样，没有具体的形象，一般都以灶台与炕分界的板墙作为臆想中的灶神的神龛，而做些必要的供祀。每逢娶亲、过年等节庆时日，早晨进餐，先要向板墙上泼洒一点，然后才吃喝。打酥油也如此，先把刚取出的一点酥油抹在板墙上，让灶神享用。在有些部落中，认为农历腊月二十四是灶神降临的日子，这天每家都忙着修整灶台，洗刷餐具，铲除锅底的黑灰。临近天黑时，灶台上点燃几盏佛灯，全家老少向着灶神磕三个头，然后，一家人高高兴兴地吃一顿丰盛的晚饭。平时人们都特别强调灶神周围要干净。饭前饭后擦锅台，不能将头发、指甲、家禽羽毛、兽皮、骨骸以及其他脏物放入灶膛。认为若这样做，灶神就会就会动怒，使家人染病，甚至死去等等。

（二）图腾崇拜

猕猴图腾崇拜 在藏族民间广泛流传着一则《猕猴与罗刹女》的族群起源的神话。观音菩萨为一神变示现之猕猴，授具足戒，遣往西藏雪国修法，与一岩罗刹女结婚。婚后生下六猴雏，互相繁殖，生活在树林中，采野果为食，后观音菩萨赐以青稞、小麦、豆类、荞麦、大麦，于是饱食诸谷，毛尾转短，能作言语，遂变成人。这就是藏族人的祖先。藏族部落视猕猴为祖先，构成了他们的图腾崇拜体系。相传在母猕猴居住的山南泽地方有一个洞穴，被称为猴子洞，猴子洞里供着一尺来高的猴子像，她坐在一丛鲜花上，手捧着一个微微闪光的宝物，憨态可掬，亲切感人。周围挂满了经幡，贴满了经文。她的座前，是人们前来礼拜献祭残留下来的灰烬。相传是猕猴因种植粮食而变为人的地方被称为萨拉——神土。人们相信，挖取这块地里的土带回去就会聚宝发财。据说，不少人在春播前夕，不辞路途劳累，从千里之外来神地取土回家，祈求丰收。

猕猴图腾崇拜对于部落文化艺术的影响也非常大，在他们的装饰、图画、雕刻、音乐、舞蹈等方面都有所表现。时至今日，在青海海东农区部落聚居地，都有猕猴木刻造型图腾，用墨色剂或墨印在素纸或白布上，张贴在门楣上，作为镇魔驱邪的保护神。正如藏族部落中有句谚语所说，"门前贴猴像，神鬼不敢闯""大神（猕猴）守护家院，免遭三灾八难"。随着猕猴图腾崇拜的发展，相应地有了图腾禁忌。至今藏区各部落中有许多这方面的习俗。部落成员特别尊重图腾动物，不但自己不伤害、杀害它们，而且还尽力保护，防止它们被他人杀害。

牦牛图腾崇拜 从一些史料和民间部落中流传的神话故事来看，牦牛图腾崇拜不像猕猴图腾崇拜那样普遍和广泛。牦牛图腾虽然也产生于早期某个部落中，并有类似的神话传说流行于某些地区，关于藏族某些部落崇拜的牦牛图腾，在以牦牛为图腾的氏族部落中流传着一则这样的神话："一个名叫色安布的小伙子，从一只小鸟那儿收到山神带来的信，提出要把女儿嫁给他。山神把他的大女儿变成了狮，色安布见了很害怕；二女儿则变成了一条蛇，色安布更不敢要；小女儿则变成了一头野牦牛，并向他发起猛攻，两支角朝天上戳去，又往地下戳来。然而色安布用魔棍一点，野牦牛变成了一个美丽的姑娘。他娶了姑娘，还收到作为嫁妆的一张有魔力的羊皮。很久很久以后……姑娘上天去了，她留下唯一的儿子，就是诺拉克'祖宗'。"当地部落认为其先民与牦牛之间具有血缘关系，认牦牛为自己部落的老祖宗而加以崇拜。

苯教信仰 苯教是藏民族的土著宗教，据藏文文献记载，苯教最早产生于古代西藏象雄部落地区（今西藏阿里一带），创始人为敦巴辛绕米沃且，苯教经典为《十万龙经》。苯教形成后，早期以"笃苯"为主要形式，逐渐传播到以雅隆部落为中心的各氏族部落中。

苯教巫术 苯教巫术在整个宗教活动中占有重要地位。每一项祭祀、消灾等仪式都通过巫术来进行，而且在寺院和部落民间有专门从事巫术的巫师。巫术种类较多，概括起来可分为恰贤、楚贤、都尔贤、朗贤四类。朗贤类较其他类在部落宗教生活中运用广泛且涉及各个领域。巫师很受人们的尊敬，成为部落头人处理族内重大事务的得力助手。曾在吐蕃王朝时期，苯教巫师还升入朝廷，与赞普一起治理吐蕃国政。

朗贤巫术 朗贤巫术又分"拉白"和"拉巴"，均世代一脉相承，是古代苯教巫师的遗裔，不穿袈裟，不住寺院，平时同部落的成员同住同行动，一般没有什么特殊之处。只是遇到部落有战争或其他重大事情时才出面主持敬神山仪式，为各部落的安全向神祈祷，也为各部落牧业生产的丰收而祝福。敬神这一天，各部落的成员都来，像节日那样互相请客招待，做客访问。通过举行这样的敬神仪式，以增强部落间的团结。"拉白"还参与部落的战事，预测胜败，祈求神灵佑护。他们为本部落以及部落内各家庭解决难事，巫师则以他的巫术来帮助人们寻求解决问题的答案。

第三节　部落习惯法

一　生产法

所有权制度 所有权制度是藏族部落法的重要内容之一。许多部落对辖区内财产（包括动产和不动产）的所有权、占有权及使用权有着习惯性规范。一般来说，部落辖区的许多动产（诸如牲畜等）归领主及寺院活佛等所有，部分属牧主和平民所有，至于不动产（诸如土地、草场等）虽然形式上归地方政府或部落所有，但在长期的生产实践中，却往往被首领、寺庙等占有，不少地区的土地、草场等成为部落上层首领及寺院上层僧侣的私人财产。

部落首领占有制 这是指世俗领主（部落中、上层首领）对其辖区内的土地等生产资料在一定期限内（或长期）享有占有权的状态，是藏族部落土地的主要占有形式。历史上，中部藏区各地形成了许多大大小小的部落，这些部落（尤其是大部落）常常处于相对独立的状态。在其辖区内，生产资料和生活资料，甚至部分属民（如囊生等）都归领主占有，并具有支配权和使用权。而且上述诸多权利还可以世袭，除了特殊情况（如违法）外，作为土地所有者，政府不会强制没收领主的土地，亦不会将土地转赠他人。这样，作为领主，对土地拥有支配权和自主经营权，可以由自己直接经营，或由亲信等代理经营，还可以出租给他人（一般为差巴等）经营。在出租土地时，可以按习惯选择地租形式，并确定租额，他人无权干涉。租期满后，有权更换承租者，甚至在不影响缴纳政府差税（即通常所说的"外差"）的前提下，可以将土地用以馈赠、转让、抵债、陪嫁、典当等。此外，在部落首领占有制下，首领在辖区内还拥有荒地开垦批准权。诚然，部落对辖区内土地的这种占有权、支配权和使用权，具有一定的前提条件，即必须受部落既往成规的制约，或对地方政府支付一定的差役，缴纳相应的税赋。当然，上述两种制约因素在各个部落的具体表现则有着一定的差异。

寺院（上层僧侣）占有制 寺院（上层僧侣）占有制是指以僧侣集团或少数上层僧侣为占有者的土地占有形式。在1949年以前，寺院（上层僧侣）占有制曾普遍流行于藏区各地。究其原因，与藏区宗教信仰密切关联。由于藏民族崇信藏传佛教，众多大小寺院遍布各地。寺院不仅是僧侣诵经弘法的场所，同时也是藏区政治、经济和文化的中心。寺院开展宗教活动，扩建、修缮殿堂等，都需要大量的资金，而仅仅依靠善男信女的布施是远远不够的。为此，有些寺院及活佛依靠世俗权力拥有个人的附属庄园或牧场，占有大片的土地及其他各种生产资料，并利用这些土地及生产资料敛取财富，用以宗教活动开支和僧侣生活费用。

寺院（上层僧侣）占有制形式有两种形式。一是集体占有。历史上，藏区寺院不仅是僧众诵经弘法的"据点"，而且还具有一定的经济实力。在农业区，常常占有大量的农田。诚然，这种占有权有时归整个寺院所有，有时则归寺院中的僧侣组织——"扎仓"所有，然而，不论是由整个寺院占有，还是由"扎仓"占有，都属于集体占有的范畴，收入亦用于寺院（或扎仓）。二是私人（活佛、法台、大管家等）占有。在寺院（上层僧侣）占有制下，大部分土地归寺院（或扎仓）集体占有，但是，也有一部分土地的占有权属于私人所有，活佛等少数上层僧侣利用特殊的身份，通过各种渠道，将土地据为己有后，派专人经营，或出租给教民，收入归己。

寺院自营 寺院自营就是部落首领对其自营地的经营形式。在历史上有些地方的部落首领对辖区内的农田等拥有绝对的占有权。因此，他们往往利用特权，将辖区内的一些土质肥沃、经营方便、水源充足的农田划归为"自营地"，或亲自负责农业生产的组织、管理工作，或委托他人代理经营。不过，不论是哪一种经营方式，其经营程序则大致相同。同时，在整个农业生产过程中，什么时间从事何种农活，由何人支服劳役，每户支服多少，都由头人或代理人掌握，差户必须绝对服从其安排，如果不按时或按要求支服规定的差役，头人或代理人有权处罚，或鞭打，或延长支差时间，或加大劳动强度等。同时，部落首领的自营地从播种到收割，各种农活都由差巴和"约波"（有的地方也称"囊生"，即家奴）承担。差巴一般按税额支付劳役，在付完规定的差额之后，则可经营自己的土地或从事其他活动，首领一般不予干涉。然而，"约波"则不同，他们没有具体的差额，凡有农活，都必须随时去干。农闲时节，则在首领家中做杂活，一年到头，得不到休息。民主改革前，大部分部落首领的自营地采取分散经营的方式，即按差户应支付的税额，将自营地划给各户耕种、管理，秋后收回全部收入。人为因素造成的歉收，则责令差户赔偿，有的地区还规定最低产量，不足部分由差户补足，但超产部分全部归首领，作为实际耕作者，差户分文不得。大部分差户一般都由自己耕种首领的自营地，但因劳力不足，或缺少畜力等，则可雇人耕种，但被雇用者的工资、伙食等费用则全部由差户承担。自营地委托他人经营时，首领则要向代理人支付一定的报酬（或实物，或金钱），也有的划分一定的工俸地。

差岗 部落首领将其余土地作为份地，划给差户经营。部落首领向差户收取"差"（藏语"税"的音译）。差地经营者——差巴具有独立经营权，种什么，种多少，什么时间从事何种农活等，完全由差户自己决定，部落首领一般不予过问；在缴纳规定的赋税支付一定差役的前提下，差户对差地具有一定的继承权。父地子种，子孙沿袭，头人亦不随意收回；在不影响差役和赋税的情况下，差户对差地还具有某种意义的占有权，即在经营期间，差户可以将差地用以出租，也可以抵债、典当，但这主要就差地的使用权而言，且具有一定的期限。超过期限，将受到头人的干涉。

播种　对播种时间做了统一规定，不准提前，也不能延后。青海果洛地区规定，除闰月，每年于猪月择吉日开犁耕种，继而平田土，碎僵块，下籽种，提前或延迟开犁春耕者，都将予以处罚。

护苗　藏族农业区，几乎各地都制定了一整套的护苗制度。自播种后到秋收前，严禁人、畜下地践踏农田，牧畜禁食庄稼，以确保农作物不受损害。1949 年前同仁浪加部落规定，下种后如有牲畜践踏农田或进入麦苗地，均罚白洋 3 元。在果洛地区，下种后至秋收前的时间内，耕畜、乳牛等均轮户值牧，如践踏农田，或吃了庄稼，或属民在田边及渠旁割草、砍柴，均以破坏青苗罪处罚。

修渠　为了确保农业丰收，各地都积极兴修水利，并对破坏水利设施的行为予以严厉处罚。在大部分部落，每年冬、春季节都要进行大规模的修渠活动，并对修渠中的有关事宜做出具体规定。同仁的浪加部落，每年集中修渠时，各户必须派人参加，且只要成年男性。如果家中没有男性劳动力，则必须备礼向"求德合"求情，在得到宽免后可以不参加修渠。否则，一次不参加，罚青稞 5~7 碗（每碗约 1 斤，下同），两次不参加罚青稞 10~14 碗，依此类推。同时，对参加修渠者拿的工具（铁锹）亦做出了限定，如果太小（不足 5 寸），罚青稞 9 碗。一些地区，家中没有男性劳力参加修渠，可以雇人顶替，但雇主要支付一定的工资。如果无故不参加修渠，则被取消用水权。另外，大部分地区修渠时，一般并不规定具体天数，而是以修好渠道为止。有的部落则根据每户耕种份地的数量确定劳动天数，每个农户必须完成规定的天数。

浇水　为了维护浇水秩序，避免用水纠纷，各部落根据当地实际，制定浇水时间表，分片、分户安排顺序和时间等。关于浇水次序，在水资源丰足的地区没有太大争议，既可以从下游开始，逐渐上移，也可以从上游开始，逐渐下移。但在水资源缺乏地区则不同，实行轮换制，即今年从下（上）游开始浇水，明年从上（下）游开始浇水，循环往复。各户不得抢浇、偷浇，违犯规定者要予以罚款，或取消用水权。

祭祀 藏区地处青藏高原，气候多变，自然灾害频繁。每年自麦苗出土到收割完毕前，或干旱，或冰雹，或病虫害等，不时危害农作物。在生产力水平低下的条件下，人们对各种灾害无法预防，于是便求助于神灵。每年各地都组织各种祭祀活动，祈求神灵降福驱灾，以确保农业丰收。许多部落规定，举行祈雨、驱雹祭祀活动时，各户成年男性必须积极参加，且祭祀活动的全部费用由各户分摊，任何人不得以任何理由拒绝参加或不承担费用。否则，或处以罚款，或在当年秋收打碾时罚扣一定的粮食。

收割 每年收割前夕，各部落都组织属民举行顶经活动，这一活动既有祈求神灵保佑农作物不受灾害之意，同时也有向神灵立誓不违背收割储存规范的用意。许多部落规定，作为全体属民必须自觉参加，否则，日后发现麦子被盗割，麦捆被盗运时，将由未参加顶经者赔偿。收割的时间，在大部分部落往往是统一的，不允许属民单独提前或推迟下地收割。如同仁浪加部落，收割时间由"求德合"确定，属民必须严格遵守。同时，"求德合"还规定每户下地收割的人数、牲畜等。秋收完毕，每户给"求德合"交青稞6碗，以作酬谢。

迁移帐圈 在牧业区，帐圈迁移中的许多问题，诸如迁移时间、地点、范围等均由部落首领召集各分部头人勘查决定；迁移帐圈时，部落属民必须为头人支差，违者处以罚款（物）等。另外，绝大多数部落就帐圈迁移的时间做了统一规定，即从何时开始迁移，至何时结束。作为部落属民，必须在规定的时间内完成搬迁任务，否则，将予以处罚。处罚方式及数额，则因部落的不同而有所差异。如青海果洛地区一些部落规定，提前搬迁者，头人罚牛，平民罚羊。在青海海南阿曲乎部落，属民不论提前或推迟搬迁，均罚牛1头。青海岗察部落属民提前或推后搬迁帐圈者，均罚羊1只或酥油若干斤。也有一些部落对属民提前或推迟搬迁帐圈的处罚以具体时日计算。

草场租借　在部落社会中，作为部落的一员，属民在承担相应的赋税及差役的前提下，可以在本部落辖区内的一定范围内（头人的私人草场、寺院的草场除外）从事畜牧业生产，但作为外部落成员，则没有这种权力。大部分部落都严禁外部落成员在辖区内居住或放收，否则，按错居和越界放牧论处。诚然，也有的部落因草场丰足，牲畜较少，允许外部落及其成员借（租）用部分草场，但必须事先备礼向部落首领申请，并得到允准。在甘青牧业区的许多部落中，凡外部落属民在本部落辖区内居住或从事畜牧业生产，必须向首领缴"人籍礼"。"人籍礼"的数量及品种，在各部落并不相同，且因使用草场的面积、停留的时间、与首领的交情等因素，没有定制。青海海南的千卜录、黄科部落规定"入籍礼"为1只羊、1条哈达，或1包茶、1条哈达；海北岗察部落为1匹马、1头牛或1只羊，最少的为1包茶、1条哈达。在青海海南的阿曲乎部落，凡外来户要向千户送银两、绸缎、牲畜、茶叶、哈达等礼物，请求借用草场。作为迁居但不入籍的外部落属民，则要送1只羊，且每年按规定缴纳赋税，但在本部落居住时间不能超过10年。否则，必须入籍，才能在当地定居。诚然，有的外部落成员与本部落的首领沾亲带故，即使不送礼，也可以在本部落辖区内定居或放牧，其他属民无权干预。对于过境商队借用部落草场，一些部落亦按外部落属民对待，即要向首领送礼求情。否则，不能使用本部落草场。青海阿曲乎部落规定，过境商旅应向首领送礼，不然将按犯境论处，即根据商旅的人数及牲畜头数扣罚牲畜或财物。同时，如发生丢失、偷盗、抢劫等，不予受理。有的部落规定，其他部落成员在公地上放牧，1个月之内不需缴草钱，超过上述期限，则要备礼请求首领同意。否则，要收取租金，或禁止放牧。外部落牧户在公地居住超过3个月，部落首领将出面干涉，令其搬走，或承担赋税。

草场调整　在疆域相对稳定的部落，草场都是固定的，即年年都在同一草场进行放牧，但是，有的部落则规定，每过几年（通常为3~5年）便根据牲畜的数量变更草场，牧畜多的分部占得草场大一些，反之，则小一些。有的部落在草场调整中将若干牧户编成一组，在同一草场放牧。作为牧户，不得自行编组。另外，在部落草场调整中，头人拥有优先权，他可将优质草场划为自用，禁止其他的牧户放牧。在大部分部落，草场调整按照一定的程序进行，即每到草场调整的时间，部落首领便召集各分部头目清点各分部、各帐圈及各牧户的牧畜数量（也有的由各牧户自报牲畜数，部落首领或亲信复查），将各类牲畜数量记录在册。然后，按各牧户实际拥有牲畜量从公共草场划分相应的草场，但部落首领及其亲信的私人草场不在调整之列。牲畜数量相等，草场面积相近，草地质量有一定差别时，则按掷骰方式来确定。有的地区在划分草场时，按一定面积将草场划分成若干份，牧户相互搭配组成帐圈，划片分配。草场划定之后，一般订立文契，写明各牧户或生产单位所占草场的名称、面积、地界等，并画押盖章。各牧户或生产单位在规定的时间内搬入新的草场从事牧业生产。三年后重新划分，如此循环往复。一般来说，对于新划定的草场，各牧户（或生产单位）必须无条件服从。否则，部落首领将有权没收草场。当然，有些经济富裕的牧户贿赂头人，因新草场一般为劣质草场之故，不愿搬到新的草场。作为普通牧民，也有经过双方协商，由面积小或劣质草场使用者补给对方一定的款或物，双方可以不予搬迁。对于这种局部调整，要事先报告首领，求得首肯。同时，税赋则按新划定的草场征收。

"杰约其约" 牲畜租佃形式之一。这种租佃方式是租额往往根据牲畜的存栏数相应增减，故又称"杰约其约"（意为"有生有死"）。在协畜租牧中，畜主将母畜交给承租者，由其放牧，每年根据不同牲畜的产奶量等向畜主交纳一定数量的畜产品及繁殖的全部幼畜。承租的时间内牲畜一旦死亡，则可在一定范围和条件下予以注销，不再由经营者赔偿。关于牲畜租佃程序问题，各地并不相同。通常情况下，既不需找保人，也不需送礼，牧户可以直接或通过一定关系向协主或协畜管理人员提出承租请求，只要协主有牧畜，并且愿意出租，经双方协商，即可建立租佃关系。租佃关系正式确立之后，协畜便由承租者直接经营管理，协主只负责收取牧租，并不过问具体经营事宜。但是，协主对协畜仍拥有绝对权力，可以收回、出卖，或作其他用途。

放协期满，如果承租者愿意继续承租，则可在交清牧租后连续承租，不再办理任何手续，但不愿承租时，则向协主说明情况，交清协租，并归还全部协畜及繁殖的幼畜，这样，租佃关系自行解除。

"杰美其美" 牲畜租佃形式之一。这种租佃方式的特点是，在承租中，牲畜增减，租额不变，故又称"杰美其美"（意为"无生无死"）。在其美租牧中，畜主将牲畜交给牧户，由其放牧经营，不论牲畜数量增加或减少，租额固定不变。这种形式与"有生有死"尽管都属于租佃范畴，但内涵不尽相同。前者协畜增加之后，租额随之相应增多，繁殖的幼畜一律归协主；后者尽管牲畜增加，但租额固定不变，繁殖的幼畜归承租者所有。前者在一定范围和条件下，协畜死亡后可以注销，免交牧租；而后者则不同，即使牲畜全部死亡，也要按规定及时交纳牧租，不得拖欠。承租期满，还得赔偿全部牲畜。与"其约"一样，"其美"的牲畜主要为牛、羊，且绝大多数为母畜。有的地区亦有用公畜或货币发放"其美"的，但数量不多。实行"其美"租佃，租期多为永久性，一旦承租，子子孙孙，不能退租。也有少数地区"其美"牧租有一定期限，届满后交清牧租，重新承租。

"岗" "岗"是农业区部落属民支服差役时的计差单位。岗有内外之别，属民支服内差用内岗，支服外差时用外岗，有的地区实行"岗顿同差"，即政府派差时用"岗"，领主（头人）派差用"顿"计差。尽管"岗""顿"都是基本的计差单位，但二者的比例不同，一般有2∶1、3∶1、4∶1等几种，其中2∶1最为常见。所谓2∶1的比例，即政府两个岗差地所支的差役与领主一个顿差地所支的差役大致相等。

"达郭" 牧业区支差时最常见的计差单位为"达郭"（意为马头），把牛、羊等均折合成马计算。至于折合比率，各地不尽相同。如索宗许巴部落1"达郭"折合比率为4头牛，或8只绵羊，或30只山羊，或4克青稞地（1克地合内地的1亩），或12克芫根地等，也有一些部落不用"达郭"，而用其他单位计差。例如，青海果洛地区以"牦牛"为计差单位，其他牲畜一律折合成牦牛，较流行的换算比律为，"牦牛记一数，犏牛二数，马计三数，羊五只计一，黄牛不计"。

牲畜税 凡有牲畜而未享受特权的牧户都要按牲畜的数目向红保缴税。一般是把所有牲畜折合成牛，按折合牛的总数缴税。有的部落一年征一次税，每头牛征税银一两，或二三元白洋。贡麻仓原从3头牛起征，征至120头为止，120头以上免征；到1949年前改为10头牛起征。有的部落实行一次性纳税，各户所交赋税占牲畜总数的1/10，以后，除新立门户外，不再征税。十头牛征一头牛，五头牛以下征一头牛犊，只有一头牛的要交一只羊的税。有的部落把所有牲畜折合成绵羊，一次性征税。征收额折合绵羊总数的1/20。

酥油税 除牲畜税以外，有些部落征收酥油税，一年一征，无论有畜无畜，一律征收。各部落征收的办法也不同。在阿什羌本就有两种征法：然洛仓，不分户等，每户征12斤；贡麻仓，把牧户分为不同户等，上等户征12~13斤，中等户征5~6斤，下等户征2~3斤。

青盐税 大约自20世纪40年代起，中果洛的贡麻仓开始新立盐税，各家各户都要交青盐一袋，约60斤，如不交青盐，可以用一只羊顶替。

此外，有的部落还征羔皮税、地皮税等。

以上税目经头人派定后，若交不出，家产的全部或一部便会被没收。遇到战事、部落纠纷、大灾役，或举行大的宗教活动，头人还要临时根据需要征派税款。

二 生活法

（一）"贤良白三关"（适用于普通人）

抛羊粪蛋 抛羊粪蛋方法简单，由部落头人或者活佛主持，在平地上画一条中线，原告和被告双方分别站在两旁，由被公认为诚信化身的某一人（多为僧侣）沿中线抛出一定数量的羊粪蛋，以在哪一方一侧的羊粪蛋多少来裁决诉讼的输赢——羊粪蛋多的一方胜诉，少的一方败诉。如果被告一方获得胜诉，原告要给被告一定的物质赔偿，通常称为"面子钱"，类似于现代民事诉讼中的名誉损失费或者精神损害赔偿费。

滚糌粑丸　滚糌粑丸的具体做法是：事先不得让原、被告双方看到，由他人（一般为部落头人）将黑白两张纸条，或者写有"有罪""无罪"字样的两张字条，分别包在两个糌粑丸内，让双方当事人各选一丸。拿到黑纸条，或者写有"有罪"字样的一方当事人被确定为罪犯，对方当事人则为清白无辜者。有的地方则将写有当事人双方姓名的纸团包在糌粑丸中并放在盘内，然后由主持人摇动盘子，以摇出盘子的一方为胜诉方，留在盘子中的一方为败诉方。

起誓赌咒　起誓赌咒即赌咒发誓、吃咒。此类方法主要用于审验犯罪嫌疑人、被告人是否有罪以及证人证言是否真实。具体做法是：在赌咒发誓时，由审判者以及公证人将犯罪嫌疑人，或者被告人、证人带到寺院的神像前尤其是在密宗殿的护法神像前，让犯罪嫌疑人、被告人或证人在神像面前发誓，表明自己是无辜的或者自己所做的证言是真实的。赌咒发誓的誓言大意是：如果自己欺骗了神灵，则让神灵惩罚自己一辈子，或者自己不得好死，或者不得安生等。如果犯罪嫌疑人或者被告人害怕因撒谎遭到神灵的惩罚而不敢赌咒，审判者则据此推定其有罪。如果证人不敢赌咒，则据此推定证人撒谎，以前所做的证人证言不能作为证据定案。在诸多神明裁判方法中，只有起誓最为简便易行，只要当事人面对神像说几句表白的话就行，无须特定的器具和复杂的仪式。

（二）"小人黑三关"（只适用于身份卑微和有前科的部落成员）

捞油锅　此类方式主要用于处理较大的盗窃案件。由于原被告双方争执不下，又没有确凿的证据，部落头人或寺院僧官或苯教师在无法判明事实时所采取的一种神明裁判形式。具体做法是：在审判以前，双方各自牵出商量好的牛羊若干头，作为神明裁判执行的抵押物交给头人。在审判开始后，由部落头人或寺院僧官或苯教师主持仪式，用大铁锅盛一定量的清油点火烧沸，由主持审判者对神祈祷发誓。犯罪嫌疑人或者被告人应对神灵深信不疑，毫不犹豫地将右手伸入油锅，大约 1 秒钟后迅速抽回并用白布包好，由主持审判者加盖印鉴，要求被告人或者犯罪嫌疑人不得私自拆开。时隔两三天之后，由主持审判者当众打开查看手上是否起泡，如果没有受伤，则认定他不是盗窃犯，并由原告赔偿被告名誉损失或者牵走抵押的牛羊，否则即便是没有偷盗也算有罪。有的在油锅中投入斧头，让犯罪嫌疑人或者被告人将手伸入烧沸的油锅中捞取斧头，用白布包裹捞斧头的手并加封，第二天验看，如果没有受伤就确认他不是罪犯，判为胜诉，原告赔偿一定数额的财物给被告。如果烧伤，判为败诉，即使没有作案，也定为罪犯，还要受到惩罚。这种神明裁判方式也叫作"油锅捞斧"。

浑水摸石　浑水摸石或烫泥摸石这种方法一般用来解决根据双方证据难辨谁是谁非、难判胜败诉的案件。具体做法是：在审判开始前，在部落头人或者寺院僧官或苯教师的主持下，用一口大锅盛满冷水，放入泥浆并经搅拌将水弄浑浊，在锅内放入黑、白色小石子各一块。审判开始以后，先由僧官或苯教师对神祈祷发誓，然后令诉讼双方在浑水中摸捞石子，最后由主持人察看并判决摸到白石子者胜诉，摸到黑石子者败诉。

抓取灼铁　抓取灼铁的具体做法是：事先双方当事人先给部落头人一定数目的钱作为裁判费用，抓完之后再交罚款。在抓取灼铁时，一般由部落长官或寺院僧官或苯教师主持，让当事人双方各抓取一块烧红的灼铁，向主持人前方跨三步抛出，然后将双方抓取灼铁之手用布包裹加封，第二天验看，烧起一个水泡，意味着真，即判定胜诉；烧起两个水泡为半真半假；烧起三个水泡意味着在陈述中掺假，判为败诉，给予制裁。有的地方采用抓取镰刀的方法，事先将镰刀烧红，其余步骤与抓取灼铁的方式相同。

（三）婚姻规制

部落婚姻法　部落婚姻法以习惯法形式存在。在部落中以一夫一妻制为多，也有少数一夫多妻、一妻多夫现象，青年男女脱离父母自立帐房，都能得到社会的公认。藏族部落的婚姻禁忌各不相同，但对"骨系""血脉"的禁忌几乎所有部落都无一例外。骨系为父系氏族血缘关系的演变，以姓氏称谓和近亲禁婚观念得到保持。藏族部落对夫妻离婚及财产分配都有规定。果洛部落的规定：夫妻失和，官佐设法使之和好，仍不能和好则审夫妇判离，并分其子女家产。若双方过失相当，便以子归父，女归母之分；财产除去纳税之本父母各得双份，儿女各得一份，婴儿、幼女得半份。若其中一方过失罪责重大，则判其无财产份额。无须调解或无争执自愿离婚者，谓之"拆除补丁"，各取原先已有财产分离。

玉树部落婚姻习惯法　①夫妻失和欲离异，双方父母进行调解，而后由部落头人调解，调解无果准许离婚，所生子女，男跟父，女随母，家庭财产有理的多些，失理的少些。②夫妻自愿离婚，财产各半。③夫妻离婚，孩子尚小，尤其是婴儿，财产都留给抚养婴儿的一方。④夫妻离异，如系一方行为不轨，将之驱逐出门，财产归贞洁一方。⑥离婚时，如果一方不同意，提出离婚一方要承担一定量的"吉日差"（遗弃补偿），补偿牲畜数量由头人决定。未婚青年私下发生两性关系，不会引起非议。而已婚者同伴侣之外的人发生性关系，则要受到舆论的谴责，但私生子不受社会的歧视。①

（四）财产与义务继承

财产继承　藏族部落家庭成员间的地位是平等的，人人都有财产继承权，而且其继承权没有大小，继承也没有顺序可言。分家另立门户之时，按比较公平的方式各人继承自己应得的那一份。在财产继承中，不分男女，也不分亲疏，无论是孙子孙女、媳妇女婿、养子养女、婚生子私生子等，一视同仁，按平均分配的原则，每人一份，有的还给未出生的腹中婴儿也留一份或半份。离婚后返回娘家的姑娘，入赘于他人家庭的儿子重回自家定居，都有和在家的成员一样的继承权。

---

① 陈文仓：《玉树藏族部落习惯法初论》，《青海民族研究》2004年第1期。

家庭成员死亡，其应得的那一份财产由其余的成员共同继承，成为家庭的共同财产，而死者生前穿过或用过的衣服、马、鞍等一小部分财产，作为布施送给为其诵经、超度亡灵的僧人或寺院。家庭成员中有人出家为僧或为尼，其财产部分也由在家的全体成员共同继承，这个人如果以后还俗回家，照样对家庭财产有继承权。如若有人绝户，其财产一般在男方亲属中由亲及疏地继承，而且多数是先父母，后兄弟。有些地方，将绝嗣户的遗产全部送给寺院，或者分配给部落内的其他成员。夫妻离婚，则根据结婚时所带来的财产及离婚事件中各自所承担的责任来考虑财产继承问题。

继承的财产中，牲畜、房屋、货币、粮油等生活资料，一经继承，继承人便有了所有权，他们可以自由支配，比如买卖、馈赠、消费等，而耕地、草场等虽然被分配给家庭使用，也可以继承，但只能继承其使用权，而不能继承其所有权，只能使用，原则上不能买卖。

权力继承 权力在家庭中继承有一定的顺序，第一继承人当然是儿子，第二继承人是女儿或女婿，第三继承人是兄弟、近亲。当子女年幼时，母亲可以代理继承其权力，其子年长后，归还权力。土司无后者，土妇摄政并招赘其他土司的后代，让他们所生子女继承土司职位。如果头人有几个儿子，有些部落让长子继位，有的部落选择其中有能力、能孚众望者继承。有的部落让家族中的其他人继承，也有的部落的继承人由部落群众选举产生。

义务继承 财产的继承往往伴随着对义务的继承，比如，继承了土地的使用权，同时也就继承了那块土地上的差役和赋税，享用土地的同时还要给部落头人和政府承担差税、缴纳贡赋。寡妇从已故丈夫那里继承了其财产，同时也继承了抚养其遗孤和自己转房的义务。如果被继承人有债务，那么继承人就有偿还债务的义务，如果被继承人是被人杀死的，那么继承人在继承其遗产的同时，也就继承了血亲复仇的义务，在部落地区如果儿子不能为父亲报仇，便会成为地方上被所有人斥责、蔑视的对象。

（五）借贷与债务

牲畜贷牧　牧畜贷牧，以牦乳牛为主，也有个别贷牧犏乳牛的，但畜租特别高。贷牧时间多以年计。若连年租贷，每年议租率一次。出租当年产犊的牦牛，最高交租酥油12~15斤不等；产犊隔年的牦母牛，其租率折半；出租当年产犊的犏母牛，最高收租酥油25~30斤不等；出租公牦牛，所产牛毛与畜主各半；出租羊群，每10只羊要交9只羊的毛给畜主，母羊产羔全归畜主。母牛产犊同样租贷牲畜，不准有伤亡。否则，每头牦母牛赔酥油60斤，牛犊赔酥油30斤。若租畜户无畜抵偿，则以其他财产抵偿；无其他财产可赔，则以终身为奴抵债。

钱物借贷　各类借贷，通常是贷钱还钱，贷物还物，利率大致分别如下：白洋借贷，年利率为100%，月利率为10%左右青稞借贷，利率同白洋借贷，茶叶借贷，年利率为50%酥油借贷，一般是冬春放贷，夏秋还贷，利率约50%，若借一年，利率为100%。这种借贷很普遍。牧民遇有紧急事情，需要借贷时，债主常常提高利率放债，有的年利率高达200%。

债务　债务主要有三个来源。一是差税债务：农牧民使用部落的牧场和耕地，就要承担相应的差税，多数部落的差税是固定不变的，若遇歉收年景，就完不成差税，玉树等地的部落采取折税为债的办法，按率计息。二是借贷债务：农牧民若遇天灾人祸，常向富裕户及寺院借贷，而他们多以高利盘剥，有的年利率高达100%以上，日积月累，使不少人背上沉重的债务。三是赔偿债务：违反部落法规的人多处以罚款、抄家、没收财产，使一部分人倾家荡产。近代藏族部落中，无论是债务人还是债权人，或者是局外人，都认为自觉偿还债务是天经地义的事，否则要受到习惯规范的惩罚。对无力偿还债务者主要采取抢夺财产或降为奴婢两种方法进行处罚。

（六）其他

卜卦　卜卦这种方式一般用来处理部落之间的纠纷或者部落内部一些重

大案件。如果两个部落之间发生纠纷，往往需要请寺院出面调解。部落内部的一些重大案件，如果经头人调解无效之后，也需要寺院出面予以裁决。遇到这种情况时，一般由寺院活佛出面主持，采取卜卦的神明裁判方式，依靠神灵来判断是非，裁定胜诉与败诉。

投掷骰子　如果在裁判时，犯罪嫌疑人或者被告人不招供，部落头人或者活佛作为主持人常常让双方当事人投掷骰子，以投得点数多少决定胜败。得点数多者胜诉，另一方则败诉。和卜卦、滚糌粑丸等方式一样，事先双方当事人都必须拿出一定的财物作为抵押。对抵押物的处理方式和抛羊粪蛋、滚糌粑丸、捞油锅等相同。

处置纠纷　在民事规范中，还包括农牧民在生产和生活中所发生的日常纠纷，这种纠纷多由当事人双方私下按习惯赔偿的方法了结。有的地方，如果狗咬伤人，狗的主人要给受害者赔偿一头牛，要是被惊吓则赔偿一只羊。在果洛地区，若狗咬伤人，主人要赔偿或者被罚款；若咬死了禁猎物，也要罚款；如果咬死或者咬伤头人的牲畜，处死狗，还要对狗的主人处以罚款并要赔偿被咬死的牲畜；打死别人的狗，要赔偿一匹好马。牧区经常发生牦牛顶撞骡、马致死的纠纷，因牦牛角要染上血迹，牧民把这类事件称作"血染犄角"。如果被顶死的是马，而且亲眼所见，则把"血染犄角"牛立即交给马主即可了事；顶死的若是骡子，除"血染犄角"牛外，还要向骡子的主人赔偿一头 5 岁牦牛。如果双方都没有亲眼看见牦牛顶死马或骡，则要进行调查。

惩罚　有些部落，农牧民之间吵嘴、打架要罚款，若在头人家附近吵嘴、打架，则认为有损于头人体面，要严肃处理。民国年间，海南有的部落对打架未伤的，双方先各罚一定的款，叫"陈西合"；分不清谁是谁非，双方各罚相等的款，叫"达连"；一方输理受罚，叫"架早里"，金额不定。如果拔了发辫，视为情节严重，罚 16 方布（约 3 丈 5 尺），若拔了牧主、头人子女的发辫，罚得更多，有的多达一两百块银圆。

私了　藏族部落的男女关系问题中出现的纠纷多按当地习俗私下解决。与未婚姑娘发生性关系而生下孩子，无论是男是女都归女方，但男方要给女

方一定的抚养费，抚养费的多少因地而异，果洛地区要按门第的高低，处以
马匹、牦牛作为抚养费，藏北一般要给一头牦牛或六只绵羊。青海有的部
落规定，在女人家争风斗殴要交忏悔费，若是未嫁姑娘，就给其父亲一支
枪；若是有夫之妇，要给她的丈夫一匹马、一支枪和银钱若干。但在实际生
活中，对已婚者通奸案的处理因地而异。在果洛地区，与有夫之妇生下私
生子，要进行"过甚"的忏悔赎罪，抢夺有夫之妇，一般按其身份依照上、
中、下等级处罚，抢夺土官之妻，则作为特殊案件严肃处理。

三　刑罚

（一）民国时期藏族"四法"

1. 杀人者赔命价

按血统的高低贵贱将死者（不论男女）分为上、中、下三等，相应地
按三等赔偿。命价分为三部分：第一部分为"调头费"，意思是使被杀者的
亲属从势不两立的复仇感情上转回来，杀人者一方表示认罪赔偿；第二部分
是真正的命价，也叫作"正命价"，这是经头人调解，双方共同承认的命价；
第三部分为"煞尾费"，冤仇从此了结，不许追悔。

命价等数额　上等人的命价大致包括：调头费白银 50 两；凶手的坐骑
和杀人时所用刀枪；死者亲属指定的马 5 匹、枪 5 支。杀人者还需向受害者
亲属交"铺垫钱"马 1 匹、枪 1 支，向头人交纳"忏悔费"白银 250 两。正
命价包括：母牦牛 100 头；给死者兄弟的"安抚费"白银 150 两、马 5 匹、
枪 5 支；给死者母舅方面的安抚费为给死者兄弟所付安抚费的一半；给孤儿
寡妇"拭泪费"白银 10 两。此外还有死者盖尸布 1 匹、驮尸牛 1 头、鞍具 1 套。
煞尾费一般是马 1 匹、超度死者的诵经费适量。中等人的正命价为母牦牛 70
头，下等人的正命价是母牦牛 50 头。二者的调头费、兄弟安抚费、母舅安抚
费、铺垫钱等，按正命价标准递减；给头人的忏悔费则与上等人相同。

命价交接　命价交接根据"调解处价高、赔偿者眼细"的惯例，一定要

将命价的 1/2 实实在在地交给死者一方，叫"半实"；其余 1/2 则可把枪支马匹折价，算成一般物品赔偿，这叫"半虚"。为了本部落的利益而杀死外部落的人，命价由本部落公众负担；无故杀死外部落的人，命价由杀人者及其亲族承担；无财产赔偿的罚以劳役。

调头费 调头费习惯的说法是："挑衅上等人要赔偿，殴打中等人要赔偿，杀害下等人要赔偿。"致人重伤者，则按致死人命的 1/2 赔偿。凡用兵器伤害人者，如伤者是上等身份的男子，要赔偿血价，计白银 25 两、马 1 匹、枪 1 支，作为"调头费"。然后再缴纳"嘉达日"八十一份，或四十五份、二十七份不等；"嘉达日"是"达尕日"与"达玛日"布匹的总称。布的价格是每匹合白银 5 钱，以此作为赔偿计价的标准。对于中等身份男子的赔偿标准为：调头费为白银 25 两，马 1 匹；"嘉达日"九九八十一份，或五九四十五份不等；对下等人的赔偿为白银 25 两、枪 1 支，这是调头费，然后缴纳四十五份或二十七份不等的"嘉达日"。

调头费标准 在处理此类纠纷案件时，还要看伤势轻重、流血多少，是正面殴伤还是暗中致伤，以及谁先动口、动手等情况，以区别对待。对于只用兵器威胁，情节严重的，或没有伤及身体，只洞穿了衣服的，亦须赔偿命价，称为"松东"（活着的命价）。对上等身份的人要赔偿马 1 匹、枪 1 支为"调头费"。正式的命价须缴纳"嘉达日"八十一份。伤害中等身份的人，要以一匹马为"调头费"，其"嘉达日"为四十五份；对下等人，以一支枪为"调头费"，然后赔偿二十七份"嘉达日"。

2. 偷盗者赔偿

在牧场盗窃者罚忏悔费白银 5 两或枪 1 支；在畜圈内行盗者，罚马 1 匹或白银 10 两，并向头人交忏悔费马 1 匹、枪 1 支。赔偿程序是：第一步先把偷盗的财物折价；第二步是按实际情况赔偿。一般说来，罚赔的原则是内盗严、外盗宽。内盗，罚其盗一赔九；外盗，因地而异，处以盗一赔五、盗一赔三等标准不同的处罚。凡密报本部落内部人偷盗行为的，给密报者奖赏骑乘；若向外部落密报本部落人偷外部部落者则受罚。头人或喇嘛去世的当年，若有人内盗，要罚其向头人或喇嘛的亲属交白银 50 两、马 5 匹、枪 5 支的忏悔费。如在头人或喇嘛的驻所附近行窃，犯罪者要忏悔，并缴纳马 5 匹，枪 5 支。如对"居本"（十长）行盗，也要缴纳忏悔费，名目为向"网绳"（居本帐房的网绳）道歉。

说谎者起誓　判别说谎的办法是赌咒和起誓。如盗窃案件难以判明，则根据案情轻重，由原告被告双方各出相等数额的财产作为抵押，共同起誓赌咒。胜者则为"白人"，判定无罪；反之则为"黑人"，判定有罪。另外方法如下。

揽泥浆　置泥糊浆于大锅中烧沸，由当事双方赤膊光腕伸入沸腾的泥浆中后抽回，用白布包缚，次日当众解开验看，以烫伤轻者为无罪。

抓糌粑团　在两块形状大小相同的糌粑团内各装表示"黑""白"的纸条一张，放入碗内经摇动后，由原被告各抓一团，得白者判为无辜，得黑者有罪。

摸石子　将黑白两粒石子放入一小口容器内，然后由当事双方各摸取一粒，得白者判为无辜，得黑者有罪。

滚油取石　将油置大锅中烧沸，投黑白二石，由双方赤膊伸入油锅取石，得白者判为无辜，得黑者有罪。

抓火斧　将斧子置火中烧红，由当事双方用手取出，以不灼伤或灼伤轻者为无罪。

通过以上任何一种形式的"神判"之后，"有罪"者要以所押财产的 1/3 给头人，2/3 赔偿给"无罪"一方。

3. 夺人妻者赔身价

一般是根据被抢者丈夫的身份地位，分为上、中、下三等进行赔偿。基本上与斗殴致伤者处理办法相同。如果与未婚姑娘发生性关系而生下私生子，男方须负担孩子的抚养费，一般是给女方一头奶牛或一匹马。如果与有夫之妇发生性关系而生了私生子，则所罚付的抚养费比未嫁姑娘更多。

4. 悔婚与离婚

悔婚　已经起誓订婚而又悔婚违誓者，不论是男女哪一方，均需给对方赔偿名誉价。在未婚姑娘家发生争风斗殴者，一要向其家长缴纳一支枪作忏悔费；在有夫之妇家发生争风斗殴者，要向其夫赔偿马、枪、白银作为忏悔费。

离婚 夫妇若不合，尽力调解；调解无效，判决离婚。离婚后，男孩归父，女孩归母。离婚后的财产处置是：抽出支差役的枪、马等，先归男方所有，再按男女双方或是或非及责任大小分别处理。双方责任均等、是非各半，则财物各分一半，并各分给子女一份，婴儿可得半份；若一方犯有重大过失，则一无所得，空手出门。主持分配财产的头人及隆保要从中抽取手续费。凡未经头人判决自愿离婚者，原属自己的财产仍归自己。

审理案件时，头人是当然的审判官。由隆保召集纠纷双方各一人组成调解班子，并配一中间人从中撮合，另设书记员一名。案件按双方当事人的身份，分为上、中、下三等。审判前，当事人双方必须根据案情轻重程度提供审案膳食费：大案各出 4 头肉牛，中案各出 4 只羯羊，小案各出 2 只羯羊。原被告在审案前交出的费用，结案后进行分配：头人得三份，隆保得两份，炊事员、书记员各得一份，其他参与办案人员按头人决定得取。大小案件，一经头人出面判决，都必须坚决执行。如果一方违抗，头人即可对其单独处罚，一般罚白银 50 两、马 5 匹、枪 5 支，还要给隆保交一定的忏悔费。

（二）处理案件原则"八调"[①]

惩处强暴 对那些敢与头人、隆保作对，不遵守部落法规者，要坚决压制惩罚，绝不姑息。

扶助弱小 遇有良善弱小者受到欺凌、诬陷、迫害之时，必须辨明是非，公正地予以处置。

团结对外 本部落或本族亲友遭到外部落欺侮、抢劫时，本部落内部及所有亲友均需团结一致，奋起抗争，同心协力，不怕流血牺牲。

维护声威 为了头人和部落的大计，对于内部的任何矛盾要化解。凡

---

① 自清代及民国以来，"八调"是藏族头人管理部落内部事务、受理各种案件所遵循的八个主要原则。

部落属民均须向头人交税，同心同德，维护本部落的声誉。①纳税以户为单位，分为特等户、上等户、中等户、下等户。②纳税户的等级以拥有牲畜数量多少为划分依据。各类牲畜统一折合为牦牛计算。有300头以上者为特等户，有200~300头者为上等户，有100~200头以上者为中等户，有50~100头者为下等户。超过300头牲畜者免征；下等户以下者免征实物税，但须服差役，包括对外作战、追捕盗贼、传令送信等。③牲畜折合办法是：1匹成年马折合牦母牛5头，1头犏牛折合牦母牛2头，牦犍牛1头计1头，绵羊5只折1头牦母牛。黄牛及未长牙的幼畜、已掉牙的老畜不进行折合计征。④新成家立户者，头人赠给灶具等，三年内免征税。⑤绝户人家的遗产要向头人交一部分税。⑥所属部落若外逃，出兵追回，罢免小头人，没收财产。⑦外部落前来投靠者，给予保护，数年内免征税。

表彰君子　对那些尊上爱下、乐善好施、德行高尚、能言善辩、足智多谋者，给予表彰。

贬抑小人　对那些编造谎言、背信弃义、寡廉鲜耻、挑拨离间、里通外部者，予以贬抑。

褒奖贤良　对那些仇视敌人、爱护亲友、尊上守法、对部落有重大贡献的家族免除赋税，对作战有功者，按其贡献大小，给以"达彦"称号，终身或定期免除赋税，或奖给枪支马匹。

惩处坏人　新中国成立以前，对触犯部落法规的人，依据其罪恶的大小，分别处以没收财产或动刑法等处罚。没收财产分为四种情况：一是"黑蛇剥皮"，即没收全部财产；二是"黑三析"，即没收2/3财产；三是"箭分弦"，即没收1/2财产；四是"白三析"，即没收1/3财产。还有鞭笞、割手、剜眼、坐木牢等刑法处理的。

（三）《青海卫拉特联盟法典》中的习惯规制

青海卫拉特蒙古，以和硕特部为主，现主要游牧于柴达木盆地草原的是和硕特诸部，俗称德都蒙古，意为上部蒙古。在明崇祯九年至十二年

（1636～1639），和硕特部首领固始汗率卫拉特部徙居青海草原后，出于实际需要，贵族上层与藏传佛教高僧喇嘛共同制定并颁布了《青海卫拉特联盟法典》成文法。[①] 其中有一些如禁奸、去私、止邪及誓约等属于民间的习惯法内容。"誓约"在结交、结拜、结盟、约会、约定某事时，都是要进行的，在于突出信誉，且视信誉为神圣之事，不得反悔。如在认定是否有罪时，用"炒石"鉴别是否有罪，捡得白石块者无罪；用"拈阄"鉴别是否有罪时，拈得白羊毛者无罪；在发誓驳辩指控鉴别是否有罪时，就设坛供佛，进行神判，被告人向佛发誓，驳辩指控，即可认定无罪。为了让普通民众知法懂法，采用谚语方式来说明。如宣布法律产生和存在的必要性时，就说"佛存在的地方有魔鬼，法律存在的地方有敌人"；说明法律的严肃性时，就有说"山再高还在蓝天下，人再凶也在法律之下""既有钢一般的硬汉，也有火一般的法律"；强调法律的强制性时，就说"脚绊能把烈马驯成老实马，法律能把硬汉管成老实人"等。

对草场的合理利用与保护，也有专门的规定。如根据季节变化，把草场分为春夏秋冬四季牧场，不能在一个地方一年四季地放牧，须按季节搬迁轮牧。在保护牲畜措施方面，采取积极鼓励的有效手段，如"畜群受到狼害的袭击时，抢救者奖死羊活羊各一只，救出十只羊以下者，奖五根箭……"，"从沼泽泥洼中救出骆驼者，奖三岁牛一头，救出马者，奖绵羊一只，救出牛者，奖箭……""故意打死马者，赔偿马……"。在搬迁过程中，用法律手段保护草场的内容十分具体，如"搬迁时必须熄灭火并处理好火盆里的火，防止火灾的发生。违者，重则抄家，轻则罚羊一只""在别人搬走的窝子上灭火者，奖绵羊一只；搬迁者，罚绵羊一只"，"故意放火者，要严惩……"。这些法律条款把生产与生活习俗、有关禁忌等，深化为一种制度来约束、规范民众的行为，对蒙古社会基本生产资料牲畜、草场的保护起到了积极的作用。

---

① 才仁巴力、青格力注解：《青海卫拉特联盟法典》，民族出版社，2009。

第四编

社会生活民俗

第一章　节日民俗

　　节日是具有特定主题和文化内涵的特殊时日，具有周期性、地域性、人民大众集体参与等特性。节日文化是一个国家、民族的生活文化的集中展示，在节日文化中有一部分是传统节日，有着悠久的历史和文化传统，如中国的春节、清明节、端午节、中秋节等，这些节日被人们世代传承，是连接文化与情感的重要平台，是民俗文化的重要组成部分。节日文化中的另一部分是现代节日，其产生较晚，或于现代设立，或由西方传入，如五一劳动节、六一儿童节、十一国庆节等。相对于传统节日而言，这些节日是反映政府与人民、国家与社会关系的重要指标，同时也是适应现代生活需要或是在某种历史背景下形成的一些纪念日或者社会公共活动日。在青海区域历史文化中，传统节日发挥着重要作用，成为人们生活不可或缺的重要组成部分。其中除了如春节、端午、中秋等这样流传盛久的大型传统节日，还有很多是当地世居少数民族的传统节日，这些共同构筑了中国丰富多元的传统节日体系。随着时代的变革，青海地区各民族民众也逐渐生发了一些现代节日，这些节日具有鲜明的时代气息，展示着人们热爱祖国、崇尚科学、尊重知识、敬老爱幼、尊重妇女、保护环境、造福后人的新的时代风尚。

第一节　汉族传统节日

一　春夏季节日

春节　春节原本是夏历的元旦，辛亥革命后改用世界通行的公历，将公历1月1日定为"元旦"，将传统农历的元旦改为"春节"。民间对于春节的节期范畴认定较为广泛，通常认为过春节就是过年，其时间一般从腊月初八的腊祭或腊月二十三或二十四的祭灶开始，一直到正月十五，甚至到"二月二"才收尾，其中以除夕和正月初一为高潮。在青海，汉族过春节一般从农历腊月二十三日祭灶神就开始了，一直到正月十五元宵节结束。

春节的正日子是从正月初一开始，青海汉族对大年初一至初五非常重视。大年初一，是家人团聚的日子，传统上很多汉族只在叔伯之间团拜，拜年时，长辈要给晚辈压岁钱。大年初二就开始进入正式的拜年活动，一般是先拜访亲戚，再至朋友、同事等，通过走亲访友增进感情。很多地方是先向岳父母家拜年，其后外祖、伯叔、姨姑、好友。拜年时的吃年饭比较有特色，西宁地区的汉族非常讲究，一般要八凉八热，荤素搭配。菜品上也凸显了青海的地方特色，如糊羊肉、酸辣里脊、三烧、扣肉、酥合丸、糖包等。大年初三，各家要上祖坟"送神"，意为已请祖先在家度过了新年，这天要送请回去。大年初一到初三民间还有一些禁忌，如不能动刀、擀面杖，三天内不向户外倒垃圾，不能说不吉利的话，不能打破碗碟，等等。大年初五俗称"破五"，认为之前诸多禁忌过了这天皆可破而得名。青海民间也称此日为"五福日"，一些人家有吃搅团或麦仁粥的习俗。

大年初六起，很多民间休闲娱乐活动就开始了，其中社火是最受欢迎的，不论是城市还是农村，都会表演社火，增添了年节的热闹气氛，社火表演直至正月十五左右结束。青海各地的社火表演内容十分丰富，有舞龙、舞狮、高台、高跷等数十种表演形式，以及近百种脍炙人口的社火小调。其中还有一些具有地方特色社火表演，如大光棍、拉花姐等，过去都由男子装扮，男女成对，男穿白衫，身披彩红，手敲小碟；女穿大红棉袄，着彩裙，戴彩头饰，脚踩低跷，手摇彩扇。男女对排，载歌载舞，往来穿插，古香古色。女方的舞姿还有许多细腻的区分，诸如"凤凰三点头""风吹杨柳摆"之类。还有一些非常有趣的表演，如"哑巴儿""胖婆娘""柳二姐""大头罗汉"。特别是"胖婆娘"，挺着鼓起的肚子，穿大红长袍，手抱木偶娃娃，说着粗俗话，往妇女群中钻。这时，平常恪守妇道的妇女亦不以为怪。一些尚未生育的妇女还专门挤到"胖婆娘"面前，让"胖婆娘"打几下，听她说些有关生育的吉祥话，然后才心满意得地走开。正如宋代诗人范成大诗歌中描写的那样："轻薄行歌过，颠狂社舞呈。"这些不足为奇，因为社火与春社有不解之缘，而古代春社又与性崇拜关系密切，"胖婆娘"正是作为生育神的角色而出现的。他们的表演形式和演唱小调在青海各民族中广为流传，深受人们喜爱。因此，民间有"不点花灯月不圆，不耍社火难过年""锣鼓不响，庄稼不长"等说法。

元宵节 正月十五日是元宵节，也称"上元节"。青海元宵节的节俗与其他地方基本一致，也要观花灯。过去，农村地区每家都会用自制的面灯，即用面捏成的高脚灯，里面放入线捻的灯芯和油。正月十五晚上，大家按照人数，以长幼顺序点燃面灯，最后要看谁的灯燃的时间最长，以此来预示时运之好，老人则以此预卜健康状况及寿数。西宁市区的民众可以走街串巷观赏花灯，亲朋好友相约出行赏灯，非常热闹。20世纪80年代开始，由于市政府的倡导，元宵灯会逐渐发展成了省内外有名的灯节。从元宵节那天下午开始，西宁的繁华地带即西门口到东稍门以及南北大街、纸坊街、五四大街等道路两旁挂起千万盏五花八门的彩灯，供人观赏。彩灯有西瓜灯、蝴蝶灯、灯笼灯、花架灯等。根据本年属相不同，猴灯、羊灯、兔灯等轮番展出，花样繁多、做工精美。白天人流如潮，晚上更显热闹。市中心几条街摆满了各大企事业单位制作的彩车，满街彩灯齐明，色彩斑斓，爆竹声声，更增添了节日气氛。特别是湟光龙门，历年来独占鳌头。高大的彩门之上，两条金龙凌空而舞，戏耍巨大明珠，规模大、制作精，令人称赞。

在正月十五，传统的青海汉族饮食不是吃元宵，过去因为物资匮乏，很多人家没有食材来制作元宵，便以吃臊子面等来代替。另外，民间还有"跳冒火"习俗，男女老少都可参与其中。农村人家在门前空地上堆放一些麦草或柴火，城市中人们则找来一些易燃的藤条之类的来做火堆。很多地方从自家门口依次摆放到邻居家门口或公用的巷道，这样使得每家的火堆尽量连接，一般火堆数最好是单数。点燃后，大家都从火堆上面一跃而过，可以反复多次，以求吉祥好运，也有说法这样能保来年出入平安、消病免灾。

二月二 农历二月初二，传说是龙抬头的日子，它是中国城乡民众的一个传统节日。在这天要敬龙祈雨，以求丰收，青海汉族民众特别重视这个节日，有比较丰富的民俗活动。青海民谚曰："二月二，咬虫儿"。这天，汉族有吃炒大豆（蚕豆）的习俗，祈愿消灭虫害、豆麦丰收。有些地方还有弹豆游戏：桌上放两粒豆子，豆子之间有一定间隔，然后用拇指弹之，两豆相碰则赢，弹空则输，谁能得豆最多谁就是赢家。大通县城关等地还有在二月二这天抬着社火中的龙灯到东山龙王庙朝山的习俗，谓之"龙抬头"，预祝风调雨顺、五谷丰登。还有一些农家有禁忌，这天妇女不做针线，以免伤了龙眼。在河湟地区，一些农家有在二月二吃猪头的习惯。在传统社会中，凡祭祀祖先、供奉神灵总是要用猪、牛、羊三牲，后来简化为三牲之头，猪头即其中之一。把猪头肉做成不同种类的菜肴，如凉拌猪头肉、卤猪头肉等，是一道道可口解馋的佳肴，更是寄寓民众转危为安、平步青云的吉祥标志。

田社 这是青海汉族民间对仲春祭祖的一种民间节日，以祭祖祈福为主题，至于对它名称的文字记载，在文献资料的书写中，有"田社""天社""天赦"等多种形式。对于田社举行的日期也没有完全一致的说法，"一说为'九尽十日为天社'，即从冬至日算起第九十一天是天社；一说为春分在前社在后，即春分后五日为天社；再一说为清明前十天为天社，即清明前十天是天社。"[1]

---

① 朱世奎主编：《青海风俗简志》，青海人民出版社，1994，第108页。

田社习俗祭祀仪式一般都在祖先坟地举行，坟地中除已故祖先坟茔外，通常还专门设有"后土"的位置。后土一般都是一个较小的土堆，为土地神护佑的象征。参加祭祀的通常是家族成员，参加祭祀的人员并无严格限制，男女老少均可。祭祀的物品主要是馒头（数量为12个）、烧纸香烛、酒、茶、菜、肉等。有的大家族现还有杀猪羊献牲的习俗，家族内部会按户轮流供献坟猪、坟羊，祭祀仪式结束后还要在一旁的空地上支锅煮肉，饮酒野餐。祭祀时，首先家族长辈要祭"后土"，表示向土地神禀告祭祀事宜，然后烧纸、供献祭祀物品。祭祀"后土"结束后，正式祭拜祖先。男性成员要按照行辈、年龄长幼等排列于坟前，叩首行礼，一般为三叩首。有的地方除了向祖先叩首外，还有小辈向长辈叩头并祝长寿的习俗。祭拜仪式过后，还要整修坟墓，除去杂草，给坟堆添加新土。有些地区还要进行"滚馒头"仪式，这个仪式就是由家中长者从坟头将馒头滚下，落到谁身前即为谁的，一次滚2个，顺序将12个馒头依次滚落。这种仪式主要表达了求吉的思想，民间认为无子的妇女若得到馒头，预示着将得子嗣；其他得馒头者，则才子遇到佳人，求学者定能中举，有病者将要康复，均为吉祥如意的好兆头。另外，西宁市很多人家于"田社"祭祖时还有放风筝的习俗，谓之"放晦气"。最后，举家围坐、畅饮野餐。其间许多地方家中长者还要向晚辈训话，与之谈心，教育晚辈如何做人等，大家在一起沟通交流，促进彼此的情感，以增进家族的和谐与凝聚力。

清明节 清明节是中国二十四节气之一，也是扫墓祭祖的重要节日，节期通常在冬至后的第108天，春分后15日。清明节的形成大致在唐代，近世的清明节的习俗活动是古代寒食节、清明节和上巳节的节俗混合而成的，主要以祭祖扫墓为主，兼及踏青春游等活动内容。

青海汉族在清明时节主要有祭祖和踏青的习俗。青海很多地区祭祖从田社就已经开始，一直延续到清明节，其间任何日子都可以上坟祭祖。在家族内都会有筹办祭祀事宜的主持人，每年轮流担任，谓之"坟头儿"。按照传统，由"坟头儿"安排具体祭祀时间和其他事宜。祭祀时，在祖坟前献上猪或羊牺牲、酒菜、馒头等，按照族人辈分、年龄大小依次排列，举行叩拜仪式。清明祭祖还有两项重要的活动：添新土和放风筝。为坟头修整枯草、添置新土，表达对先祖的怀念和尊敬；年轻人或孩子则竞放风筝，谓之"放晦气"。待风筝放高以后，兴尽后便弄断线绳，任其飘逸而去，不得收回，更忌带回家去。

端午节　端午节节期为农历五月初五，民间又称端阳节、五月节、蒲节等。农历五月是菖蒲成熟的时间，届时人们悬蒲于门，以菖蒲泡制药酒饮用，还有缠挂端午索、饮雄黄酒、吃粽子、赛龙舟等习俗。青海地区不产菖蒲，则以杨柳代之，在自家房檐、大门插上杨柳；也有在庄稼地里插上杨柳，以示庄稼不受病虫之害。城镇有条件的人家吃粽子、枣糕，妇女们还要缝制各种内放有香草的香包儿佩戴在孩子身上，或是在手腕上拴上五色丝线。过去，粽叶、糯米、红枣等包粽子的食材在青海山区比较匮乏，人们在节日前天要做"端午馍"，是一种蒸馍，要做成三角形，用梳子在上面刻画出细致的花纹线条，形状与粽子类似，上面的花纹线代表了粽子上面的五色丝线。这种三角形蒸馍只有在端午节时才能在青海的乐都、化隆等地见到。在端午这天要举行规模较大的民间射箭比赛，各族群众都前来参加，十分热闹。

六月六　农历六月初六，民间称为"天贶节"，"天贶"是古汉语，有"上天恩赐"的意思。其起源有两种说法，一说起源于唐代。传说唐僧从西天取经回来，不慎将经书丢落到海中，捞起来晒干了，方才保存下来。因此，一些寺院会在天贶节这天翻经曝晒，后来此日变成吉利的日子。在民间，家家户户在此日曝晒衣服。二说起源于宋代。据说宋真宗赵恒是一个非常迷信的皇帝，有一年六月六，他声称上天赐给他一部天书，并要百姓相信他的胡言，乃定这天为天贶节。汉族民间各地有藏水、晒衣和晒经书，妇女回娘家，人畜洗浴，祈求晴天等习俗。藏传佛教寺院塔尔寺在这天要举行"晒大佛"和跳神活动，乐都区瞿昙寺、互助县五峰寺、大通县老爷山等地也会举行盛大的庙会和佛事活动，民众前去朝山、观景致、唱"花儿"。

二　秋冬季节日

七夕节　农历七月初七是七夕节，此节始于汉朝。东晋葛洪辑抄的《西京杂记》中有"汉彩女常以七月七日穿七孔针于开襟楼，人俱习之"的记载，相传在这天妇女在庭院向织女星乞求智巧，故称为"乞巧"。七夕节起源于对自然的崇拜，后被赋予牛郎织女鹊桥相会的传说后，成为极具浪漫色彩的节日之一。青海汉族不是特别重视这个节日，但也有一些习俗活动，如"桌上穿针"，即不用灯火，摸黑以线穿针，以穿入针孔者得巧。这天还有一些妇女有睡觉前"包海纳"的习俗。"海纳"即为凤仙花，人们以凤仙花茎叶和适量白矾一起捣成泥状，糊在指甲上，以菜叶或绢布包上，次日清晨指甲即被染成红色，据说有明目的功效。

中元节　农历七月十五日是中元节，俗称"七月半""鬼节"，佛教称为"盂兰盆节"。中元节的起源与中国古代灵魂崇拜观念有关。传说地官生日在七月十五日，称中元节。地官的主要职责是为人间赦罪，这天地府放出全部鬼魂，民间普遍进行祭祀鬼魂的活动。凡有新丧的人家，要上新坟，而一般在地方上都要祭孤魂野鬼。中元节是以祀鬼为中心的节日。佛教《大藏经》目连救母故事说，目连为了超度母亲亡魂脱离苦海，与众僧举行大型的祭拜仪式，以超度一众的亡魂。这天在青海地区一些庙宇佛堂要举行诵经仪式，民间百姓则要上坟祭祖，追怀先人。

财神节　传统社会里，西宁市的汉族在每年农历七月二十二要过财神节。这天依俗要专门吃一道菜——"羊肉糊茄儿"，还要礼拜财神，以求富贵吉祥。在中国各地一般都以正月初五日为财神节，西宁汉族却选择七月二十二日为财神节，并且专门吃羊肉糊茄儿的菜肴，这与青海的物候条件和社会环境密切相关，民间认为，财神爷就是赵公明。可赵公明是小说《封神演义》中的人物，历史上并无此人，生日自然无从考证，可随人们的需要而定。在青海高原，过去商人最乐经营的是皮毛。而一年之中，因天气原因，只有农历七月之后，天高气爽，草茂畜肥，才最适宜屠宰。于是，皮毛也就可以经过皮毛商运往他乡。从七月下旬开始，皮毛商有财可发了，于是西宁的财神赵公明的诞辰被民众选择在七月下旬。"七月二十二"这一节日不见于西宁以外的河湟地区，正说明是从在西宁经商的商人那里来的。民国时期，在七月二十二这天，专门经商的山西、陕西籍商人聚会在山陕会馆和南山寺财神殿诵经。后来一些山西、陕西籍人定居西宁，保留了这种风俗并影响及邻舍，于是乎西宁人这天家家焚香敬神，礼拜财神。

吃茄儿固然有尝新的成分，吃羊肉也是为了敬财神。在民间七月二十二盛行吃羊肉糊茄儿以敬财神。这天，家家户户先煮好羊肉，再把洗净的长茄子留根切成条状煮好，再与羊肉一起加调料混煮，加上蒜泥等，浇上芡汁，就可食用。吃的时候讲究从茄子根部夹起，一条条吃，别有一番情趣。所以西宁人又编了几句顺口溜："七月的茄子八月的蒜，羊肉肥膘油蛋蛋。烧上茄子拌上蒜，吃着赛过活神仙！"今天作为传统节日菜的羊肉糊茄儿仍然为西宁人所喜爱，甚至成为独具青海特色的一道风味菜肴。

中秋节 农历八月十五是中秋节，始于唐朝初年，盛行于宋朝，至明清时，已成为与春节齐名的中国主要节日之一。中秋节自古便有祭月、赏月、拜月、吃月饼、赏桂花、饮桂花酒等习俗。中秋节以月之圆来预示人间团圆，因而也有了寄托思念故乡、亲人之情，期盼丰收、幸福的文化内涵。在这天，青海汉族要走亲访友、互送月饼及瓜果；夜晚还有赏月习俗，在庭院里摆上桌子，并盛放瓜果、月饼等物品来祭月、赏月。青海当地的月饼是自家制作的一种大蒸馍，其瓤是用菜油、红糖以及各种食用色素与面粉揉成，外皮上再粘放上各种彩面捏的花卉图案，并嵌上果仁等，十分诱人，味道也很独特。人们还用自家蒸的月饼馈赠亲友庆贺节日。

重阳节 农历九月初九是重阳节，又称重九节。重阳节在战国时期就已经形成，自魏晋重阳气氛日渐浓郁，到了唐代被正式定为民间的节日并沿袭至今。《西京杂记》载："九月九日，佩茱萸，食蓬饵，饮菊花酒，云令人长寿。"相传自此时起，有了重阳节求寿之俗，在历史发展中又有了更为丰富的习俗活动，现在的重阳节习俗活动主要有出游赏秋、登高远眺、观赏菊花、遍插茱萸、吃重阳糕、饮菊花酒等。1989年将农历九月九日定为老人节，倡导全社会树立尊老、敬老、爱老、助老的风气。

青海汉族非常重视重阳节，在西宁市、大通县、互助县等有登高的习俗。这天的凌晨，人们就携带柴火、酒食等，成群结队去登高。在西宁主要登凤凰山（南山）和土楼山（北山）。南山也叫凤凰山，山顶有凤凰墩。相传古时候曾有凤凰栖落于此，凤凰飞去后还留下了一片彩云。所以人们把"凤台留云"列为西宁八景之一。山的南侧有南山寺，也叫南禅寺，寺院依山而建，层层叠叠，勾连串通，蔚为壮观。南山上林木茂盛，气候湿润。自古以来，西宁人就有春日登南山踩青的风俗习惯。

与南山寺相对的是西宁古城北边的土楼山，山上有北禅寺（也称北山寺）、宁寿塔以及九窟十八洞。近年来北山成为西宁人重阳登高的重要景点，与南山寺相比，北山寺的历史更为悠久。地方志称之为"湟中古寺第一"。北山寺是佛教寺院，明代曾兴盛一时，明末为炮火击毁，清代时道教逐渐占据此山，与佛教平分秋色。北山寺因悬崖而建，十分壮观。楼阁之间，栈道相连，往下看万丈深渊往上看巨大的佛寺几乎要崩落而倒。正因北山景色幽美，山势陡峭，从而成为西宁人最理想的登高之处。从清代开始，每逢重阳，城中官民纷纷上北山登高放"鹿马"。这种登高习俗一直延续到现在。人们九月九日相约登高，到山顶后点燃篝火，人们从火头上跃过，谓之"跳冒火"；有些青年人还用印有"鹿""马"图案（或字样）的小黄白纸片，撒到火烟上方，利用热气流飘升到空中，谓之"放鹿马"，预祝来年时运亨通。放完"鹿马"，围火而坐，猜拳饮酒，尽兴而归。西宁地区，在这天下午还有"转房"的习惯（青年人为主），即先登自家房顶，然后到附近各家的房顶上串行，以观赏晚景，也是一种"登高"的方式。各机关单位则组织离退休老年人，亦登高望远。

十月一 农历十月一日，上坟扫墓、祭奠亡人，谓之"送寒衣"。十月一与春季的清明节，秋季的中元节，并称为一年之中的三大"鬼节"。青海汉族这一天要上坟祭祖、烧黄表纸祭奠，如果坟地不在本地的，就要"望烧"，即在十字路口或其他适合地方来焚香烧纸。表示不让先人们在阴曹地府挨冷受冻，为其送去御寒的衣物、送去温暖，寄托对亡故之人的怀念。

腊八节 农历十二月初八是腊八节，腊八节源于上古时期的在农历十二月举行的腊祭，主要是祭祀祖先和神灵、祈求丰收吉祥。后来佛教传入，为了扩大在中国本土的影响力，便附会传统文化而把腊八节定为佛成道日。后随佛教盛行，佛祖成道日与腊日融合，在佛教领域被称为"法宝节"。南北朝开始才固定在腊月初八。

腊八节在民间主要的习俗活动是喝腊八粥。在内地，因为盛产大米，在腊八节煮腊八粥是用大米煮的，另加核桃仁、花生仁、红枣等。青海不产大米，腊八粥就用小麦替代，煮成的粥叫作"麦仁"。腊八前一晚上，将麦粒脱皮后先用水浸泡几个小时，煮时，与剁成小块的牛羊肉或猪肉混合放入大锅，旺火烧开，而后再用温火慢煮，边煮边搅，以免锅底焦糊，经一夜文火熬煮至肉和麦仁烂熟，吃的时候加放花椒粉、姜粉、草果粉、盐和蒜苗等，香气扑鼻，味道醇美。另外，一些农村地区还有观"腊八冰"的习俗，在河边打冰后，将冰块竖于田中，观看冰内的空气泡，认为若泡呈圆形，预示来年豆类丰收；泡呈纺锤形，则来年禾本科作物丰收；泡多丰收而泡少则歉收等。

小年 农历腊月二十三日（或二十四日），汉族民间称为过小年，是祭祀灶君的节日。传说这一天灶王爷要升天向玉皇大帝汇报一家功过，因而民间要举行送灶王爷起程的祭祀仪式，祈求保佑新年合家平安、幸福。民间从这一天起开始为迎接新年做准备。青海汉族一般都在腊月二十三祭灶，祭灶时要有糖馅儿的灶饼、麦芽制的灶糖、麦草扎成的灶马等物品。因民间有"女不祭灶"的说法，因而主要由男主人来致祭。祭灶时，要祷告灶王，"上天言好事，回宫降吉祥""好话多说，瞎话甭说"等祝词。从小年开始，家家户户忙于清扫房屋、拆洗衣物、缝制新衣、糊窗纸、贴窗花，使家庭环境焕然一新；并置办过春节的食物、衣物、爆竹、祭供用品等，称之为"办年货"，直忙到除夕之夜为止。

除夕　大年三十这天，人们一般在早晨去祭祖，请祖先回家过年。人们穿着新装、燃鞭炮、贴春联、包饺子，合家团圆吃年夜饭，并且都有守岁习俗，认为这样可以延年益寿、长命百岁。

大年三十这天傍晚之前，农业区一些村落人家要在大门上贴"钱马"。"钱马"是将正方形的黄表纸按对角线折成三角形的黄表纸，把它贴在门正中，此后逼债的债主便不得上门讨债，人人可安心过年。青海"花儿"中唱词"三十晚上贴钱马，才知道过年的了"，就是这个意思。城镇里的也要贴好春联和门神，然后就要准备年饭了，传统社会年饭比较简单，有"三十晚夕做肉饭"的说法，也就是年饭只是比平常多一些肉食而已。现代社会生活水平有了很大改善，年饭除了丰盛的菜肴之外，家家户户还要包饺子，吃了年三十儿的饺子这个除夕才算圆满。包饺子也非常讲究，有些人家要在饺子里包上硬币，谁吃到有硬币的饺子表示谁在来年会有好运。儿孙辈在除夕晚上要向长辈拜年叩头，长辈给压岁钱，俗称"散年钱儿"。还有一些农村地区在年三十晚上还有打"醋弹"习俗，即在一个桶中放一块烧红的石头，并放入松柏枝、香油、食醋、开水，由一人将桶提到每户人家，在所有房间都转一圈，边转边念"醋弹"，认为这样可以扫除屋内晦气、祛除人畜瘟疫。另外，还有许多人家要举行"接神"仪式，民间认为各方神灵都会在春节期间到普通百姓家里做客。当新年钟声响起时，要点灯上香，煨桑磕头，表示请神祈福。

第二节　藏族传统节日

一　世俗性节日

藏历新年　新年是作为一年开始的重要时日，在很多民族中都是主体节日，新年也是藏区普遍流传的传统节日，但新年的具体时间在不同地区也不尽相同，这主要根据当地依从的历法来决定，所依据的历法不同，过年的时间也有所区别。西藏地区的新年是传统的藏历新年，如拉萨地区依据藏族历法以藏历一月一日为新年。青海藏族传统新年的时日则普遍采用传统农历历法，其时间基本与汉族地区相同，但过新年的节俗却具有自己独特的活动和风格。新年的节日主题是庆贺岁首，节日期间举家团圆，走亲访友，去寺院礼佛，具有浓郁的娱乐欢庆的节日氛围。新年通常以家庭为单位展开节日习俗活动，场所主要集中于家庭和寺院。

过新年之前，家家户户就要打扫庭院、准备过年衣物、各色食品，并在帐房外四周挂上新印制的经幡，以表示对神佛的敬仰与祈祷。除夕这天早上，老人们为神佛点燃酥油灯，供上净水碗。有些半农半牧地区在午夜，全家男女老幼，在各自的庭院内，围绕篝火，跳起欢快的藏舞。同样在街头巷尾，到处燃起一堆堆用松柏枝叶搭起的篝火，男女老少欢唱跳舞。初一这天，一些地方的藏族妇女必须早起背水。太阳出来之前，必须用贴有三块酥油的水桶到附近的河边或泉眼背回三次水，尤其重视第一次背水，认为头次水预示着勤劳致富、吉祥如意。人们认为这天背来的水特别的清纯、圣洁，在净水碗中盛些头次水，还会用这水再加一些牛奶来洗漱，认为可以洗去一切污秽。吃过早餐，男女老少上寺院拜佛、转经堂、献布施。大年初三开始，大家就要互相走访拜年，送去祝福。

赛马会 马是藏族日常生活最为重要的生产工具之一，在马背上进行各种技巧的训练，不仅是藏族人的生存方式和生活的必需，也在历史的岁月中逐渐演化为一种竞技娱乐活动。以赛马为主要内容的大型集会在藏区具有深刻的社会与历史文化根源，是藏族民间古老而又普遍的竞技娱乐方式。赛马会同样是青海藏族的草原盛会，一般在农历的六月至八月举行。节日以体育竞技、社交娱乐为主题。赛马会在青海各藏区都有，但举办规模大小不一，比较有名的有"赛当东本"赛马会、玉树赛马会、门源县盘坡赛马会等。每年农历六月十三日，乐都区王家湾村和营盘湾村的交接处会举行"赛当东本"赛马会。届时，有乐都区、民和县、甘肃天祝县的许多民众前来参加。每年农历六七月间，玉树赛马会是玉树藏区乃至整个康巴藏区最具代表性的节庆活动，场面宏大，参与人数众多，具有浓郁的民族特色。农历八月，在门源回族自治县举办盘坡赛马节，除了藏族之外，还有蒙古、土、回、汉等各族前来参加。赛马会主要内容是体育竞技，如跑马、走马、赛牦牛、射箭、各种马术表演；另外还要举行祭祀鄂博仪式、民族传统歌舞及服饰表演、寺院跳神等表演项目。大型的赛马会期间还开展物资交流、商贸洽谈等经贸活动。

玉树赛马会　这是青海省玉树藏族自治州藏族民众最具特色的民族节日，这也是玉树藏区，乃至康巴藏区最具代表性的节庆活动，具有浓郁的康巴艺术特色。从藏族早期史籍和壁画中也可以看到玉树地区的赛马经济由来已久。据《自显毗卢遮那庙志》记载，公元641年，赛马竞技已成为玉树地区的盛举。唐蕃联姻时，文成公主途经玉树，赛马竞技即成为当地百姓迎接她的礼仪之一。进入现代社会后，玉树地区也都以部族或村寨为基本单位举行不同规模的赛马会，这一盛会也曾经在20世纪六七十年代停办过，一直到1984年才恢复举办。此后每年举办一次，会期一般从7月25日开始，5天至10天不等。这一民间传统活动得到继承和发展，具体举办地点一般都安排在玉树州首府结古镇西边3公里扎西科草原都会举行。届时，来自西藏昌都、云南迪庆、四川甘孜的藏族民众与玉树藏族共同参与。随着历史的发展，赛马会组织也日臻完善，活动内容越来越丰富多彩，除了传统的马术体育竞技之外，还有盛大的歌舞表演、服饰展示、科技知识的宣传活动等多种形式。赛马会已发展为玉树地区具有民族特色、规模较大的法定民族传统节日。在此基础上，还与四年一次的"康巴艺术节"一并举办，内容更加丰富多彩。

拉伊会　"拉伊"是一种藏族民歌，歌唱内容以爱情歌为主。在藏区很多年轻人都喜欢唱拉伊，在各地也有不同规模的拉伊会。青海海南藏族自治州贵德县的拉伊会在当地享有盛名。

　　每年农历六月二十二日，在贵德县河滨公园和共和县新寺都会举办盛大的拉伊会。拉伊会期间，人们在树林里扎帐篷，大家穿着节日盛装聚集在一起休闲娱乐、品尝美食、对歌游戏。据说，这个拉伊会最早与明清时代在贵德盛行的六月二十二的祈神活动有关。这项活动以城隍庙和毕家寺为中心，包括周边的很多村落群众，他们为风调雨顺、国泰民安，举行大规模的诵经降香活动并逐渐固定下来；后来由于当地新任官员以此为契机积极开展当地群众的文娱活动，并修建了大型戏台等，一些民间歌手来到这里聚会赛歌，逐渐形成拉伊会。在歌会这天，藏族青年男女打扮一新，邀约结伴聚集在一起，畅饮美酒，对歌欢唱，曲调委婉抒情，节奏徐缓自如，旋律优美动人。

　　瞿昙寺花儿庙会　瞿昙寺花儿会是青海较为大型的花儿盛会，参与民众较多，以藏族、汉族为主。每年农历六月十四日至十六日举行，其中六月十五日是高潮，花儿会以社交交友、休闲娱乐为主题；许多信众前来进香朝拜、祈求神灵护佑，这也成为当地较为盛大的庙会。瞿昙寺位于青海省乐都区，是汉式宫廷建筑风格的古建筑群，于明代洪武年间创建，是乐都区南山地区最大的藏传佛教寺院，也是当地信仰藏传佛教的藏族、蒙古族、土族的佛教圣地。每年花儿会，各族民众身穿民族盛装赶往瞿昙寺，人们一边领略瞿昙寺胜景，虔诚礼佛；一边引吭高歌，一边欣赏山花烂漫。花儿会中人们以独唱、对唱、联唱等方式尽情欢唱，歌手云集，人头攒动，嘹亮的歌声此起彼伏，人们沉浸在花儿的海洋之中。此外，在花儿会上藏族民众喜爱的"拉伊"情歌在这里也被广泛演唱，成为花儿会的亮点。

　　称多县尕朵乡糌粑节　每逢藏历年二月二十二日（2017 年为 4 月 18 日）[①]，长江上游通天河段的冰雪在慢慢消融时，位于玉树藏族自治州称多县尕朵乡的格察卓木其村，都会如期举行一场糌粑节盛会。届时村庄里的男女老幼身穿节日盛装，随着一声声"拉加罗"（藏语"祈福"之义）的呼喊，人们把一张张风马纸扬撒在空中，糌粑节开始了。不论是村里的男女，还是

---

　　① 藏历与公历在时间上有差别，如 2017 年的藏历二月二十二日，即为公历 4 月 18 日。

村外客人，只要见面就互相扬撒糌粑，被撒的人无论在什么情况下都不能生气，你追我赶间，凡是在场的人很快就变成了"白面人"，相互"偷袭"抛撒糌粑的场面令人开怀畅笑，村里一片白色。糌粑节的到来，同时也意味着一年一度春耕劳作的开始。其实这个节日是当地传统的春耕祭祀仪式，其渊源与苯教习俗有关。卓木其村海拔3700多米，属半农半牧村落，这个由藏式石砌碉楼群组成的古村落，于2016年被列入第四批中国传统村落名录之中。

尖扎县"达顿"节 "达顿"是藏语神箭之宴的意思，是尖扎地区藏族视为比藏历新年、春节更为隆重的节日。传说在吐蕃扩张时期，今尖扎县黄河两岸曾经是将士秘密开展军事行动的战略要地，而弓箭是尖扎人的先祖最主要的武器，那时，将士们常常比赛臂力和箭术，也设置靶子练习射杀，组织对抗，习武备战。又相传公元9世纪，武僧拉隆贝吉多杰射杀了发动灭佛运动的吐蕃赞普郎达玛，将铁弓带到青海并埋藏于尖扎的智合寺藏弓殿，后来虔诚的僧俗奉此铁弓为圣物并顶礼膜拜。此后射箭习俗便在民间流传，并逐步演变为一种以对抗和娱乐为主要内容的射箭民俗活动。时至今日，尖扎的藏族传统射箭，历经千年的沧桑变迁，发展成为一项具有浓厚民族特色、富有娱乐性质的民间竞技赛事和传统体育运动。这是一个以民间射箭和对唱活动为主要载体，将射箭对抗赛、民间歌舞、说唱艺术融合于一体的藏族体育竞技节庆活动。届时相邻村庄的男人们经常会聚在一起比箭，在紧张激烈的箭技比赛过后，双方会举行一场丰盛的宴会，以达到消除竞争气氛、重建和谐关系的目的，而这场宴会的名字就叫"达顿宴"。因传统射箭比赛是尖扎县历史悠久、民众最喜爱、参与度最高的民间体育活动，2007年尖扎县被国家体育总局授予"中国民族传统射箭运动之乡"称号。

"达顿节"举办时间并不固定，通常在冬闲时春节前后举办，由主办的村落商量后确定，活动一般持续四至五天。"达顿节"分为四个主要部分：①祭祀诸神；②练箭；③箭技比赛；④达顿宴会。但其中最主要的是箭技比赛和达顿宴会，第一天两村各自准备；第二天甲村前往乙村射箭，晚上住在乙村，通宵对歌；第三天上午射箭；第四天乙村回访甲村，下午比赛射箭，晚上举行宴请和歌舞活动。夜幕降临时，达顿宴正式开始。酥油茶、奶茶、土烧馍馍、藏式甜点等藏族传统美食，藏歌、传统藏族舞蹈等藏式传统文艺节目将节日的气氛推向高潮。大家在饮奶茶、吃馓子品尝美食的同时，共同畅谈美好的新生活。第五天上午射箭后全部结束。

乐都南山射箭　人们习惯上把阿米吉利山脉在平安、乐都的部分称为南山，乐都区的南山射箭活动在当地乃至青海都颇具声望，是乐都地区各民族非常喜爱的民俗活动，逐渐相沿成习形成固定民众的集会。举行时间一般在每年农历四五月份，射箭的具体地点并不固定，轮流择地，主要是村落之间相互邀约。参与民族众多，以藏族为主，周围的汉族、土族及回族等也来参与，大家相互竞赛，交流射箭技法。

关于南山射箭活动的由来，有说法认为，大明正德四年（1509），蒙古左翼封建主亦卜剌和满都贵阿固勒呼起兵反抗新兴贵族达延汗失败后，进入甘青一带沙州、瓜州、肃州、凉州等地，兵掠富饶的青海湖地区，逼走了原在这里驻牧的藏族部落，原居住在沙州的红帽儿番亦被迫迁至河湟流域。在其后的七八十年间，一些蒙古部落多次西掠青海，与青海的藏族部落进行了长期的艰难战斗，双方损失巨大。旷日持久的拉锯战，红帽儿番的箭、尖扎番（古称咎扎番）的刀令蒙古骑兵头痛不已。自红帽儿番进入河湟流域后，被当地部落所接受，并逐步融入当地民族之中。从此，红帽儿高超的射箭功夫被当地人所接受，并一代一代流传下来，一直延续到现代社会，尤其是居住在乐都南山地区的汉、藏、土、回等民族都喜欢射箭，都以"善射""善箭"著称，形成了人人都能射、户户备弓箭的习俗。

乐都南山射箭活动正式开始之前，藏族还要举行相关的祭箭和请箭仪式，弓箭一直以来都是神的标志，是英雄的代名词，因此对弓箭非常尊重，平常不射箭时都要供在家中最显要的地方，不容亵渎。祭箭仪式一般是在每年的正月十三举行，藏族各村庄的箭手身背弓箭，带上酥油、炒面、肉食、青稞酒、柏枝等来到拉则（即鄂博）前，煨桑、献祭品，并吹响海螺，将一支缠绕有羊毛和彩带的箭插在"拉则"上，虔诚叩拜。这箭象征着胜利，象征着凯旋。众箭手围着"拉则"，按顺时针方向边转边高喊着"拉加罗！"（意为神保佑），转完三圈之后，全体箭手去村里集合，人们支起三叉石的锅灶，一边烧茶做饭，一边总结上年的射箭活动，提出这一年应该注意的事项，并初步制定有关射箭活动的计划。请箭仪式类似于战争中的下战书，由主方选两名优秀箭手，背上弓箭、带上礼品，到客方村邀请参加射箭比赛。客方由"箭头"（即射箭的组织者）召集本村的若干名箭手在射箭场上共同商定是否接受邀请，大家一起确定比赛时间、参赛人数等事宜。之后，两队箭手还要当场比试一番。

正式比赛前，要先安排好比赛场地，一般设置在村里较为平坦的开阔处。箭靶是用杨柳条编成的"月儿"形靶，射箭距离约有 70 米。箭靶根部培土成一个小堆，恰好是以靶宽为直径的一个半圆，以半周线为准，用细杨柳枝条固定连接起来，名曰"土堆"。箭手射中靶子和土堆即为命中。射箭比赛以村为单位进行比赛，实行主客场赛制，在双方村落各比赛一天。参赛时以五名队员为一轮。每一轮以一对一轮流上场，双方队员互称"对摹子"，每一轮射两支箭，一般上午、下午各射两轮。射箭的记分方式是投石记分法，从古至今，沿袭不衰。在射箭场两面各挖一个小坑，双方都捡来蛋状圆石，每射中一箭即捡圆石一枚投入坑中，双方都有记分员专司投石，中一箭，投石一枚，不中则不许投石，彼此都有监督员派往对方投石处监投，两轮结算一次，以石多者为赢家。当下午两轮射箭比赛结束，客方箭手要在主办村里用餐，饭后返回时，主方村子的妇女们要去送别，即"送箭手"活动，并与客方箭手对唱"拉伊"，大家即兴编词，一唱一和，直到夜幕降临，才跃马扬鞭，挥手告别。第二天，主方的箭手们又应客方的邀请，去客方村子里比箭做客，以同样的礼仪和规则参加射箭比赛。

二　宗教性节日

观经法会　观经法会是一种宗教佛事活动，每年在特定的时日举行，是青海藏族僧俗共庆的重要佛法盛会。观经法会通常都以祈愿为主题，以辩经、羌姆舞、瞻佛为主，对一切僧俗信众开放。它既是传统的佛教节日，也是当地信徒民众的一种重要宗教佛事活动，在青海，一些主要的藏传佛教寺院都会举行，周围民众届时也必会参加。

塔尔寺是安多藏区著名的格鲁派寺院，属寺遍布甘青，是信众心目中的藏传佛教圣地。塔尔寺每年农历正月、四月、六月和九月要举行四个大型法会，分别是正月祈愿法会、四月畏怖金刚法舞会、六月释迦牟尼三转法轮及马头冥王法舞会、九月的释迦牟尼降凡法会。塔尔寺四大观经法会是青海藏传佛教信仰圈十分重要的盛事，每次都会有大批信众前往。法会期间，寺内要举行诵经、讲经、辩经、祈祷、施供、布施、跳神舞等各种佛事活动，其中有一些佛事活动非常隆重，宗教色彩强烈，还具有浓厚的艺术气息，前来观礼的信众也非常多，如正月十五观经法会中的酥油灯会、"晒大佛"、各法会中的羌姆舞等。

酥油灯会 塔尔寺的大型酥油花灯会，在正月祈愿法会期间（即正月十五）就会举办酥油花灯会，参与者除了僧众和信众之外还有许多外地游客。关于酥油花的起源还有多种传说。一个传说是说唐朝文成公主进藏时携带了一尊释迦牟尼像，到西藏后供奉在寺院中，藏胞为了表达对公主的感谢和对佛的崇敬，想献上一束鲜花。可是当时正值寒冷季节，无花可折，便只好用食用的酥油塑成鲜花献在佛前。从此便有了酥油花。还有一种传说，明永乐七年（1409）的正月，宗喀巴大师在拉萨举办万名僧侣参加的盛大祈愿法会。有天晚上，大师梦见满地杂草枯木变成了鲜花，荆棘变成了明灯，在明灯鲜花之间千千万万颗珍宝在闪烁，极其美丽壮观。大师醒后为了再现梦境，便组织僧众用酥油雕塑，塑成后供在佛前。所以每年正月十五夜举行酥油花会，是正月大法会的重要一环。因为是大师的梦境，所以过去塔尔寺的酥油花在元宵夜的深夜要全部烧掉，以示梦境的结束。现改为元宵夜在梵乐酥油灯中展览，然后保存陈列起来，供游人们欣赏。现在的塔尔寺就有酥油花陈列馆。酥油花是僧人用酥油制作的一种特殊形式的雕塑艺术，通常都在冬季进行制作，为防止酥油因手温融化，僧人需沾着冰水在温度处于零摄氏度以下的室内连续工作才能制作完成。酥油花表现的艺术形式多样，题材内容十分广泛，多属佛教故事和历史故事，塑造形象十分丰富，有佛像、人物、花草树木、飞禽鸟兽等。在节日夜晚，佛殿阁楼灯火灿烂，昼夜不灭，场面十分壮观。

晒大佛　藏传佛教寺院在每年的四月和六月法会期间，举行"晒大佛"仪式，这是寺院的传统法事活动。丝帛制大佛是超大型的唐卡，也是每个寺庙的镇寺之宝，每年都会露天展示。据说塔尔寺共有四幅特大佛像，也是塔尔寺堆绣艺术品中最大的作品。四幅分别是释迦牟尼、狮子吼、弥勒佛和宗喀巴，一年中每次大法会展出一幅，供人们瞻仰膜拜。展佛的地点在寺院旁的山坡上，是寺庙僧人和信众对佛祖朝拜供养的一种特殊方式。法会当日，仪式将在寺院东侧的莲花山坡进行，由寺院喇嘛将大佛卷拢后扛出，并由仪仗队吹着号角在大佛前面开道。届时便有无数群众自发地加入扛佛的队伍中祈求平安。僧众在佛像前演奏法乐、诵经祈祷，信众则顶礼膜拜，争献布施。场面十分隆重，参与信徒众多。善男信女们匍匐在地，口念祈词，连连磕头。有许多人爬上半坡，从佛像下面争先恐后向山顶爬，据说这样佛会赐给幸福，避灾祛病。一时间只见大佛像在飘动，似有神灵操作。佛像四周满是礼佛观景的僧俗，个个神情肃穆，不苟言笑。

"羌姆"　"羌姆"即跳欠。作为四大法会之一的塔尔寺羌姆舞源于西藏，后吸纳了青海藏族民间舞的多种手法，因而它植根于青海地区，具有地方特色。羌姆仪式表演是由受过一定舞蹈训练的喇嘛戴着面具饰演不同角色，在吹奏、打击乐器的伴奏下，手持道具以舞蹈方式进行的，这是宗教和舞蹈相结合的特殊舞蹈形式。羌姆采取的是舞蹈的结构方式，运用的是舞蹈的形体语言，包含的却是宗教的内核，渲染的是神佛的威慑力量。它以舞蹈的韵律使晦涩难懂的教义直观化、通俗化，由于特定内容及宗教目的的制约，羌姆向来具有严格的动作、装扮、配乐及舞蹈表演程式。同藏地众多寺院一样，塔尔寺羌姆是以桑耶寺金刚舞为最初蓝本，并在此基础上演变和发展起来的。可以说，塔尔寺的羌姆仪式舞蹈体现出继承和变异两种特性。这种因时间、地域、条件不同而发生的变异，非但没有改变它原来的特性，反而极大地丰富了它的艺术表现力。正是在这个意义上，我们认为塔尔寺羌姆是格鲁派寺院羌姆中最为典型、最具代表性的个案。塔尔寺羌姆仪式表演，主要由"天界勇士舞""托干舞""多尔达舞""夏雅舞""法王舞""鹿神舞""大合舞"七个舞蹈段落组成。这些段落从舞蹈结构分析的角度而言，不等同于塔尔寺羌姆的五个场次，因为最后一场"欠芒"，实际由三个不同的舞蹈段落组成。各舞蹈段落中多以独舞、双人舞、三人舞、四人舞和群舞交叉组合的形式进行表演。

娘乃节　娘乃节在每年农历四月举行，"娘乃"在安多藏语中是闭斋之意。据说四月十五日是佛祖释迦牟尼诞生、得道、圆寂的日子，所以佛教界把这一天称为"三重节"，许多佛教徒都要隆重纪念。因此，娘乃节的节日主题主要是纪念释迦牟尼诞辰及圆寂，这也成为各寺院及信教群众的主要宗教节日之一。僧众、信徒要在这一天闭斋，忌杀生及食肉，并要转经轮、念六字真言以示纪念，佛经认为在这一天持戒修行能够使功德加倍。有的地区则在整个四月里要忌杀生忌食肉进行闭斋来纪念佛祖当年的苦修行为。还有部分地区的中老年人非常重视娘乃节，严格进行守戒，在第一天全天只吃午餐，下午太阳落山后可喝清茶；第二天全天不进餐，并且不喝水、不说话；第三天早晨，吃少量稀饭作开斋。

"桑吉曼拉"节　青海农业区的部分藏族在农历五月初五过节，但与汉族的端午节不同，称为"桑吉曼拉"节，即"药师佛节"。按照藏传佛教的教义和传统，药师佛与释迦牟尼佛一样，享有崇高地位，信教群众像信奉和崇拜释迦牟尼佛一样信奉和崇拜药师佛。不分教派，几乎所有藏传佛教的寺院里都供奉有药师佛的像，药师佛在藏族文化中占有重要的地位。

在青海安多藏区只有卓仓藏族[①]在过药师佛节。卓仓藏族是从西藏迁徙而来，"卓仓"这一称谓来自其祖先居住地，即今天的西藏后藏地区卓沃隆地方名。现在主要居住在乐都区、平安区、湟中区等地区，与汉族、回

---

① 卓仓藏族：指生活在青海省海东市的藏族，自称为"卓仓哇"。卓仓藏族是从西藏迁徙而来，"卓仓"这一称谓来自其祖先居住地，即今天的西藏后藏地区卓沃隆地方名。

族、蒙古族等民族杂居在一起，生活区域是以农为主的半农半牧区。卓仓藏族药师节的节日主题是纪念药神桑杰曼拉，祈求健康，节日活动主要有吃地皮菜包子、比赛射箭、喝山泉水、沐浴等，人们用这些丰富的活动来纪念给人间带来健康和安宁的药师佛。在节日当天，人们会在门上插上新鲜的花草，并用新采摘的地皮菜来包包子吃；在这天还要举行射箭比赛，大家欢聚在一起，热闹非凡。在民间还有这样一种说法，在"桑杰曼拉"节这天，药神佛桑杰曼拉在河流和山泉中施洒了神药，当日的水是药水、神水，喝了这天的水可以除疾祛晦、治愈世间百病；这一天沐浴则可以强身健体，延年益寿。因此，人们这一天会去河边或者山泉眼担水、洗脸或洗澡，祈求药师佛保佑他们健康成长。还有些村落会在这天举行一些祭神、避灾、护苗等活动。

循化县道帷乡拉则节　"拉则"是藏语的音译，蒙古语称为"鄂博"。拉则是信仰藏传佛教的信众在本地的山口、山坡、主峰、边界等处使用土石堆砌的石堆，上面插有长箭、长矛等，并挂有经幡。每年农历六月十五日，在青海循化撒拉族自治县的道帷藏族乡会举行隆重的拉则节，又称为插箭节。这个节日与古老的箭崇拜和山神崇拜有关，是以祭祀保护神为主题的仪式活动。祭祀拉则在藏区是非常普遍的一个仪式活动，藏族文化认为，某一地域、部落或村庄都有其"保护神"，并都设在这一地域最高的山巅或扼守交通要冲的山崖隘口上。人们以石碓、箭垛作为供奉的象征，并每年为这些"保护神"举行供奉仪式——插换新的彩箭。关于祭祀拉则的来历，有这样一个传说[①]：

　　相传很久以前，一位英勇的将领战死疆场，当地百姓为纪念他的功绩，就地立山为神，并把他佩带的箭插在山顶，以示祭奠，并盼他的亡灵保佑百姓平安。每年前去祭奠山神的人们，都要为"保护山神"准备

① 索南努日：《风中的插箭节——青海省循化撒拉族自治县道帷藏族乡六月十五插箭节研究》，中央民族大学人类学硕士学位论文，2008，第 5 页。

守护神山的兵器——箭，用它去和妖魔鬼怪作战，来保护当地的人民。久而久之，人们把五彩神箭作为供奉的象征，于是便有了"插箭节"的名称。

道帷藏族乡的拉则节非常盛大，它每年在固定的时间，即农历六月十五日举行，并且在当地形成规模，这与很多地区拉则节并没有固定的日期有所区别。祭祀拉则主要是为了表达居住于不同地域的人们对其居住地域的认同，并祈求安康的一种象征。因此，在藏区一个地方就会有属于该地方的保护神存在。举行祭祀的范围仅限于参与者所居住的部落或村庄。这样，各个部落或村庄祭祀的时间则取决于各自的情况，因而在很多地方祭祀时间并不十分固定。道帷藏族乡的拉则节因时间较为固定，并形成规模，参与者是道帷四个藏族乡的男性民众，每年在虎头山的古雷寺院北侧的箭台前举行，固定为当地藏族的一个盛大节日。节日期间，除了祭祀活动之外，人们还会进行唱拉伊、赛马、走亲访友等活动。

拉则节这天清晨，每家要派出成年男子参与祭祀，大家聚到拉则，先要煨桑，还要清理一部分前一年的旧箭，之后在大家的欢呼声、鸣炮和螺号声中，插箭仪式正式开始。人们高举提前准备好的彩箭，并自左向右绕拉则三圈。这种彩箭在制作时，要专门修饰箭的箭翎，用柏枝削尖，绑以羽翅、羊毛结，并以水彩绘以云景等图案。另外，在箭上还要挂彩色绞缎。插箭时要先将两支最长的公用箭（一支属大活佛、一支属村庄）插在拉则上，其他民众再插个人的箭，待所有的箭都插齐之后，有专人再用细长的羊毛线将箭堆缠牢。整个拉则由新箭簇拥着旧箭，巍然屹立，非常威严壮观，象征着一个部落不可欺凌、不可战胜。随后，人们还要抛撒"风马"，以求安宁祥和。风马，是印有禄马的四方形小纸片，中间是背负摩尼宝的骏马，四角分别为上部大鹏鸟和翔龙，下部为猛虎和雄狮，四边缀有和睦四瑞、八吉祥、异己和解等图案。放风马是藏族很多祭祀仪式中常见的一种祭祀活动。在所有仪式活动结束之后，还会举行一些娱乐竞技的活动，如唱拉伊、赛马等。人们在这天还要走亲访友、相互拜访。

燃灯节　燃灯节藏语为"噶等阿曲"，又称"五供节"，每年藏历十月二十五日举行，主题是纪念性的，是为纪念藏传佛教的格鲁派创始人宗喀巴十月二十五日圆寂而举行。届时凡是格鲁派僧俗都会在寺院或自家佛堂前点燃酥油灯来表达自己的怀念之情。这个节日是全民性的，几乎所有僧俗都会参与。人们在黄昏之时，点燃酥油灯，燃灯昼夜不灭，以此颂扬佛法，纪念宗喀巴大师对整顿教界、重振佛教的功德。寺院中，经堂、佛殿、佛邸等高大建筑物的平顶四周都会点燃一排排酥油灯，灯火辉煌灿烂；众僧的诵经祈福声不绝于耳，颇为壮观。

第三节　回族与撒拉族传统节日

一　开斋节

开斋节是信仰伊斯兰教民族的重要宗教节日之一，这个节日日期的选择是根据伊斯兰教历来的。伊斯兰教历又称希吉来历，是阴历的一种，为世界穆斯林所通用。伊斯兰教历以月亮圆缺一周为一月，月亮圆缺十二周为一年。有平年和闰年之分，但不置闰月，平年354天，闰年355天，30年中有11个闰年。通常，伊斯兰教历的十月一日为开斋节，开斋节与伊斯兰教斋戒关系密切，开斋节举行的前一个月被称为"斋月"，即"莱麦丹"月，穆斯林要履行斋戒，即闭斋、封斋。斋戒是以崇拜安拉为目的，从黎明破晓开始，戒绝饮食、房事及其他破坏斋戒事项直至日落的一种宗教功课。按照教规，每个健康的成年穆斯林都应履行斋戒的功课，在斋月中每天从日出到日落都不吃不饮。斋戒一个月满之后就是开斋节，开斋节既是斋月的结束，又是穆斯林完成斋戒的标志，是穆斯林对斋月期间节制欲念、磨炼意志、自我反省等宗教信条信守完成的升华仪式。

开斋节源于伊斯兰教的五大功修，即念、礼、斋、课、朝。五大功修又称五大天命，是伊斯兰教重要的教规，是表现在行为方面要履行的五项基本功修，以此来坚定和磨炼穆斯林信仰意志。要求心有念功，身有礼功，性有斋功，财有课功，命有朝功。其中的"斋"，这是每个穆斯林必须履行的天命。开斋节的具体日期遵照了伊斯兰教历，而伊斯兰教历由于推算方法与公历有所区别，与公历每年相差 11 天。这样一来，按公历推算，每年开斋节的日期就会有所变动，出现在每年的不同时期、不同季节。通常情况下，开斋节的确定要以见新月为准，即每年斋月始于伊斯兰教历九月初新月的出现，结束于伊斯兰教历十月初见到新月时为止。因此，现实中的开斋节并不总是在伊斯兰教历的十月一日，而是略有提前或推后。而由于地域、教派差别，同一年的开斋节在日期上也有一些差异。青海省西宁市的回族开斋节时间主要集中在伊斯兰教历十月初一至初三①。

在开斋节前夕，每家要扫尘、做好自身的清洁。节日期间通常要穿着一新，男性要去清真寺参加会礼，参加会礼之前都要洗大净，沐浴净身。一般在大清真寺门前都会有捐款箱，这是专门为穆斯林进行开斋捐准备的，这种捐款是依据伊斯兰教法规定在开斋节进行的按家庭人口数舍散财物的一种施舍。各清真寺对这项费用的规定不一样，一般都是以家庭为单位进行捐献。捐献这些钱意在纯洁斋戒，作为施贫或交给清真寺做宗教基金或做救济款项。会礼时，一般都由阿訇开始宣讲开斋节的来源及相关宗教知识，结合《古兰经》对穆斯林群众的行为道德进行劝善演讲，且诵读《古兰经》经文。会礼结束后，穆斯林齐向阿訇道安，接着全体互说"色俩目"问候。会礼之后，大家还要走亲访友，相互恭贺佳节，分享节日美食，话说家常。还有一些地方要进行一些其他活动，如邀请阿訇游祖坟以纪念亡人等。

---

① 从 2017 年开始，每年由青海省伊斯兰教协会组织观月，向全省各地穆斯林发文，统一开斋，从而实现了开斋节时间的统一。

二　宰牲节

宰牲节又叫"古尔邦节"，在每年伊斯兰教历十二月十日举行，这个节日的来源与宗教传说及麦加朝觐有关。根据《古兰经》记载，古代阿拉伯地区有这样一个历史故事：真主以托梦的方式命令伊卜拉欣圣人亲自杀了自己的儿子易斯玛仪勒作献祭，以此来考验其对自己是否忠诚。伊卜拉欣向自己的儿子易斯玛仪勒说明原委，没有想到易斯玛仪勒欣然接受了真主的安排，决定为了表明父亲和自己对真主的忠诚而牺牲。正当伊卜拉欣举刀时，真主及时派遣天仙用一只羊代替易斯玛仪勒成为祭品，对他们父子俩的忠孝行为大加赞美。为了纪念他们对真主的忠诚并感谢真主，伊斯兰教规定每年教历十二月十日为宰牲节。还有一种观点认为古尔邦节与朝勤密切相关：伊斯兰教规定希吉来历十二月上旬是朝勤的时间，每年这个时候，世界各国的数百万穆斯林云集麦加。朝觐的最后一项仪式是宰牲，在伊斯兰教教历十二月十日，即古尔邦节举行。不去朝勤的穆斯林在古尔邦节也要宰牲献祭。

宰牲节期间活动内容丰富，主要有在清真寺举行的会礼，以家庭为单位的宰牲、走亲访友等。其他活动与开斋节类似，宰牲活动必须按照伊斯兰教法规定进行，凡经济条件宽裕的成年穆斯林每年都要宰牲，但通常情况下都以家庭为单位，时间在伊历十二月十日至十二日。朝觐者在十二月十日举行宰牲，其他穆斯林自十日至十二日，期限为 3 天，超过期限，宰牲无效。一个人宰一只羊，七个人可合宰一峰驼或一头牛。献牲者可以吃宰牲肉，为安拉宰牲仅以倾血为准，以此接受安拉对人们的考验。意即在这三天内许可屠宰牲畜，举意为真主奉献。宰牲前需举意，举意（即内心决定）对于宰牲非常重要，宰牲时必须高念"泰克比尔"（即真主至大），宰牲方为有效。屠宰的牲畜只限于牛、羊、骆驼，屠宰的时间必须在节日会礼之后。会礼之前的屠宰是为自己食用，而在会礼之后的屠宰是举意为真主做的完美牺牲，完成了穆斯林的传统圣行，最佳的日子是宰牲节当天，也可推迟到第二天或第三天。宰牲由阿訇宰，如果没有阿訇就可以让德高望重的老人代劳，也可由举意宰牲的人亲自下刀。宰牲下刀前必须念《古兰经》经文，念经的时候念者表情非常庄重、严肃，主刀者共念三遍，其他人跟着齐声念诵或者心中默念。献祭的牛羊一定要肥美健壮。羊要经过严格的挑选，不满两岁的小羊以及残疾的如瞎眼、瘸腿、缺耳、少尾的羊都在挑选的范围之外。宰牲活动结束后，家家开始剁肉、洗下水、装肠子，打理羊（或牛）头等，完成这些工作后准备请客。

三　圣纪节

伊斯兰教历三月十二日是穆斯林的圣纪节，这个节日是为了纪念并赞颂穆罕默德的美德和历史功绩，以示不忘《古兰经》的教诲。相传，穆罕默德（约571~632年）的诞生和逝世都在伊斯兰历三月十二日，穆斯林为纪念先知穆罕默德，在他诞生和逝世的这天举行宗教集会，后这一天逐渐演变为伊斯兰教的宗教节日，并与开斋节、古尔邦节并称伊斯兰三大宗教节日。

青海的回族和撒拉族都信仰伊斯兰教，穆斯林们也都很重视圣纪节，主要是为纪念使者先知穆罕默德，并赞颂其美德和历史功绩，不忘他所传达的《古兰经》教诲。过圣纪节时，会礼主要侧重讲述伊斯兰历史、回顾先知事迹、诵读《古兰经》；一些清真寺还要请当地清真寺开学阿訇来讲述先知历史事迹，以示慎重和虔诚。节日的纪念活动主要以诵读《古兰经》、朗诵赞美先知的诗篇和聚众食饮圣餐为主，即办"圣会"。办"圣会"的费用通常由清真寺从自身相关收入中列支，但当地穆斯林在参加圣会时常常要向清真寺捐赠一些食物和资金，以弥补清真寺费用之不足。节日前清真寺就要做好准备，一些穆斯林自愿捐赠面粉、食油、牛羊肉或其他钱物等以备节日时的聚餐使用。穆斯林把自愿诚心举办善功的意图转化为给清真寺或慈善机构捐资，或给穷困的人施散财物，称为散"七提"。在节前为了节日聚餐，有一些志愿者专门负责采购、备料、炸油香（即油饼，以煎炸的方式做成的饼）、煮肉、烹调菜肴等，穆斯林把过圣纪视为神圣之举，因而这种志愿劳动也被看作行善和做好事，因此很多人都自愿参与进来。节日当天，穆斯林要沐浴、更衣，穿戴整齐，到清真寺礼拜，听阿訇念诵《古兰经》，回顾先知事迹。纪念仪式结束后，穆斯林还要一起进餐，经济条件比较好的地方以摆桌菜为主，有十几桌甚至几十桌；也有的地方则吃份儿饭，或称"碗儿菜"，即每人一份。对于那些节前散"乜提"但没有进餐的人，清真寺一般会托他的亲友邻居带去一份"油香"品尝。伊赫尼瓦派不主张集体过圣纪节。

第四节 土族传统节日

一 春节

春节是土族非常重视的传统节日之一，其日期、节日主题及活动内容与汉族传统春节基本一致，从农历腊月开始准备，至正月十五结束，节日以除旧布新、欢庆团聚为主题，迎禧接福、祈求丰年、祭祀神佛、祭奠祖先等。

土族从腊月里开始置办年货，还要赶制家人的新衣。腊月二十三祭拜灶王爷，之后就要扫房除尘，制作过年的食品，主要是过年的年馍和各种肉食。大年三十这天，民和地区的土族会在早上吃蒸包子，还要洗头、理发，下午开始准备年夜饭，还要准备上坟祭拜亡人的东西。傍晚，人们到祖坟上烧纸，并请祖先回家过年。等一切准备就绪，还要贴年画、对联等，并点上长明灯、煨桑，以此祭拜神佛。晚饭时，全家人团聚在一起吃团圆饭，并一起守夜至年初一的到来。

除此之外，土族在春节时还有一些独具民族特色的活动，如吃"腊八冰"，这种活动就是在腊月初八这天取河冰回来，分别放置在家门口、庭院四角、屋顶、自家耕地等处，以此期盼风调雨顺、五谷丰登。还有一种做法就是在腊八头天晚上，用碗盛清水放置院中使其结冰，以此冰预测来年雨水是否充足及庄稼丰歉。"打醋坛"也是土族比较有意思的节日活动，这是除夕晚上进行的祛除污秽、洁净庭院的一种仪式，大致做法是把干净的石子儿放置在盆（坛）中，然后在炉子上熏烧，还要在坛中放入松柏、醋，拎此坛在各个屋中环绕一番，以求洁净庭院。

正月初一早上，大家要到庙里和寺院去添灯油，煨桑拜佛爷。拜年活动从初二开始，有的地方正月初二先要到舅舅家拜年，拜年越早越好，表示重视和尊重。节日期间，互助县的年轻人还要在一起围跳安昭舞（安昭舞是歌舞相结合的集体舞蹈形式，无乐器伴奏，是土族地区流传十分广泛的一种古老舞蹈），进行荡轮子秋的民间体育活动（轮子秋，即土族的一种秋千）。从正月初八开始，各村出演社火，非常热闹。正月十五，一些土族还有"跳冒火"的习俗，即在正月十五晚上，在打麦场或者村庄中的巷子口点燃几堆麦草，大家从火堆上跳过，连续3次，以驱邪消灾。

二 佑宁寺祈愿法会

佑宁寺是土族地区最大的藏传佛教格鲁派寺院，誉称"湟北诸寺之母"。佑宁寺位于互助土族自治县五十镇，它在土族藏传佛教文化中占有非常重要的地位。每年农历正月、四月、六月、腊月，佑宁寺会举行四次规模宏大的祈愿法会，这些法会不仅是寺院的重要宗教盛会，而且也是当地民众参与的民间文艺活动盛会。

法会中，寺院里会有喇嘛表演表演被称为"跳欠"的藏式神舞，这也是一种重要的宗教仪式。表演时，整个舞蹈没有歌唱，主要由几种乐器伴奏，气氛庄严肃穆，具有强大的威慑力。表演者头戴各种神、兽面具，手持法器或兵器，身着色彩艳丽的专门服饰，按照神位的高低顺序出场，以示各路神灵已降临人间，舞者用手势和动作表达各种佛教寓意。演奏乐器要高架于寺院屋顶之上，有唢呐、长号、莽筒、鼓钹等，演奏的祭祀乐曲洪亮而庄严，舞蹈内容也十分丰富，主要有"法王舞""马首金刚舞""神猴变人的故事"等。法会中，信众们还要进行各种活动，如布施、点酥油灯、煨桑等。

三　擂台戏

擂台戏也称擂台会，是互助土族自治县的土族传统节日，每年农历二月初二日在县府所地在威远镇举行。据史料记载，宋代以前，威远镇一带被称为"诺木斗"（土语，意为森林地区），宋代则改称为"牧马营"，是军事要地，这里兵戎活动频繁。明朝时在这里修筑城垣之后，又改为"威远堡"，并设有游击营，是一个军事重点，有重兵把守。城内有一土筑高台，人称"擂台"，经常有打擂比武之事。后来逐渐演变为定期的唱戏、唱花儿，就被称为擂台戏或花儿会，流传至今。据说，现在的擂台戏就是在当地原有的打擂比武活动上逐渐演化而来，近代的擂台会主要是演秦腔戏来祈求风调雨顺、国泰民安的一种祭祀求神活动。除唱戏外，人们还借擂台会进行物资交流以及转轮子秋、跳安昭舞、赛马、摔跤、武术表演、唱花儿等文体娱乐活动。

节日这天，人们盛装打扮，纷纷来到会场。特别是许多著名的花儿歌手，远道跋涉而来，试与当地歌手比高低。人们各自选伴结伙，分成若干赛场，每组七至十人，在广场上摆开阵势对唱。当比赛进入高潮时，各场涌现出许多新的歌手，然后组成新的小组，继续比赛对唱。直到暮霭降临，人们才陆续离去，对歌优胜者被誉为"花儿王"，当众披红挂彩。除唱花儿外，节日的主要活动还有物资交流、唱戏、赛马、摔跤、武术表演等。

四　哪哪会

"哪"，是土族语，有两层意思，既指法师，也指法师做的道场，俗称跳神。

　　哪哪会是互助县、大通县、湟中县等地土族的传统节日，其主题是祭祀神灵，举行时间因地而异。互助土族自治县一般在每年农历二月二、三月三，或者四月初八举行。哪哪会祭祀时的核心人物是法师，一般为男性，是具有宗教性质的民间歌舞艺人式的神职人员，信仰佛教和道教，在民间信仰仪式上进行宗教性的表演，兼有唱、舞、乐等形式，当地人把这种活动也称为"跳法师"。除了法师之外，还有许多当地民众前来观礼，非常热闹。

　　哪哪会上，法师身穿黑色长袍、外套花色长马夹，头上戴着黑色道帽，里面有象征长辫的网帽，还戴着红花牌子，手持法器。由于在祭祀活动中担任的角色和身份不一样，服饰就会有变化；法器也不一样，主要法器是一个山羊皮鼓，鼓的把手上有三个环儿，并有九个麻钱，还有金钻和钢鞭等。法师在寺庙里诵经、跳酬神舞，举行献牲酬祭的祭祀活动，以禳灾祛祸，祈五谷丰登、人畜两旺。整个祭祀场面严肃庄重。另外，除了祭祀活动之外，参会的民众还有一个非常有趣的活动，就是传统的敲鸡蛋比赛。人们都要随身携带许多熟鸡蛋，既可以自食，还能比赛取乐。因此，大家也把哪哪会称为"鸡蛋会"。游戏规则是两个人各握一个熟鸡蛋，一人从上往下敲，鸡蛋的大头对大头，小头对小头，鸡蛋被敲破者便输了，要将蛋送给赢家取乐。因为青海雹灾比较严重，满地蛋壳如同冰雹一般，当地人认为相互敲击鸡蛋，可以禳解雹灾。据说，"鸡蛋会"是明代嘉靖年间因一次春天的雹灾而举行的，从此留下庙会打鸡蛋禳灾之俗。这种活动的产生与青海地区多冰雹灾害天气的生存环境密切相关，用这种与巫术相似的手段来缓解人们对灾难的恐惧，从侧面说明了节日的巫术和祭祀的本源。①

五　青苗会

　　青苗会是土族迎神祈福、踏青护苗的传统节日，青海互助、民和、大通

---

① 蔡秀清：《青海土族节庆习俗中的生存理念研究》，西北民族大学民俗学硕士论文，2005，第15页。

和甘肃卓尼等地的部分土族村庄按农事季节和传统习俗的不同，于每年农历二月至六月择日举行。各地的青苗会从开始到结束需要二到三天，内容包括煨桑、请神、巡山、背经、诵经、踏青、插牌、巡视田禾等一系列仪式，其目的是通过请龙神、二郎神、各村庙神等神祇巡山、诵经祷告、游山踏青等形式取悦神灵，祈求神灵保佑一方风调雨顺、冰雹不降、昆虫毋作。土族青苗会期间，不仅全村的男女老幼身穿民族服装踊跃参加，邻村的汉、土、藏等四方民众也穿着节日盛装，全家出动，前来参加盛会。因此，游山的队伍有时多达千人，极为壮观。节日期间，除了举行上述宗教仪式外，还要举行野餐、唱花儿、摔跤等文娱活动，过去还有赛马活动，届时，商贩们也竞相而来，设下摊点，进行物资交流，会场热闹非凡。青苗会结束后，自兹日起至庄稼收割前，禁止在田间地头放牧牛羊，禁止砍树、拆房、践踏青苗，禁止村民打架斗殴，违者将处以责罚。护青苗期间如需拆房，需向龙王等神佛请示。

六　端午节

端午节也是土族非常重视的传统节日，时间为每年农历五月初五。土族的端午节节俗与汉族大致相仿，也要佩戴香包、五彩丝线，但也有一些自己的民族特色。

在端午节，土族非常重视香包的佩戴，这与土族女性比较善于女红刺绣有关。人们都要提早着手准备，用五颜六色的绸缎作面料，填充棉花和香草，缝制各种各样的香包，形状有十二生肖、元宝、鸽子、鱼、莲花、石榴等。土族与汉族不同，端午节不吃粽子，而是吃韭菜合子、凉粉和凉面，配以香醋、油泼辣子等各种调料，这些是土族端午节比较有代表性的食品。另外，在土族地区五月初四的晚上或初五的清晨，家家户户还有插柳的习俗，人们把柳枝插在大门、屋门、屋檐和农田等处，认为这样可以护佑家人安康幸福。互助地区的土族还有五月初四担水、初五踏青和野餐的习俗。初四这天互助土族要把水缸担满，端午节当天人们就不再挑水。"据说当午这一天，'巴蛙（土语，青蛙、蟾蜍的称呼）避当午'，会躲在水里不出来，将尿撒在水里。初五清早，人们还会到水源处煨桑、上香。"① 之后，人们还会与家人、朋友一起带上凉面、鸡蛋等熟食，以及蔬菜、肉类等生食到野外踏青、野炊。

七　中秋节

土族非常重视中秋节，每年农历八月十五，全家人要团聚在一起。民和地区的土族在这一天最有特色的活动就是自家用蒸笼蒸月饼，这种月饼就是一种大花馍，馍上有用面制作的各种花色与造型，如花朵、鸟兽等。晚上在月亮出来之前，家家户户会在房顶上或院落中央把最大的月饼、新鲜水果、核桃等摆好，献给月亮，还要点一对油灯。月亮出来后，家人在一起赏月，一直等到明灯油干熄灭之后，将所有供品拿下来，一家人坐在月明星稀的院中赏月吃饭。互助地区个别村庄的土族不拜月，土族信仰中把月亮视为有灵性的天体，对月亮十分敬畏，老年人常常教导小孩，不要用手指月亮，否则就会受到被月亮割去耳朵的惩罚。

八　於菟

每年农历十一月二十日，青海省黄南藏族自治州同仁县的年都乎村要定期举行於菟仪式，这种仪式是一种驱鬼逐疫的民间祭祀活动，主要由村中男性村民参与。据说，这个仪式与中国古代的崇虎观念有关，起源于"虎食鬼魅"的古老思想。

在正式举行於菟仪式之前，首先要举行叫作"哪"的活动，可以说这是於菟仪式的序幕，人们将地方山神（二郎神）迎请至人家，举行献供、

---

① 蔡秀清：《土族端午节及其民俗内涵分析》，《中国土族》2009 年第 4 期。

赞颂、献舞等活动，以此来娱神、娱人。"哪"，就是木棍上方粘一些做成特殊形状的纸，是於菟祭祀活动中的重要器物，据称能驱邪、赐福、保健。另外，还要制作"哪馍馍"，通常以死面（或稍加发面）掺以清油、鸡蛋、白糖等烙成。一般一锅烙两个，各呈半月状。哪馍馍是在於菟祭祀活动中人们相互赠换的一种具有神圣意味的食品。举行"哪"时，只许村中男人参加，由村里的"拉哇"（法师）来主持。村中的青壮年都前来踊跃报名参与於菟仪式表演，拉哇要根据年龄、体质等状况选择参与的人员，一般岁数在十四五岁以上，身体较健壮的为适宜人选。而报名者一般有三类原因想要参与：一是家中有病人，想通过扮演於菟角色，除病驱疫；二是希望自己及家人来年平安吉祥；三是凡扮演过於菟的人，在次年村庄所需参加的集体劳动上可不用参加，以扮演於菟代劳动工分，此为约定俗成，没人存有异议。在活动结束后，拉哇要宣布参与人的名单，一般是 7 名。

　　当日下午 2 时左右，於菟仪式正式举行。在仪式活动开始之前，每户男子都会到二郎神庙煨桑祭神。於菟仪式的表演者要先化妆。这 7 个人脱去上身全部衣物，使整个上身裸露，以便画斑纹；下身将裤脚挽至大腿根，并在腰间系红色腰带，插上一把腰刀。然后开始画斑纹，在拉哇等人的帮助下，首先从头至脚涂抹香灰，全身呈现灰白色。之后就用墨汁开始画虎纹或豹纹，从脸部一直画到脚踝处，包括前胸后背。最后，头顶上还要系上折起的白纸条，看起来像虎的耳朵。一切准备就绪，拉哇就开始举行仪式。拉哇头顶五佛冠，手执羊皮鼓，吩咐人依次给每个於菟表演者喝酒，然后布置他们分组，2 名大於菟在前，5 名小於菟在后，成纵向两列排列，拉哇手拿羊皮鼓，他的助手在后敲锣，位于队伍最后。其间，於菟舞者被禁止说话。在锣鼓的敲打节奏指引下，7 名於菟依次舞出庙门，并按照事先安排好的行进路线进入村庄。在村庄里於菟进入村民家时只能翻墙而入，禁止从门进入，但可以从大门出去。因家家户户比邻而居，所以可以看到於菟表演者多采用从一家房顶到另一家房顶的方式进行。此时，村民则在自家屋顶上早早等待，并把早已准备好的邦馍馍套在於菟舞者手持的杆子上，有些人家还要在於菟来到时鸣放鞭炮，并给他们喝酒，嘴里塞上生肉片。在村中行进结束后，於菟出了城门，要径直跑向年都乎河边，将手持的杆子和其上所串的邦馍馍抛入河中，用冰冷的河水洗去脸上、身上的斑纹。此时，於菟就可以说话了。他们穿戴好衣物，在离河滩大约50米处，在拉哇的主持下，跳过火堆，表示祛除身上所有邪气，整个於菟仪式结束。

第五节　蒙古族传统节日

一　春节

蒙语称春节为"查干萨日"，直译为"白节"，蒙古族非常崇尚白色，认为白色象征了吉祥、圣洁和美好。蒙古族把一年的第一个月，即正月称为"查干萨日"。"查干萨日"是蒙古族一年中最为热闹、隆重的节日。

从农历十二月开始，牧民就要选择好的草场来集中五畜，并且家家户户要缝制新衣，男子们还要去集市采购各种年货，妇女则在家里拾足过年烧火使用的牛粪，并且准备好食材制作节日食品。其中，"须弥尔"是最为珍贵的节日食品和礼品，它的做法是，在一个圆形的木质彩盘里装满青稞炒面，将炒面塑成锥形，四周还要插上长方形酥油或奶皮，在锥形炒面顶端放上一块圆形酥油。"须弥尔"是敬佛神和待客的一种食物，一般在节庆宴席上供客人品尝，并在客人离去时，取其中部分炒面，再放一些酥油、曲拉、糖，搅拌均匀，作为赠送客人尤其是小孩的礼品。

腊月二十三日，要专门清扫蒙古包，焕然一新的蒙古包也增添了不少节日的气氛。另外，在这天，蒙古族还要举行隆重的祭火仪式。祭祀火神是蒙古族非常古老的祭祀活动，也是春节中非常有民族特色的活动。人们认为火是纯洁的象征和神灵的化身，尤其是灶火，它是部落、家庭的保护神，能够赐予人们幸福和财富，是家族兴旺的象征。日常生活中人们就有许多禁忌，春节期间更是如此，如不能向火里泼水、扔脏东西、吐唾沫等，不能在炉火上烤脚，不能把湿鞋子或鞋垫等放在炉火旁。这些都充分体现了火在蒙古族人心中的神圣地位。祭火仪式是腊月二十三最为重要的仪式，要提前准备好供品。具体流程详见"祭火节"。

在农历大年三十晚上，全家人团聚在一起，也要举行隆重的祭火仪式，另外还有敬天地的活动。大年三十要准备年夜饭，有剁肉、包饺子，还有非常有特色的炸油饼，油饼的样式非常多样，有编织状的，还有五畜形状等。正月初一，大家都要早起，男女老少穿着新年盛装，首先要祭火神，之后男主人要敬奉佛龛，献供品、净水，点香膜拜、吟诵祝词。初一还有一个比较有特色的活动，就是"踏新踪"。这个活动是按照某个吉利的方向到附近亲朋好友家骑马拜年，来开启一年出门行走的祥瑞。还要在一起喝年茶（即酥油茶里放上红枣），晚辈向长辈鞠躬、献哈达拜年，平辈之间则手执哈达相互问候。很多人家还要给当年的头胎羊羔（或者是给五种公畜）额头上涂抹酥油，披挂彩带，表示吉祥。然后大家要在一起开始喝茶、饮酒、唱歌，沉浸在节日的欢乐气氛之中。自初二起，亲友间的相互拜年就正式开始，人们相互走访、相互祝福。年轻人都穿上漂亮的衣服，骑上快马给邻里、近亲、长辈敬献节日礼品。

正月十五，家家户户要在蒙古包内佛龛前献净水，点酥油灯，还要举行一系列的煨桑、诵经、礼佛活动。这一天也是蒙古族的"麦德尔节"，蒙古族认为麦德尔佛是传播佛教、解除人民疾苦的神，正月十五是他的诞辰，这个节日就是为了纪念他的。节日当天，寺院还要举行盛大的庆祝仪式，很多蒙古族民众都要穿着盛装去寺院，带去酥油、佛灯、钱物等供奉在麦德尔佛像前，并进行转寺活动，即从麦德尔佛像边从右向左转，并绕着寺庙转几圈，以表达其崇敬和祈福之意。

二　那达慕

"那达慕"，蒙古族语，有游戏、娱乐、游艺等的意思，是蒙古族最为重要的传统节日。那达慕作为蒙古族优秀的传统文化在青海蒙古族中一直得到传承和良好的发展。那达慕以体育竞技和交际娱乐为节日主题。它的产生与蒙古族传统游牧文化和民间信仰息息相关，在历史的发展中则逐渐演化为集体育竞技、交际娱乐、服饰、饮食、歌舞、仪式等内容于一身的盛大集会。青海蒙古族的那达慕大会最早以"祭海""祭敖包"的形式，于每年七、八月牧草茂盛、牛羊肥壮时举行，后逐渐演变成群众性集会的传统节日，并在青海海西蒙古族藏族自治州得以延续。海西蒙古族那达慕举办类型和规模较为多元，是青海那达慕的代表，其规模类型以承办主体来分，主要有三种。第一种是以牧民家庭为单位举办的小型那达慕，以家庭财力而定，邀请周边的牧民好友参加，一般是为老人祝寿或举行婚礼而举办；第二种是以苏木（即乡镇）为单位，或与其他苏木合办，这种从规模上来说是中型那达慕，一般都由官方组织、本地的牧民参与；第三种是以海西蒙古族藏族自治州政府为单位举办的大型那达慕，这种大规模的那达慕参与人数非常多，地域也不限于青海本地，其他省份的蒙古族都被邀请前来参加，大会内容更加丰富，影响力也较为广泛。大型那达慕自 2008 年 6 月被国务院公布为第二批国家级非物质文化遗产以来，每隔 4 年就会举办一次，通常都是在 8 月份举行。大型那达慕盛会已经成为展示蒙古族文化艺术、民俗风情、民间工艺的重要盛会，为各族民众的情感交流、信息互动、文化交流、观光旅游、招商引资提供了良好的平台。传统那达慕比赛项目主要有摔跤、赛马和射箭，即"男儿三艺"，近些年又加入了赛骆驼、蒙古象棋、布格（蒙古族的民间棋类）等。

三　祭火节

每年农历腊月二十三日，是蒙古族祭祀火神的祭火节，又称"过小年"。祭祀火神是蒙古族最古老的祭祀活动之一。蒙古族认为火是纯洁的象征和神灵的化身，尤其灶火是部落与家庭的保护神，是赐予人们幸福和财富以及人丁兴旺、繁衍生息的希望。在家中非常注重"嘎拉锅炉母土"，即子孙接续的人，更讲究"嘎拉锅炉母土"是传承家产和接续香火的传家宝，如果炉灶被毁，就等于断绝子孙、灭了家族。蒙古族早在成吉思汗时代，就有崇拜火和灶神（火神）的习俗，至今仍然传承着祭火的习俗，并把家中最小的儿子叫作守火盘的人。在蒙古族看来，灶与佛龛一样是极其神圣的，因此，常常把居家过日子称为"火灶"。

祭火之俗在蒙古族各部落中甚为普遍，祭祀方法基本相同，分为个体家庭祭火、众人集体祭火等形式。家庭祭火一般在正月初一举行。每当祭火节来临之际，所有人家从早晨起来开始收拾院落，打扫房屋、凉房，扫除过去一年"积攒"的所有尘土，让屋里屋外整洁有序、焕然一新，同时还要洗涮全部火灶器具，尤其清理出灶火灰烬，然后准备好祭火的干柴火。祭祀火神用羊胸叉、奶食品、酒等作供品，将羊胸叉、羊脂油与冰糖、奶酪、柏香枝及哈达一起，用白色羊毛绳缠绕九圈后煮熟。到了晚上掌灯时分，在灶膛内填入红柳根、柏香，用牛粪围住，将灶火点燃。届时，男主人燃火，女主人双手托起煮好的羊胸叉放入火中，全家人穿上节日盛装，对着火焰向火神祈祷。男主人吟唱《祭火祝词》：

祝福安乐吉祥！

苏龙人善于镶嵌珍珠，

能工巧匠善于篆刻图案，

乌亚匠人善于冶炼钢铁。

从大森林里取来火绒，

从大岩峰上取来火石，

人们用燧石打火时，

数不清的火星闪向四方，

成为历代可汗们，祭祀崇拜的火神。

可汗用燧石击燃，皇后用嘴唇吹旺。

火光穿透了大山，白焰冲出了云端，

光明冲散了黑暗，热力熔化了坚硬。

年年祭奠的红火啊，把幸福带到了人间，

赐予人们以温暖；

月月供奉的红火啊，

对世人的恩赐无限，使大家生活得很温暖。

……

灶火烧得很旺时，全家人烧香磕头，向火里扔一块羊油，再洒上一杯酒，希望火神保佑全家平安幸福、六畜兴旺。蒙古族认为火是神圣的，火神或灶神是驱邪的圣洁之物，所以就有许多禁忌，如，不许向火里泼水、扔脏物，不许在火炉上烤脚，也不许在火炉旁烤湿靴子和鞋垫子，不得从灶炉上跨越或用脚蹬炉灶，不能在炉灶上磕烟袋、摔东西、吐口水，不能往火里投蒜和葱皮，不能用刀子挑火、把刀子插入火中。[①]

集体祭火是在腊月二十三日。蒙古族认为这一天是火神升天的日子，要向上天汇报下界一年以来的好坏善恶情况。因为草原牧人认为在日常生活中，人离不开火，因此火能看到人的全部行为，在火神心中有一本善与恶之账，而这本账要在每年的腊月二十三日向苍天汇报。人们怕火神乱汇报情况，怕上天听后受到惩罚，平时特别忌讳激怒火神，忌讳对火神不恭。腊月二十三日这天，嫁出的姑娘不许回娘家祭火。祭火的主要器具"托拉嘎"，即火撑子，是一种腰缠三箍、上有四个支撑点的铁质火架子，安放在特意选定的地方，内装干柴、易燃艾绒、柏香及蓝白黄红四色哈达等。届时，司仪主持祭火仪式，由一位德高望重的老者用传统火镰打火石方法燃火，另一人吟诵祭火颂词，之后，众人敬献哈达等祭品。人们相信二十三日火神上天后，除夕晚上才能回到人间，因此草原牧人们把这段时间称为"人间无主的

---

① 跃进：《柴达木民间文化》，青海人民出版社，2012，第123~128页。

七天"。待到除夕傍晚，人们迎接神圣火神的到来。迎来火神之后，可以安心地过春节了。可以说，祭火节，是蒙古族欢度春节的序曲。

第六节 现代节日民俗

一 全国性节日

元旦 元是"初""始"的意思，旦指"日子"，元旦合称即"初始的日子"，也就是新一年的第一天。元旦也称元正，以前是指农历岁首第一天，据说源于尧舜禹时代，距今已有 4000 多年的历史。民国中央政府为了区别农历和阳历两个新年，又鉴于农历二十四节气中的"立春"恰在农历新年的前后，就把农历正月初一改称为"春节"，阳历 1 月 1 日定为"元旦"。至此，元旦正式成为全国人民的欢乐节日。每年 1 月 1 日，标志着新的一年到来。随着国家元旦三天法定节日的施行，民众就以各种方式庆祝新年。进入 21 世纪后，信息技术手段的普及化，大多数人们习惯于拿起智能手机编辑祝福信息，相互发送，或者以发邮件、打电话的形式祝福亲朋好友新年快乐、吉祥安康。河湟地区民间有过元旦节的习俗，主要是燃放爆竹、杀三生、敬鬼神、拜祭先人，然后一家人团圆聚餐。

妇女节 3 月 8 日是国际劳动妇女节，又称"三八"节、妇女节、"三八"国际妇女节，是世界各国妇女争取自由、平等和发展的节日。这一天，全世界的妇女不分国籍、种族、语言、文化、政治和经济的差异，共同关注妇女的人权。随着妇女解放运动的和女权主义运动的深入，妇女开始顶起半边天，政治、经济、文化各方面都有长足的发展，并取得了突出的成就，"巾帼不让须眉"不再是一句空话，而是实现了男女平等。正因为妇女地位的提高，妇女节也在整个现代节日中占据一定的地位。每到这一天，不管社区还是农村，都会开展丰富多彩的娱乐活动，在大家共同参与下评选"好婆婆""好媳妇"，推助家庭和睦、孝敬老人的良好气氛，并予以一定奖励，以慰问辛苦了一年的劳动妇女们，同时让妇女们感受到节日的快乐。

植树节 每年的3月12日是我国的植树节，这天正是孙中山先生逝世纪念日。确立这一天为植树节，一是从植树的季节考虑，二是为了纪念孙中山先生一生提倡植树造林的功绩。孙中山是我国近代最早极力提倡植树造林的人，他在亲自起草的政治文献《上李鸿章书》中提出，"中国欲强，必须'急兴农学，讲究树艺'"。在孙中山先生的倡议下，我国曾于1915年7月30日首次规定，每年清明为植树节。1925年3月12日，孙中山逝世后，决定将孙中山的逝世日定为植树节，以纪念他提倡植树造林的功绩。青海地处高原地区，生态环境脆弱，更需要植被树木的保护，因此不管政府还是民间，对植树造林相当看重。由于干旱缺水，植树需挖半米深的坑，再栽种提前育好的树苗，并浇上水，特别是栽种后一两个月内每隔三四天就要挑水去浇，这样才能保证树苗的成活。俗话说得好，"十年树木，百年树人"，"前人栽树，后人乘凉"，为使青海发展有良好的生态环境，成为"人口小省、生态大省"，也为利在当代、造福子孙，形成了植树、爱树的好传统。

五一劳动节 5月1日为国际劳动节，这是纪念国际工人阶级争取解放的节日，也是赞美劳动和广大劳动者的世界性节日。此节日源于美国芝加哥的工人争取合法权益大罢工。中国政府于1949年12月将5月1日定为法定劳动节，是日全国放假一天。其间，举国欢庆。在青海，正逢旭日暖阳的春季，民众穿上节日的盛装，举家聚集于公园观赏春花，或在广场或剧院、影院等场所，参加各种庆祝集会，以及有益于身心健康的文体娱乐活动。

五四青年节 此节源于中国1919年反帝爱国的"五四运动"，这既是一次反帝爱国运动，也是中国新民主主义革命的开始。1939年，陕甘宁边区西北青年救国联合会决定5月4日为中国青年节。在青年节期间，青海各地方都要举行丰富多彩的纪念活动，青年们还要集中进行各种社会志愿活动和社会实践活动，还有一些地方在青年节期间举行成人仪式。

母亲节 每年五月的第二个星期天是母亲节。此节虽然源于国外，但对于母亲的爱，全世界都是一致的。在这业已成为约定俗成的世界性节日里，青海人也以特有的方式表达浓浓的亲情。或给自己的母亲辈送上代表母爱的鲜花，或摆脱繁忙工作，回家亲手烹饪母亲爱吃的饭菜，或带着自己的母亲外出进行一次时间不一的旅游，或在手机微信朋友圈里专门发一组纪念母亲的图片。儿女的所作所为完全出于真心，尽量满足母亲平日的愿望。

儿童节 6月1日是国际儿童节。此节是为悼念1942年6月10日的利迪策惨案和全世界所有在战争中死难的儿童而设的，意在保障世界各国儿童的生存权、抚养权、保健权和受教育权，强调改善儿童生活，反对虐杀儿童和毒害儿童。这是全世界小朋友的节日，也是全世界关爱儿童、爱好和平，为争取儿童健康成长和受教育权利而斗争的纪念日。每年这一天，学校开展庆祝大会、运动会、文艺表演，让孩子们度过一个有趣、快乐的节日。一些学校还组织学生及家长到公园或郊外举行活动，家长们也把此次孩子的外出活动当作正规节日活动，携带上精心准备的食物，在中午的时候和孩子一起分享节日的快乐。

父亲节 每年6月的第三个星期天是父亲节，此节约始于20世纪初，起源于美国，现已广泛流传于世界各地。一般而言，子女对父亲的情感表达不同于母亲节那么浓烈，因此相对比较内敛，但情感是一样的真挚。父亲节这天，在外工作的子女们也会抽空回家，给父亲送礼物，做可口的饭菜，或者到某个有特色菜的饭馆里吃一顿。不为别的，只为表达子女对父亲的感恩、祝福，让父亲感受到自己的子女所带来的亲情与快乐。

教师节 尊师重教是中华民族的优秀传统，早在公元前11世纪的西周时期，就有"弟子事师敬同于父"的说法。我国历史上最早出现教师节是在1931年，当时教育界把6月6日定为教师节。1939年，教师节被改为8月27日孔子诞辰日[①]。1951年，我国宣布"五一国际劳动节"同时也是教师节。

---

① 经相关专家考证，孔子诞辰应为公历的9月28日。2016年是孔子诞辰2657周年。

1985 年，国务院正式确立 9 月 10 日为教师节。教师节，作为一种行业性节日，旨在肯定教师为教育事业所做的贡献。其间主要举行"全国优秀教师"评选活动、教师节庆祝大会、教师健康体检服务、全校大扫除、学生拜访老师、看电影、看文艺演出等。而在民间，尊师重教传统一直持续着。至今，在汉族、土族家里的堂屋墙上专门悬挂有"天地君亲师"的中堂画。民国时称老师为"先生"，先生是开启童稚心智的第一人，特别尊重老师。每逢开学初或重要节日，学生依家庭经济条件，拿礼物送给老师。

国庆节 1949 年 10 月 1 日，中华人民共和国成立典礼在北京天安门广场隆重举行。此后，中央人民政府宣布自 1950 年起，每年的 10 月 1 日为庆祝中华人民共和国宣告成立的日子，即国庆节，又称为十一、国庆日。国庆成为全民性的节日，承载着中国的民族凝聚力与向心力。每逢国庆佳节，机关、企事业单位都会挂起灯笼或横幅，用"欢度国庆"等标语来庆祝国庆。城镇的广场上则摆放着庆祝字样的各式盆景等，用欢乐气氛来迎接国庆。以前在这个日子里家中生了男孩，很多人家就给婴儿起乳名或大名为"国庆"。农牧区的孩子们放假了，就回家帮助家人干活的居多。随着国庆七天法定假期的推行，职场人员谋划外出旅游，领略祖国大好河山，已成为欢度国庆的一种时尚选择。

二 地方性节日

桃花节 民和回族土族自治县举办桃花节。民和地处湟水谷地，在四月春日暖阳时节，向来有"杏雨飞扬"的美景称赞。万亩桃园，桃花盛开时，民众纷纷出动，漫步在脂红万点、花香醉人的桃林中，尽情观赏，并拿起相机、手机不停地拍照留影，展现出"人面桃花相映红"的盛景。其间，心情畅快的各族民众，用动听的歌声歌唱美好的新生活，以优美的舞步展现生活的美好变化，尽情展示出民和悠久的历史文化和浓郁的风土人情，展示出各族民众追求幸福生活的心愿。桃花节上还有诱人的美食，生炒羊排、河湟油香、青稞凉面等独具地方特色的美味使游览者赞不绝口。桃花美景、花儿歌声、民间美食，共同构成了民和四月桃花节的盛景。

梨花节　贵德县举办梨花节。"天下黄河贵德清"，这样的自然条件是贵德的先天优势。这里有着栽培梨树并盛产梨子的传统，百年老梨树处处可见。在清清黄河水的浇灌下，每年四月份，千树万树梨花开时，贵德县在黄河梨花小镇举办梨花节。在这个梨花最为繁盛的时节，每一个村庄都会被簇拥枝头的梨花所笼罩，满城梨花飘香。放眼四望，因梨树品种不同，开出的花朵颜色又呈乳白或雪白。"香风百里梨花雨，莫道高原不江南"，周围县市民众前来赏花踏青，相沿成习。在赏花之余，游客还可以在农家看耕田种地，品乡里茶饭，听主人讲乡野的古今故事。

郁金香节　郁金香花是土耳其、荷兰、匈牙利等国的国花。其花单朵顶生，大型而艳丽。自西宁引进荷兰郁金香花并栽培成功后，其花深受民众喜爱。从1997年起，每年五月西宁市人民公园都举办郁金香节，此时红色、黄色、紫色、白色的花朵几乎连片成海，大批民众纷纷前来观赏，或老少全家，或密友亲戚，或年轻恋人，或夫妇二人，并用相机、手机等驻足于花前拍照留影，久久不忍离去。同时，民众还可参与丰富多彩的娱乐活动，如大型群众摄影展、民间曲艺演唱、民间皮影展演、湟中农民画展览、民间刺绣才艺竞赛等。

祁连文化旅游节　祁连县素有"天境祁""东方瑞士"的美称，在每年的六、七月举办文化旅游节。有央隆草原风情文化活动、阿柔部落民俗风情文化活动、扎麻什乡"六月六"花儿会，还有民族民间射箭比赛、清真美食文化、祁连风光摄影展、默勒镇那达慕大会等。其中已被列入省级非物质文化遗产藏族阿柔部落的"阿柔逗曲""阿柔婚俗"，在节庆期间有片段性展演。

油菜花节　每年的7月18~25日在门源县举办油菜花节。7月的门源，油菜花盛开，60万亩的油菜花堪称中国大花海之一，与"风吹草低见牛羊"的皇城草原、"野花渐欲迷人眼"的苏吉滩大草原及现代冰川冷龙岭等相映成趣。前来观赏油菜花的大批民众，能够品尝到富有地方特色的羊羔盖被、手抓羊肉、烤羊肉串、牦牛酸奶、酥油、糌粑、牦牛奶皮及野生黄蘑菇等民间特色美食，同时还能领略当地蒙古族的"那达慕"大会、藏族锅庄舞表演等民俗风情。

三　外来节日

情人节　每年2月14日的"情人节"，又名"圣瓦伦丁节"，是一个表达两情相悦的纪念性节日，源自西方。据传说，圣瓦伦丁是古罗马的两个同名主教，两人均在公元270年遇难。他们遇难前做的最后一件事就是给太太写情书（当时的牧师可以结婚），此后，"圣瓦伦丁节"这个名称被运用到早期的宗教仪式上。据同一传说记载，"圣瓦伦丁节"那一天鸟儿成双结对，蜜蜂也双栖双飞，人们有感于此，逐渐形成"情人节"。情人节在青海的年轻人中间倍受追捧。每到这一天，商家们推波助澜，用气球、鲜花、彩灯装饰店面，营造出特定节日的氛围，情侣们在这一天互相馈赠礼物，用以表达爱意。有些小伙子会选择这一天向女朋友求婚。已婚夫妇特意选定这一天，或携带孩子拍纪念照，或到饭馆隆重吃一餐，来表达爱意。

愚人节　每年的4月1日是愚人节，也称万愚节、幽默节，是19世纪从西方兴起后，又传入中国的一个民间节日。这一天，人们以各种方式互相欺骗和捉弄，在玩笑的最后才揭穿并宣告捉弄对象为"愚人"。玩笑的性质极少包含实质性的恶意，欺骗程度也不会太离谱，某些言行即使让人受骗，也不会受到什么损失，因而不会使人生气，只为达到让彼此轻松一笑的欢乐目的。据说愚人节这天玩笑只能开到中午12点之前。此节一般在青少年群体中较为流行。

圣诞节　圣诞节译名为"基督弥撒"，是西方传统节日，在每年12月25日，弥撒是教会的一种礼拜仪式。圣诞节是一个宗教节日，因为它是基督徒庆祝耶稣诞生的庆祝日，故又名"耶诞节"。青海过圣诞节，主要是信基督教民众在教堂举行各种仪式，做圣诞弥撒、唱颂歌、为新教徒洗礼等。在大众中流行，是进入 21 世纪初期的事，将圣诞节作为一个交友聚会的狂欢节日。城市的繁华地段，都会张灯结彩，商店门前放置或大或小象征生命长存的圣诞树，上面装点着各种闪亮的彩灯、玩具、星星等，不时还有穿着红衣红裤、戴着圣诞帽的"白胡子圣诞老人"出现，散发小礼物。

第二章　人生礼仪民俗

　　人生礼仪是指人在一生中几个重要环节上所经过的具有一定仪式的行为过程，主要包括诞生礼、成年礼、婚礼、寿诞礼和丧葬礼。它作为人类社会生活的重要内容，涉及许多文化现象。在青海地区，几乎每一个民族都传承着一套与诞生、成年、寿诞和婚丧嫁娶息息相关的民俗事象和礼仪规范，而且历经数千年仍通过不同形式保存下来。由于传统习惯和宗教信仰等原因，青海地区各民族人生礼仪显示出各自不同的特色。同时，随着时代的发展和科技的进步，青海地区各民族的人生礼仪也在不断发生变化，城镇与乡村，农区与牧区，也有较大差异。这里取共性之处，摘要记之。

第一节　汉族人生礼仪民俗

一　诞生礼

　　求子　青海汉族民众把子嗣问题视为人生头等大事，因此经常有已婚妇女或久婚不育者带着香烛、香表和祭献礼物（多为面桃）到神前求神赐子。她们认为主管生育的神有百子娘娘、子孙娘娘、王母娘娘、九天玄女娘娘、碧霞元君娘娘、送子观音等。大通老爷山、娘娘山和西宁土楼山、香水园都有百子宫或老虎洞等，内供娘娘或观音像，是汉族妇女主要的祈子场所。求子妇女在拜祷时，焚烧香表，敬献面桃，跪拜祝告之后，或从神幡上解下一枚香包，或从老虎洞中摸出一只童鞋，或摘下娘娘头上的饰花等。她们认为这些东西是得子的信物，带回去悉心保存，待以后生育得子，则加倍奉还，以示还愿。

接生　旧时接生均系土法助产，一般由有经验的妇女担任，俗称"老娘婆"。现今只在一些偏僻农村，保留旧式接生的传统习俗。孩子出生之前先要请"老娘婆"助产，生产后以茶包或毛巾之类酬谢。为防止产妇生产时血压升高，通常在分娩前给产妇喝芹菜汤。遇到难产时，丈夫提一桶清水到产房顶上泼洒，水沿瓦槽流下，丈夫边泼边问："下（há）来了没（máo）？"屋内的人则长声应答："下来了！下来了！"[1] 这种方式有利于缓解紧张情绪，使产妇精神松弛，同时又起到一种暗示作用。还有些地方，如遇胎盘久不下来，便用锅盖在产妇头上百会穴处旋转，据说有时也有功效。由于民间有"脐带长，尿脬大"的说法，所以给孩子剪脐带时一般会保留较长的脐带。

洗三　孩子出生后的第三天，要进行一次洗浴，洗浴时仍由"老娘婆"操持。用一个新盆，内盛花椒、地椒等熬的温水，水中放入核桃、红枣、铜钱等，洗之前让青年妇女抢先摸取，摸取者认为有得子、发财之兆。洗浴时"老娘婆"用棉花蘸取盆中之水，从孩子的脸、头、颈、身、四肢等处由上向下进行清洗，谓之"洗三"。这天，外婆家要送去米、糖、枣、"曲连"（一种烙制或蒸制的大饼，中间有孔）以及孩子的衣物等。

出月　孩子满一个月时，抱出"月房"，称为"出月"。当日，由一位年长妇女怀抱婴儿，从堂屋、厢房、灶房、厕所等处依次转过，表示认识家中环境，亦有与各方家神见面，祈保平安之意。有的农家还将婴儿放在马槽中小睡片刻，以示婴儿如小马小骡，像小牲畜，易存活，愿其健壮好养。这天还要给婴儿剃头，只留下头顶的头发不剃，其余剃下的头发用红布包好，

---

① 朱世奎：《青海风俗简志》，青海人民出版社，1994，第87~88页。

保存起来。

摆满月 孩子出月后，即"摆满月"（也称"做满月"）。一为父母祝贺后继有人，二为婴儿祝贺，表示新生命诞生。亲友以小孩衣物玩具或糕点米枣之类前来祝贺，亲朋好友同饮共欢，席间婴儿由生母抱出，与亲朋见面，并由长辈起乳名。

打遮肚子 "打遮"一词系青海方言，有清扫、清洗之意。孩子满月当日，家人将半斤公猪肉用白水煮熟，捞出肉块，让产妇用肉汤洗脸洗手，意为清除秽物，然后切下两小块猪肉，让产妇吃下，据说有轻泻作用，谓之"打遮肚子"。[①] "打遮肚子"后，产妇便解除众多忌口，可以食荤腥了。

百岁 在孩子出生一百天后，要举行庆贺仪式，主人设宴招待来客，称"过百岁儿"。婴儿这时已能拥被而坐了，俗语说："百岁儿过，围围儿坐"。

抓周 孩子一周岁时，要设宴庆贺，这时孩子已蹒跚学步。周岁当天在炕上或地上铺红毡，放上毛笔、书籍、算盘、尺子、馍馍等，让孩子随意抓取，以所拿之物为征兆，预测孩子一生的喜好和前途。如抓取毛笔、书籍，则曰"读书人"；抓取尺子，则曰"裁缝"；抓取算盘，则曰"买卖人"云云。

剁麻筋 孩子刚学走路时，请一位老年妇女，手持切刀，在孩子两腿脚之间，向地上剁去，边剁边问："麻筋剁断了没?"旁人答："剁断了。"如此三四次，即告结束，谓之"剁麻筋"。由于青海民间习俗在人死后用红绳或麻或布条绊住亡人的双脚，故而人们认为"转生"来的孩子有着看不见的脚绊（俗称"麻筋"），束缚双脚使孩子行走不便，剁断"麻筋"，孩子今后行走便顺当稳健了。

命名 青海汉族取名有很多种方式，其中有为了预防孩子夭折或生病，便请神求保命名的方式。一般在孩子 1 周岁时，请求神灵佛祖保佑，以神灵佛祖之名加"保"字（男孩）或"存"字（女孩），给孩子命名，如菩萨保、

---

① 朱世奎：《青海风俗简志》，青海人民出版社，1994，第 89 页。

灶君保、山神保、观音存、菩萨存等。青海汉族中也有信仰藏传佛教者，则求强巴、丹欠等佛保佑，给孩子命名为强巴保、丹欠保等。求保时，父母携孩子，持香表、馒头、茶包、钱币等到寺院庙宅神佛前跪拜求佑，此后每年到此寺庙随喜布施。等到第一个本命年，请僧道至家中念经、点灯，且以财物还愿布施，或直接到寺庙，完成赎身，结束神佛护佑。

夭折　旧时婴儿死亡率较高，民间称为"夭折了"或"折耗掉了"。夭折的小孩，一般只穿随身衣服，请进城积肥的农民用麦草卷起尸体，到郊外浅埋了事。民间认为只有薄殓浅埋，才能使殇者尽早脱胎转生。有时求孕的妇女请人偷偷捡拾殇者的衣服碎片带回家中，小心保存，希望殇者投胎转生到自己腹内。

扎红　青海汉族逢本命年有"扎红"的习俗。一般孩子长到 12 岁、24 岁等本命年时，于除夕或生日当天"扎红"，即系红腰带，穿红背心、红裤衩等，人们认为本命年不吉利，便以这样的举措来辟邪禳灾。

二　婚礼

下茶包　汉族提亲说媒、牵线凑缘的过程须以茶为礼，也叫"下茶包"。媒人首次到女方家提亲，带上用红纸包的小茶包，介绍男方的情况，征询女方的意见，这次送的茶称为"提话茶"；如果女方有意考虑这门亲事，则由媒人再次送来正式的茶叶礼包若干份，分送给女方的舅父、叔伯等，意在请女方及其亲友合议，此次送的茶称为"头回茶"，即"说茶"。如经过女方家的合议，表示同意这门亲事，则由媒人第三次向女方家送去一份茶礼，这份茶礼用大红纸包成两个大包，外贴金"囍"字，内包约半斤茶叶及核桃、桂圆等物，称为"二回茶"，又叫"桃果茶"，含"讨得结果，择吉定亲"之意。这次茶礼，大体上商定了"送礼"的日期及"礼单"等，故亦称为"定茶"。

送礼　送礼就是送彩礼，要依男方家境及女方要求而定，各地有差异。

西宁地区送礼有"二十四表礼"和"三十六表礼"之分，一表礼即指1丈4尺的色布一幅，富裕家庭则内含绸缎若干幅。除表礼外还有礼盒（盒儿）一个，内装干果12包、羊肉方子2个，烧酒两壶（瓶），茶叶2包。由媒人、舅舅、姑父等4~6人前往女方家送礼。女方家设宴招待，席间上菜至"酿米"或"酥合丸"时，则由未来的媳妇在女眷陪同下向男方亲眷敬酒致意，男方以红包或衣料相赠，称为"见面礼"。席间商定婚期。次日，双方媒人代表女方家给男方送回去1个羊肉方子、2包茶叶，作为答谢，称为"回酒"。

备婚　送礼之后，双方家庭便着手准备婚礼。女方家要为新娘缝制新衣，添置各种装饰品，制作各种陪嫁物，还要准备给新郎的"冠戴"物；男方家也要为新郎缝制新衣，从内到外的衣服彻底更新一番。婚前一日，新人在傧相的陪同下，进行一次沐浴。新娘还要请人为之修面。由一位有经验的年长妇女，用一根搓紧的线绳从中打成活结，将新娘脸上的汗毛拔除干净。表示由"毛女儿"（黄花闺女）要变成"新媳妇"了。还用煮熟的鸡蛋去壳后，趁热在新娘的脸上轻轻滚动，使之容光焕发。

添箱、抬箱、押箱　婚前一二日，女方家将陪嫁的衣被、针线、箱柜等置于院内，亲朋好友纷纷前来贺喜送礼（或礼品或干礼），谓之"添箱"。婚礼前一日下午，男方家派4名年轻小伙到女方家抬取陪嫁之物，谓之"抬箱"。女方家也会相应派出4名年轻小伙护送陪嫁物至男方家，谓之"押箱"。

娶亲　汉族的娶亲队伍中以媒人和娶亲奶奶为重要角色，娶亲奶奶必须是公婆、丈夫、儿女齐全的有福之人。届时娶亲者携带各种礼品及新娘的面纱、化妆品和上马衣等前往女方家。到女方家门口时，大门紧闭，不见人影。娶亲者便燃放鞭炮，高声叫门，门内应声曰："门锁着哩，钥匙寻不着呗。"娶亲者会意，便从门缝中塞入一个红包，大声说："钥匙在这里呢！"如此这般，相互戏谑一番，多塞几个红包，谓之"开门钱"，方可进门。[1]进门后女方家还要设桌置酒强行敬酒，谓之"拦门盅"。进屋后冰翁大人将所

---

①　朱世奎：《青海风俗简志》，青海人民出版社，1994，第79~80页。

带礼品——摆放于供桌上，然后焚香燃灯行叩拜礼。女方家"执客"即请娶亲者入席，先吃油包，喝枣茶，再吃八盘酒席，称为"上马席"。席间给每位娶亲者赠红包一份。

出门　席毕，新娘梳妆就绪，身佩日月宝镜（大小铜镜两面，用红绳串系），各置背胸，头顶红盖头，怀抱"金瓶"（内盛五谷、钱币的瓷瓶），在"送亲奶奶"（同样是公婆、丈夫、儿女齐全之人）等人的簇拥下，坐一下鞍子或"财斗"（为一木制四方斗，内盛粮食）以表平安、招财进宝之意。娶亲奶奶还要向娘家人要一对内装大米、红枣，外贴红纸，以红线相串的细瓷碗，谓之"讨饭碗子"，表示新娘到婆家后，丰衣足食，不愁吃穿。新娘出门时要撒一把筷子在门外，然后由新娘哥哥或舅父将其抱至娶亲轿或车内，再坐一位六七岁的小男孩，谓之"压轿娃"。此时，新娘开始悲泣呜咽。

婚礼　娶亲队伍到达男方家门口时，门外鸣放鞭炮，院内点燃"松蓬"（以松木条垒成"井"字形燃烧的火堆）。新娘由新郎相伴，送亲奶奶扶持，踏红毡至"花堂"（举行婚礼的地方）。堂内供桌上设神位，点大红喜烛，由一位"赞礼"（即司仪）主持婚礼。拜堂的次数因地区而异，但拜天地、父母，夫妻对拜是必不可少的。叩拜完毕，婚礼仪式即结束。

抢入洞房　婚礼结束后入洞房时，由男女两家娶送亲者中事先选好的一些壮小伙子，分别簇拥其至抱起新人"抢入洞房""抢上床头"，即谓"新人上床，先到为强"。认为谁先进房上床，日后生活中谁就是强者。

禳床　新人入洞房后，由新郎揭去新娘的红盖头，两人吃交杯酒。海东还要行"禳床"仪式。由一位男性长者或两青年跳到新人的床上，手拿两个"油包儿"（一种用白面蒸制的馍），在床上来回走动，边拍打"油包儿"边说禳床词，祝吉祥，接着"撒帐"，即抛撒红枣、核桃、糖果、钱币等，这时看热闹的大人小孩纷纷抢拾抛撒之物，民俗以为得枣者得男，得核桃者得女，得糖者得幸福，得钱者发财。

闹房　傍晚时分，娘家人席散离去，婆家人以年轻小伙为主进行"闹房"活动。让新娘给新郎"点烟"（新娘用嘴横含纸烟一头点火，另一头让新郎吸），让新郎新娘"吃悬果"（将果子悬挂起来，要求新人不用手握而食之）等，戏谑调笑，直至夜深，闹房者才肯散去。新人掩户就寝前，娘家人送来面食给新人吃，谓之"吃铺床面"。

抬针线 婚礼当日，婆家要设宴款待娘家客人。有些地方先抬针线，再入席宴，有些则相反。届时在院内摆上几张方桌，铺上红毯，由娘家人当众打开陪嫁箱子将陪嫁之物一一摆放于红毯之上，让众人观赏品评，谓之"摆针线"。接着娘家人给新郎送一顶礼帽、一套新衣、一双新鞋袜，并让新郎穿戴起来，谓之"冠戴"。之后娘家人又给婆家公婆、兄嫂、弟妹及伯叔舅父等人分送针线织品，谓之"抬针线"。抬完针线后，有些地区由新郎的父兄用木盘盛上"油包儿"、铜钱、核桃、红枣等，上盖红纸，倒入陪嫁箱内，谓之"装箱"。也有些地区由婆婆向箱内倒钱币等物，以示祝福。

抬上汤 婚礼当日，入席开宴后，男方父兄辈向娘家人敬酒致意，新人也要行礼敬酒。席间，由娘家人向厨师敬酒酬劳，送新毛巾一条，红包一个，谓之"抬上汤"或"谢厨长"。席毕，娘家人请来公婆，敬酒致意，请他们今后多指教、多担待、多疼爱新媳妇，并再三嘱咐新媳妇：尊敬公婆、敬事夫君、爱护幼小、和顺妯娌等，此谓"交人"，亦谓之给姑娘"栽扎"（嘱咐之意）。

闹公婆 婚礼后的第二三日招待男方自家的客人，有同村的乡亲、亲友、执客等。席间三五人将公公捉住，让他腰缠一根草绳，头戴一顶破草帽，反穿一件破皮袄，以锅灰或油墨涂脸，谓之"打扮火爷"；给婆婆耳朵上挂红辣椒，谓之"歪辣婆婆"，或背上一对牛角，谓之"牛角婆婆"。有些地方还让公婆倒骑毛驴游转村巷，再让"打扮"后的公公高坐在凳子上（把凳子摆放在桌子上），由新媳妇行礼敬酒，当面大声叫"爹爹"或"大大"，谓之"认公爹"；公公则给新媳妇赏钱，谓之"见面礼"。

下厨房 婚后第三日或第四日，由新媳妇到厨房做一顿长面饭，并亲手端给公婆、长辈、新郎等人，谓之"下厨房"。多数地方则由妯娌代庖，擀好长面，新媳妇只用菜刀切好即可。

回门 婚后第四日或第六日，由娘家设宴招待公婆、新人，男方家客人以早去为敬。新媳妇是婚后首次返家，故谓之"回门"。当晚男方家客人及新媳妇全部返回。蜜月期间，新媳妇回娘家小住，谓之"坐洞月"，只能住五天或七天，谓之"坐单不坐双"。一个月后，由娘家派人正式邀请新娘坐娘家，时间可长达一二十天，谓之"坐头回娘家"。

三 寿诞礼

贺寿材 在传统生活中，年过五旬之人要张罗着给自己做一副像样的棺材，谓之"做寿材"，亦称"盖大房"。一般挑选松、柏、柳等木料，请来"掌尺"（木工中技艺精湛者），选择闰年闰月、黄道吉日，开斧造材。造材时选择木料讲究的是"铁盖铜帮豆腐底"，即以柏木为盖，以松木为壁，以柳木薄板为底，意在"速朽"，使亡者早日入土超生。寿材做好后，还要请漆画的高手油画装饰一番，多用龙凤、锦鸡、巨蟒等图案。一般材头画上一进两院或三院的院落房屋，门旁有金童玉女侍立，楹联常书"有花有酒春常在，无月无灯夜自明""五世其昌"等字样。材盖上书以"护佑我后人"或"乾元亨利贞"（男性）、"坤柔顺利贞"（女性）等字，也有写"金木水火土"五行的，都写于直径15~16厘米的圆圈内。[1] 材帮则绘以龙（男性）凤（女性）或书八个寿字，谓之"八寿图"。材脚则绘以莲花、云纹等。有些在材盖下，加盖一块薄木板，上绘"北斗七星"，谓之"七星盖"。一切准备就绪，众亲友前来祝贺，谓之"贺材"。老人穿上寿衣（又名老衣）入棺而卧一番，谓之"试材"。然后老人于堂中接受儿孙亲友的拜贺，并设酒宴承谢众人。

过寿 按传统习俗，青海汉族年届40岁后逢整年要过寿诞，如五十大寿、六十大寿等，但如果父母健在，则不能做寿。一般对"六十大寿"比较重视，认为"人生六十花甲子"，按天干地支认为"一圈儿转圆了"，真正

---

① 朱世奎：《青海风俗简志》，青海人民出版社，1994，第93页。

达到了"寿"，所以要隆重庆祝一番。但又忌讳60岁为"本命年"，所以通常提前一年在59岁生日时庆寿。青海乐都地区的汉族一般在春节初二至初六之间举行祝寿活动。祝寿时亲友们一般以寿桃（用面蒸成的桃形馍）9个、寿面（用红纸打一箍）4把、寿酒2瓶为贺礼。女儿、女婿另加寿幛、衣料、鞋帽等，用以敬寿。祝寿仪式主要有寿星入座（披红搭彩）、献祝寿词（内容多为称颂寿者抚育儿女的恩德、为人处世的宽厚、对家庭社会的功德，并评价寿者的业绩）、致答谢词（一般由长子或对外最有影响力的子女致辞，内容多为答谢亲朋好友对寿者的深情厚谊及父母的养育之恩），然后亲邻按顺序依次行寿礼、敬寿酒，寿者给儿孙们撒核桃、红枣、糖果、钱币等，寓意平安健康。礼毕，请宾客入席开宴。

四 丧葬礼

探病 如果家中老人患病不起，久病不愈，谓之"老病"。凡是老病，家人须邀请老人的娘家、外家（俗称"骨头的主儿"）及主要亲友前来探视，轮流守护，使临终老人得以慰藉。对老病患者，若子女隐情不报，则要受舆论谴责甚至责罚。

倒头祭 亡人断气后，在其口中放以珍珠、珊瑚、金银饰品、冰糖、茶叶等物，谓之"含宝"。再请有经验的中年亲属或孝子亲自给亡人穿寿衣，穿好后，用一根红绸带子系在亡人腰间由两人拦腰提起，头脚各有人抬起，放在堂屋正中用木板搭成的床上，脸上盖以"蒙目巾"，头朝门仰面停放，谓之"寿终正寝"（妇女则谓之"内寝"）。然后蒸一副面桃或馒头，供于祭桌上，谓之"倒头献子"；再献两碗米饭，插一双用白纸裹糊的筷子，谓之"倒头饭"；供桌下面放置一个供烧纸接灰用的陶盆，谓之"烧纸盆盆"；点灯、烧香、化表、烧纸钱，谓之"烧黄昏纸"。这些是对亡人的初步祭奠。

喜丧 喜丧是指年过六旬、家事已成、有儿有女、无牵无挂而去者。亲友吊唁时哀而不悲，既悼且贺。丧事要大操大办，设酒宴待客时，可猜拳行令。送灵前夕，还请平弦好家唱曲"送行"。给孙儿的孝帽上缀一小块红布，给重孙的孝帽上除缀红布外其上再缀一小块绿布，谓之"披红戴绿，福寿全归"。

泪丧　泪丧指英年早逝，事业未成，甚至上有年迈父母，下有年幼儿女，其死亡犹如梁摧柱折，给家中带来极大困难者。亲友吊唁时既悲且哀，奠仪尽量从厚，以示慰问周济。丧事不大操大办，不饮酒吃席，气氛极为悲怆。

报丧　办理丧事时丧家首先要请亲友中的若干人为"执客"，推选其中一人为"丧客"，负责指挥安排。第一件事是对外报丧，孝子在执客陪同下，亲自给主要亲友，特别是亡者的娘家、外家报丧。报丧时不得进入大门，由执客敲门呼叫，孝子面向大门跪伏在地，然后由执客代之向被邀人家略述亡者死亡时辰、祭奠日期等，邀请吊唁。孝子在旁叩首，不揖而起。

破孝　一般老人病重时，家人事先就准备好一二匹白布做孝布。待老人去世的次日凌晨，将白布撕成宽约 9 寸、长约 1 尺 8 寸（含长久之意）的白布巾供人们佩戴，谓之"破孝"。亡者子女及儿媳、女婿等要穿孝衫、戴褡头，长子则要戴麻孝（即戴麻冠、穿麻鞋、扎麻带、背麻绳），谓之"陈孝"；凡是家人穿孝服、亲戚戴孝巾者，谓之"满孝"；凡是给前来祭奠的亲友送孝巾者，谓之"见祭而孝"；凡是泪丧之家，则只有子女戴孝，谓之"家内孝"或"不出门孝"。

祭奠　一般丧事设祭 1~3 日，最多有 5 日者。由执客接迎招呼吊唁者，祭品通常是烧纸香表、挽幛等，也有携带肉食或干果的。女儿女婿还要以"金银斗""童男女"献祭，大多以锡纸糊成。吊唁者在灵前献祭品、焚香表、行拜礼时，孝子孝女哭泣志哀，祭毕哭止。由执客引吊唁者入席，以粉汤、米饭、酸汤各一碗待客，谓之"汤米三碗儿"；也有以"六碗""八盘"待客者，均视丧家家境而定。席间，孝子拄一丧棍，由丧官指引，垂首躬身至吊客前行礼。祭奠的最后一日举行"家祭"，以家人为主，焚香化表，跪拜致礼，读"祭文"，祭文的内容因致祭者的身份不同而异，大致是颂扬亡者功德，以示哀悼。

僧门两道 祭奠期间，家境较好者还要请和尚、道士等击磬、摇铃、鸣鼓钹、敲木鱼、念诵经文，以期超度亡灵，早日投生。凡是既请和尚又请道士的，谓之"僧门两道"或"水陆道场"。个别家境富裕又兼信藏传佛教者，请喇嘛念藏经，就是"僧门三道"了。

发引 送灵柩安葬，谓之"发引"。发引前一日下午，请娘、外家至亲临棺察看亡者的鞋帽衣物等是否齐全，谓之"亲视含殓"，然后以木楔将棺盖钉好，谓之"盖棺论定"。出殡时由亲人将亡人灵柩的大头儿（即棺材头部）轻轻抬起放下三次，谓之"醒灵"，然后起灵送葬。送葬队伍以"桥布"执绋，以引魂幡、金银斗、冥舍、童男女等为前导，众亲友随行。至墓地后，略事休息，将棺材徐徐放入墓穴，材脚放置一个"宝瓶"，内装粮食、钱币、"十全大补汤"中药等。先有孝子铲三掀土入穴，或用手捧撒三次，谓之"孝子三掀土"，随后众人群起铲土入穴，最后堆起馒头状坟堆，谓之"坟骨堆"，安葬完毕。有些人家还要在坟前立一块石碑，上书亡者名讳、生卒年月及立碑人姓名等。

全三 下葬的第三天，家人对新坟培土修整，进行祭奠，谓之"全三"。届时还以牛、羊、马粪及煤末等在坟前堆积点燃，谓之"煨火"，有以火为伴、驱寒取暖之意。"煨火"一般持续49天或100天，每7天祭奠1次，连续第7个7天后祭奠完毕，谓之"七七"或"尽七"。有些人家每逢"七"时还会请僧人、道士诵经超度。

周年 "七七"过后，不再祭奠。直到"百日"才祭奠一次，一般亲属在这日除去孝服。等到次年忌日，隆重祭奠一次，旧时谓之"小祥"，现谓之"过头周年"，这时子女可解除孝服，谓之"换孝"。旧时也有儿子要戴三年孝的，谓之"大祥"。

十周年 对逝者的纪念与祭奠，一般是头周年、三周年、五周年和十周年。"十"是一个大数，十周年的纪念与祭奠比较隆重。一般由主事者通知，如叔伯子侄、儿子媳妇、姑娘女婿、孙子辈的人等血缘关系比较近的亲属。

全家人一起先去祭墓扫墓，献上菊花和祭品，烧纸钱、纸做的金银斗等，向坟中的亲人诉说家里这十年的变化，述说对亲人的怀念之情，让冥冥中的亲人"看看"家里下一代健康成长、考上大学、晋升职务、喜迁新居及勤劳致富等，有时还写十周年祭文，坟前高声念读，追述逝者生前的功劳与祭拜者的怀念之情。一番完毕后，一起回去，或在自家中或在饭馆进行聚餐，感谢祭奠的参与人。举起的第一杯酒洒在地上，以敬逝者。

五　禁忌

生育禁忌　妇女怀孕期间忌吃姜、兔子肉、狗肉、热馍馍等；忌参加祭祀和他人婚礼；忌跨门槛；产妇坐月子时，则忌房、忌门，以谢绝外人入门入室。忌门时，通常在门上挂一帘子，右门框上贴一块红纸，即为忌门标志。

婚姻禁忌　忌直系血亲和旁系血亲互相通婚；忌在本命年结婚；在嫁娶时忌说不吉之语，忌吵架，在嫁娶途中忌讳遇见挑空水桶的人。

丧葬禁忌　凶丧（属于横死之类）和残疾人亡故后，不将亡者葬入祖坟地；凡青年男女未婚或婚后无子嗣者亡故后，一般也不能葬入祖坟地，而另卜新茔下葬，称"外阙"，也无人为其戴孝；停尸守灵时，忌将眼泪落到尸体上，忌猫触越尸体；服丧之人不能参加他人婚礼，不能给别人拜年；百天内忌男人理发刮脸，忌娶媳妇和嫁闺女，忌串门。

第二节　藏族人生礼仪民俗

一　诞生礼

求子　如果久婚不孕，家中老人会去寺院煨桑、布施、卜卦求子。藏族百姓认为生男生女是前生注定，非人力所能。无论生男生女都一视同仁，一样高兴。

分娩 旧时藏族妇女分娩时要去羊圈，无论春夏秋冬，都让婴儿出生在羊圈。以游牧为生的藏族民众观念中，羊圈为净土，认为在此出生的孩子日后才能健康茁壮地成长。

报喜 新的生命诞生后，家人会在帐篷外或庭院内煨桑，有些人家还会吹响宝物海螺，在袅袅的桑烟和悠长的螺声中向诸神告示新生儿降临，并以此承谢诸神的护佑。

看月 孩子出生七天以后，亲戚朋友会携带舌形烤馍、衣服和钱物等去"看月"，藏语谓之"冬卡"或"杂达"。

满月 婴儿满月后，母亲和孩子择吉日出门。出门时，要在孩子的鼻尖上抹点锅灰，认为这样可以骗过魔鬼，不使之发觉。出门后让孩子摸一下牦牛角，期盼孩子日后能像牛角一样结实。随后拜亲访友。

起名字 藏族一般是在孩子生下来的第7天宣布名字，之后观察一夜，若再不哭不闹，则定下这个名字，一直不变；若有哭闹等现象，就视为不祥，重新换名字和起名字。其方式一般有两种：一种是请藏传佛教僧人起名。父亲将孩子抱至有名望的僧人家里，献上一条哈达和一只瓷碗，拜请命名。僧人则根据孩子的属相、生辰、性别进行占卜，查阅经传赐名，通常取一些带有宗教色彩与吉祥寓意的名字，如多杰（金刚）、旦增（掌教者）、卓玛（度母）等。另外一种是由家中老人或亲属中的老年人为孩子起名。这种命名多含有福禄长寿的意思，有浓重的感情色彩。如才让（长寿）、尼玛（太阳）、仁青（宝贝）等。

剃发礼 孩子出生后，虚龄3岁时，要举行剃发礼，藏语谓之"奴加联巴"或"托强"。时间通常会选择在正月初三，当天要请僧人念平安经及祝福的经文，要给孩子沐浴净身，由家中老人或孩子父亲为其剃发，剃下的头发要揉成团存放。亲戚朋友前来祝贺，主人家热情款待。

二 成年礼

戴头礼 藏族女孩年龄到15岁、17岁或19岁时，择吉日举行戴头礼，即改梳发辫为成年妇女的发型，辫套也从少女型改为成年型，表示姑娘长大成人，藏语谓之"嘉海"。过去，姑娘的成年礼不逊于正式婚礼。当日，亲友们纷纷前来祝贺，还要请僧侣主持成年礼仪式。由更衣人为姑娘更换新装、改辫发式，叩拜神佛、长辈。女眷们为姑娘唱《拜天地歌》，一人领唱，众人相和。牧区藏族姑娘的成年礼，一般在姑娘临嫁前举行，仪式也较农区简单。

三 婚礼

说亲 男方家看中了某个姑娘，便请与女方家沾亲带故或能说会道、有一定威望的"外哇"（即媒人），带着一瓶酒和一条哈达（称"提单瓶"）前往女方家，表明来意。如果女方家不同意，便会借故婉言推辞拒绝。如果女方家应允，就会留下礼品。

定亲 提亲事成后，媒人从男方家提两瓶酒、两条哈达（称"提双瓶"）到女方家。一份礼品送给女方家，另一份称"拉强拉达"，是献给佛爷的供礼。女方家请来舅舅、叔、伯等打开媒人带来的酒同饮，表示正式定亲，并议定说礼的时日。

说礼 媒人按商定的时间，带着"解下解强"（商议婚事的酒肉）和给女方家的定亲钱物，去女方家商定聘礼的数额和婚娶的时间等事宜。女方家要请家族中的主要成员来参加。这时，"外哇"既要设法为男方家压低彩礼价码，又要讲究策略，言辞婉转，不得罪女方家。双方经过数轮的斗嘴磨舌后，姑娘的聘礼、衣帽鞋袜等嫁妆数额及婚娶的时间便基本确定。

送嫁 藏族在婚礼前一天，女方家设"女儿席"，招待为姑娘送行的亲友。姑娘的亲眷、闺友们精心为其梳妆打扮，等待男方的娶亲人马。男方则由媒人陪同新郎（有些地方新郎不去娶亲）及与新郎年龄相仿的表兄弟们来到女方家。女方家要设宴席款待娶亲者，饮酒歌舞，通宵欢闹，直到新娘上马。

摆衣饰　当娶亲的大队人马来到女方家后，很重要的一项仪式是展示他们为新娘置办的衣饰，能说会道的媒人会用大量的夸张和比喻的手法赞美衣服的布料和做工、佩饰的精美和华贵以及婆家为此而耗费的精力和财力，以此显示他们对这门亲事的无限诚意。而女方家的亲朋好友甚至女方全村的人都会参加这一仪式，他们可以对这套衣饰评头论足，甚至采用取笑的方式对男方家的衣饰指指点点，惹得围观者哈哈大笑，无非是热闹一番。不过衣饰越华贵，娘家就越有面子，家中女儿也就越显金贵，旁人也会为此而羡慕不已。

梳头换装　当男方家准备的衣饰经过众人的"验收"后，家人就要请人为新娘梳头换装，藏族女孩在婚礼上所梳的发式与成年礼的发式相同，不同的是梳好发辫后她要佩戴由婆家为她置办的"加龙"（即辫套），只有中间佩戴的"拉序"是由娘家置办的，而此后"加龙"就成为婆家的象征，"拉序"成为娘家的象征。穿戴齐全后，还要在发辫上系上一条哈达，以示圣洁和吉祥。之后，新娘拜过神佛、先祖、父母及亲友，绕帐房或自家梁柱三圈，在亲友和众姐妹的簇拥下，随着送嫁的歌声缓缓出门。

央宝　新娘上马之际，父亲或其他一名嫡系长辈手擎一支"福禄箭"[1]，在新娘头顶挥舞。"福禄箭"是福禄财运的主宰和象征，平时和家神供在一起接受香火祭祀和家人的礼拜[2]。姑娘出嫁时，将其梳下的长发系在神箭上，意为女儿虽出嫁，但并未带走家中的福禄财运。擎箭之人以左三转右三转的顺序，边行走边绕舞，神箭始终悬在新娘头顶。同时，呼唤新娘的名字，让其留下"央"[3]，当新娘应声后，擎箭之人便快步走到上房佛前祷告，继而再到新娘跟前照例绕舞神箭，如此三次始毕。有些地方在新娘出门时，娘家的妇女们齐声喊："女儿，有什么幸福自己带走，把'央'留给母亲！"新娘一路退出，至大门方可转身。

---

① 福禄箭：藏语称"扬木达"，长约 1.5 尺，是系有羊毛、哈达等的神箭。

② 赵宗福、马成俊主编：《中国民俗大系·青海民俗》，甘肃人民出版社，2004，第 200 页。

③ 央：藏语音译，意为福禄、福气、财运等。

加泰、支固　新娘上马后，由新娘的舅舅、父亲（有些地方父母不送亲）、叔叔、兄弟及其他至亲组成的"阿央仓"（藏语，意为送亲的舅舅们）与娶亲者一道启程出发。在娶亲路过的地方，若居住有男女双方的至亲时，他们会事先准备哈达、奶茶、酒肉等，在路边迎接娶亲队伍。男方家也要在途中迎接一次或数次（两家相距较远时）。路迎时先向媒人、新娘的舅舅和父亲献哈达、敬酒，再为每个送亲者敬酒，或是请下马，稍事用餐休息，或由"阿央仓"道过谢后继续赶路。

下马　到达男方家门前时，由善于辞令的演说者"雪堪"和歌手"力哇"用动人的语言、优美的歌声邀请新娘和"阿央仓"下马。在盛情难却的情况下，新娘下马，脚踩在用粮食等画着"卍"字形符号的白毡上，由接亲的妇女们簇拥着，缓缓走到家门前。门口有一位长者手持内盛牛奶的龙碗，待新人到达时，向空中弹洒牛奶，迎新娘进屋。其他执客则持壶端盅，敬酒致意，延请客人进门。有些牧区藏族在迎亲途中，男方家会专门准备一条绸缎，由二人各执一头，举行让送亲的主要阿舅驰马而抢的下马仪式。

进门脱帽　在有些农区，新娘进门时要从左右两侧脱帽，若从前面脱帽显示娘家人厉害，从后面脱帽则显示婆家人厉害，为了不引起双方争执，一般都会从左右两侧脱帽。有些新娘进门时还会将身后的两条"加龙"头饰拉至胸前，以此表示对家中老人的尊重。

扬茶　进屋后新娘被众人簇拥着走到锅台前，将早已烧好的奶茶，用勺子在锅里扬三下，再斟舀数碗，依次敬给长者和来宾，以示其应尽之义务。有些地方，新娘进门时，要和婆婆提上事先准备好的满桶鲜奶或满袋牛粪，表示她已是家中一员，要和婆婆共同操持家务了。

拜天地　进入院内，两位新人按顺时针方向围绕"桑池"（煨桑台或煨桑炉）转三圈，双方宾客则高呼"拉加洛"（神胜利之意）。此时，一对新人站在佛龛前铺好的新毡上，请喇嘛诵经祈祷，而后磕头敬拜。在拜前或拜后，有些地方，新人双方的舅舅等嫡亲要为新婚夫妇披红庆贺，有的还要致祝贺词。

系腰带 即冠戴新郎。这一仪式通常是在新娘被迎进门后，双方家庭将一切事宜交办清楚，然后由娘家提出要为新女婿系腰带，于是婆家告知所有来宾将进行系腰带仪式。仪式由能说会道者主持，他一边说赞词一边为新郎系腰带，按规矩，第一条腰带一般是由岳父亲自给女婿横系在腰间，以祝愿永结同心，幸福美满。此后不论是娘家人还是婆家人均可为新郎系腰带，不过这时的腰带是斜系在肩的，哪一方的腰带多就表明哪一方有权势、有脸面。

对歌 新人拜完天地后，众宾客入席欢宴。席间，双方对唱酒曲，宾主频频相互敬酒致意。能言善辩、出口成章的"雪堪"们充分发挥自己的聪明才智，用形象生动的比喻，富于人生哲理的言辞，诙谐幽默的语气互致"端雪"（即祝婚词）。整个婚礼过程热闹非凡，对唱酒曲贯穿婚礼始终。

跳"新玛列" 藏族在婚礼上围绕院中花园跳的一种多人转圈仪式舞蹈，舞蹈前先要在一张小桌上献一杯茶，跳舞时人们手抓炒面藏在藏袍袖筒中，边舞边跟随动作相互扑打，面粉飞扬，欢乐异常。在湟中县共和镇等地的传说中，这种民间舞蹈象征着水磨和磨面，据说文成公主与松赞干布是在一座水磨房中成了亲，"新玛列"（音译）中的转圆圈象征着旋转的水磨磨扇，打炒面象征着磨下的面粉。新娘进门时泼洒的水象征着磨片上的泼水，即磨槽中的水击打水轮时的样子。这个仪式纪念了这段汉藏和亲的历史，仪式最后将献在小桌上的茶倒进花园，撒在地上的炒面扫后倒进花园中焚烧掉，显示出一种神圣性。

谢媒 婚礼结束时，结亲两家共同以哈达、茯茶、绸缎、肉方子等酬谢媒人，以示对姻缘撮合功劳的感激之情。

回门 藏族新娘有的在婚礼结束后即留住婆家，但一般要有新娘的伴娘留下陪伴，不提倡新娘与新郎独处。有的则在婚礼后与宾客一同回娘家，过一周多的时间，再由新娘的父亲或兄弟送来婆家，又在小范围内举行一次正式认公婆的仪式，这才算是正式入洞房，而后住在婆家。还有第三次送新娘来的，称为"策玛"，再住于婆家。而新郎一般在第一次就和新娘、宾客同去岳父家回拜。

婚宴十八说　这是贯穿藏族婚礼的 18 道程序中的 18 种颂祝类说辞，主要流传于青海省东部农业区的互助土族自治县、乐都区、民和回族土族自治县、化隆回族自治县及循化撒拉族自治县等地藏族民众聚居的脑山和浅山地区。居住在这里的藏族世代从事农耕，兼营畜牧业。民间有一种说法——"婚宴进行十八昼夜，婚礼祝词有十八道程序"，说的即是"婚宴十八说"的情况。这 18 道程序中说辞始终贯穿于婚礼之中，大多是即兴表演的说唱，一般由十几人分阶段完成，最盛时则需要几天时间。具体内容有：①祭神说。姑娘出嫁之日的早晨，家人焚香祭祀家神及山神，祈祷神灵保佑姑娘顺利走上新的人生路程。②梳辫说。挑选家庭圆满子女双全且手脚勤快、容貌出众、口碑好的中年女子二至三人为出嫁姑娘梳辫，由其哥哥或其他长辈致辫发辞。③梳子说。一般由梳辫的妇女来说。④哭嫁歌。新娘即将出娘家门时，由本人或姐姐等女性长辈说的告别辞。⑤出路歌。由新娘的姐姐等女性长辈说的分别辞。⑥父母教诫。新娘临上马时，父母拉着女儿的手说的教导训诫辞。⑦马说。送亲队伍骑马至新郎家附近时，由迎亲人员先赞颂送亲队伍的马的说辞。因马是传统时代结婚时最常用的交通工具，甚至对马鞍等都有相应的说辞。⑧垫子赞辞。迎亲人员说完了对马的颂辞、骑马送亲的一行人即将下马时，把提前备好的垫子铺在地上，让送亲队伍下马时说的赞颂辞。⑨赞土地。送亲队伍下马后接过迎亲人献上的哈达，喝了迎宾酒，就祭拜当地的山神，表示新娘一行踏入了对方的地方，请本地的神灵多多关照。⑩赞房屋。等新娘进入家后，先要祭新郎家的护法神，继而赞颂房屋。⑪茶说。新郎家的人为迎亲娶亲一行人端上第一杯奶茶后，展开茶说辞，之后便可开宴席。⑫酒说。当宴席进行到一定程序时，就要开始敬酒、说酒辞。⑬婚宴说辞。等众人酒足饭饱后，开始说婚宴辞，这是婚礼中最主要也是最精彩的部分，一般由送亲队伍中资格最老的人来说。⑭系腰带辞。送亲队伍到达后要给新郎系一条新腰带，一般由新娘的哥哥等人边系腰带边说辞。⑮衣服说。给新郎系好腰带后，便开始将新娘陪嫁的衣服一件件摆出来，开始说衣服辞。 ⑯祝福辞。等前面的程序基本结束后，选一位德高望重的老人祝福新郎新娘说辞。 ⑰嘱托辞。婚礼快结束时，由新娘家的人将新娘嘱托给新郎父母亲及其亲朋好友时的说辞。 ⑱吉祥辞。婚礼结束时有一段吉祥辞，是对婚礼的总结，也是对未来的祝愿。

四 寿诞礼

寿延礼主要是加曲加东。"加曲加东"意为八十寿诞礼。藏族老人凡年龄到 68 岁以上，为其祝寿便可称"加曲加东"，因藏族以属相计岁，68 岁以上的老人虽不足 80 周岁，但加上闰月，也就可以以 80 岁称之了。届时，晚辈要为老人祝寿，亲朋好友要携带哈达及礼品前往祝贺。祝寿礼一般在农历正月初三举行，当天主人家在佛像前点酥油灯，供献食品。老人穿戴一新，面前摆着盛满了糖果、糕点之类的盘子。凡来者必向老人说吉祥话，赠送礼品，以示祝贺。老人也向来者回赠糖果、糕点等。并说"我的寿给你，祝你也长命百岁"之类的吉庆话。席间宾主饮酒唱曲，常以高山大海作比喻，赞颂老人一生的功绩，以老人之乐而乐。

五 葬礼

临终 家中老人在临终之际，口内要含几粒佛丹（藏语称"玛尼日粒"），子女亲属聚于身旁，默诵六字真言，虔诚祈祷。老人停止呼吸后，除去其所有的衣饰，使其盘坐，双手以交叉状摆在胸前，用其腰带自脖颈绕过腿弯，捆成屈膝弯腰蹲状，谓之"怎么来怎么去"。即最初以赤身屈体投胎，今弃一切身外之物，还以投入人世时的本原相而去。

报丧 老人去世后，子女即刻前往寺院报丧请占。报丧者要面呈主事僧侣亡者的属相、生辰和亡日，请寺院僧人到亡者灵前诵经超度，并通过占卜来决定殡葬日期时辰。在过世当天或次日，请一位喇嘛为亡灵超度，同时邀请寺院的 7 位僧人，诵经 7 天，并做法事活动。不少地方的超度祭七仪式要进行七次，计 49 天时间。这种超度法事在藏语中称为"旽代"，即祭七之意。"旽代"结束后，较富裕的家庭还要向寺院布施一些财物，如茶叶、酥油、炒面、大米、钱币等，请寺院煮粥施舍给僧众，这种食物谓之"托巴"，僧众将在寺院中再为亡者诵经超度。

吊唁 亡者的尸体停置后，点燃一盏酥油明灯用以为亡魂引领启途，然后在帐外或院内点燃混有柏枝及炒面、青稞等的火堆，谓之"嚓塞"。藏民族由于信仰藏传佛教，认为死是一种生命苦难的解脱，因而子女及亲属虽涕泪举哀，但只默泣而不号啕，以免引起亡魂的踌躇留恋，妨碍步入极乐世界。前来吊唁的宾客持肉、酥油、砖茶或现金等丧礼，以为亡者的"旽代"及其他丧事活动增添供奉，并向亡者祝颂和安慰家属。与亡者有过节之人往往在吊唁时引咎自责，使两家怨消仇解。

送葬 送葬之日一般选在凌晨天未大亮时，由亡者最小的儿子抱尸出门（无儿侄替，无侄婿替），以尽孝意。之后男人们按一定的规矩将尸体运至葬场，送葬者一般有十余人，途中不回头、不喧闹、不歇步，只以口哨相呼应，以免亡魂识路而半途折返。到葬场后，使男性遗体向左侧屈卧，女性遗体向右侧屈卧。然后举行煨桑奠祭仪式，齐声诵念六字真言。

服孝 藏族服孝期一般为 49 天或一周年。男子不戴帽子或帽子翻戴，后变为帽檐上缝一块白布或贴一块白胶布；女子用白羊毛或白布条、白头绳扎发辫，辫套上不缀装饰品。

周年 满一周年后，亡者亲属邀请凡前来吊唁过的亲友和乡邻来自家吃饭、喝茶，以示感谢，叫作"迪仁"。是日，乡邻可以饮酒，子女和亲属换孝。

葬式 分天葬、土葬、火葬、塔葬、水葬，以天葬为多。土葬多为农业区的藏族采用，将尸体用白布裹成坐化模样，装入立式棺柩内（俗称"座儿"），埋入坟场的墓穴里，坟墓上或浇石灰水，或堆积白石以示吉祥；火葬的主要对象是活佛、有名望的僧侣、具有特殊社会地位的人和受尊敬的老人，火葬时将尸体以坐化状置于焚尸灶内或直接将尸体置于木柴堆积的柴架上焚化，火化后的骨灰有时与黏土和成泥，用模具制成小泥塔后供放在"叉空"（堆积小泥塔用的房屋），或置放于山巅等干净的地方。一些农业区如尖扎等地的民众，很多城镇居民亡故后也采用火葬。亡者被送往殡仪馆进行焚化，或自家设焚炉火化，骨灰一般会撒入山林、湖海中。塔葬的对象均为在历史上具有很高佛位或享有传统名望的大活佛，有的直接塔葬法体肉身和骨灰，有的在灵塔内只供奉头骨、牙齿、头发以及衣帽法器等。水葬者极少，主要对象是夭折的婴幼儿，以白布包裹尸体后投入江河中。

六　禁忌

生育禁忌　妇女在怀孕期间，遇到打架吵嘴的场面要回避，忌观望；不串门，遇到疲劳的人、畜要回避，忌食乏人乏马带来的食品；婴儿降生后，在房门上挂起一绺羊毛，在房门处点燃一堆"桑"，这是"忌门"的标志，告诉生人不得进入房内。

婚姻禁忌　藏族实行严格的血缘外婚制度，禁止近亲结婚，父系亲属和母系亲属之间不能结婚；在送亲途中，忌遇见背空桶、抬病人、倒垃圾的人。

丧葬禁忌　对死者忌呼其名，要以其他方式改称，本村内如有与死者同名的人，也要改呼其名，避讳称之。服孝期间，妇女不戴首饰，不梳妆打扮，辫套要反背。男女均不着新装，不过节日，不喝酒，不杀生，不参加娱乐活动。

第三节　回族人生礼仪民俗

一　诞生礼

洗三　回族在孩子出生后即用温水擦洗其全身，到第三天（有的在第七天）便按伊斯兰教教义中洗大净的要求，热水为婴儿沐浴，称为"洗三"，表示小生命洁净地来到了人世。

命名礼　孩子出生后的第三天或第四天要举行命名礼，邀请阿訇来家中，先念诵《古兰经》，然后取名。这个名字与"官名"不同，不问姓氏只以伊斯兰圣人贤哲的名字命名，如穆罕默德、艾布白克尔、奥斯曼、易卜拉欣等，俗称"经名"。

剃头礼　孩子满月后要举行剃头礼，即"剃胎毛"。一般会请各方面情况较好的人为孩子剃头，剃下的胎毛会揉成团存放起来，以免受到践踏。家境富裕或缺少子嗣的人家给孩子剃头时还要宰羊念"亥亭"，以祈求真主保佑。

二　成人礼

成人礼属割礼。割礼一般在孩子长到十二岁左右时进行，是青海回族中每一位男性必遵的礼俗之一。割礼的手术一般由内行的阿訇承担，方法较为原始：先以两小块木板或铜钱夹住孩子的阴茎包皮来回搓揉，直至麻木，阿訇一边口念经文，一边将长包皮割下，然后在伤口上敷以棉花灰、香灰等止血之物，并稍作包扎，手术即告完成。

三　婚礼

下茶　也称"送说茶"或"送问包"。当男方家有中意的姑娘后，便请亲友中的长辈或德高望重、能言善辩者担任媒人，携带一块茯茶、四色包包（即4种礼品）、衣料（2件）等，前往女方家提亲。女方若同意这门亲事就收下礼品，否则当即退还礼品。女方若需延期答复，而男方问亲心切，则再次送茶礼到女方家，被称为"送催包"。

送定茶　也称"下定茶"或"下占茶"。女方家同意亲事后，经双方协商选定媒人（双方共同推举一个媒人或两家各选一个媒人），女方家一般还要请一位自家的舅舅或大伯为媒人，俗称“点大媒”“择大媒”。之后双方言定吉日，一般选在星期五“主麻日”准备订婚。订婚时男方要给女方送礼物，一般有茯茶、衣料、化妆品等，女方回敬以鞋、袜子等。西宁地区还回赠一些干果蜜饯等，俗称“倒果子茶”，表示亲事已定。男方将回礼分送给所有亲戚共享，亦有通知亲事已定的含义。订婚至结婚期间，凡遇斋月、尔德节、古尔邦节，男方家须携礼到女方家拜访，女方家亦有回礼。

送礼 也称“下大茶”，即订婚后按双方协商选定的具体日期送彩礼。彩礼的多寡，一般视女方的意愿和男方的财力而定。男方所送礼物通常有茯茶、肉方子（半只羊）、衣料、首饰、化妆品和“干礼”（现金）等。当送礼的人们来到女方家时，女方家的人出门热情相迎，并以干果碟子、放有一对红枣的奶茶、糖饺儿包子、熬肉米饭、火锅子等丰盛的食物款待客人，男方送完礼后，女方回送茯茶、四色包包及专为女婿置备的从鞋袜到全套衣物的“回盘”。男方家接到回赠的茯茶后，同样分成小块，分送给亲戚共享。

遵婚 送完彩礼后，双方商定娶亲日期。娶亲的前一天，男女双方家搭起篷布，准备婚宴。一般人家都要念“亥亭”，以祈祷真主襄助。这一天女方家的亲朋好友前来“添礼”贺喜，谓之“遵婚”。当天男方家要请来帮助料理喜事的人进行具体分工，称为“邀跑窜”。“送亲的”、“娶亲的”、“压马的”（“压轿的”或“压箱的”）、“陪客的”（傧相）等都一一选定，同时，新郎新娘还要举行“大净”（沐浴）礼及修面、开面礼。男女傧相则向新郎新娘传授简单的性知识。

支茶 男女双方家在婚礼前一天晚上，各自准备茶点，请来自家亲戚，通过劝勉教诫向新人传授有关教门、人生、伦理道德、为人处世等知识。黄昏之前，男方家要由媒人把盖头、一套衣服（俗称“发裹”或“伏衣”）送到女方家，以备次日穿用。

娶亲 婚礼清晨，新郎及自己的父亲、叔伯、舅舅、兄弟等人，由媒人带领，带着盛放核桃、红枣、大米、羊肉等的盘子，前往女方家举行婚礼仪式——念“尼卡亥”（阿语：证婚辞）。主客按规矩入座，阿訇端坐正中，新郎坐阿訇对面，新娘坐另一屋。先由阿訇向新郎考问有关伊斯兰教信仰方面的常识，之后阿訇询问一对新人的经名（小名），向新人及双方父母询问是否同意这门亲事，得到肯定的回答后，阿訇当场宣布这一婚姻合乎教义，并当众议定男方给女方的"麦亥日"（阿拉伯语，意为聘礼）钱。其数量多少往往根据男方财力而定，不必当场交付，但日后必须亲手交付给妻子，除非女方自愿许免。最后由阿訇念诵经文证婚，念毕众人作"都哇"（祈祷），然后请阿訇将盛在盘子里的红枣、核桃等撒向屋院，小孩和青年人争相抢拾，并向新郎讨喜钱。随后女方家设宴款待娶亲者。

宴毕，"娶亲的"来到新娘屋里，拿着由婆家带来的梳子，给梳妆打扮好的新娘象征性地梳三下头发，插上头花。"送亲的"向"娶亲的"讨要"眼泪包包"（红包），分送给陪护新娘的小姐妹们。然后以红毡裹严新娘，由其兄长或舅舅抱上车（以前是轿或马）。女方家的长辈、兄弟、妯娌及"压轿"的小孩等组成送亲队伍，护送新娘前往男方家。有些地方新娘临行时，将一碗牛奶洒在马蹄周围，叫作"白奶送"；新娘到男方家时，同样有一妇女迎来，在新娘骑的马蹄周围泼洒牛奶，叫作"白奶接"。新娘下马行至门道时，新郎上房顶踩几脚以期婚后能制服妻子。[①] 卸嫁妆时，"压轿"的小孩和"压箱"的小伙子们在与迎亲者的戏谑中得到男方家事先预备好的红包，俗称"压轿钱""压箱钱""安妆钱"，男方家会以丰盛的宴席款待送亲者。

新娘入洞房后，头盖红巾，上炕（或床）面壁端坐。傍晚，人们蜂拥而至前来"闹床"。有些地方，唱家们唱着《宴席曲》向主人表示祝贺，边唱边舞，热闹非凡。至夜幕降临，新郎的姐姐或嫂子与娶亲人一起前来洞房"铺床"，将核桃、红枣压于毡角，又放数枚于新娘怀中，以祝愿早生贵子、儿女满堂。这时，新郎要给铺床人送些钱，以示谢意。

第二天清晨，新郎、新娘早起，洗"乌斯里"（洗大净）后，新郎由陪客相伴，前往女方家向岳父母及长辈说"赛俩目"，请安问候，并请丈母娘

---

① 朱世奎：《青海风俗简志》，青海人民出版社，1994，第 392~393 页。

及娘家众女客去男方家吃席，女方家以饺子款待新女婿，表示婚事圆满成功；新娘则在娶亲者的陪伴下向公婆及婆家长辈道"赛俩目"问安，娶亲者一一介绍受礼者的身份和班辈，谓之"认大小"，受礼者将红纸包好的钱（也称"封筒儿"）作为见面礼送给新娘，这份钱叫作"拜作钱"。

中午时分前来讨喜吃席的人们纷纷来临，主家设宴款待。席间，新郎在陪客陪同下向各桌客人道"赛俩目"让席，新娘也要出面行礼敬让客人，客人要赠钱给新娘。客人们还要"闹公婆"，即抓住公公、伯父、叔叔中的任何一两位，抹一脸锅底黑灰或各色颜料，戴上萝卜圈做成的眼镜，耳挂红辣椒，头扣破草帽，身穿破皮袄，再令其倒骑毛驴（或牛），满巷道游转，为喜事助兴。

摆针线 次日，丈母娘偕同娘家众女眷应邀来婆家认亲吃席，探望女儿。在受到亲家的热情款待后，她们将精心置备的嫁妆一一摆放于庭院，供人观赏，以此显示新娘的针线功夫和刺绣技艺，叫"摆针线"。同时，还向公婆、婆家长辈分别赠送衣服、枕头、鞋袜等礼物，叫"抬针线"。有些地方抬完针线后还要举行"交割"仪式，舀一碗清水，放三枚红枣让新娘洗手，洗完后拉起婆婆的衣服小襟擦干手。这时，新娘母亲送一条新毛巾给亲家母，诉说自家女儿不懂世故，请婆婆多加指教和担待，亲家母满口允诺，让娘家母亲放心。

下厨房 第三天傍晚，席散客走，婆婆领着新媳妇到厨房门背后，用牛奶洗手，然后擀一案长面，叫作"下厨房"。

回门 第四天，新郎新娘及婆家亲戚，回拜丈人、丈母娘及亲友，有些地方还要给新娘父母拿块布料，叫"谢娘布"，娘家设席招待婆家人。

四 葬礼

做讨白 又称"临危讨白""临危亥亭"，"讨白"系阿拉伯语音译，意为"忏悔""悔罪"。是人在病危时举行的赎罪悔罪仪式，一般只为成年人和老年人做。

要口唤　"口唤"，经堂语，在此指遗言。病人亡故前，子女、亲友分别与其谈心，反省自己的德行，取得病人的谅解，叫"要口唤"。另外，欠债一直未能偿还的人，也要前来讨个减免缓的"口唤"，病人子女也有责任问清父母未还债务的情况，以便日后偿还。

念"克利买"　"克利买"即清真言，病人即将咽气、神志昏迷时，守护的人有义务帮助病人面朝西方，提醒病人念"克利买"："万物非主，唯有真主，穆罕默德，真主钦差。"并且要作证词："我作证，万物非主，唯有真主；我又作证，穆罕默德是真主的板德（仆人），是真主的钦差。"[①]咽气后须理正肢体，合闭双目及口。

抓水　又称"着水"，净洗亡人遗体之意，是亡人入葬前必进行的一项仪式。着水时，将亡人头北脚南仰置于水床上，面稍向西，由执着水礼的人（一般男性由阿訇或清廉长者，女性由阿訇奶奶或族内年长妇女）持香绕亡人熏三遍或七遍，用汤瓶浇水洗之。先洗头面，后扶转左边洗右边，再扶转右边洗左边，若有污物处，洗之，洗毕以布揩干全身。所用之水，一般是事先煮好的皂角水，无皂角时，清水也可以，但一定是未经任何秽物污染的净水。

穿卡凡　也称"穿布"。穆斯林亡故，不穿寿衣，视亡者性别、年龄不同分别裹以不同形式与数量的白布，俗称"穿卡凡"。裹穿前一般蘸洒以麝香、冰片和花椒等泡制的水，以防遗体过早腐烂和蛇虫啮咬。男子的"卡凡"分为四件：大卧单、小卧单、格米素、缠头；妇女多一裹胸，缠头改为盖头。"卡凡"料子须为棉织品，以来自阿拉伯麦加的布料为最理想的珍品。也有请阿訇以指沾水，在"卡凡"上书写经文，以示信仰虔诚。给亡人洗身、穿裹"卡凡"后，将遗体置于抬尸匣内[②]。

打坟　有祖坟的人家，就在自家坟园按辈分排列位置打坟；无祖坟者，

---

① 喇秉德、马小琴：《青海回族简史》，青海人民出版社，2013，第301页。

② 抬尸匣：也叫塔布匣、埋体匣，在阿拉伯语中称为"塔布提"，是穆斯林装殓抬送亡人的木制匣子，长约2.5米，宽0.8米，高0.6米，四周刻有《古兰经》关于"复命归真"经文，外有丝绸罩。平时存放在清真寺或殡仪馆。

在公共墓地选一块土头好、无塌陷、无水冲等的地方，刨土打坟。打坟的人一般是亡人的亲友、乡亲，也有雇人打坟的，一般谢绝不同信仰的生前好友前来助力。打坟时先以南北方向挖深约2米、宽1米左右的长方形坑，然后朝西掘一偏洞（以亡人能仰卧自如为准）即成。同时要准备一些土坯，以备砌偏洞口使用。

站乃玛孜 下葬前赶午祈抬着亡人去清真寺举行葬礼，叫"站乃玛孜"。待午祈结束后，举行"者那则"礼[1]，由阿訇主持，举行仪式为亡人祈祷，祷词因亡人的性别和年龄大小而异。按俗，断路杀人之人、为盗之人、忤逆不孝之人、不信真主之人[2]，这四种人死后不准去清真寺"站乃玛孜"。

送埋体 "埋体"，阿拉伯语，即遗体，送亡人称"送埋体"。一般全村或同街坊的人都要参加送葬，年轻人主动抬"埋体"，一路频繁替换，快速送到墓地，以示亡者归信真主之心如箭。送葬人数的多寡，可明显反映亡者及其亲属的威信与为人，以及社会地位、经济地位等。

下葬 埋体抬到墓地（有的在家中），由阿訇、长者跪成一圈，举行赎罪仪式，转"菲迪耶"。所转之物以教派不同而异：老教各派以《古兰经》转，新教各派以钱物转。而后将埋体作头北脚南、仰卧面西状放入坟穴偏洞，当砌好偏洞口，三锹土下坟后，阿訇开始念诵《古兰经》，之后大家一起做"都哇"祈祷。最后亡人亲属向所有前来送葬的人散"乜提"（布施），过去有散茶叶、青盐的，现在一般舍散现金，数量视财力与心愿而定。

念亥亭与走坟 是两种主要的悼念亡人的方式。念亥亭分三天、头七、二七、三七、四七、月斋、百天、周年等亥亭，其中三天亥亭较为隆重，一般要宰牛宰羊，其次是周年亥亭，每次念亥亭都要量力散些"乜提"。走坟是在一段时间内，坚持一日数次到坟头念诵《古兰经》，时间一般是早晚，早晨走坟谓之"走早坟"，晚上走坟谓之"走夜坟"。

---

① 者那则：阿拉伯语，也译作哲纳则，意为葬礼，特指殡礼，即众人为亡人举行的一种简易礼拜仪式。

② 朱世奎：《青海风俗简志》，青海人民出版社，1994，第400页。

五 禁忌

生育禁忌 怀孕期间，孕妇不参加婚礼，不送迎新娘，婚礼期间不出入新房见新娘等。

婚姻禁忌 严禁与有相近血缘、亲缘、婚缘和乳缘的人结婚；禁止与外教人结婚，如要同不信仰伊斯兰教的人结婚，必须要对方先信仰伊斯兰教，然后才能成婚；严禁娶有夫之妇；禁止视离婚为儿戏；婚礼后闹洞房时，新郎的叔伯兄长不能进洞房。

丧葬禁忌 亡人离世后，忌说"死"这个词，一般称为"无常"。在待葬和葬礼期间，禁止喧哗、宴客、放鞭炮、送花圈幛联、敲锣打鼓或其他乐器；禁止号啕大哭，认为"无常"是其归宿，不必悲伤过度而号啕大哭；禁止设灵位、祭台，回族对亡人不设灵位、祭坛，不悬挂遗像、不上香、不燃烛、不供祭品；禁止自杀，伊斯兰教认为人的生死是由安拉前定，所以不能自己结束自己的生命，对自杀身亡者不行殡礼；妇女不参加殡礼，不送葬。

第四节 土族人生礼仪民俗

一 诞生礼

报喜 在婴儿出生后，婆家立即做"着颗"（即油面，在白面里掺青油熬制而成）送给娘家和亲戚以报喜。娘家得知后由产妇母亲拿"串串馍"[①]，前往婆家探视产妇和婴儿。有些地区在屋顶上吹响螺号，以告知天地诸神以

---

① 串串馍：亦称"曲连"，一种掺了青油、盐及香料的中间有孔的烙饼。

及村庄各户有婴儿降生，土族谓之"吾迭·吉拉"。

洗三礼　婴儿出生第三天，互助土族为婴儿举行"洗三礼"。将小孩放在盆里，用花椒水或盐水洗浴，洗到第三遍时，祖父或祖母拿松柏枝条，在婴儿头上绕三绕，并祝福孙儿像松柏一样万年青，长在土乡最高的山岭。

夫果尔·夫尼　即骑牛祝贺生育的一种礼俗。过去，土族人将男孩的降生特别是长孙的降生视为特大喜事。邻里乡亲（除妇女外）把孩子的爷爷请来，先要"化妆"一番，让爷爷翻穿皮袄，眼挂一副萝卜圈做成的"眼镜"，叼一杆麻秆做成的长"烟锅"，头戴破草帽。然后人们簇拥着抬上牛背，让他倒骑在牛背上在村巷里四处转悠，周围的人们不时传出"当上爷爷了，当上爷爷了"的喊声。人们一面嬉戏逗乐，一面迫使老人许愿举行满月礼。直到孩子的爷爷连连央求告饶，保证如期举行盛大的满月宴会后，众人方才罢休。

做满月　满月之晨，给神祇供献"盘"、点灯、煨桑，母子行叩头礼。然后，给长辈端馍敬茶，母子又对长辈行叩头礼，爷爷亲手给孙子赐馍和压岁钱。乡亲们赠银质的长命锁，以示锁住孩子的灵魂，鬼蜮难犯。凡亲戚皆来祝贺，贺礼多为"曲连"馍、孩子衣物及用品等。外公除馍馍礼外，还要送给母子各一套衣服及长命富贵银锁、银镯等贺礼。主人家尽其所能，以丰盛的酒肉设"圈圈席"，热情款待亲友乡邻。

认阿舅　满月后，孩子的母亲要选择吉日，带孩子回娘家，土语称"认阿舅"。到娘家门外，不急于进门，而是把孩子放在牛马的料槽里躺一躺，在婴儿的啼哭声和大家的欢笑声中完成了这一祈福仪式。土族认为孩子躺过牛马的料槽后，就会像牛马一样生命力顽强，而且会十分孝顺娘舅家的人。

取名　一般要请喇嘛或村里有知识、有声望的人取名，也有家中老人或家族中的长者取名的。如以往夭折过一胎或两胎，则认为直接起名不吉利，要把场上的碌碡抬起来，让母亲抱着婴儿从下面通过，给婴儿起名叫"白虎保"等。也有人在满月的那一天早晨抱着婴儿往东走，碰到第一个人，请求给婴儿起名，并认干爸或干妈，以后则像亲戚一样往来。如果碰到狗之类则起名为"狗保""鸡保"等。也有以祖父母的年龄取名的，如"六十一""七十三"等。

剃头　婴儿满周岁时，要举行剃头仪式。剃下的胎毛搓成圆毛蛋，戴在婴儿背心衣服上，以示长命百岁。这一天还要吃长面。

抓周　婴儿满周岁时，还要举行"抓周"仪式。桌子上摆满书、笔、算盘、剪刀、尺子、钱、馍馍等物让小孩自己抓取，用以占卜其以后的志向。

塔何·亥拉　即鸡鸣之意，俗称"公鸡叫命"。婴儿诞生后，有时不啼哭，便赶忙捉只大公鸡来，让公鸡对着婴儿啼叫几声，婴儿听到刺激响声后，猛力挣扎，便会吐出含在口中的污秽黏液，随即哭出声来恢复正常，否则有夭折的危险。所以经常采用此法保全新生儿的生命，民众认为是公鸡唤醒婴儿恢复了生命。

保拉　即保住生命之意，是请神佛保住孩子生命的一种仪式。土族人最怕婴幼儿遭不幸，所以请求神佛保命。由法师、"斯古尔典"等以神的旨意为一些缺儿少女的人家举行"保拉"仪式。"保拉"时，请神职人员给婴儿命名（多以神佛名命之），一般限定禳灾避祸的保命期为 7 岁、9 岁、15 岁，其间禁止剃头，禁去外公家，不准去暗房、孝子家，忌穿戴他人衣帽，禁吃他人食物等。"保拉"期满之日，要举行剃头仪式，所以也叫作"剃头日"。届时，请来神职人员，设案供神，奉献供品，煨桑、点灯、燃香，剃头时，让孩子抱一只大公鸡，跪在供桌前，由一老者净手剃头。礼毕，将头发揉成团，缝在外衣背部或左肩上，用以避煞。公鸡送到神山上放生或养至老死，此公鸡被称作"长命鸡"。是日，要给神佛献牲酬谢，解除对孩子的一切禁限[①]。

二　成年礼

成年礼之女是戴天头。土语称"斯足·波立嘎"或"托力古尔·觉力

---

①　朱世奎：《青海风俗简志》，青海人民出版社，1994，第 337 页。

嘎"，意即开发戴头。有些地区在农历除夕，由父母在灶神前给13岁至15岁的姑娘举行成人仪式。把少女的发型改梳为已婚妇女的发式，让姑娘穿上成年人服饰，向灶神叩头，并请天地诸神作证。从此姑娘结束了闺秀生活，步入成人行列。事后，视家境择吉日设宴招待亲朋。在乐都等地区还流行在僧侣主持下进行宗教洗礼。洗礼时用柏叶水或奶洗脸，并将净水洒至姑娘身上、屋内等处，同时还要打醋弹，即将三块拳头大小的石头烧红放入桶中，加入柏叶、茶叶、陈醋以及头发，加热后，用蒸气熏洗，意为清身去垢，洗去邪念。之后，该姑娘便作为成年人步入社会。

三　婚礼

说媒　男方家相中某家姑娘后，请一位说媒的人带上蒸好的花卷或两个锅盔、两瓶酒（瓶颈处系一条白色哈达或一束白羊毛）前去说亲。女方家若同意则当场开瓶喝酒，然后在空瓶中装入粮食由媒人带回，表示许婚。当日，双方商议择定亲吉日。女方家若不同意则退还礼品。

定亲　定亲日，男方家主人和媒人带上定亲礼：16个花卷、用红布包起来的两瓶酒、一双鞋、一方手巾、一个针扎，去女方家求亲订婚，媒人和男女两家进一步确认子女的婚姻关系，女方家要回赠用蓝布包起来的两瓶酒。互赠的酒要让各自的族人品饮，请族人也承认这门亲事。土族称为"浪胡·尤加嘎"，意为互赠酒瓶。

送礼　定亲后，过一二年男方家择吉日协同媒人到女方家说彩礼，并带去聘礼。一般是茯茶、瓶酒、"浪胡波士"（专给亲家母的一件长衫料）、馍馍等，女方家邀请族人作陪招待并在席间商定彩礼。一般人家的彩礼大体上是：色布14匹至18匹（每匹为5米多）、银耳坠大小各一双、礼帽一顶、金边毡帽两顶、彩绸带两条、布坎肩两件、褐衫一件、褐坎肩褐带各一，干礼不逾百元。女方家举行装箱贺喜的一天，男方家派"托斯·古达"（油亲家、富亲家）送去，同时礼节性地通知女方家迎亲吉时。

装箱贺喜　娘家装箱贺喜时，要在庭院中开箱摆嫁妆及礼品，让众人观赏评议，这时，新娘要在姑嫂姐妹陪伴下唱《哭嫁歌》。届时举行抬针线仪式，由主事人手擎酒杯向众人唱嫁妆名称及数量，而后以男方辈分为序逐一敬酒抬礼。受礼后，受礼人在装箱时掷响钱（将麻钱、硬币等掷入箱内发出声响，也称"箱钱"）或核桃、枣子（即箱礼）。装箱之日，男方家托媒人给女方家送"麻泽"（羊肉或猪肉若干斤、酥油若干斤），供女方家招待宾客。

娶亲　土族在装箱贺喜之日，由男方家派出两名能歌善舞的"纳什金"（娶亲者）带上娶亲礼（青稞酒、羊胸部肉、馍馍等）和给新娘的上马服饰（红包头、红头绳、礼帽、银耳坠、上马袍、上马裙、上马鞋、梳子等），并赶一只"央立"（白母羊，象征纯洁、财富，有为新娘赎身之意），备一匹新娘专乘的好马及驮嫁妆的一头驴，陪同新郎去娶亲。

对歌　纳什金一行快到女方家门口时，一群身着盛装的阿姑们携手歌舞迎上前去，走在最前面的两位阿姑取下羊腔肉，一边唱《拉隆罗歌》，一边摆动羊腔肉徐徐后退，到了门口便立即进门。这时，专迎纳什金的执事们热情招呼，接过所有礼物拿进家门，并请贵人（新郎）进家。当纳什金进门时，门已紧闭。阿姑们从门内唱起问答歌《唐德尔格玛》，要纳什金对歌。同时，阿姑们从屋顶不停地向纳什金身上泼洒净水。纳什金虽然免不了被泼一身水，但仍然得放声与阿姑们对唱，直唱得阿姑们无歌以对，或者纳什金词穷无歌时，才肯开门让纳什金进门。

跳安昭　纳什金进门后把所带礼物及新娘的上马衣饰一一清点给执事和阿姑们，她们会特别在意"红尔美"裙的褶数和梳齿（绝不允许单数），若稍有疏忽，则视为莫大的不吉利。而后纳什金上炕喝茶吃菜，还没吃几口，窗外就传来阿姑们嬉笑逗趣的质问纳什金的歌声，即《纳什金斯果》之歌，如《你们拿来什么礼》《尖加玛什则》《从哪里来的人》等歌曲。连珠炮似的质问使纳什金在嘲讽、戏谑的歌声中难以下咽，紧接着，阿姑们又拉着纳什金去庭院里跳安昭，让其领舞领唱，阿姑们跟在其后和声伴舞。全村男女老少多来观看或同舞，场面异常热烈活泼，一直玩到深夜为止。

改发 良辰吉时到来时，由新娘的姑姑或姐姐送首饰、衣物等到姑娘房里，并请新郎至闺房，让新郎亲手解下新娘发辫上的红头绳，拴在自己的脚脖子上，用带来的木梳先梳三下自己的头发，然后梳三下新娘的头发，而后解下红头绳，把梳子交给新娘的姐姐，由她帮助给新娘改发，穿戴衣着首饰。在新娘改发之时，纳什金在闺房门外扇动白褐衫衣襟，一边舞蹈一边唱婚礼曲，依不同场合唱《依姐》《梳头歌》等。

冠戴 在互助地区，新郎给新娘改发后，便举行新郎的冠戴仪式。堂屋里铺一条白毡，让新郎站在白毡上。主持人高举酒杯唱诵赞词，用夸张的语言、形象的比喻，赞颂新郎的雄伟魁梧。岳父亲手给新郎穿戴衣帽鞋袜，然后颈系哈达，腰系红带，让新郎捧两碗青稞酒，碗中各放两枚红枣，新郎额头上贴一点酥油，向主持人和岳父行礼致谢。

祝颂 改发仪式结束后，穿戴一新的新娘来到堂屋，坐在设于堂前的小桌上，开始"罗目·托日"（祝颂词）仪式：由母亲或上辈妇女一人主持，伴娘把预先准备好的经卷、柏枝、油灯、红筷、牛奶、茯茶、白羊毛、粮食等象征财产、吉祥如意的物品一一递给主持人，主持人拿起物品一边在新娘头上盘旋，一边唱起祝颂词，不同的吉祥物有不同的祝颂词。这时，纳什金在堂屋门外扇动白褐衫衣襟舞蹈，同时和主持人一起唱《依姐——罗目·托日》歌。祝颂完毕后，用红毡把新娘抬起来，让母亲坐在堂前小桌上，并抬着新娘在母亲左右各绕三转，接着抬到庭院绕嘛尼旗杆左右各三转，直接送到大门口上马。

夫热·道达 即"叫吉祥""留吉祥"仪式。这一仪式一方面祝愿女儿出嫁后万事如意，另一方面希望女儿不要带走娘家的吉祥、富贵和财气。届时，由新娘父亲或伯父手擎"扬达尔"（护佑神箭），一面在女儿头顶挥舞，一面呼唤女儿的名字，请女儿留下"阿扬"（吉祥）的"夫热"（种子），等女儿应声后父亲立即跑回堂屋祈祷，然后又跑至大门外，在女儿头顶上挥舞神箭，呼唤女儿的名字，口喊"留阿扬"，如此反复三次，新娘的乘马也要回头牵三次，表示留下了吉祥，并有留恋和惜别之意。[①] 在整个仪式过程中，纳什金一直不停地唱《依姐——夫热·道达》，边舞边扇衣襟，意为扇掉不洁、驱邪避煞。唱毕，退出巷口又唱安昭舞歌曲《谢玛罗》，替新娘向祖父母、父母、兄嫂、邻里乡亲等致告别礼。

图斯乎 土语意为迎宾酒。敬迎宾酒，在土族婚礼中尤为重要而且名目繁多。如喜客送新娘到婆家的路上，沿途各村凡新娘家的阿姑、姑父和外甥等至亲，都要提酒致贺，喜客饮酒后，回赠几寸叫"散苏"的红布条，以表谢意和祝愿万事如意。喜客在回归途中，仍受到迎宾酒的礼遇，此次回赠一块猪肉，表示至亲们赴宴安然无恙。这两次敬的是"阿姑图斯乎"，一般敬"阿姑图斯乎"的范围视婚礼规模而定。再是喜客走到距男方家一箭射程之地时，男方家也要派两名代表，执壶举杯敬酒，宾主互相抢夺帽子等物，以备席间戏谑取乐，此谓"斯木·图斯乎"。喜客走到离家门不远处时，男方家又派专人敬酒，同时牵羊表示欢迎，此谓"合尼·图斯乎"。这是土族礼俗中最庄重的礼节，也是最高的礼遇。当喜客到达男方家大门口时，东家执事迎上前去代表主人热情问候，并再次敬酒，同时献哈达，此谓"吾迭·图斯乎"。

进门 新娘到婆家大门口，由"哇绕其"（伴送娘）和新郎左右搀扶，新娘左腋下挟宝瓶（红布包着的小瓶，内装五谷等），由两位妇女在前拉着红毡，新郎新娘同步跨进门槛，以先跨进者为幸。这时，庭院里铺着红毡，庭院四角燃起四堆火，新郎新娘并立在毡上。由喜客中的长者或德高望重之人主持，他高擎酒杯，朗诵祝词，同时往火堆上浇酒，指挥新郎新娘向天地众神、帝王首领、父母尊长磕三个头。此时，从厨房里泼一点水到院子里，以示洗礼。礼毕送新娘到厨房把宝瓶供在灶神案上，稍事休息后入洞房。

---

① 朱世奎：《青海风俗简志》，青海人民出版社，1994，第324~325页。

苏哈达 是男方家款待喜客时，于席间商议的一种附加聘金，相当于奶母钱。当送亲喜客入席宴饮之际，执事代表东家向喜客们敬食手抓大肉，并一一敬酒致诵词，同时敬"麻哈方子"（一方块肉份）和哈达，献上作为"苏哈达"的若干包茯茶和现金等。这时，喜客代表也向主人致答词，对敬奉的"麻哈方子"和哈达等的处置予以答复，但对"苏哈达"双方有许多争执，喜客们力争多要一些，一定要拉一匹3岁马驹；执事再三敬酒央告求情。争执不下时，有意识地推到第二天在启发席上再议。第二天启发席上又和盘托出"苏哈达"，向喜客敬酒求情，一般争执片刻后接受。"苏哈达"的限额通常是由男女两家预先商定的。

谢媒 席间，男方家要答谢媒人。先备齐酥油、炒面、酒、木匙等，在酒瓶颈和木匙上系一束白羊毛。届时，主持人向媒人敬酒诵词，然后由其他人给媒人额头贴酥油，嘴里喂炒面，还不停地灌酒，众人高唱谢媒歌。

设旁席 旁席是由亲房邻里款待客人的一种便宴。婚礼中，喜客吃罢头道席后，由与女方家有血缘关系的亲戚们轮流邀请，设旁席款待。喜客们每到一家便唱宴席曲《什朵查》，跳安昭舞，大约到午后，又请喜客到东家吃正席。到了晚上，由本家族或全村联合设旁席宴请喜客，通宵达旦，对酒高歌，以能饮酒善歌舞为荣。

吃启发面 "启发面"是喜客临行前吃的最后一道饭。喜客吃"启发面"时，门外拥来许多欢送的人，他们手捧酒碗，高唱"赫杰"（即送客曲），表示欢送。随着歌声喜客立即告辞启程，先和新娘告别，伴娘哭着把新娘托付给婆婆。出门时，众人给喜客敬出门酒。喜客上马后又要敬"适达强"（即上马酒），在百米路上往返3次，众人一面敬酒，一面高喊"适达强"，气氛热烈欢快。

下面 新娘出嫁后的第三天早上，新娘的父亲初次认亲家探望女儿。早晨婆家举行新媳妇下炕开口仪式：让新媳妇端一升白面，上放若干元钱，从洞房送到厨房。由婆母说一段祝词并叮嘱新媳妇不揽是非，内外有别，万事守口如瓶，做一个息事宁人的好媳妇。然后新媳妇下厨，擀面，准备茶饭。

大门口设案供焜锅馍、牛奶、柏枝、酒器等，隆重迎接亲家。先以馍、肉以及烟酒款待亲家，最后才下新媳妇擀的长面。长面薄如纸，细如丝，敬给所有人吃。吃罢，各自要在碗内放钱或红枣等向新媳妇致谢。

回门 土族新娘回门的时间一般在婚礼的第四天。由新娘的哥哥来新郎家接妹妹回家，新郎和两位"送亲娘"陪同回娘家。娘家以茶饭招待两位新人和"送亲娘"后，新娘家族中的叔伯及兄弟各家轮流邀请新婚夫妇去吃"请到"，实际是在娘家认亲。新人要向娘家长辈行磕头礼，长辈则向新人赠送礼物。

四 寿诞礼

土族称贺寿礼为"喇嘛加拉"，意为接受僧人摸顶礼，系人生大礼之一。旧时，一些富裕人家为年过半百的长者准备"斡东"（即火葬时盛亡人的灵轿）或棺材、寿衣时，要请活佛诵平安长寿经，众亲戚邻里都要前来祝寿。"喇嘛加拉"是一种老年礼仪，认为只要举行了贺寿仪，经活佛喇嘛诵经摸顶，就可避灾禳祸、解除苦难。凡已行过此礼者，一般日后不再参加劳动，不料理家务，不问世事，只诵经和斋戒，修身养性，行善乐施，专修来世。近代以来，做寿者虽普遍，但内容和形式都有了一些变化。凡做了"斡东"、寿材就举行寿仪，但贺寿的只有邻里和近亲，不举行任何宗教仪式，也没有其他禁忌。贺寿礼品通常是一副寿桃，直系亲属还赠送茯茶、哈达、枕头、鞋袜等。

五 丧葬礼

收尸 民和地区的土族要求收尸的人必须是终身有配偶的人，单身汉或失去配偶者，或有生理缺陷者、孕妇、晚辈、孝子，不准接近亡人遗体。有配偶的人将亡人衣服脱去，以柏叶香汤净尸，然后着以寿衣鞋袜。穿戴就绪后，在主房堂屋中先用木板床或门扇支起床架，将遗体头朝房门仰躺在木板上，周围用细麻绳和纸钱拉起帘子，在亡人的两个袖口内分别装入7个小面饼子（俗称打狗饼），并用白麻扎住袖口。在灵堂前放一小桌，桌上放两碗用熟面伴青油做成颗粒状的供品，叫"着颗"。"着颗"上各插两双筷子，中间点一盏长明灯，底下火盆内焚烧纸钱。黄南、互助等地在老人去世后，由子、媳等亲人将其衣物脱下，趁热使尸身成胎儿蹲坐状，置于炕角，周围以土块挤紧，再披以衣服。同仁地区的土族均将亡人尸体捆缚成蹲坐状，双手合掌扪眼鼻，两拇指撑住下颌骨。一般青年亡人用麻绳捆缚，每一骨节处挽一结，通常挽7~13个结子；中年亡人用白布搓成的绳子捆缚；老年人用黄纸搓成的绳子捆缚。捆缚后的尸体上套斗篷式丧服，称"布日拉"，下围布裙，老年人用黄布，中青年用白布。

报丧 土族在人亡当日即请喇嘛占卜葬期，并邀请本家及村内各户家长商议治丧事宜，推举两位德高望重的人担当"丧官"，主持安排执客，给娘舅家报丧，向亲友下丧帖，请木匠做丧轿及布置灵堂等。亡人家属除悼念志哀，别的事一概不管。

哭丧 土语称"冤家依拉"。凡结过婚的妇女哭丧时多以一种传统的曲调寄托对亡人的哀思。哭时追忆亡人一生的经历，在世时遭受的坎坷磨难，表述亡人的功德及对生者的恩情，数落子孙们的不孝行为等。

吊丧 亡人村里的本家在得知死讯后，要立即串联众人到亡人家中吊丧，并从本家中轮流派人，拿上酒瓶及时向外家报丧，还要确定土匠（挖坟的人），土匠的人数根据出葬的时间长短而定，一般派4~5人，如果亲房家务中人数不够，庄户本家出动当土匠。不论谁家发生丧事，对不"吊丧"的人由本家罚一只鸡，不去送葬者罚一只羊。

待外家 外家前来吊丧时，带一个女眷，称"哭哭娘"，临近亡人家门，"哭哭娘"放声恸哭，孝子扪手拈香烛在门前跪拜迎接。外家人烧过纸钱，还要察看亡人，是否属正常死亡。若有死因不明等原因，外家人可提出推迟出丧、交官家处理等，孝子必须服从。外家吊丧完毕，孝子殷勤相待，上酒上菜，一般上 5 道菜，被称为"五福捧寿"。抬孝布时，孝子将孝布端上头顶后跪下，亲房中的主持人给外家斟一杯酒，追忆亡人的一生经历和功绩，最后还要说"死者升天"，这是因为阎王爷请来千佛难留，家有金银难买生死，灯光终究自灭。孝子还要恭请外家人开孝，外家人也致辞回敬，主要叙述孝子对亡者的赡养、关心及抬埋，祝愿孝子日后吉祥安康等。孝布有全孝和半孝之分，半孝只能用在家务眷属内，全孝用于所有亲朋好友及村中男女老少。领孝者在灵堂前磕 3 个头后把孝布系在头上，亡人重孙戴红孝布。

出丧　土族习惯上在 3 天或 5 天内出丧，但遇到阴阳先生推算出的禁月"行"内则不能出丧。一般情况下，如果一姓有两"行"，或六月、腊月，或三月、九月，一年中的两个月内禁止出丧。在"行"月里亡故者，必须待"行"完了才出殡下葬。如时间过长或因季节关系家中不宜存放灵柩，可以在外面找个合适的地方搭棚存放。

多郎　土族在埋葬亡人后，每过 7 天请喇嘛念经，土语称"多郎"（即第 7 个数）。要连续请喇嘛念 7 个"多郎"的经，每次念"多郎"都到坟上烧纸。

服孝　亡者子女自亡日起服孝"百日"，孝子服孝时在帽檐上缝一白布条，孝女在裤口、衣领或布鞋上用白布缝条。

六　禁忌

生育禁忌　妇女怀孕期间，忌食兔肉、马肉；忌参加喜事、丧事；忌讳在娘家生育；婴儿降生后，在大门口挂上一块红布，"挂红"忌门。

婚姻禁忌　土族忌家族内通婚，忌同村通婚。

丧葬禁忌　寿衣禁用除棉布、丝绸之外的其他面料；服孝期间，男不刮脸、不剃头、不剃胡子、不饮酒，女不穿戴彩色衣帽。吃素食，不串门，不参加娱乐活动，不杀生，当年不贴春联。

第五节　撒拉族人生礼仪民俗

一　诞生礼

命名　撒拉语称"阿的高希"。孩子出生两三天后，便请阿訇和家族中德高望重的长者为孩子命名。命名时请阿訇对着孩子低声念"班克"（召唤教众来做礼拜的祈祷词），并在孩子的耳朵上（男左女右）吹一下，然后从伊斯兰教所尊崇的"圣人"或"圣女"名中选出一个名字，作为孩子的"经名"，告之家人，以示吉庆。

命名茶　又叫"阿的恰"，是撒拉语、汉语的合成词，"恰"即茶之音转。命名后，经济条件好的家庭杀鸡宰羊，准备丰盛的宴席，邀请本村老人及族人赴宴，以此宣告，家里添了新人。

问月　撒拉语称"爱索尔"。听闻某家生育孩子后，妇女们带着油香、油锅盔、油搅团、红糖等物，纷纷前去探望，亲戚当家更是频频探望。"问月"也称"看小月"。

看月　撒拉语称"爱瓦合"。孩子满月后娘家人及叔伯兄弟们带着"阿苏果依"（一只活绵羊）、油搅团、"牙格尧瓦"，"紧饼"（蒸饼）、红糖、茯茶、衣服、被褥等，前往女儿家贺喜，故称"看大月"。如果头胎是男孩，还要给婆婆和女婿送一套衣料。婆家也要准备宴席款待客人。

送绵羊　撒拉语称"阿苏果依"。头胎生男孩时（生女孩则不送），娘家人要拉一只肥大的绵羊送到婆家"看月"，婆家当场宰羊，装肠煮肉，款待娘家人。最后娘家人将羊皮和一只前腿带回家。

出月　撒拉语称"爱起合"。一般选择在初九、十九、二十九和主麻等吉祥的日子出月子。婆婆抱着孩子，产妇随后，向早已等候的人们散施"古古馍馍"、糖、油香等东西，大家争相抢食并探望评论初出大门的孩子。此俗有分享得子之喜与预祝孩子早日成家立业之意。产妇在返回时需捡块石头或提点水进屋，认为这样可以招财进宝。

二　婚礼

说媒　撒拉语称"嫂吉打发拉"。当男方相中某家姑娘后，便央请媒人前去说亲。媒人带着茯茶、冰糖等礼物来到女方家说明来意后，女方家便召请舅姑叔伯等商议此事，其中舅舅的意见最为重要。若应允，即告媒人，若不允，则婉言谢绝。

送定茶　撒拉语称"定茶恩的日"。得到女方家的应允，男方家便筹备定茶。定茶礼一般是三套衣服和一定数量的茯茶，另有一套化妆品，其中一对耳坠是必不可少的。媒人于吉日送去定茶后，女方家即让姑娘戴上耳坠，以示"系定"，不再许配他人。当日商定彩礼和其他事项。

送彩礼　撒拉语称"麻勒恩的日"。"送彩礼"时男方家除了未来的新郎，所有男人包括舅舅、姑父、姨夫、叔伯兄弟及其儿子们都得去。彩礼多为衣料，除此再给女方一些现金，称"麦赫日"，数量多少由双方商定。女方家通常给新郎回敬一双鞋袜。

宴请阿舅　撒拉语称"阿让思达"。为了表达敬舅的心意，男方家在婚礼前专门请阿舅及其眷属美餐一顿，并在饭后敬献给阿舅特意煮的"羊背子"。撒拉族人认为，如果阿舅不乐意，婚礼则无法进行，还得请众人替主人道歉，直至阿舅心满意足为止。

念尼卡亥　撒拉语称"合的奥哈"，即致证婚词，象征着男女双方依伊斯兰教义成为合法夫妻。证婚词由阿訇来念，念时准备一盘核桃、红枣和一块肉份子。届时，新娘父亲当众宣布："我女儿某某许配给某某某了。"新郎则回答："我承领了。"[①]而后阿訇念一段合婚经文，末了众人掌手念"阿敏"，

---

① 朱世奎：《青海风俗简志》，青海人民出版社，1994，第 453 页。

祈求真主赐福新人。接着将核桃红枣抛向窗外，众人争相抢食。然后，由阿舅、叔伯等依次给新郎穿戴红绸绿缎，新郎道"赛俩目"——致谢，并由叔伯引领向女方亲属高声道"赛俩目"，以示认亲和问候。至此，念尼卡亥结束，媒人等商议迎娶之日，一般在当天下午或第二、三天。

送人心 撒拉语称"应渗吾日"。婚礼之日（男方家于迎娶日晨时，女方家于念合婚经日晨时），叔伯姑舅、亲戚朋友及"阿格尼""孔木散"的人前往男方家或女方家"送人心"。"送人心"的主要礼物是钱和衣物及化妆品之类。"送人心"的顺序一般是"阿格尼"、姑姨等人先送，接着是本"孔木散"及村里的其他人送，最后是舅舅。送了"人心"之后，男方家或女方家都要宴请致谢。

撒谷 新娘离家时，在舅舅和叔伯兄弟的扶助下，一边缓缓绕院子一周，一边将一把粮食撒在院里，随后退出家门，前往夫家。

食油搅团 撒拉语称"比里买合起合尔"。在送亲队伍经过的村庄里，若有与新娘同村的妇女，路途中要请新娘及送亲人品尝油搅团，喝几口茶，完毕，送亲人要给一些钱财致谢。

挤门 当送亲队伍来到男方家大门时，男方家的青年们堵住门不让新娘骑马进去。若新娘双脚走进婆家门，意味着日后会依顺公婆丈夫；若新娘骑着马进了门，则被认为有损于男方家的门面和社会地位。而女方家的年轻人则极力地前呼后拥着新娘冲进大门，他们不愿让新娘在一生中最宝贵的一天沾上尘土。于是，双方你冲我堵，争执推搡一番，最后往往是由新娘的叔伯兄弟将其或抱或抬进新房。

门上蹦跳 当新娘由大门进入房中时，新郎在门上蹦跳，认为这样可以使新娘在以后的生活中俯首听命，不敢违抗夫家之命。

揭脸罩 撒拉语称"玉子阿西"，又称"巴西阿西"。新娘进入洞房后，要在墙角站立，不能坐下。等送亲人全部坐定后，至亲长辈致祝词，而后一手持一双筷子，一手拿一碗清水，并在新娘头上绕几圈，同时说几句祝愿的话，说完便用筷子揭开新娘的脸罩。揭面罩的筷子则由婆家人破费钱财将它换回。揭了面罩后，新郎家的妯娌们端一盆净水，到洞房向新娘讨要喜钱，此仪式撒拉语称为"盖吉尔桥依"。

开板箱　撒拉语称"板箱阿西"，是撒拉语和汉语的合成词。在传统生活中，撒拉族姑娘出嫁都有一对板箱陪嫁，内装送嫁之日送给婆家亲属的鞋袜枕头及为新郎、新娘准备的被褥等生活用具。板箱的钥匙由新娘的亲弟弟掌握，开箱时由婆家出一些钱财换取钥匙。开箱后陈列箱中之物，由众人观赏评论，并当场依次送给婆家的至亲。

打发拉　即打发送亲人。当送亲人吃完最后一顿饭后，临走前婆家请新娘的父亲、舅叔、兄弟、姑父、姨夫等上炕，并请媒人给每个人送一份钱礼，说一些客套话。对方礼节性地推辞几句后接受承谢，最后按钱数多少取一些奉还给婆家。打发时婆家要给新娘母亲外加一套衣料，还要给每人送一份"肉份子"，给舅舅则抬一份"羊背子"。

谢媒　撒拉语称"嫂吉稳拉"。婚礼结束后，男女双方家各以一双绒鞋、一双绣花袜子和一副绣花枕头给"嫂吉"（媒人），以表谢意。

听房　撒拉语称"丁难"。洞房花烛夜，同村的青年小伙们聚集到一起，去新房窗下偷听新人谈话，并开玩笑说俗言俚语嬉闹，直到从新郎手中讨得一笔喜钱后才欣然离去。

回门　撒拉语称"高彦"。婚礼第三天，新郎新娘以及新郎家除婆母外所有女眷，都须陪同新婚夫妇"回门"。她们提着油香，先后去新娘的娘家、"阿格尼"、"孔木散"家，认识新娘的亲戚，各家亦热情款待。

三　丧葬礼

无常讣告　撒拉族人称去世为"无常"，人"无常"后，速派人通知远近亲友及本村清真寺阿訇，亲友们得知消息后，即携带茯茶和钱物到亡人家吊唁。

洗身　家族中的所有人到齐后，便可给亡人洗身。洗身时男洗男，女洗女，一般是由阿訇或德高望重的女性分别施洗。

开凡帛孜 阿拉伯语撒拉语合成词。亡人洗身后，如果是男人，用 11 米白布裹起来，并从布条边上撕下两条，连人带布捆起来。如果是女人，需用 12 米左右的白布方可。

挖坟坑 撒拉语称"土尔拜提尕孜"。墓穴地点一般由清真寺掌教在亡人所在的"孔木散"的坟院里划定，由年轻人挖掘。墓穴呈南北向，直线挖下 1.5 米左右后又向西挖个偏洞，以置放亡人"埋体"。

送葬 撒拉语称"埋体吾则提"。送葬时，将白布裹身的亡人"埋体"放进尸床，由年轻人抬至墓地。以头北脚南放置好后，清真寺的掌教要带领众人对着"埋体"做礼拜，其他做过大小净的男子随其后礼拜，祈求真主饶恕亡人的罪过，使之进天堂。而后下葬，将"埋体"置于偏洞，并用土坯砌好洞口，封以泥浆。其他人迅速填土，填满后自然形成坟包，不立碑石。

转菲迪耶 又称"菲迪耶转啦"，"菲迪耶"就是用手巾包起来的一包钱，用来施散给众人的。当"埋体"抬到墓地后，中老年人都坐成一长排，亡人的儿子或丈夫就拿着"菲迪耶"，从一头到另一头，来回转三次。每到一个人面前，念一句"毕思命俩希若合麻尼若希米"（奉至仁至慈的真主之名），而后将"菲迪耶"放在胸前默祷两句，大意是"我接受了我再还你"，又还给传递者。就这样，走三遍以后即止。其意在于：我将这些钱施散给你，以此作为搭救，而受者表示心领了，复还给主人，主人再送给别人[1]。

者那札站拉 转"菲迪耶"后，做一简易礼拜，大家面对"埋体"站"乃玛孜"，不鞠躬、不磕头，也无拜数，在拜中不念《古兰经》，只念简短的成拜词和祈祷词，掌教领拜毕，就进行埋葬。

诵《古兰经》 撒拉语称"古然奥哈"。"埋体"下葬后，阿訇和老人们面对坟包念诵《古兰经》，念毕，众人掌手呼"阿敏"，意为：主啊！您答应我们的祈求吧！

---

[1] 朱世奎：《青海风俗简志》，青海人民出版社，1994，第 464 页。

施散钱物 撒拉语称"哈底吾勒席"。埋葬完毕，须给所有送葬者施散钱物，数量多少视家庭经济情况而定。过去一般施散茯茶、盐、火柴等物，现在大多施散钱币。

衣归娘家 葬礼结束后，亡人生前所用之物（铺盖、衣物、碗筷、汤瓶等），要分还给娘舅家。

宴请满拉 撒拉语称"满拉起合热"。送葬3天以后，亡人家每日早晨须请阿訇、满拉（清真寺学经的学员）等到家中吃饭，也请本村的老年人每天到家中吃饭，以此补偿亡人生前的罪过，搭救亡魂。众人吃完饭后，自然默祷真主饶恕亡人的罪过，并祈求赐福于后人。在传统生活中，对阿訇、满拉要宴请40天。

煮麦仁饭 撒拉语称"果吉尕依那提"。亡人去世的第三天，亡人家要煮麦仁饭（将粮食在石臼里捣碎去掉麸皮后，夹杂点豌豆、大豆在大锅里煮，快熟时撒以面粉、青盐），并宰羊一只，供本村男女老少食用。

过四十 亡人去世40天时，要举行隆重的"送过四十"。亡人家要宰鸡宰羊，备各种饭菜盛情款待来客，并最后一次宴请满拉。

过百日 亡人去世的100天忌日，亡人家也要宰鸡宰羊宴请客人，旨在使亡人安度百日，其方式与"过四十"无区别。

周年忌 每年的忌日，要宴请亲友，忌日前后，如果有一天是主麻日（星期五），则在主麻日宴请。

四 禁忌

生育禁忌 新生儿的房内，忌讳陌生人进入，即使家里人从外面回来，也不能立即进入婴儿居室。

婚姻禁忌 忌血缘亲族通婚；三代以内不允许通婚；不能与异教徒通婚，如有，则须真心诚意皈依伊斯兰教方可通婚。

丧葬禁忌 人去世后忌说"死"；忌女人送葬，忌女人进入坟园；长辈去世，晚辈40天内忌同房、洗涤、梳妆打扮、吃喝玩乐等；忌提亡人名字，忌踩坟；埋葬时，忌用非坟穴内挖出之土，忌立碑；40天内，忌向亡人家属说"你好"等话，亡人家属忌参加娱乐活动；在坟园内，忌说笑、大小便、跨越坟包；不允许其他"孔木散"的亡人在本"孔木散"坟园内埋葬；停放"埋体"之地，禁猫、狗等小动物进入，一般不允许打开"卡凡"观看亡者。

第六节　蒙古族人生礼仪民俗

一　诞生礼

洗礼　蒙古族在孩子出生七天左右，为孩子举行洗礼。先在孩子已经结痂的肚脐上涂羊尾巴油，使痂发软脱落。待脐带脱落之后，即举行洗礼。由祖父母或父母或"包吉额吉"（接生婆）先后用柏树枝叶汤、盐水、肉汤、牛奶、清水冲洗婴儿全身。在五次洗浴过程中，所用的水不同，其寓意也不同。举行洗礼时，邻居和亲友们前来祝贺，给孩子赠送礼品并祝愿孩子长命百岁，一生幸福。

取名　一般在孩子出生一周后取名，多请有名望、有学识的僧人或长辈为孩子命名，也有父母亲起名的。因为与藏族一样信仰藏传佛教，因此也多以经传取名，也有以本民族传统名字命名的，如"巴特尔""布赫"，还有以蒙语起名的，如"图布腾""哈斯朝鲁"等。

剪发礼　孩子长到三岁行剪发礼。剪发前，家人请僧人算好日子，通知远近亲友，邀请他们按时参加。届时，亲友们带着礼物前来祝贺，大家围坐在蒙古包中，一位辈分最高、年龄最大的老人接过主人递过来的一把系着哈达的新剪刀，边说祝赞词边剪下第一撮头发放在哈达之中，然后，亲友们以辈分高低和年龄大小依次剪下一撮孩子的头发置于哈达中。按习惯，孩子的父亲和母亲两方的亲友分别要从右边和左边的鬓角处开始向后剪，但不能全部剪完，要留一小部分让后来的亲友们剪，如果三天之内亲友们未能赶到，则由孩子的父亲全部剪掉。剪发结束后，亲友们放声歌唱，尽情豪饮，享受主人的盛情款待。

二 婚礼

提亲 当男方看中某家姑娘，在求亲前，先请活佛算卦，如果双方生辰相合，便请媒人带上哈达、绸缎、茯茶等礼物前往女方家提亲。若女方家不同意则退回礼物，若同意则收下礼物并商定吉日定亲。

定亲 定亲日，男方的父母以及舅舅、叔伯等亲属（人数必须成双数）带上哈达、青稞酒、茯茶、绸缎等礼物前往女方家，女家则设宴招待。此仪式女方家的舅舅、叔伯必须参加。双方敬酒献哈达，正式确定这门亲事，接着商议聘礼和婚期及婚礼总管（蒙语称"达玛勒"）人选。在整个过程中，女方舅舅占有重要地位。一旦双方意见不合时，女方舅舅有权进行裁决做出决定。双方则依他的决定而应允。女方要的彩礼主要有：缎面羔皮袍（蒙语称午齐）一至两件，绸缎子夹袍一至两件，衬衣一至两件，绸腰带一至两条，上缀银牌八块以上的辫套一副、一对金（银）耳环、一双靴子、一顶带缨蒙古式女帽，还有手镯、戒指等。还要让男方家准备一顶崭新的蒙古包，同时让男方家长从畜群里给儿子、儿媳分给一定数量的牛、马、羊、驼以及生活用品。男方家必须要给女方家送一匹骏马。女方家陪嫁品有两个木箱、被褥、毡垫、地毯和一套炊具以及一定数量的大小牲畜等生活资料。除此之外，新娘的婚礼服由娘家准备。

送"夏嘎托"和"佐斯"礼 婚礼前一天，男方家指派达玛勒、新郎、伴娘（或嫂子）和一名小外甥（八九岁至十二三岁），以及三四位善饮酒的小伙子，前往女方家送礼。所送"夏嘎托"是供新娘乘骑的马，此马必须是男方家中最好的骟马，还要配备崭新的鞍座。"佐斯"是一块呈长方形的骨胶，装入用五彩线织成的小网袋中，悬挂在装满酒的瓷瓶颈上[1]，以示婚姻关系天长地久。另外还要送上宰好的整羊、格拉（酸奶或奶子）、哈达等，女方家会设宴热情款待。男方家的小外甥还要骑着"夏嘎托"驰骋一番，任由女方家亲友们评论。若对"夏嘎托"感到满意，便由一人致祝赞词，赞颂完毕，众人齐声叫好并给"夏嘎托"挂上哈达，送礼诸人返回。

摇包 送"夏嘎托"和"佐斯"的当晚，新郎在伴郎和两位娘嫂的陪同下，到新娘家进行摇包仪式。他们快到新娘家时先派一人进女方家里敬送礼品并说明来意，取得新娘家的同意后，解开围绕蒙古包的最上面一道（共有三道）围绳的一头，递给包外的新郎并说道："新郎要来触动丈人的蒙古包的底边围子啦。"丈人在蒙古包内说："有本事的话来触动吧！"。于是新郎抓住围蒙古包的毛绳来回摇动，然后问："动了没有？"丈人回答："动了！"如此反复三次后，新郎将绳头递给新娘系好。

系腰带、挂碗袋 摇包仪式后，举行系腰带和挂碗袋仪式。新郎新娘并肩站立，由新娘母亲给新郎系上一条腰带，并将绣有吉祥花纹、底部缀有长穗，内装一个银碗的荷包袋（蒙语称"哈布塔呼"）挂在腰带上，然后在新郎新娘肩上各搭一条哈达。接着达玛勒致祝词，祝福新郎勒上宝带，挂上碗袋（荷包袋），得到神佛的保佑，驱恶避邪，一切吉祥如意。仪式结束后，由新娘家招待双方客人，上茶、敬酒、煮肉等。当晚新郎和伴郎等人返回，新郎的嫂嫂留在新娘家。

改头饰 新郎新娘的两位嫂子各给新娘肩上搭条哈达，把新娘的姑娘头饰拆开，将头发辫成两条辫子，各用哈达将辫梢拴住并挂上铜钱，把发辫装入辫套之内。

驮嫁妆 摇包仪式后的次日早晨，太阳刚刚升起之时，新郎的母亲来到新娘家献上哈达和德吉后，拉着新娘的手说声："回家吧，媳妇儿！"然后只身返回。新郎新娘的嫂子共同收拾好嫁妆，用马或骆驼驮着送到新郎家并收

---

[1] 朱世奎：《青海风俗简志》，青海人民出版社，1994，第265页。

拾好新房，新娘的嫂子便返回。

新娘上马　新娘上马前，从蒙古包内走出，手拿包有粮食的哈达丢进天窗，表示她不带走娘家的财气。人们扶新娘上马，其前有骑着马擎帐幕（长约 3 米，宽约 1.2 米的天蓝色布或绸子）的两个男子，帐幕前一人拿着一个青蛙模型引路。新娘的后面是送亲队伍，整个队伍绕蒙古包三圈后出发。途中有新郎家设的便宴，大家休息一会，吃些食物，又向前进发。

迎亲　送亲队伍快到新郎家时要举行迎接仪式，一人手拿羊的一边肋骨、盐、茶、面、酒、奶子等混合起来的食物，靠近新娘后，朝新娘抛撒所拿的混合食物，并说些吉祥的话语。等送亲队伍来到新郎家的蒙古包前，整个队伍要绕包三圈，男方家热情相迎。

拜天神　送亲队伍下马后，新郎新娘要举行向天神拜叩的仪式。双方握住一个羊腓骨（男大头，女小头），跪于白毡之上，面对桌上的"塞热"和"要古荣"（即图案）及德吉、须木尔等物，由别人说祝赞词。祝贺两家喜结良缘，祝福新郎新娘相亲相爱，忠贞不渝，白头偕老，终生幸福。新郎新娘随着祝词段落向天神叩头。

入蒙古包　拜完天神后，在帐幕引导下，一对新人进入蒙古包，客人们也依次入席。帐幕拿进蒙古包后挂在顶棚上，新郎新娘拜见双方父母。接着由达玛勒宣布新娘带来的牲畜种类和数量以及男方回赠的牲畜种类和数量。然后，一对新人进入自己的新包中。客人们受到热情周到的款待。

抢羊头　新郎在新房点火炉子（火架），大家抢羊头。新郎新娘进新房后，由两位伴娘给新娘重新梳妆打扮。新郎在火架中用火镰点火。按理火镰打三下，必须点着火，如果打三下没能点着火会被人们笑话。点火仪式完毕，有人大声喊："新包有烟了！"说完，把准备好的羊头从新包天窗向外掷出，站在新包周围的人向前争夺羊头。如果是女方的客人夺走，男方就用哈达和礼物把羊头换回来。这表示新郎新娘从此成为真正的夫妻。

喝新娘茶　宴席完毕后，由男方家执客请客人们到新包内喝"新娘茶"。先由婆婆用挂有哈达的勺子分别舀、倒三次煮好的茶，然后当着众人之面说明，从今以后，把管理家务的责任交给了新娘，希望她主持好家务，招待好客人。新娘接过婆婆递过来的勺子也舀、倒三次茶后，在自己带来的放有酥油、奶豆、炒面的碗里盛满茶，由新郎端给客人们喝，客人们一边喝茶一边祝福新人，希望二人相敬相爱，尊老爱幼，邻里和睦，过好日子。

揭幕礼 揭幕是德都蒙古婚礼的最后一个程序。在结婚的第三天，把新郎、新娘的父母、亲属以及近邻等请到新人房中，举行揭幕仪式。虽然其规模较小，但仍按青海海西蒙古族传统的宴席程序举行，即敬"格拉""德吉""须弥尔"以及上奶茶、煮手抓肉、敬酒等。仪式由长者主持，新郎、新娘坐在帐幕后，请一位年高德隆的老人致《揭幕祝词》。祝毕，由新郎、新娘的母亲双双揭开挂幕，两位新人出来敬酒待客，从此以后新郎、新娘正式确立夫妻关系，新娘成为家中一员，俩人可以串亲访友，做客待宾。

回门 婚礼后的第三天，新娘征得公公同意，勒好腰带，把挂在毡包内的帐幕揭下，与新郎一起回娘家拜谒自己的父母和亲友，俗称"回门"。返回时，新娘从娘家将自己应得的牲畜赶到婆家，与新郎家的牲畜合成一群。

三 寿诞礼

蒙语称为"赞迈日"。蒙古族老人一般在 60 岁、70 岁、80 岁时举办寿礼，祝寿时间可以据寿星生辰属相，也可请喇嘛或家人选择吉日。祝寿时间确定后，邀请主要亲属及邻近乡亲，准备好丰盛的宴席。来客均应带礼物祝贺，不能空手而来。祝寿仪式开始，大家献寿礼，向寿星问安，述说老人在生产劳动、抚育儿女等方面的艰辛和功劳，祝愿老人健康长寿，晚年生活幸福愉快。黄南河南蒙古族自治县等地还流行一种习俗，在老人 80 岁寿辰时要举行一次隆重的庆贺仪式，届时，亲友须送一份象征吉祥如意的特殊贺礼，即一壶浓香的奶茶、一盘炒面、一块做成宝塔形的酥油，谓之"赞迈日"。[1]

---

① 赵宗福、马成俊主编：《中国民俗大系·青海民俗》，甘肃人民出版社，2004，第213页。

四　丧葬礼

诀别　病人垂危时，家人及至亲好友守在病人身旁，与之诀别并听取遗言。去世后，家人通知亲友前来吊唁，得到噩耗的人们在两三天内要尽快赶来送葬。

报丧　人死后，其家人带上死者生前最好的衣物、爱吃的食物和茯茶等去寺院报丧。意谓亡魂"去上天报到"，行动不得怠慢。"送魂人"到寺院说明情况，给主事僧人报上死者属相、生辰及亡日的情况，请僧人念经超度和求得送葬吉日。同时将所带物品和食物（从前，死者生前所乘的马也送寺院）呈交主事僧人，意为请转交死者。

念经　向寺院报丧后，寺院则派僧人前往死者家中诵经，超度亡魂，时间一般为七七四十九天。人们以为，念了经后，亡魂就会直接走向彼岸或投胎转世，不会走错路遭受磨难，也不会给活着的人们带来不幸。否则，亡魂将走错路遭受磨难，还会把不幸带给活着的人们。

送葬　送葬之前，由死者的亲属或生前好友等几人捆尸体。男子为双腿盘坐式或"S"形，女子为单腿蹲坐式，用白布缠裹，置原位，哈达遮面，前方拉一横帘。到了送葬日，将尸体装入口袋或用其生前所穿的皮袍裹住，如果是男子掀起蒙古包的右侧壁（铁日莫）抬出包外，女子则掀起蒙古包的左侧壁抬出包外，家中停尸处放置一盆青稞，其内燃香示意收留亡者福禄。将尸体用骆驼或马驮到天葬场（蒙语称"杜尔赛"）。送葬者人数必须是单数（包括死者），他们在安葬地挖一小坑，埋入死者喜欢吃的食物和金、银、铜、铁、玉等八件宝物，其上压石，示意此地已安葬过人。将尸体脱去白布，头枕石头，手枕于头下，男右女左，犹如安然入睡。返回途中，将包裹死者的布、口袋、皮袍等烧掉。送葬者返身跨过火堆，不回头，速返回。

戴孝　子女为父母、妻子为丈夫要服孝 49~100 天，其他亲属也要服孝

49天，服孝形式通常是男子散开发辫，女子将辫套下端的红缨辫结起来，未婚女孩还要在头发上扎一束白羊毛。

五　禁忌

生育禁忌　妇女在怀孕期间，不从事重体力劳动，忌讳大喜大悲，忌喝酒和吃兔子肉；坐月子期间，禁止吃山羊肉和牛肉，禁止生人、病人进入蒙古包内。

婚姻禁忌　蒙古族普遍实行一夫一妻制的婚姻制度，男不娶妾，同姓不婚，姑表、姨表兄之间不婚。

丧葬禁忌　送葬时，禁止女人参加；服孝期内，不骑马，不穿新衣，不参加游艺活动，男不修面理发，女不佩戴饰物，当年不过春节，不拜亲访友。

第三章　民间音乐与舞蹈

　　民间音乐是广大民众自己创造并口口相传于民间的音乐形式与音乐作品,主要有民间歌曲、民间舞蹈音乐、说唱音乐、戏曲音乐和民间器乐五大类别。具有创作的口头性和集体性、乡土性与即兴性、流传的变异性及多功能性等特点,以口传心授为主,而不以书面乐谱为主要传承方式。大量优秀歌手和艺人在传承下来的民间音乐中尽情发挥自己的才智,对传统民间音乐进行加工改编。演唱、演奏中的即兴发挥是验证歌手、艺人艺术造诣的重要标准。民间音乐有极其广阔的传唱场所,从农、牧、渔业体力劳作到婚、丧、喜、庆诸般礼俗;从山乡田野到城镇舞台都有其传播场所,与民众生活息息相关。青海民间音乐丰富多彩,民间歌曲、说唱音乐、戏曲音乐和器乐等种类齐全而繁多,其中民间歌曲的种类尤为丰富。而民间舞蹈属于大众"自娱性"的艺术,在舞蹈艺术中比重最大。与宫廷贵族所欣赏的乐舞以及现代舞台上属于"表演性"的舞蹈相比较,随意性强,在自娱中体现人类的自我生命价值,沟通人际间的纯真情感。表演时可以不受场地、人数乃至礼数的局限与束缚,以民众的审美习性即兴发挥,自由活泼地抒发内心的喜悦,表现出毫无矫揉造作的潇洒气度。

第一节　民间歌曲

一　花儿

汉族、回族花儿　在青海花儿中数量最大、流传最广，是花儿的主体曲令。主要流传于青海东部农业区的西宁、大通、湟源、湟中、互助、平安、乐都、民和、化隆、循化及海南的贵德、海北的门源等地。主要曲令有"直令""尕马儿令""二牡丹令""二梅花令""水红花令""山丹花令""好花儿令""咿呀咿令""绿绿儿山令""沙燕儿绕令""乖嘴儿令""大身材令""黄花姐令""杨柳姐令""尕阿姐令""阿哥的肉令""呛啷啷令""脚户令""大眼睛令""河州令""马营令""川口令""保安令""老爷山令""东峡令""北川令""门源令""南乡令""三湾令""花花尕妹令""西川令""憨肉肉令"等。其音乐以商徵型基本音列为主导，以商到清角、羽到宫的进行为辅助，在旋法上突出四度音程的跳进和徵、羽、宫、商音列的级进迂回，有时强调角音或用清角代替角，形成单纯、质朴、明快的音乐性。

土族花儿　流传地为互助、大通及其邻县的土族地区，主要曲令有"土族令""梁梁上浪来令""尕肉儿令""尕连手令""好花儿令""菊花儿令"等，曲调委婉柔美、内在含蓄。以徵商五声调式为旋律基础，级进的旋法和句尾的大幅度下滑音是土族花儿的显著特征。旋律进行中商到商的迂回级进，强调和突出宫音的支撑作用，形成单纯、明朗、飘洒、含蓄和真挚的音乐风格。

撒拉族花儿　主要流传在循化、化隆、同仁和民和等地，主要曲令有"撒拉令""孟达令""清水令""花儿令""哎西干散令""三起三落令""金晶花令""巴加令"苦命人令"等，曲调委婉、感情深沉。在润腔和装饰上吸收了藏族民歌的一些特点，尤其是用喉头颤动而产生的华丽装饰音独具韵味。旋律除了最基本的商徵型外，最富特色的是以下两种羽调式：一是以羽为主音构成五声羽调式，富有弹性，活泼明快；二是以角羽徵角四音列为基础的羽调式，旋律线流畅平稳，具有含蓄抒情的气质。旋法中角到羽的四度跳进和商到羽的迂回下行、宫到羽的三度下行形成鲜明特征。

风搅雪　是青海花儿的特殊表现形式之一。主要特点是汉语和其他语言或词汇混在一起的花儿，巧妙地使两种语言或词汇韵脚相押、节奏节拍吻合，别有风味的兄弟民族间的特殊感情。这种民歌形式真实地反映了青海多民族聚居和多元文化共存融合的特征。其主要类型是藏汉语相混的花儿："青石崖头上的清泉儿，达恰恰孜个曲通果格；我这里想着你没法儿，巧德那奇雪果格？""达恰恰孜个曲通果格"，藏语音译"一匹匹花马饮水哩"；"巧德那奇雪果格"，藏语音译"你那里做啥着哩"。此外也有回汉语相混的花儿、土汉语相混的花儿、蒙古语和汉语相混的花儿、撒拉语和汉语相混的花儿、汉语和外语词汇相混的花儿等。

二　汉族民歌

小调　小调是"花儿"之外，在青海汉族民间音乐中流传最广、曲调最多、风格鲜明的民歌形式，如《庄稼歌》《货郎》《唱花》《对花》《采花》《茉莉花》《十二个月》《放风筝》《织手巾》《绣荷包》《十绣》《蓝玉莲》《十里亭》《十盏灯》《十颗字》《孟姜女》《十劝人心》《五更鼓》等。演唱形式有独唱、齐唱、对唱等，在庄院中、长辈前、各种节日、喜庆场合均可自由演唱。其节拍规整，律动显明，节奏形态丰富多样。曲调曲折、变化、对比，旋律流畅柔美。曲式结构多为呼应式上下句结构或起承转合的四句式结构，呈现出方整性、收拢性的特点。由于小调多为多段唱词而形成明显的分节歌形式。调式以商、徵为主，羽次之。除五声调式外，也可见加清角或变宫的六声甚至清角和变宫同时存在的清乐七声调式。在音乐风格上，青海汉族小调具有江南风格、晋陕风格和青海其他民族音乐风格等的综合特征。

秧歌　是青海汉族地区每年农历春节期间，喜庆丰收、祈求人寿、国泰民安、五谷丰登的一种民间歌舞形式。特定曲目有《道谢歌》《连三响》《丰收秧歌》《点秧歌》等。有对唱、齐唱等多样的形式，以锣鼓作为引子和结尾，气氛热烈活泼。结构多为上下句和四句体，依次以宫、徵、羽、宫作为四句的结束音，形成起承转合结构。调式多用五声徵、宫调式，固定的唱词不多，多为即兴应景性的填词。

酒曲　是筵宴饮酒时唱的助兴歌曲，以猜拳、歌唱和饮酒相结合的一种歌唱形式。曲目主要有《酒令》《十杯酒》《十道黑》《数麻雀》《尕老汉》《飞凤凰》等。以五声徵调和羽调式为多，也有加清角或变宫的六声。曲式结构及旋法与小调相同。按其功能，有喜迎宾客、赞颂长辈的敬酒歌；有活跃气氛，多人演唱的表演歌；有数字为序，显能炫技的比赛歌。

习俗歌　是民众在民间庙会、朝山会、求雨祈福等民俗活动中演唱的宗教信仰题材民歌，有别于职业宗教人员的演唱。曲目如《十炷香》《皇姑出家》《摘仙桃》《修行的三姑娘》《佛号》《四神仙归山》《八仙采花》《救苦经》《熬茶词》等。其唱词中多有"阿弥陀佛"等宗教用语，句法呈现非方整性，五言七言不等。节奏较缓，二拍子和四拍子多见，词曲较固定，以五声徵调式为主，七声宫调式、加清角六声徵调式也能见到。曲式以上下句型和四句为主，曲调平稳深沉，优美动人，呈现出宁静安祥、虔诚祷告的音乐形象。

劳动歌　主要有打夯号子和打墙号子两种类型，为一领众合的呼应演唱方式。一般无固定唱词，触景生情，即兴编唱，生动风趣、活泼热烈。节奏鲜明、节拍规整，以五声徵调式为主，曲调简练。曲式为单乐句或双句体，头尾相连、循环往复的连续反复演唱与重复性的劳动动作相吻合，每一个单式结构在听觉上没有明显的终止感。

三　藏族民歌

（一）安多藏族民歌

拉伊（山歌）　青海的藏族山歌，种类丰富，数量浩繁，内容涉及爱情生活的各个方面，完整的对歌设有一定的程序，如引歌、问候歌、相恋歌、相爱歌、相思歌、相违歌、相离歌和尾歌等。具有即兴编唱特点，因地域而呈现多样音乐风格。调式以五声羽调式为主，旋法主要以上下邻音级进和迂回为主，辅以大跳的波浪形整体，旋律柔美委婉、抒情悠长。音乐陈述以对称性双句体为基础，丰富衬词的使用增加了音乐的形象性、抒情性和自由性特征。曲式上由于唱词的结构而表现为一个比喻段和一个本意段的二段体、两个比喻段和一个本意段的三段体。2006 年"藏族拉伊"被列为青海省第一批国家级非物质文化遗产名录。

勒　专指酒歌，是安多地区最常见、流传最广的歌唱形式。曲调多以衬词命名，以对唱为主，内容极为丰富，有"道勒"（赞歌）、"艺勒"（悲歌）、"毛勒"（理想之歌）、"勒斜"（对答歌）、"坎参"（逗乐歌）、"扎西"（吉祥歌）和"完角"（调解歌）等。音乐基础以五声羽调式、商调式为主，徵调式次之。旋律具有山歌式特点，节拍多为散板，由体现全曲较高音的引子开始，进入以八分音符为基本单位的节奏律动，连贯而急促、一气呵成的完整上句，最终形成变化重复型的双句体乐段。

则柔　即表演唱，本意为"嬉玩"。演唱时男女二人或数人（偶数）一手托举藏服长袖，一手轮换相牵，边唱边在原地左右旋转，并伴有一些简单动作。旋律流畅，多为五声商、徵调式。节拍多为三拍子，除引子外，曲式结构方整，词曲较固定。主要流传于安多藏族半农半牧地区。

年谐　即婚礼歌。藏族婚礼歌主要有"迎媒之歌""梳妆歌""哭婚歌""婚礼赞歌""祝福歌""迎宾歌""祝酒歌"等。曲式较方整，多用五声羽、商调式，节拍以四二拍和四三拍为多。有独唱、对唱和齐唱等演唱形式。

扎木年冬连　即弹唱。在藏族地区广泛流行，凭灵感即兴编词演唱。歌词内容包括爱情、生活赞歌、悲伤情歌和劝诫等，为多段体叙事诗，时而高亢嘹亮，时而低沉呻吟。以五声羽调式为主，商调式次之，有专用的曲调。曲式为上下句或四句体加引子，一段体为多，二段体和三段体也可见到。弹唱乐器主要是龙头琴，现在大多用西洋弹拨乐器曼陀林代替，边弹边唱，节奏整齐，旋律流畅，清新活泼，略带舞曲特色。

伊 是一种鲜明的藏族集体歌舞曲，由领舞者拉着牛角胡，边跳边歌，主要流传在藏族农业区，有的地方称为"弦子"。以五声徵、宫调式为主，旋律从低音开始，上行级进发展，并推向高潮（全曲的后半部分）。曲式短小方整，多为四句体一段曲式，四二拍子，节奏明快，曲调欢快流畅。

列依 这是反映藏族民众劳作生活内容的劳动歌，如"角勒"（挤奶歌）、"打墙号子"、"打连枷号子"等。曲式从一句体到多句体都可见到，因不同的劳动性质而产生不同的节奏形态和曲调类型，并带有较明显的民族宗教色彩。

若田 即情歌。包括"拉伊"和"伊呀"。拉伊（山歌）是在草原放牧、田间劳作及行程途中广为传唱的爱情歌曲，曲调最为丰富。从内容上分为"则果则巴"（引歌）、"角直"（问候）、"若卓巴"（初恋）、"斜统巴"（交心）、"若占巴"（思念）、"若格哇"（反目）、"卡者巴"（分手）、"德莫"（送别）等。曲调具有宣叙性，口语化，声腔宽阔高亢，音韵婉转，字多腔少，连念带唱。以商、羽五声调式为基础，节拍多为散板，无明显节拍重音，节奏随歌词情感和韵律而变化。其终止短促，戛然而止的结尾与高亢悠长的引子形成鲜明对比。伊呀（寺院情歌）只在寺院伴侣中传唱，最初是在藏语民间传唱的小调，从六世达赖喇嘛仓央嘉措时起，逐渐演变为带宗教色彩的"道歌"。

（二）玉树藏族民歌

概况 玉树因在地理、语言、风俗和文化上的独特性，民间歌舞风格多样，曲调丰富，有"歌的海洋，舞的民族"的美誉。主要有"卓"（歌舞曲）、"伊"（歌舞曲）、"群结"（酒歌）、"拉勒"（山歌）、"拉伊"（情歌）、"格毛"（打卦情歌）、"列依"（劳动歌）和"拜咏"（嘛呢调）等，其中玉树、囊谦和称多为东三县，为农牧区，人口相对集中，民间音乐类别繁多，治多、杂多和曲麻莱为西三县，人口分散，民间音乐类别较单一。2008 年 6 月，"藏族民歌"（玉树民歌）被列入青海省第二批国家级非物质文化遗产名录。

卓（歌舞曲）　是流传在玉树地区的一种古老的民间歌舞，依不同的表演形式，可分为三种。卓格玛：流传在囊谦等地。歌词以歌颂宗教、神灵和赞美自然为主，男女交替演唱。曲调古朴，旋律平和，级进为主，很少大跳，慢起并逐渐加快，结束于快板的高潮中。贝拉、拉布曲卓：流传于称多县贝拉、拉布两个村庄，"曲卓"意为"佛法舞"或"宗教舞"，是一种宗教色彩很浓的卓。只限男性表演。曲调深沉悠长，委婉动听，带有鲜明的寺庙诵经风格。速度以慢为主，结束时突快几小节推向高潮后突慢结束，对比强烈，特色鲜明。新寨卓：流传于玉树结古镇新寨村的一种曲卓，相传为结古寺一世活佛嘉纳多丹松却帕文所创。结构一般为一段体和二段体，由慢板、中板和快板三种速度构成。一段体的慢板只唱不舞，中板开始舞蹈，快板时速度更快，并在快板结束，全曲只有速度的变化，旋律基本不变。二段体的的不同处是快板部分用慢板的骨干音组成，音乐简练庄重，律动感极强。卓调式多为五声羽、商调式，在徵调式中也是突出羽音的作用，增强小调色彩，形成旋律沉郁的情调。

伊（歌舞曲）　是玉树地区最流行的民间歌舞，也称"弦子"，形式活泼自由，较少戒律。从音乐上基本有三种风格：一是狂欢气氛的，以单纯紧凑、短暂急促的节奏构成旋律的基础。二是既有明朗欢快的格调，又有颂扬的性质，节奏上四拍以上的长音较多，旋律圆滑连贯。三是抒情性的，以中庸的速度和平稳流畅的旋律造成柔和美妙、轻歌曼舞的特性。调式多为宫调式，旋法中突出宫、徵音的作用，表现出开朗明快的性格。也常在羽调式、商调式和徵调式上构成热情而富有朝气的旋律。

群结（酒歌）　有两种类型：一是歌者踏着舞步，手捧美酒和哈达载歌载舞地敬酒。二是只歌不舞，以歌敬酒。其节奏规整，律动感极强，以徵调式为主，曲调完整，优美动听，具有山歌韵味。对唱、齐唱为主，也可独唱。

拉勒（山歌） 是玉树藏区流传最广的歌种，曲名多用地名或部落名命名，在西三县多见。唱词以歌唱家乡风貌、抒发个人情怀为主，一般很少演唱爱情内容。旋律以五声调式的自然音级上行级进为基础，结合跳进和回旋，高音用华丽的装饰音形成拖腔，节奏自由，节拍多样，曲调丰富，长于抒情和叙事，以独唱为主。曲式多以上下句的呼应一段体构成，也有扩充的三句体以及四句体结构。按曲调风格，有四种类型：一是结构简单朴素，抒情性很强的；二是高亢嘹亮，婉转华丽的；三是节奏灵活，旋律连贯流畅的；四是节奏单纯，节拍鲜明，旋律简单，音域狭窄，结构不太完整的。

拉伊（情歌） 唱词涉及爱情，只在野外演唱，很多歌词采用了六世达赖喇嘛仓央嘉措的情诗。旋律以五声羽调式为主，柔和流畅，曲式结构为单乐段形式，从二句到八句都可见到，西三县以二句体的单乐段为主，东三县以四句体的单乐段为主。

格毛（打卦情歌） 一种游戏性质的情歌，是玉树独有的歌种，流行于半农半牧地区。青年男女通过演唱格毛，占卜爱情的前景和结局。其曲调不多，节奏节拍和旋律华丽而有特色，唱词风趣幽默。

列依（劳动歌） 音乐结构方整，节奏鲜明，曲调风格浓郁，唱词有浓厚的宗教色彩。种类主要有以舞蹈性劳动动作筑墙时唱的"江勒"（打墙歌）；拔草、收割和打碾时唱的"月拉"（庄稼歌）等。庄稼歌男女八度音程的演唱，低沉浑厚、明亮轻快，具有山歌特点。

拜咏（嘛尼调） 是民间祭祀、朝山、祈祷、转经等宗教活动中必唱的歌，内容以佛教六字真言为主。以羽调式为主，诵唱时为了传得更远而起调较高，音量较大。曲调丰富，有口语化的，也有山歌式的。旋律庄重肃穆，飘逸苍凉，并有压抑感。

四 回族民歌

宴席曲 是婚礼上演唱的曲子，亲友齐聚贺喜，在院子里或炕上尽情歌唱，直到尽兴。有独唱、齐唱和对唱等演唱形式。演唱先从"表白词"开场，并伴以宴席舞蹈和喜剧性表演，最后以"答谢歌"结束。歌词内容广泛，包括回族人民生活的各个方面，一般为一词一曲，有叙事性的，如《方四娘》；也有描摹性的，如《十二个月》。音乐方面的特点有：节奏丰富，节拍多样；曲首散拍起音，主音重复收束；以五声调式为基础，突出徵、羽、商的支柱作用；曲调与衬词衬腔完美结合；级进波动下行与四度上跳相结合的旋法；曲式结构通常是乐段结构的分节歌，有并置性双句体、重复性三句体、四句体等，也有不少五句体及以上乐句。从音乐风格上有欢乐跳跃、情绪热烈的，也有忧郁压抑、哀怨悲凉的。2008 年 6 月，"回族宴席曲"被列为青海省第二批国家级非物质文化遗产名录。

小调 回族民歌中的小调比重较小，其旋法、调式和曲式等，与汉族小调大同小异，曲目不多。由于歌词中的民族习惯用语和民族习俗，以及演唱风格的不同而具有回族音乐自己的特点。

劳动歌 主要有打夯号子和打墙号子两种，领唱者手持夯柄领唱，众人齐声合唱。领唱时起夯，合唱时夯落在强拍上。一般为四句体乐段，节奏分明，五声商、徵调式为主，旋律简洁、流畅而热烈。歌词以四、五、七字句式构成，一般没有固定的唱词，即兴编词，生活气息浓厚，风趣幽默。

五 土族民歌

婚礼曲 土族婚礼往往以载歌载舞的形式出现，有特定的歌词和曲调，在婚礼中不同程序和场面中演唱相应的歌。段落多以衬词命名，歌词多为赞美之辞，幽默风趣，烘托气氛，用土语演唱，也有的歌夹杂着古藏语和汉语。多为一句体或上下句的双句体乐段结构，以五声羽调式为主，徵调式和宫调式也可见到。旋律进行多用上行级进和下行跳进相结合的旋法。民和三川土族将婚礼歌统称为"道拉"，用土、汉语演唱，旋律以羽调式为多，商、徵调式也可见到。

安昭 土族群众逢节庆之时，在庭院或打麦场上纵情歌舞，又称"转安昭"或"跳安昭"，所唱的歌也叫安昭，每首安昭都有曲调名。众人围成圆圈，边舞边唱。曲调欢快，节奏鲜明，主要有二拍子和三拍子两种。以五声徵高式最多见，突出羽音的骨干性，旋法多为环绕主音的音列迂回级进和下行的跳进相结合，终止前常用导音级进到主音形成终止。结构一般由一句体或二句体构成，有时因长短衬词而出现结构上的相应扩充。

宴席曲 土语称为"道拉"（意为"歌"），是在喜庆恭贺中，宾主间相互表达祝福之歌。用土语和藏语演唱，有问答歌和赞歌两种，以衬词命名。歌词为上下句的不断反复，曲式由引子和上下乐句构成。调式以五声商调式居多，宫、徵和羽调式次之。

叙事歌 用土、藏、汉三种语言演唱，从几十句到几百句的诗句来叙述一个完整的故事，传唱最广的是《拉仁布与吉门索》。以二句体为基础，并有变化扩充的现象，乐句结构完整，音程起伏不大，旋律平稳而流畅，音域在一个八度，优美抒情，娓娓而诉，叙事性很强。五声宫、商、徵、羽调式都有，宫调式为多。

情歌 是现存土族民歌中的古老歌曲，全用土语演唱，以衬词命名，歌词细腻含蓄，表达爱情，向往美好。曲式基本为单乐句结构，也有扩充的变体结构。商调式为主，也能见到徵调式。音程起伏跳动较大，终止音和半终止音都是悠长的大幅度下滑，旋法以音列式的上行级进和五度到十一度的下行跳进结合，旋律跌宕起伏，有婉转如诉、哀怨欲绝之感。

儿歌 演唱形式活泼，一般由老人们唱给孩子们听，为知识性歌曲。内容描绘孩子们喜闻乐见的小动物的特性，加上人们的想象力，编成通顺流畅的语句进行演唱，比喻生动，风趣幽默，含意深刻。如《俊纳哥》（俊纳，即蜜蜂）的歌词以夸张的口气细腻地描绘了蜜蜂的特点，曲调活泼跳跃，儿童气息浓厚。土族儿歌中五声徵、商、宫、羽调式都可见到，旋法上以音阶级进为主，下行四度迂回为辅。曲式以一句体为基础进行发展，形成二句体、三句体甚至多句体的乐段结构，有重复型、再现型、对置型等不同类型。

劳动歌　有打夯号子、打墙号子、拉木号子、拉磨号子等，通常为四人一组，一领众合，歌词内容有历史故事、英雄人物、民间习俗和生活常识等。音乐节奏性强，旋律性弱，坚毅质朴。结构多为重复型，旋律固定不变。

嘛尼调　是民间宗教活动中唱的歌，如《嘛尼》《诵经》，内容以佛教六字真言为主，主要用汉语演唱；《求雨》是当地群众久旱求雨时用汉语演唱的歌。土族嘛尼调调式多样，五声徵、宫、羽调式都可见到，曲式结构简单，一般为一句体或重复型二句体乐段。

六　撒拉族民歌

玉尔（情歌）　也叫撒拉曲儿，原为诗歌之意，用撒拉语演唱。歌词多用比兴手法，反映男女相爱、相思的情感。语言流畅，音乐明快活泼。多为五声羽调式和商调式，上下句结构，音域在八度以内，旋法呈盘旋式上、下行进行，节奏轻快。玉尔的演唱有严格限制，只能在田野演唱，不能在家中、村落有长辈、晚辈的场合演唱。

宴席曲　在喜庆婚礼和宴席场合用汉语唱的一种歌。演唱时配以简单舞蹈动作，一些回族宴席曲在撒拉族群众中也广为传唱。曲调流畅，节奏平稳，长于叙事。以较多的上下级进为主，间以四、五度跳进，多为二拍子、四拍子，也有少数三拍子。代表曲目有《阿里玛》《阿舅尔》《依秀儿玛秀尔》等。

儿歌　分为儿童游戏时唱的歌和成人唱的摇篮歌。用撒拉语演唱，多与儿童生活常识有关。唱词通俗形象，朗朗上口，生动而富于表现力。曲调简单，易学易唱。摇儿歌是妇女哄孩子入睡时所唱的歌，音乐形象亲切温柔，旋律起伏小，节奏平稳徐缓，极富歌唱性。

劳动歌　拉木号子：在伐木场中抬木、拉木、搬木等集体劳动时所唱。

音乐结构短小精悍，节奏鲜明有力，旋律性较强。一领众合，即兴编词，歌词简练，形象鲜明，生动诙谐。连枷号子：在打麦场上用连枷拍打麦子，收成粮食时所唱。节奏由慢到快，使歌声和形体动作形成慢与快、粗犷与潇洒的强烈对比。打墙号子：在筑墙时所唱。领唱者即兴编词，领、合交替，用撒拉语和汉语交替演唱。歌词中衬词较多，音乐节奏性强，一般是五声商、徵调式，由四乐句略加变化的结构，具有起承转合特点。

七　蒙古族民歌

长调　长调音乐舒缓悠长，节奏自由，曲调随歌词的变化而使节拍节奏自由延长，整个曲调冗长，在整首曲调中往往只填入一至两句歌词，歌词之后都是拖腔部分。从歌曲的内容和功能上，长调也分为图林·道和育林·道两类，前者在庄重、严肃、正式的场合，由专人来演唱，内容是歌颂成吉思汗和祖先或赞美家乡的长调仪礼歌；后者是在一般场合中演唱的长调歌曲。

短调　短调语言朴实流畅，歌词齐整，音乐富有节奏性，节拍规整，多为四二拍子和四四拍子，多为呼应式上下句结构，曲式短小，具有较强的舞蹈性。20世纪50年代之前，短调歌曲是不能在正式场合中或父母长辈面前演唱的。

第二节　说唱音乐

一　汉族说唱音乐

平弦　也称"青海平弦""西宁赋子"，流行于西宁、大通、湟源和湟中等农业区，是多种曲牌联结起来演唱故事的一个曲种。形成于18世纪末19

世纪初。传统曲目有三百多个，都是中短篇，包括赋腔、背宫腔、杂腔和小点等四套唱腔的曲目。音乐结构属于曲牌连缀体，共有 40 支唱腔曲牌。赋腔的连缀形式是［前岔］→［赋子］→［后岔］。前岔和后岔是简短的曲头曲尾，主体是赋子，一个唱段无论唱词多少，主要用赋子演唱。背宫腔的连缀形式是［前岔］→［背宫］→［后岔］。背宫是主体曲牌，唱词一般较简短，有较多虚字、拖腔和过门，所以曲调很长。杂腔的连缀形式是［前岔］→［赋子］（前赋子）→若干杂腔曲牌（所用曲牌根据需要而定）→［赋子］（后赋子）→［后岔］。前赋子是曲调的前部，后赋子是曲调的后部，各种杂腔曲牌连缀在分成两半的前后赋子中间。杂腔曲牌有 20 多支，短小精悍。小点的音乐结构是多样的，多以一曲为主。一是将主曲分为两半，中间连缀［离情］等曲牌；一是主曲加［小点前岔］和［小点后岔］而成。平弦曲牌多为七声宫、商、徵、羽调式结构，曲牌在一般同宫系统连缀，曲牌过门间向属调、下属调移调的现象是常见的。节奏较规整，节拍多为四二拍，中间常出现四三拍。旋法上高起低落，大音程上跳小音程下行，在不同曲牌中常含有相同的典型单调。平弦为坐唱形式，一般为一人演唱，小乐队伴奏，偶有对唱形式。演唱形式古朴而亲切，平稳而婉转，基本用真嗓，高音区也常用假声。伴奏乐器有三弦、扬琴、板胡、月琴、笛子、琵琶等，演唱者用筷子敲打瓷碟（俗称"月儿"）掌握节拍。在演唱杂腔时，乐手（或有听众）共同帮腔（俗称"拉梢子"）活跃气氛，增强艺术感染力。2008 年 6 月，"青海平弦"被列为青海省第二批国家级非物质文化遗产名录。

越弦 也称"青海越弦"，民间称越调或月调、背调、月背调、坐唱眉户等，由主要伴奏乐器三弦的"越弦"定弦法（一二弦为纯四度，二三弦为纯五度）而得名。20 世纪初，由陕西曲子传入青海发展变化而成的。为联曲体形式，曲牌丰富，收集到的有一百多个，优美动人，通顺流畅，刚柔兼蓄，长于抒情叙事，在青海流传广泛。音乐主要由唱腔曲牌和器乐曲牌两大部分组成，唱腔曲牌有 60 余支，多为上下句、四句体或多句体的一段体结构，根据联缀的曲牌数量，结构有长大的也有短小的。旋律主要由七声或五声徵调式构成，也有少数宫、羽、商调式的，七声曲牌旋律委婉，情绪深沉，长于抒情；五声曲牌比较明快活泼，长于叙事。变宫音一般偏低，且具游移性。旋法表现出回旋下行型旋律线、级进下行的典型乐汇、高升型旋律线等特点。演唱者可根据自身嗓音条件，对乐句前部进行不同音高的调整处理。有些曲牌需乐队帮腔（俗称"拉梢子"），有重句帮腔、衬词帮腔和拖音帮腔等形式。一般用小民乐队伴奏，以三弦为主奏乐器，辅以板胡、二胡、扬琴和竹笛等，用碰铃（俗称"盏儿"）击节。2008年6月，"青海越弦"被列入青海省第二批国家级非物质文化遗产名录。

青海道情 在原道士演唱的道曲基础上产生的说唱音乐，广泛流行于西宁及海东地区。音乐结构为主曲体，一般由前奏曲→主体腔→曲尾三部分组成的简单联曲。各个部分都有不同感情色彩的阴、阳两个腔调。阴腔为七声调式，强调清角和变宫，阳腔为五声调式，强调角和羽，有经过性变宫，都是徵调式。唱词由上下对句的七言句子组成，整体结构中有"诗"、"韵白"、"唱词"和结尾的"诵诗"。道情的传统演唱形式为坐唱，演唱者敲渔鼓，是用长90厘米、直径约10厘米的竹筒做成，两端蒙一层兽皮，并配有几对小钹。演唱时靠肩怀抱，用手指敲击发出明快的"嘣嘣"声响。筒板用两个1尺长的响板，类似快板，执在手中摇打。有时也有板胡、笛子、三弦、扬琴等乐器伴奏。

贤孝 俗称曲儿，源于明末讲唱故事的宝卷，是一个久传不衰的曲种。曲目主题多是提倡弃恶扬善，表彰孝贤的。传统贤孝有西宁贤孝和河州贤孝之分，后又产生新曲种快板贤孝。

西宁贤孝 是在吸收"老弦""官弦""下弦""莲花落"等古老小曲因素而形成的地方曲调，曲调丰富。一般把长篇段子称作"大传"，可连唱几个夜晚，代表曲目有《四姐下凡》《杜十娘》等，小段曲目有《三姐上寿》《芦花计》等。曲调有大贤孝调、小贤孝调、法师贤孝调、越牌贤孝调等，现有200多个曲目。演唱时一般用一种曲调，一曲到底，无曲头曲尾，属单曲体裁。调式有以五、六、七声徵调式为主，变宫偏低，有游移性。音乐情感委婉、悲怆和哀怨。演唱者根据嗓音条件来定调，伴奏乐器多为三弦，或三弦为主加板胡，也有用二胡和四胡的。2008年6月，"贤孝"（西宁贤孝）被列入青海省第一批国家级非物质文化遗产扩展名录。

河州贤孝　唱约在清末从甘肃临夏传入青海，传统曲目有国书和家书两大类。唱腔有"述音""小哭音""大哭音""武音""道情"几种，其中"述音"是选用最多的曲调。演唱形式较灵活，以坐唱为主，亦可站唱，多为自弹自唱。伴奏形式及使用乐器较随意，二人唱时多用三弦和板胡。一人唱时根据自身条件而定，有三弦的，有板胡的，有四胡的，也有只用碰铃（盏儿）击节的。

快板贤孝　由河州贤孝"述音"的变化处理发展而来，有60多年的历史。曲目多是根据现实题材编写的短小段子，风趣幽默。音乐结构为四句体单乐段，只有一个基本唱腔，演唱时灵活使用前倚音、频繁使用下滑音、惯用顿音等润腔技法。演唱者可自弹自唱，也可由专人用板胡或其他拉弦乐器伴奏，舞台演出中伴奏为小型民乐队，有一个专用曲调作为前奏和间奏。调式多为五声徵调式。

下弦　这是具有浓郁地方音乐特点的汉族曲种，流行于西宁及附近诸县。其名称源于伴奏乐器三弦的定弦法（三根弦定为两个纯五度，称作下弦）。曲目多为悲怆、深情的，一唱到底，不加道白。音乐有"下弦调""仿下弦调""软下弦调""下背宫"四种腔调，前三种为主曲体，下背工是以背工调为主曲的联曲体。以七声徵、宫调式为多。坐唱形式，多为自弹自唱，有时加板胡伴奏。2008年6月，"青海下弦"被列入青海省第二批国家级非物质文化遗产名录。

二　少数民族说唱音乐

藏族格萨尔仲　是流传在整个藏族群众中的大型说唱艺术，在青海藏族地区具有鲜明的特色。是以演唱藏族英雄史诗格萨尔中的主人公岭·格萨尔的光辉业绩为主要内容。演唱上有"拔仲""迫仲""扎仲""智仲""塔仲"五种艺人之分。安多和康巴地区音乐风格各异，色彩鲜明，个性突出，曲调繁多，总计有二百余首。唱词是韵文和散文的结合，结构多采用"勒"体和自由体的民间格律。安多方言区曲调以徵、商调式为多，有少数角调式，调性较单一，单拍子和散拍子多见。旋律连绵，音程起伏较大，唱腔高亢悠长、优美舒展。康巴方言区曲调以羽调式为主，商调式次之，调性变换丰富。以四二和四三拍结合的变换拍子多见，较少采用散板。结构多为上下句或三句式，也有一句体和四句体的乐段结构，乐句一般为二至三小节，句读划分十分清晰，切分音、三连音和附点节奏运用较多。

仲勒 是青海藏族民间故事说唱形式之一，主要流传于黄南、海南及海东的化隆、循化，是个年轻的曲种。只唱不说，演唱者以第三人称唱述故事，无表演，无乐器伴奏。专曲专用，以一首曲调从头到尾唱述一个完整故事，在速度上时快时慢，语气上时重时，轻以徵、羽调式为多，也有个别角调式。旋律多次反复，有细小加花变化，音调来源于藏族民间小调及地方语言基础。以散拍子居多，多为一句体和二句体结构。

折嘎 在安多称"贝嘎尔"，康巴称"折嘎"，是藏族融歌、舞和说为一体的综合性表演艺术形式。表演人员少，道具简单，在牛角胡琴或六弦琴伴奏下演唱，有领唱、合唱，有独舞和群舞。表演曲目都为小段，基本内容有"开场白""求佛赞师""自我介绍""来龙去脉""专颂棍仗""学飞禽走兽""吉祥福禄"等。曲调十分简单，以五声调式为多，结构上只用一个乐句反复演唱，也有重复型上下句式的。演唱时有声调的变化和速度快慢的变化对比。

土族说唱 主要由两部分组成：一是以重大历史事件、英雄人物、民族发展史以及本民族生产生活故事，也包括土族宴席曲中的问答曲和赞词等为题材的中、长篇叙事故事。二是土族民间流传的由藏族地区传入的长篇说唱音乐"格赛尔"，说唱和歌颂土族英雄格赛尔的事迹，具有浓郁的土族风格，与藏族长篇史诗"格萨尔"迥异。曲调有徵、羽、商、角调式，节拍为二拍子和三拍子。

蒙古族图吉娜木特尔　蒙古族说唱主要有图吉娜木特尔，其意思是故事、英雄人物传。曲目较多，搜集到的有 35 个，按内容分为三类：英雄史诗、故事传说以及从汉族、藏族传入的曲目，著名的有长篇英雄史诗《格斯尔传》。演唱形式为坐唱和马背上说唱。讲唱图吉娜木特尔有严格的禁忌：不准随便打断艺人的讲唱，艺人自己也不随意中断讲唱，否则认为不吉利；丧事服孝期间家人不得参与说唱、家庭忌讳说唱等。其传统曲目均为单曲体，专词专用。音乐多由五声构成，少数为七声，宫、商、徵、羽调式都有，偶见角调式，并有调式交替和转换。曲式多为上下句或一句体乐段。曲调有明显的叙事性和歌唱性，音域多为八度。节奏划分规整，节拍丰富，有一拍子、二拍子和三拍子多种。

第三节　戏曲音乐

一　青海平弦戏音乐

青海平弦戏　平弦戏脱胎于平弦曲艺，于 1959 年搬上舞台，成为青海汉族地区独有的地方剧种。唱腔分曲牌体和板腔体两类。曲牌体：也称"杂腔"，包括平弦曲艺中的杂腔、小点和下背宫中的绝大部分唱腔曲牌和吸收青海其他剧种、曲种的唱腔曲牌。唱腔分苦音唱腔和花音唱腔，前者为七声调式中，徵调式为主，两个偏音为高于清角低于变徵和高于闰低于变宫，通常表现抒情、哀伤和悲愤的情绪；后者为五声调式，强调角和羽的作用，唱腔明朗舒畅、欢乐抒怀。也有花苦交替的唱腔。板腔体：是在平弦曲艺主腔"背宫调""赋子腔""下弦"等的基础上，借鉴板腔体剧种音乐结构和变化规律创新发展而成。分慢板、原板、快板、散板、紧拉慢唱、导板和滚白等七种，其中前三种又有苦音、花音和下弦等的细分。平弦戏的演唱承袭了曲艺艺人真声真嗓的方法和韵味，适当吸收民族唱法，润腔手法有波音、下滑音和倚音。唱腔和念白都用西宁地区方言，也称"西宁官话"，韵辙和北方十三辙基本相同。在曲牌体唱腔中有帮腔，艺人称"拉稍子"，在平弦戏中称"伴唱"，有帮衬字、帮衬句和帮最后一句唱词三种帮腔。

平弦戏乐器 由小型民族管弦乐队伴奏，乐器主要有正弦板胡、反弦板胡、大三弦、扬琴、竹笛、琵琶、二胡、中胡、唢呐、笙、中阮、古筝、大提琴、低音提琴等，有时也用电子琴、电琵琶、铝板琴等。唱腔伴奏以板胡、三弦、二胡（一把）为随腔乐器组（称为三大件）。板胡为主奏乐器，正弦板胡、反弦板胡、大三弦、笛子、扬琴和瓷碟为传统特色乐器。打击乐器方面，文戏用京剧的板鼓、低音大锣，秦腔的铰子，川剧的小锣；武戏用京剧锣鼓，传统打击乐器瓷碟一直沿用，另有定音鼓、吊镲、排鼓和云锣等。器乐由弦乐曲牌和唢呐曲牌构成。

二 安多藏戏音乐

藏语称"南木特"，即故事说唱。于200多年前形成，诞生于安多地区一些藏传佛教寺院中。按地区可分为黄南藏戏、华热藏戏、果洛藏戏、海北海南藏戏等，安多藏戏的音乐是在寺庙宗教音乐如"道歌""诵经""嘛尼"等调的基础上吸收借用藏族民歌如"伊""勒""则柔"等发展而成。由唱腔、舞蹈音乐和器乐曲三部分组成。唱腔丰富，有道歌调、诵经调、悲歌调、嘛尼调、格萨尔调、喜庆调、吉祥调、赞颂调等。基本以真嗓演唱，润腔方法以胸颅共鸣、鼻音和喉头颤音为主，有二拍子和三拍子，音韵连续，吐词浓厚低沉，威严庄重。一个剧目中往往有几个甚至十几个献舞场面，舞蹈音乐占有重要地位，来源于民间歌舞曲调，如则柔曲、伊体曲、波达拉以及根据波达拉改编的舞曲。器乐曲多数直接来源于宗教音乐，乐器以宗教仪式中的法器为主。安多藏戏乐队由弦乐器、吹奏乐器和打击乐器三部分组成,其特色乐器有大藏鼓、大中小法鼓、龙鼓、巴郎鼓、牛角沙锤、大中小铜钹、大中小锣、藏大号、铜号角、藏唢呐、海螺、扎木聂(龙头琴)和牛角琴等。剧目有《智美更登》《意乐仙女》等。2006年5月,"黄南藏戏"被列入青海省第一批国家级非物质文化遗产名录,2008年6月,青海马背藏戏进入青海省第一批国家级非物质文化遗产扩展名录。

三 皮影戏音乐

也称灯影戏,流行于青海东部农村,已有200多年的历史。庙会、春节期间演出较多。灯影戏班队伍精干,行动方便,演出班子一般由五人组成,演员一人(俗称把式),乐队四人(俗称后台)各司三、四件乐器。乐器有弦乐、打击乐和管乐三类。弦乐器有小三弦、四胡;打击乐有小战鼓、大窝子干鼓(暴鼓)、大钩锣、小锣、钗子、铰子、梆子、盏儿(碰铃);管乐有曲笛、唢呐、二码子(长杆喇叭)。唱腔属板腔体,从速度上分为紧板、慢板和散板三类,从音乐风格和性质上有阴腔、阳腔、盹死归、尖板、滚板、飞板、杂腔等。从音乐结构上有开板、基本唱腔、齐板或留板等。各种唱腔曲牌都有不同的帮腔。唢呐曲牌很丰富,有70多种,弦乐曲牌(俗称小点儿)一般是借用青海民间小调或器乐曲,唱腔间歇时用的阳腔管子和阴腔管子是特有的。打击乐与秦腔相近,在唱腔曲牌连接部分有自身特点。2008年6月,"皮影戏"(河湟皮影戏)被列入青海省第一批国家级非物质文化遗产扩展名录。

四 秦腔音乐

秦腔约在清代乾隆年间,由陕西西府(今宝鸡地区)的"保符班"来西宁演出开始,便从陕西、甘肃传入青海扎根。有文武场之分,武场以梆子、板鼓和色锣为主,文场以板胡、二胡为主。20世纪50年代以来,青海秦腔音乐得到大的发展。秦腔的唱腔音乐系板式变化体曲式结构，其唱腔均在板式中进行。从其调性特征区分，分"欢音"和"苦音"两类腔调。这两种腔调在旋律的进行以及表现情绪方面，有着十分明显的差异。苦音的旋律深沉浑厚，且高亢激昂，表现人物的悲哀、痛伤、怀念及凄凉等感情。而欢音的旋律欢快明朗、刚健有力，表现人物喜悦和爽朗的感情。这两类腔调依据戏剧情节和人物感情需要，或独立运用，或相互转换交替运用。发声方法可分为"真嗓"和"假嗓"；演唱形式可分为"独唱"、"对唱"和"齐唱"等形式。音乐节拍可分为"一板三眼"式、"一板一眼"式、"板板"式、"无板无眼"式及"散板"式。同一板式唱腔旋律的变化分为"生腔""旦腔""净腔""丑腔"。其中生腔包括幼生、小生、须生、老生、红生各腔；旦腔包括小旦、正旦、老旦各腔；净腔包括大净、二净各腔。唱腔是以一个上、下句旋律为基础，或在同一种板式中做各种变化反复，或做各种板式的转换，或连接形成唱腔板式结构的特点。

五　目连戏音乐

目连戏由《目连宝卷》发展而成，因主要扮演目连救母的故事而得名，属于宗教剧。青海目连戏的演出在民和县东沟乡麻地沟村，与当地汉传佛教寺院能仁寺的刀山会结合在一起，被誉为中国戏剧的活化石。目连救母的故事最早载于佛家经典，主要内容大致为：傅相一生广济孤贫，斋布僧道，升天后受封。傅妻刘氏青提（又叫刘四娘）不敬神明，破戒杀牲，死后被打入阴曹地府。其子傅罗卜为救母往西天求佛超度，佛祖为他的孝性所感，准其皈依沙门，改名大目犍连，并赐其《盂兰盆经》和锡杖。目连在地狱历尽艰险，最终寻得母亲，一家团圆超升。目连戏是保存于民俗活动中的戏曲演出，经过数辈艺人的锤炼，以其博大纷繁的戏剧形式、无所不包的表演手段、积淀深厚的音乐素材及情景交融、观演互动的演出排场，在民间盛演不衰。能仁寺的演出从正月十五开始，阴戏7天，阳戏8天。音乐以宫、徵调式为主，商、羽调式次之，唱腔由特定的结构有机组合在一起，形成整体和内在的音高和时值关系。经过长期的实践，吸纳和融入了青海地方民间音乐的元素，形成了自身独特的曲调风格。

六　其他戏剧音乐

京剧　京剧属综合性表演艺术，曾有皮黄、二黄、黄腔、京调、京戏、平剧、国剧等称谓，是中国最大戏曲剧种。"京剧"之名始见于清光绪二年（1876）的《申报》，历史上其剧目之丰富、表演艺术家之多、剧团之多、观众之多、影响之深均为全国之冠。集唱（歌唱）、念（念白）、做（表演）、打（武打）、舞（舞蹈）于一体，通过程式化的表演手段来叙演故事、刻画人物，表达人们的喜、怒、哀、乐、惊、恐、悲等感情。角色可分为：生（男人）、旦（女人）、净（男人）、丑（男、女皆有）四大行当。人物有忠奸之分，美丑之分、善恶之分，形象鲜明、栩栩如生。1930年京剧戏班"鼎新社"来西宁演出京剧，并在西宁活动5年。"青年剧社"排演了京剧《铁弓缘》等，1949年后成立了京剧团，艺术家辈出，代表性剧目有《天女散花》《群英会》《绿原红旗》《土族儿女》《格萨尔王》《赤桑镇》等，在群众中的影响深远。

豫剧　原名"河南梆子""河南高调"等，是中国最重要的地方剧种之一，发源于陕西的梆子腔，即所谓的秦腔。清朝初期，秦腔传入河南，入乡随俗，开始用河南口音演唱，吸收河南本地的民间小调等民间艺术形式，还受到昆曲、弋阳腔、皮黄腔等剧种影响，约在乾隆年间正式形成具有河南特色的剧种。豫剧注重唱功，演出中常有大段的唱词，具有较大的自由性，唱词、说白、动作等都没有固定的模式，演员可以根据自己的理解，做一些创造；常常与民间艺术结合紧密，将杂技、武术等动作融合到舞台表演中来；其唱词通俗易懂，好学好唱。豫剧的角色行当分为"四生四旦四花脸"，即老生、红生（大、小红脸）、小生等四生；老旦、小旦、正旦、帅旦四旦；黑脸、大花脸、二花脸、三花脸四花脸。伴奏乐器分文武戏，文戏用三弦、板胡、月琴伴奏，武戏用板鼓、堂鼓、大锣、小锣、手镲、梆子、手板等伴奏。传统经典曲目有《对花枪》《三上轿》《提寇》《铡美案》《十二寡妇征西》《花木兰从军》等。1949 年后，随着更多中原地区人员来到青海，其中有河南籍支边青年集中的地方，陆续建立了业余豫剧团体。1958 年 10 月，西安市双兴豫剧团来西宁并定名为"西宁市豫剧团"，其足迹遍及青海农村牧区、矿山工地及部队，累计演出豫剧 4500 场以上，创作排演的《金城公主》《马五与尕豆》《阿娜与雪驼》等富有民族题材和地方特色，给观众留下了深刻印象。

评剧 评剧来自民间，开始并未受戏曲程式的束缚，而是在大量吸收了秧歌动作、民间音乐与民间舞蹈元素的基础上发展形成的。使用的乐器，以梆子、板胡为主，辅之以二胡、低音胡、笙、笛等；使用的牌子曲，有普天乐、醉太平、粉蝶儿、还阳篇、小放牛等，多数来源于昆曲。其唱腔在戏曲音乐中不属于曲牌体音乐，而是属于板腔体音乐，即由上下两个乐句发展而成，又通过不同节奏、速度、旋律的变化，构成不同板式的变化与唱腔风格。按着通常分法，可分为导入板类、基本板类、结尾板类三种。它善于从生活出发，通过明确的动作和优美、细腻的舞姿表现人物。其行当以小生、小旦、小花脸为主，辅以彩旦生。老生如《狗报人恩》中的张义。旦，包括老旦如《六月雪》中的张母、《秦香莲》中的国太、《杨八姐游春》中的佘太君；青衣如《哭井》中的刘翠屏、《哭长城》中的孟姜女等。小生可分为六种：扇子生，如《赶船》中的王少安、《花为媒》中的王俊卿；官衣小生，如《宿花亭》中的高文选、《秦香莲》中的陈世美；文武小生，如《蝴蝶杯》中的田玉川、《柜中缘》中的岳雷；翎尾小生，如《凤仪亭》中的吕布；穷生，如《小赶船》中的张彦、《回杯记》中的张廷秀；娃娃生如《安安送米》中的安安、《秦香莲》中的冬哥；武生，又分袍带和短打两类，但剧目不多。1958 年 11 月，石家庄评剧工作团来青海，定名"西宁市评剧团"，演出评剧剧目 50 多出，其中传统剧目 34 出，现代剧目 13 出。

越剧 越剧是中国的第二大剧种，又是流传最广的地方剧种，在国外被称为"中国歌剧"，是在民间落地唱书时期的"四工唱书腔"和"吟哦唱书腔"的基础上发展起来的剧目音乐。在浙江嵊州起源，在上海发祥，后在全国各地繁荣，并在世界多地流传。它在发展中汲取了昆曲、话剧、绍剧等特色剧种之大成，经历了由男子越剧到女子越剧为主的历史性演变，被列入首批国家级非物质文化遗产名录。越剧音乐长于抒情，以唱为主，声音优美，表演真切，极具江南灵秀之气，堪称唯美典雅的民间剧种，多以才子佳人题材的戏为主。唱腔属于板式变化体音乐，基本板式是［中板］，常用的还有快板、慢中板、慢板、快中板、散板、连板、嚣板、清板等。常用乐器主要有打击乐：板鼓、拍板、堂鼓、大锣、小锣、小钹；弦乐：二胡、中胡、三弦、琵琶、柳琴、扬琴；管乐：笛、箫、长笛；吹乐：大小唢呐。1958年10月，原上海市"红星""群力""新艺"三个越剧团合并，建立的红星越剧团来青海，定名为"青海省越剧团"，后更名为"西宁市越剧团"，排演了《英雄桥》《柳毅传书》《诺桑王子》等经典剧目20多出。

第四节 民间器乐

在青海古代乐器中，管、箫、笛等吹奏乐器是由生长在黄河两岸、河湟流域等地区的芦苇和其他材质制成的地方特色乐器。后来的玉笛、玉箫多仿前形，而音另有特色。在青海发现最广、最普遍的是埙，另外鹰的腿骨做成的骨箫、骨笛也较多见，距今至少在5000年以上，是迄今发现的世界上最早的有音阶的发音器。青海古代的民族特色乐器，造型新颖美观，在外形上吸收了其他西域乐器和中原乐器的成分，融合成一种新型乐器。主要有打击乐器：陶鼓、龙鼓、热巴鼓、长柄鼓、柄鼓、组合鼓、长鼓、扁鼓、铛子、玉石磬、陶铃、铜铃等；吹奏乐器：羌笛（鹰骨笛、陶笛、玉笛、芦苇笛）、芦苇箫、牛头埙、管子、陶哨、铜箫、玉箫、短箫、长箫、莽筒、骨管、海螺号、唢呐、口弦、响盒、咪咪等；拉弦乐器：牛角胡、藏京胡等；弹拨乐器：大三弦、藏六弦琴、二胡、板胡、四胡等。这些乐器先后产生于北周，发展于隋唐，经元、明、清时期的延续，形成了今天青海的特色乐器。

一 汉族民间乐器

（一）吹奏乐器

竹笛 民间俗称"笛杆儿""筒筒子"。用于独奏或戏曲、歌舞、曲艺的伴奏和器乐曲演奏。由于和板胡易发生"打架"现象而在民间小乐队中比较慎用，宁可少用或不用。青海民间多使用F、G调的笛子，常用变换指法的方法来解决换调，常用筒音为1、2、5、6几个音。

唢呐 民间俗称"喇叭"，民间唢呐多是自制的，以桦木、柳木等材料做成管，也有用羚羊角制作成的，长约42厘米，有8个音孔（前7后1），由气盘、芯子、芦哨和铜碗组成。在民间丧事中经常使用，是青海民族乐队的主奏乐器，常用于独奏、重奏、合奏以及地方戏曲、歌舞的伴奏。在青海民间，每逢喜庆佳节，唢呐更是吹打乐队和锣鼓乐队中的骨干乐器。

箫 有玉制、铜制和竹制等，为竹节状，中空，侧面有音孔，一端有吹孔，佩黄绦和红穗。竖吹，6音孔（前5后1），音色低沉圆润，适合表现深沉、悠长甚至凄凉伤感的情绪，擅长吹奏节奏较缓、旋律悠长的乐曲。

短箫 多为竹制，也有用空心木制作的，其长度一般为30~37厘米，吹奏部分扁平，上端开八孔，下端有一个出音孔，只能吹奏五声音阶的曲调。管身细而短，音质粗，长于演奏中音旋律，是青海地区流传下来的具有代表性的古代乐器。

牛头埙 俗称"哇呜""泥箫"，用黏合力强、结实耐用的黄泥制件的一种民间小乐器，有牛头形、鸡蛋形、蝴蝶形和鱼形等形状，原理与古代乐器埙相同。音域在六度以内，音阶排列为12356，能吹些简单、缓慢的曲调，还能用它模仿发出鸟儿的叫声。

（二）弹奏乐器

三弦　有大、中、小三种，民间普遍称作"弦子"，行话称"蟒子"、"鼓子"或"大鼓儿"、"中鼓儿"、"小鼓儿"，是青海弦索乐的主奏乐器之一。

扬琴　民间多称"洋琴""打琴"，行话称"牛"。20世纪中叶前后，多用自制的两排码小扬琴，后出现三排码自制扬琴；80年代乐器厂生产出401型扬琴，90年代后，普遍使用401型扬琴，其音域为G-$^{\#}$F。

（三）拉奏乐器

板胡　民间称"胡胡儿""大小壳子""板胡"，是青海弦索乐的主奏乐器之一。有大、中、小三种。大板胡（次中音）主要用于戏曲（秦腔、眉户）伴奏和戏曲曲牌的演奏，如《跳门槛》《开柜箱》等，纯五度关系定为1 5弦演奏。中板胡（中音）用于戏曲、曲艺伴奏和器乐曲演奏，在青海民间使用最为广泛。定弦有两种：一种以纯五度关系定弦，当1＝C（或$^{\flat}$B）时，用5 $\dot{2}$弦演奏，民间称作"正弦"，当1＝F（或$^{\flat}$E）时，用1 5弦演奏，民间称作"反弦"；另一种以纯四度关系定5 $\dot{1}$弦，民间称作"细弦"，仅为平弦艺人所用。小板胡（高音）用于歌舞伴奏和器乐曲演奏，定弦与中板胡相同，使用不普遍。

二胡　民间称作"胡胡儿""二蟒子"，一切演奏（伴奏）活动中都使用，民间小乐队中一般使用两把二胡，也可增减。定弦为纯五度关系，当板胡定1 5弦时，二胡则定为5 $\dot{2}$弦，当板胡定5 $\dot{2}$弦时，二胡则定为1 5弦。

低胡　民间称作"嗡子""大蟒子"，定弦为纯五度关系，比二胡定低五度。在乐队中主要起增强低音的作用。

四胡　四弦胡琴的简称，因有四条琴弦而得名。又称四弦、四股弦、二夹弦等。常使用红木、紫檀木或乌木制作，琴筒多呈八方形，蒙以蟒皮、牛皮或羊皮为面，张有四条丝弦或钢丝弦，一、三弦为内弦，二、四弦为外弦，每组两弦的音高相同。琴弓用细竹拴马尾而成，马尾分成两股。有大、中、小之分，大四胡定15弦，中四胡定52弦，小四胡定26弦。

（四）打击乐器

陶鼓　在民和阳山墓地及大庄李家岭出土的五件马家窑文化的彩陶器，是青海最早的打击乐器之一。陶鼓用泥质彩绘，器型亚腰中空，两端相通，上口沿呈罐状，下部逐渐扩展为喇叭状，上下口沿处有一对称的环形器耳，喇叭口可蒙兽皮。

鼓　在青海民间运用广泛，是锣鼓乐的主要乐器，有大鼓、堂鼓、小鼓等之分。大小尺寸从直径10厘米到70厘米不等，形制风格各有不同。共性是鼓框均为木制，鼓面均为蒙皮，一般多用黄牛皮和驼皮，也有用驴皮和羊皮的。大鼓音色雄浑，堂鼓音色厚实，小鼓音色清脆。

锣　在青海民间运用广泛，也是锣鼓乐的主要乐器。有道锣、大锣、小锣、手锣、音锣之分。大锣和小锣用得最多。尺寸从直径15厘米到30厘米不等，大锣音色厚实，声音远扬；小锣音色高亮飘逸，清脆细腻。道锣尺寸从直径35厘米到70厘米不等，主要在各类民俗、宗教仪式或戏曲中使用，其音色低沉雄浑，余音悠长，起音犹如闷雷，余音似虎啸龙吟，气势夺人心魄。

钹　青海民间俗称"扇（读平声）子"，在青海民间运用广泛，是锣鼓乐的主要乐器之一。因形状、音色的差异而称谓不同：中间凸起部分大，边沿窄的称作"钹"，中间凸起部分小，边沿宽的称作"镲"，统称为"镲钹儿"。钹只有大钹，直径约30厘米左右，边沿宽约7厘米左右。还有种大钹外沿直径34厘米，外边宽15厘米，内窝为19厘米，只在诵经伴奏中用。镲有大镲和小镲之分，大镲直径约30厘米，小镲直径约15厘米，稍厚。

瓷碟　俗称"月儿"，多用四寸瓷碟，用竹筷敲击节奏，多用于平弦伴奏。

碰铃　俗称"盏儿""水子"，多用于越弦伴奏。

梆子　多用于歌舞伴奏、器乐合奏。

四页瓦　四块长方形竹板，20世纪40年代的民间乐队里有使用，现在仅在歌舞表演中能见到。

八角鼓　八角形的单面鼓，敷以蛇皮，鼓的边沿系有8个小铜铃。表演者左手持鼓，右手在鼓上轮番弹蹭，双脚定点表演舞步，舞步呈八卦图形。

渔鼓　演唱青海道情时用的乐器。是用90厘米长，直径约10厘米的竹筒做成，一端蒙一层羊皮（也可用猪的板油膜或膀胱皮），演唱时左肩斜抱，右手四指轻轻拍打击节，发出明快的"嘣嘣"之声，具有特殊的音响效果。

筒板　演唱青海道情时用的乐器。俗称"盏儿"，用两支约1尺长的小铁棒或竹板，一头用细绳或钉子连缀，另一头缚两只盏儿（直径5~6厘米的铜钦镲）制成。演奏时用左手握击，发出撞击声。

磬　摆在佛堂香案的右侧，一般高20厘米，口径35厘米，下设红布圈垫。进香时敲击，诵经开始时敲击。也有特大型号的，口径近1米的大磬，设在佛堂，不轻易搬动。

铙　形似钹，外沿直径34厘米，内窝7厘米，两片对击，另有一种形似大锣，中间凸起一疙瘩，也称作铙，不多见。诵经伴奏用。

小堂鼓　扁圆形，鼓腰直径30厘米，鼓面直径26厘米，高9厘米，诵经伴奏用。

二　少数民族民间乐器

（一）藏族乐器

牛角胡　藏语称"比旺""比庸"，与二胡形似，琴身较短，约65厘米，琴杆较粗。琴杆、琴轴、琴码用桦木或六角木制作。琴筒截取牛角的一段制成，由于截取牛角的根部、中部或靠尖部的不同，而有大、中、小不同的规格，其粗端蒙以黄羊皮、羊皮或蛇皮，直径在0.7~10厘米。琴弓用竹子加工,长 60~65 厘米,弓毛用马尾,擦拭天然松脂,琴弦亦用马尾。制作分简易型和装饰型两种。

鹰骨笛 藏语叫"当惹",常由男青年吹奏。藏族鹰笛历史悠久,是由秃鹫的翅膀骨制作而得名。一般全长 24~26 厘米、管径 1.5 厘米左右,管内中空无簧哨,上下两端管口皆为通孔,在管的下端开有三个按音孔。青海省博物馆现藏两支,距今已有 3000 年到 5000 年的历史。1998 年采集于青海湟中的一支鹰骨笛,骨制管身九孔,管内中空,两端皆通,全长 32 厘米,管直径 2.4 厘米。演奏时竖吹,双手执管下端,口半含管口,以舌尖堵住管口的一部分形成气口,按孔吹奏。

铁笛 从鹰骨笛演变而来,由于鹰骨难觅,就以铁皮代替。一般由当地的金、银、铜、铁匠制作,完全按照鹰骨笛的尺寸,用铁皮卷成,接缝用焊锡焊接。鹰骨笛自然生成,有一点弯曲形状,而铁笛则完全是直的。细的一端侧面开有两个小孔,用来系穗子或绳子。演奏时竖吹。

藏大号 藏语叫"冬钦",又称"莽筒""伸缩大法号",由三段不同粗细的铜管制成,最长时的 3 米多,收缩后 1 米左右,号口直径 27 厘米,音域为 G-D,演奏音域 G-B。是藏传佛教乐器中体型最长、音区最低、最具特色的乐器。无音孔,音量洪大,传音远,演奏时多用滑音,音色深沉浓重,用于大型佛事活动,一般一座寺院只有一对,吹奏时将号口担在墙上或地上,先进时则由一人在前面将号口扛在肩上。与诵经的曲线谱一样,藏大号也有专用的吹奏符号。藏戏中必不可少,用于雄伟庄严的气氛和森严场面。

藏唢呐 一般只用于寺院经会、祭祀活动。长 65 厘米,喇叭口直径 18 厘米,银饰彩绸装点。哨子用麦秆或芦苇制成,音色高亢明亮,音域在 $g-g^2$ 之间。

腿骨号 藏语叫"桑院",77 厘米长,铜质,包裹银皮,没有音孔,吹奏时发出的音色酷似马的嘶鸣声。

八角号 藏语称"五烈"。长 45 厘米,号口呈八角形,直径为 9 厘米,用红、黄铜加工制成,附有雕花图案,是藏戏中的特色乐器。音色柔和,穿透力强，音域在 C-g。常用于紧张的气氛。

海螺号 藏语叫"东嘎尔""措东"，用白色大海螺加工而成。是公元七世纪由印度佛教传入青藏高原的，只能吹一个音，是青海藏传佛教寺院中广为使用的教具或乐器。通常镶以镀金黄铜或银，称为镶翅法螺。全长 25~33 厘米，磨平螺尖，螺尾有一小圆和吹孔。吹奏时左手执螺尾，嘴含吹口吹气发音，无固定音高，其音为呜呜声，螺纹粗细影响音色。

扎木聂 又称"龙头琴"。木制，琴杆较长，共鸣箱为半葫芦形，切面蒙羊皮或蟒皮，无品位，类似三弦，置六根弦，每两根为一组。按音色分高、中、低音三种，高音琴音域为 $e-g^2$，音色清脆明亮；中音琴音域为 $d-d^2$，音色优美柔和；低音琴音域为 $G-b^1$，音色宽厚低沉。龙头琴是弹拨乐器，常用于自弹自唱，可独奏，也可合奏，多用于藏戏中的欢乐场面，由演员边弹、边跳、边唱。

大藏鼓 藏语叫"额啊"，形似堂鼓，木制鼓框，两面蒙牛皮，一般安放在特制的木座上；中型鼓多悬吊在梁柱上，也有镶置于木架上的小型鼓。敲击时力度变化大，可敲击各种复杂节奏，寺院宗教活动常用，藏戏中运用也较多，在打击乐中占重要地位。

扁形鼓 也叫"柄鼓"，藏语叫"漏额"，为木质鼓框，扁圆形，两面蒙羊皮，鼓面绘太极图、莲花等图案，直径约 40 厘米，装一根木质手柄。在宗教节日里使用，少则 1~2 面，多则 4~5 面。

法鼓 分大、中、小三种，鼓面大，鼓框窄，两面蒙皮，有鼓柄，是一种效果乐器。

龙鼓 又名"神鼓"，苹果形，以铁圈为鼓框，有手柄，手柄上有铁环和铜铃，单面蒙皮，鼓面绘有龙形图案，因而得名。演员边舞、边击、边唱，多用于欢乐喜庆场面。

热巴鼓 用在传统的热巴舞中。表演者以"热巴鼓"和"盘铃"作为伴奏乐器和道具，各种不同的鼓点和铃点和拍于不同的舞蹈组合，其鼓点非常丰富。

藏钹 藏语叫"布卡"，也称"大镲"，藏语叫"赞"。铜制，有大、中、小三种。大藏钹在藏戏中和大鼓同时使用，常与大鼓同击，也可单击，演奏方法有单击、磨击、滚击、竖击、单边击、双边击、半边击、闷击等。是佛事活动中极其重要的敲击乐器，使用广泛，较大的寺院多达 10 余付，钹击奏时根据经文内容的要求，用不同的部位、力度、节奏敲击。

牛角沙锤 用牛角制成，断面以皮蒙面，内装小石子，摇动时声音清脆柔和，用于藏戏中演员的抒情唱段伴奏和弹唱伴奏。

串铃 藏语称"超锣厄嘎"。原系在马、骡脖子上，后来成为弦子的伴奏乐器。串铃声音清脆悦耳，起着增加色彩、烘托气氛，统一节奏的作用。表演时由男子握在手中（后套在右脚腕上），排在牛角胡琴手后，一边歌舞一国摆动。其体积无一定规格，常见的直径约 5 厘米，铜制，下端开口处呈"一"字形，腹内有一金属小珠。

（二）回族乐器

口弦 青海回族口弦多以黄铜、红铜或白银制成，形似妇女们所用不锈钢发卡，像一把尖端带钩的音叉，中间安有一根极其细薄的铜片，是发声器，口弦大小不一，有约寸半长短的，也有比其小的。吹奏时将口弦横含在口中，以舌尖或手指轻轻拨动发音簧片，同时以口形的变化、呼吸气量的大小来调节掌握音高和音量。音域较窄，一般只能奏 3~4 个基音，在共振作用下，能发也一系列丰富的泛音，非常优美动听。

响盒 回族又称"泥哇呜"，青海河湟地区各民族中都可见到。是河湟地区各族儿童的娱乐乐器。他们自制玩具，首先调和好适量的红胶泥，捏成扁圆形，中空的胚子，然后上开一个吹口，前开两个音孔，后开一个音孔，待成形半干后，以光滑的瓷片精心打磨光滑，晒干后即成。响盒的音质浑厚深邃，音调悠扬。

咪咪 又称"芦笛""咪篥""筚篥""咪咪子""咪管"等，是青海东部民间的小型吹奏乐器，在回族、汉族、土族、撒拉族等民族中都可见到。用无名指粗细的竹管自制而成，开有 6 个音孔，似笛子，竖吹。吹口处置有用嫩树皮制成的发音器，有单管和双管之分，用来吹奏"花儿"曲调最为适宜。

（三）撒拉族乐器

口弦 撒拉族称"口细""枕头琴"，是撒拉族保存至今的一种古老的民间乐器。它小巧玲珑，长不过一寸，重不到 25 克，呈马蹄形状，用火柴杆粗细的红铜或白银制成，中间置一薄铜片，尖端弯曲，靠舌尖拨动或夹在牙缝间用手指弹拨，以收敛嘴唇的形状和吹气的强弱调节音高音量。口弦音域狭窄，音量微弱，多为撒拉族青年妇女所用。

则高 又叫"泥箫""泥笛""敲尔""敲曰""琵斯尕纳合"等。是用黏性强的红泥土捏成两块喇叭花状的凹版粘在一起，然后在合缝口开一个吹孔，两边各掏 2~4 个眼作为音孔，晾干后即可吹奏。和我国古代乐器埙形似，其形状大小各异：椭圆形、枣形、鱼形、桃形、娃娃头形、牛头形、牛角形、蝶形、扁方形等。吹奏方法是口对吹气孔吹气，用食指、中指离合音孔，便成各种音阶，即兴吹奏各种旋律，其音高亢悠远，苍凉悲壮，古朴浑厚，低沉沧桑，神秘哀婉，多为男青年在野外牧羊、田间劳作休息时所吹奏。

（四）蒙古族乐器

马头琴 拉弦乐器，蒙古语称"莫仁胡尔"，因琴杆上端雕有马头而得名。传说古时候有一位蒙古族牧民因怀念心爱的小马不幸死去，就取小马的腿骨为柱、头骨为筒、尾巴为弦，制成一弦琴，并在琴柱顶部雕刻形似小马头的样子。琴身木制，长约 1 米。用两束马尾作琴弦，按四度关系定弦，以马尾弓在两弦间拉奏。琴箱用松木制作，呈梯形，双面马、羊或蟒皮蒙面。发音圆润，低回婉转，音量较弱，可奏双音和泛音。是蒙古族最重要的独奏、伴奏和合奏乐器。

四胡　拉弦乐器，也叫蒙古族四胡，形制和汉族地区的四胡相同，常使用红木、紫檀木制作，琴筒多呈八方形，蒙以蟒皮或牛皮为面，有些在琴杆和琴筒上镶嵌花纹，琴弓为细竹系马尾，弓杆中部包以长 10 厘米铜皮或镶钢片、象牙，根部装骨或木制旋钮，张丝弦或钢丝弦。有低音四胡、中音四胡和高音四胡之分。

三　民间器乐曲

（一）汉族器乐曲

1. 合奏曲

弦索乐　民间艺人称为"弦索"，这些乐器统称为"弦索家什"（什，音 s ī ），把从事弦索音乐的行当称为"弦索行"或"丝弦行"。主要集中在西宁市和海东市的汉族地区，与社火歌舞、戏曲表演、曲艺演唱活动有密切联系。以乐队形式演奏，主要乐器有三弦、扬琴、板胡、二胡、竹笛、低胡、琵琶、中阮、大提琴、月儿、盏儿、木鱼、梆子等。曲目来源于传统的器乐曲牌、民间小调、戏曲曲艺唱腔等。基本以七声宫、徵调式为主，结构基本是单乐段。演奏形式多为合奏，有一件乐器主奏，其他乐器伴奏或停奏以及曲牌联奏两种情况。演奏方法上，板胡、笛子常做加花演奏，三弦、扬琴常以加强节奏性为主。曲目有《满天星》《柳叶青加梵王宫》《纱帽翅》《八谱》《银纽丝》《大红袍》《孟姜女》等。

鼓吹乐　鼓吹乐按功用可分为社火鼓吹乐、丧事鼓吹乐和灯影鼓吹乐三类，以唢呐为主奏乐器，锣鼓辅之。所吹奏的乐曲有牌子曲，也有一些小调，均有名称。民间把唢呐称为喇叭，演奏者俗称为"吹鼓手""喇叭匠"，灯影戏中称为"中手"。广泛流传于西宁地区及海东地区的汉族聚居地。在社火和丧事中经常采用两支唢呐，多为同度，打击乐视条件而定，有的加大鼓、大镲，有的加铙、小镲、堂鼓等。丧事中双吹双打，则加一鼓、一钹、一小铛。青海鼓吹乐曲结构都很方整，多为徵调式，宫、商、羽调式次之。

曲目如社火鼓吹乐的《过江》《四季歌》《哪吒令》《将军令》《灯呀灯》《织手巾》等，旋律突出，节奏感强，多为中速；丧事鼓吹乐的《大开门》《哭长城》《小烧纸》《降白幡》等，速度较慢，运用打音、颤音，情绪悲哀伤感；灯影鼓吹乐的《紧磕头》《大摆队》《状元令》《三元帽》等，曲牌演奏突出程式和习规，紧扣剧情。

锣鼓乐　一年中从农历正月到年底，凡举行节庆活动、民俗活动，都要用锣鼓乐来渲染气氛。汉族锣鼓主要有两大类：一是社火锣鼓，在春节社火中使用，参与团队众多，节目内容丰富，锣鼓乐极为活跃。曲目如《凤凰三点头》《引子鼓》《路鼓》《秧歌鼓》《十字步锣鼓》《点秧歌》《太平鼓》《开场锣鼓》《龙灯鼓》《狮子鼓》《罗汉鼓》《旱船鼓》等；二是朝山锣鼓，主要围绕民间的庙会习俗而举行，朝拜祭祀、祈福禳灾，参与人数众多，声势较大，锣鼓牌子简单而少。曲目如《游湫鼓》《喝堂鼓》《上山鼓》等；青海锣鼓乐演奏形式有开声锣鼓、伴奏锣鼓、行进锣鼓和表演锣鼓四种。乐器中最基本的有鼓——大鼓、堂鼓、小鼓；锣——道锣、大锣、小锣、手锣、音锣；钹——大钹、大镲、小镲。结构都比较简单短小，有方整型和非方整型两种。

2. 独奏曲

三弦曲　三弦在民众心目中是一件高贵典雅的乐器，有大、中、小三种，称作"弦子"，俗称蟒子、鼓子、鼓儿。小三弦是青海灯影戏的主要伴奏乐器；中三纺主要为地方曲艺伴奏，从20世纪90年代后逐渐被大三弦替代，现在的独奏曲多用大三弦演奏。三弦的三条弦，从内向外分别称作老弦、中弦、子弦，定弦有五种，独奏时主要采用两种定弦：151（越弦乐手的习惯）；563（平弦乐手的习惯）。拨弦工具有扳指、指甲和拨子三种。独奏演奏技法主要有粘、扳、揉、扣。独奏曲以七声宫、徵调式为主，也有少数商、角调式。音乐风格上，越弦乐手轻快活泼，干净利落；平弦乐手沉稳婉转，余味悠长。曲目有《大上朝》《大金钱》《老三板》《小开门》《茉莉花》《小背宫》《四合四》等。

板胡曲　板胡在民间使用非常普遍，有大、中、小三种。主要曲目是有

"河湟阿炳"美誉的盲艺人刘延彪在 1986 年根据青海民间小调《摘花椒》改编的《椒香飘浮黄河源》。

箫曲 音色低沉圆润，适合表现深沉、悠长甚至凄凉伤感的情绪，擅长吹奏节奏较缓、旋律悠长的乐曲。曲目有《满江红》《柳叶青》《五更调》《满天星》等。

（二）少数民族器乐曲

牛角胡曲 藏族的演奏曲目很多，其类型可分为歌舞曲、说唱曲和独奏曲。乐曲以五声羽调式为主，也有宫、商、徵调式。多为二拍子，在独奏曲中，偶尔会出现三拍子或混合拍子。乐曲多以双句体结构为基础，旋律抒情委婉，简洁明快，朴实无华。曲目如《则则拉姆》《蕞琼嘎松卓玛》。

笛子曲 藏族笛子曲多为羽调式，也有少数商调式。结构多为单乐句式，中间有扩充发展。节奏节拍以自由散板为主，乐句间有较长的休止。旋法多从低音起首，依音列回旋上行，在较高音上长时值颤音拖腔，而后又用回旋下行至低音并拖腔结束。鹰骨笛曲有《晚上吹时从远处好听》《马儿跑了》《夏天的鹰》等；铁笛曲有《放牧曲》等；竹笛曲有《挤奶曲》等。

锣鼓乐 土族的锣鼓，是牛皮鼓和铜锣两种打击乐器。鼓制作的材料为柳木，鼓面是牛皮，鼓身绘有龙的图案；鼓身呈圆柱形，体积较大，直径约有 40 厘米，高约 60 厘米，鼓面直径约 45 厘米。鼓面上绘太极图，鼓帮绘二龙戏珠、云、水等吉祥图案；用来敲击的鼓槌长约 40 厘米，槌头用毡裹住，外包红绸布。铜锣是用黄铜锻制而成的一种平面、直角锣边的高边锣，锣面直径约 30 厘米，锣边高约 5 厘米，上有穿孔，系绳悬提。锣槌长约 30 厘米，形状和制作与鼓槌大致相似①。这种鼓和铜锣在中国民间很常见。在纳顿节上锣鼓队伍中的锣鼓手一般由青年和少年的村民担任，各村落跳会时，使用的锣鼓在数目上略有差异。在纳顿节

---

① 商文娇：《青海民和土族纳顿节锣鼓音乐艺术研究》，《青海师范大学学报》2012 年第 4 期。

的表演过程中，因仪式环节不同，所采用的锣鼓数目和节奏点也是不同的。如表演会手舞和主客两队锣鼓竞技时，所用锣鼓数目就比较多，锣鼓表演队规模也大，有的村庄甚至用二三十面锣鼓。在表演会手舞时，使用多面锣鼓来进行伴奏，随着锣鼓的节奏点，舞者一齐踏足、舒臂、摆身，舞姿优美、左腾右挪、绕场而舞；当主客队会手队伍会合时，锣鼓节奏加快，鼓点急促，舞者全身摇摆幅度增大，摇头抖肩，动作多变，众人高呼："大好哎！大好哎！"报喜讯时，只用一面铜锣。在进行《庄稼其》等面具戏表演时，一般使用单锣单鼓来进行伴奏；进行《庄稼其》《五将》《五官》《三将》《杀虎将》等面具戏表演时，使用一锣一鼓来进行伴奏。

第五节　民间舞蹈

一　汉族舞蹈

（一）社火舞蹈

大秧歌　也称"秧歌""老秧歌"，是中国汉族传统民间舞蹈，也是青海省汉族社火中的传统舞蹈之一。伴随社火锣鼓的节奏，在领唱的带领下，演员和群众在广场边歌边舞。大秧歌以歌为主，附带一些简单的跑、扭、仔舞蹈动作，演员不分男女老少举着伞灯或拿着扇子，在一领众和的演唱形式中，齐随锣鼓点的"三起三落"，在原地跳跃或主跪四门，其次是走大场和小场。在社火中起开场引路的作用。

跑社火　主要流传在民和地区，以古鄯镇郭家庄村的跑社火最具代表性。通常由30多名男性表演者组成，其中"大旗"（指挥者）2人，棒棒手4人，花鼓扮演者16人，蜡花姐（男扮女装）12人。此外加入了旱船、狮子、跑驴、牧牛人、牦牛以及历史典故神话人物等，另有庄稼阿爷（"瓜娃子"）和庄稼阿奶（"胖婆娘"）等。表演上有跑场和外场调侃逗趣两种形式，伴奏乐器为鼓、锣、钹等打击乐器，有《走路鼓》《三声鼓》《乱鼓》等锣鼓点，伴唱有《走路歌》《花鼓调》《正月十五庙门开》等小调。基本步伐是跑碎步，结合单双四门、倒卷帘等队形图案和俯扭、仰扭、碎步绕扇等舞蹈动作，形成宏大、复杂的表演场面。

八大光棍 是青海很有代表性的汉族民间舞蹈，在春节社火中出现。造型为光棍和蜡花姐，有特定服饰和道具，小型乐队伴奏，光棍舞步主要有仔步、仔步平摆扇、仔步含胸绕扇、仔步头顶摆扇、仔步翻身背扇、仔步平抖扇；蜡花姐舞步主要有三倒步、小寸步、风摆柳、凤凰三点头等。

蜡花姐 是社火中必不可少的歌舞，由八名以上扮作少女（俗称"姑娘"）的男演员组成。舞者头顶彩绸挽成的绣球，宽宽的绸带下垂两耳后，满头绢花珠翠，脑后垂下一根扎有红头绳的大辫子，面部施以厚厚的脂粉。身着大襟缎袄，腰系罗裙，中部蹬绣花鞋（常被罗裙遮盖），或踩七寸低跷，一手持彩绸手绢或扇子，一手掌一盏莲花灯，内燃蜡烛以备夜间演出用。民间谚语"蜡花爆，喜庆到"，舞蹈取名"蜡花姐"，意在祈祝喜事临门，天下太平。舞步有三倒步、小寸步、风摆柳等，队列变化有太极转场、8字转场、穿花四门等，演唱曲目有《织手巾》《放风筝》《对花》《满天星》等。除单独表演外，常常与《八大光棍》对舞。

胭脂马 技巧性较高的道具舞蹈，流传于西宁地区。主要由一人表演，舞蹈技巧高、气氛热烈，在社火中常常要演两遍才能退场。造型为架马者、傻公子和胖婆娘。服饰主要为抓髻网套、草帽圈、水领、羊皮袄翻面、花袄等，道具为高跷、拂尘、胭脂马。动作有脚跟步、前俯后仰、跳马冲锋、长啸跳高、卧马等。

龙舞 有龙灯、布龙、草龙、火龙等。因俗有"龙多不治水"之说，社火队最多只有两条龙。表演地点是打麦场、广场。表演时有引龙人持彩球戏龙而舞，龙由一人持龙头，一人持龙尾，其他人持龙身。有"双跳龙门""双龙戏珠""蛟龙出海""鲤鱼跳龙门"等技巧，有舞动双龙圆场、请龙、摆龙、盘龙、舔龙、穿花、走双四门、串四门、谢场等队形。基本步伐有游龙步（五步一摆头）、腾云步（三步一摆头）和飞龙步（碎步快跑）。龙舞在社火队伍"过街"时无音乐伴奏，在社火队伍"坐场"时随锣鼓节奏表演。

高跷　舞者双足踩木跷，手拿彩扇或彩绸随音乐节奏舞动的一种舞蹈形式。木跷在民间又称"拐子"，各地高矮不一，从两尺到两米不等。长度两尺以下称"矮跷"，一米以上称"高跷"。高跷分文高跷和武高跷，前者重人物情节，用踏步、十字步等较简单的步伐；后者重表演动作的高难度和技巧。青海社火中以文高跷为主。

狮子舞　在社火表演中，一般由舞狮子起头，负责舞狮子和引狮子的都是由那些拳脚上乘、腾挪移动时身体壮实且肢体灵活的年轻后生们进行，一般都是大、小狮子共同表演狮舞，大狮子由2人组成，小狮子由1人完成。在引狮人手执绣球的逗引下，进行一系列表演。过街时无伴奏，坐场时随锣鼓节奏表演其程式化的舞蹈。

太平鼓　流行在青海东部农业区民间社火中用太平鼓表演的传统鼓舞。以大通后子河、湟中多巴乡、西宁城北区廿里铺乡太平鼓舞蹈最具特色。道具为太平鼓、鼓槌、钹、锣及锣槌。所用乐器有太平鼓、锣、钹，节奏动作主要有一步轮击、长路鼓、凤凰三点头、柳树盘根、牡丹开花、冲天拳、鹞子翻身、八卦窜顶、双龙抱柱等；队形有一字长蛇、双过街、串花子、双套圈、缠油花等。舞蹈为跳罗汉，又称"大头和尚""大头罗汉""罗汉舞""大头罗汉戏柳翠"等，是流传于青海河湟地区社火中的哑剧情节面具舞蹈，多在春节社火或民俗喜庆活动中表演。

跑旱船　又称"采莲船""旱船""龙船""花船灯""划船""花船"等，为青海社火中最常见的舞蹈之一。跑旱船是模拟水中行船的表演，角色为艄公和乘船的"船姑娘"，二者的引桨划船与水上颠簸、行走等动作合作默契，有过街表演和坐场表演之分。

滚灯　社火中的群舞项目，滚灯制作精巧，点亮的各种滚灯在地面滚动行进，动作为右手握灯柄，便步滚灯、前后滚灯、上举行天等，整体如火球遍地开花，又如游龙蜿蜒前行，场面壮观。

高灯 又称"伞灯""太平灯"，因表演者右手高擎如伞大灯而得名，主要流传于西宁及海东地区。高灯高约1.6米，制作精细。舞灯者为秦琼、敬德、焦赞、孟良的戏剧扮相，道具为高灯和虎镇子（又称"虎镇铃"），动作有云灯步、摆灯步、跳灯步、转灯步等。一般随社火在行进中表演，不作为单独节目出场。以锣、鼓、钹伴奏，有时也用上下句结构的青海小曲《太平秧歌》伴唱。

碗 又称"顶碗灯""太平灯"，因以瓷碗作底座制作的彩灯，灯内插蜡烛，顶在头上歌舞而得名，流传在西宁和海东地区。单人动作有跑灯、单起脚、踏步转灯、滚灯圈和前扑；多人动作有滚人桥、双人立、搭花架等；常用队形有龙摆尾、"8"字花穿四门、轱辘圈、太极转场等。以唢呐牌子曲和锣、鼓、镲等乐器伴奏，曲目有《大摆队》《十盏灯》，以及专用锣鼓点等。

顶灯 顶灯是以直径20厘米的圆形木板为底座制作的彩灯，灯内插蜡烛。表演人数固定，既有平稳快速的"走灯"表演，又有"起旋风""拉磨盘"等技巧动作。以打击乐伴奏为主，演唱曲目有《灯呀灯》等，流传于东部农业区，以大通顶灯和湟源顶灯最有特点。

金钱棍 又称"打花棍""花棒子""金钱棍舞""钱棍子舞""钱棍""金钱鞭""敲金杠"等，是青海东部农业区春节社火中的汉族民间舞蹈之一。道具是一根长约1米，直径约4厘米的木棍，外表彩饰，杆绘螺旋花纹，两端约10厘米处凿有四个孔，一端用铁钉穿钉上铜钱（能上下滑动），另一端拴上彩色绸巾和小铃铛。舞者人数一般为8人，单人动作有上下击棒、掏腿击棒、马步击棒、弓步击棒、赞步击棒；双人动作有挽臂击棒、背翻、对击等。音乐有《谢了歌》和专用锣鼓点。

武角子 擅长武艺的青壮年男子舞蹈，因表演者作戏曲中短打武生角色的扮相而得名。一般由4人表演，面部画有历史传说故事中英雄人物的武生脸谱，服饰为武生服，左手掌一盏一角形彩灯，右手持一铜铃，动作主要为弓端步掌灯和便步走灯以及高难的"旋子""蹦子""小翻""虎跳""云里翻""劈叉"等。表演时除锣鼓伴奏外，中间穿插《十二个月》等民间小调伴唱。

牦牛舞 由于在 1943 年的一次庆贺活动中，当局组织西宁驻罗家湾部队的士兵出演后，成为春节社火中的一个规模宏大的节目，舞蹈表现了草原牧民的生活情趣，得到民众的喜爱与认可，因而在社火中一直保留了下来。造型为牧人、牦牛（舞牦牛者扮演）；服饰为狐皮帽、藏袍等；道具有叉子枪、牛披具。基本动作有三步横跳、三步进退跳、蹉步跑、顶牛、分牛等。常用队形为对牛双圆场、双圆、双半圆、"8"字转场、太极转场等。以鼓、大镲为主的打击乐伴奏，节奏明快和热烈，有速度变化，慢时演奏《小放牛》等小调。

小唱 流传在青海乐都区高庙镇社火中的一种新型歌舞形式。小唱最早只有男演员，1964 年从传统节目"八大光棍""蜡花姐"的基础上改编成新型歌舞，男女演员同时表演，演员有五六十人（内有八大光棍演员 16 人，蜡花姐演员 12 人），均装扮成富有时代特征的青年，手执扇子，边歌边舞。动作来自"八大光棍"和"蜡花姐"以及《花儿与少年》的部分动作。伴唱歌曲主要有《织手巾》《绣荷包》《花儿与少年》等，乐队中还加进了手风琴等西洋乐器。

腰鼓舞 又称"腰鼓子""打腰鼓""腰鼓"，是青海东部春节社火必不可少的舞蹈节目之一。青海腰鼓舞于 20 世纪 20~30 年代由山陕商人进行商贸交易时传入。腰鼓是以拍打鼓点节律为主的打击乐器，鼓点变化多端，一般常用的有"起点""路点""流水""花点""长点""止点"等。舞蹈动作有踢腿、转身、飞脚、翻身等。腰鼓队一般由训练有素的青年人组成，人数有五六十人。

竹马舞 俗称"竹马""竹马子""马子"，是青海东部农业区社火中一个很有气势的道具舞蹈，常以四对竹马成队作舞，有"点马""招马""跳步穿插""踏四门"等队列变化。乐都的竹马舞还加进了十六具麒麟、仙鹤、狮子等珍禽祥兽形象，演员可化妆为相关历史传说故事人物。竹马舞除白天演出外，因装有灯烛，与焰火配合在夜间演出更加红火壮观。动作主要是跑马步，音乐为鼓、锣、钹、小镲演奏的锣鼓点。

（二）其他舞蹈

五鬼闹判官 俗称"五鬼闹判"，源自宋代百戏。是一出汉族民间向神祈求丰收安康的祀神、娱神兼自娱的古老舞蹈。造型判官、小鬼，服饰严格，道具有蝙蝠式灯笼、万民伞、朝笏、寿卷等。判官单人舞蹈动作主要有挽髻圆场步、吸腿后退步、点地转身、弓步抬腿、马步抓扑等，小鬼单人舞蹈动主要有小鬼圆场步、抬腿看笏、醉酒旋转、抓耳挠腮、跳跃抓扑、提蝙蝠灯等；双人动作有起腿仰坐、钻胯腿转、屈膝跟转和弓步夹鬼；多人动作为小鬼抬判。乐队由唢呐、鼓、锣、镲等组成。

扑蝴蝶 又名"高低跷扑蝶"，是青海传统汉族民间舞蹈。由两位演员一个踩 80 厘米高跷，一个踩 30 厘米低跷来表演扑蝴蝶场景的生活情趣。高跷演员为男扮女装（美女），装扮成蝴蝶或手执系有大蝴蝶迎风飞舞的长竹竿，低跷演员男装丑扮，扮演扑蝶人（傻公子）。舞蹈诙谐风趣、动作夸张。动作有十字步扭、捕捉蝴蝶、单立扑蝶、滑叉扑蝶、大跳扑蝶、蹦子扑蝶、翻身扑蝶等。音乐为鼓、小锣、小镲演奏的锣鼓点。

拉船舞 主要流传在东部农业区，以湟源的最有名气。由三人组成，表演角色有老汉、老太太和女儿，均由男青年扮演。表演时老太太在船头拉船，老汉在船尾推船，女儿在船上表演。舞蹈动作有十字步、小碎步、八字步等，队形简单，韵律节奏一致，动作简单，滑稽幽默。

跳神舞 庙会祀神舞蹈"跳神舞"流传于西宁和海东地区。因表演者手持一蒲扇形单面羊皮鼓为道具，舞蹈中敲击时发出"哴哴"（方言发音 biāng）的声响，群众俗称"跳哴哴"；是青海民间舞蹈中一个有影响的道教娱神舞。一般由 4~8 人的偶数男性（法师）表演。程序可分为：谒庙敬神（祭祀开始的第一天）、祭祀参神（祭祀开始的第二天）、坐坛讲旗、安神祭坛、回神送神、表花等。法师服饰有经帽、五佛冠、长袍、无袖法衣、八色裙；道具有神鼓、响刀、喜神旗、三山五岳旗、香案神坛等；击鼓动作有正击鼓、反击鼓、侧击鼓、平击鼓，舞蹈动作有参神鼓、单跪击鼓、挽鼓花、踢鼓转、捏鼓转、鸭步鼓、髐盖鼓、弓步转鼓、起坛、搬鼓、立马桩、马步击鼓、单跪倒立鼓、对鼓等，伴奏音乐有《三通鼓》《神鼓》等。

四片瓦 大通黄西村演出，是一种古老的祭拜舞蹈，具有原始图腾崇拜的古风遗韵。舞者脸上画青蛙纹饰，双手各捏两片驼骨制成的瓦状片，模拟青蛙的动作，击打手中的骨片，舞蹈语汇轻快优美。动作有提腿击瓦、蛙跳击瓦、抖瓦等。一般在社火演出时表演。

二 少数民族舞蹈

（一）藏族舞蹈

卓舞 是融舞蹈、音乐、诗词为一体的古老藏族民间歌舞，歌舞时以圆圈为主要形式，也称圆圈舞。在青海流传于玉树、囊谦和称多等地。卓舞无伴奏，由男女舞者边唱边舞。代表性歌舞有《东保卓》《阿吾来》《聪宾·诺布松保》等。2006 年 5 月，"玉树卓舞"被列为青海省第一批国家级非物质文化遗产名录。

"锅卓" 也称"锅庄"，因源于古代先民在篝火旁围锅起舞，故称锅庄。在玉树和称多地区流行。有纯男子表演的和男女同时表演的。男子动作舒展粗犷，幅度大，讲究大起大落又不失平稳持重。脚下动作丰富，多有"双跺""端脚""跨腿""点步""跳转"等。女子动作与男子基本一致，只是在力度、幅度上要含蓄、轻柔一些。

"卓格玛" "卓格玛"意为古老的卓。流行在囊谦地区。是表演性和娱乐性相结合的歌舞，通常男女分列，围成一圈载歌载舞，它比起带有宗教性的卓更加轻松、活泼、随意，也更有生活性。曲调古朴优美，动作轻盈自如，有不少原始耕作、狩猎及具有图腾崇拜意味的动作。兴之所至，随时可歌，随时可舞，既可在宗教仪式、传统喜庆佳节上表演，也可在田间地头即兴抒发。

曲卓 是一种宗教性浓厚的藏族民间歌舞，主要流传在称多的白龙沟和玉树的新寨村。又称"新寨卓""新寨曲卓"，俗称"曲卓"。相传是由结石寺第一世嘉囊都锐·项秋帕旺活佛创编的。舞蹈只限男性参加，要求舞者上身像"雄鹰展翅"，下身像"黄羊奔跑"。无伴奏，演员边舞边唱，代表性歌舞有《迪容扎西尼玛》（意为今日正是良辰），《随吉啦卡》（意为金色的山顶），《夏吉甲道》（意为东方斑斓虎）等。舞蹈动作有藏袖收腿、砍袖踏跺、挥袖前抬腿、交错双跺步、泼袖前端腿、甩袖踏地等，舞蹈特点是：慢速段落徐缓、悠扬和抒情，快速段落刚健、有力和粗犷。

伊舞 一种流行较广的藏族民间舞蹈，也称"弦子"。表演形式自由，较少戒律。玉树地区的伊，在音乐舞蹈风格上有两种表现：一是玉树囊谦的"巴伊"，音乐结构方整，旋律优美抒情，男子手持牛角胡，边舞边歌，女子动作细腻而柔美；二是以玉树结古镇和称多县为代表的伊，以八分音符和四分音符组成的前短后长型节奏为舞蹈的基本节奏型，男女排成圆圈，以顺时针方向舞蹈，表演过程中可排列成多种民族形式的吉祥图案。男舞者脚系串铃，腿部点、踏动作夸张有力，女子动作轻盈柔美，对比强烈。在音乐风格、表演形式以及服饰上对比鲜明、轻盈和优雅。代表性歌舞有《扎西、扎西》《尼玛江才》《西卡则玛》《阿啦塔啦热》《萨迦贡玛》等。2008 年 6 月，"弦子舞"（玉树伊舞）被列为青海省第一批国家级非物质文化遗产扩展名录。

热巴舞 "热巴"原是民间流浪艺人的称谓，是藏族古老的民间歌舞之一。主要流传于玉树囊谦地区，舞蹈时男子手执铜铃，女子左手执长柄鼓、右手拿弯锤，摇铃击鼓，并不时出现较激烈而有技巧的快板。最后男子表演特技达到高潮。舞姿雄健灵活，情绪欢腾激昂。早期的热巴舞除鼓和铃外，无其他乐器伴奏，20 世纪 60 年代后，逐渐加入了牛角胡、竹笛、扎木聂等乐器，《热巴舞曲》就是一首代表性的丝竹乐曲。男舞者动作有上步摇铃、端腿摇铃、原地摇铃、大蹦子等，女舞者动作有上小击鼓、俯身击鼓、击鼓平转、击鼓涮腰等。

热伊 因排在队前的几名男子手拉牛角胡边歌边舞，也被称为"弦子舞""玉树弦子舞"。表演时牛角胡先拉一段过门，后大家随着音乐起舞，动作轻盈含蓄，音乐抒情委婉，歌词通俗，接近生活语言，内容以爱情为主，在玉树也称其为"藏族交谊舞"。动作有走步转身、点步转身、转身挥袖、拖步摆胯、雀鸟抖翅等。代表性歌舞有《向巴卓玛》、《扎群群》（小鸟）、《资群》（小雀）等。2008 年 6 月，"弦子舞"（玉树伊舞）被列入青海省第一批国家级非物质文化遗产扩展名录。

则柔 是广泛流行于安多藏区群众中一种古老的民间自娱性歌舞。表演一般在室外进行，不受人数、时间、场地的限制。每一首歌都是一个独立的舞段，基本形式是舞者必须两人或两人以上成偶数，双人对舞，男女不限。表演开始，二人相对站立，先引唱"阿则"作起跳准备，然后随歌起舞，边唱边跳，动作轻松、优美，特点是屈、圆、稳、颤、跳、嬉。则柔歌舞并茂，曲调悠扬，唱词内容丰富。传统则柔是自唱自跳，无乐器伴奏，随着发展，逐渐用二胡、笛子、手风琴等乐器伴奏。代表性歌舞有《哈噫哈》《白云的去处是蓝天》《夏麻拉格当当》《康巴》《章洛则》等。2008 年 6 月，贵德县"则柔"（尚尤则柔）被列入青海省第二批国家级非物质文化遗产名录。

螭鼓舞 螭鼓舞是一种藏族原始宗教祭祀舞蹈，流传于青海循化地区，有较为固定的表演形式和风格，是一种娱人悦神的民间祭祀舞蹈，具有浓郁的藏族宗教文化色彩。舞蹈场面宏大，气势磅礴，演员人数少则十几人，多则上百人，动作粗犷、洒脱，节奏铿锵有力，舞蹈画面调度灵活多变，鼓点时强时弱，时缓时快，快似急风暴雨，慢似莲花浮水，具有很强的艺术感染力和极强的艺术生命力。2008 年 6 月，循化"藏族螭鼓舞"被列入青海省第二批国家级非物质文化遗产名录。

锅哇 "锅哇"意为"武士舞"。藏族古老的民间舞蹈，是广场集体性大型舞蹈。一般为 40 人以上，舞者身穿战袍，手执弓、剑、盾，模拟操练和征战，时而咏白，时而歌唱，时而拉弓射箭、对刺冲杀，基本步伐与寺院跳神舞相似。有乐队伴奏，气势磅礴，豪迈舒展。

莫合则 "莫合则"意为军队跳的舞蹈，称"军舞"，流行于黄南同仁地区。人数不限，大多有百余人参加，表演者都是 16 岁至 40 岁的男子。一般是村中每家出一人，表演场面壮观。此舞主要是模仿古代军事活动，先由舞者"衡头"领头，左手拿着画有敌方将军头像的木板，右手持小斧；之后是四名锣手，随后是舞蹈队，舞者手持军棍，并有数名手持彩旗的旗手，均匀地分布在舞队中。步伐有前进步、旋转步；动作有前进步横摆棍、旋转步竖晃棍、互击棍等；组合动作为旋转步组合。伴奏乐器主要为锣。

勒什则 "勒什则"意为"螭舞"（龙舞），是流传于黄南同仁"六月会"上的一种颇具特色的藏族民间舞蹈。舞蹈队由百余名青壮年男子组成，前八人为领舞，每人左手拿一把木雕神斧，右手持一把系着绸带的小神斧，其余舞者只是右手持小神斧。按顺时针方向走出蜿蜒连绵的队形，舞蹈以连续吸腿跳进、屈腿弯腰和身体的左右抖动、旋转表现龙的形态。伴奏乐器为神鼓和大锣。

章洛则 藏族特有的群众性自娱自乐歌舞活动，广泛流行于安多地区。为一曲一舞，舞蹈根据歌词进行表演，歌词简练，舞曲旋律流畅。表演时男女围圈而舞，男子动作粗犷奔放，女子动作柔和稳重。舞蹈动作有上步端腿、撒踏步、展臂提踏步、三步一抬、叉腰拧身等。代表性舞段有《章洛曲》、《洋来嗦》、《赞旦卓洛》（茂盛的檀香树）等。

冈桑 "冈桑"意为"雪狮"。玉树结古寺的《雪狮舞》由两名武士、两头雪狮（每头由两人舞动）表演。雪狮道具造型为眼眶、鼻与唇边为深红色，颈项与下颌部缀满鲜绿色的长毛，全身白色长毛，绵羊皮缝制。舞蹈用鼓、钹伴奏，强弱随动作而变。武士动作有举剑跳步、举剑颠跳步。舞狮者动作有狮欢跳步、狮子行礼、狮子端腿、狮子甩头、狮子打滚、狮子挠腮、立狮等，引狮童子动作有童子跳步、童子行礼和跳步摆手，配合动作有童子捋狮毛。

朝礼 是流传在湟源县日月、和平两乡的藏族民间群众自娱性舞蹈活动形式。以歌为主，舞蹈动作为辅。表演者为年轻男女，人数不限，穿节日礼服，站成一个大圆圈边唱边舞。曲目叫《新玛热》，曲调优美抒情，活泼朴素，结构方整，旋律平缓，八三拍子慢板节奏，略有汉族"花儿"的风格特色。

巴吾巴姆　"巴吾巴姆"意为"勇士"，或称"金童玉女"，流传于玉树称多县拉布地区，相传在1878年前后，由拉布寺代玛堪钦元登巴第十二世活佛吉热多杰于所创编，被视为很神圣的舞蹈。传统上，表演者皆为15岁以下的男属虎、女属龙的青年，歌舞只能在活佛坐床仪式上进行表演，不得外传，亦作密舞，蕴含着浓郁的宗教文化气息。舞蹈开始时，男女分列排在舞场两侧，交替传唱不舞，唱第二首曲子时，女子依然在原地演唱，而男子在女子的伴唱下手握彩箭进行表演。动作有颠步挥剑、结束步等。

拉什则　"拉什则"意为"神舞"，也称"神鼓"或"龙鼓舞"，是古老的藏族民间舞蹈。主要流传于同仁和循化地区。由男性表演，表演者头戴佛冠，手执羊皮单面鼓，鼓面上绘有龙的图案，也有如意宝、莲花、牡丹等。以鼓的各种不同敲击方法、节奏变化进行场面调度。基本步伐有进跳步和横跳步；基本动作有原地高（胸）击鼓、进跳步左高击鼓、进跳步右侧击鼓、进跳步胸击鼓、进跳步后击鼓、横跳步高（胸）击鼓、拧身蹲击鼓、转身跳击鼓、吸腿跳击鼓等；组合动作有进跳步击鼓组合。

羌姆　俗称"跳欠""跳神"，是藏传佛教宗教舞蹈，是一种独特而带有浓郁宗教色彩的舞蹈形式，主要流传于青海较大的佛教寺院中。在重大的宗教节日或佛事活动中才能表演，是寺院宗教活动的一项重要内容。由于教派不同，寺院不同，其表演形式和内容又大同小异，各具特点。

安多"羌姆"　安多地区"跳欠"。首先是"切嘉"，即大威德金刚法舞，简称法王舞，意为"畏怖金刚舞"。共五场：①"托干"（骷髅舞）；②"巴吾巴莫"（天界勇士）；③"夏雅"（鹿和牛）；④"多楚"（死神舞）；⑤"羌姆芒"（众人作舞的大群舞）。其次是"旦正"，即马首明王法舞。共五场：①"托干"（骷髅舞）；②"阿杂拉"（印度游方僧）；③"东坚"（兽面者）；④ "多楚"（死神舞）；⑤ "旦正"（马首明王）。著名的有湟中塔尔寺羌姆、同仁隆务寺羌姆、共和吉东寺羌姆、互助佑宁寺羌姆、果洛灯塔寺羌姆、化隆夏琼寺羌姆、贵德罗汉堂寺羌姆、同仁吾屯上庄寺羌姆、门源仙米寺羌姆等。

玉树"羌姆" 玉树地区的"羌姆"独具特色，舞姿洒脱、奔放，其代表性舞蹈有：森盖（狮子舞）、相（鹿舞）、夏囊（黑帽舞）、贾羌（清朝舞）、尕周（六子戏或儿童舞）、拉毛（仙女舞）、察（武士铁甲舞）等。

"刚玛乃禾" 是"刚玛尔宝"（红骷髅）和"刚乃禾宝"（黑骷髅）的简称，藏传佛教宁玛派寺院宗教舞蹈中必跳的重要节目。舞蹈中的"刚玛尔宝"和"刚乃禾宝"是为众生灵灭灾消障的两位勇士，外观形象是骷髅，代表无私无畏，不讲情面。道具为长藏刀，动作有准备式、行礼、出征、法轮转、出场式、挥剑、压剑、擦剑、试剑、赶妖、劈妖、欢呼等。伴奏乐器为东欠、鼓、镲。

（二）回族宴席舞

宴席舞流传于青海的回族聚居区，是一种由男性成对表演，边唱边舞的即兴表演形式。是在演唱宴席曲时表演的舞蹈，一般为二人对舞，旁人伴唱；或两人边唱边舞。动作组合多以拳术动作名称命名，如"三道步""黑鹰展翅""鹞子翻身""四门斗子""大小梅花"等。代表歌舞有《白鹦哥》《绿鹦哥》《十道黑》《虎刺马》《莲花落》《筛中鹦哥舞》《小红拳》《长高鸟》等。动作有正点步、交叉点步、横移抖翅、屈膝探掌、辗转摆臀、收翅落地、展翅跑、拉手转、竖抖手、展臂抖手等。

（三）土族舞蹈

安昭舞 "安昭"一词无实际含义，是歌唱衬词"安昭嗦罗罗"的简称，也叫"转安昭"。是流行在互助土族自治县土族民众中的一种欢乐、喜庆、吉祥的舞蹈。安昭的唱词内容基本上分节日和婚庆两种。春节时跳的安昭，唱辞旧迎新、盼望五谷丰登、六畜兴旺、祝愿全村老少平安等内容；婚庆时跳的安昭，则表达祝愿新婚夫妇永远幸福、互敬互爱、白头到老等意思。表演安昭，人数从两三人到数百人不限，男女老少均可随时加入。舞蹈时无乐器伴奏，通常由一至二位歌唱能手领唱，众人相和，按照男前女后的次序结队围成圈，顺时针方向转动，边唱边舞边转。曲调高亢嘹亮，以四三拍子为主，也有四二拍子。主要有七种跳法：占昭什则、辛中布什索、安昭嗦罗罗、拉热勒、昭音昭、新玛罗、强强什则。舞蹈动作有踏踢甩臂、踏步摆臂、单腿蹲转、踮步横移、扬手上步走、交替蹉跳步、踏跴绕臂、祝愿式、称赞式、提襟式、左右摆臂、跑跳步等。

纳顿　"纳顿"土语意为"玩儿"，是民和地区土族在庆丰收期间表演的大型舞蹈和面具舞。各地表演的节目主要有五个:《会首》《庄稼其》《五将》《三将》《杀虎将》，均由锣鼓伴奏，节拍为四二、四三、四四、八六拍子等，其速度、力度随表演者而临场发挥。《会首》是一个由庞大表演队伍完成的活动项目，其造型有老者、锣手、鼓手和旗手。动作有起臂吸腿、旋槌击锣、屈肘击鼓、旋槌击鼓、马步击鼓等。《庄稼其》着重表现一家四口人耕种中发生的故事，造型有父亲、母亲、儿子、儿媳、耕牛。伴奏乐器为一鼓一锣。动作有小跳步、典酒、小颠步、摆巾步等。《五将》是舞蹈性较强的一个节目。锣鼓伴奏主要为烘托舞蹈气氛，速度、力度要密切配合表演者的动作。造型为三国人物刘备、关羽、张飞、曹操、吕布。动作主要有推、刺、砍、绕等与武士有关的动作。《杀虎将》是纳顿表演的最后一个节目，表现了降魔为民的英雄形象。杀虎过程和群众庆贺有不同的锣鼓点伴奏，动作有马步纵跳、蹉步拍掌、点步拍掌、后反腿拍掌等。

踏灰舞　流行于青海大通。源于生产劳动，反映世居偏远山乡的土族群众于山坡上踩踏松土，烧土为肥，后演变为群众自娱舞蹈。多于嫁娶、喜庆日表演。舞者不限，少则几人，多则百余人，男女围成圆圈同跳。脚部动作丰富，有小蹉步、胯腿半蹲转身，蹉步转身等。手部动作较少。女子舞姿轻盈、含蓄、优美；男子舞姿豪迈自然，舒展大方。通常边歌边舞，歌声此起彼伏，有问有答，诙谐幽默，妙趣横生。

四只虎 又称"耍老虎"，是青海乐都达拉土族乡黑沟顶村社火中一种原始古朴而又独具特色的节目。是土族群众驱鬼逐疫、祈求平安的祭神活动，已流传了200多年。装扮老虎的演员由村里男人每年轮流，其道具为依照老虎形象精心制作，扮虎者着衣喝酒后"虎神"附身，不再张口说话。有祷告、拜神、进村、转院、驱邪、送神等程式，四只虎不仅是当地民间社火必不可少的舞蹈，更是一种重要的原始宗教信仰活动。

（四）撒拉族舞蹈

骆驼舞 撒拉语称"堆威奥依纳"，直译为"玩骆驼"或"耍骆驼"，流传于循化的孟达和街子等撒拉族村庄。是撒拉族传统叙事性舞蹈。传说撒拉族先民迁居此地是拉着骆驼跋山涉水而来的，为让后代记住本族迁徙史而产生了此舞，流传至今。舞蹈由四人表演，两人反穿皮袄以饰骆驼，一人头缠"达斯达尔"（头巾），身着长袍，手牵骆驼，扮撒拉人祖先——尕勒莽，另一人扮本地人（蒙古人）。舞蹈开始，蒙古人问："你从哪里来？"尕勒莽答："我从撒马尔罕来！"以歌舞形式边问边唱边舞，生动地表现出祖先迁徙的艰苦历程和途中见闻。舞蹈形式活泼，内容丰富，具有浓郁的生活气息。这种舞蹈常在喜庆日子里表演，为节日助兴，深受本族群众欢迎。表演分三部分：第一部分为蒙古人与撒拉族先民的问答对话；第二部分是表演撒拉族先民万里东迁历程之艰难，用民族语韵朗诵诗句；第三部分是"骆驼"表演，观众抢拾撒在地上的核桃达到表演高潮[①]。

伊秀儿·玛秀儿 撒拉语意为"看呀！看我"，意思是"看呀！看我多潇洒、多美丽"。流传在循化孟达山乡，是撒拉族的婚礼歌舞。一般由两名男青年表演，有时四人表演，热闹时数人上场共同起舞。动作有冠帽头上戴、汗褂身上穿、蓝裤腿上穿、靴子脚上穿。演唱歌曲为《伊秀儿·玛秀儿》。

---

① 撒拉族"骆驼舞"，详见第六编第二章"特色民族民俗（下）"之第一节"撒拉族骆驼戏"。

连枷舞　又称"打连枷"，撒拉族称"连枷梢拉"，广泛流行于循化地区，打麦场上，两排劳动者手持连枷，以一领众合的形式演唱着高亢嘹亮的《连枷号子》，击节合拍，动作铿锵有力，两排一进一退，一左一右，以交错变化的队形，将简单杂乱的劳动整齐划一，构成了独特的带有舞蹈性的劳动场面。动作有前进步、后退步、左横步、右横步。

阿丽玛　是由撒拉族传统民歌《阿丽玛》演化而来的舞蹈。无乐器伴奏，自唱自跳，常常出现在婚礼宴席上。主要动作有踏端步、踏步拧身、踏步抖手，两位男青年在场中心相距一米左右，相对而立，一腿端起，两手心相对于腹前比喻姑娘的成长。唱《阿丽玛》数遍，三个舞蹈动作随意组合，随歌起舞，舞时二人始终保持正面相对，沿逆时针方向绕圆换位。

打猎舞　流传于循化的民间哑剧舞蹈。以"瞎子上街""猎人巡山""大鹿逃猎""笨熊逍遥""断腿丢命""割取熊胆"六个段落组成完整的剧情。由数个"瞎子"手持木杖摸索前进，绕场一圈后席地而坐进行表演。

抛石舞　流传于循化的民间儿童舞蹈。由8人表演，自"韩一两"开始命名至"韩八两"，又称"韩八两"。舞蹈时各怀抱五个小石块，自由站立，距10~30米处抛击目标，每次只抛一次，轮番进行。击中目标者即由2人抬起"坐轿"，其余人前后簇拥，同时将各自手持的石块在左右肩处敲击节奏，边敲边唱边跳，"坐轿"者舞蹈一圈，再重新按顺序呼号抛石，反复进行。

"尕呀尕得肉"　是循化地区牧童放牧时在野地里玩耍时跳的一种舞蹈，表演时，在一块平坦的场地中间垒起一个石堆，舞者各手拿数块石子，将一块顶在头上，围成圆圈，跳起各种旋转和跳跃的动作，将头顶的石头击中石堆，众人欢跳一阵。如此反复多次，直到大家不愿跳为止。

（五）蒙古族舞蹈

圆圈舞　这是柴达木盆地台吉乃尔蒙古部落普遍流行的舞蹈。20世纪70年代后期，由于保留着古老的"古列延"游牧方式，在这一方式下产生的圆圈舞蹈，依然流行。人们在傍晚的草原上点起篝火，围着篝火按顺时针方向，手拉手踏足而舞。另外，台吉乃尔蒙古人还会跳另一种圆圈舞，即双手上举至半空摆动，足下随着手的摆动而抬起落下，这种舞蹈深受藏族舞蹈影响。

安代舞 蒙古族古老舞蹈。安代舞这一艺术形式，早期与蒙古族萨满信仰有关，是为了医治呆傻的妇女而跳的舞蹈。在台吉乃尔蒙古人也称呆傻之人为"安代"。此舞以歌为主，舞蹈动作简单，称作唱安代。其表演形式是在场院里人数不限，男女老少均可参加，每人手持一条手巾或彩带，围成大圆圈，圈里由两名歌舞能手对歌对舞，众人呼应踩脚，伴唱伴舞，形成热烈、欢腾的场面。歌词即兴编出，动作朴实奔放，节奏强烈。

筷子舞 蒙古族传统舞蹈，多为男子独舞。舞者双手各拿一把筷子，打肩、手、腰、腿、脚等部位，边打边舞。进而旋转，时而跪下，两肩和腰随之相应扭动，动作矫健，节奏强烈。后发展成为男女共同表演的群舞。

盅碗舞 蒙古族传统舞蹈。在佳节喜宴，人们手执两个酒盅，击打出快、慢、碎、抖的声音，随着乐曲舞动的双手有盅子击打出各种节奏。头可顶碗，舞姿端庄质朴，韵味沉稳雄浑，刚柔相济。

角斗舞 也称"扳跤舞"，流传于海西蒙古族汉族杂居的农业区，是蒙古族民间舞蹈形式。由一个人扮成两个人摔跤，非常幽默风趣。音乐有鼓、钹伴奏的锣鼓点。道具独特，动作有碎步跑、抱腰摆、踢打抱转、勾腿退、碎步横走、碎步腾空转、抱腰虎跳、蓝胜红败、亮相等。

"巴格西和三个班德" 是以哑剧形式表演的蒙古族寺院僧侣生活舞蹈。流传于海西都兰的香日德寺、乌兰的都兰寺等寺院。主要在每年的农历正月寺院宗教祭祀仪式"查玛"上表演。内容是老师和三个徒弟的有趣故事。表演时无音乐伴奏，个别动作如"击头""打屁股"等，仅配合动作击鼓一下以增加效果。动作有寻徒、捶腿、击头、打屁股、跑跳步、抱腰走碎步、半蹲蹉步等。

第四章　民间美术

　　民间美术是劳动者为满足自己的生活和审美需求而创造的艺术，以民间信仰活动为基础，常常伴随着信仰民俗活动的过程而创作和传承，也借以民俗信仰活动的神秘性和多元性而展示其存在的合理和权威，具有较强的区域性特征。青海高原地区的民间美术是与当地自然地理环境和人文环境相适应下民众传承的精神文化，其内容丰富，种类繁多，与民众的生活紧紧融合为一体。其产生的原因也是多方面的，有的来自严格的宗教仪式仪轨，有的是村落民众共同的心理积淀，有的是族群共同的记忆，有的是个体意识的体现等。在民众的日常经济生活和社会活动当中，不论是生产贸易、衣食住行，还是人生仪礼、岁时节令，都错综复杂地表现出很多的具有信仰色彩的民间美术。这一方面规范着民间社会的礼俗与民众群体之间的认同，另一方面通过仪式活动和虔诚的祈祷，来表达对风调雨顺、五谷丰登、人丁兴旺及幸福平安生活的向往和美好祝愿，是民间生活中人们的精神寄托和心灵慰藉。

第一节　绘画艺术

一　青海岩画

　　青海岩画是青藏高原人们的绘画遗存，也是人类在古老高原上的历史民俗文化印记和最直接的精神文化物证。主要分布在柴达木盆地和青南牧区，其中有加隆岩画、湖里木沟岩画、切吉岩画、野牛沟岩画、怀头他拉岩画及玉树勒巴沟岩画等，多以青海地区特有的动物个体形象为主。在风格表现上粗犷豪放，刻画手法简练，形象生动而朴拙，形象描绘在写实的基础上予以夸张，突出主题，所刻画的有牦牛、羊、马、骆驼、鹿、熊、狼等整体形象，在写实的基础上予以夸张，具有造型简练、特征明确、形象古拙、突出主题等特征，可以窥见古人丰富的想象力和独特的艺术审美表达能力。岩画作为美术的一种视觉表现形式，可见当时的人们在创作时显然不是把"审美"欣赏放在首位的，而是夹杂着宗教巫术活动，是原始信仰的文化表现，反映出青海古代人们生活思想情感、愿望和原始信仰。

勒巴沟岩画 勒巴沟岩画位于玉树藏族自治州境内的通天河畔，共有三个分布地点，分别编号为1、2、3。如1号岩画画面镌有佛、菩萨、香客、瑞兽等。技法为阴线轮脚打击。佛为立像，低肉髻，身着通肩圆领大衣，右袒，衣服贴身。菩萨均结跏趺坐。供养人的制作比佛像小2/3，有浓郁的晚唐汉族佛教造像的风格。如3号香客像，发式为唐代侍女流行的双鬟抱面的抛家髻。衣服为唐开元、天宝间流行的小翻领、对襟胡服。3号岩画为藏地制法，东、西石壁各一菩萨，结跏趺坐。头戴宝冠，身披璎珞。西壁菩萨上方用阴线打制出一飞天像，身着披巾、璎珞，其凿刻年代显然比1号晚得多。

野牛沟岩画 野牛沟岩画位于昆仑山下格尔木市郭勒木牧场的四道沟山上，海拔约3900米。岩画内容以动物为主，有鹰、狐狸、牛、羊、马、骆驼等，均使用垂直通体打击法、磨划法和倾斜轮廓打击法制成。牛的数量比较多，整个动物造型带有浓郁的模式化色彩，显得呆板，画面的空间排列变化较大，但牛的造型风格及凿刻方法一致；骆驼是岩画中最引人注目的动物形象。其一面岩画上，左边为日、月，右边为一位身着长袍、头戴胜头饰、左手举一只鸟的人物，似是西王母与三青鸟的早期形象。岩画中还出现了车的形象，车为两轮单辕；出现了蹲踞式人形与连臂舞形象特征。野牛沟岩画时间较早，这一时期凿刻具有典型的青铜时代风格，大约是公元前1000年前的作品，带有史前之风，亦属北方草原艺术中的典型造型风格，整体刻画较为粗糙，但造型准确^①。

舍布齐岩画　舍布齐岩画位于海北藏族自治州刚察县泉老乡舍布齐沟的山巅。岩画内容有牦牛、羊、狼、鹰、猎手等，但以牦牛为主，凿刻精细，神态逼真，岩画中的动物形象、骑马、猎手形象均为早期作品，牦牛造型给人以雄健之感，猎手骑马狩猎，呈现典型的青铜器时代演化特征，从手法来看均为垂直击打。它反映了西部游牧民族这一时期狩猎生活情景与自然的关系，也表现出人们具有相对较高的绘画技艺和审美情趣。

卢森岩画　卢森岩画位于海西蒙古族藏族自治州天峻县江河镇卢森山。是中国北方地区岩画中面积最大、图案最多的单幅岩画，有牦牛、豹、鹰、羚羊、虎及狩猎、战争场面等。其时代可分为三期，第一期为通体敲凿法制作图案，第二期为磨刻的轮廓法，第三期为磨划法。鹿是卢森岩画中最丰富的形象代表，有两种，一种是鹿角长度与身体相若，另一种是鹿嘴为鸟嘴型，两种鹿在造型风格上有很大的区别，已完全趋于写实，应该是较晚的岩画作品，造型准确形象，线条流畅而生动，为青藏高原已发现岩画中所罕见作品。交媾图则展示男女形体的不同，男性特征明确，女性为正面，反映了这一时期原始社会生殖崇拜观念。有四幅马驾车，其中两幅是车猎图，三匹马驾车，车为单舆、独辕、两轮，人站在车上弯弓引箭射猎车后追逐而来的野牛。其年代距今约 2000 年。

怀头他拉岩画　怀头他拉岩画位于海西德令哈怀头他拉镇的哈奇布切沟30 余块岩体上。有牦牛、马、羊、狗、骆驼，射猎、人骑马图案，还有吉祥结、藏式三鱼图、莲花、宇宙树等符号和图案。以敲凿法和磨划法为主。驴的形象较为突出，在青海岩画中，驴的形象出现较晚。从岩画风格造型来看，比青海其他地区岩画粗糙得多。

巴哈莫力沟岩画　巴哈莫力沟岩画位于海西蒙古族藏族自治州都兰县香

---

① 　王敬斋主编：《岩石上的历史画卷——青海海西岩画》，中国民族摄影艺术出版社，2012。

加乡东 12 公里。有骆驼、山羊、鹿、蛇、马等动物图案，其中羊的形象出现得最多，羊与人类的生产、生活有着密切联系。有一幅大象岩画，这是青海地区岩画中唯一的一幅大象形象。大象高扬长鼻，正在迈步前进，步伐有力，动感很强，表现了岩画作者细微的观察力。青藏高原没有大象，中国北方地区早在更新世晚期大象就已经灭绝。这幅岩画中出现大象的形象，说明当时广泛、丰富的文化交流。

红土沟岩画 红土沟岩画位于海西蒙古族藏族自治州大柴旦行委所在地大柴旦镇柴旦村红土沟内。距离大柴旦镇 8 公里。岩画共分五组，分布镌刻在五块大小不等的岩石立面上，有鹿、牦牛、骆驼、羊等动物形象，打制技法为垂直打击法。根据该岩画的打制法判断，其年代距今约 2000 年。

郭里木棺板画 2002 年青海省海西蒙古族藏族自治州德令哈市郭里木古墓中发现了发现了三具棺板。棺板四周绘有精美的图画内容，绘画丰富多彩，艺术风格独特。内容有狩猎图、行商图、宴乐图、男女交合图、射牛图、妇女图及四神图等。写实性较强，绘画人物与动物的各种场景，具有典型性和代表性，时代气息浓厚，画面细节刻画十分真实，大到狩猎手、动物，小到局部细节，无不刻画得细致入微，生动丰富，反映出游牧民族社会生活的广阔场景和丰富多样，保留着文字难以替代的史料价值。由此可见当时青海游牧民族生活的真实情况。绘画在表现手法与风格上具有西域艺术特征，人物造型、人体结构和比例关系，表现手法接近风俗画的特点。可以说作为青海特定历史时期的少数民族绘画形式，郭里木棺板画具有鲜明的时代和地域特征，从内容可以看到采取全景式的构图和散点式的表现方法。对于众多人物、情节复杂场面的处理有条不紊。故事情节引人入胜，组成完整的画面，给人清晰明了、段落分明、结构严谨之感。具有重要的绘画意境，是民族性、历史性的记忆绘画[1]。

民间年画 青海民间年画主要以绘制民间信仰神像为主，神像是民间信

---

[1] 许新国：《郭里木乡吐蕃墓葬棺板画研究》，载《西陲之地与东西方文明》，北京燕山出版社，2006，第 300~321 页。

仰膜拜的对象，主要有财神、月神、灶神、寿星等，其形象多为民间人物工笔重彩绘画，着色浓艳，装裱成卷轴悬挂于家里。另外有绘制于乡村寺庙墙壁和门板上的人物神像，表现以线描和重彩的方式体现。

纸马 纸马是民间木版印刷画中的一种，根植于人们的各种神灵信仰，附加不同的寓意，通过各种仪式达到祈福禳灾的功能。纸马的神名也较多，且都有各自的构图形式和风格特点。在藏族民间信仰行为中，将纸马作为行之有效的祈福禳灾的工具，虔诚地将纸马作为实施信仰行为的媒介。它不仅是一种民间刻印艺术，而且是民间信仰的一种特殊载体，在祭祀山神、登高或翻越山口时常常抛洒纸马。

风马旗 亦称为祈祷旗。"风马"一词也有"央马"之称，意为遍及一切，象征瞬间即成，或许含马到成功之意，是与神灵沟通的一种方式。在藏语里风马指传播运送最快的具有无比神力的禄马，故有时也称禄马。画面中间是度母像，四角分布用鹏、龙、狮、虎造型，余处均为藏文佛经。四种神兽寓意四无畏：鹏为天空之王，象征火；龙居海中之王，象征水；狮居高山之王，象征土；虎居林中之王，象征风；综合象征招福避灾。有的风马旗上仅有一幅"白马驮宝"，是一匹奔跑的白马，马背上驮着佛法僧三宝或法轮，意为在传播佛法。风马招福的信仰观念，希望一切祈祷如愿以偿，福分像飞马一样飞奔而来，财源滚滚，福气多多。

二 壁画

塔尔寺壁画 塔尔寺位于湟中县鲁沙尔镇。塔尔寺壁画内容属藏传佛教绘画，其画风与汉地绘画不同，具有浓郁的藏族宗教风格。壁画绘于寺内的主要殿堂，尤其在回廊、前廊等处为最多，全寺保存完好的大小壁画千余幅，对殿宇建筑起着很好的装饰作用。壁画以它生动的形象、多彩的色调、别具一格的画面吸引着人们。其内容和人物大都取材于佛经典故。壁画的基本色是红、黄、蓝三种，兼用绿、白等，多采用对比的手法，冷、暖色交替使用。画面配有众多的地域自然景色，使人物活跃于花草树木、蓝天大地、高山河流、亭台楼阁之中，画面构思巧妙、布置井然、色调和谐、精巧细腻、层次分明、人物生动、千姿百态。壁画颜料采用石制矿物染料，色泽绚丽、经久不变，是塔尔寺壁画特有的一大长处。

年都乎寺壁画 年都乎寺位于同仁县，现存于萨增拉康殿（又称毛兰吉昂殿）和弥勒殿，其创作跟年都乎寺初建同步，当时也是热贡地区寺院扩建的重要时期。弥勒殿壁画主要由维唐华丹、才让端智师徒绘制，年代在18世纪中叶。其中，萨增拉康殿内的八幅壁画是现存热贡艺术中最早且最具代表性的优秀作品。壁画主像分别为释迦牟尼、宗喀巴大师、大威德金刚、具誓善金刚等。画面中各尊罗汉个性鲜明、动态自然，簇拥的众生千姿百态，活灵活现，将佛画人物造型发挥到了极致。在构图上将佛传故事的每个情节，用青山绿树自然隔开，使画面显得既紧凑又轻松。色彩处理上以青绿山水为基调，红色袈裟为衬托和点缀，使得色调和谐纯朴，极具装饰韵味，堪称早期画师们呕心沥血之佳作。年都乎寺壁画同时也是热贡艺术风格形成期的一个缩影，在绘画风格上完全是西藏曼唐派风格的延续，但也不乏受内地青山绿水的影响。画面布局灵活、色彩简朴明快，线条简洁流畅，人物造型清秀、细腻，山石、树木、云霞等精描细染，景物装饰味浓厚，佛陀形象圆润饱满，护法形象夸张鲜活。壁画充分反映了当地藏民族的绘画风格和习俗。

瞿昙寺壁画 瞿昙寺位于青海省海东市乐都区。壁画为明清两代宫廷画师所作，反映了藏汉文化多元并存的现象，是瞿昙寺的艺术瑰宝。各殿宇的大小墙面都满布彩绘壁画，均为汉传佛教佛像和藏传佛教形象内容的装饰画，技巧、风格各异。在殿堂内、回廊中，有以喇嘛教宗喀巴为题材的大型壁画，其画技法精练、构思奇特，堪称艺术之最。壁画所绘多为佛教故事，主要反映当时佛教精神信仰民俗、建筑艺术风格、服饰民俗、民间绘画等内容，如"忉利天众迎佛升天宫图""善明菩萨在无忧树下降生""净饭王新城七宝衣履太子体""龙王迎佛入龙宫图""六宫娱女雾太子归宫图"等，还有佛本生故事，从释迦牟尼降生到圆寂的叙述性表现。壁画着色牢固，历经600 余年色彩依然鲜艳夺目，形象生动、构思奇巧、层次分明、栩栩如生、立体感强、富于想象。早期壁画技法古朴，画面简单，色彩较旧，每段故事标出主题并写有七言赞诗一首。画壁制作先在土坯墙上抹由土、砂、石灰、草麻调和的泥浆，上涂白底，然后绘画，晚期壁画色彩华丽，一幅画上人物有超过 30 人的。

禅古寺壁画　禅古寺位于玉树藏族自治州结古镇南 4 公里的禅古村，"禅古"意为"花石头"，得名于寺院附近的一块花色磐石，始建于公元 12 世纪，距今 700 多年。寺院墙面上绘有大量壁画，多数为佛教题材，在庙堂内东西墙壁上还有两组大型壁画，画面内容主要是文成公主进藏时受到隆重欢迎的情景。莲花生大师壁画中，莲花生大师呈站姿，皮肤白净有红光，慧眼直视不旁顾，表法界光明已实现；耳上垂吊小金铃，头发呈棕黑色卷曲状，双目黑长如明星；眉毛如鲲鹏展翅飞，双耳弯如桦树皮；唇如莲，喻示口出净语；脸色明净，下巴向外凸出，卷曲的胡须墨黑；左手执充满甘露的宝瓶，右手执持密宗圣物金刚天杖，金刚天杖顶部有三尖叉，中有三层人头。莲花生头戴金刚持的莲花帽，颈部配以三片幡带，以示天身；身着锦缎袍，外罩法衣，周围被空行、持明、班智达围绕。战场图壁画，意为赈救于水火中之众生，香巴拉国第二十五世法种王威狂轮王为消灭野蛮人而对南瞻部洲发动了正义的战争；壁画人物众多，气氛浓烈，刻画逼真，以写实的手法生动地描绘了正义之师香巴拉国二十五世法种王威狂轮王率军剿灭邪恶非人之战场图景。

西来寺明代水陆画　西来寺位于乐都县城关东，建成于明万历四十二年（1614），是一处典型的汉传佛教建筑。1956 年由青海省人民政府批准为第一批省级重点文物保护单位。该寺有保存完好的进行水陆道场时悬挂用的 21 轴工笔明代水陆画，丝绢质地，画作多出于民间画工之手。画上人物有 460 多个，属于佛教人物的有诸菩萨、明王尊者、诸天梵王、天曹地府、护法韦驮等；属于神道内容的有日月星辰、五方五狱、三官大帝、四圣神众、十二宫神众、天后圣母、江河四渎、五湖百川、风雨雷电、四海龙王等；属于世俗各色人等的有帝王太子、后妃宫嫔、宰辅官员、将帅士兵、孝子贤孙、三贞九烈、贤妇烈女等。具体有水陆缘起图、监斋菩萨图、幢幡图及人物组合图等。所用颜料是天然的石色、蛤粉，几百年后色彩依然清晰鲜艳。人物体态线条、服装衣纹线条流利婉转，着色调和，色彩艳丽而不妖冶，笔力劲健而不雷同。从所画衣纹、方圆脸型来看，同元代永济宫道教壁画、稷山兴化寺佛教壁画的绘制手法很接近，直接继承了元代以来壁画绘画的传统，又趋于更精细的描绘。在艺术表现上，衣纹画法继承了唐代的细密、宋朝的顿挫及元代的圆浑有力，而又粗细间出，在不失其装饰性的基调下，技法既合乎衣纹转折的规律，又表现为运动的真实感。着色采用传统的重色勾填法，冷暖色交织，无论远看近观，色彩效果都很好，流畅的墨线则起到了突出骨感的作用，表现了很好的立体感和质感。

阿尼玛卿山神像　阿尼玛卿雪山位于果洛藏族自治州境内，海拔6282米，向来是藏族人民心目中的大神山，位列藏区四大山神之首。"阿尼"是安多藏语"先祖""先翁"的音译，"玛卿"意为"黄河源头最大的山"。阿尼玛卿雪山神在整个藏区享有崇高地位，在僧俗心目中，它是西方极乐世界，是观世音菩萨的道场，具创世神、年神、战神、寄魂神、父神、孝子神、财神等多种神格功能，对芸芸众生庇护有加，有求必应。传说阿尼玛卿雪山神是一位正义之神，在佛寺壁画中的他骑一匹玉龙白马，头戴白色缨帽、身披银甲战袍，披着白色丝质斗篷，斗篷上缀满各种宝石；右手挥舞着一支缚有旗帜的长矛，左手托着一只装满各种宝石的供器，左臂弯上搭了一个用鹫鹰皮做成的口袋；腰间悬挂宝剑和弓箭，巡视人间，惩恶扬善。

年保玉则山神像　年宝玉则山位于青海省果洛藏族自治州久治县索呼日麻乡境内，主峰海拔5369米，是巴颜喀拉山的最高峰，是川、甘、青三省结合部著名的神山，其地流传着藏族英雄史诗中格萨尔王的故事，相传是果洛藏族上、中、下三部落的发祥地。年保玉则山神的坐骑是一匹灰色宝马，身体为紫红色，如同火焰一样闪闪发光，右手挥舞着一把钩子，左手握着一把宝雕弓；身穿绿松石护胸甲，披虎皮做成的斗篷；右臂依身揽一旗帜，腰间挂一虎皮箭袋，内有 13 支金羽箭。

八瑞祥图 藏语称"扎西达杰"，意为"八吉祥徽"，俗称藏八宝。这八种吉祥物的标志与佛陀或佛法息息相关，是藏式绘画里最常见而又赋予深刻内涵的一种组合式绘画精品。大多数以壁画的形式出现，也有雕刻和塑造的立体形态，在藏族生活场景中常见。宝伞：华盖，象征佛陀教诲的权威；宝鱼：对鱼，象征自在与解脱，也象征慧眼、复苏、永生、再生等意；宝瓶：净水瓶，象征阿弥陀佛，也象征福智圆满、灵魂永生；莲花：妙莲，象征出污泥不染的品质及修成正果；法螺：右旋白海螺，象征佛陀讲法的声音响彻四方；吉祥结：象征着如若跟随佛陀，就有能力从生存的海洋中打捞起智慧珍珠和觉悟珍珠；胜利幢：天盖，象征着修成正果的胜利；法轮：象征佛陀教义的传播。

和睦四瑞图 源于《释迦牟尼本生传》关于四只动物和睦相处的故事。象征尊老爱幼，和平相处。人们智慧地把安定团结、和睦相处的太平盛世景象，以佛经中的讲述四只动物和睦相处的故事为背景，绘制了和睦四瑞图案。图案中有一方香格里拉般的美丽净土，一棵树枝茂盛的枸卢树结有甜蜜的果实，树前有一只年幼体大、驮有猴子的大象，猴子手捧一枚果子，背负一只山兔，山兔身上蹲有一只鹧鸪鸟，图画描绘了四只动物互敬互爱、共享花果、团结和睦的美好情景。

三 唐卡

唐卡也叫"唐嘎"、"唐喀"，系藏文音译，指用彩缎装裱后悬挂供奉的宗教卷轴画。唐卡是藏族文化中一种独具特色的绘画艺术形式，题材内容涉及藏族的宗教、历史、政治、文化和社会生活等诸多领域。其用明亮的色彩描绘出神圣的佛的世界，具有鲜明的民族特点、浓郁的宗教色彩和独特的艺术风格。传统上采用金、银、珍珠、玛瑙、珊瑚、松石、孔雀石、朱砂等珍贵的矿物宝石及藏红花、大黄、蓝靛等植物为颜料。这些天然原料保证了所绘制的唐卡色泽鲜艳,璀璨夺目,虽经几百年的岁月,仍色泽艳丽明亮。唐卡被誉为中国民族绘画艺术的珍品,也是中华民族民间艺术中弥足珍贵的非物质文化遗产,堪称藏民族的视觉百科全书。

绘画唐卡 是藏传佛教艺僧用矿物质颜料在画布上绘制的佛像,属小型画幅,画面构图为竖幅或方形,一般挂在经堂梁柱上,也挂在民间居舍中供奉。彩绘技艺、绘制过程与壁画大致相同,分起稿、勾线、涂色、勾勒、描金等。画面容量比壁画少而显得造型小巧,但在构图布局上则有着严格的要求。其绘画形式有以黑底描金的"黑唐",以红底描金的"红唐",用金底描红的"金唐"。题材内容多为一个中心主体,如佛尊、金刚、度母、护法神等,还有轮回图、坛城等图案装饰画。至今,唐卡绘画艺术不仅用于寺院,也陆续走入市场,逐渐从宗教文化的绘画转化为绘画艺术的交流研究。

掐丝唐卡 又称掐丝镶嵌珐琅唐卡金丝彩釉画。其工艺色彩艳丽,线条流畅,独具魅力,制作流程考究;主要通过选样、选釉、淘釉、筛釉、制样、掐丝、点蓝、制裱等几大程序,上千道重复手工工序来完成。这类唐卡既要求吻合工艺特点,又要求符合佛理,制作唐卡时,通过金箔丝线勾画人物,展现佛光佛法,并通过艳丽的色彩展现人物的特性,使人物个性鲜明生动,充分体现不同佛像的不同历史、宗教背景和寓意,使唐卡艺术的表现形式得到了进一步的发展。

刺绣唐卡 这类唐卡是在精通佛教教义的高僧和精通绘画塑造佛像的大师指导下,由土族刺绣艺人和藏族刺绣艺人采用刺绣的针法,对唐卡内容进行的二次创作。刺绣是一种用绣针穿引丝、棉、毛、化纤等不同材质的线,在丝绸或布帛等材料上凭借绣针的反复穿刺,引导绣线在纺织材料上留下线迹,用线迹的细密排列组成佛、菩萨、金刚、护法等栩栩如生的形象,以及天空、大地、山川河流等图案。若是画家的随意一笔,则是刺绣者需穿引千次才能完成,可谓一笔千线。因此,刺绣的唐卡以针代笔,以彩色丝线代替矿物颜料，耗时数月甚至数年才能绣出一幅高品格的作品。

皮雕唐卡　出现在明清时期，一般选择适合雕刻的牛皮皮革，把造型内容、色泽与所选皮质材料相匹配，来展示画面造型的清晰、线条的流畅。所雕刻的神佛造像，浅浮雕层次丰富，线条分明流转，染色自然柔和，显得古朴而雅致，具有很高的收藏价值。如《白度母》作品，雕刻的线条细微，凹下的深蓝底色衬映出白度母面带微笑的洁白肤色，七只慧眼如菊花瓣清秀；一面二臂，秀发后束，顶髻飘逸；右手结施愿印，左手拇指与无名指牵住菊花枝对准心间，花开至耳旁。身穿白丝锦裙，以白珍珠为主的各种宝物分布作头饰、耳饰、项饰、肱饰、腰饰、手镯、脚钏；金刚结跏趺坐于莲花座中。四边饰有红色卷叶纹，在深蓝底色的对比下，突出了画面主题①。

四　农民画

农民画是通俗画的一种，多系农民自己制作和自我欣赏的绘画和印画，其范围包括农民自印的纸马、门画、神像，在炕头、灶头、房屋山墙和檐角绘制的吉祥图画。风格奇特，手法夸张。自20世纪50年代兴起现代农民画，即在纸面上绘制乡土气息很浓的风俗绘画作品。在陕西省西安市鄠邑区农民画的影响下，西宁地区的湟中、大通、平安三县农民画雨后春笋般蓬勃发展起来。其中以湟中县农民画、大通农民画为主。

农民画特点　青海的农民画在创作中，将传统的中国画技法与民间艺术的装饰手法融为一体，同时借鉴了藏传佛教唐卡绘画的表现形式、特点，民间剪纸、皮影、刺绣等多种方法，在构图上力求均衡饱满，稳健平实，达到密不透风的效果；在造型上不受透视、空间的限制，亦用夸张变形的手法，不求具象，但求神似。画面突出色彩的艳丽，富有装饰味，作品是当地现实生活的再现，表达了艺人们浓厚的乡土情感和朴素的审美

---

① 马建设：《藏传佛教工艺美术》，青海民族出版社，2013，第332页。

情趣。

湟中农民画 湟中县是湟水流域经济、文化较为发达地区，湟中农民画在大胆探索和创新中脱颖而出，画出了自己的风格，艺人们的作品再现了高原风土人情。展现雄宏的山河、原野、蓝天，色彩中影射出斑斓的大自然和农舍庭院，六畜兴旺、五谷丰登的田园生活，是其绘画的基本格调，映衬出其绘画语言艺术个性和清新的气息。作品朴实无华，贴近自然，具有强烈的民间艺术感染力。在 1983 年举办的全国农民画展上，三幅作品获二等奖，其中两幅作品被选赴国外展览，一幅作品由中国美术馆收藏。1987 年青海人民出版社从 1983 年以来的 300 余幅作品中选出精粹之作，出版了《湟中民族民间绘画艺术集》。1988 年，湟中县被文化部命名为"中国当代民间绘画之乡"。

大通农民画 大通农民画兴起于 20 世纪 70 年代，先后涌现出一批农民画创作集体，形成了以新添堡村为中心的农民画"创作基地"。大通农民画广泛借鉴年画、皮影、剪纸、刺绣、雕刻、卡通画等艺术表现手法，造型夸张生动，色彩对比强烈，内容丰富，直白地表达了作者向往美好生活的朴素情感，营造出了充满欢乐的美好气氛和乐观向上的精神气象，具有强烈的地域特色和民族风格。

第二节　造型艺术

一　民间雕刻

（一）石质雕刻

石雕 石雕题材主要有佛像、建筑装饰品等，石雕形式主要有圆雕、浮雕以及经文刻制和嘛尼石刻等。石料材质分玉石、汉白玉、花岗岩等。藏传佛教石刻工艺非常普遍，数量相当大，题材主要是寺院里的石佛、金刚、玉雕白马，大门两侧的石狮，山崖上的浮雕佛像等。石雕像的工艺技术非常精细，佛像金刚大多为单尊像，也有双尊像，抛光工艺精湛，身体结构准确，面部神态、手势、道具及背光浅浮雕火焰纹，雕琢清晰，纹理自然，并且有镂空的效果。

青海石雕较具代表性的是"象背云鼓"石雕，此石雕在乐都瞿昙寺内。红砂石质，造型为一尊完整的回首环视石雕卧象，神态自如，动势协调，长长的鼻子卷饰一枝莲花，象征佛法在普度众生中的妙用；象背驮着一只香炉，由燃香的烟雾似祥云般叠堆起一座鼓架，架上放着一面法鼓，意为鼓声隆隆，震惊魔障，比喻用空慧降伏一切。其造型写实自然、构图严谨，且雕工精致，打磨精细，整体沉稳传神。

石刻　石刻主要有经文石刻、嘛尼石刻、石板线刻造像、摩崖石刻等。其中的嘛尼石刻，是藏族一种古老而独特的文化承载和表达方式。工艺形式有线刻、浮雕、阴阳雕刻等，主要内容表现为佛像、八宝图纹、经文等。雕刻石料时，先选好石料，在上面画好轮廓线条，再用錾子、铁锤工具进行雕刻。岩石造像也是先选择质地比较好的岩面，打线绘图，再用錾子依事先画出的花纹和文字草图进行雕刻。在石板或石块上凿刻经文，是藏传佛教信徒们进行佛事活动的重要组成部分，体现了佛"悟"所依的载体方式①。如藏文"六字真言"的凿刻，画面字迹清晰，图案规整，色彩鲜艳，装饰性强。表示石刻古代春秋是嘉那嘛尼石刻、和日石经墙、夏日哈石经墙、勒巴沟摩崖石刻、《礼佛图》石刻、《三世佛图》石刻。

嘉那嘛尼石刻　位于玉树藏族自治州州府所在地结古镇的新寨村，是藏传佛教佛事活动的供奉地。始于清康熙五十四年（1715年），由朝廷册封的结古寺第一世活佛嘉那多仁倡导并带领僧人亲手镌雕石刻，逐渐带动周围僧侣艺人和信教的民间艺人自发凿刻，至1915年时占地25亩，石刻数量达25亿块。因多仁活佛被赐的法名是桑秋帕旺，他是四川峨眉山人，身着汉服，

---

①　马建设：《藏传佛教工艺美术》，青海民族出版社，2013，第307页。

故称"嘉那活佛"，由此这里的嘛尼石刻也称为"嘉那嘛尼"。其石刻内容有经文、佛教图案及佛像等，凿刻的经文石块堆积如山，十分壮观。堆成的石刻墙高约6米，全是用巨大经石垒砌起来的，不同的墙段还镶有彩色的佛像和巨大的六字真言石壁，以供信徒们在转经石城时随时朝拜，是玉树著名的人文景观之一。石刻最多和最突出的是刻着六字真言——"唵嘛呢叭咪吽"的藏文字母，亦称为"六字大明咒"。画面有两种，一种是把这六个字母穿插组合成一个完整固定规则的文字图案，用作寺院装饰或铸刻在器物上面；另一种是按六个字母顺序排列组合，用一种固定形式，一块石板上刻一个字，再将六个字母排在一起。所涂绘的颜色有白、蓝、黄、绿、红、黑，来寓意观想中的各种神佛光色和相应的佛语。又有在大小不等石块上刻上一篇篇包括各种律法、历算和艺术经典在内的经文。许多藏族艺人以石刻为业，专供朝拜者，以自然白石为最佳。

和日石经墙　和日石经墙地处黄南藏族自治州泽库县县府所在地75公里处的和日寺后。青海省省级文物保护单位。石经是指由艺人工匠一凿一錾镌刻在石板上的经书、经文或佛像，这比纸质的经书文字和佛像保存得更久远，也比绢本的更坚固。同时便于在山口、湖边、桥畔及寺院外等露天场地堆献，让民众随时诵拜祈佑。石经墙高3米、宽2.5米、长200米，经文内容主要为《甘珠尔》《丹珠尔》《大般若经》，全部用刻有藏文佛经的大小石板砌成，经文字数在2亿以上。另外有三堆石经，镌刻有各种佛像图案、佛教故事画等2000余幅，是罕见的人文景观，被誉为"世界石书奇观"。其由德敦寺的僧人和附近的民间艺人刻制，从清光绪年间至1949年前完成，石经的摆放十分严谨，按照藏文经典的装帧格式进行叠放，将每函石经板垒叠放平，在封面和封底的石板上加以彩绘，不同内容之间用经名石板隔开，便于查阅。其充分展示了藏传佛教的博大精深和藏族文化艺术的无穷魅力，堪称世界之最。

夏日哈石经墙　夏日哈石经墙地处海西蒙古族藏族自治州天峻县城约20公里的夏日哈石经院，经院建于1951年，是青海省重点文物保护单位。石经院坐北朝南，由高 2 米、宽 1 米、周长 320 米的石板组成墙体和四方形院落，石经墙总石方约 1736 立方米。每面石经墙的外侧、内侧都有佛龛。外侧佛龛 243 孔，内侧 217 孔，共计 460 孔。石刻内容主要是佛、菩萨、弟子、供养人等，石板上镌刻藏文大藏经《甘珠尔》等 7108 部，《解脱经》200 部，佛像 324 尊。石经刻字清晰工整，字体清秀大方，笔画流畅，苍劲有力；石刻图画及各种人物构图准确，比例适当，雕刻线条自然，精美舒展。石刻在造型艺术上具有明显的佛教特点，技法上简拙古朴，人物神态各异，充分展示了藏族人民的聪明才智和艺术才华，不仅有很高的观赏价值，而且对研究藏族书法艺术和藏传佛教史等方面都具有重要史料价值。石经院内有一座时轮佛塔，外观奇特，风格古雅，供奉密法本尊时轮金刚，有捍卫佛法，四方平安之意。塔顶由石轮、月亮、太阳的图案组成，塔身为长方形，佛塔的基座下建有小地宫。在时轮佛塔身前，置有一巨锅，点燃的酥油灯常年不熄。每年农历四月举行一次诵经大会，每户必须来一个人参加，诵经会由 50 名僧人诵经，群众转"果拉"，场面十分壮观。随着佛事活动的增加，经院也在不断扩大，成为环湖、果洛、黄南及四川、甘南等地藏族民众经常开展佛事活动的圣地。

勒巴沟摩崖石刻　勒巴沟摩崖石刻位于玉树结古镇东 32 公里处通天河西岸的群山间。"勒巴"在藏语中是美丽、吉祥的意思。勒巴沟石刻遍布河中、草地与山崖，当地藏族民众把刻在山体上的摩崖石刻叫作"山嘛尼"，浸润在流水之中的石刻叫作"水嘛尼"，草丛间的石刻叫作"草嘛尼"。其中年代久远的佛教文化石刻有十多处，主要以佛像、菩萨、香客、瑞兽等为主，较为著名的有《公主礼佛图》《天龙八部图》等，相传是文成公主和金城公主前后进藏途经此地时留下的历史文化遗迹，另有线刻《佛诞生图》和浅浮雕《大日如来佛》等，距今约 1300 年的历史。

《礼佛图》石刻　勒巴沟《礼佛图》属盛唐雕刻造像风格，上刻释迦牟尼祖露上身立于仰莲座上，左手置胸前持一莲花，右手结施与愿印，身后有圆形火焰纹项光和拱形火焰纹龛门，上面刻有华盖。佛祖右手边刻有四个朝佛的人，依次是文成公主的侍童、松赞干布、文成公主和文成公主的侍女。松赞干布头戴吐蕃时期的塔式缠头，宽袍大袖，双手捧一只供奉用的钵碗。文成公主身披无领裘皮大氅，手捧莲花。四人神情肃穆、恭敬，显示对佛祖的无比虔诚。佛祖脚下，刻有老虎、豹、大象、鹿等动物，其意为六道众生齐来聆听佛祖讲经度化。图中人物丰满，神态安详，以高矮大小相区别：释迦牟尼像高 3.4 米，松赞干布像高 1.5 米，文成公主像高 1.3 米，她身后的侍女像高 0.9 米。

《三世佛图》石刻　勒巴沟《三世佛图》雕刻在《礼佛图》左侧不远处，一块青色石壁上，也称为"三转法轮图"。前世燃灯佛在左，今世释迦牟尼佛在中，未来佛在右。释迦牟尼的手结转法轮印，半跏趺坐在双层仰莲狮座上。画面上部有四个合十交脚菩萨像，画面左下方为四个双手合十的牛头人身或人头蛇身像，是为天龙八部中的诸天。从凿刻的技艺看，以勾线凿刻为主，造型表现形式为线描，简洁而古朴。佛图右下方有一些古藏文刻字，据此可判断石刻是一件吐蕃时期的作品。

（二）木质雕刻

木雕多见于青海地区的帐篷式、毡包式住宅，土拱或木架平顶式、堡坞式住宅，与特定地区的生活要求与文化传统相关联，在其寺院建筑、陈设、供养方面应用极多，如廊柱、梁架、门窗、斗拱及佛像、佛龛装饰、神座、供案、喇嘛塔等。从造型和工艺方面可分为两方面，即木雕、木刻。木雕主要指圆雕和浮雕、透雕等立体木雕，如佛雕、金刚、柱饰等；木刻主要以平面为主的板雕、线刻，如梁架、门窗、经文板刻及木陶范等。

建筑木雕　建筑木雕包括建筑物的表面装修与建筑环境的装饰两个方面。由于以木料做基本建材，并且强调构架的组合方式，使得每一个最细微的建筑部件都可作为独立的装饰对象。无论是梁、柱、枋，还是门、墙、檐，以至砖、石、瓦、天棚、栏杆、地板、水道，都可能作为独具特色的装饰，并进行雕刻。由于这些独立构建的材质、形状、性能众多，而造就了各种各样的装饰方式和手法，如粉刷、雕刻、打磨、拼贴、压模、绘塑等。在建筑物的装饰部位方面，屋顶装饰主要是屋脊、檐角与檐口，屋架主要是梁、斗拱与雀替，屋身较为重视门窗的装饰，台础部分则侧重于台阶的装饰。另外，栏杆、影壁、墙等处亦是装饰重点。屋脊与侧脊常以琉璃或陶制的各种模塑陶人、陶兽等座位固定的装饰方式；梁柱、枋额多以多种彩绘装饰；门、窗多用拼装雕刻的方式，而墙体则多以镌镂雕磨的手法来处理。砖雕主要用于寺塔、墓室、房屋等建筑物的壁面装饰。

家具木雕　主要是那些延续着青海地区民族特色的陈设方式与陈设物件。家具是最主要的陈设物件，它造就了整个陈设的基本布局和基本格调。从家具的品种来看，最主要的有床、榻、箱、柜、桌、椅、凳、几、架、屏。其中可分为以床榻为主的躺卧类家具，以案、桌为主的摆放类家具，以椅、凳为主的倚坐类家具，以架类屏障类等为主的室内装置、装饰用的家具。虽然家具的基本类别不多，但真正上细分起来，可以有数百乃至上千种名称与样式。

根雕　根雕艺术在民间有着悠久的历史，利用多种树木根系的自然形状，略加人工打磨点缀，使之成为具有天然美与自然美有机结合的艺术品，有摆件、花盆座架、落地灯座、挂件及花插等。青海根雕利用的原材料有沙柳、白刺根等。沙柳根呈黄、褐相交二色，具有天然生成的意象与具象；白刺根是蒺藜科灌木的枯根，呈白色根瘤，根实集中，局部瘤子圆而光滑，造型自然而奇异，稍做处理，就可成为非常艺术化的根雕艺术品。在 1987 年的全国首届根艺作品展览上，西宁的作品"金鸡独立"获得一等奖。

（三）其他雕刻

砖雕　砖雕主要以建筑、墓室装饰为主，一部分是古代的画像砖，主要是汉代特有的美术体裁，西汉后期普遍出现，主要用于豪族祠堂和陵墓的装饰绘画性雕刻，虽然材料以砖石为主，但造型和构图是绘画的形式。1982 年在青海平安县发现的汉代墓群中，出土了 134 块画像砖，内容丰富，体裁多样，具有代表性的有力士、甲骑、宴饮、神鸟、日月舞人等，是东汉文化的遗存。另外一部分是寺院建筑中的砖雕，较著名的有瞿昙寺砖雕和平安洪水泉清真大寺的砖雕艺术。还有一部分为民居的砖雕装饰，尤以湟源丹格尔古城为名。主题内容以传统吉祥图案为主，雕刻精细，表现形态生动，装饰效果华丽。

皮雕　以皮革为雕刻材料进行雕刻的一种工艺。一般选用质地细密坚韧、不易变形的天然皮革进行创作，也有部分人造皮革制品。皮雕包括皮影戏道具和皮雕画，也有具有创新性的皮雕唐卡。皮雕画是用旋转刻刀工具，在所选择的皮革上加以刻画、敲击、推拉等手法，以做出各种平面山水画或缀以装饰图案的形物，所雕出的凹凸不同层次的平面作品。皮影是中国古老的戏曲艺术，为傀儡戏的一种。长期流传在西宁市及湟源、湟中、大通、互助、乐都、化隆、民和、循化等县的皮影戏，民间又称"青海皮影""皮娃娃"，是随汉族移民而来的传承文化类型之一。皮影戏道具主要是以艺人间的师徒相承方式来学习和继承技艺，大多秉承"传男不传女"的闭锁性习惯，从选徒收徒、拜师学艺到传艺出师，师傅对徒弟采取家长式管制。在师傅教授监督下，徒弟的皮影技术由简到繁、由粗到细，逐步掌握关键性技艺。

二　塑剪与绘制

泥塑　泥塑工艺大部分用于佛教和神庙供奉造型。雕塑艺术在佛像艺术中具有重要地位，各寺院殿堂内的佛像、法王像或高僧大德身像均在显要的位置，其他壁画、唐卡、华盖、经幢等都围绕居中的佛像成为陪衬或装饰物。泥塑工艺主要分布于黄南州，是热贡艺术的主要内容，按制作方法可分为捏塑和陶制两种。捏塑，是先将黏性大的胶土碾成精末，用水稀释，加入麻、发、毛类等纤维，再将胶泥反复砸熟后根据所需造型捏制。陶制是用金属模具或木陶范制成像坯（现在使用硅胶翻制模具），然后再用石膏翻制，其后晒干加以整理加工或彩绘。这种技法常用制作大量小型佛像。如塔尔寺艺僧用红胶泥塑造的《弥勒菩萨》，造像完整，身姿自然，装饰以浮雕花枝和冠饰，大小有序，深浅有度；五官端正，手姿自然，双腿下垂自如；面部微笑，神态亲和，形象生动，显示出高超熟练的泥塑技巧①。

面塑　面塑主要体现在日常饮食的制作中。各族民众在逢年过节、敬神祭祖、婚丧嫁娶、生辰寿诞及盖房立柱等人生仪礼、生产生活习俗中也常烹制各种面食，以祈求吉祥如意、富贵平安。在独具特色的饮食文化中，制作面食的过程也是不自觉的艺术创造过程，如青海月饼、祝寿面等经常运用"红曲""姜黄""香豆粉"，分别使用了红、黄、绿色的食用色素。每逢传统佳节中秋节，妇女们大显面塑技艺。首先将麦面发酵，揉好擀成大面皮，涂上一层菜籽油，撒上红曲抹匀；再另外擀开面皮，撒上姜黄，如此三四次。再将抹有红曲、姜黄、香豆粉面饼层层叠加，卷成长卷状，切成大小适宜的面块，团起，覆盖白面薄皮；有时在面饼中还加入红糖、葡萄干等。在面团上要做的"装饰品"才是面塑技艺中的精品，最简单的装饰是彩色"面带"挽成的"菊花"，如有些地区的月饼，在大月饼中心做一蟠桃，然后上塑一条长蛇，从左盘绕，蛇头对蟠桃，以此预示多子嗣和福寿双全；有些在月饼中心捏塑一个寿字，周围作五朵牡丹图案，意喻五福捧寿；安多藏族妇女，在月饼上设计三个宝塔图案，周围镶十八朵面花，意喻十八罗汉庆三宝。这些大小不一、色彩不同、图案各异的面塑作品，几经农家妇女的揉、搓、捏，用小木刀点、切、刻、划，造型纹样精巧别致，成为民间具有审美情趣的艺术作品。这种家家户户都要进行的民间艺术活动，造就了大批制作"花馍"的能工巧匠，世代相传。

油塑　主要以塔尔寺酥油花艺术为主。油塑为塔尔寺"艺术三绝"之一。是以纯净白酥油调入各色天然矿物颜料为胚料，以柔草、麻绳、棍子等物为"骨架"塑造成的各种花卉图案、人物、飞禽走兽等造型的立体画面，被称为酥油花。内容主要是以人物、亭台楼阁、飞禽走兽、花鸟鱼虫、山林树木、花卉盆景组成的各种故事情境。如以佛教故事为题材的《释迦牟尼本生故事》，以古典神话故事西游记为题材的《唐僧取经图》，以历史故事为

---

① 马建设：《藏传佛教工艺美术》，青海民族出版社，2013，第339页。

题材的《文成公主进藏图》，还有象征我国各民族团结友爱的《民族大团结》等。各种颜色的酥油花经过艺僧们的精心堆塑雕琢，成为千姿百态、形象逼真、层次分明、立体感强、刻画细腻、绚丽多彩的艺术之花。一座大的花架上，往往要塑造几十个甚至一二百个人物组成的故事画面。其中菩萨金刚端坐安详，飞天仙女身姿绰约，花鸟虫鱼栩栩如生，人物神形兼备，每朵小小花瓣、每一片树叶的纹路、每只鸟的羽毛、每个人物的表情都细致入微，达到了巧夺天工的绝妙境界。其为塔尔寺重大的游艺民俗。因酥油遇冷即凝、遇热而化之特点，酥油花不宜长期保存，故其制作都在冬天，选择在最冷的天气、温度最低的房间制作。

剪纸　剪纸在青海东部农业区极为普遍，汉、回、土、撒拉等民族的农家妇女中都有一些剪纸能手。如逢年过节、祝寿贺喜、婚庆嫁娶、祭祀仪式时，将花卉、鸟兽、文字和装饰纹样等不同的题材剪刻成喜闻乐见的各种图案，装点环境，增添喜庆气氛。在传统题材中，飞禽走兽、福禄寿喜财、吉祥如意等内容，成为寓意、象征、谐音的主要托物寄语的表现手法，用以表达人们对生活的美好期望。随着人们对文化生活需求的不断提高，剪纸艺术适应着深层审美追求，在传统题材的基础上，将戏曲人物、民间传统、神话故事、飞禽走兽、花鸟鱼虫、山水风光、生活场景一一入画，使剪纸的内容更加丰富。

面具　面具是原始初民的精神物化形式，是一种具有特殊表意性质的象征符号和源远流长的世界文化现象。作为人类物质文化与精神文化相结合的产物，面具在历史上被广泛运用于狩猎、战争、祭祀、驱傩、丧葬、镇宅、舞蹈、戏剧等场合，起源于原始社会，最早广泛运用于原始初民的狩猎活动、图腾崇拜、巫术仪式等，进而成为民间美术的一种重要表现形式，逐渐渗入人们的审美意识中。它鲜明的个性，独具艺术魅力的造型，是原始艺术审美价值的直接体现。青海面具大致可分为宗教面具和民间面具两大类型。这种既富有宗教色彩又充满民俗生活情趣的面具，在文化和艺术方面具有双重的价值。

"瓦状"面具是民间舞蹈面具的一种，流行于同仁县浪加村，指在每年的六月会表演勒什则即龙舞时所使用的面具。其形状如同一片老式青瓦，造型类似石窟绘制的菩萨，两只尖耳高出头顶。此瓦状面具仅限于浪加村，当地村民认为"戴上脸壳就是神，放下脸壳就是人"。

"纳顿"面具是民间歌舞面具的一种，流行在民和三川地区，在每年举行的"纳顿"庆典活动表演中展示，面具舞蹈深受汉文化影响。主要有以三国故事为主的"三将""五将"，劝农奉耕、突出以农业为本业的"庄稼其"等舞蹈面具，表演内容具有崇拜历史英雄的情结，又有浓郁的以农为本的世俗生活基调。其中关、张、刘三英的面具是典型的中原汉族面具造型，"农夫""耕牛"的面具在吸收汉族风格的基础上融入了本民族的审美要求。

民间社火舞蹈面具是与脸谱相结合的面具。如乐都地区正月社火中表演的"五鬼闹判官"，本是清代地方戏《庆丰收五鬼闹判官》中的一个片段，从形式上看，已经由宋代《舞判》中的一个小鬼演绎到清代的五个小鬼，是传统"黑社火"（在晚间社火中表演节目）的重要内容。判官戴面具，五个小鬼分布画上红、黄、蓝、白、黑脸谱。这种娱神娱人的审美情趣，透射出民众对虚幻神鬼的敬畏心理，同时期盼正义战胜邪恶，达到自身驱邪除祟、祈求安康并获得心理慰藉的目的。

"羌姆"面具是藏传佛教寺院举行盛大法会、表演宗教舞蹈时戴的一种面具。形式上可分为神祇类、英雄类和世俗类。造型中眼睛的独特处理，形成了"纵目""凸目""三目"等鲜明的造型符号，具有夸张、浪漫、神秘的民族"目文化"造型特征。跳法舞时佩戴的面具，被视为"法器"的一种形式。表演"羌姆"重在深化僧侣与民众对佛教的虔诚，以弘扬佛法和宣传教义，因而羌姆面具无疑是神佛的化身，代表着某种神灵形象。制作的品种有皮、木、铜、泥、漆布等种类，尺寸硕大，造型怪诞奇特，色彩艳丽。一般分两类，一类是已进入正道而获得圣者地位的护法神祇，多为怪诞恐怖的形象，为各类智慧本尊的化身，如塔尔寺的马头明王，为观世音的自性身，造型为马头人身，形貌愤怒威猛，透着摧伏妖魔鬼障之力；另一类是受业力制约的世间神灵，如阎罗、鹿神、尸陀林主等，这类神灵具有行善作恶的密法，他们皈依佛门后，作为智慧护法本尊的助手或仆从，行护法之职。另有属于保护神的牦牛、蛇、豹、人熊等动物面具。

藏戏面具在藏语中叫"阿吉拉姆"，在藏族地区普遍流行。藏戏是中国艺苑中独具一格的地方剧种。藏戏面具是藏戏舞台美术的重要形制之一，主要有两种：门帘式和磕脑式①。门帘式面具形制为眼睛部位剪孔、其他部位绘有图饰的一块布片，表演时悬挂于脸面，替代剧中角色面部化妆，着力刻画角色的表情特征，用抽象多变的线条和具有象征意义的色彩来表明戏中角色的身份、性格和感情等，是青海民间一种制作比较灵活方便的面具样式。磕脑面具是融盔帽、蒙面于一体的面具，以泥塑为坯，采用纸浆、漆布制作而成，在造型上吸收汉族传统手法，同时呈现藏族传统造型理念。面具的色彩有不同含义，红色的面具代表国王，它不论在哪出藏戏里都是代表国王的；黄色象征智慧，是仙翁的代表；白色象征纯善，一般代表老人；还有半黑半白的阴阳面具，象征口是心非的两面派。

脸谱 脸谱是汉族传统戏曲演员脸上的绘画，用于舞台演出时的化妆造型艺术。脸谱对于不同的行当，情况不一。"生""旦"面部妆容简单，略施脂粉，叫"俊扮""素面""洁面"。而"净行"与"丑行"面部绘画比较复杂，特别是净，都是重施油彩的，图案复杂，因此称"花脸"。戏剧中的脸谱，主要指净的面部绘画。而"丑"，因其扮演戏剧角色，故抹在鼻梁，突出丑形。

第三节　建筑艺术

一　民居建筑艺术

（一）民居建筑形态与特点

建筑形态 在青海，多民族长期聚居，各民族人口数量相近，因民族文

---

① 马达学:《青海面具艺术》，青海人民出版社，2006，第5~6页。

化多元共存、外来文化与本地文化融合发展，六个世居民族都有本民族的建筑传统和建筑形式，又兼收并蓄其他民族的建筑文化、建筑技法等，熔铸出一种民族特色浓厚、融通其他民族风格的青海民居建筑。如在土族民居中的风水观点，"锅台连炕"和讲究垴墙的做法；撒拉族民居的"虎抱头"，堂屋不做内部隔断的通间做法及注重檐部精美的雕饰；藏族碉房有宽大的晒台、低矮的围墙与浓重的外部装饰等。民居建筑有庄窠、碉房（楼）、帐房等，府第数量较少，但不失精美，以藏族千户家和西宁地区的一些私家花园式建筑为代表。

建筑特点　青海民居在其空间构成、平面布局、建筑形式、构造方法上均反映出建筑特点。从空间构成和平面布局上看，遍布青海中部与东北部的庄廓建筑四四方方，与中国北方的四合院一脉相承；地处青海南缘的土木或石构藏式碉楼，底层架起、下部围合、上部敞开，有小天井与大晒台，起居室宽大、窗外开，与南方"干栏式"建筑相近。从建筑形式上看，大多深受汉式、藏式两大建筑风格的影响，地域性突出。东部农业区的建筑（包括寺院）均以汉式为主，其中塔尔寺建筑为汉藏结合式；回族、撒拉族建筑多以汉式为主但加以民族化；土族在汉式建筑中点缀少许藏式做法，如把宅院中的"中宫"做成煨桑炉或玛尼台。青海南部地区的建筑则多以藏式为主，构筑方法和外部形象均与西藏相近；海南藏族自治州、黄南藏族自治州等地建筑大多采取藏汉结合的形式；海西和黄南的蒙古族群众则喜好蒙、汉、藏三式结合。从构造方法上看，由东部农业区向西、向南，随着海拔高度的逐渐增加，建筑物的外墙越来越厚，层高越来越矮，空间划分与外开窗尺寸也越来越小；随着降水量的减少，在青海最东边的民和地区可以见到双坡屋顶，西宁等地区则是上面"可赛跑"的平顶；而随着地区人口密度的降低，建筑占地面积越来越大。从民居建筑来看，空间构成很有规律。庄廓均以"群"布置，用高墙来突出私有空间范围，用周边的房屋突出空旷院落；其内部空间以明空间处理为主，空间序列先抑后扬，以曲求伸，先由小的入口和回转曲折的门廊压缩空间，然后进入小中见大的院落并结束于正堂，形成一种水平回转、以院落为中心的空间布局。府第常常屋连屋、院套院，空间处理多以民居的构成手法为主，但比一般民居较为复杂，主要厅堂和装饰部位还大量吸收了本民族大型公共建筑的装饰手法，形式多种多样①。

结构建筑 青海地区的建筑有土木结构和石木结构两类。土木结构是外墙用夯土板筑而成，内部是木柱支撑横梁结构。石木结构就是用石块和石片砌筑外墙，墙面外斜内平，斜面收分明显，内部是木结构，以木柱支撑平顶，室内墙面也用木板包镶，"外不见木，内不见石"。土木结构的房屋用土坯砌墙或夯土筑墙。石木结构的用石片或石块垒墙，用灌木枝或石板铺在椽子上，然后上泥覆土，均为方形平顶房。如玉树地区普通民房盖三至八间，由"加孔"即厨房，"泽孔"即仓库，"然色"即客厅，"年孔"即卧室，"巴强"即堂屋，"切孔"即供佛室及"吉孔"即牛粪房等组成。其中"然色"宽敞明亮，讲究室内装饰，摆有华丽的藏柜，床上铺有藏毯，既是平时用房，也可当作会客室。除少数房屋为三层楼外，一般民房均为一层或二层楼。过去，除千户、百户、活佛以及富裕人家的房屋颇具规模和比较豪华外，一般民房都比较简陋狭小。构成房檐的"保勒"和"嘎村"体现了玉树藏式民房的独特风格。

土族民居建筑 土族的庄廓占地面积一般在250~450平方米，房屋以一层为主，部分人家将门楼、角楼或正房局部建为两层，以节约用地、丰富庄廓单调的天际线。平面布局以四合院形式居多，其中北房是核心部分，为正房，坐落于宅院中轴线上，并通过装修等手段使其更加明确、突出。其内部一般分隔为三间：堂屋居中；左侧为家庭中长辈的卧室和款待宾客的地方；右侧大多为佛室，供家人日常膜拜之用。正房一般设檐廊，形成一个半开敞家庭活动空间。东西两侧厢房为晚辈们的居住场所，南房则常作为存放粮食、农具等重要物品的库房。庄廓的四个角房是以上四者的连接体，常作为门房、厨房、畜舍、杂物库房、厕所等附属用房，以减少其对主要用房和

---

① 王绍周总主编：《中国民族建筑》第二卷，江苏科学技术出版社，1998，第218~223页。

庭院的影响。庭院正中设嘛尼台，正中竖有一高达数米的"达日加克"（嘛尼杆），上挂经幡（嘛尼旗），台上还设有小煨桑炉（百香炉）。庄廓的大门向外以正对神山、神树为吉祥，忌正对墙角、空物。土族庄廓的木构装修较为简练、规整，但墙面装修则较为讲究，内、外墙均要以白泥抹光，坚实整洁，又保护墙体少受风雨的侵蚀。在大门所在的外墙面上还有用白卵石子镶嵌出宝山图形的，以示吉祥；墙头的四角上也常放置白卵石用以避邪。大门的门楣、门框上均刻有精美的木雕图案，门上有砖砌门檐突出墙面，有的还在门顶正中挂上红、黄、蓝、白、黑五色布条经幡。

撒拉族民居建筑　撒拉族民居是以围绕清真寺为中心而群落分布的庄廓形式。庄廓由4~5米高、近1米厚的版筑黄土墙包围构成内部房屋，平面呈方形或近方形，占地多超过300平方米。房屋沿庄廓墙的内四面或三面布置，也有沿两面布置的，多为三间组，也有四间一组的。房屋为土木结构，柱梁承重，砖坯墙围护。庄廓的东南角开设大门，墙面一般高出屋面；庭院中建有花坛，种植花卉和果树。内房屋按其位置和功能主要分为北房、东房、西房、南房和果窖以及净身房、厨房、茅厕、牲畜棚等。其中北房是庄廓中的主要建筑，采用传统的"虎抱头"形式"凹"形，正中为堂屋，是接待宾客和举办家族婚丧大事的场所，两边为长辈居室，室内通常不做任何隔断。东房、西房为居室，平面多采用"一"字形和"L"字形，一般为一层，在一些人口较多或生活条件好的家庭也常建成两层。南房通常建成半开敞式建筑，房上有顶，下有不封闭的台，是农家晾晒物品之处。果窖则多建于南房地下，用以储存水果。净身房在撒拉族民居中是不可缺少的，凡礼拜、婚丧、节庆、远行时均需净身。厨房一般设在西北角房中，面积较大，内设灶台、面案、面柜、碗柜等家具和设施，布置整洁有序。茅厕、牲畜棚位置设置较讲究，一般设在东南角房中，严禁设于住人房屋的西面[1]。西面是礼拜所在的方位，礼拜时要面向西方，妇女多在家中做信仰功课，如念功、礼、斋等。

---

① 　王绍周总主编：《中国民族建筑》第二卷，江苏科学技术出版。

尕让千户家 千户是明清以来在藏族集聚地由朝廷指定任命的藏族某一地区的地方官，千户庄亦作千户家，是本地藏族地方官居住和办公的地方。今贵德县尕让乡境内的千户庄，又叫作千户庄园，是1935年由当时的千户多丹（汉族名字师登云）所建的一座典型的山地式庄廊建筑。其占地1403平方米，总建筑面积1342平方米。平面布局采用传统的汉族四合院形式，整座建筑因地制宜，建造在高低起伏的山坡上，由前后两院组成。前院为封闭型两层回廊式四合院，是千户办公、公务人员和仆人居住之处；四角较为封闭的房屋，作为厨房、库房、厕所等辅助用房。后院东、西两厢房是千户家人住所，北上房为殿堂。殿堂建造考究，是主体建筑，屋顶采用双坡瓦面，殿内设佛龛。院中板砖铺地，砖砌花池中栽有灌木型花草及松柏等树木。庄廊套庄廊，是尕让千户家的主要建筑特色。利用地形高差、在较长的矩形庄窠中间增设一道挡风横墙，把一个大庄廊分隔成前后高低不等的两个庄廊，不仅区分了建筑功能，而且增强了庄廊的防风能力，减少了房屋的热损耗，并有防火分区之功效。房屋构造基本上是采用木立柱承重为主体的木构架方式。开间一般为2.5~2.7米，房间进深在3~4.5米。每根立柱下设有柱基石一块，房间暗柱基石埋于地坪之下，明柱基石露出地面约10厘米。除殿堂外，屋面均采用横梁上架设椽条，平铺木条望板，望板上铺20~25厘米厚的草泥保温层，其上再铺10厘米左右厚的黏土，并用石滚子分层碾实压光。其坡度一般为7%，排水采用有组织的水舌排水方式，其上可用于晾晒粮食、杂物等，并可行人。建筑装饰主要采用砖雕、木雕等。

（二）民居装饰

建筑装饰 青海民间建筑最为广泛的为土木结合的木雕式建筑，装饰增加建筑的美感与个性特征，提高建筑的可识别性。雕刻基本上属建筑物附属装饰而非主题性雕塑，因而它的画面组合既要照顾构件部位工艺加工的需要，更多地还要注意题材内容的选择。按照建筑性质，根据社会道德标准，雕刻与故事相吻合，使内容与形式达到完美的统一，是建造者与创作者的共同追求。传统藏式木雕装饰题材大多是具备吉祥、风雅、道德教化的内容，造型优美的图案和蕴含的祈福内涵以及精湛的工艺，使装饰达到赏心悦目的效果，发挥了宗教和民居建筑装饰精神功能的作用。

木雕装饰　建筑木雕除木质建筑的主体用料外，主要指木雕工艺的艺术处理部分，如亭、台、廊、阁的雕饰，民居门窗的雕花，寺院建筑中的雕梁画栋等，其装饰工艺性极强。如门、窗、屋顶、门楣、柱饰、壁龛等都有特定的建筑装饰形象。民居建筑木雕结构相对精巧不会过于繁复，并且总是能体现强烈的地域特色。如藏式木雕内容、手法和造型艺术结构往往由建筑环境的需要来决定，譬如复杂的概括美化的各种符号、纹样多放在房屋院落正殿或正房的显眼位置，使内容服从于建筑整体的结构。在雕刻技艺上，门、窗、家具的雕刻装饰多采用透雕和镂空雕刻，在服从空间分割、通风等基本功能的同时，更多地给人一种变化与统一的形式美感。浅浮雕和深浮雕多用于门板、隔板、柜板及其他单面观看的装饰，紧密细致的纹样装饰同物体骨架的粗犷形成强烈对比，区别于简单呆板的艺术风格。这样从题材内容到形式，从结构形式到技巧，从雕刻技巧到民众精神追求的体现达到了木雕艺术与物体结构之间的完美统一。因藏式建筑受到宗教影响，雕刻彩绘的图案多采自宗教传说，图案复杂多变，不循官式建筑程式化、图案化的装饰方法和内容，装饰题材大量呈现民间喜闻乐见的内容。民间雕刻工匠们在动工之初，已有整体规划，特别是梁托、梁架、斗拱、雀替、檐条、月梁上的雕刻，需待雕成后方能安装。使用什么样的内容与形式，既要考虑美观，又要重视实用，不损梁柱承重功能。如大窗子下方栏板，天井四周上方的横板、檐条等，由于板薄而采用浮雕较多，雕刻内容大多是传统宗教、民俗题材。

汉藏结合式装饰　青海藏式传统的木雕刻工艺和汉式工艺没有本质上的不同，但在选材和内容上带有强烈的宗教性和地域性。藏式建筑雕刻装饰中，表现在月梁头上的线刻纹样，平盘斗上的莲花墩，屏门隔扇、窗扇和窗下挂板、楼层拱杆栏板及天井四周的望柱头等。内容广泛，多人物、山水、花草、鸟兽及八宝、博古。较为典型的汉藏结合式宗教建筑，为明代乐都瞿昙寺的建筑梁架多用料硕大，且注重装饰。其横梁中部略微拱起，故民间俗称为"冬瓜梁"，两端雕出扁圆形（明代）或圆形（清代）花纹，中段常雕有多种图案，通体显得恢宏、华丽、壮美。立柱用料也颇粗大，上部稍细。其立柱通常为梭形。梁托、爪柱、叉手、霸拳、雀替（明代为丁头拱）、斜撑等大多雕刻花纹、线脚。梁架构件的巧妙组合和装修使工艺技术与艺术手法相交融，达到了珠联璧合的妙境。梁架一般不施彩漆而髹以桐油，显得格外古朴典雅。

门框装饰 青海地区寺院和民居的院门和房门是重点装饰之一，相当于"脸面"，在建筑木雕工艺中是最具有装饰特点和体现制作工艺的地方。门的构成元素一般包括：门扇、门框、门枕、门槛、门脸、门楣、门框、门套、门头等。门饰是建筑装饰的重要组成部分之一。在门框、门楣上，多用鱼、鸟、兽等图样，并被赋予了神圣的意义；门檐上常雕刻莲花瓣、长城等图样，镶嵌有各种吉祥图案的拉手，有的在门的中缝两侧还雕有精美的图案。

二 宗教建筑艺术

塔尔寺建筑艺术 塔尔寺是青海地区著名的藏传佛教寺院，位于湟中县鲁沙尔镇，从始建、扩建、重建到现在保护性翻修，经历了400余年。保存完好的建筑主要有：宗喀巴纪念塔（大金瓦殿）、弥勒佛殿（康显）、大招殿（觉康）、长寿佛殿（小花寺）、护法神殿（小金瓦殿）、三世达赖灵塔殿、九间殿、夏日经堂、转轮金殿和祈祷筒殿等十几座殿堂。整个寺院占地8.5万平方米，总共有十八个建筑群体。总体布局以宗教教义与寺院建筑所需，兼收民居庄廓、北方园林特长而成，依靠山沟沿自然地形建造，迂回转折，左右延伸，形成一个没有围墙、多层次错落有致的"街景"建筑群。塔尔寺的塔分布在寺内各处，有入口处的八宝塔，各院落入口的门塔，沿沟壑而设的大平塔、菩提塔、镇山塔等。入口处的护法神殿是典型的藏汉兼容式建筑代表作之一，卷棚式歇山金顶、蜈蚣墙面与白色八宝塔相互衬托，是塔尔寺特有的景观。宗喀巴纪念塔是十八个建筑群中最大的一个，左右分设大招殿、弥勒佛殿，突出宗喀巴纪念塔的金顶屋面。其前面是平屋面大经堂，形成平面、坡面对比，使汉藏建筑艺术融为一体。建筑的细部装饰如柱式、体现藏式殿堂装饰的传统与明清时代汉式营造手法，同时汲取了回族浮雕、透空雕及阳雕等砖雕工艺，是青海藏、汉、回、蒙等各民族建筑营建丰富创造力的结晶。在墙体的建筑上，除墙基用石块、石条外，多用青砖或土坯，既有藏式墙体，又有园林墙体、西北庄廊墙体。外墙在装饰色彩上多施深红、黄、黑等色为基调；厅、廊多挂有白或黑色布幔，门、窗上部有彩色围幔，本身既是装饰又对建筑细部的彩绘、木刻有遮光避雨的保护作用。

在讲经院内的主要建筑九间殿的细部装饰中，殿前廊采用十根楞八楞朱红藏式柱，其上托以掌踏、鱼掌、间枋，由汉式斗拱、挑檐支撑"人"字屋顶，将藏汉两种建筑构造手法巧妙结合。殿堂和活佛府邸等建筑中广泛吸收了甘肃临夏"河州砖雕"艺术，在建筑的门饰、窗楣、走廊、照壁、墙面等处，多刻有人物、花卉、走兽等的砖雕装饰，使塔尔寺具有亦藏亦汉的风格。佛殿的门廊及大厅的梁柱结构均为藏式托木结构，或称藏式主梁结构，形式独特，木雕装饰精美。室内供奉各种佛像，悬挂各色帷幔经布，幢、幡、堆绣、唐卡等。经堂内部空间显得富丽堂皇而不失宗教高古神秘氛围，庄严肃穆而充满禅修幽思，在体现使用格局的同时，强调净土与凡尘精神空间上的联系。

大金瓦殿是塔尔寺的核心建筑，位于全寺正中，建筑面积为 456 平方米。藏语称为"赛尔顿钦莫"，意为至上金瓦的意思，是塔尔寺最为庄严富丽堂皇的建筑物。殿内正门悬挂着乾隆皇帝御赐的金匾，匾额题字为"梵教法幢"。殿内供奉着宗喀巴大师降生地莲聚宝塔，亦称大银塔。大银塔内部藏有旃檀树和宗喀巴的自画像，塔上有一龛，内塑宗喀巴像，塔前陈放有各式酥油灯盏，银鼓号角，玉炉金幢。大银塔初建于明洪武十二年（1379 年），先有塔，后建殿。600 年来多次改建，始具现在规模。大金瓦殿为三层歇山顶藏汉合璧殿堂，面宽七间，进深六间，通高 15.6 米，鎏金宝瓶 3.9 米。为保护莲聚宝塔而建，木结构比较特殊。莲聚宝塔高 11.7 米，塔座底面 5 米见方，故而大典中心三间用减柱法留出巨大空间来容纳宝塔。在塔与殿的空间处理上既不拥挤，又不空荡，给人以试掘合度的舒适之感。二层的藏式方柱安有栏杆，形成回形走廊，可以瞻仰塔身佛龛。三层歇山顶梁架为七棱大木，七架梁和随梁断面较大；藏式梁柱结构复杂，木料用量很胆大，雕刻精美且彩绘描金，十分壮观；门窗装修则为汉式，做工精巧。棋盘式藻井与塔刹上下对称，俗称天罗伞。大金瓦殿墙体厚 1.7 米，下肩用规整的花岗岩条石砌成，坚固耐久，隔潮防水。墙身用绿色琉璃砖饰内外墙面，外墙面四角做角柱，墙心和四个岔角用彩色雕刻图案的琉璃砖拼砌而成，墙心内容为佛教故事。碧绿的墙面上分布着有规则的鎏金交金刚杵饰件，起到加固墙体的作用。二层墙体采用藏式边麻墙装饰，边麻墙上装饰有 16 面鎏金铜镜。三层歇山顶和二层屋檐面全部是鎏金铜瓦，正脊中间安有高 3.8 米的鎏金吉祥宝瓶，正脊两端安有两队喷焰摩尼，俗称"火焰掌"。金顶垂脊和戗脊则不装饰垂兽、截兽，而是在四个戗脊端头安上鎏金鳌头，形似龙而又长鼻，藏语称为"曲森"；二层的四个戗脊端头安有鎏金卷云装饰，与三层的鳌头装饰显然不同。大金瓦殿是古建筑中的瑰宝，也是汉藏僧俗和工匠智慧的结晶[1]。

瞿昙寺建筑艺术 瞿昙寺地处乐都南山地区瞿昙乡，为全国重点文物保护单位。是一座中国西北地区保存最完整的明代汉式建筑风格的藏传佛教寺院。始建于明洪武二十五年（1392），由藏族高僧三罗喇嘛主持修建，朱元璋赐名"瞿昙"金匾，故为"瞿昙寺"，距今已有 600 多年的历史。永乐帝、洪熙帝和宣德帝先后下过七道敕谕。永乐帝派遣御用太监孟继等 4 人奉旨修寺，并调集宫廷匠师专门建造，至宣德二年（1427）建成。占地面积 2.8 万平方米，建筑面积约 1 万平方米，整个寺院依山傍水，高低错落有致。全寺共有三个院落，建筑布局为前、中、后三进院落，由山门、左右碑亭、金刚殿、瞿昙寺殿、宝光殿、隆国殿、护法殿、三世殿以及左右回廊、钟鼓楼等

---

① 张君奇:《青海古建筑图论》，青海人民出版社，2015，第 26 页。

主要建筑组成。其中，中院和后院周匝廊庑，回廊封而不闭；前区基本呈汉地佛寺"伽蓝七堂"格局；后区的隆国殿，两翼有呈向上朝拱之势连缀抄手斜廊，大钟楼与大鼓楼对峙左右，明显仿自明代北京紫禁城的奉天殿（太和殿）和两翼抄手斜廊以及文楼（体仁阁）、武楼（弘义阁）的布局意象，有"小故宫"之称。瞿昙寺建筑年代久远，有着极高的历史文物价值和建筑艺术价值，堪称"国宝中的国宝"。

隆国殿是瞿昙寺最宏伟的建筑，建于高大的石刻须弥台座上，殿身重檐庑殿顶，面宽七间，进深五间。殿宇的四面环以檐廊，檐柱粗壮。两层檐下均施斗拱，上檐为单翘重昂七踩，下檐为重昂五踩，殿宇结构非常简明，檩垫枋的结点组合十分完善。其两侧抄手斜廊至今保存完整无损。大殿和两侧抄手斜廊，是以北京故宫太和殿的前身明代奉天殿为蓝本建造的。殿前左右对称的大钟楼与大鼓楼，模仿奉天殿两边的文楼和武楼（清代的体仁阁和弘义格）。从大木结构、斗拱制形到细部隔扇"蔟六雪花纹"、枋头"霸王拳"、垂脊截兽小跑、平座滴珠板、鼓镜柱基，均与故宫建筑一致。抄手斜廊属唐宋时期宫殿寺庙建筑遗制，屡见于唐宋壁画、石刻和文献中，而隆国殿两侧的抄手斜廊是国内唯一现存的实物。

贵德玉皇阁建筑群艺术 贵德玉皇阁位于贵德县河阴镇，全国重点文物保护单位。始建于明万历二十年（1592），其建筑包括山门、过厅、东西配殿和玉皇阁。山门为中柱式硬山建筑，明间中缝安通间门，两边砌墙，前后形成明廊；过厅亦为硬山建筑，面阔三间，分心四柱，前后出廊，山墙前后均有干摆樨头，樨头分下肩、上身、盘头。盘头部分砖雕精美。玉皇阁又名万寿观，属道教之观，是整个建筑群之首，誉称"仙阁插云"，通高26米，大有凌空出世、昂首天外之感。底面为正方形，基础台基高1.4米，基础台基上再砌高9.9米的砖包土来筑正台基，上起三层楼阁，一层金柱通接二层檐柱，三檐柱坐在二层匝梁上，中间四根内金柱为三层通柱。三层平板枋上安24攒五踩斗拱。整个大木结构榫卯互锁，受力合理，承压均匀，结构十分严密。每层正面枋下均安通口龙凤花板装饰，一层门两边有六幅砖雕草花，雕刻细腻。青瓦歇山顶吻兽齐全，正脊中间有三尊青狮白象驮宝瓶，显示出北方古建筑的特点，加之富有地方特色的建筑彩画，使整个建筑显得造型华美，端庄堂皇。玉皇阁三层楼阁，顶层奉"天"，立玉皇神位，中层奉"地"，立土地神位，下层奉"人"，立皇帝牌位。体现老子《道德经》"人法地、地法天、天法道，道法自然"中"天人合一"思想。

洪水泉清真寺建筑艺术 洪水泉清真寺位于海东市平安区洪水泉乡，是省级文物保护单位。建于清代初年。寺院坐西朝东，布局精巧，占地面积达6000余平方米，由照壁、山门、唤醒楼、碑楼（被毁）、礼拜殿及学房等组成。礼拜殿坐西朝东，山门门楼坐北朝南，中轴线辗转，构成总体的平面布局。其建筑均按照中国古典汉式寺形制而建，设计奇特，在建筑风格上，大量融合了汉回藏等民族的建筑艺术。寺院内的墙面、门楣、梁柱等，均有涉及宗教文化和民俗文化题材的装饰。主要是砖雕、木雕装饰，基本技法有浮雕、平雕、透雕及线刻等。从工艺技术看，大部分砖雕使用了中国传统砖雕制作技艺的"捏"和"刻"，也有"开模""打磨"的痕迹；木雕多使用了刮、凿、削、刻、铲等传统多样手法技艺，使雕刻装饰与建筑整体相得益彰。砖雕、木雕图案，既有美化建筑的功能，又有表现礼仪教化和文化传承的功能。

该清真寺装饰的题材，囊括了中国传统装饰的各种类型，均有和谐美好、吉祥平安的寓意，真实反映了当地信教民众的审美情趣。其中使用最多的是以植物花草为元素的纹饰，依据花草纹饰形态，可分为民间传统的"写实型"与阿拉伯传统装饰风格的"抽象型"两类。在"抽象型"装饰中，三角形、螺旋形、环形、矩形等几何纹样最为常见，如各种花卉植物在三角形、原型等结构框架中，用S形波线、螺旋线等形式的枝干相互穿插缠绕，并在点、线、面的合理构图中凸显阿拉伯艺术的纹样。汉族传统的写实图案装饰，如门口照壁砖雕艺术，图案很精妙，有上百个栩栩如生、不同寓意的吉祥图案，采用深浮雕处理的表达形式，构图得当，技法独特新颖。照壁正中"麒麟望凤"方框砖雕，山门房脊"凤尾挑梁""龙凤呈祥"雕刻，山门两侧影壁上"老鼠拉葡萄""麒麟伴苍松",邦克楼上的"猫跃蝶舞""兔守白菜","梅兰竹菊"花中四君子,等等,用中国画写意的"形似"与"神似"把握物象的内在神韵,追求图案的灵动而又不乏连续性和对称性,使墙面装饰与空白墙面形成对比,达到了"疏可跑马"与"密不透风"的艺术效果。主殿前卷棚左右筒子墙、八字墙及照壁等处的砖雕,是国内少见的精品。邦克楼的六角形网状窗棂、大殿的格门雕刻,全是木雕佳作。后窑殿内部壁面尤其精致,壁面全为木镶,做两部分处理:上部作天宫楼阁式,由平坐栏杆、格门、斗拱,上承天花藻井;下部为格门式屏风,格心雕有各种山水花卉,裙板雕刻寿字;最下面是须弥座,也雕满各式博古纹样。圣龛边缘,雕有卷草花纹;龛顶尖拱上部雕一硕大伞形图案,图案内满雕卷草花卉,与龛边缘花纹相连。圣龛的左右及上部,则为极光平的木板墙,全无雕饰,衬托出花纹的丰富和美丽。这些精美的木雕,绝不使用一丝一毫的油彩,均露出淡黄褐色木面,古色古香,淡雅清丽,朴素大方,是难得的艺术珍品。

礼拜殿是洪水泉清真寺最主要的建筑,歇山大屋顶,脊饰月牙、宝瓶。由前殿、后窑殿组成。前殿为阔五间、深五间单檐歇山顶,柱梁硕大;殿内有立柱24根,空间开阔,前檐木结构形制为藏式柱头托木结构,工字横梁为七踩斗拱,斗拱俯视呈等边三角形。前廊明间和次间均安四扇六抹隔扇门,廊间安两山六抹隔扇,隔扇做工极为细致。明间隔扇有六个抹头,上中下有三块绦环板镂雕吉祥八宝及卷草,上部门隔心有考究的三绞六椀百福图案。北京故宫门窗隔心均做三绞六椀雪花纹,礼拜殿门隔心在三绞六椀基础上加入蝙蝠图案,寓意百福。下部裙板浮雕"团寿",整体做工精美,匠心独运[①]。前廊两侧廊心墙作四条屏砖雕,内容为民间常见的"喜鹊登枝"、"孔雀戏牡丹"、"仙鹤莲花"和博古图案,寓意喜庆富贵长寿。前檐上嵌巨型二龙戏珠和龙戏凤木刻;大堂后紧连经堂,经堂中部突出部分挑廊,设有护

---

① 张君奇:《青海古建筑图论》,青海人民出版社,2015,第60页。

栏装饰，木刻花纹精巧细腻。经堂正中天花藻井形似"天落伞"，直径2米许，精雕细刻，通风功能极佳；经堂的屋顶采用十字脊，四周檐口参与竹节拱梁，四周小木板镶嵌成的墙裙及门窗木刻做工颇为精细。整座大殿别具一格，仿佛一个精雕细致的木库艺术宫，自然气息与人文画面融为一体，是建筑中难得的珍品。

唤醒楼建筑是塔式建筑，底层平面呈正方形，上收为六角形，第二、三层的六角脊起翘，盔形尖顶屋盖，上施月牙装饰；檐口斗拱保持着清代鼎盛时期的做法，与后来的过分装饰化、程式化不同，非常灵活，富于变化。六边形和圆形花格木窗、水磨转式勒脚、梁饰花边等，将整个建筑装点得轻盈大方。

洪水泉清真寺的山门前照壁由烧砖制成，宽11米，高约9米，厚36厘米。照壁正面用六角绣球式花瓣砖绘雕150多朵形态各异的图案组成"百花图"，据当地老人讲，这些图案是仿照锅盔馍馍的样子而做的；背面中心雕刻凤凰、麒麟图案。顶花砖砌脊，短筒瓦面，设砖制挑檐和斗拱。照壁的上下、左右侧边，拼嵌各种花卉砖饰，花叶茂盛，栩栩如生。山门的门楼呈平面矩形，面宽12米，进深7.8米。左右八字墙雕刻图案满布，前后檐廊出挑起翘，为单层歇山式建筑。其奇特之处在于木构架结构，柱上无横梁，用短挑梁替代，一边悬挑支承檐梁，一边用吊柱支承上层挑梁，使之受力平衡，从而使整个结构构成伞形空间。此结构俗称"猴子挑水"或"二鬼担山"，很有新意，是该寺院最具特色的结构形式。

西宁东关清真大寺建筑艺术 西宁东关清真大寺位于西宁市东大街，初建于明洪武十二年（1379），是全国重点文物保护单位。与西安化觉清真寺、兰州桥门清真寺、新疆喀什艾提尕尔清真寺，并称中国西北四大清真寺。寺院坐西面东，主要建筑有礼拜大殿、南配楼、北配楼、三门楼及两座宣礼塔，占地面积今12000平方米。礼拜大殿为砖木结构，属一殿一卷组合式单檐歇山建筑，面阔七间、进深五间；南楼和北楼为歇山卷棚顶四面出檐二层楼建筑，具有青海古建筑地方风格和伊斯兰建筑装饰风格融为一体的特点。

礼拜殿台基宽阔高大，有九级花岗岩拾级而上进入前廊，廊内空间阔大，两侧山墙砌有精美砖雕，每面分作九片，犹如九条花屏，雕刻有"梅兰竹菊"等花卉图案。前廊后柱之间安四扇隔扇门，隔心雕簇六菱花纹，绦环板雕花卉图案，前廊内隔扇门顶部悬挂有十余方匾额，是民国时期政要亲笔题写，赠给该寺的。卷棚顶前廊后柱与礼拜殿前柱合二为一，使两个建筑体紧紧相连。礼拜殿屋顶青瓦覆顶，瓦面曲线圆缓。正脊安花脊筒，正中安有三尊藏式鎏金金幢，这是大殿修成后由甘肃拉卜楞寺僧众赠送的，显现不同宗教信仰之间的礼尚往来，这样的式样是国内清真寺所仅有的。大殿山墙用青砖砌磨砖对缝，墙面中心堂子和四个岔角刻有牡丹富贵图案砖雕，做工精致。礼拜殿前是青砖墁地的广场，可容纳上万穆斯林在此举行礼拜活动。

第五章　民间竞技

　　青海高原多姿多彩的体育活动，蕴含着丰富的思想、感情、精神，最能直接、及时、敏捷地反映民众的心声，造就了青海人特有的人格特征。民间竞技产生的途径，或从古代军事训练的体能活动形式中演化而来，或从传统宗教信仰的祭祀庆典、节日礼仪习俗中脱胎而来，或从生产生活方式中发展而来。从某种程度上说，青海民间竞技游戏活动是青海历史文化的重要组成部分，其项目分为竞技类、娱乐类、健身类。孩童的游戏，老少的娱乐，青壮年的角力，无不体现着青海高原各民族文化中物质与精神、感性与理性的和谐统一。

第一节　民间竞技形态

一　民间游戏

　　民间游戏是以嬉戏、消遣为主的娱乐活动，以不追求体能难度、决胜欲望与竞技娱乐相区别，也不以注重心理、感官的新奇刺激与杂艺娱乐相区别，是民众在相对和缓情形下的"耍乐"。包括儿童的游戏，少年、成人共享的斗智游戏，以及成人的助兴游戏等在内的项目①，有一定规则，但不必要求高超的技艺；比试胜负，也不只是以胜负为意，而注重情感调适和身心愉悦，且游戏规则可根据游戏者的能力规定难易程度，具有调剂群众生活、培养集体精神、促进儿童社会化的功用。

（一）智能游戏

锻炼语言能力游戏　过家家、儿歌、绕口令，根据汉语的韵母特点，将若干发音相同、相近的词语组合在一起，构成绕口的句子，游戏者稍不留神或舌头翻转不灵，就会出现差错，引起大家的哄堂大笑，紧接着下一个游戏者开始学着说，乐此不疲。如"喇嘛背喇叭""红凤凰粉凤凰""金子脚""拉大锯"等游戏以培养语言表达能力，帮助训练儿童清晰的表达和语音辨识。

计算数字游戏　拍手歌，跳皮筋，青蛙跳水，剪刀、捶子、布，猜拳行令这类游戏在喊数字的同时，手或脚要做出相应的动作，考验的是智力反应与动作相协调，所以瞬间的判断力、反应力及出手的迅捷和变化非常重要。这种游戏可以培养少儿数字概念和运算能力。

想象和推理游戏　猜谜语、剪纸、解绷绷②、折纸、藏物找物、捉迷藏、瞎子摸象等都是训练人的空间思维和直觉反应能力的游戏。每至劳动闲隙或农事闲暇，在田间地头、村旁树下、茫茫牧场，人们席地而坐，随手画出棋盘，用羊粪蛋、骨头、石块、土块等做棋子，借以自娱自乐，竞赛有的以吃子为目的，有的以占位为目的。竞赛者在小小的棋盘上施展自己的才智，并在对弈中寻求乐趣，忘却烦恼，并形成了走棋的规矩。在棋艺的切磋中，人们不仅获得智勇较量的愉快，而且也是品德心性的磨砺，并对中枢神经系统的发展有良好的促进作用，能开发智力，提高思考、分析、判断、解决问题的能力。

---

①　钟敬文主编：《民俗学概论》，上海人民出版社，2004，第380页。
②　解：此处发音为 gài。

（二）体能游戏

这类体能游戏，或是群体竞赛性的嬉戏，比试技能和力量；或是个体游戏，锻炼目测力和上肢臂力。没有严格的时间限制和固定规则，注重游戏中的娱乐。河湟农业地区开展的游戏有老鹰捉小鸡、官兵捉贼、斗鸡、闪板板桥、点人机、狼吃羊、猫捉老鼠、跳年、丢手绢、跳房子、抓石子、滚铁环、鸭子挪蛋、打沙包、跳皮筋、跳房、打陀螺、捉迷藏、踢毽子等，还有打缸、甩抛尕、射箭等。草原牧业区主要开展脖颈拔、绊跤、举石头、蹬棍、拔腰、打炮儿、爬山、打尔岗[①]、打响鞭、打秋千、放鹿马、登高等。

（三）技能游戏

技能游戏是指以竞赛技巧为主要内容的娱乐项目，与体能类游戏相比，以巧见长，凭借竞赛者手脚的灵活性与协调性、制作玩具的科学性来取得胜利。有挑棍、摔土炮儿、吹咪咪、弹玻璃蛋儿、烧野火、丢手帕、跑风帽、打毛蛋、抓石头、筒鼓、挑作若、合尼瓦日、抢作若、路路套、大作若、踢毽子、丢钱、抓羊、碰鸡蛋、掰手腕、荡秋千、阿玛哈勒、打岗儿、转毛蛋、打车轮与翻跟头、打猴儿、立马桩、撞个与弹骨、娘娘轿与翻油饼、瘸房房、鸽子放飞、翻油饼、翻架操、舞辘辘、公驼捉驼羔、放爆竹、元宵节灯、堆雪人等。

二 竞技种类

赛力竞技 即以比赛力量为主要内容的竞技活动。跑跳投类有登山、狩猎、踩青、抛石、打炮儿、踢毽子、德贡、打麻鞭。角力类是指以徒手或利用一定的工具进行力量较量的项目，如较手部力量的蹬棍、斗鸡、扳羊头、

① 打尔岗：此为土族叫法，回族叫打石岗，撒拉族叫打岗。

背碌碡、抱石头，有较腰腹力量的举沙袋，还有较量全身力量的举重、拉巴牛、拔腰及各类摔跤和拔河类。各类摔跤中有回族的绊跤，藏族的北嘎，蒙古族的搏克，哈萨克族的平地摔跤、马上摔跤、穿麻袋摔跤等，各类拔河有拉巴牛、押加等[①]。

技巧竞技　玉树州、果洛州、海北州、海南州、海西州、黄南州等藏族聚居区都有着得天独厚的养马和驯马的客观条件，男女老少都有着高超的骑马技术，由此而展开马球竞技、马上特技等技巧竞技活动，有体操类、骑术类、射击类、球类及其他技巧竞技。体操类有立马桩、走高台、荡秋千、轮子秋。骑术类竞技主要指少数民族赛马、赛牦牛、赛骆驼等民俗活动。

马术竞技　马上竞技主要有赛马、骑射、马上技术、马球、套马等。赛马又分为速度赛马、耐力赛马、花样赛马和形态赛马等。骑射是比准确，如骑马射箭、马上打靶射击；马上技术有地上拾哈达或帽子、挥刀斩旗杆、骑马点火枪、马上藏身、马上翻滚、马上倒立、乘马劈刺、超越障碍、夺旗；马球是比配合，套马是比灵巧。

射击竞技　以中靶的多少评定成绩的竞赛活动，包括射击（分立势、卧势、跪势）、射箭，它以不同的距离、不同的弓号、不同的箭数、不同的发数而决定胜负。

水中技巧竞技　包括游泳、皮筏子、皮袋凫水、赛瓦。皮筏竞渡和皮袋凫水等是源于世居黄河两岸的汉、藏、回、土、撒拉等族民众为适应横渡黄河的交通需要产生的，有羊皮筏、牛皮筏、木头筏。撒拉族在皮筏和木筏的基础上，创造出叫"瓦"的渡河工具。

棋牌类竞技　青海民间棋牌类的名目因地而异。汉族民间传统棋牌类活动主要有下方、下褡裢、走和尚、走油锅、赶牦牛等多种。藏族有30多种，如排棋、六十四格围棋、手鼓棋、围王棋、六子棋、藏牌、久、加吾果久、加吾果泥、叶合拉、加吾合、岗抡木、则日久等；回族的棋方一

---

① 押加：藏族称为"押架"、大象拔河，土族称为"拉棍"，也叫腰带拔河，用绳套在颈部、肩部或腰部，以地上画线为河界，一方将另一方拉过河界为胜。

般有成方、围和尚、赶羊上山、下褡裢等；土族棋艺类有罕跃、喇嘛跃、母胡石瓦日、丢尕儿、诺颜城、牛角、吃鸡蛋、磨多裆、走窝窝、阿司苦着、四门、下油锅、下方和赶牛等；蒙古族棋类如蒙古象棋、布格、沙嘎等。这类竞技娱乐性强、雅俗共赏，从棋牌艺中增长知识和寻求乐趣。在长期的民俗文化传承中，形成了下棋的规矩如"观棋不语真君子，起手无回大丈夫"等。

武术 武术在尚勇、尚武的青海民间有着广泛的基础，形成了一些自成体系的武术套路。河湟地区流传的武术主要流派有八门拳、查拳、翻子劈挂拳、心意门等。这些流派中包括了较为丰富的徒手拳和器械类。拳术主要有弹腿、查拳、八门拳、八极拳、八门驷拳、通备拳系、劈挂、八极、番子、穆斯林八卦太极拳、环子捶、四把捶、回回十八肘、心意六合拳、回民七势、汤瓶七式、缠丝、总手等。器械类主要有阴把枪、阳把枪、张家枪、青龙刀、七星刀、何家棍、风磨棍、八合棍、子午棍、花棍、审棍、架子棍、齐眉棍、杆子鞭、青龙剑。五种剑术即伸缩剑、伸缩关灵剑、古兰剑、燕尾剑、鱼尾剑。还有祛病延年二十式、子午耙、缠丝耙、钢锏、铁尺、沙家杆子等。湟中大有山流传的民间传统武术尤以棍术著称，如进山棍、八虎棍、盘龙棍、八路条子、八仙条子，还有用生产工具做武器的梢子棍等，同时有六合枪、八门九锁枪、高家十三枪、梅花枪等枪法。

三 民间杂艺

民间杂艺是流传于民间以杂耍性表演为主的娱乐活动，包括民间艺人的杂手艺、动物表演及诸种斗戏。通常活跃在人口集中的市区、乡镇，常常是祭祀、传统节日表演的内容之一。如在祭祀仪式活动中，要在神灵的祭坛前奉献上展示力量、勇气、胆略和优美等技艺，起到娱神的效果，人们在巫师强健的体魄以及狂热的身体动作下展现的情感中，以及过程的肃穆和神奇与恐怖中，视觉和心理无时不在受到刺激，并且被巫师身体活动所表现出的美和神秘的力量所吸引。祭祀杂艺主要有插口钎、上刀山、走高台、舞狮、耍龙、打响鞭、打秋千等。

第二节　民间体育竞技

一　赛力竞技

（一）走跑跳类

登高　在青海民间，吉日早晨登山祈福活动比较兴盛。每年农历九月九登高时，登山地点选择本地易登的高山，山上有寺庙更好。有些青年人，唯恐睡着了耽误时辰，伙同好朋友，于头天夜里带上酒和"鹿马"①上山。登至山顶点燃篝火，兴之所至，还要猜拳喝几盅御寒。及至晨曦微露，东方鱼肚泛白时，登高群众已是满山遍野。如果感觉这一年时运不顺的或疾病缠身的，则一定登高，并放"鹿马"。为了让自己许的愿望能够实现，一般选择有神庙的山峰，认为这些山峰有灵性，登得越高与神灵越接近，愿望也越容易实现，等登到最高的山顶，默念祝词，右手拿上一叠"鹿马"，向天空撒去，使之向天空腾飞而去，是为"放鹿马"，求神灵保佑赐福，求个时来运转，如果放出的"鹿马"飞得越高，则表明本年内运势越旺。此外，每年的大年初一、农历四月八日、六月六等民间传统节日时，也举行盛大的登山活动，现在只要各地有庙会，附近有山，大家都去登高。青海各少数民族崇拜山神，尤其是信仰藏传佛教的藏族、土族、蒙古族，"祭俄博"，意为祭"山神、财神"。随着健身意识的提高，闲暇之时，人们便将登山作为一种健身手段。

---

① 鹿马：是比火柴盒稍大一些的纸片，上面印有长了翅膀的鹿和马的图像，背负钱币，纸片颜色有黄的，也有白的，民间喻"鹿"为"禄"，有翅膀的马叫"马黄"，故其有"禄位高升""飞黄腾达"之意。

做毽子 毽子的做法，先准备一枚"麻钱"，也叫铜钱（通宝），找一块指头宽10厘米左右长的布，对折中间用剪刀剪一个圆孔，圆孔对准"麻钱"的孔，然后裹住"麻钱"，从圆孔中穿出来，布头留2~3厘米，其余的剪掉，再拿几根羽毛穿在钱孔中，用布头包好，拿线捆紧即可。还有一种做法是，准备一块"麻钱"大小的圆铁片，一般用"垫片"，找块布头，剪出比铁片大一点的布，把铁片包在里面缝好，再剪上一段鸡尾巴上的羽毛根，一寸左右，把一头劈开，劈成三份，压在用布缝好的石块上，将其牢牢缝在石块的布中间，然在另一头塞满羽毛，最好是用色彩斑斓的公鸡毛，但最忌用鸡脖子上的毛，认为用了以后家里的锅底会穿孔。

踢毽子 毽子的踢法有多种，踢时有单踢、对踢、分组踢几种，其基本技巧有四种，即两脚向内侧交替的踢法叫"盘"，脚外侧反踢的叫"拐"，用脚尖正踢的叫"蹦"，屈膝弹毽的叫"落"。另外还常用肩、背、胸、腹、头等身体各部位与两脚配合踢出各种姿势，使毽子经久不落地，缠身绕腿，翻转自如。由踢、盘、拐、蹦、蹲落、跳等动作，组合成不同套路，比赛时有以其中单个动作的对踢计数比赛，也有成套动作的连贯比赛。裁判在旁公正执裁，精确计数，负者按规定给胜者"拾毛"，胜者以"蹦毛"体罚对方，胜者可将负者掷到脚前的毽子向左、右、前三方随意踢远，负者要接住踢来的毽子，若接不住，继续"拾毛"。同时，要求输家掷毽子的速度、方向、高低均要适度，不得有意刁难，否则加重惩罚。胜者踢空或负者用手挡住毽子可停止"拾毛"，表示如果胜者踢得不远，负者用跨跳的方式，从毽子落地处跳到胜者踢时站立的地点，表示"蹦毛"无效，可算"拾毛"结束。

打岗儿 这是河湟地区群众喜爱的传统体育活动，尤以青少年为甚。活动不受场地、器材、人数、时间的限制，每到课间或者业余时间，几个孩子围在一起，只需在空地上拣几块薄而圆滑的石头，再选一块4~5米见方的平地，竖起一块方石头或砖，当"靶子"然后在离砖三五米或10米的地方画一条线，就可比赛，画线位置根据玩乐者的体能而定。比赛时，玩乐或比赛者，先统一规定打岗儿的动作顺序，参加者统一执行。运用手、臂、肩、头、脚部位的协调动作，手拿小石片击砖。方式有侧打、正打、立打、平打等几种形式，难易程度也不一样。当一人用一种动作将石击中后，可按规定顺序换下一个打岗动作，不中者继续用原动作打岗儿，直至击中才换另一个动作。这样依次下来，先完成全部动作者为胜，胜者有权罚负者，负者则按照胜者提出的要求或事先商定的条件，为大家表演歌舞节目，或罚做俯卧撑，或刮鼻子，或抽"荆条"，满足赢家的要求。

打麻鞭　也叫打"响鞭"，是河湟地区青少年男子喜欢的一种体育活动，尤其在土族青少年中盛行。每逢中秋佳节，居住在青海大通县一带的土族和一部分汉族民众都要进行打麻鞭这种有趣的活动。"响鞭"类似赶马的鞭子，由鞭把、鞭梢、响梢组成。鞭把是一根木棍，长约一尺，粗细以手能握住为宜。鞭梢是用长约一丈粗如拇指的麻绳制成。响梢是接在鞭梢上的，长约一尺，用麻拧成，这里有一点讲究，鞭梢必须用左手拧成。民间传说用左手拧的鞭子能驱妖魔鬼怪，魔鬼最怕用左手打它。每年过了立秋，青少年们就会用麻绳制成麻鞭，在中秋节或者元宵节晚上，皓月当空之时，在家里尽力地在空中甩动，使马鞭发出清脆、响亮的声音，以示驱邪。然后相邀到村子的高处去打，小伙子们争先恐后地参加比赛。谁的鞭子响声大、响得清脆，谁就最为荣耀，可以得到别的小伙子预备的响梢，从这个村，打到那个村，清脆的叭叭声响彻整个山庄，这已成为年轻人喜闻乐见一项活动。打响鞭是靠臂力将鞭子抡开，逆时针方向旋转，然后猛地顺时针方向抽回，响鞭受到强烈的震动，发出"叭！""叭！"的清脆响声，这种游戏可以在玩耍中锻炼臂部肌肉，增强其上肢的灵活性和协调能力。

打抛儿　"抛儿"是放牧人驱赶牛羊或猎取野兽的工具。"打抛儿"在河湟地区叫"打抛儿石"，在牧区叫"乌嘎"或"古朵"。抛儿是用牛羊毛或牦牛皮制成一条软鞭，粗如手指，长短不一，成人用的长一些，少儿用的短一些，以能轮起甩开为宜。编织时，一般用毛线织成一个长8~9厘米、宽5~6厘米的椭圆形片状，放置石子之用的"抛窝儿"，再沿"抛窝儿"的两端各织一根结实的等长毛线绳，其中一根绳的尖端还编织有用以套扣手指的套环。打抛儿远的射程可达数百米，有的两山相距较近，放牧人一边漫着悠扬的"少年"，一边用抛儿互相对打。抛儿石或土坷垃呼啸飞过沟望，落到对面的山头上，激起朵朵尘埃，民间有"满把石飞过对山头，扭扭（编制的方法）抛儿打死牛"的说法。

抛儿起源 传说在唐朝初期，黄河源头出现了一头力大无穷、桀骜不驯的巨大野牛，经常侵扰草原上的牛羊畜群，搅得人们寝食不安，人们视它为"神牛"而敬而远之。当时有位年轻勇敢的吐蕃牧民，决心要驯服野牛，在追奔之中野牛逃走，突然在他眼前的路上出现了一条长达数尺的花蛇，青年毫不畏惧拎起花蛇朝飞奔的野牛抛去，花蛇不偏不倚，刚好缠在野牛粗大弯曲的犄角上，使牛惊恐不已，只好乖乖就范。后来牧民们就用黑白牛羊毛捻成细而匀称的毛线，精心编制成状如花蛇般的"抛儿"，在人的操持下，整治和驱赶畜群，成为人们放牧的好帮手。

抛儿比赛 使用抛儿时，将发力的手食指套进一头环扣内，用食指和拇指抓紧另一头，在"抛窝儿"里装上拳头大的石头，然后目测目标的距离，以手心为圆心用力甩动，当抛儿达到一定转速时，再用手腕的动作朝目标作鞭打样的抽击，同时将没有"指环"的那根绳端突然放开，石块就会沿圆的切线方向飞向目标，用皮子做的还能打出清脆响亮的响抛儿。

"打抛儿石"规则 "打抛儿石"方式有三种。第一种是比抛石的远度，侧重臂力的大小，比赛时站在规定的线上，看谁抛得最远。第二种是比抛石的准确度，侧重目测力和臂力的结合，先在几十米远处放一个标志物，然后站在线上，一个一个地投，看谁击得准。设定标靶的方法多种多样，或将四五个牦牛角叠起来，再放上一石块，击打石块而牦牛角堆不垮者为优胜；或打染成红色的牦牛尾巴；或标靶单块石头和垒成一堆的石头，再给标靶戴上"帽子"，即在标靶上再放上一个小标靶，可以是小石头，也可以是其他东西。第三种是攻击比赛，这种比赛寻求刺激，容易受伤，参与的孩子经常被打破头，成年人对孩子们玩此种游戏是禁止的，但是，男孩子们一般喜欢这种比较刺激冒险的游戏。此种比赛"抛儿"中间放的是土坷垃，而不是石头，比赛时一般分成两队，然后分开 20 几米后找掩体，喊开始后，互相攻击，直到把一方攻跑为止，这种方法没有一定的掩体地形，容易发生事故，因此很少采用此种比赛方法。

德贡 是藏族过节时常进行的比赛活动。"德"是石头的意思，"贡"就是角的意思。就是直接用石头打动物的角的比赛。把平时积攒的牛角和鹿角等，每逢过节的时候就用它们作"德贡"比赛的器材。届时村里人会带着饭食、酥油茶和青稞酒，围坐在旁边观看比赛，民众边吃喝，边看，边玩。比赛时分两个队，10 人一组，或 20 人一组。一种是选用大的牦牛角立在土堆或沙堆上，或者一个套一个，最多套七八个。套的越多，高度越高，难度就越大。另一种是把一个牛角放在距离比较远的地方，看谁打得远、打得准，技术最好的打在角尖上，次好的打在角腰上。两队分别用石头打，看谁打得准，打掉的多。记分的方式是：角尖上打中多少次，牛角中间打中多少次，牛角底下打中了多少次，然后汇总起来计算成绩。

（二）角力类

背碌碡 碌碡是青海河湟农业区人们碾场用的石磙子，用花岗岩石凿成，形状为六棱或八棱柱，两头凿有二寸见方的孔，用来安装木柄，使用时用包夹和绳索套在马、牛或者驴身上碾场。碌碡大的有四五百斤，小的有二三百斤。背碌碡活动实际上是从古代人们负重较力活动中流传下来的。大都在秋天碾麦或春节闲暇之时由男壮丁们开展。该活动崇尚体健力大者，对大力士尤为尊敬。开始前，先把几个大小不等的碌碡滚到场子中间竖放起来，参加比试和欲见高低的人整装准备。为防止受伤，一般分两个阶段进行，第一个阶段先进行夹碌碡比赛，第二个阶段进行背碌碡比赛。

夹碌碡比赛阶段有两个步骤，第一步骤是，定重赛远度，第一个出场者，根据自己力量的大小，可任意挑选碌碡，走到要夹的碌碡前，运气而动，用双臂把碌碡抱起放在腰部，待夹稳之后，就慢步前行，直到用尽全身力气行走到最远的距离放下，第二个出场的人自己选择与第一个人选择的同等重量的碌碡，以同样的方法夹碌碡，最后看谁负重走得远，谁就为第一轮胜。第二步骤是，定距离赛重量，一般以十步距离为限，看谁能夹起更大的碌碡定胜负，夹碌碡结束后，决出前几名优胜者。背碌碡比赛的参赛者是第一个阶段决出的优胜者。比赛者让民众把大碌碡合力抬起放在自己的背上，用双臂在背部夹稳，然后沿着麦场行走。有的为了胜过对方，不到精疲力竭，决不停止，直到最后，步履蹒跚寸步难行时才放下碌碡。有力大者背负数百斤重的碌碡行走数百米远才肯罢休。比试中的优胜者不但自感荣耀，而且备受人们的称赞。

抱石头 藏语叫"朵加"，属于举重一类的技巧性和力量型相结合的体育活动，多在牧区庙会、喜庆节日、劳动闲暇或赛马会上举行。正规举办的抱石头比赛，是在每年藏历正月十八日进行。在民间，还有举石求婚、求友的习俗，也有举石赌咒以求吉祥的习俗。选用重300斤左右椭圆形石头，抹上酥油，参赛者不分年龄和体重，获得优胜者皆称为"大力士"。现在抱石的比赛受举重运动影响，参照举重运动的规则，把石头分成若干重量，但参赛者仍然不分体重和年龄。

抱石规则 比赛的石头呈椭圆形，重量挑选分为150斤、200斤、250斤、300斤四个量级，在大型比赛时所抱的石头一般不涂油脂，采取先抱轻、后抱重、从易到难的办法，四个量级必抱。裁判员根据质量，打分评定成绩列出名次。但在牧区比赛时仍用酥油涂抹石头，使之滑腻不易抱住，给参赛者增加难度。因此抱石头的比赛除了力气大之外，还要注意石头的形状和棱角，讲求智慧和策略。比赛分为两轮，第一轮为原地抱大石，选手们原地双手抱起石头，当高度达到腹前时，再将石头从左或右腋下放于后背上，走完规定的圆圈后，扔石头落地，还有将石头向前或从肩部向后抛的比赛方法，以抛得最远者为胜。每人都有两次机会。第二轮为直线搬石，选手们要将大石头抱起，抱起石头后，绕场子对面大杆走一个来回，距离约十米，然后将石头放回原处，就算成功，每人有三次机会。裁判员按照抱石头的动作质量和走圈的速度，评定成绩。

抱沙袋　藏语叫"角乎"，意指举皮袋，是玉树藏族独有的一种体育活动。比赛时皮袋内装沙子，接近 300 斤重。参赛者不分年龄和身高体重，只要把皮袋举到肩上就行。具体规则是运动员在比赛中有三次试举机会，举起最重的沙袋稳置于肩上后，待裁判员发令后从起点走向终点，再将沙袋置于终点的圈中，视为成功。若沙袋置于圈外或压线均为失败。起点至终点的距离为 2 米，终点圈为 3×3 米的正方形；比赛为个人单项赛，运动员着装不限，但必须着胶鞋；比赛前一天称量体重，比赛沙袋每次增加重量不得低于2.5 公斤。参赛者若举的重量相等、次数相等时，体重轻者获胜。

拔河　拔河比赛按照形式分为单人拔河、多人拔河，单人拔河大致分为三种，一是颈脖拔，二是大象拔河，三是奔牛拔河，多人拔河分为绳子拔河和腰带拔河。在藏区，拔河比赛开展得很普遍，一到节假日各地都举行。比赛也有多种多样的方式，有颈力比赛、腰力比赛和手力比赛和全身力量的比赛。平日农牧闲暇时，在牧场上，在田间，人们相互把两条背带或腰带连在一起，以游戏的形式练习和比赛。由于拔河的基本技术、比赛规则和场地设备比较简单，也不受年龄的限制，男女老少都可以参与。

绳子拔河　绳子拔河在河湟地区常见，尤其是学校、机关单位、农村开运动会经常进行。比赛前，找一块平坦的地方，在地上画出三条平行线，距离一米三等分，作为河界，拿出拔河绳，绳子中间绑个红绳，红绳放在中间线上，两端拉直，分成人数相等几个组队，人数 3 至 15 人不等，先抽签，选择对手，拔河时，比赛的两组人分别站在两边，双手应紧握绳子、两臂略屈，将绳子通过用力臂的腋下，两手握绳的中心点在前脚的后上方。两脚要前后开立，脚跟着地，后脚的脚尖应稍向外，微屈膝，身体适当后倾。每个队有一个指挥，裁判一声令下，指挥员喊"一、二！"，大家用全身的协调用力和身体重量，把绳子拉向自己的一方。集体拔河技巧很多，若当对方用力提时，指挥员喊"压"，尽量使绳下压，不过分用劲，不让对方拉过去即可；当对方用力过后，指挥喊"一、二！"，大家以齐用力后拉，这样就能用上全队的劲。在力量分配上也有技巧，一般将高大队员放在队前，只留一名高大队员在队尾掌舵，其他人在中间，这样便于稳住绳和发动进攻。也有时将高大队员放在队尾，可以压住阵脚和增强队员信心。总之，绳子拔河是一项集体性活动，要求参赛的队员团结一致、协作配合、步调统一，来获取全队的胜利。

腰带拔河　是藏族、土族中流行的活动，由"拔河"发展而来。此项活动特别为妇女和儿童所喜爱，有时成年男子也参与。开展此项活动不需要专设场地，村头巷尾、田边地头、打麦场上，随时可以实施。比赛时，将所有参赛者分为人数相等的两组，拔时先找一块平坦的地方，地上画一条线，两组带头的人站在线两边，后面的人抓住前边人的腰带，最前边的两个人互相抓住对方的腰带。裁判一声令下，双方努力向相反的方向拉，直到一方把另一方拉过规定的界限后分出输赢。

颈脖拔　颈脖拔在青海汉族、回族、撒拉族中开展得极为广泛，尤其是青少年更为喜爱。平时，在学校的操场上、生产队的场院中、放学回家的路上，到处都可以看到他们活动的情景。比赛在两个体重、身高基本相同的对手间进行。参赛的两人相对端坐地上，伸直双腿，双脚相蹬，各自双手叉腰或放在双膝上，用布带作环，套在彼此的脖颈上。随着裁判员一声令下，各人用脖颈使劲，争拉对方。如果一方被拉得臀部离开原地或者屈膝歪倒，或者布带中心线编向对方判输。颈力比赛对锻炼颈力、背力、臂力都有很大好处，而且不受场地、器械的制约。

格吞　在藏区也有类似的拔河方式，藏语叫"格吞"，意思为"把带子套在脖子上拔河"。比赛前，取下束衣腰带，两端打结，然后在地上画两条平行线作为河界，双方各自套在脖子上，两人相对站立，双手叉腰，裁判一声令下，头便向后仰，用全身力气拔，直拉得一方越过分界线，才算决出胜负。"格吞"可采用面对面、背对背、站式、跪式、卧式等多种方法。

大象拔河　这是藏族模仿大象动作而进行的传统体育活动，比赛一般在两人之间进行。相传格萨尔王在攻打达惹、罗宗国后返回途中，发现了上千头牦牛，便采取拔河方法来分配，这一活动就逐渐流传了下来。比赛器械是一根长 8 米左右的绳子，将两头接起成一绳圈。比赛时，在地画两条平行线为"河界"，双方各站一边，选手将一条长绸布带做成的圆环，中间系着红布标记的绳子套在脖颈上，各自向背，并将赛绳经过腹部从两腿间通过，然后趴下膝着地，布带中间红布，垂直"河"中央，背向对方，并呈大象爬状，趴在地上，蓄势待发。裁判员一声令下，两人即模仿大象姿势，两手与脚尖着地，以脚、腿、腰、肩、颈力拖动带子竭力向自己的前进方向奋力爬，运动员由于用力，太阳穴上的青筋凸起，健壮的胳膊上结实的肌肉隆起，最终以一方将置于两者之间的红色标记拉过自己一侧的决胜线为胜利。这是力量、技术、耐力、速度、意志的竞赛，无论谁赢谁输都能换来观众雷鸣般的助威。通过这种拔河，不但可以磨炼意志品质，而且对力量素质、耐力素质及全身协调用力的能力都是非常好的锻炼。

奔牛拔河　民间俗称"拉巴牛"，是青海民间在农闲、放牧的时候举行的一项传统活动。青海高原既有温顺质朴的黄牛，也有桀骜不驯的牦牛。由于拉八牛很像牛低头拉犁的样子，故得其名"拉巴牛"。藏区群众在草原上闲暇时，壮年男子便卸下套在牛身上的车套，挂在自己脖子上与牛角力，比赛谁能拉动体形庞大的公牛。久而久之，这项轻松有趣的游戏便逐渐演变成了藏区一个传统比赛项目。现在演变成少数民族的传统项目在全国普及开来，在节日期间进行比赛，能增进各民族之间的团结和友谊。拉巴牛的比赛规则和拔河大致相同。

拉巴牛已经成为民族运动会比赛项目之一，有一对一的对抗赛，有轮流进行的擂台赛，还有分组进行的集体赛。一场比赛的参赛者为两人，年龄不受限制，按体重分 55 公斤、60 公斤、70 公斤、80 公斤级和 80 公斤以上级等五个级别进行，每场比赛均采用三局两胜制。比赛时间一般也不受限制，但在一局比赛中，如遇双方相持达一分半钟不能决出胜负，就暂停比赛，休息一分钟后重新比赛。比赛方式既有背向而拉的形式，也有面对面的拉法，还有单手侧向的拉法。比赛时，运动员要着民族服装，胶底鞋，双手不能增加任何辅助器材。比赛前，选一块平地，先在地上画两条平行线作为河界，中央又划一条中界，准备一条长约 4 米的绳子式布带并两端打结，如绳子长一些，两人或两组人背对背分别扶起绳子的一头，套在双方的肩背上，绳子中间系一红布为标志，垂直于中界。双方侧面而立，赛绳拉直，准备就绪，听到比赛开始的口令后，两人用力互拉，选手们有条不紊，开始发力互不相让，手脚并用向前，直到一方被拉得越过分界线为止。以后，又换场地再拉，决出胜负。有时，绳子短一些，就由两人对抗拉动，有的还用腰带、木棍或徒手拉，拉得一方行走一步就见分晓。

拔牛棍 这是土族青少年喜爱的一种传统体育项目，盛行于互助、民和、大通土族集聚区。类似于两人拔河比赛，但比拔河简单。比赛时，首先双方面对面坐在平整的地上，双方用手横握一根二尺多长的木棍，然后伸直腿彼此蹬住对方的双脚脚掌，双脚互相顶住，使劲全力用力拉动手中的棍子。比赛规则要求下肢膝关节处伸直，不得弯曲，双腿不许分开；上肢可以弯曲，如一方将另一方拉得臀部离地，就算胜出。一般是三局两胜或五局三胜评定输赢。这项活动最大健身优势在于训练柔韧性，对人们的腰部、腿部、臀部的肌肉锻炼均有良好作用。

蹬棍儿 蹬棍儿是撒拉族民众喜闻乐见并踊跃开展的传统体育活动。比赛时双方坐在平地上，两腿向前平伸，脚掌互相顶住，两人双臂伸直，共同用两手横握一根 70 厘米长的木棍，开始用力对拉，要求膝关节不得弯曲，看谁先将对方拉得臀部离地。以三局两胜、五局三胜评定胜负。不过其间要互换位置，蹬棍儿一般都是轮流上阵，看谁最后稳操胜券，保持不败。

（三）摔跤类

藏族摔跤 藏语叫"北嘎"，是力量、技巧、灵敏、意志的比赛。分为固定式、自由式、背抵背和马上摔跤四种形式。各大寺院凡遇到宗教法会或民间重大节日，都要举行摔跤比赛，摔跤选手多为大活佛在僧人中培养的专业选手。比赛一般在直径 10 米的圆形摔跤垫、草地或沙地上进行，参赛者赤脚上阵，以个人为单位，不受年龄和体重的限制。比赛时双方先用棉布或绸子腰带束身紧腰，相对而立。由裁判检查松紧程度后，双方各自抓住对方的身后腰带，用自己的左前胸紧贴对方的左前胸，双方头颈错开，当裁判哨声鸣响后，竞赛双方抢抓对方腰带，并把握住对方腰部以上部位，通过摔、拉、起、提等动作，使对方肩背着地者为赢。

藏族摔跤规则　摔跤有"活跤"和"死跤"之分。"活跤"没有过多的规定，双方抢抱，抓住对方腰带，可用手、脚及勾、绊技术，将对方摔倒在地即为赢。"死跤"则是双方抱定后开始，不准用脚、腿绊对方，只允许用臂力、躯干之力将对方摔倒，直至对方躯干着地方才为胜。若有一人被摔倒，就为一"绊"结束，连"绊"三次，以二为胜。胜者可与观众中不服气的人再摔，叫"打擂台"。如今，藏式摔跤被正式命名为"北嘎"，是全国少数民族传统体育运动会中摔跤类竞赛项目之一。比赛按体重分为52公斤、57公斤、62公斤、74公斤及90公斤五个级别，分个人赛与团体赛。个人赛以个人所属级别内竞赛所得成绩确定名次；团体赛以每个团体所有被录取名次的运动员成绩总和来确定名次。比赛采用循环制或淘汰制。运动员的年龄不受限制。比赛时，选手们必须身着藏族跤衣，系腰带，双方运动员必须要一手在前、一手在后；或双手在背后握抱，抓好对方腰带，方可进行比赛。运动员靠腰、臂之力，提起对方将其旋转摔倒，也可用脚绊或蹬踹对方。运动员肩、背、腰、臀、髋、头、体侧任何一个部位着地即为负。比赛采用三局两胜制。

蒙古族摔跤　摔跤是蒙古族民族十分喜爱的一项传统体育活动，此运动流行于海西地区，是蒙古族那达慕中的主要内容之一，和赛马、射箭一起，被称为"男儿三项游艺"，在重大喜庆节日和祭祀时都要进行。蒙古式摔跤同其他摔跤一样，要求运动员手、腰、腿部动作协调配合，在对抗中充分显示自己的力量和技巧。从事摔跤运动能增强体质，发展力量、灵敏、速度、耐力等身体素质，并能培养人的机智、勇敢，顽强等意志品质。参加的人数不限，但参赛人数必须是2的某乘方数，如32、64……512、1024等。比赛时，先由族中德高望重的老者安排比赛对子，并负责裁判。摔跤手上场均有"扎苏尔"（指导）向观众介绍选手，比赛中可入场进行指导和给予鼓励。蒙古式摔跤服装颇具民族特色，摔跤衣为布制或皮制，上缀闪亮的钢钉或银钉。摔跤衣腰上系有"希责布格"（即围巾），"希责布格"用青、红、黄三色布制成，青象征天，红象征太阳，黄象征地。为了防止在搏斗中用缠腿动作引起伤害事故，也为了在大量出汗时衣服不致贴住身体，选手们一般穿用白布缝制的肥大摔跤裤，还有一种无裆的"套裤"，上绣有各民族形式的花纹。它有护腿和护膝的作用，为了防止滑倒和靴子破裂，摔跤手在激战前一般还用结实的皮条为蒙古靴或马靴加固，脖颈上套上五色绸穗制成的彩条"景嘎"，景嘎标志着获得过多少名次，名次越多，彩条越多。凡穿这种摔跤服上场者均被称为"布和"即摔跤手。蒙古族摔跤的比赛入场仪式很独特，所有身材魁梧、体态稳健的摔跤手身着金光闪闪摔跤服排成行，腰胸挺直，两臂平伸，慢慢地随身体上下摆动，犹如雄鹰展翅，格外矫健，伴随祝词和掌声欢跳到主席台，双手拍在膝上作鞠躬礼。两个选手出场前，双方都有歌手高唱挑战歌。歌声起，双方运动员跳跃进场。出场跳跃高而快，时间长，是激烈赛前的准备活动，收场跳跃慢而放松，是对人体很好的整理活动，跳跃有狮子舞步、鹰舞步和车轮等形式。三唱之后，双方摔跤手两手扶在单腿跪地的两名助手肩上，裁判员发令后，双方握手致敬，摆出虎蹲姿势，相扑争斗，盘旋相持，腿膝互击，各展扑、拉、甩、绊等技巧。只要一方膝盖以上任何部位着地即为败。双方扶起来，双双跳着多姿的舞步到主席台前报记名次，并随手抓一把桌子上的干果边吃边向天空和人群抛撒。一般采取单淘汰制，负者不再上场。优胜者受奖，被誉为"赛音布和"（英雄摔跤手）。胜者将得到奖励，受到人们的称赞。连续两年获得冠军者，将获"巨人"称号，以下按名次可得"雄狮""大象""雄鹰"称号。

哈萨克族摔跤 柴达木地区哈萨克族摔跤有平地摔跤、马上摔跤和穿麻袋摔跤等形式。摔跤前，双方头上各系一块红绸子，以示威武。开始后，双方不受时间限制，直至一方将另一方摔倒，而且对方肩腰一齐着地才算胜利。马上摔跤是指比赛的双方各自骑上马，待马走近时，两人在马上相互交手，用手角力，反复撕拉，直到把对方拉离马鞍，摔在地上。参与这项活动的选手，不仅要有力量，而且要同自己的坐骑配合默契。马上摔跤通常采取"打擂台"方式，一人败阵，不服气者又挥马上来参战。有的连胜数人，但更多的是连战几个回合不分胜负。穿麻袋摔跤是哈萨克牧民中非常普及的运动，男女老少都很喜爱，一般在节庆期间进行。比赛时比赛者把双腿套进麻袋或皮口袋中，袋口用绳子系于腰间。这种摔法，限制下肢活动，只能靠上肢用力把对方摔倒。既要保持身体平衡，又要摔倒对方。这种摔法，多在绵软的绿草地或松软的沙土地上进行，以防摔伤。

绊跤　绊跤比赛有两种方式，一种是一对一的决斗，另一种是多人混战。绊跤类似中国式摔跤，但比摔跤随意，规则也少。绊跤是河湟地区回族、土族及撒拉族群众喜爱的运动。不需要任何器械，随时随地可以进行，因此在劳作之余可以在田间地头进行比赛，吃晚饭后也可以在村头空地中摆开架势较量一番。绊跤场所一般选择在平坦而光滑的空地，参加人群一般以男青年为主，有时中老年人也参加，平常绊跤一般不举行正规的绊跤仪式，也没有严格的规则，不穿特殊的服装，其比赛规则也比较简单，绊跤比赛时一般都请一个裁判。裁判发出"准备"口令，参加比赛的两人出场，面对而立。裁判员发出"开始"口令，双方用双手分别抱住对方的肩部或腰部，用腿"使绊子"以绊倒对方。绊跤比赛不限时间，膝、臀部或背部先着地者为负。一般采用三跤二胜制，有"花花搂腰，一绊三跤"的说法。

绊跤规则　最常见的绊跤方式是一对一的决斗，两人抱成一团，竭尽全力脚绊抱摔，想尽办法将对方摔倒，通常是较为自信的人，走到绊跤场地叫阵，觉得可以和他对阵的人，自告奋勇前去和他比试，或者在场的人推荐一个人前去对阵，如果上去的人败了，就主动退下阵来，如果上去的人获胜了，那么原来叫阵的人要主动退下阵，获胜的人继续叫阵，直到无对手为止。赢了的人能获得大家的尊重和认可，未成婚的小伙子，也能受到姑娘们的青睐。混战方式不分阵营，两个人一组，绊倒一人后，再绊另一个获胜的人，大伙儿绊成一团，直至绊倒最后一人，余者均被淘汰出局。此外，还有车轮大战式绊跤，一般由两个村庄的孩子玩绊跤，先将参赛者人数定好，双方各出一人，决出胜负，输的一方再派选手出场对战上一局的胜者，直至将对方完全击败或被对方完全击败为止，输了的村庄的孩子们以后在路上看见胜了的村庄的孩子一般也绕道走，等下次车轮大战时赢了，就可以趾高气扬地走过去。

（四）拔腰类

拔桩　这是在河湟地区十分流行并广泛开展的传统体育活动，青年人互相两手拔腰而斗力，有如鲁智深倒拔杨柳树之状态，故谓之"拔桩"，看谁能将对方"拔"起，以双脚离地的一方为败者。类似于摔跤，但较为随意简单，且不用摔倒，活动方式简便易行，不受场地、器材的限制，对于锻炼人们的力量、耐力、灵敏度、柔韧性等身体素质都有益处。小至八九岁的孩子，大至四五十岁的中年人都可参与。尤其是青年男子在农闲时一般都会进行拔桩比赛，得胜者会被人们认为是健壮的青年而受到尊重，未婚青年男子还能得到姑娘们的青睐。只要两个人选定一个地方，互相抱住对方的腰就可以进行角力。比赛方式有抢抱拔桩、定抱拔桩、单臂拔桩等。

抢抱拔桩　就是双方争先抢抱对方的腰部，听到口令后，立即抢抱对方有利位置，抱住后就相互用力向上拔，首先将对方抱起的一方为胜，被抱起的一方为负。比赛时要求不准用脚勾、踢、绊对方。以三局两胜或五局三胜计分，胜者还可迎接不服气者的挑战。这种活动，不仅可以锻炼参与者的力量和耐力，还可锻炼人的灵敏度、速度以及智力。

定抱拔桩　是双方从容抱住对方的腰部，用力向上拔，要求在公平的条件下，进行力量的较量。

单臂拔桩　用单臂抱住对方腰部的拔法，此方法多见于两个力量悬殊者的拔法，一个较弱，可用双臂，力量强的用单臂。这种比赛，可以使力量强者向更高难度挑战，并容易找到比赛对手。尤其可用于力量成长期的少年儿童，男孩在 12~20 岁之间力量的发展处于敏感期，相差 1~2 岁力量就不一样。所以单臂拔桩获胜者一般会成为众人心目中的偶像。

拔腰 是农牧民群众在劳动休息时间进行的一种娱乐活动。设裁判一人，当裁判发出口令后，参加拔腰的两人相对站立并站稳脚跟，侧身各反搂住对方的腰部，一条腿伸向对方裆下，取半蹲姿势，当对方提自己时，尽力下坐，同时还要伺机提起对方。当对抗到相持不下时，必须不失时机一鼓作气地将对方拔离地面，一方的双脚离开地面时，便被认定为负方。如对方未做好准备，拔起无效。一般比赛为三局两胜，每局时间不限，中间休息一分钟。如果强手相遇，双方势均力敌，一时难见高低，在围观人们的"加油"声中，直至有一方被拔得双脚离地为止。比赛时要求不准用脚勾、踢、绊对方。这类活动方式简便易行，不受场地器材的限制，对于提高人的力量、耐力、灵敏和柔韧度等都有益处。

扳羊头 亦称扳爪，即掰手腕，是青海各族群众喜好的一项活动。有悬扳、定扳、双手扳等多种形式。这项活动富有情趣，丰富了民众的业余生活。扳羊头活动简便易行，随时随地都可开展，不受场地、人员的限制，有时两人对扳，有时多人分组扳，也有力大者一人对多人轮流扳的，一人依次扳下去，直到对手们服气才罢休。这种打车轮战式的活动方式，能显示一个人手腕力量。

悬扳 是扳羊头的一种方式，要求比赛的双方相互握住手之后，肘关节处不得依托任何物体或借助其他力量。待双方握定就绪后，同时扳动，直到一方手腕被扳倒。

定扳 是双方从容握住对方的手，肘关节可放在桌椅、石板或地面上，等双方准备好时，便一齐开始扳动。要求双方只靠手腕和小臂的力量，不准借用大臂的力量，也不准肘关节离开所依托的物体，否则判负。如双方力量悬殊，力大者可轻易扳倒对方手腕，如双方力量相当，相互用尽全部力量，也要相持一会。有时一方主动进攻，力争一口气扳倒，但另一方以守为攻，稳中取胜，有时眼看一方快被扳倒，但又被他竭力反扳过来，三局两胜后，如对方不服气，可换手再扳，直至一方心悦诚服为止。扳动过程中，双方非常卖力，有爆发力好的，一下就可制服对方；耐力好的，则以守为攻，等对方锐气过后，才从容取胜。

双手扳 是双方都用两只手掰手腕的一种方式，要求和规则与上述两种方法相同。广泛的扳羊头活动既是一种娱乐活动，又是一项增强腕部力量的传统体育活动，在青海各地各民族中均十分流行。

掼牛 掼牛是回族群众喜爱的一项传统活动，每年的宰牲节作专门表演。表演者完全靠个人的勇敢与力量，不伤牛身，灵活而巧妙地把牛摔倒。比赛时没有严格规则，主要是根据每个人的力量和技巧，在一定时间内以把牛掼倒为目的。参赛者在进行掼牛时，机智灵活，面对大犍牛，跨步向前，双手紧握两只牛角，全神贯注，用力把牛头拧向一侧，然后马上用右肩扛住牛下巴，把牛脖子使劲一别，大犍牛前脚立刻跪下，随即用力压住牛的颈部，通过拧、扛、压等一系列动作把牛掼倒在地。

二 赛技巧竞技

（一）体操类

立马桩 农村青少年喜欢打麦的场面上、草地上、果园墙边进行"徒手倒立"的活动，谓之"立马桩"。"立马桩"初学时可以靠墙或靠树倒立，技术好一些的可以头手三角倒立，技术高超的就可以手倒立走。"立马桩"活动简便易行，不受场地、器材条件的限制。在较为平坦的麦场上、草地上、田间地头均可进行。初学者依靠墙根或树干旁倒立，或在同伴帮助保护下倒立。先趴在地上，双手撑地、勾头，然后一只脚向上摆动，带动另一只脚努力向上，搭在墙上倒立就算成功了，开始时不易搭在墙上，但双脚摆动得高了，双手支撑时间就会久了，经过多次练习，慢慢就可以将双脚倒立搭在墙上了，刚开始搭在墙上只能坚持十几秒到几十秒，以后逐渐增至几分钟到十几分钟。待在墙根倒立的基础打好后，即可作头、双手三点式无依托倒立和双手无依托倒立的训练，最后在双手无依托倒立的基础上，进行倒立行走的训练，以上训练纯熟完善，则可举行倒立耐力比赛和倒立行走比赛，看谁倒立的时间长，看谁走得快、走得远。

轮子秋 轮子秋是土族民众特有的一项民间传统体育活动，又称转轮秋、车轮秋，在土语中称为"卜日热"，即"旋转""转轮轮"之意，多在各种节日及秋冬季高原农作物秋收碾完场较为清闲的季节开展，男女老少均可参与。这项传统活动的设备简单，打麦场、草坪等都可以成为活动场所。原来活动用的轮子秋是大板车上的车轮与车轴，在空地上，把木车轮轱辘卸下来后倒立起来，上面的梯子用绳子扎紧，梯子两头拴上秋千绳就可以双人、四人、八人同时转动大秋千。比赛时，两边的绳子上站或坐上人，起先让人推送转动，随着惯性转动速度越来越快。那些技术高超者能在轮子秋旋转时做出"寒鹊探梅""猛虎下山""金鸡独立""春燕展翅"等许多高难动作，以转动时间长、速度快、动作难度高，且下秋后头不晕、眼不花、能继续载歌载舞者为胜。轮子秋不仅仅是娱乐工具，而且寄托着吉祥如意、平安康乐的心愿。据土族老人讲，每年正月转轮子秋，一年之内腰腿不疼，神志清爽，吉祥如意。如今用钢管做轮盘，装上滚珠轴承外观精致的轮子秋，已成为运动会的表演、比赛项目。该表演在2003年和2007年两次参加第七、第八届全国少数民族传统体育运动会，均获表演类项目金奖，并入选2008年北京二十九届奥运会项目，同年轮子秋被国务院批准列入第二批国家级非物质文化遗产名录。

打秋千 打秋千在青海称为"打秋"，是一项深受民众喜爱的传统体育活动。既有强身健体、锻炼意志的体育功效，也寄寓岁岁平安、万事如意的美好愿望。每年正月新春或者农闲季节，利用各种条件架设秋千。或在两颗大树之间拴上绳子，就是全村人的秋千；或在自家房屋梁上拴上绳子，就是全家人的秋千。比赛打秋千是村民们春节期间的重要活动之一，以玩的花样多、技巧高而获胜。有的地方打"高秋"，即在宽阔的场地上，栽上秋千杆子，高七八米，顶端有一横杆，结以秋绳、秋板，用推送、蹬助、蹲息等方法和技巧，或单人、或双人、或四人，蹬圆秋千时，与横木几乎平行，蹬者飘飘欲仙，观者心摇神惊，是为"高秋"。在打秋千运动中不仅可以展示个人的灵敏、机智和强健的体魄，还可以展示一个人的丰姿、品格。在一定程度上，秋千架上的本领也会决定一个人在村民心目中的地位。

斗鸡 是在少年儿童中开展的一种体育游戏。斗鸡的动作是一条腿直立，另一条腿盘在直立腿的大腿部，然后用手抓住盘起的腿，直立的腿跳动，以盘起的腿的膝盖为"鸡头"互相碰撞。可以是两人，也可以是多人。集体比赛时，两队人数相等，先由两队领头人用"猜拳"办法，挑选各自的队员，然后在地上画一长方形场地，两端各划一圆圈叫"营地"，大小尺度不限。一方出人挑战，另一方派人迎战，用顶、压、闪、碰等动作攻击对方，或进或退，或躲或闪，或虚或实，双方队员有节奏地喊着"鸡儿，鸡儿斗斗吃"口令。被斗得失去平衡双脚着地者就算输了。负者还可以起来继续斗，直至三局两胜。如遇二人旗鼓相当，争斗多时不见胜负，可稍事休息，但二人盘起来的腿不准放下去，两人单腿支撑着听取场外的指导，以便改进方法，一决雌雄。两队一直斗到对方全部队员失败为止。此时，败队的队长才出马交锋，以图背水一战。一轮斗鸡结束后，负方队员每人背一名胜方队员转一圈，以示认罚；也有的让负方队员唱歌跳舞，直到大家满意为止。

（二）骑术类

赛马 青海高原盛产良马，在1980年前有条件的农户、牧民都养马。每年的夏秋季节，农业区和牧业区的草原上举办赛马会，赛马活动成为各族民众的娱乐活动和民间体育运动项目之一。按照装备，分为备鞍骑马和光背骑马；按技艺分五大类：一是赛马，有速度赛马和走马；二是穿越障碍远程赛；三是骑射比准确，如骑马射箭、马上打靶射击；四是马上比技术，有地上拾哈达或帽子、挥刀斩旗杆、骑马点火枪、马上藏身、马上翻滚、马上倒立、乘马劈刺、夺旗、套马；五是马球比团队配合。每当得到冠军、亚军之时，亲友向骑手敬酒、献哈达、搭长红致贺。年轻男女将骑手高高抬起，行好几里始止。

套马技术　套马技术是牧区蒙古族和藏族在驯服烈性马时的看家本领，这项技术高的人会受到当地人的崇拜，现在运用到体育娱乐中，形成游牧民族特色浓郁的传统体育项目，也是最激烈的马上运动项目之一。所套之马都是体型高大的烈马，如果技术不过关，容易被烈马反拉摔伤。地区不同套马比赛的规则也有差异，根据难易度，套马比赛分为骑马套马和站在地面套马两种。骑马套马又分为挥杆套马和绳索套马两种。

地面套马　站在地面套马项目危险性较小，是套马技术的初学阶段，比赛时青年骑手数人为一组，参赛选手每人手持一条十几米长的绳子，十几匹马圈在一个地方，选手们瞄准选中的马，撒出活结绳套马，技术熟练者一次就能套住马。有的地方为了安全和方便，在地面上立一个马脖子粗的木桩，进行套桩比赛，藏语叫"夏卡德"，在湟中县的却西德哇村进行的传统体育运动会中就有夏卡德项目比赛，为了增加难度，木桩换成2米左右高的气柱，在空地上气柱随风摇摆，要想套住，也非易事。

挥杆套马　骑马挥杆套马难度较大，非专业选手一般不敢尝试。比赛时，参赛者各持一长约3米的竹竿，竹竿顶扎一绳环，环的大小以能套住马头为宜。比赛一开始，先让一匹烈马疾驰，随后几十名身强力壮的选手欢呼着飞身上马，挥舞着手中的套马杆，飞驰着追逐烈马，到适当距离时即迅速挥杆将马套住，以先套住马头，并控制烈马者为胜。

绳索套马　骑马绳索套马也称打撒绳套马，原为放牧时约束马匹的一种手段。比赛时，参赛的成群骑手，手持打有活结一条十几米长的皮绳，选一匹烈性难驯之马，先令其疾驰，骑马紧追，到一定距离，撒出绳索套马，以先套住马头，并控制烈马者为胜。如果动作熟练，撒一两次就可套住，否则需十次八次地追套才能成功。当套住烈马时，骑手们一拥而上，把套住的烈马扳倒在地。套马者不仅要有很大的臂力、腰力、腿力和熟练的骑技，勇敢顽强的意志，还要有一匹跑得快的坐骑，套马比赛常常是智勇双全的骑手获胜，获胜者很受人尊敬。

叼羊（拉羊皮） 这是一种既是力量的较量，又是智慧的比赛，既比勇敢，又赛骑术的活动。每年蒙古族那达慕期间和哈萨克族的婚礼上进行叼羊比赛。传统的叼羊比赛，是用一只3岁左右山羊，去头蹄，去内脏，扎紧食道，有的在水中浸泡，以增加韧性，不易扯烂。如今，牧民们开展这项活动时，是用一张山羊皮代替，故称"拉羊皮"。参加叼羊赛者分为两队，各队头领对每个队员都有明确分工。山羊放在两队中间，由一方的一名骑手先来一个"海底捞月"，将山羊拾起，另一方的一名骑手，策马上来抓住山羊的另一端。公推的一位年长者发布口令"开始"，双方交锋，直到这只山羊被一方的骑手夺走，比赛方告结束。哈萨克族的叼羊比赛，按照风俗，优胜者把叼来的羊扔到谁家包房前，谁家就要设宴招待，唱歌跳舞助乐。婚礼时的叼羊比赛，是在男方迎娶新娘的乐队到来时，女方事先准备好一只活山羊，由几名彪悍的小伙子守护着。男方派来的勇士们要突破女方事先安排好所设的防线，将活山羊抢到马上，宰杀山羊，割下羊头，交给主婚人，以显示男方勇士们的高强本领，而后才能举行婚礼的其他仪式。

赛牦牛 赛牦牛一般由一部落发起，邀请邻近部落参加，也有闻讯从百里之外赶来参加的。受到邀请的部落立即准备，负责人召集众人群策群力，力图夺魁，选派优良的牦牛和骑手，以显示本地区、本部落的威武。赛前，骑手将牦牛精心地洗刷打扮，使牦牛全身毛色光润。在长而弯曲的牛角上扎各色彩绸，表示吉祥如意，以望夺魁。骑手多是十四五岁的少年，体轻灵巧，便于驭牛，一般头戴礼帽，身着藏胞，腰扎红带，足蹬皮靴，干净利落。比赛跑道是二三十米宽的直道，长的有一公里左右，短的有四五百米，观众分坐赛场两旁。骑手骑坐牛背紧握缰绳，待裁判挥动红旗，或鸣枪发令，众骑手蜂拥争先。训练有素的牦牛会听从主人的指挥向前疾驰，而没有经过长期训练的牦牛，听见路两边的观众呼喊声音，一下子"牛性"发作，不往前跑，而是东奔西窜，走前退后，摇头摆尾，有的原地转圈，有的快到终点了便停滞不前，甚至掉头往后跑。赛牛场上的观众看到赛牛的萌态和骑手焦急无奈的样子，常常捧腹大笑。牧民们常说"赛马看技术，赛牛看笑话"，赛牛给人们带来了欢乐。

赛牦牛源起　牦牛是青藏高原特有的不畏高寒的动物，蹄质坚实，善于爬山越岭。既有黄牛吃苦耐劳、善于行走，又有水牛般力大负重的优点，牧民们亲昵地称它为"诺尔"（宝贝）。玉树、果洛牧区多在节日、婚嫁、祭"俄博"等节日庆典中赛牦牛。相传藏王松赞干布迎娶文成公主时，为了显示吐蕃的强盛和友好，派遣了大批骏马组成的马队来到日月山迎亲，当娶亲队伍到达玉树后，举行隆重的欢迎仪式，在声势浩大的合卺盛典上，举行了精彩的赛马、马球（击鞠）、射箭、摔跤活动。文成公主因在长安时常看赛马、射箭和摔跤，所以并不怎么稀罕，背井离乡有些留恋伤感，面露惆怅。可是赛马之后，出现了赛牦牛的震撼场面，看见执拗、憨态可掬的牦牛把骑手弄得洋相百出时，公主忘却了愁苦，露出了喜悦的笑颜，松赞干布看在眼里记在心上，定下了每有赛马之后要举行赛牦牛活动的规程。比赛争得第一名的很风光，骑手和牦牛都要披红挂花，祝贺得胜光荣，主办者向得胜者颁发哈达、绸缎、布匹，或牛、羊、砖茶等奖品。

选赛牛　进行赛牦牛比赛前的头一年春末夏初，在整个牛群里选拔力大体壮、腕高体健、性子鸷烈、食草量大，并善于疾驰的优质牦牛二至三头，培育成参赛之牛。凡中选之牛，一般在耳朵梢穿孔，然后在孔里系上有色布帛，作为识别标志，或在脖子毛上辫上彩色绸布，当作记号。赛牛一律扎上鼻圈，便于单独豢养。骑手们给参赛之牛加喂麸皮、麻渣，为了增强体质有的还加入豆类、青稞等。夏秋两季，每隔十天半月，还将牛牵入河中洗澡洁身。骑手们把乘骑锻炼赛跑作为每日早晨的必修课长期训练。

赛牦牛规则　民间的赛牦牛活动主要是赛跑、赛速度，并比赛骑手的灵巧勇敢、驾驭牦牛的能力。其比赛规则，类似现代的竞赛。赛前，为了给骑手助威壮胆，亲朋用龙碗敬酒三盏。赛牛之日，男女老少身着节日礼服，集中在赛牛场上。比赛分预赛、决赛。赛前，赛手自由组合，或三人一组，或四人一组，分若干组，采取淘汰赛。并推举两位德高望重的人，一人在起点发号，一人在终点定名次。由仲裁集合骑手点名，区分各代表队队员，进行分组，同一队的一般不在一组，各队人数均等。先参加预赛，并从每组中选出同样数目的优胜者，进行决赛。决赛时，人牛都不能更换，否则取消比赛资格。决赛中获胜的选手，被终点的观众举起上抛，牦牛也披红戴花，以示祝贺。无论胜负只要骑手跑到终点，家属及亲友连忙上去抓住牛，扶下骑手献上哈达，敬上大碗的酪醴酒。赛会举办者给取胜者以物质奖励，或牛、或马、或茯茶、布匹等，参加比赛的所有选手，都有纪念品。

赛骆驼 柴达木盆地的蒙古族牧民有赛骆驼的传统活动，一般都在喜庆节日、祭典活动中进行。在海西蒙古族藏族自治州举办的运动会、乌兰县举办的运动会上，一般都有赛骆驼项目，在正规比赛时一般距离在 5000 米以上，整个比赛别开生面，引人入胜。参加比赛的骆驼以身躯高大、匀称，四肢修长者为佳，还要经过严格的驯养，与主人要建立感情，方能上阵角逐。骆驼被誉为"沙漠之舟"，每小时可跑 15 公里以上，且可持续 15 小时之多，奔跑的耐力是马所不能及的。因此，平时牧民寻找丢失的牛羊或者追赶桀骜不驯的烈马，总是骑着骆驼在草原上追寻。

赛走骡 生活在湟水谷地的各族民众，有在重大节日上举行赛走骡活动的传统。比赛时，要求骡子必须要快走，而不能大跑，即前后腿蹄不能同时腾空奔跑，如有发现，就算犯规而取消资格。每个骑手不断调整走骡的步伐，时而疾骡奋力，时而稳健前进，十分注意骡子行走步伐的规律。开始时在几百米中，难分伯仲，随着距离的加长，每匹骡子速度的快慢就逐渐区分出来。优胜者得到奖赏，备受人们的拥戴，而众多骑手要向优胜者请教训练骡子的经验，以便加强自己的调教技术，提高骡子快速行走的能力。

驯走骡 骡子是马和驴的杂交种，无生育能力，具有驴的负重能力和抵抗能力，有马的灵活性和奔跑能力，是非常得力的役畜。在 20 世纪 80 年代前，民和、乐都、湟中、平安等县农户饲养专门用于比赛的骡子即走骡。参加比赛的骡子在 1 岁左右就要对其精心照料，开始调教，有的人还专门邀请善于驯骡子的能手训练自己家骡子的行走奔跑能力，尤其注重骡子快速而平稳的走势。练骡子的脚力一般是在深翻过的大片庄稼地里进行的，练就骡子较为固定的步伐；还要在麦场上摆好等距离的碌碡或其他障碍物，让骡子抬腿反复行走，还有要测定骡子快走的步伐是否平稳有力，就要在骡子的臀部摆一碗水，看骡子在行走时，碗掉不下来，水溢不出来作为标准。经过长期调教的骡子，走势非常好，一般不使劳作之用，专门供人骑乘。

（三）球类

吉韧　"吉韧"为藏语音译，意思是"手弹康乐球"，活动用具由台面和棋子组成，其台面形似台球桌面，但比台球桌面小，长宽均为 0.85 米，中间为平板，四方边框高 1 厘米，呈正方形，无桌腿，玩时置于桌上。边框一般用坚硬的桦本制作，使其不易变形。台面四角各有一直径为 3.3 厘米的小洞，洞底挂有小兜装载被打进的棋子，棋子为扁圆形共计 20 枚，大小如同大衣纽扣，其中 19 枚直径为 2.5 厘米，厚度为 0.5 厘米，棋子选不着色的桦木制成黑、白各 9 枚，红棋一枚，均一面平滑、一面刻有圆形花纹。一枚双面平滑的母球用于弹击棋子，母球直径为 3 厘米，厚度为 0.6 厘米，供双方击球时所用。所有棋子均摆于台面。因其浓厚的趣味性、较强的技巧性、简明易学和老少皆宜的特点，备受上至六七十岁的老人、下至不满 10 岁孩童的喜爱。如今，这项古老的活动依然具有旺盛的生命力，并被列为全国少数民族传统体育运动会的比赛项目。

吉韧比赛　对阵方式有 2 人单打或 2 人一组双打，比赛采取三局两胜制。开局时，台面上的棋子布局很讲究，先以白子围绕红子摆成"人"字形，再把黑子每三个成一组并成"品"字形，插入白子的"人"形空隙中，最后把剩余的三个白子分别点缀在黑子"品"字的最外面。开赛后谁先将除母球外所有白子或黑子加上红子用母球弹入四角洞中便胜一局。比赛开始，一般任意一方将母球握在手中或握空拳让对方猜手中是否有棋子，猜中者便可优先开始。双方将母球放在各自面前距台面内边 10 厘米处的两条平行线内，不可越线弹击，按规矩首先弹击白子。击球不用球杆，用食指弹击母球，使其借力击打黑、白棋或红棋，并弹入桌上四角任何一个洞口。台面上的红子只有在把自己一方八个子弹进洞后才能弹击进洞，以把自己一方全部子和红子弹击进洞者为胜出。弹击手法也分正击、侧击、反手击等多种，击子的方式有直接和间接即反弹等，弹击棋子进洞时可以选择台面上的任何球洞。在战术上对战双方各出奇招，一方弹击自己的棋子时给对方造成障碍，对方则运用多种战术绕过障碍准确弹入自己的棋子。双方都在考虑先弹击哪个棋子有利于自己再次弹击，同时给对方制造障碍。一方若未将自己的棋子弹入洞中而直接将母球击入洞中，则要取出一枚自己已弹入洞中的棋子摆在台面中间。当任意一方只剩红棋和一枚自己的棋子时，必须先将红棋弹入洞中，紧跟着推入自己的棋子才算胜一局，若最后一枚棋子未入洞则要取出红棋和自己的一枚棋子摆在中间，由对方接着比赛。如一方不慎将自己最后一枚棋子碰入洞中只剩红棋时则负于对方。在弹击棋子时手指用力过大则会击飞棋子，用力过小又弹不着棋子，掌握手指用力分寸非常重要，此项娱乐活动有利于手指的运动，能提高手指的灵活性。吉韧的台面因其质地、光滑度分为许多档次，通常使用糌粑面粉作为台面的润滑粉。吉韧的台面需要日常养护和维修，制作完全是靠手工，一般需要两周左右时间才能完成。

打蚂蚱 这是撒拉族民众普遍喜爱的一项传统体育活动。竞赛方法与棒球近似，风格独特。"蚂蚱"粗 1.5 厘米，长 6~7 厘米，两头削尖，呈枣核状，打板用木板做成，长约 70 厘米、宽 6 厘米左右，手执处宽 4 厘米，很像一把大刀。比赛时，攻守双方由 2 人及以上组队，人数相等。在场地定位后，在地上画一个圆圈为雷区，直径约 1 米。确定击板权后，由一方开始进攻，轮流将"蚂蚱"放在圆圈内的最佳处，然后用木板刃轻轻向"蚂蚱"一端一砍，"蚂蚱"必然腾空而弹起，攻手立刻再跟上一板，将空中的"蚂蚱"击向远方，防守人员迅速跑动，竭力去接"蚂蚱"，若是接住了，这位攻手就被"杀死了"；若没接住，就在原地将"蚂蚱"掷向雷区，如投入圈内，攻手也被"杀死";若掷不进雷区,攻方继续再打,就地再挥板砍击"蚂蚱",且用板子丈量"蚂蚱"从落地处到雷区的距离,累计数字为成绩。接着轮到另一方攻守,若是成绩不如对方,便告失败,受对方惩罚。办法一般有两种:让败方人员从雷区单腿跳到胜方拍击的距离点,若跳不到,就把胜方人员背到定点;让败方人员从雷区一口气呼喊着跑到指定地点,若是中途声断,亦将胜方人员背送到定点。打"蚂蚱"很讲点技巧,砍重了,"蚂蚱"会向后飞去;砍轻了,又冲向前方太远,拍板挥击不到,必须砍击到恰当处才行。

打哨棍　这是循化、民和一带回族青少年喜爱的一项体育活动,又称"打梭根"。哨棍选用一粗树枝或折损的农具木柄由青少年自己制作。选择好场地后,比赛双方在各自的赛场挖一小土坑,里面灌入水,称之为"涝坑",双方依次用木棍将"木段"打入对方的涝坑内者即为得分,入坑多者为胜。由于这项活动不需要特殊的设备和器械,随时随地即可进行。现在,打梢所用器械是一节长木棍和一节短木棒,木棍俗称"哨棒子",制作时选取较坚实的杨木、柳木、榆木、杏木树棍,截取长段作哨棍,截取短截作哨棒,哨棒长约6厘米,直径3厘米,两头呈椭圆形,哨棍或板长约80厘米。哨棍、哨棒一经选定,由双方共同使用,一般情况下不更换。在打哨全过程中打哨棍场地没有严格的要求,只要地势平坦就可以,在场地两头各挖直径12厘米,深约9厘米小坑,叫"牢坑"。双方人数相等,一对一、二对二,或二对三均可。攻方一人站在"牢坑"边,右手持棍一头向上。虎口上面留出10厘米左右一段。用下端的棍头在"牢坑"边打一下,接着说"碰牢"。然后把球放在虎口的棍前,随即抛起用下端的棍头击球。并喊"牛铆"。若是棍头击准铆球,不论击出多远,守方从落点捡起球,站在原地将球向"牢坑"掷去。攻方用棍(扳)护"牢"拦击。若击准,即用棍从"牢坑"边丈量到落点的距离,两棍算一个。攻方未能击准球或守方把球投入"牢"内,为死球,变攻方为守方。以丈量的棍数决定胜负,最后以"合哨"结束。

木球　木球是在打哨棍的基础上逐步演变发展起来的民间体育运动,哨根改为木板,"木段"改为椭圆的木球,涝坑改为球门。参赛人数有了明确的规定，场地的规划和比赛办法亦有了具体的细则。在 1991 年第四届全国少数民族运动会上，木球被正式列入比赛项目。木球场地为长方形，长 30 米（或 28 米），宽 20 米（或 15 米），场中有中线，正中画有中圈，直径 4 米，两边为边线，两端为端线，在端线正中设木球门，球门宽 1 米，高 80 厘米，并装置球门网。木球用木料制成，长度为 6 厘米，直径 4 厘米，两头呈椭圆形，球体呈红色，为皮面实心木球，也可用垒球代替。击球板用木质较硬的木料制成，长为 70 厘米，厚 2 厘米，手握部分叫板柄，宽 3 厘米，击球处叫板头，呈马蹄形，底宽 8 厘米；击球板不带棱角，板面缠裹胶布，用坚硬的木料制作为宜。

木球赛 在木球比赛中，每队穿着颜色、式样统一的比赛服装，号码明显，足穿运动鞋，双方运动员的服装颜色分明，守门员衣服的颜色要区别于其他比赛运动员的服装颜色。比赛时，每队规定 5 人，双方交替攻守以决胜负。比赛中、攻方队员努力抢、截对方的球，阻挠对方带球、传球接近自己的球门，防止对方击球入门，比赛以击球入门的多少定胜负。全场比赛时间为 40 分钟，分上下半场，除裁判同意外，上下半场的休息时间不得超过 10 分钟，下半场开始时双方互换场地。上下半场开赛及进一球后均在中圈开球，双方队员站在本方场地，不得主动触球，击球可采用击、打、拨、挡、运、停、传、抢、截等方法相互配合，防止对方发起猛烈进攻和拦截对方远球逼近本方球门。比赛中因某方队员触犯球规而暂停时要根据所犯条例，在场内不同方位判罚定位球，如任意球、角球、球门等。当球越出边线时，则由对方队员击发边线球。在特殊情况下，可由裁判员判球继续进行比赛，罚任意球一般就地进行，但防守队员在本方罚球区内犯规，判罚由对方队在球门 6 米处击"点球"。比赛双方没有守门员的设置，队员可在场内任何位置（除球门区外）做任何战术选位。比赛中对双方队员有严格的要求，特别是对击球板有特别的使用规定，击球板击球时不能过肩，发任何定位球不得"击空"，否则判由对方发球。

木球在赛场上没有一定的运行轨迹，技术复杂多变，战术多样，运动员在场上要不停地奔跑,要求肢体灵活,急起急停,眼明手快,击打准确无误。这就要求运动员不仅要有强壮的体魄、快速的奔跑能力和勇敢顽强的战斗意志,而且能充分运用娴熟的技巧和巧妙的战术配合。根据木球的特点,经常参加这项运动,不仅能促进人体各器官的功能,增强体质,而且可以培养运动员勇敢顽强、机智果断、坚韧不拔和团结互助的品质。

打毛球　打毛球是在民间"打毛蛋"的基础上发展演变的一种游戏活动,用手及转体等姿势,做出各种抛球动作。毛球由少许棉花或柔软的材料做心,外用毛线、棉线、棉纱一圈一圈地紧缠至直径3~5厘米厚捆牢,表面光滑成球形即可。但毛球在棍棒的重击下容易松散破损又不易制作,有人用镰刀顺手砍下一节木棒,以木代球,既坚固耐打又方便可行,于是,就产生了回乡民间"打木球"的雏形。"打毛球"规则比"打木球"的规则随意得多,双方商定好即可,这是一种刺激性强、对抗激烈的运动,是在身体的相互冲撞、手挥木棒的抢夺搏击中取乐。

赶牛　赶牛是在半农半牧区民间流行的体育活动。参加人数不限,"牛"是一截菜瓜大小的木块,"赶牛"的器械为一根1米长的木棒,木棒是树枝或废弃的农具,人手一根,不需要很精致,也不需要一样,用着顺手即可,然后分成两组,每组后方挖一个可以装下"牛"的坑,这个坑叫"牛圈",两坑中间画一条线,玩时"牛"放在中线上,两家围着站成一圈,头家击打"牛"后,大家开始抢,用棍子把"牛"赶到自己的"牛圈"里。在规定时间里,赶进坑次数多者为赢家。

(四)射击类

射箭　射箭是属青海民间传统竞技项目,主要在乐都、民和、同德、兴海、贵南、共和、平安、湟中、湟源、化隆、循化、尖扎、大通、都兰、祁连等各族群众流传。乐都素有"北山跑马、南山射箭"的传统,尖扎县则是"中国民族民俗射箭之乡"。藏民族英雄史诗《格萨尔王传》讲述了格萨尔王及30员大将用很多种类的弓箭降伏妖魔、除暴安良的故事,五世达赖所规定的男子必备"九术"中，射箭也位列其中。射箭比赛因各地的气候不同而比赛时间各异，有的在春节期间进行，有的在农历的二、三月份举行，或在农历四、五月份进行。牧业区只要有节庆活动，都要进行射箭比赛。

选"箭头"与射手 河湟地区民间射箭比赛时常在村与村或社与社之间进行，各族民众都踊跃参加，不分民族，获得冠军者即会得到当地民众的尊重。射箭场地不固定，各村相互邀请，以村为单位。各村各赛的射箭爱好者，必须选出"箭头"即组织者或总指挥，一般选出正箭头1人，副箭头若干名，其职责一是代表本村跟别村联系和决定射箭活动的时间；二是动员大家积极投身此项活动，负责安排射箭的准备活动，如祭祀神灵等；三是在射箭比赛中双方发生纠纷时，出面做调解等。组织队伍时，先在"箭头"的统一指挥下，选队员，村社选队员均为男性，可以是不同民族，但一般情况下，各民族都是聚居的，每个队里可能有一两个其他民族的选手，基本是同民族。射手年龄在15~60岁间。由技术熟练的老人当教练，开始训练，从站式、射箭、胸臂舒张、握弓搭箭，直到瞄准放箭等动作，都进行指导；并由技艺精湛的射手，做现场示范。两村赛前相互邀请，应邀后各自做好准备。比赛之际，双方射手首先物色好各自的"对摹子"（即对手）。射手们射箭用的一般是传统的牛角弓，拿着木杆铁簇和带羽毛的箭，靶子是用杨柳编制成的，

弓箭制作 传统上用来比赛的箭和弓都是自己制作。箭由羽毛、箭杆、箭镞组成，选用的羽毛皆是秃鹰、猫头鹰、山鹰等猛禽的翅羽，经加工长约四寸，宽约半寸，用胶水粘在箭首，使用猛禽的羽毛，而不用其他性情较温和鸟类的羽毛，象征着射出去的箭同样快猛无比；箭杆用松木、竹子等原料制成，必须要直；箭镞是用铁打制而成，一般有棱镞、尖状镞等。另在箭杆（粘贴羽毛处）下方缠有各种色彩的丝线，有的还绘有彩色花纹，漂亮而醒目。弓是传统的牛角弓，由专门的工匠用牛角、木片等为原料制作而成，上面彩绘各种花纹或图案，弓箭用牛筋制作。箭靶用土培制成，其形状上方为半圆形，下方为方形，或上方为三角形，前面用杨柳编制成的靶子，比赛时

忌女性在靶子上方站立或走动。靶高 80 厘米，下宽 60 厘米，靶心距底边 20 厘米。靶的中心插一根小木棍，名为"甲子"，有的也插在靶的上方，在甲子周围贴瓷片，小镜子等，名为"恰木"。顶上插 4~6 面小彩旗，用以醒目和辨别风向。起射线后面一两米处，分客、主两方摆放若干个茶碗大的河光石，谓之记分石，俗称"羊儿"。不远处各挖一个土坑，做命中时投放记分石之用。至 20 世纪 90 年代后，射箭用的弓箭大部分是自己购买国家制造的专用铁弓、铁箭，很少有自己制作。在比赛中，谁用的弓箭好，谁取胜的机会就大。为了取得好的成绩，富裕起来的群众也就会不惜重金购买那些射程远、力量大的专业弓箭。

射箭规则　赛前双方的"箭头"要约定好时间、地点及比赛规程等，如在甲村举行，则乙村全村 10 岁以上到 70 岁以下的男人，天一亮就穿着盛装，动用本村的手扶拖拉机、汽车、摩托车前往甲村；路途较短的，则全体步行。当乙村走进甲村的村口时，甲方派专人在村口等候乙方的到来，乙方箭头接酒后，敬佛、法、僧三宝及箭神。然后排成整齐的队伍入靶场，走在前排的人中专门有一人手举用哈达包起来的箭，其他几个人则高举已上好弦的弯弓，众人踏着坚强有力的步子，声势浩大地走进甲方靶场。此时甲方的人亦早已集合好，在村子的"嘛尼康"或其他处等候，当知对方已入靶场，逐列队前往，双方在场中相会，箭头等老一辈互道问候，商议有些规则，而众人则高声呼喊。双方分别在指定的箭靶周围跳跃一次，夹杂着欢呼声，接着双方汇到一处，分左右站开，开始射箭，首先出场的第一、第二位选手，叫"领箭"，一般选射箭技艺高超的青壮年。在比赛中的一项重要内容是，当射手命中箭靶时，在场的人都要边喊边跳，到射中的箭靶前欢呼跳跃一番，尤其是射中第五箭和第十箭时的欢呼声更大，跳跃更猛，持续时间也较长，有的互相手挽手很有节奏感地跳动。

射箭比赛　射箭时用对赛法，即甲方出一人，乙方出一人，二人为对，一人共射两支箭，次序是甲方射一箭，然后乙方射一箭，继甲方再射，乙方亦接着射，在以后比赛中，对手不变。客主双方各选两名监靶人手持杨柳枝，分坐靶子两边。比射中，每射中一箭，以举杨柳枝为信号。坐在记分石旁的公证人在命中方的土坑里及时投放记分石一枚，即赶"羊儿"入坑。比赛时双方运动员射中次数多者获胜。选手比赛时，对方选手啦啦队可以在旁边呼喝干扰，如甲方未射中，乙方皆予大声嘲笑，而甲方之人则甚感惋惜，口中不断发出"可惜！可惜！"或"哎，只差一点"之类的话。每命中一箭，本队射手大吼三声，以示庆贺和鼓励，射手本人也随着吼声向前跑去，有的甚至跑到靶前才回转，一手举弓，一手叉腰，又呼又喊，又唱又跳，表达内心的喜悦。如果射中的箭与甲子较近，本队射手还将神箭手高高举起，一步一步地抬回到起射线，情不自禁地要跳两三个来回，甚至好多人激动地把自己的帽子抛上天空，以示心头之乐。上半场比赛结束后，当场宣布两队的比分，记分人将记分石一双双地退到原地方，所退石头数便是中箭数，叫作"退羊儿"，退时，要高声喊，双方监石人在旁监视。之后，"对暮子"便向家中邀请客队箭手，各个招待处也热情款待客人。第二轮比赛时，胜者总结经验，研究战略，巩固战果。处于劣势的一方则组织力量，奋起直追。射箭进入高潮，箭手、观众都全神贯注，全力以赴。当比赛接近尾声时，神箭手上盖靶，这是最精彩的一幕。人们可以提出让神箭手射靶子上的某一点的高难度要求，每命中一箭，全场欢声雷动。盖靶后，再次"退羊儿"，宣布胜负总比分。主赛村里的村民们邀请客队的箭手们到家休息，喝酒吃饭。酒足饭饱后，客队的人起程，村里的妇女们挡住马头，还与箭手们对唱"花儿"。

射"碧秀" "碧秀"即"响箭"。射响箭是藏族的传统体育活动。其来历在藏族中有这样的传说：很久以前出现了一个十分凶恶的妖魔，经常作怪，老百姓生活不得安宁，灾难时有发生，英雄格萨尔王决心消灭妖魔，为民除害，带领部队同妖魔一直作战，但没有能够取得胜利。后来格萨尔王制造了一种响箭，在战斗中使妖魔不知所措，终于被格萨尔王消灭了。从那以后，民众才过上了安居乐业的生活。为了纪念格萨尔王的功绩，每到赛马会或者民族传统体育大会上，都要举行射响箭的活动。响箭长80厘米，箭杆竹制，尾部插天鹅羽毛，头部有木制椭圆形装置，四侧有小孔，射出后，因空气进入小孔而发出声响。比赛射程 30 米,靶场空中悬吊 20 厘米见方的靶子,靶心是活的可以脱落。参加比赛的选手,每人射两箭,一箭射中,献哈达一条,两箭都射中,则献哈达两条,两箭都失利者,罚酒一杯。

叉子枪射击　叉子枪即藏式鸟枪,是一种具有浓厚藏民族特色的重兵器,它和藏刀、藏矛被人们称为"藏兵三宝"。叉子枪就是在枪管下方装一副叉子,叉子立于枪管上可用作刺刀,叉子立于地面相当于一副枪架,可起到稳定射击、提高射击的精度的作用。从前膛装入弹丸,从后部火门引火发射。藏族在清初就已制造和使用这种鸟枪,其早已成为藏胞防身武器和狩猎工具。比赛中除立靶射击外,有难度的是骑射。选手们骑在马上飞奔,临近靶子时,拿鸟枪射击靶子。1949 年前的草原运动会上,曾有现代步枪射击赛,大都是骑射,选手要表演许多高难度的动作,如在马疾驰过程中将枪绕腰三次向靶射击,或将枪从马胯绕数次向靶射击,或在马上仰斜射击等。现在的民族运动会上有射枪表演赛,几十匹马排成长方阵出场,领队的人骑着高头大马,高擎大红旗,后面紧跟着挂弓背枪的队伍绕场一周,然后成双成对逐次出场射击。

打石靶　是撒拉族青少年最喜欢的一种娱乐活动,参加活动的人分成两组,一般每组在两人以上,人数不限,但两队必须人数相等。玩耍时,大家围成一圈,以手心手背的游戏分成两组,或者由两个大家公认的技术好的人担任队长,由队长依次挑选。然后在平整开阔土地上,用木棍画一条长为 5 米左右基准线,距此线 5 步再画一横线,为投掷线,如果掷准技术不好,可以离基准线近一些,如果技术好可以画远一些。场地画好后,双方队长以猜拳或者掰手腕"争头家",还有时,双方队长站在离基准线 30 步之外,向基准线扔石头,谁的石块最接近基准线,并且没有压线,谁就是"头家"。

打石靶规则　拿石头打石靶,如果打倒了,意为"活着",可以继续打,如果石靶没被打倒或没打中,意为"死了",就不能再打了,由"活着"的同伴帮着打,全部石靶都被打倒了,就可以进入下一节,但"死了"的同伴不能复活。如果本节内全部石靶没有被打倒,轮到下次的时候还得从本节从头开始，譬如，每队 6 个人，甲队晋级到了第二节，在第二节中总共要打倒 6 个石靶，结果打倒了 5 个石靶，全死了，轮到下次进行时还是从第二节开始，但要打倒 6 个石靶，才能晋级到第三节。

第一节是正面用手打，甲为头家，甲方的人站在投掷线外，乙方的人在基准线上立扁平的石头，有几个人立几个石头，乙方把石头立好后，甲方的人拿自己的石块用手打石靶，以打倒为准，打不倒或没打中就"死了"，这时其他打倒了石靶的同伴可以继续打没倒的石靶，全打倒了可以进行第二节，否则就得由乙方打。乙方打时，石靶由甲方的人重新立。第二节是胯下用手打，站在投掷线外，将左腿抬起来，并用右手把石块从左腿下打出去，将石靶打倒；第三节背面用手打，站在投掷线外，背向石靶，双腿岔开，用手将石头从双腿间击打石靶，将石靶打倒；第四节是用脚打石靶，晋级到第二节的一队，把手将石块放在脚面上，一般放右脚，哪只脚"顺"就放哪只脚，然后踢出去打石靶；第五节是双脚夹射，将石头用双脚夹紧，跳起来，将石头抛出来，在双脚落地的同时，用右脚将石块踢出去打石靶。还有用头打石靶的，这一节难度太大，一般很少玩。结束后，赢家将石块放在脚面上射出去，让输家用自己的石头打，若打中了就算没有事，若打不中，就把赢家者背到石头落地处。

中距离打石靶 一是手打，这是整个打石靶活动的开始，在标准线上，按双方的人数先立上石靶，一方为先打的人站在中距离线外而不能踏线，拿自己的石块打石靶，以打倒为准。若其中有人打不倒或没打中，同伙可以帮忙，全打倒了可以继续进行，否则就得由另一方打。二是单脚打，把石块放在右脚面上，踢出去打石靶，再用左脚踢射出石块打石靶，以打倒为准。三是双脚打，将石头用脚夹紧，然后尽力向前跳，在双脚落地的同时，将夹着的石块射出打石靶。四是双脚背打，双脚并立，将石块放在脚面上，然后立定跳远，跳得离标准线越近越好，这样打中石靶的可能性就越大；同时将石块从脚面上射出去，打倒石靶为准。五是前击，将石块投到石靶的前面，然后单腿跳到石块处，用脚侧踢出石块，将石靶打倒。六是后击，将石块投到石靶的后面（投出去时不能碰动石靶），然后走到石块处，背过身，用脚后跟将石块踢向石靶，脚不能碰石靶。七是腿下击打，分左右腿两个程序，人站在中距离线上，将右腿抬起来，并用右手把石块从腿下打出去，打倒石靶后再用左手将石块从抬起的左腿下打出去，将石靶打倒。八是倒背脚打，这个动作难度较大，要求人背向石靶，将石块投到石靶的后面，然后走过去用脚跟射击石靶，投石块时，如把握不准，或将石块投得极远，或石块砸在了石靶上，前者不利于射倒石靶，后者属于违例。九是额头投击，仰着头把石块放在额头上，保持石块稳定，全凭感觉向前猛力一摆，射出石块，打中石靶。十是鼻梁投击，将石头放在鼻梁上，然后射出石靶。十一是歪头投击，头向右歪，把石块放在左耳朵上，甩出去，打倒石靶，再将头向左歪，把石块放在右耳朵上，甩出去。十二是肩膀击打，将石块放在肩膀上，然后摆动肩膀打出去，左右各进行一次。十三是将石块放在右脚面上，握紧右拳，然后抬起右脚将石块抛上来，接在拳头上，再将石块从拳头上打出，打倒石靶。十四是先将石块放在右脚面上，右手五指并扰，朝前直立，将大拇指与食指平行，当石块抛上去后，接在平行的两个手指上，再将其投出去打倒石靶。十五是先将十指交叉握紧，再让大拇指对大拇指，食指对食指，小指对小指竖起，于是整个手呈马鞍形。然后将脚面上的石块抛上去，先接在两拇指与两食指之间，打出去击打石靶；再将石块接在食指与小指之间的鞍形架上，打出去击打石靶。十六是除无名指外，其余四指并拢，然后将抛上来的石块夹在拇指上，去击打石靶，再持石块依次放在食指、中指、小指上，击打石靶。

长距离打石靶是指比赛时，先打的一方站在长距离线外，不能踩线，按事先约好的打倒石靶的次数击打石靶，击倒一个算一次。玩这个动作一要准，二要狠，否则，不是打偏了，就是击不倒。最后在中距离线与标准线之间画一条线，人站在这条线后，再在标准线外画一条线（约两米远处），然后手拿石块使劲打倒石靶，并要求将石头打出两米线以外。在打石靶的全过程中，若一方能一直打下去（即使同伙中有技术不高的，另一个人补救过来了）最好，若在哪个程序上一次打不下去，就要让另一方打。比赛中获胜者将石块放在脚面上射出去，让败者用自己的石头打，若打中了就算没事儿，若打不中，就把胜者背到石头落地处。

（五）其他赛技巧竞技

套圈 套圈是牧区藏族、蒙古族、哈萨克族青少年特别喜欢玩的"套人"游戏。"套圈"用具是一根 5 米左右长，手指头粗的绳子，绳子可以是麻绳，条件好的用皮绳。参加人数不限，玩时，参加者分成两队，队长先猜拳挑人，输的一队先放下绳子，站好，赢的一队每个人手挽一套绳子，绳子的一端结成圆圈，打结，松动剩余之绳，一声令下，没有绳的一队开始分散跑，带绳的一队的人盯住自己要套的人，在后面追，并瞅准时机，甩出绳子，用绳圈套住对方的头部，规定时间内，将对方全部套完者为胜。胜利者还可继续拿绳套人，如果输了，交换角色。有时也可以"套砖头"。套砖头时，绳子一般长 8~10 米，绳圈较小，参加双方用猜拳方法确定秩序，然后依次用绳套将放在中央的砖头套住，以拉至自己一边的端线为胜。每人一次机会，输方要给赢方表演节目，唱歌或者讲故事。

赛瓦 "瓦"是一种早年在化隆、循化、民和一带河流渡口上奇特的独木舟，用直径五六十厘米、长一丈左右的圆木中间挖凿成空腹，俗称"瓦"，是一种简单、原始的渡河工具，如今成为黄河两岸汉、藏、回、土、撒拉等民族的民众较量勇气和技能的运动。有单个独木瓦，也有几个连在一起的"瓦排"，并配有木桨，木桨常用扬场用的木锨或铁锨代替，用于划动和调整方向。单个木瓦每次只能载三至四人，一般乘客一到两人，水手两人。渡黄河的时候，在河边先将乘客蹲在瓦中，两手紧抓瓦沿，并保持身体平衡，然后将木瓦推入水中，一水手在木瓦头挥动木锨，掌握方向，另一水手在木瓦尾部用力划水，顺着水势和划水的方向到达对岸。单个木瓦在波涛汹涌的黄河里，稍有差错就会倾翻。将三只木瓦并排连成瓦排，较为安全。这种专门挑选浪大水急的河段进行横渡黄河的比赛，比的是胆略毅力、力量灵敏。水手们呼喊着高亢的号子，竭尽全力，奋勇向前，以提前到达河对岸者为胜。如不分上下或不服输者，还可从对岸再赛渡回来。

三　棋牌类竞技

（一）汉族棋牌

下方　是下棋的俗称①，这项民间棋类世代相传，历史悠久。下方有下抢方和下围方两种形式。

下抢方时，找一块平坦干净的地方，用石子在地面上横七竖八地画出交叉线，便成为 42 个方棋、56 个棋眼的棋盘，然后以小土块或柴棍等作为棋子，双方各拿 28 枚棋子。玩的方法有挑担式、成方式、串珠式等。先由交战双方商定规则，是否允许悔棋，轮流布子对弈，由于双方都力争抢先进入方格内，故称为抢方。一方棋子只要成方（即将 4 枚棋子走成彼此相连的小正方形），即可吃掉对方的任何一个未成方的棋子。其基本战术是尽量多成方，并尽可能地阻止对方"成方"，直至分出胜负。比赛办法及棋盘各地区略有不同。方棋在 1991 年第二届少数民族运动会上正式列为比赛项目。

下围方的规则不同于下抢方，走棋的时候可利用对方的棋子，连走几步，如利用不上，自己的棋子在规定的路线上逐步而进，其性质类似现在的跳棋，或给自己搭桥，或堵住对方路线，但总以自己的棋子全部抢先进入对方防区的方格内为优胜。下围方棋盘画法和棋子与下抢方相同，区别在于双方相互设置障碍，不让对方顺利进入防区。在棋子直线行走的路线上，千方百计阻碍对方行走。有时围困对方，将无路可走的对方棋子吃掉，如考虑不周，对方也有可能在自己空虚的后方进行出其不意的偷袭，使自己失败。

---

① 下方、下褡裢等，在回族民众中也很盛行。

下褡裢 青海传统棋类之一。两人对弈之前，先在地上画一图形，形似对顶角形状，封底，并通过顶角画出三角形的高，在三角形内画与底平行的一条线。形状像青海人在肩上背东西的褡裢，故称下褡裢。一方只执一子称为牛，一方可执数子称为"西番"。走动时，牛可沿规定路线行走，西番集中力量围牛，牛在走的过程中，如遇一西番单独挡道，牛踩掉西番后可继续行进。来往角逐，最后如西番把牛围困得无路可走，为西番胜，如牛在搏斗后消除西番威胁时为牛胜。

走和尚 这是一种简单易行而又兴趣浓厚的棋类活动。下棋之前，先在地上画等腰三角形，在三角形内的底角处开始画折线，直至顶角处。双方下棋时，与下褡裢相似，一方执一子为和尚，一方执数子为兵，俗称"兵捉和尚"。下棋时，和尚在行走中可吃掉兵，剩下的兵不足围困和尚，算和尚胜。如兵把和尚围得无路可走，就算兵胜了。这几种传统棋类既与围棋、跳棋、象棋、军旗有相似的地方，也有与之相区别的特点，具有浓厚的民族特色。

（二）藏族棋牌

藏棋种类 "棋"在安多藏揩中称为"久"，藏棋有30多种。流行于青海藏族地区的有密芒棋、藏围棋、"久"棋、"周久"（六格棋）、"邓久"（七格棋）、"雨久"（四格棋）、"加吾久"（皇帝王棋）、"红宝褡裢"（"红宝"藏语意为官人）、"褡裢"、"曾久"等几种。"久"棋比较普及，在海南和青南地区流行，分为"周久""子儿久""加吾久"等多种。在方木板、地面或马垫子上画成方格，即为棋盘。棋盘为正方形，棋格纵线和横线交错，数量自10×10至13×13不等，行棋方法和汉族"下方"差不多，既有普通棋类的变化万端、意趣横生的特点，又融入了藏棋持有的斗法和技巧。黑白石子各为一方，按各自成"方"，4子占一个棋格的四角条件布局。一开始，对方就互相限制、竞争，为自己的"成方"创造条件。当全局布满后，由一方先去对方一个子腾开格子，再一人一步地轮流走下去。在走棋过程中，如走成"方"可取掉对方任意一子，如走成"行"（三个子成一条线），就取掉对方的任意九子。如若所剩的3个子在一条线上，可吃对方一子。双方选择有利时机，争吃对方的石子，当一方被吃到不够4个子时便为败方。在草原集镇的街头巷尾，或村落向阳的空场，或牛羊觅食的草坡下，人们往往一对、几对地围坐在一起，地上画棋盘，拣起碎石子或羊粪蛋作棋子，用"挤""占""围""吃"等方法对弈。

密芒　藏语中"密"为"眼睛"的意思，"芒"是"众多"的意思，故称"多眼棋"或"多目之戏"。棋盘是由纵横17道等距离平行线垂直相交成正方形，棋子分黑、白两色。比赛前要在棋盘固定位置交叉点上摆放12子，黑白相间各六个，执白子者先下一子，持黑子一方继下一子。将棋子下在交叉点上。藏棋没有让棋子之说，对局双方如果实力有差别，一律用"贴目"的办法来解决，具体"贴目"多少，在对局前商定。但这种棋因游戏成分较多，玩时没有时间限制，一般要三四个小时才能下完一局。高手下得更慢，能通宵达旦。如一天下不完，由公证人妥善保存，第二天继续对弈，直到终局。

尼格尔　即藏式围棋。行棋方法与围棋方法相似，棋盘为方形，有6线的，也有二十几线的，但棋盘的格数均为偶数，通常采用14格棋盘，即左右各14条等距离平行线相交成正方形，正中小方格内划一对角线，为中线。相交点196个，棋子下在相交点上，黑白棋子正好相等，各98个。两人对弈时，一方执白子，一方执黑子。布局时，每人在中间斜线交点上先白后黑各下一子后，然后按白、黑顺序，在棋盘纵横线任何一个交点上按顺序下一子，直到棋盘下满。一盘棋布局完，先数方，方数多的一方取掉多出对方方数的棋子（一方取一子），可取对方关键部位的子。如果方数相等，双方可商定取、留子。裁判取掉中间斜线上两子后，继续比赛。然后，黑方先走，每方一次只能沿直线走一步（不能对角线行棋）。黑子占有棋盘上一条横线和一条纵线上的各交叉点时，叫"吾亨"，即可在棋盘上任意吃掉对方同等数量的旗子。另外黑方当占有棋盘上一个小方格的四个角（也叫"尼格甲克"）时，可在棋盘上任意吃掉对方一子，占有几个小方格的四个角，便可吃掉对方几个子。黑方按上列情况取掉白子后，白方亦要按布局取掉黑子。若黑、白双方在棋盘上均无"吾亨"和"尼格甲克"情形时，便抽去"中线"两端的黑、白二子，然后按黑先白后顺序开始行棋。行棋规定：每一招只能依次走一格，每招只能沿横线或纵线行进，不得对角行进，本方棋子数少于棋盘线数时，可任意在棋盘上走。行棋中，走成"吾亨"和"尼格甲克"便可按布局先后的吃法，吃掉对方的棋子，就可以跳吃，一方棋子从对方棋子上跳过，便可吃掉对方这颗被跳过的棋子，连跳可连吃。行棋至一方棋子少于四子时，该方为输，或一方自己认错，双方均无法吃掉双方棋子时为和。

加吾 "加吾"藏语意为"玉"。内分"加吾果久""加吾果玉"。"加吾果久"的下法有两种方法，一种方法与跳棋相似，双方备用一枚较大的石子作王，用 8 个小石子当卒，朝对方的王位前跳走，每次只能跳一步。先跳齐的一方为胜方。另一种下法是：一方为王，由另一方用 16 个石子做卒围攻。王能吃卒。若王把围攻的卒子吃至无力围攻（6 个子以下）时，王胜；反之，当有 6 个以上的卒子把王围困起来，则王为败方。

加吾果尼 藏语意为"双头"。这种棋共 13 枚子，黑子 11 枚，白子两枚。下法是白子先定，可跳过一枚黑子，被跳过的黑子就算被吃掉取出；黑子不能跳过白子。黑白子均走直线，并可以来回走。如果黑子将白子围困，白子就为败方；如黑子被白子吃掉至无力围困白方，则黑子为败方。

叶合拉 藏语意为"牦牛角"，其棋盘图形似牦牛角，故名。这种棋的下法是，一方用 1 子，一步一格地跳动，另一方用 3 子，轮流一步一格地围追堵截，直到把对方围困在牛角尖为胜。

加吾合 藏语意为"国王的豁嘴"。这种棋的走法是，双方各执两枚颜色不同的棋子，一步一格地跳动，一方先跳，另一方追堵，直到把一方的两个子都堵死在"豁嘴"上为止。

（三）土族棋牌

阿斯陶　又称赶牛、赶马或赶牲畜。相传，这种游戏源自古代土族先民畜牧业生产，是模拟放牧生活的一种两人对弈的棋。这种游戏不仅适合于少年儿童，而且适合于成年人，可以就地取材，放牧时，两个羊粪蛋，一个石块，即可进行玩耍。劳动休息时，也可取两个土块和一个石块，进行玩耍，简单易行。玩时，先画一副棋盘，方法是先画一个三角形，两腰分四份，但两边腰上的点不能平行，画法如图 4-1 所示。

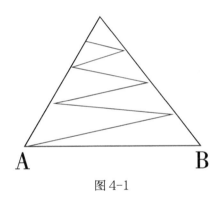

图 4-1

画完后，一个人执一块石子为"牛"，放在任意一个三角形棋盘底角上边的临近交点上，另一人执两子（如羊粪蛋等，与"牛"区别）为"赶牛人"，放在三角形棋盘的两个底角（A、B 两点）。开棋第一步为"牛"先走，赶牛人设法将"牛"赶到三角形棋盘顶点圈内，而"牛"设法冲破围堵，迫使"赶牛人"连连后退，双方轮番移动棋子，最终以"牛"被赶入圈为"赶牛人"胜。这种游戏，不仅可以打发人们在放牧时无聊的时光，或者缓解紧张的生产生活，而且可以开发智力；除了为未来的工作重振精神外，还能利用游戏娱乐发掘个人的潜在能力，将平常被压抑或被忽视的长处充分发挥出来，增强人们生活的信心。

罕跃　土族语音译，意为"帝王走""首领走"，即"围帝王"，是土族的一种民间棋类游戏。相传古代土族先民在罕（首领）的率领下，把大本营（圈）里的牲畜羊、马等赶出来，向外扩大草场，以便扩张其势力范围。后来，这种向外扩张的活动演化成为一种土族特有的四人弈棋。玩时先画一个棋盘，棋盘样子为一个正方形，分上下左右四等份，连线后成 16 格，在每个边的中点向外倒画一个三角形，然后把三角形腰的中点连在一起，再做高即可，这样又加了 16 格，所以这个棋盘一共有 32 格，如图 4-2 所示。

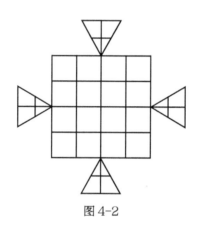

图 4-2

玩时，每人占一边，占据一个三角形（土语叫"旁"，即"圈"）为自己的大本营，各下棋子（土语称为"合尼"，即"羊"）九枚，摆放时放在三角形的各两线交点共七枚，然后正方形的边上靠近三角形定点处放两个。弈棋时，直线的每一个交点为一步棋路，跳跃临近异方棋子时为"吃"，去掉异方棋子，并在其位置上放一枚自己的棋子，最后以吃完其他三方棋子，或以棋盘上棋子的多少论胜负。这种游戏，使人们在游戏娱乐中相互配合、相互理解，在无拘无束的自由气氛里培养群体的合作意识，产生诚意与和睦，这对于少儿来说，是他们进入未来社会的准备与演练；对于成人而言，则为增进友谊、调整人际关系的有益形式。

喇嘛走 在土语中称为"喇嘛跃"，是土族的一种两人对弈的棋类游戏。玩时，先画一棋盘，棋盘为两个互相倒置的相似三角形，先画两底边，然后交叉连接，通过交点画出高，再在三角形腰上取中点并连接，棋盘就画好了。如图 4-3 所示。

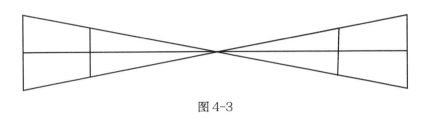

图 4-3

玩时，先准备七枚棋子，其中六枚一样，另一枚要区别于这六枚棋子，一人为"喇嘛"，只有一枚棋子，其棋子用"石子"，"喇嘛"先把棋子放在两个倒置三角形的对称点；另一人要围住"喇嘛"，在一侧的三角形内所有交点上置六枚棋子。弈棋时，"喇嘛"可以吃围住他的棋子，（直接跳跃一子即为吃），直至吃完围子为胜。而"围喇嘛"的棋子要设法不让喇嘛吃掉，以围住喇嘛为胜。

（四）撒拉族棋牌

巴孜日　是撒拉族棋类游戏，类似汉族的"下方"，撒拉族人放羊或者有空闲时找块空地，随手画个"巴孜日"棋盘就对弈起来，棋子可以是石子、土块、木头棍、碎砖和湿泥，只要两人棋子能分辨开就行。如一方为白色的石头，一方就为黑色的石头，或者一方为石头，一方为土块。主要下法因棋盘样式不一样分为"七路"和"斯仁曲乎"两种，"七路"相对简单些。

七路　其棋盘画法较为简单，在平整的地面上画七条横线的正方形，再在横线上均等地画七道竖线线，双方对弈时，将棋子下在交叉的十字线上，双方交替下棋子，四个子可以组成一"方"，当组成"一方"时，便可没收对手一颗成方的危险棋子，或者没收一颗阻碍自己成方的棋子，最后，对手没有四个棋子成方为胜。如图 4-4 所示。

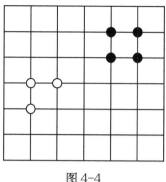

图 4-4

斯仁曲乎 其棋盘画法相对复杂，画一个五条竖线五条横线交错的正方形，如图 4-5 所示。有时为了方便，事先在白布上画好，对弈时，将棋子下在交叉的十字线上，双方交替下棋子，四子连成一线或者成一方块（中间不能有十字线点的空隙），便可没收对手一颗连线或成方的危险棋子，谁先把对方俘完为胜。

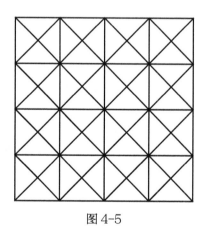

图 4-5

逼上轿 双方各执三枚棋子。如图 4-6：若谁将对方的三枚棋子逼上"轿"，谁就得胜。乙方将甲方的三枚棋子都逼上了"轿"，甲方毫无退路，它就输了。这种棋，看来很简单，但是真正要把一方逼上"轿"不容易，因为棋格毕竟有限。

图 4-6

狼吃羊　这种棋比较复杂，其结果要么"狼"吃光了"羊"，取胜；要么"羊"围困了"狼"，夺标。如图 4-7：黑点表示羊，方形表示狼。其走法是：按图摆好棋子，双方交替走棋，一次一步，"羊"要设法将两只"狼"围困在 A1、A2 处，而"狼"也要寻找机会吃掉羊，比如图 4-7 中"A"处没有子的情况下，狼可以跳到 A 处，中间的羊就被吃了。[①]

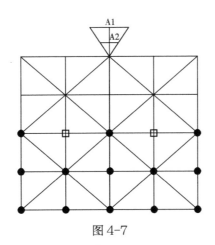

图 4-7

冈字棋　因为这种棋的棋盘形状颇像"冈"字，故被称为"冈"字棋。甲方执 A、B 两子，乙方执 C、D 两子，不论哪方先走，都不许先走 B 子或 D 子，因为这两枚子只要一动就会堵住对方的路线。只要一方的两枚棋子堵

[①]　此类游戏棋在回族中也很流行。

住了对方的一枚子，前者就算胜利，后者就要受到惩罚。"冈"字棋虽然线路少，但要堵住对方的子，却颇不容易。如图 4-8 所示。

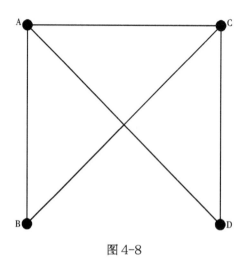

图 4-8

逼死角棋 甲方执 A、B、C 三子，乙方执 D、E、F 三子。走法与"冈"字棋近似，设法以自己的任意两子将对方的一子逼"死"在棋盘的一角，如图 4-9b：D 子被 A、B 两子围困在一个死角上，D 子便被"吃"掉了，当乙方再失去一个子时，就被认为是逼死了。[①] 如图 4-9 所示。

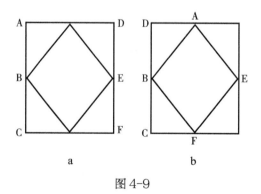

a b

图 4-9

（五）蒙古族棋牌

蒙古象棋　流行在海西地区和河南蒙古族自治县。棋子分红、蓝或黑、白二色，以区分双方阵容。有王爷、母豹，母豹即王爷的管家（相当于国际象棋中的皇后）；小豹 8 只，起小兵的作用；骆驼 2 峰，起象或参谋的作用；马 2 匹，为骑兵；车 2 乘，即战车，相当于堡垒。对方的棋子除母狮 1 只、小狮 8 只相当于对方的母豹、小豹外，其余都相同。每方有大小棋子 16 枚。这些用人物、牲畜、车辆为形状的棋子形态各异，有木头精雕的，有兽骨细琢的，也有用泥捏好烧制的，均涂有颜色，一方为一色。棋盘有用帆布画的，有用兽皮做的，也有临时在地上画的。棋盘横、竖有 64 个方格，用两种颜色涂之。横格双方每间隔一格，竖格也如此，从斜角看，不同颜色的格子又对顶相连。如图 4-10 所示。

图 4-10

蒙古象棋对弈时对方不"将军"，王爷不能动。双方不能吃对方的过路兵。开局时，其中的 1 小兵（即小豹或小狮）可走两步，其余只能走一步。这是蒙古象棋与国际象棋的规则差别。其他规则、走法等与国际象棋类同。蒙古族群众非常喜好这项活动，有时达到入迷的程度。有些牧民出门放牧前，绝不忘记带上象棋，消遣取乐。下蒙古象棋，有一鼓作气下败对方的淘汰赛，有反复较量的单循环赛，有众人轮流进攻、棋攻高手的擂台赛，形式多样，风格迥然。比赛时，人们不约而同地围挤在一起，完全沉浸在你争我夺、互不相让、奔突角逐、一丝不苟的紧张对弈气氛之中。一局结束后，不服气的围观者可出马交兵，直至棋兴大足方散。

布格因吉勒格 也叫作"鹿棋"，是蒙古族的游乐活动之一。其棋子用羊或牛的髀骨组成。棋盘呈正方形，由 6 条经纬线和 6 条斜线交叉成 25 个点。在相对的两侧各有一座"乌拉"（山）。一个成尖顶形，一个成平顶形，也各有若干个点。此棋由两人对弈。一方执两子，这两子叫作"布格"（鹿），另一方执 24 子，这 24 子叫作"脑亥"（狗）。对弈之前，两枚鹿子分别置于棋盘的两端外线两山入 11 处，8 枚狗子占据棋盘内线 8 处。对弈开始，执"鹿"子的一方先走，跳过一只"狗"，就算将这只"狗"子吃掉，但是遇有两只"狗"子横在面前，"鹿"就不能跳吃，只好向空点移动，执"狗"子的一方每次可在棋盘中添放一子，设法造成两"狗"相连的局势，阻止"鹿"跳吃，并限制其移动。待手中 16 子用完，即可走棋盘上的子。"鹿"尽量跳吃"狗"，"狗"尽量围困"鹿"。如果 24 枚"狗"子放完，"鹿"子仍畅通无阻，不会出现困死局面，则"鹿"方为胜。如果"狗"子把两个"鹿"子赶到"山"上，不能再走，则"狗"方为胜。鹿棋由于棋路纵横，斜直交叉，又有两座"山"为"鹿"提供活动地域，因此变化多端，饶有趣味。

达罗牌 这是青海省蒙古族的一种传统棋牌，制作工艺精美，材质有白银、黄金、象牙及木料等。达罗牌玩法类似汉族的麻将，所以有人将达罗称为"蒙古族的麻将"。样式分为"花牌""筒牌""生肖牌"三种形式，有 64 张、100 张、120 张三种，分别可以供 2 人和 4 人玩，其玩的方式是拿在手里，就跟打扑克牌一样。点数是 1~12，还有叫"要国荣""兰子""塞热""三同"四种描绘着蒙古族各式传统吉祥图案的"花牌"。"生肖牌"仅用于更高一级的竞技中。

四　武术类竞技

（一）汉族武术

大有山武术村　在青海，把那些习武练武的人叫作"拳裓裓"或"拳裓子"。湟中县海子沟乡大有山村的村民都有尚武的传统，是青海省乃至西北武术界小有名气的拳裓裓村。该村的武术文化已流传近百年，一般是父子传承与师徒传承，涌现出许多习武爱好者，最多时有 300 人习武。武术以棍著称，如进山棍、八虎棍、盘龙棍、八路条子、八仙条子，还有用拍打作物的工具做武器的梢子棍等。有小洪拳、燕青拳、梅花单拳、九环锤（青海方言将拳头称为锤头）、八门拳、周家拇指等 20 多种拳法；还有六合枪、八门九锁枪、高家十三枪、梅花枪等。至今，保留了武术原始地登州拳、燕青拳、周家拇指、达摩棍等传统民间拳种和传统少林武术的特点。其双刀要诀曰："双刀分开两扇门，合在一起显神功；刀花舞成五彩云，连劈带砍不消停；一刀紧把一刀跟，一刀劈刺一刀砍；闪刀遍刀鸳鸯刀，一步三刀连环刀。"

其自创的土生土长的民间武术鞭杆，亦颇有名气。鞭杆是大有山村的习武者在长期的生产生活中结合所学武术独创的习武用器，长二尺五，看似农民赶牲口用的，却短小灵活，可以藏于袖筒之中，为全国独有。村里的老人说，过去兵荒马乱，出门在外难免会遇到不测，携带武器非但不方便还非常惹眼，于是村民们发明了这种明显短于三尺二的标准棍的鞭杆。舞起来呼呼生风，招数灵活多变，攻击对手上路受阻后，可以立即掉转杆头攻其下路，令对手防不胜防。大有山的武术继承并保留了传统武术之精华，其中尤以棍和鞭杆著称。村中的许多拳师应邀参加过省内外各类武术交流活动和比赛，得到过多项全国、西北和省级武术比赛的名次，在西北的武术界仍有一定的名声，经常有拳师慕名到村中和村民进行切磋交流。2007 年，大有山村被省体育局、省武术协会命名为青海省第一个武术之乡。2009 年 9 月，大有山民间传统武术被列入省级非物质文化遗产名录。

（二）回族武术

青海回族武术历经漫长历史岁月的积淀，既有中华武术的传统项目，也有富有独特风格的本民族项目，它们都是在吸收其他民族武术精华的基础上，将中华武术各门各派融会贯通，结合穆斯林的社会生活实践和风俗习惯，经过多少代人的努力钻研和实践，不断取长补短逐步形成的一种新的富有民族特色的武术体系，包罗了所有的徒手拳和器械类。形成以"八门拳""通备武学""心意门""查拳"等为主的具有浓厚地方特色和不同层次的拳术、器械套路以及完整的功法、技击训练体系的传统武术流派。

查拳 属马氏查拳，也叫"教门拳"，在回族民众中尤为盛行。关于其初创有三种传说：其一，明末回族查尚义（查密尔）所创，故定名为"查拳"；其二，由山东冠县雍正戊申年（1728）科武进士沙亮所创，传说沙亮即查密尔；其三，西域回回将领马鲁坤丁所创。唐玄宗天宝十四年（755），唐王朝为平定安史之乱，曾向大食借兵 3000 人。战后，马鲁坤丁不愿为官，自愿到民间传授武术。皇帝疑其有反心，暗中查访，目睹其授艺，亲闻其训练，知其忠义，倍加赞扬，后为纪念皇帝亲查而改"马鲁坤丁拳"为"查拳"。查拳讲究劈崩挑打，闪展开合，动作敏捷，快速沉稳。练习时要求心稳、目清、神形合一。心与眼合多于明，心与手合多于灵，心与臂合多于力，心与身合多于精。在实战中讲十字要诀，即缩、小、绵、软、巧、错、速、硬、脆、滑。手法有劈、格、推、穿、抽、崩、靠、缠、冲、盖、刁等。腿法有踢、弹、点、蹬、扫、铲、踹、勾、提、拦、撞等。多蹿蹦跳跃，闪展腾挪，动作紧凑，姿势舒展，刚柔相济，布局开阔。主要拳械套路有：一路母子，二路行手，三路飞腿，四路升平，五路关东，六路埋伏，七路梅花，八路连环，九路龙摆尾，十路串拳。主要器械有龙形剑、昆吾剑、五郎棍、双头奇枪、春秋大刀及各种双器械。

弹腿 又称"踏脚"，即"十路弹腿"，属于武林中的昆仑派。相传在唐朝中期，从西亚迁徙过来的穆斯林传教士把弹腿带入中原，仅限于穆斯林拜师学艺，概不外传，旧时有谚语云："南京至北京，弹腿出在教门中"。另一说，弹腿为明朝抗倭名将戚继光部下查尚义所创。查尚义，原名查密尔，是伊斯兰教徒，投戚家军抗击倭寇，操练士兵。弹腿是其融合军伍中各派拳技精华而创编，民谚说："学好十路查，须从弹腿始"。习练弹腿强调内练精神、气息、劲力、功夫，外练手、眼、步法、身法。在技术上突出以腿为先，以步带腿，步步有腿，从而在换步起腿之间运用蹬、弹、蹦、踢、撑、磨、拔、盘、勾、挑的技法，经过历代武术家的发展，已形成独立的体系，称"弹腿门"。该拳以练腿为主，为各家所重视，因而有拳谚云："弹腿四只手，人怕鬼见愁。"

弹腿的类型有六路、十路、十二路和弹腿对练（又称谭腿），有查拳弹腿、六合弹腿、通背弹腿、精武弹腿及新编弹腿多种，但多由教门弹腿衍化发展而来。弹腿练功有三：一为"靠腿"，即踢出之腿绷平站稳。二为"站桩"，马步桩，虚步桩，以静力练习增强腿部力量。三为"爆发力"，以"拳自腰发""力达于'梢'"。弹腿可以单练，也有攻防结合的对练套路，单练套路共有十路。十路弹腿的单练套路的宁夏口诀是：十路弹腿教门拳，下势分掌腿在先，一路弹腿扁担势，二路十字巧抬钻，三路妙砸英雄势，四路云手左右盘，五路挑灯摸腰功，六路搂手向前看，七路抄砸鹞子势，八路分掌五虎拳，九路手捧阴阳锁，十路长盘为箭弹。其特点是发力迅速，劲道脆弹，有如弹丸射出，故称弹腿。且左右对称，上下相应，势步正稳，循之有序。其套路结构严谨，功架势式骨力筋道。静则端正舒展，动则出手迅速，发力干脆，刚健有力。手型步型，手法步法左右兼顾，完整协调，浑厚朴实。

回回十八肘 "肘"，拳家称"中节"，是以肘尖和接近肘尖的臂作为进攻和防守手段的拳法。从击技讲，屈臂为肘，乃硕而尖，是凶险利器，攻击力强，肘的招式稳而速，短而险。变化莫测，可攻可守，简便易行，往往一击，反败为胜，拳家在击技中讲究"远使手，近使肘，贴身靠打情不留"，拳谱曰："肘打四方人难防，手肘齐发人难当"和"宁挨十手、不挨一肘"等说法。这种拳法以肘为主，有十八个单练套路即十八肘。

通备劲 马氏通备武学在青海流传的套路有：站桩翻、脆八翻、健宗翻、戳脚、劈挂拳一路（抹面拳）、劈挂拳二路（青龙拳）、劈挂拳三路（飞虎拳）、天旗棍、扭丝棍、奇枪、缠海鞭杆一路、缠海鞭杆二路等套路。通备拳多实战招法，大劈大挂，吞吐伸缩，拧腰切胯，势如破竹，行如流水，柔内含刚。通备劈挂拳主要的劲力是"通备劲"。所谓的"通备劲"是马氏通备武艺中的灵魂，是区别于其他武艺的关键。躯干的开合如弓（开合劲），胸背吞吐如弦（吞吐劲），发出的力量如无形的箭（通透劲），加上下肢起伏扭转（扭转劲）形成了一种调动全身的力量（整劲），以最快速度集于一点的合力为"通备劲"。概括起来就是十六个字："大开大合，猛劈硬落，辘轳翻扯，如珠走盘。"

八门拳 八门拳属内外功合一的拳派。此拳以八卦学说为依据，既有内在的静、虚、缩、右、退、守，避为阴为母，又有外在的动、刚、实、伸、左、进、攻、打为阳为子。以两臂为仪，右臂从腕到肩为乾、坎、艮、震；左臂从肩到腕为巽、离、坤、兑，四肢为家，双臂平伸，向里稍微弯曲为之八门手、八卦体，也称八门架子。八门拳棍一理，少用提腿，配呼吸、带点穴。讲究休、生、伤、杜、景、死、惊、开八字，内有四方四围，周合八方之圆，在八方之圆中运用八阵图再结合八字产生技击战术。具有手法密集，实用多变等特点。内容包括单拳类、捶拳类、掌拳类套路，长短器械套路和排子对打，尤其讲究棍法的演练和实战。八门拳在练功时讲究身八法：吞胸、凸背、垂肩、抱肘、紧裆、松胯、换步、扁势；上八法：翻、粘、叠、闪、搂、打、腾、封；下八法：踢、弹、扫、挂、丁、工、外、拐；行八法：

进捷、迟速、左截、右拦、攻上、击下、前遮、后护。缠八法：捶套夺带、风摆荷花、野马闯槽、倒摘金冠、珍珠卷帘、白马脱缰、狮子滚球、力劈华山；顾腿八法：按掌贯肘、扭步拓掌、顺梁半转、提腿顾腿、伴中进步、顺势勾挂、顺势下砸、换腿护腿；手八法：平分手、立分手、平碗手、牵元手、点骨手、研髓手、翻杆手、舞花手；总八法：猫窜、狗闪、兔滚、鹰翻、鹿愣、猩柔、鹤立、虎扑。

八门驷拳　八门驷拳以运用古战车之例，驷马奔驰之说作为理论依据，在西北地区比较流行。八门驷拳讲究八法：起、顿、吞、吐、沉、托、分、闭，各尽其妙。沉法是拳中主要之法，如驷拳者而挤抵各而沉，沉躲唯实难熬，欲扬必抑，欲抑先扬，沉躲取巧，上下相当、退让相宜、均称相合，所谓沉以观敌而变。无沉法之拳，有进而无退、有刚而无柔，其法不活，其势不灵。因此，沉法是驷拳中的一大特点。八门驷拳有奇势连拳，八门子、八门母等拳术，其中又有四十八手暗发巧取之手法，六十四手散打排子，有奇打势、八打样、九打法、十打子母颠倒等击法。

八门驷拳要求在实战中顾及四面八方、上下正中。因此，在训练中特别注重方位练习和基本功练习，有开身法：以拉长身体各部位之柔韧为目的；身活法：以协调肢体为目的；强身法：静力性和动力性力量练习相结合，采用桩功、石锁、石担等工具，采用负重跑、山点跑等形式，以练力量和速度为目的；承受功：以单人排打、双人排打、木桩沙袋等为主，主要练习身体的耐抗打击能力。

环子捶　环子捶以八门拳理论为基础，又根据自然四时节令结合拳法特点编就。从冬至交九的第一天练起，每九天练一势子，共九势子。每势于之窝，一窝三捶，九九八十一捶。因此，环子撞又叫九环捶。环子捶具有劲力刚硬、动作简单、招势连贯、短小精悍的特点。由于每势三窝九捶为一段，做直进往返运动，来复重复一次为一路，每练须重复九路十八段，运动量较大，适合青少年练习。环子捶讲究劲力、底功。九大势是进行套路演练盘劲的有效方法，招招有法，招招逼人，稍有缓慢，难以招架。整个套路即可单势操练又可连接二、三势进行盘招。在单练中求大劲、小劲、巧劲、妙劲。环子捶有谱诀：头撑一步势为先，二斩山岳少半边，三窝演防平肘发，四月身下必有胯，五袖之肘胸前打，六袖紧用漂子拉，七离滚身项心肘，八拉里横寸捶发，九效忙用双贯雷，一招一式往下打。

舞大刀　舞大刀的刀形如青龙偃月刀，生铁铸成，重达80斤。舞刀者用双手或单手将大刀拎起，舞出各种姿势来，如胸花、背花、左右闯刀、霸王举鼎等。舞刀者需臂力过人，技巧高超，因此舞大刀成为一项深受人们喜爱的体育项目。清代武举考试中有举大刀的项目，现在流行的舞大刀是武举举大刀的遗存。

踏脚　踏脚的活动方式和跆拳道颇为相似，对抗性强，动作幅度大，讲究手、眼、身、法的配合。一般为一人对一人，但也有勇武过人、技术高超者，能与多人对阵。踏脚的特点是各种进攻、防守完全依靠脚部动作，双手只起平衡身体和遮挡、化解对方攻势的作用。如两人对踏，对头部、颈部外，身体各部位都属进攻的目标，这项活动约定俗成的规则是只能用全脚掌蹬踏或用内外腿扫打对手，严禁用脚尖踢人，要害部位点到为止，不能有意伤人。基本动作：平踏、后扫、跛脚、剪式飞脚等。农闲季节，踏脚者你踏他闪，你攻他守，争勇斗胜，各显技艺，体现出回族人民勇敢顽强、憨厚朴实的感情和剽悍稳健、爽朗豪放的性格。踏脚在1991年被列为第四届全国民族运动会表演项目。

汤瓶七式　回族教门拳之一，因拳式动作似穆斯林净身所用汤瓶壶而得名。此拳门户谨严，秘不外传，有传子不传女、不传外族的俗规。全套分七式，每式又可化七式。汤瓶七式上身动作，抬左臂握拳似壶嘴，曲右手握拳如壶把；下身动作是弓箭步，左手叉腰，右手伸出食指表示坚信真主独一无二。七式是单练套，以金梁起架为起势，翻身吊打为收势。四十九式为对练内容，也叫硬架于对练，以破法、顾法为主，打法有二十七进法，是后发制人的自卫性拳术。练法歌诀"金梁起架最难防，左开右进探心拳，合手杀下千金坠，隔臂打耳破命伤"。

十三太宝气功　属于保健气功，因此功在人体的十三个部位上进行，故名"十三太宝"。十三个部位是：印堂、百会、太阳（二穴）、眼眶（二部）、天突、期门（二穴）、心窝、会阴、涌泉（二穴）。练习时意念为先，配合吐气发声，采用打击方法。开始时用拳头，到各部位适应。每次打击数均为13次，最后选用不同器具打击。百会穴用大铁刀打击；印堂、太阳穴位用长约30厘米的铁钉后部转打；双眼眶用两个核桃置于眼上，再用铁锤敲击；天突、心窝、涌泉穴用大铁钉尖部顶住后用铁锤敲打；期门、会阴用木棒或铁棒敲打。习练此功，可以引气、聚气、导气、调气，使人体经脉流通，阴阳调和，肌肉坚实，精神旺盛，力量充沛。

（三）藏族武术

耍棍　棍子是用桦树做成的，耍棍既有比技巧的个人表演，数人对练，也有比力量的打柱子。这是以棍为击器，立白杨木为柱，然后击之，直到将柱击倒为止。

刀术　刀术是藏族成年男子的运动项目。在果洛藏区盛行刀术，每个成年男子都有一把精美的长刀，平时佩挂在腰间，闲暇时就利用腰刀进行习武活动。参赛者把约一米长、手腕粗细的木头抛到空中，然后快速舞刀，在空中能把木头砍成数截。腰刀的耍法多达六种，有一人表演，二人对练，乃至几人对练等等。

果科　藏语"头顶转圈"之意，俗称"打狗棒"，有的地方叫"果尔考儿"，类似流星锤。由两部分组成，即绳子和铁棒，绳子有皮绳、牛毛绳等，在绳子的一端栓有三棱铁棒或四棱铁棒，长约5寸、厚半寸多，上雕刻有各式花纹。皮绳部分是选用上好牛皮制成一根长约2米、1厘米宽的皮条，近身端做一套环，大小能放进手即可。棒是由硬杂木精制而成，分成棒杆和握把两部分。棒杆有方、圆两种，径粗4厘米，长约50厘米。握把径粗约3厘米，长10厘米左右。有的棒上还包有铜或银皮，并饰之以各种花纹图案，其作用既保护了棒，又增加了棒的攻击力量。棒与皮绳用一小铁环连在一起，有的还在连接处系上彩色穗子。绳、棒的大小、尺寸、规格一般没有具体规定，要根据使用年龄、力量和习惯而定。这是藏族的主要防身武器之一，必须经过长期的锻炼，才能自如地运用。每当骑马上或步行时，遭遇流浪狗围困，只要挥动起随身铁棒，狗不敢靠近，"打狗棒"之名因此而来。

"打狗棒"的使用方法有多种样式，以右手为例，一般人只要按逆时针方向摇甩成倾斜平面，半径可大可小，放绳则大，收绳则小。在转动中利用惯性对目标抖动手腕猛击，打准就收，打不准时则徜放慢速度继续摇甩，还可再打。有的以顺时针方向摇甩与地面成垂直平面，利用其惯性对准目标向上猛砸（劈），这一击的力量相当大，不论是木桩还是其他物件都可劈开和击碎。"果尔考儿"这种武术器械，绳棒二者兼顾，软硬并用，短可挥棒防守，长则放绳猛击，忽而又像绳技（流星），反抛、近抽、抛击，抛转缠绕对方武器，再配以灵巧的身法和多变的步法、肘法，使用时有时似鞭，有时似匕首，高低错落有致，远近变化莫测。"果尔考儿"这种武器制作简单，携带方便，不用时只要塞在藏袍内或系在腰上即可，是藏族很有特色的武器。

第三节　民间游戏

一　儿童游戏

瞎子摸象　参加此类游戏的多是5~10岁的儿童，数人围成圆圈，其中一名儿童用手帕蒙住双眼扮"瞎子"，瞎子准备好后，大家开始转圈，转上2~3圈不等，"瞎子"便走到众儿童前边摸边判断被摸者是谁。此时被摸者不能出声，以防被猜中。如"瞎子"摸后猜对了，就由被猜对者充当"瞎子"；如果猜错了，则要继续摸下去。

瞎子捉瘸子　参加此类游戏的多是 5~10 岁的儿童，数人围成圆圈，其中一名儿童用手帕蒙住双眼扮"瞎子"，另一名儿童一只脚蜷起来，扮装瘸子。游戏开始后，扮瘸子的儿童在圆圈内边吹哨边跳着跑，瞎子则顺着哨声捕捉。如果捉住了瘸子便为胜。然后由"瘸子"扮"瞎子"，再由其他儿童轮流扮瘸子进行游戏，直到尽兴才结束。

拉大锯　这是 3~6 岁儿童游戏。可以是两个儿童，有时大人也与儿童做此游戏，两人面对面坐着拉起双手，一拉一送，模仿木匠拉锯动作，并念唱"拉大锯，扯大锯，姥姥家唱大戏"的童谣。做这一游戏的地点多在炕头或场园的干净平地上。一拉一送，一问一答，很有趣味，尽兴乃止。

过家家　由 3 岁以上 12 岁以下的女孩组成玩耍，偶尔也有男孩参队分别扮演家庭成员。由年龄大点的孩子指定其他小孩充任家庭诸成员，模仿大人的动作、语言等，各司其职，做家庭里的一切事务，有时用泥土做锅台、碗筷、碟子、凳子、桌子等，最受欢迎的是婚嫁场面。

捉迷藏　西宁方言叫作"藏麻麻胡儿"。由五六个到十几个儿童在一起玩，分工如下：一人担任"老窝主"，将另一名担任"搜寻者"儿童的眼睛蒙住，其他儿童则分别躲藏。搜寻者将被捉住的儿童交给"老窝主"，若规定时间搜寻不到时，则由老窝主喊道，"麻麻胡儿投窝来，大的不来小的来，石头窝儿里滚着来，老窝来，老窝来"，这时躲者闻声纷纷投奔老窝而来，搜寻者亦可趁机捉住一人交差，然后由被捉者再担任搜寻者，进行第二轮游戏。有时人多了，可先选一个"窝主"，其他孩子们分成两队，一队先藏，另一队蒙住眼睛站在"窝主"跟前。此时"窝主"问"好了没有"，先藏者要是隐藏好了，就喊"好了"，于是另一队开始找，找到了就想办法捉住他，假如捉不到，藏者跑到"窝主"那里去了，那么追逐者要受到惩罚，若捉住了，他们就互换位置再继续玩。

金子脚银子脚　也叫踢脚板，这也是 5~10 岁的儿童玩的游戏。到了空闲时，大家约在一起围成圈，手心手背争头家，头家安排其他孩子一排儿坐在台阶上或者墙根，伸出双脚，这时头家从一边的头一个孩子开始，边向每个脚板踢一下，边唱道："踢人踢脚板，山梁满，跳花涧，金子脚，银子脚，尕里马里打着一只二半脚。"最后一字落在谁的脚上，即由他起来担任踢者，原踢者则坐下受踢。

丢友丢丢班 这是撒拉族少年儿童玩的游戏。夜幕降临时，一群孩子凑在一起，或 15 或 20 不等，由孩子中威信较高的"孩子王"安排他们依次站或坐在墙根。他从一头开始算，算的时候一面用自己的脚尖轻轻点一下孩子的脚尖，一面在嘴里不停地念"丢友丢丢班"，整段句子是这样的："丢友丢丢班，卡拉班，倒个久，应久，撒麻，四丹，勾以、勾麻、西吉、大利，以麻以个"，当念到最后的"以个"时，那个孩子就将自己的一只脚收进去。这样一直来回念，当四位孩子的双脚都收进去了，就算解放了，可以站出来。最后剩的两个人，就是惩罚的对象，一个将一边的手和脚捆起来当"跛子"，一个将眼睛蒙住当"瞎子"。于是"孩子王"继续踢他俩的脚，谁先获得了解放，谁便是"跛子"，最后一个自然是"瞎子"了。这时孩子们围成圈，"孩子王"用手绢或别的东西捆住"跛子"的腿，蒙住"瞎子"的眼，然后让孩子们用指头或拳头轻轻地打"跛子"和"瞎子"的脊背，而"跛子""瞎子"则尽力躲避，并找机会抓住某个孩子，假若哪位孩子被"跛子"或"瞎子"逮住了，就得充当抓住他的那个孩子的角色。就这样一直玩到尽兴才结束。

寻石子 也叫"寻瓷片"。先准备一枚石子或是一块瓷片，让大家认准它的特征，然后由一个人当"庄主"，将其他人分成两队，但每队不得少于两人，"桩主"让所有人用手遮住眼睛，他将石子或瓷片扔到约十米远的地方，让他们去找。假如谁先拾到了，就要保密，趁别人不注意时交结"庄主"；要让对方知道了，就要群起而捉他，若没被捉住就胜一分。一般进行 3~5 次，分多者为胜。胜者把一只手靠在墙上，让败者从胳臂底下弓腰穿过去，胜者用另一只手敲打败者背部。玩这个游戏时，孩子们的注意力非常集中。在"庄主"投出石头或瓷片时要完全靠听力辨别方向，寻找的时候要一面找，一面注意别人的动态，若有人先拾到了，就马上去捉他，使之不能跑到"庄主"那里。

狼与羊　"合尼瓦日"土语意为"抓羊"，是土族儿童的一种游戏。由一个儿童扮演狼，最大的儿童扮演牧羊人，其他儿童都扮演羊群，排在牧羊人背后，一个抓住一个衣襟。"狼"站在前面问"牧羊人"：

> 狼："喂，牧羊人，见了我的黑羊朋友了吗"？
> 牧羊人："没有"。
> 狼："那后面的不是吗？"
> 牧羊人："不是，那是我的羊。"

"狼"装作不相信，便发出"咩咩"的羊叫声，想诱惑"羊群"中也发出同样的叫声，但是"羊群"没有反应。于是，"狼"就去强行叼羊，而"牧羊人"则尽力张开两臂阻拦。开头"羊群"多，不好跑动，"狼"可以轻而易举地抓到"羊"。等"羊群"少了，跑起来就方便，左追右躲，右赶左跑，如果到预定的时间还逮不完，就惩罚"狼"；假如全逮住了，就认为"牧羊人"不得力，于是群起而罚"牧羊人"。大家把一只手靠在墙上，让败了的"狼"或者"牧羊人"从胳臂底下弓腰穿过去，大家用另一只手敲打败者背部。

翻油饼　这是五六岁儿童对玩的转体小游戏。组成两组，每组各出一队结合成一对，其他人也同样结合成对。两人面对面双手握住，双方的身体同时从握住的两臂环中翻过，如此连续活动。有两人原地翻动，也有行进间翻的，还有左右结合翻的，有的顺翻一阵后又反翻的。翻动时动作迅速连贯，嘴里不断唱着"翻、翻、翻油饼，麻雀儿扎的红头绳，你擤胭脂我搽粉，天上掉下来个油骨朵儿我俩啃，啃里啃里屙哈了，尕碟碟里挖哈了，尕箱箱锁哈了"。有时一方配合不好，或动作不一致，就拆散了连贯的动作，摔倒在地，引起一阵嬉笑。

打沙包　少年儿童的一种娱乐活动。沙包是用6~10厘米的6块方块布缝成，内装沙子或豆子。游戏的方式有多种，一是由三个儿童参加，三个儿童用手心手背的方式分出头家，再以"猜包吃"的方式分出二家、三家在地上画出等分的三条直线，中间一条算中线，三条线距离由儿童的臂力大小商量决定，头家站在中线上，其他两名儿童分别站在其他两条线上，准备好后，在一边的二家用沙包朝中间的儿童打去，中间的儿童急忙躲闪，二家和三家打来打去，头家前后躲闪，紧张有趣。如果扔出的沙布袋被中间的头家接住了，则多了一条"命"，可以抵消被沙包打着一次。如果打中了，沙包掉地上，就"死了"，要和打着他的那个儿童换角色，继续此游戏。第二种形式是多名儿童参加的游戏，游戏时，准备一个沙包，按照人数分成两组，以"猜包吃"的方式分成头家和尕家，然后头家全组人员站在中线上，尕家一组分成两部分人，分站在中线两边的那两条线之后，准备好后，尕家开始往头家人员身上打，头家的人躲沙包，不能让沙包打在身上，头家组的某个人身上打中了，就得从场上下来，如果头家组的人接住了打来的沙包，就可以"复活"已"死了"的同伴，如果头家组儿童全被沙布袋打中下场，则要与尕家组互换，进行游戏。

拍烟包 拍烟包游戏是男孩子们喜欢玩的游戏。烟包用抽空烟盒做的，把空烟盒拆开码平，然后叠成三角形，玩时找一块平地，两个孩子蹲下或者坐下，把自己的烟包拿在左手里，右手拿几个藏在背后，嘴里喊"预备起"，喊"起"时，把右手烟包亮出来，数谁的烟包数多，亮出烟包多的人把两个人的烟包摞在一起，卷一下，往地上摔，扣在地上的烟包就是他的，如果烟包未扣在地上，由另外一人把烟包摞在一起往地上摔，扣在地上的烟包就是他的，还有未扣在地上的烟包，换另一人继续摔。直到烟包全扣在地上，如果亮出来的烟包数量相等，就看烟包的牌子，加起来价钱大的，先摔，玩法同上。还有一种玩法，烟包不摔而是放在地上，卷口向上，甲用手拍烟包旁地面一下，如气流把烟包吹起扣在地上，此烟包即由甲获得。如果拍了一下，没有扣到地上，改由乙继续拍。

舞辘辘　这是一种有情趣的民间游戏活动。活动者在用羊毛捻成的毛线上套一个或数个用石块或红胶泥捏成晒干的中间有圆孔的物体，称为"辘辘"，然后把毛线两头拴住，套在手指上，也有的用两手的食、拇二指抓住绳子的两端，开始活动。活动者两手匀称用力，由慢到快，由弱到强。这时，随着线绳的不断伸缩，辘辘就由慢到快地转动起来。这种看起来极其容易的活动，如果没有技巧，还真不好转动。如用力不好，则辘辘不转。技巧好，感觉性能好的人才能舞得洒脱自如，得心应手。有技巧高超的人给人们表演时，用快慢不一的手法，使绳子抖动得松紧有致，辘辘也随之不断飞转。有的人在富有弹性的毛线上洒上水，活动时随着辘辘的飞转，细小的水珠四下飞溅，形成了一幅动静结合、溅玉飞琼、立体感很强的画面。以辘辘转动的快而时间长者为优胜。

修房子　由三四个 8~12 岁儿童共同玩耍，做游戏前各自准备一块片状石块或用粗瓦片磨成的圆片，然后找一块平地，在地上画 8~10 个方格，画的线尽量直一些，每个方格至少能放下三只脚。跳时，以画的线为准，不能说弯了或者斜了。如图 4-11（跳时无字母），每个格子就是房子，然后猜手心手背分出次序，轮流跳跃，头家站在 A 格前面，将小石片用右手投于 A 方格，单腿跳入，将石片踢出 A 格，不能踢到任何一个房子内或压线，即跳出；再投第 B 格，单腿跳入 A 格，再跳入 B 格，按原路将石片踢到 A 格，再踢出 A 格，也可一下子从 B 格踢出；再投到 C 格……顺原路跳入并逐格踢出石片，尾随跳出，跳跃有一定的规则，其规则是用单脚按顺序拨动一片小石子，如小石片压线则取消本次跳跃的资格，等待下次再跳，如果 8~10 个方格均顺利（一次或多次）通过，则可占一间为自己所"修"的房子，"房主"每遇到通过他自己的"房子"时，可以双脚落地休息；而其他人跳时必须腾越过这间"房子"，否则算犯规。最后视所修"房子"的多寡决胜负。

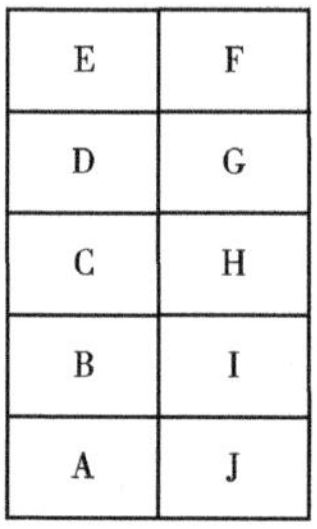

E	F
D	G
C	H
B	I
A	J

图4-11

瘸房房 此处"瘸"在青海方言中是"踢"的意思。跳方格活动因为用一条腿支撑跳动，故俗称"瘸房房"，儿童玩得比较多。先在地上用石块画出连在一起的方格，有正方形的，有长方形的，也有长方形与半圆形相结合的，参加跳方格的人数不限，有两人轮换跳、几个人轮流跳、多人分成两组轮换跳等。如图4-12，G格是"老窝"，中途跳累了可以把脚放下来稍做休息，跳时先将一片状石块或用粗瓦片磨成的圆片拿在右手。方格有7节的，也有9节的，一般是11节，7节是8个格子，11节是12个格子。如果有人在踢的过程中出现了石块压线、出格或石块连穿几格的现象，旁边仔细监督的人立即叫他停下并判为"死了"，算一次失败，还得在下一轮重新从"死了"的那一节跳起。旁边观看的有时聚精会神，有时齐声叫好，还有调皮的故意高声叫喊用以干扰正在跳的人，试图让其犯规。

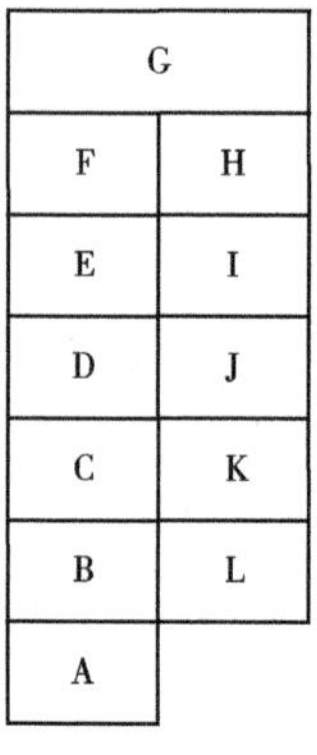

	G	
F		H
E		I
D		J
C		K
B		L
A		

图4-12

第一节踢法　用右手将石块放在 A 格内，用一只脚先将石块轻轻踢进第 B 格内，然后抬起一只脚，单脚跳进 A 格内，脚始终不能放下来，再跳进 B 格内，将石片踢进 C 格，随即跳进 C 格，将石片踢进 D 格，随即跳进 D 格，依次下去，直到将石块踢进 G 格，跳入格后才可将脚放下来稍做休息，然后用脚把石块拨到 H 格签名，轻轻用脚踢到 H 格，抬起一只脚，单脚跳入 H 格，依次下去，到 L 格时，用脚将石块踢出，人原路单脚跳返回。在返回途中到"老窝"也可休息，再单脚跳入 F 格、E 格，直到 A 格，跳出，算第一节完成。

第二节踢法　用右手将石块投在 C 格内，然后抬起一只脚，单脚跳进 A 格内，再跳进 B 格内、C 格内，将石片踢进 D 格，随即跳进 D 格，依次下去，直到将石块踢进 G 格，跳入格后才可将脚放下来稍作休息，然后用脚把石块拨到 H 格签名，轻轻用脚踢到 H 格，抬起一只脚，单脚跳入 H 格，依次下去，到 L 格时，用脚将石块提出，人原路单脚跳返回。在返回途中到"老窝"也可休息，再单脚跳入 F 格、E 格，直到 A 格，跳出，算第二节完成。

第三节踢法　用右手将石块投在 D 格内，然后抬起一只脚，单脚跳进 A 格内，再跳进 B 格内、C 格内、D 格内，将石片踢进 E 格，随即跳进 E 格，将石片踢进 F 格，随即跳进 F 格依次下去，直到将石块踢进 G 格，跳入格后才可将脚放下来稍作休息，然后用脚把石块拨到 H 格签名，轻轻用脚踢到 H 格，抬起一只脚，单脚跳入 H 格，依次下去，到 L 格时，用脚将石块提出，人原路单脚跳返回。在返回途中到"老窝"也可休息，再单脚跳入 F 格、E 格，直到 A 格，跳出，算第三节完成。只要有 1 人十一节全部完成，就算胜利了，负者要接受胜者的处罚，或唱歌，或跳舞，或打掌、刮鼻子。

阿合曾姑　这是撒拉族少年男女所喜爱的单腿行走的一种游戏，与瘸房房差不多。玩时，找一块平地，画成如图 4-13 所示的格子，这个游戏有三种玩法。

第一种玩法是，分完人后，先由一方从"A"前玩起，右手将一块扁石头扔进 A 格，然后单腿跳进 A 格，将石块从 A 格原路踢出来，再将石头扔进 B 格，然后单腿跳进 A 格，再跳进 B 格，将石块从 B 格原路踢到 A 格，再踢出来，按顺序一直玩到 J 格，从 J 格将石块踢到 F 格，再踢出界外，玩时可以一下踢出好几个格，也可以一格一格依次踢出，但不能踢到线上，或踢出围线以外。接下来，要站到 B 格的外面，将石块设进 A 格，再从原地单腿跳到 A 格，将石块从 A 格依次踢到 J 格再踢出来。最后，人背对场子将石块任意投进某个格中，假如投进 H 格，那么 H 格就是他的"家"，下次玩时可以在"家"里两脚着地稍作休息，而对方在玩时却要单腿从 G 格跳到 I 格。再从 I 格跳到 G 格，然后才能进 H 格，但不能休息，继续进行。一般情况下要占两个"家"，谁先得"家"谁胜。胜者要求败者按照预约（一般为十圈）绕场子单腿跳着走，不能休息，若在半途坚持不下去了，就得背着胜者把圈子绕完。

第二种玩法是，站在起点，将石块投进 A 格，再用单腿踢到 F 格里，然后将抬着的腿放下来，从 J 格把石块踢出去。若踢进 G 格表示遇火，就"死了"；踢进 H 格表示是瞎子，于是人就要闭着眼睛从 F 格一步一格地走进 H 格，摸上石块，再往前一直跳出来，脚不能踩线，眼睛也不能睁开；若踢进 I 格，表示跛子，要求将一条腿横放在另一条腿的膝盖上，用一只手抓住裤脚，从 F 格跳到 I 格，蹲下身子，用另一只手将石块捡起来，再跳出去；若踢到 J 格，就表示是枪手，他可以一步一格走进 J 格，将石块捡起，走出去，这是最简单的一种方式，所以小孩们都希望能踢进此格，但往往不能如愿，若一下子从 F 格踢出去了，就得背转身，面朝天一步一格地退出来，不能踩线。

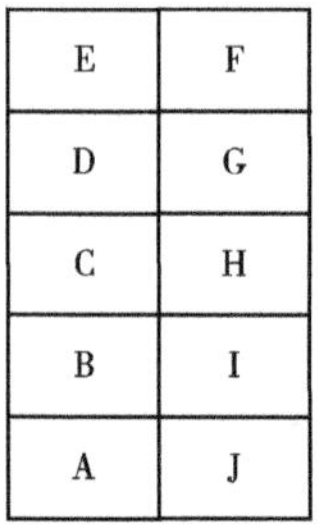

E	F
D	G
C	H
B	I
A	J

图 4-13

这样，从A格按B、C、D、E、F、G、H、I、J顺序都玩了一次以后，再从B的外角将石块投进A格，以同样的方式再玩一次。然后占"家"，一般也是两个，但一次只能占一个"家"。惩罚办法与第一种玩法相同。

第三种玩法，场地如图4-14。先将石块投进入口处的A格，一只脚跳进去，把石块踢进c格，然后将另一只脚踏进c格把石块踢进d格，依次换脚把石块踢进e、f格后，再踢进B格，然后两只脚都可以放在B格内，将石块经c、A格一下踢出去，再一步一格地走出来。玩时脚、石块都不能压线，这样一直把c、d、e、f、B格全玩一通后，就要"抢家"了。必须背向格子将石块依次投进每一格中，才能开始"抢家"。其他方法与上两种相同。

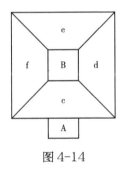

图4-14

撞个 撞个活动一般在女性少年儿童中非常广泛，工具是在河滩的沙石里拣的滚圆光洁的石子，大小如同鸽蛋；有的是用砖块磨制而成的。围坐在平整的地下，有两人相互比赛的，也有多人分组对抗的。开始前，每人准备四颗撞个，相互间的颜色也有区别。开始要撞个时，首先由一个人用自己的撞个进行，把四颗撞个拿在手中扬手向上掷起其中的一个，在这颗撞个还未落地时，用手把其余的三颗放在地下，然后又掷起这一颗撞个，用同样的方法一次一颗拿起放在地下的其余三个，这一过程中不准让掷起的撞个落地，否则重新开始。等全部拿起来以后，开始背斗，就是用手把四颗撞个同时轻轻掷起，然后用手背接住，接住几个，就算背了几个。有的背斗技术差，一次连一个也接不住，有技术好的一次就能把四颗一齐接住。不论背几次斗，直到把四颗撞个接上为止。然后，又把背的撞个反接在手心之中，掷起其中一颗，手中的撞个分三次、每次一颗放在地上。

这一活动过程中，每次放一颗划一次为一个连贯动作，都要求掷起的撞个还未落到手上时完成，有时还把撞个抛撒在地下，分落距离较大，掷起其中的一颗，收拿地下的这些撞个时动作快速而灵活，以掷起的撞个不失落地下为好。对时间、空间、手指的灵活性要求很高。

弹骨 弹骨是少年儿童很喜爱的一项活动，富有民族和地区性特色。弹骨用的骨是羊膝关节下的小骨，大小如人拇指，光晶腻滑，棱角分明。开展这项活动的形式与撞个活动基本相似。其区别就在于用羊骨相互弹撞，有的在地下画几个不同形式的图形，把骨弹进图内，也有的在地下挖一个深两三寸的小洞，在一定的距离外把骨弹进小洞。有的一次就可弹进，有的数次也弹不进洞。以弹的次数少、中的图形或进洞的机会多为优。

官兵捉贼 参加游戏的孩童至少要有5个。先在小木牌上分别写"官""兵""捉""贼"字样，不识字者以符号或图案代之，除"捉"和"贼"只各写一个木牌外，"官"和"兵"可根据参加人数多少而写之。游戏开始，由一人将木块抛向空中，大家抢拾，抢上什么木牌就要扮演什么角色。"官"是审判官，"兵"是"警卫"，"捉"是捕快，"贼"是人犯。但持牌者除"捉"外，均不暴露身份；而持"捉"牌者则用察言观色等办法，于众人中随意寻捕"贼"。如果误捉"官"为"贼"，则打"捉"者手心曰："倒捉官，打一千"；误捉兵为贼，亦打其手心曰"倒捉兵，打一躬"，便向"兵"鞠躬致歉意；如正好捉住贼便顺手击一拳曰"捉住贼，打一捶"云云。玩毕，由"贼"把木牌收齐后又向天空抛去，开始下一轮游戏。

老鹰抓小鸡 又名刁雁儿，由七八个小孩一起玩耍的游戏。一孩童扮演老鹰，一孩童扮演母鸡，余下的孩童充小鸡依次抓住"母鸡"及"小鸡"的后襟儿。老鹰捉小鸡时，以捉完最后一只小鸡为胜；捉时，"母鸡"则左拦右挡，"小鸡"们尾随而躲。如抓住"小鸡"，则由"老鹰"任"母鸡"，"母鸡"充"老鹰"，进行下一轮游戏。此游戏可培养小孩之机智与敏捷性，亦可初识鹰、鸡之间的"天敌"关系，体味人世间的"母爱"。

三人背　由几个孩童一起玩耍的游戏。由一人担任问者，两人担任答者，其余孩童相距十米左右分立院落的两面，先由答者随机悄声商量两件事物，这两人即分别成为两件事物的代表，共同走到问者面前问道："什么什么干什么"，问者问道"什么事？"，答者说："一匹骡子一匹马，你要骑啥哩？"问者则说道"我要骑马哩"。这时由那位"马"的代表背上问者到对面去，他们两人又担任答者，而那位"骡"的代表则担任问者进行下一轮问答和背送。

弹蛋儿　弹蛋儿是男孩子喜欢玩的游戏。蛋儿是玻璃球、铁蛋、泥球。玩时，大家各自准备一颗蛋儿，找一块平整光滑的土地，在土地上挖出十几个小坑，有点像迷你高尔夫球的玩法。大家站在起点线上，向最近的坑弹去，落到坑中的，一定是头家，但一般很少人能达到这个程度，再看弹出的蛋儿离坑的远近排次序。然后头家蹲在起点向"坑"弹出手中的蛋儿。如果弹进"坑里"，可掏出来继续向下一个"坑"弹去，弹不到坑就"死"了，蛋儿放在原地，换另外一人，从开头开始弹，谁最先把所有的"坑"进了，谁就是赢家。

打弹弓　弹弓弓身上部是两叉，下部一叉，简易的一种是用剥去皮的小树杈为弓身，在两叉上部绑上皮筋，就是一个简易的弹弓。稍稍高级一点的用粗铁丝弯制成弓身，两叉上部铁丝做成环状，用废弃的轮胎剪出指头粗的皮筋，绑其顶部，玩时，左手拿起弹弓，右手拿个石块或者土块，放在皮筋中部，像射箭一样，瞄准目标，向后用力拉皮筋，一松手，包在皮筋里的小石头便射出，有时可打中远处的麻雀甚至鸽子。

木头人　这种游戏在5~8岁孩子中流行，考验孩子们的耐性。小孩子们聚到一起，一边各自做着自己想做的动作，一边唱着："我是小小木头人，一不许动，二不许笑，三不许露出大门牙，看谁是个木头人儿。"唱到"人儿"字的时候，不管做任何动作，都要停在那个动作，不许说话，谁如果变动，大家便会一拥而上咯吱你，若有男女孩子混合的话，或"抽荆条"（用手指头打胳膊）或弹脑壳或表演节目。有时候，有特长的孩子会故意输，输了后或大家唱歌或跳舞或讲故事等。

丢手绢 这是少儿特别喜欢玩的游戏。一面玩游戏，一面还要唱歌。玩时，一人拿着手绢，其他的几个人拉手围成一个圈，然后蹲下或者坐在地上，开始唱歌"丢哦，丢哦，丢手绢，悄悄地放到小朋友的后面，大家不要告诉他，快点快点抓住他，快点快点抓住他"。反复唱。开始唱时拿手绢的人在圈外环绕走动，乘人不备将手绢丢在某人后面，再跑一圈将未发现手绢的人抓住。被抓者要表演一个小节目，然后捡起手绢代替丢手绢的人，乘人不注意时悄悄放在别人后面。

斗勾搭花 "勾搭花"在河湟地区、黄南、海北、海南、海西农业区很多，俗名叫"扯扯捞"，长得很像小灯笼，麦子成熟的季节，小孩们跑到不远处的树林或田埂采摘一大把"勾搭花"，围坐在一起，开始斗"勾搭花"。两人拿着一枝花，对接在一起，头部相互勾住，然后皆用力去拉，谁的花被拉断就为输家，反之则为赢家。

鸭子挪蛋 小孩子们聚在一起玩耍的游戏。游戏时，找一块平坦的地方，一般是打麦场或者学校操场，两个能力相当的孩子王站在队外，以"猜包吃"分成"头家"和"尕家"，其他孩子们站成一排，头家先挑人，用手指从头一个一个点，嘴里唱道："挑兵挑将，谁是我的兵将"，"将"字落到谁头上，谁就是他的人，接着"尕家"挑人。孩子王以挑"兵将"的形式将孩子们分成两拨，孩子王将自己的人，两人一组搭配好，画一条横线，大家整齐地站在线外，然后每组人员坐到地上，双方面对面，伸出双脚，对坐在对方脚面上，双手搭在对方肩上，就这样手脚相连，裁判一声令下，大家齐唱"摇啊摇，摇到外婆桥，外婆夸我是好宝宝"，同时，每组的甲伸出腿，乙缩腿，一边唱着歌，一边哼着歌的节奏，做着一伸一曲的动作，因为人坐在脚面上，身体随着一伸一曲左右摇摆，有点像鸭子摇摆走路的样子。就这样快速朝着目的地移动前进，先到达者为胜，输的一方要背胜方转一圈。

拍手游戏 这是儿童们非常喜欢玩的游戏。一边唱着童谣，一边跟着节奏拍手，一般两人面对面站立或者坐在地上，先拍一下自己的手，再拍一下对方的右手，然后再拍一下自己的手，再拍一下对方的左手，手不出错歌唱完得胜。拍手游戏中的童谣，是奶奶"哄"两三岁孙娃儿的顺口溜，"汤汤如流水"。小孩子唱出来，奶声奶气，夹杂诙言谐语，虽失之"雅"，但流传之久远与广泛，著名的歌词有"古节儿古节儿当当""喜鹊喜鹊嘎嘎嘎""麻雀儿麻雀儿哔丢丢""打罗罗，喂面面"等。

二　智能游戏

猜石子　这种游戏在河湟儿童中广泛流传。每当茶余饭后，孩子们便集中到提前约好的地方，每人把一只手缩进袖筒里，张开手准备接石子，再由两个小孩儿站到前面来，争先放石子。办法有好几种：一是角力，握住对方的手互相拉，谁拉过来就算胜。二是拔腰。两人侧身抱住对方的腰，谁先把对方提起来，就为胜者。三是其中一人随便拿几个东西（或石子或土块儿）攥在手里，让对方猜是双还是单，猜错了即为败者。争到头家的握一块石子，将手依次塞进每人的袖筒里，让败者猜石子给了谁。为了迷惑对方，他故意在有些人的袖筒里多待一会儿，或在有些人面前故意挤眉弄眼表示放石子的动作，使其上当。败者猜的时候，一方面要分析放者的动作和表情，另一方面还要观察孩子们的表情动作，注意他们由于抑制不住内心激动而表现出的极微妙的表情变化。要是猜中了，就由他去放石子，拿了石子的孩子去猜，要是猜不准，就对他进行惩罚。

解绷绷　此处"解"方言念为 gāi。一种多为女孩子所喜爱的儿童游戏。一般两人玩，用一根大约一米的细毛线绳，两端相连成环形，守方把线套在两只手上，用双指撑开，运用十个手指把绳子变化成不同形状的模型，"担勾勾""马槽槽""启锁锁""牛眼睛""旗花儿"等。攻方把守方手中每一次用线绳变化成的形状用自己的双手解开，用双手之拇、食及小指挑、穿、勾等手法，套在自己的手上，这时攻守互换，谁套线绳谁就是守方。这种绷构方法没有事先预定的套路，跟下棋一样，没有预知的结果，所以在解绷时必须动脑。两人轮流解绷，最终一方无法解出者为输。

石头剪刀布 这种猜测游戏规则简单。有两种玩法，一种是用手，五指伸开代表"布"，食指和中指伸开，其余指头并拢是"剪刀"，握拳头是"石头"。另一种是用脚，两脚平行叉开，表示"布"，两脚前后叉开，表示"剪刀"，两脚并拢表示"石头"。玩时嘴里喊"猜包吃"，喊到"吃"字的时候。出拳或者出脚，"剪刀"遇"石头"，"石头"赢；"石头"遇"布"，"布"赢；"布"遇"剪刀"，"剪刀"赢，环环相扣。这个游戏虽然简单，但很锻炼孩子的智力。

三 杂艺游戏

玩羊骨 是用羊的膝盖骨来玩耍，羊宰杀后，吃净羊膝盖上的肉，小孩们就以此作玩具。这个骨头有上下正反四个面，竖起谓马，翻过谓驴，俯者谓绵羊，仰者谓山羊。每人持两枚，用手掷出，出现两个都是马的为头家，一马一驴的为二家，一马的为三家，一驴的为四家。掷的次序确定后，把所有参加者的两枚羊膝盖骨交给头家，由头家掷散开。而后，马对马，驴对驴，绵羊对绵羊，山羊对山羊，用指弹去，弹中者胜。如弹过几次后，有一对未弹中，即交给下一人弹。依此类推，周而复始。以赢得骨头多者为胜。

玩石子 这是女孩喜欢玩的一种游戏。石子选用光滑的球状体，枣子大小，一共五枚，其中一枚白石子，四枚黑石子，或者四枚白石子，1枚黑石子，有时用四个桃核代替同色石子，不同色的石子叫"天蛋"。先将人分成两组，每组人数相等。然后，有一人手攥几枚小石头问对方："是双数还是单数？"假如猜对了，就由她开始玩。玩时有好几个程序，有的规定一次完成，若完不成便在下次轮到时，从头开场。有的规定，如一次完不成，下次可以接着玩。玩石子分简单和复杂两种。

简单撒开玩，有四节。把四枚同色石子握在右手或左手里，将"天蛋"

放在大拇指和食指中间，其他四枚同色的握在手心，玩时，把"天蛋"抛向空中，同时其他四枚撒向地面，接住空中的"天蛋"，再抛上去之后，同时捡地上的石子，捡子不能落空，抛上去的"天蛋"必须接住。如果加大难度，每次捡的时候不能触动其他石子。第一节，"天蛋"抛上去，其他四枚撒向地面，接住掉下来的"天蛋"，再把"天蛋"抛上去，捡一枚地上的石子，同时接住掉下来的"天蛋"，捡到的石子放到一边，依次把四个子捡完。第二节，"天蛋"抛上去，其他四枚撒向地面，接住掉下来的"天蛋"，再把"天蛋"抛上去，一次捡两枚地上的石子，同时接住掉下来的"天蛋"，捡到的石子放到一边，再把"天蛋"抛上去，捡剩下的两枚石子，同时接住掉下来的"天蛋"。第三节，"天蛋"抛上去，其他四枚撒向地面，接住掉下来的"天蛋"，再把"天蛋"抛上去，一次捡三枚或者一枚地上的石子，同时接住掉下来的"天蛋"，捡到的石子放到一边，再把"天蛋"抛上去，捡剩下的一枚或三枚石子，同时接住掉下来的"天蛋"。第四节，"天蛋"抛上去，其他四枚堆放在地上，接住掉下来的"天蛋"，再把"天蛋"抛上去，一次把四枚石子捡完，同时接住掉下来的"天蛋"。先完成的为胜，胜者人数多的一组为胜，按规定输的一组要背赢的一组20步。这四节中，第二、第三节动作较难，撒的时候既要撒得开，使抓时不碰别的石子，又不能撒得太远，以免收拢不起来，抓不上。

有难度的玩石子有三节。第一节，向空中抛"天蛋"，手里留一枚，向地上撒三枚，接住掉下来的"天蛋"。再把"天蛋"抛上去，将原来手里的那枚放到地上，同时拾起地上的一枚，再接住掉下来的"天蛋"。手里仍然是两枚，如此做四遍，将地上的每一枚石子都轮一遍。然后将"天蛋"抛上去，同时将手里的一枚放在地上，最后把全部石子一下抓起来。如果想把难度加大，在全部动作进行的过程中，始终不能碰撞其他的石子。第二节，向空中抛"天蛋"，手里留两枚，向地上撒两枚，接住掉下来的"天蛋"。再把"天蛋"抛上去，将原来手里的两枚放到地上，同时拾起地上的两枚，再接住掉下来的"天蛋"，手里仍然是三枚。然后将"天蛋"抛上去，同时将手里的两枚放在地上，最后把全部石子一下抓起来。第三节，向空中抛"天蛋"，手里留一枚，向地上撒三枚，接住掉下来的"天蛋"。再把"天蛋"抛上去，将原来手里的那枚放到地上，同时抓起地上的三枚，再接住掉下来的"天蛋"，然后将"天蛋"抛上去，同时将手里的三枚放在地上，最后把全部石子一下抓起来。

母胡古瓦日 土语"抓子儿"的意思，是一种儿童游戏。一般为两人或三四人玩。玩时每人准备六枚石子儿或者六枚骨节，其中一枚要和其他五枚要有区别，一般选择大一点或者漂亮一点的石头，或涂了颜色的骨节。玩时先用"石头剪刀布"分出输赢，赢家先玩，共有十级。玩时，甲首先将六枚石子儿抓在右手，将不同于其他五枚石子的大石子向上抛起，同时将手中的石子儿洒落在地，在抛起的石子落地之前，用右手接住。再将大石子抛起，落地之前，迅速用右手抓起地上的石子儿，然后赶紧接住下落的大石子，如果，大石子落地或者没有抓起相应级别的石子，就算输。接下来由乙玩，如果也输了，依次轮换，等到甲了，接着上次玩输了的地方玩，最后看，谁先过完十级算谁赢。第一级用右手抓石子，大石子抛起后，从地上抓一个石子。第二级，大石子抛起后，从地上抓两个石子。第三级，大石子抛起后，从地上抓三枚石子。依次类推，每个级别只能抓起相应数量的石子，多抓少抓都算输，每次都是右手抛，右手抓，右手接。到第六级，改换左手，难度就加大了，左手抛，左手抓，左手接，六级是抓一枚石子，七级是两枚石子，依次类推。

闪板板桥 是与跷跷板类似的传统游戏。有两人对闪，也有多人对闪、一对一对轮流闪形式，有骑在木板上或蹲在木板两头的，也有站在木板上的站闪等。青少年儿童们遇到一起，就进行闪板板桥活动。或在平整光洁的麦场上，或在院落房前的矮墙边，还有的在有权的树中间进行。把木板放在石块或碌碡上，两人同时骑在木板的两头，运用杠杆的作用，一人压，一人起，一起一落，乐在其中，有时还唱着有节奏的歌谣伴随着身体的起伏。有时随着人数的不断增加，为了使人人都有闪的机会，就在木板的两边各骑相等的数人。胆子大的少儿嫌中间的支撑物太低不过瘾，还把木板放到一米多高的矮墙上，然后在木板两头各蹲或站上几人进行活动，在整齐的吆喝声中起伏不停。也有调皮捣乱的，在活动过程中乘人不备，突然离开木板，把另一头的人跌闪在地下的。这种活动简便易行，锻炼了人的平衡能力。

滚铁环 这一游戏活动既可一人活动自娱，又可数人相互比赛滚动。铁环由两部分组成，一部分是铁丝绕城的圆环，另一部分是滚铁环用的手柄，由一根一米来长的铁丝做成，铁丝要粗一些，顶端弯成"U"形，有的铁环上还套有两三个小铁环，跑起来声音响亮。在空闲时候，孩子们聚在一起，找一块比较平坦的空间，设定一个目标，以铁环不倒又滚动得快和远来决胜。

跳皮筋 在少年儿童中最为普及流行的一种游戏。皮筋是用弹性较好的橡皮带或者松紧带做成，有时把废弃的轮胎内胎用剪刀剪成指头宽的皮带，10~12 米，对接一个圆圈。如果只有两人，便要找两个相距 3~5 米的两棵树，把皮筋对拴在树干上玩耍。如果在三人以上，就不需要找树了，三人时，先以"猜包吃"的形式，分出头家、二家、三家，跳时二家、三家把皮筋蹦上，头家跳。

跳皮筋的步骤按高度共分九节。第一节皮筋蹦的位置是脚踝，第二节皮筋蹦的位置是小腿肚，第三节皮筋蹦的位置是膝关节，第四节皮筋蹦的位置是大腿中部，第五节皮筋蹦的位置是臀部，第六节皮筋蹦的位置腰部，第七节皮筋蹦的位置是胸部，第八节皮筋蹦的位置是肩部，第九节皮筋蹦的位置是脖子。跳时一到四节，是双足跳，站在皮筋前面中间位置，先是双脚跳进去，再跳起来双脚分别落在格外，再跳进来，然后双脚跳到一侧，再用脚钩住一侧皮筋同时要跳到对面，再跳起来，放开皮筋，落在原地，皮筋要恢复原样。算第一节通过，开始第二节，直到第四节，越到高节，难度越大。到第五节时，玩法又不一样了，要边唱边跳，跳时，站在皮筋前面中央，用右脚钩下第一根皮筋，左脚一个后交叉跳（唱：马兰开花二十一），点一下，放开第一根，右脚钩钩下第二根皮筋，接着一个后交叉跳（唱：二五六、二五七），点一下放开，右脚钩钩下两根皮筋，放开皮筋（唱：二八二九三十一）。边唱边跳，皮筋不掉，跳法未乱又唱完一段歌儿，即完成了第五节，然后把皮筋升至第六节、第七节，如在跳皮筋当中，皮筋脱落或步法跳乱或儿歌唱错，就"死"了，换另一个人。

打毛蛋 毛蛋打法有四种：一是"拍"。就是参赛者原地站立，先将毛蛋摔向地面，然后用手掌直接拍打毛蛋，边拍边记数，直到拍酸中断，接由对方开始，对方拍击中止后，连续拍打次数多者为胜，若多人比赛则按顺序全部拍击完成后按拍毛蛋次数多少决定名次。二是"盘"。这种玩法一般都是3~6岁的孩童，在毛蛋上缝上绳子，绳子一头拿在手中，用脚去踢，看谁踢得多，只要踢空一次即告结束。三是"穿裆"。原地站立，用手拍击毛蛋后，在毛蛋触地弹起的瞬间，抬起一腿跨越升起的毛蛋，要求腿不得触及毛蛋，再用手掌拍打，连打连跨。如此往复，拍击次数多者为胜。四是"转"。用劲把毛蛋摔下地面，借毛蛋高弹之机，快速转身360度，当毛蛋落地反弹，顺势用手掌将毛蛋再用劲打向地面，连打连转，同样也是数数，谁的多算谁赢。比赛之前，双方议定打多少"拍"，打多少"盘"，打多少"穿裆"，打多少"转"，先打满者为胜，在玩的同时一般唱着童谣："打毛蛋费袖子，他（她）妈生了个精溜子，会跑啦，会走啦，他（她）妈肚子可有啦！"在有节奏的童谣中，掌握着动作的节奏。穿裆打，踢打毛蛋的方法与传统的踢毽子相同，有踢、盘、削、腱、抗、蹲、跳等规定动作，踢打者如果动作娴熟，轻巧机敏，毛蛋在身体周围翻飞滚动，妙趣横生。比赛结束或告一段落后，胜者要按事先约定好的方法"惩罚"负者，有刮鼻子、拍巴掌、弹额头、"拾毛"等手段。打毛蛋活动富有情趣，适合少年儿童的生理心理特点，对于锻炼少年儿童的灵巧、柔韧、方向、空间、平衡等机能起到良好作用。

打毛蛋是妇女、儿童所喜欢的一种游戏。毛蛋模样相当于现在的橡皮球、塑料球。一般用羊或牛新鲜的尿脬（膀胱）做内胆，用碱水洗净，吹到足球大小，外缠毛线，先从膀胱的横切面处缠起，缠上几圈等毛线固定下来之后，再缠尿脬的另一个横切面，一圈一圈要沿着球面压着缠，最后把膀胱口子巧妙地缠进去，毛蛋的弹性好者为佳。

踢毽子 毽子用鸡毛（或山羊毛）和麻钱做成。儿童玩时一般分两组对抗赛。玩法有：跳、蹲、空落儿、蹲落儿落眼窝。以积分多者为胜。负方要给胜方"拾毛"。拾毛时由负方一人站在五六尺外，将毽子抛向胜方，胜者一脚踢去，负方的诸人如能挡住这毽子或踢者踢空时即作罢，唯负方要给胜方每人都如此"拾毛"一番。拾完毛以后，则由负方提出下一轮的玩法，谓之"点"，"点"时当然要以己之所长制对方之所短就是了。

阿斯苦着 也叫分牛或分牲畜，是一度流行于互助、大通、同仁的半农半牧地区的一种计分游戏。制作"阿斯苦着"方法很简单，用羊粪蛋制作不同形状的24只羊，2头牛。牛的分值为10分，羊的分值1~6分不等，分值不一样，制作样子不一样。玩时，用双手将26个子儿抛起，然后用右手背去接，接住的子儿再抛起后用手掌接，每次接的越多越好，牛的分值较高一个10分，羊的是1~6分不等，落下的子儿不算分，最后抓到手掌中的才算，因手背、手掌的空间有限，每次抛起后，接住的也就几个，所以玩家的眼睛要盯住分值较高的子儿，把它接住，才能最后胜利。每人只能抛1次，第一个人抛完后，把抓到手掌中的子儿计完分值后，拿走；第二个人将剩下子儿再抛，然后，计完分后再拿走，依次类推，直到把26个子儿全抓完。

耍活络 这是6~13岁女孩们玩的游戏。"活络"是儿童自己用瓦片或陶片磨成的直径约1.5厘米、高1厘米的扁鼓形玩具。每副活络共四枚，再加一枚圆石子名叫"天弹儿"的所组成。玩时由几个女孩子（六、七岁到十三四岁的）围坐在地，轮流按规则玩耍，一边动作一边唱（按唱词中数字顺序每一节抓活络子几枚，抛下几枚不等），唱词曰：

第一节："摸个个，摸上着"；

第二节："丫尖尖，挑单单，揽三盘"；

第三节："斜俩儿，顺俩儿，织俩儿，拍下儿"；

第四节："可大楷，一大儿，两小儿，上手儿，打掉儿"；

第五节："取一个，揽三盘"；

第六节："斜俩儿，顺俩儿，花匣儿"；

第七节："尕三点，点一点，点两点，点三点，一脖子搓，一脖子坐，一脖子打"（第六七节重复一遍）；

第八节："一龙友，吃一友，一青色，一多着"；

第九节："取一个，揽三盘，斜俩儿，顺俩儿"；

第十节："尕十点，点一点，取一个，揽三盘，斜俩儿，顺俩儿"（由此从"尕九点"倒数至"尕四点"）；

第十一节："尕三点，点一点，一脖子搓，一脖子坐，一脖子打"；

第十二节："取一个，揽三盘，斜俩儿，顺俩儿，花匣儿"；

第十三节："阿奶种白菜"（说四遍），"阿奶浇水来"（说四边），"阿奶上粪来"（说四遍），"阿奶铲菜来"（说四遍），"阿奶攒菜来"（说四遍）。

结束动作："阿奶揽菜来"（这时把活络全部抓在手里，谁先完成以上动作即为胜者，其他人则从"失手"的节数继续玩）。

打石镖 小孩子们在河畔、水池等地各捡平、薄的片儿石，躬身向水面击去。只见快速击水的石片似蜻蜓点水，在刚一接触水面的一刹那，又腾飞起来，划一条弧线再向水面点去，有时能点 4~5 次，这和片石击水的力量、速度、角度等技巧有关。在比试中，以镖石"吃"水次数的多寡决胜负。

打车轮 打车轮活动很像体操活动的侧手翻，因人体侧翻起来很像滚动的马车轮子，故称为打车轮。开展这项活动时一般是在平整的打麦场上或在青草地上。先由动作娴熟的人现场示范，站直以后做好准备，上体向侧弯曲，手脚依次撑地，使身体在空中翻动，滚动一周后，立正还原，如此多次反复，然后让练习者模仿、保护、帮助者悉心指导，有的要求练习者手臂伸直用力，有的扶直双腿及腰，体会空中动作的感受。教练者精心示范帮助，练习者刻苦认真学习，直至掌握基本动作。接着，教练给练习者提出更高要求，在地上画一直线，让练习者在直线上练习，要求手脚要依次落在直线上，不得弯弯曲曲，就这样往复循环，熟练掌握打车轮的技术。有时，技术娴熟者还要进行比赛，有裁判画数条直线，几人同时打车轮，以车轮打得路线直、次数多、动作正确为胜。

翻跟头　翻跟头活动一般与打车轮一起进行，一些基本动作类似前滚翻、后滚翻，高难一些的则像前手翻、后手翻、空翻。前后滚翻要求手、头、肩、背、臀依次滚动着地，有抱腿团身的滚翻，也有鱼跃直腿的滚翻。站着打跟头时，其动作技术似前。后手翻，着重强调推手、挺身、蹬地用力。以动作干净利落、路线平直、次数多而为优胜。

碰拳　碰拳是衡量对方拳头对抗能力大小的一种游戏活动。碰拳时，双方先攥紧拳头，在公证人的监督下一齐开始碰击。不准碰撞其他部位，直到一方的拳头被碰得疼痛时，以口头表示认输为止。胜者可咄咄逼人地挑战，也可胸有成竹地迎接不服气者的挑战。有的人皮粗肉坚，拳头有力，有的人虽拳头小巧，但碰拳技术灵巧。因此，在比赛中有力大拳重而取胜的，也有拳头小而以智夺标的。比赛中，双方只能用拳头相互碰击。

抵牦牛　抵牦牛也叫顶头赛，是儿童们喜欢玩的一种传统游戏。小伙伴们在一起玩耍时，互相不服气，就学牛的样子，趴在地上，头对头，嘴里喊着"哞"，开始顶头，疼得受不了的一方，赶紧退下来认输，赢了的一方，得到在场观众的认可。

娘娘轿　一种受青少年儿童的爱好活动。分成两组，先用手心手背猜输赢，输了的一组要按规定抬举对方。抬时先有两人当轿子。这两人先用右手抓住自己走手的手腕，然后用左手抓住对方右手手腕，形成一个四边形，蹲在地下称为轿子，仿佛轿夫抬轿子一般，细心服侍"娘娘"（胜者）坐上，"娘娘"双手扶住输者的脖子，等坐稳扶好后，轿子被抬起，载着娘娘慢走或快跑，或直线，或转圈，往返几次，要依次把胜者都抬着转悠一番。"娘娘"在坐轿的同时还不断用各种方式"惩罚"轿子，给轿子的行走造成一定困难。就这样活动一番后，输者由于多次负重而感疲劳，胜者也经受了颠簸，使身体都有了锻炼效果。

跳绳 一种边跳边伴唱的自娱自乐的游戏活动。在跳绳活动中，一种是古老的边跳边伴唱的跳绳游戏，是技巧性跳绳，有单脚跳、换脚跳、双脚并跳、双脚空中分跳、蹲趴、侧卧式跳等多种花样动作；另一种是快速性跳绳，有快跑跳和原地快跳之分。所使用的绳子一般为手指粗的麻绳，也有用牛、羊毛拧成的毛绳，还有的别出心裁地用黑白相间的毛拧成花色的跳绳。有个人单跳，也有数人一起跳，还有多人分组跳。个人跳时双手持绳，有绳子从前向后掠过的背跳，有从后面向前摆动的正面跳，还有双手交换的交叉跳、单脚跳、双脚跳、追逐跳等多种形式。集体跳时两人执绳，有时绳子上系上野花做成的绣球或彩色布条，绳子上下摆时色彩斑斓，情趣陡升，跳绳者鱼贯而入，闪转腾挪，动作整齐一致，轻盈矫健，快跑跳和原地快跳活动演变为竞技活动。

四 季节性游戏

放风筝 清明节前后是放风筝的最好季节，男女老少均爱携风筝到田野、河边等空旷地带放飞，看谁放得高、放得稳，看谁扎的风筝好看。放时，摇动线轴，自由收放。汉族放风筝忌断线，认为不吉利。牧区藏族放风筝季节不限，一般在初一或者十五，或者节日期间放风筝，最后将风筝放飞。老人们放风筝时，在风筝和线的接头处，插上一炷香，风筝飞到一定高度，香火将线烧断，风筝便随风飘去，飘得越远，越说明自己能健康长寿。

打搅洗 青海大部分地区不适宜游泳，但在夏天，水塘、小河流和灌渠成为男孩子们"打搅洗"的场所。下河前用凉水在头上、前胸、后背泼洗一番，以适应冰凉的水温和避免双眼被水激坏。进入水中以后，各人施展自己的打搅洗技术。有的双手划动，速度很快，颇像自由式游泳；有的双臂划游，双脚也交替拍击水面，被称为"狗刨"；有的几个人进行快速比赛，有的踩水嬉闹，或相互泼水。有时为了比试打搅洗技术的高低，还要进行叫做"淹迷儿"的活动。"淹迷儿"有两种形式，一种要求人在水底潜游，不得露出水面，叫做"游迷儿"；一种是身体钻进水中不动，要求全身不得露出水面，叫做"蹲迷儿"。"淹迷儿"时，两人或数人先在水中游戏，然后提出比赛条件，看谁在水中不露头、潜游距离远或蹲的时间长。胜者要对输者进行体罚，或让他上树，或罚他在地上长跑，还有的用树梢轻打输者。比赛开始时，双方在水中做好准备，活动身体，加深呼吸。发令者一声令下，比赛双方同时进入水中顺流而下，一口气游出几百米远才露出水面，或缩身憋气钻在水下比试时间长短。打搅洗结束后上岸休息。

滑溜儿　滑冰是青少年喜爱的冬季体育活动。青海人将滑冰称之为"滑溜儿"。在冬天自然冻结的河面、水沟、泼水形成的冰面，便是城乡少年儿童们理想的滑溜场所。一有空余时间，就穿上厚厚的棉袄，戴上扇着两片护耳的棉帽和围巾，套着"筒袖"，穿着松软厚实的"鸡窝"（棉鞋）滑冰。滑溜儿一般没有什么规定，如果是在野外河沟里，由于冰面开阔光滑，孩子们便在自己选定的小天地里任意滑行，自得其乐；也有几人同时平行滑行，比试滑行速度的快慢和距离的长短。其间，有的站滑，有的蹲滑，有的几个人手拉手并肩合伙滑。城市里不敢远离家门的孩童，只能在街道阴面的狭长冰面上游戏。由于冰面狭窄，一次只能滑行一个人，他们自发组织起来，排起队来轮流滑行。先从老远跑来，接近冰面时，有两腿叉开侧向滑行的；有弯着身子正面滑行的；有时蹲时起灵活多变的。有时候，多人连在一起，后面的抱着前面的腰组成一条"长龙"蹲在冰面上，由先头一人拉着滑行，其间有顽皮的从另一面滑过来，撞倒别人，撞断长龙，弄得大家嘻嘻哈哈。

滑冰车　冬季在冰上滑滑冰车是男孩子最喜欢玩的游戏。冰车都是自制的，用一块厚三四厘米长方形木板，能蹲或坐一人为宜，木板板面的后部钉一块木条，用来垫脚后跟，板底的两边装冰刀；没有冰刀，用两根筷子粗的钢筋代替也可，钢筋两头弯起，弯起部位有三四厘米，两边做成一样，然后把弯起的部位烧红，镶嵌到木板底部两侧，再用木胶粘牢，再用铁丝加固，实在没有钢筋，用可用铁丝并到一起，扎成手指头粗的两个，代替钢筋，制作方法一样，冰车做好后，还要用两根大号电工用的"锥子"。到冰地上滑冰面时，或蹲或坐在冰车上，两手拿着"锥子"驱使着冰车，两根锥子的尖扎在冰上向后用力，冰车向前推进，拐弯主要靠锥子的支撑改变方内。有时嫌平坦光滑的冰面不够刺激，就有意把冰车驾到冰面凸凹不平的地方去冒险。有时男孩子多了，互相比较冰车的好坏和驾驶技术，便进行滑冰车比赛，孩们经常进行速滑比赛。

打猴儿 即抽陀螺，有的地方叫"挨打皮"或"转柱"。结冰的地方，就是少年儿童打"猴儿"的地方，少年男女都喜欢玩"猴儿"一般用木头制作的，小的如鸡蛋大，大的如铅球大小，制作时，找一节粗的木棒，用刀削光滑，一般呈圆锥形，上圆下尖，再找一颗自行车里用的钢珠，把钢珠烧红，取出放到地面上，用削好的"猴儿"尖的部分对准钢珠，镶嵌进去，然后在猴儿上面画上圆圈，打猴儿用的鞭子因身高不同而长短各异，一般以小巧实用为好，一般用竹子做，没有可用光滑的树枝代替，鞭鞘用柔韧结实的有垂感和重量的细皮条拧成，也有可用光滑柔软的麻皮搓成。打猴儿起初，都要活动全身，或上肢，或双腿，或搓手，或跺脚，然后将用鞭鞘缠好的猴儿谨慎地放到冰上，一手扶持，另一只手扯拉抽动，紧接着快速抽打。只要猴儿在冰面上飞速旋转起来，鞭子不断抽打，猴儿可以在冰面上转动好长时间。同时口中不停地念叨着："猴儿跑，娃娃恼，猴儿跳，娃娃笑，猴儿转，过好年。"还有的猛抽几鞭，在猴儿急骤旋转之际，自己还要在冰上做几个优美的滑溜儿动作，以显示自己高超的打猴儿技术。

第四节 竞技中的信仰与禁忌

一 骑射类的信仰与禁忌

赛马的信仰与禁忌 因藏族史诗《格萨尔王》中雄狮大王格萨尔是通过赛马获得胜利被群众拥戴为王的，故此在藏区一些村落的赛马节，是纪念格萨尔每次出征前要举行跑马射箭的习俗而进行的。在赛马会上，得胜者相信将会在一年内得到神灵的佑护，风调雨顺。藏族尚白，以黑色为凶，人们期盼在赛马会上白马夺魁，忌讳黑马夺魁，认为黑马是魔王的坐骑，黑马获胜是不祥之兆，因此在赛马活动中，忌讳黑马最先到达终点。如果发现有黑色马匹夺魁的趋势，主持比赛立刻派一人去途中仲裁，有意叫骑手放慢速度，避免其争取优胜。

赛牦牛的信仰与禁忌 牧民们对参加了比赛活动并获得殊荣的牦牛，很珍惜，精心喂养，不宰杀，不买卖，老了便在身上系上哈达放生，放生后的牦牛，当地民众见了也不会鞭打或者宰杀。如果鞭打或者宰杀，认为神灵会降罪。

射箭的信仰与禁忌 藏族民众视弓箭为神物，对弓箭非常尊重。平时把弓箭放在家中最显要的地方，不能亵渎。在平时的训练中也不能放空箭，拉弓时要么放箭射出去，要么慢慢恢复原位。放空箭意味对神灵的不尊重，其实放空箭，对脑部震动较大，容易受损，或者弓弦容易打到自己。在射箭比赛前，要进行祭箭、请箭、迎箭和祭祀神灵的仪式活动。如海南、黄南、海北地区的藏族射箭开赛前数日，便开始祭神山、祭俄博、插箭、放风马、煨桑、集体到"玛尼康"念经。开赛仪式上，指派专人迎接首发之箭，首发箭多是由队员中最优秀的射手射出的，如无意外都会射中"嘉玛"，这时迎箭者和全体队员又蹦又跳，吼声如雷，以提高参赛队员的信心和志气。凡参加比赛的所有弓箭手都要念经、煨桑。比赛时，向"嘉玛"、向射手身上洒酒，以示祈祷和祝愿。一场射箭比赛，都有数十瓶酒用于祝福祈祷。河湟地区所有各项活动从简，在本村玛尼康中也念经、煨桑，用点燃的香火烟熏弓箭，箭手绕玛尼康三圈。在祭祀活动或者节庆活动比赛射箭时，禁止妇女参加射箭比赛。

二 其他信仰与禁忌

打响鞭的信仰与禁忌 在民和、互助盛行的打响鞭本来是一种驱鬼巫术，后来演变为一种游戏。土族民间相信鬼最怕用左手打它，因此左拧的鞭子能驱赶妖魔鬼怪。每年立秋过后，年轻人用麻绳制成一个两米左右的马鞭，然后在中秋节的晚上或者正月十五晚上皓月当空之时，在家里尽力向空中甩动，使马鞭发出清脆、响亮的声音，以示驱邪。然后小伙子们相邀到村子的高处去打，目的在于驱邪避瘟，增强信念，鼓舞人们战胜鬼魅邪恶的勇气。

打秋千的信仰与禁忌 秋千的"秋"字意为"秋天的收获"，"千"为"多"之意，二字颠倒过来就是千秋，寓意为庄稼丰收人长寿。人们俗信打秋千能消灾免祸，男女孩子打了秋千长身体，老年人打秋千延年益寿。每年正月新春或者农闲季节，各家各户利用各种条件架设秋千，年长的讨个长寿，年轻的讨个万事如意。在同仁地区的一些村子里，每逢正月十五，人们到秋千边聚会，村中富裕人家供应烟酒食品，年轻小伙子们轮流打秋千，做各种高难动作，展示其矫健的身姿和健康的体魄，主持者向优秀的秋千选手献哈达。而后优秀选手爬到秋千杆顶，将秋千绳解开，很快放到秋千架，抢夺拴在秋千杆上的柳条，抢来的柳条插在自家大门，据说可以避邪，去百病。许多青年人为了这一天的荣耀，平时就在家里屋檐下拴上秋千进行练习。夜晚来临，年轻人燃放篝火，唱拉伊跳舞至子夜回家，回家时在巷口点燃火堆，全家人跳火把，避邪除秽，祈求一年的幸福平安。

登山的信仰与禁忌 农历九月九日为重阳节，重阳登高是青海的主要习俗。在西宁的北山寺、南山寺是人们登高的主要地点。登到最高的山顶时，人们默念祝词，右手拿上一叠"鹿马"，向天空撒去，使之向天空腾飞而去，是为"放鹿马"，求神灵保佑赐福。因"鹿"与"禄"谐音，有翅膀的马叫"马黄"，含"禄位高升""飞黄腾达"之意。放出的"鹿马"飞得越高，则表明本人运气好。此外每年的大年初一、农历四月八日、六月六等民间传统节日时也举行盛大的登山活动。汉族、藏族、土族及蒙古族等民众在登山时因为信仰神灵就在身边，因此在登山开始到下山时，对随时随地可能触犯神灵的言行和事物加以回避和禁止，例如口不能出秽语，不能随地吐痰，更不能随地大小便，以免冒犯山神，碰上秽气而中风。

青海民俗志

第三册

QINGHAI FOLK-CUSTOM CHRONICLES

青海省地方志编纂委员会 ●编

赵宗福　主编

社会科学文献出版社

SOCIAL SCIENCES ACADEMIC PRESS (CHINA)

撒拉族羊皮囊渡黄河
摄影：蔡征

撒拉族传统体育打蚂蚱
摄影：蔡征

扳手腕
摄影：何志芳

藏族拔河
摄影：何志芳

藏族正月射箭
摄影：蔡征

那达慕大会·摔跤
摄影：跃进

打毛蛋
摄影：何志芳

拉巴牛比赛
摄影：何志芳

老鹰抓小鸡
摄影：何志芳

驮垛子
摄影：何志芳

走方棋
摄影：何志芳

蒙古族象棋
摄影：何志芳

藏绣艺人
摄影：王小明

回族刺绣
摄影：马永祥

藏族刺绣
摄影：李俊杰

土族刺绣
摄影：李俊杰

土族刺绣
摄影：赵宗福

回族刺绣
摄影：米海萍

土族刺绣艺人
摄影：王小明

七彩人生
摄影：本巴尔

撒拉族刺绣
摄影：蔡征

堆绣
摄影：李俊杰

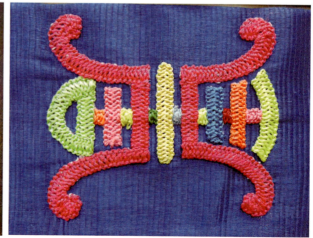

蒙古族刺绣
摄影：王小明

洪水泉清真寺内砖雕
摄影：晏周琴

洪水泉清真寺内砖雕
摄影：王小明

洪水泉清真寺内砖雕
摄影：王小明

昆仑玉雕刻艺人
摄影：米海萍

编草帽
霍福提供

泽库和日村石刻艺术
摄影：霍福

玉树新寨村嘛呢石刻
摄影：赵宗福

蒙古族编绳技艺
摄影：徐世萍

编织藏毯
摄影：徐世萍

湟中加牙藏毯图案
摄影：霍福

加牙藏毯传承人杨永良
摄影：霍福

**河南蒙古族自治县
蒙藏医院医生在就诊**
摄影：霍福

传统藏医器具
摄影：霍福

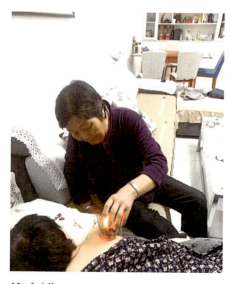

拔火罐
摄影：徐世萍

藏药洁白丸
霍福提供

如意算盘
摄影：赵宗福

撒拉族量具斗和升
摄影：霍福

囊谦盐田
摄影：唐仲山

《格萨尔》艺人在
青海湖边吟唱
摄影：马都尔吉

海西蒙古族艺人
摄影：赵宗福

玉树通天河边的
"唐僧晒经台"故事遗迹
摄影：霍福

蒙古族艺人在说唱史诗
摄影：跃进

目　录

第一编　物质生产民俗

第三编　社会组织民俗

第四编　社会生活民俗

附　录

第六章　民间工艺

　　千百年来，青藏高原的先民们在寻求生存和发展的历史过程中，一代又一代地创造和发明了与生活息息相关的实用手工艺品和用于欣赏的手工艺术品。传统手工艺将艺术与宗教、艺术与现实生活融为一体，形成了造型多样、风格各异、形式不同、色彩丰富的多元共存的工艺门类，表现出粗犷率真、古朴单纯的民族传统艺术特征，也反映出青海民间手工艺所折射出的青海地区几千年来的沧海桑田、时代变迁。从工艺作品和技艺中可以窥探青海民间艺人的聪明和才智，以及民众对生活的审美情趣。

第一节　雕刻技艺

　　民间雕刻主要包括建筑雕刻、家具日用品雕刻、艺术品雕刻等。其造型丰富、风格独特，具有地域、民族、宗教的艺术特色。雕刻在青海传统民间艺术中占有重要的地位，因历史战乱、文物保护本身等诸多因素，遗存的木雕以明清时期为主，主要用于寺院和民居建筑构件的横梁、挑檐、斗拱、柱、门、窗、栏杆、隔断，寺院及民间供奉的神像，以及日用家具、壁挂、器物、宗教用品、手工工艺等，是实用和装饰为一体的民间木雕艺术形态。青海雕刻在设计上按材料的颜色、质地及自然形态因材施艺，具有浓郁的宗教色彩和民族特色，形成了独特的雕造方法。传统雕刻是青海民间木雕风格的典型代表之一，同时也是我国少数民族民间木雕艺术的一个重要组成部分，蕴含着丰富的民族文化内涵。

一 建筑雕刻

藏式建筑雕刻 藏式建筑雕刻装饰是要通过雕、刻、绘等基本造型方法在各种建筑材料上的运用，创造出在建筑空间上的艺术表现形式，以表达建筑物主人的日常生活、艺术感受和审美情趣。在藏式建筑中，雕刻技艺为"有疏有密，既要坚固，又要明透，制作精致，在风格上顺其自然，拿捏得当"。物体横梁与垂直的柱子之间的直角雕花，如藤蔓的窗格，窗檐的二方连续透雕、浅浮雕装饰，点形的花朵、如藤的线形和面形的植物叶是艺术造型最基本的元素，即点、线、面最直接的体现。所有木雕装饰都是木雕艺人主观的提炼与组织，凝聚了艺人的聪明才智。木雕的主题多以人物、动物、花卉这三大类作为图案来进行创作。孔雀开屏、双凤朝阳木雕中的各种动物展翅欲飞，呼之欲出；牡丹、荷花、山茶花等图案制成的装饰品栩栩如生。木雕是一种介于绘画和雕塑之间的半立体表现艺术，它同时带有绘画和雕塑的优点，既能表现出绘画宏大的意境，又具有写实震撼的表现力。青海藏式雕刻技艺特点有三：一是造型上别具一格，款式多样，例如同仁地区的建筑门楣木雕，古拙而兼具多样化，湟中地区建筑手工雕刻造型多变。二是制作工艺各有绝招。藏式建筑的许多工艺是世代相传，具有独特的个性，许多木雕手工艺的装饰图案，不打画稿，全凭经验而成图在胸。三是现代藏式建筑，在继承传统特色、弘扬民族风格的前提下，客观地形成了几种不同现代方式的艺术类型，分别拥有各自突出的工艺优势，产生了不同的艺术效果。

宗教建筑雕刻 青海宗教建筑雕刻，因受汉文化的影响较多，木雕形式比较简洁朴素，造型严谨细腻，注重物体的整体造型美，雕刻精细，粗犷与秀美并存，很多木雕艺术体现出多元文化的兼收并蓄。湟中地区建筑雕刻因其选材或工艺特色而得名，历史悠久，具有较高的工艺水平和传统特色，技艺精湛，造型完美，具有鲜明的地方特色。如塔尔寺建筑雕刻，其门饰是建筑雕刻艺术中最具特色的代表。格子门多为浮雕，图案有花、鸟、虫、鱼、龙、凤、狮、象等，如"狮子滚绣球"等。材料多选自松木、杂木、杨木。首先在选好的木料上进行画样，然后通过斧子、凿子、锯子、刨子等工具手工雕刻而成。由于材料的限制，雕刻形象多以大写意为主，不拘小节表现一种粗犷的原始装饰美。同仁隆务寺的建筑雕刻艺术，从造型和工艺方面可分为两大部分，即手工艺、木刻。手工艺主要有圆雕和浮雕，如柱饰等；木刻主要指以平面为主的板雕、线刻，如梁架、门窗等。雕刻方面应用广泛，有圆雕、浮雕和镂雕，大至数米，小至寸许。佛塔、梁柱、飞檐、门窗、扶栏，处处都有精雕细镂的各类佛像、鸟兽、花木或吉祥图像，作品造型千姿百态、刻画传神。而洪水泉清真寺，整体建筑为典型的中国传统的汉式建筑风格，与伊斯兰教早期传统建筑的异域式样有显著不同。寺中主要景观有照壁、山门、唤醒楼、礼拜殿，其砖雕、手工艺图案繁多，工艺高超、建筑奇特，在图案内容上表现出多元文化共存的艺术特色，是民族文化互融共生的体现，具有极高的艺术价值。

二　家具雕刻

雕刻类型　家具日用品雕刻是青海地区民间日常生活中常用的物品，主要包括家具，如桌、椅、茶几、屏风、衣柜、写字台等，以及法座、佛龛等宗教物品的装饰雕刻，还有日常生活物品酥油桶、马鞍、木刻雕版、木碗、木勺等。这些日用品的雕刻工艺装饰性极强，具有民间传统特色，其形制和雕饰都十分考究。青海地区日用品在样式和图案上基本可以分为汉式、藏式和蒙古族样式。

汉式家具　主要秉承中式风格，以中国古典装饰为基础的雕刻艺术。装饰图案有连珠纹、卷草纹、蝙蝠纹、八仙纹、绶带纹等。青海多数地区的家具日用雕刻以传统纹样结合当地少数民族艺术进行装饰，具有青海特色的艺术风格，如藏式八宝图案和中国传统装饰图案的结合，还有"朗久旺丹"装饰图案和汉文符号的结合等。

藏式家具 按照用途来分，主要分为饮食具、用具和盛装具三大类；从使用功能分，有橱柜、箱、桌、床、桶、盒、椅、凳等；按使用场所分，有寺庙宗教家具、平民实用家具等等。无论是家里的床具、橱柜、桌椅等都用木雕进行装饰，木雕工艺在家具雕刻上得到了最为广泛的应用。木雕家具作品绘画性很强，多数家具从正面观赏最佳，每一块或一组是在一个平面上，采用阳刻的手法，依据画面的结构，逐渐递增，使层次加深。它们的形体受雕刻材料的实用板面所约束，处理层次基本上在允许雕刻深度的平面上变化，整体感很强。从雕刻装饰角度，安装时也有技巧，讲究观赏视角，花边的配置可以不放在一个平面上，显得层次丰富，在统一中求变化。例如为了表达多子多福的美好愿望，常用葡萄、石榴等多籽植物做装饰素材；为了表达福寿双全的吉祥意义，常用福手、蝙蝠等同音字的实物做装饰素材，多被赋予吉祥的寓意。

藏式家具在艺术风格上与明清中原地区的家具有着千丝万缕的联系，在造型上有一定的相似性，但藏式家具又有着自身明显的特征。其造型优美，比例恰当，结构科学，榫卯精绝，坚固牢靠，重视用材的纹理和自然美，体现了浓厚的青藏高原气韵。但是具有相同功能的青海藏式传统家具，在不同的使用场所其形态与装饰却存在很大的差异。青海藏式家具在风格上形成了不同的地域特色，大致可分为湟中藏式家具、同仁藏式家具、同德藏式家具等。湟中藏式家具以"陈家滩民间木雕"为主，是指湟中陈家滩及周围地区制作的家具，其特点是造型和纹饰朴素大方，造型优美，线条流畅，结构合理，雕琢细腻，玲珑剔透。此外大件器物还用包镶技法，即以柴木为骨架，外面粘贴红木薄板。其格调简练、淳朴、厚拙、凝重、雄伟、圆浑。同仁藏式家具，是指同仁县城及周围地区制作的家具，同仁藏式家具一方面继承了热贡木雕艺术的制作技艺，另一方面又大量吸收了西藏、甘南藏式家具的造型手法，形成了独有的风格。其特点主要表现在三个方面：一是造型端庄稳重，豪华大气；二是木质一致，一种家具均用一种木料制成；三是装饰花纹变幻无穷，雕刻有力。同德藏式家具，主要是指同德县本地生产的家具。其造型古朴大方、稳重典雅，装饰力求华丽，多以彩绘取胜。

藏柜在藏式家具雕刻中具有代表性。藏柜的大小和用途有点像汉族的五斗橱，所不同的是藏柜的门是中开式，门两边是木质枢轴结构，枢轴插在位于藏柜上、下部的凹口里，门可以灵活关闭。柜内有一层夹板，有些采用两层或三层夹板，把柜子分成上下两部分或几个部分。柜子的底部通常有三个窄长的抽屉，主要用于收藏一些贵重的小物品，抽屉的底部到地面是中空的。藏柜上的雕刻图案多采用花草、动物和神话故事中的人物等，反映了藏族同胞对大自然的热爱。

蒙古式雕刻 主要是以海西蒙古族，黄南州的河南蒙古族，海北州的祁连县、海晏县和门源县蒙古族为主，雕刻工艺除浮雕和圆雕外，还有透雕、平刻等技艺。蒙古族在长期发展过程中，创造了内容丰富、个性鲜明的蒙古族文化艺术，形成了较其他地区蒙古族文化艺术相对独立的特点，由此成为青海文化的重要组成部分。雕刻形式主要用于制作木床、木桶、木碗等生活用具。

三 艺术品手工艺

艺术品手工艺主要有神像手工艺、摆设手工艺、手工艺面具艺术等。木制工艺品是以木头为原料进行设计、加工而成的具有观赏艺术价值的手工制品，具有设计简单、制作方便、风格自然的特点。如佛造像、面具、经架、首饰盒等。艺术木雕通常是指构思巧妙、内涵深刻、能反映作者审美观和艺术技巧，具有实用性和观赏性的工艺品。如在 20 世纪 90 年代，湟中出现的木雕唐卡，是一种精细的手工艺术品，其木雕唐卡艺术通过浮雕造型、色彩和线条的运用，以木雕的形式把青藏高原绘画的内在气质完美地表现出来。

木刻浮雕唐卡　又称"立体唐卡"，为现代青海地区藏式木雕的代表性作品。木雕唐卡不讲究拼接，这样就保持了木质的特征。要在原木上做文章，就要小心仔细、保持完整统一。为了突出木材的肌理，表现木纹的优美，造型体积就不能太多小细节，而是大块面整体处理，达到浑然一体的效果。立体唐卡不仅融合了传统的藏汉佛教文化，还融合了传统和现代的藏汉工艺技法，具有丰厚的历史文化底蕴和藏汉文化交流的创新性。这种唐卡严格遵守唐卡度量比例，选取乌木、黄杨、红檀、金丝柚、红豆杉等多种木质坚韧、纹理细密、色泽光亮的名贵木材制作，先干燥木料，然后进行粗坯制作，再进行修光打磨，最后完成施彩。唐卡不断推陈出新，实现了平面唐卡的立体化创新，具有较高的观赏价值和收藏价值。如"白度母"木雕唐卡，面容雍容大度，姿态优美，造型准确，肌肤、双臂、手指等精微美妙，手法细腻，衣衫等处则粗犷有力，与肌肤之圆润形成对比，工艺堪称精湛。此类创新的木雕唐卡通过浮雕造型、色彩和线条的运用，以木雕的形式把青藏高原藏传佛教绘画的内在气质完美地表现出来。

湟中木雕唐卡　是以嘎赤、勉唐派唐卡为风格基调，以东阳木雕为技法基础，以精选的德格印经院刊刻版画为范本，参以故宫、布达拉宫等珍藏的传世唐卡和青海热贡当代唐卡，立体化呈现了图案内容。湟中藏式木雕唐卡材料完整，在雕饰题材、表现形式、技法上都有明确的创作趋向与构思。主体与一般、整体与局部、人物题材与其他题材，根据心理需求有总体的选择分布。由于木材的结构韧性强，所以不容易断裂，这使创作构图强调整体性、统一性。作品布局丰满，散而不松，多而不乱，层次分明，主题突出，故事情节性强。多以浮雕为主，也会有镂空雕刻装饰，经过不断的发展演变，已经形成自己独特的艺术风格。

佛像木雕　这是木雕雕刻艺术的浓缩和精华，一尊完美的佛像，就是一件精美的艺术品，更是以藏族为主群众寄以信仰的托付之物。民间佛像雕刻艺人经过长期的实践和探索，总结出了一套雕刻佛像的原则，形成了独特的创作理论和制作技法。例如人体比例有"坐五行六"，五官位置的"三程五步"，衣褶处理则有动、静、坐、立之分。把不同的人物脸型系统地分为36种，因而在塑造人物性格方面表现得更加典型，同时在塑造形象时很讲究视角的处理。传统的方法有"坐观""上下观"，从而在观感上收到较好的艺术效果。尤其湟中雕刻艺人并加以彩绘、描金，精致雅观，经久不褪色，形成青海藏式佛像雕刻艺术的独特风格。

摆设手工艺　这是工艺中的一个传统的品类，是利用立体圆雕的工艺技术雕制而成的，摆设于橱、窗、台、几、案、架之上，供人欣赏的小型的、单独的艺术品。蒙古族的摆设手工艺分人物造型和动物造型。人物造型有成吉思汗、忽必烈等历史英雄人物。动物造型有牛、羊、马、骆驼、狗、猫等。另有达罗牌、蒙古象棋雕刻工艺等。在制作工艺上选用野生红柳、白刺等植物木料，用凿、锉、刀、锯子、刨子等工具手工制成。

四　彩绘手工艺

木雕大多要用色彩来进行装饰，装饰色彩一般分为木雕施彩和彩绘。施彩是指在已经雕刻完成的木雕上用预想的颜色进行着色；彩绘是用工笔重彩绘画的形式在需要装饰的非雕刻部位进行绘画。其表现内容和形式以及装饰色彩宗教氛围浓厚，形成了自己的特色。这些装饰色彩内容丰富、题材广泛、图案精美，不仅美化了建筑居室环境，增强了美感，增加艺术审美价值，同时也蕴含一定的人文内涵和文化价值意义，体现出一个时代、一个民族的生活方式、价值观念和精神气质。木雕艺术的装饰色彩作为艺术创造者对世界审美把握的一种方式，也表达着艺术家的意识形态。

藏式木雕彩绘　藏式木雕装饰色彩在应运、传承和发展变迁过程中也形成了自己的特征。因虔诚的宗教信仰促成了藏族对色彩的使用和理解，装饰色彩运用最多的是白、红、黄、蓝、绿、黑，既包含了宗教的象征意蕴，又呈现了雪域自然的直观表征。白色为高原的吉祥色；红色象征空间护法神，表示智勇双全、兴旺刚猛；黄色象征大地，表示具有远见卓识，也代表着佛祖的旨意和弘法恩典，至为神圣。涂成黄色的建筑地位很高，有名的修行室和重要寺庙殿堂大多为金顶。藏族历来崇尚红、黑二色，二者又以黑最为尊贵，亦有黄、白、绿、金等色。在木雕的色彩搭配中，使用最多的也是红、黑二色，给人以严肃与厚重之感。此外，传统藏式木雕中金色的运用也比较多，多是运用描金手法在黑底或红底上描金，用金色的色彩明度凸显木雕中的动物和人物，使雕版更具层次感和动感，以满足人们的审美需求，彰显其高贵、气派的风范。色彩代表着鲜明的藏族情感、民族观念和地域性特征，由于地理环境的差异、文化的承袭和宗教信仰的形成，藏族形成了与其他民族浑然不同的色彩观和审美情趣。随着青海藏传佛教的盛行，藏传佛教建筑彩画广泛应用于藏式木雕装饰，形成较有特色的民族木雕彩绘装饰形式。图案中常用建筑彩画中的退晕法，使明度、纯度、色相递增、递减地渐变，达到调和。渐变调和有明暗渐变、色相渐变等。在对比色中间插入与双方都有亲缘关系的颜色而达到调和。在对比色中插入与双方都不发生冲突的中间色，黑、白、金、银、灰，或运用这种极色和光泽色或用彩色勾勒形的轮廓，增加互相联结的因素。色彩用对比色，对同色之间又多用多层次的退晕方法，使画面显得层次繁多而又谐调，色彩富丽。

程式化用色 藏式木雕装饰色彩的色彩语言和图案有一定的固定用色和固定图案的程式化模式。无论是施彩还是彩绘，大都运用饱和度较高的色彩，色泽鲜艳、对比强烈，而且色彩的搭配模式比较固定。尤其是建筑物、家具的相似或相同部位有比较固定的色彩搭配样式，其表现为重复连续、对称排列、交错互换等形式。如贵德地区尕让千户庄院廊檐椽头的用色，每一条椽头都是同样的图案、同样的色彩，圆形的椽头从上边缘至下边缘依次为绿色、红色和蓝色着色成云纹，各色之间用白色勾勒过渡。又如塔尔寺建筑物木结构的梁、柱、门、窗等整体用红色为基调，形成固定模式，再用蓝、绿为主导色，用黄、白作辅助色在梁枋、门窗等预设部位进行有规律、循环往复地彩绘。用同一色相的色彩由深到浅分三个不同层次的"三重色"也极为常见，如在藏式家具四面的挡板上，往往将长的一面挡板分为几个部分，布局多个图案，其中第一个和第三个图案是相同的，第二个和第四个图案是相同的，整个图案程式化的排列，有规律可循；在挡板上下边缘装饰的几十个小突起装饰物则分别依次使用蓝色、红色、绿色和黄色，再反复，很有规律地排列。为凸显藏传佛教的神圣和地位，佛龛顶部常用二龙戏珠图案，法座、龙床需贴金银立体花纹，用八吉祥图装饰等，这些图案的用色、排序也呈现出程式化。

彩绘纹样 彩绘四臂观音菩萨像木版画，需各种矿物质颜料色粉，使用时加进水及胶，绘成后上光油。彩画常配合着建筑色彩运用，由于气候寒冷和民族的热情奔放，所以彩画主要喜欢暖色调，如以朱红、深红、金黄、橘黄等为底色；衬托以冷色调，如以青、绿为主色的各种纹样，与内地唐、宋时期建筑色调较接近。侧柱头、额枋彩绘纹样多用连续十字形、卍字形等几何图案，以及西番莲（覆莲、仰莲等）、如意云纹、火焰纹、宝相花、缠枝卷叶、石榴花，亦有梵文"六字真言"、法轮宝珠等彩饰。在平板枋、阑额藻头上常作云头彩画"三层方头披肩""箍腰佛珠""瓣莲""带花圈子"等。彩绘采用浅色叠晕、沥粉金线勾线，缀有橙、红、黄、金、白色，色彩重点突出。木椽子用群青、重绘色彩。柱廊为深红色间以浅色或金、白线条垂直划分柱身，有纤细而华丽感，门窗外框一般皆为黑色，特殊寺院、宫殿、住宅采用雕花、彩绘。

建筑构件用色 根据所处位置的不同，采用的色彩也有所差别。一般民居木作部分保持原有自然本色，不加饰彩；大型寺院中，木作均加以漆饰。冷色调以绿、蓝为主，显得素雅清丽；暖色调常见浅褐或深褐色油漆，雕刻处施金漆，使木雕显得华贵。一般寺院大门的色彩以青、绿、金、红等色为主；同仁地区则多以木本色为主。梁枋多以白、绿、黄等色为主，给人感觉恬静、淡雅；格子门一般漆成红色，以金色做浮雕装饰，若为透雕则根据所雕故事内容上色；也有的格子门用色鲜艳，给人以欢畅、愉悦之感。从总体上来说，白、黑、红、黄、蓝、绿作为藏传佛教画色系中的主色，被不断予以强调，它们不单是符合自然体系的具体表现，更是与藏族心理结构相契合。在藏族社会中，红色象征权力与权威；白色象征圣洁，凡白色的事物，会被认为是神圣不可侵犯的超自然物；黄色（金色）代表了稀有与高贵、富有与奢华，是上流社会的象征符号，只有社会地位显赫的人群（高僧、权贵、活佛）或是至高无上的神灵才有资格享用这种颜色；蓝色被看作深奥和不可解释的，并被赋予了深邃的宗教意义，象征了海洋与天空的无限宽广，即智慧与佛法的广阔。藏式木雕色彩表现几乎完整地展示了藏族传统审美观，起到了审美、认知、教化的作用。

佛寺构件彩绘 在藏传佛教寺院用于集会的大经堂，柱头、横梁和位于天花板下的椽子木顶端整齐、略有间隔地排列在大梁上方，用彩绘的办法进行装饰。椽子木至大梁之间夹着两道横杠，上道横杠用凹凸状的方格进行处理，下道横杠用莲花瓣排列的雕刻与彩绘完成，这种装饰是约定俗成的，上下图案不能随意调换。横梁表面划分着大小等同的长方格，这些连接的长方格内或撰写梵文经文，或绘制各种花卉图案。如塔尔寺内的木雕斗拱彩绘，其木柱上细下粗，通常是方形或方形四边贴上一条或几条楔形断面木条，从而形成四楞柱、六楞柱、八楞柱或多楞柱。柱身漆红色，多有木雕装饰，顶部坐斗表面有花饰浮雕，大替木也多演化为各种丰富多样造型，前后两面布满雕饰，且皆为彩绘。佛殿的门廊及大厅的梁柱结构均为藏式托木结构，或称藏式主梁结构，形式独特，木雕装饰精美。如塔尔寺的柱头、横梁，装饰十分考究。天花板下的椽子木顶端整整齐齐、略有间隔地排列在大梁上方，用彩绘的办法进行装点。柱头与横梁之间是斗拱，藏族建筑对斗拱的装饰非常讲究。斗拱分两层，上为长弓，下为短弓。斗拱长短两弓本身形状要精心雕镂，其表面也用雕刻着色的办法加以渲染，以求良好的装饰效果。将枋头雕成"龙凤、象、花草"，架雕成八宝莲花，外饰油漆。有的全部施以棕色油漆，或索性用木质本色，突出雕刻技艺的精妙。有的施彩色贴金，更显得富丽堂皇。

家具彩绘 家具色彩装饰在吸收唐卡绘画技法的影响下，同样具备唐卡绘画中的三点要素：色彩、线条、装饰性。家具彩绘着色一般分为两大类，即施彩和彩绘。施彩是对家具表面及其雕刻的部分进行着色；彩绘则以绘画的技艺形式对家具表面进行以绘画为主的装饰。其施彩工艺一般可分为整体以金、银色为底，在华彩部分点缀以少而精的颜色，这种方法多用于寺院、佛堂等宗教场所，以凸显宗教的神圣和地位。同时也有木雕整体用各色颜料施彩。彩绘着色的主要技法有：平涂勾线、三重色、立粉堆金、贴金等。平涂勾线主要是用平涂的敷色法，使装饰色彩显得工整、均匀、厚重，这种方法多用于打底色或表现色块，三重色在描绘花草、云纹、水纹上比较常见，即将同一色相的色彩由深到浅分为三个不同阶段，依次变化，再辅以白色作协调色，最后用黑色或金色勾勒，其特点是有秩序性和节奏感，富于变化，有很强的装饰效果。

绘制颜料　藏族传统装饰图案基本上都是纯色相搭配、纯色相调和、纯色相对比，如常用纯度很高的石青、石绿、朱砂等矿物颜料进行干净、均匀的平涂，必要时再采用少量的间色浸染。采用矿物颜料进行适当和关键的调色和配色，经久不褪色。早期在藏族地区使用的颜料就实实在在来自自然界，如壁画、唐卡的绘制颜料，取自自然界的矿物质，其所具有的特性，可保持绘画千年不褪色。这些颜料来自天然的孔雀石、松石、云母、朱砂、黄铁矿、褐铁矿、高岭土、蓝铜矿、雄黄、瓷土矿、胭脂、藏红花、许康草、黄莲花等。

第二节　织绣剪技艺

一　纺织技艺

捻毛线　在传统生活中，捻线所用的线砣多用石质或瓷质，藏族牧人常会在一根20厘米许、筷子粗的长旋轴下端，交叉绑两根10厘米长的短木棍。捻线时，先从下端的十字交叉处缠起，待这个十字缠满后，再逐步往旋轴上缠。缠满后的旋轴呈纺锤状。牧人外出放牧时，为了捻线方便，事先把羊毛搓成条，挽成许多连环活套套在左袖上，或装入左袖子里。捻线时用手扯成长长的细条，转动线轴，捻成毛线。通常情况下，一人每天可捻成一斤牛毛线、半斤左右的羊毛线。捻成的毛线多为家用。牛毛线光滑有韧性，抗腐耐磨，专门用来织褐子和搓毛绳，还用来织帐房、缝褡裢、缝毛口袋、制作牛鞍垫等，还缝制毛衣、毛裤和毛袜。

织氆氇 氆氇是指用羊毛纺的毛线、编毛布。在玉树地区，藏族所织的羊毛褐子，也就是人们常说的"毛氆氇"。这种褐子的织造多见于东部半农半牧区。所用织机大多是一长方形木质框架，安装有分经木、脚踏提综装置等，手脚并用，其机部件或外观造型，皆比传统汉族的旧式织机要简单得多。其经线的固定方法，有的与传统的中原汉地织机的固定方法相同。有的一层经线垂直固定在织机上方的横木上，横木下端吊有一排金属环，经线一根一根地系于其上。另一层经线则挽于机前数米处的木桩上，然后平行拉开，与横木上的经线交织后，分经木为两层。织造时，用脚踏提综装置开启织口，投纬引线，既无筘，也无梭，又无卷布轴，织出的褐子多逐段拖于身后。这种织机一人操作，但提综、投纬、打纬等项工序，比织牛毛褐子的方法更灵活和先进一些。羊毛褐子的经线和纬线织前通常不染色。制衣时再根据需要加以染色。直到20世纪50年代，织褐子这种手工业劳动，依然十分普遍。而且有的工艺水平相当高，尤其氆氇的原料全部为羊毛时，其编织工艺全部为手工纺线、手工染色，编织机是传统的木梭织机，一般为1尺左右的幅宽。氆氇有普通和精细之分，色泽为单色和彩色两种。单色氆氇是把织好的白氆氇进行染色，多为黑色，也有红色、绿色或赭石色等；彩色氆氇是先把白线染成彩色线，再进行色条编织。彩色的氆氇常常作为装饰面料，用在衣服、帽檐、靴口、包具等沿边，保暖御寒，结实耐用。进入20世纪80年代以后，随着民众生活水平的提高，氆氇需求极大。青海民族用品厂、青海海南氆氇厂生产的毛氆氇，除了用羊毛外，还采用棉线、腈纶等原料，有普通色彩的氆氇，也有彩色加翠氆氇，幅宽7~9市寸，每匹长7~9丈。产品市场销售旺盛。

织褐布　即毛褐子，为传统的编织工艺产品。褐布生产在高原牧区十分普及，以玉树囊谦县、称多县的加工质量最佳，大多销往康巴藏区。褐布是一种在现代工业布匹出现之前，游牧民族用来缝制衣物、褡裢、帐篷的手工粗布，具有良好的防水、避风、隔潮、耐晒、保温的作用。原料采用牛、羊、骆驼毛，经过捻毛绳线等工序，织成宽窄不等的条纹毛织物。织一条10米长、0.5米宽的褐子大约需要一个月的时间。在民间用木机织作，大多为手工。在牧区人家，选一处比较平缓的山坡，在数十米长的距离内，上方和下方对应竖起两个木桩，将经线平行拉开，固定在两个木桩上，在用一块两尺长的长方形木板将经线分为两层。织造时，长方形木板竖起，以开启织口，投入纬线，再用一同样长的弓形木板将纬线打紧，如此反复来回，一段褐子便织出。经线织完了，织褐子的活儿就结束了。这种织造方式一般没有脚踏装置，梳理经线、开启织口、投打纬线，一人操作。牛毛褐子一般宽0.8~1尺。一人平均每天可织一丈左右。

东部农业区汉族受游牧民族影响，也用手工捻制成的褐布缝制衣服，外套叫"褐褂"，裤子叫"褐裤"。若家中经济条件富裕，褐褂、褐裤挂上里子，穿着舒适。若是无力购买棉布作里子，穿在身上皮肤容易受磨，尤其是膝盖打弯处，皮肤被褐布磨烂。现代工业布匹出现以后，尤其是随着中国改革开放、经济发展、人民生活水平得到改善提高，牧民在春冬四季草场上修起定居点，帐篷以及与其相关的纺织褐子的手工艺，正在慢慢地退出历史舞台。

马褥毯　俗称"马褥子"，是青海、甘肃比较流行的栽绒手工编织工艺地毯，主要由马背生活引起，常年游牧的牧人晚上休息用"毛席"做被褥铺盖，白天行走时搭在马背上，当作鞍垫用，如马褥、方缠、捆缠马具及马背上搭的马褥子或马褡子；定居生活用的坐垫、炕毯等；也有佛寺经堂里的坐垫、靠垫、包柱毯，即龙抱柱及挂饰毯等。从捻线、染色、编织及修正等，均为手工制作，编织工艺多用抽绞方法。马褥毯的图案形式多样，图案色彩艳丽，题材有汉式文化内容的"暗八仙"，即扇、葫芦、玉板、鼓、荷花、剑、花篮和笛子，有仙桃、石榴和佛手"三仙"，琴棋书画"四艺"，还有梅、兰、竹、菊"四君子"等。藏式的图案有藏传佛教文化的"吉祥八徽"，即宝伞、双鱼、宝瓶、荷花、法螺、盘长、金幢和法轮等。

藏毯　藏式地毯为青藏高原藏族传统的地毯样式，有着悠久的编织历史。其工艺全部为手工进行，有挑毛、洗毛、梳毛、捻线、染色、编织与后期打理等。编织工艺俗称"手棒缠"，这种编织方法是正"8"字绕扣，把线环绕在绕线杆上，待一行织完，将纱线扣部踩实，用刀具将杆上的绕纱割开，这种方法对用线较节省，消耗低，毯面效果表现出毛纱断面重重迭选的粗厚感。毛纱染色用传统植物染料，如板蓝根为蓝色，苏木为红色，橡壳为驼色，槐米、大黄为黄色，大黄叶为浅黄，大黄根为深黄，茜草根为朱红等。使用植物作染色，色泽柔润、自然，不脱色、窜色。以红、绿、黄、蓝、白、黑等鲜艳对比色居多。从用途上，藏毯品种可分为四大类，即地毯、卡垫、鞍垫和寺院用毯。图案最常用的是佛八宝、暗八仙、文房四宝、二龙戏珠、山水古纹、龙云、花卉等。如龙凤图案的藏毯，打底色为深蓝，两组龙凤图案以对角对称，布满毯面，龙头、肢爪、鳞片呈深红色，龙的勾线鳞片、鼻、反唇为土黄色，龙须、发、角、肘毛、脊鳍、尾均为白色，色调明快，动势腾然；凤的头冠、肢爪为深红色，翅膀、脖线为土黄色，凤身则用淡黄色线条交叉成网形，翅羽为淡蓝色，凤尾羽毛用多色曲线，飘然扬起，色调艳丽；毯面中间一束红心白线勾的宝相花，使构图向心、集中，龙身腾空追啄宝珠，凤嘴衔着花枝飞舞，整个毯面构图自然，色彩丰富而动感极强。[①]

二　擀制技艺

毛毡　即毡毯。主要用于炕垫、褥垫，也可用于毛毡帐篷，马鞍、牛

---

① 马建设：《青藏民族工艺美术》，青海人民出版社，1999，第172~173页。

鞍、骆驼鞍的垫子与屉子，背羊羔的袋子，以及缝制毡帽、毡靴和袜子等。从用途看，多以生产生活品为主。在传统生活中，多民族杂居地区，多使用毛毡，擀毡匠备受人们尊重。擀毡的用料主要是以羊毛、牛毛为主，毛丝纤长，另需豆面和油。这是一项纯手工活计，有弹毛、铺毛、喷水、喷油、撒豆面、铺毛、卷毡、捆毡连、擀连子、解连子压边、洗毡、整形、晒毡等十余道工序，每个细节只用简单的工具，用手工操作完成。擀毡时还有擀毡调，边唱边做，节奏协调。由于擀毡是纯手工制作，原料成本较高，制作工序复杂，加之现在的人们不再留恋土炕，习惯于睡床，羊毛毡基本不用了。"毡匠"这一职业随着时代的变迁，越来越少，擀毡这一技艺也正面临着消失的危险。

藏族擀毡　藏族男子大多会擀毡技艺。擀毡时，通常先在草滩上铺一块褐子或棉毯，然后按照毡幅大小，将事先去掉杂质撕好的羊毛，一层一层地铺在上面。有的铺好一层，洒一层水。有的则将羊毛全部铺好后再洒水。擀制一条大毡约需十斤绵羊毛，故通常要铺一尺来厚。羊毛铺好后，连同褐子一起卷起来，然后不停地卷搓。卷搓一阵儿后，将褐子连同羊毛一起推开，再洒上一层水，卷起来继续卷搓。如此卷搓多遍，当羊毛初具毡型后，再将褐子铺在地上，只擀毛毡就行了。擀的次数越多，擀出的毡越瓷实。擀毡时一边擀一边数数，每擀一遍数一次。或用几个简单易数的数字，反复不断地数。这不是单纯地为了记数，而是用这样的方法来协调动作，鼓舞干劲，数数的声调如同唱歌一般，抑扬顿挫，悦耳动听，不亚于唱一首"酒曲"。一个牧民擀一条毡，通常需要近一天的时间。

也有专门从事擀毡的毡匠，他们擀毡的动作娴熟麻利，且大多数人有一手拼制花纹图案的技艺。羊毛铺好后，他们常将黑牛毛线染成其他色彩的羊毛线，在上面拼制出各种图案。当毡擀成后，这些彩色图案便清晰地显现在洁白的毡面上，如同印上去一般，显得异常美观，当地人称其为"花毡"。这些花毡的边沿花多由回纹、波纹、斜线纹、卷草纹等二方连图案构成，四角饰有朵云形等角偶花。有的还在毡面中心部位拼有"寿"字纹、吉祥结等独立纹样，使整个毡面显得既华丽而又庄重典雅。藏族人家每一次擀制一条新毡，如同添置了新的大物件一样，认为招进了"福运"，因此当新毡擀成后，诵经立佛，还要唱祝吉歌，以示庆贺。而一条图案精美的花毡，相当于一条藏毯。每逢儿子结婚或姑娘出嫁，大都要请毡匠擀制一条花毡。①

蒙古族擀毡 柴达木盆地的蒙古族擀毡，首先要选定擀毡子的日子，一般选定农历七月中旬的某一个良辰吉日，这也是正处于高原最美好的季节。其次要选好参与擀毡的人员，一条毛毡的成功擀成，必须要有老、中、青三代人的配合劳动才能完成；再次要选好地点，一般选择较平坦、水草较茂盛的垫草地。最后，制作毛毡时还要举行仪式，如"擀毡开工仪式"，待制成第一条新毡时，举行"祝贺毛毡制作成功仪式"，并要摆设简单的宴席，欢庆祝福。其间都要由一位长者按传统而又独特的说唱形式，演唱《擀毡子谣》。擀毡的这天，相邻的几家组成擀毡的队伍，从清晨就开始了忙碌的劳动。选好羊毛或牛绒作制毛毡的材料，羊毛最好的是细而短的羊羔毛，粗而长的羊毛留做搓绳子用。选好羊毛后，一边用手撕拉粘在一起的羊毛，让毛松散，一边拣去粪便、杂物等，把羊毛放在有干净沙子的地上，双手用细木条和细木棍轮换拍打，直到羊毛彻底松散为止。接着，把撕好松散的羊毛均匀地摊放在预备好的厚实、宽大的毛毡上，然后在上面泼洒温水，再把一个碗口粗细、两米半长的木棍固定在毡的一端，用毛毡把羊毛整齐地卷起来，卷好的毛毡外层裹一层潮湿的牛皮或骆驼皮固定好。这样卷裹起来的外形像一个碾场用的石磙子一样，两头各延伸出一尺左右的木棒头，上面套上圆形铁环后，用马拉动长圆筒状的毡体，走在提前选好的平坦而柔软的草坪或垫草滩上，平稳而有节奏地来回滚动，还要随时查看毛毡的厚薄均匀粘接情况，必要时重新整理、重新捆绑后再拉。如此多次反复滚动后，才能制作出一条新毛毡。第一个毛毡制好后，再把它当作母毡来使用。用这种方法擀出来的一般用来制作蒙古包外罩的大毛毡。

---

① 梁钦:《江源藏俗录》，华艺出版社，1993，第419~421页。

一些用来制作衣服、帽子、袜子等较小物品的毛毡，则用双手推拿的方法来制作。毡是一项分工细致的劳动，因制作毡时需要大量的水，孩子们负责背水；老年人主要负责擀毡中的质量问题；年轻男士主要负责牵马拉毡，妇女们除了负责手撕羊毛外，还负责新毡的洗刷、晒晾等。等到擀完最后一条毡时，把毡做成羊尾形状（牧人一般忌讳将这种做成羊尾形状毡送给别人），众人坐在新毡上设宴欢庆。① 等唱完"擀毡歌"后，众人各自回家，宣告这一年的擀毡工作全部结束。

三　刺绣技艺

刺绣　河湟的民众把刺绣等活儿叫"做针线"，刺绣是针线在织物上绣制的各种装饰图案的总称，即用针将丝线、毛线、纱线或其他纤维按一定图案和色彩在绣料上穿刺，以绣迹构成花纹的装饰织物。刺绣的用途主要包括生活装饰和艺术装饰，如服饰、台布、舞台、艺术品装饰等，其绣法种类有平绣、盘绣、锁绣、网绣、拉绣、堆绣、剁针绣及剪贴绣等多种。汉族、藏族、回族、土族、撒拉族和蒙古族的刺绣，有着不同风格、不同造型、不同技艺与不同用途，代表性工艺品有青海互助土族盘绣、民和三川土族刺绣、循化撒拉族刺绣、海南藏绣艺术等。因受多元文化的影响，在构图上具有严密规整、写实饱满、均衡对称、随意夸张及装饰完美等特点。题材有花卉、动物、吉祥符号、传统民间故事、民间信仰等多种。其中藏族刺绣既追求沉浑朴厚，又讲究精致豪华，常用对称和组合图案，装饰性极强；蒙古族刺绣简练古朴、寓意鲜明；土族刺绣做工精细，富丽繁缛，讲究构图的严密性、针法的密集性、画面的协调性及色彩的鲜艳性；回族和撒拉族的刺绣讲究清雅秀丽、美艳笃实；汉族刺绣则博采众长，从构图、色彩、题材到各种绣法，都有刻意的追求，既保留有中原刺绣的技法，又吸收其他少数民族的

---

① 纳·才仁巴力、红峰：《青海蒙古族风俗志》，青海民族出版社，2015，第101~103页。

绣法风格，融会贯通，绣品在朴实中见华丽，静素中见风雅，绣品具有意境绵长、手法丰富、绣品古朴高雅的特色。

平绣 这是民间刺绣中最常见、最主要的绣法。绣品既有像枕顶、鞋袜、围肚、针扎、荷包等小型生活物件，也有像唐卡等大面积的绣件。选择好布料（可分为丝、毛、棉、麻等织物）并剪裁成形，在绣布背面糊裱一层布，设计好图案纹样，即常说的"花样儿"，用垂直线绣成形体，起针落针全在边缘，平行排列。其针脚细密，沿图案轮廓边缘走针，不露针迹，绣面细致，纤毫毕现，富有质感。由平绣变换出多种不同的刺绣方法，主要有锁绣、网绣、切针绣、掺针绣及窝针绣、拉绣等。

盘绣 这种刺绣是青海的特有的刺绣工艺，在藏族、蒙古族及土族中非常流行。主要用于头饰、衣领、衣胸、辫筒、腰带、围肚、鞋袜以及枕巾、针扎、荷包、烟袋、背包等。一般以黑色棉布作底，再裱上一层布料，形成挺拔厚实的绣布，传统上用真丝绣线，红、黄、蓝、绿、青、紫、白七色俱全，以便配色自如。盘绣的针法工艺很独特，一针两线，一根线盘，一根线订，细线从绣布的反面穿入正面，粗线在其穿入的针上绕一圆圈，再用细线固定粗线圆圈，如此反复循环，一环靠近一环，形成一盘一盘的圆圈状，称之为盘绣。这种绣法绣出的绣件比较耐磨，不易损坏，且经久耐用；纹饰整齐美观，极富装饰性；针法细腻，图案略呈浮雕状。其面料、丝线的颜色搭配讲究，结实厚密，耐于保存。图案主要有法轮、太极图、石榴、五瓣梅、神像魁子、云纹、菱形、雀儿头、阴阳鱼、太阳花、富贵不断头、孔雀戏牡丹、狮子滚绣球等。其中"富贵不断头"，是以太极图为核心的莲花纹样和以万字纹为基础的连续图案纹样。

网绣 又叫挑绣，按照针法命名，即用绣线排列成网状图案。一般用于大面积的补白，来显露出绣件面料的色彩，又能反映绣件的镂空立体效果。土族妇女常用此绣法来绣鞋子、靴子等。通常情况下刺绣手法中一个半针需要以下几步：①针下去；②手下去；③拉线；④针上来；⑤手上来；⑥拉线。挑绣就是省略第②步和第③步，针上来以后不换手，直接接下一针的出针处，继而可以省掉第⑤步。此针法主要应用于土族的绣花鞋，图案为菱形网状，针法细腻，图案以几何图案为主。

锁绣　锁绣是刺绣中的一种主要针法，由绣线环圈锁套而成，绣纹效果似一根较结实、均匀的锁链，故名锁绣。其绣法为：第一针在纹样的根端起针，落针于起针近旁，落针时将线兜成圈形；第二针在线圈中间起针，两针之间距离约半市分，随即将第一个圈拉紧，以后类推。锁绣主要应用于对绣边的加固，意为锁边，具有花边的装饰效果。图案呈锯齿状、网状及品字形，绣法细腻规整，同样具有装饰作用。

堆绣　属于补贴画工艺的一种，是刺绣与浮雕巧妙结合的工艺品。湟中堆绣早期一直盛行于塔尔寺，主要由艺僧制作，以佛经故事为主要题材，进而成为塔尔寺的"艺术三绝"之一。后来这种技艺逐渐传播到周边地区，成为本地汉藏艺术相融合的民间艺术。运用"剪"与"堆"的技法，用各色绸缎剪出佛、菩萨、僧人、鸟兽、花卉及山水等图案，在其背后填塞羊毛或棉花之类的填充物，精心堆贴成一个完整的画面，然后用彩线逐一绣在黑色底子的布幔上，使图案有层次地鼓起，产生立体感和织物特有的肌理感，形象惟妙惟肖，达到浅浮雕式的艺术效果，非常有艺术观赏价值。其工序有图案设计、剪裁、堆贴、绣制，个别图案部分上色等。以堆贴为主，绣制为辅。堆绣分"平堆"和"高堆"。平堆将剪裁成的各色布料图案堆贴在设计好的白布上，再用彩线绣边即成。高堆是在布料图像内垫上棉花或羊毛使图形凸起，然后粘绣在对称的布幔上，再将堆绣好的不同形状的图像用绣缎联成一个巨幅画卷，构成一组完整的画面，悬挂于殿堂之上，所堆绣的形象富有立体感和真实感。

拉绣　此绣法主要应用于绣花鞋、针扎的制作装饰，是将彩色线并列在一起，再分别固定于鞋面上，用平绣并列绣出二至三针后，后面的一针返回勾拉住已经绣的三条线，环环相扣，彩色线条分明，因色彩搭配鲜艳，具有较强的凸凹感。

剁针绣　也叫"剁绣""剁花"，用类似于缝纫机机针的空心绣花针，穿上线，在布上来回穿刺绣出花来的绣品，多用于绣门帘、被单、枕头、鞋垫等。根据所需物件选料、剪裁，在绣布上绘制图案纹样，然后上绷子。绷子是用弹性好的竹子劈成几条后做成的可以调节大小的圆形环圈，把绣布面料卡在内外两圈之间，使绣品的绣面呈鼓面状，以保证绣品在刺绣时不跳线、不断线，取掉绷子后绣品平整不变形。剁绣时，剁花针笔直地刺进所绣图案的里子，稍错开针脚再迅速拉出来。每一次刺进时，丝线要拉的松一些，拉出时线要紧一些，采用单线来回剁，使丝线在绣品正面形成凸起的连续纹路，正面和反面的花纹一样。一些手艺精湛的艺人绣出的图案针脚细密，色彩搭配得当，层次的衔接过渡自然，针针到位不露痕迹；针法富于变化，有缝、挑、绣、绕、插、绾等，非常耐看。这种绣出的纹路密布，图案突起，饱满有质感，富有立体效果。

毡绣 主要流行在海西蒙古族藏族自治州，是海西蒙古族的一种绣法。蒙古族用羊毛擀制成毡，铺在蒙古包里，轻便又防潮，也便于搬迁携带。为了加固羊毛毡，便用羊毛线在毡上绣成纵横线条，逐渐形成有序的图案，也就形成了毡绣这种刺绣艺术。主要用羊毛线、棉线、麻线和丝线等，采用平绣、钉线绣、剪贴绣、切针绣、锁绣、辫绣等绣法。绣品的应用范围有：一是蒙古包的门帘、炕毡、坐垫、马和骆驼的鞍垫等生活用品；二是一些小件的装饰品，如家中包装和挂件等。毡绣有很强的立体感，色彩鲜艳，图案古朴，线条清晰，背景厚重，体现很强的民族风格。

皮绣 这是一种在皮革上绣出花样的工艺。将各种皮革经过特殊的加工，鞣制打磨成像布一样薄厚的材料，然后用丝线、棉线、毛线、细皮绳以及马鬃、马尾、发丝等绣制图案。主要运用平绣、网绣、盘金绣、锁绣等多种针法，用绣制皮帽、皮衣、皮手套、皮靴子、皮包等。其根据生活用品的不同来选料，裁剪缝制并在适当位置进行刺绣装饰完成，如代表性的湟源皮绣《高原精灵》，在2008年被奥组委收藏。

藏绣 这种绣法是青海藏区农耕文化的产物。传统藏绣主要用于唐卡刺绣、寺院经堂装饰、民族服饰制作等。技艺包括平针、缠针、套针、跳针等

10 余种针法，使绣品布局工整，平齐光亮，丝路清晰，且色彩丰富，构图饱满，图案粗犷，绣法质朴。其中贵南县的藏绣历史悠久，是藏绣工艺品的主要集聚地，被称为"藏绣之乡"。代表作《百犬图》长卷上绣有百只藏獒，每只造型不同，或狂奔，或酣睡，或凝望，或匍匐，或咆哮，或玩耍，或溜达，从毛发的走向、色彩的搭配、眼耳鼻嘴的轮廓到身躯、神态，均绣得活灵活现，呼之欲出。

四　剪纸技艺

剪纸艺术是中国古老的民间艺术形式，在河湟民间社会中一直很流行。作为一种镂空艺术，那些心灵手巧的乡间妇女和民间艺人们以现实生活中的所见事物作题材，通过对物象的细致观察，凭借纯朴的感情与直觉作为影像基础，以纸为加工对象，用剪刀将纸剪成各种各样的图案。剪纸的纹样大致可分为人物、鸟兽、文字、器物、鳞介、花木、果蔬、昆虫、山水等。在生活中，有用来表示喜庆而张贴的，即直接张贴在门窗、墙壁、灯彩及彩扎上作装饰的，有窗花、门笺、墙花、顶棚花、灯花等；有用于点缀礼品、嫁妆、祭品、供品作摆衬的，有喜花、供花、礼花、台烛花等；还有用来做刺绣底样的，用在衣服、鞋帽、枕头等作装饰的，俗称"绞样儿"，有鞋花、枕头花、帽花、衣袖裤边花、腰带头花灯。剪纸具有浑厚单纯、简洁明快的艺术风格，表达了民众祝福纳吉、驱邪除恶、劝勉教育及增加喜庆气氛等朴实无华的艺术才干与追求美好的精神世界，在视觉上有一种透空的艺术美感。在传统上，剪纸一般由女性来设计完成，因易学难精，故而成为用作评比女性才艺的一个标准。

青海剪纸类型有窗花、灯花、墙花等，剪纸形式主要有三类，分别是单色剪纸、套色剪纸、浮雕剪纸。花样以红纸为常见，也有为刺绣而剪的套底纹样，当地妇女称"花样子"，大都以传统纹样为主。根据不同用途，纹样有"双喜字""鱼莲图""十二生肖图""二龙戏珠""狮子滚绣球""鸳鸯龙凤图""佛手抱桃"，以及石榴、葡萄等图案，寓意着富贵、吉祥、安康的民俗意蕴和审美情趣。

剪纸方法 剪纸的刀法与技巧在于"稳、准、巧"，民间艺人对剪纸的方法总结出折剪法与叠剪法两种基本方法，前者分一次、二次折剪法，边形、五角星折剪法，多边形与多角星折剪法，花边形折剪法及镂空形折剪法；后者可分为改剪法、换位与拼接组合法、剪影法、添加纸剪法等。从色泽上可分为单色剪纸与彩色剪纸，而民间多流行单色剪纸。单色剪纸常常采用阳刻剪纸、阴刻剪纸及阴阳结合剪纸。阳刻剪纸保留了原"样儿"的轮廓线，剪去轮廓线以外的空白部分，而每一条线是相互连接的；阴刻剪纸则去掉原"样儿"的轮廓线，保留轮廓线以外的部分，线条不一定要互连，但作品的整体是呈块状的。

剪纸特点 ①"线线相连"与"线线相断"的技法。剪纸主要是镂空、镂刻的方法，阳刻的剪纸必须是线线相连，如果不小心把部分线条剪断了，就会使整张剪纸支离破碎，形不成画面。阴刻的剪纸必须线线相断，就有了千刻不落、万剪不断的结构。②"层层垒高"与"隔物换景"的构图经验。剪纸在构图上依据所剪内容需要，造型上使用对称、匀称、平衡、连续与组合方法，可以将太阳、月亮、星辰及飞鸟、流云连同地面上的建筑物、人群、动植物安排在一个画面中，达到尺寸之间尽显风流的艺术效果。③色彩单纯明快与造型的节奏美感。

第三节 铸造技艺

一 金银器工艺

鎏金 鎏金工艺是古代金工传统工艺之一，近代称"火镀金"。将金熔于水银之中，形成金泥，涂于铜或银器表面，经过加温，使水银蒸发，金就附着于器表，谓之鎏金。其工艺流程大体分 5 个步骤：①做"金棍"，将铜棍前端锤扁，略翘起。打磨光滑，抹上热酸梅汤后沾满水银，晾干。②煞金，将黄金碎片放入水银之中，加热熔解；随之倒入冷水之中，形成浓稠的黄金和水银的混合物——金泥。③抹金，用"金棍"沾起金泥，再沾 70% 的浓硝酸（古时以盐、矾等量混合液代替），将其涂在铜器上；用细漆刷沾稀硝酸把金泥刷匀。④开金，将烧红的无烟木炭放在扁形铁丝笼内，用金属棍挑着围着抹金的地方烘烤，让水银蒸发，使黄金紧贴器物表面。⑤压光，用玛瑙或七八度的玉石做压子，在镀金面上反复磨压，以使镀金光亮耐久。二里头文化三期所出铜刀刀背细纹间见有鎏金痕迹，鎏金技术可增强器物的装饰美感。

镶嵌　镶嵌是铸造铜器时，在需镶嵌部位表面铸成浅槽，将松石、红铜片或金银丝、片嵌入凹槽，再打磨平整光滑。镶嵌工艺在青海民族金银首饰品中应用比较多，藏族地区盛行。目前镶嵌绿松石的佛造型及其唐卡比较普遍。

锤鍱　古代金工传统工艺之一。此法是利用金、银极富延展性的特点，用锤敲打金、银块，使之延伸展开呈片状，再按要求造成各种器形和纹饰。一般来说，凡隐起的器物和纹饰图案，都是经过锤鍱制成的。青海都兰古墓葬所出金钏、耳环就是以锤鍱法打造而成。锤鍱技术是金细工艺的基本技法之一，在青海一直沿用至今。

银器工艺　银子因有比重大、纯度高、久用耐磨、色白光亮、品质细腻的特性，深受民众喜爱。银器工艺有生活用品、首饰、服装饰品、宗教用品等。制作银器的工序比较复杂，要经过化银、制坯、灌胶、刻花、火焊、打磨、霉洗、装嵌、清洗等，艺人们使用工具，采用变换点、敲、击、冲、划、刻、锉等复杂技巧，最后形成完美的艺术品。

错金银　亦称金银错。先在青铜器表面铸成凹槽图案，然后在凹槽内嵌入金银丝、片，再用错石（即磨石）错平磨光，利用两种金属的不同光泽显现花纹，谓之错金银。如果是将纯铜片嵌入青铜器表面，可叫作镶嵌红铜。

此种工艺大多使用于马鞍及民间腰带等物。

铜器工艺　制作铜器的工艺主要是锻造方法，其工序有构图、下料、焊接、锻砸、灌胶、精锻、抛光、错金、镶银等。其中锻雕镂刻花纹的技法比较有特色，分为浅雕、凸雕、镂雕三种。胶的制作，必须用植物油、草木灰和松香按比例融合而成。制出的物品有佛像、宗教法器、供奉器具、生活用品、装饰品、建筑饰品等。

掐丝　将金银或其他金属细丝，按照墨样花纹的屈曲转折，掐成图案，粘焊在器物上，谓之掐丝。青海掐丝唐卡多为这一工艺制成。此项工艺不仅在宝石、金银饰上运用，珐琅器也运用，如掐丝珐琅器等。

炸珠　将黄金溶液滴入温水中会形成大小不等的金珠，谓之炸珠。炸珠形成的金珠通常焊接在金、银器物上以作装饰，如联珠纹、鱼子纹等，多应用于佛造像的图案装饰。

錾花　采用各种大小、纹理不同的錾子，用小锤敲击錾具，使金属表面留下錾痕，形成各种不同的纹理，达到装饰器物的目的。这种工艺具有独特的装饰效果，它使单一的金属表面产生多层次的、变幻的立体效果，既光彩绮丽，又非常和谐。青海塔尔寺附近银铜器加工均沿用这一工艺。

二　金银器艺术品

神佛造像　用铜或青铜铸造，表面镏金的可移动的佛教造像。青海地区主要有藏传佛教金铜佛造像。藏传佛造像主要包括佛、菩萨、明王、罗汉、高僧、本尊、佛母、空行护法等。从寺院的神佛造像来看，金属佛像数量相当多。其体积大小不一，材料为金银铜铁。从传播佛教的实用角度看，一尺大小的佛像便于携带，供奉和摆放的量相对比较大。青藏地区最高的神佛造像，是青海治多县的宗喀巴大师佛像。佛像高 31.22 米，从制作工艺到造型十分自然，代表了现代造像工艺水平和艺术风格。镏金铜像采用浇筑、焊接、勾连、榫接、镶嵌等工艺，加上镏金效果。使造型圆润、饱满，曲线流畅，金光闪烁。

铜质佛像　藏传佛教寺院内的佛像大多为铸铜工艺，即铜质雕像，铜雕一般指青铜，也有黄铜，包括鎏金铜、镀银铜，造型分圆雕、浮雕两种。青铜的雕像大多是佛陀、菩萨和诸神造像。在造像方面，对各类佛的造像特征是有严格规制的，即对佛的面貌、姿态、手势、装饰及所持器物，都有一定的要求，必须符合其教义。铸铜的工艺过程是冶炼、制模、翻砂、雕刻、修整、打磨、抛光等，有些大的佛像在工艺过程完成后的基础上，用钻石、珍珠等饰物，再进行镶嵌装饰，或采用包、钩、箍的技术，将金、银、铜的叶、片、丝、环等饰物安装在佛像或神像上，使之巧妙地与铸像融合一体。铸铜佛像大小不一，大者以吨计，小者拇指一般。从工艺上看，较小的铸像较受欢迎，约一市尺大小，便于携带、供奉；从数量上看，小的佛像占相当比重，青海藏传佛教寺院的小佛像少者数百尊，多者上万尊。有许多佛像、神像造型复杂，工艺制作难度很大，也很耗费工时，甚至耗去艺僧人生的心血也未能完成铸像工艺的全过程。青铜铸像的风格叫"里玛"，在造型上，不管是庞杂的结构，还是繁密凸凹的形式，都能呈现出饱满、坚实、富于张力的艺术效果。①

建筑饰物　主要是佛教寺院殿顶金属装饰器物。具有独立的造型，主要有梵钟、法幢、法轮、宝瓶、火焰宝珠、喷焰摩尼、卧鹿、卧狮等，大多为镏金铜制品。塔尔寺大金塔的鎏金在屋顶宝瓶平中安置释有迦王佛舍利等加持物。建筑装饰方面还有镀金铜瓦、各种佛塔、护门铜饰。按照各种建筑物大、中、小不等规格进行相应配置。工艺上为浇铸、铜板敲锤。有许多经过细致工艺进行组合焊接。完成整体造型。再打磨抛光和镏金工艺处理。其效果在阳光下耀人眼目。

供奉器物　有大小净水碗、铜灯、金灯、佛塔法轮、铜火盆、铜供器、铜铃、铜碟、瑞兽、经轮、大喇叭、铜伞、曼扎、铜法轮、法器等。法轮是

---

① 马建设:《青藏民族工艺美术》，青海人民出版社，1999，第230~231页。

佛教的化身，象征着佛教教义的流传和影响。在佛寺建筑装饰上，法轮安坐在宝瓶上，宝瓶两侧有摆动感的飘带造型，宝瓶下为倒莲座台；法轮两侧配以卧鹿，并成为固定格式，象征着法轮常转，佛法无边。宝瓶有多种佛宝器形，即摩尼宝珠、宝瓶、莲花及倒钟组合的一种富有宗教色彩的造型，其组合形式亦象征着佛教的不断发展。铜灯、金灯常被称为灯盏，有银质饰金、铜质镏金的，是寺院供奉佛像和在佛事等礼仪场合中必需的、专门的器具设施，里面盛放酥油，也叫作酥油灯。其规格大小不一，最大的高1米，最小的高2寸许。

日常用品 日常用品的金银器有碗、茶壶、铜火锅、酒壶、酒杯、铜水舀、铜锁具、银带钩、银包木碗、银带环、火镰及各类首饰等。图案主要有藏式吉祥八宝图，龙、狮、虎等动物图案，花草虫鱼及云、水等。金银铜匠使用的工具有火炉、风匣、乩子、小锤子、錾子、焊具（包括油灯、吹筒）、钳子、丝板、胶板等。其中用的胶板，也叫作底胶，是由菜籽油、松香、羊油及纸灰等熬制的，用来固定料坯。如首饰的加工工艺有如下几道："点"，从料坯的反面用錾子点撞，使正面设计好的图案凸显；"分晰"，用錾子等工具在点撞出的图案上进行勾画与勾勒，使原设计的画面图案更加清晰；"滚"，火硝、白矾、硼砂等按比例兑好水，等水烧开时，放入做好的成品作品，进行蘸火，此道工序也叫作墨洗，使工艺品由黑变白；"洗"，用红铜丝的刷子洗刷成品，再使成品光滑明亮。经过这几道复杂繁重的工序后，才能做好各种形制的饰品。

藏刀 藏刀又称藏腰刀，通过手工精心加工而成。西宁、湟中、湟源、化隆及玉树的安冲、称多的赛河等地的藏刀比较有名。藏刀从规格尺寸上大致可分为长刀、短刀和小刀三种。长刀最长的有一米多，短刀约40厘米，小刀则仅有十几厘米长，有牧区式、康巴式、后藏式等。按用途分，有砍树刀、屠宰刀。藏刀的刀身是以钢材锻制，刀把多用牛角、牛骨或木材制成，较高档的刀把用银丝、铜丝等缠绕，一般刀柄镶着鲨鱼皮或黑色牛角，便于握拿，不易滑脱。除表面起伏层次和图案变化外，在刀具整体外形以等距或对称形式点缀着镶有朱红粉绿等色的珊瑚、玛瑙等。刀鞘除较简单的木鞘或皮套外，多数是包黄铜、白铜，甚至包白银，并且上面刻有各种精美的飞禽走兽及花草等图案，有的还镶嵌各种宝石、镀金等。

清末民国时期，工匠自己开设"藏刀铺"，边手工打造边销售。藏刀有三寸、五寸、七寸及满尺之分，为了携带方便，大多配有刀鞘，有单刀鞘与双刀鞘。其制作的工艺复杂但很精良，大致分为选料、锻打刀体、精做刀把、配制刀鞘四个过程。其中刀体制作的工序又分为下料、锻打、加钢、成型、淬火、抛光及錾花七道。下料多少，全凭匠人的经验，要打五寸的刀子，就得下五寸的料，不能多也不能少。打刀子"千锤百炼"见功力，功夫够了，打出的刀子柔韧光洁，绝无裂痕。加钢工序很关键，钢是硬度非常强的高碳钢，剖开刀坯的刃部夹钢条，或把钢片铺在刀坯的一面烧到一定火候，反复捶打，使之融为一体。加了钢的刀子坚韧耐磨，弹性好，强度大。将逐步成型的刀反复加热锻打，刀背厚而平直，刀刃薄，呈曲线状，刀柄是上细下粗的扁平柱形，刀柄与刀刃浑然一体，使用时不会断柄。刀体成型后关键是淬火，淬火的工序，工匠自有秘诀，淬火成功的刀使用时不卷刃、不崩口，锋利无比，所谓削铁如泥。加热时的火候、冷却用的材质等技术活一般不传外人，是工匠各家的看家本领。"抛光"和"錾花"，实际上是"打磨"的程序，起修饰作用，而匠人深谙"货卖一张皮"的道理，十分重视这道工序，在打磨上下的功夫不亚于打刀。如将破碗砸成粉末，用麻布蘸上粉末来挫磨已锉铲平整的一面，经过成百上千次的挫磨，黑黢黢的刀面就变得明光锃亮，甚至能照出人的眉眼来，然后在靠近刀柄处錾上各种花纹或自家作坊的标志。

藏刀的刀柄、刀鞘制作工艺十分讲究。制作刀柄的材料主要选择以牛角为主。牛角光泽柔和，纹理奇特，坚韧结实，经久耐用，且软硬适中，质厚而不滑手。高原牦牛分布极广，使用牛角，其原料成本很低。工匠们拣来光洁健硕的牛角，挑最好的部位分解下料：先按所需长短横向截取牛角，再按牛角天然纹理，解剖成3×5厘米的片，以文火烤热软化、压平。这样精心加工出来的料坯再加工使用时，不裂缝、不起层、不生毛刺，也不变形。通过铆固、抛光、夹花等繁复的制作工艺，加工成型，并刻上工匠商号或工匠名字，称手实用而又漂亮美观的刀柄才算完成。

藏刀的装饰内容有龙凤、卷草纹、几何回旋纹等块面点缀的二方连续，独立的立体造型小装饰有佛八宝中的宝瓶、荷花、法轮等。表现形式有浮雕、镂空及掐纹镶嵌。高档的藏刀除了实用外，还有显示身份的作用，故其刀柄、刀鞘的制作工艺则更为复杂精细。刀柄的选材，精选的白色牛角是最低档的，中档的有骆驼骨、牦牛骨等兽骨，高档的则有象牙、犀牛角，或镶嵌珊瑚、宝石等，饰以龙虎凤纹或吉祥图案，十分珍贵。刀鞘内芯皆为木料，外包锡皮、铁皮（马口铁）、铜皮（有红铜、黄铜两种）；高档的还有包银、鎏金的，与刀柄的档次相配，制作的工艺很精美，成为一件有特殊蕴含的艺术品，极具观赏、收藏价值。如今，藏刀不但是生活生产用具，而且是独具特色、蕴含多元文化的民族工艺品。

第四节　烧造与酿造技艺

一　烧造技艺

彩陶　彩陶艺术是我国远古文化的第一个高峰，也是新石器时代的一个代表性文化特征。青海出土陶器地区较广，其中以黄河流域最为集中，这些彩陶横跨了新石器时代至青铜时代，涵盖了马家窑文化、宗日文化、齐家文化、卡约文化、辛店文化，其中马家窑文化中马家窑类型、半山类型及马厂类型彩陶出土数量较多，常见的彩陶器有壶、钵盆、瓶、罐、瓮、釜、豆、鼎、鬲等。陶器的制作方法大致可分为手制、模制和轮制，手制又可分为捏塑法、泥片贴筑法、泥条筑成法。捏塑法仅限于少量小型器物以及器物上的附件，如耳、足与贴附在器物上成为附加堆纹的手捏泥条等。

模制法即以模具为依托的陶器成型方法。轮制法是用快速旋转的陶轮拉坯成型的工艺。彩陶饰有大量的纹饰，不同类型和不同时期的彩陶都有不同纹饰和图案。

马家窑类型陶器　此类型陶器多为细沙泥质，烧出的陶质地坚硬，色泽橙黄中泛红，经表面打磨处理后，手感光滑圆润；彩陶绘制分为通体彩绘和主体装饰两种。在盆类器具上大多是里外都作装饰处理的，器型口沿装饰繁缛。彩绘的颜色大多以黑色为主，有较少的白色做点缀，色彩效果非常美观；绘画手法擅长采用直线、弧线等流畅的勾线技巧，组合成作装饰的整体图案。

宗日类型陶器　此类型陶器同德县宗日出土的陶器类型较为特殊，烧造的陶器以粗陶为主，素陶面上均饰有绳纹，再饰以彩绘，彩绘大多为红色，图案造型独特，不同于其他类型的装饰形式，大多在陶器腹肩部上，绘饰一圈上尖下圆宽或有爪、腿、羽的装饰图案，造型很像鸟禽类，并成为宗日陶器的独有风格。

半山类型陶器　此类型陶器造型浑圆饱满，彩绘图案以旋涡纹最为突出，其次是锯齿纹、网纹、圆圈纹等；颜色以黑色为主，并有黑、红两色相间的彩绘形式。彩绘装饰部位大多在器物的口沿、肩部及腹部，装饰形式较多样，所突出主题的块面结构，即整体色块较多，装饰效果体现出半山类型彩陶绘画的顶峰和装饰风格。

马厂类型陶器　此类型陶器除生活用具外，还有其他用途的器型，如陶鼓、鸭形壶、双联罐等，造型丰富。在塑形上采用具象人体及头形作装饰，且彩绘图案活泼多样，有直接描绘自然生物的，如蛙形，还有"卍"字形及锯齿纹、圆圈纹弧线纹、菱形纹、回纹等的交替应用；在构图表现上，有黑白色块对比、点缀纹饰、勾线组合及粗犷的黑线勾绘形式，灵活多变，不拘一格；在色彩绘制上，以黑色作基础，发挥红彩的装饰应用，有黑中勾红的线条色彩，也有大面积用红色绘涂，以红底色为主、黑色线条为辅的，显出大方美观的样式。

擦擦　原本是古印度中北部的方言，意思是"复制"，指用模具制作的泥佛或泥塔。在南北朝时期，擦擦随佛教一起从印度传入中国。在青海，主要用作藏传佛教信徒的供奉品或寄托品，至今依然如此。制作擦擦，先要制作模具，即藏族同胞所说的"擦什贡"，模具材质一般为铜、铁、陶、木等，制作与将要制作的擦擦图像完全一样的原型镌刻品，再用此"雕母"翻砂制作出与其凹凸完全相反的一件或若干件模具。

黑陶 黑陶主要产在囊谦县，至今仍保持着原始手工制作工艺。原材料选用当地纯净细腻的红黏土和黏土石，经手工捣碎成末，然后经过筛选、拉坯、晾晒、修整、压光、绘纹等环节，再采用独特的"封罐熏烟渗碳"方法，经十余天烧制才能完成，成品具有"黑如碳、硬如瓷"的特点。囊谦藏传黑陶以玉树州康巴藏族人文习俗、文化符号、宗教图腾等为素材，融合现代艺术表现手法，经古法烧制后呈现"黑如漆"的天然成色。

粗陶 当地俗称为柴烧。柴烧的物品产生落灰，经高温熔成自然的灰釉，其色泽温暖，层次丰富，质地粗犷有力，烧成的物品有受火面与背火面的阴阳变化与火焰痕迹。青海柴烧主要是在西宁周边地区的大通、平安等地一些民间土窑烧制的粗陶，器型多以盆、罐、缸、瓮等为主，主要用煮饭、熬药、酿造等日常生活所需。

砖瓦陶瓷 砖瓦陶瓷主要用于建筑和装饰用途。西宁及周边地区就有许多专门生产和提供建筑所需的砖瓦厂。随着建筑材料的发展，从红砖、青砖烧造到空心砖的大量烧制，以及仿古建筑的磁瓦烧制等都是砖瓦厂生产的产品。烧制工艺首先是选优质红黏土，然后在模具中翻模出来进行烧制。

二 酿造技艺

酩馏酒酿造 酩馏酒是青海民间酿造的一种低度酒，原料有青稞、燕麦等。西宁周边，乐都、民和、平安、贵德、尖扎、同仁、湟源、湟中、海晏、门源、大通等地民众都有自家酿制酩馏酒的传统，各有风味，至今在湟中、互助、湟源等地一直保持着纯手工和最原始手法的酿酒工艺。酿造技艺是以家庭为传承方式，口传身教，没有文字记载。家庭酿造的酩馏酒主要用于接待客人和重要宴席活动中，成为当地民风的一种重要习惯。酩馏酒的酒精度一般在10度左右，口感绵柔，香味醇厚，民众称之为"神仙不落地"。酩馏酒的生产工具有烧锅、木锅盖、有圆眼的特制酒锅盖、酒糟缸、席笈背篼、木酒匣、熬酒缸、酒筒子等。其原料多为黑大麦、青稞、本地产的燕麦和玉麦等。熬制时，先将原料洗净晒干，煮熟，揭锅凉冷，再撒上一定比例的甜米醅，搅拌匀，装入席笈背篼，背到木酒匣旁倒入匣内，盖严保温，约过三天微酸后，再舀出来装入酒糟缸，并均匀撒入酒䊆子，严密封口、保温。约十天后，揭缸观察，若有酶菌时，即将酒糟倒入烧锅内，封紧酒锅盖，然后把酒筒子插入酒锅盖的圆眼中，将烧锅与酒缸等器具连接起来，即酒锅盖—酒筒子—酒缸—酒流子对接起来，接口处用面糊封死，形成蒸汽从锅中经酒筒子进入酒缸夹层，因酒缸中盛冰水使蒸汽降温凝结成液体后经酒流子流出的封闭通道。烧开后改用温火，刚出的酒称为头酒，之后的酩馏酒流量较大，最后的称为薄酒，饮起来如水，此时表明酒已煮干，接下两三碗薄酒后，拔去酒筒，清除酒糟后重新装酒醅子煮酒。普通白酒的蒸馏是通过上笼蒸的方式进行，而酩馏酒是在"锅"里熬制并蒸馏出来的，从蒸馏工具上可以看出酩馏酒酿造工艺的特殊性。传统上用升子量酿酒的原料，一般一升约十斤，可酿酒三斤左右。

湟中县拦隆口镇慕家村酿制的酩馏酒远近闻名，慕家村是河湟流域众多酩馏酒的发源地之一。大约从明末清初，慕家的祖先就守候在酿酒灶台前，用60余种中藏药酿制秘方和代代相传的工艺酿出的酩馏酒，酒度不高而性温和，酒液清冽，味道纯正，尤其是温热后，曲味醇香，甜润可口。

酿酩馏酒器具 民间用荆条、芨芨草等编织的存储粮食的圆形容器叫囤子，口小底大，透气性好，易于粮食的干燥与保存。传统上酿制酩馏酒的时间多在腊月，用来酿制酩馏酒的用具有酒锅盖、酒筒子、酒缸、酒流子、酒坛等。酒锅盖 是用木板制成的专用于熬酒的盖子，锅盖中脊一侧穿有两个洞，用来承接酒筒子。酒筒子原为陶土制的，现在是一段较粗的橡胶管或皮管。盛酒的酒缸是一种双层缸，缸外侧上腰处有圆眼，用来接酒筒子，背面靠近底部有小孔，缸内盛冷水，进入缸夹层的蒸汽受到低温后凝结成液体流出小孔。截取一段麻秆作酒流子，中空如竹子，接在酒缸的小孔上，凝结的酒水通过酒流子流淌进接酒的容器中，现在也用粗细适中的塑料管作为酒流子。

底酒与头酒 酒醅在芨芨囤子里发酵的过程中，会渗下带有酒味的液体，称为底酒。底酒多用来做甜醅儿和拌醋，还用作发面时的酵母。蒸煮酒过程中，最开始流下的酒水称为头酒。第一碗头酒用来敬神、敬天地，再请家族老人喝。敬天抛撒酒时说的祝词为："天抛撒，地抛撒"[①]。

米曲儿 传统上用来做甜醅和酒醅的酵母，用大米做成。形状有四方形的，也有圆形的，一般认为上面有虫眼的为好曲子。一升（10 斤）青稞中要打入 3 个米曲儿，这是定量。自 20 世纪 80 年代以后，在工厂低成本酒的冲击下，农家因成本高逐渐不煮酩馏酒，这种米曲儿也逐渐消失了。

大曲 用中药按配方制成的发酵母，多为农家自制，做成圆饼状，挂在梁头上存放。煮酒时，最初做酒醅时每升按 3 个米曲儿、半个大曲的量拌入。当酒醅换装入缸时，要按每升青稞 3 个大曲的量和入其中。

马奶酒酿制 柴达木盆地的蒙古族有酿造马奶酒的传统，多在夏秋季节酿造，制作马奶酒的方法有两种[②]。第一种方法：把新鲜的马奶倒入木桶里，盖上盖子，放在太阳下曝晒，每隔一小时搅动一次，然后静放一夜，第二天马奶开始发酵，再把过了夜的马奶倒入另一个木桶里继续曝晒和发酵，原桶内留存少许原发酵马奶子，可作为下次酿制新马奶酒时的酵母，如此反复多次，七八天后，马奶完全发酵成酒，即可饮用。第二种方法：先把牛奶或羊奶制作成酸奶，作为发酵剂放入马奶中发酵。发酵 3 至 7 天的叫"其盖"，

[①] 酩馏酒酿酒工艺资料是湟中县共和镇南村村民罗昌英讲述的，在此深表感谢。罗昌英，女，汉族，1947 年生人；记于 2017 年 8 月 9 日。

[②] 纳·才仁巴力：《青海蒙古族风俗志》，青海民族出版社，2015，第 53 页。

即可饮用。再把"其盖"倒入蒸酒器中蒸煮，使蒸气通过管子冷却流入准备好的坛子中，即是马奶酒。马奶酒微酸甜，性温，有驱寒、活血、舒筋、健胃的功效，深受蒙古族民众的喜爱，成为节日待客的重要饮品。经过发酵而成的马奶，具有很好的滋补功效。若是用来治疗肺病，效果特佳。而马奶酒对胃病、支气管和动脉硬化等有较好的疗效。因此，蒙古族医学中，把马奶酒饮疗法列为蒙医7项重要疗法之一。

陈醋酿造　陈醋又名黑醋，是青海传统的饮品之一，尤其是湟源产陈醋备受青睐。陈醋的酿造工艺，大致分为五道工序。第一步是制曲，其配方是严格保密的，家族中一般只有一人掌握，只传男不传女。各家醋坊的秘方配料不同，酿出的陈醋也各具特色。第二步是上料，选用上好的小麦、青稞麸皮与曲料加温开水拌均匀，置于木匣之内备用。第三步是发酵，采用传统的固体发酵工艺，发酵得在一定的温度区间内进行，发酵过程全凭经验，一看颜色、二闻味道，起醅的时间要恰到好处，发酵过程中还要适时"倒匣"，翻动醋醅控制温度，使之均匀发酵。第四步是淋醋，先用温开水冲淋醋匣中的醋醅，适时、适度加压，挤压出醋汁。第五步是晒醋，将醋液装在大口径酱盆或大缸内，放置在露天环境中，在日光与强紫外线下曝晒数月之久，使药物充分溶解分化，醋液结构发生特殊的变化，即起到二次发酵的作用。晒醋的过程颇费功夫，需要有专人看守，每隔一两小时就用木棍搅动一次，夏季遇到阴天下雨时，还要拿专用的石板盖好盆和缸的盖子，绝不能让雨水淋入盆内，否则就会发霉变质。而在冬季晒醋时，利用低温天气通过结冰析除多余的水分，每天要捞取盆内所冻结的冰直到没有冰块为止。晒制好的醋液紫中透红，犹如琥珀色；味道浓郁芳香，醇厚柔和，波美度在20度左右。上好的陈醋用淋出的头遍醋来晒制，可长时间保存，且存放的时间越长，其味道愈加醇厚，是食用牛羊肉、饺子时的绝妙搭配佐料。而所淋的二遍醋波美度为6度左右，经高温灭菌后包装为伙醋，则是吃酿皮、凉粉，拌凉面，调拉面、面片的最佳选择。陈醋以绵、酸、香、甜、淳独特的风味，深受民众喜爱，民国时走西藏的商人驮有湟源陈醋，一路都能闻到陈醋的醇香味。即使在今天，湟源陈醋也是馈赠亲友的礼品。

拌醋酿制 拌醋是循化地区特有的酿制工艺。[1]拌醋的第一道工序为窝醋醅。每年农历八九月，将青禾择净、煮熟、凉冰，拌放适量甜曲，盛在容器中密封，并用毡被包裹保温，窝熟的气味越甜表示越好。第二道工序为熟醋醅。取出醋醅凉冷，拌入适量的醋大曲，搅拌均匀后，放入缸中，倒入适量开水，盖上木盖，用泥密封，包裹被褥后再放置两三个月，直到醋香外溢，表示醋醅已经成熟。第三道工序为发酵。在木匣中将适量麦麸皮和醋醅混合，加入中草药渣等搅拌均匀，用衣被覆盖，不断发酵，还要随时翻看，七八天之后达到要求。第四道工序为淋醋。数九寒天时，将发酵好的醋麸盛在淋缸中，倾斜并倒满开水。淋缸最低处插入一根拇指粗细的木塞，塞中间有孔眼，下接坛或盆，收集点滴淋醋，随时观察调整状态，昼夜不能停止，约需一个月时间。第五道工序是冻醋。将淋出的醋盛在大缸中，冬季使其结冰，捞出黑色的冰块盛在竹筛中置于太阳下，下面接大盆。醋熔点低于冰，等冰块由黑色变成白色后，表明醋已全部消融淋下，除去冰块不用。到明年冬天时再用此法，务求去除醋中的水分。第六道工序为晒醋。有水分的醋在夏天容易发霉生衣，这时倒入锅中煮沸，加入大香、花椒、姜皮、草果、肉桂等煮沸后，盛在缸盆容器中，在太阳下曝晒，有时还放入几根木炭，期间严禁淋雨或倒进生水。如此反复几年之后，五六缸醋就浓缩成为一缸。

甜醅酿制 甜醅是青海特色风味小吃之一，味道醇香、清凉、甘甜，夏能清心提神，冬则壮身暖胃，深受汉、藏、回、土、撒拉等族民众的喜爱。当地顺口溜曰："甜醅儿甜，老人娃娃口水咽，一碗两碗能开胃，三碗四碗顶顿饭"。除专门制售的小摊贩外，西宁市和农业区的各族群众大都会酿制甜醅。选取颗粒饱满的燕麦、玉麦或青稞作甜醅原料，脱皮洁净，清水洗去杂

---

[1] 张时之：《循化陈醋》，《西宁城中文史资料》，1989年第二辑，内部铅印本，第113~119页。

质，倒水入锅煮，加火烧到大滚后，再用文火慢煮，至麦粒开口为止，沥出凉冷，加入碾成粉的甜醅糗，搅拌和匀，一般 15 斤中兑入 25 克甜醅曲，装进小口陶罐或瓷坛中密封，保持恒温（15℃上下），经 3~5 天发酵，粒粒白嫩，开坛即可食用，食如果肉。

第七章　民间科技

　　青海各民族人民在长期的生活实践中，对各种自然现象的观测形成规律性的认识，通过对山川湖海、草地、森林进行命名，以辨别地理方位；通过验证本地丰富的药物资源，就地取材，用于防病治病；通过适应各地方的自然地理环境，形成了农事、放牧及出行等特殊的时间制度、约定俗成的生活习惯，积累了丰富的生产经验，并且在人与自然的适应过程中催生了民间历法、民间医药、民间保健、民间计量、民间测天等民间科技。这些民间科技大多以口耳相传、口传心授的方式流传在民间。

第一节　民间历法

一　四季划分

　　青海大部分地区几乎是春秋相连、长冬无夏，民间习惯把一年分为春分、夏至、秋分、冬至四个节气，习惯用农历月份划分春夏秋冬四季，第一个季节为春季，以暖风为特征；第二个季节为夏季，以树叶茂密、多雨为特征；第三个季节为秋季，以果实成熟为特征；第四个季节为冬季，以寒风为特征。黄河谷地、湟水谷地一般二、三、四月为春季，五、六、七月为夏季，八、九、十月为秋季，十一、十二、一月为冬季。其他地区春季为三月、四月，夏季为五月、六月，七月、八月、九月、十月为秋季，其余为冬季，大雪纷飞，寒风凛冽。每月分为上弦、望月、下弦、朔月；以昼夜为1天，以30天为1个月，以12个月为1年，1年为365天而定，划分一昼夜为日升、日午、日落、天黑、半夜、天亮六个时段。

二 计时方法

青海习惯上将一昼夜的时辰的记法以太阳和月亮运行划分当时时辰：上午6点左右"天麻麻亮"，7、8点"大清早"，10点左右"半晌午"，12点左右"晌午"；下午4点左右"后晌"，下午6点左右"黑了"，晚上8点左右"黑麻了"，11点左右"深更半夜"。夜晚也分为三段：1点到2点"前半夜"，3点左右为"半夜"，4~5点后半夜，6点左右"天亮了"。

时间的划分常以日出前和日落后的光线明暗度、太阳光线、月亮、星辰、公鸡打鸣等进行判断。谚语云："二十一二三，月亮出来鸡叫唤"；"三星晌午哈过年哩"；"冬至后，一天长一线。"20世纪70年代以后，农村普遍使用钟表，如今，民众广泛使用智能手机，各种钟表成了家中的摆设。

三 测时方法

测日影 人们最早采用测日影的方法决定劳动和吃饭时间。他们把一根草或一节麦秆，插在拇指第一道横纹上，作为观测日影的仪器。把指头对准南方，观察日照草根或麦秆的影子长短和移动方位，观测白天的时间。若日影指东方，约上午11点，日影指向西南，约为下午3点，日影最短时为中午。

测水 在石罐、陶罐和铜罐的罐底开一个很小的小孔，水装入罐中，从小孔中滴出来。再用一把刻有十二个格子的尺子，经常放入罐中，观测罐内水位的深浅，以定时间。

看月　主要是看月形和方位。黄昏，西南方出现下挂月，为本月的初三、初五，南方出现上弦月时为初七、初九，东南方出现大半月时为初十、十三，东方出现圆月为十五、十六。清晨，西南出现大半圆月为十七、十九，南方出现下弦月为十、二十三，东南方出现上挂月牙时为二十四、二十六。

第二节　民间测天

一　物象测天谚语

蜘蛛结网，喜鹊、麻雀叫，久雨必晴；

久晴鹊噪雨，久雨鹊噪晴；

喜鹊搭窝高，当年雨水涝；

久雨闻鸟鸣，不久即转晴；

喜鹊枝头叫，出门晴天报；

腰酸疮疤痒，有雨在半晌；

一点一泡儿，今儿下到明早儿；

蛙叫晚，兆大旱，蛙叫早，防备涝。

二　观风测天谚语

春起东风雨绵绵，夏起东风旱不断，

秋起东风不相提，冬起东风雪半天；

夜夜刮大风，雨雪不相逢；

东风下雨东风晴，再刮东风就不灵；

五月南风下大雨，六月南风井底干；

半夜东风起，明日好天气；

久晴西风雨，久雨西风晴；

常刮西北风，近日天气晴；

雨后东风大，来日雨还下；

春天刮风多，秋天下雨多；

夏季猛雨来临，先刮大风，然后风雨交加，停风后，方晴；

天色昏黄，如尘土飞扬，将有大风；

天色蜡黄，日落时，太阳附近变为橘黄色，近期将风；

太阳白脸儿，早上太阳不红，泛淡白色，光暗，将有大风。

一日西北风，三日雨无踪。①

久旱东北风，未来转阴雨。②

春季刮旋风，未来久晴大旱。③

三　雷电声光测天谚语

早雷下大雨，下雨不过晌；

雷打天顶雨不大，雷打云边降大雨；

直闪雨小，横闪雨大；

响雷雨小，闷雷雨大；

急雷快晴，闷雷难晴；

东闪空，西闪雨，南闪火门开，北闪连夜来；

东南方向闪电晴，西北方向闪电雨；

雷声连成片，雨下沟河漫；

先雷后刮风，有雨也不凶。

---

① 久雨刮西风连阴雨天刮起了 4 级以上的偏西风，当天到第二天转晴或多云。

② 大旱情况下，一旦刮起 4 级以上东北风持续时间在两天以上，未来一定会下雨。

③ 春季和初夏，午后天空少云，地面强烈增温，由于强对流作用可在地面上激起高达 10 米以上的小气旋。出现后常常迅速移动，形状像一个急速转动的漏斗状柱子，能将地面上的沙尘及其他细小物体卷到空中，出现时间一般很短。如许多旋风在旷野里转来转去，预计未来久晴大旱。

四　观日月星辰测天谚语

日出太阳黄，午后风必狂；

星星密，雨滴滴，星星稀，好天气；

星星明，来日晴，星星眨眨眼，出门要带伞；

日月有风圈，无雨也风颠。

月亮盘场（月晕）是刮风哩，太阳盘场（日晕）是下雨哩；

月亮戴草帽，大风转眼到；

昏黄天气兆沙尘暴（俗称"大黄风"）将至。

五　虹兆晴雨谚语

东虹热头，西虹雨，南虹出来下猛雨，北虹出来卖儿女。①

单耳子单，过不去山；双耳子双，晒烂缸。②

六　观云测天谚语

云往东，一场空；云往西，水渍渍；

云往南，水涟涟；云往北，瓦碴儿晒成灰。

早上乌云盖，无雨也风来；

早晨浮云走，午后晒死狗；

黄云上下翻，将要下冰蛋；

黑云对着白云跑，这场冰雹小不了；

---

① 在青海北虹罕见，偶然出现，民间视作不祥之兆，要遭天灾人祸，旧时，有卖儿卖女之虞。

② 意思是太阳一侧有日耳，预示要下雨；太阳两侧有日耳，则是大晴天。

黄云块大，冰雹要下；

墨黑云，暴雨流；

红黑云，冷蛋稠。

西北红毛云，闷热没有风，不是下陡雨，定要降冰雹。

七 云象测阴晴谚语

游丝云，馒头云，主天晴。天空呈蓝色，空中飘浮的云不多且高、薄，呈白色丝条状的毛卷云，云色很淡，预兆天气将持续晴好。馒头云，颜色很白，云体边缘明显，底部水平，顶部呈圆弧形。这种云如果孤立而稳定地在天边出现，预兆天气继续晴朗。

扫帚云，泡死人。扫帚云是羽毛状的白色毛卷云，预兆两到三天内有大范围降水来临，如果在夏季出现，云层增厚，一到两天即会有大的降水，但若云呈稀薄状态，无增厚增多趋势，则未来仍为晴天。

瓦碴儿云，晒死人。瓦碴儿云是由很多灰白色小云块组成的排列整齐的透光高积云，看上去像房顶上的瓦片。这种云在天空稳定出现，预兆未来天气无雨太阳好。

早晨棉花云，午后必雨淋。若在晴空中出现形如棉花一样的云，云体大小不同，高低不一，往往表明中空气层极不稳定，如果早上出现，尤其在夏季，那么当天下午就会有雨，如果出现在下午，那么第二天有小到中雨。

天上鱼鳞云，地上雨淋淋。鱼鳞云属于卷积云，也称鹅卵云，其形状像鱼鳞一样的云层和云片，云块很小，常排列成行或成群，该云形态奇异美丽，犹如水里动荡的涟漪。这种云与瓦块云大不相同，从高度看，鱼鳞云高，瓦块云低，从形态看，鱼鳞云块小，瓦块云块大，从分布看，鱼鳞云往往成片成群出现，瓦块云则布满全天。鱼鳞云如在夏秋季节大量出现，未来三天内有风雨来临。

天上勾勾云，地下雨淋淋。勾勾云像一束束带有小钩的丝缕飘在天空。这种云若在夏季出现，云量增多，云层加厚，预示第二天有雨。但如果勾勾云不连成片，零零散散，且量不多，或者处于雨后，则不会下雨。

天上豆瓣云，不久雨将临。豆瓣云的云体扁平，云色洁白，边缘截然分明。这种云如在天空孤立存在，预兆晴天，好天气继续；如果上午在东方地平线以上呈纤细而狭长的条状水平出现，则是下雨的征兆。有时候，豆瓣云上升到高空，且连成片，出了这种云后，往往过不了多久就会下雨，还伴有风。

马尾云，不是大风就是雨。如果晴空出现像发狂奔腾的马甩开的尾巴样的云，且它的云丝从地平线上向天空各方放射，被太阳照射后呈雪白色，这种云积得越来越多，随之带来降水或大风。

毛玻璃云，不是下雪就是下雨。如果天空中出现一种厚薄均匀、呈灰白色的云幕，出现时通常布满天空。透过云层，可以看见太阳或月亮的模糊轮廓，好似隔了一层毛玻璃。这是这种云多在秋末到春初出现。如逐渐增厚，未来12小时以内即有小雨或小雪产生。

灰布云，大雪飞。灰布云是由毛玻璃云发展而成，在天空中很低很厚，像暗灰色的布幔一样布满天空的云层，常预示不久会有连绵不断的大雪出现。

宝塔云出来，雷公出现。夏天上午，若天空中出现一种形如宝塔，顶部像鸡冠花似的云，发展旺盛时，往往像一座座巍峨的大山在天空矗立，并迅速增生和发展，往往预示午后要刮风、响雷、下阵雨。

闪电出现马鬃云，定要降冰雹。如果天空云块厚而庞大，云体向上发展很高，云顶白色，有柔丝一般的结构，很像直立的马鬃，此云出现后，很快会下雷阵雨，如果闪电频繁，雷声沉闷，还可能伴有冰雹。

早上云城堡，午后雨滔滔。城堡云也称炮台云，即堡状高积云。它的形状如长条的云带，两头较尖，有平而清晰的云底，云顶有一个个凸起，像城堡一样。夏季晴空的早晨或上午，这种云若在天边出现，并很快消失，不久将有积雨云产生，往往在午后下雷阵雨。

山峰显腰带云，不久要下雨。如果山半腰出现的长条状或棉絮状不规则的白色地形云，有时像一条条白带子缠绕在高山中间，有时则又像冒起的缕缕炊烟，缓缓升起。这种云若在连晴情况下出现，并且四周的原野和远山一片模糊，当天到第四天有降水产生。夏季多为中到大雨，其他季节为小到中雨。雨后或正下雨时出现，并呈浮游的乳白色云块，未来5~12小时转晴或多云，如果腰云遮蔽山顶，模糊不清，未来将会阴雨连绵。

山戴帽，大雨倒。如果晴天山顶上有云，且云底掩盖山顶，并且越戴越深，云色越来越暗，有时连山腰也看不见，甚至将山峰全部淹没，当天到夜里会有倾盆大雨或暴雨。但如果山顶上的云是旗子样的豆荚状云，或是偶然飘到山顶上的云，未来则不会下雨。

八　节气测天

秋分测天　青海农业区冬至到夏至的时间区域和牧业区秋风至春分六个月时间区域内，会出现相应日期的天气，若在秋分日出现阴间雨雪天气，则过六个月时的天气为阴间雨雪天气；若秋分日降雨雪，则有阳春雨；若为晴寒微风天气，则对应春耕时应有霜冻；若秋分日农作物见锈病，则对应春分日也应有锈病；若观察到云的移速较快，天气温暖，则过六个月时虽为多云天气但无降水。

数九测天　头九时，若降雪且寒冷，则次年农民喜，二九时，若寒冷，则来年降水正常，三九时，若降雪且寒冷，则次年夏末雨水充沛且无病虫害。一九雪，二九寒，三九雪加寒，农牧民，喜洋洋；五九冷，豆儿滚，预示来年农作物有好收成。一九下雪，来年农民乐，二九天冷，来年有好雨水，三九寒冷，来年有好收成。

"还月债"　在农村还流行这样一种方法，在上个月的月初及中旬或下旬的任一旬期内若出现旱情或涝灾，则下个月的旬期内也相应出现相似或相同的天气，俗称"还月债"。

惊蛰寒，冷半年 农历的惊蛰节气时，正值春季刮大风，此时每日天气由晴转阴，午后起风，忽觉天气回暖。此时宜植树、春播，农业区各地进行春播浇灌及播种工作。但在牧区有时频繁降雪，忽觉寒冷，伴春寒。"惊蛰寒，冷半年"，若惊蛰这一天比较冷，将有较长时间的倒春寒天气。

冰鼓兆丰年 冰鼓即寒冬腊月河水结冻而隆起如鼓之冰泡。冰鼓大，预兆来年庄稼好；冰鼓小或不结冰鼓，则预兆庄稼收成不好。冰鼓大小，取决于本地气温高低，严冬冰多，来年春天冰水丰沛易于灌溉，田地中虫害又在低温下冻死，庄稼自然丰收。

农谚测天

秋雨若碰甲子日，连阴带下四十天；

春风百日化成雨。①

惊蛰地门开，遍地种子滚；

清明西北风，未来旱不轻；

春季火烧云，大旱有九成；

立夏不下，旱倒麦罢；

六月初一晴，牛草搭凉棚；六月初一阴，牛草贵如金。

头伏有雨，伏伏有雨。

三伏之中逢酷热，三九之中雪雨多。

九月雷公发，大旱一百八；

雪前响雷公，初夏旱不轻；

腊月上旬落大雪，来年雨水不会缺；

九九不冷又没雪，暑伏之中雨水缺；

秋风如若雷电闪，冬季雪水不会多；

一九飘一雪，明年好庄稼。

---

① 指 100 天内有场雨。

第三节　民间计量

一　记数法

数字写法　青海解放前，人们经济往来要记账，时常写汉字码。小数要是满计量单位的一半，习写作"x 半"，如 1 斤 5 两，写作一斤半。后来使用阿拉伯数字。

手指记数　人们在生产实践中通过扳弄手指等方法进行记数字，通过 10 根手指头逐渐获得了 1 至 10 的自然数。通常 1~5 都用手指记数，手指示数灵活、方便，易于明了，现在在商人贸易中还可以看到这种计算的模式。有些人在买卖牛羊等大牲畜前，由中介人用袖筒里捏手指的方式向买卖双方征求预价数字，等差不多时再正式减价买卖。

刻痕、结绳记数　在青海畜牧业区，有些地方的牧民文习惯用毛绳、毛线结绳记数或者刻痕来记数。例如羊圈里下小羊了，主人家就在羊圈墙上刻条横线或者在家里的某个地方栓条绳子，进行记数，下一个小羊羔结一个结。在日常劳动作业、分配物品、集会表决时，采取刻痕的办法或者划道道的办法进行记数，在地上、石头上用石头、石灰块、粉笔、树枝来划，以道儿、点儿的总数求和。20 世纪，以写"正"字作计数，向后以"正"字累计有多少，乘以 5 来算总数。

串珠、果核记数　青海牧区的藏族，每个人手里大都有一串串珠，串珠计算非常方便。如寺院僧人念经次数就是以串珠记数。将串珠线头打结处作为中线或者进位界，左边为个位，右边为十位，个数数到 10 时，在右边进 1 位，然后将个位上的 10 个珠子全部退去，上千上万的计算进位以此类推。

还有些地方以石子或者果核计算，为了减少干扰，数目清晰，先在地上或者桌子上垫一块羊皮板，称为"工西"，意为算明账，然后放上代表个位、十位、百位、千位、万位的不同石子、果核等作为计量单位。

还有某些地区的居民，不仅有串珠记数还有石子记数、沙盘记数、羊粪蛋记数等多种多样的记数方法。例如往田里运输肥料，统计每人每天共运了多少背斗肥料，个人在固定的地方每背走一趟就放入一个石子或者羊粪蛋，一到收工的时候就数所丢的石子或者羊粪蛋，得出全天的活到底干了多少。

形象计数法　在农牧区的藏族集聚区使用形象记数的方法，用 10 种物体代表 1 到 10，犀牛角为 1，羊角为 2，三个石头的灶为 3，奶牛的 4 个乳头为 4，五佛为 5，六星为 6，北斗七星为 7，八瓣莲花为 8，九头妖魔为 9，黑母猪的 10 个乳头为 10。

二　容器与量器

民间以市制石、斗、升、合为容量标准，以石、斤、两、钱为重量标准，制作不同的量具。一般用手抓一把当一合，家庭多使用 10 斤以下的小称，集体用百斤以上的大秤。20 世纪中叶公社化时期，农村的民众互相借用粮食和饲养猪牛的饲料，粮食一般用"面升子"计量单位，饲料用"麻袋"；生产队打的粮食用"木斗"，大斗为 100 斤，小斗为 50 斤，买牛羊粪用"大板车"或"架子车"或"背斗"来计量。1987 年以后，买煤用拖拉机的"车斗"和大卡车的"车斗"来计量，拖拉机的"车斗"一般为 1 吨，大卡车的"车斗"一般为 4 吨。

在牧区，重量和容积的计量单位叫法与农业区不太一样。其重量单位：分，藏语称"噶"；钱，称"雪"；两，称"桑"。10 分 =1 钱，10 钱 =1 两。其计量单位：秤，藏语称"甲玛"；斗，藏语称"克"；升，藏语称"折"；还有培等。6 培 =1 升，20 升 =1 克。

三　长度与面积

青海民间道路以里为单位，以步计里，300 步为一里，土地以顷、亩、分为单位，丈量土地习惯用步，俗说步地，长宽各 240 步为一亩。

民间量长度，多以拃折算，一拃一跪为一尺，20 世纪 70 年代以前，丈量土地多以皮尺丈量，比较方便，长度用丈、尺、寸为单位计量，均为市制，70 年代以后，逐渐改用公制，以米为单位。

在牧区，藏族计算长度都以人体的四肢作为度量单位。从短至长依次为：一指宽，藏语为"索岗"；四指宽称为"索细"；拇指尖至食指尖距称"妥岗"；尽力张开拇指和食指时两指间的长度称"卡"，约 20 厘米；一肘称"出"；一臂肘称"董巴"；平伸两臂长度称"寻"。它们之间的换算单位为：12 指＝ 1 卡，24 指＝ 1 肘，4 肘 =1 董巴，96 指 =1 董巴。

布料、绸缎等计量单位，藏语称卡（方）。

计量土地、草场等面积，一般用"步"来计算。藏语称"贡巴"，也有用"董巴"来丈量。

耕地面积则用牛耕地和所需种子数目来计算，即这块土地可播种多少斗或克的种子来计算土地面积。牛共，即一对通常耕牛耕地一天的土地来做单位，通常一牛工相当于 3 亩地。

耕田所需种子以藏斗和藏升（藏语叫折）来计算，可播种 1 克种子的土地面积大约为 1.5 亩地，播种 1 折种子的土地面积大约为 0.2 亩地，以种子计算的土地面积得出半克地、一克地、克地、百克地、千克地。

河湟地区在民居建造过程中没有使用专业度量工具，工匠大多以"卡""跪"等手段代替。"卡"即指尽力张开拇指和食指时两指间的长度，约 20 厘米。"跪"则指量一卡时，拇指伸直，食指弯曲成两节得到的长度，约 12 厘米。虽然这样的度量标准很不精确，但从现有建筑来看，它们还是形成了相当完整的体系。

四 测平与吊线

青海河湟地区民间利用水平面的原理制造了土水平仪，在修房盖屋、农田水利建设中广为应用。用一个盆子盛满水，所测地方放一厚度一致的木板，木板上放水盆，观察水面，即成。

吊线用于把握垂直度，修建房屋时，一条线下端系一个小石块，即成吊线，凭它可测物体垂直度，看墙体直不直。

第四节　民间特有药物

一　植物类药

冬虫夏草　是青海传统的大宗药材、著名的地道药材之一，以完整、虫体丰满肥大、外色亮黄、内色白、质优，称著于海内外，藏医称"牙什托更布"。药书中记载"冬在土中，身活如老蚕。有毛能动，至夏则毛出土，连身俱化为草"故而得名，为麦角菌科真菌。冬虫夏草苗寄生在蝙蝠蛾科昆虫幼虫上的子座及幼虫尸体的复合体，由虫体和虫头部长出的子座相连而成。虫体似蚕子座出自寄主头部，其上密生多数子囊壳。[1] 储存时，在虫体潮湿未干情况下，除去外层泥土及膜皮，晒干或微火烤干，通风、干燥处放置。虫草性平、味甘、有补肺益肾、止血化痰之功，能提高人体免疫力，主要用于老年虚喘、咳嗽，与贝母、山丹花同熬水，还治疗产后体虚、精神萎靡等症，近年来癌症频发，因其能提高人体免疫力，因此价格逐年攀升。

大黄　又称代黄，藏医称"君木扎"。主要是菌科植物，掌叶大黄和唐古特大黄的根和根茎，是青海大宗药材之一，以其质地坚实、色泽好、油性大、加工手段独特而驰名中外。掌叶大黄分布于黄南州的同仁县、海南州及海东农业区各县，生长于海拔2300~3000米高山林间或山坡半阴湿处。主要为野生，少量栽培；唐古特大黄分布于果洛、玉树、黄南、海北、海西等，

---

① 郭鹏举：《青海地道地产药材》，陕西科学技术出版社，1996。

生长于海拔3000~3700米的山地、灌木潮湿处，均为野生。青海省是全国大黄的主要产区，其分布面广，蕴藏量大，其中果洛的资源量占全省资源量的63%，是青海大黄的集中产区。①

通常选择生长3年上以上的大黄植株采集，在9月至10月间，叶子枯黄时采挖，或4月至5月大黄尚未发芽前采挖。挖到大黄后，除去泥土。削去粗皮及顶芽、须根，按各种规格要求及大黄根茎大小，横切成段或纵切成瓣，用绳串挂、风干，鲜大黄严禁堆放、雨淋、火烤、碰撞，以免变质。大黄性寒、味苦，有泻热通肠、凉血解毒、活血、健胃、行血止血、逐疾通经之功效。民间治疗流行性腮腺炎常用大黄来治疗，治疗时取干大黄研成粉，用食醋调敷涌泉穴来治疗。

藏红花 藏红花是青海省著名的中药材。藏红花又称番红花、西红花，是一种鸢尾科番红花属的多年生花卉，也是一种常见的香料，是一种名贵的中药材，红花可入药，具有强大的生理活性，有活血通络之功效。草红花种子含油量达55.38%，长期食用这种油，可降低血液中的胆固醇，防止血管硬化，因此，可用它来治冠心病；藏红花能活血化瘀，散郁开结，止痛。用于治疗忧思郁结，胸膈痞闷，吐血，伤寒发狂，惊厥恍惚，妇女经闭，血滞月经不调，产后恶露不尽、瘀血作痛、麻疹、跌打损伤等，国外用作镇静、祛风剂。民间常喝藏红花，用于避孕和妇女产血淤。

贝母 "青贝"是青海地道药材之一，分为川贝母、暗紫贝母、甘肃贝母、梭砂贝母。川贝母分布于玉树，生长于海拔4400米的山地阴坡和湿润草地；暗紫贝母分布于兴海、河南、玛沁、斑玛、久冶等县，生长于海拔3200~4500米的高山草甸和灌从中；甘肃贝母，藏医称"聂娃"，分布于海东地区及黄南、海北、玉树、果治等地，生长于海拔2700~4000米的山坡草丛或湾丛中。梭砂贝母，藏医称"阿皮卡"，分布于治多、称多、杂多、玉树、囊谦等，生长于海拔4000~4700米的山坡顶部砾石处。② 采集时间为积

---

① 郭鹏举：《青海地道地产药材》，陕西科学技术出版社，1996。
② 郭鹏举：《青海地道地产药材》，陕西科学技术出版社，1996。

雪化后至冷冻前采收，将带泥的鲜贝摊开曝晒，随时翻动，当晒至表皮现粉白色时，将泥土筛去，装入麻袋，轻轻撞去附土及老皮，过筛后，晒干，味苦，性微寒，具有清热润肺，化痰止咳之功效。

雪莲 青海雪莲是菊科凤毛菊属雪莲亚属的草本植物，是一种稀有的名贵药用植物，生长在海拔 4800~5800 米的高山石坡以及雪线附近的碎石间。雪莲品种有 20 余种，绝大部分产于青藏高原及其毗邻地区。青海各地各民族民间都有将雪莲花全草入药，主治雪盲、牙痛、风湿性关节炎、阳痿、月经不调、红崩、白带等症。此外民间还将雪莲花来治疗许多慢性病患者，如胃溃疡、痔疮、支气管炎、心脏病、鼻出血和蛇咬伤等症。在藏医藏药上雪莲花作为药物已有悠久的历史。藏医学文献《月王药珍》和《四部医典》上都有记载。藏医称"复羔案巴"，多分布在雪域附近，平均海拔在 3800~5000 米，青海省野生资源蕴藏量较为丰富。采收时间一般为夏季，挖取全株，去净泥土，阴干，切忌暴晒。其性温，味甘，微苦，有祛风湿、强筋骨、通经活络、促进子宫收缩之功。用于风湿性关节炎、闭经、阳痿、咳嗽等。

红景天 红景天在青海省分布众多，主要有狭叶红景天、唐古特红景天，藏医称"索洛玛保"，又称"参玛尔"。狭叶红景天分布于海北、海南、果洛、玉树等州及海东市海拔 2500~3500 米的林缘、灌木丛。因生长环境高寒、低氧、紫外线照射强烈，其内含活性成分种类多，且含量较高。唐古特红景天分布于黄南、海南、海北、玉树、果洛等及东部脑山农业区海拔 3200~4700 米的阴坡岩石缝隙和高山砾石带。大花红景天分布于囊谦、玉树等，生长于 5000~5400 米的石堆和岩石缝中。另外小丛红景天，分布于互助、乐都等县，圆丛红景天分布于门源、祁连、玉树、称多等县。其性寒，药用成分主要含有生物碱、黄碱甙、鞣质，味甘、涩，有清热、利肺、止血之功。用于止血化瘀、调经，主治跌打损伤，腰痛、吐血、崩漏，月经不调，痢疾，用来治疗肺吐血效果甚佳。在藏药中其根及根茎用于治疗瘟病、肺热、中毒及四肢肿胀等症。"索洛玛保"有滋补元气之功，具有抗疲劳、抗缺氧的作用，用于运动保健医疗。同时它可用作兴奋剂、高山不适应剂及强壮剂，可提高体力和脑力劳动效率。

枸杞　分红枸杞和黑枸杞，生长于海拔 1800~3000 米的河岸、灌木丛、山坡荒地。现集中种植地在柴达木盆地诺木洪、都兰、乌兰、德令哈一带。柴达木盆地光照时间长达 10 个小时，昼夜温差达 12 摄氏度，还拥有丰富而独特的水土资源，而且病虫害少，使这里生产的枸杞品质达到国际同行业最高标准。红枸杞性平，味甘，是扶正固本，生精补髓、滋阴补肾、益气安神、强身健体的良药，对慢性肝炎、中心性视网膜炎、视神经萎缩等疗效显著，对糖尿病、肺结核等也有较好疗效，对抗肿瘤、保肝、降压、降血糖以及老年人器官衰退的老化疾病都有很强的改善作用。作为滋补强壮剂治疗肾虚及肝肾疾病疗效甚佳，能显著提高人体中血浆睾酮素含量，达到强身之功效。现代医学研究表明，枸杞对体外癌细胞有明显的抑制作用，可用于防止癌细胞的扩散和增强人体免疫功能。黑枸杞含 17 种氨基酸、13 种微量元素，包括钙、镁、铜、锌、铁等，是保健养生的佳品，具有滋补肝肾、益精明目、养血、延缓衰老、增强免疫力的作用。

二　动物类药

麝香　是特有的珍贵药材。麝香具有强烈的香气，是中国传统名贵中药与香料，是我国稀有珍贵药材，为鹿科动物林麝与马麝成熟雄体香囊中的干燥分泌物。青海省是全国重点产区之一，特有的喜马拉雅麝，主要分布于玉树、果洛、海北、海南、海西等地[1]。一般在 10 月至第二年 3 月猎取，但以 11 月间猎得的麝香质量最好，捕获后，将雄麝的脐部腺囊连皮割下，去净毛等杂质，阴干，然后将毛剪短。中医认为麝香性温味辛，有开窍醒神、散结止痛、活血、避恶气、驱三虫、除邪、解毒、止痛、止小便不尽、催产流

---

[1]　郭鹏举:《青海地道地产药材》，陕西科学技术出版社，1996。

产、发汗、祛风等功效，主治惊痫神昏、中风痰厥、寒邪腹泻、痈疽肿毒、跌扑伤痛、痹痛麻木等症。由于麝香可以杀菌、解毒、止痛、止血、生肌，所以幼儿拉肚子多用麝香来治疗。在青海主要小儿慢性腹泻，将麝香芝麻大一小粒放至脐部。还将麝香少许，与"哈拉油"少许调匀，治疗烧伤。如果动完手术，伤口长期化脓不愈合，可将米粒大小的麝香，抹在伤口上，可促进伤口愈合。

鹿茸　鹿茸为鹿科动物白唇鹿、马鹿和梅花鹿的雄性未骨化密生茸毛的幼角。白唇鹿茸习称"岩茸"；马茸习称"青马茸"，藏医称"夏哇"；梅花鹿茸习称"花鹿茸"。白唇鹿为青藏高原特有，素有"白唇鹿故乡"之称，以玉树、果洛、海北、海南等地及环湖地区最为集中。[1] 白唇鹿除鹿茸外，还有鹿角、鹿筋、鹿尾、鹿血、鹿肾、鹿胎也可以入药，均为珍贵药材，性温，味甘、咸。具有壮肾阳，益精血，强筋骨，调冲任，托疮毒之功效。青海民间一般用鹿茸泡药酒。

塞隆　"塞隆"系仓鼠科动物高原鼢鼠的藏语名，汉语俗称"瞎老鼠"，是青藏高原的特有动物，但也是严重危害草场、农田作物的害兽之一，政府每年都要投入很多的人力、物力进行大规模的捕捉，以保护牧草和作物的生长。其骨、筋性微温、味辛咸，有散寒止痛、舒筋活络、强筋健骨、增强肌体抵抗力之功效，具有散寒、镇痛、抗炎的作用。在治疗风湿寒痹引起的各种风湿性关节炎、类风湿性关节炎、关节风湿症、骨性关节炎方面，疗效显著。

普氏原羚　外形酷似黄羊，又叫滩黄羊，为中国特产。属于牛科、偶蹄目。多栖息在青南的草原山麓，结群活动。雄性的角较短粗，呈弧形向后下弯，近角尖处弯而稍向上，形成角末端相对钩曲。其角可入药，主治癫痫、中风、小儿惊风和温热病。

旱獭　又叫哈拉、喜马拉雅旱獭。属松鼠科，啮齿目，是一种大型的

---

① 郭鹏举：《青海地道地产药材》，陕西科学技术出版社，1996。

啮齿动物，在青海草原常见。身体肥胖，数量多。栖息在高山草原和山丘地带。营洞穴居，洞道深达数米。因洞内阴暗潮湿，身上带有许多细菌，人如果接触到带鼠疫杆菌的旱獭，就会容易传染上鼠疫。旱獭皮皮板坚固耐用，弹性和保暖性好，针毛整齐光亮，毛绒丰厚。尾毛和针毛可造高级画笔、仪器刷。獭胆有类似熊胆的作用，油可以治疗贫血、烫伤、冻伤、关节炎及肺结核等病。

雪鸡　为青海地方性留鸟，其肉滋补、壮阳，尤其是妇女生产完孩子，炖汤能快速恢复身体，且祛风，平时吃治妇女病。其羽毛烧成灰敷在痈疮或疯狗咬伤的伤口上，能快速治愈，尾羽灰能治妇女病。民间还用来治疗小儿惊厥、癫痫、功能性心脏病及妇女病等。煎服雪鸡头即能治愈幼儿原发性羊痫风。

秃鹫　又名坐山雕。其肉治甲状腺肿大、胃病（空腹呕吐），助消化；其骨利尿；其喉头健胃消食，治消化不良；其心治神志不清、记忆力衰退，其胃治胃、消食化滞，治胃肿瘤痞块；其胆汁治肺病，滴眼能明目，外用治创伤；其粪烧成灰，服用健胃，治胃肿瘤，与马、鸡粪合用可治精神病。

水老鸦　即鸬鹚。其肉汤治鱼骨卡喉，利水道；其骨消腹水，治水肿、雀斑，其羽毛灰与狗毛灰、蛇皮灰相配，治恶疮，有散肿之功；其尾羽烧焦，内服通大小便。

骨叉　即大鵟。其肉炖熟吃可治精神病，其羽毛灰可治妇女病引起的脸部浮肿；贫血；小腹痛和臀上部痛等；其粪烘焙成粉，促疮疖化脓；其蛋煮熟吃可治男子肾脏引起的阴茎红肿、流白色脓液（有时带血）。

黑鹰　即胡兀鹫。其肉烘焙干研成粉，每天吃可治精神病、瘤；其脑烘焙干研成粉，可治肺脓肿，肠道化脓；其胃可治胃肿瘤，破肿瘤痞块，健胃消食；其羽烧成灰可治癫疯、精神病，并能消水；其粪便烧成灰治肠胃肿瘤、慢性胃炎、消化不良。

猫头鹰　猫头鹰的肉消疮疖、红肿发炎；其羽毛烧成灰服用可治肺水肿、肺脓肿，消腹水。

客鹊　即喜鹊。为鸦科动物，其肉甘、寒，可消结肠热，主治石淋。其肉烘焙，可治渴疾、大小肠涩、四肢烦热、胸膈痰结、甲状腺肿大；其胆汁调净水滴入眼治雪盲症；其粪便与胡麻油渣水煮，快熬干时倒酒泡透，捞起，用布包，敷患处可促疮疖化脓。

第五节　民间卫生保健

一　护肤美容

雀儿屎　在护肤美容品极度缺乏的年代，许多妇女就在冬季尤其是入九后，自己或者打发孩子们到树底下，特别是花椒、丁香树下，拣拾麻雀粪，专拣公雀又硬又直的粪粒，品相质量比较好。因为这个缘故，青海人还有一句俗语，叫"脖板轴成公雀儿的屎者"，是说一个人脖子扬得高高的，目不斜视。引申的意思就是说一个人自高自大，目中无人，见了乡亲们也不知道弯腰问好，好像在外面发了多大的财一样。这是一句刺人的话，但含有一些酸溜溜的意思在里面。把拣来的麻雀粪再选一遍，抖去尘土杂草，然后放到一个小瓷坛子里，用童便（男孩子的尿）泡起来，经济条件好一点的人家有时候还加点蜂蜜，到了晚上，先用小木棍把泡好的雀粪搅成糊状，睡觉前涂抹到脸上。脸上涂满后，再抹到手上。有的母亲不但自己抹，还要给自己的孩子每人都要涂上。孩子们嫌脏不愿涂，往往会遭到母亲的呵斥，最终被迫涂上，第二天早晨再洗掉。如此数日后，面容和肤色会变得柔润光洁起来。这是青海民间最传统的美容方法。20世纪70年代以后，城镇大部分家庭已经可以买得起一般的护肤品了，但是在农村，尤其是冬天，买的护肤品不顶用，依然用雀儿屎进行美容。根据《本草纲目》记载，童便能"润肌肤"，雀粪内服治疗疳积，外用可治"疮疡中风"。大约在麻雀的粪和童便中，至少含有下列物质：多种内分泌激素如前列腺素、性腺素、甲状腺素等，多种生物酶如胃蛋白酶、胰酶、肠酶，多种代谢物质，如黏蛋白、吲哚、甘油、脂肪酸、胆酸、服酸、尿素；多种微量元素和无机盐等。①

"昂当" 汉语意思是"浆液"，就是把打过酥油的奶水，加上曲拉、红糖，放在大锅里熬。熬到颜色发红，像糖稀一样又黏又稠时，舀出来，盛到特制的瓦罐里，就是"昂当"。是传统生活中玉树和果洛草原上的藏族妇女常用的护肤品，用手指头挑起昂当，一点一点地往脸上点涂，一直点满整个脸部，防止强烈阳光的照晒。妇女们从事放牧、转场，背水、捡牛粪，挤奶、打酥油等劳动，高原上强烈的紫外线，使人皮肤黝黑粗糙，通常用包裹一块头巾，把头发和脸庞严严实实地遮挡起来，只露出两只眼睛。但常常干裂掉皮，甚至手部皮肤出现"皴痂"和"风裂子"。在脸上涂抹"昂当"油脂，有美肤作用。

二　护发

胡麻水抿头 胡麻是一种油料植物，青海很多地方都种植胡麻，有时种植在马铃薯的垄沟里，有时种植在地头边，主要用于做馍馍时，抹到花卷里、锅盔里，放了胡麻的馍馍就很香。

传统社会中，妇女在姑娘时一般梳辫子，而结了婚以后，就要盘头梳发髻。不管编辫子还是梳发髻，都讲究顺溜板正，头发要梳得光光的，纹丝不乱。为了让头发服服帖帖地盘成各种发髻，不使碎头发乱飞，青海人就用胡麻水抿头，就可以使头发纹丝不乱。胡麻水制作时，抓一把胡麻放在搪瓷缸或者铁缸子里，不能把胡麻碾碎，碾碎后，抹在头上显得脏，要一颗颗囫囵的胡麻籽，把胡麻籽加水熬煮，煮到那水变成一种黏稠的液体，舀出来，收藏在小瓶里，这就是熬好的胡麻水了。青海冬天家家户户架烤箱（取暖的火炉），冬天时，可以放到烤箱上面，第二天水变成一种黏稠的液体，舀出来，

①　朱世奎：《青海风俗简志》，青海人民出版，1994，第57页。

平时梳头时，也是用手挑一点胡麻水抿到头发上，然后想梳什么发型就梳什么发型，头发绝不蓬乱，而且黑亮，不像买的啫喱水，有时抹了之后，头发上有白屑。胡麻水相当于现在的啫喱水或弹力素，是固定发型的，胡麻籽除了含油，还含有胶质，主要成分是亚麻籽胶，胡麻中的胡麻胶，也叫亚麻籽胶，有润滑护发、白发变黑的作用，并且是纯天然的定型水，一点都不伤害头发，对头发和毛囊有滋润保养作用，长期用头发又黑又亮。民歌《王哥放羊》中有表现农村爱情故事的脍炙人口的唱段："八月里到了八月八，高高的山崖上拔胡麻，王哥一把我两把，拔下的胡麻抿头发，木梳么梳了篦子刮，没有个镜儿你辫住吧，辫子辫了个九条龙，越看尕妹越心疼。"此外，用胡麻叶汤汁洗过的头发柔软滋润，除了祛头屑，对毛发干枯也有很好的疗效。

苦杏仁油生发 将苦杏仁在"茶窝"（"茶窝"，即石制臼窝，用来捣盐、花椒、姜等）中捣为细末，用手捏出油，放在搪瓷缸或者铁缸子里，加水熬煮十几分钟，放凉后，用纱布算出油水，放在瓶中，在洗净的头发上涂之。因杏仁油的作用，亦可使长发乌黑发亮，这也是土制的生发油了。

皂角水洗发 皂角含有天然的皂角碱，具有很强的清洁污垢作用，是传统的洗头之物。把买来的皂角分割成小块，抓一把碎皂角用水泡上，约一个小时后，滤去皂角渣，剩下的水就可用来洗头。有时候为了多利用皂角碱，就用砂锅煮皂角半个多小时，汁水浓一些，可多次洗头。洗过的头发晾干后特别蓬松，而且不易出油。

枣儿胰子保洁 这是一种妇女自己特制的洗脸用品，其法将红枣十数枚（去核）、猪胰脏一块（或猪内脏的大网膜等）、用剩的香皂头，再加上麻雀粪、艾草叶子、核桃仁、苦杏仁等若干，共同放在"茶窝"里（"茶窝"，即石制臼窝，用来捣盐、花椒、姜等）"踏"（即"捣"，西宁方言曰"踏"）之。"踏"细匀后少放一点蜂蜜，然后用手团成扁圆的肥皂，放在干燥通风处阴干，谓之"枣儿胰子"，也叫"猪胰子"。用时，取出一块，洗手洗脸去污力强，且光洁异常。有时手"风裂子"时手洗干净后，檫上"枣儿胰子"，搓干，第二天再清洗，反复几天后手上的"风裂子"就没有了，手也变光洁了。

三 美甲与文身

凤仙花染指甲 一到夏天，妇女们劳作，手指头上全是肉刺。这时也是凤仙花（青海方言叫海娜花）开放的时候，为了染指甲，有女孩的家里，在自家小院里都种植有海娜花，没有的话，大街小巷常见小贩手提花篮，拖长声音吆喝"哎，叶纳儿海娜花儿哟"。青年妇女闻声涌出家门买上一束海娜花，放在太阳底下晒蔫，再到菜园子拔上几片甜菜（有的地方叫糖萝卜）的叶子，或者太阳花的叶子，准备两片不用的破布和两根细绳子，晚上吃完饭，快睡觉的时候，把海娜花的叶子连同茎同白矾在一起捣烂染指甲。一般得两人，被染的人，准备好睡觉，热后把手伸出来，染的人拿上"清油"和捣烂的海娜花等混合物，先把"清油"涂在要染的指甲上和手指上，手心攥块破布（为了固定四个手指头），手作握拳状，然后把海娜花等混合物均匀地放在指甲上，包上菜叶，再用布包好，用绳子扎好。睡一夜，第二天早上把布拆开，手上的肉刺也没有了，指甲和手指头红红的，煞是好看。再过两三周，手指上的颜色褪去，只有指甲红红的，更漂亮了。不是每个人的指甲染出来都是红红的，因为指甲质地不一样或者睡觉不安稳，第二天染出的颜色会是黄黄的，大家便笑话"屁熏胎"，染成这样只能重新染了，因此染指甲的晚上很激动，也很期待。

针刺梅花 针刺梅花是青海河湟地区妇女的一种文身，春夏之交探春树结出细长的紫黑色酸梅果，这时妇女们把酸梅的紫黑色汁在双手的合谷穴上点成梅花状，然后用针刺，使果汁渗入皮下，永不褪色，谓之"点梅儿"。后来有墨水之后，也有用墨水点的，还有的人点眉心。

四 卫生保健

青海农家，每天清晨起床后，家庭妇女的第一件事就先打扫庭院巷道，抹擦桌子及其他器具。一些信仰神佛的人家，还用小瓦盆内燃柏香敬佛。柏香的气味可以去除院子里的污秽之气。

在生活中，藏族民众养成了一套预防疾病简单而行之有效的普遍为群众所习用的卫生习惯。如不吃病死牲畜肉，食用碗、刀专用，分食吃，饭后吃酸奶助消化等。对于预防疾病尤为重视，如对长久不住的房屋、长期不穿的衣服使用前要用柏叶烟熏、生病的人和健康者隔离分居，病人的衣物器皿"日光晒、星夜露"，或以火烤，或用柏枝烟熏，饮水人吃上游，畜群饮下游。家中有病人、产妇，在门上挂起红布或燃烧火堆的"忌门"表示，使来往串门客人知道"有病传染、谢绝入门"了。

"大净"和"小净" 青海回族、撒拉族特别讲究环境、居室、餐具、衣服、卧具以及人体的卫生，污秽既不合教义，亦不合人们长期形成的讲究卫生、喜爱干净的生活习惯。

"大净"，阿拉伯语称"乌斯里"，意即沐浴。"大净"必须做三件事，一是漱口，二是呛鼻，三是洗全身。洗全身水先顺水淋洗头体，后洗两足（一般先做小净，再沐浴），要求毛发、肚脐、指甲缝都要洗净。洗全身的要求是处处都要洗到，如有一根毛发没洗到，"大净"无效。古老的方法是头顶上挂一盛满清水的吊桶，吊桶是回族、撒拉族"大净"用器，悬挂于厨房、侧屋的门背后，专供成年男女沐浴用。常用的吊桶分木桶、铁桶、陶桶数种，桶底开有一小孔，以塞子堵挡，沐浴时，拔去塞子，桶中的水成一股细流，均匀而流，清水即从头流至周身，是很好的淋浴器，现在大多数农村家庭还是用此桶，但居住在楼房内的家庭使用冷热水自行调节的淋浴设备。

"小净"波斯语称"阿布代斯"，即用净水按程序清洗局部。回族、撒拉族的卫生习惯。使用特制的"汤瓶壶"，壶颈很长，盛水后持壶进行冲洗。一般在家中备有此卫生用器。常用的汤瓶有陶制、铁制两种，前者做工粗糙价廉，大多数人家用的是陶制的，生活条件好了后，铁制的方便不易碎，后来铁制的慢慢普及了，家中的汤瓶，广泛用于洗手、洗脸、洗"大小净"等。

无论"大净"或"小净"，其洗涤方式有一个共同的特点，那就是必须是淋浴式的，而绝不许用盆和桶洗涤，更不能在浴池内洗涤，因为手和肢体一进入盆和桶内其水便被认为是污水，即不能用手再洗涤其他部位。洗"大小净"的用水，必须是流动的河水、无污染的井水和泉水，也可用刚接的自来水，不可以污水取代。所用水量不宜太多，亦不可太少，一般"小净"用水一汤瓶，"大净"用水一吊桶加一汤瓶。

三剃三拔　青海回族、撒拉族非常讲究对人体毛发的清理，认为长时间不理发、不修胡须，是有伤雅观、有碍卫生的。清理人体毛发的方式可以概括为"三剃三拔"。三剃，剃头发、剃胡须、剃阴毛；三拔，拔鼻毛、拔腋窝毛、拔肛毛。"三剃三拔"后必须洗干净。

剃头　撒拉语叫"巴希依勒"。剃头是撒拉族卫生习俗中很重要的一个部分，一般一个月剃一次，至少不得超过 40 天，剃得干干净净，不留鬓角。剃完头以后，还要郑重向剃头者道声"赛俩木"表示谢意。

剪指甲　撒拉族很忌讳留长指甲，他们认为在真主创造人后一段时间里，人的皮肤全是甲壳，而指甲是甲壳退化时留下来的残迹，所以非常珍贵。因而不能乱扔指甲，剪完指甲须埋在门槛下的土里，或藏在别的什么地方。

换牙　以前，人们对儿童换下的牙比较重视，一般不会乱扔。撒拉族大人会将掉下来的乳牙包在棉花里，扔到房顶上，同时嘴里念诵以下口诀："我的牙长在牛嘴里，牛牙长在驴嘴里，驴牙长在羊嘴里，羊牙长在羊羔嘴里，而羊羔的牙长在我的嘴里。"有的民族用馍馍包牙，喂给狗吃，认为孩子会长出一口尖利的好牙。

第六节　医药民间偏方

一　预防

种痘　1949 年前把天花叫"大花儿"，因为传染，群众甚是畏惧。因此河湟地区有种花儿的中医，种花儿时间在春天的二、三月间，其法是将儿童左臂袒露，把痘苗管打开，医生用嘴轻吹管内的痘苗，在儿童手臂上连滴上三滴痘苗，再用锋利的三棱刀将痘苗已点滴部位的皮肤划破一点，慢慢阴干即成。同时给儿童吃甜培等"发"物，几天后接种部位形成小脓包，结痂、落痂，最后形成一粒麻子斑痕，这是种痘的旧方法。出于旧式的痘苗为弱毒活苗，接种后儿童往往要发高烧，反应颇为强烈。因此民间对种痘一向重视，一般在接种前要让儿童给神佛、祖先点香磕头，祈求保佑，对种痘医生给予优厚的酬金。接种后还要忌门数日，以免传染其他杂病。

二 治感冒法

"截法" 是治感冒的一种末梢放血疗法。平头百姓，最常见的病，恐怕就是受凉感冒。因而，民间治感冒的方法最多。感冒初起，头痛鼻塞，脑门发热，西宁人认为这是"凉下了"，也就是受阴了。每当人们患了较重的感冒后，民间谓之"阴凉了"，亦有症重者谓之"双阴"，即感冒后因房事使病情加倍，就采取截法。常见的治疗方法是放血，把体内的阴毒放出去。当然这个放血不是大量地放，而是用缝衣针戳破手指尖，放一点血即可。具体做法是：病人先使劲甩胳膊，把血液都甩到手指上，放血的人也帮忙往下捋，让手指上多充一点血。捋好后，害怕血液再倒回去，赶紧拿一条长布带子把病人的胳膊扎住，然后，一圈一圈地往下缠，缠到手掌处再打个死结。这时候，血液被挤到手上了，手指胀得通红，帮忙放血的人捆好胳膊，又找一根细带子开始捆手，把手掌一圈一圈地缠下来，最后，确定一个要放血的手指，一般也就是中指，再把那条细带子顺着中指往下缠。从胳膊到手指都缠了布带子，血液不流通，手指尖胀得通红，憋得难受。再用缝衣服的针（用前火烧一下针尖来消毒）扎指甲根部皮肤，用力挤，放两滴血，如果血是黑红的，说明病人"凉"得严重，需要再多扎几个指头。如"凉"得过重，血呈暗红。放血一般两手中指，亦有中指、食指、无名指等。如果血珠是鲜红的，那就是不严重，随便扎两针就好了。据说，放血有排毒、兴奋神经、刺激白细胞增长的效果。凉者往往一经"放血"，鼻塞、脑胀等症状锐减，浑身轻松许多。

银子拔火罐　每当人们患了感冒久治不好时，认为"阴下了"，就用银子拔火罐，谓之"收阴"。用此法时，"收阴"的人准备一个玻璃罐头瓶，瓶口上抹点清油，再拿点布头，穿在麻钱上，布头上抹点油，再找个银戒指或者银耳环。准备好后，患者平躺在床上，露出肚挤眼，"收阴"的人先把银戒指或者银耳环放在患者的肚挤眼上，再放蘸了清油布的麻钱，把油布点燃，火起来后，把罐头瓶慢慢放下去，罐头瓶拔在肚脐眼上，过十到十五分钟慢慢取下玻璃罐子，此时银耳环或银戒指发黑，说明把"阴气"拔出来了，感冒再慢慢治就会很快好的。

四合汤　四合汤是治疗感冒的，做法和打醋炭有些类似。先在火炉里烧一块泥土块，烧得通红，用火钳钳起放进一个容器中，迅速地放入红糖、红枣、明矾、姜片、葱根须等材料，再浇上热水，顿时，烟火弥漫，热水沸腾，等"哧啦"一声响过，水烧开后，就把这深红色的水篦出来，端给病人喝，因汤里放了红枣和红糖，汤水甜甜的，很好喝。趁热喝下去，再捂上被子潮一次汗，感冒很快就会好了。

潮法　即发汗疗法，俗称"潮汗"。患者感冒初期，头疼发热而无汗周身不适时，葱根三块，生姜三片为了发汗，有时还加些明矾，一并在砂罐熬煮十几分钟，快好时放入红糖，实在没红糖时白糖也可，患者饮完此汤后，卧在热炕上，全身盖上棉被，使之全身出汗，往往一经潮汗邪随汗出，不久感冒即愈。这种疗法符合中医观点。中医认为感冒病初起，协热在表，出汗发表即愈。

姜枣汤　风寒感冒、肠胃感冒时，用厨房灶心土一块烧红，将姜片、红枣、红糖及白矾少许置于其上，见冒出黑烟，即浇上开水，趁热饮之。此法健胃、止吐、祛寒，对胃肠炎、胃寒、肠胃性感冒等颇有效。

荆芥茶　用野生的荆芥、薄荷数枝，在火焰上燎去花的绒毛加放茶叶、杏仁在陶罐中，倒入开水熬好，调入蜂蜜饮之。此法辛凉解表，用于风热感冒、咳嗽。

火烧鸡蛋 青海的冬天漫长而寒冷，因此，冬天感冒的人特别多。感冒不可怕，可怕的是咳嗽。人们都是用偏方土法治疗咳嗽。最简单的办法，就是煮点梨汤喝下去。可那会儿水果金贵，冬天根本没有梨可买，有的人家就用鸡蛋治咳嗽。具体做法是，把鸡蛋的一头敲开，小心翼翼地揭去皮，再把鸡蛋竖着放进灶火里烧，烧到一定程度后，拿出来，搁进去一点蜂蜜，把这个甜鸡蛋让生病的人吃了，据说咳嗽也能好。

知贝冬花汤 冬天感冒咳嗽，可到药店里买知母、贝母、款冬花三味中药。把三样草药用水煎好后，调进去一点蜂蜜，喝下去据说疗效不错。"知母贝母款冬花，单治咳嗽一把抓"，那会儿，许多人就是靠这个方子把咳嗽"一把抓"的。

酥油冰糖冬果梨汤 这个方子是从藏族地区传过来的，冬果梨是青海特有的梨子，其果实比一般梨子大，且皮厚，耐储藏，果肉粗糙，比其他梨子酸。咳嗽时，可用一个冬果梨子，切成两半，挖去果核，再切成多块，放入冰糖，加入两大碗凉水，开始熬，等水开熬成一碗水时，加入一块酥油，等酥油融化后再烧一分钟，即可取下倒入碗中，连果肉和汤一起喝完，即可缓解咳嗽，而且可以清肺去痰。两三次后即可痊愈。

土坯热熨疗法 当人们感受寒邪或伤于生冷引起的重感冒，伴有脘腹急性挛痛，并见吐泻，或受风寒湿邪侵袭，而致腰背疼痛时，民间常用土坯热熨疗法。治疗方法：取干土坯两块，放到炉灶内烧热（备用一块），热度以患者可耐受为宜，外用布裹，放置疼痛部位，轮换热熨，借以达温阳散寒、调畅气机、活血止痛之效。如果全身疼痛时，患者躺在炕上，盖上被子，治疗的人将烧热的土块上倒些醋，包上布，放到脚部的土炕墙根，患者用脚掌把土块蹬紧，过十分钟左右，再换另一块，如此反复三四次即可，感冒症状缓解。

三　治疗疼痛法

艾叶灸治疗　身体局部（胃、腹、头、关节等）疼痛时，将揉制好的艾叶一柱置于小"蘸池"内并点燃，然后用镊子放在痛处穴位上灸，疗效很好。此法如同针灸，关键要找准穴位，民间常灸人家自然知道大概。

热盐敷治　青海不缺盐，青海茶卡盐湖的盐够全世界的人吃好几千年，而且这里的盐纯净，成熟，采挖出来就可以直接食用。这种盐因产自青海，就叫青盐。青盐都是豌豆粒大小的结晶盐，凡身体劳累有疼痛的或因湿寒引起的腰背痛、腹痛等均可用此法。将颗粒青盐放在锅中炒热，待盐炒得烫手，舀进一个提前准备好的布袋子中，扎住袋口，放在疼痛的部位，用热盐敷。滚烫的盐敷在皮肤上，只感觉盐粒发出的丝丝缕缕的温暖，疼痛的地方马上就不疼了，盐包不断地挪动，一会儿放到腿上，一会儿放到腰上，一会儿放到后背上，用手轻轻滚动盐包，让大粒盐在热敷的同时按摩一下皮肤，一直到盐粒完全冷却为止。一场热敷下来，身上的疼痛都被青盐拔走了，只感觉通体舒坦、疲劳全无。

四　治疗疮法

蛋黄油治疗疮癣　将煮熟的蛋黄放在铁勺内熬至出油，乘热涂抹在疮上，用于治疗头疮、黄水疮、皮肤皲裂、丹毒等。蛋黄油加适量的硫黄粉能治疗疥疮、头癣等，用山羊胡须烧炭为末，调和蛋黄油可治疗羊胡子疮、湿疹。

麻浮水治冻疮　青海地处高原，冬季漫长，腊月是冻疮发作的高峰时节，没有人能抵挡得住高原上凛冽的寒风，老人、妇女、儿童生冻疮最厉害，脸蛋皴得像土豆皮，脚和手冻得僵硬，时间长了，就成了冻疮。冻疮几乎是那个年月穷人的常见病。冻疮多生在手上、脚上、耳朵上，凡手上生冻疮者，每年都犯，疼痒难耐。在没有冻疮膏的时候，人们治冻疮就只能用一些土法、偏方，于是人们想到了以毒攻毒的法子。到野外，从冻得坚硬的河床上砍回一些冰来，把冰块装在脸盆里放到太阳底下。晒到冰全部融化，只剩下水面上薄薄的一层碎冰时，妇女和小孩们就用这盆冰水洗手。坚冰化开的水冰冷刺骨，把长着冻疮裂着血口子的手和脚伸进去，这盆水还有个专用的名字，叫麻浮水。据说，用麻浮水洗过后，冻疮就会痊愈，不会再犯了。

猪肚子治冻疮 治冻疮的土法，在夏季杀猪时或者腊月初八杀猪的这一天，请杀猪匠趁热取出猪肚子，就是猪的胃。将猪肚子切一道八九厘米的缝子，把生了冻疮的手或脚伸进去，用胃里面的食物残渣去捂。这个办法叫"捂冻疮法"。大约捂上半个小时，等胃里面的内容物都凉透了，再把手或脚拿出来，用水洗干净，冻疮就此捂好，永不再犯。除此之外，有的人还用烫过猪毛的水洗手脚，据说也能治好冻疮。

藏红花治疗压疮 压疮是身体局部组织长期受压，血液循环障碍，组织营养缺乏，致使皮肤失去正常功能，而引起的组织破坏和坏死。一旦发生压疮，不仅给患者带来痛苦，而且对原发病的治愈也非常不利，延长康复时间，严重时可因继发感染引起败血症而危及生命。民间采用麝香、熊胆和藏红花外敷治疗压疮。操作前先取黄豆大小的麝香，再加入熊胆、藏红花，取量是麝香的六倍，研磨成粉，装入瓶中备用。操作时，将患者疮面清洗干净，并清除坏死组织，再将备好的药粉从里向外均匀涂抹于疮面，再用干净的布包扎，换药每日一次，直至愈合。藏药麝香、熊胆和藏红花具有解毒、抗炎、止痛、止血和祛腐生肌的作用，对疮面的愈合起到了关键性的作用。

拍打法治红丝疔 红丝疔又名红线疗，是疗疮的一种，是由火毒内侵流窜经络而致，故名"红丝疔"。红丝疔即现代医学所称"急性淋巴管炎"，为临床常见病、多发病，本病是由于细菌经皮肤伤口或其他感染病灶（疖、痈、溃疡、足癣及慢性湿疹等）侵入淋巴管而引起的急性炎症，多发于手、足,起初局部红肿热痛,继见如火柴梗粗细的红线,沿上臂前侧或小腿内侧的皮肤向上走窜,有头痛乏力等症状,由指端皮肤损伤,继发感染而引起的急性淋巴管炎。治疗方法,用棉线绳结扎红丝疔红线尽处,不使毒势蔓延,再用缝纫用竹尺或手指轻轻拍打,直到红线散去为止,必要时在红线尽处用三棱针点刺放血,使毒势退去,继则处理手足局部损伤而愈。

韭菜根鲜地龙治疗带状疱疹　将鲜韭菜根 30 克、鲜地龙 20 克两味药捣烂如泥,加少量芝麻油调匀,置瓶内放阴凉处备用,将上述制成的韭菜根鲜地龙液每日两次涂于患处,外用消毒敷料包,4~7 日痊愈。

五　止鼻血法

墨汁止鼻血法　凡是遇鼻血不止时,除仰卧用冷毛巾敷额头外,还可将好墨研汁饮之,鼻血渐止。此法大概系墨汁中有炭粒和胶质,都有止血作用的缘故。另外也可用鲜牛奶、鲜韭菜同煮后饮之,亦有效。

瘢痕灸法　藏族民间有一瘢痕灸法治疗流鼻血,非常管用,第一天在患者大椎穴处,放一柱艾塔,点燃后,会越来越疼,待烧至根部,用片石头把艾炷压在大椎穴上,直到燃烧完;再在手腕上心跳最强的地方各放一柱艾塔,点燃后,会越来越疼,待烧至根部,用片石头把艾炷压在手腕上;第二天,在脚腕处各放一柱艾塔,点燃,待烧至根部,用片石头把艾炷压在脚腕上;第三天在手的大拇指内侧和脚的拇指内侧各放一柱艾塔,点燃待烧至根部,用片石头把艾炷压在拇指上。这种灸法会留疤痕,但可根除,有时妇女月经量大时也可用此法。因施灸时疼痛较剧,灸后化脓并留有瘢痕,故对一般体质衰弱者及老年人、小儿应慎用,大劳、大饥、大饱时也不宜施灸。雾天、雪天、雷雨天之日也不宜施灸。

头发、大板瓜子汤治法　青少年血热,经常流鼻血,可用自己的头发一把,一定是没染过色的、理发时的短发渣,大板瓜子一把,加清水,放在锅里熬,熬上一个小时后,用纱布把水篦出来,喝 2~3 次可根除。

六 治疗肠胃法

刮痧 所谓"痧"，实际上是急性肠胃炎症。"刮"有止痛作用。刮痧这种土法治病方式在家里很少使用，多发生在野外。比如以前用牲口驮着东西行走在外地做生意等的人——"脚户哥"，个个都是刮痧的好手。出门在外的人，长途跋涉，风餐露宿，饥一顿饱一顿的，难免发生肚子疼、肠胃痛的疾病，荒郊野外又没有地方可寻草药，刮痧就成了最好的治疗方式。青海人的刮痧方式是先用面粉调成较硬的面棒棒，在病人的脊柱两侧来回搓揉，滚到皮肤发红时，扔掉面棒棒，再拿两枚铜钱顺脊柱使劲刮，刮到脊柱两侧的肉都发硬，脊背上出现一些小红点时，就不再刮了。然后再拿一枚绣花针，用针挑破这些小红点，会有一些白色的线状物露出来。用针把这些线状物耐心地挑出来，刮痧即告完成。那些线状物是脊神经末梢，挑断后就切断了神经的传递。据说，刮痧治疗肠胃病，效果奇佳。刮痧结束时，肚子基本就不疼了。

暖肠胃法 婴儿落脐后，用棉花包米粒大的麝香，置脐上，包裹停当，小儿消化良好，不拉肚。成人久泻不愈，亦可如法治之，奇效。

扶肚根 扶肚根疗法就是小儿发生急性肠套叠、肠扭转等疾病，特别是不放屁、不发烧，只有腹痛时常用的一种颠簸治疗法，这种病发生在肚脐左侧为多，这点可与阑尾炎相区别。小儿发生肠套叠或肠扭转时，先将患儿俯卧，并将腹部设法悬空，露出腹部，治疗者跨于病儿之上或者站于病儿一侧，让患儿放松腹部，治疗者的双手置于患儿腹部两侧，先轻轻抖动患儿腹部，然后用震颤的手法从腹部两侧向中间活动，如此反复几次后，套叠或扭转的肠管复原。力度以患儿能忍受为度，每次5分钟左右，如果放屁，就表示畅通且痊愈了。

治脘腹挛痛 当人们感受寒邪、伤于生冷或中寒时，引起脘腹暴痛，甚至呕吐不能食，并见泄泻、四肢冰凉时，民间常用四合汤急煎热服，每每收到良好的效果。四合汤由葱白三茎、新鲜姜三到六片（或干姜在火上烧至皮焦里生）、红枣五枚、灶心土一块，煎汤、澄清，再把汤篦出来，用此水同煎上三味药后，再加红糖适量即成。四合汤常起到温中散寒、降逆止呕、调畅气机而达祛寒止痛之良效。

七　治疗烫伤法

白糖鸡蛋黄治疗烫伤　在海西农牧区用白糖和鸡蛋黄治疗烫伤。操作方法：根据烫伤面积大小煮鸡蛋，把鸡蛋煮熟后，取出蛋黄，趁热把蛋黄揉成碎末，再将蛋黄放在锅内炼出油来，油备用，用的时候把蛋黄油均匀抹在烫伤处，然后用白糖均匀地洒在上面，患者卧床休息，一星期后，水泡吸收，半月后基本痊愈，因为蛋黄油可以滋润皮肤，防止皮肤干燥，白糖可以缓解疼痛，吸收水分，防止水肿和渗出物，抑制细菌繁殖，有助于伤口愈合。这种方法无副作用，尤其在牧区交通不便，医疗条件差，此种方法治疗烫伤比较有效，因此很盛行。

蚯蚓治疗烫伤　蚯蚓在青海农业区也叫"泥蛐蚬"，如果不小心烫伤，出现水泡，除快速降温以外，还可采用"泥蛐蚬"的水来治疗。治疗方法：取大"泥蛐蚬"5~6条，洗干净，养1天，再洗干净，放入碗中，撒入白糖，用筷子来回搅拌，使蚯蚓身上均匀地沾上白糖，等一会儿，蚯蚓水就出来了，等一两个小时后，用干净纱布或棉花蘸取渗液均匀地涂于烧伤处，每天涂抹一次，2天后红肿、疼痛明显减轻，约1周以后，烧伤处红肿完全消失，皮肤水疱会结痂。

八　其他治疗法

灸瘊子法　民间俗称的"瘊子"以及扁平疣等都可用此法，常发生于手指、手背、额头、脚背等，是一种常见的病毒赘生物，以青少年为多。

这种灸法是将大蒜切成三四毫米厚的薄片，上面用针捅上几个眼儿，平置在瘊子上，然后用艾炷一端放到蒜片上点着，当艾炷快要燃完时，蒜片上的蒜汁已经被烤热，成为蒸汽，蒸汽冲向瘊子，这时患者颇感疼痛，稍等片刻后，瘊子的神经末梢被破坏了，就不太疼痛了。如此灸 3~5 次（每次均换上新的蒜片），瘊子就变成一包水了，过几天结痂而脱落，不留任何痕迹。

药浴治关节炎 青海天寒地冻，有些牧民患关节炎，痛苦不堪，离医院远，此病治疗周期长，因此到夏天，天热后用药浴治疗关节炎成为首选。青海麻黄、黄花杜鹃叶、菊花、柏子香、艾叶很多，到秋天收集一些，晒干，到头伏时开始治疗，以上各物各抓一小把，量不能大，先用水煮好，放入热水中，每天泡半小时左右，可治疗关节炎，尤其对风湿性关节炎、腰腿痛、坐骨神经痛有疗效。

麸熨治急性荨麻疹 常见有人因受风、着凉或受冷水刺激，全身或局部皮肤过敏出现荨麻疹，皮肤很快起红色或白色风团，搔抓后融合成大片状，烦闷急躁，奇痒难耐。民间常用麸熨疗法，往往见效快捷。把麦麸皮炒热之后，趁热装入布袋中扎紧，根据病变部位的需要，让病人保持仰、俯、侧卧或正坐的姿势，在病变部位上下左右来回不停地按熨，注意热熨包的温度，以病人能够忍耐为度（最好有两只热熨袋交替使用）。由于温度适中和熨烫的人轻重不同地揉按，病人有一种舒适愉快的感觉，如此交替热熨数次，全身刺痒逐渐减轻，风团慢慢消失。热熨疗法，实际上是一种外治的温热刺激疗法，起到温通经络、调和卫气营血而达治病的目的[1]。

白矾、食盐外敷治通小便 此法实为脐疗的一种。患者为中年以上的男性，多由外伤、手术、尿路感染及前列腺肿大而致急性尿潴脂。主要表现为小便不畅、点滴而短步，甚至点滴不通、小腹胀满、烦躁不安，中医称之为"癃闭"。治疗时，先取白矾、食盐各 30 克，研成粉末和热水搅匀，湿敷肚

---

① 马立德：《青海东部地区民间疗法几则》，《中国民族民间医疗》1996 年第 19 期。

脐眼，约 1 小时后，可见小便排出，胀痛缓解。

猪苦胆治"染子"　青海农业区的人们把甲沟炎、脓性指头炎统称为"染子"，是指甲侧的周围组织或手指、足趾末节掌面皮下组织化脓性感染，中医称"指疔""甲沟脓肿"。多由碰撞刺伤局部继发感染而引起，指端肿胀，疼痛剧烈。治疗方法最好取鲜猪苦胆 1 枚，将患指（趾）伸入苦胆内，外用棉线结扎或用胶布固定，三日后肿消痛止，即可去掉。如果没有鲜猪苦胆，也可用晾干的猪苦胆（农村宰年猪时将猪苦胆晾晒在树枝上），用开水洗干净，再用开水泡软，猪苦胆头部用剪刀剪开，把红肿的脚趾头塞进去，用布包好，数日后肿消痛止，即可去掉。

韭菜汁治急性中耳炎　耳内剧痛，体温升高，听力减退，耳道充血，乳突触痛，此时用鲜韭菜 1 把，洗净捣烂取汁，滴入耳内，立即止痛。用 2~3 次可治愈。

人乳汁治雪盲　该病主要表现是双眼结膜充血水肿，灼热疼痛，畏光流泪，甚则视物模糊不清，视力下降。治疗方法：急用人乳汁点涂双眼，每天十数次，闭目静养休息，注意避免强光刺激，1~3 日后，可获满意疗效。预防方法，减少晴天雪地活动时间，或佩戴有色防护眼镜，保护视力，避免强光刺激。

艾灸治肩周炎　治疗方法，用制好的艾叶卷成枣核型的艾炷，然后从中间切成两半备用，在患侧肩部寻找压痛点，做记号。一般在肩部前后部有 3~7 个最敏感的压痛点；经常规消毒后，将备好的艾叶贴在穴位上，点燃后用嘴或气皮球吹至艾叶燃尽即可，隔日再灸一次，一般在治疗后 5 分钟内可感觉到疗效，治疗 2~5 次后可痊愈。艾灸治疗后 7 日内不宜着水，不食蒜和辣椒。适当功能锻炼，治疗 5~10 次后疼痛消失。

拔火罐　与"灸"有异曲同工之效，头痛脑热、胃胀及局部不适等，可用此法。患者平躺在床上，露出肚挤眼儿，拔火罐的人准备一个玻璃罐头瓶，瓶口上抹点清油，再拿点布头，穿在"麻钱"上当"捻子"，"捻子"上抹点油，如果没有"麻钱"可用面代替，晚饭做面条时，捏一个平底"麻钱"大小的碟子，碟子内放蘸油"捻子"。把"捻子"平置于相关穴位或患部，点燃后，罩圆口玻璃瓶子于其上，待热气充盈后，速扣而紧吸之，十多分钟后拔下（自一侧启而拔）。此法活络化滞，使之通畅而减轻病状，尤其对胃胀等，疗效明显。如患处化脓，"拔"之可将脓血吸出，促其愈合。

肚粪去毒 草原上受伤后，因交通不变，到医院救治困难，因此受伤后，取刚宰杀的羊肚中鲜粪，包在红肿淤血的伤口处，以解毒祛脓。一些坐月子时受寒的妇科病，也用羊肚热粪敷疗的方法祛寒拔毒。

关节复位 如关节脱落，则用力捏退，以复其原位，或骨折时，将骨茬捏对好，用酒喷伤口，再用备好的木板或木棍绑好，等伤处慢慢长好。

以震治震 草原上，骑马时不小心从马上掉下来，受伤以后，头晕疼痛，视物模糊，甚至昏迷不醒，一般都是脑震荡。发生脑震荡后，患者头疼欲裂，医院又远，为此，一般会请有经验的人进行治疗，让患者仰卧，双腿伸直，脚底用力蹬一块木板，治疗的人用锤子轻度捶击脚底木板 3~4 次，使脑复位；如果病情严重，在平地上挖一个浅坑，让伤者仰卧，身体呈放松状态，把后脑放入坑中，枕在坑内，治疗的人在坑旁用小石磨砸地，使脑部受震而还原；或者如果病情不是太严重，治疗时让患者紧咬一根平置的筷子，乘其不备，猛击露出在未伤大脑一侧的筷子，使脑震复位。以上方法一般患者进行一次治疗后可见疗效，如疗效不佳可重复治疗。无论何种震脑术治疗，结束后都要叮嘱患者仰卧静养数小时，避免剧烈活动及日光下暴晒。

马奶酒疗法 经发酵而成的马奶酒内酸性物质增加，蛋白质留存，维生素增加，一方面因乙酸具有杀菌作用，另一方面还有滋补功效，对治疗肺病、胃病、支气管炎和血脉硬化等病具有很好的疗效。

热牛皮治产后风 有的妇女生产完孩子得产后风，就用热牛皮治疗产后风，不能用羊皮代替牛皮。藏族民间宰杀一头牛后立即剥皮，在皮上喷几口白酒，趁热将产妇脱光放入其中，旁边用牛粪煨火取暖，等过四五个小时，将产妇取出，可以治愈。

羊皮热敷 得风湿症、跌打损伤、腰痛、湿气肿痛等疾病，或妇女有疾病等，用羊皮或山羊皮"拔"。羊皮疗法是指事先抓一只活羊备用，让患者脱掉上衣，坐在火炉边，然后速将羊杀死剥皮，在皮上撒少许胡椒面，喷几口白酒，趁热敷于病人脊背或前胸处，再披上羊毛毡，以火炉的热度使其大汗淋漓。四五个小时后取下皮子，可以将病毒拔除。本法治疗后，患者所发出的汗比较黏稠，奇臭无比，不能洗澡，只能用干布迅速抹干净，一星期以后才能洗澡，"拔"完之后患者会有一种非常轻松舒服、神清气爽的感觉。

酒糟治急性乳腺炎　产后患急性乳腺炎，加高烧，可用川贝、白芷各四钱，研成极细面，酒糟一两（酒量大的可多加），水煎服，服时加红糖适量，连渣一起服下可治愈。

大蒜汁治皮肤病　大蒜汁加冰片、熊胆，先将熊胆、冰片共研末，加入大蒜汁搅匀放置一天后使用，治疗各种皮肤病。

"打醋弹"　一种熏法治疗，在汉族、藏族及土族等中流行的习俗。到晚上后，从河滩里拣来三颗拳头大的鹅卵石，放进煤火或炭火中烧红，把柏香和艾叶放在盆里倒些开水，把烧红的石头放入盆中，形成蒸气时加入食醋，熏病人或一家老小。醋有杀灭病菌、病毒的功效，柏香和艾叶的烟也有杀菌、驱虫、去污和清新空气之效，亦可以防治感冒。

第五编

口承民俗

第一章　民间文学

　　口承民俗又称为民间文学或口碑文学，是民俗学研究的一个十分重要的领域。民间文学在创作上，采用叙事的手法，进行口头创作；在流传上，则用口耳相传或口传心授的方式；在题材的选择上，讲述和歌唱身边发生的生产与生活之事。由此，口承民俗是依靠口头和行为传承的，其有着集体性与变异性特点。在青海，以口承民俗相称的民间文学，其体裁有散文类的神话、民间传说、民间故事，韵文类的民间歌谣、英雄史诗、民间叙事诗和民间谚语、谜语、歇后语，散韵合璧类的有民间曲艺、民间小唱等。内容上展现了世居民族的社会生活、生产实践、传统习俗及民间信仰，体现了各民族的集体智慧、生活思想、审美情趣和审美心理，并凸显了各民族坚忍不拔、勤劳勇敢、淳朴善良、吃苦耐劳的民族性格和民族精神。

第一节　神话

一　自然神话

　　神人造天地　流传于互助地区土族。在互助县五十乡佑宁寺大经堂的墙壁上，有怪兽怀抱大地的图像，天地是由一位智慧神人和怪兽在混沌中创造的，神人让怪兽怀抱一把土形成大地，并用箭射穿不听话的怪兽，确定了大地的东、西、南、北、中五行方位。

女娲炼石补天　流传于平安地区。女娲和伏羲用东、南、西、北四海的彩石炼制出五色彩石补天上的大洞，用炼石的木炭灰补好大地的裂缝，用支锅的石头做了石夯，在昆仑山打出五个泉眼儿，南北泉水为长江与黄河的源头。大石夯后来在禹王治水时在当地挖出，挖出地点叫"突然庄"，后改为"土人庄"。

从前天空无太阳　流传于黄南地区藏族。从前的天空没有太阳，一片黑暗，人们自身可以发光，不种庄稼，只吃水上和地上的浮油、野生的"玛米劳道蒿"（玉米）以及"无籽果"。并且行动自由，随心而动，生活安乐太平。

日食和月食　流传于互助地区土族。主要讲述一个很任性的怪兽用身体遮挡太阳月亮形成日食和月食，并且挑衅智慧仙人，被智慧仙人追赶打得浑身是窟窿，无法遮挡太阳和月亮，但尾巴没有被打坏，所以现在的日食和月食是怪兽用尾巴遮挡形成的。

地震的缘由　流传于循化地区撒拉族。主要讲述地震的缘由，大海中有一头在大鱼背上的"耶尔斯合尔"（即黄牛），它的犄角顶世界，每一根毛管连着世界各地，地震就是因为管里的毛在颤抖，伴随着耶尔斯合尔的怒吼而发生的。

二　人文神话

镇服水魔勒瓦扎　流传于互助地区土族。当天和地初分开后，须弥山水魔勒瓦扎兴风作浪，使得须弥山不得安宁，智慧神人派大鹏神雕去警告无果后，亲自出马，化为大鹏神雕制伏水魔，从此世界稳固，人间留下念《大鹏经》祈求平安的习惯。

哈拉射日　流传于同仁地区藏族中。世界霸王哈拉，拥有百发百中的射箭技能，但经常射杀人类，莲花生大师见状后想拯救人类便与其打赌，若他射下天上的九个太阳便承认他是天下的射箭大王，否则要他发誓不再射杀人类。哈拉气喘吁吁地射下八个太阳，碎片落地生成山川河海。但莲花生大师将最后一个太阳藏在袈裟里，哈拉见状不得不认输，从此安守本分。莲花生大师将哈拉大拇指肉与人类胳肢窝肉交换，使之成为朋友，人类胳肢窝的汗毛就是哈拉的拇指肉，但人类后来忘了训诫，一直捕杀哈拉，哈拉忏悔求饶。

四季的起源 流传在泽库地区藏族中。从前大地没有春夏秋冬之分，庄稼丰收，粮食多得吃不完，人们用面团给小孩擦屁股，牧民用酥油泥锅台和牛羊圈，什巴老人（缔造万物的造物神）痛心人们不爱惜粮食，便把一年分为四季，庄稼半年生长半年休息，这样人们开始便爱惜有限的食物了。

阿丹的诞生 流传在同仁地区回族中。真主用土造化了阿丹圣人，并用阿丹圣人的左肋条造化了哈娃太太，给他们赋予了生命，让他们成为夫妻，在天堂逍遥自在地生活，但嘱咐二人不能吃美果树的美果。天堂之外的魔鬼易卜劣斯因嫉妒夫妇二人，设法陷害他们吃了美果，后来男人们的喉结就是阿丹圣人吃美果留下的，妇女的月经是哈娃太太 30 天才消化美果的原因。这件事被真主知道后就把夫妇二人惩罚到大地受苦，并且无法团聚。阿丹圣人日夜啼哭不已，后来真主的使者哲布拉伊告诉阿丹圣人，要他去尊敬、夸赞麦加地方的穆罕默德，阿丹答应后才与哈娃太太团聚，他们生了 56 个孩子，从此在世界上繁衍了人类。

狗、猴子和人 流传在同仁地区土族中。世界上仅有的猴子和狗交配生出猴子猴孙，有些猴子变成了人，成为人的祖先，狗衔来麦穗让人学会了种田吃饭。那时天气很冷，人们常睡在冰上过夜，所以女人的屁股和男人的膝盖至今还是冰冷的。

粮食的来历 流传在同仁地区土族中。世界上仅有的猴子和妖怪结为夫妻，生出许多孩子，猴子缺少吃的便向天神两次要来了"玛米劳道蒿"（玉米）以及麦子、青稞世代播种，经过很多年猴子也逐渐变成了人。

三岁尕娃种庄稼 流传于互助地区土族。一个三岁的尕娃为了生活，多次拜访石洞中的仙人爵勒丹迭，不惧危险与困难，最终得到种子，学会下平滩捉黄牛、驾铁犁耕田种地，丰收了青稞。三岁娃娃为了感激仙人每次吃饭喝酒都会蘸一下酒和饭对空弹三下，最终成为土族祭天神的敬酒礼仪。

人为啥每天吃三顿饭 流传于平安地区。玉皇大帝见世人天旱无雨，颗粒无收，下旨意叫人们一天吃一顿，三次打扮，派牛神下界传达，但牛神粗心大意传错话，说每天吃三顿饭，一次打扮。玉皇大帝一气之下踢掉牛神的门牙，从此牛神来到人间年年月月陪着庄稼人吃苦。

打五谷 流传于西宁地区。洪水过后世上荒芜一片，幸存的人们跟随人皇寻找五谷，五谷神灵乘机要挟人们要主管世界，随后便和人们动起武来，人皇带领的人因人多力大最终打败了五谷神，从此五谷服了人们管，庄稼茂盛，世界繁荣。

人的胫骨和肘骨 流传于格尔木地区蒙古族。最初的人类胫骨和肘骨是单层的，腿和手臂都很长，跑得很快，动物都快被猎杀完了，天神吉雅琦知道后，就把人的胫骨和肘骨切断弄成双层，人跑不快了，动物才得以生存至今。

第二节 民间传说

一 地方传说

青海湖

青海湖水、海心山和三岔石的传说 在共和地区藏族中流传。居住在青海湖畔草原上的老阿妈看到儿子回来，高兴得忘了盖上打水井盖，井里的水喷涌而出形成了青海湖。活佛马长普尔尖哲搬来印度的马哈代哇山头盖住井盖喷水，形成了现在的海心山。后来女妖想劈开井盖海心山，活佛马长普尔尖哲用三块大石镇压，留下了现在的三岔石。

　　青海湖水为啥是咸的传说　流传在共和地区藏族中。从前在青海湖地区，二郎神与大闹天宫的孙悟空大战，体力不支，便就地支锅烧水，刚在锅里放入一把青盐，就被孙悟空发现一脚踢翻了锅倒扣在地上，这锅盐水就变成了青海湖，锅成了海心山，支锅的三块石头就是现在的三岔石。

　　青海湖为啥又叫西海的传说　流传在共和地区藏族中。当年老龙王的四个儿子分家，可只有东南北三个方向有海，四儿子便在现在青海湖的地方自己挖了一个盆地，准备亲手造一个西海，各处的涌往盆地的水汇聚形成了今天的青海湖，又叫西海。而龙王四太子一直没挖掉的石山就是现在的三岔石。

　　日月山与倒淌河的来历　流传于湟源地区。文成公主进藏途中，为了解决青海湖畔人畜的饮水困难，将自己带来的日月宝镜变成日月山，阻挡东去的河流，让其向西流淌进青海湖畔造福牧民，这条河流就是倒淌河。

　　曲库湖　流传于同仁地区藏族中。草原上的人得了瘟疫，全身烂疮，无儿无女的丹珠老人发现自己的眼泪能治疮，于是哭瞎了眼睛为大家治病。后来丹珠老人不吃不喝九天九夜后归天，灵魂来到圣母面前求来了神水。在月宫仙蟆的提醒下自己变成了一只蛤蟆，随着雨水回到世间把神水吐在山谷间变成一汪大湖，治好了所有的人，这个大湖就叫作曲库湖。

　　仙女湖　流传于河南地区藏族中。方印度国王的儿子智美更登聪明善良，乐善好施，宫里的财宝还有妻子儿女甚至眼珠子都施给了穷人。国王知道后十分生气，把他发配去遥远的德日哈熊受苦。大梵天王得知后，十分同情他，就在现在仙女湖这个地方幻化了一座美丽的城池来款待更登，更登待了七天后谢绝了大梵天王幻化的仙女，接着上路去了德日哈熊，后来这里就留下了一个平静的仙女湖。

　　孟达天池　流传于循化地区撒拉族中。街子工的高力九侬（天池遗址的意思）天池清亮甘甜，因为一个没教养的媳妇在池子里洗了脏裤子而遭受到了践踏。当地的一有钱汉梦见天池变成一个白胡子爷爷向他借骡马搬家，说要把池子搬到四面环山的地方，就不会再被践踏。后来就有了孟达天池。

　　金羊岭与卧牛河　流传于乐都地区。一个穷人腊月三十晚上到城门等鸡叫，神仙如期而至给他指点生财之道，在他手心写了个字便走了。几天后穷人发现自己偷任何东西都不会被发现，便去偷银库。但百步之外显出原形被抓了，镇台叫人剁了他的手，并用柴火烧成了灰烬。就在这时手随烟飘走落在一块大石头上，镇台又叫人砸开石头，发现里面有个石蛋。镇台听谋士说每天在眼睛上擦一次，百日之后能见到地下宝藏。镇台照做之后真看见了地下宝藏，便邀一些人去找宝藏。次日他们在一座山下发现了金羊，卖了很多钱。又一日，他们在山下河边发现一头金牛，众人围住金牛用板撅朝着牛角狠狠打下去，金牛疼痛难忍大吼一声，四面的山全塌了下来，把所有人全埋在了山下。金羊岭和卧牛河便是由此得名的。

骆驼泉　流传于循化地区撒拉族中。居住在中亚撒马尔罕王国的撒拉族先人嘎勒莽、阿合莽两兄弟因为受不了统治者的迫害，便率领同族部分人牵上白骆驼，驮着《古兰经》和当地的一碗土、一壶水外出寻找新的乐土。他们经过新疆天山、嘉峪关、天水、甘谷进入宁夏，又辗转沿瀚海来到现今的贵德县地区，翻过孟达山到了奥土斯山时个个筋疲力尽，半夜骆驼也失踪了，众人四处寻找后发现骆驼恋卧在一眼清泉旁边石化了，两莽兄弟感谢骆驼一路陪伴，便取下《古兰经》祈祷。后来他们把带来的水土与泉水旁边的水土做比较发现基本相符，就感激真主帮助他们找到落脚的地方，从此定居该处，骆驼泉便由此而来。

阿拉腾布拉嘎泉　流传于乌兰地区蒙古族中。成吉思汗西征时在沙漠中干渴难耐，便在沙丘底下挖了个小洞，并在门口摆上自己的圣碗燃灯祈祷，金碗中就喷涌出了圣水给大家解渴。后来成吉思汗把圣碗藏在洞穴里，随着时间推移金碗涌出的圣水形成大湖并灌溉了这片草原，这个湖就叫阿拉腾布拉嘎泉。

积石山和孟达天池　流传于循化地区撒拉族中。有个叫阿力的魁梧汉子上山打柴，钻进一个山洞躲雨，恰好碰见一条黑蛇和白蛇打架，便救了白蛇。白蛇变成了一个美丽的姑娘，邀请他去见父母感谢救命之恩。父母见到阿力，为表示感谢献上金银珠宝，阿力听了白蛇的话，不要金银只要一只鸡。他们嘱咐阿力这只鸡抱在怀里能听懂它说的话，但不能告诉他人，不然就会变成一座山。阿力回家后，有一天听鸡说西边大山沟发洪水了，直冲着村庄来。阿力便急忙召村里人逃命，但村民都不愿离开自己的家，阿力为救村民便把鸡的实情告诉大家，自己抱着鸡变成了一座大山叫积石山。这时洪水来势汹汹淹没了村庄，白蛇姑娘的父亲施法在"神仙洞"中救了大家。49天后村庄被洪水漫得无影无踪，人们把洪水形成的这条河称为"黄河"。现在的孟达天池是白蛇姑娘知道阿力变成大山后哭泣的眼泪汇聚而成的。

阿尼玛卿雪山　流传于果洛地区藏族中。斯巴老神沃德巩甲派自己的第四个儿子玛卿邦热去安多地区消灭妖魔。玛卿邦热在安多尊老爱幼、团结百姓、为民除害，成为安多地区的首领。后来到了父子约定相聚的藏历羊马年，沃德巩甲和玛卿邦热及其家族相见后，又与百姓狂欢，有酒有肉，有歌有舞。但忽然间雷声大作，云雾四起，沃德巩甲和玛卿邦热及其家族都不见了，留下的白玉琼楼宝殿在云雾中升起变成了阿尼玛卿雪山。

罗斯图山的岩画　流传于乌兰地区蒙古族中。罗斯图山的骡子岩画，是当年哥可贝勒旗地方的人，用骡子驮甘珠尔山洞的108块为《甘珠尔经》石块到东南去的时候，骡子在半路跳起来渗到石壁中形成的。

昆仑彩石　流传于湟中地区。昆仑山下的石头哥独自抚养了六个兄弟，但六个兄弟长大后把他赶到了一个破窑洞。后来西王母的奶干女彩云仙女因石头哥的善良下凡嫁给了他，过着幸福的生活。六兄弟知道后十分嫉妒，逼迫石头哥说出了彩云仙女的秘密。彩云仙女因此泄漏天机被玉帝贬化成彩石落在凡间，后来就成了昆仑彩石。

老虎沟　流传于门源地区。海北州浩门镇老虎沟里的老虎和马为了争沟名而打起来，开始老虎打不过马，后来马的主人误以为是马的鬃毛和尾巴挡住了马的动作，就把它们都剪了，结果没有了鬃毛和尾巴保护的马败给了老虎，这条沟就叫老虎沟了。

放火台　流传于大通地区。老爷山上的四平台有一位生性凶狠的阮道士，一直欺负小道童清心。后来阮道士搞阴谋邪术想篡夺皇位，被杀头后，清心没有帮他安上第九次掉落在地的小面人的头，楼殿也燃起了大火，四平台烧成了灰烬。小道童在山下灵芝姑娘的帮助下逃到了外地。后来这个地方就叫作放火台。

白马寺 流传于互助地区。红崖山下骑着白马的将军变成了大石柱，替百姓阻挡了要崩塌的山崖，保住了村庄。人们为了感念将军，在淹没白马的地方修建了白马寺。

瞿昙寺 流传于乐都地区。明朝初年噶举派高僧三罗喇嘛，发现现在的瞿昙寺一带是好地方，就想在这里修建寺庙。在这里的密林修行的时候又发现一眼金龙变化的泉水，就在这个龙池上面修了大殿，作为皇帝的行宫，皇帝赐名隆国殿。后经几代皇帝不断修建，最终在永乐皇帝时期，寺院修成了北京故宫太和殿的样子。

民和县清真寺的匾 流传于民和地区回族中。康熙皇帝不相信大臣禀报的穆斯林民众谋反的奏折，便去微服私访。原来他们聚集一起是为了去清真寺听阿訇讲《古兰经》，回京后就赐了"穆民永乐"的金匾。自此以后，文武大臣再也不敢轻易乱奏穆斯林民众的事。

金脚寺 流传于民和地区回族中。明朝皇帝朱元璋因不懂当地礼拜清真寺的风俗，穿着鞋踏进了清真寺，被大臣常遇春阻拦后，就派人挖走了大殿地板上他的脚印，并用黄金镶了起来，"金脚寺"的名字也由此传开。

百思观城 流传于平安地区。很早以前在这个地方强盗横行霸道，百姓不得安宁，曾筑过三座城，但都没有修完。后来有一个官员向朝廷要银两，想筑城池把守边关，可因官员贪污钱财，被百姓告到朝廷，朝廷派人追查，这个官员吓得跳崖死了，后来这个地方就叫"逼死官"城。过了些年人们觉得不吉祥，遂改名为谐音"百思观"，就是现在的百思观城。

二 人物传说

尧访舜 流传于平安地区。尧帝梦见白胡子老汉告诉他快要归位，需找到舜来继位，百姓才不会受苦。尧帝就让儿子找到爱护畜生的庄稼人舜继承了王位。到了尧帝归天时，舜哭着长跪不起，人们就给了舜一根木棒支撑。人们给装尧王的箱子画满了龙凤图案，舜才止住了哭声。此后人们哭丧时都会拄着丧杖，棺材上会画上龙的习俗也流传至今。

宗喀巴降生地　流传于平安地区。阿尔吉山上有一对给百户放牛羊的老两口，他们总是在同一个地方找到逃跑的黄乳牛。黄乳牛第七次逃跑的时候，老两口就下决心搬到黄乳牛逃跑的那个地方住。当天晚上，黄乳牛下了牛犊，老阿奶也生下了孩子。这个孩子就是黄教的创始人宝贝佛宗喀巴。信仰者为了纪念这个地方，就修建了现在的湟中县的塔尔寺。

杜康酿酒　流传在平安地区。杜康在酿酒时受到上天神仙的指点，要用出门碰到的有气的东西来熬酒，于是杜康抓了秀才、疯子、老母猪熬在酒缸里，最终酿出美酒。后来人们饮酒时，刚开始相互客气，喝酒过多就疯癫，醉酒后就东倒西歪地滚在土里。

鲁班驮石头　流传于平安地区。有一妖婆在阿尼吉利山祸害百姓，用妖法掘开了山上的泉眼，引发了洪水。这时鲁班爷云游至此，便用一棵树削成了木毛驴驮来三峡巨石堵住泉眼。在回来的路上，鲁班爷遇到妖婆变成的"村姑"作怪，一把抓她去了天庭，玉皇大帝最终用妖婆的头堵了水眼，而当时洪水冲出的就是现在的三合沟。鲁班爷在平安三合村歇脚的地方现在修了"鲁班庙"。

赵巧送灯台　流传在互助地区。鲁班的徒弟赵巧，自以为聪明伶俐，学艺一年多就离开师父自立门户，后来看到帮鲁班爷干活的木头人想仿做，但一直苦于找不到鲁班爷让木头人动起来的窍门，找师娘询问无果后只能自己去问鲁班爷，鲁班暗示他"没量心"。后来鲁班让赵巧去给西方老佛爷送灯台，老佛爷见鲁班的灯台短了三尺，正如赵巧的身高，赵巧便被定住一直举灯照明，这就是"赵巧送登台，一去永不回"的说法。

阿弥陀佛　流传于互助地区。敦厚善良的阿弥，在生活中总是替别人考虑，经常吃亏受罚。后来到一个刚修建的寺院提水干活时，救出了佛祖所化的大肚乞丐女人，大和尚知道后责骂阿弥将这个女人驮出寺院。阿弥刚驮起这个女人，就突然出现红光，阿弥脚踩莲花驮着女人向西方腾云驾雾去了，所以也有了后来的阿弥"陀"佛。

十八罗汉 流传于湟源地区。王员外照顾自己的阿舅，一直到去世，阿舅感念外甥的赡养之恩，转世成为外甥家里的牛犊。后来王员外家来了十八个强盗，阿舅转世的牛犊用外甥和自己的故事感化了强盗，强盗们改邪归正去修仙，后来成为十八罗汉。

张良烧庙 流传于大通地区。汉朝张良辞官出家，最后坐化成仙，老百姓修建张良庙，并且传说掐张良腿上的肉可以禳灾消祸，张良得知后觉得害人害己，就想法子吓跑想掐肉的人，口吐仙火烧了庙。后来百姓重建了张良庙，但没人敢靠近张良像了。

巴青多杰 流传于循化地区藏族中。在拉浪修行的大喇嘛巴青多杰，十分心痛藏王朗达玛消灭佛法教规、逼迫喇嘛们叛教违规的行为。为了维护佛法，巴青多杰杀死了朗达玛。逃亡路上来到了循化县境内的"塔撒坡"，定居在山腰的山洞中，每天念经忏悔，泪流成池，最终修成正果，身体也溶化在洞中。此后泪池成为神池。每年藏历四月十六日，土族、藏族民众都会前来叩头祈祷。

固始汗战胜却图汗 流传于都兰地区蒙古族中。看不起黄教的却图汗在青海一带欺压百姓，制造社会混乱。为了制止他，第五世达赖喇嘛派遣使者去请卫拉特固始汗前来。固始汗在失败三次后得到一智叟的指点改变战术，最终战胜并带回了却图汗的头颅，在宴席上固始汗和却图汗的头颅对起了话。于是，"说起真事的时候，连尸首也会点头"的俗语就从这时开始了。

三 风俗传说

西宁人过黑十七 流传于西宁地区。主要讲述西宁黑十七耍社火的习俗。据说当时明朝的苎丝巷人丁旺盛，每年耍社火都要测字打虎，但有一只虎因为谜底是挖苦当时的开国皇后马娘娘专权，接连两天都没人敢说，正月十七才有人大喊出了谜底，这事被皇帝朱洪武得知，彻查未果，一怒之下把苎丝巷的男女老少都赶到了现在的西宁戍边。他们谨记历史的教训，便每年耍黑十七。

三十晚夕吃猪头　流传于平安地区，主要讲述两兄弟的故事，老大叫"胎里穷到老不富"，老二叫"命里有至今未来"。老大觉得自己会拖累弟弟就和老二分了家。分了家老大日子一直不好过，两位神仙有智和无智见他可怜就帮老大种了庄稼还提前丰收。后来这事被上天知道了，有智和无智又帮他躲过了上天的惩罚。上天无奈，就叫阎王爷想办法，阎王去勾魂的时候，有智和无智又告诉老大煮猪头肉。老大煮了肉让媳妇把"盐碗"拿下来蘸着吃，阎王听成把"阎王"拿下来蘸着吃就吓跑了。上天再也没法了，就放过了老大，老大日子也富起来了。从此以后，人们知道三十晚夕吃猪头能撵鬼转运，就一直保留了这个风俗。

祭灶　流传于门源地区。玉帝的小女儿看上凡间烧火帮灶的小伙，玉帝可怜女儿，就勉强封小伙为灶王的职位，小女儿为灶王娘娘。灶王娘娘知道人间疾苦，时常回娘家给人间带吃的，玉帝知道后就只准她腊月二十三回一次。第二年眼看要过年了，百姓连锅都揭不开，灶王娘娘便回娘家在天上每日做吃的，坚持到三十晚上带回凡间。人们在灶王娘娘归来时点起了火，放起了炮仗迎接。为了纪念贤惠善良的灶王娘娘，这种习俗便在民间流传下来了。

跳冒火与插杨柳　流传于门源地区。蒲州城的人在裤带上绣上了玉皇大帝像，引起了他的不满，派火神君去烧了蒲州城。但火神君经过一系列的查看，觉得是乱杀无辜，就没放火。天宫几次检查蒲州城，火神君就在十五这天让大家在门槛放火弄出烧城的假象，骗过了玉帝。后来天上一个神仙发现蒲州城完好无损，便禀告了玉帝，玉帝打算端午去查看，火神君知道后就让人们在门口插满杨柳，玉帝以为是荒草丛生又躲过了一劫。玉帝最终还是知道了真相，就杀了火神君。从此人们为了纪念火神君，就把这两个习俗保持了下来。

端阳节门上插杨柳 流传于互助地区。玉皇大帝听说世人心不善，便派太白金星下凡查看。太白金星下凡后就遇到了疼爱邻居孤儿的女人，便告诉她玉帝要降瘟疫惩罚坏人的事，让她五月初五在房檐插上杨柳条躲避瘟疫。后来这女子把这事告诉了亲戚朋友，家家房檐上就插起柳条来了。自此之后五月初五端阳节插柳条的习俗就保留了下来。

五月初五祭奠节 流传于循化地区藏族中。有个大魔王虐杀百姓，无恶不作。五月初五这天大魔王遇上欣木措吉老阿妈，老阿妈用自己的道理感化了魔王，魔王告诉她在门上插柳枝，在院里种柳树便不会有杀身之祸。老阿妈回去后告诉了全村人，就有了现在的习俗。但后来魔王见家家户户都这样做，就很怨恨老阿妈，派小妖杀了老阿妈。人们为了祭奠老阿妈，就在农历五月初五这天准备祭品，摆上祭台，向老阿妈献祭。

"六月会"跳神舞 流传于同仁地区藏族中。三十三天的阿修罗和天兵天将为了争夺长生不老的菩提树果而经常打架，金刚手菩萨让玉皇大帝请来十三战神打败了阿修罗。玉皇大帝举办宴会，请来十二位地母仙女，为十三战神表演了神舞。后来其中的一位战神到扎毛地区当保护神，把神舞传给了当地百姓，叫作"拉什则"。

神鼓舞 流传于同仁地区藏族中。羌族首领派去取经的人把泡湿的佛经放在石头上晾晒，结果佛经消失了。取经人大哭感动了菩萨，菩萨就告诉他将羊皮制成鼓，边击鼓边向神诉说，求神保佑，佛经就会出现。后来人们为了纪念菩萨的恩德，就在喜庆、祭神的日子边击鼓边唱歌，于是有了神鼓舞。

三川土族婚俗 流传于民和地区土族中。很早以前，土族人是女子娶男子，但干活干惯了的男子在女子家无所事事，就逃跑了。没办法，女方家就把女子送到男方家去了，但女子因为想家也常常跑回娘家。后来女方家为了让女子安心在男方家生儿育女，便给女子做了很多嫁妆留住她。所以现在土族的姑娘出嫁时，就留下了送陪嫁东西的习俗。

狗头帽 流传于门源地区。桂根老两口在60岁的时候才怀上孩子，后来恶毒的弟媳妇和巫婆串通，把刚出生的孩子说是怪胎扔到了狗棚，狗棚里的老母狗一直用自己的奶喂养孩子。后来真相大白,老两口为报答母狗的恩德,就给孩子做了"狗头帽",戴狗头帽的习俗也流传至今。

回族婚俗　流传于大通地区回族中。回族祖先阿丹和夏娃打赌没有配合也能生出孩子,阿丹就出走同夏娃分居。后来阿丹在沙漠里下遗精的地方出现了一个孩子什思,夏娃为了考验什思是否真心孝顺,便让什思去天堂摘果子治病,什思历经千辛万苦拿到果子感动了真主,真主便派了仙女装成的丑女给他做媳妇,阿丹和夏娃担心就趴在窗户偷看,结果发现丑陋的面貌是考验什思的诚心,现在的媳妇美如天仙。从那时起,穆斯林民众结婚时有了看窗的习俗。

蒙古人不独吃肩胛骨肉　流传于格尔木地区蒙古族中。古时候财主家的两个儿子带着金银珠宝去远方换粮食。兄弟二人在路上驮了一只羊当口粮,因为弟弟吃了肩胛骨肉没分给哥哥的原因,弟弟的马就死了。第二天他们分吃胛骨肉后一切平安,但把骨头留在原地,被路过的强盗拿去占卜发现他们的行踪,把他们的财物抢了个精光。自此之后,蒙古后人就不独吃肩胛骨肉,对外出的人也不再给羊前腿,吃过的骨头也要用火烧了丢弃。

端午节峡门花儿会　流传于民和地区。八哥儿和尕三妹一对情人唱花儿唱出了药水泉,后来药水泉被县官霸占干涸了。五月初五这天,一位老歌手做梦梦见八哥儿和尕三妹两人在峡门洒下了药水泉水,第二天果然在峡门发现了很多泉眼,人们起名叫乱泉滩。从这以后,每年端午花儿会就在这个地方举办了起来。

瞿昙寺"花儿会"的由来　流传于乐都地区。一伙土匪贼兵觊觎瞿昙寺的财物,周围的藏汉百姓便和他们打了起来,百姓们被困在了瞿昙寺中。后来就在六月十五上香的前一天晚上,百姓们跑到山头唱"花儿",吸引各路上香的人一起唱"花儿",假装是援兵来了,吓跑了土匪。第二天上香的日子寺门大开,香火旺盛,大家一起唱起了"花儿",从此瞿昙寺就留下了"花儿会"。

跳安昭舞降王蟒　流传在互助地区土族中。土族妇女为了杀掉为非作歹的王蟒，假装唱歌跳舞引诱王蟒，并假借给王蟒打扮的机会，用项圈困住了他，跳舞的妇女大喊安昭叫来众姐妹，把王蟒剁成了肉泥。后来带头的妇女成了女土司，就是有名的鲁氏太太，安昭舞和项圈也一直留到了现在。

同仁县的土族语言的来历　流传在同仁地区土族中。当时和汉族、藏族、蒙古族一起去学语言的土族代表，在半路睡了一觉没赶上学习，回来后只能从其他三个民族中各学一点，所以这里的土族语言中就混杂了各族语言。

蒙古族人学会砌炉灶　流传于德令哈地区蒙古族中。两个猎人发现狐狸洞，就在洞口点火，结果发现有两个洞口，一头点火一头烧，猎人本想用罗锅装满水堵住烧火的洞口。结果不一会儿水烧开了，就喝上了熬好的茶，从此蒙古族人就学会了砌炉灶。

四　史诗传说

少年英雄格萨尔　在玉树地区藏族中流传。格萨尔王生前是天神白梵天王的小儿子顿珠尕尔布，人间多灾多难时，众神一直推荐天王的小儿子到人间。小儿子变成一只美丽的鸟去人间查看之后，认为人间很好，便在天国死去投生去了人间。顿珠尕尔布下界投生到尕楂拉毛的肚子里，却被丈夫的第三个妻子那提闷和丈夫的弟弟晁同所迫害，被赶到小破帐篷里生下了孩子，名字叫觉如。觉如从霸占父亲财产的叔叔那里要来了山沟，并与邻国部落首领的大女儿珠毛结婚。结婚的第15天，觉如在岭国登基坐殿，成为黑头人类的大王，尊号称为世界雄狮格萨尔王，并且封珠毛为大王妃，后来又纳了12个王妃住在各自的帐房，珠毛娘娘和格萨尔王在大帐房发号施令。黑魔鲁赞抢走了格萨尔王的次妃梅萨，格萨尔王不顾珠毛王妃的阻挠，历经艰险和次妃梅萨一起降伏鲁赞，回到岭国过上了幸福生活。

龙女石崖山　在共和地区藏族中流传。龙女石崖山，又叫作周热鲁毛山，当年龙王的女儿雅尕泽丹在这里住过一段时间。这位龙女也是格萨尔王的母亲，据说人们到了这座山会瞬间不饥不渴，心生喜悦。

觉如脚印石　在尖扎地区藏族中流传。在尖扎县措周乡的一个黑石墩上，有小马驹蹄印和小孩子脚印，这是当年格萨尔王和他的神驹江果迫哇为了降伏石块底下害人的小妖魔所踩的。

岭国的赛马滩　在同仁地区藏族中流传。同仁县麻巴乡的底邦噶尔塘，是当年穷孩子觉如赛马夺魁、迎娶美人嘉洛森姜珠毛为妻、成为岭国万民敬仰的雄狮大王格萨尔王的地方。直到现在，这里还有赛马选英雄的习俗。

练臂石　在河南县藏族中流传。在河南县西南一条山沟里，有一块羊一般大小的石头，上面有像被人捏过的印痕，这块石头曾是格萨尔王练臂力的器具，后来格萨尔王追打害人的女妖魔到此地，顺手拿起这块练臂石，朝女妖魔砸去，女妖魔瞬间气绝。此后，当地牧民都会围着石头转三圈，表示敬仰之情。

格萨尔惩妖祭神　在共和地区藏族中流传。在共和县的玉塘卡有许多山石，山石上面有很多如缕如刻的图案，据说这些图案都是格萨尔王当年在这里大战绵羊妖玛毛卓姆时留下的脚印、长矛印、神犬蹄印，红如鲜血的石头是绵羊妖的血，白如油脂的是心脏上的油脂，都是献给土地神的祭品。

格萨尔王追杀玛毛妖　在泽库地区藏族中流传。格萨尔王在泽库追杀一个叫玛毛的妖怪，妖怪一路上扔掉了肚子、肺、心等，掉落的地方就以其命名，最终被打死的地方叫作玛毛龙洼。

珠牡泉　在囊谦地区藏族中流传。在囊谦县的肖垅沟中有一眼小泉，从石崖中喷出，这眼泉是格萨尔王的王妃珠牡为了帮助格萨尔王打败厉害的妖魔而幻化成的。

拴住太阳作战　在都兰地区蒙古族中流传。都兰县诺木洪憨岭的半山腰，有一个三人才能抱起来的铁桩，这个铁桩是格斯尔可汗和妖魔不分昼夜战斗，拴太阳留下的。

格斯尔镇泉　在乌兰地区蒙古族中流传。格斯尔可汗在乌兰参村陶力高山上和恶魔交战，用力过猛把高山拦腰踹断，恶魔捅开的泉眼喷起大水，危害牧民，格斯尔可汗就用踹断的半截高山镇住了洪水。

格斯尔的棋盘　在乌兰地区蒙古族中流传。乌兰县牦牛山谷的路右侧有一座平顶山，是当年格斯尔可汗和兄长扎萨希柯尔将军谈论阵式、摆布兵法的棋盘。

格斯尔谕封圣禁山　在都兰地区蒙古族中流传。格尔木市西南角的群山，是因格斯尔可汗和恶魔在此战斗长达 20 年，其间一直吃着山里的野果维持生活，所以格斯尔可汗给这座山下令可以显威给侵犯的恶魔，从此就得了圣禁山之名。

格斯尔的白山羊　在乌兰地区蒙古族中流传。在乌兰县的嘎逊河岸的石壁上有一块白山羊的化石，这只白山羊原属于格斯尔可汗的，为了不被魔鬼所食而变成了石头羊。

格斯尔剑削平顶山　在乌兰地区蒙古族中流传。青海有很多的平顶山，那都是格斯尔可汗为了寻找自己的骆驼群，把看起来像驼峰的山用利剑削出来的。

彩色火石山的来由　在乌兰地区蒙古族中流传。青藏公路两边的黑石山、红石山、白石山，都是当年格斯尔可汗用身上的黑火石镇压恶魔变成的。

格斯尔的宝库山　在乌兰地区蒙古族中流传。在乌兰县的白音高勒河东岸，有一座雄伟的宝库山。很久以前一个放羊的老人在山上发现一个山洞，后来说这个山洞是格斯尔可汗的仓库，存放了他的刀枪、器具和用具。

"石抛儿"打下的妖血坡　在乌兰地区蒙古族中流传。在通往都兰县的路旁，有一座山腰渗透出一道道鲜血般的石山，这是被格斯尔可汗用"石抛儿"打伤害人老妖婆脊背流出的鲜血变成的。

冰雹消灭黑帐王　在乌兰地区蒙古族中流传。在乌兰县的尕顺河滩上，有又圆又黑的冰雹石，据说是格斯尔可汗为了消灭黑帐可汗的黑色军团念咒降下来的，每块冰雹石上面的痕迹是敌军的血迹。

格萨尔在南门峡　在互助地区土族中流传。南门峡地区有蓝天门、铁绳槽、盔甲沟、火烧沟等遗迹，都是格萨尔王战斗和休息过的地方。

高赛尔射蟒　在循化地区撒拉族中流传。在孟达乡的黄河峡谷之间的石崖上，有一道红红的石崖层，这是骑着大马的高赛尔射杀了吃人的巨蟒留下的，红色的石崖就是蟒蛇的血染成的。

第三节　民间故事

一　动物故事

锅漏　在乐都地区流传。老虎去偷羊时，被老两口所说的"锅漏"的怪物吓跑了，逃跑的时候误把去偷羊的贼当成了厉害的"锅漏"，贼被老虎吓得跳到了树上。猴子知道后打算和老虎一起去看怪物，结果猴子被贼吓出来的屎尿辣了眼睛，老虎一害怕就咬着猴子一路逃跑，停下来才发现猴子被拖死了，只剩下骨架。

实杆儿　在平安地区流传。老虎误以为老阿奶哄娃娃的时候说的"实杆儿"比自己还厉害，就吓得逃跑了，狐狸知道后假说自己是实杆儿并住进了老虎洞，当起了虎王，使唤老虎，后来老虎们不堪压迫就壮起胆子去对付"实杆儿"，狐狸就这样在洞口被打死了。

老虎和公羊　在湟源地区流传。老财主养的公羊怕被宰杀就逃跑了，路上遇到老虎，假说自己吃过老虎吓跑了它，猴子知道后就和老虎把尾巴拴在桃木棍上一起去找公羊，公羊又用同样的话吓唬老虎，老虎害怕，拉着猴子就跑，结果一路上猴子的毛都被磨光了。

猫和老虎原为一家　在互助地区土族中流传。猫和老虎曾经是一家子，后来猫去人的家里借火，看到人家里的生活十分舒服就想留在人的家里，老虎不同意，猫就骗老虎说教你上树的本领，但却没教给老虎下树的方法，猫便乘机跑去了人家，老虎摔下来挫伤了颈骨，从此以后老虎不敢再上树了。

黑心眼儿的狐狸　在乌兰地区蒙古族中流传。牧民搬家时扔下的老乳牛生了小牛犊，老虎把老乳牛吃了，抚养小牛犊，牛犊和虎崽一直在一起玩耍。牛犊和虎崽长大后各自为生，相安无事，可是坏心眼的狐狸故意挑拨它俩互相残杀，自己坐收渔翁之利。后来狐狸在抽筋的时候却被老虎和牦牛的尸体给压死了。

老虎和松鼠 在大通地区回族中流传。森林里的老虎认为小松鼠这样的小动物不能帮他忙。后来老虎被猎人下的扣子倒挂了起来，小松鼠啃断了绳子救了老虎，自此之后老虎再也不自吹大王，小看小动物了。

狼和骏马 在乐都地区的藏族中流传。大灰狼寻找食物，分别遇到陷在泥地的三只小羊、三头小牛犊和一匹骏马。小羊和牛犊都推荐它吃其他的猎物，只有骏马骗狼把自己从泥地里挖出来还给它洗了澡，并谎称自己后蹄上有超度亡魂的经文，在狼看经文的时候，使劲踢了狼一蹄子后逃跑了。

狼和狐狸 在循化地区撒拉族中流传。有个货郎在山上碰到狼和狐狸，害怕得爬上了树。狼和狐狸没见过人，打算去试试虚实，它们把自己绑在一根绳子上，以拽绳子为信号，狐狸爬上树去追人，可因绳子不够长拽到了绳子，狼以为狐狸让他逃跑，就猛拉绳子开始跑，结果把狐狸摔死了。后来狐狸的子孙以为狼陷害了狐狸，从此结了仇。

狐狸称王 在贵德地区藏族中流传。狐狸外出寻食掉进了染缸，醒来后全身变成了黄色。狐狸便乘机假装自己是帝释天王派来的兽王。刚开始大伙儿都簇拥着它，但它一直欺凌别的狐狸，后来狐狸们联合揭穿了它，大象知道后生气地把狐狸摔了个粉身碎骨。

猫儿的来历 在平安地区流传。玉皇大帝为了降伏危害人间的老鼠，就派身边的猫三神仙下凡，但猫三神仙不听玉帝的话，不吃老鼠只吃白面，就成了磨老鼠。后来又派了猫大神仙下凡，但它作威作福还是不吃老鼠，变成了老虎。最后玉皇大帝又派心爱的猫二神仙下凡，捉了老鼠解决了鼠患，所以猫儿就是从这里来的。

毛老鹰抓小鸡的由来 在平安地区流传。韩湘子修仙得道，带家人到天宫的时候，将特别贪财、一直牵挂没带上小鸡的婶子作法变成了毛老鹰，从此就有了毛老鹰抓小鸡的事。

苍蝇搓手 在乐都地区流传。王宝和妻子好吃懒做，怕弟弟王华拖累，就把弟弟赶出了家。王华遇到好心人程四，给他送了斧头和扁担，去山上打柴度日。在山上王华见石狮子可怜，便一直把自己的食物分给石狮子，石狮子感恩，让王华搓了麻绳去取用不完的钱。王华后来娶了员外之女玫瑰并且考了官。兄嫂二人知道王华的事情后，也去供奉石狮子，搓了两大捆麻绳去要钱，石狮子大怒，把二人撞下山变成了两只苍蝇，苍蝇搓手就是夫妇俩搓麻绳留下的。

猴子和鱼 在循化地区撒拉族中流传。有一天，猴子救了搁浅的小鱼，鱼便邀请猴子到龙宫玩，玩的时间久了，猴子想上岸，可鱼听到吃了猴子的心可以长寿，便起了歹心，挽留猴子说龙婆病了，要用他的心做药引子。猴子觉得事情不对，便说猴子的心都挂在树上，让鱼和它一起上岸去取，上岸的时候猴子就把贪心的鱼扔在了沙滩上。

猴子和兔子的坏主意 在循化地区撒拉族中流传。猴子、兔子、狐狸本是好友，猴子和兔子为了看狐狸出洋相，就告诉狐狸用它的尾巴和马尾巴绑在一起吃马的后腿肉最方便，狐狸照做，结果马被惊，拖着狐狸四处乱跑，然后兔子就笑得嘴豁了。猴子为了看洋相爬上树，没想到把屁股给擦红了，狐狸被马拖得满身是土，便成灰毛色了。

三个好朋友 在同仁地区藏族中流传。猴子、兔子、狐狸是好朋友，它们看到牧场的牧民享受着羊肉、酥油奶茶，便也想尝尝。于是兔子让猴子骑着狐狸假装骑马的将军去讨要食物。猴子怕掉下来便在屁股下涂抹了胶就出发了。到了牧民家，他们得寸进尺惹怒了牧民，牧民便放狗咬它们，狐狸和猴子起身逃跑时栽倒在地，猴子屁股扯下了一块毛皮，屁股血肉模糊，狐狸身上毛皮褪不去，时间长了发臭，兔子幸灾乐祸地笑成了三瓣嘴。

新兽王 在互助地区土族中流传。在山上一只放生的老山羊悠然自得，遇到了老虎，便故意说自己昨天吃了八只老虎，今天还要吃一群羊。老虎一听吓得趴在地上，认了新兽王。山羊便骑着老虎到处跑，但彼此都十分忐恧。后来兔子知道后就和老虎把尾巴拴在一起去找新兽王，结果老山羊用同样的方法吓跑了老虎，兔子被老虎拖得半死不活，嘴也被割成了豁豁嘴。

两只老鼠 在共和地区藏族中流传。两只老鼠每日靠挖蕨麻为生，吃不完的就在外面晒，王宫里的大象跑去用舌头一舔就舔没了，老鼠到王宫理论没人管，便想办法钻到大象身子里，咬大象的心头肉，大象一疼撞毁了宫殿，最后撞倒了树被压死了。后来国王知道后想让小老鼠帮他在与邻国的战争中取胜，小老鼠便召集所有的老鼠把邻国仓库的兵器全咬坏了，邻国国王就这样被吓得退了兵。两只小老鼠立了大功，被请进了宫殿享福。

飞禽可汗和乌鸦 在乌兰地区蒙古族中流传。飞禽可汗的妃子要求可汗将所有飞禽的羽毛拔来，给她铺着睡觉。飞禽可汗便下了圣旨传召所有的鸟儿，可乌鸦迟了三天才来。可汗生气地质问乌鸦，乌鸦说它遇到了两大难题就耽误了。一个难题是世间究竟白天多还是黑夜多，另一个问题是世间男人多还是女人多。乌鸦依次回答，第一个问题是黑夜多，因为阴天也算作了黑夜，第二个问题是女人多，因为掉进女人话堆的男人也算作了女人。飞禽可汗听完后明白乌鸦暗指他成了老婆的传声可汗，就下令放走了所有的鸟儿。

想吃太阳的鸠 在互助地区土族中流传。以前乌鸦的羽毛是白色的，鸠还是鸟王，猫头鹰白天也会出来活动。有一天，野心很大的鸠因为万物都崇拜太阳而愤愤不平，便和乌鸦与猫头鹰商量去吃掉太阳。第二天他们飞去太阳住的地方，路上猫头鹰因为肚子疼就停下拉肚子去了，鸠刚要吃太阳时被太阳的万道强光烧成了灰，乌鸦刚到门口见到该场景就转身逃跑，但还是被烧焦了羽毛，变成了黑乌鸦。再说猫头鹰半路逃跑羞愧难当，所以躲进了洞里不敢见太阳，只敢晚上活动。鸠死后，凤凰才当选了鸟王，直至今天。

鸽子、沙鸡和雪鸡 在贵南地区藏族中流传。鸽子、沙鸡、雪鸡是住在一起的好朋友，有一天，鸽子叫沙鸡做证人，借了雪鸡 16 颗粮食并说好第二年还，可鸽子一直不还，证人沙鸡也爱理不理。从此以后，雪鸡就不停地讨债，鸽子就一直不还，沙鸡一直不耐烦。所以直到现在鸽子还在叫"霍格姆得（就不还）"，沙鸡叫的时候说"达直格（行了）"，雪鸡在叫的时候说"居周（十六）"。

啄木鸟的花羽毛 在贵南地区藏族中流传。百鸟大王大鹏召开百鸟大会，所有的鸟儿都到齐了，只有啄木鸟没来。大鹏下令去捉拿啄木鸟，众鸟找到它后就拔光了啄木鸟原本雪白的羽毛，痛打了一顿带去见大鹏。大鹏问它不来的原因，啄木鸟连忙撒谎说自己是思考白天多还是黑夜多、男人多还是女人多的问题才耽误了。大鹏觉得有趣便追问，啄木鸟回答说太阳像月亮一样，所以白天多；有些男人像女人一样，所以女人多。大鹏听了十分赞同就拔了自己的羽毛插在了啄木鸟的头上，还命令所有的鸟儿都拔下一根羽毛栽到啄木鸟身上，就这样啄木鸟有了一身漂亮的羽毛。

白头雀 在乌兰地区蒙古族中流传。美丽的小雀一心想学一门技艺，跟着喜鹊学打窝，几天后觉得厌烦便不学了；跟着山雀学唱歌，过了几天觉得练嗓子没意思又不学了；后来还跟着鸿雁学飞的本事，跟着雄鹰学捕猎都没学会。小雀什么都想学，又不能一心一意，所以一直到头发白了，也什么技艺都没学会。从此以后，小雀就把自己头上的白毛留给后代，希望它们吸取教训，要专心好学。

乌鸦并不美丽 在互助地区土族中流传。布谷鸟和黑乌鸦是好朋友，勤劳美丽的布谷鸟走到哪里都很受欢迎，而懒惰成性的黑乌鸦走到哪里都不受欢迎。初春的一天，乌鸦想办法灌醉了布谷鸟，脱下它美丽的衣服穿在自己身上去炫耀，结果鸟儿们看见后依旧冷言冷语，说它是偷衣服的讨厌鬼，乌鸦只好永远孤独。而被偷了衣服的布谷鸟就一直叫"却华哈什加（土语，丢掉了）！长谷！长谷！"所以农民每年这时候都很同情布谷鸟，听到它的叫声就开始播种，想秋收打粮给它买件衣服。直到现在，土族地区仍流传着布谷鸟一叫，春耕就开始了。

居功自傲的哈尔傍 在同仁地区藏族中流传。哈尔傍（牛虻）、老虎、蜘蛛是三兄弟。后来老虎仗着力气大逐渐骄傲起来，欺负哈尔傍和蜘蛛，哈尔傍气不过，就利用自己的体型把老虎赶下悬崖摔死了。十分得意的哈尔傍以为它是森林里的英雄，恰巧蜘蛛织的网挡住它的去路，哈尔傍却不听蜘蛛的劝告想冲破织网，谁知却被牢牢粘在网上了，蜘蛛见状便过去咬死了它。

二　幻想故事

阿腾其根马生宝　在循化地区撒拉族中流传。一匹白骒马生了个尕娃叫阿腾其根马生宝。尕娃长大后想去找弟兄，找了石头和木头两个人，三人结拜为兄弟。后来三人分别娶了三只鸽子变成的阿娜，日子过得越来越好。可是其他两个兄弟一直嫉妒马生宝的武艺高强，就想除掉马生宝，霸占他最美丽的阿娜。有一天三个媳妇不小心弄灭了灶火，出门借火引来了吃人婆九头妖魔，三个阿娜每天被吃人婆吸血变得面黄肌瘦。三兄弟发现异常后，马生宝躲起来砍掉了吃人婆的七个头。吃人婆抓走了马生宝的阿娜，马生宝去吃人婆的洞里救出了阿娜，自己却被两个兄弟丢在了洞里。马生宝在洞里救出了被蛇威胁的小鹰，骑在老鹰背上为老鹰打了100只麻雀回到了家。回家后看到自己的阿娜被哥哥嫂嫂欺负，就回去射死了两个背信弃义的阿哥，吓跑了嫂子，从此和阿娜团圆了。

青蛙儿子　在循化地区撒拉族中流传。没儿没女的老阿奶大拇指肿痛不已，有一天切菜割破大拇指后跳出了一只青蛙。青蛙说是阿奶的儿子，还帮着阿奶送饭，帮着阿爷犁地，老两口和青蛙儿子一直过得很好。后来青蛙儿子给自己求来了隔壁村庄的阿娜当媳妇，每天晚上脱下蛙衣变成英俊的小伙子，还生了一对孪生兄妹。有天媳妇悄悄烧了青蛙儿子的蛙衣，从此，青蛙成了英俊的男人，一家人幸福地生活了一辈子。

龙蛙女儿当媳妇　在互助地区土族中流传。小奶奶嫉恨大奶奶的儿子，总是刁难他，还想找机会杀了他，一直没有得手。有一天大儿子在河边牧羊，看见两只青蛙在打架就分开了它们，后来青蛙的哥哥为了报恩找到大儿子，带着他去了河里的宫殿。大儿子在宫殿带回了一只鸡，这只鸡一直帮助他解决小奶奶和父亲的难题。小儿子按着鸡给他出的好主意，骗说小奶奶和父亲自己从河里带来了银子和金子，小奶奶和丈夫见钱眼开，就这样跳进河里去了地狱。大儿子回家后一如往常照顾着读书的小儿子，还发现这只鸡原来是龙蛙家的女儿，最终变成了美丽的阿姑，和大儿子成了亲过上了美满幸福的生活。

大蟒的金角　在湟中地区回族中流传。老两口的儿子在山里捡了条小蛇饲养，老两口发现后要儿子扔掉小蛇，尕娃只好把小蛇放到了山里，每隔几天就给它吃的。后来小蛇长成了大蟒，为了感念尕娃的饲养之恩，就把自己能救活万物的金角给了尕娃。尕娃拿着金角救活了蜜蜂、麻雀、喜鹊和蚂蚁，还救活了一个没有了心肝和肋巴的人，并用柳条做了肋巴，用泥捏了心肝给他。后来这个人知道尕娃有金角，就和尕娃结拜为兄弟，打算一起去京城献宝。在路上这个人杀了尕娃独吞金角，在京城当了大官。尕娃掉下悬崖，所幸挂在了树上，并被拾柴的老汉救了起来。尕娃伤好后追到京城才发现那个人当了大官不认他，还把他关进了大牢想饿死他。尕娃之前救过的麻雀和蜜蜂、蚂蚁和喜鹊都赶来报恩，想办法帮助尕娃成了皇上的驸马。成为驸马后尕娃把一切都告诉了皇上，证明那个人柳条做的肋巴和泥捏的心肝，皇上便下令斩了这个人，尕娃也回到家乡过上了好日子。

吃人婆的故事　在循化地区回族中流传。吃人婆在路上吃掉了回娘家的媳妇，又装扮成媳妇的样子想去家里吃掉她的三个女儿。大姑娘发现她是吃人婆就不开门，二姑娘也不开，三姑娘年纪小就被吃人婆骗得伸了指头给她。吃人婆一口咬出三姑娘的指头，两个姐姐没办法就开了门把吃人婆请进来了。晚上睡觉的时候吃人婆就假装吃饭喝水吃掉了三姑娘，两个姐姐知道吃人婆的真相就假装说要解手，想办法逃了出去爬到了树上。吃人婆追到树底下想上树吃两个姐姐，两个姐姐就想办法摔死了吃人婆，尸体变成一大堆红玛瑙。后来过路的一个货郎捡了这些红玛瑙，红玛瑙在路上变成了七个小人想要烤了货郎，货郎趁看守他的小人是瞎子就割下衣服逃跑了，其余六个小人发现后就烧了瞎子，烧着烧着六个小人又变成了吃人婆。吃人婆追到了货郎家，想住在那里天天吃人，货郎庄子上的白胡子老汉出了个主意。一天货郎假装没煨炕，让吃人婆睡到暖和的铁锅里，然后叫来村里的小伙压住了锅盖，在铁锅底下烧了一夜的火烧死了吃人婆。后来有人把吃人婆的灰捧起来埋在了院子里的角落，从此院子里的角落就都长着吃人婆变成的荨麻。

朵得日姬阿娜月亮　在循化地区撒拉族中流传。朵得日姬的阿妈去山上给她带回了一只可爱的猫，从此她和猫弟弟形影不离。有一天阿妈上山砍柴被吃人的"莽斯罕尔"变成的老太婆吃了。莽斯罕尔穿上她的衣服假装成阿妈来家里吃阿娜，猫弟弟发现不是阿妈以后，就出主意拿着一葫芦水、一把木梳和一块豆腐石头与阿娜从后门跑了出去。一路上莽斯罕尔被他俩变出的大河、森林还有山峰阻挠，但还是追上了阿娜和猫。最后阿娜就向月亮祈祷并抓住降下的绳子往月亮去，莽斯罕尔也学着祈祷，结果绳子断了摔死在了石峰上。从此阿娜和猫就生活在月亮里了。

赛拉措与额拉措　在贵德地区藏族中流传。两个公主赛拉措与额拉措的母后去世后，国王就去了九层宫殿闭关三年。王宫里的女佣桑日尕姆就逐渐当起了主人使唤两个公主。一日三人去打水，桑日尕姆就换上公主的装扮去问牧民，结果牧民们依旧说公主漂亮，她丑。生气的桑日尕姆就使计把大公主赛拉错推进了湖里。沉到水底龙宫的赛拉错总是趁着妹妹来放羊和她相见，女佣知道后又假装成妹妹骗出赛拉错砍了她的头。直到国王闭关出来，小公主告诉了他一切，国王想法埋了桑日尕姆，用神药救回了头被砍成两半的大公主，从此父女三人过上了幸福的生活。

学艺归来　在互助地区土族中流传。老两口的三个儿子长大成人以后，就各自拿着100两银子去外面学手艺挣钱。三年后，老大学了工匠挣了钱，老二学做买卖也挣了不少钱，老三却学了弹三弦花光了盘缠。回到家后，老三被家里人嫌弃，就走到湖边打算自尽，但当他弹起三弦来的时候，却被湖神一家听到了，请到了家里做客。湖神奶奶和爷爷很同情小伙子，就招待他三天三夜，老三走时还依着湖神三姐的意思要走了琉璃宝瓶。后来老三知道宝瓶里是三姐，三姐在一夜之间盖了新庄廓，二人结为夫妻过起了好日子。后来老三不仅请来了哥哥做客，还赡养了被好吃懒做的嫂嫂们气走的两位老人，一家子过着幸福的生活。

九兄弟　在格尔木地区蒙古族中流传。宝尔哈图山的金格丽老额吉生了九个玻璃蛋，蛋里钻出了九个儿子。九个儿子长大后，老额吉就让他们去了九个方向学会了九种本领。老额吉去世后，儿子们发现老额吉的天书写着天帝的公主被魔鸟大鹏掳走的事情。九个儿子便各显神通救出了公主，天帝为了酬劳他们的功绩，就赐给他们"达拉其德克（军中官衔）"的称号，九兄弟此后就下凡人间，为百姓除害。

小儿子的故事　在德令哈地区蒙古族中流传。富裕人家的小儿子在要娶亲的时候遇到了大灾，家道中落，父母就给了小儿子三个金币去买点东西。小儿子用三枚金币救了快要被杀的黄狗、小花猫和一条白蛇，结果白蛇是龙王的儿子，龙王为了答谢小儿子给了银制的护身符。小儿子回家后用银制的护身符建造了水晶宫殿，娶到了巴彦呼德尔汗的公主过着好日子。但有一天护身符被妖婆偷走了，黄狗和小花猫为了报答小儿子，历尽千辛万苦拿回了护身符，从此小两口一直过着富足的日子。

鹿的女儿　在天峻地区藏族中流传。国王的守卫因为看守的花园被猪拱了，就出去追猪。路上遇到了一位被修行人收养的母鹿的美丽姑娘。守卫为了减轻处罚就带着国王去见了这位姑娘，姑娘被国王硬带回了宫当了王妃。王后角毛昂贝百般虐待姑娘，抢走了姑娘的护身符还诬陷姑娘是妖女，姑娘被国王赶出了宫。三个月后国王派人查看姑娘的情况，发现姑娘生活得很好就快马去找了姑娘，姑娘说出了一切真相，国王羞愧难当请回了王妃，挖掉了角毛昂贝的双眼。

拉月和仁措　在同仁地区土族中流传。拉月和仁措是一对情人，可是他们的父母不同意二人成为夫妻，并各自娶了媳妇嫁了汉。拉月抑郁，得了相思病去世了，在火化的那天，仁措也走上火堆和拉月一起被烧成了灰。二人火化的地方长出了两颗连根树，他们的父母见状十分气愤，就把树砍倒扔在了河里。后来拉月和仁措伤心欲绝，就决定变成太阳和月亮，从此每月见一次，永远成为夫妻。

老虎报恩　在平安地区藏族中流传。有个男孩上山打柴救了一只夹在树杈上的老虎，老虎感念恩德不断给他娘俩叼来牛羊。有一天，老虎听到阿妈说想给儿子找个媳妇，就叼来了国王的公主给儿子当媳妇。后来国王发现公主失踪全城搜捕，最后把这位男孩关进了死牢。老虎得知后又设法救出了男孩，国王见他有治虎的本事，便把公主嫁给了他，从此一家人过着幸福的生活。

羔皮姑娘　在德令哈地区蒙古族中流传。一个家境窘迫的小伙子养了七匹青色马，有一天七匹马都被狼咬死了，小伙子伤心之余打算杀掉饿狼为马报仇。恶狼还没找到却路遇一白胡子老头，老头告诉小伙子他是龙王使者，龙王为逃脱罪责，杀了他的的马献给了天王，今派他来接小伙子去龙宫做客以示感谢。小伙子去了龙宫并依照老头的忠告，舍弃金银拿了一块羔皮。后来羔皮变成了美丽勤劳的姑娘嫁给了他，却不幸被可汗相中，欲纳其为妃，最后小伙子和羔皮姑娘运用智慧斗败了可汗，过上了幸福的生活。

塞孔与莫孔　在互助地区土族中流传。主张为人行善的塞孔和主张为人作恶的莫孔，各执己见，互不相让，决定让一路人做评判，输者挖掉眼睛，扔进深水池。不料路人也是个坏人，主张作恶，于是塞孔被挖了眼睛，扔进了水里。但天道酬善，塞孔被一驮水的人所救，并让其在一座破庙安身。有一天晚上，有三个动物跑进了破庙，谈话间泄露天机，塞孔依这听来的秘密，解决了所有的难题，过上了幸福生活。莫孔见此向塞孔讨教缘由，也想依此效仿发财，结果却成为三个动物的腹中餐。

熊人丈夫　在乐都地区流传。森林里的熊人抢了一户人家的姑娘去了山洞，一年后生了孩子叫毛娃。后来姑娘通过哈巴狗给父母递血书逃回了家，此后太阳落山的时候都能听到熊人丈夫的悲哀叫声。

黑黑和白白　在互助地区流传。员外有两个女儿，一个是娇生惯养嫁了财主少爷的白白，一个是从小被使唤嫁了强壮羊倌的黑黑。员外去世后，懒惰的白白两口就把勤劳的黑黑两口赶到了荒地上住破窑洞，黑黑两口因为有条大黄狗能犁地，过着富足的生活。白白两口听闻，借去大黄狗仿照，但黄狗不依他们，他们就狠心吊死了黄狗。黑黑埋了黄狗，后来埋黄狗的地方长出了摇钱树，白白两口也去要钱还毁了树。黑黑用树干做了洗衣棒槌，结果棒槌也成了宝物，但白白两口要去却用不了，他们一气之下想烧了棒槌，却把自己和家产全部烧掉了。

金葫芦　在乐都地区流传。穷娃弟弟被富娃哥哥和嫂子赶出家，得到了一个要啥有啥的金葫芦，哥哥富娃知道后骗去了金葫芦，并要了楼房、金子、银子等，但因贪心，富娃两口被要来的金银堵住了门口无法出去，一气之下他俩就砸了金葫芦，结果金葫芦蹦出一只老虎吃掉了富娃两口子。

想长和想短　在湟中地区流传。同父异母的想长和想短兄弟俩，因念不好书就去外面做买卖，想短在赌场里输光了本钱，想长却遇到好买卖挣了钱。想长在带着弟弟回家的路上，被弟弟骗到井里霸占了钱财。想长在井里得到了金娃娃，还听了神仙的话解决了刘员外的难题，娶了刘员外的女儿过着好日子。后母和弟弟败光家产乞讨时遇到想长，得知他的经历后也想去井里找金娃娃，结果被神仙填了井埋了想短，后母自己也气死了。

王恩和付义　在门源地区流传。付义两口子赚了钱想认一位老母亲一起享受天伦之乐，他俩在途中救了小鱼和蜜蜂，并且找到王恩娘俩认作母亲和弟弟一起带回了家。但王恩娘俩在付义家好吃懒做，看上付义的媳妇后就设计陷害付义掉下悬崖。付义之前救过的小鱼即龙王三太子因报恩搭救了他，蜜蜂也为了报恩告诉了他真相，付义安全回家后真相大白，王恩母子只好捂脸离开了。

仓琅琅钥匙　在湟中地区回族中流传。有小两口都叫仓琅琅钥匙，丈夫外出，婆婆公公和嫂子一起虐待仓琅琅钥匙，让她穿得破破烂烂回娘家，苦命的媳妇在路上遇到了自己的丈夫回到了家，并把婆婆公公变老驴和狗，嫂子也被变成了一双破鞋，心疼她的小姑和小叔成了人见人爱的花和沙燕，夫妻俩跳进水潭变成了莲花。

登登玛秀　在互助地区土族中流传。土族姑娘嫁到穷山沟受尽欺负和委屈，恶婆婆还不让她回娘家，姑娘难过地让登登玛秀捎了信回家，可怜的阿妈赶到时，姑娘已经上吊死了。自此之后，"让登登玛秀捎信"已经成了土族妇女受压迫的代用语了。

青铜宝钱和翡翠麦穗 在互助地区土族中流传。阿爸家有两件祖传的宝物青铜宝钱和翡翠麦穗，用它可以得到银子和白面，分家后阿爸将宝物传给了真心真意孝顺自己的三儿子，但大儿子和二儿子发现后，软磨硬泡抢走了两件宝物，却因贪心不足而被要来的银子和白面压死、闷死在家，老三靠着勤奋依旧过着富足的生活。

人心不足蛇吞象（相） 在平安地区流传。家境困难的娘俩养了一条蛇，蛇长大后报恩，告诉尕娃自己嘴里的肉能治好皇太后的眼睛，尕娃拿了肉当了宰相过上了好日子。但后来尕娃太贪心，想多挖点蛇的肉，蛇疼痛得没忍住一口吞了宰相，这就是人们常说的人心不足蛇吞象（相）。

香孩儿与九仙女 在乐都地区流传。太平庄有一对年过半百的老两口，吃了桃树十年结的果，生下了满身香气的香孩儿，天上老神仙的九女儿被香气吸引来到了老两口家和他们一起过日子。不久老两口被深山沟里的"千池大王"抓去，九妹想尽办法和香孩儿见面并借来了太阳家的金鸡和宝剑一起杀死了"千池大王"，从此和香孩儿结为夫妻过着幸福的生活。据说乐都白崖子村的九天玄女娘娘就是为了纪念九妹除蟒而塑的。

蛇郎哥 在民和地区流传。一个老汉为了给爱花的三姐妹摘花，把"金把儿银斧头"掉在蛇郎哥家，蛇郎哥的爷爷趁此给蛇郎哥要了老汉的女儿做媳妇。蛇郎家派老蜜蜂去提亲的时候，只有三姐愿意嫁给蛇郎哥。时间长了，大姐眼红三姐嫁得好，就设计把三姐推到河里，自己做了蛇郎哥的媳妇。冤魂不散的三姐想办法变成花花雀儿、刺玫花、金线砣儿，围绕在蛇郎哥的身边，最终被邻居的好心奶奶救了出来，又转回到阳世和蛇郎哥团聚，而恶毒的大姐被滚下悬崖摔死了。

三　生活故事

讨饭碗、打狗棍和铜娃娃 在平安地区流传。从前有个阿奶养大了三兄弟，老大老二娶了媳妇分家了，只有老三一直照顾阿奶。阿奶死前让三兄弟分别给她挖坟，老大挖出了木棍，老二挖出了黑碗，老三挖出了一个铜娃娃。阿奶死后老大和老二日子越过越穷都去讨了饭，而老三挖出的铜娃娃原是天上的仙女，为了报恩和老三结为夫妻过上了好日子。

柳条大了圈不来　在乐都地区流传。老两口老来得子，对儿子言听计从，儿子长大后吃喝玩赌样样精通。有一日儿子要宰邻居的牛，老头过来制止，结果儿子大怒，扬言要杀了老头。老阿奶弄了个假人放在床上，晚上儿子真提着刀来砍了几刀就出走了。过了些年老头莫名被县太爷抓住，让他把柳条扎到小圈圈里，老头弄不来，说"小条子好圈，柳条大了圈不来"，不料县太爷就是他的那个儿子，他跪倒地上说遇到了恩人严加管教，否则早就成了废人了。

为了一口破大锅　在平安地区流传。老汉的四个儿子相互推诿，不想让老汉在自己家里过年，苦恼的老汉听了张尕汉出的主意，一连几天都没去儿子家，自己在家收拾一些看起来闪光的东西。儿子们起了疑心去查探，以为老汉发了财在收拾宝物，为了财产争先恐后赡养老人，老汉享了几年福就去世了。最后儿子们拿出财产分的时候，才发现里面只是砸碎的破锅，还有老汉留下的一句话："我养四个儿子没嫌多，四个儿子养我为了一口破大锅"。

沈万三宝库的钥匙　在湟中地区流传。韩员外有个三姑娘，因为没有夸赞员外得罪了他，被员外嫁给了外面讨饭的光棍。谁知这个乞丐是骡风沟大户人家沈万三的遗子，并且有沈家宝库的钥匙，夫妻二人后来过着富足的日子且乐善好施，造福整个村庄。三年后，三姑娘在家门口的舍面铺遇到沦为乞丐的韩员外两口子和两个姐姐，她不计前嫌地接济了他们。

路遥知马力　在平安地区流传。从小很要好的路遥和马力，一直相互扶持，后来当了大官的路遥，感念马力当初帮他娶了媳妇的恩情，在马力家遭遇火灾倾家荡产的时候默默给他家寄钱，马力知晓一切后，感叹日久见人心，路遥知马力。

宝中宝　在互助地区土族中流传。一个爱财如命的巴彦孔（富人），认为宝中宝是金子、银子,就拿粮食抵工钱给了乌拉其(穷人)。而被雇的乌拉其认为宝中宝是粮食,两人各执己见。不久乱兵入侵,人们四处逃命,躲进了深山老林,背着银子逃命的巴彦孔被迫承认粮食是宝中宝,买了乌拉其的粮食活命。等兵乱过后,巴彦孔反悔了,依然认为宝中宝是银子,用干粮换回了银子,结果乱兵又起,巴彦孔又背着银子逃命,却没能和背干粮的乌拉其同行,最后被饿死了。

三十年等个闰腊月 在乐都地区流传。一个叫三十年的人靠扛长工为生,地主闰腊月以一年一头牛的许诺雇用他当长工。三十年在闰腊月家干了十年后,打算结工钱回家,闰腊月却变工钱为一年一斤油。三十年无奈提油回家,在回家的路上把油添进了庙里。后来闰腊月的母亲过世,需用三十年家的沙枣树做棺木,三十年乘机要回了十头牛。

达拉斗的故事 在循化地区藏族中流传。一心想发财的达拉斗日日琢磨如何发财,一天碰到一位背油坛的老人,以五串铜钱为报酬得到达拉斗的帮助,达拉斗非常高兴,抱着油坛开始幻想以这五串铜钱为发家致富的本钱,过上子孙满堂的舒服生活,却不料失手打破了油坛,洒了油。身无分文的他无法赔偿,只好以自己的衣服顶了油钱。

爱尔格的故事 在海西地区蒙古族中流传。有一群愚笨的人长期生活在一起,人们称他们为爱尔格。其中有一个叫克尔苏的额吉比较机灵,自认为无所不知,人们向她请教任何问题,她都能作答。人们问她青海湖的颜色,她回答是青色,是天上的颜色映照,黑色是头映照的,浪花的白色是白云照的。当晴空万里无云时,浪花的颜色还是白的,因为头一天白云的颜色渗透在泡沫里的原因。有只牛犊喝酸奶把头伸进了坛子,拔不出来,人们找额吉想办法,她让人们把牛头割下来,照做后牛头还是没能从坛子取出,她又让人们把坛子打破,最后坛子破了,牛犊也完蛋了。还有一位爱尔格骑着马去放马,在数马群时,怎么数都觉得少了一匹,于是骑着马找遍了家乡的山山沟沟,也没找到,是因为他忘记数了自己骑的那匹马。后来外出狩猎一无所获,在歇脚时一只苍蝇落在了一个人的脸上,坐在对面的同伴举枪瞄准苍蝇，借以犒劳一天的劳累，却不料打死了同伴，还认为是一命兑一命恰好相等。

咬掉的苹果和煮熟的苞谷 在循化地区撒拉族中流传。一富人家有个傻儿子专干傻事，有一天家里请客，父亲让儿子去果园摘最大最甜的苹果给客人吃，儿子摘来的苹果都被咬了一口，认为尝过的才知甜不甜。又一次儿子吃了别人煮熟的苞谷，认为好吃，在第二年播种时把所有的苞谷种子煮熟后播种，结果颗粒未收。

爱财胜过命 在乐都地区流传。一个财主爱财如命，有一天河里发洪水，财主跳进河捞木头，却上不了岸，于是承诺谁救他就给 200 大洋。村人知道他的吝啬，便以 500 大洋为条件救他，财主舍不得，被大浪卷走了。在阎王殿，阎王欲用油锅炸他以示惩戒，财主却认为油锅太费油，便建议阎王干炒他，于是财主被切成了小块。

待客 在格尔木地区蒙古族中流传。穷人父子吃羊头碰到俩客人来，儿子为难不知咋分，只好隐晦地问父亲四个鱼鹰怎么分一条鱼。父亲就说，我说（我吃舌头），你听（你吃耳朵），蹲上首的吃上面，蹲下面的给吃下面。儿子明白后，按父亲的意思招待了客人，也填饱了自己的肚子。

怨不着媒人 在门源地区回族中流传。阿舅为豁豁嘴的丫头相亲，让她喝茶把豁嘴挡起来了，女婿背着一袋面来了，彼此看完以后，阿舅故意问女婿"喝（豁）着的那个丫头你看上没"，女婿回答说看上了，阿舅又问丫头"背（指驼背）着的女婿看上了没"，丫头也说看上了，就这样两人的结婚也怨不到媒人了。

东方王子和南方公主 在天峻地区藏族中流传。东方国王和西方国王说好了孩子的亲事，东方王子按捺不住偷跑去看西方公主的样子，结果被误认为是假冒的王子赶了出来。后来王子想办法混进王宫把真相告诉了公主，二人偷了国王的神剑和海螺一起逃跑。在路上二人不慎跑到了罗刹统治的魔国，王子被罗刹变成了黑羊抓走了，公主假装是献祭的男孩，到罗刹面前用宝剑杀死了罗刹，救出了王子，两人平安回到了东方国举办了婚礼。

王环环和杨珠珠 在湟中地区流传。交往多年的王员外和杨员外为自家的儿子和女儿订了娃娃亲，可后来儿子杨珠珠家不幸落难，父母相继去世，王员外便翻脸不认这门亲事了。后来杨珠珠听说王环环病重需要丫鬟，就男扮女装照顾起了小姐，直到有一天王环环被父亲逼婚差点自尽时，杨珠珠才说出了真相，并在小姐的帮助下连夜进京赴考。但可惜的是王环环被逼得走投无路，没等到杨郎回来就上梁自尽了。半年后杨珠珠考上了状元回来知道消息后，终身未娶，当了一辈子的清官。

天理和良心 在平安地区流传。有天理和良心两个兄弟，哥哥天理的媳妇怕良心长大了要分家，就设计把良心骗进了远山的深坑里。良心在坑里梦到了两个红、绿胡子的老汉说坑里的灵芝草能治皇上姑娘的病，醒后良心带着灵芝草跟着救他出来的脚户，到京城治好了皇上姑娘的病，良心就这样当了驸马。后来在游街的时候看到已经沦为乞丐的哥哥和瞎了眼的嫂子，便不计前嫌带着二人享福去了。

四十九两银子换双元 在平安地区流传。家境贫寒但十分善良的男子，把在财主家干一年活的工钱49两银子全给了路上遇到的一位可怜人。男子回家以后日子越过越兴旺，双胞胎儿子也双双考中了状元，后来人们都说当年的可怜人其实是考验人心的神仙，男子49两银子换双元。

吹牛皮 在西宁地区流传。好吃懒做、耍奸使诈的老大、老二在分家后不满自己家已有的牛马，却眼热起老三的一对鸭子，二人合计骗去老三比试吹牛皮，但不能说"吹"字，老三老实，连说两个"吹"字输给了他们两只鸭子。回家后老三媳妇知道了这事，就在老大、老二来取鸭子的时候让老三装死，引来了众邻居还说鸭子上架、踢死老三等话，老大、老二一个劲说媳妇吹牛皮，就这样老三媳妇叫起来，老三并说老大、老二也输了，按约定要来了他们的牛和马。

赎皮套裤 在大通地区流传。一个人去县城玩耍，吃饭的时候听人家说"记上"，以为这样就可以不要钱，结果被掌柜的扣下了自己的皮套裤，赶忙跑去借钱。后来借了钱回来却找不到挂着蒜的饭馆，结果遇上一个算卦的人误以为他找的是"蒜挂"的，就算起卦来问他属啥的，结果这人回答自己是"赎皮套裤的"。

酒肉朋友　在大通地区流传。三个富人分别姓葛、苗、萧，他们和清苦的穷人杨林标是每天吃喝在一起的酒肉朋友，后来三个人不满杨林标的白吃就背着他去享受，结果杨林标想办法找到了他们，四个人还用三字同头、三字同旁来对诗吃喝，结果杨林标对道"三字同头葛苗萧，三字同旁杨林标；要吃葛苗萧，须得杨林标"。

策仁和仁钦　在贵德地区藏族中流传。恶毒狠辣的拉仁布（地方官）嫉妒聪明有本领的两兄弟策仁和仁钦，就跑去和两兄弟比试，但失败而回。气不过的他写了两张死亡的纸条，假装是财宝和死亡让弟弟仁钦挑选，仁钦被好心人告知阴谋后，当场吃下其中一张纸条说自己吃的是财宝，留下的是死亡。拉仁布在众人面前也无话可说了，只好把说好的马和羊等财宝给了仁钦。

阿古登巴吹头人　在互助地区藏族中流传。爱吹嘘的头人希望仆人阿古登巴在他五十大寿时，在宾客们的面前吹一吹他，结果阿古登巴在寿宴上对着头人吹气，并且故意说头人要他吹一吹他。

第四节　寓言与笑话

一　寓言故事

最高贵和最平常　在循化地区藏族中流传。金锭、银锭、氆氇、藏靴和青稞五人结伴去拉萨朝拜，路上其余四个人觉得青稞低贱不如他们高贵就绝交了。但当青稞吃饱喝足而他们四个肚饿难耐，才发现最平常的青稞才是人间的宝贝。

爱听老婆谗言的鸟王　在互助地区土族中流传。贪婪的鸟王听信了黑心乌鸦老婆的谗言，想要下旨给所有的鸟让他们供奉他，但喜鹊用天下女人比男人多，因为爱听老婆谗言的男人算女人的说法让鸟王羞愧，最终没有下达圣旨。

爱夸口的青蛙 在互助地区土族中流传。爱夸海口的青蛙以为自己所在的牛蹄印窝是海洋，候鸟衔着青蛙咬住的树枝抬着青蛙去看大海。路上有人说，它们飞行的主意好，不知道是谁出的，爱夸口的青蛙张口喊"是我"，结果瞬间从天上掉下来摔得粉碎。

木雕美人儿 在循化地区撒拉族中流传。木匠、裁缝、银匠和阿訇四人个个身手不凡，遇在一起成为好朋友，商量着盖一座楼房住在一块儿。一天在路旁看见一段珍贵木头，木匠把它雕成一个美人，裁缝为美人缝了合体衣裙，银匠打制了精巧首饰，阿訇做"嘟哇"把木头美人变成了活美人儿。四人都争着要和她结为夫妇，让老树判个公正，结果树身裂开把木头美人儿吸进树心里了。

麻雀和灰鼠打官司 在贵德地区藏族中流传。一棵大树上住着麻雀，树根下灰鼠打洞住着。有一天它俩争吵起来，麻雀怪灰鼠在树根掏洞，大风刮起鸟窝要掉，灰鼠嫌麻雀拉粪便到洞口。于是请猫主持公道，猫听了它们的争吵，扑上去吃掉了麻雀和灰鼠。

寻找良心 在互助地区土族中流传。狼掉进陷阱里哀求兔子将它救出来后，就想把兔子吃掉。兔子说你真没良心，救出来反而要吃掉自己，狼说世界上没有良心。兔子建议一块儿寻找良心。它们问过老牛和老驴，都说没良心。最后遇到一位老人，老人机智地把狼引到陷阱，把狼困到里面，并告诉狼就这么等着，良心会找上来的。

牧人与母狮 在曲麻莱地区藏族中流传。一个穷牧人的妻子死了，留下一个吃奶的孩子，一只母狮听到孩子的哭声，假装同情牧人的遭遇，要给孩子喂奶。牧人很高兴，但又想世上哪有吃人的狮子发善心的道理，就答应让母狮进帐篷里给孩子喂奶的同时，捏了个泥娃娃用羊皮包上，他把孩子藏在怀里，拉倒帐篷把母狮裹在里面，举刀杀死了母狮。

二　笑话

进城卖香　在西宁地区回族中流传。松子克和三个侄子赶着毛驴，驮着香和鸡蛋去城里卖，结果被城门口的警察听成是"枪"和"子弹"，大盘查闹了笑话，叔侄四人乘机在看热闹的人群里支了摊卖完东西回家了。

学走"官步"　在民和地区流传。县官本想让儿子学习白鹅"龙游虎步"的官步样子，家里人分不清鹅和鸭子，让儿子一直学白鸭子走路，结果在众人面前丢了丑。

先生与学生　在大通地区流传。先生用棍子在地上画了一道，问学生是几。结果学生说不知道，因为他学到的"一"是又细又短，不是这种又长又壮的笔画。

哭儿子　在大通地区流传。儿子死后，阿妈哭着说："我的肉、我的心肝没了。"丈夫不懂意思，就在旁边也哭着说脚巴骨、脚趾头没了。

买酒　在互助地区流传。吝啬的财主对长工说："能不用钱买酒回来才是本事！"长工拿着空坛子出去了，回来说："能从空坛子里喝出酒来才叫有本事呢！"

真是气死人　在互助地区流传。媳妇把正要在梦里喝酒吃肉的丈夫给叫醒了，丈夫骂媳妇耽误了香酒美肉，真是气死人。

骂自己　在民和地区土族中流传。孙女告诉老太婆馍馍掉井里了，结果老太婆看着井里和自己长得一样的老太婆就骂她抢了孙女的馍馍。

改对联　在门源地区流传。一个懂点文墨但很蠢的富汉，母亲过寿时，把对联上联改成"天增岁月妈增寿"，又为了对称把下联改成"春满乾坤爹满门"，闹了大笑话。

骂月亮　在民和地区流传。一个人天黑上山打柴，误把冻牛粪当成掉落的馍馍揣在怀里，后来发现揣的是牛粪，开始骂月亮不如太阳，要是有太阳他就不会揣错牛粪。

"嘣嘣车"　在互助地区土族中流传。蒋介石给马步芳送了一辆嘣嘣车

（摩托车），不小心踩了油门摩托车飞了出去，马步芳以为是马跑了，悬赏卫士去抓住摩托车。

奉承话 在民和地区流传。理发的徐待招看见猫跳上了狗头，就乘机给县官说奉承话，第一次说"虎占鳌头"，县官很高兴。县官第二次理发的时候，猫恰好从狗头上跳下来，徐待招一着急就说"狗头上没猫（毛）了"，结果被扇了巴掌。

第五节 民间歌谣

一 汉族歌谣

（一）劳动歌

打夯歌 流传于乐都地区。一共十二句，在打夯时以唱和的方式，告诉大家劳动的步骤。应和者在重复领唱内容的同时，共同出力，"高高（价）抬呀"或"重重（价）放呀"，以此来协调动作，鼓舞劳动热情，减轻劳动强度，使繁重的劳动在趣味中进行。

梅花夯号子 流传于民和地区。唱和内容前六句鼓励打夯者抬高夯子，多出力"打一个梅花夯"，后面十一句一夯一喻，如"两夯是对儿星！""三夯是管夜的星！""四夯是一颗印呀！"……直到"十夯是松柏青呀！"表现出劳动人民积极乐观又务实的劳动热情。

护青苗歌 流传于乐都地区。以五言四句的形式唱清明时节田里青苗的宝贵；以七言的方式写出了护养青苗的艰辛与重要性，"一年庄稼二年苦，出力流汗培青苗""庄稼人，心要公，人家青苗倍心疼""民以食为天"。庄稼是广大农民的命，是生活的希望，整首唱词主要表达了广大劳动民众对庄稼的爱护，以及推己及人、大公无私的情操。

农家十二月歌 传于乐都、湟源等地区。共十二节，每节四句。按时间的递增顺序，唱出了一年十二个月的农事活动——春种、夏耘、秋收、冬藏，并有相对应的每个节气、节日以及民俗活动。正月闹新春"庄稼人儿，热闹了这几天""二月里龙抬头……先扬种子后扶犁""五月里五端午，杨柳插在屋檐上""五月里五端午，杨柳插在门面上"。乐都、湟源地区端午节就有屋檐上插杨柳的习俗，以期驱疫避疾……每首唱词内容丰富，语言平实，表达了农人一年四季劳动的艰辛，以及对生活的殷切希望和对丰收的喜悦。

木匠歌 流传于乐都地区。共 14 句，开头尊鲁班为木匠祖师爷，接着以比喻的方式唱出了木匠的手艺高超，"世上木种千百样，匠人手下如切葱"，"一斧头，一锛子，长短圆方随我意"，"只要从艺运神思，一定能够创奇迹"，表达出作为木匠的自豪感及其自信心。

锻磨歌 流传于乐都地区。共十四句，每句七言，句式整齐，句尾押韵，朗朗上口。开头"青龙打来白虎转，白虎口里淌细面，细面全看磨扇齿，齿好齿坏石匠锻"，交代锻磨是做什么的，接下来唱述高超的工艺不仅来自师傅的教导，更来自自己的勤学钻研，最后表达出远大志向"锻磨行里出状元"。

脚户歌 流传于乐都地区。主要唱述脚户的贫苦与辛劳，"一年四季常在外，风里雨里多艰辛"表达出旧社会时期脚户们生活极其贫穷与辛苦。

货郎词 一首流传于湟源地区，以围绕货郎走过的地方与所卖之物的品种，唱述货郎走过很多的地方，所卖商品品种比较繁多，叫卖介绍商品也是新奇巧妙，表现了货郎的能说会道。一首流传于湟中地区，主要唱述货郎的进货过程，语言简练，以湟源城与兰州城做比较，突出了两地的地方特色。

（二）时政歌

1. 讽喻歌

筑城谣 流传于海东地区。为七言四句，第一句点名《筑城谣》的历史背景，是光绪年间修筑西堡城时所产生的；第二句说明筑城民夫的征集范围之广，"四乡八堡要人哩"，最后两句说明筑城运土的路途遥远，民夫劳作非常辛劳，表现出民夫对征役无情的控诉。

咸丰同治间小儿谣　流传于湟源地区。"窝里反，窝里反了挨铁片。"虽仅有两句，唱词简单，但意义深远。它反映了一个集体内部若不团结，最后受伤害的还是自己。

一家十年穷　流传于乐都地区。共六句话，唱出了一家受十年贫穷，是为了徒有虚名的"捐监生"名号，因为"捐监生"使家人受穷，揭示了当时社会风气的腐败以及人们的虚荣。

假秀才　流传于乐都地区。七言绝句，二四押韵，前两句写出了秀才的荣耀，"头戴金花身披红，跨马游乡好荣幸"，后两句笔锋一转，一针见血地指出此秀才是个"文房四宝他不懂"的假秀才，讥讽了清末当时卖官鬻爵的腐败风气。

哀"万人家"　流传于乐都地区。共六句，哀伤因兵祸灾荒而死去的人们，"兵荒灾荒两相攻，黎民逃难满道中"，"饥寒死亡尸遍野，集体掩埋在一坑"，目睹哀鸿遍野、饿殍满山的惨景"谁不痛烂心"，反映了当时社会的混乱以及老百姓的悲惨生活。

黄表会　流传于西宁地区。共两节二十句。第一节主要讲述辛亥革命前夕，湟中县元山儿董生贵夫妇同义和团成员裴道人从山东同来西宁，和湟源人李旺等秘密结社，"找个尕娃当皇上"创立"黄龙大会"，即"黄表会"。第二节的前一部分讲述"黄表会"的密谋，后一部分讲述密谋失败，"黄表会"解散。整首歌谣语句简单平实，极具地方特色，反映了当时人们的反抗精神。

青天白日红椭椭　流传于西宁地区。总共两句，"青天白日红椭椭"点明事处民国时期，"国民军上来者一回回"反映当时中原大战发生，国民军撤离青海，马家军开启统治青海的时代。两句话简单地交代了当时青海的历史变革。

土司完结歌 流传于民和地区。"完结"就是完蛋、结束之意，这首歌谣总共两句"粮归大仓民归县，土司制度完了蛋"，彻底结束了"土司世官其地、世有其地，土民耕种其地、世为其民"的隶属状态，真实描述了当时的社会改革。

国民军进了西宁城 流传于西宁地区。共六句，一句"难活人"写出了国民军进驻西宁，加上马家军阀统治，"兵荒马乱乱哄哄"，民不聊生，人们为了活命，被迫到西口外谋生，表达了人们对国民军和马家军的厌恶之情。

百姓遭殃，手握关金成废纸，南山坡上举火烧 这三首歌谣皆流传于西宁、乐都地区。每首四句，是 1949 年前青海社会状况的真实写照："纸币贬值，物价飞涨"，而财阀们却乘机发财，获得暴利，"财阀高兴，百姓遭殃"，老百姓生活苦不堪言；且纸币贬值，"手握关金成废纸"，最后大量的钞票成为废纸，堆满仓库，只能"南山坡上举火烧"，百姓生活灾难深重。

催款谣 流传于乐都地区。共十四句。1934 年，贪官污吏搜刮民脂民膏，作威作福，随意欺诈老百姓。百姓苦于沉重的捐税，卖田地，卖牲口，"脂枯血干髓敲尽，卖儿卖女完征税"，揭露了当时社会的腐败、黑暗，表达了民众的血泪控诉和对统治阶级的憎恶之情。

咋逢了这样可恶的世界，饿肚肠，百姓苦难 这三首歌谣皆流传于乐都地区。主要述说当时黑暗社会统治下的老百姓，受统治阶级的残酷剥削和压迫，没有人身自由，"走不得，站不得，快不得，慢不得，哭不得，笑不得"，还"饿肚肠"。生活极其困苦不堪，与牛马相比较，牛马能够反抗"抵踢"，而人却"由人凌欺"，"比牛比马，好不伤心"。相反统治阶级的生活是"银满缸，粮满仓，吃得香"，表达了民众对统治阶级残酷统治的愤懑之情。

机关算尽终有日 流传于乐都地区。共四句。开头两句"贪官敲骨吸髓，富汉吃肉喝血"，记述了统治阶级尽管剥削、压榨老百姓的血汗作威作福，但"机关算尽终有日"，其黑暗统治终将被推翻，表达了老百姓对统治阶级的强烈憎恨，以及对美好未来充满信心。

马家传令打苍蝇　流传于西宁地区。共十二句，述说了马步芳家族统治下，借向老百姓收苍蝇为名，搜刮民脂民膏，老百姓生活苦不堪言，表达了对军阀统治的强烈不满与讽刺，"好一个吃人的世界，靠蝇抽人筋"。

明日我填哪个坑　流传于乐都地区。共七节，每节四句。开头结尾采用顶真的修辞方式，诉说国民党统治时期，社会黑暗混乱，"蒋家天下太残暴，处处道道人吃人"，"豺狼遍地虎横行，贪官污吏敲骨髓"，"比起地狱更残忍"……老百姓流离失所，艰难度日，"倾家荡产庄庄有，流落他乡受苦痛"，"名在阳世把人活，实游地狱十八层"，"今日我把儿女卖，明日我填哪个坑"……深刻地揭露了当时社会的黑暗和百姓生活的苦难。

马家委员下了乡　流传于乐都地区。共十九句，主要述说马氏军阀统治时期的省、县政府派出的委员到各地搜刮民脂民膏，横行乡野，鱼肉百姓，"委员脸像阎罗王"，"乡丁衙役两边站，个个手提藤条棒"，"人人都是土皇上"，表达了对老百姓苦难生活的同情。

丰收谷贱成灾殃　流传于西宁地区。共六句，述说了粮食丰收了但老百姓生活依旧困苦，"但只嫌收挨饿苦，哪知丰收谷贱成灾殃"，揭露了当时社会黑暗、老百姓走投无路、丰收成了灾殃的现实。

穷汉咋活人　流传于乐都地区。五言十六句，揭露了穷人遭受敲骨吸髓，从"马家土皇帝"到"远近财东家"再到"从区到乡保""地痞和乡老"层层盘剥，使"骨瘦像干柴"的穷人没法活的生活惨状。

米粮贵似金　流传于西宁地区。为五言十二句，主要述说了青黄不接时，穷人家生活无以为继，造成这种结果的原因不是天灾，而是人祸，"奸商和官吏"勾结哄抬物价，使"穷户口粮断""想穿穿不起"，控诉了统治阶级的腐败。

人命能值几分银　流传于西宁地区。共十二句，主要记述了民国时期部分警察局草菅人命与残酷刑法，老百姓身不由己，朝不保夕，一句"民国手里老百姓，人命能值几分银"的反问语气，控诉了统治阶级的残暴。

只好卖青苗　流传于乐都地区。为五言四句，青苗是收获的希望，却要在"麦芽才出鞘"时卖掉，只因为"马款又派到，手头没一文"，揭露了旧时代的杂税繁重，使老百姓不堪重负、生活没有着落的现实。

民国不为民 流传于西宁地区。共十二句，主要记述了民国党统治者六亲不认，唯钱是亲，"翻脸不认爹，见钱比娘亲"，更不必说是当官只为民了，"社会本如此，咋不人吃人？"一针见血指出了人吃人的社会本质。

拔兵歌 流传于海东地区。共两句"乐都的文书二化的官，大通互助的一二三"。马氏军阀统治青海时期，为了称霸西北，不断征兵。因被抓壮丁的籍贯不同而待遇不同，循化、化隆是马步芳武装发家之地，所以此两地的人在军中担任军官职务。乐都人多有在军中担任文书者，大通、互助的壮丁文盲多，只能当普通士兵，整天喊着口号"一、二、三"，进行操练。

洋打扮之歌 流传于西宁地区。共四句，"洋"为洋气，洋气的打扮，"麻花儿头上吊纂纂，补的金牙两颗半"。随着青海社会的变革，人们的传统思想受到冲击，有所变化，妇女打扮日趋新颖时髦，但因为审美观念的不同，当地人以此来讽刺这种打扮。

做军鞋谣 流传于民和、乐都地区。为七言八句，做军鞋本是老百姓自觉自愿拥军的模范行为，但在这里却是被强迫奉命进行，"妇女熬夜眼仁红，鞭子还比针脚快"，表现了统治阶级的残暴，老百姓生活的艰辛，"如今世上活人苦，一天更比一天坏"。

戥秤收尽百姓银 流传于乐都地区。共八句。"发斗升，发戥秤"不是为了公平交易，而是为了更多地搜刮民脂民膏，"升斗装尽百姓粮，戥秤收尽百姓银"。为了师出有名，"刮钱按上个好名称：说是'统一度量衡'！"揭露了统治阶级的虚伪狡诈，百姓生活苦不堪言。

马步芳去了再夔来 流传于乐都地区。共四句。主要记述马步芳统治时期，命令全省各地妇女做拥军鞋，并限定时间完成，不时还被衙门人下乡督催，老百姓苦不堪言，发出了"一双袜子一双鞋，马步芳去了再夔来"的诅咒，表达了老百姓对马氏军阀残酷统治的强烈不满。

2. 颂歌

解放谣　流传于西宁、乐都地区。为七言两句式或七言四句式，歌颂人民解放军的到来，推翻了马步芳的残暴统治，结束了黑暗的社会，解放了水深火热中的受苦百姓。饮水思源，"幸福莫忘掉恩人"，表达了广大人民群众对"救星"的感激之情。

毛主席比我的娘老子亲，永远跟着共产党走，万百姓全靠毛主席　流传于互助县。这三首歌谣，每首四句，主要歌颂了毛主席、共产党的英明领导，才让老百姓有了美好生活，"永远跟着共产党走，好日子还在个后头"，"万百姓全靠毛主席，永远跟着他前进"，突出了解放战争中毛主席、共产党的重要作用，人民用记住共产党，记住毛主席。

十绣彭老总　流传于民和县。共十节，每节四句，唱颂彭德怀元帅"五〇年来咱村"后，"他和庄稼人来谈心"，"句句讲的是闹革命"，他说"他是工农子弟兵"，"解放军为人民"，"咱们跟党能翻身"，"他教我们各民族团结紧"，"手拉手心连心"，"英雄形象永留咱心中"，表达了老百姓对彭老总的爱戴与怀念。

十敬酒　流传于海东地区。共十节，每节五句，十杯酒，一杯"敬给靠山共产党"，二杯"敬给领袖毛泽东"，三杯"敬给亲人解放军"，四杯"敬给各族好兄弟"，五杯"敬给周边好邻居"，六杯"敬给工人老大哥"，七杯"敬教师"，八杯"献给伟大科学家"，九杯"下乡干部应当先"，十杯"献给全体老百姓"，表达了广大老百姓感恩、团结、互助的高尚情操以及积极向上的生活态度。

好不过毛泽东时代　流传于海东地区。共十一节，开头以"高不过蓝天宽不过海，黑不过笔墨和砚台"来类比，突出"幸福的大路共产党开，好不过毛泽东时代"，接下来唱颂毛泽东的丰功伟绩，突出了毛泽东就是人民的"救星""引路的明灯"，是毛泽东让广大劳苦大众、翻身农奴把歌唱，表达了广大人民群众对毛泽东的爱戴与怀念。

"四化"的美景要实现　流传于海东地区。共21句，篇幅较长，每节开头多用一种花起兴，为引出"四化"的美景做铺垫，如"金花银花山丹花，俊不过'四化'红花"；"九亿人民把根扎，'四化'花香满天下"，把"四化"比作花，而且是开满天下的俊红花。整首歌谣歌颂了广大人民群众为实现"四化"鼓足干劲、力争上游的进取精神。

盼台湾统一　流传于海东地区。共十节，每节四句，把台湾比作"奶干儿"，表现了祖国大陆对台湾的珍爱和牵挂，以"花儿离水时精神短，瓜瓜儿离不开瓜蔓"为喻，表达"祖国母亲把孩儿盼，日夜想的是台湾"，以一个母亲思念自己的孩子般的情感，表达祖国大陆盼望着台湾早日回归。

（三）仪式歌

1. 婚嫁歌

哭嫁歌　流传于乐都地区。共三十节，分为四个部分，第一部分新娘回忆自幼在家与父母兄弟姐妹的美好，为即将到来的离别伤心难过；第二部分娶亲者来后，离别在即，新娘以林里的鹿爱深山、海里的龙爱深渊为喻，表达自己离家就像让鹿下平川、让龙搁浅沙滩，回想爹娘曾经的种种好，对于离别更是伤心难过；第三部分梳妆时，因为离别在即，无心梳妆问老天"为啥生了个女儿身？"第四部分上马后，"长声数落哭不止，石头听了也伤心"，"我吐苦水唱苦歌，苦歌留给后人听。世上唯有女儿悲，深知远嫁难为情"。整首哭嫁歌，表达了即将离家嫁人的女儿对家人的不舍以及对前途未来的惶恐。

劝嫁歌　流传于乐都地区。规劝女儿出嫁的歌谣，以日头东升西落、河流百川归大海，以春华秋实、野兽归家为喻，劝说女儿"男大当成婚，女大当嫁人！上下几千年，嫁娶古今同"，并以身边人举例"不管谁的妻，原是黄花女。当年初嫁时，哪个比哭泣"。规劝之后还寄予厚望"男儿闯四方，女儿立家室。一旦家室兴，父母多光荣，乡党都赞你，荣誉暖人心"，表达了作为待嫁女儿的父母，虽心有不舍，但依然通情达理，教育子女，抚慰待嫁女的悲伤与不安。

送行新娘祝词 流传于湟源地区，为新娘送行所唱的歌谣，重在父母叮嘱新娘嫁入婆家后，所需要注意的事项："你到婆家门，大当大，小当小，长辈进来行礼边站，晚辈进来笑脸陪迎。"言行举止都要以公婆家人和睦为主，"只要随婆家，大家都欢畅"，"要顾三门面，贤惠传四方"，表达了对妇女伦常德行的告诫和对未来生活给予厚望。

迎接新娘祝词 流传于湟源地区。在迎娶新娘到家门时所唱的祝词，"新人到了财门上，金银财宝往里淌"。预示新娘的到来给婆家带来了财富、吉祥，表达了对新娘以后生活的祝福，"吃不愁，穿不愁，荣华富贵已陪到头"。

娶亲赞词 流传于大通地区。共十赞，在婚娶之际，专请一位善于辞令的人，"赞礼者"古称"傧相"，担任婚礼各种仪式的司仪，在娶亲人和新娘来到男方门前时，赞礼者按照迎亲次序，举行撒草、下轿、拜门神、拜土地、过大庭、进二门、拜天神地祇、拜灶神、拜家堂等仪式，一边念着撒草等上述仪式歌，一边撒着所准备的纸钱、草芥、桃枣、豆瓣等物，叩首前行，以期禳解恶物，逢凶化吉，确保吉祥如意。

拜天地歌，拜花堂歌 流传于乐都、门源地区。主要在婚礼进行时，新娘和新郎三拜九叩，"一拜天二拜地三拜众神，四拜本族系列祖列宗，五拜过父母养育之恩，然后夫妻对拜"。同系列的跪拜，预示着新人得到了天地神灵、族亲宗师、亲朋好友的认可与祝福，即一种结婚认可仪式。

铺床说词 流传于乐都地区。此歌为送亲女眷献词。在新娘新郎拜过天地之后入洞房，在新婚房中的仪式"新娘新郎入洞房，互相交拜竟上炕。争抢鸳鸯枕，先得主家政"。床上撒上红枣、核桃，取意子孙满堂、聪明伶俐。

闹新房谑词 流传于乐都地区。共四节。在婚礼接近尾声时，亲朋好友闹洞房，戏谑新娘新郎，其目的为解除新人新婚的不安与尴尬，为婚礼增添更多的喜庆与欢乐。

禳床词 流传于湟源地区。共七节，禳床是为洞房禳福消灾、趋吉避凶的一种仪式。新娘新郎入洞房后，由娘家专门邀请男方家能说会道的两个人，手拿馒头，在新人炕上边转边说些与新人切身利益攸关的吉祥词语，如"我老汉上炕踩四角，踩的新人儿女多""左转三转，踏的百病消散；右转三转，踏的牛羊满圈"，祝福新婚夫妇生活美满，二人"夫妻白头到老，地久天长"。

门前迎宾歌 流传于乐都地区。一般在举行婚礼的时候，主人家在大门前摆放酒桌，迎接远道而来的客人时所唱的欢迎歌，主要表达对远方客人的恭敬与欢迎，并予以诚恳的问候，如"一路跋涉多艰难，人困马乏受辛苦""清酒一杯仁义重，表达正东一片心"等。

敬神词 流传于乐都地区。在婚礼中举行各项谢礼及认亲家的仪式时，按"先敬神事，后敬人事"的惯例，在华堂前焚香，点上蜡烛、云马，献上盘供，两亲家叩拜，同时司礼者唱《敬神词》。主要表达对神灵的恭敬，以期达到向神祈福纳吉的心理诉求，"诸神默佑，永葆安康"。

表嫁妆词 流传于互助地区。是婚礼仪式中的一部分，摆放新娘嫁妆时所唱的词。唱词列数新娘的陪嫁之物，既有金银首饰、新娘的女工，还有为新娘新郎陪嫁的衣物。主要表现新娘家人对新人的爱护，"生身父母恩义重，他把女婿更痛肠"，以及展现新娘精巧的女工，"好一个能干的针线匠，件件衣裳好式样"。

摆嫁妆说词 流传于民和地区。婚礼中女方送亲人一行，来到新郎家中，喝过油茶之后，男方代表出来当众唱此词，说到"先尽天命，还是先尽人事"时，月老立起道"先尽天命"。接着即系高声说到"请两家亲家敬神"时，两家亲家出来一同跪在香案前，听东家令"叩首、稽首""三拜九叩"，谢神完毕起身。主要表达对神灵的崇拜以及祈福纳吉的心理诉求。

开箱说词 流传于民和地区。婚礼中两亲家拜神之后，男方东爷开始说《开箱词》。说到"开箱的姑娘快开箱"一句时，婆家小姑子拿来钥匙，打开箱子，列数箱内的金银首饰，衣帽鞋袜，"万样的东西一齐全，人前头说话实在难，诸位贵宾亲戚们，放开龙眼仔细观"，接着一片赞语，最后娘家掌盘，婆家来接。主要表达出女方陪嫁之物的齐全，以及对女儿的珍爱。

陈色歌 流传于乐都地区。又叫"抬针线歌"。当女方亲戚到达男方家后，在坐上正席前，将新娘的嫁妆一一摆在案上，并把赠献男方家长幼辈及亲房人等的枕顶、鞋、袜等礼品同时摆在桌上，谦虚地表示"手巾手绢情不薄，一针一线爱为桥"。抬针线仪式开始，按尊辈、平辈、小辈顺序，一一献给对方。主要在展现女方精巧手工的同时，表达对男方长辈、晚辈的尊敬和爱护之情。

冠戴新郎歌 流传于乐都地区。女方家人穿戴新郎的唱词，也是婚礼中针线仪式的最后一项。女方家执礼者传出新郎后，给新郎穿戴女方家为其准备的衣鞋帽，"穿在身上暖在心，白头偕老更相亲"。主要表达对新郎的祝福、对婚后踏实生活寄予的厚望。

装箱歌 流传于乐都地区。是摆针线仪式的最后一项，唱述装箱过程，请新郎的父亲及伯叔（即大、小公公），拿着装有油包子、核桃、红枣、衣物、钱币等物，并在上面盖了红纸或红缎面或红布的盘子，依照伯仲叔季的顺序分别亲自倒进新娘的箱中，民间叫"装箱礼"。"花箱本是聚宝盆，年年月月见财增；百年匹配百年福，子孙繁衍家道兴"，以示金玉满箱，衣食充裕，财源茂盛，终生不匮。

敬舅歌 流传于乐都地区。舅舅是新嫁娘的哥哥或弟弟，是未来外甥的主心骨，西北地区向来有"舅舅为大"即敬舅、尊舅的习俗，在婚礼过程中，感谢男女双方舅父的仪式必不可少。歌谣开头用"水有源，树有根，吃水不忘挖井人"比喻，引出舅父家的功劳"新人虽属朱陈两姓，舅父家首建大功"，祝福舅父长寿、兴隆。

亲家互敬歌 流传于乐都地区。男女双方的父母互敬，以"亲家亲家，两朵红花，芍药牡丹，同根生芽"为喻，表现男女双方家长结为亲戚的亲密喜悦之情，表达双方家长亲密关系永久"双双磕头双双拜，两朵金花万年开"。

谢媒词，谢娶亲贵人歌，谢厨师歌，谢奶母献礼歌，谢娘母歌，谢娘恩歌，谢亲戚歌 主要流传于乐都、民和、互助、门源等地区。在婚礼接近尾声的时候，男方家或女方家开始感谢为婚礼做出贡献的人，以及感谢父母的养育之恩。谢媒人牵线，合两姓之好；谢娶亲贵人"昼夜奔波受苦辛"；谢厨师"只为亲友吃好席，大师厨下太劳神"；谢奶母"教处事，教做人，教茶饭，教针线"；谢娘母"养育之恩"；谢亲戚来贺喜，表达了对主人亲朋好友协助婚礼的感恩之情。

交人歌，辞别姑娘祝词，宾客道谢歌，饮拦门酒歌，饮回马酒歌 流传于乐都、民和等地区。这五首唱词都是唱在婚礼结束之时，娘家人辞行前的仪式，娘家人辞行前向公婆敬酒，将新娘交给公婆，"今把女儿交给你，父母兄嫂都放心。临别殷勤再嘱托，盼望二位教成人"。之后娘家亲眷向女儿辞别，嘱托女儿做贤妻良母。女方家人辞行上路再喝拦门酒、回马酒辗转多次才回家，表现了男方家人的热情好客，女方家人的依依不舍之情。

2. 建房歌

上梁歌 流传于民和、互助、平安等地区。上中梁仪式是盖新房最重要的仪式之一，上梁歌就是在这一仪式中所唱的歌谣，"青龙身上安宅基，白虎腰身修玉堂"，主要表达祈福纳吉、家宅平安的心理诉求。

合龙口歌 流传于乐都地区。合龙口是打庄廓的一项重要仪式。当打庄廓到最后两板时，便举行合龙口仪式，特在墙头献上两个馒头，插上香，倒上茶和酒，"三炷神香插板缝，两个馒头填墙头，奠上酒，奠上茶"，其目的是为了兴旺发达。"神佛祖宗都保佑，一祝长发其祥，二祝天长地久"。

立大门说词 流传于民和地区。庄廓的新大门立起后，紧闭两扇大门，用红纸写上"开门大吉"四个字，贴在两扇门的正中，似封条封住大门。这时一位特邀而来的口齿伶俐、村上有威望的老者，站在大门外。门内的人大声叫问："门上来的何人？"立在门外的老者答道："天上下凡送财的人。"又问"你身上带何物？"答道："拿的是金银……"说到"财门口里撒金钱"时，将手中的钱粮等物左右抛撒并念念有词，主要表达对财源广进、祈福纳吉的愿望。

踩财门歌，启新门泼水歌，建新屋祝福歌 流传于乐都地区。这是打好庄廓后，立了新门所唱的歌。踩新门仪式，称为踩"财门"。邀请一位妻儿双全、财禄俱有的长者第一个进门，打开新门洒水，同时祝福新门立成，说一些吉祥话："四面八方都进财，斗大元宝滚进来""吉祥如意四季春，财丁两旺世世兴"，主要表达对吉祥、财富、福寿的心理诉求。

3. 祝寿歌

主要流传于乐都地区。有献寿桃歌、献寿酒歌、长寿歌、寿筵歌、献寿礼歌、女婿上寿颂歌、贺寿材歌等。"乡党六亲同声祝，年登上寿德又高；但愿寿桃似蟠桃，吃了蟠桃永不老"，在祝寿筵席上所唱述的歌谣，借寓意长寿的食物、神灵来祝福寿星，表现出中国的孝道文化。

4. 丧葬歌

告孝词 流传于民和地区，是丧礼中的一项重要仪式，外家说话，在亡者的外家到来之后，由护丧表白死亡经过，经事大小、穿衣多寡，表述亡人一生为家为子女的操劳，行事之大端，子女孝顺与否，表达了对亡人的追念以及对子女的期望。

"人活百岁，总有一亡" 人老一去永无踪、大马抛弃华堂空、花开花败年年有、人老一去永不来、得知亡人在哪里、万年松终要枯等二十首流传于乐都，主要表述人生一世，总有一死。"刀割韭菜仍留根，人老一去永无踪"，"花开花败年年有，人老一去踪不留"，人老死去是遵循自然规律的，短暂的一生如"铁树开花一闪完，草尖上露水见日干"，逝者已去，活着的人即使悲痛欲绝也难再见，表达出人们对死亡的敬畏，对亡者的悼念之情。

哭亡五更词，哭五更 流传于乐都地区。亡者自述，以五更为序，抒情见长。一更到了鬼门关，二更到了阴司城，三更到了奈何桥，四更到了望乡台，五更到了阎君殿，时间越向前，离家人越远。回忆亡者的一生，有太多的不舍与遗憾，也表达了亡者对世间的留恋。

5. 祀典歌

烧香词 流传于乐都地区。共十三节，按照数字的递进，从一烧香起到十一烧香，每一次烧香有相对应的神佛和相对应的祈求，有玉皇爷、阎君爷、三尊古佛、四海龙王、城隍爷……"香一炷，表三分，众生人等发虔心"，期望"众福神有感应，天下太平"，充满了广大人民对神灵的崇拜与希冀。

一炷明香一盏灯 流传于民和地区。从"一炷明香"唱起，一直唱到"十炷明香"，每段除香数变化外，唱词不变，描述对观音菩萨的迎接，"观音接在莲花台上坐呀，脚踩莲花手掌上经哟"。

渡中船 流传于民和地区。此歌谣中"渡"为普度，神佛普度众生，渡过黄氏女，渡过李翠莲，渡过三公主，渡过庄氏仙，渡过白云仙，渡过孟姜女，渡过何仙姑，渡过韩湘子，渡过林英女，渡过韩文公。他们都是出自民间，为民间所推崇的榜样，代表一种精神。

八仙词，八仙歌 流传于湟源、海东地区。唱述八大神仙，通过装束、神态、配饰的描述，各自的经历，突出姿态迥异的八大神仙，以及他们带来的不同的富贵吉祥，"增福延寿样样全，荣华富贵万万年"，以期显示他们的道术和神力，更好地驱邪逐魔，净化方域，降福降祉。

接神歌 流传于乐都地区。是旧时在春节大年初一"接神"时唱的歌，唱述"岁朝开门喜重重，人生欢乐永聚门"，人们恭敬诸神，迎接诸神，祈福纳吉，驱疫避灾，以期得到神灵的庇佑，求得来年的丰收，"今逢祀典来庆祝，确保仓库永不空"。

6. 诀术歌

夜哭帖，禳噩梦歌 流传于青海东部地区，主要用于夜晚婴儿啼哭不止或做恶梦，请人在红纸或黄纸上写《夜哭帖》《禳噩梦歌》，张贴在路旁或树上、桥上，如"天皇皇，地皇皇，我家有个夜哭郎，过路君子念三遍，一觉睡到大天亮"，以期婴儿止哭，表现了人们对神灵的信仰。

7. 节令歌

数九歌 流传于乐都地区。共三首。从一九唱起到九九，是一种节气歌，从人们对气候变化的反应中唱述天气由寒冷转暖的变化，直到九九尽，开始春忙。语言简单平实，唱出了农人对天气变化规律的掌握。

金杠敲 流传于湟源地区。共十三节。"金杠敲我一月一"春草发芽，至"敲我一年满"雪花飘飞，唱述了十二个月大自然的不同变化和人们生活习惯的改变，表现了广大人民群众简单充实的一年。

（四）情歌

1. 怀春歌

踏青歌 流传于乐都地区。共十四节，每节四句，主要唱述了青春少女四月八出来踏青的情景，一路绿草如茵，百花齐放，春景醉人，妹妹触景生情，"一缕情丝心头起，人间韶华常难留"。山路邂逅俩小伙，"两位小伙争主动，又报名字又报姓"。妹妹春心萌动，回家"哪知心儿把情牵"，心心念念"但愿踩青当月老，从此永把赤绳牵"，表达了情窦初开的妹妹对美好爱情的向往。

放风筝 流传于海东地区。五句为一节，共十二节，每节句式一样，结尾都以"哎哟——"结束，句式整齐，主要唱述了俩姐妹放风筝，"大姐姐要放个张君瑞，二姐姐要放个崔莺莺"，可惜风筝被风吹断了，只好寄希望于未来"若要等风筝（俩）重相见，再等上来年三月三"。

月儿圆 主要流传于湟源地区。四句为一节，共九节，前四节唱述了一对情人在十五月儿圆时小河边约会的情形，后面八节以四问四答的方式，表达情人之间的拳拳情义。

2. 相思歌

流传于西宁、乐都、湟源等地区。唱述内容主要是对情人的思念，由浅入深，多用以数字的递进，表达情感的加深，如《念情五更调》《盼五更》《十想郎歌》《十望情人词》《盼情郎》等，用情至深，多用夸张、比喻的手法，表达时间在变，而对情人的刻骨思念却是一如既往的深情。

3. 钟情歌

主要流传于乐都、湟源等地区。主要唱述情人间的海誓山盟，"只要情种心头种，雷击雹打也扎根""若要我俩情丝断，除非黄河倒巴浪淌"，表现出了广大民众即使生活条件贫瘠，但对爱情的忠贞是不可撼动的，表达了最朴实、纯洁的爱情观。

4. 送别歌

主要流传于乐都、湟源等地区。是唱述送别情人的歌,《十送情人歌》从"一送出闺门"到"十送哥哥大道口",数字递进,离家越远,离别越近,难舍的离别之心越沉重,"千言万语想嘱咐,泪咽嗓门难出声"……"强打精神祝郎去,三魂早已跟你走",字字是哽声泪雨,表达了对情人远去的不舍、牵挂之情。

5. 诀别歌

《学生哥》流传于湟源地区,共 23 节,是一首叙事性歌谣,主要讲述姑娘和学生哥相互钟情,在学生哥放学的路上被邀请进姑娘家,姑娘端茶倒水热情招待,暗含情愫,以吃鸡蛋、鸭蛋暗喻两人可"配成双",但"你的爹妈狠心不应我,我俩成亲难"。书生哥出门离去,姑娘因此忧伤得病,最后因相思无果抑郁而终,表达了在家长专制的婚姻制度下,对纯洁爱情的戕害,姑娘身不由己,刻骨相思变为索命符。

(五)生活歌

1. 苦歌

驮炭苦　流传于乐都地区。共三十一节,每节四句。开头四句唱述驮炭苦的社会背景,"民国世道不太平,又要款子又要兵""蒋家官府刮百姓,衙门里头没好人"。在这样的黑暗社会中,民众生活"辛酸眼泪汇成河,五湖四海也难容""唱一唱驮炭之苦众人听",接下来二十七节唱述驮炭人的千辛万苦:民众一年三百六十五天天天生活在惶恐中,在某一个夜晚里被通知强行去驮炭,从此走上了艰辛、危险的驮炭之路,历经九死一生驮炭回来,却无半点收获,交代后人"传给后人牢牢记,万代要忘蒋家狠",控诉了普通百姓遭受非人折磨的无奈与激愤。

沙娃歌　流传于平安地区。共五部分,主要唱述淘金民工的苦,有"金客子"的残忍鞭挞,还有背沙烂肩胛的肉体之痛,更有无时无刻不思念家乡亲人的蚀骨之痛。以月份和时辰的递进方式，重点唱述沙娃淘沙采金的苦难，字字血泪，表达失去人身自由的沙娃饱受虐待之苦和思念家人之痛。

十二月唱词 流传于乐都地区。共十二节，通过每个月的唱述，表达马氏军阀征夫拔兵给人们带来的痛苦。正月马步芳征兵去打解放军；二月鞭催收款；三月部队行军一个月，路边庄稼被糟蹋；四月征军鞋，害苦了老百姓；五月再拔兵，村里只剩老汉和姑娘；六月办民团，"折腿烂胳膊，一齐都赶完"；七月兵败，青年人回家；八月家人团圆"人人都喜欢"；九月西北解放，人人"心中都欢畅"；十月残匪又暴动，多亏解放军，一鼓就踏平；"十一月武工队合理派负担"，体现民主精神；十二月人民都喜欢，五星红旗飘万年。歌词一波三折，唱述出民众遭受军阀征兵之痛，后被解放军解救，表达了老百姓对马步芳专制统治的痛恨，对解放军的感激拥戴之情。

十月怀胎歌 流传于互助、民和、乐都等地区。主要唱述娘怀胎十月，每个月所受的辛苦，随着月份的递增其痛苦不断增加。其目的是告诉孩儿，"父母的恩情似海深，终身难报父母的恩"，"今日我把世人劝，千万莫要忘根本"。诚示大家，要牢记母亲的恩情，不忘根本，不忘孝，"若还忘了父母恩，你在世上枉为人"。

寡妇苦，男鳏夫上坟 流传于民和湟源、乐都等地区，主要唱述丧夫、丧妻后艰难的生活。寡妇苦，家里没有顶梁柱，田地劳苦忙不完，按月份唱述生活的困窘，"十二月来一年满，日子越过越落怜"。男鳏夫"男子汉无妻家无靠"，家中的孩子无依无靠受尽苦，睹物思人，"手拿花鞋仔细看，好似钢刀把心剜"，表达了对丧夫无妻之人的同情怜悯之心。

孤儿苦，孤儿歌 流传于海东地区。主要唱述没了亲娘的孩子遭受后娘虐待的事，"云里太阳门里风，蝎子尾巴后娘心"，表达了对孤儿的同情和对后娘区别对待孩子的抨击。

荒年歌 流传于乐都地区。共二十九节，运用民间口头语言，唱述了爹娘早逝，哥哥承担家事，荒年期间，家人挨饥受饿，艰难度日，受尽了白眼，"想起了爹妈，我把眼泪擦"，即使"光阴不遂心，英雄不得时"，依然"非义财休爱，坏心想不得"，表达了人处困境，也要保持高洁的品行。

四季歌　流传于乐都地区。共四节，每节四句，按季节来唱述，春季春耕却"又没籽种又没犁"，夏季青黄不接"老汉娃娃饿肚肠"，秋季打碾"一年收成没多少"，冬季数九寒天"浑身烂破没遮羞"。忙碌辛苦一年却无法满足温饱只因"先上粮来后还账"，揭示了农民因赋税负担过重，生活艰难。

2. 新生活歌

流传于海东地区。主要唱述民众的幸福生活、对粮食丰收的喜悦（黄绿织成丰收图、麦子香歌声扬丰收歌儿响四方等），其表现为"口漫花儿心欢喜，时时莫忘毛主席"，"歌唱毛主席，歌唱共产党"，"放声欢唱太平歌"，表达了老百姓过上了幸福生活后不忘毛主席，不忘党。

3. 酒曲

流传于海东地区。"尕老汉""数麻雀""十道黑""威名天下扬""满堂喜"等都是比较流行的酒曲，唱于亲朋聚会、婚丧嫁娶、贺喜祝寿等场合。家中来客之时，目的是激化情趣，起着愉情悦性的作用。如"数麻雀"，从一只麻雀一个头两只眼睛两个爪子一个尾巴开始数，直至数到十一只麻雀十一个头二十二个眼睛二十二个爪子十一个尾巴，数字更迭，内容重叠而不变，听来朗朗上口，十分有趣。

4. 劝世歌

流传于乐都地区。共四十五首，劝诫世人什么能做，什么不能做，做一个讲求仁、义、礼、智、信、孝等具有高尚品质的人。以"十劝人心"为代表，劝人们爱护子女，孝敬父母，兄弟、妯娌和心，姊妹勤劳，邻居和睦，亲戚相亲，朋友义气，学生好学，商人公平。除了规劝还有以训诫为劝，如"戒诈歌""成败破乱皆酒过""酒醉失君子""贪色寿不终""财是害人一祸根""世人爱财起祸乱""十人气大九人完"等，都是训诫人们贪财、贪色、贪酒而没有好下场的歌谣。

5. 生活知识歌

什么人传艺到如今 流传于民和地区。共十节，按问答方式唱述，问拿弓射箭的是什么人，学的什么艺，由谁传艺到如今，下节回答拿弓射箭的是打围的人，学了周公的艺，传艺到如今。按此方式，问燧人氏生火烤、掐佛念经、舀水担水、翻土背土的是什么人、向谁学的艺传到如今。整首唱词句式简单，表达明了，通过三问三答，让人们懂得了技艺的起源及传承，知识性较强。

人老先从什么老 流传于民和地区。共八节，按问答的方式唱述，问人老先从什么老，又是怎样老，回答头上老，"白头发多来黑头发少"；眼睛上老，"看不清的多来看清的少"。以此从上到下耳朵、鼻子、牙齿、胛骨、胳膊、腿、脚面，从而告诉人们人老的表象及内在表现，知识性较强。

十二月花 流传于平安地区。通过一男一女、一问一答的方式，让人们了解一年十二个月，每个月开的是什么花，极具时间特色和地方特色，句式简单，内容丰富。

（六）传说故事歌

阳欢乐 流传于黄南地区。主要唱述爱吃、爱喝、爱弹唱的阳欢乐，阳寿到期却多活十年，阎王派小鬼去勾阳欢乐的魂，到了阎王殿，阳欢乐凭借能唱的嘴听得阎王心花怒放，又把阳欢乐送回阳世的传说。

孟姜女 流传于湟源地区。共三首，主要唱述孟姜女招婿范喜良，但范喜良被抓去修长城，三年未归，孟姜女千里寻夫送寒衣，却寻得尸骨归。三首皆以月份的递进来唱述，孟姜女的情感也随时间的变迁而变化，以其景衬其心，一切景语皆情语。

马步芳出逃 流传于湟中地区。主要唱述马氏军阀统治青海四十年，青海人民受尽了他们的残酷统治，共产党的到来拨开了青海人民头上的乌云，"一九四九年九月五"，"青海人民得解放"，马步芳挣扎再三，仓皇而逃。这段故事用青海特有的表现形式"倒浆水"进行叙述，说得有滋有味，听者眉开眼笑，喜乐无穷。

十朵莲，十个字儿，十样景　每唱一莲、一字、一景，都是涉及一个历史上的动人故事，或民间传说故事，或古老神话故事。而这些故事的情节，很大一部分以男女爱情生活为主题，先是两情脉脉，情意缠绵；中间一波三折，历经坎坷，其结局多端：或终结伉俪，或始乱终弃，或生死冤家。不幸者又大多属于女性，给人的影响是：千红一哭，万艳同悲。另一部分是歌唱历史人物的兴衰，或褒或贬，爱憎分明。而且这些民歌的演唱，贯穿在节日聚会、喜庆宴饮、亲朋聚会、家庭娱乐诸方面；甚至一人行路，兴之所至，信口清唱。凡此种种，堪称民歌中的喻世明言，是属于醒世之作。

九九算，九九数九曲，九九歌　每唱一九，都涉及一则民间故事。如"二九算，一十八，刘全阴曹进东瓜，借尸还魂李翠莲"，此类故事都是民众津津乐道的，创作时信手拈来，故事内容情节大都是忠贞、情义、恩怨、孝道等，是被民间所最为推崇的信条，唱述目的为流传百世或训诫后人。

十二月花名　流传于湟源地区。共十二节，唱述的每一月的每一种花代表一个历史传说人物的故事，其情节主要是表达男女情义历经波折，结果都是有情人终成眷属，皆大欢喜。如"十一月松柏冬夏青，玉堂春爱的是王金龙，苏三犯罪到京城，三堂会审才相逢"，如此故事，符合民众追求的喜乐大结局审美传统。

（七）儿歌

一夜睡到明早，我哄娃娃睡觉，娃娃睡得呼噜香，娃娃睡着着　摇篮曲流传于西宁地区。在哄小孩睡觉时所唱的歌，语言简单、明了，有一定的故事情节，其中每节都有一句用破折号，表示声音断断续续，给小孩酝酿瞌睡的时间，简单的情节能更快地促使小孩入睡。

一二三四五，由此百千万，一二三山连山，数手指　都是教数歌，流传于海东地区。以数字编成儿歌，简单易上口，有利于开发小孩智力。"一二三四五，金木水火土，大道包天地，人伦通古今"，既学会了识数，又逐渐浸润了传统思想，是对小孩子口授的启蒙之歌。

事物歌 流传于海东地区。就某一事物引起联想，一事接一事，所有的事物之间既有联系又有区别，情节简单，有较强的口语化，如"勤大嫂"，以"世上有个勤大嫂"开头，接下来唱她的"勤"，晚睡早起，打扫庭院、喂鸡喂狗、麻利做饭、擀面鲜薄，亲戚夸赞"好大嫂，好茶饭，家务事儿全包揽"。整首唱词都围绕大嫂的"勤"来唱述，塑造出一个勤快、贤惠的大嫂形象。相对"懒大嫂"，整首唱词围绕一个"懒"字，所做事情和勤大嫂完全相反，早睡晚起、猪狗喂不饱、擀下的面像破毡，亲戚吃不下，害亲戚得病等等，塑造了一个懒惰的大嫂形象。所有的及物唱述都是人们日常所见，简单明了，易于上口，有趣中散射出为人处世的道理，利于儿童品质与性格的培养。

绕口令 又称急口令、拗口令等。是一种传统的语言游戏，将若干个双声、叠韵词汇或发音相同、相近的语和词有意集中在一起，组成简单、有趣的语韵，故意兜圈子，绕弯子，连续成句子，在教儿童念、诵的语言游戏中，要求一口气急速念出。如"房上一片瓦，地上一匹马，瓦下来打着马，瓦碰马，马碰瓦"，不仅要快速念出，而且还要区分声母"w""m"，寓教于乐。其中一些音韵响亮而又拗口、诙谐风趣的句子，不仅儿童喜欢，不少成年人也很喜欢，读起来使人感到节奏感强，妙趣横生。

新儿歌 主要流传于西宁市等地区。唱于中华人民共和国成立之后，主要歌颂毛主席、歌颂共产党，其目的是教育孩子们吃水不忘挖井人，美好的新生活来自毛主席、来自共产党。

二 藏族歌谣

（一）劳动歌

擀毡歌 流传于同仁、泽库地区。唱述擀出的毡如"野马白唇般的毡""野牛额头般的毡""平滑如野驴的背皮",其用途为顶差税、骑马出征、防寒、当垫背等,表现出毛毡在民众生活中的广泛用途、毡匠高超的擀毡技术。

撒种歌,锄草歌,收割歌,打碾歌　藏区的农事劳动歌。内容多用比喻,突显对庄稼收成的期望,如锄草速度"像骏马奔驰一样,像雄鹰展翅一样",收割的庄稼"麦秆似箭粗又长,麦穗饱满像那男孩的脸蛋,麦芒好像雄鹰的羽毛,麦粒沉甸像个大鹏的蛋"等,其比喻贴切,极具民族地方特色。

骟畜歌,认羔歌,挤奶歌　骟畜、认羔、挤奶是游牧民族最为平常的劳动,唱述的内容多为劳动经验的总结,如骟畜"手术要轻,刀口箭直"。在冬春季节时母羊陆续产羔,头胎产仔的母羊往往不认自己所产的羊羔,为使母羊认羔,主人拴住母羊,让小羊羔强咂母奶,便禳解性地唱起"认羔歌",认为母子心有灵犀,母羊就会认自己的羊羔。挤奶"用力挤,两只手,上下捋",开头还伴随着象声词"吁——吁——吁",既协调了动作,又安抚了奶牛,利于挤奶。

(二)时政歌

控诉歌　流传于刚察、共和、祁连等地区。主要控诉牧主头人对普通民众的压迫和剥削。"千户们饮酒取乐","奴隶们顿顿吃着曲拉",以对比的方式抨击那些作威作福者,而对那些没有人生自由的奴隶们挨冻受饿表达了同情。"他连一点自由也没有",以被关进笼子的鸟儿和用绳子束住的松鼠自比成为千户家的奴隶时没有一点自由。哪里有压迫哪里就有反抗,野火可以烧尽茂草,但烧不死它的根,洪水能冲走黄土,却摧不垮岩石层,就像皮鞭可以打断奴隶的筋,却永远也"摧毁不了一颗反抗的心"。控诉歌善用类比或对比的方式表达眼前的不满和心底的反抗,"为什么贫富不一","牧主的心是冷酷的",通过与千户家吃饭穿着的对比,反映奴隶生活的艰辛与不公平,表达了奴隶们对"为什么偏偏我这样穷"、牧主们却能"坐享其成"的极其不满与愤慨之情。

警惕歌 流传于玛沁、杂多、久治等地区。主要唱述如何保持警惕，以防坏人破坏安定的生活，"决不让坏人在草原上骚扰""必须要警惕坏人的谣言"，意在警告大家敌人是狡猾的，"为了牧民的平安"，"时刻警惕坏人的挑拨"，幸福的生活来之不易，"谁要蓄谋搞分裂，全民共诛定不饶"，表达出牧民们对幸福生活的珍惜和对破坏分子的憎恨之情。

颂歌 流传于门源、同仁、海晏、共和等地区。主要歌颂毛主席、共产党给牧民带来的幸福生活。是共产党、毛主席解救牧民于水深火热之中，推翻了黑暗的专制统治，让牧民过上了幸福的生活。对此，牧民们心怀感恩，把毛主席、共产党比作太阳、月亮，比作大救星，表达他们的感恩之心。除此之外，还歌颂解除病患的医生，称"医生是人间的普度神""是牧民保健的护法神"，表达对医生的崇敬之情。

（三）仪式歌

1. 婚嫁歌

哭嫁歌 流传于乐都、平安地区。从"参拜"姑娘出嫁前一晚上唱的歌开始，到"晨歌"。姑娘出嫁的当天早上唱，从起身的地方一直唱到十余里之外，主要唱述迎亲的队伍来后，新娘打扮，叩别父母，表达对未来生活的惶恐、茫然以及离别家人的不舍。接着唱述对婚礼有贡献的人如"媒人""裁缝"的感谢，再唱述向家人"阿爸""阿妈""阿舅""舅妈""阿叔""阿婶""阿哥""阿嫂""弟弟""妹妹"——告别，表达对亲人的不舍，"分离的歌唱到深夜"，"难舍的歌唱出人们的满眼泪花"。天亮送姑娘出门，再次唱述，主要表达新嫁娘内心的不舍和祈福纳吉的愿望。

迎宾歌 新娘娶到新郎家门口时，迎亲女人所唱的歌，开头旁白客人到来，歌声响起，所唱内容为对送亲人的热情欢迎，以最好的宴席等待贵客的到来，表达对送亲人的盛情等待，充满喜悦感。

迎亲颂 按仪式过程唱送，"铺毡""搭红""献哈达""扬茶歌""赞茶歌""敬茶歌""献衣歌",在歌声中完成整个婚礼仪式。其中"搭红"唱到的"西藏的氆氇""北京的锦缎""雪山区的毛布"是一块鲜艳的红色绸子,首先要献给新娘的舅舅即歌中所唱的"首席客"。

乐宾歌　在婚礼上宾客们所唱的歌,有家人祝福新娘新郎的"祝愿歌",随兴编唱的"敬宴歌",敬宴者和客人风趣对唱,接着唱"邀舞歌",邀请送亲人(一般是新娘的姐姐或嫂子)来跳舞。

谢媒歌　新娘新郎双方家长向媒人酬谢献礼的赞歌。从"歌头"开始,"敬酒""搭红""献茶""献全羊""献哈达",由朗诵者一个跟着一个,手捧礼物,口唱颂词,直到媒人表示满意为止。

送宾歌　这是在婚礼的第三道宴席上,由新娘的弟弟唱诵,表示对这次接待的感激之情,对自己亲人的美好祝愿,"好地方长大的好姑娘,今天嫁到了好地方";"你们的肉堆成了山,你们的酒灌满了海","客人们对主人的盛情十分满意,可我这笨拙的嘴说不好道谢的词",表示对参加婚礼者们即将离开的惜别之情。

媒人颂词　流传于乐都、平安地区。是藏族成婚之日,请专人用韵语必须讲述的关于人类婚配起源及涉及婚嫁的各种事项的说词,民间叫"媒话"。内容丰富,宗教气息很浓,既有传统的说词,又有即兴创作,内容涉及天文、地理、伦理、仪礼众多事象。

2. 则柔

流传于尖扎、同仁、民和等地区,主题开始之前做层层铺垫,以类比的方式突出主题,如"够大叔们聚会时喝的了"的一曲,开头唱高僧出世了,白纸上写满的经文"够小僧人们聚会时念的了",接下来唱述好叔父出生了,野牛角弯成弓,"够小伙子聚会时射的了",结尾唱好姑娘出生了,用青稞酿成美酒"够大叔们聚会时喝的了",层层递进,主题明了。

3. 风俗歌

流传于化隆、循化地区。以当地特有的地方民俗为唱述对象,如农业区藏族农家在庄窠墙头四角置四块白石,以示镇邪驱灾,祈求平安吉祥"福泽绵长像直曲，永远川流不息"。还有"立经幡赞歌""新房祝辞""拔牙歌"等，都是按当地的习俗唱述，其目的为驱疫避灾，祈福纳吉，期望得到神佛庇佑。

4. 祭祀歌

出征歌　流传于甘德地区。是士兵出征前唱述的歌谣，开头祷告天地"呼遣随意的八部战神，今敦请诸神共同出征"，接着交代敌人的残忍狡诈，按宗教诅咒仪式诅咒敌人，祈求能得到上天的眷顾和帮助，战胜敌人"把握战斗的良机，恰在这个时辰"。通过出征歌，达到满足心里愿望、鼓舞士气的作用。

祀祷辞，祀祷仰重杰则神山，祷祀琼贡山　流传于班玛、玛沁地区。主要流行在山神信仰的藏区，唱述内容以叙事为主，多用夸张的修辞手法，层层铺垫，突出神佛的佛法无边，祈求能得到神灵的佑护，"常降安乐和吉祥"，"祈求赐予好造化，慰藉众心永太平"。

5. 赞歌

扎陵、鄂陵颂　流传于甘德、班玛地区。是赞颂扎陵、鄂陵二湖的歌，"请遥望那美丽的景色，唱一首歌儿赞天湖"，以众仙女在两湖之聚会开始，洋洋洒洒诵颂起来，起伏跌宕，回环往复，又以众仙女返驾告终，达到了歌颂二湖的目的。采用拟人的手法，糅合了神话、原始宗教，与扎陵、鄂陵二湖的古老传说结合起来，显得想象驰骋，光怪陆离，妙趣横生。

玛卿雪山颂，赞大武滩，尖扎赞，泽库赞，热贡赞　以玛沁、尖扎、泽库及同仁等地区本地山川为赞颂对象，运用大量的比喻和拟人，糅合当地有关的神话及其民间故事，突出此地的神圣性与宗教性，其描述气势宏大，瑰丽异常，极具想象力。

折嘎　流传于班玛地区。新年时说唱的吉祥词，说唱者在藏族群众中颇有威望，如自己所言有"大德大福""威力无穷""权力无比"，充分体现出藏族人民对语言的高度驾驭能力，对宗教的虔诚信仰，对未来幸福生活的无限憧憬和向往。此歌谣词意广博，涵盖面大，包括神话、英雄史诗、原始宗教以及种种人事和自然事象，以佛祖为至尊顶礼膜拜，以五世达赖为保护神而虔敬，一词一语均以"扎西德勒"为目的。

（四）情歌

选择 所有的歌谣都是围绕选择勤劳善良、坚韧朴实、聪明机智的人做"连手"展开，要避免"纨绔子弟""爱钱的姑娘"。运用大量的比喻和对比，表达出人们对高尚、淳朴的美好品质的追求，而鄙视浅薄无义之人。

相恋 运用类比的方式，以山盟海誓表达情人间的情义，如"闪闪发光的北极星，他是草原夜行的指针""女中佼佼的心上人，她是我活人的命根子""西海是高原的明镜，……情侣是人间的爱神"……以此歌颂爱情的美好与坚贞。

思念 歌谣中美好的爱情令人神往，但思念却使分居两地的情人饱受相思折磨，"心中的忧愁如云翻滚，笼罩的乌云难以驱散""热恋的人百年也不会忘记"……多运用类比、夸张的方式，表达出异地恋人对对方的思念、忠贞之情。

（五）生活歌

1. 欢悦歌

表达人们心情欢快愉悦的歌谣，此类歌谣语言轻快、明丽，所借代、比喻的事物都具有欢快、积极的象征意义。朋友来访、宴席聚会、赛马放牧都会有欢悦歌响起，表达出人们歌唱幸福生活、美好人生的心情。

2. 训女歌

训诫女儿如何为人处世的歌谣，如"辛劳是你最好的陪伴""袖口捂嘴怎么抵挡"，告诉女儿要勤劳、不多嘴。"媳妇心好全家乐""手艺使宾客欢乐"训诫为人妇要善良、和睦，会持家。歌谣开始多用比喻作铺垫，最后突出其主题。

3. 苦歌

表达苦情的歌谣，一般表达受剥削、压迫的穷苦人遭难受苦的歌。如"女奴之歌""差户苦""穷苦谣""受尽了人间的苦罪""人里头苦不过牧工"等歌谣，唱述了穷苦人所受到的残酷压迫，在抒发生活悲苦之际追问"为什么我的苦难这么大"，"如此苦难的生活呀，不知道推到哪一年"，追根溯源，认识到如此的痛苦是由"比豺狼虎豹还凶猛"的"三代马家"造成的，是"暴戾的马步芳害得叫苦连天"；"我们是班期乌拉（由民夫承担的差役），我们在人间地狱，老天啊老天，啥时候才能砸烂这个枷锁"，强烈抨击了军阀政府时期黑暗的专制统治。

4. 知识歌

最好吃的是青稞面　流传于尖扎地区。以类比的方式，从最好看、最暖和、最合身的衣服唱起，推出最好看的麦子面，最有味的豆子面，得出最好吃的面是青稞面，由物及人，"最显赫的是官儿，最威严的是来宾，最热闹的是歌手"。句式整齐，总起分述，举一反三，听来韵律整齐，声声入耳。

太阳·月亮·星星　流传于民和地区。通过温度、光亮区别太阳、月亮、星星，由此类比庄稼、燕麦、野草以果实的大小区别，喇嘛、官员、阿卡以地位的高低来区别。句式整齐，包含自然界丰富的知识。

相马歌　开始发出象声词"咯，咯，咯又嗦，嗦，嗦"，呼唤神灵，希望得到各个神灵的佑护，接着自我介绍"我相马人"来自哪里，相中的好马共有十一大优点，"如谁得到它，如愿以偿志满盈，时时福星会高照"。相马辞的内容说得确切，满足了在场人们美好的愿望，使人马得福，骑手无敌。

5. 思亲歌

在家全靠父母亲、见到美食想双亲　流传于尖扎、河南地区。以山、河的宽厚、润泽比喻父母亲的恩情，"维持生活全靠父母亲"，而"父母的恩情说不完"；"见到美食就想念双亲"犹如"见到草原就思念骏马"一般，表达了对父母的感激与思念。

念母歌 流传于班玛地区。开头唱述失去母亲之后的思念，接着回忆母亲养育孩子的辛苦，最后祝福母亲"在大千世界的空间里，让所有的福德积在母亲身上"。语句朴实，内容具体，在唱述母亲怀胎的一部分，细致入微，淋漓尽致地唱出了母亲怀孕的艰难，表达了作为孩子对母亲的思念以及感恩的拳拳之心。

6. 劝世歌

七戒 流传于班玛地区。以正反对比的方式，唱述人们戒与不戒的结果：老人无涵养，犹如腐朽枯树，"即便长寿有何益"？青年男女无教养，犹如饲养的牲畜，"能吃能睡有何用"？儿子儿媳无教养，犹如瞎眼的地老鼠，"虽有积蓄也枉然"。运用形象生动的比喻，表达出民众对真善美的向往与追求，对假恶丑的鄙弃。

牛犊苦歌 流传于班玛地区。以母牛自述的方式，唱述出相依为命的母牛与牛犊被主人无情分离，牛犊遭屠夫的宰杀，母牛唱述痛失孩子又眼见被杀害的"妈妈的心上万箭穿"的苦痛，字字血泪，表达出母子生离死别的悲苦。

狗之哀歌 流传于班玛地区。以狗自身悲惨的遭遇唱叙了"吃不饱，卧不暖""临终老了被抛弃，冻死沟壑太孽障"的一生，从而"奉劝人间善良妇，喂狗之事且莫忘"。以动物自身的遭遇，劝诫世人要有恻隐之心。

（六）传说故事歌

卡杰加罗 流传于循化地区。以第一人称自述的方式，唱述了卡杰加罗的一生。卡杰加罗是一位藏族人，因为被冤枉说杀了马步芳的士兵，而被马家军押到西宁，先监禁后斩首。在临刑时卡杰加罗唱了这首歌，既有回忆又有现实描述，表达了卡杰加罗被冤而无处申冤的悲苦激愤之情。

达努多 流传于循化地区。事情发生在甘加、拉卜楞一带。那里有牙什当和江玛襄两个村庄。有一年这两个村子的人发生了纠纷，结成冤家。藏族人的习惯是，男人在前方打仗，女人在后面搬运石块、枪弹和粮食。这次械斗，故事中的女主人公受了致命伤。她是江玛襄村人，情人是对方牙什当村人——他已有一个毫无感情的妻子。女主人公受伤后，情人连夜去看望，不幸的是，女主人伤重而死，情人悲痛欲绝，只好流着泪去送葬，用各种方式表达深切的哀悼。

文成公主之歌 流传于玉树地区。歌颂唐朝和亲而来藏区的文成公主，为藏区人民带来了百谷"五千种"，工艺百匠"五千五"，牲畜"五千五"，还有装满库的萨迦经典、妙手回春的曼巴和医术，并且教会了修建房屋的定居生活，留下了长袖善舞的锅庄。文成公主是"人间最好的呼图克图"[1]，"给我们造就了万年幸福"的人，表达了藏区人民对文成公主的感恩之情。

格萨尔王传 流传于青海广大藏区。其演唱属于大型的长篇叙事性长诗，并且是一种独具民族和地域特色的民间艺术形式。如《黑老鸦唱词》《珠牡唱词》《晁同唱词》《总管王唱词》《丹玛唱词》《白帐王唱词》等，以唱为主，用诗歌与散文相结合的形式叙述故事，展示了藏族古代的社会生活图景，描写了格萨尔王降魔平妖、抗敌除奸、保家卫国、为人民谋取自由幸福的英雄业绩，塑造了格萨尔这样一位英勇无比、超凡脱俗的民族英雄形象。在说唱时，采用了大量的谚语、歌谣、神话，通过各式各样的夸张、比喻、衬托、渲染、重叠等手法加以描绘，使主题不断深化，人物形象突出鲜明，以达到完美和谐之境，在语言运用方面，不仅通俗易懂，生动流畅，而且词汇朴素优美，易唱易说，读起来朗朗上口，一气呵成，让人回味无穷。

（七）儿歌

催眠歌 流传于循化地区。父母怀抱小孩轻声哼唱，渐渐地把小孩引入梦乡。此歌曲调优美，节奏舒缓，用词亲切，以小孩子感兴趣的小马、星星、喜鹊等唱述，让孩子在联想中，伴随柔和的声调入睡。

---

[1] 曼巴，藏语，指医生。锅庄，藏族舞蹈名称。呼图克图，蒙古语，高士、佛的意思。

对数歌，呵一犀牛有一角　流传于天峻、同仁地区。从数字一开始向上叠加，并相对应不同的动物，使小孩子在学会数数的同时，认识各种动物。叙述时节奏明快，活灵活现，有利于儿童智力的开发。

觅金砖，捉迷藏歌　流传于都兰、循化地区。与汉族的"古今儿古今儿当当，猫儿跳到缸上"类似，以一问一答的方式唱述，其问句前后联系，前一问为下一问做好铺垫，如"粮食在哪里？鸟儿吃掉了；鸟儿在哪里？猫儿吃掉了；猫儿在哪里？藏到草里了；草在哪里？犏乳牛吃掉了……"环环相扣，紧密联系，念来节奏鲜明，朗朗上口，生动有趣。

数九歌　流行于同仁地区。每年从冬至之日起，中国尤其是北方进入了数九寒天的时候。从冬至这一天开始算起，进入"数九"节气，俗称"交九"，以后每九天为一个单位，谓之"九"，过了九个"九"，即八十一天，即为"出九"，就要到春暖花开了。民间各地以"数九"方法打发寒冬时间。同仁县流传的数九歌亦饶有趣味："一九土地裂，二九石头裂，三九铁块断，四九公狼面部裂，五九母狼乳头裂，六九徒步者脱鞋，七九骑马者脱帽，八九黑驴撒欢，九九沟里冰消水流。"

三　回族歌谣

（一）劳动歌

打夯号子　流传于门源地区。是在夯筑土墙时哼唱的歌谣，由打夯者中一人领唱主词，其余人伴唱衬词。唱词诙谐幽默，节奏感强，其作用一方面是整齐打夯者的节奏与动作，另一方面在有节奏的号子声中起到消除劳作疲倦、振奋精神的作用。

打柴歌　流传于湟中地区。唱述打柴人的心境。在打柴时时节遇到阴冷的大雪天气，难以打到柴火，但打柴人抱着乐观的心态，有什么植物打什么柴，"步步的脚儿（者）游天下，到处是我们穷人的家"，表达出积极乐观的心态。

货郎歌 流传于西宁地区。共十节，主要唱述走村串乡的货郎一路辛苦做买卖，途中还献药救人，东奔西跑只为养家糊口的小盈利，却不料被"梁子"抢夺，发生争斗，只能"远走他乡"。表达了货郎生计的艰难，以及对美好生活的向往，"世道变太阳斩尽豺狼"。

织手巾 流传于西宁地区。主要唱述妹妹想要手巾，请来匠人织手巾，手巾不长不短三尺三，不宽不窄二尺二寸半，织上了孔雀戏牡丹、牛郎会织女、张生戏莺莺、陈姑赶船等民间传说，"万花的手巾织的好，匠人哥哥的手艺巧"，歌谣内容丰富，情节有趣，唱来很有趣味。

（二）时政歌

控诉歌 以马氏军阀统治青海时期为历史背景，控诉军阀政府专制残暴的统治，如"宁叫白雨打光，霎叫麻褐衫下乡"（麻褐衫代制崔征粮草的官府衙役）。衙门每一下乡，便捆绑吊打老百姓，搜刮民脂民膏，"百姓的血汗榨干""把穷人没顶个畜生"等，表现出在军阀统治下，老百姓生计的艰难，生活在水深火热之中。"征妇苦"中，征妇，即丈夫被拉去征兵，在家的妇人艰难生活，抚养孩子，等待丈夫的归来，这一切就是军阀政府拔兵造成的苦难。"高大人领兵""四季里行兵""送兵"等都是控诉兵役之苦让很多家庭流离失所、妻离子散，表达了民众对军阀黑暗统治的憎恨。

颂歌 以青海1949年解放为社会大背景，主要唱颂为老百姓带来光明、带来幸福生活的毛主席、共产党。"毛主席领导着解放了""毛主席抚养着长大了""毛泽东主席恩情长""共产党领导着前进""共产党指出了光明路"等表达了民众对毛主席、共产党的爱戴和感激之情。"十二月"流传于海晏地区，通过一年十二个月的变迁，唱述当地被解放的历史过程，表达了对毛泽东领导下的解放军的赞颂。

（三）仪式歌

主要是流传在门源等地区的婚礼歌。全部歌谣是按婚礼仪式的过程唱述，媒人从进女方家门说亲时开始唱述，极力夸赞男方和女方，借历史典故杨宗保和穆桂英的典故撮合二姓，歌谣每节以一种花起头，顺势而下，内容充满趣味，结尾"为民就把天下（儿哈）安了"，极具地方口语特色。"表礼"媒人夸赞两家的礼物，从穿戴、家具、房舍等一一表述，唱词不乏赞美之意。"表姑娘"反话正说，夸赞自家女儿的贤惠。"夸新娘"借用大量的比喻，从外貌长相到穿着打扮一一夸赞新娘的美。"夸东家""夸亲家"媒人赞美两家的富有、豪华，称赞两家姻亲的美满，意在让女方父母放心女儿以后的生活。"谢送亲说词"感谢女方送亲，以先人的规矩说起，两方婚嫁的适宜，以及感谢送亲人不辞辛劳来送亲，有唱有白，内容丰富，情感真挚。"什么上来一绺绺星""黄菊花""绿鹦鹉"等为宴席曲，是在把新娘娶进门后，由请来的"曲把式"歌手们当院边唱边舞，借以助兴取乐，烘托婚礼氛围。唱述内容有数字歌，也有问答形式唱述，唱历史典故，也唱农家生活以及对东家的祝福歌曲，内容丰富，情感细腻，极具民族与地方特色。

（四）情歌

初恋歌　流传在循化地区。"浮过黄河不算啥"，唱述水深浪大的黄河都挡不住我见"尕妹"的心，"绣女下楼"唱述绣女打扮精巧，为悦己者容，"尕妹妹的大门上浪三浪"突出对"尕妹妹"的爱恋之情。初恋歌谣表达了爱恋者真挚、热烈的情感。

热恋歌　流传在民和地区。"王哥来上工""活割了心上的肉""妹子""四季歌"四首歌谣均流传于民和地区，以月份或时辰的递增变化表达对恋人的爱恋与相思。句式整齐，情感细腻丰富，真挚地抒发了内心的感情。"一场空"流传于循化县，唱述了精心收拾的"阿哥"连夜去见心上人，却不料"她坐花轿嫁出百里远"，满心期待变成一场空欢喜，"看天天高叫不应，看地地厚叫不通"。歌谣情节曲折，感情表达细腻。

结婚歌 流传在循化地区。"乙布拉与奴格亚""尕买彦"等，以歌谣中的主人公命名，唱述两人两情相悦，在家人的帮助下，走上婚礼的殿堂，表达了有情人终成眷属的喜悦之情。

相思歌 流传在循化县。"千救万救没救下"唱述的是一个读书人，回学堂想念"尕妹妹"，于是撒谎请假回家看，结果"尕妹妹"却得病身亡，读书人满含悲痛埋葬了"尕妹妹"，"骂一声老天（者）太不公道，尕花儿的芽芽拿黑霜煞"。歌谣情节完整，情感波折，深刻地表达了痛失恋人的悲伤之情。"回十里""四季心里焦""曲曲心拐拐路"三首歌谣以空间或时间的变化，表达对离家在外的恋人的思念，时间递进思念更甚的情感。

送别歌 "送哥哥""送情郎""十送郎"送别歌，唱述不同的人在不同的地方送各自的情郎，表达对情郎远离的依恋与不舍。多采用借代的方式，表达情感，如"清水河里一对鹅""韭菜割断根还在"等借以表达送别的哀思。

（五）生活歌

1. 苦歌

尕女婿 流传于门源地区。主要唱述了因为"新媳妇岁大（者）新女婿小，老牛角挑唆者"要分开一对新婚夫妇。但新媳妇一心爱丈夫，应对各种刁难，使"老牛角的想心上可没到，老腐迷的想心上没到给"，表达了新媳妇敢恨敢爱的勇气和精神。

姑娘怨，海子车骂女婿，童养媳诉苦 分别流传于湟中、大通、民和等地区。主要唱述了旧时代一种畸形婚姻形式童养媳制下，童养媳在婆家遭受的苦难，怨恨自己家人把自己嫁给十多岁的尕娃，"又当妻来又当娘，不像媳妇倒像娘"，表达了对童养媳处境的同情与怜悯。

我活的人，哪一个就像我 流传于民和、门源等地区。主要唱述孤苦伶仃的光棍个人生活的贫穷窘况与困苦无奈，唱述直白，内容具体，多用对比的方式表现自己生活的苦难。

老来难，活人最怕老来难 流传于民和地区。主要唱述人进入老年之后的种种行动不便，生计艰难，还被儿女们嫌弃，由此想到曾经对儿女们的种种好，不由感叹"娘老子心在儿女上，儿女心在石头上"，从而规劝后人"对老人，莫要嫌，人生哪有尽少年？""你们老时怎么办？"，歌谣内容朴实真切，推己及人，教育后人，有很强的训诫意味。

2. 挑兵歌

流传在门源、民和、乐都、湟源等地区。"顺治年间挑兵歌""点兵""送兵""出兵"等歌谣，主要唱述清朝顺治年间及近代统治者强行拔兵，使广大人民妻离子散，家破人亡。歌谣反映了当地人民的这种悲惨遭遇。歌谣内容唱述统治者来拔兵，家中男丁被强行拉走，剩下的老人、妇女、孩子忍泪送别亲人，向天祈祷能够平安归来。"马步芳拔兵""四季歌""四季苦"等歌谣主要唱述马氏军阀统治时期，强行拔兵，当兵在外的人经受种种苦难，思念家乡，想念亲人，以及马步芳对当地老百姓的残暴统治的控诉，对共产党到来结束民众苦难生活的感激之情。

3. 劝世歌

劝戒烟 流传于民和地区。一共有十三节，前八节先夸赞各个地方的好，"我走过西北的各个省，各样的宝物说不完"，随后话锋一转，从第九节至结束，"万样的东西样样好，顶坏不过鸦片烟"，接着唱述吸食鸦片对于社会与民众的危害，让人"卖田卖地卖房产，卖儿卖女抽鸦片""吃烟的人儿鬼一般"，从而劝诫世人"千万嫑吃鸦片烟"。

赌博汉 流传于民和县。由"赌博香，赌博香，赌博比它种地强"起，反话正说，赌博的结果却是"腰里缠着半截布，腰里系着烂草绳"，那些为赌博不惜卖了田地房产和家人"临后输成净溜儿光"，以此实例告诫和劝诫民众，赌博给社会与家庭带来的严重恶果。

新五劝人心 流传于民和地区。劝干部"党的政策执行好"，劝保管们"账务账项记分明"，劝妇女们"集体事情多关心"，劝青年们"学习雷锋好榜样"，劝学生们"从小读书苦用心"，表现出社会主义时期民众对风清气正社会的期盼。

（六）传说故事歌

马五哥与尕豆妹 流传在西北各地。该故事是发生在河州莫尼沟多木寺的一个真实故事，唱述了回族姑娘尕豆爱上了邻村的青年长工马五，但尕豆被逼迫嫁给了马氏家族的幼子。在尕豆与马五幽会中，马五失手掐死尕女婿酿成命案。马家状告官府，最终尕豆与马五被处死。这一事件超出了一般意义上的情杀行为，且具有追求爱情自由、蔑视宗法礼教的意义，人们对尕豆和马五的悲惨命运寄予了深深的同情。

上新疆 流传在循化地区。歌谣中的"尕婆娘"十七岁被迫嫁人，婆家人看不起她，她经常被打骂，春天和女婿离婚后独自一个人过活。"大哥"自幼没了母亲，父亲娶了后妈，受不了气远走他乡，自己受尽后娘的折磨。在端午节上集市时，一对同病相怜的人碰到一起，唱述各自生活的艰难。两人有了共同语言，决定结为夫妻上新疆，开始新的生活。歌谣情节曲折，内容丰富，唱述了一段佳偶天成的美好故事。

三睡梦 流传于大通地区。主要唱述了唐王爷晚上做了三个梦，早上起来叫文武大臣来解梦，并恩威并施："圆好睡梦官上加官职上封，十万里江山四六分；圆不好睡梦杀掉你们满门家眷罪不轻。"解梦表明唐王爷寻找梦中正官，几经寻找毫无结果，最后在自家找到"正宫还就是你的三冤家"。歌谣靠头设置悬念，引人入胜，情节波折有趣，结果出人意料，意味寻常。

（七）儿歌

尕尕听话，尕尕快长大，阿妈的尕尕瞌睡了 流传于乐都、循化等地区。在回族方言中称小孩为"尕尕"。此类歌谣都是摇篮曲，语句简单，言语简洁，唱起来声音和声细语，加之母亲对幼儿的轻抚，易让哭闹不已的小孩得到安慰，放松心情，在柔和的歌声中容易静静地入睡。

事物歌 用歌谣的形式介绍一样事物，语句简单通俗，使小孩子容易理解和记住，且在玩耍中接触到新鲜事物，益于孩子智力的开发，"马儿坡上一只羊"告诉孩子们羊的用途，"喜鹊戛戛戛"，喜鹊是喜庆的吉鸟，人们听到喜鹊叫，就预示着家中有亲戚来，生动有趣。"二干子"唱述一个衣着讲究的人外出，遇到一个异于常人、处事鲁莽的"二干子"，二人一番较量的故事。在逗孩子一乐的同时，让孩子学会分辨是非。

游戏歌 流传于循化地区。数字歌曲，让孩子在游戏的过程中学会数数，其中夹杂乘法口诀，如"抓九克，你九克，我九克，二十七个元宝当枕头"，得出数字的乘法结果，能锻炼孩子的反应能力。歌谣篇幅较长，语句短小，孩子在玩耍时靠记忆展开，有利于开发孩子的智力及反应能力。

四 土族歌谣

（一）劳动歌

土族的劳动歌有打墙号子、打夯号子、拉磨号子、抬木号子及拉木号子等， 流传于互助、民和等地。打夯歌、拉磨歌、抬木歌，或较长或短小，一领一和，一唱一应，歌词内容一般与劳动内容无关，但与具体劳动过程的节奏相一致。打墙歌句子长短不一，由主唱领唱，众人合唱，应和歌词是相同一句，语句简单，开头衬词在，后是与劳动内容相关或无关词句，通过对某种物体的类比和形容，更加突出了所述对象的形体特征。如"嗨呀日赛，夯儿俩夯／嗨呀日赛，就这么夯／嗨呀日赛，窝坑里夯／嗨呀日赛，尖尖上夯／嗨呀日赛，美美价夯／嗨呀日赛，就这么夯"。这有利于劳动过程中动作的协调，也减轻了劳动中的疲劳，提高了劳动效率。

（二）时政歌

土族民众通过歌谣唱述毛主席、共产党，并表达对毛主席、共产党的感恩和赞颂之情。如"土民爱的是共产党""人间的黑暗一扫光""好不过毛泽东时代""共产党的恩情说不完""生活像才开的牡丹"等，以类比的方式形象地表达出没有毛泽东和共产党就没有幸福生活的真理。对于幸福生活的唱述，主要采用比喻和对比的方式表述，如"从前的苦日子像黄连……今天的生活乐无边""新中国成立（的）才八年，赛过了过去的百年"等，以现在安稳的生活与过去的困苦生活做比较，突出新时代新生活的幸福。

（三）仪式歌

1. 婚礼歌

迎娶亲人歌 流传于互助地区。常用"纳信妥偌"曲调①，接受"纳信妥偌"是婚礼的第一个场面，当迎亲纳信走到离女家门不远的地方，穿着民族服饰的阿姑们蜂拥而来，接受纳信礼物。歌谣开头以喜鹊的叫声预示喜事"纳信妥偌"的到来，接受了纳信礼物，后分春、夏、秋、冬，假意嫌弃羊肉的不好，表现出浓郁的地方民族传统习俗。

盘问娶亲人歌 流传于互助地区。唐德格玛曲调，在婚礼第二场中唱，以阿姑们的提问、纳信的回答展开唱述，"我们的歌儿要回答，回答不上来请回家"，唱词前后铺垫，句末押韵，朗朗上口。

骂娶亲人歌 流传于互助地区。即骂婚歌，是婚礼第三场，当纳信等一行人坐在炕上喝茶、吃饭的时候，阿姑们从窗外唱起逗笑、嘲弄的歌，如对纳新姑爷的嘲讽，"纳信姑爷的走手哪，老母猪那样难看哪"，"蹲下的姿势，像一捆豌豆草。站起来好像个，一棵歪脖树"……对此，纳信听了并不生气或反感，还要说她们唱得很好听。唱词内容丰富，风趣幽默，表现出土族阿姑们丰富的想象力。

新郎歌 流传于互助地区。娶亲之人与纳信一起去迎娶新娘，新郎在

---

① 纳信妥偌：此歌为一种五声羽调式曲调。纳信，一译为纳什金，是娶亲人。"妥偌"，为迎亲人拿的礼物。

新娘家唱的歌，新郎故作可怜之态，把自己比作没有父母的孤儿、马驹、羊羔，以此求得阿姑们的同情与原谅。歌词短，形象塑造生动有趣。

新娘改发歌，新娘上马歌　流传于互助地区。又称"依姐"，在婚礼上一般唱两次。第一次在新娘改发式时唱，主要唱述仪式的内容，从鸡叫之时开始，新娘姐姐们和新郎进入姑娘房间，一一展示所带来的衣服、首饰，梳改发式，并给新娘打扮。第二次是在上马启程时唱，其内容为新娘被请到堂屋坐在"红白锦毡"上，仪式开始，一一介绍摆在新娘附近的佛经、柏香、佛灯、筷子、牛奶、茯茶、羊毛、粮食的象征及其代表意义，唱词前后互为补充，互为铺垫，内容丰富有趣。

东家门前舞蹈歌，抬嫁妆箱子　流传于互助地区。唱述内容是当送亲人来到男方家大门前时，东家做好一切迎接准备，其现场的布置蕴含着对新人祝福的意味，"东家献的好哈达，这不是普通的哈达，是西藏产的缎哈达，是北京产的彩哈达，是安多产的丝哈达"，歌谣层层递进，渲染喜庆气氛。在抬新娘嫁妆进门的时候，唱述新娘的嫁妆。"嫁妆箱子到来了，犏牛骡马带来了，金银财宝带来了，粮食油脂带来了，儿女孙子带来了"，歌词极富喜感，充满新嫁娘到婆家以后对幸福富裕、人丁兴旺的期待。

宴席敬酒　流传于互助地区。在婚礼宴席开始后唱的歌，有合唱和独唱形式，主要唱述对新娘新郎的祝福、对亲朋好友的感谢以及对东家的赞美，表现出婚礼的热闹有趣与主客之间的和睦相融。

2. 祀奠歌

谢恩歌，喜讯歌　流传于民和县三川地区。是在举行"纳顿"的祭祀仪式上唱的歌，《谢恩歌》歌中主要是答谢河州卫、西宁卫、三川五大堡等地福神保一方平安、惠赐百姓的深恩。在"会手"舞表演第二遍时，唱《喜讯》，形容和赞美地方福神尤其是二郎神的服饰穿戴、坐骑、用具及神威仪态，答谢众神灵降临会坛与民同乐的恩惠，其内容极富信仰色彩。

二郎传，洗神歌　流传于民和地区。是在为二郎神装脏仪式上的歌，主要唱述二郎神的身世由来，情节紧凑有序，语言通俗易懂，表现出二郎神特殊的成神历程，"上披黄金锁子甲，腰系盘龙带一条；青面红发显威灵，灌口青城独为尊"。《洗神歌》是法师为二郎神开光点睛仪式上唱的歌，给二郎神开光点睛，且穿戴一新，使他具有神气和灵气，就像被洗过一样，能够护佑一方平安的"清源妙道护国崇宁真君"。歌谣内容充满二郎神信仰色彩。

十二属相歌　流传在民和地区。共十二节，分别唱述十二属相的个性特点，以及各属相在十二时辰相对应的当值时辰，如"猴没有记心不周全，它见老狼受苦难，申时时刻来当值"。内容生动有趣，十二属相个性鲜明，也是一首传播民间十二属相的知识歌。

（四）情歌

主要流传于互助、民和等地。内容多唱述恋人或情人之间的真情实感。如"贴心挨肉的哪一个""哥妹心相连"等，多用比喻、夸张的手法表现恋人的貌美，以及对恋人的爱恋和思念。"库咕加"（意为对歌）以对歌的形式，唱述一对恋人的相恋与相思："箭干白菜长上来，留恋的花儿唱上来""铁里好不过刀口铁，人里好不过哥的妹""水盘轮来轮盘磨，我伴你来你伴我""挖开沙子盼金子，不盼妹子盼啥呢"……语言通俗易懂，情节波折，形象塑造生动真实，表达了对自由、美好爱情的向往与追求。

（五）生活歌

登登玛秀　流传于互助地区。这首歌叙述了一位土族姑娘在不平等婚姻制度下所遭遇的不幸。天天吃不饱，穿不暖，还要遭婆家人的打骂折磨，并详细唱述了自己"扭达尔""长袍""绿腰带""红裙子"等从头到脚服饰的破烂，表现这位姑娘生活的艰辛与悲惨，表达了对专制婚姻制度的控诉。

服饰歌，安昭舞歌　流传于互助地区。主要突出互助土族特有的风情，如土族服饰"绯红彩云飞满滩""黄锦缎的帽边闪金光"的艳丽；安昭舞是互助土族圆圈舞的名称，围绕着家庭转槽或在平坦开阔场上拉开圆圈跳起，边唱边跳"春季里来春风吹，百鸟齐鸣草萌芽""秋季里来秋风凉，吹动庄稼似波浪"，表现了互助土族的民族特色。

打秋千歌　流传于民和地区。以男女问答的形式，唱述一个叫芒古代的青年男子，向一个叫诺吉来的姑娘求婚的过程。男方一再要求进女方家，姑娘不许，男方要叫姑娘的爷爷、奶奶、父亲、哥哥等出来答话，但都被姑娘婉言谢绝。

（六）传说故事歌

混沌歌　流传于民和地区。在民间又称为《三教明主歌》，在举行婚礼的夜晚，由男歌手们以问答的形式演唱，第一部分主要唱述混沌天地间盘古出生，开天辟地，女娲平定天地，天皇地皇人皇出现，繁衍人类。第二部分唱述道教、佛教、儒教的产生由来，得出"金丹舍利并仁义，三教原本是一家"的思想意识观。

拉仁布与吉门索　流传于互助地区。堪称土族的"梁山伯与祝英台"叙事长诗，长达三百多行，全诗以讲唱为主，共分 8 个章节，讲述的是财主家的姑娘吉门索，与出身贫寒的牧工拉仁布相识相爱、私订终身，但遭到吉门索的哥哥及嫂子百般阻挠，拉仁布被害、吉门索以身殉情的爱情悲剧。故事完整，结构清晰，层次分明。演唱的曲调独特，表达了土族民众对黑暗专制社会的控诉，对自由和美好爱情的向往。

祁家延西　流传于互助地区。此歌谣篇幅较长，以对唱形式为主，唱述了土族杰出英雄祁延西为维护国家统一、疆域完整而不顾年迈体衰，毅然率领子弟抗击入侵之敌，大获全胜，却遭到柴总兵屡次的暗算与无端陷害，最后英勇献身的事迹，歌颂了土族心目中的英雄。

（七）儿歌

叫太阳，喊羊羔，扑噜噜　流传在民和地区。这几首儿歌是在孩子们在外游戏时唱的歌，如"鹁鸽叫，斑鸡叫，喜鹊喳喳叫，哪一条路上走哩？挣脱时噗噜噜"。伴随简单的肢体动作，边玩边唱，歌词简单易懂，充满童趣。

阿姑儿巧，阿姑儿美 流传在民和地区。这两首歌谣是女孩子们在游戏时唱的，围绕小姑娘的"巧"、小阿姑的"美"展开唱述，突出阿姑"嘴巧手巧心儿巧，阿姑大了绣金线"的巧，"圆圆脸儿小小嘴"的美。

骑着那个猫儿 流传在互助地区。是感官认识动物的知识性歌谣。在歌谣中以重叠反复的形式"骑着那个"猫儿、黑猪、鸡儿、狗儿、牛儿、马儿等，"骑着那个牛儿呀，麦场周围绕着转；它的眼睛鼓溜溜，它的鼻子扑嗖嗖，噢唏那样喊一声，哞哞这样叫着呢"，通过这样通俗易懂的描述，进而认识这些动物的外在特征与习性。

五 撒拉族歌谣

（一）劳动歌

伐木号子 流传在循化地区。这是撒拉族民众在伐木过程中的号子，以一人领唱、众人合唱的方式进行："领：大家套住绳子，众：吆——呀！领：走了呀啦呀！众：嗨——呀！"众人套住拉木的绳子，领唱时，众人有节奏地呼应，来协调动作、统一行动，同时消除疲劳。在一唱众和、简短急促的歌声中，把木头拉走。

打墙号子 流传在循化地区。在修建宅基地打墙时唱的歌谣。打墙时一部分人在墙板里光脚踏土，另一部分人用铁锹往墙板里撂土，其中一个人或数个人领头起号，众人有节奏地呼应："领：打墙的板呀，众：上下里翻呀！领：踏着好是，众：看着好呀！"有强烈的节奏感，同时也有鼓舞众人在劳动时的有机配合与合作。

上水里拉船，渡船号子 流传在循化地区。积石镇的伊麻目渡口是黄河上游的古渡口之一，该渡口使用长约12米、宽约7米，内置三杆大桨的木船，1956年在此修建黄河大桥前一直摆渡过河。这两首歌谣就是在这种情形下产生的，一人领唱，众人合唱。开始时，嘹亮、凝重："领：船绳解开了呀！众：知道了呀！领：船身动弹了呀！众：动弹了呀！领：船儿摆平稳呀！众：噢伊呀！"领唱起指挥作用，以此协调动作，众人合唱的几乎是同一句，来呼应领唱，使众人的动作一致。起船终号时，调子变得舒缓轻快，显示出撒拉族民众逐浪黄河的倔强与气概。

收割号子，连枷号子　流传在循化地区。夏末秋初季节是青海沿黄河两岸收获的时节，但因高原气候变化无常，为抓紧时机龙口夺食，就用号子的形式激励众人一鼓作气，快割净收："男：姑娘们使劲儿干！女：哥哥们使劲儿干！男：我们割得快！女：孕驴驮得快！"打连枷是在收割庄稼以后打碾时唱的号子，均以节奏明快，曲调优美的男女对唱形式，协调劳动动作，并激励对方加快劳作，提高劳动效率。

（二）时政歌

主要流传在循化地区。以颂歌为主，有"共产党恩情盖天下""好日子过下的顺当""新循化"等，歌颂共产党，歌颂幸福生活。开头都以类比的方式展开，如"马里头好不过八骏马，鸟里头好不过凤凰"，以此突显歌颂的主题，歌谣简单易懂，情感轻快、明丽，表达了撒拉族人民过上幸福生活后，对共产党的赞颂和感激之情。"撒拉艳姑娘赶街"以撒拉姑娘上街买东西为线索展开叙述，来赞颂农村经济的发展变化，民众过上了富裕生活。

（三）仪式歌

1. 婚嫁歌

婚礼赞词　在撒拉族结婚仪式上，娘家人所唱的赞词，唱述世上最受人尊重的人，阿訇、老汉、阿舅、给百姓办事的人、媒人，并一一唱述其受尊重的原因，接着唱述谁是我们最珍贵的人，最后唱述新娘的贤惠。歌谣内容丰富，比喻生动，用词精练，表达了真诚之情。

撒赫稀　即哭婚歌。是在撒拉族中广为流传的哭婚调。在哭词中充分表现了新嫁娘在家中尊老扶幼、上下有序的民族伦理道德，感谢娘家亲人费尽心血辛勤养育的恩情，并向娘家人留下良好的祝愿，表达了撒拉姑娘出嫁前对家人的不舍与眷恋之情。

2. 丧葬歌

"哭媳妇""韩营长"两首哭丧歌谣，分别哭过世的媳妇，哭在前线作战而亡的丈夫。抚今追昔，失去亲人的悲痛之情，难以自拔。歌谣内容丰富，情感丰满，字字血泪，唱者不忍吟，听者不忍闻。

3. 风俗歌

新庄廓牡丹般的开　撒拉族民众新打庄廓后唱述的歌。开头感谢到来的亲戚邻居们，接着运用比喻夸张的手法，夸赞新打的庄廓，"房子是命中福，人是房中的客"，最后祝愿住在新庄廓中的人家尊老爱幼，生活幸福。

盖房诵词　从盖房请木匠开始唱述，到打线锯料，刻花雕草，费尽木匠的心思，盖成的新房希望得到真主的福佑，并感谢亲戚朋友的帮助，使"新房里增光彩，儿孙满堂福满门，平平安安过日子"。

（四）情歌

玉尔　用撒拉族语言演唱的情歌。共二十一节，以男女对唱的方式展开，一人唱三节，一唱一和，借用类比的手法，表达出情人之间的真挚爱恋。

山丹花　共八节，多用比喻表现内容，唱述了富人家的孩子和穷人家的孩子的不同，富人家的孩子因为穿戴好，华丽威风，但"心狠手毒短仁义，他不是维人的好'下家'"，穷人家的孩子穿戴虽破，"但心好义长维人高，真是阳间的人梢子"，表达了对为富不仁的鄙视和对人穷志高的喜爱之情。

（五）生活歌

1. 苦歌

马步芳拔壮丁　共七节，从一月开始唱至七月，描述军阀政府拔壮丁带给普通百姓的苦难。家中的壮劳力被强行征兵而没有了劳动力,老人们种不了地;被拔来的新兵吃不饱,穿不暖。直到七月份,"打倒的马家跑台湾"。人民解放军打跑了马家军,穷苦百姓得以解放,表达了对马步芳黑暗统治的憎恨之情。

索菲娅诉苦　唱述一个少女嫁到婆家后遭受的种种苦难,内容与汉族《方四娘》相似,她"一年四季的牛马活,眼泪洗脸汗水冲",勤苦无休止,仍然受到公婆指责是"懒干",丈夫更是凶狠打骂暴戾"听不成的坏话把我骂,四股字麻绳背绑下,大房的悬梁上挂上打",婆婆过来锥子戳,小姑子上来撕耳朵,如此受尽了百般折磨。

孤儿歌　以儿子和母亲的对答方式展开唱述,其内容主要是儿子询问母亲自己的父亲在哪里,得知父亲被阿舅杀死,便骑马奔向阿舅家,替父报仇,表达了一个孤儿对已逝父亲的思念,以及对杀父仇人的憎恨之情。

墙头上的野鹊　以喜鹊为喻,唱述了一个当家的人即将远行,临走对家事一一作了嘱托,骡马牛羊的喂养、庄稼的耕种、弟弟妹妹的照顾等,表达了对家人的不舍与牵挂。

2. 知识歌

阿丽玛　此歌在回族、土族中传唱。以歌谣重叠反复的形式,介绍什么样的花儿是好花儿,接着通过对头饰、衣服和鞋子的不同款式、穿戴,依次介绍了"鞑子婆"(即蒙古族妇女)、"撒拉婆"(即撒拉族妇女)、"西番婆"(即藏族妇女)及"土人婆"(即土族妇女)的不同特点,极富民族特色。

巴西尕尕　在撒拉语中"巴西"是"头"的意思,"尕尕"是"哥哥"的意思。先是唱述介绍了巴西尕尕从头到脚的装扮穿戴,接着唱述巴西尕尕一路追寻自己的花斑马的过程,在路上碰到汉人尕娃、藏民尕娃、撒拉娃娃请他吃喝,但他从"翻越三十架山的路途",到"四十座山的正中间",历经辛苦坚持寻找,最后在"一处群山绿树环抱的天池边"找到了花斑马。故事情节曲折,结构完整,情节波折,在讲故事的同时,传达了撒拉族特有的民族语言特色。

（六）传说故事歌

韩二哥 这是流传在撒拉族民间的歌颂韩二哥的历史歌谣。乾隆四十六年（1781年），撒拉族人民在苏四十三和韩二哥的率领下，举行了声势浩大的反清起义，歌中描述了韩二哥率领撒拉兵攻克河州、攻打兰州的片段过程，带有纪实性，表达了民众对韩二哥英勇事迹的赞扬与歌颂。

阿舅日 这首歌谣与《孤儿歌》内容基本一样，但二者的唱词与表述风格不一致，在这首中主要是外甥与阿舅的对唱。按理说阿舅外甥亲，阿舅是外甥的骨头主儿，但此述了外甥奉皇帝之命来杀阿舅，阿舅家有三千家丁，外甥英勇面对，与阿舅展开激烈的较量，其结果是将作恶多端的"阿舅（日）的个多罗①（哈）城门外头挂呀"。

（七）儿歌

皇上阿吾尼，阿妈的阿姑妮，阿吾尼，阿娜妮 "阿吾尼""阿姑妮"是对男女幼儿的昵称。以撒拉族特有的语言唱述，翻译为汉语，仍然保留了原歌谣语义简单、通俗易懂而又生动有趣的特点，称心爱的孩子是"皇上阿吾尼""金子阿吾尼""银子阿吾尼""阿訇阿吾尼"，"甭哭，甭闹，红红的腰带给你系，新新的衣裳给你穿，皇上的帽子给你戴，阿訇达斯达日头上缠"，边哄孩子边轻轻吟唱，使幼儿在温馨柔和的歌声中安然入睡。这些歌摇都是摇篮曲。

月亮在哪里，背背上 是撒拉族儿童游戏歌。小孩们聚集在一起，边做游戏边唱的歌，歌词简单、短小，易于记忆。此游戏需要和其他人的协助合作才能完成，利于培养孩子的团结互助能力。

事物歌 以撒拉族语言的特有方式，唱述不同事物，如五指游戏、麻雀、嘎拉鸡、蜗牛、老鹰、宰羊、鸡蛋换线、落山的太阳等身边所见之物，

---

① 多罗：青海方言，指人头。

在儿童一问一答中进行玩耍，歌谣内容丰富，简单有趣，朗朗上口，让儿童在游戏唱和中认识了解各类事物。

六 蒙古族歌谣

（一）劳动歌

生活在柴达木盆地草原上的蒙古族，其劳动歌主要描述劳动过程及生活情景。如"擀毡赞歌"唱擀毡劳动结束时，众人聚在一起，由一人唱祝赞词，主要赞美所擀的毛毡"像蟒缎""像地毯"，美观又实用，然后大家举杯欢唱，祝愿生活幸福。"骟马歌""骟牛歌""骟骆驼歌"及"骟羊羔歌"等，主要在阉牲畜前后举行简单仪式时演唱，其目的是祝福自家牲畜众多与兴旺。"打酥油歌"以打酥油者数一二三等数字为主，一边演唱，一边配合音调双手上下搅动，一直唱到打好酥油为止。"狩猎歌"是打到猎物后唱的歌，含有感谢天神地祇的祈祷意味。

（二）时政歌

"永远跟着共产党""我们蒙古人民的家乡"，主要通过歌唱幸福美好的生活，感激共产党带给了人们幸福的生活，表达对共产党的赞美之情。

（三）仪式歌

1. 祀典歌

祭海歌 这是在每年七月间蒙古族民众在青海湖畔举行祭海仪式时所唱述的歌。其内容主要是描述祭海的盛况、参与人物及祭海情景，其目的是"愿吉祥如意，尊贵的海神保佑我们一帆风顺"。

祭火祝词 祭火是青海蒙古族的传统信仰民俗之一，是每个喜庆宴会必不可缺的例行仪式，其内容主要唱述火的使用，给人类带来的好处，祭祀崇拜的火神，"愿闪烁金光的火神啊，保佑我们幸福无边！"

2. 礼俗歌

"羊肩胛祝词"是表现吃羊肉中的珍品肩胛骨时，对献肉者的感谢和祝福。"阿斯哈努日古"是"脊椎骨问答"的意思，柴达木盆地的蒙古族在举行庆典或招待贵宾"乌查"宴时所唱，以一问一答的方式，巧妙的比喻，形象地叙述羊脊骨的一种游戏。"蒙古包赞"是蒙古族搭起新毡包时，在祝贺新蒙古包落成仪式上所唱的歌，唱述蒙古包的搭建、内外结构等方方面面，表现出蒙古族人民的精巧手艺。"摔跤歌"是在摔跤比赛开始前，摔跤手由自己的伙伴扶着，戴蒙面布出场，边跳跃摆动身体，边说一段摔跤词，"像牦牛犄角冲锋对跤""大鹏展翅似的跳跃场上"，说完摔跤词后便迅速揭去蒙面布开始比赛。"剪发祝词"是在蒙古族传统习俗中，孩子到了三岁，即举行剪发仪式时所唱的歌谣，其内容主要是选定良辰吉日，请来亲朋贵友，"剪你乌丝般的头发"，祝福孩子长命百岁，幸福安康。

3. 婚礼歌

骏马赞，赞骏马词 马是蒙古族日常生活、生产劳动中必不可少的重要交通工具，因此，蒙古族对马有着十分深厚的感情，在婚礼中也有很多赞美骏马的歌谣。"骏马赞""赞骏马词"都是在蒙古族举行婚礼的前一天，新郎送女方家一匹精心挑选的骏马，配备崭新的鞍鞯和辔头，以回报母恩。在送到女方家后，由一位长者朗诵赞马词，这匹马有"大象般魁梧的头颅，启明星般闪烁的眼睛，苍狼般灵敏的四蹄，丝绵般飘洒的长鬃"，然后郑重地交给女方手中。这匹马是男方家最好的马，是迎娶新娘时新娘骑乘的马，女方的外甥骑上马驰骋一圈后大家评论一番，感到满意后，由一人代表在场的人唱"赞骏马词"，唱述内容主要是夸赞骏马的外形与品质"身段像锦旗一样，四肢像飞快的野兔一样，长长的耳朵机敏地竖着，铜铃似的双眼像闪电明亮，四腿像黄羊那样有劲修长"，凸显蒙古族对马的亲密和珍爱。

献整羊祝词 献整羊是海西蒙古族婚礼中的一个重要仪式，在婚礼前一日，由男方家人向女方送一只宰好的整羊时唱述的歌谣，其内容主要是赞美羊的外形，羊的内脏结构、骨骼构成及羊肉的鲜美等，这只羊必须五脏六腑俱全，"珍贵而丰满的整羊肉，这就是具备吉祥的象征"。

婚礼祝词，新郎祝词，新娘祝词　"婚礼祝词"是蒙古族在婚礼仪式上，男方送礼物，给女方亲属们搭上哈达后，请一位老者给新娘新郎致的祝词，主要是欢迎前来的亲朋好友，以及祝福新婚夫妇幸福美满，子孙万代万事如意。新郎、新娘祝词是婚礼中女方父母及长辈赞颂新郎，男方父母及长辈祝福新娘，教导新婚夫妇"处世接物要把得稳，处处尊重年老的长辈，时时爱护自己的孩子"，且多用蒙古草原特有的事物为喻，表达对新娘新郎的美好祝愿。

枣红马，愿博格多保佑她　这是蒙古族在送新娘时的仪式歌，新娘出嫁前，娘家人送新娘上马，"勒紧枣红马的缰绳，准备远走他乡"。向神灵祈祷，希望新娘以后的日子幸福美满。

拜太阳、月亮诵词　这是蒙古族婚礼上新郎新娘结为夫妇后，向着日月表示忠贞爱情的仪式。在新蒙古包门前铺一条白毡，摆好桌子，献上象征最珍贵的食品与酒，用青稞粒摆成吉祥图案，让新郎新娘同拿一根连髁的髌骨肉，跪在吉祥图案上拜太阳拜月亮。同时，由一位长者致"拜太阳、月亮诵词"，"高举起喜宴的第一杯美酒，向金色的太阳叩拜许愿""向明镜似的月宫叩拜许愿"，充满了对日月的感恩之情，对新婚夫妇美好祝愿之情。

宴庆结尾祝词，红岩山的清泉，赛汉杭盖的鹿　是蒙古族婚礼宴席即将结束时的祝词，主要唱述"喜庆的喜酒该喝结束了"，以夸张和比喻的手法表现希望以后的生活有"喝不完的马奶酒，吃不完的马奶食"，"让主宰山水的神灵，保佑大家平安回家吧"，表达对美好生活的祝愿和亲朋好友的祝福。

（四）情歌

1. 赞慕歌
柯克姑娘，美丽的姑娘　主要唱述未婚青年表达对心仪姑娘的爱慕，多用形象的比喻之词，生动而热情洋溢地唱述姑娘的美貌和自己的爱恋之情。

2. 初识歌
相识之后，相会在美丽的草滩上　主要唱述青年男女从相识、相知到相恋的爱恋之情，多用比喻表达内心的愉悦，"自从相思河畔相识后，就像串串相连的甜葡萄"，语句清新明快，情感丰富热烈。

3. 热恋歌

就是天塌了也不分离，有情人不怕地球翻，天涯海角我想跟，我如果离了你就活不成　主要唱述处在热恋期的情人海誓山盟，多以"西海一样万年青""鱼儿离不开清水"等比喻，以表达对对方"河深不怕太阳晒，山高不怕风暴摧"的真挚热烈情感。

4. 相思歌

丢下亲爱的哈妮，往日的好时光真难忘，年轻的好时光，旧情难忘这些情歌都是表达离别情人的相思与爱恋之情的歌谣，多用夸张、比喻的手法，表达心中的真情实感。

5. 苦情歌

来世再做交颈鸟，何必再爱我，爱在心灵　主要表达情投意合的恋人，因情变或被他人横刀夺爱或男女双方出身不对等原因而分开，但在被迫分离之后，相互思恋，表现出悲痛与苦闷的情感。

（五）生活歌

1. 劝诫歌

好心对待生活，莫参与邪恶事　这几首歌谣用"走马""飞鹰""雪鸡"等作类比，劝诫人们要"真诚地""宽宏大量地""善意"对待他人、对待生活与事物，遵循做规矩的人，不参与邪恶的事，表达了对真善美的追求。

2. 家乡赞

辽阔的柴达木，北方的檀香树，思念我的故乡　歌谣以柴达木盆地的山峰作比喻，以优美的词语赞美家乡；在外的游子每每用金色骏马表达对父母、对家乡的思念、热爱与赞美之情。

3. 酒歌

初十升起的太阳，请喝节日的美酒，共饮美酒欢乐　这种歌谣有边划拳边歌唱的划拳歌，如"十五的月亮升起来呀，是辽阔天空的灯笼，啊哈嗬咿啊哈嗬咿，五经魁首五经魁"，重叠反复，节奏明快，表现出蒙古族特有的语言及内容，"把你的雪青马调养好，同你的恩主在一起，同饮节日的美酒"，对马的赞美始终贯穿在歌谣之中。

4. 赞马歌

秀青马，金色的杭盖　前一首是送别歌，后一首是出征歌，都是通过形象的比喻，通过描述骏马的外貌、体形、奔跑的速度，通过对骏马的奢华装扮来赞美骏马，表现了蒙古族与马之间的亲密关系。

（六）传说故事歌

尕斯湖畔的白芨芨草　流传于格尔木地区。主要唱述罗卜藏丹津承袭父位，担任青海蒙古族的首领后，发动反清起义，但因寡不敌众而战败，离开青海前往故土准噶尔。这首歌谣，据说是罗卜藏丹津经过尕斯滩，翻越格里大坂，前往准噶尔之际非常思念家乡而编唱的，其主要内容是想起自己曾经叱咤战场，现在结果却出人意料，开始怀疑"发起这场事件哟，难道是丹津的过错吗"，就算眼前的条件再艰苦，只要能回到家乡，一切都不算什么，表达了对家乡的深切怀念。

娜林戈壁的枣红马　流传于格尔木地区。是一首以史诗的表达形式赞颂历史人物的民歌，歌谣唱述了许诺年幼时就名声在外，却永远也不回来了，以雄鹰、蟒蛇、鸿雁与许诺对比，衬托出许诺的英勇，表达人们对许诺的崇拜与思念之情。

勇士宝海之歌　流传于都兰地区。主要唱述宗加勇士宝海因青马的死被王爷驱逐出宗家旗，在离开了家乡和亲人时，回忆自己的英勇杀敌，渴望能够继续留在家乡，表达了对家乡和亲人的恋恋不舍。

（七）儿歌

换牙歌　流传于都兰地区。唱述了蒙古族小孩换牙时，让小狗把掉下来的牙吃了，期望小狗能"把结实的好牙赐给我"，借巫术信仰表达美好的希望。

承载歌 流传于乌兰地区。以顶真的手法，唱述出大地、河水、冰川、骏马、马鞍、好汉、脖颈、头颅、帽子所承载的事物，来帮助儿童认识自然事物。

问答歌 流传于格尔木市。以两人之间问答形式进行十二生肖的对歌，一个很有兴趣地问，另一个有节奏地诵说解答，生动有趣。

问数歌 流传于格尔木地区。以问答形式问数，十之前以动物数目回答，十一之后以属相、节庆日回答，有利于儿童记住数字以及锻炼其表达能力，是一种益智性的歌谣。

三个桩子 一种手指游戏中所唱的歌谣，伸出不同手指数目，对方以形似或神似事物来回答，有利于锻炼儿童的识数能力和反应能力。

第六节　民间谚语及俗语

一　事理类

（一）说理

1. 重理

海北地区：理字不重，万人难动。

化隆回族地区：理字没多重，万人搬不动。

乐都地区：走遍天下，理行为大。

海南地区藏族：黄金越炼越纯，道理越辩越明。

海东地区藏族：面条越揉越精，道理越辩越明。

湟源地区：国家一个王，天下一个理。

2. 有理

海西地区蒙古族：脚正不怕鞋子歪斜，有理不怕坏人诬告。

民和地区：真理面前，哑口无言。

海北地区藏族：真理面前谬论站不住脚，阳光之下阴影藏不住身。

海南地区藏族：红色的狐皮好，有理的话儿美。

大通地区回族：针能过去，线也能过去。

西宁地区回族：公鸡越叫越明，大路越走越平。

互助地区土族：骂人的不一定高明，挨骂的不一定低贱。

3. 服理

《格萨尔》：三春时节的牵牛花，凋谢在草木茂盛前，得不到时雨和甘露，不管气候咋安排，牵牛花从来不埋怨。凋谢在云集雨降前，得不到炎炎阳光照，不管气候咋安排，金莲花从来不埋怨。三春时节的玉簪花，凋零在谷物成熟前，见不到金秋的好收成，不管气候咋安排，玉簪花从来不埋怨。

4. 无理

果洛地区藏族：捏造事实整不垮人，铅做的锥子钻不了洞。

玉树地区藏族：狂风骤起会使灰尘满目，无理挑衅会致灾祸临门。

互助地区：人怕没有理，树怕没有皮。

西宁地区：牛不吃草，强压不了。

海西地区蒙古族：羊头粘到马身上，完全是颠倒黑白。

互助地区土族：能磕头怎不能作揖，能送礼怎不能娶妻。

（二）常理

1. 属性

黄南地区藏族：水泼石头上，滴水渗不进。

循化地区回族：鸭子的嘴煮不烂。

海北地区藏族：大雕虽饿不食草。

海南地区藏族：没有不狡猾的狐狸，没有不吃肉的豺狼。

互助地区：苦树上结不出甜杏儿。

2. 关联

民和地区：一把钥匙开一把锁，一棵树上结一种果。

海南地区藏族：一人做坏事，大家受祸害。

海西地区蒙古族：人有心思，鸟有羽色。

果洛地区藏族：打在寺院的狗身上，痛在喇嘛的心尖上。

平安地区：绑下的娃娃好挨打。

3. 因果

玉树地区藏族：春天撒下种，秋天有收获。

黄南地区藏族：好有好结果，坏有坏下场。

海东地区回族：害人的人害自己，咬驴的虻子驴咬死。

民和地区：作贱作贱，自个受难。

湟源地区：虎咬对头人，雷打三世冤。

4. 两面

海北地区藏族：没有生就没有死，没有光就没有影。

海南地区藏族：草有一枯一荣，人有一衰一盛。

海西地区蒙古族：有来到人间的好运，就有离开人间的不幸。

果洛地区藏族：根子即便是药，尖子可能是毒。

循化地区：人有旦夕祸福，马有转缰之灾。

5. 限度

海西地区蒙古族：山再高也有顶，水再深也有底。

化隆地区藏族：高山的冰雪再厚，夏天一到就会消融。太阳升起手遮不住，大墙倒下棍支不住。

乐都地区：再好的草山有瘦马，再富的地方有穷汉。

民和地区：三十年的瓦房总要漏，再厚的土墙总要透。

6. 变化

海西地区蒙古族：小骗子多了会成诈骗犯，小摸多了会成为大窃贼。

玉树地区藏族：人生有九次坎坷，春天有九次变天。

海东地区：三十年河东，三十年河西，三十年的有钱汉轮着当。

（三）对比

1. 主客

民和地区：天时地利人和，人不努力白说。

化隆地区回族：命是一堵墙，全靠自己上。

海南地区藏族：会不会享福由自己，暖和与否在天气。

大通地区：人眼不见，天眼开着。

玉树地区藏族：相貌是天生的，打扮要靠自己。

2. 真伪

海西地区蒙古族：真实是完美之源，虚假是万恶之根。

黄南地区藏族：口里讲的全是有理的话，心里想的却是别人家的马。

果洛地区藏族：嘴甜人满腹是诡计，毛毛雨可毁九座山。

化隆地区回族：吊的是人家的丧，哭的是个家的事。

3. 善恶

化隆地区：善恶不同途，冰炭不同炉。

玉树地区藏族：怜悯之心是福的开端，害人之心是祸的根源。

果洛地区藏族：慈善征服外敌，宽容抚育家小。

黄南地区藏族：好人所言都是善，坏人张口都是恶。坏人干好没人信，鸟儿上天没留痕。

湟源地区：善恶到头终有报，只是来迟与来早。

4. 美丑

海西地区蒙古族：马的好坏不在鞍子上，人的美丑不在衣服上。

互助地区土族：鹿的美在牴角上，人的美在知识上。

乐都地区：一好遮不了百丑，百好也不能遮一丑。

5. 爱憎

果洛地区藏族：牧民最爱畜群，勇士最爱英雄。

化隆地区：你爱的我不爱，狗娃爱的稀屎胎。

海南地区：猫养的猫疼，狗养的狗疼。

民和地区：忘了恩义忘了穷，披上人皮枉活人。吃米不忘种谷的恩，饮水不忘挖井的人。

互助地区土族：含在嘴里怕咽，藏在袖里怕丢。

6. 是非

化隆地区：人多嘴杂，说七道八。恶语是无形的剑，是非是杀人的刀。

民和地区：人的心里面有个青天鉴，是非好坏都能辨。

海南地区藏族：是非之间差四指，祸福之间仅一寸。不分辨是非的男人，像只狂吠的老狗。

湟源地区：是非终日有，不听自然无。

7. 得失

海西地区蒙古族：有功就有过，有得会有失。失去的东西回不来，得到的东西容易失去。

民和地区：人有一亏，天有一补。

果洛地区藏族：丢了绵羊得匹马，失了一只得九只。

化隆地区回族：直着的窝里没兔儿。

8. 相对

海北地区藏族：高山下蕴藏着金玉，平凡中孕育着伟大。

海南地区藏族：人的本事有大小，十个指头有长短。

海西地区蒙古族：白中出黑，黑中出白。

循化地区撒拉族：十二个月好过，十二天难挨。驴比骡子没驮头，人比人时没活头。

9. 刚柔

海东地区：柔能克刚，弱能制强。

《格萨尔》：宝刀过硬会从颈上折断，宝弓过硬会从腰中断裂，骏马过快会失前蹄，青年过狂会败坏名声。不管头发怎样柔软，它是长在脑袋上的；不管金鞍怎样硬，它是压在屁股下的。

（四）知行

1. 见识

大通县地区：树高枝叶多，人老见识广。

海西地区蒙古族：耳朵听十遍，不如眼里过一遍。听见不如看见，坐着不如走动。

玉树地区藏族：要知哪座山高，看看哪里日先照；要知哪条河深，看看哪里水獭多。想知山谷的深浅，就看流水的急缓。若要下水，先探水情。

互助县土族：放眼看着近，举步走时远。

2. 躬行

果洛地区藏族：宁可做小事，不可不做事。幸福从劳动中来，真理从实践中来。

海南地区藏族：透过云缝的阳光分外明，经过实践的学者更聪明。

海东地区：好记性不如短笔头，巧嘴巴不如两只手。听一遍不如看一遍，看一遍不如做一遍。

海西地区蒙古族：吞食不如细嚼慢咽，空谈不如遇事就干。

海东地区：嘴说千遍，不如手做一遍。

二　修养谚

（一）志向与胆识

海南地区藏族：骏马要向天上飞，连白云也会让路。

海西地区蒙古族：志向是男人的向导，书本是知识的向导。

果洛地区藏族：圣山的美玉光泽好看，有志的男儿孜孜不倦。

大通地区回族：没有铁锹难挖坑，没有志气事难成。

循化地区撒拉族：男人没有个固定的坟，女人没有固定的家。

互助地区土族：树里面松柏最坚硬，人里面经过风雨的最坚强。

果洛地区藏族：要挤狮子奶，得有斗狮胆。

玉树地区藏族：首先获得珠宝的人，是那些敢于探寻的人。

海北地区回族：十七八的汉，拔下松树叫人看。

循化地区撒拉族：天塌时有个大家哩，房塌时有个东家哩。

海西地区蒙古族：要命时害怕没有用，脱裤时害羞没有用。

（二）才智与品行

海西地区蒙古族：骨气值千金，计谋值万两。

互助地区土族：单凭气力只能养活一人，有智有谋却能养活十人。

玉树地区藏族：神通在众人之上，奔驰在群马之前。

循化地区回族：人的肚子，杂货的铺子。

循化地区撒拉族：好人一句，好马一鞭。

海西地区蒙古族：只要行得正，骑上老牛也能追上兔。

循化地区撒拉族：饭的味道靠盐，人的名声靠言。

玉树地区蒙古族：不看贫富看人品，不看言论看行动。

互助地区土族：要知人品好坏观其行，要知饭的冷热碗里尝。

果洛地区藏族：水草丰美牛羊乐，禀性耿直众人敬。

西宁地区：树活着靠皮，人活着要脸。

（三）求知与惜时

海南地区藏族：大路不走野草多，人不学习知识少。

海东地区藏族：月亮不到十五不圆，学习不下苦功不成。

互助地区土族：聪明的人知识藏心里，愚笨的人知识挂嘴边。

海西地区蒙古族：刀不磨不利，人不练不强。

西宁和海东地区回族：小鸡一出蛋壳就知道吃的，人越长大越想学习知识。

大通地区：捞到盘子里就是饭，拾到篮儿里就是菜。

化隆地区：雨水能使千山秀，光阴催人变白头。

果洛地区藏族：经常修剪的树长得快，抓紧时间的人进步快。

海西地区蒙古族：学知识从头开始，学技巧从早开始。

玉树地区藏族：秋天是草原的黄金季节，青春对人生最为宝贵。

互助地区土族：懒牛屎尿多，懒人明天多。

（四）谦慎与律己

互助地区土族：再大的嘴在鼻子底下，再高的山在脚的底下。

黄南地区藏族：不听别人的教诲，还以为别人比他更聋。

海西地区蒙古族：骄傲者不过一时，谦虚人能过万日。

化隆地区回族：人没十全，取长补短。

海东地区回族：往前看我不如人，往后看人不如我。

循化地区撒拉族：不怕雨里滑倒，就怕尿里跌倒。

海西地区藏族：有说别人的嘴巴，就得有照己的镜子。

玉树地区藏族：对自己的过失，不要像牡鹿佑护鹿崽似遮掩；对别人的过失，不要像皇后摆嫁妆似陈设。

西宁和海东地区：骂人是无能的表现，打人是最无能的手段。

互助地区土族：议论别人话头高，崖顶上撒尿水头高。

三　社交谚

（一）社群

1. 群体与个人

化隆地区回族：虎不离山，人不离群。

玉树地区藏族：一根牛毛容易断，一股毛绳扯不断。

海南地区藏族：千万条溪流汇成大江，千万把鞭麻垒成高墙。

互助地区土族：鱼不能离水，人不能离群。

海西地区蒙古族：一人若出名，前后须有帮忙人。

黄南地区藏族：自己靠自己，胜过神仙力。

果洛地区藏族：依靠自身力量，赛过天神之手。

西宁地区：求人不如求自己，求自己时多吉利。

海西地区蒙古族：独木不成林，独身难生存。

大通地区：孤木树荫少，柴多火焰高。

2. 团结与互助

西宁地区：百人百心事难成，万人一心土成金。

互助地区：珍珠玛瑙不稀罕，团结和气无价宝。

海西地区蒙古族：人聚一处出智慧，牛到一家就干架。

果洛地区藏族：一个部落的人，一片森林的树。

化隆和西宁地区：回族穆民没有隔夜的仇。

化隆地区回族：回汉人民心连心，个个是患难的弟兄。

海西地区蒙古族：好人不和，歹人高兴。

黄南地区藏族：议事靠他人，办事靠互助。

果洛地区藏族：牦牛陷入泥滩，帮手越多越好。

海西地区蒙古族：做人需要好帮手，围圈需要好柳树。

互助地区土族：最美的牡丹花，也需要绿叶扶持。

西宁地区回族：青年人帮忙，老年人帮言。

化隆地区回族：天凭日月人凭心，鱼娃儿离水活不成。

果洛地区藏族：怨别人不关心自己的人，就不会去关心别人。

海西地区蒙古族：莫求助坏人的嘴，别掏挖狐狸的洞。

（二）交友

1. 重情

黄南地区藏族：最值钱的是红狐的皮毛，最可贵的是纯真的友谊。

海西地区蒙古族：出门靠朋友，走路靠乘马。

海东地区回族：公鸡越叫越明，大路越走越平，浑水越澄越清，友谊越交越深。

黄南地区藏族：好朋友是药，赖朋友是毒。

2. 择友与结交

湟源地区：栽树要栽松柏，结交要交君子。

海西地区蒙古族：伪装起来的朋友，比公开的敌人更坏。

循化地区：擒鸟须探巢，交友须问根。

互助地区土族：跟上恶狼干坏事，跟上乌鸦报恶音。

海东地区藏族：冰滩上走路须防滑，路途中交友要谨慎。

互助地区土族：跟上太阳享受温暖，跟上月亮享受光明，跟上星星受冷冻。

循化地区：臭肉有个臭苍蝇，丑人有个丑朋友。

海西地区蒙古族：在家念书好，在外交友好。

乐都地区：不过河不知水深浅，不想处不知人心眼。

果洛地区藏族：若要朋友亲近，就得指点对方缺点。说一次谎骗了人，一辈子失去信用。

（三）应酬

1. 礼信

海东地区：礼多人不怪，油多菜不坏。

民和地区：让人是个礼，救人是个义。

化隆地区回族：你来我往，先礼后账。礼搭来往，席吃往还。

海西地区蒙古族：只要给的人不缩手，接的人就不会缩手。

2. 人情

大通地区：金钱卖得吃和穿，金钱难买人之情。

湟源地区：人亲要常走，水清要长流。

平安地区：多栽花少栽刺，留点人情好办事。

海东地区藏族：流水顺地势，做事领人情。

海东地区：吃了人家的嘴软，拿了人家的手短。

互助地区土族：树怕伤着根，人怕伤着心。

3. 待客与做客

果洛地区藏族：孔雀是森里的装饰，客人是家中的宝贝。

民和地区：客人来了，福气来了。

海西地区蒙古族：脾气好的人家客人多，水藻多的水中鱼儿繁。

民和地区：客大压主，主大压客。

海东地区：三九天送柴是弟兄，吃饱了送饭假朋友。

《格萨尔》：宁可赐一点点给乞讨的人，切莫让强盗全部抢去。

循化地区回族：吃席还席，有来有往。

化隆地区：做事抢前，吃饭让人。

民和地区：出门看天气，进门看脸色。

互助地区土族：拿礼品要分亲疏，缝衣服要量尺寸。

海东地区：一客不烦二主。

（四）处世

1. 处事

海东地区藏族：小事别大意，大事别粗心。

果洛地区藏族：过河要探清河的深浅，骑马要熟知马的性子。

西宁地区：会惹的惹一人，不会惹的惹众人。

海西地区蒙古族：多听忠言变聪明，善养牛群变富翁。

化隆地区：现有福现享上。

海北地区土族：闲马莫骑，闲枪莫打。

2. 警世

互助地区：欺人之心不可有，防人之心不可无。

黄南地区藏族：没有见神之前先别脱帽，没有见河之前先别脱鞋。

海东地区藏族：骄奢是败家的根子，荒淫是丧命的陷坑。

海东地区回族：惹十人容易，维一人困难。

大通地区回族：争名的因名丧利，夺利的为利亡身。

3. 理财

海东地区：黄金入库，发家致富。

海东地区互助：人为财死，鸟为食亡。

海南地区藏族：闲言碎语要少，钱和财贝要多。

海西地区蒙古族：累债穷困，积疾会死。

大通地区：酒中不语真君子，财上分明大丈夫。

（五）工作

1. 态度

海南地区藏族：养育子女不应吝惜奶汁，为众人做事不应该吝惜力气。

果洛地区藏族：为他人多做些贡献，叫他人少为你效劳。

民和地区：熟人又熟面，公事要公办。

海西地区蒙古族：细心的人成就多，粗心的人失误多。

湟源地区：砍树要砍断，办事要办完。

化隆地区：小水不防，大水难挡。

2. 方法

海南地区藏族：方法得当，毒会成药。

化隆地区藏族：拿衣服要提领，取帽子要抓顶。

海西地区蒙古族：要辨明出航的方向，必须把罗盘安装。

循化地区撒拉族：看被子的长短伸腿。

西宁地区：自己吃饭自己饱，自己做事自己了。

（六）言谈

1. 说话

果洛地区藏族：话不说不明，洞不挖不通。

化隆地区藏族：话一出口便是风，装在心里化成脓。

黄南地区藏族：人言传千古，美食仅一顿。

湟源地区：有话说出口来，有谷碾出米来。到哪山砍那柴，到哪地方说那话。

海东地区：明人不做暗事，真人不说假话。

2. 慎言

民和地区土族：馍馍要吃大一些，话要说小一些。

互助地区土族：身热不要脱衣，嘴热不要胡说。

黄南地区：出言不逊是过错，不礼神佛为罪恶。

民和地区：隔墙说话要防三分。

海北地区：一个巴掌拍不响，话没根据无法讲。

黄南地区蒙古族：有话要讲出，讲话要明白。

果洛地区藏族：有评说别人的口，更需要看自己的镜。

3. 善言

互助地区土族：会说话的人张口就是理，不会说话的人开口就出格。

化隆地区藏族：嫩草喂给骏马吃，真话说给父母听。

平安地区：顺情好说话，公道惹人骂。

海北地区：三句好话，买转人心。

黄南地区藏族：口能的人当村官，手巧的人当村仆。

玉树地区藏族：善言者不一定是贤者，但贤者能说到做到。

4. 恶言

海东地区回族：荒年一时，话把一世。

大通地区：口出毒言，自伤本身。

黄南地区藏族：刀伤能治好，话伤难治愈。

果洛地区藏族：说过一次谎话，以后讲真话也无人信。

《格萨尔》：老虎不学弱犬吠，勇士不讲懦夫语。

5. 闲言

海北地区：锅怕三下，人怕闲话。

互助地区土族：咒语咒不死人，闲话压死人。

民和地区：说人的短者多，说己的短者少。

大通地区：山珍海味少不了盐，花言巧语办不了事。

果洛地区藏族：只要火药有力量，铅弹也能打穿铁；只要闲言有分量，父亲也能打死儿。

6. 赘言

海东地区：话说三遍淡如水，再说一遍打破嘴。

互助地区土族：布越撕越短，话越说越多。

海东地区回族：乳牛的尿多，闲人的话多。

循化地区：君子的言贵，死鬼的话多。

果洛地区藏族：说话超过分寸，身子就会犯法。

7. 辨言

果洛地区藏族：别听能说会道者的话，别看美貌风流人的脸。

互助地区土族：一人说话全都听，两人说话挑着听。

乐都地区：刨树要刨根，听话要听音。

海西地区蒙古族：真话似剂良药，假话似副毒药。

海北地区藏族：心之情言之神，言语当中识真人。

四 时政谚

（一）国家与民族

海北地区：英雄热爱人民，人民热爱祖国。国富民富，国破家亡。

黄南地区藏族：国家兴旺发达，犹如海涛滚滚。水阔鱼儿乐，国泰百姓安。

海北地区：狗不嫌家贫，儿不嫌娘丑。家鸡儿打不退，野鸡儿养不恋。

民和地区：好马驾到车里，好男儿拔到兵里。

黄南地区藏族：民族不同各式各样，装束不同千差万别。民族不同像杂色的骏马，想法不同像尼泊尔的花布。

海南地区藏族：我是铁青骏马的血统，我是高原藏族的传人。

玉树地区藏族：头顶升起了红太阳，光辉不能不照在大地上；天空降下了及时雨，甘露不能不浇灌到田禾里。

（二）君臣与官民

果洛地区藏族：皇帝下了令，昆虫也要听。

海东地区：家贫出孝子，国乱识忠臣。忠臣不怕死，怕死不忠臣。家有孝子亲安乐，国有忠臣世太平。

民和地区：君正天心顺，君昏一朝亡。

湟源地区：打墙的板上下换，国王的江山轮着转。

海北地区藏族：河水流入湖泊，财物入国王仓库。鼠王日渐肥，鼠群不再随。

互助地区：朝里无人莫做官。

互助地区土族：羊群里必须要一个好的带头羊，人群里必须要一个好的领导。千只羊里头领头的只一只，千万人里头带头的只一个。

海西地区藏族：万物喜爱太阳的温暖，百姓拥护头人的仁政。

平安地区：行善流芳百世，作恶遗臭万年。

民和地区：油梁上砣能榨油，官大一品压死牛。官大一品压死牛，说风是雨鸡犬愁。官大一品压死牛，担惊受怕日夜愁。

（三）法政

乐都地区藏族：天气晴朗草原美丽，政治清明安居乐业。

玉树地区藏族：贤明的官人以国法服人，道高的喇嘛以佛法度人。

民和地区：名正言顺，能服百姓。路不饶人，法不留情。

海东地区：口说无凭，事实为证。

（四）军事

1. 尚武

海南藏族地区：火焰要用冰水泼灭，敌人要用武力对付。

果洛地区藏族：恶狼要用夹脑捕捉，敌人要用武力对付。

黄南地区藏族：敌人向你发出嚎叫时，你就要拔出七寸腰刀。

海东地区藏族：敌人来前要准备，临阵磨枪难处多。

2. 武器与后勤

玉树地区藏族：没有武器的英雄，就像没有把子的剑。

海南地区藏族：有错要改正，有敌备武器。不仅要文武双全，而且要枪弹俱备。

果洛地区藏族：杀敌要有武器，擒贼要有心计。

平安地区：无论远近带干粮，有敌无敌带刀枪。功高不过救驾，计毒不过绝粮。

海南地区藏族：斗不过外敌悔恨于家，没带干粮后悔于途。

黄南地区藏族：未带干粮上山要后悔，未降服敌人回家要后悔。

3. 将帅与智谋

黄南地区藏族：大军会帅要有掌旗人，大河涨水要有摆渡人。

玉树地区藏族：经验丰富的猎手，能擒住狡猾的野兽；智勇双全的勇士，能征服伪善的敌人。

海东地区：强将手下无弱兵。

海东地区藏族：出征要选好马，打仗要用能人。

海东地区：射敌先射马，捉蛇先抓头。

海南地区藏族：没有计谋的军官，好似披甲老牛。

海西地区蒙古族：牦牛奶酥油不会有污毛，双方交战中不应该讲情面。

海南地区藏族：士兵随便坐，军官心不安。

4. 勇敢与防奸

果洛地区藏族：对于仇敌要憎恨，哪怕同胞亲人。

平安地区：一人拼命，万夫难敌。

海南地区藏族：一旦胜利追穷寇，稍有大意就遭殃。

果洛地区藏族：风雨交加石洞难以支撑，内外夹攻堡垒难以坚守。

黄南地区藏族：不怕外敌强悍，就怕内部藏奸。

海北地区藏族：不了解奸细的行踪，就不知道群斗的根源。

玉树地区藏族：不怕拿刀的敌人，就怕念经的内奸。

5. 知己知彼

果洛地区藏族：老虎有十八跳，狐狸有十八窟。

海东地区藏族：不怕马刀明砍，最怕暗中放箭。

海北地区：一物降一物，蜈蚣把蟒降。

（五）贫富

1. 贫穷

玉树地区藏族：强人欺压弱人，富汉欺凌穷汉。

化隆地区：打不尽的毡上土，说不完的穷人苦。

海南地区藏族：穷人手足虽脏心地善，富人衣冠虽美心眼坏。

海西地区蒙古族：人能熬得过苦难的日子，但是经不起富贵的考验。

2. 富裕

民和地区：乱世发横财，发家却把良心坏。

玉树地区藏族：饱汉不把糖果当食物，饿汉却把狗食当美餐。

化隆地区回族：人心不足高于天，富汉爱钱没皮脸。

（六）抗争

民和地区：黑牛变不成白牛，敌人变不成朋友。

湟源地区：你不逗虫，虫不咬人；你逗了虫，虫就叮人。

民和地区东乡族：认清了谁是敌人，等于找到了一位老师。

海北地区：救了落水狗，反咬你一口。

互助地区土族：山里的野兽猎人追捕，天空的云雾大风驱散。

化隆地区回族：好汉死在战场上，名望留在人世上。

（七）世态

海东地区藏族：天上的云彩飘忽不定，世上的人心变幻莫测。

海东地区回族：茶里无盐水一般，人无钱财鬼一般。

海北地区藏族：口同心不同，心同梦不同。

黄南地区藏族：说谢的人多，报恩的人少。

民和地区：求人难求人难，一听言谈二看脸。

化隆地区回族：一日落了难，朋友不照面。朋友遍天下，全靠钱来挂。

五　生活谚

（一）衣食

海东地区：做饭要看火候，穿衣要看气候。

海南地区藏族：有饭别忘饿时候，有衣别忘无衣的寒。

化隆地区藏族：茶无叶子没喝头，肉无骨头没啃头。

果洛藏族地区：好食让给他人吃，好衣留给自己穿。

海东地区回族：人全凭衣裳，马全凭鞍章。

互助地区土族：鱼靠水的力量游泳，人靠食的力量干活。

循化地区撒拉族：可口的多吃终作病。

（二）住行

海南地区：金屋银屋，舍不得个家的土屋。

互助地区土族：住在山根的要靠山根的好处，住在水边的要靠水边的好处。

民和地区土族：三十年的有钱汉轮着当，三十年的瓦房必有一漏。高板凳低炕，辈辈发旺。

化隆地区：填坑不要好土，房泥不掺粪渣。

海东地区：人不问不懂事，好问者不迷路。

湟源地区：迷路望北斗，黑夜盼明灯。

海东地区回族：不怕慢就怕站，站一站二里半。

大通地区土族：骑马的不知道骑驴的苦，骑驴的不知道步行的苦。

（三）婚恋

1. 恋情

海西地区蒙古族：恋人的心是一颗，弓箭的弦是一根。

乐都地区：天上下雨地下流，两口子打架不记仇。

海东地区藏族：同心不怕隔千里，异心同帐两分离。

海北地区：少是夫妻老是伴，一日不见问三遍。

湟源地区：无缘婚不配，有缘成眷属。

2. 择偶

化隆地区：土门儿对着土门儿，羊皮袄对着汗布衫。

互助地区土族：有远见的挑女婿，没见识的挑家业。

循化地区撒拉族：鸟盘窝要看树哩，人结亲要问根哩。

海南地区藏族：应心的老婆合脚的鞋。

黄南地区藏族：男通技艺是英雄，女精茶饭是佳人。

湟源地区：要媳妇看舅子，买皮袄看袖子。

3. 媒妁

互助地区土族：夏天不到花不开，媒人不到亲不成。

平安地区：天上无云不下雨，地上无媒不成亲。

化隆地区：莫听媒人说九道十，莫看婆家牛羊马驴。

湟源地区：不做媒人不做保，这个快活哪里讨。

海东地区回族：万样生意好做，人的买卖难做。

海东地区：宁拆十座庙，不破一门婚。

4. 嫁娶

湟源地区：男大当婚女大当嫁，不婚不嫁惹出笑话。

玉树地区藏族：度人生要有好伴侣，走远路要有好乘骑。

平安地区：好马不备双鞍子，好女不嫁二男子。

海北地区：好男不争分家财，好女不争陪嫁衣。

黄南地区藏族：想头多的男子办不成事情，心事多的姑娘找不到婆家。

（四）家邻

1. 家政

海东地区：不当家不知柴米贵，不养儿不知报娘恩。

大通地区：家有千百口，主事在一人。

黄南地区藏族：一个家中多人当家，是家庭离散的预兆。

民和地区：好夫妻一说三笑，家庭啥事也办到。

玉树地区藏族：小时惯的贼娃捣乱村子，多事的女人败坏家风。

2. 家人

玉树地区藏族：头人清廉百姓安乐，父母慈祥儿女幸福。

海西地区蒙古族：母亲虽老好处多，家虽破烂不嫌弃。

海东地区：天下无不是父母。

互助地区土族：一母生九子，秉性各不同。

民和地区：儿子娶妻心变，爱听媳妇谗言。

3. 家教

海西地区蒙古族：母亲不正姑娘歪，父亲不善儿子恶。

玉树地区藏族：佛爷好了站着上香哩，父母好了儿女上头哩。

黄南地区藏族：父亲说话不能有亲疏之分，母亲分食不能有多少之别。

海东地区藏族：调教乘马要下苦功，教育子女要花本钱。

湟源地区：打到的媳妇揉到的面，指教的媳妇人好看。

乐都地区：严是爱，宽是坏，不管不教要变坏。

民和地区：一把筷子零不卖，弟兄团结分不开。

4. 亲邻

民和地区：人急念亲人，虎急奔山林。

化隆地区：阿舅外甥亲，丈人女婿亲。

西宁地区：亲戚盼的亲戚好，邻家儿盼的邻家儿穷。

黄南地区藏族：虱多了朋友嫌弃，账多了亲戚厌弃。

西宁地区：远亲不如近邻，近邻不如对门。

（五）生老

黄南地区藏族：生老和死亡，是不可变更的规律。

民和地区：人留子孙草留根，天留日月佛留经。

海东地区：月子里养不好，一辈子病到老。

海东地区回族：三翻六七九爬爬，十月过来叫爸爸。

循化地区回族：养女一场空，养儿满堂红。

化隆地区：树老腹中空，人老百事通。

（六）健康

1. 养生

黄南地区藏族：快乐是长寿的关键，勤劳是幸福的源泉。

海南地区藏族：身体好时不保养，疾病缠身悔已晚。

民和地区：少吃肉多吃菜，健康离不了阳光晒。

海东地区蒙古族：心平气和，五体安宁。

西宁和海东地区：青蛙跳三下，还要缓一下哩。

化隆地区：饭后斜躺睡觉，阎王爷那里报到。

2. 医疗

海西地区蒙古族：省吃俭用能致富，有病不治会丧命。

玉树地区藏族：瘟疫还未流行，先去西藏买药。

化隆地区：长痛不如短痛。

果洛地区藏族：作救死扶伤的医生，胜过作转世的灵童。

民和地区：冬吃萝卜夏吃姜，不劳医生开药方。

3. 卫生

海东地区藏族：阿卡爱干净为敬神，百姓讲卫生为防病。

海东地区蒙古族：脸不洗生油垢，地不扫起灰尘。

海东地区回族：想不得胃病，少吃生和冷。

湟源地区：不干不净吃了生病，干干净净吃了没病。

（七）勤俭

海东地区：理家千万条，勤俭数第一。

海西地区蒙古族：美丽的花朵出自泥土，美满的生活来自勤劳。

海北地区藏族：劳动时争先最光荣，战斗时冲锋最英雄。

湟中地区：致富诀窍是勤劳，离开勤劳是邪道。

化隆地区回族：先苦后甜，理所当然。

互助地区土族：条条溪流汇成河，粒粒黄土积成山。

海东地区：家有千两银，不如一天进一文。

（八）福祸

海东地区：天有不测风云，人有旦夕祸福。大难不死，必有后福。

《格萨尔》：福运已尽的人必存坏心，不是福运尽而是气数尽。大丈夫的强弱与成败，不过是时运的盛与衰。

（九）嗜欲

海西地区蒙古族：欲望大了压身，帽子大了压头。

海东地区回族：酒色财气四个害。

循化地区：喝酒了人不好，雨下了路不好。

玉树地区藏族：不知足的人骑在马上还叹息，不知悲的人悲痛之际还唱歌。

海东地区藏族：奢望是祸门，利欲是祸根。

六 风土谚

（一）乡情

海北地区藏族：泥土是鲜花的母亲。

海西地区蒙古族：故乡的天是父亲，故乡的土是母亲。在异乡要坚硬如岩石，在故乡要温柔如细沙。

民和地区：山美水美，家乡人美。

湟源地区：美不美家乡水，亲不亲故乡人。

大通地区：树高千丈，叶落归根。

平安地区回族：活人奔家，亡人奔土。

（二）山水名胜

海东地区：人不亲土亲，河不亲水亲。

黄南地区藏族：山是否高峻巍峨，请听白松鸡的鸡鸣。

化隆地区藏族：没有比蓝天高的山，却有比黄河宽的水。

果洛地区藏族：山穷水不好，地坏水不清。

海东地区：一方水土养一方人。

海东地区：浪了乐都瞿昙寺，北京故宫再莫去。

湟源地区：过去日月山，一个脖子两个脸。

海东地区：过了日月山，另是一重山。过了日月山，两眼泪不干。

化隆地区：夏天莫走拉扎山，冬天莫走工哇滩。

西宁和海东地区：兰州有个木塔，离天只有尺八。

（三）风俗

海东地区：千里不同风，百里不同俗。

果洛地区藏族：各沟有各沟的动物，各村有各村的方言。

玉树地区藏族：头人的为人百姓知道，部落的风俗来客知道。

海西地区蒙古族：饮当地的水，就随当地的俗。

化隆地区藏族：汉民喜欢给人面子，藏民喜欢给人实惠。

（四）姓氏

海南地区藏族：三座高山属于党裔，党裔应戴高尖帽。

湟中地区：见了回人叫马哥。

西宁地区回族：男人没有坟，女人没有姓。

海东地区：十个撒拉九个韩，十个回回九个马。

（五）礼俗

民和地区：旧礼旧规，动弹不得。

海南地区：生子要取名，斟酒要说话。

玉树地区藏族：身子是父母给的，名字是佛爷起的。

化隆地区回族：宴席三天没大小。

海东地区藏族：没有尊敬人的美德，就失去了藏民的传统。

循化地区撒拉族：养儿子是恭喜恭喜，养丫头是平安平安。

（六）俗信

循化地区撒拉族：睡梦就是倒梦。

海北地区：左眼嗒嗒右眼跳，不挨鞭杆就挨打。

玉树地区藏族：天上乌鸦盘旋，地上噩讯即传。

黄南地区藏族：强盗不反抗是凶兆，新娘不哭不吉祥。

海北地区：母鸡叫鸣怪着气，婆娘当家驴犁地。

互助地区土族：不摸男人头，不揣女人腰。

民和地区：乌鸦喊，人讨厌。

果洛地区藏族：马性再烈也不要抓它的小腿，小伙子再强也不要压他的脖颈。

（七）宗教

果洛地区藏族：拜菩萨要分先后，登悬崖拾级而上。

海东地区藏族：茶浓不如性善，水净不如心净。

玉树地区藏族：不见黄河不解渴，不拜佛爷心不甘。

化隆地区藏族：世界轮回转，轮到苦难人人担。

黄南地区藏族：不见神不脱帽，不见水不脱鞋。

互助地区土族：阻止宰羊的是喇嘛，争着吃肉的也是喇嘛。

海西地区蒙古族：显示佛法，露了丑相。

黄南地区藏族：神仙自己都顾不上，岂能捎上一个鬼。

民和地区：信神如神在，不信如土块。

化隆地区：算命若有灵，世上没穷人。

果洛地区藏族：管不了自己的神仙，别想征服妖精。

化隆地区回族：没有诚信的武功铁里没钢，没有太阳的星星不会发光。

西宁地区回族：一时的参悟，胜过五百年的尔买里。

海东地区藏族：万事有个胡大哩，赛贝布个家行哩。

七　自然谚

（一）天文

果洛地区藏族：天亮手遮不住，水喷土压不住。

海南地区：太阳不能发出光，那是因为日食了。

海西地区蒙古族：天不亮太阳不出来，天不黑夜幕不降临。

黄南地区藏族：日落西山天虽暗，旭日东升又天明。

民和地区：月儿加背弓，地下不太平。

海南地区藏族：不论星斗怎样转移，北极星永远移不到南方。

（二）时令

1. 月日

西宁地区：正月十一雪打灯，明年庄稼四十分。

民和地区：二月龙抬头，拾上鞭子驾上牛。

西宁地区：三月有雨四月旱，五月有雨吃饱饭；四月天旱不算旱，五月连阴吃饱饭，六月不下连本散。

大通地区：六月秋拣着收，七月秋黄绿一起收。

2. 四季

海西地区蒙古族：宇宙一年变四次，飞禽一年变三次。

海东地区：春雾雨，夏雾热，秋雾凉风冬雾雪。

玉树地区藏族：春季降雪贵如金，落到地上硬如铁。

海东地区回族：冬不冷夏不热，冬不白夏不绿。

3. 伏九

互助地区土族：伏天晴，晒粮食；伏天雨，无收成。

民和地区：头伏萝卜二伏菜，两头空空种荞麦。

湟中地区：头九热麦子憋（饱满之意），二九冷豆儿滚。

乐都地区：一九二九不出手，三九四九冻死狗，五九六九河边看柳，七九八九净肚娃娃拍手，九九加一九，犁铧遍地走。

湟源地区：头九热，麦子憋（饱满之意），二九冷，豆儿滚，三九四九，冻破碴口，五九六九，冻死个黄毛丫头，七九八九，羊羔看绿（音 liù），九九尽，挡牛娃拾掇棍。

4. 节气

海东地区：立春三日百草生，一刻春光值千金。

民和地区：惊蛰前，十架田。

乐都地区：清明到立夏，土旺种胡麻。

互助地区：小满不种即晚。

（三）气象

1. 天气

互助地区土族：三年雨水广，川下必富裕；三年连着旱，脑上也富裕。

海西地区蒙古族：叶黄是秋临的标志，日晕是下雨的先兆。

循化地区撒拉族：天上云彩多时下哩，人们难心多时哭哩。

化隆地区回族：黑云彩天空里绉疙瘩，麦苗苗庄稼哈雨打。

2. 物象

果洛地区藏族：沟口起雾肯定有潮，山坡滚石必定有崖。

互助地区土族：人打瞌睡天要下，燕子低飞天下雨。

循化地区撒拉族：水缸出汗必有雨，蚂蚁搬家水汲汲。

化隆地区回族：天气旱了水清了，河里的鱼娃儿见了。

（四）物候

西宁地区：日耳子加背虹，不遭兵荒加荒年。

海西地区蒙古族：吃人的狼眼红，灾年的天云红。

海北地区藏族：深更半夜喜鹊叫，地震往往要来到。深夜牛羊无故喊，距离地震再不远。

玉树地区藏族：山谷深处的雾越浓，谷中流水的声越大。

八　农林谚

（一）农业、农本

海东地区：国家靠百姓，百姓靠粮食；害人的是金银财宝，养人的是五谷杂粮；千行万行，庄稼一行；七十二行行行强，务种庄田第一行；庄户一把手，养活千万口；春天刨一点，秋天收一碗；干今年，想明天，生产要有长打算。

（二）农艺

1. 土地

海东地区：宁种黑土一窝，不种白地一坡。黄土地里看苗，黑土地里吃饭。

西宁地区：黄僵土天晴一把刀，下雨天一团糟。

民和地区：潮碱土，种上豌豆结荚少，种上洋芋像个枣。

乐都地区：铁锨翻一遍，顶上歇半年。

循化地区：今年多翻一遍地，明年少除三遍草。

2. 水利

海东地区：水是田的娘，无娘命不长。

西宁地区：有水无肥一半谷，有肥无水谷难熟。

湟源地区：只靠双手不靠天，兴修水利万年甜。

互助地区土族：耕地越多越好，水渠越长越好。

循化地区撒拉族：头水要忍，二水要狠。

民和地区土族：三九天浇水，等于猫儿洗脸。

3. 肥料

海东地区：粪是农家宝，种地少不了。

乐都地区：鸡不吃食不下蛋，地不施肥不增产。

西宁和乐都地区：春天比粪堆，秋后比粮堆。

果洛地区藏族：狗粪里长的青稞，马粪里长的尿苔。

海东地区：若要种好田，农具收拾全。拉板长一寸，牲口拉出粪。

4. 苗种

西宁地区回族：人留子孙草留根，庄稼无种哪里生。

化隆地区：好种出好苗，好苗结好籽。

互助地区：种地选好种，一垅顶两垅。

民和地区：好谷不见穗，好麦不见叶。

大通地区：青稞叶宽硬杆杆，十有八九能丰收。

湟源地区：误了一个春，三年难翻身。

湟中地区：下种误了时，自己找苦吃。旱种一阵，苗高三寸。

民和地区：种子撒在田头上，上粪上在水口上。

大通地区：稠田多好看，稀田吃饱饭。

5. 特产与作物

海东地区：青海有三宝，鹿茸、麝香、冬虫草。

民和地区：民和总堡的葱，炒菜香喷喷。

西宁和海东地区回族：羯羊肉的汤汤老母鸡的腿，朦亮的瞌睡冰糖茶的水。

黄南地区：布谷鸣叫有时间，播种青稞有季节。

民和地区：要叫豆儿圆，种在清明前。

湟中地区：湿种麦子干大豆，青稞种在泥里头。

海东地区：洋芋茬种青稞，又权棵结穗多。

湟中地区：重茬见重茬，来年没有啥。

湟源地区：麦茬地里种青稞，除了种子没吃头。

6. 田管

海东地区：三分种七分管，人勤奋地不懒。

大通地区：庄稼无他窍，只有勤锄草。

互助地区：人不认真地认真，锄头口上出黄金。

西宁地区：到了夏至节，除草不能歇。立秋十八,百草结荚。

7. 防灾

西宁和大通地区：春雪淌成沟，十种九不收。

大通和互助地区：人怕老来难，禾怕地下虫。

湟中地区：老鼠洞用烟熏，熏断黄老鼠的狗头筋。

西宁地区：油菜开花赛黄金，最怕暴雨更怕霜；暴雨打花难结籽，霜打花果不结荚。

化隆地区：天下十分田，人七鸟兽三。

8. 收割

海东地区：麦黄一时，龙口夺食。

西宁地区：抢秋抢收，不收不丢。

平安地区：青稞倒，产量少，麦子倒一把草。

西宁和大通地区：二八月，农事忙，绣阁女子也下床。

湟源地区：雁儿过，收山药。

西宁地区：过了九月九，庄稼要护守。

海东地区：场上防火如防盗，玩火娃娃是祸苗。

（三）园艺

1. 园事

海东地区：菜当三分粮，六月无粮心不慌。

湟源地区：一亩菜，半年粮，种上就比不种强。

湟中地区：房前屋后种上菜，吃不了还能卖。

大通地区：家有三担菜，不怕年景坏。

西宁地区：水是蔬菜娘，无娘命不长。

乐都地区：种园不需问，一肥二水三用功。

2. 瓜菜

循化地区：清明时节宜种瓜，气温合适好发芽。

西宁地区：谷雨到立夏，种的萝卜能长大。

化隆地区：治虫没有防虫好，防虫治虫要抓好。

民和地区：冷不死的葱，干不死的蒜。

乐都地区：秋来不砍菜，冻坏你别怪。

民和地区：菜不移栽不发，牛无夜草不肥。

海东地区：九浇十锄，白菜得福。

海东地区：生地萝卜熟地麻。

民和地区：想要把家发，多种菜和瓜。种了菜和瓜，不富肚也饱。

3. 果树

海东地区：核桃向阳山，花椒避风湾，臭椿占崖头，杞柳插土畔。

化隆地区：种桃宜密，种李宜稀。

乐都与民和地区：要想生活有改善，队队建个果园。

海东地区：娶女看娘，种树看苗。

海东地区：杏三桃四梨五年，想吃核桃十五年。

海南地区：苹果性喜寒，栽植不宜南。

循化地区：果子是浇出来的，丰收是干出来的。

乐都地区：果树不嫁接，有果也不甜。

民和地区：要使明年虫子少，每年火烧园中草。

4. 花卉

海东地区：高山松柏平川柳，牡丹芍药院当中。酒醉的芍药，火烧的牡丹。

民和地区：傲霜的菊花，火烧的芍药。

果洛地区藏族：鞭麻有枝没有叶，蕨麻有叶没有枝。

（四）林业

1. 重林

乐都地区：栽上树，年年富。

民和地区：人均百棵树，不愁吃穿住。

海东地区：要想穷山变富山，植树种草修梯田。

互助地区土族：想给后代造福就种树，想给后代留害就供神。

湟中地区：多植树把林造，防风沙又防涝。

平安地区：无灾人养树，有灾树养人。

2. 种植

海东地区：选种如选金，籽胖苗儿壮。

大通地区：绿化绿化，缺少种苗是空话。

海东地区：节令不饶人，春日贵似金。

湟源地区：春栽杨柳夏栽桑，正月种松好时光。

化隆地区：松柏上高山，杨柳下河滩；臭椿上岸头，柽柳插地畔。

民和地区：栽树栽深，树好扎根。

湟源地区：人靠饭养，树靠肥长。

3. 护伐

海东地区：植树造林得百利，森林火灾防万一。

互助地区：护林千日，火烧一时。

黄南地区藏族：森林无人管谁也砍，弱者没有靠谁也欺。

平安地区：雨前整地雨后造，歇闲管理贵适时。

民和地区：春砍发枝强，秋砍不见长。

（五）牧业

1. 家畜

海北地区藏族：泉眼多河水旺，牲口多家兴旺。

海东地区：农家有四宝，马牛驴羊不可少。

民和地区：夏天饮新水，冬天饮温水。挑檐房子的檐浅，搐鼻骡子的嘴短。

湟源地区：长脖子骡子长尾巴马，见了就买下。

化隆地区：大寒小寒要人的命，大赛小赛要马的命。

海南地区：老牛怕过冬，怕受西北风。

海南地区藏族：抓好药浴，牛羊少瘦。

大通地区：牲口圈棚讲三不：上不漏雨，下不潮湿，墙不透风。

海西地区蒙古族：秋季选草放牧，春季省草放牧。

乐都地区：养鸡养鸭勤俭致富，养兔养猪劳动致富。

湟中地区：买猪要会挑，体大脚要小。

2. 家禽

海南地区：若要富裕，养鸡养鱼。喂多少食拣多少蛋，使多少力增多少产。

湟中地区：鸡鸡鸡，二十一，鸭鸭鸭，二十八。

海东地区：母鸡下蛋蛋变钱，家里不愁零花钱。

化隆地区：鸡抱鸭子一场空。

（六）渔猎

果洛地区藏族：夏六月的鹿茸，冬十月的麝香。

海北地区藏族：麇鹿从林过，鹿角撞不掉。

玉树地区藏族：要想得到鹿茸，箭术就得过硬。

海西地区蒙古族：打猎需要猎犬，牧民需要套绳。

海南地区藏族：赛马时马尾紧挽上，打猎时弹药齐备上。

海南地区：种田不离地边，钓鱼要撑好吊杆。

黄南地区：养不住大鱼怪水浅。

（七）副业

湟中地区：山草树木摇钱树，石头沙子聚宝盆。

玉树地区藏族：盲目追赶鹿群，不如一心去挖蕨菜。

海东地区：农村要想富，发展农林牧。家家有副业，户户有钱花。庄稼为大业，生意幸福花。

九　工商谚

（一）工矿

民和地区：山山都有宝，看你会找不会找。

海东地区：天上的宝是日月星辰，地上的宝是五谷金银。

黄南地区藏族：地上是财富，地下是宝藏。

海西地区蒙古族：地是生物之源，火是生活之本。

果洛地区藏族：雪山虽高挡不住太阳，地层虽厚盖不住矿藏。

（二）行务

黄南地区藏族：飞鸟栖树林，只能选一枝落；三十六行业，只能从一行干。

化隆地区：手艺是活宝，到手不挨饿。手艺是活宝，走遍天下饿不倒。

民和地区：吃米不忘种谷恩，学艺不忘师傅情。

果洛地区藏族：老虎把怒气出在虎崽上，师父把怒气发在徒弟上。

海北地区：常说嘴不笨，常做手不笨。

海东地区：隔行如隔山。

（三）百作

民和地区：打铁离不了老铁匠，行行都有状元郎。

海西地区蒙古族：木匠量量长，铁匠量量短。

化隆地区回族：本事学到家，不怕没钱花。

海北地区：一年能学个买卖人，一辈子学不下庄稼人。

平安地区：一日的锯子两日的镩，一辈子把斧头学不通。

海东地区：熟能生巧。

（四）商务

湟源地区：小小生意赚大钱，七十二行出状元。

玉树地区藏族：无本而去做买卖，债台筑到门前来。

海西地区蒙古族：要得到骆驼大的利润，得付出山羊大的代价。

黄南地区藏族：年轻人喜欢独自去经商，货物有落到盗匪手中之险。

大通地区回族：熟处好吃饭，生处好挣钱。

循化地区撒拉族：货离乡时贵哩，人离乡时贱哩。

民和地区：公平一杆秤，分毫不亏人。

黄南地区藏族：不讲无意义的话，不买无用处的货。

海东地区：卖面的见不得卖石灰的。

玉树地区藏族：商人失盗前总是贪睡，和尚还俗前总想经商。

海东地区：三十晚上算一账，人在够本。

湟源地区：钱财如粪土，礼义值千金。

化隆地区回族：一分钱一分货。

民和地区：买卖不打评家的脸，有手不打上门的客。

黄南地区藏族：数字要记准，重量要称够。

海北地区藏族：诚实能使人发财致富。

海东地区：刻薄不赚钱，忠厚不折本。

十 文教谚

（一）教育

互助地区：树要从小培植，人要从小教育。

湟源地区：桌子不搬不动，娃娃不教不知。

海东地区：年轻人心灵手巧，离不了成人指教。

海南地区藏族：积财不如教儿，闲坐不如读书。

循化地区：书是金，田是土，读书耕田一样苦。

（二）艺术

海北地区藏族：草原上如果没有歌声，就像世上没有阳光。

化隆地区：唱曲要嗓子，耍拳要场子。

海南地区藏族：颤抖之声唱不出好歌，颤抖之手写不出好字。

海东地区：散板要准，慢板要稳，快板要紧。

海东地区：兰州的鼓子，西宁的赋子，陕西的乱弹，民和的少年。

（三）体育

民和地区：锻炼要学水长流，预防当作一阵风。

海东地区藏族：臂强多射箭，腰壮多摔跤。

玉树地区藏族：被别人摔倒的人，只算半个男人。

果洛地区藏族：射箭的人比弯弓，舞枪的人比红缨。

海东地区：常常习武术，不用上药铺。

海东地区回族：冬练三九，夏练三伏。

互助地区土族：经要天天念，拳要天天练。

循化地区：不说武艺不高，还说校场不端。

十一　俗语

（一）明理类

肥猪哼哼，瘦猪也哼哼。

年大四十九，顶不上五十的人。

宁肯少些，但要好些。

钱财黑人心。

人穷志短，马瘦毛长。

人抬的人高，水抬的船高。

三人出门，小的受苦。

蛇大窟窿大。

生米煮成熟饭。

虱多了不痒，账多了不愁。

手心手背都是肉。

再丑的媳妇要见公婆。

夫妻不记隔夜仇。

事已至此，木已成舟。

癞独瓜跳三下，还要缓一下。

抬头婆娘勾头的汉。

天上云多天不晴，地上山多路不平，河里鱼多水不清，花里草多花不红。

铁匠没样，现打现像。

下坡哩撵乏兔儿。

一个巴掌拍不响。

圆石头滚到原窝里。

强将手下无弱兵。

大礼通天下，小礼随地方。

家和万事兴。

脚正不怕鞋歪。

（二）劝诫类

不到黄河心不死。

三十年要等个闰腊月。

树没根咋长哩，话没因咋讲哩。

癞蛤蟆想吃天鹅肉。

偷人的婆娘肯锁门，嫁汉的婆娘肯说人。

兔儿满山跑，晚夕哩入旧窝。

为个驴臭棍，砍倒紫槿树。

鸭子再打扮，嘴还是扁着哩。

腰缠万贯，不如薄艺在身。

一步跟不上，百步撵不上。

风大跟风，雨大跟雨。

吃饭不要慌里慌张，走路不要吊儿郎当。

狂饮伤身，暴食伤胃，久卧伤气，久坐伤肉。

（三）警示类

好了是唐僧的，不好是悟空的。

好人活不长，祸害一千年。

跳到黄河洗不清。

马没跳着，鞍子还跳哩。

身在曹营心在汉。

家什家里打，名声在外面。

财大招人，树大招风。

谁挖窝窝谁刨土。

为人不做亏心事，半夜不怕鬼敲门。

闲了不烧香，忙了胡抓将。

绣花枕头一包草。

阎王叫人四更死，谁敢留人五更天。

冤家路儿窄。

给个脸了染大红。

云里的日头门里的风，蝎子的尾巴后娘的心。

穷了穷，账耍拉，冷了冷，风耍刮。

烟酒不分家，害了你我他。

当面野狐子背面狼。

（四）喻讽类

说大话扬名四海，钻到炕洞里拉不出来。

桌子上头不吃肉，桌子底下啃骨头。

给二两胭脂，就想开染坊。

狗改不了吃屎。

勤谨人犁地十八斗，懒汉还在炕角头。

人活脸，树活皮，人没脸，赛过驴。

高差贵饭待亲戚，贼抢火烧喊邻居。

鸽子瘦了麻雀儿啄哩。

人前一面鼓，人后一面锣。

十二　歇后语

（一）谐音类

空棺材出葬——目（木）中无人

外甥打灯笼——照旧（舅）

木偶流眼泪——假仁（人）假义

一二三五六——没事（四）

一丈二尺的缺口——夸（跨）不得

一连下了三月雨——少情（晴）

下雨天出太阳——假情（晴）

一条腿的裤子——成了群（裙）

一根肠子通到底——只会说实（直）话

一辈子做寡妇——老手（守）

一连三座菩萨堂——妙（庙）！妙（庙）！妙（庙）

一脚踢翻煤油炉——散伙（火）

八十岁的老太打哈欠——一望无涯（牙）

八月的核桃——挤满了人（仁）

土地爷坐秤盘——志诚（自称）

丈二宽的裰子——大摇（腰）大摆

山坡上烤火——就地取材（柴）

山上滚石头——实（石）打实（石）

山头上吹喇叭——名（鸣）声远扬

马背上打掌子——离题（蹄）太远

小姑娘梳头——自便（辫）

阿卡拌炒面——自有办（拌）法

黑刺上摘枣儿——哄（红）人儿

两口子不打仗——好福气（夫妻）

田家阿奶吃糖——甜（田）上加甜

老公鸡戴帽子——官（冠）上加官（冠）

乡里人拉二胡——吱咕吱

癞肚瓜跳水井——扑通

瓦缸里倒核桃——咔啦啦

浪老鸹鸦簸箕①——叭叭叭

三个月不下雨——寡情（晴）

六个月没下雨——半年（蔫）旱（汉）

瞎子削萝卜——胡谝（片）着哩

月亮地里打手电——二凉（二亮）②

半夜里生娃娃——害（亥）人

---

① 浪老鸹：青海方言，乌鸦；鸦：音 jiān，青海方言，用喙啄物的意思。

② 二凉：青海方言，指行为举止与众不同的雷人。

（二）喻物类

巷道里跑马——放不开蹄子

七除以二——不三不四

给狗扔骨头——投其所好

石灰点眼睛——自找难受

马槽里伸出个驴头——多一张嘴

马高镫短——上下两难

粉条炒豆芽——里勾外连

房檐上的冰溜子——根子在上头

木匠的墨斗——黑心

丈二和尚——摸不着头脑

蚂蚁虫儿戴眼镜——好大的脸面

苍蝇吹喇叭——好大的口气

三加二减五——等于零

大风里吃炒面——嘴里不来

酥油里抽毛——容易

瞎熊抓哈拉——抓一个，撂一个

褡裢里背冰——前心凉到后心

炒面捏娃娃——熟人儿

没笼头的马——野惯了

鸡儿不尿尿——各有各的巧

龙王爷打懒展①——张牙舞爪

土地爷洗澡——一团稀泥

毛老鹰把鸡儿叫姐姐——哄着拔毛哩

---

① 打懒展：青海方言，伸懒腰。

精沟子撵狼 ①——胆大没羞

（三）喻事类

木匠学绣花——心巧手硬

戈壁滩上找清水——难上做难

背儿媳妇过河——吃力不讨好

买卖人种田——改行

羊毛口袋里装牛角——七拱八翘

拉屎攥拳——暗地里使劲

黄鼠狼给鸡拜年——没安好心 / 不是好人

泥菩萨过江——自身难保

擀面杖吹火——一窍不通

顶上笏儿当天爷——自高自大

坐上飞机撂相片——丢人没深浅

三十晚夕借蒸笼——忙上添乱

狗咬吕洞宾——不识好人心

王母娘娘下界——动了凡心

大水冲了龙王庙——自家人不识自家人

土地爷吃三牲——一脸的笑

瞎子点蜡——白费劲

丈二和尚——摸不着头脑

两个麻眼儿作揖——谁见了谁

骆驼脖子牛板筋——死皮顽肉

精身上套坎肩——露两手儿

麻花就萝卜——干脆

_____

① 精沟子：青海方言，光屁股。

十五个人喧板——七嘴八舌

糖坊里的木锨——甜板板

鸭子的爪爪儿——连手儿

麻丫头照镜子——点点儿乱

老母猪过门槛——蹭肚子

第二章　语言民俗

　　民间语言是民俗文化的一类。从学科属性研究实践出发，语言民俗学的研究对象主要是那些有着鲜明浓厚的民俗文化特色的俗话套语。青海是一个多民族省份，自先秦、秦汉以来，先后有十几个民族生活在这片土地上。元明以来，逐渐形成了汉、藏、回、土、撒拉、蒙古六大主体民族共存共荣、美美与共的多元文化格局①。在青海多元民俗文化圈内，语言不仅承载着该地区的文化传统、文化精神，而且塑造了语言群体的民俗文化个性。

第一节　汉语语言民俗

一　地方风物词

　　服饰、配饰类　汗褡（背心）、夹夹（外穿马甲）、钻钻（内穿无袖夹衣或棉衣）、围肚儿、大氅（大衣）、马褂儿、绑身儿、主腰儿（棉衣）、袍、罩衫（薄外套）、褐衫、罩裤、叉叉裤（开裆裤）、裆裆裤、领豁（领子）、绌绌（口袋）、纽门儿、风纪扣、鸡窝（一种棉鞋）、挖泥儿皮鞋、木

---

① 赵宗福主编《青海多元民俗文化圈研究》，中国社会科学出版社，2012，第18页。

底子鞋、马靴（长筒靴子）、单鼻梁儿鞋、湟源大绱、鞋底底、鞋帮帮、鸳鸯鞋、火车、头凉圈儿、帽照儿、一把抓、槽槽帽、飘带儿、栽绒铺衬、耳套儿、被面子、被档头、护大襟、针扎儿、涎水夹夹、羊肚儿手巾、穗穗儿、锁儿、胭胭、腔花、挖耳子、鬏鬏（小辫子）、纂纂（发髻）、刷刷头（短发头）、包海纳、胡麻水、皂角水胰子（肥皂）、羊毛老套。

饮食类 晌午、黑饭、吃食、打尖、尕锅儿饭、汤米三碗、全盘、六碗、肉八盘、海八盘、后四碗、四拼盘、菜碟儿、碎饭、糊煲、次耳儿、油包、锅巴儿、甜醅、拌汤、米汤、酿米、酥合丸、醪枣糕、油花、刀把、糖饺儿、花卷、灶卷、桃儿、合叶儿、砖包城、麻花、狗浇尿、油饼饼儿、馓子、粿儿、翻跟头、棋花馍馍、炕炕、灶饼、旋旋、锅盔、疙瘩儿、韭盒儿、焜锅、汤面、破布衫、麻食儿、寸寸、面叶儿、拨吊子、面片、巴罗、炮仗、拉条儿、面鱼儿、扽扎皮、熟面、扁食、粉汤饺儿、糁饭、搅团、杂和面、麦仁、焜青稞、麦索儿、麻麦、炒面、奶皮儿、煮大豆角儿、酵头儿、三烧儿、糟酒、粉汤、熬饭、手抓、杂碎、下水、粉皮儿、面筋、凉粉、酽茶、旱烟、熬茶、灶糖。

家居、日用品类 庄廓、偏院、夹道、影壁、照壁、草房、中宫、花园墙、后楼、上房、厢房、一坡水、两坡水、双梁双扣瓦房、土墙、砖墙、廊檐、深檐、浅檐、腮墙、后墙、表墙、隔墙、板壁、隔架、风门、揭窗、掩窗、扎窗、檩条、椽子、柱顶石、台沿子、仰尘、天花板、隔扇、炕洞门、炕沿、灶火、木对联、上梁、刮椽子、糊顶、棚门、箱条几、钱桌、炕桌、躺椅、木床、靠山匣、马扎儿、墙裙、汤瓶、铜脸盆、夜壶、气死猫儿、灯盏、抿子、篦子、洋戏匣匣、火盆、火钳、酒嗉子、瓦缸盆、拨吊、掸子、扳不倒、线杆、羊肚儿手巾、胰子、皂角、水榷子、蒲篮、顶针儿、鞋溜儿、锅头、火皮袋、罩滗、鏊草圈、马勺、海碗、黑碗、茶碗、茶缸、蘸池儿、铙儿、铁擦擦、茶窝、刀板、托笼、甑篦、恶水桶、洋火、洋蜡。

二　称谓语

（一）亲属称谓

1. 宗亲称谓

血亲称谓　祖太爷、祖太奶奶、太爷、太太、爷儿、奶奶、阿大（爸爸）、阿妈（妈妈）、爸爸（叔叔）、婶子、大爹（大伯）、大妈、阿姐（姐姐）、姐夫、妹子（妹妹）、妹夫、阿哥（哥哥）、嫂子、兄弟（弟弟）、兄弟媳妇。

姻亲称谓　掌柜的（丈夫）、家里的（媳妇）、丈人、丈母娘、公公、婆婆、阿姐（姐姐）、姐夫、妹子（妹妹）、妹夫、阿哥（哥哥）、嫂子、兄弟（弟弟）、兄弟媳妇。

2. 外亲称谓（父系姑亲）

爷爷的姐妹的婆家　姑奶奶、姑爷儿、娘娘（姑姑）、姑父、妹子、妹夫、阿姐、姐夫、阿哥、嫂子、兄弟、弟媳妇。

父亲的姐妹的婆家　娘娘（姑姑）、姑父、妹子（妹妹）、妹夫、阿姐（姐姐）、姐夫、阿哥（哥哥）、嫂子、兄弟（弟弟）、兄弟媳妇（弟媳）。

自己的姐妹的婆家　阿姐（姐姐）、姐夫、妹子（妹妹）、妹夫、外甥、外甥女。

自己的女儿的婆家　亲家、亲家母、哥、嫂子、兄弟、兄弟媳妇（弟媳）。

奶奶的娘家　舅爷、舅奶奶、姨娘、姨父、妹子（妹妹）、妹夫、阿姐（姐姐）、姐夫、阿哥（哥哥）、嫂子、兄弟（弟弟）、兄弟媳妇（弟媳）。

外奶奶（姥姥）的娘家　舅姥爷、舅姥姥、姨姥姥、姨姥爷、阿舅（舅舅）、舅母、姨娘（姨妈）、姨夫、阿姐（姐姐）、姐夫、妹子（妹妹）、妹夫、阿哥（哥哥）、嫂子、兄弟（弟弟）、兄弟媳妇（弟媳）、外甥、外甥女。

母亲的娘家　外爷（姥爷）、外奶奶（姥姥）、阿舅（舅舅）、舅母、姨娘（姨妈）、姨夫、妹子（妹妹）、妹夫、阿姐（姐姐）、姐夫、阿哥（哥哥）、嫂子、兄弟（弟弟）、兄弟媳妇（弟媳）、外甥、外甥女。

（二）社会称谓

1. 拟亲属称谓

村落的拟亲属称谓 通常在称谓前加上孩子的名字：金娃爷爷、妞妞奶奶、果果她妈、宝山他爸、长根二叔、永青娘娘等，和父母平辈的通常称呼：大爹、大爸、大娘、婶子、娘娘，也可以根据对方在家的排行，跟自己的孩子称呼：他二叔、他大爸、他三婶、他大娘。

城市的拟亲属称谓 比自己大的女性称姐，王姐、李姐、胡姐、石姐等，或取名字里的某个字，珊姐、静姐、萃姐、芊姐，比自己大的男性称哥，刘哥、章哥、赵哥、卢哥等，或取名字里的某个字，强哥、华哥、军哥等。跟自己父辈差不多的称阿姨、叔叔、大伯、大妈，如王姨、何姨、陈叔、梁叔、吴伯、程伯。跟自己祖父辈相近的长辈称爷爷、奶奶。

2. 人名称谓

名与字 大名的第一个字是姓，是父系血缘的标志。大名的第二个字是辈分字，是家族文化的象征。大家族中，同一辈分的人用同一个辈分字，这个字通常是族谱里预先设定好的。特别在村落中，同姓村民起名也要考虑同辈人用同一个辈分字。如"文"字辈、"光"字辈、"天"字辈、"仁"字辈、"和"字辈等。唐甄在《潜书·名称》中写道："名者，序长幼，辨贵贱，别嫌疑，礼之大者也。"姓名的第三个字才是纯粹区分个体的符号。命名时，考虑到前两个字是因袭，故在第三个字上体现自己的思考和创意，显得吉祥、清雅。如"福、勇、华、文、龙、芝、嘉、涵、凯、静、淑、洁、岚"等。实行计划生育政策后，命名打破了三个字的形式，出现了四字名，起名方式通常是父母双姓加双字，如父亲"彭超"，母亲"柳静"，孩子"彭柳彤萱"，或父母单姓加三字，如父亲"李立"，母亲"陈苗"，孩子"李苗亦涵"。

乳名　乳名就是小名，此俗自古有之。乳名通常表达一种亲昵喜爱的情态，同时寄托孩子健康成长。其命名角度有以下几种：1.以动物为名。认为乳名越低贱，孩子在成长过程中越能避灾避祸。如"虎儿""虎子""孖猴儿"。2.以植物为名。一般女孩子居多。如"春兰""桂儿""冬梅""梅儿""花姐""兰儿""菊儿"。3.寄托美好愿望的小名。如"孖福""孖财""孖禄""孖寿儿""阳阳""连兄""招弟""来宝"。4.祈请神佛保佑者。男孩子如"菩萨保""玛沁保""山神保""无量保"，女孩子如"灶家存""观音存""菩萨存""菩萨姐"。

3. 职务称谓

根据不同职业、工作岗位、职务来命名称呼的交际对象。通常存在两种情况：其一，对方真正担任此职，或在交际过程中不确定对方身份，只是估摸可能担任此职，如"厂长""经理""处长""校长""所长"，带姓称之"王处""兆院""李会""陈工"等；其二，对方并非此职，在没有更合适的称呼时称某职务，如日常生活中往往会称一些非教职人员为"老师"。

4. 流行称谓

在特定的时期，社会上流行的社交称谓，从流行称谓往往可以看出社会的文化变迁。比如早期较流行的"爷儿""小姐""先生"，到20世纪80年代的流行称谓"师傅""弟兄""哥们儿"，再到90年代新兴的"老板"，每一时期的流行称谓或多或少代表此阶段民俗文化的独特性。到了21世纪，比较流行称呼比自己大的女性"姐"，同事间、陌生人间都可以，如带姓称为"王姐""李姐""褚姐""吴姐"，带名称为"小姜姐""涵涵姐""静姐"等；不知道姓名的情况下直接称"姐"或"美女"，甚至有时称呼和自己父辈年龄相差无几的陌生人"姐"，一是显得亲切，二是捕捉到女性普遍心理需求：渴望自己在别人看来年轻、貌美；称呼比自己大的男性"哥"，如带姓称为"朝哥""文哥""刘哥""冯哥"，带名称为"强哥""超哥""凡哥""昊哥"等，不知道姓名的情况下直接称"哥"或"帅哥"。随着时代的发展，许多看似亲昵的称呼也被广泛运用到社会交际中，如"亲爱的""宝贝儿"，过去这些称呼只见于关系亲密的朋友或亲人间，可现在随处听到：去商场购物，导购小姐会殷勤的招呼顾客："宝贝儿，就这件吧，特显年轻！"去吃饭，饭馆小老板热情询问："亲爱的，今天想吃点什么？"诸如此类，举不胜举。有时生意人招揽顾客或回答顾客有关商品问题时，也用"领导"一词。

三　咒语、祷词与神谕

夜哭郎　"天皇皇，地皇皇，我家有个夜哭郎，过路的行人念三遍，一觉睡到大天亮。"

祛邪禳灾咒　"大鬼小鬼，哪里来的那里去，吃去、喝去，把我的人再甭缠，散了，散了。"

腊月二十三祭祀灶神祷词　"灶老爷，今天是 2011 年农历辛卯年腊月二十三，给您老人家祭灶的日子，我是张氏门中的张xx，这是我的家，在西宁市城西区西关大街 x 号 x 号楼 x 室，我们家共 3 口人，我是户主张xx，我的媳妇是褚xx，姑娘是张xx，托您老人家的福，今年我们家平安顺利、粮食充足，家人身体康健、工作顺利、没病没灾，还请您老人家上天言好事，下地降吉祥，保佑我们生活越来越好，家人身体健康、万事顺意。"[1]

家祭祷词　"后土尊神在上，今天是 2011 年农历辛卯年腊月三十，我是张氏门中的张XX，今天来给您老人家拜个年，还请您老人家保佑我们家一方安宁，今儿我们把家里的老先人请上家里去过个年，还请您老人家行个方便！"

"阿大（爸爸），今儿是XX年农历辛卯年大年三十日，我们给您老人家送点钱粮、拜个年！您老人家愿意的话，我们把您请上了家里过年走！今年家里没啥不好的，阿妈（妈妈）身体好着，阿哥（哥哥）、嫂子退哈休着一天哄娃娃（带孩子）着；我家里也啥都好着，姑娘得了个好工作；老三两

---

① 赵宗福主编《中国节日志·春节志（青海卷）》，光明日报出版社，2014，第172页。

口也好着，你的孙子放寒假着家里也回来着；老四也好着，琳琳明年高考哩啊，等小简休哈假了，操心个娃娃。阿妈，您老人家放心，我们工作了，啥的一挂（全都）好着，娃娃们学习也好着，您老人家就保佑着明年家里也平平安安、大家身体健健康康、工作顺顺利利着。"[①]

社火出神祇仪式词　"乘风云马点上个香，金钟三响了表吉祥。我奉了王母的金牌、玉帝的尺牍，给我赐了乌纱一顶、红袍一领、玉带一条、烽火扇一把、朝靴一双。连升了三级，官拜了天官地祇。今奉了三教的牒文、佛家的宝号，从七彩云中迎来了青龙一条，带来了风调雨顺；从青山秀水的深山老林中接来了狮王一只，带来了国泰民安；从兜率宫中迎来了五色神牛一头，驮来了五谷丰登。今日搭起了灯棚会，穿起了灯棚衣，还有七十二家灯火排列在后面，组成了一台毛糙社火，待到新春正月初五日，老爷带上了闹新春。"

四　吉祥祝福语

过年好！

福如东海，寿比南山！

新春大吉！新年快乐！

一帆风顺，双龙戏珠；三阳开泰，四季发财；五福临门，六六大顺；七星捧月，八面春风；九运当头，十全十美。

前程似锦，吉星高照，财运亨通，合家欢乐！

健康平安，一帆风顺，福星高照！

工作顺利！身体健康！合家欢乐！

团圆美满，万事如意！

生日快乐！永远健康！美丽动人！

岁岁平安，事事如意！

---

①　赵宗福主编《中国节日志·春节志（青海卷）》，光明日报出版社，2014，第178页。

身体健康！工作顺利！生活美满！万事大吉！

财源广进！恭喜发财！

五　避讳语

忌直呼长辈名讳；

年节忌说"破茬话"；

忌说污言秽语。

六　谜语

尕是尕，本事大，三间房子装不下。　　　　　　　　　　　　（油灯）

姊妹二人一样高，客人吃饭它先尝。　　　　　　　　　　　　（筷子）

一个老汉八十八，早上起来满地爬。　　　　　　　　　　　　（扫帚）

一个黑山羊，杂杂草儿都吃上。　　　　　　　　　　　　　　（炕洞）

生不吃，熟不吃，前头烧火后头吃。　　　　　　　　　　　　（烟锅）

绿鹦哥，红嘴巴，一头扎到地底下。　　　　　　　　　　　　（菠菜）

姊妹二人一样长，梳洗打扮都一样。酸甜苦辣千般味，总先让它尝一尝。　　　　　　　　　　　　　　　　　　　　　　　　　（筷子）

一个锅里两个饼，一个热来一个冷。　　　　　　　　（太阳、月亮）

四方头，扁扁嘴，腰长一只眼，眼里一条腿。　　　　　　　（斧头）

皎皎青天，一轮明月，两个对话，一个不说。　　　　　　（照镜子）

小小将军身穿黄，北方壬癸水内藏，招来南方丙丁火，烟雾腾腾在上方。　　　　　　　　　　　　　　　　　　　　　　　　　（水烟瓶）

一条白蛇过长江，长江沿上放火光，白蛇要吃长江水，长江水干白蛇亡。　　　　　　　　　　　　　　　　　　　　　　　　（清油捻子灯）

一朵鲜花头上戴，穿衣不用剪刀裁，虽然不是英雄汉，叫得千门万

户开。 （公鸡）

土墙土房，里面坐着个老丈，身上翻穿皮袄，眼睛好像葡萄。 （老鼠）

长颈大肚皮，像鸡不是鸡，身上有张嘴，开口吃白水，闭口吐黄水，吐黄水，吐黄水，说是美酒不醉你。 （茶壶）

有位姑娘，黑衣黑发，拳打不疼，脚踢不理，绣花针儿挑不起，白天黑夜没声气。 （人影）

十个小孩一同耍，每人头上顶块瓦。 （指头指甲）

红门扇，白板箱，里面住的小红娘。 （舌头）

天有鼓震动天下，地有鼓响彻四方，河有带有人去勒，水有骨地冻天寒。 （打雷、打鼓、桥、冰）

有眼无眉毛，有翅飞不高，日夜行路程，谁也不知晓。 （鱼）

一个黑和尚，来到寺门上，摆的八卦阵，专等飞大王。 （蜘蛛）

一个尕天儿，下的尕雪儿。 （罗儿、罗面）

大路上有个闪干闪，脖子长尾巴短。 （骆驼）

家里有个哼哼，穿的皮鞋没后跟。 （猪）

铁公鸡，木尾巴，上山爬洼劲儿大。 （锄头）

三根肋巴千条筋，九个眼眼什么人。 （礤子）

雷声隆隆不下雨，雪花飘飘不觉寒。 （磨面）

大豆大的个东西，牦牛壮的个声气。 （黄蜂）

一堵墙，猛跌到，四根杆杆满天绕，一把扫帚地下扫。 （驴打滚）

谜儿谜儿冇谜儿，黑羊羔儿钻洞儿。 （蚂蚁）

七　民歌

（一）生活歌

庄稼人

粉白马，紫金毯，

出门遇了个庄稼汉。
庄稼汉的好苦心，
鞭打耕牛苦得深。

正月一，二月头，
庄稼人儿开架牛。
脚踏土地手打牛，
今年的种子稀么稠？
挡头耱，扯边沟，
走着路儿小心着。

三月半间四月八，
打发妻女把草拔。
铲子放立草拔净，
麦子穗儿长得俊。
麦稞穗儿长得蠢，
豆角儿长下了七八层。

地里的捆子像墙头，
场上的捆子像城头。
庄稼人粮食碾下了几十石，
人老几辈子吃不完。
干上一年顶三年，
你看这日子多舒坦！

打扮上踩青来

三连环的耳坠儿哝呀，

两肩膀上搭。

黑油油的头发，

红绫子来扎。

猴儿打伞的裤腿哝呀，

青丝带来扎，

绿辣角儿的鞋鞋，

两帮帮里的花。

黑丝布的顶帽哝呀，

二拐拐上戴。

黑墨的眼镜子，

大眼睛上戴。

白市布的汗褟哝呀，

青夹夹上套。

黑大布的带子，

紧紧腰里勒。

闪花的草帽哝呀，

闪里闪里的来，

青青草儿的地里，

咱们踩青来。

（二）儿歌

净脚片

净脚片，上南山，

南山背后抬石板，

石板压下我不管。

挡羊娃

挡羊娃，羊赶上，

稀屎拉到门槛上，

怀里揣的是油干粮，

出去大门就吃上，

一天往黑里见孽障。

麻麻胡儿

麻麻胡儿投窝来，

大的不来小的来，

石头窝里滚着来，

老窝来，老窝来。

码码脚

金子脚，

银子脚，

点喽，

码喽，

点到一个二半脚。

（三）顺口溜

古今儿当当

古今儿古今儿当当，

猫儿跳着缸上，

缸扒倒，

油倒掉，

猫儿姐姐烙馍馍。

烙了八十八半个，

你半个，

我半个，

给挡羊娃剩下了少半个。

挡羊娃来了寻馍馍，

馍馍来？狼抬了！

狼来？上山了！

山来？雪盖了！

雪来？消水了！

水来？调泥了！

泥来？墁墙了！

墙来？猪毁了！

猪来？打死了！

猪尾巴顶着门槛了！

喜鹊喜鹊嘎嘎嘎

喜鹊喜鹊嘎嘎嘎，

你们家里来亲家，

亲家亲家你坐下，

茶喝上了再扯杂。

你的姑娘揉面不揉面，

坐着案板上揉沟蛋；

你的姑娘擀面不擀面，

挟着擀杖巷道里转；

你的姑娘洗锅不洗锅，

坐在锅台上洗精脚；

你的姑娘担水不担水，

站在河沿上溜瓜嘴……
做下的事儿气心肝，
我一夜两天也说不完。

（四）酒曲

八仙敬酒

第一洞神仙，哎哟，
哎哟，汉钟离。
手拿上一把长寿扇呀，
一心儿敬你来呀哟。

第二洞神仙，哎哟，
哎哟，吕洞宾。
身背上一口青锋剑呀，
二喜儿临门来呀哟。

第三洞神仙，哎哟，
哎哟，铁拐李。
身背上葫芦生三财呀，
三元儿报喜来呀哟。

第四洞神仙，哎哟，
哎哟，张果老。
四大名山驴后捎呀，
四季儿发财来呀哟。

第五洞神仙，哎哟，

哎哟，曹国舅。

口吹短笛品玉箫呀，

五福儿捧寿来呀哟。

第六洞神仙，哎哟，

哎哟，蓝采和。

怀抱上一把阴阳板呀，

禄位儿高升来呀哟。

第七洞神仙，哎哟，

哎哟，何仙姑。

怀抱上一瓶长生酒，

七巧儿成图来呀哟。

第八洞神仙，哎哟，

哎哟，韩湘子。

手提上花篮赴蟠桃呀，

八仙儿庆寿来呀哟。

（五）民间小调

浪花灯

正月里到了闹新春，

我和我的妹妹俩浪花灯。

花灯实在好呀，

妹妹啊，照红了你的心。

东门上挂一盏卧桥灯，

玉兰莲桥头上等相公。

越等越伤心呀，

哥哥呀，我为你舍了身。

西门上挂一对西瓜灯，

李翠莲施簪丧了命。

丢下了儿和女呀，

可怜呀，疼烂了刘全的心。

南门上花灯是彩楼配，

王宝钏爱上了薛平贵。

楼下接绣球呀，

有情呀，不怕寒窑里受苦累。

北门上摆的是花亭灯，

高文举思念着张美英。

花亭看诗文呀，

亲人哪，夫妻才相逢。

东西南北灯连灯，

十字路口灯摞灯。

陈姑儿把船赶呀，

快追啊，赶上了潘相公。

（六）倒江水

虼蚤

一个虼蚤牛合大，

单扇门里出不去，

双扇门里刚出下。

叫衙役，抓虼蚤，

拿铁绳，拴虼蚤，

开板门，夹虼蚤。

虼蚤听见事不好，

"噌嘣"，起跳了。

一跳跳着哪里了？

一跳跳着姑娘的绣房里，

吓得姑娘胡喊哩。

寻尺子，打虼蚤，

找剪子，戳虼蚤，

拿扣线，压虼蚤，

虼蚤看见事不好，

"噌嘣"，又跳了。

一跳跳到哪里了？

一跳跳到老爷的头上哩，

想吃老爷的油香哩。

"噌嘣"，又跳了，

一跳跳到哪里了，

一跳跳到老爷的板颈里，

想吃老爷的干筋哩。

"噌嘣"，又跳了，

一跳跳到哪里了，

一跳跳到老爷的手心儿哩，

想吃老爷的饼饼儿哩。

"噌嘣"，又跳了，

一跳跳到哪里了，

一跳跳到老爷的何拉里，

吓得老爷屁淌哩。

"噌嘣"，又跳了，

一跳跳到哪里了，

一跳跳到老爷的门箱里，

想吃老爷的铃铛儿哩。

"噌嘣"，又跳了，

一跳跳到哪里了，

一跳跳到老爷的驴圈里，

踏死了两个黑骟驴

……

今年的虼蚤是绿肚子，

想吃两个媳妇子。

吃不吃，仿佃哩，

眼睛一绷是上炕哩。

虼蚤叮的新媳妇满炕跳，

婆婆给的主意好。

拿起青草蒿柴燎。

公虼蚤走了苏家了，

母虼蚤转了一趟娘家了。

娃娃鸟鸟席边"朵底"睡下了。

今年的虼蚤吃下的肥，

撑住炕沿头着一顿捶。

耳朵一抿腰一拉，

这一个虼蚤降不下。

喊三爸么叫四爸，

三爸说是："抓求下。"

四爸说是："跟前夔去石头砸。"

隔壁有个二爸爸，

手里拿着个铁耙耙。

咔嚓、咔嚓的两耙耙，

屹蚤的稀屎尿尿拉给了一欻嗒。

一下抛着个严家寨，

严家寨的人古怪。

别在裤腰的刀子拔出来，

抓住死屹蚤把肉卖。

八　社火表词

（一）灯官表说词①

……

我本灯府率领了一部毛糙社火，

来在了某州某县某村，

一来清街二来压煞，

压的是七十二煞。

我率领的毛糙社火，

老秧歌唱的是五谷丰登，

霸王鞭打的是风调雨顺，

胖婆娘唱的是儿孙满堂，

---

① 灯官是河湟社火的"身子"及角色之一，也是社火队的总头目。一般由德高望重、深谙社火演技的人来担任。装扮成七品县令模样，乌纱帽前贴"槽头兴旺"，后贴"五谷丰登"的红纸条，一只手里着拿一把秃笤帚，由一群"皂役"们前呼后拥。灯官不参加社火演唱，所到之处进行祭祀、各庙行香的主持。每场社火演出前，灯官致吉祥词，演出时，端坐香桌后面观看。

拉花姐扭的是妻贤子孝，

狮娃跳四门麒麟送子，

船姑娘走的是君民同乐。

亚吧拉驴槽头兴旺，

花棒子打的天下太平，

小腰鼓打的是中科中举，

八骏马跑的是四季平安。

……

（二）舞龙表说词

本灯府抬头一看，

观见青龙大王在眼前。

正月十五南天门儿开，

上方降下青龙来，

青龙来了空不来，

金银财帛带上来；

青龙去时空不去，

瘟疫疾病带上去。

青龙大王啊青龙大王，

五谷丰登仍是民家之宝。

本灯府祝告你青龙大王：

你四海里吸水四山里布云，

将清风细雨降到四川，

洪水暴雨吸入四海收入长江，

你按时儿布云、按时儿降雨。

祝告青龙大王：

我不要久旱，也不要久雨，

你云里跑马雾里显神，

你青龙摆尾降的是清风细雨，

保的是五谷丰登。

今夜晚在这个灯棚大会上，

还要你要一个蛟龙吸水卧龙翻身；

你高高儿耍一个空中吞燕，

就低儿耍一个海底捞月，

再走一个九门八锁。

保佑的全村众姓人等，

风调雨顺国泰民安！

我老爷降香回府之后，

把你封为四海龙君的总大王。

（三）狮舞表说词

正月十五雪打灯，

狮王下山舞昆仑。

狮王来了空不来，

清风细雨带上来；

狮王去了空不去，

恶风暴雨带上去。

（四）胖婆娘表说词

男装女扮的胖大嫂，

手拿的棒槌敲叮当，

怀里揣的是天仙子，

养下一伙状元郎。

大的一个买膏药，

小的一个闹外场，

闹得民众喜洋洋，

闹得民众乐安康。

务农的人儿四季里忙，

米面满柜粮满仓。

（五）祝福农人说词

务农的人儿最为高，

七十二行第一条。

春天撒下千粒籽，

秋天能打万担粮。

满缸的油来满柜的面，

一家大小乐安然。

（六）祝福读书人词

读书的人儿最为高。

天子重英豪，

文章教尔曹；

万般皆下品，

唯有读书高。

不读万卷书，

哪能见君王？

上京去，

脱下蓝衫换蟒袍，

玉带紧系腰。

金花银花头上戴，

前拥后围真正好。

回家祭祖显耀父母荣，

荣华富贵万年春。

（七）卖膏药词①

咚敲，咚敲!

袖儿里筒着两大包草料。

人人吃了我的药料，

不给药钱，岂不是草料一般。

……

黉门中的秀才，

教门中的满拉，

寺里的阿卡，

窑上的窑霸，

金场里的沙娃，

放羊的娃娃，

都知道我的膏药的厉害。

我的膏药能治八九件大病：

额颅头上的小肚子痛，

肩子背后心口子痛，

两鬓间腰子癀痛；

包膝盖上痔疮病，

脚尖尖上的白滞病，

娃娃得的老汉病，

老汉得的相思病。

---

①　在社火中，卖膏药词、货郎词及卖古董词等，不参加场内表演，而是在场外诵说，语言
夸张、诙谐，取悦于观众，增加热闹气氛。

我的膏药还有一个"三纲五常"，

三纲者：

熬酒缸，咸菜缸，放水缸。

五常者：

惆怅怨怅，没心肠，碾塌场，翻豆场，

过了三年浪会场。

还有一个"三存四德"，

三存者：

胡子葱，洋韭葱，老干葱。

四德者：

白馍馍离不得，黑馍馍见不得，

早起不得晚睡不得

说了受不得。

九 上梁歌

打一斧，响叮当，

第二斧，当当响，

连打三斧叮当响，

鲁班弟子上中梁①。

二十八宿排两行，

三请上方的奎木郎，

---

① 汉族盖新房上中梁时，木工要致辞。中梁柱中心装上金、银及五色粮食等，并扎上一条
红。木工一边诵词，一边向各个方向抛撒红枣、核桃及糖果等，前来观看的人纷纷抢食，
场面颇为热闹。

奎木郎你称刚强。

前看十二个白玉柱，

后看一溜儿紫金梁。

紫金梁好比一条龙，

两头儿扎给了丝线绳，

当中里搭给了一条红，

摇头摆尾到空中。

左拉中梁生牡丹，

养下儿子中状元；

右拉中梁生莲花，

养下女儿发正宫。

打一斧，加一木，

斗大的元宝浇雨珠。

前撒一把的金银财帛，

后撒一把的儿男子孙，

左撒一把的牛羊成群，

右撒一把的万石归仓；

再撒一把的百年大吉，

连撒一把的吉祥如意。

十 方言熟语

有下数 有成竹在胸。

窝里害 在家霸道不已，出门胆小怕事。

溜尻子 溜须拍马。

打和声　凑热闹。

装行情　不懂装懂。

唱花脸　充好人。

扒巴浪　性格直爽。

干撩乱　瞎忙活。

磨洋工　怠慢，偷懒。

点眼药　打小报告。

带把子　说话时夹杂脏话。

吃模糊　旧时指在红白喜事等场合混饭吃的人。

虚脾胎　爱撒娇的样子。

癞呆保　邋里邋遢的样子。

哇嗒拉　来青海的外地人。

猛扎扎　突然间。

松皮塌海　不紧凑。

骨朵扁棒　意同"牛角拐棒"。

破来筛固　破烂不堪。

死眉瞪眼　不灵活，呆板。

外棱斜范　不规整，歪歪斜斜。

一点半个　一星半点，也有偶尔的意思。

黑嗒麻胡　黑漆漆的。

硬七拐棒　咬不动的食物。

死皮顽肉　顽皮倔强。

花里胡哨　颜色多而混乱，不好看。

二二斯斯　慢吞吞或待理不理的样子。

肉头肉脑　可指胖子，可指人行动缓慢状，也可指反应不灵敏。

乡党陆亲　左邻右舍，亲戚及本家。

扁塌似海　坐相不好，瘫坐、瘫躺。

瘦眉枯揣　骨瘦如柴。

黑不棱登　可指人皮肤黑，也可指物污浊、不干净。

浅看势量　小看了人。

牛角拐棒　指坚硬的东西。

疙瘩挖失　不平整，不顺滑。

茅廊草舍　房屋简陋。

珠子海怪　一塌糊涂，一团糟。

东东西西　可指琐碎的东西，也可指东西繁多状。

吃食昧食　做了事又不承认。

大模失样　行事大大咧咧，不规矩。

德薄懒干　无所事事的懒人。

死不棱登　行为反应迟钝，性格死板。

白刺拉瓜　没有色彩。

浪里活散　不紧凑，也指穿衣不规矩。

明打火亮　光明正大。

二洋麻嗒　做事随随便便，不放在心上。

清汤寡水　饭很稀，没有荤腥。

稠谷冒饭　汤饭盛的汤少饭多。

冰透渗瓦　凉透了。

热死慌汗　满头大汗状。

紧赶慢四　急急匆匆。

瞎眉失眼　讽刺走路或干活不顾左右发生意外的人。

实抗量出　料定他人无力胜任。

沽汤麻水　饭很稀，没什么可捞的。

跌脚绊坎　走路不稳状。

干死噎活　吃的东西太干，噎住了。

由马信缰　自以为是，想干什么就干什么。

实话拉家 的确，确实。

张眯瞪眼 反应迟钝，或没有反应。

皮不棱登 听不进劝，滚刀肉的样子。

明几溜光 明亮、干净。

黑漆挖缺 不干净，看上去脏兮兮、黑乌乌。

屁谎浪当 谎话连篇。

冇牙罐罐 掉了牙、牙掉光的样子。

一忙八紧 忙乱的时候突然又出事情。

绌绌塌塌 说话不大方，鬼鬼祟祟的样子。

刻卡二五 说话办事干脆利索。

晒阳洼 人闲，晒太阳。

疯张冒失 慌慌张张、冒冒失失的样子。

绌绌溜 不大方，做事到不了台面上。

拉然 办事不顺利、拖沓。

掣肘 办事阻力比较大，很棘手。

呕肠根 故意惹人生气的人。

苦精忠儿 俭朴为人，费尽精力劳作持家的人。

脚巴骨里风响者 脚巴骨即脚踝，指人疾步行走，或为人利落。

头背着脊梁里者 指很傲慢的人。

眼睛里说话者 指人过分聪明。

第二节　藏族语言民俗

一　地方风物词

果坚 发饰，女子将头发辫成许多小辫披着，在发梢佩以自制的辫套，辫套上绣有图案，中间缀着绿松石、珊瑚、银制饰品。

那坚　耳饰，男子只戴右耳，用银子或白铜打制而成，中间镶有松石或珊瑚叫"纹然"，也可以用线直接串上松石戴在耳朵上，叫"也那"。女子的耳环有"多那""念阿"两种，前者耳环下面有松石，后者耳环下有细碎的小松石串。

格坚　颈饰，通常都佩戴项链，男子多佩戴玛瑙项链，女子多佩戴猫眼石项链，或是绿松石、珊瑚等串成的项链。除项链还有"嘎吾"，银制，内装有微型佛像、经文、活佛赐予的神物。

德纹　腕饰，银镯、玉镯、念珠。

嘎姜　腰饰，除腰带，男子习惯佩戴"藏刀"。

则指　指饰，男女都在左手中指、无名指佩戴，多为象牙、金银制品。

匝巴　羊皮袍。

楚　皴氇袍。

察日　羔皮袍。

香哇　里子是毡，面子是布的毡袍。

热拉　布制长衫。

托拉　罩衫。

曲香　不缝布面的毡袄，多在放牧时穿。

扎拉　僧服。

囊拉　内服。

噶热　腰带。

夏帽　帽子。

礼帽　礼帽。

觉拉　僧人还俗后穿的俗衣。

吉达玉让　藏靴。

糌粑　青稞炒面。

玛尔　酥油。

曲拉　干酪。

达拉 提炼了酥油后的牛奶。

楼夏 手抓羊肉。

雪 酸奶。

新 藏式糕点。

德格 粥。

油汁厥麻 藏语"卓麻麻格"。

吉玛 灌肠。

锅麻尔 油饼。

哲德 米粥。

夏干 风干肉。

沃佳 奶茶。

那可 清茶。

粥佳 酥油茶。

内强 青稞酒。

萨康 土房。

香康 土木房。

多康 碉楼。

扎格日 帐房。

扎那 牛毛帐房。

热格日 布料帐房。

措格日 僧人帐房。

阁莫切 大帐房。

二 称谓语

1. 亲属称谓

阿尼 先祖或祖父。

阿依　祖母或外祖母。

阿帕　爸爸。

阿妈　妈妈。

帕干　不当面称呼自己爸爸。

妈干　不当面称呼自己妈妈。

阿克　叔父或伯父。

阿乃　与自己母亲同辈女性。

阿香　舅父。

阿吾　兄长。

努吾　弟弟。

夏聂　对他人言说同胞兄弟。

阿且　姐姐。

尚毛　妹妹。

娘吾　姐姐或妹妹称其兄弟。

氏毛　嫂子。

西勒　儿子。

西毛　女儿。

擦吾　侄子、孙子、外甥。

擦毛　侄女、孙女、外甥女。

阿贝洛洛　父亲对子女的爱称。

阿美洛洛　母亲对子女的爱称。

帕洛　子女对父亲的爱称。

妈洛　子女对母亲的爱称。

2. 人名

多以自然景物、出生地点、吉祥语等为名。如"梅朵"（花）、"措"（湖水）、"达娃"（月亮）、"尼玛"（太阳）、"尖措"（海洋）、"尕日玛"（星星），"扎西""才让"意思是吉祥、长寿。也有让活佛或僧人给孩子起名的，多带有佛教色彩，如"嘉洋"（文殊菩萨的名号）、"久西"（大威德金刚的名号）、"益西"（智慧）、"杰"（保佑、胜利）。

农区藏族名字多有汉姓，如"李公保""王才让"，这种近似汉族的姓多是汉化的结果。牧区姓氏不同于农区，没有类似汉族姓，而是在名字前加上本氏族或本地区名称作为姓，如"拉加才让"叫"郭密·拉加才让"，"郭密"是环海八族之一，由此可以得知拉加才让是郭密族人。

名字的称呼分全称、简称、爱称、敬称。如名字为"久美拉姆"，那么可以简称为"久美""拉姆"或"久拉"。爱称多使用在长辈对晚辈，如"仁增多杰"可以称为"仁洛""仁科"；乳名多是将"卓玛吉"称呼为"卓果"，"拉毛才让"称为"拉贝"，"加洋吉"称为"加贝"。敬称是下对上、俗人对僧人的称呼，如将莲花生大师敬称为"乌金仁波且"。

三 吉祥祝福语

扎西德勒！（吉祥如意！）

才让！（长寿！）

德茂伊那！（你好！）

乔德茂！（您好！）

扎西！（吉祥！）

东珠！（事事顺心！）

恰哇兰姆卓！（一帆风顺！）

喀累隆达！（别人对对方的肯定和祝福，意为事事顺心、勇攀高峰！）

吉祥"卐"字符

四 避讳语

年节时，忌说不吉利的话、忌骂人。

忌直呼长辈的名字，称呼兄长时，在姓名前加上称谓方可。

忌直呼过世人的名字，若不可不提，在名字后缀"拉尚"。

家庭内部，有血缘关系的亲戚在场时，忌说过于亲昵的话，忌随便开玩笑。

唱"拉伊"时，有血缘关系的亲戚不能在场。

用餐时忌说污言秽语。

五 谜语

上百个僧童，设有上百个修行堂。 （青稞穗）

山顶树林茂密，山腰雾气弥漫，山麓海螺成行，两根铁管并列，一座佛塔巍峨，山后神童两尊。 （头发、眼睛、牙齿、鼻孔、喉结、耳朵）

一头乌黑的大秃牛有 100 根鼻绳。 （牛毛帐篷）

在台上数百个羊羔在蹦跳，从台腰下着茫茫大雪。 （磨糌粑）

在深谷口的洞内，白犏牛鼾声如雷。 （木桶内打酥油）

闪烁的红光留在家里，蓝色的紫气飞向外面。 （灶内的烟火）

一只铁鸟钻进洞内，一把尾毛留在外面。 （刀子放在刀鞘里）

一个大寺有九需，不知九需给九户。

（长号、唢呐、法锣、鼓、钹、鼓槌、羧鼓、法铃、碰铃）

一头青牛肚子真不小，能吃九条沟里的草。 （镰刀）

木棒和皮条结婚，铁蛋儿招待客人。 （传统用的手提称）

不是白云不是烟，盖在地上一大片，每当太阳出了山，再也不见它的面。 （雾）

比马大，没走势，生来不要备鞍子。 （骆驼）

父亲像虱子，儿子似罐子，长着几条绿辫子。 （红萝卜）

石岩上羊羔儿跳，石岩下雪花儿飘。 （手推磨）

青衣使者做向导，红衣客人紧跟着。 （烟与火）

六　民歌

（一）拉伊

头戴珊瑚的年轻人

叉子枪的准星真准，
对准敌人放了三枪，
没有一发打不准，
它是天空雷神的化身。

头戴金嚼子的名马，
周游藏区三年整，
没有一次跛行过，
它是紫金刚的化身。

头戴珊瑚的年轻人，
谈情说爱三年整，
没有说过一次谎，
它是度母菩萨的化身。

我心里爱的是情人你

我心里敬的是杜鹃你，
自从你飞去的那天起，
不想别的鸟只想你，
不说别的鸟只说你。
你若不信此话真，
请你走访大森林，

问问四处的画眉鸟，
是真是假才知道。

我心里爱的是情人你，
自从你离开的那天起，
不想别人只想你，
不说别人只说你。
你若不信此话真，
请你走访全部落，
问问部落里的同龄人，
是真是假才知道。

你是我心上的格桑花
山坡上开满了吐香的鲜花，
我只爱那最美的格桑花，
帐篷里美丽的姑娘啊，
你就是我心上的格桑花。

森林里到处是欢乐的鸟群，
我只喜欢那会唱歌的百灵，
帐篷里勤劳的姑娘呀，
你就是在我心中唱歌的百灵。

心爱的姑娘啊
布谷鸟唱了西山又唱东山，
只因为有了你，
我才知道春夏秋冬，

别的鸟唱得再好，
我却不愿倾听。

枣骝马跑了山头又跑山根，
只因为有了你，
我才八方驰骋，
别的马跑得再快，
我却不愿骑乘。

心爱的姑娘啊，
只因为有了你，
我才欢快地唱歌，
别的姑娘长得再美，
我也不把她放在心上。

我不愿去望一望

夏天鲜嫩的白蘑菇，
如果我没有吃上，
即使摆满一桌子肉菜，
我也不愿去品尝。

上方帐篷里的姑娘，
如果没把我看上，
即使天仙一样的姑娘，
我也不愿去望一望。

我盼呀，盼得心里发烫

火塘里烟火正旺，

铜壶里奶茶喷香，

有情人不在帐篷里歇脚，

又歇在什么地方？

我天天煨起松桑，

为你的平安祈求吉祥，

亲爱的阿哥哟，

我盼呀，盼得心里发烫！

我的心永远不变

双双燕儿并肩飞上蓝天，

我俩也该这样亲密无间，

那怕仇人火烧刀砍，

我也心甘情愿。

对对鱼儿并肩游在湖面，

我俩也该这样恩情长远，

那怕逃到荒野深山，

我的心永远不变。

（二）祈愿歌

祈祷辞

如愿以偿吧！

有求必应吧！

期望实现吧！

事事如意吧！

祈祷虔诚信教徒！

祈祷教徒无磨难！

祈祷教徒受福荫！

祈祷寺院香火盛！

祈祷人生得长寿！

祈祷牲畜增殖膘肥壮！

祈祷众生无疾疫！

祈祷牲畜无灾殃！

祈祷庄稼不遭灾！

天下太平永安康！

生活美满多幸福！

吉祥如意吧！

延年益寿吧！

无疾平安吧！

蓝天升起金色太阳！

夜空高悬明洁月亮！

佛法雨露普降天下！

人寿年丰佛法弘扬！

（三）赞颂歌

玛卿雪山颂

嗦——嗦——

皑皑巍峨的山巅，构成琉璃晶莹的宫殿。

山间碧水回环，山麓百花斗艳。

无数山泉流出，三百六十座峰峦拥抱圣山，

目睹奇景谁不赞叹！

远观簇拥的碧峰，冰雕玉砌映蓝天；

层峦耸翠银辉射，玉阙凌空不可攀。

宫深墙高檐牙翘，珠串宝缀成宝山。

条条锦缎绣成幡，淡妆浓抹尽奇观；

欲与天宫比富丽，人间妙境出尘凡。

犹如勇士怒出征，神兵天降威凛凛，

披甲荷枪军旅振，威慑魔王战兢兢。

堂皇宫阙无其数，战神之王凌众神。

缔造福地庇黎民，匡助内有拉热神；

勇男淑女各九位，降临山间佐玛卿。

赞谦东春、盛谦日德、智谦东俄、拉谦唐拉，

四位四方保护神，留恋圣山亦光临。

纵观三百六十峰，挥剑舞戈兴甲兵；

仙女连袂飘然落，水凌放光照华容。

众生额首呼咯嗦，膜拜圣山显灵通。

……

嗦——嗦——

神旅三百六十位，神后对等配成双，

家眷使者众神灵，敬祭众神把福降。

玛卿为首众神灵，永驻圣山莫远行。

人间呼唤慧耳听，凡夫招请显神聪。

遇战战神莫惜力，人神相应影随形。

昼夜监护多保佑，扬善匡恶及时行。

百件善事抵千恶，在家出外两照应。

众生物阜财源茂，民族富强部落兴。

昭告神佛管后世，四大功德都履行。

吉祥之光千秋照，高呼咯嗦达神听。

（四）喜庆歌

婚礼颂

哎——

乡亲们！

今天诸位来自四面八方，听我把婚礼颂扬。

大家欢欢喜喜热闹异常，我不会唱歌也要捧场。

唱赞歌时我胆子小，隆重的场面令我心里发慌；

身上的冷汗滴滴淌，腿肚儿发抖似筛糠。

唱歌时嗓门难发声音，纵然发声也凄惶。

三寸舌头难绕弯，即使绕弯也发僵。

哎——

长胡子长辈下了令，挎刀的同辈过了场。

我脖子上搭满白哈达，"如意春"名字耳畔响。

我硬着头皮大声讲。

要说就说勇士的话，要学就学英雄的腔。

勇如雄鹰击长空，智如翅翔不撞崖。

这样当然有难场，中间要说年轻人的话。

话如鹿角分二杠，鹿角分叉相错综，

角面茸茸真漂亮，这也实在太难场。

哎——

要说就说小伙子的话，恰似鸽子啄食样：

向上飞，向下翔，伸头，缩脖咽，保护喉咙不受伤。

我不是谈古贤人，也不是冒昧比才郎，

是劣马也得上赛场，结结巴巴也要讲。

哎——

天明旭日出山岗，人间风景好，

天上生霞光，良辰如意又吉祥。

啊！今日景美辰良，祥光普照四方。

众生逢喜幸福，香烟缭绕帐房，人人盈盈欢笑。

小伙子衣着潇洒，姑娘们佩戴红妆。

牛羊体肥膘壮，五谷丰登百业兴旺。

……

哎——

现在要说一说这家的儿媳，我要预祝这家的儿媳：

在我手中洁白的哈达，

产地不是高原是内地，

它是产自中原的汉族之手，

而后结彩于远方的古印度，

再次在雪域藏区圣僧加持，

由释迦牟尼赏赐与我，

内结五彩绸缎，今天是带它的吉日良辰。

今天在我家的儿媳，

儿媳来自遥远的南方，

来势煊赫好比雷鸣，

毛毛细雨降临大地，

它象征百草绿绿要萌芽。

儿媳来自遥远的东方，

来势隆重似杜鹃飞空，

它象征春光明媚降人间，

我祝愿春光永驻在人间。

儿媳来到这个家，

来势美如孔雀翎，

言语顺从讨人喜，

敬老扶幼受人赞，

儿女满屋福一生，

子孙满堂乐一生。

奶汁满溢银色的桶，

酥油满装金色的箱，

福寿康乐大吉利，

名扬四海成大事，

这家定是家缠万贯富户家！

（五）劝诫歌

七戒

老汉老妪要涵养，老汉老妪无涵养，

犹如腐朽的老枯树，即便长寿有何益？

男孩女孩要教养，男孩女孩无教养，

犹如饲养的牲畜，能吃能睡有何用？

儿子儿媳要教养，儿子儿媳无教养，

犹如瞎眼的地老鼠，虽有积蓄也枉然！

男女臣佐需教养，男女臣佐无教养，

犹如能言的鹦鹉鸟，拾人牙慧无用处。

美男美女要教养，美男美女无教养，

犹如花花喜鹊鸟，外表华丽有何用？

男女头人要教养，男女头人无教养，

犹如山头大雕鸟，高高在上有何用？

（六）折嘎

让我把兆、缘、运、愿排列起来唱一唱：

在八辐天轮天之下，

在八瓣莲花地之上，

在扎什伦布的地毯上，

缘合天上的星辰，

缘合地上的时辰，

缘合天空聚群星，

缘合星宿皆圆满。

呀——

嗦嗦呼祭上界神，

嗦嗦呼祭大梵神，

首先呼祭天黎明，

呼祭旭日东天升，

三声呼祭与天齐。

朝拜了拉萨的祈愿会，

谒见了昌都的天然菩萨像，

叩见了嘉木样大喇嘛。

世上人类初形成，

男人中现生了格萨尔；

世上第一次有了马，

马中先有了枣红神马；

世上女性初形成，

女中先生了周毛妃；

世上孩子出降生，

才让玉纳第一名；

世上寺院未建时，

萨迦果芒寺先修成；

世上未降活佛时，

莲花大师先降世；

世上没有圣地时，

圣地拉萨已形成；

世上没有热振寺，

热振寺建在柏树林；

世上没有噶丹寺，

噶丹寺建在噶丹山；

世上没有哲蚌寺，

哲蚌寺建在石基上；

世上没有桑耶寺，

桑耶寺建在大沙漠；

好像金砖堆成堆，

好像圣花开地上，

好像黄鸭落湖边。

桑耶寺的白色宝塔，

好像海螺堆成堆，

好像白花开地上，

好像牛奶把海螺养。

桑耶寺的红宝塔，

好像珊瑚堆成堆，

好像红花开大地，

好像火焰冲天上。

桑耶寺的蓝宝塔，

好像松石堆集成，

好像蓝花开大地，

好像布谷鸟落树上。

桑耶寺的黑宝塔，

好像生铁铸的样,

好像生铁橛子钉地上。

呀——啦哇啦嗦!

人间传说一次又一次,

人间赞颂一遍又一遍。

我是大福大德的"折嘎",

是威力无穷的"折嘎",

是权威无比的"折嘎"。

自从大地形成后,

问我是否有说有赞的?

我说,说的赞的当然有:

先有土生成,

后有石生成,

再有沙子生。

在生成的沙子上,

才有了大海和翠湖,

在大海和翠湖上,

才有了大鲸搭成桥;

在那大鲸的右翼上,

成了清净的祈愿天池;

在那大鲸的左翼上,

成了辽阔的黑暗大地。

山上沟里修了大寺院,

富人住在沟脑里,

穷人住在城外。

二水汇集成水源,

青稞装满大谷仓，
食物和财富全长在鲸尾上。

呀——啦哇啦嗦！
提起神佛的华贵寝殿，
问我是否有说有赞的？
我说，说的赞的当然有：
朱红神土砌成墙，
红色宝石做屋基，
凿了长石立柱子，
凿了短石做柱顶石，
石板凿成石盖子，
盖在海口水不溢。
金子的大门向里开，
银子的二门向里开，
外面的土建已就绪，
里面的木活已完工，
外有牢固的金柱已立起，
内有牢固的玉基已筑成，
柱头镶好了珊瑚塔，
柱身雕好了松耳石花。
三个上午举行祝贺礼，
螺号笛声庆竣工；
三个下午举行祝贺礼，
鼓乐齐鸣庆完工；
祝贺大殿的法台已落成，
祝贺喇嘛降法台，

祝贺法台阳光普照，

祝贺教的佛事不间断。

……

呀——啦哇啦嗦！

在印度的群山的下面，

在中原群山上面，

在两山峦的交界上，

搭起一顶奇异的帐篷，

帐篷后首金刚朝天立，

支撑天地的顶天柱；

帐篷中间的金刚朝石岩，

保证后山不崩塌；

帐篷边缘铜镜盘地下，

大海不溢的好盖板。

祝愿三宝齐聚的锅灶立：

安上八宝吉祥的锅，

熬上一锅酽茯茶，

放上几颗五色粮，

投下一块黄酥油，

撒下一撮雪白的盐。

喇嘛喝了走法运，

勇士喝了获战神，

妇女喝了得福运。

祝愿大家吉祥如意逢好运！

祝愿佑护众生平安的神医得吉祥！

祝愿保护六畜兴旺的僧侣常如意！

格格嗦嗦啦加洛！

第三节 回族语言民俗

一 地方风物词

绵绑身儿（布面絮羊毛长袍）、白板子皮袄、大襟絮羊毛主腰儿、絮羊毛绵绑身儿、皮里长袍、对襟主腰儿、白汗褐、青坎肩、大裆裤、夹绑身儿、土制毛蓝、自制褐子、大雁塔白扣布、斜布、市布、顶帽、黑缎子顶帽、羔皮镶边圆帽、狐皮帽、丝线帽、盖头、泥瓦儿络鞮、高鼻梁络鞮、布底圆口鞋、单梁头布鞋、双梁头布鞋、方口皮底皮面鞋、平地高勒双耳鞋、布袜、准白（似西式大衣，阿訇和年长者穿的长衫）、太斯达尔（老年人、阿訇和经常礼拜的人戴的头巾）、麦斯罕袜子（皮制袜子）。

哈里瓦（点心）、焜锅、锅盔、砖包城、油香、油果儿、蜜钱、馓子、麻花、花花、雀舌头、糖饺儿、擀面片、旋面儿、寸寸儿、棋花儿、麦仁儿、散饭、凉面、搅团、扁食、酿皮、甜醅、抓饭、炕洋芋、油炸糕、炒凉粉、抓面、羊肠面、干拌、牛肉面、干拉、炮仗、碗拌、羊蝎子、白条、粉汤、杂碎、八盘、麦茶、荆芥茶、热物茶。

楼院、公馆、洋式楼、庄廓、土担梁、砖雕、瓦房、油保司、脚户、车户、杠骚车、皮筏子、车马店、歇家。

二 外来语词汇

安拉（真主）

阿格力（智慧）

白莱凯提（吉祥）

艾色目（表情）

伯热克特（吉庆）

迪尼（宗教）

都瓦（祈祷）

尔玛麦（缠头巾）

发罕（理解、明白）

法伊德（利益、出息）

菲图尔（开斋）

盖代（条件）

高目（教民）

戈布勒（接受）

格麦尔（月亮）

更索（故事）

拱北（圆顶建筑物，特指教主的墓地）

古土布（杰出人物）

哈卡耶提（寓言）

海比布（朋友）

罕格（责任，义务）

胡里尔（离婚）

胆扎里（坏人）

加玛勒（美丽）

莱则格（生计）

利合耶（络腮胡子）

纳热（火）

赛莱非（祖辈、前辈）

苏莱提（容貌）

索哈白（同事、朋友）

塔阿目（食品）

耶苦鲁（吃）

准白（长衫）

阿訇

别麻热（疾病）

达什曼（学者、科学家）

戴斯塔尔（缠头巾）

多斯提（朋友）

古丽斯坦（花园）

郭希尔（肉）

华者（长者、先生）

卡比（聘金、彩礼）

乃遂布（福分）

皮拉罕（衬衣）

牙热（伴侣、朋友）

三 称谓语

（一）亲属称谓

太爷（曾祖父）

太太、阿太（曾祖母）

阿爷（祖父）

阿奶（祖母）

外爷（外祖父）

外奶奶（外祖母）

阿达、达达（父亲）

阿妈、阿娜（母亲）

大大（伯父）

嬷嬷（伯母）

阿爸（叔父）

新阿娘、新婶儿、尕婶儿（婶子）

阿娘（姑母）

阿哥、阿尕（哥哥）

新姐（嫂子）

兄弟（弟弟）

（二）青海回族主要姓氏

马、冶、绽、尕、阿、雍、米、买、祁、沙、沈、吴、董、汪、妥、金、林、郑、铁、海、敏、何、萧、索、勉、巴、法、陕、鲜、冯、苗、拜、闪、虎、鸟、甘、车、聂、赫、安、古、者、唐、科、席、光、巨、司马、糟。

四 吉祥祝福语

赛俩目（安赛俩目而来库目，外勒海买东浪黑，外白勒卡土乎），对方回敬说"而来困赛俩目"。意思是"愿真主的平安、慈悯和吉庆与你同在"。

五 避讳语

忌说"死"，以"殁""口唤""无常""归真"代之；

忌说"许愿"，以"举意""立意"代之；

忌说"烧香"，以"点香"代之；

忌说"杀"，以"使还""宰"代之；

宰杀牲口忌说"死"，以"定了"代之；

礼拜时忌直呼礼拜者姓名；

做饭、吃饭前须先默念"比斯明亮"（"奉至仁至慈的真主之名"）；
忌说"油饼"，以"油香"代之。

六　谜语

粉壁墙，没口子，里头卧的是黄狗子。　　　　　　　　　　　（鸡蛋）

肉包骨，红又甜。　　　　　　　　　　　　　　　　　　　　（枣）

园园外，园园外，园园里面种白菜，吃的吃，卖的卖。　　　　（牛奶）

枝头开花，土里结瓜。　　　　　　　　　　　　　　　　　　（洋芋）

一个小姑娘，头上戴蓝花。嘴里吐虿子，又光又滑。　　　　　（胡麻）

一个黄娃娃，从小长胡子，衣服穿的厚，一层又二层。　　　　（苞谷）

红公鸡，下黑蛋。　　　　　　　　　　　　　　　　　　　　（花椒）

身穿绿衣裳，肚里水汪汪，生的儿女多，个个黑又亮。　　　　（西瓜）

娃娃就像麦子，长成就像沙罐子，扇花草帽盖脚底。　　　　　（萝卜）

粽子脸蛋，桃花脚印，前面汪汪，后面舞刀。　　　　　　　　（狗）

有眼无眉毛，有翅飞不高，日夜行路程，谁也不知晓。　　　　（鱼）

一位守更人，裙衣彩缤纷，黎明歌一曲，万户齐开门。　　　　（公鸡）

一堵墙，猛跌倒，四肢爪子满天绕，一把掸子满地扫。　　　　（马打滚）

上山的尕驴骑不得，下山的棍棍折不得，银墙根儿摸不得，索罗罗花儿
折不得。　　　　　　　　　　　　　　　（狼、蛇、蜜蜂、宣麻）

高山岭上种豆儿，一撒一溜儿。　　　　　　　　　　　（羊拉粪蛋儿）

巴掌大的两片，黑毛湾里两卷，光溜溜儿的两杆。　　　（牛耳、牛角）

一棵树，五开叉，当中里一朵白莲花。　　　　　　　　　　（手端碗）

有位姑娘黑发黑衣，拳打不痛脚踢不理，绣花针儿挑不起，白天黑夜没
声气。　　　　　　　　　　　　　　　　　　　　　　　　（人影）

一个板板儿，七个眼眼儿。　　　　　　　　　　　　　　　　（脸）

天有天鼓，地有地鼓，河有腰带，水有脆骨。　　（雷、鼓、桥、冰）

一根子麦草，一直扯到沟脑。　　　　　　　　　　　　　（路）

一个白姑娘，婆家在天上，娘家在地上。　　　　　　　　（雪）

一座城，四个门，出哩进哩的十二个人。　　　　　　　（一年）

关了一扇门，开了一扇门，说它不值钱，胜过金和银。　　（书）

日走千里不出房，同胞弟兄各有娘，新夜夫妻不同床，口叫父母非
爹娘。　　　　　　　　　　　　　　　　　　　　　　（唱戏）

生在山里，长在林里，说话不听耳朵上拧哩。　　　　　（二胡）

要玩它，才买它，买来了，吊它又打它。　　　　　　　　（锣）

有山没土没有石，有海没船没有鱼，有路不见车来往，有城没人没
房子。　　　　　　　　　　　　　　　　　　　　　　（地图）

一个尕天儿，下着点尕雪儿。　　　　　　　　　　　　（罗儿）

铁公鸡，木尾巴，上山去咯啦啦，下山去嚓啦啦。　　　（镰刀）

上板板桥，下板板桥，星星满天耀。　　　　　　　　　（蒸笼）

刘备双剑进古城，张飞有气在胸中，孔明祭起东南风，气得周瑜满
肚红。　　　　　　　　　　　　　　　　　　　（风匣、灶火）

一个青蛙，本事真大，管着一家，亏了贼娃。　　　　　　（锁）

一个娃娃，黑黑头发，出门一滑，开朵红花。　　　　　（火柴）

一个菜瓜，两头开花。　　　　　　　　　　　　　　　（枕头）

一物三个口，人人都要有，有的人儿不算富，没有的人大出丑。（裤子）

一条白蛇过长江，长江沿上放火光。白蛇要吃长江水，长江水干白
蛇亡。　　　　　　　　　　　　　　　　　　　（清油捻子灯）

一个老汉八十八，早上起来满地爬。　　　　　　　　　（扫帚）

玻璃窗子玻璃门，里头坐着个玻璃人。　　　　　　　　（灯泡）

空筒筒，筒筒空，里面吹的全是风。　　　　　　　　　（风箱）

七　民歌

阿妈想娘家

拉鼻涕拉，骑黄马，

黄马不走鞭子打，

鞭子折了腰里插，

辔头断了绾疙瘩，

一绾绾给着麻舅家。

麻舅家的姑娘，

黑莹莹的头发，

明明石的簪子，

搭脚面的衫子，

尕绑身儿绿裙子，

方方桌儿上摆碟子，

摆下的啥碟子？

银碟子。

娃娃会走了会爬了，

阿妈的肚子又大了，

金钢锁子踏烂了，

阿妈想了娘家了。

胡麻花

枣骝公鸡红公鸡，

大脚婆婆出来哎呦呦！

你是谁家的？

我是马家门上的，

马家门上种胡麻，

胡麻花儿开着碟子大，

俩儿姑娘摘来了，

俩儿学生看下了。

大大说，给掉吧，

妈妈说，夔给吧。

手里拿的加拿大，

过去山了打一架。

等哥哥

蜜蜂儿蜜蜂儿嗡嗡嗡，

狗擦胭脂马擦粉，

煤烟脖子奶子清。

你大哥，我二哥，

哥哥的书信快来到，

我俩高兴着蹦蹦跳。

新媳妇

喜鹊喜鹊嘎嘎嘎，

你们家里来亲家，

亲家亲家快坐下，

茶喝上了再扯杂。

你的丫头洗锅不洗锅，

跳到锅里就洗脚，

你的丫头揉面不揉面，

跳到案板上揉脚面。

阿哥儿

拔卜儿八，装辣酱，

辣酱贵，买姜味，

姜味少，买铡刀，

铡刀快，铡芹菜，

芹菜长，变成狼，

狼没爪，变成马，

马没头，变成牛，

牛没犄角，变成骆驼，

骆驼没尾巴，

把人家阿哥耍惹下，

阿哥脾气糊涂瞎，

打掉碗碗碟碟不算啥。

帐房搬上往那下，

酥油炒面白奶茶。

看媳妇

月亮月亮亮晃晃，

清水的河儿里洗衣裳，

衣裳洗得白白的，

打发哥哥下城去，

下时节，

一对喇叭一对号，

上时节，

上到八抬家。

八抬家咋去哩？

看个尕媳妇去哩。

石板开门来

石板儿石板儿开门来，
马家姨娘送茶来，
茶又香，酒又香，
十八个骆驼驮麝香，
驮不起，叫满拉，
满拉来了盖油房，
油房底下一桶水，
叫大姐，洗手来，
叫二姐，洗手来，
洗下的手，白嫩嫩，
擀下的汤，薄扇扇，
下到锅里一团团。
捞着出来一根线，
金把的斧头剁不断，
叫狼，没狼，
叫狗，没狗，
河那下的姐夫来一口，
姐夫姐夫剩下点边边儿，
我给你装给个钻钻儿，
姐夫姐夫剩下点底窝儿，
我给你烧给个韭盒儿，
韭盒儿撂给着东房上，
出来了个东娘娘，
韭盒儿撂给着西房上，

出来了个西娘娘。

西娘娘的腰里一个尕刀儿，

可惜了西娘娘的尕腰儿。

翻油饼

翻、翻、翻油饼，

麻雀儿扎的红头绳。

你擦胭脂我擦粉，

天上掉下来个油骨朵儿我俩啃，

骨朵签儿卡下了，

阿訇奶奶的炕上巴下了，

碟碟儿里挖下了，

箱箱儿里锁下了。

牙古尔

牙古尔牙，猜盒子，

金甲领儿丝袖子，

脖颈里扣的金纽子，

金纽扣上一朵花，

腊月的时节回到家。

腊月的时节炸下的香香截，

不吃不吃地尝一嘴。

大门上栽的腊梅花，

用手摘去刺又扎，

拿上个板镢了连根挖。

尕稀罕

门楼儿高，

门口儿低，

门楼底下一窝儿鸡。

大鸡儿刨，

鸡娃儿吃，

吃着憨憨的，

娑罗罗树上叫名去。

头一声，

山里的哥哥山里去！

第二声，

寺里的哥哥寺里去！

再打发俩儿丫头扫地去，

一把手拿着扫帚子，

一把手拿着红筷子，

偷着缸里拣菜去，

妈妈过来两筷子，

大大过来两带子，

嘴呲下着还笑哩，

尕手儿掌下着还要哩。

老乙尔老

老乙尔老，

头上戴着个尕顶帽，

谁见了，我见了，

吃上丁家阿爷的米饭了。

丁家阿爷要米钱，

没米钱！

还跟上阿爷了浪两天。

马来了，牛来了

马来了，牛来了，

车轱辘带着话来了。

啥话？雀儿话，

一脚踢到鲁尔加。

鲁尔加的尕姨娘鞋烂了，

没人买给点鞋面了。

打罗罗

打罗罗，喂面面，

阿舅来了馓饭饭。

啥饭？豆饭。

啥豆？黄豆。

啥黄？米黄。

啥米？小米。

啥小？蚂蚁虫的蛋小。

弹下个窝炕儿了泥俩漫掉。

尕姨娘

高山上打围的韩三郎，

沟底里担水的尕姨娘。

头一担水来洗了个脸，

第二担水来洗了个头。

两鬓间梳了两条龙，

中间里梳上个河州城。

前头梳上个鹦哥嘴，

后头梳上个鹦哥尾。

眉毛弯弯的两条线，

黑乎乎的大眼睛上下里翻。

鼻子棱棱地赛箭杆，

索噜噜耳环两肩担。

上下的嘴皮胭脂淡，

糯米的牙齿尖对尖。

蓝市布衫子蓝上蓝，

大红的裤子扫脚面。

高大人领兵上口外

正月里到了正月正，

大人吩咐调大兵，

州府县里文书行，

先上粮草后发兵。

二月里到了龙抬头，

高大人吩咐上肃州，

每人发给二两银，

人人怀揣了杀敌心。

三月里到了三清明，

高大人吩咐扎大营，

大营扎到巴里坤，

高大人传令往前行。

四月里到了四月八，

高大人吩咐甭骑马，

单人跑了七十里路，

戈壁上无水渴死人。

五月里到了五端阳，

开赌的伙儿里好吃粮，

一两银子二石米，

苦苦菜叶叶儿当口粮。

六月里到了热难当，

小麦不熟大麦黄，

这多的粮食不许上，

红花的叶子充饥荒。

七月里到了七月七，

七个人打给了八石米，

一天里叫我们上阵去，

一晚夕叫我们找吃的。

八月里到了八月八，

高大人吩咐把营扎，

送粮的兄弟两边站，

冲向敌阵把敌杀。

九月里到了九重阳，

高大人吩咐缝衣裳，
缝下的衣裳不许穿，
撤走的路儿上烧了个光。

十月里到了十月一，
四面包围的桶一样，
初一十五打两仗，
折了我带兵的高大人。

夸亲家

我来到亲家的大门上，
亲家的明灯四面里亮。
我来到亲家的大上房，
杏儿木柱子枣儿木梁。
我来到亲家的房中堂，
核桃木地板明光光。
我坐到亲家的炕当中，
四六的棉毡绵绒绒。
绣花缎被儿叠千层，
花花的枕头双对成。
满间大炕上放炕桌，
吃席的客人入满座。

八仙的桌子太师椅，
七碟子八大碗摆宴席。
油饼饼吃着嘴油了，
听着吃席时我来了。

油香油着油淌哩，

馓子把把成捆哩。

一个包子拳头大，

扁食机灵像雀娃。

我再把亲家的阿娘夸一夸，

阿娘如像是霜煞的花。

黑油油纂纂大疙瘩，

纂纂上插满了马莲花。

头顶上梳了个黑老鸦，

两鬓间穗穗儿像驴尾巴。

我再想把亲家好好夸，

亲家的奶茶淡欻欻。

第四节　土族语言民俗

一　地方风物词

扭达尔　即头饰。托欢扭达尔，俗称干粮头，形似圆饼；适格扭达尔，俗称簸箕头，形似簸箕；捺仁扭达尔，俗称三叉头，形似三支箭；加斯扭达尔，分犁铧尖、马鞍撬两种。

大裢　长袍衫子。

秀秀　六牙圆帽。

科儿磨　百褶裙。

首帕冠　凤冠。

加拉·莫立嘎　"加拉"，红缨穗；"莫立嘎"，帽子。

尼克　皮袄。

过加　绑带。

商图　发髻。

羌鞋　鞋。

普斯尔　腰带总称，有"达包·普斯尔""托力古尔·普斯尔""木尔格·普斯尔"。

达胡　古老服饰。

登洛　配饰。

缠腰子　男式花围肚。

朵朵儿　女式花围肚。

索　项圈。

加西吉　针扎。

秀苏　花袖衫。

罗藏　女士腰带上的饰物。

拉金锁

圣贤魁

胡尔美　下身穿裙子。

帖弯　套筒。

目东　裤饰。

恰绕　土族女式鞋的总称。

叶弯　红布溜跟。

刺绣

堆绣

疙瘩儿

盘馓

烫水烙饼

普什作　油炸饼。

油花

锅蹋

米面团子

米面窝窝

沓乎日

扁食

西买日

哈力海

海流　油炒面。

麻哈方子　大块肉方子。

砖包城

热温　一种较宽的面条。

阿寅勒　村落。

日麻　庄廓。

依么　三川土族对村落的叫法。

囊托　三川土族对庄廓的叫法。

天舍　土语对主房的叫法。

檩蹋牵、平方蹋牵、妙檩蹋牵　主房的结构。

秃光　锅台连炕。

二　称谓语

1. 亲属称谓

阿爹（爷爷）

阿尼（奶奶）

阿姑爹爹（姑爷爷）

阿姑尼尼（姑奶奶）

什嘎爸（伯父）

什嘎妈（伯母）

阿爸（爸爸）

阿妈（妈妈）

嘎登阿爸（公公）

嘎登阿妈（婆婆）

穆拉爸（叔叔）

穆拉妈（婶婶）

纳概（舅舅）

姑舅阿穆（表叔）

姑舅阿姨（表婶）

阿姑（姑父）

阿尤谢尔（姨夫、连襟）

阿姨（姨娘）

阿姑散穆（大姑、小姨）

塔尼敬阿爸（干爸爸）

嘎登阿姨（小婶婶）

姑舅阿甲（表哥）

阿甲（哥哥）

嘎登西纳吉（嫂嫂）

阿尕丢（兄弟、朋友）

库尔干（丈夫）

别日（妻子）

塔尼散给吉丢（干弟兄）

塔尼散库（干儿子）

铁日散逊（干女儿）

铁日散布列（养子）

西俊（女儿）

库日概（女婿）

西俊丢（妹妹）

译幹（姐夫、妹夫）

嘎登丢（小叔子）

库（儿子）

库哗日（儿媳）

布列（孩子）

杰布列（外甥）

阿其（孙子）

希君（孙女）

2. 姓氏

土族姓氏的来源有四。其一，从地名取姓，如郭、恰、察、常、刁、席、祁、谢等。其二，随土族土司之姓，如李、汪、纳、吉、祁、辛、喇、鲁、甘等。其三，由居住地职业或擅长某种技艺取姓，如罗、麻、董、那、张等。其四，由部落、部族取名，如胡、索、徐、虎、布、卜、苏、贺、东等。

三 咒语、祷词

正月十五纳吉仪式"来宝"祭词

哦！东家，向月亮、太阳、土地、苍天、老年人要有虔心！

我说的不是"来宝"的话，是地方福神和寺主老爷的吩咐。

正月十五把诸神请来，供在大场上祭祀，

戌时在前面后面、左面右面的山头上需要放火。

要问为什么？

是因为把民间的病痛灾难、口舌是非、妖魔鬼怪，统统都由福神和寺主老爷赶到远方的黑山后头、黑河中间。

后人们该当喇嘛就当好喇嘛，该当俗人就当好俗人。

愿当喇嘛的人，

让他在宗喀巴的座下，

学好经文，成为造化山城和寺里的大喇嘛！

对为俗者应当是，

送到学校，教会圣人的文墨，

通达官场、民间的礼节，

成为有功名、有声望的人才！

对女儿们应当是，

从针线抓起，学好茶饭，

在大家庭里能够应酬各种人情礼节，

与富人家结为姻亲！……

对饲养牲畜应当是骡马成群、羊满圈

……

九月九祭祀词（法师请神时击鼓吟唱《五色莲花曲》）

青莲莲的青呀，青莲青花儿开，

灵神下马着，请神了将；

红莲莲的红呀，红莲红花儿开，

灵神下马着，请神了将；……

黄莲莲的黄呀，黄莲黄花儿开，

灵神下马着，请神了将。

招魂仪式词

孩子病后，长辈拿起孩子的衣服到孩子可能受惊的地方，边抢衣服边喊："某某某，回家来，回家吃馍馍来，回家喝开水来，回家睡觉觉来！"一旁的人装作孩子的腔调作答："回来了，回来了，回来了！"

纳顿报喜词与谢恩词

神灵，神灵！

上方诸境的神灵，碾伯二境诸境的神灵。

今祭祀大清国，大清国皇帝坐落中国之地，

陕西省城封城地方，灵云二道，智道贤道头领智百事河州。

地方之道，河州徐立爷、刘知爷便下留。

青苗会的时候，到黄河以西，

西宁地方该管铮灵寺，大山往下，

下吾三川，散马堡、鄂家堡庙滩占不瓦之地。

神噢！

上房见了九天神母娘娘、王母娘娘、大系娘娘、金花姐娘娘、

雷公雷母，忽雷闪电、闪电的娘娘。

神噢！

上房见了变化二郎、传花二郎、甘州二郎、赶庙的二郎。

神噢！

上房见了没脚二郎、锁脚大帝、张天师是水草大王。

神噢！

东海见了花果宝山金龙大王，

南海见了普陀宝山山神大王，

西海见了须弥宝山白马大王，

北海见了俄弥宝山该国大王，

中海见了五龙宝川，是五山的大王。

年历排在 2006 年，

月历排在七月内，

日历排在十三、十四日，

上八户、下五户，

两庙如一庙，

两姓同一姓，

同姓的可以庙倌对庙倌，

锣头对锣头，

旗头对旗头，

众人打保旗，古锣响哉。

到那九月九、十月一，

恶风暴雨远离消散，

青草结子，黄草上场，

五谷包收，是两庙的会手谢恩着搭头不已。

四　吉祥祝福语

什宁阿莫西！（纯洁、吉祥、平安！）

囊格佩尔典！（吉祥、福禄！）

琼桑第地都加啦！（祝家庭幸福！）

阿那阿哇张拉及扫！（祝愿双亲幸福！）

毕庆搭弯儿包库儿吉！（无病无灾！）

洋洋洒格尔则！（万事如意！）

白头到老乎巴儿格！（白头到老！）

钱儿吾老正拉乎巴儿格！（财源广进！）

须都儿那斯子乎巴儿格！（健康长寿！）

五　避讳语

年节时，忌说不吉利的话、忌骂人；

忌直呼长辈的名字，称呼兄长时，在姓名前加上称谓；

忌直呼过世人的名字，若不可不提，可用"贵搭将"代替；
忌说污言秽语。

六　民歌

（一）婚礼歌

纳什金妥诺

早上喜鹊喳喳叫，

喜鹊叫着问什么？

喜鹊叫着媒人来，

媒人拿着麻泽来。

下午喜鹊喳喳叫，

喜鹊叫着为什么？

喜鹊叫着纳什金来，

纳什金拿着妥诺来。

驴背上驮的啥东西？

驴背上驮的干羊肉。

春天的羊肉吹干了，

这样的羊肉我不要，

拿去给你家的猫儿吃

……

唐德格玛

唐德格玛——

我们蒙古尔的子孙哪，

唱一支蒙古尔的歌曲吧！

你从伊家贵府启程时，

拿什么礼当打发了你?
我们的歌儿要回答,
回答不上请回家。

唐德格玛——
我骑的马儿很年轻,
怎么能和大马赛跑哩?
我学着当一回纳什金,
怎能和阿姑们对唱哩?
东家给我的礼当多,
我一件一件都拿来了。
白色母羊我拉来了,
双瓶美酒我揣来了,
头绳包头我卷来了,
黄金的簪子我带来了,
白银向斗我驮来了,
上马夹袍我装来了,
带子和木梳我没忘掉。
那红红儿的是胭脂,
那白白儿的是银粉,
你们唱的歌儿回答了。
回答对了请开门,
回答不对请指教。

纳什金斯果

我们姑娘的走手啊,
锦鸡鸟那样好看哪,

纳什金姑爷的走手啊，
老母猪那样难看啊，
我们姑娘的声音啊，
布谷鸟那样好听哪，
纳什金姑爷的声音啊，
老叫驴那样难听啊。

从你们家里出来时，
用白色长袍打发你，
来到我们家门前时，
用赞丹桌子迎接你，
你懂得这个道理吗？
如果不懂这个的话，
就没有脸面进我家。

从你们家里出来时，
用白色母羊打发你，
来到我们家门前时，
用尊贵礼节迎接你，
你懂得这个道理吗？
如果不懂这个的话，
就没有脸面进我家。

从你们家里出来时，
用配对酒瓶打发你，
来到我们家门前时，
用成双酒盅迎接你，

你懂得这个道理吗?
如果不懂这个的话,
就没有脸面进我家。

我家大门的门头顶,
用白赞丹木做成的,
你把这个看到了吗?
如果没有看到的话,
就没有脸面进我家。

我家大门的门框子,
用红赞丹木做成的,
你把这个知道了吗?
如果没有知道的话,
就没有脸面进我家。

我家大门的门扇子,
用松木材料做成的,
你把这个清楚了吗?
如果没有搞清的话,
就没有脸面进我家。

我家大门的门槛呐,
用柏木材料做成的,
你把这个明白了吗?
如果没有明白的话,
就没有脸面进我家。

我家大门的门扣子，
是卫藏地区锻造的，
你把这个打问了吗？
如果没有打问的话，
就没有脸面进我家。

我家大门的锁子啊，
是中原汉地制造的，
你把这个探听了吗？
如果没有探听的话，
就没有脸面进我家。

我家锁子的钥匙啊，
从市井城镇配制的，
你把这个了解了吗？
如果没有了解的话，
就没有脸面进我家。

罗木托罗伊姐

手拿一部经卷叫吉祥，
当姑娘返回娘家时，
所有经卷都齐全。

手拿一枝柏香叫吉祥，
当姑娘返回娘家时，
神佛旨意都齐全。

手拿一升粮食叫吉祥，
当姑娘返回娘家时，
家中的粮仓都装满。

手拿一撮羊毛叫吉祥，
当姑娘返回娘家时，
成群的羊儿满山岗。

手拿一碗奶子叫吉祥，
当姑娘返回娘家时，
成群的奶牛卧满圈。

手拿一撮茶叶叫吉祥，
当姑娘返回娘家时，
上百包茶叶家中放。

手拿一把筷子叫吉祥，
当姑娘返回娘家时，
家中楼房盖满院。

手拿光明神灯叫吉祥，
当姑娘返回娘家时，
家庭和睦人丁旺。

五方拜歌

东起东海太阳山，行入木门为青官，
眼见真君拜三拜。

太上真君吩咐的明，客主福命如海深。

小人俩折回的时候里，棉布丝索带进门。

门口碰见一张弓，拉弓射箭的薛仁贵。

南起南海普陀山，行入火门为红官，

眼见菩萨拜三拜。

观音菩萨吩咐的明，客主禄命比山重。

小人俩折回时节里，珍珠玛瑙带进门。

门上碰见一朵花，扎花绣莲的观世音。

西起西天有灵山，行入金门为白宫，

眼见俄佛拜三拜。

西天俄佛吩咐的明，客主寿命同地久。

小人俩折回时节里，金银财宝带进门。

门口碰见一卷经，念经拜佛的是唐僧。

北到北洋武当山，行入水门为皂宫，

眼见祖师拜三拜。

真武祖师吩咐的明，客主财命长流水。

小人们折回时节里，驼羊牦牛带进门。

门口碰见一盆水，洗脸掉泪的孟姜女。

中到中方终南山，行入土门为黄宫，

眼见土主拜三拜。

戊巳土神吩咐的明，客主宅内生宝盆。

小人俩折回时节里，十二样米粮带进门。

门上碰见一眼泉，拉马饮水的薛丁山。

（二）问答歌

迎舅爷歌

有钱的舅爷、当官的舅爷，

你的左面打的如意伞，

你的右面打的吉祥旗。

有钱的舅爷、当官的舅爷，

北京城里喜送你呀。

北京城里用什么喜送你呀?

满车子的金银送舅爷。

从北京城往下行走，

什么城里迎接舅爷?

兰州城里迎接舅爷。

兰州城里用什么迎接你呀?

成捆子的丝绸迎舅爷。

从兰州城里往下行走，

什么城里迎接舅爷?

西宁城里迎接舅爷。

西宁城里用什么迎接?

成垒子的伏茶迎舅爷。

从西宁城里往下行走，

什么城里迎接舅爷?

古鄯驿城里迎接舅爷。

古鄯驿城里用什么迎接?

珍珠般的粮食迎接舅爷。

从古鄯驿城里往下行走，

什么城里迎接舅爷?

卡地卡哇寺里迎接舅爷。

卡地卡哇寺用什么迎接?

雪白的哈达迎接舅爷。

从卡地卡哇寺往下行走，

什么街里迎接舅爷？

官亭街里迎接舅爷。

官亭街里用什么迎接？

铺上红毡迎接舅爷，

酩馏酒献给舅爷。

从官亭街往下行走，

什么寺里迎接舅爷？

文家寺里迎接舅爷。

文家寺里用什么迎接？

香表明灯迎接舅爷。

有钱的舅爷、当官的舅爷，

带来了风调雨顺，带来了五谷丰登，

有钱的舅爷、当官的舅爷，

带来了金银财宝，带来了儿女的婚姻。

五行问答

什么金老子什么金娘？

什么金子金里面藏？

什么金子是金中的王？

黄金老子白金娘，

石包金它在金中藏，

蛤蟆金本是金中的王。

什么木老子什么木娘？

什么木头木里面藏？

什么木头是木中的王？

椿木老子桑木娘，
娑椤木它在木中藏，
檀香木本是木中的王。

什么水老子什么水娘？
什么水在水里面藏？
什么水是水中的王？

天水老子地水娘，
井里水它在水中藏，
海里水本是水中的王。

什么火老子什么火娘？
什么火在火里面藏？
什么火是火中的王？

天火老子地火娘，
炉中火它在火中藏，
火神娘子是火中的王。

什么土老子什么土娘？
什么土在土里面藏？
什么土是土中的王？

黑土老子白土娘，
鸡粪土它在土中藏，

入地土神是土中的王。

阿丽麻

问：阿丽麻，西番婆头上戴的是什么？

答：阿丽麻，西番婆头上戴的尖尖帽。

问：阿丽麻，西番婆身上穿的是什么？

答：阿丽麻，西番婆身上穿的黑褐褂。

问：阿丽麻，西番婆脚上穿的是什么？

答：阿丽麻，西番婆脚上穿的连把腰。

问：阿丽麻，回回婆头上戴的是什么？

答：阿丽麻，回回婆头上戴的绿盖头。

问：阿丽麻，回回婆身上穿的是什么？

答：阿丽麻，回回婆身上穿的长盘袄。

问：阿丽麻，回回婆脚上穿的是什么？

答：阿丽麻，回回婆脚上穿的袷袷鞋。

问：阿丽麻，土人婆头上戴的是什么？

答：阿丽麻，土人婆头上戴的银凤凰。

问：阿丽麻，土人婆身上穿的是什么？

答：阿丽麻，土人婆身上穿的红裙绿布袄。

问：阿丽麻，土人婆脚上穿的是什么？

答：阿丽麻，土人婆脚上穿的绣花尖尖鞋。

合：阿丽麻，阿姑女外面里套的绣花褂；

阿丽麻，阿姑女袖子口套的花垫袖；

阿丽麻，阿姑女头上的脑吊尔三点水；

阿丽麻，阿姑女花花袖垫七道彩；

阿丽麻，阿姑女赛过红莲花。

（三）酒曲

谢媒公

说起天宫雷公大，

说起地下媒公大。

老人古言里说得好，

天上无云不下雨，

地下无媒不成双。

我尊敬的媒公大人，

石崖上无寺修了寺，

修了一座八卦宝寺；

江河上无桥修了桥，

修了一座黄金桥。

金桥牢来路又宽，

两家的亲戚过了桥。

媒公大人是太上老君下凡，

手牵了一根红线，

连接了五百年的人缘，

金童玉女结了婚姻。

媒公大人跑了东头跑西头，

跑了西头跑东头，

白日里歇不了脚，

夜晚里睡不成觉，

磨破了嘴皮磨穿了鞋。

喜今日花好月圆之时，

一对松柏栽到当天院中时，

媒公大人劳苦功高。

本当是给媒公大人，

浑身上下裹绸缎，

左肩搭红右肩搭绿，

再行上大礼从厚相谢。

但是小户某家名大家虚，

袖长手短力不从心，

眼前几个黑面点心，

没肉的猪头壳壳，

粗布的一对枕巾，

实不成敬意薄礼相谢，

可望我的媒公大人您哪，

增光喜舍者收取！

十敬酒

一杯酒敬你，一点你一红，

昭君娘娘和北番，

哭到了雁门关。

二杯酒敬你，二度梅花开。

二夫唐童李世民，

十道本褚遂良定。

三杯酒敬你，三元你报喜。

弟兄三人哭紫荆，

枯树开花叶儿青。

四杯酒敬你，四季你发财。

借尸还魂的李翠莲，
刘全的好苦命。

五杯酒敬你，五子你夺魁。
杨五郎出家五台山，
跳过了三界行。

六杯酒敬你，六莲你逢喜。
常遇春访到了胡大海，
他二人挂了帅。

七杯酒敬你，七贤会竹林。
咬脐郎打猎在山中，
跑遍了西沟岭。

八杯酒敬你，八仙你庆寿。
楚霸王不听范曾言，
乌江岸上悔不及。

九杯酒敬你，九九你长寿。
韩信九里山活埋母，
船舱里斩樵夫。

十杯酒敬你，十个满堂红。
赵匡胤手提盘龙棍，
他本人是创业的人。

十一杯酒敬你，没敬起。
敬上个互助的大曲酒，
酩馏子没喝头。

玫瑰酒

阿舅们想吃玫瑰酒，
酩馏酒认得了阿舅的心。
什么生得俊？
麦粒籽生得俊。
酒缸缸的转身上，
打一个金箍银箍了请。

阿舅们想吃青丝烟，
黄烟叶认得了阿舅的心。
什么生得俊？
烟叶子生得俊。
烟锅子的转身上，
打一个金箍银箍了请。

阿舅们想吃尕凉面，
棋子面认得了阿舅的心，
什么生得俊？
面叶子生得俊。
擀面杖的转身上，
打一个金箍银箍了请。

阿舅们想吃个羯羊肉，

肥羊（猪）肉认得了阿舅的心。

什么生得俊?

羊背子生得俊。

刀尖子的转身上，

打一个金箍银箍了请。

三颗字

一颗福字十三画，

说起福字人人爱，

天官爷赐福者来。

一颗禄字十四画，

说起禄字人人爱，

加官爷进禄者来。

一颗寿字十五画，

说起寿字人人爱，

寿星爷添寿者来。

天天不见贵客面，

喜今日才见贵客面。

小人们敬上双杯酒

赞宅子

这一个宅子修得好，

砖包城来一颗印。

前面照的凤凰山，

凤凰展翅保平安。

后面靠的八宝山，

山跟里涌出金银泉。

左面一座青龙山，

家出状元坐高官。

右面一座白虎山，

家出良将保江山。

中间一个聚宝盆，

万样宝物生得全。

混沌年代歌

周天一气转洪君，洪君老祖是混沌，

混沌初生产石卵，红仁石蛋一点青。

风上旋来水上漂，经过一万八千年，

圆满一日石破烂，盘古出世到世间。

青面獠牙红头发，金毛身子三丈三，

左手拿的开天钻，右手拿的劈地斧。

原是天地合成蛋，盘古一劈两分离。

阳气轻轻升了天，浊气下沉结成阴。

阳气精华成了天，阴气凝块结成地。

天分大来地分小，天高八十余万里，

地分九十余万里，天小地大盖不住，

地包天者一万八千年。

四面四八三十有二天，虚空内地差一天，

女娲炼成五色石，补下一座黄金天，

才有三十并三天。天高八十四万丈，

地深九层九万丈，天地阴阳相配成，

循环无穷到如今。天无柱子地无梁，

天塌地陷一万八千年。

天皇圣人出世后，吩咐风水掌天地，
旋风柱子海水梁，风掌天来水掌地，
从此天地才安定，天地平定到如今。
有了天地无人烟，无人无烟八百年。
地皇圣人出世后，他把石子撒一把，
撒到江中生莲花，莲花顶上生祥云，
祥云结子成了珠，灵珠转世一男相。
有了男相没女相，人皇圣人江边来，
扎出草人三名来，请来三宝活罗汉，
每天江边口授言，未授三朝草成人，
才有男女两相人。伏羲女娲留婚姻，
高山滚磨合一片，三皇圣人牵红线，
才在世上留人烟。男为天降才子郎，
女为地赠美貌儿，男女合好结良缘，
从此传世千万年。说起混沌人身全，
包罗天地把心连。

第五节　撒拉族语言民俗

一　地方风物词

六牙子帽

缠头巾

包头

盖头

绣花袜子

冈六合　初生婴儿穿的衣服，无袖无领，不缝边，只在腰间系一腰带。

鲜尕热合　长期在水或湿地劳作者穿的高靿皮靴。

古古尔鞋　撒拉族妇女穿的绣花鞋。

脚码子　在传统生活中，撒拉族民众在冬季野外劳作时所穿的防滑鞋。

挂耳坠　女孩子幼时其母用软铁丝卡住耳垂，使其逐渐自行戳通，再戴上银制耳环。

熬头　将牛羊头、蹄、胃和麦豆一起放锅里熬，熬一晚上后，第二天早上就可以吃了。

煮下水　牛羊的大小肠、心肺肝和胸叉肉等煮好食用。

平伙依　汉语与撒拉语合成词，意思是打平伙、吃平伙，有两种吃法，一是吃油搅团，二是吃手抓羊肉。

方形油饼　通常在看月子时由娘家送给婆家的，制作时在方形油饼上扎各种几何图案，其他与普通油饼没差别。

古古麻么　面里和油，将面团切成菱形或圆形，在大锅中炒制而成。

油搅团包子　将面粉在油锅里炒熟做馅，然后包成包子。撒拉族人的婚宴上必不可少的一道美食。

毕里玛合　油搅团。有两种吃法，一是直接用油炒的面食，二是专门为病人或产妇吃的"赞孜毕里玛合"，后者是用面和油按一定比例放碗里蒸，蒸熟方可。

牙热合茶　撒拉语和汉语的合成词，意思是"果叶茶"。

霍斯茶　撒拉语和汉语的合成词，意思是"核桃茶"。

果子露　撒拉族自制的饮料。将软果摘下来储存在缸里，放在阴凉处，经过长时间存储，果汁慢慢渗出，等到冬天便可以舀出来饮用。

雀舌饭　将面团擀成薄如纸的面皮，然后切成像雀舌状的小菱形。煮制时配以肉丁、萝卜、绿菜等。

蚯蚓饭　用青稞面和好揉成面团，再搓成蚯蚓状的小条，放在蒸锅里蒸熟，吃时配上肉、菜、辣酱等。

沙篷灰 土制碱水。

立门 大门修在南墙的边上，方向朝南开。

奥炕盘勒 又叫盘火炕，撒拉族语和汉语的合成词。

尕赞古日 盘锅台，两个常用的烟洞在墙面上自然连起来。

立白石 确立婚姻关系后，就在墙角立四个圆形白石头以镇邪驱鬼。

客厅 比一般房屋高且宽敞，共3间，结构为"弓"字形。

水塘子 专供穆斯林男女施洗大净、小净的净身处。

高阿希 开门，通常认为门前有风景秀丽的山，或长势好的树是比较吉祥的。

筏子扳拉 在传统社会生活中，撒拉族男子从事的副业之一。

苏吐鲁呼 羊皮筏子。

独轮手推车 撒拉族旧时的陆运交通工具。

褡裢 分两种，大的搭在马或骡子上，小的搭在人肩。

牙格吐鲁乎 油皮袋，将整张羊皮剥下来，涂上油晾半干，再揉搓使其柔软，扎成口袋状，留下一个口，用来装油。

二 地名

循化 县名，汉语，清雍正赐名"循化"，意"遵循王化"。

街子 乡名，汉语，"街集"的转音，本地人称为"阿里桃里"，是"阿里其欧里木"的转音，意为六位亡者，因撒拉族先民尕勒莽等六人亡于此地，且葬于此地，故得名。

清水 乡名，汉语，因境内有"清水河"得名。本地人称此名为"才乃儿"，意为"山角"，该地坐落于积石山下的一个山角边，故得名。

孟达 乡名，撒拉语，"这里"的意思。过去来塘村的人来此地打猎，认为这里是伐木放排的好地方，于是定居孟达，故得名。本地人称其为"齐子"。

查汗都斯 乡名，撒拉语"巧汗丢兹"的转音，意为"碱滩"，该地过去是一片荒凉的碱滩。

苏哇什 村名，撒拉语"苏巴西"的转音，意为"水源头"，该村过去有一眼很大泉水。

苏只 村名，撒拉语，"苏基依"的转音，意为"水的下方"。

阿什匠 村名，"阿什"是撒拉语"阿格西"的转音，意为"木头"，"匠"是汉语，意为"匠人"，因该村是过去的伐木加工之地得名。

乌土贝纳亥 村名，撒拉语，意为"火坡"。尕勒莽、阿合莽来此地时已黄昏，突然白骆驼失踪了，他们在山坡上点着火把寻找，等天亮时，终于在一平地找见了化石的白骆驼，故得名。

果什滩 村名，撒拉语"高什旦木"的转音，意为"双层墙"。该村村民把自家庄廓外墙修成双层的，为防御盗贼，故得名。

乙麻目 村名，阿拉伯语，意为"领拜者"。该村过去有一位德高睿智的领拜阿訇，故得名。

洋巴扎 村名，撒拉语"洋巴孜日"的转音，意为"新庄廓"。

田盖 村名，撒拉语"提格"的转音，意为"台阶"，因该村位于坡上，村落形成台阶层层叠起，故得名。

石巷 村名，撒拉语称"大西高力"，意为石头沟。

西沟 村名，撒拉语称"来西给高力"，意为"细细沟"。

红庄 村名，撒拉语称"格孜勒旦木"，意为"红色的墙"。

阿河滩 村名，撒拉语，"阿合旦木"的转音，意为"白墙"，该地的庄廓墙是白土墙。

古什群 村名，撒拉语，意为"双城"。因峡口南岸山上有坐内外两城的古城，故得名。

三兰巴亥 村名，撒拉语，意为"撒拉人的腰带"。据称这里是撒拉族的发祥地。

三　称谓语

（一）亲属称谓

哈日巴巴（太爷）

哈日尼呢、哈日哈吉（太奶奶巴巴，即爷爷）

哈吉（奶奶）

尼呢（姥姥）

巴巴（姥爷）

阿爸（爸爸）

阿妈（妈妈）

达得（叔叔）

阿姆（婶婶）

得依（伯父）

尼娜（伯母）

阿爸、尕依奈阿爸（公公）

阿妈、尕依奈阿妈（婆婆）

阿爸、丈人（岳父）

阿妈、丈母（岳母）

阿姑（姑姑）

姑父

阿姨（姨娘）

姨夫

阿舅、阿让（舅舅）

局母（舅母）

尕哥、尕尕（哥哥）

艳姑（嫂子）

易尼（弟弟）

易尼开尼（弟媳）

阿姊（姐姐）

姐夫

森尼（妹妹）

森乃姆贵思（妹夫）

苏（外甥）

撒玛姑（外甥女）

侄儿子（侄子）

侄女

格利孙子（孙女）

格姊孙子（孙女）

格孜孙子（外孙、外孙女）

奥格利（儿子）

奥利格开尼（儿媳）

阿娜（女儿）

姑父（女婿）

阿格乃（兄弟、本家）

孔木散（若干阿格乃组成，父系血缘组织）

工（撒拉族穆斯林聚居地的基层行政区划）

（二）人名

清光绪年间编著的《土尔克菲札依力》载："从撒马尔罕出走而来的祖先是尕拉莽太爷，他的儿子奥买尔太爷，奥买尔之子谢日甫太爷，谢日甫之子岱日威西、谢木西尔、巴颜、撒都喇四个儿子。"他们的全名分别为：阿干罕·尕拉莽、尕拉莽·奥买尔、奥买尔·谢日甫、谢日甫·岱日威西、谢日甫·谢木西尔、谢日甫·巴颜、谢日甫·撒都喇。可以看出，撒拉族人早期取名采用父子连名式，象征父权制血统和财产继承，最主要目的在于禁止近亲通婚。随着族群的不断壮大，其族群命名来源不断丰富，趋于多样化。

1. 借用伊斯兰"圣人""先贤"的尊名。孩子出生三天后请阿訇念经，再从伊斯兰教尊崇的圣人、先贤中选一个圣名作为孩子的经名，以示吉庆、伟大、俊美。男孩通常叫穆罕默德、阿里、奥买尔等，女孩通常叫阿依霞、艾米耐、法图买等。

2. 以生日起名。撒拉族的主要节日有尔德节、古尔邦节，凡在此节日生的孩子都以此为名，若生在斋月，男孩叫热木赞，女孩叫菇札姑；若生在古尔邦节期间，男孩叫古尔班；星期五生的男孩叫居玛尔，女孩叫居玛姑。

3. 数字命名。孩子出生时用父亲或祖父的年龄命名，但仅限于男性，多用汉语数词表示，比如三十七、四十六、五十八、七十等。

4. 习惯在名字后加表示尊敬或喜爱的昵称，如年长男子名后加"保""尕"，如"亿拉四保""艾扫尕""阿布都尕"等。

5. 使用汉姓。俗语云"十个撒拉九个韩"，以汉姓的韩为最多。撒拉族先民定居循化后，因属色目人，改取汉姓，祖先为可汗，故取同音字"韩"为姓。第一任土司原名神宝，归附明朝后改为韩宝。

6. 沿用回族姓。撒拉族内部有"六门八户""四房五族"的区别，前者是指尕拉莽的六个儿子和两个孙子的后代，或说是尕拉莽的六个儿子的后裔称"六门"，加上由河州（今临夏）迁来的沈姓和马姓两家，共称"八户"。再由这"六门八户"形成了街子地区的八个村庄。八个村庄的居民与从别的地方迁居的何、考、白、兰等姓回族人们，长期融合后形成撒拉族。

四 吉祥祝福语

赛俩目:（安赛俩目而来库目，外勒海买东浪黑，外白勒卡土乎）对方回敬说"而来困赛俩目"。意思是"愿真主的平安、慈悯和吉庆与你同在"。

五 避讳语

忌说"死"，以"口唤""无常"代之；

忌说"许愿"，以"举意""立意"代之；

忌说"烧香"，以"点香"代之；

忌说"杀"，以"加日（宰）"代之；

屠宰牲口忌说"死"，以"加呢齐合米西"代之；

礼拜时忌说话；

做饭、吃饭前须先默念"比斯敏俩"（"奉至仁至慈的真主之名"）；

年节时，忌说不吉利的话、忌骂人、忌说污言秽语。

六 民歌

（一）哭嫁歌

撒伊赫稀

撒拉撒伊干——

阿大阿妈你们听：

骨头嫩脆的羊羔，

怎么在草坡上奔跑？

羽毛没有长全的小鸟，

怎么在天上飞呢？

……

撒拉撒伊干——

哥哥嫂子你们听：

金子银子堆成山，

是身上的垢污，

儿女多了，

才是家中的宝物。

我的身材还没有长高，

我的头发还短短的，

可你们把我出嫁了！

撒拉撒伊干——

阿姑姐姐们你们听：

又粗又黑的杂面馍，

怎么能端上席呢？

生铁里不加上些钢，

怎么能打成好刀子呢？

我还没有学过针线活，

我还没有做过饭，

我害怕说话笨、手脚慢，

很难讨得婆家人说好。

……

撒拉撒伊干——

亲戚们听呀，邻居们听：

今天我戴的是遮面纱，

翠绿的盖头，金银的首饰，

引不起我的眼热，

不如我用棉花搓的耳环；

今天我浑身上下，

穿的是绸子缎子，

我不稀罕，不舒服，

不如我打了补丁的毛蓝布裤。

撒拉撒伊干——

嫂吉保呀，讨厌的嫂吉保，

没有良心的嫂吉保呀！

你实话像枯树上的百灵鸟呀，

为啥搅得我心神不定。

狠心的嫂吉保呀！

你实话是人间的"恶魔"吗？

为啥逼得我跳火坑；

没有良心的嫂吉保，

你是晒开的生羊皮，

你是枯皱的破络鞴，

这就是你的好下场！

……

阿丽玛

阿丽玛——

长着的叶儿是，（阿丽玛）绿绿的；

开着的花儿是，（阿丽玛）白白的；

结着的果儿是，（阿丽玛）红红的；

哎，才像是个好花儿哟，哎西！

阿丽玛——

鞑里呀鞑开是，（阿丽玛）鞑子婆。

头上呀戴的是，（阿丽玛）尖尖帽；

身上呀穿的是，（阿丽玛）黑褐衫；

脚上呀蹬的是，（阿丽玛）布靴子；

哎，才像个鞑子婆哟，哎西!

阿丽玛——
西里呀西开是，（阿丽玛）西番婆。
头上呀戴的是，（阿丽玛）狐皮帽;
身上呀穿的是，（阿丽玛）氆氇袍;
脚上呀蹬的是，（阿丽玛）牛皮鞋;
哎，才像个西番婆哟，哎西!

阿丽玛——
撒里呀撒开是，（阿丽玛）撒拉婆。
头上呀戴的是，（阿丽玛）绿盖头;
身上呀穿的是，（阿丽玛）花粗布;
脚上呀蹬的是，（阿丽玛）阿拉鞋;
哎，才像个撒拉婆哟，哎西!

阿丽玛——
中里呀中开是，（阿丽玛）中原婆。
头上呀戴的是，（阿丽玛）白手巾;
身上呀穿的是，（阿丽玛）蓝衫子;
脚上呀蹬的是，（阿丽玛）圈口鞋;
哎，才像个中原婆哟，哎西!

阿丽玛——
土里呀土开是，（阿丽玛）土人婆。
头上呀戴的是，（阿丽玛）纱头巾;
身上呀穿的是，（阿丽玛）七彩衣;

脚上呀蹬的是，（阿丽玛）尖尖鞋；

哪里呀过去是，（阿丽玛）拐达浪；

这里呀过来是，（阿丽玛）甩大浪；

哎，才像个土人婆呀，哎西！

哭媳妇

哎西！我的"艳克娜姑"，

你年轻轻的无常了，

我没来先兆呀，

"安拉乎"的口唤到时，

我没法子呀！

土炕上抬给长桌上躺时，

我看一眼你的俊模样，

我不哭是没法子呀。

……

哎西！我的俊模样艳克娜姑，

往后再见不上你呀，

往后的长日子里。

到晚上，

我看你的枕头者哭哟；

白天里，

我看你衣裳者哭哟。

啊！我的艳克娜姑

哎西，我的艳克娜姑，

平常的日子里你为了家务者，

在上面沙子澄金般的，

往下面锡铁里炼银般的，

起早贪黑的操劳家务时，

手指头裂开了口呀，

为儿女们缝缝补补者，

熬干了眼睛的油呀，

啊，我的苦命的艳克娜姑！

……

哎西！我的艳克娜姑，

你活下的一生像银子般纯洁，

你说下的话儿像金子般贵重。

凭你的能干穷家没显呀，

来客时热心地接哟，

去客时高兴地送哟，

我想起你的聪明漂亮时，

我肝肠断了着心碎了呀，

啊！我的诚实的艳克娜姑！

（二）劳动号子

打墙号子

领：嗨——哟——

众：嗨呀哟！

背搭者手呀，搭者哩。

头摆者踏呀，摆者哩。

脚蹬者踏呀，蹬者哩。

脚对者踏呀，对者哩。

领：嗨——哟——

众：嗨呀哟！

黄土的墙呀，嗨呀哟，

硬土的墙呀，嗨呀哟。

上去了呀，上来了。

上去的多呀，上来的少呀。

打墙的板呀，上下里翻呀。

踏者吗对是，看得好呀。

墙角里倒呀，边子里倒。

左把啦倒呀，右把啦倒。

领：嗨——哟——

众：嗨呀哟！

土哈撒开者踏呀，撒者踏者哩。

跳者踏呀；跳者踏者哩。

喊者踏呀，喊者踏者哩。

撂的人撂呀，拆的人拆呀。

坐的人坐呀，看的人看呀。

领：嗨——哟——

众：嗨呀哟！

实心者踏呀，实心者哩。

快快地踏呀，快者哩

白牡丹呀，红牡丹。

花开了呀，耀人者哩。

领：嗨——哟——

众：嗨呀哟！

摇者踏呀，嗨呀哟。

闪者踏呀，嗨呀哟。

跳者踏呀，嗨呀哟

蹬者踏呀，嗨呀哟。

领：嗨——哟——

众：嗨呀哟！

油饼子呀，油搅团。

帮了忙是，帮到底哟。

早早完成，早回家哟。

渡船号子

领：年轻的孕孕^① 啦呀！

众：噢伊呀！

领：船绳解开了呀！

众：知道了呀！

领：船儿动弹了呀！

众：动弹了呀！

领：船儿摆平稳呀！

众：噢伊呀！

领：前桨动手划呀！

众：噢哟！

领：后桨把方向呀！

众：嗨呀！

领：船儿摆正呀！

---

① 孕孕：撒拉语，哥哥。

众：嗨哟！

领：准备过大浪呀！

众：嗨哟。

......

领：浪大漩涡多呀！

众：嗨呀，伊什赛 [①]！

领：船客鏊慌呀！

众：嗨呀，伊什赛！

领：鼓足浑身的劲呀！

众：嗨呀！

领：尕尕啦，保平安呀！

众：保平安呀，尕尕啦。

领：再加一把劲呀！

众：嗨哟！

领：大浪上过来了呀！

众：嗨哟！

领：风平浪静了呀！

众：嗨哟！

领：平安无事了呀！

众：嗨哟哟。

领：年轻的尕尕啦呀！

众：噢伊呀！

领：船尾摆过来呀！

---

① 伊什赛：撒拉语音译，使劲、猛劲的意思。

众：摆过来呀！

领：船儿靠岸了呀！

众：靠上了呀！

领：犒劳的手抓煮熟了呀！

众：哦，噢呀呀！

（三）新民歌

新循化

今天我上台笑哈哈，

白市布汗褐青夹夹呀，

要问我，我是谁？

名叫个韩撒拉呀。

要问我，唱个啥，

漫一漫新循化呀。

跨过了宽阔的黄河桥，

两面的白杨树招手笑。

尕艳姑们端来了牛奶茶，

又抱来了大西瓜呀，

同志，你请过来呀，

看一看撒拉的家。

同志，你请过来呀，

我们把"尕恰"哈拉呀。

提起了旧社会，

仇恨满胸膛，

下的是牛马苦，

糠菜当食粮。

羊皮做衣裳，

住的是破草房。

日夜受煎熬，

活下的真孽障。

记得那一年，

家乡遭天旱。

浇不上黄河水，

庄稼全晒干。

地主伪保长，

催税又催粮。

榨尽了依卜色的血和汗，

四处去逃荒。

春雷一声响，

东方出太阳。

来了领袖毛主席，

来了救星共产党。

推倒了三座山，

撒拉把家当。

走上了五彩路，

越走越宽敞。

黄河浪滔天呀，

历来是水患。

今日锁金龙，

乖乖地上了山。

炸开了青石板，
清水绕山转。
坡坡浅山地，
变成了水浇田。
水害变水利，
浇地又发电。
吃水不用愁，
点灯不用油。
今日撒拉家，
百花开满园。

搬走了石头山，
挑来了土万担。
铲除了荆棘丛，
修起了大梯田。
铁牛跑得欢，
马达震山川。
农业大发展，
粮堆高如山。
马驮车儿装，
家家粮满仓。
喜交爱国粮，
人人心欢喜。
农林牧副渔，
全面来发展。
收入有增加，
生活大改善。

家有缝纫机，
出门有车骑。
信用社里有存款，
你看多舒坦。

前山的花椒坡呀，
后山的苹果园。
水密冬果黄灿灿，
叫人真喜欢。
串串的葡萄、酥梅梨，
露仁核桃长满山。
撒拉的家乡是花果园，
人人见了人人赞。
撒拉的家乡真干散，
人人见了人人赞。

从前的干循化，
变成了水利化。
从前的尕连枷，
变成了机械化。
从前的苦撒拉，
如今当了家。
从前的穷循化，
变成了富循化。
为啥变化大？
这里有卡码！

亲人毛主席，

时刻挂念咱。

救星共产党，

掌舵指航向。

民族政策亚克西，

心儿里喜洋洋。

各族人民团结紧，

跟着共产党。

建设新循化呀，

建设新国家。

第六节　蒙古族语言民俗

一　地方风物词

特尔力克（蒙古袍）

拉吾谢格（蒙古族传统服饰）

凯木勒格（蒙古族战袍）

吾齐（羔皮长袍）

札拉图玛拉海（红缨帽）

图玛拉海（帽子上的红缨）

布鲁根玛拉海（冬季戴的帽子）

苏乎加拉间（狐皮帽子）

哈尔邦玛拉海（蒙古族传统帽子）

吾松格尔（妇女头饰之一）

哈布特格嘎（妇女特有的腰饰）

不里嘎尔靴

马海（一种靴子的名称）

固都逊（蒙古族传统皮靴）

德吾里（长皮袍）

推德（水油饼）

须木尔（蒙古族传统节日食品）

给拉（奶制品的总称）

塔日格（酸奶）

乔日木（奶渣）

宝日苏嘎（馍馍）

乌鲁沫（奶皮子）

齐格（用马奶制作的酸奶）

陶斯（奶油）

扎伊（灌肠）

宝日查（风干肉）

吐特尔戈（加糖、加酥油的米饭）

布扣里叙斯（全羊，是"餐中之尊"）

松（大盆或锅中倒满酒，盆沿或锅沿四面各置一小块酥油挂彩，称"松"）

德吉（瓶口粘有酥油的酒）

蒙古馅饼（年节宴请客人时做的油炸肉馅饼）

次托麻（年节宴请客人时，将酸奶调入面粉成团油炸而成）

蒙古里格尔（蒙古包）

特日麦（蒙古包围栏支架）

哈尔阿茨（蒙古包天窗）

窝尼（蒙古包里连接天窗和支架的木杆）

巴哈那（蒙古包里用来支撑的木柱）

吾德（大门）

二　称谓语

胡龙茨（高祖父）

胡龙茨额木格（高祖母）

艾龙茨（曾祖父）

艾龙茨额木格（曾祖母）

额布克（爷爷）

额木格（奶奶）

额茨克（父亲）

额克（母亲）

伊克阿吾格（伯父）

阿吾格白日根（伯母）

巴嘎阿吾嘎（叔叔）

阿吾嘎艾克（婶婶）

纳嘎次（舅舅）

纳嘎次白日根（舅妈）

阿吾嘎扣日根（姑父）

阿吾嘎额格齐（姑姑）

那嘎茨阿吾（外祖父）

那嘎次额格齐（姨妈）

阿何（哥哥）

白日根（嫂子）

哈尼诺克儿（丈夫）

布斯贵（妻子）

吾叶阿何（堂兄）

吾叶朵（堂弟）

吾叶额格齐（堂姐）

吾叶扣肯朵（堂妹）

额格齐（姐姐）

朵（弟弟）

扣肯朵（妹妹）

博里阿何（表哥）

博里都（表弟）

博里额格齐（表姐）

博里朵扣肯（表妹）

扣温（儿子）

扣肯（女儿）

白日（儿媳）

阿其（侄儿）

阿其扣肯（孙女）

吉其（重孙）

吉其扣肯（重孙女）

吉利开（玄孙）

吉利开扣肯（玄孙女）

三　地名

柴达木　蒙古语指"宽广原野的盐碱地"。

德令哈　蒙古语指"世界或广阔大地"。

格尔木　蒙古语指"多条河流汇集的地方"。

乌　兰　蒙古语指"红色"。

都　兰　蒙古语指"温暖之地"。

天　峻　蒙古语指"陡峭的白山崖"。

大柴旦　蒙古语指"辽阔的盐泽原野"。

可可西里　蒙古语指"青色的山梁"。

巴颜喀拉山　蒙古语指"富饶的黑山"。

优干宁　蒙古语指：①"有汉族人的地方"；②生长珠芽蓼之地。

芒　崖　蒙古语指"额头"。

冷　湖　蒙古语"奎屯诺尔"的译名。

巴　燕　蒙古语指"富饶"。

夏拉高勒　蒙古语指"黄色的河水"。

哈尔盖　蒙古语指"河中流水冲刷砺石的响声"。

托　勒　蒙古语指"镜子般的地方"。

柯鲁克镇　由蒙古族部落名称演变而来的地名。

乌图美仁　蒙古语指"长长的河流"。

依克乌兰　蒙古语指"大红山嘴旁的河"。

四　吉祥祝福语

恩和阿木古楞博勒特盖！（吉祥如意！）

阿穆尔、门德。（平安、安好。）

乌尔图那素拉锯，乌达恩吉日嘎。（愿你长寿幸福。）

赛恩赛罕博勒图盖！（愿一切安好！）

悉呐吉勒赛恩！（新年好！）

布音可希格傲日西图盖！（愿一切福禄伴随你！）

可默日满都特盖！（祝你好运连连！）

五　避讳语

忌说"狼"，以"天狗"代之。

忌说"死"，以"殁了"代之。

忌直呼长辈名字。

节庆或美好的日子忌说一切污秽、丑恶的话语。

六　民歌

（一）祝赞词

剪发礼祝词

一年当中最吉祥的日子里，

请来了尊敬的朋友。

一月当中最喜庆的日子里，

请来了体面的客人。

日子中选了最好的日子，

请来了最好的亲戚，

请来了富贵的朋友。

等到了万物繁茂的季节，

等到了月份里最美好的月份，

等到了日子里最吉祥的日子。

打开着金剪子的口，

剪一剪你金丝般的头发。

祝你长寿！

祝你幸福！

打开这银剪子的口，

剪一剪你银丝般的头发。

祝你长命百岁！

祝你万事如意！

打开这铁剪子的口，

剪一剪乌黑闪亮的头发。

祝你长寿无疆！祝你万代幸福！

祝福你啊，

度过像青稞粒那样多的岁月，

享受像麦粒那样多的幸福，

永远沐浴佛经的雨露。

祝你的生命像火一样旺盛！

祝你的子孙后代像檀香树样繁茂！

祝你拥有雨珠一样多得数不清的福！

你要把这些福散给四面八方的人，

这样你会像青海湖一样出名，

会像法螺的声音一样传遍天下，

让世上的人都知道你的名字。

巴颜松酒祝词

祝愿太平吉祥，

拥有苍发的父汗，

拥有慈爱的母后，

有梭梭木般坚固的政权，

有檀香木般的繁荣；

遍地的街市，

通天的光芒，

可使坚硬柔化，

可使黑暗变亮；

拥有蒸蒸日上的圣洁光芒，

将圣洁之光撒向天下苍生。

在火神临界的日子，

一岁中独有的吉日，

在亲朋欢聚的日子里，

在肥壮的祭羊旁，

敬献着巴颜松酒的精华，

高颂巴颜松酒尊贵的祝词！

睿智的铁木真

是来自九十九重天的也速该巴特尔的后代，

大汗无愧于源自宇宙的长生苍天，

集三十五种本领于一身，

受八方民众之拥戴，

历经二十代，

贵为成吉思汗，

并尊为印藏之王。

在万光齐放的仲夏首月中旬之十一日，

备好隆重的婚礼宴席，

聚九主将、五台吉、四卫拉特、四十蒙古之万众于一道，

敬将成吉思汗首创的宴礼的初乳，

朝着太阳升起的东方，

献给尊神那木萨日！

……

敬北方鸿沁宝得斯瓦神！

乘凤驾龙的皇族，

英明的成吉思汗，

如檀香木的枝叶般万古长青！

愿邪恶绝迹！

愿病灾不复！

愿心存佛念，

三佛保佑，

永世平安吉祥！

盛世的父亲，

如真火的光焰般耀眼！

品尝着无垠经海的圣水，

祝您万寿无疆！

面朝东方天际再敬献奶酒精华！

愿古尘世中央，

神释迦牟尼升天，

手扶天堂经轮，

神释佛经真谛，

播撒佛教教义。

水羊年，

宗喀巴诞生之地，

创建安多十三之主寺贡本，

赐我们智慧的大德，

信任的满吉希日神，

赐我们饮食的德恩沁吉毕喇嘛，

驱魔除邪的

吉格希德亚孟达克神，

赐事业的活神

达木沁秋尔吉，

理想之神

希勒图瓦拉登拉姆，

富贵之尊

希勒图那木萨日神，

祝众大德真神

旷世永存!

明主成吉思汗

纵横四海，

世运即其运，

天运即其运，

因祝后世子孙之伟业永存，

再献净瓶圣水般圣洁的奶酒精华!

上古成吉思汗之四世，

涂欢铁木尔汗之时，

因喜获玉玺，

有鸟在鸣"江格尔、江格尔"，

得了江格尔扎拉布汗称号，

请卦得名——铭沁铁木真，

玉玺遍传历代汗帝，

终至成吉思汗，

祝愿成吉思汗之明政，

远及四海，

万世昌盛!

蒙古包祝赞词

在这吉祥美好的日子里，

从四面八方来庆贺。

在蔚蓝色的天空下面，

在美丽富饶的大地上，

在奔流不息的河流岸边，

在郁郁葱葱的森林中间，

这里是祖祖辈辈繁衍生息的故乡。

故乡的环境宁静幽雅，

眼前的草原辽阔无际，

洁白的蒙古包就在这里落成。

包内摆满各种糖果的盘子，

奏起悠扬动听的音乐，

端起斟满美酒的银碗，

捧起珍贵圣洁的哈达，

给力顶千斤的柱子挂上哈达，

为高大敞亮的天窗祝福！

用象骨精心雕刻而成的天窗啊，

你的穹顶，

拿坚韧的柳条细心编造，

用各种珍宝镶饰。

你由根根檀香木组成的框架，

像金鱼般心贴心地合在一起吧，

是用最好的皮条捆紧而永不松开，

颜色如同红宝石一样好看，

一百零八根包杆，

与你紧紧相联。

你永远闪耀着日月的光辉，

你是八个吉祥瑞物的象征，

我们衷心地祝福你啊，

至高无上的天窗。

象征着吉祥幸福的包杆啊，

你扎根在那雄伟的须弥山阴坡上，

你来自枝叶繁茂的红檀香树上，

我们砍倒了红檀香树抬到宁静的地方，

削掉细枝嫩叶排放在一起，

从中挑选了最合适的壮杆，

手巧人把它又烤又拉，

直到像箭杆一样笔直光滑，

才成了令人羡慕的包杆。

我们诚心诚意地向你祝福！

十六个头的白檀香树做成的墙壁啊，

你的壁杆是千挑万选得来的，

你是由手巧的木匠制成的，

固定你的是红色皮条。

祝福你，

象征吉祥如意的墙壁。

高大宏伟的毡包门啊，

你的顶子是美丽结实的檀香木，

你的框架是光滑漂亮的柏木，

你的插销是坚固的钢铁。

祝福你啊，

玉石珍珠的包门。

冰清玉洁的包毡啊，

你是我按照自己的需要，

把精毛铺在宽大无边的帘子上，

撒上了雨露似的温水，

擀成了经久耐用的白毡，

请来巧妇缝制而成的。

祝福你啊，

洁白珍贵的包毡。

绷压包毡的结实绳子，

固定包毡经久耐用的绳子，

五颜六色连结包毡的绳子，

拢紧毡包的美丽带绳，

你们都是由大力的小伙子，

身体强壮的姑娘们，

拉直绷紧后拧的。

祝福你们啊，

牢固无比的绳子。

巧匠精制的白银火架啊，

这洁白宽大的蒙古包中，

带来温暖的火光，

带给人们生活的源泉。

祝福你啊，

精心雕刻而成的架。

用纯净的生铁铸造的锅和勺子啊，

你是在炉火纯青时铸成，

你是由能工巧匠制造的。

祝福你啊，

烹调饮食的锅和勺。

摆放在新毡包中的箱子啊，

你的销子是用白银制成，

开的钥匙配备灵便，

你的提环仿佛是黄金，

整匹的上等绸缎，

乌黑闪亮的缎袍子，

猞猁皮缝制的衣服，

水獭皮制的帽子，

花纹美丽的鞋子，

将把你装得满满的。

祝福你啊，

珍藏衣物的宝箱。

新蒙古包的主人啊，

祝你把左边的被褥用猞皮苫，

右边的铺盖用虎皮盖，

祝你金银财宝堆满新包，

祝你拥有骏马跑不完的地方，

枪弹射不到尽头的圈绳，

衷心祝你家道殷实、生活幸福！

赞马词

祝愿吉祥如意！

这马俊美的身段像锦旗一样好看，

四肢像兔子的腿一样向前奔驰，

尖长的耳朵机敏地竖立着，

铜铃似的两个眼睛像电光一样闪亮，

坚硬的四蹄，

像公黄羊的蹄子强劲有力，

它的每个关节处的毛都有旋子，

它的每根毛上都刻着佛经的符号，

它的尾巴又粗又长又大，

它的鬃毛又多又好看，

它的臀部烙有蒙古可汗的印记，

它的脊背上闪耀着月亮的光辉，

它的额头上闪耀着太阳的光芒，

漂亮的鞍鞒是坚固的红檀木做成，

结实的肚带又宽又长，

柔软的八根白色鞍绳又坚固又好用，

白色的马镫由纯银子铸成。

黄色的鞍炮用纯金铸成，

透明的马鞴用野马腿皮鞣制。

这匹善人乘骑的骏马啊！

在尊贵的客人面前，

为新娘准备好了，

愿吉祥如意！

拜太阳、月亮诵词

祝福安乐吉祥！

在芳香的香木开花之日，

在高朋胜友贺喜之日，

在雪白宽敞的包门之前，

在洁白宽大的毛毡之上，

在瑶古荣图① 的白莲之顶，

在萨布胡图② 发妆之际，

① 瑶古荣图：蒙古语，指吉祥图案。

② 萨布胡图：蒙古语，辫子。

在夏尕图其木格①紧擦之时，

高举起喜宴的第一杯美酒，

向金色的大阳叩拜许愿：

愿那蔚蓝的天空之上，

把温暖撒向人间的光辉之神——太阳，

保佑我们吧！

向明镜似的月宫叩拜许愿：

从那凉爽宜人的月官里，

发出银光闪闪的光亮；

驱赶那笼罩成黑暗夜幕的明灯之神——月亮，

保佑我们吧！

向父母赐予的保护神叩拜，

愿福分浩大长久，

像那盛开的鲜花，

结出丰硕的果实。

冠军马赞词

祝愿祥和安康！

尘土飞扬中疾驰，

比野鹿还神速的骏马，

你在万马比赛的盛会上遥遥领先。

看，

它甩舞着长长的尾巴，

在绿草如茵的广阔土地上，

像闪电一样奔驰而来，

---

① 夏尕图其木格：蒙古语，指羊的连踝的髌骨。

飘舞的银鬃像月光四射，

飞驰的身影带着太阳光环，

这是草原上出类拔萃的良驹。

骏马啊！

你有着大象般的头颅，

启明星般闪烁的眼睛，

苍狼般灵敏的耳朵，

黄羊般敏捷的四腿，

锦缎般飘洒的长鬃，

这是美丽赛过孔雀的骏马[①]。

（二）情歌

情歌

别再打哨，也别唱歌，

早就望见你从山上走来。

别再打哨，别再唱歌，

难道你让我放下挤奶的活？

快走吧，快走吧，

别叫妈妈看见了。

快走吧，快走吧，

到山梁那边去等我。

使我想起恋人的歌声

雁鸣声声远去，

让我想起故乡的金秋；

[①]　录自纳·才仁巴力：《德都蒙古民间文学概要》，民族出版社，2014，第 68 页。

雁阵融进落日，

使我想起故乡的油灯。

雄鹰翱翔蓝天，

让我想起母亲的神情；

马群频频嘶鸣，

使人想起套马的父亲。

孤鹤仰天长唳，

让我思念盼归的亲人，

百灵鸟双双飞，

使我想起恋人的歌声。

相识之后

未曾相识的时候，

我俩像草滩上的两只黄羊；

自从相思河畔相识之后，

我俩就像双双飞翔的百灵鸟。

未曾相见的时候，

我俩像两条山脉的野花鹿，

自从相思河畔相见后，

我俩就像两串相连的甜葡萄。

（三）宴席曲

敬酒歌

用我们民族古老的习俗，

用我们满怀深情的心意，

为远方的客人敬上一杯马奶酒。

尊敬的客人，

请您一定要喝上这杯甘露美酒，

这杯酒里包含着我们大家对您的尊敬之心，

也包含着我们对您的美好祝福！

酒歌

你的心灵就像清澈的河水，

你的身材就像魁梧的雄狮，

有缘相识的朋友，

请你喝上这杯甘露美酒，

你的心灵就像明亮的镜子，

你的容貌就像美丽的雪莲，

有缘相识的朋友，

请你喝上这杯甘露美酒。

猜拳歌

蓝色绸缎的棉衣，

有是有啊，

但还没纺好棉纺，

而略显得粗糙点哟，

有缘相会是你我的福分啊。

独手一只，哥俩好！

猜到你的拳哟！

绿色绸缎的衣裳，

有是有啊，

但还没绽好毛绒，

而略显得粗糙点哟，

有缘相会是你我的福分啊。

三心高招，四季发财！

猜到你的拳哟！

橙色绸缎的衣裳，

有是有啊，

但还没缝合完毕，

而略显得粗糙点哟，

有缘相会是你我的福分啊。

五经魁手，六连高升！

猜到你的拳哟！

黑色绸缎的衣裳，

有是有啊，

但还没缝合完毕，

而略显得粗糙点哟，

有缘相会是你我的福分啊。

七星照耀，八抬轿子！

猜到你的拳哟！

椎骨问答歌

甲问：这个椎骨像什么[①]？

---

① 椎骨：此处的椎骨专指羊腰椎即连接骨盆的第十节骨。一般在吃全羊席宴时所说的游戏
问答，在会玩或能说会道的人中间进行。此段录自纳·才仁巴力《青海蒙古族风俗志》，
青海民族出版社，2015，第217~218页。

乙答：像骏马的金鞍。

甲问：为什么说像骏马的金鞍？

乙答：鞴在烈马上不被损坏，

　　　鞴在未驯服的马上不被弄烂，

　　　所以像金鞍。

甲问：椎骨的前面像什么？

乙答：像好汉的额头。

甲问：为什么说像好汉的额头？

乙答：前进时他领头，撤退时他断后，

　　　所以像好汉的额头。

甲问：椎骨的后面像什么？

乙答：像须弥尔山的底座。

甲问：为什么说像须弥尔山的底座？

乙答：它前连脊梁后接盆骨，稳如泰山，

　　　所以像须弥尔山的底座。

甲问：这椎骨的两翼像什么？

乙答：像雄鹰的翅膀。

甲问：为什么说像雄鹰的翅膀？

乙答：暴风雪中仍然在展翅，

　　　所以像雄鹰的翅膀。

甲问：椎骨的这两个凸骨像什么？

乙答：像大象的两颗门牙。

甲问：为什么说像大象的门牙？

乙答：连接在前椎上拉不动掰不开，

　　　所以像大象的门牙。

甲问：这椎骨的圆孔像什么？

乙答：像大河床。

甲问：为什么说像大河床？

乙答：千军万马通过这里也能容下，所以像大河床。

甲问：那这到底是个什么骨头？

乙答：高山上吃嫩草、清泉里喝纯净水长大的，羊群中百里挑一的，

花脸绵羊的二十六块骨骼之一，前连椎骨后接盆骨，

是主人用来招待贵客的美食，是用来测试智力的娱乐工具，

人们用来游戏的"问答游戏椎骨"就是它，

祝愿草原上的羊群繁殖到成千上万，

祝愿主人安康长寿！

（四）劳动歌

狩猎歌

富裕的天地神祇啊，

我脚穿皮子做成的靴子，

身穿粗线织成的长袍，

祈求天地神祇赐给我，

长角弯弯的牦牛，

栗红色的野马，

膘肥体壮的猎物，

皮毛柔软的野兽吧！

打酥油歌

扎胡纳呢格（百数中的一）！

扎胡纳好亚尔（百数中的二）！

扎胡纳呢咕日巴（百数中的三）！

扎胡纳呢都日巴（百数中的四）！

扎胡纳塔布（百数中的五）！

扎胡纳佐日尕（百数中的六）！

扎胡纳道拉（百数中的七）！

扎胡纳乃木（百数中的八）！

扎胡纳叶苏（百数中的九）！

阿日班阿日布（百数中的十）！

阿日班呢格（百数中的一个）！

劝认羊羔歌

套格！套格！套格！

这不是你亲生的可爱的羊羔吗？

你不怕这弱小的生命会死去吗？

套格！套格！套格！

不要铁心肠对待你的羔崽！

不要让这可怜的小家伙饿肚子！

套格！套格！套格！

快快拿出你的爱心来，

快快献出你的乳汁来！"

（五）仪式歌

祭海歌

虎年初一的那天，

是王爵晋升的吉辰；

随从的大小官员，

相继其爵位。

神威的虎符大印，

握在你的右手当中；

六十本法规大典，
持在你的左手当中。
银碗斟满马奶酒，
是敬你的高贵饮料；
钉上银掌的大走马，
是供你远征跋涉用。

那米黄色的骡子，
是西宁办事大臣的乘骑；
那铁青色的骡子群，
是随从官员们的坐骑。
在那美丽的青海湖畔，
搭起蓝色的大牙帐，
举行那浩大的祭海仪式，
大臣诺彦欢聚一堂。

（六）生活歌

长长的娜陵河

长长的娜陵河，
牧养着我心爱的马群，
可敬可爱的客人，
我愿你一起欢乐唱歌，
天空中虽然星星很多，
唯独启明星灿烂明亮，
马群中虽然快马很多，
唯有我的黑骏马跑得最快，
人群中虽然好汉很多，

唯独客人您是尊贵,

和平的草原蒸蒸日上,

幸福的生活万古长青,

愿吉祥如意!

祝平安幸福!

慈祥的奶奶

您是我恩重如山的父亲的母亲,

您对我们这个家族的兴旺昌盛,

呕心沥血,无私奉献。

您用乳汁般的情感哺育我们成长,

您用阳光般的智慧教育我们做人。

您是我们慈祥的奶奶,

您是我们做人的榜样!

辽阔的大地

在这吉祥幸福的日子里哟,

我们拿出最珍贵的食品,

举行最丰盛的宴会哟,

拉起悦耳动听的马头琴,

唱起旋律优美的赞歌

按照祖先留下的习俗哟

我们大家相聚在这里

捧出一颗乳汁般的心哟,

我们尽情的欢乐跳跃,

愿这美好的时刻,

吉祥如意!

（七）儿歌

1. 绕口令

"t"发音的绕口令

踏啦—德格热—踏日—哈珠—柏噶

踏日滚—踏温—踏日瓦噶—给

踏日滚—踏温—踏日瓦噶—给柯—桂，

欧格热—亚麻日—踏日滚—踏温—踏日瓦噶—给，

踏日滚—踏温—踏日瓦噶—给柯—呗?

"g"发音的绕口令

噶勒—给—噶日—耶日—巴日株—博勒呼—桂，

噶勒—给—噶日—耶日—巴日巴勒，

噶勒—噶日—给—哈喇—噶呐。

2. 问答歌

数数歌

甲问：一是什么?

乙答：一心想干的事难道还不成功吗!

甲问：二是什么?

乙答：二人确认的东西还会看错吗!

甲问：三是什么?

乙答：三只腿被打绊的马还会能跑远吗!

甲问：四是什么?

乙答：四只腿的火架上撑住的锅还能不稳吗!

甲问：五是什么?

乙答：五匹好马的主人还怕赶不到目的地吗!

甲问：六是什么?

乙答：六匹骡马的人家还不能酿上马奶酒吗！

甲问：七是什么？

乙答：七星北斗在天上时还会看错季节吗！

甲问：八是什么？

乙答：八百只羊的人家还会愁娶不上好媳妇吗！

甲问：九是什么？

乙答：九个兄弟只要齐心还会有办不成的事吗！

甲问：十是什么？

乙答：十枝杈的鹿角每家还会分不上份儿吗！

游戏问答歌

甲问：你到哪里去了？

乙答：我到可汗家里做客去了。

甲问：可汗给你什么东西？

乙答：给了个鸽子的大腿。

甲问：鸽子的大腿呢？

乙答：狗吃掉了。

甲问：狗呢？

乙答：跟着背水的走了。

甲问：背水的人哪儿去了？

乙答：背水的人跟放骆驼的走了。

甲问：放骆驼的哪儿去了？

乙答：放骆驼的跟放牛的走了

甲问：放牛的哪儿去了？

乙答：放牛的钻到草丛里了。

甲问：草丛哪儿去了？

乙答：草丛被火烧了。

甲问：火哪儿去了？

乙答：火被雪盖住了。

甲问：雪哪儿去了？

乙答：雪被太阳融化了。

甲问：太阳哪儿去了？

乙答：太阳钻到蓝天的这边儿、云山的背后去了。

第三章　民间戏曲

　　曲艺是"说唱艺术"的统称，是由民间口头文学和歌唱艺术经过长期发展演变形成的一种独特的艺术形式。它运用口头语言，以说唱为主要手段，刻画人物、状物写景、表达故事、倾诉感情，是经过提炼而成的带有一定节奏的念诵，或具有特殊韵调的吟诵的"说"与"唱"有机结合而形成的具有一定音乐特色的艺术品种。青海民间戏曲，种类丰富，汉族、藏族、回族、土族、撒拉族、蒙古族等民族均有自己富有特色的民间曲艺和戏曲。平弦、越弦、贤孝、下弦、道情、打搅儿、太平秧歌、眉户戏、河湟皮影戏等，是汉族喜爱的曲艺和戏曲；折嘎、宴席曲、道拉、好来宝、撒拉曲、安多藏戏、骆驼戏等，是其他少数民族别具一格的曲艺和戏曲。它们都植根于青海深厚的文化土壤，异彩纷呈，乡土气息浓郁，具有着民族性、地域性、民间性的特点，既是地域和民族文化的重要组成部分，又蕴含着本民族的精神价值、思维方式、想象力和文化意识，是青海各族民众不可或缺的精神食粮，也是中华传统文化的重要组成部分。

第一节　民间曲艺

一　汉族民间曲艺

（一）青海平弦

平弦又称"平调"，简称"平弦"，因早期以说唱赋子腔为主，亦称作"赋子"，或名"赋腔"，是青海地方曲艺中影响较大的曲种之一，主要流布在以西宁为中心的大通、湟中、湟源、互助等周边汉族聚居地区，深受当地民众的喜爱，并在邻近省区也有较大的影响，有"西宁的赋子，兰州的鼓子"的誉称，故又称"西宁赋子"。

平弦起源　平弦究竟源于何时，尚无确切文献资料可考，亦无法寻迹于老艺人的口述资料。但青海平弦的研究者对其渊源有多种看法。袁静波先生在西宁市城东区文化馆1982年内部编印的《地方曲艺选第一集》序言中认为，清同治末年、光绪初年，随着青海商业的发展，外地官员、军队和京津陕晋商人来到青海，八旗鼓牌子杂曲随之被带入青海，构成了青海平弦的基础；任丽璋先生在《中国大百科全书——戏曲曲艺卷》"青海平弦"条中认为，青海平弦的六十多支曲牌中大部分是明清两代尤其是明初从江苏、浙江等地随移民传入的，也是西北地区流传的民歌及戏曲曲调。还有一种观点以王世哲先生为代表，在《青海平弦简介》中他认为，青海平弦是明初以至嘉靖、隆庆时由南京一带随移民传入，19世纪初以南北曲兼容的风格又广泛吸收当时兄弟省区间的民歌小调、戏曲及宗教音乐，融合发展而成。上述几种看法从不同角度探究了青海平弦的源流问题，但未能形成一致的说法。目前所见最早的唱词抄本是清咸丰年间（1851~1861）成册的，其中收录了赋子、背工曲目《芈建游宫》《太子游四门》等十数篇，所知最早的艺人叫梁寿娃（外号梁佛爷），其生卒年月及艺术活动情况均不详，演唱时间大约在19世纪中叶。能知生卒年月的最早的艺人有谢长德（1856~1951）、李汉卿

（1881~1947）等。其中李汉卿擅长弹唱三弦赋腔，对平弦的传承扩布影响较大。西宁、湟中等地均有发现清朝末年至民国初期的平弦唱词抄本、木刻本，有的抄本还有曲牌的工尺谱。

平弦曲种 平弦的曲调优美，绚丽典雅，曲词格律严谨，诗词化程度较高，被誉为青海地方曲艺中的"阳春白雪"。它具有赋腔、背工腔、杂腔、小点等四套唱腔的曲种，形成了以杂腔为主的格局。最基本的曲调即赋子，其词格一般是七字或十字结构的上下句，但又有多种变格，如连续用四字或五字的短句，叫做"弹片赋子"，多一句词成奇数时，叫做"三角板赋子"，这些唱词的变化也使唱腔产生变体。它的基本结构是上下句，长于叙事，开头两句曲调比较舒缓，有"赋子头"之称。杂腔中有"前赋子""后赋子"之分，其不同之处在于前赋子有赋子头而无尾句，后赋子有尾句而没有赋子头。平弦的唱词使用西宁方言，与汉语语法的通俗韵文相符合，按西宁方言读音押韵，基本上与北方话十三辙的辙口相同，但也有特殊的语音韵辙，这与西宁方言中某些字词的特殊读音形成的押韵有关，如《画西厢》中"一把扇儿值多少，银钱买上个"中"个"在西宁方言中读音为gao（高），与"少"字同韵。平弦唱词文学性较强，语句也比较规范，艺人在学唱时按老艺人的唱本为准，很少随意改动。

平弦曲目 平弦的传统曲目，迄今搜集到的有包括四套唱腔的三百多个曲目，均为中短篇。其中赋腔和杂腔的曲目一般较长，多为一二百句，最长的有四百多句；背工腔和小点的曲目多为小段。四套唱腔的传统曲目，内容各有侧重。赋腔以三国等历史故事居多，如《桃园结义》《走马荐诸葛》《霸陵桥挑袍》等；杂腔除历史故事外，还有较多的生活故事，如《伯牙抚琴》《西湖相会》《水淹金山》《张生跳墙》等；背工腔多以抒情见长，如《四季景》《重台离别》等；小点则多表现男女亲情，如《送情郎》《凤阳士人》《八月十五玩月光》等，有"闹曲"之称。中华人民共和国成立后，还创编了大量现代题材的作品，如《双枪老太婆》《刘胡兰就义》等，深受群众喜爱。

演唱活动 平弦的演唱活动，一般是平弦爱好者相约或群体之间互约，在家庭炕头或公园、庙会等地方进行。以自娱为主，也常被邀请到婚丧等场合演唱。应邀演唱不收取报酬。丧事的演唱相对多些，一般安排在出殡前一晚，习惯上称作"醒灵"。其意在于寄托对亲人的哀思，送亡人安然离去，启示后人不忘先辈的教诲。婚丧等不同场合演出的曲目也很有讲究，如丧事上多用《太子游四门》《岑母教子》《舍身崖》《叹世情》等；婚事上多唱《连生贵子》《东吴招亲》《惠明下书》等；祝寿时则多唱《满床笏》《福寿双全》《赵颜求寿》《二上天台》等。

演唱形式 平弦为坐唱形式，一般情况下，艺人演唱，乐队伴奏，有时也用对唱形式，讲究温柔典雅，平稳婉转。演唱速度平缓，一个联曲体唱段，一般都是从稍慢开始，中间稍有起伏，以稍微加速再到最后几小节的减慢而结束。伴奏形式分为演唱时操"月儿"击节的小乐队伴奏和一人伴奏一人演唱或自弹自唱的三弦两种。平弦是属于联曲体的一种曲艺形式，只唱不说，每个唱段都配有表达情绪与情节的固定曲调，被艺人称作"十八杂腔，二十四调"。实际上，现已记录到包括曲牌在内的各种曲调有五十多个。艺人们根据平弦表现题材和曲调表达情绪的不同，将四套曲目段子的组成在开头部分均配有叫做"前岔"的曲词，在结尾部分配有叫做"后岔"的曲词，所以，一个完整的平弦段子是由"前岔""赋子""杂腔""小点"等类曲词，再加上"后岔"构成的。

（二）青海越弦

越弦又叫"月弦""月调""背调""越调""座场眉户"等，是流行在河湟汉族群众中较有影响的地方曲种之一。其名称主要源自伴奏乐器三弦的定弦法：三弦的定弦为内五度、外四度关系，首调唱名"151"，民间称此种定弦法为"越弦"，即曲种名与主奏乐器的定弦法同名。主要流布在以西宁为中心，包括湟中、湟源、大通，海东地区的平安、互助、乐都、民和等县的汉族聚居区，尤在农村流行。

越弦源起 越弦在清代由陕西曲子流入青海河湟地区后，由河湟当地艺人吸收大量的民间小调和古代小曲儿，经过长期的表演实践和改造创新，与青海地方语音、民间音乐、人文习俗以及历史文化等诸多因素相结合，从唱腔、道白、语言、风格等多方面发展演变成了自己独有的风格，成为具有青海地方特点的青海越弦，其最明显的变化是说唱语音的地方化。其器乐曲牌，也多数来自青海民间小调。

除了传入的陕西曲子的一些曲牌，越弦又吸纳和产生了一些新的曲牌，如［落雁］、［菊悲］、［催子］等；有些唱腔曲牌的名称或基本结构相同，但旋律有了变化，如［岗调］、［西京］、［银钮丝］、［剪靛花］等；有些曲牌名称虽然相同，但结构、旋律却相去甚远，如［一串铃］等。从器乐曲牌来看，陕西曲子和青海越弦的器乐曲牌呈互相吸收而又你中有我、我中有你的状态。凡是汉族聚居地区，基本上都有越弦演唱活动，是当地群众喜闻乐见的地方曲种。其表演以唱为主，兼有说白。一般为一人多角，间或也有二人、三人联唱的，大多采取坐唱的方式演出，观众围听。一人主唱，手持碰铃击节，不做动作表演，多以小型乐队伴奏，有时也用三弦自弹自唱，伴奏者或听众可以帮腔"拉梢子"，使演唱活动融合为有机统一的整体。乐队的伴奏以齐奏为主，以随腔伴奏居多。一些器乐曲牌的演奏或唱腔曲牌的伴奏，尤其是长音或拖腔的演奏与伴奏，根据乐手演奏水平，可以使用加花、填充等手法。

越弦曲体 越弦的曲体裁以齐言韵文体为主，间有杂言、齐言混合体。曲牌及主要曲调有五十多个，伴奏乐器为三弦、板胡、二胡、碰铃、梆子、笛子等。其唱腔音乐属曲牌连缀结构。一般一个段子的说唱从［前岔］开始，中间采用若干个其他唱腔曲牌，最后以［后岔］结束。［前（后）岔］和［前（后）背工］只能用一次，也可省略不用，其他曲牌可以使用一次，亦可多次采用。曲词要求合辙押韵，唱词通俗生动，多为口语化，内容刚柔兼济，表现力强。各类曲牌的唱词句式结构，有上下句体、长短句体和齐言四句体等多种，曲调的体裁结构和唱词的句式结构基本对应，在实际应用中，可以加字或减字，有些曲牌的唱词甚至还可以增加短句，形成艺人们所说的垛字或垛句形式。

越弦曲目 越弦的传统曲目，大部分随陕西曲子而传入，自创曲目不多，目前收集到的有一百多个。其曲目内容相当丰富，有《伯牙抚琴》《杀狗劝妻》《桃园结义》《平贵回窑》等历史演义，有《亲家母打架》《花亭相会》《张连卖布》等民间生活故事，有少量无故事情节的劝喻、赞颂性的曲目。不论哪种曲目，均富含哲理，寓教于乐，满足了民众的审美需求和思想愿望，深受欢迎。

越弦唱词 越弦的唱词结构，包括对称句式和长短句式两类。对称句式有上下句和四句式之分；长短句式有三句式、四句式、五句式、六句式等。不同句式的唱词有不同的词格。唱词规整，用语典雅，并适时穿插有打诨的段子，使听众倍感亲切，艺术效果良好。

（三）贤孝

贤孝是以表现孝子贤孙、忠臣良将、劝人向善为主要内容的传统曲目，故称之为贤孝，因演唱风格的不同，青海贤孝又分"西宁贤孝"与"河州贤孝"。其中"西宁贤孝"主要流布在以西宁为中心的河湟地区，因为西宁为其主要分布地区而冠以"西宁贤孝"。根据演唱曲调的不同，西宁贤孝又有大贤孝、小贤孝之分。河湟地区主要流行《西宁贤孝》和《快板贤孝》。

西宁贤孝 俗称曲儿，因历史上的艺人多为盲人而又称为"瞎弦"，一般认为在清代中叶形成。是一种说唱曲艺，无固定的演出场所，酒坊面店、集市庙会、游乐处所，皆可演唱。也有走街串户演唱的，街坊人家生子祝寿、喜庆丧葬、修建新居也请艺人演唱。演唱时艺人们或席地而坐，或坐凳子、台阶、炕头。若一人出行演唱，则怀抱三弦，自弹自唱；若二人结伴，多为男拉板胡女弹三弦而唱，轮换启喉。遇有演唱，听众闻声辄至围坐谛听。人们习惯上称演唱贤孝为"唱曲儿"，听演唱为"听曲儿"。贤孝一直以业余曲艺团队在民间自发、零散地流传，贤孝演唱是盲艺人的主要谋生手段，含有职业或半职业的性质。河湟地区主要流行《西宁贤孝》和《快板贤孝》。艺人往往结伴或独行在不同地域流动演喝，交流技艺，增加收入，相互学习补进。过去贤孝艺人多为盲人，所以明眼人不学贤孝，以免与盲艺人争饭碗，贤孝也就多少带有"乞丐艺术"的意味，至今很少有人学习。

西宁贤孝曲目　西宁贤孝传统曲目有"大传"和"小传"之分。"大传贤孝"多取材于《宝卷》，如《白鹦哥记》来自《鹦哥宝卷》，《方四娘》来自《四姐宝卷》等。"大传贤孝"多数有说有唱，说唱相间，篇幅也长，有的甚至可说唱数日，如《方四娘》《荒草坡吊孝》《梁山伯与祝英台》等。"小传贤孝"一般只唱不说，篇幅短小。有的也来自《宝卷》，如《白猿盗桃》；有的来自历史故事，如《八姐游春》《韩信算卦》等；还有的来自民间故事、明清小曲的。传统曲目丰富，有一百多个。中华人民共和国成立后产生了一些宣传新政策和根据现实题材编写的曲目。

西宁贤孝唱词结构　以七字句为多，也有十字句的。有时也以长短句相间。七字句句型多为二二三结构，十字句的多为三三四结构，演唱时适当加以衬词、语气助词和叹词。唱词一般押韵，一个段子有一韵到底的，也有中间换韵的，灵活多变，通俗性强。

西宁贤孝曲体　西宁贤孝系单曲体，一个完整唱段一般由一个曲调加以变化反复演唱完成，自始至终一曲到底，中间不转换别的曲调，但也有个别例外，如有的艺人对少数曲目用"大贤孝调""小贤孝调"穿插演唱，也有的艺人因叙事情节的需要在"大贤孝调"唱段中转弦加唱"官弦调"。虽为单曲体，但演唱者随着唱词内容和故事情节的发展，做一些演唱处理，如音型的调整，旋律走向的变化，各有特点的润腔技法，不同的节奏、相应的特殊过门等，以增加其艺术感染力而无单调重复之感。艺人们在长期的艺术实践中不断创新发展，形成"大贤孝调""小贤孝调""越牌调""官弦调""小曲"等五种声腔曲调，组成了"西宁贤孝"的总体曲式结构。其曲调调式比较单一，但曲调的节奏却有多种形态，以二拍子为基础，中间常出现三拍子，有的曲调唱腔部分为一种节奏形态，而过门却又是另一种节奏形态。

河州贤孝 亦称河州快板，其在青海除了民和、循化二县，还在西宁及海东地区诸县及贵德、门源等地流传。已知清嘉庆年间"河州贤孝"就在青海境内演出。随着在青海的流传扩布，其表演吸收了当地方言和音乐的成分，孕育生成了具有浓郁青海地方特色的曲种"快板贤孝"。河州贤孝以河州方言演唱，表演形式以唱为主，兼有说白，多为一人自弹自演，亦有二人搭档，一人主唱，分持三弦和二胡伴奏。循化、民和的伊斯兰群众中，也有人采取不用乐器伴奏的站唱方式来表演河州贤孝。

河州贤孝曲目与唱腔 艺人依据内容题材，将河州贤孝分为"国书"和"家书"两类，来表现国家兴亡、子孝孙贤等内容。民国以来，反映现实题材的新编曲目成为河州贤孝的主要内容。河州贤孝在青海流传的唱腔曲调为"述音""大哭音""小哭音""道情音"等，音乐结构为联曲体。

快板贤孝 快板贤孝是以河州贤孝唱腔"述音"为基础，用西宁方言说唱而形成、以说唱劝善类题材为主要内容、流行在青海地区的说唱新曲种。以"述音"曲调为基调，一曲到底，旋律欢快、节奏鲜明，连说带唱的形式非常活泼，故青海大多数艺人称其为快板贤孝，还有极少数人把它与原河州贤孝相对而称"新贤孝"。这是中华人民共和国成立以后逐步形成的曲种。一般有两种演唱形式，一种是演员不操乐器的舞台站唱演出，有适当手势表演，有小型乐队伴奏，短小精悍，风趣幽默。另一种是民间坐唱，似"西宁贤孝"，演唱者自弹自唱，完全靠语言和音乐表达内容，有时另有一人用板胡或其他弦乐器伴奏。演唱者有盲艺人，也有一般艺人，他们演唱"西宁贤孝"兼唱"快板贤孝"，很少有专门演唱"快板贤孝"的艺人，也很少有"快板贤孝"的专场演出，其演唱习俗与"西宁贤孝"基本一样。

快板贤孝曲目是根据现实题材新编写的反映时事内容的短小段子，通过对生活中忠臣良将、孝子贤孙等各色人（事）物进行赞颂、褒贬，以期达到娱乐和教育的目的。如《选代表》《尕女婿》《法图玛回娘家》《红心赞》等，当时深受民众喜爱。艺人们也用快板贤孝的唱腔移植套唱其他一些传统段子，如《九九图》《沧州投朋》等，一般不套唱大传段子。

快板贤孝唱词结构最常见的唱词是七字句，二二三结构，也可以将七字句扩展成九字句，三三三结构，唱起来朗朗上口，十分协调，除此还有更为灵活的垛字句。唱词不论字数多少，快板贤孝的曲调和节奏决定了其每句唱词的最后一个词多是三个字，唱起来顺口。唱词下句押韵，也可全篇通押一韵，或中间换韵，根据演唱需要灵活运用。快板贤孝的音乐结构是单曲体，只有一个唱腔曲牌，这个新曲种的曲调基础是河州贤孝的"述音"，一共四句唱腔，说唱时一曲到底，无曲头和曲尾。其段式为四句结构。但演唱因人而异，不尽相同。使用西宁方言说唱后，其音乐风格既不同于河州贤孝，又有别于西宁贤孝，其曲调旋律欢快，唱腔变化丰富。在说唱大段唱词时，用第二、三两句唱腔多次反复，形成垛句形式。在说唱字数较多的句子时，采取先说后唱的方法，即前半句先说，到后面三个字时再进入旋律，具有较强的说唱艺术特色和独特的音乐艺术形象。

（四）青海下弦

下弦是青海民间传统曲艺中具有浓郁地方音乐特点的古老曲种。因伴奏乐器三弦的定弦法而得名。主要流布于以西宁市为中心的大通、湟中、湟源、平安、互助、乐都等地。关于下弦的源流问题，尚无确切文献资料可考。下弦的曲目多悲怆或深情，曲词是以二二二的六字句构成的上下句式，押韵灵话，一唱到底，不加道白，词格多种多样，叙事抒情都很自如。

下弦音乐 包括"下弦调""仿下弦调""软下弦调"和"下背工"等四种腔调，前三种为主曲体，最后一种是以"背工调"为主曲的联曲体。四种腔调都使用基本相同的前奏曲。"下弦调"是盲艺人演唱长篇曲目《林冲买刀》的一种曲调，也有个别艺人用它演唱小段《张良归山》，其音乐由前奏曲、曲头、主体唱腔、曲尾等四部分组成。"仿下弦调"的词格为七字或十字句，其他曲种的一些小段都可用仿下弦调演唱，其音乐由前奏曲、主体唱腔、曲尾等三部分组成。"软下弦调"由越弦艺人郭福堂传下来的，传统曲目有《鸿雁传书》《沧州投朋》《三姐上寿》等，词格是七字或十字句，音乐由四部分组成。"下背工"是在平弦艺人中传唱的以［背工］为主曲的小型套曲，由［前背工］［离情］［皂罗］［后背工］四支唱腔曲牌联缀而成，四个曲牌词格迥异，各填各词。传统曲目有《岳母刺字》《三顾茅庐》《出曹营》等十余个，也有现实题材的段子。

下弦演唱方式 下弦以坐唱为主，传承人多为"西宁贤孝"艺人，其抱三弦弹唱为主，板胡伴奏。它没有独立的演唱者队伍，由演唱多种曲艺的艺人兼唱。四种腔调在演唱时，《林冲买刀》可作专场演出外，其余三种腔调都在其他曲艺的演唱中穿插出现。其曲头和曲尾是唱腔中抒情性很强的部分，每句的尾部都有长短不等的拖腔，曲调节奏明快，旋律婉转，音色高朗，哀怨中不失铿锵优美，是青海曲艺中的一枝奇葩。

（五）青海道情

道情是一种在全国范围内流行比较广泛的曲种，是从唐代《九真》《承天》等道曲相沿下来的，以道家故事和教义为主要内容的说唱艺术。通常以流行地地名来命名，故流传在青海的道情就叫"青海道情"。道情源于唐代的《九真》《承天》等道家诵唱的经文及曲调。青海汉族的道情广泛流行于西宁市及海东地区诸县，受当地民间音乐、地方语言、文化历史等因素影响，逐步演变为具有浓郁青海地方特色的曲种。渔鼓和简板作为青海道情的两件必备伴奏乐器，说明了青海道情渊远流长，形式古朴。道情何时传入河湟地区，目前尚无确切资料可考，但它的传入与明、清时期青海地区兴建庵、观、寺、庙等宗教信筑有很大关系。从目前青海道情存留的样式看，大部分传统曲目与其他地区的曲目大同小异，曲调结构、旋律和帮腔音乐则受关中道情、陇东道情影响较为明显，有某些相似之处。道情最早的演唱者是道士，他们以道情的艺术形式来化缘或宣传教义，从而达到宣教的目的。道情流入民间，首先被曲艺艺人接受并传唱，随之道情逐渐演变为地方曲艺的一个品种，与其他曲艺一起在河湟民间流行，如青海民间社火中的八仙、河湟皮影戏的仙家和神道出场，都演唱道情。

传统曲目　目前发现的道情传统曲目有 30 余部，通过演说极富想象的神话传说故事和对英雄人物及现实的褒扬鞭挞，表达了人民群众在当时历史条件下的思想和愿望，为民俗文化等的研究提供了丰富的资料。道情的传统曲目多与道家有关，如表述道家故事的《湘子传》《八仙庆寿》，也有佛家故事《妙善出家》《目连僧救母》等，西宁贤孝的某些曲目也可作为道情曲目演唱，如《状元祭塔》《永乐出家》等。中华人民共和国成立后，创编了现实题材的新唱段，由民间乐队伴奏，常在舞台演出，深受群众喜爱。

唱词结构　道情唱词以七字句、十字句为主，也有不受字数限制的多字句，但不论字数多少，一般都是上下句式，偶有奇数句。句式上下要求通俗、顺口、押韵。有些道情除唱词外，还有念白部分，安排在段子的开头或中间，念白、唱词交替相间，和谐动听，显示出说唱艺术的特点和吟诵风格。它的段落结构有说白、韵白、念诗和唱词。在说、韵、唱之间还配有随故事情节发展来表达情绪的当地民歌、小调、牌子等乐曲间奏，娓娓动听。唱词部分用的道情调为"阴腔"和"阳腔"两类，这两个曲调可单独用，也可以交替用，两调风格统一，优美委婉，颇具咏诵之风。整段故事的演唱过程中，韵白与唱词部分不断交替出现，成为讲唱文学中一种特殊的形式。现在除了某些传统段子外，新创作曲目已摒弃了"韵白"等部分，开口即唱，获得了广大群众的认可和欢迎。

音乐与演奏　道情音乐结构为主曲体。一般由前奏曲、主体腔、曲尾三部分组成简单联曲。主体腔是唱段的核心，一个完整的道情唱段就是由上述若干个这样的三部分组成的简单联曲完成。这个简单联曲的各个部分又都有感情色彩不同的阴、阳两个腔调。道情的伴奏乐器除三弦、板胡、二胡、笛子等乐器外，渔鼓、盏儿是其特有的乐器。

演唱形式　道情的传统演唱形式一般是坐唱，由于演唱者需敲击渔鼓，所以凡用弦乐器伴奏，多为一至二人配合，舞台演唱时一人站唱，小乐队伴奏。在主体唱腔和曲尾的衔接上，演唱者要将衔接部分处理得和谐自然，转入曲尾时有明显的启示，让乐队随时进入帮腔，这样才能使道情演唱发挥独唱与齐唱巧妙结合的特点，增强一呼群应和烘托气氛的艺术效果。

（六）打搅儿

打搅儿源起 打搅儿亦称"搅儿"，是青海地方曲艺中一个很别致的曲种，广泛流行在西宁市及其附近各县，以篇幅短小、幽默、逗趣的艺术特点见长。曲调以"青海越弦"中"大莲花"调为主旋律，在节奏上有所变化发展。以五声徵调式为主，是只有一个曲调的单曲体，在越弦自乐班子中多见，节奏强烈、明快跳跃，演唱大胆泼辣，极富夸张幻想。在这里"打"有说或唱的意思，"搅"为"搅和"之意。早年打搅儿是在演唱长篇曲目的间歇中演唱的，当演唱到大传贤孝中那些悲苦的情节时，听众歔欷感叹，哽咽哭泣，说唱只好中断。这时艺人便说："打一个搅儿吧！"就是另外唱一个节奏明快而逗趣儿的小段儿，为的是使听众情绪得到调解，气氛得到缓和。之后，再把演唱继续下去。从说唱的连贯性来说，这一停顿是打扰了故事情节的连续发展，所以，把这类小段曲目叫做打搅儿，其含义是不属于正式演唱的故事。后来，打搅儿的曲目逐渐增多，独自形成以讽喻见长，以幽默风趣为格调的一个曲种。历史上搅儿的表演很少独立进行，大多穿插在平弦、越弦、贤孝或其他曲种当中，当演唱内容冗长或听众情绪郁闷时，为了调节现场气氛，往往表演一段风趣幽默的搅儿，就能起到调整情绪、转换气氛的作用，这也是搅儿的功能及其名称的来由。搅儿的形成时间不详，亦无资料可考。根据它的曲种音乐来看，其形成不会早于青海越弦的〔垛莲花〕流行。随着各种小曲和陕西曲子在青海的流传，打搅儿逐步形成。因之可推测它约形成于清末。

打搅儿形式 打搅儿的传统演唱习惯是在演唱各种贤孝或越弦之间，一般由西宁贤孝或越弦艺人演唱。其演唱形式和西宁贤孝、越弦一样。一个贤孝或越弦段子唱完了，由原演唱者或另换一人演唱搅儿。常不等乐队停止演奏便紧接着出现，顺便利用原乐队伴奏。但如无乐队伴奏时即自弹自唱。平弦的演出中，一般不穿插打搅儿，但在多种曲艺的混合演出中也可在平弦之后，利用平弦乐队演唱打搅儿。

打搅儿唱词 打搅儿的段子内容多取材于生活，用大胆夸张、辛辣讽喻的创作手法，写出逗趣、幽默的小段子，明之以情，晓之以理，寓教于乐。如讽刺嗜酒成性的《醉酒汉》，懒惰狡辩的《懒大嫂》《拙老婆》，爱财如命的《克财鬼》等。曲目内容贴近人民群众的生活，听来备感亲切自然。唱词大量使用生活用语和方言土语，通俗、生动、形象。比喻巧妙，寓意深刻，妙趣横生。演唱时朗朗上口，铿锵有力，一气呵成，往往使人耳不暇闻，捧腹大笑，为民众喜闻乐见。唱词以七字句为基础，但常不受字数限制，变化灵活。句数也无严格要求，可以偶数句成段，也可奇数句成段，奇数句更具有节奏的变化和活泼、逗趣的效果。打搅儿是单曲体，只有一个曲调。和越弦唱腔曲牌［垛莲花］非常相似。曲调的主体部分在演唱时具有似说似唱的数板特点。虽为一个曲调，但艺人有各自的演唱处理，风格迥异，尤以盲艺人风格突出。打搅儿的伴奏利用原乐队和原定弦法，适应性和灵活性极强。

（七）倒江水

倒江水表面意思是形容艺人的讲唱十分流畅，如江水滔滔，不了不绝，汩汩不断。这是青海地方曲艺的一种，主要流布在青海河湟地区。由于缺乏可信的文献资料，无从考证倒江水的源流和历史沿革。倒江水类似快书、顺口溜，是一门诵说的曲艺艺术。倒江水押韵十分灵活，节奏虽不如快书明朗，韵味却非常浓厚。艺人手拿两个碰铃，无论在大街小巷、街市庙会，还是田间炕头，只要碰铃一响起，就可作场开讲，以见景生情、出口成章的即兴编唱，极富醇厚的方言特色和浓烈的乡土气息，吸引听众专心聆听，笑声、掌声络绎不绝。倒江水的内容题材十分丰富广泛，小到贺词颂词、生活趣事、民间掌故、人物描摹，大到历史事件、新闻时事、山川景物等众多方面，包罗万象，脍炙人口。

（八）太平秧歌

太平秧歌也叫"唱秧歌""太平歌""秧歌儿""街头秧歌"等，只在春节至过元宵节期间晚上演唱，因其活动旨在祈祝风调雨顺、国泰民安而得名。主要流布在以西宁为中心的青海省东部农业区，又称西宁太平歌。曲目除了首场开始时唱见面词和祝福太平的歌词外，均以演唱历史典故为主。唱腔分歌头、秧歌、歌尾三部分，在唱腔前后都加打击乐伴奏。歌头为四句体乐段结构，前两句为商调式，后两句为羽调式；秧歌为下上句乐段结构，是唱腔的主体；歌尾只有两句，由歌头的后两句变化发展而成。伴奏乐器只有鼓和钹两件，前奏和收尾的鼓点相同。太平秧歌由来已久，明清时代就已遍及全国，而具体何时传入青海河湟地区，尚无文献资料可考。

太平秧歌内容 作为青海一个特殊的地方曲艺形式，在正月初一至十五的春节期间晚上演唱。它具备讲唱文学与讲唱艺术的特点，有众多传统作品，内容丰富，包括长篇历史故事、神话传说故事及时政生活故事等多种题材，从中寄托着人们对美好生活的向往，表达了人们对美好愿望的褒扬和对时弊的针砭，幽默诙谐，通俗真切。演唱活动除了首场开始时唱见面词和祝福太平的歌词外，均以演唱历史故事为主，尤以三国故事为多。唱家们可献艺性轮流演唱，也可以竞技性对唱，对唱可以在个人之间进行，也可以集中不同区域的唱家组队比赛。以唱词多、嗓音亮、韵味浓为竞胜条件，并要求唱段内容相互对应，如一方唱《六出祁山》，则要求对方唱《七擒孟获》。

太平秧歌唱腔 分歌头、秧歌、歌尾三部分。在唱腔前后均加击乐伴奏，在歌头、歌尾中也各有两小节击乐间奏，秧歌中，一般只在鼓边击节，但演唱中因故停顿，也可加击乐间奏，以填充空白。歌头为四句式结构，一、二句为商调式，三、四句为羽调式，并经变化而成为歌尾。秧歌为上下句式，是唱腔的主体，一个唱段，除歌头、歌尾外，不论唱词多少，都由它反复演唱。

太平秧歌词句 一般以七字句为基础构成，也有十字句及十几字句，上下句押韵或一、二、四句押韵。伴奏乐器只有大鼓和镲钹。演唱形式自然活泼，以叙事为主，以语言取胜，字字分明，亲切感人，回味无穷。

八角鼓　八角鼓是新中国成立前流传在青海西宁地区的一种民间曲艺。表演者摆动双臂，以脚踏地，发出有节奏的步履声，在八角鼓的伴奏下，演员有说有唱，内容大多选自"西宁贤孝"的曲目。最早的表演艺人是张庆林，人称张裱匠，擅长秦腔、眉户和地方曲艺的演唱。1936年，张庆林曾在西宁隍庙街演唱"八角鼓"，他去世后这种曲艺便消亡了。

二　藏族民间曲艺

仲谐　亦称"仲鲁"，藏族说唱故事时使用的曲调，说唱故事的艺人称"仲巴"。仲谐就是在藏族居住的地区流传的牧歌、山歌的基础上，吸收藏戏唱腔音乐融合发展而成的民间音乐。仲谐的唱腔曲调繁多，有的有曲目名，如《怀念歌》；有的无曲目名，多是从唱词的主要内容概括出来的，如曲调名称为"我实在不愿嫁"的唱段。仲谐的文体散韵相间，有极少数全用散文或全用韵文的曲目。在散韵相间体曲目中，散文用于叙事，韵文用于代言。韵文唱词每句以六字、七字、八字为常见。一般情况下，六字较多，其特点是易听、易记、易唱。

仲谐在演唱时，一人说一人唱，无乐器伴奏。唱腔曲调均具有浓郁的地方色彩。后藏的仲谐曲调，一般为四句体，结构严谨，唱腔旋律流畅，节奏性强。前藏的仲谐曲调则有牧区浓郁的牧歌风格，其曲调多为自由的散唱，有些虽有具体节拍，但演唱速度较慢，曲调也比较简单，常将一句唱腔作不同节奏、不同旋律的变化，形成了草原牧歌特有的开阔与奔放的特征。

岭仲　岭仲就是"说唱岭国"故事，即《格萨尔王传》的说唱，艺人被称为"仲肯"。岭仲音乐是在西藏广为流传的鲁体民歌基础上发展形成的，其唱词的句式、曲调的旋律，与鲁体民歌中的衬词有密切的关系。仲肯们在所有唱段的演唱开始时，都要唱两句藏北草原牧民以方言衬词组成的曲调，如"鲁阿拉塔拉塔拉热，鲁塔拉拉姆塔拉喃"，意思是"歌要像塔拉拉塔那样唱，歌要像塔拉拉姆那样唱"。这里的"塔拉拉塔"与"塔拉拉姆"，对本唱段唱词的字数、唱腔的旋律都起着制约作用。演唱时，两句衬腔后的曲调要按照这种衬词提示的字数和旋律统一到一种格式里，从而形成了岭仲独有的唱腔特点。

岭仲的曲本散韵相间，韵文有六字、七字、八字、九字的，多为上下句体，也有三四句体的。演唱时节奏轻快，旋律流畅，平缓自如，无乐器伴奏。演唱大多一字一音，且多三连音，铿锵有力，几乎每首曲调的结束都落在时值短促的音符上，或是一拍、半拍的休止上，有的休止一拍半，而不像其他的曲调结束时常有延长音、装饰音。因此，歌手在演唱成千上万行诗行时，依然动听，听众不会有厌倦之感，这种唱腔结构也给仲肯留有充分的创作空间。

岭仲故事中的主要人物有格萨尔、珠牡、查根、嘉擦、丹玛、晁同等，演唱时，这些人物都有各自的专用曲调，通常不能混用。对于塑造人物的性格特征、身份地位、情态举止有很重要的作用。艺人们在演唱岭仲时，还运用了模拟的手段，如通过自然界的飞禽走兽、风雨雷电的表现形态，来展示人物高傲威凌、急躁愤怒、含情脉脉、惊悸震颤等不同情绪，生动形象又极具情致。岭仲在长期的演唱过程中，形成了两种风格，一种是以散板的自由节拍演唱的康区山歌风格，一种是演唱速度较慢又充满浓郁的生活气息的藏北牧区风格。

"百" "百"是藏语译音，意为"战"，即战歌或征战歌。是在古代藏族将士出征前或胜利归来时所演唱歌曲的曲调基础上，进一步加工创作发展起来的艺术形式。这是一种载歌载舞的演唱艺术形式，整个演唱活动由三部分组成，第一部分由四句唱词组成，士兵们在被称作"翁则"的领唱者的带领下进行表演，前后分领唱和齐唱；第二部分则由官兵们手持弓箭、刀矛、盾牌边舞边唱；第三部分是唱着旋律比较平稳的曲调进行舞蹈。在整个表演的过程中，曲调平缓，但演唱铿锵有力，震撼人心。其唱词有四句式和上下句式两种，唱腔因地区不同而各有特点。

喇嘛嘛尼 喇嘛嘛尼是由寺院的诵经调发展而成的一种演唱艺术，因喇嘛诵经是必须唱"唵嘛尼叭咪吽"的"嘛尼"六字真言，所以叫作"喇嘛嘛尼"，说唱喇嘛嘛尼的艺人被称为"嘛尼哇"。喇嘛嘛尼的演唱者均为喇嘛或尼姑，他们以说唱嘛尼化缘谋生，每到一处地方，先在自己所穿的红毛氆氇藏服外披上袈裟，挂上绘有佛本生和传记连环式的"喇嘛嘛尼唐卡"，在唐卡右角摆上一座白塔，左角摆上一尊度母像，唐卡前摆上供水、供品及酥油灯。演唱前吹海螺召集听众，演唱时，手持小铁棍，指点着唐卡上的画面，用许多固定的诵经曲调演唱故事内容，在开头、句中、句尾，不时插入反复诵唱的嘛尼六字真言。一般多为一人说唱，当说唱大型故事时，有时也有几个喇嘛或几个尼姑集体说唱的。其演唱程序是：念诵皈依调、吟唱四段嘛尼调、唱书前礼赞词、说唱正本书、吉祥的收尾等，这种说唱的结构和形式为今后藏戏的形成创造了条件。喇嘛嘛尼唱本有宗教故事，也有民间传说，文本由散韵相间体构成，叙事用散文，独白、对话用韵文，有时，在叙述故事情节的时候也使用韵文。

扎念弹唱 "扎念"是藏族古老的弹拨乐器，可独奏，也可伴奏，是在弹唱扎念的歌舞音乐中发展起来的一种曲艺形式。在西藏民间有许多单身艺人，身背扎念（扎木聂），在农民的田间、牧民的帐篷以及城镇的大街小巷间流浪卖艺，自弹自唱，演唱形式简便、活泼欢快。扎年弹唱，其演唱曲调主要来源于西藏各地民歌和传统的"堆谐""朗玛"等，曲调明快，演唱时感情热烈，唱词通俗，结构精巧，表演轻松风趣。有单人、双人和多人弹唱，演唱时形式较为简便，既可坐唱又可站唱，场地和场合没什么限制，伴奏时，可以跟别的乐器合奏。关于扎年乐器，有六弦、八弦、十六弦、二十弦等多种形式，其中以六弦最为普遍。

折嘎 藏语音译词，意即"白米"或"洁白的果实"。"折"起源于古代民间说唱艺人在逢年过节、喜庆集会和婚礼佳期等场合主动前来说唱的祝颂赞什的"堆巴谐巴"；"嘎"是祝福主人未来能获得吉祥福运的词。"折嘎"就是吉祥的祝愿，后来发展成为主人祈求神佛保佑、祛除魔邪、祝颂吉祥、获得善果的一种说唱艺术。表演的时候，既可说唱，也可伴以歌舞表演。表演艺人一般手持五彩棍，肩背假面具，怀揣大木碗，到藏区进行说唱表演。艺人口齿伶俐，见到什么就说唱什么，并伴以生动、诙谐、活泼的舞蹈表演，经常以社会生活为题材，内容丰富多彩，多使用比喻和夸张手法。折嘎唱词多为七言，分上下句式，每个唱段的句数不等，常常将数十句乃至上百句的吉祥祝词滔滔不绝地诵唱出来，吐字清晰，一气呵成。诵唱的时候，曲调一般变化较小，着重表现藏语语音声调的韵律美。传统折嘎艺术只在新年等重大喜庆节日期间，彼此祝贺吉祥如意时才进行表演。艺人们登门恭贺的时候，被视作吉祥的象征，主人家热情地向他们敬酒敬茶，敬献哈达，布施财物，整个表演过程，唱尽吉祥祝辞，最后以圆满幸福、吉祥如意的衷心祝贺收场。

古尔鲁 是在藏族的古尔鲁民歌与宫廷古尔鲁歌曲相结合之后发展起来的曲艺曲种之一，是藏族祭祀天神、祈求帮助时唱的歌，后来渐渐延伸成为将士出征、婚庆吉日、民俗节日时演出的歌，歌词都是赞颂天神、祈求平安的内容。古尔鲁音乐属谐体民歌，结构多为四句、六句体，演唱时旋律流畅，节拍规整，一些专用于颂扬金刚菩萨、格萨尔王、降妖求吉的古尔鲁，其旋律比较平直，多单音的延长音，而气势比较宏伟，继承了宫廷古尔鲁的音乐成分。

"夏" 藏语译音，意为对唱歌谣，是在新年、婚礼、搬新居和民间节日期间，两人或两人以上相向对歌的一种说唱艺术。这种说唱，是由艺人们相互吟诵轮唱故事和谜歌以及主持婚礼的祭司们对唱祝颂赞词的习俗发展而成的。一开始在民间流传，历来不为贵族上层所重视，演唱的内容也偏重于世俗生活和娱乐调笑等方面的内容。"夏"的表演形式十分灵活，一般都在"谐舞"（即圆圈舞）的开头，藏戏中间、结尾，婚礼举行的过程等场面均可演唱，词意通俗易懂，吟诵便宜，朗朗上口。唱腔旋律性不强，唱时音调低，声音小，到高潮时声音洪亮，十分有规律。一般分男女二组，每组单口群口都有，也有两个男的相互对说对唱。表演时，男女歌手挥舞着银杯、银碗等酒具或吉祥彩箭，相向站立说唱。如果参加说唱的人比较多，男女两组分两边排列，相向而站立，一般由男组先说唱，接着由女组说唱。唱词朴素无华，结构铺排舒展，充满藏族劳动民众浓郁的生活气息，极富绮丽的浪漫色彩。说唱题材广泛，内容丰富多彩，有对历史的叙述、英雄的赞美，也有对生活的祝福、伦理训导以及山水的赞颂、人事的褒贬等，其中不乏插科打诨，相互逗笑，表演风趣幽默。"夏"的说唱内容较为丰富，有颂扬大德高僧、远方来客、亲朋好友的，也有美好愿望、婚丧祈福、喜庆佳节的祝贺等内容，深受藏族人民的喜爱。

三　其他少数民族民间曲艺

道拉　土语意为歌唱、叙事或婚礼曲。主要流布在互助、大通、民和以及同仁等县土族聚居地区。在道拉表演中，除主要使用土族语外，汉语、藏语或土、汉、藏语混合使用的情况比较常见。道拉的表演说唱相间，以唱为主。题材广泛，一部分是表现重大历史事件、英雄人物、民族发展史以及本民族生产生活故事的，也包括土族宴席曲中的问答曲和赞词等为题材的中、长篇叙事故事；另一部分来自藏族曲目《格萨尔王传》，土族称为《格赛尔》或《格桑尔》。其主要特点为：一是故事的情节、地名及人名，发生了变化；二是故事情节被赋予了许多土族本民族的特点，更富有土族人民的信仰和习俗；三是表演时韵白、唱词用藏语，而道白、对话则用土族语；四是表演所用的唱腔曲调比藏族的简单并带有土族民歌的演唱韵味。

道拉的唱腔曲调以曲目名称或相关的衬词作为曲调名，如《纳信妥诺》《迪尕迪》《阿丽玛》《兴阿隆拉毛》等。其唱腔的音乐结构为单曲体，且运用中大部分为专词专曲，只有少数曲调在不同的曲目中可以共用，也有个别艺人吸收汉族或其他民族的一些曲调表演新节目时，采用联曲体结构的形式演唱，但不常见。

图吉娜木特尔　蒙古族民间曲艺。是蒙古语音译词，意为"故事说唱"。青海的蒙古族群众把民间故事、英雄降魔故事和历史人物故事的说唱表演，统称为"图吉娜木特尔"。主要流布在青海海西蒙古族自治州的乌兰、都兰、格尔木、德令哈及茫崖等蒙古族主要聚居区。图吉娜木特尔的形成及沿革尚无确切文献资料可考。

根据说唱形式和曲目内容的不同，图吉娜木特尔可分为两种类型，一种是英雄降魔故事，多采用传统的说唱表演形式，一般只唱少说或者不说，讲求语言自然流畅，清楚明白，词句长短交错有致，多为中、短篇，代表性曲目有《格斯尔》《汗青格勒》《勇士道力吉海》等；另一种是长篇的生活故事或传说故事，及从汉族、藏族故事中引入的短篇的曲目，以说唱传入曲目为主，吸收其他民族的文化为我所用，充实和丰富自己的曲目内容，以唱为主，说唱和表演相结合，以多变的旋律和不同的节奏处理来表现故事中人物的喜怒哀乐，代表性曲目有《九兄弟》《砍柴人》《三国的故事》《宋朝的政事》等。

图吉娜木特尔的音乐唱腔通常专词专曲，并以曲目或相关唱词的衬词为曲调名称，如《汗青格勒》《勇士道力吉海》《九兄弟》等。也有少数由调可以在不同的曲目中共用。传统曲目的唱腔结构均为单曲体，只有个别曲目是吸收汉族或其他民族音乐曲调而新编的联曲体，其歌唱性或念诵性较强，并兼有道白，形式活泼，情节曲折，深受民众喜爱。

图吉娜木特尔的说唱，一般在牧民家中举行。牧闲时或一些节日庆典当中，及民间重大节日集会和宗教活动的间隙，如大型的官经会、赛马会和那达慕节，也进行一些图吉娜木特尔说唱活动。说唱时，艺人席地而坐，身着普通的蒙古袍，或汉化了的便装，头戴礼帽，以自己的精彩演唱吸引听众围坐四周，不时引来阵阵掌声。

好来宝 又作"好力宝"，蒙古语译音，蒙古族传统曲艺之一，意即汉语"联韵唱词"，有固定的曲调，有一定的韵律，是一种由一人或者多人以四胡等乐器自行伴奏，坐着用蒙古族语言进行"说唱"表演的曲艺形式。主要流布在青海海西州蒙古族主要聚居地。好来宝是说唱艺人根据蒙古族的自然环境、游牧生活、草原文化和蒙古族民歌之特点，通过联想、朗诵、韵白、咏唱等不同形式抒情叙事和塑造人物形象的说唱艺术。它是一种曲调通俗、音域宽广、节奏明快、乐句鲜明的抒情乐曲，是集思想、音乐、韵律、诗词为一体的即兴表演曲艺。由于好来宝源于生活，易学易唱，所以在蒙古族中具有广泛的群众基础，是家喻户晓的民间艺术。好来宝源于蒙古族古代英雄史诗，最早的好来宝，是乌勒格日中的某一个唱段，诸如英雄颂歌，思乡赞马，山水特写，将军上阵，两军作战，部队行军，上朝奏本，男女情爱等，都可以成为说书中的一段生动插曲，最早的好来宝曲目是《燕丹公主》。好来宝分叙事好来宝、赞颂好来宝、问答式好来宝和阶梯式好来宝。其板腔音乐体式、即兴表演风格、抒情叙事方法以及在抒发内心情感的段落和高潮迭起时咏唱押韵的修饰诗，在故事的开场段落追述前文，在结尾部分留下伏笔悬念等。

好来宝演唱的形式也多样，有两人对唱、一人自问自答和多人演唱形式。演唱时，演员每人拉一把马头琴或四胡，自拉自唱，边唱边表演。唱词为四句一节，押头韵。或四句一押韵，或两句一押韵，也有几十句唱词一韵到底的情形。节目内容既可叙事、又可抒情，有赞颂，也有讽刺。比喻、夸张、排比、反复等修辞手法的运用十分普遍，从而使其表演具有风趣幽默、节奏明快，又酣畅淋漓的特点。好来宝题材多样，除一般的儿女风情、世态变化和知识性的内容外，还有许多民间长篇故事以及改编的古典章回小说。新中国成立后，产生了许多反映社会主义建设的作品，如艺术家毛依罕的《铁牛》等。好来宝音乐变化多端，节奏轻快活泼，唱词朴实优美，语言形象动人。用蒙古语演唱，表演者均为男性，以四胡伴奏，有三种表现方法：单口好来宝，演唱者自拉自唱；对口好来宝，两人表演；群口好来宝，是20世纪60年代由本区乌兰牧骑根据传统好来宝的演唱特点创作的一种曲艺形式，由4~6人齐唱、领唱、对唱等形式表演，题材内容多以歌颂社会主义祖国为主。好来宝篇幅长短伸缩性很大，短则数十行，长则数百行，甚至两人可以对唱数日，艺人们往往即兴编唱。

撒拉曲 撒拉族曲种，也称"撒拉族宴席曲""科达尔"，意即"演说""演讲"。主要流布在青海省循化撒拉族自治县，散居在其他各地的撒拉族群众中也有演唱。撒拉曲的形成及沿革尚无确切文献资料可考。

撒拉曲的演出服饰，为本民族的日常生活装扮。通常上身着对襟白衬衣，配黑色马夹，系蓝色或浅色腰带下身；下身穿黑色或蓝色裤子，头戴白色经帽。

撒拉曲的表演不用乐器伴奏，曲目表演在段落之间有较长的停顿和间歇。除了采用撒拉语说唱表演，撒拉曲有相当一部分曲目也用汉语表演，且用汉语表演的曲目中夹杂了大量的撒拉语词汇、藏语词汇和宗教用语。表演以唱为主，兼有说白。演出有一人独唱、二人对唱和多人齐唱，并时有一些武术形体动作为辅助。

撒拉曲唱腔曲调的名称习惯上以曲目名称命之，且多数曲调是专曲专用，如《曼苏儿》《依秀儿玛秀儿》等。也有少数曲调可以套用不同的唱词，如《巴西古溜溜》《高大人挑兵》等。

撒拉曲的唱词曲式为长短句，每句唱词的字数从五句乃至七句、九句唱词为一唱段的均有，唱词的韵辙也很自由。

撒拉曲的曲目既有以叙事为主的，也以抒情为主的，还有叙事、抒情相兼的。著名的撒拉族长篇抒情曲目《巴西古溜溜》，用撒拉语演唱，所用唱腔有多种不同的结构形式，是撒拉曲中少数可以一曲多唱的曲调。而《阿丽玛》是撒拉曲中非常著名的一个叙事曲。

第二节　民间戏曲

一　青海眉户戏

眉户即眉鄠，俗称"迷胡儿"，或称"曲子戏""弦子戏"，原是陕西省的主要戏曲剧种之一。相传因起源于现在的眉县和鄠邑一带而得名。唱腔为曲牌体，曲牌结构、句式、调式等沿用了陕西曲子内容，演唱风格不同。唱腔曲牌有［背宫］、［长城］、［皂罗］、［落雁］、［金玉］、［落江雁］、［大金钱]、[禀白]、[苦道情]、[滚调]、[太平]、[东调]、[采花]、[西京]、[连厢]、[一串铃]、[妖调]、[催子]、[剪靛花]、[金纽丝]、[五更] 等60多支。唱词词格大致可分齐言句和长短句两类，是通俗易懂的韵文。曲牌多为二句体和四句体结构，结构短小严谨，叙事抒情俱佳。旋律高起低落和大音程跳进，尾句往往是下行级进或回旋下行。演唱以自然嗓音为主。乐队有文场和武场之分，传统乐器文场有三弦、板胡、笛子，武场有小锣、铰子、碰铃等小三件。器乐只有弦乐曲牌，常用的有 [柳叶青]、[满天星]、[大红袍]、[花音大红袍]、[纱帽翅]、[七谱儿] 等。

眉户历来以广大民众的生活、劳作、爱情、婚嫁、殡丧等方方面面的言情为基调，以丰富的演唱材料和演唱形式，唱出了寻常人家的喜怒哀乐，唱出了普通百姓的志趣和爱好。眉户于清朝末年民国初年开始流传于青海等地，并与青海当地的民歌小调结合，形成不同特点的演唱风格，融入当地的文化生活，逐渐青海化、河湟化，成为青海河湟地区民间戏曲曲种之一。

眉户戏剧目 青海眉户戏是在传承陕西眉户的基础上产生的，传统剧目非常丰富。从清末、民国，以至中华人民共和国成立至今，以演唱传统眉户剧为主，广泛流行于民间且家喻户晓的剧目有:《李彦贵卖水》《张连卖布》《柜中缘》《婚恋禧》《小姑贤》《小放牛》《连升三级》《杀狗劝妻》《拾黄金》《老换少》《大姐娃招亲》《草坡传信》《麦仁罐》《花亭相会》《三娘教子》《刘秀逃国》《扬三孝骗骡子》《梅降雪》《尚天宝顶砖》《项梁打柴》《小乔哭灵》《烙碗记》《大包媒》《大砂锅》《高知县审石头》《藏舟》《周文送女》《杀庙》《秃子闹洞房》《瞎子观灯》《下四川》等100多本。眉户剧目情节都与人民群众生活密切相关，既来源于生活，又是对生活的艺术化，因而代代相传，经久不衰，具有很强的生命力。当然还有一些眉户戏惨杂着神化、宗教、迷信色彩。眉户戏如今在演唱形式上仍保留着地摊演唱的曲艺形式，多演唱为折子戏。舞台演出形式既有如同《火焰驹》等本戏，又有如《张连卖布》《李彦贵卖水》《花亭相会》《小放牛》等折子戏，有白有唱有表演，曲调自由活泼，形式丰富多彩。

眉户戏特点 青海眉户戏属中国四大声腔之一的弦索腔，属于秦腔派系，是秦腔声腔的分支。它在 20 世纪 50 年代前全由男演员唱，扮男角时用本嗓演唱，扮女角时用真假嗓相结合。其音域宽阔，一般男演员为 f~f12，女演员为 a~a2。眉户音阶调式丰富，同一曲牌也有不同的调式，商调式和羽调式很少，套曲结尾用的曲牌或单独成段的唱腔曲牌多数为宫调式。20 世纪 80 年代后，随着社会的不断发展和进步以及广大妇女群众对文化艺术的追求，女演员开始登台亮相演唱眉户戏。

眉户音乐形式 属曲牌联套体，即将所叙故事情节用一系列眉户曲调串联起来演唱，以完成一个完整的故事。它的形式比别的板腔体形式的剧种更为灵活多变，随着剧情的发展，喜怒哀乐的表现非常自如，而前后衔接也很流畅自然。眉户曲调较为丰富，有"七十二大调，三十六小调"之说。但究竟有多少曲调，尚无确切统计。眉户曲调总体上有大调和小调之分。所谓大调，泛指比较高雅，旋律结构沉稳，跌宕有致，意蕴深遂，表现的思想感情较为复杂而且演唱难度也比较大，这在一般眉户剧目中较少应用，如老龙哭海、黄龙滚、大金钱、阴司长城、悲调、老五更、吹腔、韵腔，这些曲调在清朝和民国年间在民间传唱，但现在很少应用，会唱的人已寥寥无几。小调说唱性很强，悦耳上口，易学易唱，好听好记，比较便于掌握运用，因而广泛传唱，如冈调、莲香、五更、金纽丝、银纽丝、剪点花、西京、东调、采花调、大莲花、越调等，这些曲调从古到今，经久不衰，不但在节庆的社火、戏曲汇演中能听到，而且在平时也能听到，人们在闲假之余随便哼上两段，抒发情感，寄情生活。眉户有自己独特的表现形式和演唱规律，若一折联唱剧目开首用"月头"起腔，那么最后必"月尾"终结；开首若用"背宫"起腔，那么最后必以"背尾"终结；开首若用先"月头"后"背宫"，那么结尾就应是先"二背"后"月尾"。传统的眉户艺人一般在演唱时都严格遵循着这种套曲形式。

眉户戏演唱形式 基本沿袭运用了过去的男女同腔同调，定调多为 F 调、G 调、♭B 调，也有部分曲调因旋律音域的问题用 C 调和 D 调演唱才更能表现出它的韵味。眉户最富有代表性的便是 4 和 7 两个音符的应用，在眉户演唱中，以 3 音和 6 音为主音的曲调必是花音，亦称为硬音，多表现于欢快的情绪；以 4 音和 7 音为主音的曲调必是苦音，亦称为软音，多表现于悲痛情绪，也有以金、银称谓来区分花音、苦音的。演出时，根据剧情的需要，若是要表现欢乐明快的题材时，常用采花、尖点花、莲香、三六调、勾调、闹调、花岗调、反片、大石片、金纽丝、说道情、两头忙、闪扁担、五里墩、十里墩、戏秋千、妹叔调、小放牛、一点油、鱼卧浪等。若是要表现悲痛题材则常用西京、东京、五更、长城、琵琶、闪断桥、金钱、祭调、哭海、哭道情、哭纱窗、银纽丝、滚白等。表现叙事题材最常用的是劳子一串铃、闹调一串铃、五更一串铃、秋千一串铃、黄龙滚、慢诉、紧诉、串句背宫等。这种分类的方法是按照历代的眉户艺人演唱习惯而自然形成的，在某种程度上已被人们认可，因而自然地沿袭了下来。

眉户戏曲调 曲调优美动听，艺术感染力极强，流传地域很广，是一种民间的口头流传，没有文字记载，其盛时，曲调多，会唱者众；其衰时，曲调少，流失的多。到今天，随着民间老艺人的逐步离世，大部分曲调已遗失。青海河湟地区目前常用的曲调有：尖点花、东调、采花调、西京、银纽丝、冈调、越调、悲调、大莲花、商调、五更、长城、勾调、梅花香调等三十多种，这些曲调结构规整短小，旋律流畅，唱腔细腻，悦耳动听，易于传唱，一直沿袭、流传至今。眉户以下曲调，如东京、南京、大金钱、背宫、阴司长城、落江怨、莲香、紧诉、珍珠链帘、太平年、平调、琵琶、满江红、混江龙、大十片、十字慢、老龙哭海等在眉户戏中较为少用，唱腔难度上具有一定的复杂性，易与其他曲调相混，在唱眉户戏时少用少唱，没有大众化、普及化，只有一些民间老艺人会唱，随着河湟民间老艺人的不断逝去，这些曲调亦逐渐消失。青海眉户戏在演唱时，为了承接上下，贯通左右，使戏剧对人们产生丰富的感染力，增加欢快性，也运用穿插许多民间小调，如有时加上青海民间小调四大调，满天星、大红袍、八谱儿、柳叶青，以及其他小调，如绣荷包、十二月、闹五更、盼五更、孟姜女、四季歌、浪花灯、搬船调等，这些小调旋律柔婉，流畅清丽，饱含浓郁的民间情调，展现绚丽的乡土风姿，穿插在眉户戏中，使其演唱更有特色，更具有浓厚的生活气息和优美流畅、自然清秀的曲调体系，适合河湟民众的欣赏需求。

眉户戏乐器 眉户戏音乐由唱腔、锣鼓经与曲牌三部分组成。乐器伴奏在眉户戏的演唱中起着举足轻重的作用，伴奏效果好，配合上演唱者的表演，一唱一合，有伴有唱，形成浑然一体的演唱奏体系，悦耳生动，深化剧情，感染听众。眉户通常以三弦为领奏器，板胡、二胡和竹笛等相伴，再加上梆子、碰铃击节拍，自然而然地形成了一个各显特长、互为连贯、浑然一体、节奏鲜明的乐队系统。眉户戏不同于秦腔的高昂激扬、豪放粗犷。眉户的唱腔较为委婉细腻，优美动听，富于表现深沉、凄楚和悲痛，服饰简化，化妆粗线条，表演动作真实生活化。因而乐器伴奏也不求浩大与样样俱全，传统"三大件"，即三弦、板胡、竹笛，以及梆子、碰铃的击节拍就能完整地扮出一台眉户戏。这里面的板胡音质清脆鲜明、嘹亮，最适合眉户戏和民间曲调的伴奏。二胡声音深沉稳健，回味无穷，是对板胡声音的配附、壮大。笛子轻快、圆亮、明澈，与板胡配合在一起，更为悦耳明快，赏心悦目。三弦为邻奏器，深沉、恢宏，具有鲜明的节奏感，加上梆子、碰铃的击节拍形成了眉户戏伴奏的基本乐调，具有鲜明的音乐特征。

眉户戏伴奏乐队 起初在眉户戏刚流传至青海时比较简陋，乐器制作粗糙，音质效果不佳。在20世纪30、40年代，由于乐器缺乏，在一个村或戏班社中，乐手很少，有时还凑不齐一支小乐队，只用一把三弦、板胡、二胡演奏，而且乐手都是家族式的，父子同奏或兄弟互奏。50年代以后，学习乐器的人数逐渐增多，开始出现了5~7人的小乐队。以后随着社会发展和新乐器的不断增多，开始出现扬琴、琵琶、大提琴、小提琴、手风琴等乐器的伴奏，这些乐器使眉户戏具有更强的艺术感染力和音乐感。青海河湟民间艺人运用浓郁的青海方言演唱眉户戏，它和青海其他民间戏剧一样受到人民群众的青睐。

眉户戏表演程式 眉户戏表演有着唱、念、做、打等整套的程式，是对生活的高度艺术概括。它使得听觉形象音乐化、视觉形象舞蹈化。有各种腔调、曲牌，唱词为诗词体，合辙押韵，既用于叙事、写景，更用于抒情，讲究字正腔圆，加上乐器伴奏，听起来和谐悦耳。念白是经过艺术加工的语言，讲究韵律、节奏，强调抑扬顿挫，富于音乐性，给人有唱的感觉。做、打，包括全部形体动作，如身段、工架、手势、脚步、眼神、亮相、起霸、格斗等，这些都有一套固定的程式，既有规范性又有灵活性。许多表演技巧是和化妆、服装、道具联系在一起的，都提炼了高度夸张、节奏感很强的舞蹈动作。唱、念、做、打是按照美的规律创造的，即使是在表现丑恶的现象，也要赋予形式美，给观众以美感。眉户戏的角色有生、旦、净、丑四大行当，每一种行当内又有细致的进一步分工，其中又以老生、小生、正旦、花旦、小旦、小丑为主。眉户戏包含文学、音乐、舞蹈、美术、武术、杂技以及各种表演艺术因素，和谐统一，充分调动了各种艺术手段的感染力，成为具有独特综合表演艺术美的青海地方戏曲。

二　河湟皮影戏

河湟皮影戏　又称"青海灯影戏""青海皮影"或"皮娃娃"，主要流布在以西宁为中心的青海省东部农业区，包括西宁、大通、湟源、湟中、互助、平安、乐都、化隆、民和、循化等。一般在市郊和广大农村地区流行。此外贵德、门源、乌兰等地区也有分布。关于皮影戏传入河湟地区的时间，民间说法不一。至于哪种说法更为确切，尚无确切文献资料可考。但从艺人的师承关系三代看，河湟皮影戏应有 100 多年的历史。

皮影戏剧目　河湟皮影戏剧目比较丰富，但无抄录的剧本，师徒口耳相传，每个把式头脑里都记有五六十本戏。把式多根据历史小说中的人物和故事情节，即兴编唱。演唱的传统戏分为"大传"和"窝窝"。"大传"指连台本戏，即把四五个折子戏合成一个大戏演出，每出折子戏两三个小时，一场连台本戏演唱两三天，有《杨家将》《岳飞传》《西游记》等；"窝窝"指单本戏，戏曲情节相当于一个民间故事，各自独立、相对完整，有《渭水访贤》《满春园》《三困锁阳》等，颇受民众欢迎。根据题材内容，河湟皮影戏的剧目分为 4 类，即传统神话剧，主要包括神戏和降妖戏；传统古装剧，主要是指关于中国古代历史英雄人物的传说和生活故事剧；民间故事类，此类故事来自民间各个历史时期，也与明清小说、历史杂剧、敦煌变文以及后来的宝卷有某些渊源关系；新编剧目，此类剧目则是中华人民共和国成立以来，反映现实生活的新篇。不论哪种剧目，河湟皮影戏的故事模式都遵循"三段式"结构，即"遇难—斗争—解难"，表现了寓褒贬、辨忠奸、扬善惩恶、劝善行善的主题和民众忠君爱国、热爱劳动和生活的积极乐观态度，寄托着民众对美好生活的追求和向往。

皮影戏唱词 皮影戏的唱词大多是韵文形式，许多剧情和人物都能通用的唱词，其中运用了大量的对子、诗篇。二句为对，四句为诗，八句为篇，唱词也多为偶数句。这些对子和诗篇是对古汉文的继承和应运，不过进行了韵律化、地方化和通俗化处理，既通俗又精练，唱起来朗朗上口，听起来优美动人，音乐节奏感很强，再与人物的出场下场结合使用，影人被搬上影幕时，便有跟随的对子与诗（也有只有诗的），用来表明其身份、职业、性格等。除了诗篇外，其他唱词也以七字句、十字句的韵文为多，七字句由三个词组成，是二二三结构。十字句也是三个词组成，是三三四结构。七字句的最后一个词一定是三个字，十字句的最后一个词必定是四个字，不能有增减变化。唱词一般是偶数句，上下两句为一个最小唱段，一个唱段可以一韵到底，也可中间换韵，视表演的需要而定，灵活自由。唱词和诗篇分"通用"和"专用"两大类。通用诗篇是艺人们从我们民族的道德标准和人民群众的好恶出发，把忠君、爱民、孝廉、勤劳等的思想感情渗透到各种人物的唱词和诗篇之中，既有共性，又有个性。同样的几句唱词，张三说来就是张三的，李四道出却又是李四的，观众听来犹如其人，具有较强的艺术感染力。河湟皮影戏中，各类角色均有各自成套的唱词和诗篇，出场时根据脸谱对号入座，依此说唱。唱词和诗篇高度类型化、脸谱化，适合一切同类角色。艺人在传承中记住故事梗概的同时还要记住单篇的唱词和诗篇，在表演中按需记取，并配置上去。而专用唱词和诗篇只能用在特定的某一个剧目或角色上，不能随意套用。如历史人物包公、八贤王、杨继业、诸葛亮等，神仙传说人物玉皇大帝、王母娘娘、孙悟空、哪吒等，他们的出场有专门的诗篇，不论哪一出戏，只要这些人物出现就可演唱。唱词中除了大量的诗篇外，还融进了地方道情、民间小调、地方花儿、民间口语、谜语乃至其他剧种和艺术门类的唱词，甚至是艺人自己的语言，这些唱词经过"铁嘴"影子匠们上百年的艺术实践和集体创造、探索、锤炼，变得凝练、精辟、朗朗上口，既相对稳定，也有艺人临场灵活应用的空间。

皮影戏唱腔　河湟皮影戏属于板腔体。它的板式唱腔大体上分为紧板、慢板、散板三类。在这三类唱腔中，紧板唱腔是基本唱腔，其余两类是辅助性质的。紧板有阴腔、阳腔两个唱腔，它们在整个唱腔中起主导作用。不论哪一种唱腔曲牌，河湟皮影戏的音乐皆有非常固定的程式，艺人和乐手们对此形成了约定俗成的一致认同，乐手听把式语气便知演奏何种曲调。"按情行腔"，使演唱悦耳感人。

皮影雕刻制作　包括原料加工、制作工艺和雕刻技艺等方面，主要包括泡制、铲薄、磨光、落样、打凿子、雕刻、上色、熨烫、定联等24道工序。皮娃娃的造型受陕西西路皮影的影响，仍保持着原有的古朴风貌。河湟各地的皮影造型基本统一，皮影人物造型全身由头、身躯、四肢等11件组成，有9个活动关节，形体特征是头大、腰细、臂长、袖宽。皮影的头部造型由脸谱和头茬两部分组成，其造型在符合剧情要求的基础上，用丰富的象征性装饰补充了戏剧内容，完善了人物形象，增强了艺术形式的美感。皮娃娃的身段即服饰，根据不同角色有蟒、靠、氅衣、道衣、宫装、花衣、箭衣、扎袍、囚衣、孝衣以及清代朝服等。影人首身分离，艺人们把影人头称为"梢子"或"头茬"，身子称"身段"或"戳子"，头身比例一般为五停，通常身高在43厘米左右，而且人物造型与戏曲一样，也分生、旦、净、丑诸行，有神仙佛祖、帝王将相、才子佳人、武士豪杰、平民百姓、衙役听差等。此外还有衬景道具。为了演出和保管方便，艺人将皮影戏箱中的皮影按包册分类，如头茬、身段、马靠、桌椅、布景大片、道具花石、朵子、站堂銮驾、车马船桥、神怪及地狱变化等。每个包册又可以细分为许多类别，如头茬可以分出七到十包，头茬越多，说明影人角色越齐全，能演出的剧目就越丰富。人物脸谱，一般是按黑忠、红烈、花勇、白奸、空正设计，如黑脸包公、红脸关羽、花脸秦英、白脸秦桧都是人们熟悉的典型脸谱。艺人在制作上有"眼睛平，属忠诚；眼睛圆，性必凶；线线眼，性情柔；豹子眼，性情暴；若要笑，嘴角翘；若要愁，锁眉头"的讲究，因此阳刻空脸正面角色多为平长细眼、小嘴巴、直鼻梁，显得平和有度，气宇非凡；阴刻实脸反面人物，常是面白目小，额突嘴窝，加以丑化，除极个别丑角、鬼怪之类为四分之三的半侧面外，其他影人一般都是正侧面。"公忠者雕以正貌，奸邪者刻以丑形，盖以寓褒贬于其间耳"。这样的人物造型，既符合人们传统的道德评价标准，又符合其直观欣赏的习俗，看脸谱就可知角色的好坏，十分直观，一目了然。各种皮娃娃形象在民间有着深厚、广泛的欣赏基础，只要人物角色造型一出场，观众便可以立即辨认出是何种人物，这表明皮娃娃造型本身已将剧中人物的忠奸、善恶鲜明地体现了出来。

皮影艺人与戏班 艺人间主要通过口传心授和师徒相承来学习和继承河湟皮影艺术。皮影艺人包括皮影演唱者和乐器操纵者，及皮影制作者等三个方面的艺人，无论吹拉弹唱艺人还是雕刻艺人，均非专业人员，他们多半是文化程度较低的文盲或半文盲的农民，农闲时从艺。有的艺人既是影子匠，又是皮影雕刻者，还能在皮影戏班中兼伴奏，一专多能。

一个皮影戏班一般由5人组成。其中，演员1人（俗称"把式"或"影子匠"），乐队4人（俗称"后台"），包括上手、空场、下手、箱主。皮影的演员叫影子匠，俗称"把式"，其他人称为帮手，俗称"后台"。其中，把式是一个戏班子中的演员、导演和编剧，仅一人可扮演生、旦、净、丑等角色，操纵影人和演唱，并用手势和暗语指挥上手；与演员平行坐在影幕前的称"上手"，操作小战鼓、干鼓、小锣、三弦等乐器；坐在演员身后的称

"空场"，操作四胡、唢呐、二码子等乐器；和中手平坐的叫"下手"，操作钩锣、钗子、曲笛等乐器；还有一人则敲梆子、铰子、盏儿等乐器，还兼作演员的助手。皮影戏台只有6平方米左右，影幕也只有1.8米宽，1米高，搭建方便，拆卸自由，可以自制，也可以由主办方提供，甚至也可以就地利用拖拉机拖车或汽车车箱。照明可以用电灯或太阳光照，不通电的地方也可以用油灯。就是这样的简单设备，却能够演出《西游记》《杨家将》等群众广为喜欢的长篇故事剧。每一次皮影戏展演，都是艺人们集体智慧的结晶，必须由把式、上手、空场、下手、箱主5人相互配合，共同完成，缺一不可。

皮影戏演出 河湟皮影戏以民间戏班形式演出为主，很少有官办的影箱，演出大多只能在农闲时进行，往往与当地庙会、青苗会等农事活动联系在一起，是河湟民众祈福禳灾、娱神悦己、实现族群教化的重要载体，每年农历十月到来年三月，是皮影戏演出的一个高峰。一套皮影，加上一套乐器，叫作一副影箱，戏班一般只有5个人，很少有6人或7人组织的，班子很精干，不多养人。虽然人少，但打击乐、弦乐齐全，演出的内容极为丰富，还能演唱连台大本戏，比得上一个大剧团。过去，有"头台影子二台戏"的说法，一般庙会等活动上皮影戏是首选的剧种，原因是人少戏多、故事性强，一个戏班能演出上百个剧目，而且价格低，费用少，对演出场地要求不高，甚至在农家院落或炕头上也能演出，将旧式的木窗子支起来，可以安装影幕。这种组织形式由于装备简单，行走方便，便于上山下乡，也造就了皮影艺术在河湟大地上的盛极一时。2008年，大通皮影戏作为河湟皮影戏的重要组成部分，被列入国家级非物质文化遗产名录。

皮影戏的新生 时至1980年，河湟皮影戏成了当时文化部门搜集整理民间文化遗产的重点之一，皮影艺术得到进一步创新，为了适应青海牧民群众的民族文化及语言需要，青海省群众艺术馆成功探索出藏语皮影戏的新路子，同仁县文化馆的藏影戏代表队，不仅使用藏民族安多语言作为主要的演唱方言，而且在影人造型、唱腔念白、音乐曲调等方面均融入了藏民族文化元素，除了展演河湟地域文化题材的故事和关于时政内容的现代戏，还给牧民观众展示了一系列藏民族题材的故事，如《文成公主》，令广大牧民备感亲切自然，耳目一新。藏影戏在整个皮影戏界个性鲜明，独树一帜，也为在牧区宣传党的路线方针政策起到了很好的媒介作用，使广大牧民群众在寓教于乐中感受到了党的温暖和关怀。

三 安多藏戏

藏戏在西藏称为"阿吉拉姆"，演员称为"拉姆瓦"，剧本则称为"扯卜雄"。大约形成于元末明初，以五世达赖喇嘛罗桑嘉措写的剧本《云乘王子》为标志，藏戏成为一种独立的艺术形式。青海藏戏，又称安多藏戏，藏语称为"南木特尔"。它形成于17世纪中后期，是在拉萨和卫藏地区的白面具藏戏和蓝面具藏戏的基础上，结合安多地区藏族文化的实际而形成的一种表演说唱艺术。安多藏戏一般是广场戏，少数也有舞台演出形式。其念唱采用安多方言，道白的速度较西藏藏戏慢，多为9个字的韵文体。藏戏服饰也不同于西藏藏戏，而接近于安多藏区古代或近代藏族服饰。化妆已基本放弃了面具，除神怪、动物偶尔还用一下面具外，其他全部采用面部化妆。

藏戏程式 在几百年的表演实践中，藏戏逐步形成了一种比较固定的程式。藏戏的演出时间可长可短，有的演几小时，有的演一两天，甚至连演几天。要演长，则细唱细作；要演短，则用后台快板道白，叙述剧情。一本藏戏包括三部分传统演出格式，即开场序幕、正戏和告别祝福仪式。开场序幕一是"温巴顿"，意为猎人净地，即身着猎人装束手持彩箭首先出场，净场地，高歌祝福；其次是"加鲁钦批"，即太子降福，着太子装束者登场，象征加持舞台，给观众带来福泽；最后是"拉姆堆嘎"，即仙女歌舞，着仙女装者慢慢起舞，表示仙女下凡，与人共享欢乐。正戏，也就是"雄"；告别祝福仪式，即"扎西"。

藏戏取材 大都取材于民间传说、佛教故事。内容上一方面具有浓厚的宗教色彩，同时又真实地反映现实生活，二者和谐统一。尤其是民间故事、传说等题材，其结尾均以大团圆结束，体现了人民的美好愿望，与人民的思想感情和审美观念息息相关。藏戏的表演时常通过创造一种诗境，充分发挥表演形式的魅力，形成独特的审美结构。在艺术表现上，因人定曲，散板节拍，人声帮腔伴唱，快速数板、连珠韵词的说白，带有一定腔调韵味的部分道白、祝词、赞词，按人物不同类型所区分的程式化舞蹈表演身段；可直接穿插民间歌舞、杂技等表演形式的戏剧结构，演员与观众近距离和直接交流的广场演出方式；使用夸张、凝重、古朴、神秘、象征等极具民族特点的舞台美术，等等。所有这些构成了一种具有民族地域特点的形态艺术美。

藏戏传统剧目　安多藏戏的传统剧目相传有"十三大本"，经常上演的是《文成公主》《诺桑法王》《朗萨雯蚌》《卓娃桑姆》《苏吉尼玛》《白玛文巴》《顿月顿珠》《智美更登》等"八大藏戏"，此外还有《日琼娃》《云乘王子》《敬巴钦保》《德巴登巴》《绥白旺曲》等，各剧多含有佛教内容。还有现代题材的藏戏如《藏王的使者》《金色的黎明》《纳桑贡玛的悲歌》《格桑花开的时候》《宗山激战》等。藏戏十分讲究唱词格律的严谨、句式的流畅、语言的典雅、声韵的优美和想象力的丰富。运用托物寓情，表达思想内容，抒发人物心声。特别是大量运用比兴手法，使黄南藏戏艺术更具鲜活的生命力和独特艺术效果。它闪耀着民族的精魂，散发着藏民族音乐的芳香。

藏戏舞台美术　主要来自民间早期美术和藏传佛教的一些传统造型艺术。藏戏的各种面具、服装、冠戴、鞋靴、饰物、道具是吸收融化了寺院绘画、雕塑、工艺、图案、装饰等艺术，使它们直接参与形象塑造，成为角色形象本身不可缺少的一部分。同时结合各种表演手段，以表现角色的"精""气""神"，展示角色的内心世界。黄南藏戏在表演时，除动物角色戴面具外，戏中人物角色大多用面部化妆。其舞台美术从藏式建筑和驰名中外的黄南热贡雕塑、绘画艺术中大胆吸收养料，按剧本要求，进行造型设计，并积极引进现代科学技术成果，通过多种造型艺术手段，突出演员的外部形象，创造舞台环境，渲染戏剧效果，使舞台艺术更显示高原风貌、民族神韵。

藏戏舞蹈　不是单纯的藏族舞蹈，而是一种戏剧化的舞蹈，且在舞蹈表演中注意吸收当地民间舞蹈及宗教舞蹈的动作，民间舞蹈如"则柔"（"歌舞"或"歌乐"），"克什则"与"拉什则"（"独舞""神舞"），"古典舞""仙女舞"等，宗教舞蹈如"羌姆""祭神舞""鹿神舞""法器舞"等。这种吸收并非是完整的套搬，而是为了注重舞蹈的姿态、造型和场面的铺排以及表现出藏戏的神韵、意境和人神的转化，是有选择、有目的地截取舞蹈动作注入藏戏之中。在藏戏的舞蹈里，没有规定性的动作，也没有固定不变的身段，而是随着剧情的发展和人物性格的需要，随时拿来，随处插用。宗教舞蹈被运用到藏戏之前，往往经过加工、提炼，很少保持原始状。这样，不仅使原始舞蹈得到升华，而且也形成藏戏独特的舞蹈风格。如"伊"舞动作轻快活泼，生活气息浓厚，丰富了戏曲的表演手段，从而创造出传统的、新的身段动作。许多表演动作和技巧是采用浪漫写意的手法，从骑马、狩猎、牧羊、挤牛奶、剪羊毛、打酥油等生产劳动姿态中接受动作原型，与带有虚拟性的舞蹈语汇有机地结合在一起，形成不同风格。把各种生活形态升华到艺术高度，具有特殊的表演技术形态。这种舞蹈在藏戏中极为常见。如在《意乐仙女》的"出征"一场。藏戏广泛吸收当地寺院壁画、雕塑等艺术的营养，创造出新的舞蹈形式，即将壁画神佛的手形舞姿和歌舞动作融入藏戏之中，通过舞蹈形式表现出来，给人以庄重、肃穆、飘逸的感觉。如在《意乐仙女》中，意乐始终保持"拉姆指"手势动作，表现出超逸、虔诚、智慧之神采。"经指"手型在《苏吉尼玛》《赤松德赞》中运用较广。这种手型似莲花指，指尖始终置于胸前，表现出慈悲、超凡之神态。这不仅丰富了藏戏的表演手段，而且展示了藏民族优秀的传统文化。藏戏在吸收藏族舞蹈素材的同时，又注意借鉴汉族古典戏曲的程式动作。主是吸收戏曲中君王、君臣走朝步的身段动作，并将它与藏族王臣步法糅合在一起，加以提炼、舞蹈化。如《藏王的使者》中藏王的朝步动作，其特点是庄重、威严、稳定，显示了藏王的威猛和雄伟。总之，在黄南藏戏中，舞蹈动作集程式化与生活化、歌舞性与戏剧性于一体。

藏戏唱腔 安多藏戏的演奏乐器是打击乐器，一鼓一钹，演出时一人在旁用快板向观众介绍剧情发展情况。演员的唱腔多高亢嘹亮，拖腔也多，粗犷豪放。藏戏唱腔音乐很多，主要包括表现欢乐的长调，藏语叫"党仁"；表现痛苦忧愁的悲调，藏语称"觉鲁"；表现叙述的短调，藏语称"党统"等。唱腔是根据民间说唱、民歌、宗教音乐的素材提炼而成的，一律以无伴奏清唱形式表现。表演中人物的台步、上下场动作，吸收安多民间舞蹈、法会舞蹈及汉族戏曲的因素较多，节奏较缓慢，散板较多。藏戏音乐是在同仁地区藏族民歌（如"酒曲""拉伊"等民间小调）和寺院宗教音乐的基础上发展演变而成。随着戏剧的需要，调性结构变化多样，唱腔曲调也较为丰富，形成具有优美的旋律和鲜明流利的音韵节奏。唱腔曲调主要有道歌调、喜庆调、嘛尼调、诵经调、吉祥调等。后来，音乐唱腔进一步发展，在原有音乐和唱腔的基础上还吸收宗教音乐唱腔，并将不同形式及不同风格、特色各异的藏族民歌及歌舞声乐素材提炼融入藏戏音乐中，创作出一些新的唱腔。藏戏音乐中还大量运用了"嘛尼调""诵经调"等。"嘛尼调"一般是在民间进行佛教祭祀活动时进行诵唱的一种曲调，其音乐旋律优美动听，情绪深沉，气氛虔诚，节奏缓慢。"诵经调"是典型的宗教音乐，是寺院喇嘛给神佛诵经时唱的曲调。音乐旋律平缓，以递进式上下起伏，唱起来上口自如，突出唱腔的韵味。再加上诗歌韵律功能，加强了审美感染力。

藏戏基本特征 其在于人物动作的歌舞性，其舞蹈动作及唱腔具有浓郁的地域性和民族性。藏戏保留了藏族民间说唱特点，由讲解人介绍剧情，演员出来表演；全场演员的伴唱、伴舞贯穿全剧始终，演出中也广泛运用武术、舞蹈、技艺等。一般演唱完一段便出现一段舞蹈。舞蹈动作有爬山、行船、飞天、入海、骑马、斗妖、擒魔、礼佛等多种，并有一定的舞姿；文本中诗体的曲词配上音乐进行演唱，腔调特殊，抑扬顿挫，亦诗亦白，再加上舞蹈动作，抒发了诗化的意境，增强了审美感染力。

四　撒拉族骆驼戏

骆驼戏，撒拉语称"对委奥依纳"，它将撒拉族的历史——骆驼卧泉化石的神奇传说以民间戏剧的方式代代相传，是撒拉族传统戏剧中唯一流传下来的珍品，是撒拉族民间保存比较完整的节目，多在举行婚礼时表演。主要流行于循化孟达和黄河沿岸撒拉族地区，亦出现在新疆、甘肃等撒拉族集中居住区的婚礼上。在撒拉族 700 多年的历史当中，骆驼戏先后经历了早期形成、成熟发展、淡化衰落等几个时期，现已被收入青海省非物质文化遗产名录。而它的题材内容也几乎没有变化，反映了撒拉族迁徙的历史族源。①

_____

① 详见第六编"特色民俗"第二章之第一节"骆驼戏"。

青海民俗志

第四册

QINGHAI FOLK-CUSTOM
CHRONICLES

青海省地方志编纂委员会 ●编

赵宗福　主编

社会科学文献出版社
SOCIAL SCIENCES ACADEMIC PRESS (CHINA)

民间演唱
摄影：徐世萍

河湟曲艺演奏
摄影：李国顺

《格萨尔》藏戏
摄影：马都尕吉

德欠藏戏角色
摄影：霍福

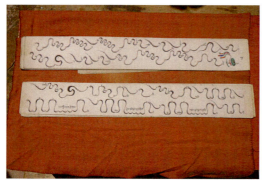

德欠藏戏乐谱
摄影：霍福

河湟皮影
摄影：赵宗福

皮影戏
摄影：徐世萍

**农牧区业余
剧团调演**
摄影：徐世萍

敬拜昆仑山大典仪式
（格尔木玉珠峰）
摄影：赵宗福

祭拜昆仑山（玉树）
摄影：赵宗福

昆仑山口
摄影：蒲生华

湟源宗家沟西王母雕像
摄影：米海萍

社火表演
摄影：蔡征

社火·划旱船
摄影：毕艳君

社火·宫灯表演
摄影：蔡征

社火·人物装扮
摄影：蔡征

酥油花
摄影：赵宗福

酥油花展出
摄影：蔡征

酥油花
摄影：蔡征

河南县那达慕大会
摄影：范海骅

骆驼泉
摄影：鄂崇荣

青海湖湖神碑
摄影：蔡征

纳顿面具舞
摄影：文忠祥

泽库民间赛马会
摄影：范海骅

纳顿节会手舞中的锣鼓手
摄影：文忠祥

纳顿节会手舞老者
摄影：达洛

花儿会上人们正渡河进山
摄影：李言统

唱花儿
摄影：蔡征

花儿艺术节表演
摄影：李国顺

花儿演唱会
摄影：李国顺

西宁南山花儿会
摄影：李国顺

听花儿
摄影：邢海珍

姊妹花儿歌手
摄影：邢海珍

青海民和目连戏遗留物（右二为目连戏传承人王存瑚，右三为《目连宝卷》保护者之一范文翰）
摄影：霍福

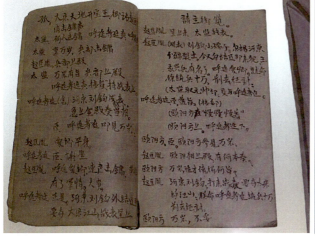

河湟皮影戏手抄本
摄影：赵宗福

家谱
摄影：鄂崇荣

青海蒙古扎萨克印
摄影：蒲生华

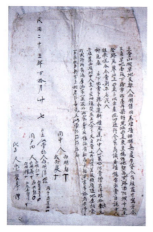 

民间的"分单"
摄影：徐世萍

识字证书
摄影：徐世萍

格尔木慕生忠将军楼
摄影：霍福

学术活动
摄影：李卫青

青海省民俗学会
成立大会
摄影：李卫青

花儿高峰论坛调查活动
摄影：赵宗福

全省社科普及宣传一角
摄影：霍福

学术成果 1
摄影：赵宗福

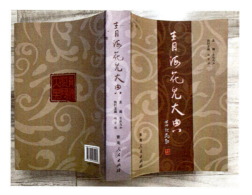

学术成果 2
摄影：赵宗福

学术成果 3
摄影：霍福

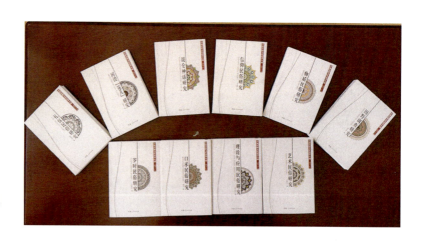

学术成果 4
摄影：霍福

目　录

第一编　物质生产民俗

第四编　社会生活民俗

附　录

第六编

特色民俗

第一章　特色民俗（上）

民俗是指一个国家或民族中广大民众所创造、享用和传承的生活文化，而民族风俗则是指一个民族在特定的时空中不断形成、扩大和演变的在某一方面的独特生活习性或社会习惯。生活在青海的世居民族，因处在高原独特的地理环境中，伴随着悠久的历史演变，经过地域上各民族的杂居及政治、经济和文化生活等方面的相互渗透，既有本民族的民俗文化，如英雄史诗的传唱、草原上的赛马、六月会的歌舞、庆丰收的纳顿、敬畏山川的虔诚祭拜，也有多民族共有的、代表青海地方特色的民俗文化如民歌"花儿"等，充分凸显了青海多民族多元民俗文化独特的地域与民族风情。

第一节　藏族英雄史诗《格萨尔》

一　《格萨尔》基本内容

人间处在一个恶魔横行作乱的时代。天国里的观世音菩萨看到众生处在水深火热之中，请求阿弥陀佛派神子东柱尕尔保下凡解救百姓的苦难。神子降生人间后，甲擦欣喜万分，但他的超同却因怕这个孩子对自己以后篡夺岭国王位构成威胁，而对年幼的觉如（格萨尔幼年时的名字）百般刁难与迫害，并企图将他置于死地。待阴谋诡计一一败露后，阴险狡诈的超同又向总管王进谗言，将觉如母子驱逐到了偏远、贫穷的玛域。母子俩历尽艰辛困苦，励精图治，顽强斗争，开辟和治理玛域，使昔日荒无人烟的玛域变得水草丰茂，呈现出一派祥和、繁荣的景象。觉如十三岁这年，岭国举行赛马大会，彩注是财宝、岭国的王位以及貌美的珠牡姑娘，觉如参加了这场角逐并一举夺魁，从此登上了岭国的王位，并迎娶了心爱的珠牡姑娘为王妃。自此，被"黑头藏人"称为无敌雄狮大王的格萨尔便开始担负起治理岭国、抵御外敌入侵的重任，踏上了创造其一生辉煌业绩的征程。格萨尔大王带领岭国人民与恶魔、豪强做斗争，先后降伏了魔国、霍尔国、姜国、门国等四大敌人，又相继征战降伏了几十个部落、邦国，使战乱不断的高原逐渐走向了统一，百姓摆脱了战乱之苦，过上了安居乐业的幸福生活。最后，格萨尔大王救出了坠入地狱的母亲和妻子，功德圆满后，重新返回了天界。

二 《格萨尔》的流布

流传民族与区域 《格萨尔》主要流传于中国的西藏、青海、四川、甘肃、云南等省区，在内蒙古、新疆也有流传。由于长期以来的民族融合及文化交流等原因，《格萨尔》在国内的其他民族中亦得到广泛流传，蒙古族、土族、裕固族、普米族、傈僳族、纳西族、白族，甚至撒拉族等民族中都有传唱。《格萨尔》在不同民族不同地区的流传中，基本上保留了藏族《格萨尔》的原貌。在主要人物和故事的基本情节、框架未发生大的改变的情况下，与该民族文化相融合，使它带上了鲜明的民族特色和地方特色。不仅如此，《格萨尔》还跨越喜马拉雅山麓及喀喇昆仑山，远播到境外的蒙古国、不丹、尼泊尔、印度、巴基斯坦以及俄罗斯的卡尔梅克和布里亚特等国家和周边地区，具有罕见的跨地域性、文化影响力与传播力。

在蒙古族中的流传 《格萨尔》在蒙古语中称为《格斯尔》，从民间的说唱到书面文本的出现经历了漫长的岁月。这部脱胎于藏族《格萨尔》的英雄史诗在蒙古族地区的流传十分广泛，内蒙古、新疆、青海、甘肃、河北、辽宁、吉林、黑龙江等蒙古族聚居区都有流传，并逐渐形成了内蒙古呼伦贝尔的巴尔虎部、通辽的扎鲁特—科尔沁部和新疆卫拉特部三大流传中心。内蒙古的赤峰市、通辽市，青海省的海西州是格萨尔传说流传最多的地区。在蒙古族民间还流传着许多与《格斯尔》相关的传说、故事、祭词、谚语、民歌、训喻诗等。不仅如此，《格斯尔》还渗入蒙古人的民间信仰中，产生格斯尔崇拜。有的地方的寺庙专门供奉格斯尔，每年都在固定的日子举行祭祀活动。

在土族中的流传 土族《格萨尔》主要流传在土族聚居的青海省互助土族自治县、民和县、大通县，以及甘肃省天祝藏族自治县、永登县、临夏、甘南等地。《格萨尔》流传到土族中被称为《格萨尔纳木塔尔》。"纳木塔尔"是藏语"传记"的意思，土族人民一直这样称呼《格萨尔》史诗，采用藏、土两种语言结合的说唱体。艺人在说唱时用藏语吟唱韵文部分，然后用土语进行解释，但这种解释并不是单纯的对藏语唱词内容的重复，其中大量融汇了土族文化特质的新内容，处处闪现着土族文化的影子。土族《格萨尔》中的人名和称谓等都与藏族《格萨尔》不同，说唱中有很多藏语、汉语的借词。演唱的曲调主要是藏族"酒曲"等民歌曲调，以及本民族的民间音乐曲调。音律优美而富于变化，不同的情节，不同的角色，往往使用不同的曲调演唱。故事的整体轮廓和主人公均未发生大的变化，但内容、情节结构等各个方面与其母体产生了一些差别，融入了大量具有本民族传统文化机制和审美情趣。土族《格萨尔》中，还含有一部分创世史诗的内容，在讲唱格萨尔诞生之前还有一部分讲述日月星辰、人类及世界形成的内容，这部分内容极富土族文化特色。

土族艺人在说唱《格萨尔》前，往往先要点佛灯、煨桑、祭祀天神，一方面为了祈福，另一方面是祈请霍尔王允许说唱。因为，相传土族人是霍尔三兄弟（曾经是格萨尔的敌对方）的后裔，随意说唱《格萨尔》怕触怒了霍尔王。也有的土族艺人事先要到深山取来净水、松柏枝，说唱前打扫场地，穿着《格萨尔》艺人特制的衣帽，用松柏枝煨桑、供奉净水、颂祷词，在完成这一系列自古留下来的程序后，才开始说唱。

据调查，土族《格萨尔》的口头说唱本根据其传承和结构方式暂分两种，第一种主要内容包括：《阿布朗创世史》《乔同毁业史》《格萨尔诞生史》《堆岭大战史》《霍岭大战史》《姜岭大战史》《嘉岭大战史》《安定三界史》8个部分，系分部本；第二种主要内容包括：天界篇、诞生篇、成婚篇、霍岭大战篇等五个部分，系分章本。其中，《阿布朗创世史》内容独特，在现今发现的藏族《格萨尔》中还尚未见到过。

土族民众非常喜欢听《格萨尔》说唱，也产生了许多优秀的土族《格萨尔》说唱艺人，甘肃省天祝藏族自治县的土族艺人更登什嘉是目前国内寻访到的唯一一位能够说唱长篇土族《格萨尔》的民间艺人。他说唱的土族《格萨尔》正在被录音、整理，现已出版两本，他本人也被列入第一批国家级非物质文化遗产项目代表性传承人名单。

在裕固族中的流传　在甘肃省肃南裕固族自治县境内的裕固族民众中普遍流传着《格萨尔》。裕固族没有文字，同一个民族内操两种语言，即东部裕固语和西部裕固语，前者属阿尔泰语系蒙古语族，后者属阿尔泰语系突厥语族。在这些裕固族群众中流传的《格萨尔》的内容多为沿袭藏族《格萨尔》分部本的总脉络，再按照裕固族的文化特质进行改编。流传的分部本主要有《英雄诞生》、《赛马称王》、《世界公桑》、《降服妖魔》、《霍岭大战》（缩写本）、《姜岭》、《门岭》、《松岭》、《朱孤》、《地狱救妻》、《分大食牛》、《安定三界》、《阿古叉根史》、《阿古乔同史》等。据说，其中的《霍岭大战》仅有藏文原著的四分之一，是懂藏文的裕固族知识分子按照裕固族艺人说唱的内容和形式用藏文编写成的。

操东部裕固语的艺人在说唱时使用两种语言，进行韵散结合式的说唱。即用东部裕固语叙述散文部分，用藏族吟唱韵文部分，这种说唱形式和土族《格萨尔》的说唱形式十分相似。在操西部裕固语的群众中流传的《格萨尔》被称为《盖赛尔》，其形式主要是散文式的叙述，而很少有吟唱。每逢春节时都要讲唱《格萨尔》，以期在一年之始给人们带来好兆头；小孩长到三岁时要举行剃头仪式，届时也要请艺人讲唱《格萨尔》，祝福小孩以后能像格萨尔那样聪慧、勇敢。

肃南县境内有许多《格萨尔》风物遗迹和传说，该县临松山下有一马蹄寺石窟，围绕马蹄寺石窟的雅则库玛尔城便是霍尔王的都城。相传格萨尔当年攻打霍尔国时，他的坐骑赤兔神马在这里留下了蹄印，后人便在这个神奇的马蹄印上建起了寺院，称为"马蹄寺"。现保存在第八号石窟内的这个蹄印，至今仍清晰可见。格萨尔大王还当着前来阻击的霍尔敌军的面，将一块房屋般大小的巨石一刀劈成两半，吓得霍尔兵不敢上前。这把相传是格萨尔劈巨石时用过的宝刀曾被珍藏在马蹄寺石窟第三窟内的宝塔中，1958年宝塔被毁，宝刀也被盗，只有那被劈开的巨石还立在原地。马蹄寺石崖最高处的"三十三天"石洞内的白度母和绿度母的塑像，相传是格萨尔大王的王妃僧姜珠姆和梅萨绷吉跟着格萨尔大王一同返回天界时留在人间的化身。

在撒拉族、普米族等民族中的流传《格萨尔》在青海省循化县的撒拉族群众中也流传甚广，当地撒拉族群众普遍都知道《格萨尔》的故事，还有许多相关的风物遗迹和传说。云南宁蒗普米族中流传着《冲·格萨尔》，鹤庆县西山一带白族群众称格萨尔为"老藏王"，流传着《金鸡格萨尔》的故事。

三 《格萨尔》流传方式

手抄本《格萨尔》在民间得到广泛的传播后，一些文人，特别是寺院僧侣开始介入，他们对《格萨尔》的说唱部本进行记录、整理和加工，编纂成手抄本。手抄本为传统的长条形，使用一种用特殊香料和药材加工过的藏纸，可以常年存放而不被虫蛀且保持字迹清晰。藏传佛教宁玛派僧人在抄本的收藏和流传中起到了重要作用。手抄本的传播与艺人的口头传唱同时并存，但其中仍然以说唱艺人的口头吟诵、传唱为其主要的流传形式。藏族群众将这些抄本视若珍宝，他们认为家中若能存放一部《格萨尔》便可以禳灾驱祸，招福纳祥。故而，《格萨尔》抄本在民间价值极高。在格萨尔说唱艺人中，有一类艺人被称为"丹仲艺人"，他们懂藏文，说唱时照着底本宣唱。有的抄本就是艺人说唱时的底稿，这些抄本的记录往往很简陋，其间夹杂许多符号用来代替文字，还有的句子只用藏文拼音标记了一下读音，错别字较多。最早而且完整的《格萨尔》史诗抄本，是抄写于明代的《姜岭大战篇》，20 世纪 40 年代德格地区有 25 部《格萨尔》手抄本。中国社会科学院李连荣博士还出版了《1958~2000〈格萨尔〉手抄本、木刻本解题目录》一书，对国内现存的 412 册《格萨尔》异文本的抄本做了解题①。

木刻本　《格萨尔》在流传中得到了一些宗教和上层人士的喜爱与重视，史诗的部分章节、部本被刻板印刷，木刻本由此产生。如 17 世纪中后期，佐智白玛仁增编辑的《分大食财宗》以木刻印刷方式出版发行，这大大加快了史诗的传播速度，并在一定程度上减少了史诗在民间流传中的变异。由于这些刻本多由僧人记录整理并在寺院里刻印的，他们难免会在转抄、记录的过程中根据自己的意志去做一些修改，并将自己的宗教情节带入史诗中，增加一些有关宗教教义、教规等的内容，使史诗部本增添上浓郁的宗教色彩。

但手抄本和木刻本的数量毕竟十分有限，民间艺人的说唱表演依然是史诗的主要存在和传播形式。1949 年以后，学者对《格萨尔》史诗进行了大规模的搜集、整理，一些《格萨尔》分部本开始出版发行。形成了艺人口头说唱与手抄本、木刻本及印刷本等书面流传形式并行的局面。

四　说唱艺人与传承人

（一）《格萨尔》说唱艺人类型

神授艺人　神授艺人是被赋予神秘色彩的一类艺人。一般都有不同寻

---

① 李连荣:《〈格萨尔〉手抄本和木刻本的传承与文本特点》,《中国藏学》2017 年第 1 期。

常的经历，他们往往通过特殊的"机缘"而获得了史诗说唱的神奇能力。据艺人们自己讲述的经历，他们有的是在流浪途中，突然昏睡过去，几天不省人事，梦醒后，就开始无师自通地会说唱《格萨尔》；有的是凭借一种神奇力量，打开"智慧之门"，然后就能说唱《格萨尔》了。这些《格萨尔》神授艺人还大都称自己是格萨尔大王手下某一大将的化身，有一种无形的力量在促使他们说唱史诗。他们在说唱史诗前，首先必须借助祭祀仪式，清除心中杂念，祈求神灵给他们说唱《格萨尔》史诗的灵气。神授艺人一般都不识字，但却聪慧过人，具有非凡的史诗说唱才华。他们的说唱滔滔不绝，一气呵成。青海著名艺人才让旺堆就属于神授艺人。

撰写艺人　这类艺人有一定的文化水平。据他们自己讲，无论让他们撰写哪一部，他们就能立即写一部《格萨尔》来。写完以后，让他再重新讲一讲刚才所写的那一部时，却讲不出来。这类艺人的特点是只会写不会讲。撰写之前往往脑子一片空白，根本没有《格萨尔》的内容、情节、脉络，笔尖一旦落到纸上，便会不由自主地随着笔尖的游走，写就一部史诗。青海黄南藏族自治州已故艺人阿角和果洛藏族自治州甘德县的艺人格日尖参就属于撰写艺人。

圆光艺人　"圆光"是苯教术语，原是巫师、降神者的一种占卜方法，即借助咒语，凭着铜镜或水碗等器物看到占卜者想要知道的一切。据说圆光者的眼睛与众不同，能借助铜镜看到别人看不到的图像或文字。通过这种圆光的方法，从铜镜中说唱或抄写《格萨尔》的艺人被称为圆光艺人。他们在说唱前首先向各路神明诵经祈祷，然后，在一个干净的盘子中盛满青稞等谷物，上面放置一面铜镜，艺人看着铜镜便能开始说唱。有的艺人是在一只干净的碗中盛满净水，看着碗中的水说唱，还有一些艺人，通过看自己的手指甲盖或者一张白纸说唱。据圆光艺人们讲，他们可以通过这样的一件器物看到里面演电影一样的史诗场面。青海近年发现的来自果洛藏族自治州久治县的圆光艺人才智，是其家族的第五代圆光艺人，也是继卡察扎巴之后发现的中国藏区唯一一位《格萨尔》圆光艺人，同时也是一位活佛。2016 年 11 月 6

日，青海省挂牌成立了《格萨尔》圆光文化传承基地。

吟诵艺人 这类艺人在藏区比较普遍，他们有较好的文字基础，喜欢并熟稔《格萨尔》传统和内容，通过阅读和学习一些史诗部本，在老师指导下学习史诗说唱，会讲唱一两部《格萨尔》或者其中的部分片段。这类艺人分布比较广，人数也比其他类型艺人多。如青海省果洛州艺人昂日、黄南藏族自治州尖扎县的女艺人娜玛多杰等都是其中的佼佼者。

闻知艺人 通过耳听心记能够说唱史诗的艺人被称为闻知艺人。这类艺人大多不识字，凭着自身对《格萨尔》的喜爱拜师学艺，将师父的说唱一字一句地铭记在心里。通过这样的方式习得《格萨尔》说唱的艺人被称为闻知艺人。如青海黄南藏族自治州的盲艺人李加就是一位勤奋好学、聪慧过人、记忆力非常强的人，跟随师父学习主要靠自己的双耳聆听和强记，是当地小有名气的《格萨尔》说唱艺人。

掘藏艺人 远古时期，为了使佛经和典籍能够保存下来不受损，一些贤明之士将其深藏在地洞或岩洞里，若干年后，有特殊缘分或福气的人会发现并挖掘出来，这就被称为"掘藏"。掘藏艺人是指依靠特殊的机缘，将数百年前埋藏在地洞或岩洞里的史诗抄本或主要的文献资料挖掘出来进行说唱的《格萨尔》艺人。也有些艺人认为，通过掘藏发掘出来的不一定是实物，也可以是某种特殊的能力。更桑尼玛活佛从阿尼玛卿圣山中挖掘出《太让羊宗》等部本；著名艺人格日尖参自称是掘藏艺人，认为他突然能够开始撰写《格萨尔》部本的能力是由掘藏获得。

（二）优秀传承人

"唱"《格萨尔》的传承人 主要是以才让旺堆为代表的艺人。才让旺堆原籍西藏那曲地区安多县，自小口齿伶俐，聪慧过人，对藏族民间的酒曲、拉伊、谚语等非常喜欢。据他讲，他9岁时根据母亲遗嘱，到冈底斯山超度父母亡灵，一日傍晚，来到那木措湖畔，忽见湖中显出一位身披盔甲的武士，坐一匹赤红马，在七彩虹的簇拥下来到他身边，围他转了三圈后，隐入念青唐古拉雪山。他顿觉疲倦，步入梦境，梦中千军万马驰骋疆场，刀光剑影，征战激烈。每次战争胜利后，一些女子端来茶酒，庆祝胜利。不觉连睡七天七夜。梦醒后，就开始不由自主地说唱起《格萨尔》，以致无法控制自己。安多县著名活佛尕玛·吾坚扎登闻讯邀请他到寺院说唱《格萨尔》，一年多的时间里才让旺堆将《格萨尔》中的《卡切玉宗》完整地说唱了一遍，由三个僧人整理成文，存在寺院。活佛还赐给他一顶"仲夏"（《格萨尔》艺人帽）和一把短剑并向他祝福。从此，才让旺堆身背弓、剑，戴着"仲夏"四处云游，一路吟唱《格萨尔》，开始其说唱生涯。足迹踏遍卫藏、康巴，并到过印度、尼泊尔等地，他常与各方的说唱艺人、歌手切磋演技，相互借鉴。多年的流浪生活使他饱览人间奇观，广听各种趣事，熟知许多地方的风俗，几年下来才让旺堆已能对藏区三大方言运用自如。天资聪慧的他学什么会什么，镌刻经文，为人看病抓药，还从事过打铁、缝制藏靴藏袍等职业，积累了丰富的生活阅历。西藏和平解放后的1957年，成家后的才让旺堆举家迁到青海省唐古拉地区，结束了流浪生涯。

才让旺堆在说唱时，精神高度集中，一气呵成，又急又快。根据说唱内容中人物的动作，配以一定的手势和动作，趣味性强，十分吸引观众。在说唱过程中，随着故事情节的变化，他脸上的表情也时喜时悲、时怒时欢，并且手舞足蹈，与口中的唱词配合默契。他的说唱不受时间环境等的影响，如果让他停下，只要招手示意，他便能自动停止演唱。停唱时间可短可长，几天或几个月均不妨碍他再次接着演唱。1987年青海省首届《格萨尔》民间艺人演唱会中才让旺堆夺冠，同年，被邀请到省《格萨尔》研究所说唱。据他自报，能够说唱120多部《格萨尔》分部。目前，他已说唱录制了《阿达鹿宗》《陀岭大战》《犀岭大战》《吉祥五祝福》等11部，共计698盒录音带。其中《陀岭大战》和《吉祥五祝福》已正式出版，其余被记录成文字。他还到北京、四川等地参加了首届国际《格萨尔》学术讨论会等会议，并在会上做了说唱表演，国内外专家们一致认为，他说唱的《格萨尔》内容丰富，曲调悦耳动听，语言优美，具有整理出版价值。专家们还称赞他是"国宝"，是一位难得的《格萨尔》神授艺人。1988 年他被吸收为中国民间文艺家协会青海分会会员，并被选为常务理事和青海省文学艺术界联合会第三届委员。1990 年他被吸收为国家正式干部，并享受高级技术职称待遇。1991 年国家民委、文化部、中国社科院、中国文联等四部委授予他"《格萨尔》说唱家"的称号，2003 年被聘任为青海省民间文艺家协会荣誉主席。

"写"《格萨尔》的传承人 主要是以格日尖参为代表的艺人。格日尖参出生在果洛州甘德县一个贫困牧民家里。自幼父亲去世，母亲每晚都会讲格萨尔王的传奇故事给他听，他为了能看懂《格萨尔》手抄，暗下决心学藏文。14 岁担任民办教师，16 岁那年，因母亲病重辞职，母亲去世后他按照母亲遗愿在甘德的龙恩寺出家。格日尖参的舅舅昂日就在这个寺院里，他是果洛著名的《格萨尔》说唱艺人，格日尖参对舅舅非凡的说唱才能极为崇拜，天天跑去听。1986 年在朝拜阿尼玛卿雪山的路上遇见一位从四川前来朝山的大活佛，活佛为他灌顶，格日尖参觉得活佛为他开启了"智慧之门"，脑海里不断地浮现出《格萨尔》的故事情节和人物，内心突然产生一种创作的欲望，他一口气写下了很长一段诗句。不久，格日尖参辞别了四川活佛，来到了当项草原，在这里组建家庭。一天，妻子突然提出要格日尖参给她写一部《格萨尔》，他应允下来并很快写完了《列赤马宗》之部，自此《格萨尔》的撰写与说唱成为他生活中不可或缺的一部分。1987 年 8 月在果洛州《格萨尔》史诗抢救办公室在大武草原举办的全州《格萨尔》艺人演唱大赛上，格日尖参演唱了自己写的一部《格萨尔》，征服了在场的所有观众，被誉为果洛草原上"年轻的、写不完的《格萨尔》艺人"，并在 1987 年 9 月举办的全省首届《格萨尔》民间艺人演唱会上再次夺魁。

格日尖参说唱时，必须先写出来，然后再照本演唱，离开了本子他就不大会唱。据他自己讲，不论是写哪一部，其内容、情节等，事先自己并不知晓，当挥起笔来，一幕幕史诗故事就像放电影似的，清晰地展现在脑海里，手里的笔，像被一种无形的力量支配着，不由自主地动起来。而搁笔停止写作时，脑子里却一片空白，回忆不起刚刚写过的内容。他写的《格萨尔》稿面相当干净，几乎没有涂改的痕迹，就像誊抄下来的一样。据他讲，自己属于掘藏艺人，因前世曾对格萨尔大王非常虔诚和敬仰，而产生一种有因果的"缘"，在这种"缘"的预示下，突然成为能写会唱的《格萨尔》艺人。格日尖参自报 120 部《格萨尔》书写目录。目前，撰写完成了《木门银宗》《列赤马宗》《董氏王统记》等 10 多部分部本，其中，《董氏王统记》已由青海人民出版社出版。1991 年格日尖参被中国社科院、中国民间文艺家协会联合授予"《格萨尔》说唱家"的称号。现在他已被吸收为果洛州群艺馆干部，专门从事《格萨尔》的撰写工作。

"说"《格萨尔》的传承人　主要是以达哇扎巴为代表的艺人。达哇扎巴出生在青海玉树藏族自治州杂多县，从小帮父母放羊牛。14 岁的那年，有一天，他到当地著名的神山杂加多杰平措附近放牧，不觉在一个牧草丰盛的地方睡着了。梦中他听见骏马嘶鸣和刀、剑、矛、戈相互碰撞的声音，一会儿又看见草地中央，几千位全副武装的武士手持各种不同的武器，上下不停跑动着，一位身着白藏袍的白发苍苍的老人径直来到他面前说："你是一个很有福气的男孩，我有非同一般的三种特殊技能，今天传授给你，你可以任意选择其中一种，这三种特殊技能分别是：一能听懂天上所有飞禽的语言；二能知晓大地上所有动物的语言；三能精通格萨尔的所有故事，你想选择那一个？"他毫不犹豫地选择了第三种，于是老人闭目诵经，让达哇扎巴伸出右手，把他的左手和许多青稞一起搓揉片刻，不断地吹着青稞，最后将青稞撒在达哇扎巴的胸前。然后说："以后你就是我的终身徒弟了，必须听从我的指点。"说完就无影无踪，不知去向了。这时一声尖厉的鸟叫惊醒了睡梦中的达哇扎巴，太阳已快落山了，他急忙睁大眼睛四处寻找自己的牛羊，但觉得全身上下很不舒服。他挣扎着找到了牧群，一到家后就倒在地上起不来，之后，他就大病了三天三夜，病情好转后嘴里就开始不停地说唱，逐渐成为整个藏区家喻户晓的《格萨尔》说唱艺人。

达哇扎巴说唱前先要双目紧闭、默念经文祈祷，一旦开始说唱便滔滔不绝，一气呵成，无法自控。他说唱时节奏明快，吐字清晰，曲调丰富、变化多样，根据不同的人物和情节变换不同的曲调。他说唱的《格萨尔》故事结构比较完整，情节曲折，语言生动、流畅。达哇扎巴提供的能说唱的《格萨尔》目录有153部，是截至目前青海省《格萨尔》艺人中掌握部本最多的艺人，并且其中52部是从未流传过的新部本。他被破格吸收为玉树州群艺馆的正式馆员，并抽调了专门的录音和记录人员整理他所说唱的《格萨尔》部本。到州群艺馆工作后的短短8年时间，他共说唱录音了26部《格萨尔》，其中记录整理了13部。2002年7月，在青海西宁召开的"第五届国际《格萨尔》学术研讨会"上，组委会特邀达哇扎巴参加，并请他在大会开幕式上登台说唱《格萨尔》，当他开始说唱后竟无法自控，停不下来，联合国教科文组织总干事布什·纳吉先生亲自给他敬献哈达后，才慢慢停了下来。与会的120多位国内外学者、专家现场感受了"神授"艺人的奇特表现，同时，对他的说唱给予了高度赞扬。

五　风物传说

觉如的口袋　在青海省果洛藏族自治州甘德县柯雄地方的鲁姆德果的山顶上，有一个叫作岭国觉如口袋①的小洞，洞口狭小，但里面豁然开朗，相当宽敞，一眼看去就像一个藏家装婴儿的口袋倒挂在那里，关于此，当地百姓中流传着这样一个故事。僧伦的汉妃拉吉卓嘎，看见龙女噶妃生了一个神子觉如，刚一落地双脚就会站立，并且向前迈出三步，为自己起了一个名字。汉妃由于嫉妒心生恶念。一天上午，来到斯巴柯毛若宗②告诉晁同说："噶妃生了一个魔鬼孩子，刚刚落地三天，他不但会走会跑，而且像大人一样可以随便讲话，如果不用套索把它制服，以后除了抢去晁同您的官位，还会把汉妃我送上死路，肯定要把岭地变成一片废墟的！"晁同听了，大声吆喝道："哈哈！汉妃您看见这个恶兆太好啦，昨天生的孩子，今天会走路，不

---

① 口袋：这里是指装藏族婴儿的一种口小底大的毡袋。
② 斯巴柯毛若宗：岭国四部长官晁同的城堡。

是灾星又是什么？如果留他再待三天，就会留下一个毒根而已。不过，你也不必担忧，我的上师贡巴拉杂正在山洞里坐禅修道，我们向他讲一讲，要对付这样一个乞儿非常容易。但是，如果不献一些特殊的礼物，贡巴拉杂是很难喜欢的啊！"汉妃拉吉卓嘎趁丈夫僧伦王不在偷走水晶宝瓶，交给了晁同并说："你如果立即去把觉如杀死，要给贡巴拉杂任何报酬答谢，我都可以毫不犹豫地赠送！"晁同来到贡巴拉杂跟前，请他帮助制服觉如。第二天黎明时分，晁同登上房顶等着看热闹，并说一定会有三只黑鸟要来制服觉如。神子觉如由于有佛的先知之明，已经发觉情况不妙，便对母亲说："阿妈，本来孩子没有委派阿妈做任何事的规矩，但是我年幼力小，不请阿妈帮助没有其他办法，所以，必须请你今晚前往像箭翎一样的石山右脚去取鹞鹰、山雕和猫头鹰的三种翎羽，前往像马背垫一样的草坪前去取一把柽柳枝，前往像牦牛尾一样的柏树右侧去取一段黄刺枝，前往像刀刃一样的阴山下边去取一庹长的软枣枝，上述东西，要尽快带回来！"阿妈心中疑惑，但还是照着去做了。神子觉如又说："阿妈拉姆，请赐我三根头发，就会有十万个度母集中保佑。"然后，用红软枣枝做了弓，用柽柳枝做箭矢，用黄刺枝做箭镞，用鹞鹰、雕鹰的翎羽做箭羽，用阿妈的头发做了弦，一切准备就绪后，对阿妈说："今天晚上凶狠的敌人要到我们母子俩的头顶上来，一定要提高警惕！"言毕，觉如把全套弓箭放进口袋里面，眼望着外道贡巴拉杂的那个方向。

第二天黎明时分，果然天空中飞来三只黑鸟兄弟，展动翅膀的声音像是把石山劈开一样，在母子俩的头顶上方盘旋着。这时，神子觉如的身口意化作护法的三宝之神，立于头顶之上，说道："住在上面十三层天界的诸多神仙，今天请诸位速到此地对我觉如大力加持；住在佛城竹林园的佛祖释迦牟尼，今天请到此地做我觉如的保护神；住在白狮宝座上的天姑贡玛杰姆，今天请到此地做我觉如的指导神，还有岭国的九十万员战神，九十九员护身神，三百三十员威尔玛，今天全到此地保佑我小觉如。大神如同雪片一样从天上降落，小神如同狂风一般从地上起步。噶萨的儿子岭国的小觉如，光临大地就是按照天神的旨意，化身为凡人降生在岭国地方。刚刚来到人世间的第一天，就对生母唱出了一曲歌，汉妃拉吉卓嘎满心嫉妒怒眼看我们；刚刚来到人世间的第二天时，利用红桎柳木做小弓，利用鹞鹰、雕鹰花翎做箭羽。今天觉如我口袋上方，凶残的敌人来了黑鸟三兄弟，如果不立即去制服它，我就不是神子觉如了。"说罢，向着神龙念三界诸神和威尔玛战神再三祈祷祝福后，射出像火星一样的神箭，那神箭正中外道贡巴拉杂派出的三只魔鸟的要害，三个黑魔鸟就像扬起手中的一把石子一样落在母子俩的眼前了。这时，晁同站在自己的城堡上，正在瞪大眼睛望着把觉如生擒而至呢，一根像牦牛尾似的鸟毛从天而降，打在他的脸上，情不自禁地大叫一声："哎呀，黑鸟不好了，完蛋了。"说完很快跑到贡巴拉杂跟前，把黑鸟被觉如打得落花流水的事做了报告。此刻，贡巴拉杂心中想："这晁同什么礼物也没有给我，尤其是岭国的宝物水晶宝瓶连看都没有让我看。"顺口"哼"了一声，没有给晁同一点好脸色，并径直回到自己的住房，将瞠目结舌的晁同晾在了原地。现在，那地方不仅叫作觉如的口袋，而且当地的牧民人人都会讲上述故事。

格萨尔王的赛棋石　从风景秀丽、人杰地灵的热贡地区向西宁行走的途中，快到隆务峡谷时，各种奇形怪状的悬崖峭壁头靠头、肩并肩地矗立在人们的眼前，著名的隆务河在峭岩下向东北方向哗哗地流去。在隆务河右岸，在一条像怒火中燃烧的毒蛇爬过一样的蜿蜒盘绕的路口，有一个叫作格萨尔王赛棋石的地方，那个棋石四四方方，而且上面还有许多画纹，与藏族棋盘上的画纹基本相同。当地的人们经过那个地方时，必定去看望赛棋石，并且有坐在棋石旁边做一下赛棋动作的习惯。据当地老人们说，雄狮大王格萨尔从小起就非常喜欢下棋，而且棋艺非同一般，岭国三十员大将谁都赛不过他。有一次，岭国长系首领晁同心里很不服气，他想大将都比不过小小觉如的棋术，我不相信，非要试试他不可。他边想边走在前面对格萨尔说："觉如，你真的下棋那么厉害吗？如果真的那么厉害，跟叔叔赛棋打赌行不行？"格萨尔毫不犹豫地回答说："可以比赛，但我们的赌注是什么？"晁同犹豫片刻之后说道："赌注不定为马和犏牛，因为太大，也不定为羊和山羊，因为太小，不大不小的是中间的母牛，把一头母牛定为赌注如何？"格萨尔王说："叔叔你说定就行。"言毕，侄子格萨尔和叔叔晁同俩摆开棋盘开始下棋。开棋没过多久，晁同就开始蛮不讲理地赖棋，周围观看赛棋的人们看到晁同赖棋心里很不高兴，大家三言两语地讽刺晁同的不良棋风，但是晁同毫不在意别人的言论继续赖棋不讲理。此刻，格萨尔忽然地将棋盘中间的白棋子向左边一走，轻易将对方置于死地。晁同无可奈何，不得不认输，赌注母牛也非给不可了。

这里有许多关于棋盘石的传说，但是七旬老人豆改本所讲的传说最为传神。他说，岭国英雄格萨尔王把凶恶的北方魔国王鲁赞射死之后，按照白梵天王的旨意，箭镞刀尖对准黄霍尔地区，并运用变幻法术火速赶到了白帐王的宫殿雅泽卡木尔前。这时，岭国大将勇士们也在宫前等着大王的到来。格萨尔王看见整齐威武的勇士们十分高兴，于是站在大家的前面向神龙念再三祈祷之后，立即解开系在腰上的铁链，搭在黄霍尔王宫殿雅泽卡木尔城顶，这时神龙念之兵马就如云雾一般，战胜威尔玛像雷电一样，顷刻之间来到此地协助大王。岭国的大将们通过搭在城顶上的铁链云梯攻克坚固的宫殿时，宫内的白帐王和大臣们心惊胆战，手足无措，心急如火，尽快命令士兵们坚持对抗。但士兵们手忙脚乱，从城内扔出了许多乱石，射出了不少乱箭。这时，大将丹玛和扎拉为首的勇士们向东门和西门射入了神箭，黄霍尔宫内的士兵吓得无处躲藏。白帐王急得到处乱窜，最后派出霍尔王寄魂鸟沙巴九弟兄，想解开城顶上的铁链爪钩时，被贾察灵魂转世的鹞鹰发现，从空中迅速飞过来，立即杀死了三只沙巴鸟，赶走了四只沙巴鸟，铁链爪钩没有受到任何损坏。

格萨尔王一马当先爬上铁链云梯，随后扎拉、丹玛、尕德等也跟上来了。白帐王带着珠牡急忙躲到一名叫"黑暗坚城"的地洞里去了。勇士扎拉则加按照大王的旨意，来到那外面虽有百螺齐吹，里面却丝毫听不见，里面即便有百鼓齐擂，外面却听不见任何响动的"暗无天日"的险要的石洞城内，里面的警卫早已逃得无影无踪，他便放心大胆地跑到软禁珠牡的房门前，并尽快打开房门将珠牡带到洞城外。这时，珠牡亲眼看到了城里城外，到处都插满了岭国军旗，她欢喜若狂地跑过长梯，跳过短梯，来到东门广场，岭国大王格萨尔就像群星捧月被众英雄包围着。珠牡拨开人群，倒在大王怀里，一时说不出心里的千言万语。那龟缩在黑暗坚城地洞里的白帐王心想："我堂堂白天魔神的爱子，世上有名的霍尔天王，如今一败涂地，把红黑十二部的所有人马全部都化为乌有，看来一切都完了。我一个人待在这儿，还有什么用，不如出去求饶认错，忏悔投降，说不定还能保住性命！"遂钻出坚城地洞，正好碰上前来搜索的岭国部队，白帐王顿时吓得双腿颤抖，两眼发直，浑身冒汗，一动也不敢动。

扎拉泽加和丹玛二人跑过去，从两边把白帐王架起来，正欲抽出宝剑砍死时，格萨尔赶来大声说道："不要便宜了他，得给他一点颜色看看。"遂命令用绳子捆绑起来押解回城。勇士们见白帐王被擒，一个个缴械投降。至此，霍尔百万大军全部覆灭。白帐王被押到东门广场时，大王将马鞍备在白帐王脖子上，将金辔勒在白帐王的嘴里，把宝剑当鞭子挥舞起来。当大王骑在白帐王背上的马鞍上时，白帐王就像被皮鞭追赶的老牛一样，扑通跪倒在地，向格萨尔王哭涕求饶，但是格萨尔怒火冲天，怒不可遏，"嚯"地抽出宝剑杀了白帐王。

这时，正在喇宗城静坐修行的霍尔国大将辛巴梅乳泽也主动前来岭国的军营，向格萨尔大王诚心请罪，与此同时，霍尔部落大小首领带着白雪似的哈达，特别是辛巴将九百个仓库的钥匙和十二部的名册，都放在了格萨尔大王面前。胜利的喜悦像欢腾的火苗，在每个岭国英雄的心里突突跳跃。这一天，风和日丽，人欢马嘶，他们喜气洋洋地从阵地上赶来，聚集于白螺如意宫内，举行盛大的庆祝宴会。这天格萨尔大王心情非常愉快，面带微笑地对大将丹玛说道："勇士丹玛请过来，今天是欢庆胜利的日子么！我们俩坐下来好好赛场棋"。丹玛很恭敬地回大王说："我的棋艺很差，无法跟您赛棋。""没有关系，失败乃成功之母嘛。"大王说罢，两人坐在隆务河边天然形成的棋盘两边开始下棋。从那时起就有了格萨尔王赛棋石的地名，与此同时也流传了这个生动有趣的故事。

格萨尔王的赛马场　广泛流传、家喻户晓的格萨尔大王的赛马场，就在黄南州同仁县麻巴乡，名叫"邦嘎塘"。那地方美丽辽阔，鸟语花香，物产丰富，尤其是民间文化资源丰厚，人民生活幸福美满，是一个人人向往的天堂宝地。几百年前那里就居住着自称岭国后裔的岭加七个藏族村庄。每年农历正月初八那天，他们所有的年轻小伙子都穿上各种节日盛装，戴上珍贵的男士首饰，打扮得漂漂亮亮，把各个独具特色的骏马，备好金鞍银镫，纷纷前往赛马场，加入赛马的行列。一个个年轻俏美的少女也都穿上最美最艳的衣服，戴上金、银、玉石、珊瑚等首饰，迈着很有风度的步伐，徐徐走来，享受赛马的欢乐。这已成为当地的一种风俗，并且有一段前所未闻的优美传说。现将这个美好的传说讲述一遍，就能知道格萨尔王赛马场的由来。

很久以前，美丽可爱、龙盘虎踞、平坦广阔的玛域草原，杜鹃鸟歌声悦耳，百灵鸟婉转歌唱，在邦嘎塘会场上，举行着盛大的赛马大会。这时，上岭赛巴氏八弟兄以长系的九个儿子为首，像猛虎一样，率领弟兄们，穿着黄金锻袍，像阳光照耀在金山上，灿烂夺目；中岭文布氏六部落以中系的八大英雄为首，率领弟兄们，穿着白锻袍，像大雪降在雪峰上，放射着皓月的美丽光彩；下岭木姜四部以小系的奔巴七弟兄为首，率领弟兄们，穿着宝兰锻袍，像太空中布满着雨云，闪烁着琉璃光芒。此外，右翼的噶部、左翼的珠部、达让的十八大部、达伍木措玛布部落、富有的嘉洛部落、丹玛河的河阴河阳地带、察香九百户等等，无论上岭、下岭的弟兄，个个都穿着盛装，豪情万丈，志在必得地前来聚会。这些人当中，自认为神降有预言，神支配着人们的行动，一心一意要求赛马的达让长官晁同、东赞、梅多等人，认为在今天的赛马场中，除了玉霞骏马外，没有能夺到速快锦旗的，因此比老虎还要骄傲自满，满身的穿戴好像老虎的六色毛茸，华丽非凡，满口豪语犹如母老虎咆哮，从强盛的达让部落中，如猛虎出山似的浩浩荡荡地出发前来。

长系的尼奔达尔雅、穆庆嘉哇隆主、达盼、盼达等认为不能丢长系的长房地位，大话累累，比山还高，耀武扬威，好像与狮王也要争个上下，穿戴比狮子的绿鬃还要华丽，像狮子屹立在雪峰一样昂然自得地出发前来。中系的阿奴华桑、噶德、僧达、尼玛隆主等，认为不能丢掉中系英雄脸面，好像苍龙飞舞于太空中，雷声伴着云层，声誉与雷声互争高低似的出发前来。小系的仁庆达尔鲁、贾察霞尕尔、总管王戎叉查根、察香丹玛等，认为不能把下房神鹫的地位弄得一塌糊涂，他们在内部会商中决定，岭地的弟兄们虽不给王位，但也不能把它送给别人！譬如身体外表的六肢虽然相同，但体内的勇气和毅力则各有差异，无论能得到锦旗也好，得不到也好，岭地的江山，绝不能拱手让人。小系们武勇满怀，威镇四敌，好像在卵中六翼已告丰满的鹏雏似的，抱着要与大鹏争高低的决心出发前来。此外，拉伍南卡、敦巴坚赞、尼玛坚赞、大证人外梅拉达尔、公证判断人达尔盼等，以及岭地的四名社会贤达等人，所有的英雄、勇士和可爱的青年们都意气昂扬、武勇非凡，好像要与喝醉了酒的大象争个高低，如象群奔腾似的出发前来。

　　噶妃的儿子觉如此时头戴着不太合适的黄羊皮宽檐帽子，身上穿着不合体的牛犊皮硬边破袄，脚上穿着不合适的马皮制的灰溜溜一点光泽也没有的红腰破靴；白嘴宝驹虽然备着黄金宝鞍，但他故意把鞍马变成坏马坏鞍，有时把棒棍——江尕儿外尕拖在手中，有时则别在腰下，像一个上不了台面的下贱人、没见过世面的阿木林，装出一遇寒气就冻结、一见太阳就融化、碰上风吹就飘起的寒酸样子前来。这时谁也不知道，他犹如珍宝藏于矿中，破衣苦行流浪奔波的命运已告结束，现在到了发出以地换天、推陈出新的信号的时候了。此时前来看赛马热闹的人们，像浓云密布于空中，尘土弥漫在大地，属下的各个小邦国差不多都来聚会。岭地的人们排着赛马大队，浩浩荡荡地从阿玉底山向下出发，走向赛马场所。嘉洛·僧姜珠牡、鄂洛·吉姬莱琼、卓洛·拜尕尔拉泽、总管王的女儿玉忠、察香的姑娘帧忠、雅台的姑娘赛措、晃同的姑娘晃茂措等七人，满身绫罗绸缎，头上戴着各种珍宝首饰，颈上戴着玛瑙长串，服装较神华丽，饰品较龙阔绰，珠光宝气，美丽非凡，前往拉底山上煨桑去了。观看热闹的人们，都聚集在鲁底山上，坐着观看。

　　参加赛马的人们在阿玉底山下不前不后，一字儿排开，准备出发，长系、中系、小系，以及上部等五个部落都在一起竞赛，都祈祷大神白梵天、厉神主格作、龙王邹纳仁庆前来相助。真是热闹空前，目不暇接，怒气冲天，敌人看见了会胆战心惊，亲人们看见了会心花怒放。看热闹的观众和岭地的人们议论纷纷，大家推猜今天谁能得到赛马大彩注。有的说："除了东赞外，再不会有第二个。"也有的说："贾察会取得胜利，或者察香能战胜一切。"这时，岭国的总管王宣布岭国的赛马正式开始。一时间，骑手们各自骑上骏马你追我赶，竞赛非常激烈，其中觉如的骏马如同神鹰卷起狂风，飞驰而去，刹那之间，就把其他骑手接二连三地甩在后面，最后跑在岭国大将东赞的前面，获得了最后的胜利，登上了岭国国王的金制宝座，使这个赛马夺冠的事迹像风中的旗幡飘扬在岭尕儿的上空。

这时觉如的相貌，变得仪表堂堂，容光焕发。世间的绝大多数人所衷心拥护的太阳升起来了，岭国的男女老少都充满着希望和快乐。清凉的皓月，放射出万道清辉，庆贺着这稀奇的盛事。用力量、能力进行竞争以及战争中的攻无不克、战无不胜的事业大宝幢，开始树立了。在它之前，前来观看热闹的神和人们，对这个空前盛况，将夺取赛马彩注、获取事业的声誉传播人间。好像夏季雷雨时，雷声在空中震响，大地也被其撼动，因此地下、地上、空中，无论是听到的，或亲眼见到的，都羡慕、景仰不已。

格萨尔王胜利地登上了王位，自然也成了嘉洛财产的主人、僧姜珠牡的丈夫。此刻，哥哥东琼尕布、弟弟龙树俄琼、妹妹姐莱娥尕、嫂子却简尕布等变化为许多童子，拿着法鼓、法螺、铙钹、令旗等，吹吹打打，飘扬挥舞，轰轰烈烈地向格萨尔祝贺。前来看热闹的人们和一切部众，看到这些神美妙异常的娱乐，都惊奇不已，疑在梦中，痴呆呆地不知所措了。从那时起，在麦巴地方的邦嘎塘上形成了赛马的习俗。这个习俗到今天不仅从未间断，而且邦嘎塘被称作格萨尔大王的赛马场，男女老幼无不这样津津乐道。

阿达拉姆的石城 果洛州达日县桑日玛乡有一座举世闻名的石城，人们把它叫作"阿达拉姆的石城"，也有人将此称作"康隆石城"。这座石城的形状四四方方，好似一块正方形的草坪，高 3 米左右，城堡的有些地方像一根神柱似的插入地心，牢固无比。关于这个城堡，有许多神奇的传说。很久以前，康隆沟这个地方景色迷人，牛羊成群，周围的山峰将此地装扮得分外妖娆。人民安居乐业，生活幸福美满，天上的神仙看了也会羡慕不已。但好景不长，自从九头妖魔的妹妹阿达拉姆来到这里后[①]，便在这里用石头筑起了一座城堡，打破了这里平静而安宁的生活。她来到此地后无恶不作：早晨，她登上巍峨的山顶，弯弓搭箭，射死九百头无辜的野公牛，把牛头排列在山坡；下午又杀死无数头野母牛，鲜血染红了美丽的山冈；响午时来到平原地带，杀死白唇野马和野驴九百头，大水滩变成了血的海洋，大地上堆满了血淋淋的肉体。她对神祇上师无信仰，蔑视庙宇寺院和教法。当她统治黑魔部落时，曾是盗贼的首领，身佩矛、箭、刀三种兵器，好似黑煞示怒容；曾杀过戴金帽的上师，似不理因果的惩罚；曾杀过戴黑帽的咒师，也不睬严酷护法的咒惩；曾杀死了身佩矛箭刀的勇士，似不怕锐利的盾箭；曾杀过柔弱的妇女，也不管地方众说纷纭。她这种随心所欲、无恶不作的行为，使此地失去了往日那欢乐祥和的气氛，蒙上了一层阴影。

后来，雄狮大王格萨尔遵照天神的旨意，到汉地传播佛教，使汉地的庶民皈依佛教。刚刚过了三个月后，那阿达拉姆患了一场痛苦不堪的重病，卦师和医生对此束手无策，诵经禳解也未见好转，药物医治无济于事，无奈，最后离开了人世。她死了之后，一切轮回中有的恐怖逐渐出现在她的眼前。过了七七四十九天后，渐渐地到了离家乡很远的陌生地方——生死沙山山口。善有善报，恶有恶报。由于阿达拉姆在阳间杀死了许多无辜的生命，积下了恶心怒之业，因此，她到了阴间以后，遭受了阎罗王的严厉惩罚。在三年中，肉和骨头被慢慢地剥离开来，受尽了无数痛苦。此刻，格萨尔大王平定了汉地后，在汉地建立了佛教的正法，让本尊神赐以加持，使汉地五台山的数万人民皈依了佛教，在所有的村寨建立了寺院庙宇等法场，圆满完成大

---

① 阿达拉姆：北地魔王鲁赞的妹妹，后成为格萨尔王的嫔妃。

业后才回到了花花岭国。格萨尔回到岭国时，以总管王戎察叉根为首的岭国众英雄、一切大小臣民、魔国大臣尕达尔向宛和数万名魔国军队，都前来迎接大王凯旋。此时，格萨尔仔细环视四周，可是前来迎接的人群中竟没有阿达拉姆的身影，于是便问道："我亲爱的阿达拉姆今天怎么没来？"魔国的大臣们异口同声地回答道："在大王前往汉地时，曾嘱咐过她要修生死无常，忏悔罪孽。她依照大王的教诲，在苦苦修炼时，身患重病，与世长辞。"大王听后，无法接受这突如其来的噩耗，一时坐立不安，于是，他头戴白盔，虹光闪耀；腰系矛、箭、刀三种兵器，光芒四射；身穿盔甲，如火燃烧；口诵嘛尼，音韵清晰；不一会儿，便来到了冥界地狱。这时，天上出现了美丽的彩虹，空中降下鲜花之雨，大地上弥漫着檀香等香味。格萨尔大王大声诵了三遍"六字真言"，阎罗法王听到这个声音后，大为震惊，顷刻间，那从未从宝座上起过的法王从宝座上起来，从未逃跑过的九百狱卒四处乱窜，从未翻到过的地狱大铜锅翻得锅底朝天，从未破裂过的地狱铁城裂成了碎片。这时，精明的格萨尔一眼望见了倍受痛苦的阿达拉姆，看到此情此景，怜悯之心油然而生，便高声念了三边"菩提心"咒语，只见那地狱之门裂成了十八块，于是，将以阿达拉姆为首的十八亿亡魂拯救出来，把他们都引渡到西方极乐世界。从此以后，阿达拉姆忏悔了所有在人世间积下的罪孽，一心一意修佛法、做善事，她发誓从今以后再也不做大逆不道的事，也不居住在那用血肉筑起的石城中。

英雄贾察阵亡地 从海南藏族自治州同德县巴沟乡前面美丽辽阔的草原，再往前走十五公里左右处，就能看见叫作"嘎巴洋热"[①]的十分险要的土崖，那座断岸的右方有一块很大的沼泽地叫作"查当那干"，左边有一座虽不起眼但历史悠久、趣闻传说很多的禅房；前面清澈的巴沟河、查当河和那玛河等三河汇合一处，直入黄河。当地的人们路过看嘎巴洋热时，都情不自禁地说那是岭国英雄贾察阵亡地。还有些人指着那座出家人的禅房说："那是

---

① 嘎巴洋热：地名，在同德县境内。

少年英雄贾察牺牲后，人们为了超度英雄的亡灵或纪念英雄而修建的禅房，历史很久，而且很灵验。"

很久以前，霍尔国和岭国的战争延续两年之后，岭国英雄贾察霞尕尔在激烈的战场上一箭射中了霍尔王王子拉伍的后心，拉伍痛苦地弯着腰，两眼直勾勾地望着贾察，往前挣扎了不远，突然惨叫一声，口吐鲜血，沉重地跌下马来。贾察将拉伍杀死后骑上玛霞马，牵着空鞍的加霞马蹑蹑地向山下走去。正好碰见东赞昂欧，就让他把加霞马牵着，自己沿着大路缓缓下来。这时天上下起雨来，雨点疏疏落落，时续时停，不一会儿空中出现了一道霓虹，若隐若现。路旁松鸡啼鸣，悲悲切切，头顶白鹏展翅盘旋，一片洁净的白云向北方缓缓飘游。看着这些，贾察心中产生了一种莫名悲伤，他信步来到一棵大树下稍事休息，刚想闭眼养神时，山头上突然出现了许多霍尔兵。此刻，贾察骑上玛霞马向霍尔兵冲去，正好看见原先躲在歇日砂山一条偏僻小沟的辛巴梅乳孜和他所带的五百红缨军，便紧紧追去。贾察原来头盔上的红缨绸已被拉伍射落，只剩左右两片白绫插在盔顶，远远望去和白马尾缨一样，霍尔兵们以为是那个拉伍，都不在意。直到一箭之遥处，霍尔兵还未发现。这时贾察抽出宝刀，冲向辛巴梅乳孜，辛巴回头一看，认出是贾察，连忙喊道："呀！请别再往前冲了！贾察呀！对弱者追得没有节制，矛把会碰到悬崖上，会分出个死活来的呀！"说着，扭头就跑。只想孤注一掷的贾察并没有注意去听这些话，他从沟顶的雪山上，直追到山坡下，最后追到霍尔嘎巴洋热灰白悬崖侧旁的一条小河沟里。这时，辛巴梅乳孜折身向崖上逃去，贾察在崖下猛追，并抢先绕到前边，把路堵住。辛巴梅乳孜无路可逃，便躲进一条崖湾里，下了马，在较低洼的地方背向岭国，面朝霍尔，把以前从晁同手中夺得的长矛，矛根顶在石头上，矛尖向上翘起，站在那里一动不动。贾察站在稍高的地方，背向雅司城，面向岭国，正打算挥起战刀，那玛霞马承受不起贾察的重量，满身汗流如洗，一点也不想跑了，又看到辛巴梅乳孜弓腰站在前面，不由倒退了几步，把异常愤怒、正欲前扑的贾察摔了下来。那马也打了个趔趄，卧倒在地上起不来了。为了追赶逃敌，急欲捉到白帐王，贾察丢下战马，赤膊上阵。他的乱发似一缕缕浓烟，一对充血的大眼里迸发出两道凶光，犹如一头发疯的狮子一样，凶猛地扑了过来，大喝道："呔！白帐王在哪里？"辛巴梅乳孜蓦地一见，吓了一跳，扔下长矛扭头便逃。突然，四面山头一片呐喊声，霍尔兵马像潮水般滚滚涌来。贾察举起"群星犀利"雅司宝刀，左砍右劈，如同一个红色血轮在阵地上旋转。霎时间，血肉横飞，尸首遍野，敌人胆寒，无法近前。这时，霍尔营中有人高呼："放箭，一起放箭！"于是，各种箭镞像暴雨般飞来。贾察舞起宝刀，奋身遮拦，一时箭落满地。但那箭矢一阵密似一阵地朝他飞来，纵有万夫不当之勇，也难逃难躲。正在一旁观战的梅乳孜，此刻惊魂稍定，一见贾察的形势不妙，情急间大声喝道："要活的，不要死的！大家不要放箭！"但为时已晚无济于事了，贾察由于没有重铠保护，已身中数箭，鲜血似小溪一般从身上涌出。他捶胸顿足，仰天长叹："天啊！这真是应了'十五皓月陨落滩上'的谶语了吗？气杀我也，气杀我也！恨不能喝白帐王的血，吃白帐王的肉，我愧有这七尺之躯啊！"他双手颤抖，万分悲愤地呼号："国仇不报，有此身何用！"突然目光盯着梅乳孜逃跑时扔在地上的那杆"富丽花幡"长矛，心内一阵难忍的绞痛——这是达让王晁同投敌的罪证啊！我何不拿它来死谏岭国各大部众和后辈儿孙：宁肯死于刀下，绝不跪着求生！贾察毅然拾起长矛，大吼一声，猛地向自己腹部扎去。

霍尔军士惊恐万状纷纷倒退，梅乳孜大惊失色，像小孩一样"哇"地号啕大哭起来："哎呀！我一心暗暗地向往雄狮王格萨尔的事业，谁知却把坏事做到了奔巴王①你的身上呀！唉，也怪你一味逞强，不知节制，到这时还刚愎好胜！哥哥呀！你算把我一身美好的愿望全断送了。"贾察微微一笑，吃力地向梅乳孜说："人生一世，必有一死，血洒疆场，凤愿已了！梅乳孜呀，用不着大呼小叫，为我流泪！如果你真的向往格萨尔的事业，就把我的头割下来，赶快去觐见白帐王，任凭他高杆悬示，随意发落，好让我的死激起远

---

① 奔巴王：岭国大将贾察的别名。

在北方的弟弟格萨尔和岭国部众的满腔仇恨，向真正的死敌魔王讨还这笔血债！"说完，一脚把雅司刀踢到梅乳孜面前。梅乳孜颤巍巍地祈求道："哥哥呀，你千万不能死呀，不能死！我知道唐泽玉周手里有一瓶起死回生的宝药仙丹，我这就去取，我这就去！"他口心一致，说着拔腿就跑。只听见贾察轻轻地说声"慢！"他刚回过头来一看，只见霞尕尔① 紧咬牙关，用尽平生气力，把矛头狠狠地又向腹内一推，接着容颜失色，这位勇敢、刚强、忠贞不渝的岭国英雄就此与世长辞了！

　　贾察的死，惊动了远在天界的天母贡玛杰姆。她睁开慧眼，看到人间这一出征战的悲剧，不由发出一声声怜悯的喟叹："战争啊！多么残酷的战争！"但是如何才能得到合理公允的结局呢？她觉得贾察霞尕尔在临死时的誓愿是正确的，应该想办法激起格萨尔对侵入者的愤慨，让他赶快回来替天行道，做出最公正的判决，了此残局，"是啊，是啊！若不把贾察霞尕尔的头弄到霍尔，挂在雅泽城② 的金顶上，是不会引起格萨尔的巨大愤怒来的。"于是她变为独脚魔神的样子，自天而降，使黄霹雳宝剑劈开贾察的身首，然后在空中说道："呀！红色觉拉的孩子红臂辛巴呀！拿上这个首级向敌人炫耀，向亲友们夸功去吧！把他挂在雅司城金顶之上，就达到白帐王的心愿了！"辛巴梅乳孜还在犹豫的当儿，那丹玛和尕德二人，蓦地看见天上那不祥的白色虹光，心急如焚地赶了上来，辛巴梅乳孜扔下那尸体、战刀、玛霞马及长矛，只带贾察的首级仓皇逃走。

六　保护机制

（一）《格萨尔》的搜集、整理与抢救

　　20 世纪 50 年代，在《格萨尔》主要流传地开展了大规模的搜集整理工作，并且取得了很大的成绩。其间，青海省就多次组织专人深入民间进行

---

① 霞尕尔：岭国大将贾察的另一别名。
② 雅泽城：霍尔国白帐王的宫城。

调查和收集。许国琼、华甲在贵德、化隆等地进行了为期三个月的搜集、调查，搜集到 8 部《格萨尔》手抄本，调查到 20 多部分部本名称。到 1959 年 12 月，青海省已调查到民间流传的《格萨尔》具体部本名的有 30 多部，搜集到 21 部 40 本《格萨尔》，初步整理出 6 本。1978 年以后，《格萨尔》的抢救工作重新启动。自 1983 年开始，《格萨尔》史诗的搜集、整理和研究连续三次被列为国家重点科研项目。1984 年，经中共中央宣传部批准，由国家民委、文化部、中国社会科学院、中国民间文艺家协会等有关部门和西藏、青海、四川、甘肃、云南、内蒙古、新疆等省、自治区有关部门共同建立了相应的组织机构，统一规划，分工协作，共同完成这项庞大的文化工程。

在调查中，先后发现了 150 多位活跃在民间的《格萨尔》说唱艺人，各地共搜集到各类手抄本、木刻本 289 部。录制艺人说唱的录音逾 5000 小时，近年来还增加保存了艺人说唱的影像资料。2000 年，中国社会科学院与西藏社会科学院合作，整理出版著名的《格萨尔》说唱艺人桑珠老人的说唱。现已完成了 2000 小时的全部记录工作，并已陆续整理出版，共计约 44 部。这是迄今记录、整理、出版当代杰出《格萨尔》说唱艺人的最长也最完整的原始说唱记录本。

（二）《格萨尔》史诗翻译与出版

近半个世纪以来，中国对《格萨尔》进行了积极而有效的抢救、保护，使更多的人有了了解它和认识它的机会。从 20 世纪 80 年代起，《格萨（斯）尔》的搜集、整理、研究连续四次被列为国家哲学社会科学重点科研项目。目前，在抢救的基础上已整理出版藏文《格萨尔》部本约 70 部（含异文本），总印数 300 多万册，蒙文《格斯尔》22 部，土族《格萨尔》2 部。约有 30 部藏文《格萨尔》，5 部蒙文《格斯尔》，1 部土族《格萨尔》及 1 部普米族《冲·格萨尔》故事本被翻译成汉文。出版《格萨尔》研究的专著、辑刊、论文集共 30 多部，许多论文被翻译成英、法、德、日等文字介绍到国外。出版了大型的学术研究文献资料汇编《格萨尔学集成》一至五卷；五卷本大型系列丛书《格萨尔文库》的第一卷（藏族《格萨尔》）第一、二册，第二卷（蒙古族《格斯尔》）第一、二册，第三卷（土族《格萨尔》）第一册之上、中册。

（三）学术研究及人才培养

在抢救的同时，对《格萨尔》史诗的学术研究也在积极开展。中国社会科学院、西藏社会科学院、青海省文联和青海民族学院、四川省民委、云南社会科学院、内蒙古民委、新疆社会科学院、西北民族大学等都设立了专门的格萨尔研究所或研究中心，西藏自治区那曲市、昌都市，青海省海南州，四川省甘孜州、色达县等地也设立了《格萨尔》抢救办公室。在西藏、青海、四川、甘肃等地，相关研究机构与当地政府联合建立《格萨尔》研究基地，进一步加大了对其保护和研究力度。中国社会科学院少数民族文学研究所、西北民族大学格萨尔研究院、青海民族大学藏学院、西藏大学藏学院相继成为格萨尔学方向的博士、硕士学位授权点，培养《格萨尔》史诗研究的高层次专门人才。

清康熙五十五年（1716）蒙文木刻板《格萨尔》在北京刊行后，引起一些国外学者的兴趣和注意，他们有的还深入藏区实地考察，进行《格萨尔》史诗的研究，发表相关的文章、论著，一度使国外《格萨尔》的研究走在了我们国家的前面。经过半个多世纪的努力，我国格萨尔工作大力开展，逐渐形成了一支由藏、蒙、汉、土等民族研究人员组成，专门从事《格萨尔》搜集、整理、翻译以及教学和学术研究的老中青结合的队伍，所取得的巨大成绩和丰硕的研究成果已得到国际社会的高度评价和充分肯定。一个多学科、多角度、多层次研究的格萨尔学学科体系正在建立，彻底改变了过去《格萨尔》在中国、研究在国外的状况。

至今已召开了6届国际《格萨（斯）尔》学术研讨会，各地还经常举办不同层次、各种形式的艺人演唱会、学术讨论会等。1995年，在奥地利召开的国际藏学会议上,《格萨尔》首次作为专题被讨论,此后,1998 年 8 月美国、2000 年 7 月荷兰、2006 年德国召开的国际藏学研讨会上都设有《格萨尔》专题论坛。中国《格萨尔》的研究已经走向了世界,其影响已扩展到世界范围,世界关注着《格萨尔》。

《格萨尔》史诗研究渐成为一门国际性的学科。2001 年 10 月,在巴黎召开的联合国教科文组织第 31 届大会上,"史诗《格萨尔》千年纪念活动"被列入该组织 2002~2003 年 47 个周年纪念活动项目名单,以展示并保护这一文化遗产,大大提升了《格萨尔》史诗的影响力。2002 年 7 月 18 日,在人民大会堂召开了"史诗《格萨(斯)尔》千年纪念大会",李铁映到会做了重要讲话。中国社会科学院、文化部、国家民委、国家广电总局、中国文联还联合举办了"史诗《格萨(斯)尔》千年纪念活动综艺晚会"。2006 年 5 月,《格萨尔》被列入第一批国家级非物质文化遗产名录,进一步唤起民众的保护意识。

(四)《格萨尔》文化产业

随着社会的发展,人们的精神需求逐渐增加,民族民间文化得到社会的广泛关注,特别是对人类口头和非物质文化遗产的重视与保护,引起《格萨尔》文化产业如春潮般开始涌动。一时间,人们纷纷挖掘《格萨尔》文化资源,打造《格萨尔》文化品牌,在藏区兴起一股"格萨尔热"。有些地方还争相改称"格萨尔故里""格萨尔诞生地"等,又有报道称,阿须乡更名为"格萨尔乡"。藏区各地开始充分开发和利用英雄格萨尔王以及《格萨尔》史诗对藏区经济发展和物质文明建设的积极作用。

如今,旅游业已成为各地增加经济收入的一项重要来源,发展旅游业也开始越来越注重挖掘地方文化资源,打文化牌。《格萨尔》史诗的文化地位逐渐得到确认,在国际国内的影响逐渐加大时,藏区许多地方开始举办与《格萨尔》有关的赛马大会、文化旅游节等节庆活动,不仅进一步宣传和扩大了《格萨尔》的影响力,在一定程度上使这一民族文化的优秀遗产在年轻一代中得到宣传和普及，同时，通过这样的活动也给举办地带来了相当可观的经济效益。

赛马会在藏族同胞眼中具有特殊的意义，当年格萨尔就是通过赛马得胜，才登上岭国王位，从而开始创建一生的英雄业绩。为了纪念这一意义非凡的赛事，藏族人将它沿袭至今，发展成为一项深受藏族群众喜爱的传统盛会。赛马会期间，不仅是各路骑手展示、交流骑术，表演马背功夫的时机，也是平日里繁忙劳作的藏族群众进行集会、娱乐、物资交流等活动的大好时机。青海、四川、甘肃等省藏区都已举办了数届规模不等的赛马会、旅游节，其中也产生了一些较成功的范例。据悉，甘肃省玛曲县举办的"赛马会"，打破地域观念，由甘、青、川三省以及甘南、阿坝、玉树、果洛四州联合举办，现每年政府和企业联合投资 100 万元，直接或间接经济收益 600 万元以上。

格萨尔彩绘石刻的孕育、产生地四川色达县，"格萨尔"文化氛围十分浓厚。曾被文化部批准授予"中国民间文化之乡"，四川省政府授予"《格萨尔》藏剧之乡"，因《格萨尔》说唱艺术、《格萨尔》藏剧、《格萨尔》彩绘石刻、《格萨尔》藏寨民居建筑艺术等获得了一系列殊荣。当地政府依靠这些优势，建成《格萨尔》文化艺术博物馆、《格萨尔》文化艺术墙，注册"格萨尔彩绘石刻"通用网站，设计制作格萨尔石刻纪念品。这些举措在促进地方经济发展的同时，对弘扬民族文化也起到了一定的作用。

近年来，青海贵德县涌现出许多"《格萨尔》文化中心户"，这里的农牧民也开始看好依靠发展文化产业致富的路子。搜集、整理流传在民间的《格萨尔》故事，以传统的说唱、藏戏等形式传播格萨尔文化。保宁村农民多杰才让自发起成立《格萨尔》文化中心户，已整理出版了 7 部流传于民间的《格萨尔》故事，常请民间艺人来，相互交流、学习。组织演出了上百场《格萨尔》藏戏，每次都观众云集，场场爆满，引来无数游客，也给他们带来了数万元的经济收入。《格萨尔》文化中心户每年还举办培训班，向群众传授医药科普知识。这些《格萨尔》文化中心户的成立，成功挖掘、利用了当地独特的文化资源。他们举办的《格萨尔》说唱、《格萨尔》藏戏等演出活动既丰富了群众文化生活，开辟了一条文化增收的路子，同时也起到了有效的传播和保护《格萨尔》民间文化的作用。

（五）传承人保护

20世纪80年代，在全国范围内开展的《格萨尔》抢救工作中，发现一百多位说唱艺人。而如今，其中的一些优秀艺人相继辞世，在世的也年世已高，体弱多病，不能再进行《格萨尔》说唱。虽然也有新的艺人被发现，但艺人数量总体上仍呈锐减之势。那些未被保存下来的部本，留给世人的只有永远无法挽回的遗憾。因而，保护传承人的工作显得非常必要和重要。

2007年6月，经文化部确定，西藏自治区的次仁占堆，青海省的才让旺堆、达哇扎巴，甘肃省的王永福，四川省的阿尼，以及新疆维吾尔自治区的吕日甫作为代表性传承人，被列入第一批国家级非物质文化遗产项目226名代表性传承人名单。《格萨尔》艺人的地位和生活状况有了很大的改善，他们不仅深受群众的喜爱，也受到各级政府的重视，成为受人尊敬的人民艺术家。很多艺人被授予了"《格萨尔》说唱家""民族文学说唱家"称号，受到社会的普遍尊重。西藏自治区的玉梅等人被安排在西藏社科院工作。青海省玉树州说唱艺人达哇扎巴，19岁便被破格吸收为玉树州群众艺术馆的一名国家干部，专门说唱《格萨尔》。过去曾四处流浪、靠卖艺糊口的才让旺堆如今是青海省民间艺术家协会荣誉主席，还享受国务院有突出贡献专家津贴。许多艺人得到了政府方方面面的帮助和照顾。

但又有一些新的问题摆在了面前，史诗艺人生活状况、生活环境变化了，说唱能力也随之逐渐下降了。《格萨尔》史诗是在雪山、草原、牧场间生成、流传的，千百年来由广大藏族人民的集体智慧凝结而成的。离开了熟悉的自然环境，离开了爱听爱唱《格萨尔》的人民群众，史诗便脱离了其生存的土壤。看来，保护传承人不能只是简单地改善他们的物质生活条件，把艺人统统请到城里来，如何保护史诗赖以生存的文化生态环境，更应引起专家学者们的注意。总之，《格萨尔》的抢救和保护是一项包括多方面内容、涉及多种学科的系统工程，让我们共同努力，促进优秀民族文化传统的继承和弘扬。

第二节　热贡六月会

一　热贡概况

自然环境　隆务地区藏语称"热贡"，意为金色的谷地，当地人的生产以农业为主。这里平均海拔在 2500 米以下，日均温 ≥ 0℃，年日照时数 1760.7 小时，年积温 2450℃，年降水量 370~430 毫米，年均气温 5.2~7.0℃，年无霜期 150~172 天。处在青藏高原和黄土高原的交接地带，是农耕文化和游牧文化的交汇处。"隆务"是藏语农业区的意思，这里水源充足，地势平缓，适宜农耕。每年一度，盛大的六月会就在隆务河中下游两岸各村举行。据说，以前有 50 多个村庄参与六月会，如今主要在四合吉、苏和日、铁吾、加查玛、霍日加、年都乎、郭麻日、尕撒日、吴屯上庄和下庄、浪加、保安下庄、尕堆和麻巴等 10 余个村落中举行。

历史演变　这一地区历史上有藏族、蒙古族、汉族等民族来往迁徙，留下了不同民族文化的印迹，民族的多元造就了这一地域文化的多元。当地人在生产生活习俗中，除了保留农耕文化特征外，也掺杂有部分游牧文化的内容。据《后汉书·西羌传》记载，约公元前 5 世纪，羌人首领无弋爰剑从西秦逃亡，入"三河间"（黄河、析支河、湟水），在此地住了下来，当地羌人得知无弋爰剑被追杀时躲入岩穴，秦人用火焚烧，火中显出虎形为其蔽火而未被烧死，觉得此人非同一般，都推举他为羌人首领。无弋爰剑遂教给大家农耕养畜的生产技术，农业和畜牧业逐渐发展起来，同仁所在的大小榆谷（即热贡）成为羌人的根据地。到秦汉时期，爰剑的子孙已发展到百余个部落，势力大增。与此同时，诸羌内部出现了争斗，这里成为刀兵之地。魏晋时期，热贡地区又成为鲜卑族秃发部南凉政权的势力范围。之后，吐谷浑崛起，占据了包括热贡在内的大片土地。

公元 7 世纪初，唐高宗龙朔三年（663），吐蕃攻灭吐谷浑，与唐军形成对峙局面。唐中宗景龙三年（709），朝廷将黄河九曲之地赐予吐蕃，以为金城公主的汤沐之所。随着吐蕃东进占据了河西、陇右之地，在隆务河流域驻军、移民，这里逐渐成为藏族聚居区。宋代，唃厮罗政权建立，热贡又成为唃厮罗治地。唃厮罗政权瓦解后，宋朝在贵德黄河以南设积石军管理包括同仁在内的地区。13 世纪初，元朝政府在藏区设宣尉司，在黄南等藏区设贵德州元帅府，并设必里万户府来管理藏区，处理当地藏族部落的事务。明朝洪武、永乐年间，开始推行军屯，中央屯戍军深入同仁。明代中期，北方蒙古鞑靼部进入青海，万历年间（1573~1620），原驻牧于青海湖周围的"西海蒙古"向黄河以南富饶的河曲地带发展，真相部移驻莽剌川，火落赤移驻捏工川。"捏工"即"热贡"。火落赤部占领的是现在的青海同仁、泽库、尖扎和甘肃夏河一带。万历十八年（1590），火落赤、真相以捏工、莽剌二川为据点，向临近的洮州大举进攻，明副总兵李联芳以下 3000 余明军全军覆没，火落赤又大掠河州、临洮等地，"西陲大震"。明末清初，西蒙古厄鲁特部与和硕特部固始汗应四世班禅之邀进入青海，战胜却图汗，以护教为名，收服了青海藏族部落。整个隆务河流域为固始汗所管辖，在蒙古人的支持下，藏传佛教格鲁派在同仁地区有了新的发展。

明朝屯戍军入热贡时设"保安四屯"，即季屯（今年都乎村）、李屯（今郭麻日、尕撒日两村）、吴屯（今吴屯上庄、下庄）、脱屯（今保安下庄），被称为"土族四寨子"。"屯兵之处，皆自内地拨往，非番人也。故今有曰五屯者，其先盖江南人，余亦有河州人。历年既久，衣服言语，渐染夷风。其人自认为土人，而官亦目为之番民矣。"[1] 清宣统元年（1909）时，热贡藏族共有24族，2名囊索，6个千户。民国至中华人民共和国成立前夕，并为12族，即隆务七庄、麻巴部落、黄乃亥部落、多宁牙浪部落、浪加部落、曲库乎部落、赛隆哇部落、多哇部落、日赞部落、加吾部落、兰采部落和让卓措那部落。其中，隆务七庄和麻巴部落的地位较高。这些部落分布在隆务寺周围黄河以南的地区。

展演空间 六月会是青海省黄南藏族自治州同仁县境内隆务河两岸的藏族、土族群众盛大的民间传统节日。当地藏族人称为"周卦鲁柔"。每年农历六月十七至二十五日在当地各村庄中陆续举行。六月会上村民通过一系列既定仪式祭祀神灵、预祝丰收。将丰盛的供品、最美的舞蹈献给神灵。关于六月会的起源，说法不一，其起源除了与藏民族远古的自然崇拜、原始信仰、祭祀神灵的习俗有关外，还有庆祝战争胜利或停息，祈求风调雨顺、庄稼丰收等丰富的内涵。热贡地区土地肥沃，气候宜人，河流纵横，山峦起伏。黄河、隆务河、浪加河蜿蜒流淌，周围夏琼神山、德合隆神山、拉日神山等群山环绕，境内隆务寺、吴屯上下寺、年都乎寺等佛寺林立，金碧辉煌，更有被誉为安多第一塔的郭麻日塔，庄严神圣。藏族、土族群众的村落里高耸着玛尼旗杆，悬挂着经幡，村后的山坡上建有山神庙，也是村民们举行六月会的主要场所。在这样一个具有浓郁藏传佛教文化氛围的空间中，还能看到清真寺点缀其间，各个民族不同文化在这里多元和谐共处，呈现出独特的自然和人文景观。热贡是闻名于世的艺术之乡，民间文化丰富多彩。由众多村落参加的六月会，吴屯、年都乎、郭麻日、尕沙日的唐卡、堆绣、雕塑，年都乎的於菟，寺院里羌姆，民间传统藏戏，还有神话、传说、故事、民歌、谚语等口头艺术传统，各民族民间文化在历史的发展中不断积淀、传承，至今保存着较好的传统，呈现出原始朴素的特点。热贡六月会就在这样一个多元、丰富的文化空间中代代传承，成为当地民众生活的一部分。

---

[1] （清）龚景瀚：《循化厅志》卷四《族寨工屯》（点校本），青海人民出版社，1981，第163页。

二 起源传说

"周卦勒柔"（六月会）的传说 关于六月会的起源，在当地民众中流传着许多相关的神话传说①。相传，宗喀巴到西藏时，带着两位著名的管家，一个叫阿尼玛卿，一个叫切加。前者后来成了安多地区的一方保护神，后者成了大护法神。阿尼玛卿到了西藏，对宗喀巴大师说："我想念我们安多地方的周卦勒柔，想得吃不下饭，睡不着觉，就让我回去看看吧！"宗喀巴因为很需要他，不让他回去，就说："你实在想念，我们就在寺院让阿卡们给你表演六月歌舞。"于是，每年藏历的十二月十一和十五这两天，在寺内演唱酒曲和拉伊，以各种借口演出安多地方的舞蹈，让玛卿欢快。据说在噶丹寺大经堂二层上方就有幅阿尼玛卿欣赏六月歌舞的画像，是同仁尕沙日著名画家拉热洼画的，画上的阿尼玛卿神态如痴如醉，完全陶醉在家乡歌舞的欢乐之中。可见，同仁地区的六月歌舞，不仅相传久远，而且早已盛行，并保留了原始崇拜的成分，即起源于龙、虎、豹等图腾崇拜，以祭祀的原始形式呈现的一种庆典活动，"重现了传奇般的过去"，至今依然充满着活力。

大鹏神降传说 很早以前，同仁地区有许多毒蛇猛兽危害人类，后来从印度飞来一只大鹏鸟，降服了这些毒蛇猛兽，最后落在了"四合吉村"附近的西山上，藏语把大鹏鸟叫作"夏琼"，所以大鹏鸟也就是传说中的夏琼神，后来为了供奉他，定于每年农历的六月十六举办"六月会"。

神舞传说 同仁扎毛乡玛什当村和牙什当村六月会时主要跳"拉什则"（神舞）。相传，早在人类还未出现之时，世间有一棵菩提树，十分高大。树根扎在阿修罗的城池中，树尖插入三十三层天上。菩提树结长寿果，有一次，阿修罗和三十三层天的神兵神将们，为争夺长寿果而发生战争。三十三层天的将士们被打得难以招架，于是，玉皇大帝请求金刚手菩萨助战，并且说

---

① 赵清阳：《源远流长　独具一格——同仁藏族民间舞蹈初探》，载青海文学艺术研究所编《青海舞蹈文集》（内部资料），1988，第119~120页。

道："你们快到世间去请 13 位战神，他们一定能帮助你们战胜阿修罗的将士。"三十三层天的将士们很快请来了 13 位战神，他们是振佛神、后嗣繁衍神、伏敌神、制祸神、长寿神、美妙神、积德神、英勇神、众敬神、称美神、成就神、大力神、扬名神，他们很快战胜了阿修罗的将士们。胜利后，玉皇大帝在天堂举行祝捷盛会，以阿妈公麻加毛为首的 12 位地母仙女，也纷纷前来参加盛会，并表演了各种优美的神舞，答谢 13 位战神。后来，13 位战神中的伏敌神转世到人间，成为一位勇猛的战将，叫拉赞木家告，意为勇猛神将军，又称拉赞，即严厉神。后来在藏王赤松德赞时，被莲花生大师派到安多做护法神。他居住在同仁扎毛村最高的山上，成为扎毛地方的山神。他把仙女为战神跳的神舞带到了扎毛，传给当地百姓，从此这里便有了"拉什则"，即神舞。

龙舞传说 由于龙舞在各村演法不同，其传说也不尽相同，苏乎日、五屯、麻巴日扎等村的百姓传说，在藏王松赞干布和赤松德赞时，唐、蕃两军在今同仁与夏河县交界的甘家等地对峙。后经双方高僧调和，达成和平停战。藏军为此庆贺跳军舞。正在欢舞时，从驻地的达加央措（达加兰海）里出来两条龙，一个头似虎，一个头似豹子，和欢庆的人们一道欢乐。六月会中表演的勒什则即龙舞。苏乎日村还有一种说法，该村有个叫勒藏的措洼，先民到这里以后，向原来的老居民达尔玛措洼借了一块叫龙宫的地方住下来，所以勒藏就是龙家措洼之意。这里的百姓为了祈求龙保佑平安，各家画了一幅龙女像供起来，每当祭日，全村人都要敬龙演龙（勒什则），时至今日仍保持着这一风俗。浪加村百姓中传说，大约在 500 年前，今四川甘孜地方有个叫唐春巴的大喇嘛，派他的弟子青才智格到浪加部落传播佛教，临走之时，他把带来的山神阿米拉日留在浪加，让他给浪加的人当保护神；又在浪加赛龙洼泉水地方画了一个圈，请浪加人在那里给龙修座庙，为龙舞蹈，并说这样做以后就再也不会干旱缺水了。因此后人就在沟的北边修了一座龙庙，至今每年夏季六月，全村百姓仍然围绕着泉边为龙跳舞，祈龙降水。另一种传说是，相传很早以前，浪加有个叫阿尼阿拉果的人，为了引水浇灌村北托托洛滩上的耕地，在滩后的赛格龙洼沟找到一眼泉水。但由于沟里积沙很厚，水流不多远就潜流于地下，特别是一遇天旱，水就没法利用。藏族人认为龙是专门治水的，泉水潜入地下是龙在作怪。于是，阿尼阿拉果就带领一些童男童女，每年六月在龙泉跟前为龙跳舞唱歌。龙泉附近有几棵杨树被称为龙树，孩子们还要爬到龙树上玩耍，以讨龙喜欢，保佑泉水旺盛。后来为了演出方便和便于群众观看，就把演出移到村里，经过历史的锤炼，终于成为全村或全部落群众共同祭神、祭龙的娱乐性和群众性的民间舞蹈活动。

祭奠阵亡将士说 据说吐蕃时期，吐蕃进兵长安，因天气炎热而撤军，其中一支小部队则转入青海，征服了当地穿红裤子的土著人，在这里住下来。征战中，有一位将军和其部下阵亡。人们把他们安葬在高山之上，在安葬之处建起拉则，这处山岗叫阿米莫洪，莫洪即藏语将军的意思。以后，人们在将军阵亡的忌日来到拉则前祭祀，并祈求英雄的英灵保佑人们平安。"六月会"便由此而来。"六月会"开始时，首先要举行祭仪拉则的仪式。

农事祭祀传说 当地民众主要从事农业生产，农历六、七月间正是庄稼成熟将要收获的季节，这时，人们通过举行"六月会"向各路神灵供献各种祭品，跳祭祀舞蹈。取悦于神灵，祈求神灵保佑风调雨顺，"六月会"就此固定下来。

弃戈归义传说 据传元末明初，镇西武靖王卜纳剌，反对战争，毅然将全部武器毁于同仁地区，于农历六月二十八日举部向明朝将领邓愈归降，求得一方百姓免遭涂炭，这一地区的广大人民群众为感戴镇西武靖王卜纳剌的义举，举行六月会，祭神祝福。这一活动相沿至今，成为祭典二郎神、山神，祈求幸福、丰收的一项重大群众活动[①]。

三 展演仪式

（一）准备阶段

拉哇 即法师，被神灵附体后成为神的替身或代言人，可以替神传谕。

---

① 黄南藏族自治州地方志编纂委员会：《黄南藏族自治州志》（下卷），甘肃人民出版社，1999，第 1442 页。

在六月会开始之前，热贡地区的各个村庄都要成立筹办和组织六月会的领导机构，拉哇（法师）指定人员，统一组织、主持"六月会"的各项活动。六月会开始之前人们各自分工准备，村里各家各户准备献祭的供品大都由妇女负责完成。男子们则清扫神庙，随拉哇布置神庙和仪式前的其他准备工作。在六月会正式开始的一段时间，拉哇要进行沐浴净身，并禁绝房事、禁烟酒，保持"洁净"以便神灵附体。拉哇均为男性，是六月会祭祀仪式的领祭者，各村都有一或数名拉哇。法师是每个村庄"六月会"活动的核心，各项祭神仪式活动都在法师的直接领导和参与下完成。

发神 神灵附体。拉哇处于全身颤抖、表情怪异、手舞足蹈、类似癫狂的时候，表明神灵已经附体。此时，拉哇已由普通人跃升成为神的代言者。

卡果哇 在六月会准备阶段，由村民推选出负责组织安排、筹备本村六月会各项事务的首领，当选者往往是村中有较高威望、德行的人，卡果哇三到五人不等，其中一人总负责，每年轮流担当。

供品 主要包括馍馍、酸奶、青稞酒、砖茶、水果、鲜花、哈达等，同时还要预备煨桑用的材料柏香枝、炒面、青稞。在这一年之中，凡求助过法师、神灵，或家中发生过各种不幸的人家，除了准备一般的供物之外，还要准备一匹绸缎。有的村子以往进行血祭用的活羊如今都用糌粑和酥油捏塑的山羊作为供品代替。所有供品都必须"洁净"。

沐浴 法师的沐浴仪式，各村都有，但具体内容又有所不同。四合吉村的法师在"六月会"之前，自农历六月十三日至十五日，在隆务寺内请喇嘛诵经，而后用"净水"浴洗，以示对神灵的虔诚。其他村的法师则在本村"六月会"前，在助手和村里男子的陪同下，将庙里的神轿抬到河边上，先用河水泼洗神轿，然后沐浴洁身。

请神 "请神"仪式藏语叫"拉强嘎"，请神队伍先在神庙集合，从神殿里抬出神轿，法师领队旗手、鼓手走在前面，一部分人抬着神轿跟随其后到村里的每家每户中。各家都将事先准备好的供品摆放在供桌上，全家人整装恭迎法师的到来。法师到有些人家要显灵作法,是否发神则由附身的神灵决定。主人家随供奉钱、物等供品。在为全村各户人家请神之后,队伍返回神庙。各村请神的具体形式也有所不同,四合吉村的请神仪式按传统的日程安排,在每年农历六月十六日举行。浪加村的请神仪式上,法师带领请神队伍到每家每户作法,祛邪禳灾,与别的村不同的是,他们不抬神轿,只举三角旗和唐卡神像。请神仪式在为各家祈福禳灾的同时,也有为"六月会"筹集所需资金和物品之意。

(二)开场阶段

四合吉村开场 六月会于农历六月十六日,从隆务寺旁的四合吉村开始,然后各个村此起彼伏至六月二十五日。在完成各项准备阶段工作后,"六月会"便正式开始,正式仪式一般为三天,具体时间各村不同。开场仪式的形式各村基本相同,全村男子在法师的带领下举行"祭拉则"的仪式。这项仪式在农历六月十五日首先从四合吉村开始,之后,其他村相继举行。四合吉村现在有四百户人家。四合吉村选出的法师带着游行队伍在跳舞者的协同下,从一早开始到每家每户"赐福"保佑平安,祛灾避邪。四个健壮的年轻人抬着一顶神轿,由法师率领着,转遍全村的每一个家庭。神轿里抬的是本村的保护神"夏琼神"。每到一家,游行者和举旗的孩子齐声呐喊。这家人摆上供品,在供桌前由法师泼洒一地牛奶。抬轿的年轻人在铜锣声的敲打节奏下,抬着神轿围着供台跳一段舞,到每一家都是如此,过一会儿就会有另外的人来替换他们。从早上八点开始的"赐福",直到晚上七点转村完。之后由法师率领着来到四合吉村的最高山头神堂"老爷府"。祭拜结束后,队伍又在法师带领下返回神庙。接着,全村人在神庙会场,跳敬神的舞蹈。整个"赐福"仪式非常有序、严谨。

祭拉则 到达拉则后,法师将长矛插在拉则前面,大家把柏枝插到拉则四周,在桑台上煨桑,法师祭洒美酒,敬献山神,众人吹响海螺,祭祀队伍顺时针绕拉则一周,高声呼喊神灵,放飞隆达(风马)。

拉曹 藏语"神鼓"的意思，是一种椭圆形带柄和铁框的羊皮单面鼓。神鼓和铜锣是仪式中引发激情，降神、通神的法器，也是给仪式舞蹈打节奏、制造仪式气氛的乐器。

（三）歌舞阶段

舞蹈献供 热贡六月会祭祀的主要形式是以舞蹈献供，舞蹈是整个仪式活动的主要内容。在法师指挥和参与下，男女舞队进行一系列舞蹈表演。期间，其他村的法师、村民，以及当地一些单位的代表会带着哈达等礼品前来道贺。舞蹈者男女都有，但以男性为主。参与舞蹈献祭的男子一般在45岁以下，女性则必须是未婚的少女。祭神的舞蹈有三大系统，分别为："拉什则"（神舞）、"勒什则"（龙舞）、"莫合则"（军舞）。表演"拉什则"（神舞）的村庄有四合吉、年都乎、苏乎日、吴屯等，浪加村表演"勒什则"（龙舞），表演"莫合则"（军舞）的有尕沙日、郭麻日等村。但各村的祭神仪式中并不限于一种舞蹈形式，或包含不同的舞蹈形式。

拉什则 即神舞，以四合吉村的最具代表性。整个舞蹈表演过程中，法师处于神灵附体的状态，全身抖动，口中不停地吹气，他按传统的民间宗教仪规，接过助手递来的酒、酸奶、青稞等祭品，不断地向神庙前的地上或空中洒泼，向神献供，有时又加入舞队引导跳舞。跳拉什则者均为男性，身穿藏服，头戴白色高顶红缨帽。这种帽子是他们供奉的山神阿尼夏琼的帽子。舞者左手执鼓，右手握鼓槌。随鼓点节奏小跳步，并在头顶、耳侧、胸前、胯侧击鼓或躬身在胸前或头顶击鼓。舞队分组出场，十人左右一组，在做完四个方位的动作后，放下鼓到场地中央徒手舞蹈，另一组出场，动作、节奏与之前相同，直到所有舞者全都轮流跳一遍。

四合吉村神舞节目表 四合吉村的神舞颇具代表性。该村的神庙里保存有一份藏文书写的该村"六月会"时舞蹈献祭的节目表：

"（四合吉）村六月会时，为使天神、龙神、念神三者喜欢，而举行的专门神舞次第：六月十六日，家家户户迎请山神，献各种丰盛的供品。

（1）众男士树立种种白哈大旗，向四方献供。

（2）男士们的舞蹈献供（也译为"供养"）。

（3）姑娘们的舞蹈献供。

（4）擂鼓使神欢喜的各种神舞。

（5）绘虎脸、豹脸画纹，为使祖先欢喜而恭敬献供。

（6）从一岁到百岁间之长寿阿杂热（游方僧，行脚僧）手杖献供。

（7）祝说吉祥如意辞，口头游戏（相声）。

（8）擂鼓酬神献供。

（9）男士们的兵器献供。

（10）为使庄稼丰收，一切吉祥，部落团结而做诙谐游戏献供。

（11）神特别欢喜之山歌花鬟献供。

（12）为使山神阿米木洪和香拉热咱二位心意喜欢的献供。

（13）如同彩虹幕似的观音菩萨舞姿献供。

完结。"①

四合吉村每天早晨第一个和下午最后一个节目均为"勒什则"。表演者手捧哈达，随着锣鼓声有节奏地迈着舞步做转身、敬献哈达等动作。整个舞队在领头人的带领下，似一条长龙蜿蜒，首尾相接。舞队缓缓地顺时针绕转，最后摆成右旋海螺的造型。

嘎尔　是由女子表演的舞蹈，姑娘们手捧哈达排成长队，舞步简洁、缓慢，步子平稳，动作幅度较小，神情虔诚庄重。节奏为向前走三步，然后向东西南北四方敬献哈达。

刚航　高跷，由两位少年舞者脚踩绘有虎纹、豹纹的高跷表演。

阿杂拉　由两名少年头戴印度"阿杂拉"面具进行表演。阿杂拉代表长寿。中间还有小品表演。演员以怪异搞笑的装扮，多根据村中的人和事，编演幽默逗乐的小品。

---

① 译文引自马成俊主编：《热贡艺术》，浙江人民出版社，2004，第264页。

阿尼木洪 这一祭祀舞蹈，由三个男子击鼓表演。其象征意义有两种解释：一是舞蹈动作象征达日加三兄弟来热贡时，遇到盗贼，三兄弟拔刀抵抗；二是模拟二郎爷被发配来热贡时，戴着枷锁、脚镣，步履艰难。

勒什则 即龙舞，藏语中的"勒"（龙）指水族动物或精灵。龙舞与远古的祈雨仪式有关，是男性舞者的群舞，人数较多，表演者和着锣鼓的节奏舞步时急时缓，排成一条长龙蜿蜒舞动。浪加村的龙舞更是独具特色，有爬龙杆、开红山等内容。龙舞表演时，法师边击鼓边督察，有时自己也随节奏起舞。队伍前面几位舞者左手持木刻的神怪面具，还有龙族蛇、蛙的面具。右手举木质短柄的"神斧"领头，其余舞者举神斧跟在后面跳。浪加龙舞中还有表现生殖崇拜的内容。在舞蹈献祭的过程中，法师拿着羊角卦器占卜，助手们提一盛有酒和青稞等粮食混合的桶，桶里有一木刻的"阿妈勒毛"雕像，手里握一木制男性生殖器模型。时而用男根模型接触"阿妈勒毛"（龙女）神像的下体，时而还用木雕生殖器蘸桶里的酒浆向四周泼洒。浪加六月会的最后一天下午，在加毛塘的龙女神庙前，法师如前用木雕神像和男根示交合状，并不时泼洒桶里和着青稞的酒浆，一边口念祭词，祈求人丁兴旺，农业丰收。村子里期望怀孕生子的妇女们身上被泼上酒浆或被法师用木雕男根触及身体都会显灵。之后，男子们每人拿一条毛巾展开后遮住脸，围着神庙转圈，女子舞队在其内侧围成一圈，男子演唱"拉伊"。

爬龙杆 浪加村举行六月会的广场上竖着一根六七米高的木杆，称为"龙杆"，村里的年轻男子都要当众爬上龙杆，以能顺利爬到杆顶为荣。

开红山 法师通过一定的仪式，爬上立在会场中的"龙杆"上，用刀砍破自己的额头，鲜血外流，叫"开红山"。

插钎 将长约15厘米的特制钢钎插入舞蹈者的两腮或肩肌，叫"插口钎"或"插背钎"。插钎之前，还需以传统除秽法消毒，即将烧得炽热的数个大卵石放入桶中，加柏树枝叶，然后加入开水，再将钢钎在热气上蒸熏。当地民间认为，通过"插口钎""插背钎"和"开红山"这种仪式向神献舞，更能显示献供者对神的虔诚，从而得到神灵的欢喜。

莫合则　即军舞。主要在尕沙日和郭麻日两村的祭神仪式上表演。开始表演前，法师带大家在神庙前煨桑，用土语呼唤神灵并念颂词后舞队开始在广场表演军舞。参加军舞表演的人数较多，舞队最前面的人一手拿画有人像的木板，一手持木制短柄斧子。第二个人举着挂有二郎神唐卡的长杆，后面是锣鼓手，其余舞者手持代表武器的二尺左右的棒子依次排列。"莫合则"中有一种舞蹈形式叫"转圈舞"，舞队伴着锣声的节奏绕场行进，意为军队远征。每绕场三圈，领舞者高声呼"阿哈啦啦"，众人回应"嗨！嗨！"领舞者边舞边用一只手中的小木斧向另一只手中的面具做砍杀的动作。这样共绕13圈后"转圈舞"结束，舞队变换一次队形，排成并行的两列，相向而立，高声呼喊并做相互冲杀的舞蹈动作。

（四）结束阶段

各村的"六月会"一般进行三或五天，到最后一天下午就进入了"六月会"的结束阶段。热贡"六月会"的结束阶段，主要的仪式内容是举行最后的烟祭、把神轿送回神庙、降神等活动。最后一天下午，全村人都集中到"六月会"场地上，法师泼洒酒和酸奶等供品敬献神灵，煨桑台上燃起桑烟，人们将各家献供的各种祭品放入燃烧的桑堆中一同祭烧。大家在神庙前列队，聆听法师宣谕，传达神的旨意，并对举办"六月会"积极出资、出力有贡献者，或对山神虔心供养者当众予以表扬。传意完毕，人们高呼"啦索"，表示将神的意旨谨记在心。最后，将神轿、神像，以及法师的装束送回神庙，安放好，送神的仪式便结束了。燃烧祭品的桑池中桑烟缭绕，一直持续到晚上。是夜，部分村民重又聚到神庙的场院，喝酒、唱歌，尽情欢愉。

四　信仰和禁忌

阿尼玛卿山神　阿尼玛卿是安多藏区最大的保护神，相传他住在青海省东南部距同仁约 300 公里的阿尼玛卿雪山上，是"形成世界九大神"的山神之一，山神之宗沃德巩甲的第四个儿子。画像中的阿尼玛卿山神头戴白毡帽，身着铠甲，腰系弓袋、箭囊，右手持剑，左手持如意宝，跨绿鬃白马。阿尼玛卿又被称为"十地自在玛杰邦热"，说明玛卿的地位达到了菩萨修行和能力的最高等级。阿尼玛卿山神是藏传佛教的护法神，隆务寺大经堂门庭右侧墙壁上就绘有阿尼玛卿的神像，左侧墙壁上绘有夏琼神。热贡六月会供奉阿尼玛卿神的村庄有年都乎、苏日和吾屯，其中苏日还供奉玛卿神的三个儿子。虽然阿尼玛卿神地位高于夏琼神，但村民认为其管辖的地域太大恐会顾不到本村，六月会的祭祀中没有一个村庄是将阿尼玛卿作为主神祀奉的，其在神庙中仅处于伴神地位。

阿尼夏琼山神 传说阿尼夏琼居住在夏琼山，夏琼山是同仁县境内最大和最高的山脉，主峰海拔为 4764 米，距离隆务镇约 15 公里。阿尼夏琼山神在当地藏、土族群众中受到普遍尊奉与崇拜。许多村子每年都会定期去山顶煨桑祭拜，隆务寺、吴屯寺、年都乎寺等寺院中都绘有阿米夏琼的壁画。他身着铠甲，骑马挎箭，手持长矛，头戴白色高顶红缨的毡帽。四合吉村六月会祭祀的主神是阿尼夏琼，村民们献供神舞时男性舞者头戴的便是高顶红缨的夏琼帽。据说，夏琼受命于莲花生大师前来征服为祸作乱的恶神，有一蛇神逃到同仁地区，夏琼变成一只大鹏鸟将其制伏。此后便留在这里，成为地方保护神。阿尼夏琼被奉为热贡地区的众神之首，在当地山神系统中神威显赫，地位很高，已修炼到八级。传说每年六月会期间，阿尼夏琼要召集当地的众山神集会，评说诸神一年来的是非功过，斥责作恶者。阿尼夏琼是四合吉村神庙里供奉的主神，他的妻子来冒、儿子东巴冬宙作为伴神也被供奉在神庙里。阿尼夏琼也是藏传佛教的护法神，每年农历四月十一是夏琼的诞辰，除民间的祭祀外，隆务寺活佛也要到夏琼山进行祭祀。

阿尼德合隆山神 住所是位于隆务河东岸的德合隆山，与夏琼山隔隆务河相望，它是苏乎日村奉祀的主要山神。在当地群众中流传着这样的一则神话传说，德合隆山东边的山叫作阿玛觉毛，是阿尼德合隆的妻子。阿尼夏琼和阿尼德合隆原本是非常好的朋友，可是夏琼却偷偷爱上了朋友的妻子阿玛觉毛。两人常趁着德合隆不在时私会，德合隆发现他们的私情后就和夏琼恶战一场，狠狠教训了对方，可是德合隆的肚子上也中了夏琼一箭。至今德合隆山上还有一块地方不长草，那就是当年留下的伤疤。为防妻子再与夏琼私通，德合隆就把阿玛觉毛拉到自己的右后侧，挡在身子后面。夏琼也一气之下把身子转向了西方，由于用力过猛，扭伤了腰，再也转不过来。从此，它面向贵德，背向同仁，可还常说："我的脸虽然朝着贵德，可心却向着同仁呀！"

阿米念钦山神　也是藏族传说中"形成世界九大神"之一，是山神之父沃德巩甲的次子，统领唐古拉山脉 360 个山峰，被莲花生大师收伏作为佛教护法神，阿米念钦山神是一武将形象，身体呈红色，身披虎皮斗篷和绿松石护胸甲，骑灰马，右手持钩，左手持宝石，右臂插令旗，身背弓箭。阿米念钦法力很大，好战而粗暴，虽有求必应，但很贪婪，谁供奉的供品多就帮助谁。由于他喜好杀牲血祭，所以供奉阿米念钦的隆务村一直在六月会上杀羊祭神，后来在寺院活佛的劝导下，改为由酥油、炒面做成羊的形状来替代。铁吾村和霍日加村奉其为主神，同时还供奉念钦之子、念钦之妻。

达日加山神　居住在位于今循化县境内的神山达日加，该山峰高 4600 多米，是循化境内第一大山。在当地民众的传说中，六月会祭神舞蹈中军舞的缘起就与达日加山有关，由于达日加山神的护佑，同仁一带百姓免受了许多战争的伤害，成为保安下庄、霍日加、加查玛、吴屯、年都乎等村供奉的山神之一。

阿米拉日　相传很多年前，在今四川甘孜藏族地区，有个叫唐春巴的大喇嘛，派他的弟子青才智格到郎加部落传教，临走时将他带来的神留在拉日山上，后来人们就把他供奉为这一地区的保护神。这是郎加等村奉祀的主要山神。在郎加加毛塘村的山神庙里，塑着两尊阿米拉日神像，一尊为慈悲相，以慈悲感化、拯救世人，一尊为威猛相，以威猛凶怒震慑邪魔。

二郎神　原本是汉族道教的神，在热贡地区受到普遍的信奉，许多村庄的神庙里供奉有二郎神，藏语称之为"阿米莫宏"。据传二郎神是因罪被罚下天庭的，天神让他驻扎在天亮时所达之地，天亮时，他刚好来到达隆务河边的尕堆村，于是就住在这里成了当地的保护神。也因此，人们认为尕堆村的二郎神最为灵验。年都乎奉二郎神为主神，尕沙日、郭麻日、加查玛、四合吉也都供奉"阿米莫宏"。六月会的祭神舞蹈中还有一个专门的"莫宏舞"。四合吉村的传说中，二郎神因是被发配而来的，所以跳"莫宏舞"时的动作就像是戴了脚镣、手铐一样。尕沙日、郭麻日等村的土族民间传说中，他们供奉的二郎神是来自四川的三兄弟，他们都是有名的将军，奉命来此，打胜仗以后就驻守在这里，老大到了尕堆，老二到了尕沙日，老三到了郭麻日。这三个村的村民都是他们所统领的军队的后代，而三位将军的英灵最后就成了村民们的保护神，六月会祭神舞蹈中的军舞就是对将军的纪念。

文昌神　藏语称"阿米尤拉"，文昌神是汉族民间崇拜的文神，又称文曲星，职司文武爵禄科举之本，求取功名的文人学子多供奉此神。吾屯、苏和日供奉文昌神，苏和日村六月会上还专门念诵《文昌经》。

第三节　土族纳顿

一　民和三川概述

自然环境　民和回族土族自治县位于青海省东部边缘，为黄土高原向青藏高原过渡地带，是青海东部重镇，历来为军事战略要地，有"青海门户"之称。丝绸之路青海道和唐蕃古道通过县境，今兰青铁路、甘青公路横贯境内，享堂铁路大桥和公路大桥是联通青海与内地东西交通的咽喉要道。地貌特征大致可概括为："八条大沟九道山，两大谷地三大垣。"民和县地处北温带，属高原大陆性干旱气候，年均温度 7.9℃，年降水量 500 毫米，无霜期

170~200 天^①。历来以农业生产为主，农业生产历史悠久。主要农作物有青稞、小麦、大麦、洋芋、豌豆、油菜等，且素有"瓜果之乡"的美称，是青海省瓜果蔬菜的主要产地之一。

处在民和县南部的三川地区东与甘肃省永靖县接壤，南隔黄河与甘肃省积石山东乡族保安族撒拉族自治县相望；西与青海省化隆回族自治县毗邻，西南与循化撒拉族自治县相接，处在汉藏文化的交接地带，经济类型上属于农牧交接地带，自古亦耕亦牧。川地东、西、北三面群山环绕，南面濒临黄河，这里气候温暖，土地肥沃，物产丰富。海拔 1600 米 ~2000 米之间，年平均气温 7℃~8℃（年均最高气温 26.7℃，年均最低气温 -6.6℃），年降水量为 350 毫米 ~400 毫米，无霜期 190~200 天，适宜多种农作物生长，是民和县主要的产粮区。特别是修建泵站及实行低产田改造工程后，农田灌溉条件大大改善，实现了农业增产增收。地处黄河北岸的官亭镇，水利灌溉条件十分优越，镇南边有史称"临津渡"的黄河渡口。中川乡位于县境最南端，黄河北岸，这里生长着多种农作物。

历史沿革 早在 6000 多年前，先民们已在此繁衍生息。秦汉以前为羌人居地，西汉时纳入中央政府辖下。汉武帝和汉昭帝时期，在湟水流域设立郡县。汉宣帝时，赵充国屯田河湟，中原先进的农业生产技术开始传入青海。魏晋时期，在今中川、官亭一带设白土县。北魏在今古鄯北古城设金城县，后改为龙支县。宋为河湟吐蕃唃厮啰地方政权辖地，后隶于西夏近百年之久。元隶于西宁州，明属西宁卫，清辖于碾伯所。民国 19 年（1930），建立民和县。1949 年 9 月 2 日，中国共产党领导下的中国人民解放军解放了民和县，并于当月成立了民和县人民政府。1978 年民和县划属海东地区。1985 年 11 月 8 日经国务院批准，1986 年 6 月正式成立民和回族土族自治县^②。

展演空间 三川地区历史悠久，文化积淀丰厚。在这里发掘出了多处

---

① 民和回族土族自治县地方志编纂委员会：《民和县志》，陕西人民出版社，1993，第 1 页。
② 民和回族土族自治县地方志编纂委员会：《民和县志》，陕西人民出版社，1993，第 2 页。

古文化遗址，数量最多的是新石器晚期的齐家文化遗址。在民和县的 19 处省级重点文物保护单位中，三川地区就有中川清泉村的宋代丹阳古城、新石器时代仰韶文化的官亭胡热热遗址、官亭喇家遗址等 6 处。这里生活着汉族、回族、土族、藏族等多个民族。在历史发展的长河中，不同民族迁徙往来，留下了各自文化的印迹，也造就了多元文化并存的现状。展演纳顿的主要民族是土族。土族先民信仰萨满教，后来随着藏传佛教的兴起而皈依藏传佛教。三川地区群众普遍信仰佛教，宗教氛围浓厚，寺院香火旺盛。这里佛寺林立，有在整个藏区和藏传佛教史上享有盛誉的卡地卡哇寺、弘化寺等，还有文家寺、朱家寺、王家寺、卧佛寺、铧尖寺、白家寺、赵木川寺、赵家寺等寺院。当地土族群众同时也信仰道教，婚丧嫁娶时要请"阴阳"（道士）参与。纳顿节期间也有阴阳先生打醮祭神的仪式。三川地区土族群众中还普遍存在着二郎神信仰，许多村落中修建有以二郎神为主神的神庙。三川主要包括民和回族土族自治县南部的官亭镇、中川乡、前河乡、满坪镇、甘沟乡、杏儿乡一带，三川因境内有赵木川河、大马家河、桑不拉河三条较大的河流而得名，自北向南分为上川、中川、下川。"纳顿"为土语"玩耍""娱乐""游戏"之意，从每年农历七月十二开始到农历九月十五结束，由一个或几个村庄联合举办，涉及近百个自然村落，是当地土族民众庆祝农业丰收、酬神祭祀的庆典仪式，其隆重与受重视程度堪与春节相并论。2006 年，土族纳顿被国务院公布进入第一批国家级非物质文化遗产名录。

二 起源传说

"反抗起义"传说　相传很久以前，在与三川相邻的甘肃永靖县境内的白塔寺有一个技艺高超的土族木匠。有一次，皇帝要建皇宫，召他前去主持设计修建。后来皇宫竣工，皇帝想让木匠一直留在皇宫，可木匠没有答应。皇帝便心生恶念，想加害木匠。而木匠连夜逃走，来到三川。这里的百姓也早已不堪皇帝的残暴统治，木匠便招兵买马，组织乡民，准备起义。皇帝闻讯后派军队前来镇压。木匠急中生智，让大家收起武器，换上长袍，手拿扇子，擎起彩旗，敲锣打鼓，高呼"大好"，跳起舞来。皇帝派来的人大惑不解，前去打探，当地人回答说："我们在跳纳顿，庆丰收哩！"军队于是撤回，纳顿也从此流传了下来。

"军队滞留"传说 成吉思汗率领大军征战西北，大军到了河州城后，兵分两路，一路从凤林渡过黄河，经接官岭、古鄯驿，进军西宁，一路经积石关（亦称临津关）从循化进攻西宁府。两路大军过黄河都经过三川。大队人马因长途行军作战，人困马乏，就在黄河边驻扎休息。正当大军睡得正香时，不知什么原因，上司忽然下了立即开拔的命令，大部分军队又开拔上了征途。但是，一小部分军队因劳累过度没有听见出发的号角声，等天亮一看，大部队已开拔走了，想赶部队，一无粮草，二无向导，就只好留在三川了。这些军队在三川开垦荒地种庄稼，准备到秋季备齐粮草再去寻找大部队。到了第二年秋天，庄稼上场了，蒙古的军队也征服了整个中国，成吉思汗的后代在京城当了皇帝，不需要他们再去征战了。上面也传下命令叫他们这些留在三川的军队不必回来，而在原地亦兵亦农，边守黄河，边开荒种地。他们农闲时练兵，农忙时种庄稼。以后日子太平了，练兵就成了娱乐活动。到了七月，庄稼丰收了，粮食足了，草长高了，马养肥了，人心也快乐了，他们就从兵器库里搬出了兵器、军旗，敲起锣鼓，庆祝起丰收来了。以后，这种活动就慢慢地变成一种固定的庆典仪式。当地的土族人也参加了进来，就形成了现在的纳顿。由于蒙古军队在西征时把一部分军队遗留了三川，现在蒙古人在骑马时用鞭杆敲打三下马镫，表示唤醒睡着了的伙伴，免得再丢掉瞌睡的伙伴。

"祭神娱神"传说 三川地区过去十年九旱，七灾八难，农业难得有好收成。没有办法，人们就请法拉立插牌，筑雷台，答俄博，请文家寺的喇嘛背着《甘珠儿经》转山诵经求雨，但都没有效果。后来，有人从四川灌县著名的二郎庙背来了木雕的二郎神像，为其修建寺庙，虔诚供奉。说来也怪，那一年，果然风调雨顺，五谷丰登，喜得大伙眉开眼笑。于是，众人抬着供有二郎神像的八抬大轿，逐村庆贺。一路上锣鼓喧天，颂歌声声。有些妇女拿不出什么贵重的东西来敬献二郎神，便将一些自做的香荷包挂在二郎神的脚前。穷怕了的人们盼来了丰收年，欣喜若狂，载歌载舞。从此，这一活动流传下来，演变成了今天的纳顿。

三　供奉神灵

在纳顿活动中，人们普遍供奉二郎神，亦即"清源妙道护国崇宁真君川蜀大帝威灵显化天尊"。当地人普遍称其为"二郎爷"，年长者则多称"河州帝帝"。"帝帝"系土族语，意即"爷爷"，民和土族对神灵的称呼多以"帝帝"为后缀。二郎神被封为三川地区大多区域的总神，地位比各村庙庙神要高一级。早前，三川地区信仰二郎神，但相对比较混乱，没有目前的秩序。在 20 世纪 30 年代，三川地区著名人士朱海山兴教育、禁鸦片、放缠足、建图书馆，树立了相当威望。他凭借自己的威信，整顿了当时的纳顿秩序。在中川吴张家兴修二郎神总庙，供奉二郎神，并使二郎神正式统一为三川大部分区域的总神，相应调整纳顿时间，安排二郎神总神依纳顿时间到各庙巡游。后来二郎神总庙被毁。改革开放后，二郎神一直被安排在朱家庙中。二郎神分为坐神、走神。朱家庙庙神二郎为坐神，不四处巡游。走神二郎是四处巡游的。一般认为朱家是婆家，而赵木川是娘家。朱家的坐神每五年装脏一次，而走神由赵木川七户共同承担装脏任务，每年举行一次装脏仪式。

所有举行纳顿的村庄中，绝大多数村庄供奉二郎神。二郎神在人们心目中是三川最高一级的神，故有些人称二郎神为"三川的总神"。各村供奉的庙神，其威力要在二郎神之下，有的一庙一神，有的一庙多神，有的庙中还供奉"嘛尼老爷"（即观世音菩萨）。

庙神多为洪石宝山摩竭龙王、黑池龙王、九天威方太乙圣母元君、积石崛山显圣通雨大王等。庙中壁画上普遍彩绘山神、土地神形象，其地位都没有庙神高。

有些神由若干村庄共同信仰。这些村庄在过去相互有关系，比如，在前河沟地区，聂家庙从喇家庙分出，土家庙又从聂家庙分出，故视喇家庙为老庙。在过去，这三个村共有一庙，随着村庄规模的扩大，出现了分庙，但仍然供奉老庙神。再如，杨家、文家、祁家三村过去共有一个庙，共同举办纳顿。在纳顿恢复两年以后，三村在活动中出现了一些矛盾，于是建了分庙，目前各自举办纳顿活动，但供奉同一庙神。

纳顿供奉的神灵有一个共同点，即都掌管天上风雨，庄稼丰歉。当地人传说，二郎神有治水、抗旱的神力。据说，二郎神最初供奉在三川名士朱海山家族里，后来三川群众公认供奉二郎神极其灵验以后，也产生了供奉并崇拜二郎神的愿望。而朱海山也顺应了大家的要求，将二郎神崇拜推行到三川大部分区域，并利用自身的威望，在中川吴张家修建了二郎宗庙，调整纳顿的举办时间，安排二郎神按顺序巡游各村。

四　展演仪式

（一）准备阶段

备办　纳顿作为整体以一个生产年为单位，每年重演，周而复始。一个生产年可以说是纳顿的周期时序，其中，纳顿实施之前的自开种到收割结束是整个纳顿体系广义的准备阶段，这一阶段的内容为纳顿的实施做铺垫，而纳顿活动是这个阶段的总结和高潮。纳顿只在丰收年头举办，庄稼欠收则不办。从清明节伊始，各村老人、青壮年在村庙前举行祭祀仪式，祈祷和拜谢在神灵的佑护下喜获丰收。所用祭品多为羯羊、公鸡，祭拜的神祇是整个土族人所信奉的二郎神和地方神。他们在村庙前扎制若干麦草人，寓意能抵挡冰雹和暴风雨。最后推选出七月纳顿会的总负责人和执行负责人，称之为大牌头和小牌头。

大牌头多是村里德高望重的老者，小牌头有七八个，多为干练的青壮年男子。大小牌头们不但筹集当年纳顿会所需经费，在日常生活中还要负责田间管理、村庙的日常供奉、维护本村的社会秩序和治安等。纳顿先在夏收最早的中川乡宋家村开始。家家酿酒蒸馍，杀猪宰羊，穿上节日盛装，走亲会友，整个村庄沉浸在热烈、喜庆的气氛中。大小牌头们忙于纳顿的筹备，如向每家每户化缘（村民向牌头提供酒、烟、钱财和大馒头）以此来招待宾客。会场扎一顶坐北朝南、可容纳百人左右的白布帐房，帐房顶部四角镶嵌云水图案，中间为五只蝙蝠围着"寿"字和"鹿"的图案（喻为"五福捧寿"）。从北向南约50米间距按金、木、水、火在东南西北方位竖立四根较低的木杆，中间为土，竖立最高的木杆（高约13米）。每根杆顶系着黄白两色纸作经幡，中间最高的杆顶用红布条系着一个大馒头（直径约50厘米），馒头下面挂许多长长的各色经幡，大小牌头到本村神庙内将保护神迎请到帐房，供在香案上（各村的保护神不尽相同，有龙王爷、娘娘、黑池爷、先生爷等等）。在纳顿会头一天凌晨四五点钟，大小牌头抬着八抬大轿，敲锣打鼓到朱家村去迎请二郎神像。前面鸣锣开道，沿途焚香化表，燃放鞭炮，当二郎神像到来时，本村的村神也要抬出来以示迎接。二郎神像供放在上位左边，村神如同主人，供放在下位右边作陪。全村每户派一人手捧祭供品跪拜迎接，一些发了财、交了好运的善男信女，牵羊抱鸡向二郎神或地方神还愿，感谢神恩。在还愿时向羊和鸡头上洒净水，洒水时，如鸡羊摇头摆尾，以示牲祭品被神悦纳，若神表明不喜悦，则需另换一只。此时，庙主进行卜卦，当卦的阴阳两面各落在地上，表明神已受用领事，还愿的人随即宰杀牲祭，待煮熟后从牲祭身上各部位割一块先祭神，其余众人分而食之。众牌头请来喇嘛在帐中诵经，喇嘛边念经边用一条条红头绳供在神像前，被视为吉祥符，人们认为将其带在身上可消灾弭难，因而争抢红头绳。诵经结束，牌头给喇嘛布施钱物，以示酬谢。

牌头 民众自发组织纳顿时，每年由公众选举出的组织者，主事者为"大牌头"，其下有多名协助者为"牌头"或"总家""土饶其"。这些组织者在各地叫法不一，中川乡辛家村纳顿的主事者叫"宗家"，另外几个辅助的叫"小解"。在赵木川地区的"水头""当事"类似于"牌头"，在木家寺为"大老者"下属若干"小老者"。牌头等的选举产生一般是在纳顿结束后两至三天的"安神日"。届时，本届牌头们及村中众人都到庙中集中，总结本届牌头一年来的工作，结算费用等，并推举下一届新任牌头。一般产生方法是，每个村庄由多个血缘家族（当地称方数）组成，由每个家族轮流担任唯一的大牌头，再由每个家族内部轮流推举一人担任牌头的角色。有些村庄在时间、方式上有一些差别。牌头不仅是纳顿节的组织者，也是村里生产活动和其他宗教活动的组织者。

总家　类似于大牌头的助手，名额一个，也是两村轮流。大牌头和总家的下面，有四个老者。这六人在安神日选举产生。到次年的"堂运"时，即第一次正式活动时，再选举产生十二名"土饶其"（一般工作人员）。

叶尔将　藏语音译，僧人无人知晓为何意。寺里僧人从七月十五至七月三十日在寺内做法事，诵经祈求平安，称为"做叶尔尼"，到八月初一"叶儿尼"圆满了，亦即半个月的法事过程，他们修成功德，从八月初一起向他们的供养人进行回报，将"叶儿尼"送到各村，称"吃叶尔将"。具体时间是，鄂家和宋家八月初八，八月十二上下马家，到杨家和文家是在八月十五。"叶尔将"由牌头负责组织，届时在村内一群众家中供奉本村庙神，请文家寺全体喇嘛诵经。僧人们在正房中聚集诵经，庙神供奉在正房廊檐左侧，右侧供奉"嘛尼其"（念嘛尼的人）信奉的神像，"嘛尼其"们在庭院中诵念"嘛尼干本"（经文）。届时供奉并翻念文家寺十六卷本的《甘珠尔大藏经》，其用意是在庄稼丰收之后，作为谢神的一种仪式来答报天地之恩。这一天，村内善男信女均要持香、表到活动地点叩拜庙神、感谢神恩。

九月九祭祀　以羯羊为牺牲献给庙神，同时亦答谢众神的支持，保佑众人平安，庄稼丰收。届时，嘛尼其诵念嘛尼干本，约请阴阳先生布十二分醮，为期两天。九月九是真正的安神日，各村均举行形式不同的安神活动。有的村庄约请阴阳先生布醮安神，有的村庄约请法师作法安神。此后，牲畜可以撒开不管，自由觅食。牌头们一年的责任基本结束，庙神们看管了一年的庄稼，也能安心歇息了。

堂运 九月九祭祀后直到次年清明节的后一天，牌头们才又恢复活动。这次活动叫"堂运"，群众每人都带馍、茶等在庙中集中，约请本村的喇嘛念经，嘛尼其可来可不来。这次活动，宣告今年的纳顿活动正式启动。清明后十天，开始启动"罚香"活动，即从此开始，牌头带领其他负责人开始实施连续的田间管理工作。群众不准在田间地头放牧牲畜，只能到草山放牧。如有违反，即记录在册，每次定额罚款，累计到纳顿的小会上统一收取。"罚香"开始这一天或前后几天，简单地选定吉日在庙中祭祀，牺牲为羯羊，全村群众参加，意即由此向全村群众宣布要开始"罚香"活动。同时请求庙神开始照看庄稼，祈求丰收。

浪青苗 再过一段时间麦苗已经长高了。这时，各村庙的牌头们组织一次较大型的"浪青苗"活动，是二郎神从宗庙出游各个村庄的活动，意思是二郎神巡游青苗。这次出游，时间是从农历四月初一至五月十四日，按一定顺序一天一个村庙。每到一个村庄，群众跪接二郎神，并点灯、烧香、上供、磕头，法拉发神回答村人提出的有关今年年成或其他关注的问题。二郎神出游各庙，只是现象，其重点在看护庄稼，保佑人畜平安。现在，二郎神不再巡游了，只是让本村的庙神到辖属地面按地界大致巡游一圈。

插牌 立夏结束，由众牌头负责实施立"插牌"，大多数"插牌"立于村界，有"界牌"之意，划清各村之间界线，有利于"罚香"时的认定。另外，插牌被认为能够镇压地方，阻挡恶风暴雨、冰雹。立插牌的具体办法是，先请阴阳先生在一块柏木牌或椿木上书上"鬼旱魃为雪鬼恶鬼风鬼雹雨"字样的符文以及一个狗头，并用一个画有符文的黑瓷碗，加上砖、羊毛、五金、杂粮、各种花、茶叶、棉花等物埋于地下。上堆起小土堆，插上十字形草把，中间插上写有"勒令封山神土地把守地界"等字样的木条。

搭俄博 插牌后十来天，村内各家群众携带石头、柳梢等到"俄博"，请喇嘛和嘛尼其念经，用一天时间安置"俄博老爷"。"俄博"的形式与功用和"插牌"相类似，只是规模要比插牌大，更正规一些，地点比插牌所在的地点要高，多在周边中山顶部，或小山顶上，一般是用四根长一米五左右、直径五至七寸的圆木为柱，中间架设横梁，呈正方体，并在周边竖起栅栏，内部地下埋置与插牌相似的物品，并在四方形的木架中垒置每次由群众携带上去的石块，插上柳条，并在四方形中间立起的嘛尼杆上悬挂经幡，由四个方向斜拉线绳，上悬各色印有经文的彩色布条。"俄博"可以让阴阳先生立，也可以让喇嘛立，效力相仿。

夏至嘛尼　到夏至每个村庙开始持续 6~18 天的"夏至嘛尼"。在庙神前供献长明灯，用羯羊祭祀庙神，由牌头安排群众轮流到庙念经。赵木川地区纳顿之前的宗教祭祀活动与中川、下川有一定的区别。赵木川地区的纳顿负责人"当事"或"水头"上任以后，基本要按时间顺序操办以下事务：三月三祭祀山神，献牲一头猪；四月初开始转青苗（目前，先在四月初八到中川朱家庙请二郎神。四月初九至十一，赵木川七户共同联合在郭家供醮三天。之后，十二日到窦家，十三日在此享受祭祀。十四日到赵家，十五日进行祭祀活动。赵木川七户按照纳顿时间相反的顺序轮流祭祀）；五月初八，又从朱家庙将刚刚转完青苗的二郎神再次请到赵木川，在五月初十至十三进行隆重的"装脏"活动。

装脏　装脏仪式由法师来执行。过去从河州（今甘肃临夏）请三个法师，而目前法师以带徒弟等名义人数多达七八个。装脏仪式，先为二郎神诵经、祈祷。之后由专门邀请的画匠将二郎神像开膛，取出上一次的装脏物品，把新的物品重新装入并油画封好。神像由柏木雕刻成轮廓为胎，表面施以泥塑彩绘的塑像，高约 50 厘米。重新装好的神像要经过坐洞、开光、点主等程序，主要由法师、法拉以及画匠配合完成。具体过程如下：五月十一，进行"乱堂"。画匠彩绘完成后，开始装脏。头部装马蜂或蚂蚁，胸部装石燕、太极石、十二精药、七种明香、二十四竹节、蜈蚣、海龙、海马等中药料。腹部装蛇一条、喜鹊一只、喇嘛雀一只。这些东西象征二郎神的各种身体器官。在此过程，法师手执单面羊皮鼓，边击边唱，信众亦陪帮伴唱。另外，乱堂过程中也演唱三川土族喜唱的六十花甲子歌、二十八宿开天辟地歌等。五月十二是装脏仪式的正堂时间，将装脏好的神像请到庙外场地，法师演唱请神歌、二郎出生歌，踏七星，并举行开光点主仪式。请神后，法师手执单面羊皮鼓，与画匠手拿毛笔一同为二郎神开光。采取法师问、众人答的方式。

（二）展演阶段

庙神下庙 纳顿的正式实施阶段，三川地区作为一个整体进行，时间分布在农历七月初八至九月十六之间。每年七月初八，由鄂家牌头牵头，鄂家、宋家牌头7个人（其中鄂家5个、宋家2个）一起到桑布拉（峡口村）庙上，各家牌头集中商议今年纳顿是否进行。一般说来，是否举行纳顿，要依今年庄稼年成而定，庄稼丰收了，纳顿是必定要跳的，如果年成不好，就会决定歇一年。决定进行之后，宋家和桑布拉的面草沟村就开始正式准备纳顿，意味着今年的纳顿就要从这两个村庄开始了。首先准备七月初十的庙神下庙。七月初十，十二点以前必须完成下庙酒点活动，即请本村庙神神轿到会场帐房内的神案上供奉，并接受全村人民的叩拜。这时，村内各家各户均会带上自酿酪馏酒或青稞酒以及香表等物叩拜庙神，众负责人安排纳顿中各项具体事务，收取自罚香活动开始以来所罚款项，安排会手人员配备。对于罚香，过去是按照习惯法——乡规民约，罚多少收多少，受到经济条件的限制，牌头与当事人常就罚与没罚、所罚数额产生争执。牌头根据所罚款额多少决定今年纳顿开支，即以收定支。随着群众生活水平逐步提高，目前的罚香只是作为一种形式保留下来，收罚香时大家均是十分情愿的，不管被罚是否，都要交纳一定数额的现金。一般情况多则十元，少则两三元，以五元为中间值，收取时亦不再叫罚香，而改称"香钱"。安排会手人员，主要是牌头等负责人根据村内人口构成的实际情况，将在纳顿上所用物品（如大旗、锣鼓等）一一分发到户。会手队伍的前部分，主要由村内德高望重的老人领舞，对他们要分发在面具舞《五将》中使用的兵器，其中尤以关羽的青龙偃月刀的分配颇有讲究。牌头在选择好青龙偃月刀的执刀者后，就要带上白酒、拿上刀，亲自送刀上门，并给老人敬酒，说明请他出任这一角色的原委，给老人足够的尊敬。而执刀老人接受邀请以后则必须走在会手队伍最前面,并相应地承担会手舞中间举行的唱"喜讯"仪式的主唱任务。所以,不会唱喜讯的老人一般是不会接受邀请的,也一般不会被牌头们选中。

小会　整个纳顿开始的起点之一。初十这一天,请庙神下庙以后,纳顿各项工作准备基本就绪。"小会"是相对于"正会"而言,是"正会"的铺垫、引子或前奏,大多在正会的前二天。这一天,会场之北或西北方向,立起供奉神轿的大帐房,其南或东南50~70米处是小帐房。大帐房规格约为20米×10米,以白布制作,正面和背面饰以黑布剪制的吉祥图案(法轮、卧鹿、蝙蝠)及云纹,是以两根立柱上搭一根横木支撑并从四角用粗绳拽紧固定于钉入地下的木桩上的马脊式。小帐房形制与大帐房类似,只是略小,是用于收集群众供献的蒸饼、酒点以及集中管理纳顿舞蹈用具、化装面具舞演员的地方。七月十二,宣告纳顿活动揭开序幕,正式上演狂热的庆祝活动,意味着一村一村的纳顿开始。这一天是朱家庙中走神二郎当年第二次出游的第一天。二郎神出游第一站,就是到宋家纳顿会场。在七月十二日凌晨三时半左右,鄂家牌头八人,宋家牌头四人从宋家起身,由鄂家大牌头鸣锣引路,携带香、表、酒等物,赴朱家庙请二郎神。在临天亮时刻到达朱家庙。由于常年惯例,朱家庙倌在庙中等候,届时请神人员给神酒点、焚烧香表,开始清点需要的物品,准备起身。现在将过去的二郎神八抬大轿简省为四人抬轿,有二人执二面大旗、一人执燃香前行引路。动身起锣,且要保证一路锣声不断。七时半许,抵达村口,等候的全村男女老少执香叩首迎接,并将二郎神轿安置在帐房神案上。二郎神轿居中,宋家庙神洪石宝山威灵摩竭龙王居右,后来随会手队伍而来的鄂家庙神洪石宝山威灵摩竭龙王居左。神轿的排列位置与人们日常生活中的客主落座规则一致,中间为最贵,左大右小。

酒奠　是向神进行祭奠的酒。过去是每家每户将纳顿前自酿的酩馏酒拿到神帐前,在焚烧钱粮的火堆上倾倒少许表示已将酩馏酒奉献给神,先要给神进行祭奠致意,正如喜讯中唱到的"头缸头酒答报神恩"。以己度神,同时也反证出各神灵是喜酒的。每家每户或一瓶,或半瓶,将酒奠后剩余的酒交给牌头们统一集中管理，供大家在纳顿中饮用。

蒸饼 这是在纳顿前制作的专门供献给神灵的、以新麦面制作而成的巨型馒头，直径约 50 厘米，最厚处 15 厘米左右，中间厚，四周较薄，在面皮表层还缀饰面制的鱼、花、蛇等物。多在纳顿节的前一天制作，到纳顿节当天清晨奉献给神灵。制作妇女在三日前，沐浴并以柏香熏烤净身，不能同房。蒸笼在制作蒸饼前也要用柏香熏烤一番，锅灶内不能焚烧不净之物，制作蒸饼的环境要祛除污秽，达到洁净。蒸饼在纳顿中除了作为供品、具有人神共餐的意蕴之外，其实际作用是供参加纳顿人员作为午饭等，有时甚至来逛会场而没有地方解决饮食的人士也可食用。这与在传统上纳顿仅仅是一种民间酬谢神灵活动，而几乎没有提供饮食服务的商业活动有关。进入 21 世纪以来，商品经济观念逐渐深入，每个纳顿会场周围都有各式小吃、饭馆，所以蒸饼的这种功能有所减弱。在纳顿临近结束时，在法拉向各路神灵焚化宝盖钱粮，祭献蒸饼后，工作人员向群众散发蒸饼，象征人神共餐。另外，还作为酬劳，分发给如法拉等为纳顿做出特殊贡献的人士。

香表及青油 是每次敬神的必需之物。香、表与汉族使用的相同，也可以说是从汉族那里借鉴过来的。土族人民不论敬神还是敬佛，一般都要焚化香表，并以青油敬上油灯。在纳顿期间甚至平常在庙中，神轿前都要供上长明灯。

钱粮及宝盖 是用白纸、黄纸剪制的祭品。钱粮一般用 16 开纸张折叠后剪成条状，有"三层、五折"，区别于驱鬼时用的"三层、七折"（意为驱鬼时去了散了）。宝盖用整张纸折叠后在其上剪裁出天门、地门、天窗等形状的一种较大，而且被认为是较高规格的祭品。在虎狼城纳顿上，法拉迟迟不能神灵附体。这时庙倌、侍候在神轿左右的老人先焚化钱粮、香表，并振动神轿两侧铁环，祈求神灵附体，在持续若干分钟无效的作用下，开始焚化宝盖，并摇动神轿。此过程就说明宝盖的功用大于钱粮。一般来说，每家每户在纳顿小会上迎请二郎神及本庙福神时，都会在轿前焚化钱粮或少量宝盖。在正会上每户都要献上宝盖、钱粮。在清晨送蒸饼、酒点时焚化钱粮，而将宝盖供献在官钱粮下，直到纳顿结束时由法拉统一焚化。

幡杆 幡杆不是每家每户都要立的。过去，它是给庙神许愿提长年宝盖而遗留下来的。但目前没有了这种许愿，故幡杆多由亲房家族中的老家来立。但作为家族共同的事情，立幡杆时都有义务共同立起，并要照看一天。幡杆的制作，是在六七米高的幡杆主干上，先绑上事先挑选来的柳枝，在柳枝上从中段向下依次粘上象征太阳的折叠的环形制品（称"达热热"，意为风轮），上画北斗七星、白色的较长的斜三角形纸，称小天旗的三角形黄纸（长度垂到地面，两侧剪成锯齿形，故亦称"莫盖"，即蛇）。立杆顶端再固定能升降横杆的木环或铁环，将两侧各悬同样规格的大型宝盖。将剪裁宝盖时所余材料条香、柏香、棉花等物做成纸包夹在绳结处，到最后一同焚化。清晨，整个纳顿会场布置停当。在小帐房前约十米处，横向排列竖立大小不等的幡杆，其中，最中间的是集体竖立的官钱粮（制作方法是，先用黄草纸糊成两个直径50~60厘米、长3米多的纸筒，外侧从上向下重叠约半张粘贴上千张钱马，钱马是规格为25厘米×10厘米的用专用印板印制的黄纸祭品，然后在幡杆上以横木悬挂。有些地方称"官幡"），两侧为群众自愿竖立的幡杆。

竖立幡杆 过去家中多病多灾时，人们常竖立幡杆，请求庙神保佑平安、消灾除病，以后成为定制流传下来的，而目前很少有人因病灾向神许愿立幡杆，所以，竖立幡杆的亦大多是老家。竖立幡杆的家庭每年纳顿期间在相同地点竖立，如若不立，在纳顿临近结束法拉收受钱粮、宝盖时会质问原因，而群众一般也不会无故中断，因为大家认为中断后会给自己带来凶事。另外，如有新添的幡杆立起来，法拉最后也会质问"每年都没有这个幡，是谁家立的，为什么要立"等问题，待守候左右的幡杆主人就以上问题说明原委后，才允许收受。不同村庄的会场布置稍有差异。有的村庄只有集体树立的三个官钱粮，没有群众自己竖立的幡杆，如巷道祁家；有的村庄的幡杆分列会场左右两侧，如官亭鲍家村。

会手舞 会手队伍有固定的构成。最前列是老人，有的左手执兵器而右手执纸扇，有的左手执笛、箫等乐器而右手执扇，有的左手执小三角旗而右手执扇；接着是鼓手和锣手，其后为手执大旗的中年、青年、儿童。他们均着节日盛装，老人头戴礼帽，身着白绸长袍，外套黑色长袖衫，胸悬刺绣工艺颇为讲究的扇子盒，用黑色绑腿紧扎裤脚，脚穿新制布鞋。鼓手头戴草帽，点缀鲜花、钱粮，身穿白衬衣，其上斜罩黑马甲将右手腾出，腰系各色彩带。中年旗手也头戴挂饰鲜花、钱粮的礼帽或草帽，左手执大旗，右手执扇子或柳梢之类，身着长袍；儿童旗手按要求也要戴礼帽、穿长袍。

会手队伍集合成形时，呈两列纵队。这时，远处又传来一阵锣鼓声，原来是鄂家的会手正向宋家会场徐徐而来。会手人数大多在七八十人，多者一百多人，少者四五十人，依村庄人口规模而定。鄂家人口多，会手人数较多，相比之下宋家会手队伍略显单薄。待到鄂家会手快进入宋家地界时，宋家会手要前去迎接。两支会手相遇，客队鄂家将在前引路的神轿暂时放置地面，两队老者焚化香表、酒点、叩首、相互致意后，起轿，主队宋家会手分列两边，客队从中穿行向会场前进。这时两支会手队伍欢舞进入一个高潮。尤其是客队鼓手前进到主队鼓手站立位置时，两支鼓手在一起不断变换鼓点节奏，队伍次第进入会场，开始正式的会手舞。

合会手舞 会手舞分主队、客队队伍，在大帐房和小帐房之间的场地上由下而上、由上而下地表演，这个过程叫"合会手"。意即两支队伍在此过程中合为一体，亦有象征团结之意。会手舞，动作较为简单，老人们随着鼓点，按照太极图的形式左右侧身弓腰，双手挥舞，左转一极，转身又转一极，完成一个动作需转正反两个圈。头、手、身、腿全部运动，摇摆腰身，双臂一举一落，脚步一虚一实，起落自然，脚步自如，整个舞蹈动作优美、连贯、紧密，舞扇与挥旗一气呵成，有极强的节奏感。尤其是几杯酒下肚之后，酒助人威，平常步履蹒跚的老人白发银须，气宇轩昂，舞姿古朴中透出几分逗趣。而后面的旗手动作更为简单，大多手执大旗，伴随鼓点而已，只是到后面借助酒力时动作有些丰富、夸张而类似于老人的动作了。会手的行进路线，不同村庄有不同的讲究，即通常所说的摆阵法的不同阵式。常见的有一字长蛇阵、二龙戏珠阵、八卦阵、四门兜地阵、太极阵、蛇蜕皮阵、龙退骨阵等。在这些阵法进行过程中，热闹场面出现在两队同时向神帐前进，队伍前部到达神帐前后，稍作停留的时候。此时，两队鼓手锣手在神帐前一改原来的慢节奏，以激烈的节奏表达对神的谢意。此时锣鼓手开始进入浑然忘我的状态，腾挪旋转，舞姿豪放、优美，并不时地聚首大呼："大——好，哎！大——好，哎！好！"他们辛劳一年之后获得丰收的喜悦，此刻得到充分表现。在若干次的进行之中，夹以唱搭头词、报喜、唱喜讯等仪式，以歌唱形式直接表达对神灵的谢意。

搭头　合会手的第一个回合之后，会手队伍全体跪立神帐前，由推选的两位老人致"神灵词"，致完"神灵词"，侍奉在神灵前的双方庙倌焚化香表，众会手叩拜神灵，锣鼓开始热烈地合奏，连绵的会手队伍自前部起分段依次聚首高呼"大好"。之后，又准备第二回合的会手舞。

报喜　在第二回合的会手舞后进行。第二回合的会手舞，从各自的营地在锣鼓声中翩翩起舞，同时向神帐前进。到了神帐，又是一阵狂热的回合。结束后，开始"报喜"仪式，两个十几岁的儿童各执一锣，并列跪立神帐前，念一句颂词敲一声锣。念词与神灵词相同，只在结尾处将"谢恩"改成"报喜"。

唱喜讯　是在第三回合会手舞后进行的一个仪式，也是会手舞中最隆重、持续时间最长的仪式。是对本次纳顿供奉的神灵按顺序逐一做穿戴等方面的描述，而且以歌唱的形式来表现，唱词华美，以夸耀神灵着装之华美而使他高兴，达到谢神的目的。演唱人员一般推举会手队伍中两位德高望重、懂得唱词且有一定表演能力的老人。被推举的老人从已经就地休息的会手中起身，与另一支会手中推举出来的两位声嗓较好的鼓手一道，缓缓地在鼓声中走到神轿前，叩首后开始分列两侧，演唱喜讯。老人演唱时手执扇子随音乐节奏晃动身体作舞状，每唱两句唱词，对面的鼓手高呼一声"大——好"，并在尾声击鼓一槌。首先上场的两位被推举人员唱完二郎神的喜讯后，再由另外两位唱第二位神灵的喜讯，每位神灵各有两位被推举人员为其演唱喜讯，而且除了二郎神外都是给对方的神灵唱喜讯。下川地区在唱喜讯的同时，还有四个身强力壮的人员进行"打杠子"表演，四人分两队相向而立，各执一根抬轿的木杠，随着喜讯内容做"顶带""夹刀""撒刀""撩刀"等不同的击法表演。每一种打法都有一定的规定，一般是互相击打木杠，意为让神灵看将军练武。待喜讯逐一唱完之后，会手开始起锣鸣鼓，进行最后的狂欢，整个会手舞也随之达到高潮。之后，各自退回休息的地方，锣鼓手再次擂鼓相庆。会手结束后，将上演面具舞。

庄稼其 "庄稼其"为汉语土语混合词，意为"种庄稼的人"。由一对老夫妻及其子媳、一对耕牛的扮演者各着符合角色特点的面具、服饰表演。基本情节是，父亲开始数落儿子的不是，说："儿子长大了，但不学好，不是去做买卖，就是要赌博，现在也该管一管了！哎！儿子，你是如何打算的？是想种田还是想做买卖？"儿子答道："既不种田，也不做买卖，想要赌博！"在父母的极力反对下，儿子改口要做买卖，但死活不肯务农。父亲看儿子的心思不在庄稼上，便开始从观众中选请一些老人，请他们帮忙说儿子。待老者们被边舞边拽地请到场中，父亲向老者倾诉事情原委后，老者们劝道："古语讲道，七十二行，务农为本。赌博伙里出盗贼，买卖伙里出奸心。千买卖，万买卖，不如地里翻土块。庄稼人务农为本，五谷粮食宝中之宝，庄稼人一心务农才是本分。""万民百姓，以食为天，守本务农，富国养人。你们要安心务农，传授子孙。但愿春种一斗，秋收万石，种一升，打一斗，种一斗，打一石。祈告神灵，风调雨顺，五谷丰登，有千石万石的收成，在龙堂宝会上，头缸头酒头酥盘，答报神恩。"在众老者的劝说下，儿子表示回心转意来务农。老者退场后，儿子表演种田，父母旁观。儿子反架格子倒挂犁，父亲一顿教训之后又手把手地示范。父亲把犁，焚化香表，祷告神灵后，四人作犁地播种状绕一圆圈，中间画上横竖两道，成"田"字，演出结束。"庄稼其"是唯一一出中间部分着面具而又进行语言表达的面具舞，整个节目在欢快的锣鼓伴奏下进行。

五官舞 五官舞为表现五位着有红缨的类似于清朝官帽的尖形帽、面具，身穿黑色长袖马褂，底下穿白色长袍，胸佩做工精细的扇子盒的官员的舞蹈。列队上场后，表演动作幅度较小，分别表演抓着耳朵、捏着扣子、提着袍摆等动作，转着小圈，并有相互参拜的动作。关于该舞，有说是表现清朝丞相的，有说是表现元朝蒙古族官员的，也有领头的是皇帝、其余四位是大臣的说法，也有五官分别代表天官、地官、人官、火官、水官，而三官代表帝、王、公的说法。对于动作设计的解释是，他们在皇帝面前对一些事情不能明说，只能采用这些暗号。五官舞，目前除在下川的赵家、中川的鄂家、桑布拉、祁家表演外，其他村庄尚无此节目。过去都有五官舞，而且还有一官一娘、三官三娘、五官五娘等节目，情节、动作与五官相似，只是多了各位官员的夫人的角色。目前这种舞是在破除之后的恢复中，尚未得到全面恢复，像祁家的五官舞是在近几年才新置面具、服装、官帽而得到恢复的。在赵家纳顿有五官五娘的表演。

三国戏 是在三国故事基础上重点表现刘备、关羽、张飞、曹操、吕布的面具舞蹈，共有三出。一般是"五将""三将""官舞（关舞）"。三国戏着力渲染关羽的勇猛威武和忠义，称关羽为"老爷"，而称刘备为"刘爷"，其余人直呼其名。

其中，"五将"是关羽、刘备、张飞、曹操、吕布五人同时着武服上场，以较为雄猛、华丽的厮杀动作表现征战过程。上场时，在锣鼓的鼓点下，以固定步法绕场三圈后，五人横列一排，关羽居中，向神帐前后进行三次，叫"摆阵"。之后，五人恢复原来顺序，进行厮杀，结束。

"三将"，首先是关羽、刘备、张飞三人着宽大长袍上场，关羽着绿袍，刘备着黄袍，张飞着黑袍。"三将"的鼓点前半部分缓慢沉稳，三人动作为作揖状，脚踩太极，以顺时针、逆时针的方向不断交替绕场，后关羽居上首，刘备居左，张飞居右，分立三处，互相参拜。歇息，吕布首次上场，手执扇子，动作轻盈灵巧，表现吕布武功过人，傲视群雄，在三人之间绕行几次之后，给关羽送上战书，退出场。三人以舞蹈方式接受专人分别送上的各自的武器后，分别开始磨刀的表演，舞步随鼓点节奏而快慢变化有致。待磨刀完毕，三人脱下长袍，着武服，吕布执兵器上场，开始武戏部分"三英战吕布"的表演。一会儿，刘、关、张三人被圈在中心，吕布在外圈环舞。一会儿，三人在外圈环舞，将吕布围在中心。在不断的厮杀中，最后将吕布的首级割下（演员退场，将早已准备好的另一面具置于场地中心，代替吕布之首级）。三人围绕首级审视、指戳三圈，鼓点缓慢深沉，然后关羽用刀将面具挑起，挂在刀上背起，缓步在舞蹈中退场。

"官舞"，乃关羽一人着长袍，有两人执大旗在两侧伴随，动作情节与"三将"类似，只是关羽一人表演前半部后，在送上兵器，脱下长袍后吕布上场，两人厮杀并战胜吕布。

三国面具舞中，普遍推崇关羽，除了"鞑子庄"外均将其列为首位，连"刘皇叔"都在其后。在角色分配中，大家最喜欢扮演关羽，而最不愿扮演吕布。

杀虓将　这是纳顿面具舞的最后一场戏，节目以主角命名。上场时，杀虓将站立在几人抬着的梯子上，下面有两个女子打扮的人做导引，至场中跳下梯子，以屈膝跳、蹲姿势时而交叉舞动双剑，时而蹲地，挥剑旋转，绕场三圈完成"⊕"字形路线后，蹲于上首。二女子打扮的角色，用右手的扇子拍打着左手里的面具，迈着细碎轻柔的舞步，在杀虓将左右舞蹈。猴、豹、牛、虎等角色裸露上身，只斜搭一条红色或黄色旗象征兽皮，在场中随着锣鼓的节奏拍手起舞、翻跟头，相互摔跤角斗，表现老虎危害猴、牛等。在牛受到老虎、豹子的威胁时，一猴到杀虓将前递交请求书，请他帮助消灭老虎。杀虓将起身，挥舞双剑，追杀老虎，结束。此戏的表演类似于拟兽舞，应是纳顿面具舞中最为古朴、原始的舞蹈，反映着土族先民最初的生活方式，是对土族先民游牧生活历史的艺术再现。

法拉表演　最后，法拉上场。法拉是神的代言人，上场后，直奔神轿前，在激烈的锣鼓声中，以癫狂的神灵附体状态，首先伸手要"签子"（一种铁制的长约 15 厘米、宽约 0.5 厘米、厚不足 1 毫米的法器），等拿到签子以后，法拉用签子穿透双腮，并进行"吩咐"（即神的指示），之后开始到场地中收受宝盖钱粮，分别在神帐前场地的东、西、南、北四方焚化，意在向各方神灵答报谢恩。最后在神帐前，简言总结一年的情况或纳顿上的情况，指出不足，并向大家宣示诸如"今天设下神坛请我来，我心中欢喜，钱粮已经收下。今后你们要诚心崇拜神灵，我去禀报玉皇，保佑你们风调雨顺、五谷丰登、人畜平安"之类的神谕，众人高声应和。在众牌头及庙倌等的侍候下"回马"（请求神灵脱体结束活动），恢复常态，在轿前叩首谢神。接着，本村的牌头等将二郎神轿抬送一程，交给下一村的牌头等将二郎神轿请至他们的会场，将本村的庙神请回庙内安置，会手队伍（客队）亦将庙神抬回自己的庙中。纳顿当天的活动到此结束。每个村庄的纳顿当天的活动过程基本如此。从宋家和面草沟开始以后，按时间每个村庄依次进行，只是各个村庄供奉庙神、参与会手队伍的规模以及会手阵法上有些差异。法师的宗教活动中，具有原始思维、原始崇拜的遗迹。

（三）结束阶段

纳顿节一天的表演全部结束后，本村的牌头等将二郎神轿抬出本村会场，护送一程，交给下一村的牌头们，将二郎神轿请至他们的会场。他们将本村的庙神请回庙内安置，客队会手队伍亦将庙神抬回自己的庙中。辛苦了一年的庄稼人，在喜获丰收后，以纳顿为一种表现形式，宣泄内心的激情，传达喜悦的心情。在欢悦平和的相互传达过程中，融洽了人与自然的关系，融洽了相关村落之间的联系，融洽人与人之间的感情，犹如为地方社会安定注入了一剂新的"润滑剂"，营造了和谐的氛围。

第四节 花儿与花儿会

一 花儿概述

花儿与演唱民族 花儿是流行于西北甘、青、宁、新四省区，由汉族、回族、土族、撒拉族、东乡族、保安族以及部分藏族、蒙古族和裕固族等 9 个民族的民众用汉语歌唱的一种民歌[①]。2006 年，花儿被确定为首批国家级非物质文化遗产保护项目。2009 年，花儿被列入世界非物质文化遗产名录。花儿这种民间歌谣形式形成于明代[②]。主要流行在甘、青、宁三省区农业区的绝大部分地区以及青海的都兰、门源和新疆的昌吉、焉耆等地区。与其他民间歌谣形式相比，花儿的流传地域十分广阔，跨越了四个省份。传唱的民族众多，并且共同传唱花儿的这 9 个民族宗教信仰不同，语言各异。藏族、蒙古族、土族、裕固族等民族信仰藏传佛教，回族、撒拉族、东乡族、保安族等民族信仰伊斯兰教，汉族信仰中原佛教和道教。其中，藏族、蒙古族、撒拉族、土族、裕固族等有自己的民族语言，有的民族还有自己的文字，但是，他们却基本上都用汉语唱花儿。其之所以被称为花儿，是因为它与人们的婚姻恋爱生活有密切的关系。在花儿流行地区，人们把有关男女爱情的事称为"花事""花案"。男歌手将女情人称为"花儿"，女歌手将男情人称为"少年"，因此，花儿又被叫作"少年"。

花儿类型 花儿分河湟花儿和洮岷花儿两种，河湟花儿过去多被称作"少年"，洮岷花儿没有"少年"之名。从花儿的流传区域看，河湟花儿流行区沿湟水、黄河分布，洮岷花儿流行区沿莲花山山脉分布。河湟花儿的流传地域有青海省的民和、乐都、平安、互助、大通、西宁、湟源、湟中、化隆、循化、尖扎、同仁、贵德、共和、门源、都兰等地区，甘肃省的临夏、东乡、和政、康乐、永靖、皋兰、广河、天祝等地区，宁夏回族自治区的西吉、固原、同心、隆德、泾源、银川等地区，新疆维吾尔自治区的昌吉、焉耆等地区。流行的民族也多，有汉、回、撒拉、土、保安、东乡、裕固、藏等民族。洮岷花儿只流传于甘肃省的临潭、卓尼、康乐、和政、广河、临洮、渭源等县以及青海省民和县的川口等地，流行民族主要为汉族，其次为少量的回、藏等民族。河湟花儿曲调丰富多彩，曲令多

① 赵宗福：《西北花儿的研究保护与学界的学术责任》，《民间文化论》2007 年第 3 期。
② 赵宗福：《花儿通论》，青海人民出版社，1989，第 53 页。

达一百余种，曲式结构多为上下二句体。而洮岷花儿曲调比较朴实单纯，调令只有少量几个，曲式结构多为一句式和三句式。青海省主要流行河湟花儿。

花儿表现手法 花儿根据表现手段和内容可分为抒情和叙事两种，前者居多。内容多以表现男女爱情、婚姻为主，其中也有一些是反映历史事件以及其他内容的。花儿演唱时一般在山野沟洼间避开家人歌唱，因在野外无所顾忌而常采用第一人称的口气，直接倾吐对心上人的爱慕、相思或者怨愤，表现较为直白、坦露、激烈，除了采用独唱这一歌唱方式外，还有利用庙会等演变成的花儿会进行对唱、合唱等演唱方式。花儿起兴句涉及天文地理、历史事件、神话传说、社会宗教、民俗风情等各个方面的内容。花儿篇幅短小，语言通俗凝练，歌词的节奏、格律别致，曲令丰富多彩，曲调旋律独特，在民间歌谣中别具一格。

二 花儿歌词格律

（一）河湟花儿的整体结构形式

句式结构 河湟花儿绝大多数是四句一首或六句一首，在整体上前两（三）句和后两（三）句基本上相对称而形成扇面对形式，所以用文字表示也很整齐协调，比较工整。如：

> 圆不过西瓜方不过斗，好不过五色的绣球。
> 俊不过身材嫩不过手，好不过换给的记首[①]。

全首四句分为两半，上半首二句，下半首二句，基本对称。演唱时也是两句为一个乐段，全首经过乐段的一次重复而完成。所以这种结构形式

---

① 记首：方言，指恋人送的纪念品。

在音乐上犹如古典词中的双调，可分为前片和后片，而在整首的结构上又是扇面对。而朴素的扇面对形式是河湟花儿整体结构形式最突出的特征，其虽有一些变体，句子也不一定就是四句或六句，但其变化都是在一定的条件（如扇面对）下进行的，是群众熟练地掌握了花儿格律后自然而然地创作出来的。

扇面对 扇面对又简称"扇对"，也有的称为"隔句对"。在古典诗词中采用较多。现代自由体朗诵诗中更是普遍地使用这类对偶形式，效果也很好。花儿采用这种修辞方式为整体结构形式，别具韵味。

四句式 四句式花儿中一、三句相对，二、四句相对，单句对单句，双句对双句，音调抑扬顿挫，便于抒情，便于记忆。但花儿与古典诗词相比，其扇面对是朴素的，是以节奏相对称为主的对仗，而不是严格意义上的对仗。

六句式 六句式花儿是在四句式花儿的基础上扩充发展而来的，因此，也具有扇面对的整体结构形式。如：

> 核桃的碗碗里照灯盏，你有了油，
> 我有个缸粗的捻子[①]，
> 庄廓的圆圈转三转，你有了心，
> 我有个天大的胆子。

一四句、二五句、三六句相对。群众一般形象地把六句式称为"两担水"或"折断腰"。河湟花儿在音乐上有些是二句半形式，即一首中前两句或后两句里的第一句后边的两个音乐小节经常有反复，反复便是三拍的句子后边的一个节拍再出现，于是表现在文字上就多出了一个半句，如"圆不过西瓜方不过斗，方不过斗……"演唱时或者直接反复这最后一个节拍（一般

---

① 粗：青海方言读 zhuang。

为三个字左右）。或者加一句衬词（如"尕肉儿""好花儿"之类），或者另外填上一个词或词组、短句成为歌词内容一部分的半句话。这样在四句式的一、三句后面加上两个半句以代替衬词的节拍，便成了六句式花儿。所以又把有短句的六句式花儿称为"衬词式"。这种短句的出现在音节上变平板为起伏，在结构上起了承上启下的效果，同时使容量大大增加，宜于表现比四句式更加丰富的内容。

五句式 四句式单句最后一个节拍的反复有时是原句重复，有时是衬词，有时是另填半句；有时第一句后面加半句而第三句后面不加，有时是第一句后面不加而在第三句后面加半句。这表现在歌词整首结构上，便有了五句式花儿。

> 三张红十牛九对，掀一掀，
> 还有个三老虎当哩①；低头的阿哥抬起头，
> 你精神尕妹妹长哩。没钱的阿哥到来了，
> 灶火的圪里坐下②；
> 青稞面馍馍尕麦茶③，快快喝，
> 恐害怕旁人们看下。

这种五句式一般不是第二句为半句，就是第四句为半句，都是四句式中的一个单句后边的衬词变为正词而形成的，只不过位置不一样罢了。这里要指出的是，这种五句式花儿与四、六句式花儿相比，数量较少，文学效果也比六句式稍逊一些。

七句式 七句式其实是四句式花儿中后面一个单句正词最后节拍反复再

---

① 这是以西北群众常玩的"牛九牌"起兴的，"红十挣""牛九""老虎"都是牌名，"掀"是打牌的术语。
② 灶火的圪：青海方言，锅台前面的角落。
③ 麦茶：甘青农村的一种自制饮料，用捣碎的麦子、青稞等代替茶叶熬成，既可解渴，又可充饥。

反复而形成的一种变体，在表现内容上比四、六句式更加丰富，富有变化。

> 天上的龙来地下的虎，龙戏虎，
>
> 要吃个香水的李子，要唱了唱上个五鼠闹东京，
>
> 起三国，带杨家，把封神铺上个底子[①]。
>
> 出了大门山对山，对儿山，
>
> 羊吃了路遗的马莲，若要我俩的婚姻散，
>
> 八宝山，马莲滩，
>
> 舀给者黄河的水干。

在这种七句式之外，还有一种句子更多的变体，如：

> 大河沿上的麻石头，一头儿尖尖，一头儿扁扁，
>
> 尕磨儿上能锻个底扇，我背上了走，手拿的皮条儿太短。
>
> 尕妹给我绣上个满腰转，褐子的边边，里子是毡毡，
>
> 牛毛俩扎上个牡丹，我勒上了走，人前头显了个手段[②]。

这首花儿又比上面所举各式花儿句子更多，上下两片共十二句，表现了丰富的内容，描写上也更加细腻全面。

（二）河湟花儿的句子节奏

句子节奏 句子节奏是构成花儿特别是河湟花儿格律的重要方面之一。节奏是能给人以悦耳动听的语音上快慢高低的规律。音乐特别讲究节奏，一首歌要分为许多节拍，这些节拍又有 2/4、3/4、4/4 等区别。诗歌也讲节

---

① 这首后面四句中"五鼠闹东京""三国""杨家""封神"指《七侠五义》《三国演义》《杨家将》《封神演义》等古典小说。

② 谢承华：《"花儿"艺术手法浅识》，《青海群众艺术》1980 年第 2 期。

奏，花儿作为一种用于歌唱的诗歌形式，同样很讲究节奏，而且这种节奏与花儿的语言、音乐特色有很大关系。我们用表示"顿数"的变化和"末顿"字数的变化来说明花儿句子节奏。河湟花儿的形式独特而多样，句子节奏也显得比较独特而复杂，以四句式和六句式这两种较典型的格式来比较，其分别如下。

　　四句式花儿句子节奏　四句式花儿的句子节奏一般每句三顿，也有一句两顿的，每句末顿（最后一个节拍）字数则二、三、四字不等。讲格律就是因为顿数的多少与末顿字数的多少是有规律可循的。

　　（1）单双句都是三顿，单句末顿为三个字，双句末顿为两个字。如：

> 马步芳—住了—兰州城，
> 青海省—又拔了—新兵，
> 娘老子—心疼得—满地滚，
> 四乡里—又动了—哭声。

　　（2）单双句都为三顿，单句末顿为四个字或五个字（四、五字的区别在于是否计算一个衬字），双句末顿为两个字。如：

> 你骑上—骡子—我骑上（个）马，
> 骡子么—比马者—快了，
> 我担上—名声—你挨上（个）打，
> 哈人把—良心—坏了。

　　（3）单句为三顿，双句为二顿，单双句末顿皆为四（或五）个字。如：

> 黑云—起来着—雨没有下，

石头上—麻啦啦（儿）的^①，

跟前—到了着—没搭上话，

心里头—急抓抓（儿）的^②。

（4）单句为三顿，双句为二顿，单句末顿三个字，双句末顿四个字，如：

郭莽寺—林棵里—拉木头^③，

拉木着—修经堂哩，

莫嫌个—阿哥我—世得丑^④，

我有个—好心肠哩。

（5）单双句皆为二顿，而且前一顿皆为四（或五）字，单句末顿为三字或四字，双句末顿为两字，如：

清溜溜（儿）的—长流水，

啷啷（儿）地—响了，

热吐吐（儿）地—离开了你，

泪涟涟（儿）地—想了。

（6）单句为三顿，末顿三个字，双句为二顿，末顿为三个字，如：

大河—沿上—种大豆，

莫非是—牛吃了，

---

① 麻啦啦：青海方言，形容石头上似有一些雨点痕迹。
② 急抓抓：青海方言，形容心中烦躁不安的样子。
③ 郭莽寺：藏传佛教寺院，在大通县境内。
④ 世得丑：青海方言，生得丑。

到处—不见—憨肉肉，

莫非是—狼吃了？

　　这是河湟花儿中最为特别的一种节奏形式，因为其单双句末顿都是三个字（即单字尾），这与河湟花儿是单双字尾交错使用的普遍格律不同，读来却又不失河湟花儿特有的韵味，比较罕见。

　　四句式花儿特点　凡单句句型大多为三顿，个别两顿的则前一顿必然为四个字或五个字，单句末顿的字数不是三个字就是四个字，没有两个字的现象。而且一般来说，末顿字数的变化不影响句子的节拍数，而前一顿字数的变化则能影响节拍数。四句式花儿凡双句句型的顿数不是三顿便是两顿，而每句的顿数是由末顿的字数决定的。双句末顿的字数一般来说成双数，不是两字就是四字。当两个字时句子必然为三顿，四个字时句子必然为二顿。也有末顿五个字的，如"麻啦啦儿的"，实际上"儿"是附带的字，读得很轻，读得响亮的仍然为四个字，因此还算一顿。单句也是如此。双句末顿为三个字的现象很少，而句子五个字时必然为两顿，而且前一顿也是三个字。这是与其他民歌在末顿上的最大区别处。四句式花儿的句子一般是以七个字为基础的，当末顿字数为两个时，就可划为三二二或二三二，当末顿四个字时，由于词意的关系，就把后两顿紧缩为一顿，变为三四了。前两顿紧缩时也可变为五二，如"黄芽白菜朵朵儿大，嫩闪闪儿的一长了"。但前两顿紧缩的现象比较少见。当中间一顿有简化时，这一顿就与末顿并为一顿，使句子成为二顿，末顿也就成了三个字。

　　六句式句子节奏　六句式花儿是在四句式花儿的基础上扩展而来的，也就是说四句式一、三句后边各增加一个词、词组或短句而形成，一般是一个节拍。那么如果将六句式的二、五句不算的话，其他的就与四句式没有两样。如：

你拿上—罗锅—我拿上枪^①，

上高山，

要吃个—黄羊的—肉哩，

你拿上—黄表—我拿上香，

对老天，

要吃个—不罢的—咒哩。

大燕麦—出穗者—吊索索，

索索儿吊，

上地里—种胡麻哩，

一对儿—大眼睛—笑呵呵，

呵呵儿笑，

心疼着—再说啥哩。

依次类推，五句式花儿也是如此：

三辆的—车子—六扇儿^②，

拉上了—进衙门哩，

把姊妹—好比—秋蝉儿^③，

双手捧，

跳掉哈—再阿么哩^④？

---

① 罗锅：一种呈圆柱形的铜锅，宜于野外做饭。

② 扇儿：这里指车轮。

③ 秋蝉儿：青海方言，即蛐蛐。

④ 阿么：青海方言，有多种含义，此处是怎么办的意思。

这种五、六句式花儿的节奏格律的特征是，半首中第一句后边扩展的也可能是一个词，如：

梁山上一百单八将，
十字坡，
孙二娘开下的酒坊。

也可能是一个词组，如：

婚姻儿没成尕心儿变，
精神短①，
打跟黑哭到个亮了。

也可能是一个短句，如，

丢你的心儿我没想，
你丢我，
就没惜阿哥的孽障②。

"十字坡"是名词，"精神短"是一个主谓词组，"你丢我"则是主谓宾齐全的短句。然而在一般情况下，不论是词、词组还是短句，往往为一顿，而且常常为三到四字。但也有个别两顿的现象，如：

尕妹是清水喝不上，
阿哥们——孽障，

---

① 精神短：青海方言，情绪低落，不自信。
② 孽障：青海方言，可怜的意思。

渴死在水边里了。

如果两顿，字数必在五个以上。

六句式句子节奏特点 河湟花儿句子节奏一般一句为二到三顿；每顿字数二到五字，五、六句式中的短句一般为一顿。四句式单双句末顿字数一般为单数和双数（即奇和偶）交错出现，五句式、六句式等以此类推。最末一顿如果字数不符合格律时，就用虚词来补救，如"哩""了""着""的""子"等就是常常用来补字数的，有时甚至有连补两个字的现象，在上面所举例子中这些都曾出现过。又如：

> 城头上打鼓城根里响，
> 教场里点兵着哩，
> 十股子眼泪九股子淌，
> 一股子连心着哩。

但通常情况下，前一个虚词紧跟实词而起着一定的语法作用，如这首花儿中的"着"就表示"点兵""连心"等动作、心态正在发生，后一个虚词则是因为句子的字数还不合格律而再次补上去的，没有明显的语法作用。但这后一个虚词补上去后，语句更符合地方语言的习惯，有某种微弱的语气效果，而不是累赘。此外，就整首花儿看，每一句都补虚词的现象也是屡见不鲜的，如：

> 抓下的麻雀儿飞掉了，
> 老鸦（的）峡里下了 [1]，
> 把我的花儿亏掉了，
> 再不听阿哥的话了。

---

[1] 老鸦峡：在青海省乐都区与民和县交界处，是交通要道。

四句结尾全用"了"字，都有一定的过去语气。这种用虚词补足末顿字数的方法在现代自由诗和古典格律诗中都少见，然而在《诗经》中却是大量存在的。这说明花儿这种民歌对古代民歌的表现手法有一定的继承性。

韵律

四句式花儿押韵形式　这种花儿的基本押韵形式有两种，即通韵和交韵，另外还有间韵等不常用的形式。

通韵　通韵就是每句都押一个韵，句句相押，为 AAAA 式。如：

> 阴山阳山山对山，（shān）
> 山根里冒一股清泉，（quán）
> 陪我的妹妹坐一天，（tiān）
> 喝一口凉水是喜欢。（huān）

> 十八马站三座店，（diān）
> 哪一座店儿里站哩？（zhàn）
> 十个指头掐着算，（suàn）
> 哪一个日子上见哩？（jiàn）

> 青石头尕磨左转哩，（zhuàn）
> 要磨个雪白的面哩，（miàn）
> 心肺和肝花想烂哩，（làn）
> 哪一个日子上见哩？（jiàn）

从以上两首可以看出，不论句末有没有虚词，它们的韵脚是极为整齐的，声调也很讲究平仄的统一。花儿在平仄中还很讲究阴阳上去的一致，这比自由诗的押韵格律要严格得多了。上举第二首中双句有虚词"哩"，单句却无虚词，最后一个字韵不一致，所以从某种意义上讲，也是交韵形式，又是复韵形式，是三种押韵法的综合使用，但其主要倾向仍是通韵形式。第三首同时又是复韵形式。这种现象在花儿中比较多。

通韵中还有一种特殊的形式，就是全首句末都以虚词重复煞尾，而虚词前的实词不押韵，所以这个虚词就起着叶韵的作用。如：

> 十八的木匠盖庙哩，
> 要盖个神仙的洞哩，
> 尕妹的心肝想烂哩，
> 阿哥你远走着咋哩？

"哩"字前的字都不是一个韵辙或者相近的韵辙中的字，显然是以"哩"煞尾叶韵的。但是必须要注意的是，虚词前的实词声调是极度统一的，否则读起来就会感到别扭。这一首中的"庙"（miào）、"洞"（dòng）、"烂"（làn）、"咋"（西宁话读作 zuà），都是清一色的去声。这种声调上的严格统一，补救了韵脚上的缺陷，所以读来仍然顺口流畅。

交韵　就是单句和单句相押，双句和双句相押，为 ABAB 式。如：

> 进去北川老爷山，（shān）
> 出家人拉着个棍来，（gùn lái）
> 死到阴间鬼门关，（guān）
> 你给我托着个梦来。（mèng lái）

> 上山着打了个香子了，（xiāng）
> 下山着吃了个肉了，（ròu）
> 后悔着砸了个腔子了，（腔，青海方言读 kāng）
> 对天着吃了个咒了。（zhòu）

　　上举两首基本上包括了四句式花儿交韵的各种现象。前首单句句末无虚词，双句句末有虚词，另一首四句句末都有虚词"了"，但单句在"了"字前又多一个"子"字。两首花儿除去虚词，都是一、三句押平声韵，二、四句则押仄声韵，而且分别都是阴平和去声。同时又是复韵形式，在韵调上形成了非同一般的音乐美。这种押韵形式在古典诗歌只是个别采用，自由诗和其他民歌中更属罕见。

　　四句式交韵形式单句句末虚词或有或无，而双句句末一般说来多使用虚词。如果单双句都有虚词，那么其虚词一般来说不完全一致，双句句末虚词对交韵形式起着很重要的作用，几乎可以说这是检验一首花儿是否是交韵的标志之一。如果单双句末都没有虚词，百分之九十是通韵，只有极个别例外。而单句句末无虚词，双句句末有虚词，或者单双句句末皆有虚词，但所采用的虚词不一样时，一般来说就是交韵。超出这个规律的很少见。

　　绝大多数情况下，交韵形式的花儿双句句末不仅有虚词，而且虚词前的韵脚必定是仄声，这是极为特殊的一个规律。因为河湟花儿中交韵形式很普遍，这些花儿基本上都呈现了双句押仄声韵的状态，再加上通韵等形式中也有一部分押仄声韵的，所以河湟花儿中押仄声韵的很多。

　　交韵中也有一种特别的形式，就是重字相押。如：

　　　　沙里澄金金贵了，（guí）

　　　　银子的价钱们大了；（dà）

　　　　入伙里挑人人贵了，（guí）

　　　　尕妹的架子们大了。（dà）

　　单句用"贵"字重复押（也可视为"贵"字前面的"金"与"人"相押），双句用"大"字重复押（也可视为"大"字前面的"们"字也重复押），"贵"为阳平，"大"为去声，再加上后边的虚词"了"统一煞尾，念起来并不戳口乏味，倒是别具意趣在内。

间韵 即单句不押，双句相押，而且常常是第三句不入韵，这种形式在河湟花儿中比较少。如：

> 干柴带湿柴架一笼火，（huǒ）
>
> 火离了干柴时不着，（zhuǒ）
>
> 尕妹是肝花阿哥是心，（xīn）
>
> 心离了肝花时不活。（huǒ）

很明显，只要第三句入"韵"便是通韵形式。

六句式花儿的押韵形式 如果把六句式的二、五两个短句抽掉，那么其押韵形式跟四句式是一模一样的，只因为在四句式的一、三句后边各加上了一个短句而成为六句式，就使得押韵形式在表面看来趋向复杂化了。然而如果抓住其特点，也就不难掌握其各种押韵形式。

通韵 为 AAAAAA 式，如：

> 薛刚上的是铁丘坟，（fén）
>
> 动哭声，（shēng）
>
> 惊动了十万的大兵；（bīng）
>
> 晴天里盼雨实难心，（xīn）
>
> 根梗深，（shēn）
>
> 相思病扎下的硬根。（gēn）

> 金纱灯来银纱灯，（dēng）
>
> 紫红的灯，（dēng）
>
> 五更里照明着哩；（míng）
>
> 你说妹妹不实心，（xīn）
>
> 你实心，（xīn）

人伙里挑人着哩！（rén）

这种通韵形式的特点是与四句式通韵形式大体一样，句句押韵，韵脚很整齐，平仄一般是统一的，或者全部平声，或者全部仄声，读来朗朗上口，音乐感很强。

交韵　可粗略分为六种。

（1）ABCABC 式，如：

日头儿落在石峡里，（xiá）

包冰糖，（tàng）

要两张橙红的纸哩；（zhǐ）

哭下的眼泪熬茶哩，（chá）

好心肠，（cháng）

为我的花儿着死哩。（sǐ）

（2）AABAAB 式，如：

蜘蛛拉下的八卦网，（wǎng）

苍蝇儿孽障，（zhàng）

碰死着嘴边里了，（zuǐ）

尕妹是凉水喝不上，（shǎng）

阿哥们孽障，（zhàng）

渴死着水边里了。（shuǐ）

（3）ABBABB 式，如：

花花的被儿绿挡头，（tóu）

样样儿新，（xīn）

绣给的花儿们俊了，（jùn）

天天我扶上墙根走，（zǒu）

病缠身，（shēn）

一天么比一天重了。（zhòng）

（4）ABAABA 式，如：

大路里上来的蓝轿子，（jiáo）

仔细儿看，（kán）

尕马儿项带的钞子，（青海方言读 cǎo）

三十个大板一铐子，（káo）

大老爷断，（duán）

好花儿还是我的。（青海方言"我"读 nǎo，"的"读如"子"）

六句式的交韵格式较多，一般为一四、二五、三六句相押，但多表现为对称的四句相押，对称的另外两句另押一韵。另外，一般情况下三、六句句末有虚词，虚词前的韵脚多为仄声。这种虚词还常与同音的实词相对称而使这个实词也失去了明显的韵脚作用。

（5）AXBAXB 式（X 表示不押韵），如：

青铜烟瓶黄铜造，（zào）

兰州的烟，（yán）

一劲儿要白酒哩，（jiù）

阿搭儿走了阿搭儿到，（dào）

形影儿随，（suí）

这一条路要走哩。（zǒu）

一、四句以"造"和"到"相押，三、六句以"酒"和"走"相押，二、五短句不押韵。如果去掉二、五两句，便是交韵形式。

（6）AXAAXA式，如：

> 三十把鞭子四十条棍，（gùn）
>
> 换着打，（dǎ）
>
> 浑身儿打成病了，（bìng）
>
> 打死打活地我没认，（rèn）
>
> 只因为，（wēi）
>
> 我俩的情意儿重了。（zhòng）

一、三、四、六句押一韵，二、五句不押，可视为间韵形式。如果去掉二、五两句，便是通韵形式。

五句式花儿介于四句式和六句式之间，除去一个半句，押韵形式与四句式一样，增加一个半句，押韵形式又与六句式一样。

三 花儿音乐

（一）花儿曲令

花儿曲令很多。以地名命名，如"河州令""湟源令""西宁令""马营令""川口令""东峡令""莲花山令"等。以代名词命名，如"尕阿姐令""五荤人令""尕肉儿令""黄花姐令""红花姐令""醉八仙令"等。以人物形象特征命名，如"大身材令""大眼睛令""乖嘴儿令"等。以衬词命名，如"呛啷啷令""绕三绕令""六六儿三令""哎哟哟令"等。以民族命名，如"撒拉令""保安令""东乡令"等。以花卉命名，如"金点花令""水红花令""白牡丹令""山丹花令"等。以动物命名，如"尕马儿令""喜鹊儿令"等。以曲调特点命名，如"三起三落令""扎刀令""平

令""直令""哭令""大转弯令"等。以劳动生产的内容和事物命名，如
"麻青稞令""梁梁上浪来令""看一趟哥哥来令"等。

花儿曲令特点 花儿曲令非常多，每个曲令都有自己的曲调。就是同一
曲令，由于流行地区不同，演唱歌手不一样，曲调也有很大差别，所以不少
曲令形成了好几个曲调，如"河州令"就多达十六七种调子。据有人统计，
这类令同调异的曲令在临夏地区流行的就有二十四个令八十多个调子，占
花儿曲令总数的百分之六十左右，青海地区流行的则有十九个令六十多个调
子，占曲令总数的一半以上。一般我们把这种同一曲令而曲调不同的曲子称
为某某一令、二令、三令等，或者写作某某令（一）、某某令（二）等，比
如"河州大令""河州二令""河州三令""河州六令"。曲令虽然繁多，但其
中有一些是广泛流行的，而大部分则是在局部地区流行的。由于流行地区、
民族之不同，往往某一地区、某一民族的花儿曲令有着共同的音乐特征，而
且一般都有一些代表性的曲令。比如临夏地区的花儿曲调一般表现为缠绵悠
扬、低沉压抑，流行最多的是"河州二令""河州三令""南乡软令"等。而
循化、贵德等地区的花儿曲调却一般表现为挺拔刚健，流行最多的是"撒拉
令""白牡丹令"等。

长令与短令 花儿的曲令还可以分为"长令"和"短令"两种类型。属
于"长令"的有"河州大令""水红花令""尕马儿令"等，其特点是拖腔
长，演唱速度慢。"短令"的特点是拖腔短，演唱速度较快，曲令有"金点
花令""河州三令""白牡丹令"等。花儿的"令"，虽然也包括歌词的成分
在内，但主要是指曲令而言，同一首歌词可以用十几种曲令来演唱是花儿音
乐的特征之一。

（二）调式与曲式结构

河湟花儿调式 河湟系列以四声和五声的徵调最常见。河湟花儿中，一
般来说主要是用宫、商、徵、羽四个音，其中徵音是构成调式的中心音，商
音是对调式最重要的支持音，宫、羽也是比较重要的构成者，而角音采用的很

少，如果出现的话，也只起一些辅助的装饰润色作用。徵调式花儿曲令主要有"河州大令""河州二令""直令""水红花令""白牡丹令""绕三绕令""尕马儿令""南乡令"等。如"河州令"四声徵调是河湟花儿中最具有代表性的调式，是回、汉以及东乡花儿的一大特征，所以，"河州令""白牡丹令""尕马儿令""水红花令"等曲令在河湟花儿中最为驰名，一般人们熟悉的也就是这些花儿调子。此外，商调式和羽调式在河湟花儿中也比较流行，而且具有浓厚的民族色彩。商调式在土族花儿中居多，如"梁梁上浪来令"。多用羽调式是撒拉族以及保安族花儿的一个特色，其中"孟达令""清水令""三花嫂令"等都属于羽调式的。此外，河湟花儿中也偶然有宫调式和角调式的，但那是极个别的。

河湟花儿的曲式结构 从整首花儿的曲式结构看，河湟花儿绝大多数属于上下两句体的结构形式，即两个乐句组成一个乐段，用一个完整的乐段唱完歌词的前半部分，再重复一次乐段唱完歌词的后半部分，便是一首完整的花儿歌曲。这种结构可以说是河湟花儿的典型曲式结构。这种两乐句式的曲调大多采用了一些衬词。如果衬词过长，就必然延长了音乐节拍，这些衬词部分的乐句有时又是比较完整的，如"呛啷啷令""水红花令"等。所以河湟花儿并不都是单一的两句式结构，有的呈现为两句半的结构形式，如"三尕妹令"。此外，还有四乐句为一个乐段的，如"直令""拉卜楞令"等，但为数很少。一首花儿由起音、乐段、落音三个部分构成。

起音 演唱一首花儿的开始，歌手们总是先要唱一声"哎哟"之类的呼唤性词语，这就是"起音"（不过有些曲谱上没有标出来）。另外，如果几个人同时唱的话，这个起音还起着统一音高、谐调众口的作用。所以，起音是河湟花儿的必然组成部分，而不是可有可无的。这种呼唤性的起音一般都先是"哎哟"或者"哎"之类的一个词，然后拖腔自由延长，并富有高低变化。不同的曲令有不同的起音旋律，一般表现为音阶向上运动，风格上粗犷豪放。有的曲令的基调如果具有忧伤、悲哀、压抑的情感色彩，那么其起音就一般呈现为音阶向下行进，形成如泣如诉的音乐特色。

乐段 是除了起音以外的正式乐曲部分，花儿的乐段主要是由上下乐句构成的两句式结构。

上句和下句 所谓上句指的是四句式花儿的半段的前一乐句、六句式花儿半段的第一句以及短句部分的乐曲；相对而言，下句即半段中的后面一句的乐曲。大多数情况下，上句要比下句长，因为上句在高音上常常自由延长和使用衬词。花儿的曲调主要是乐段部分，而乐段部分又是最富有变化、最富有特色的部分。曲令的不同主要表现在乐段音乐艺术上的不同。

落音 指一首花儿唱完时所带出的辅助性的呼应词，如"呕""噢沙""哎嘿嘿"，有时是歌者随口补上去的，有时是听者呼应出来的。这种落音可以补充乐曲演唱中的某些不足，使其在艺术上更为完美，同时可以活跃情绪，增强热烈气氛。但这种落音在一首花儿的最后才出现，而在前半首（即前一个乐段）最后出现的衬词等虽然也具有某些落音性质，但并不是落音，而是承上启下的音节，而且有音谱可记。

（三）河湟花儿旋法

河湟花儿中最主要的音是徵音，其次是商音，再次是羽、宫等音，角音出现得很少，清角音更少，变宫音则几乎不见，所以有人认为组成花儿的旋律音调的基本音阶是宫、商、徵、羽四个音。一般来说，以这四个音为基础进而迂回润色，变化排列就形成了花儿有特点的旋律。具有丰富曲令的花儿绝对不会千篇一律地照这个简单的运动形式进行，而是富有变化的，而这种变化又遵循上述那种富有风格的音乐趋势。正是因为河湟花儿具有这样一个音阶运动共性，所以不论演唱哪种曲令，即使外行人，也会明显地感觉到这就是花儿。花儿旋律的另一特色便是滑音和大跳手段的大量使用，花儿音乐采用了许多滑音，而且上滑音和下滑音交替使用以装饰曲调，尤其是由徵音以滑音意味向清角音靠近的进行，这是花儿音乐艺术的突出特色。曲调在序进中跳动性很大，这又是花儿音乐的一个特征。在花儿中不但常有四度跳进，而且往往出现五到八度甚至十度以上的大跳。

（四）衬词音乐

衬词是在正词中间加上去的诸如"哎哟""吧嘶"之类的感叹词和"阿哥的白牡丹""就这个话呀"之类的短句。因为衬词大多只有在歌唱时出现，而在纯文学的歌词中是见不到的，所以，具有浓厚的音乐性质。在花儿演唱中，衬词出现的位置因曲令不同而不同，或在乐段之首（实际上就承担了起音的责任），或在乐段之尾（有时也承担了落音的责任），或者在乐段中间。这里主要是指乐段中间以及乐段之尾较长的衬词。插到乐段中间也就是插到正词中间的衬词，就较长的看，有的在上一乐句中间，有的在下一乐句中间，有的则在上下乐句中间同时出现。如"金晶花令"：

> 黄河上（就）度过了（牡丹月里来哟）一辈子（呀），
> 浪尖上耍花（金晶花儿开呀）子（呀）哩（哟）。

衬词出现最多的位置是每个乐句中一句完整的歌词后面，如上下句、上下乐段之间以及整个乐段的最后。如"绕三绕令"：

> 兰州的果子是（呀）碗口大（呀）（三哪绕呀，花儿三上呀三绕呀），
> 不熟时落不到地（呀）下。

如果不排除"呀""者"这些单音词，则一首花儿中自始至终、随时随地都插进衬词的就更多了。有时衬词竟然能比正词长出几倍，如"呛啷啷令"。衬词如此之长，足以说明它在花儿音乐艺术中不可忽视的重要地位。衬词的增加大大丰富了乐段内容，发展了音乐主题，突出了曲令的旋律特色，进一步深化和渲染了所要表现的情绪。

四 花儿唱法

尖音唱法 也叫高音唱法，即采用假声演唱。唱洮岷花儿时多采用此法，河湟花儿歌唱者男声一般亦多采用此法。因为男声比女声低八度，所以男女对唱时就高低不一致，为了求得音高的一致和谐，男歌手往往以提高了八度的假声来和女歌手对唱。这种尖音唱法的特点是音质明亮尖厉，群众称之为"尕刀子音"。尖音唱法以假声为主，但并非全是假声，而是或多或少地带着一些真声。尖音演唱要以足够的气息做基础，如果没有很深的呼吸运气功夫，难以很完美地演唱好一首花儿。歌手们一般以源源不断的丹田之气和句间的"抢气"、句读之间的"偷气"来支撑、补充底气不足。同时运用头腔、口腔的共鸣作用，以得到圆润、透亮的声音，从而达到传音远、声感人的演唱效果。这方面表现突出的歌手有杨赛尔吉、陈艾卜、马健仓、张海奎等。

苍音唱法 群众也叫"满口腔"或"平音"，即以真声为主的演唱方法。一般多为女歌手所采用。这种方法因声音的厚实、苍劲而得名，与日常口语的发声比较接近，用声带的全部振动发出声音，用胸腔和口腔的共鸣来达到演唱效果。这种演唱方法的特点是浑厚朴实、亲切感人。但用这种唱法演唱河湟花儿，一般适宜于从小调、酒曲等演变过来的曲令，或者跟小调等相近的曲令，如果歌唱具有浓郁的山野气息的花儿曲令，则需要穿插使用一些假声，否则会失去花儿的音乐特色。这方面表现比较突出的歌手有马黑娃、李贵州、韩应贤、白秀瑷等。

尖苍音唱法 是把尖音和苍音结合起来，即高音区用假声、中低音区用真声，把真假声熔为一炉，音域宽广，既能发出明亮的高音，又能发出浑厚的中低音。需要在发出明亮的尖音和浑厚的苍音的基础上，更注重气息的控制，保证音区转换的自然和音色的一致。因此许多花儿歌手，尤其是演唱河湟花儿的歌手采用这一唱法。

五　花儿传承方式

口头传承　口耳相传是花儿常见而传统的传承方式，民间歌手或以拜师求艺的传授形式，或以向杰出歌手学习和模仿的形式加以传承。但这种传承形式变异性较大，以传授者和接受者的能力、素养为前提，以及受地方语言不同的特定环境影响，随之产生一种曲令有多种唱法和字意差别的现象。由于大部分歌手长期生活在基层，文化素质和音乐知识相对较低，难以识别花儿的精髓，甚至使其演唱走样。因此，口头传承重在积极向上、健康文明、艺术性较强花儿的传承，来真正体现人类文明时代的人生观、价值观和伦理观等，还要把花儿本身已形成的含蓄、夸张、比兴等精华真正传承下去。

文字传承　就是把口头传唱的花儿用文字记录下来，编印成册，以飨世人的传承方式。这种形式的优点在于其永久性的传承，既有学术研究价值又有阅读鉴赏价值。但这种形式的传承对花儿艺术整理和编者的要求较高，既要体现内容的真实性、民族或者地域的代表性，又要对花儿中涉及的历史典故、人物、地名以及相关民俗等做必要的考证、注释，做到翔实、可信、符合逻辑。

影像光碟传承　这种传承方式具有新时代特征，既有直观性，又有鉴赏性。要求演唱者有较高的艺术水准、表演能力。由于这种形式是纯欣赏性的，流传范围广。能够体现一个地区花儿演唱的水平，也能体现演唱者本身的艺术造诣。同时影像光碟是个综合性很强的记录形式，有较高艺术价值的影像光碟，是演唱者的艺术素养、摄像师、音乐制作、文字撰稿、外景画面等的完美组合。

六　花儿会

花儿会起源　花儿会的起源，是当地民众为祈求风调雨顺、期盼五谷丰登而举办的朝山会、庙会等性质的传统集会。如在青海大通老爷山的朝山会上，前去参加的青年男女往往去"黑虎洞"焚香磕头，摸象征着能生育子女的小红鞋，或者生子后做上绣鞋，蒸上馒头去还愿，所以民间至今还有"黑虎洞里揣儿女"的谚语。经过几百年的发展，花儿会规模不断扩大，逐渐演变为集花儿演唱、商品贸易、文体活动为一体的大型群众性节庆活动，且各具文化个性，最终形成了综合性的文化娱乐活动节日。青海的花儿会，主要流传于西宁、大通、湟中、湟源、互助、平安、乐都、民和、化隆、循化、贵德、同仁、门源等地区。这一地区自秦汉以来历代先民耕牧期间，创造了厚重灿烂的河湟文化。花儿最早的文献记载出现于明朝神宗万历年间（1572~1620），赵宗福《花儿通论》一书引用了当时游宦西北的山西籍诗人高洪《古鄯行吟之二》"青丝垂柳夹野塘，农人村女锄田忙；轻鞭一挥芳径去，漫闻花儿断续长"的诗句，形象地再现了古鄯（今民和县古鄯镇）的田园风情，这也是迄今发现的描写民众唱花儿的最早诗歌[1]。清朝道光年间（1821~1850），诗人叶礼的《甘肃竹枝词》中"男捻羊毛女种田，邀同姊妹手相牵；高声各唱花儿曲，个个新花美少年"，把当时农夫村女在田野上边除草边唱花儿的情景表现得颇为生动。后来的吴镇也留下了"花儿饶比兴，番女亦风流"的诗句。可见，明清以来，花儿从田园独唱开始，逐步发展成了男女对唱，这自然又成为花儿会组合中最初的演唱形式。当今的花儿会已经成为青年恋人以对歌形式互表衷情、展示才华的好场所，也是中老年人游览休憩的好时机。

花儿会时间 河湟花儿的花儿会主要有青海海东乐都区的瞿昙寺花儿会，每年农历六月十五为正会期，一般十四日开始，十六日结束；大通县老爷山花儿会，农历六月六日举行；互助县的丹麻花儿会，一般在农历六月十五至十七举行；民和县七里寺花儿会，农历六月六举行；民和县的峡门花儿会，一般在农历端阳节举行。这几处都是规模较大而且基本上每年定期举

---

① 赵宗福:《花儿通论》，青海人民出版社，1989，第 64 页。

行的。此外，河湟地区在各种朝山活动、庙会、物资交流会上都有许多自发对唱花儿的场面，当然也算是一种小型的花儿会了。如青海省西宁市湟中区拉沙、西宁市湟中区贾尔藏、互助县五峰山的"六月六会"都是如此。

花儿会规模　河湟地区每年普遍举行花儿会，起初是民间自发举行的。1949 年后，许多花儿会具有了当地政府文化部门出面主持举办的性质。其规模有大有小，大者人数可达十几万，小者也有一二千人。河湟系列花儿会规模大，人数多，一般至少有五六百人参加，他们二三十人或四五十人，甚至数百人一群互相对唱。歌唱者一般是独唱，一首唱完，大家齐声"噢——噢——"地欢呼，把气氛烘托得热烈欢快。许多著名的花儿歌手就是在花儿会的熏陶培养中涌现出来并得到社会公认的。花儿会上演唱的一般是情歌。政府部门出面举办的花儿会一般有了比较统一的组织，如事先安排好歌唱的场地、歌手先后演唱的顺序等，内容上也有不少革新。这种花儿会场面较有声势，演唱者服装整齐鲜艳，并借助于麦克风等现代化设备，但却不及群众自发的花儿会活泼、自由、有生机。

主要花儿会　青海的花儿会有大大小小 40 多个，主要有大通县老爷山花儿会、祁家寺花儿会、东峡花儿会，民和县七里寺花儿会、峡门花儿会、东沟花儿会，互助县五峰山花儿会、丹麻花儿会、佑宁寺花儿会、松番寺花儿会，海乐市乐都区瞿昙寺花儿会、水峡花儿会，海乐市平安区夏宗寺花儿会、冰岭山药水泉花儿会，湟源县日月山花儿会、扎藏寺花儿会，化隆县查甫药水泉花儿会、雄先花儿会、昂思多花儿会，贵德县河东滴水涯花儿会、河滨公园花儿会，西宁市湟中区南朔山花儿会、拉沙花儿会、药水滩花儿会、鲁沙尔公园花儿会、峡口花儿会，西宁市南山公园花儿会等。其中大通老爷山花儿会、互助丹麻花儿会、乐都瞿昙寺花儿会和民和七里寺花儿会规模较大，历时较长，被列为第一批国家级非物质文化遗产保护名录。此外还有许多新兴起的花儿会，如互助哈拉直沟的毛荷堡花儿会、乐都王家庄老爷山花儿会、互助白马寺物资交流花儿会等。这众多的花儿会的举行，都以民间节令为依托，如：二月二花儿会、鸡蛋会花儿会、四月八花儿会、端午节花儿会、五月十三花儿会、六月六花儿会、七月会花儿会、立秋节花儿会、中秋节花儿会、九月九花儿会、射箭花儿会等等。许多花儿歌手及爱好者，有时马不停蹄地连赶几个花儿会场，方才尽兴而归。

大通老爷山花儿会 老爷山位于大通县城东北川河畔，古人以"雾山虎豹"将其列入"大通八景"之一，是青海著名的旅游胜地。老爷山，又名元朔山，素有北武当之称。因其山顶建有太元宫（即关公庙），庙内塑有关公像而被称为老爷山。老爷山花儿会产生于明代，经过几百年的发展，伴随着朝山会活动，从娱神为主逐渐演变为以娱人为主的大型民间岁时民俗活动。每逢农历六月六，老爷山花儿会与朝山会同时举行，并举办物资交流会、歌舞演唱会等，集信仰文化、历史文化和民族文化为一体，吸引本地及西宁、互助等地的各族民众前来参与。1949 年后老爷山花儿会形成有组织的演唱，有固定的演唱场所和舞台，歌手经过层层选拔，在舞台上赛歌竞技。参加演唱者有汉族、藏族、回族、撒拉族及土族等民族的歌手，大都用汉语演唱，主要内容以歌咏爱情生活为主，也涉及信仰、民俗、生产劳动及故事、新鲜事物等，赋、比、兴手法在语言中生动流畅地运用和表达，有极高的文学价值。代表性花儿曲令有"大通令""东峡令""老爷山令"等，韵律独特，"老爷山上的刺玫花，摘哩嘛不摘是你看下；只要阿哥你说一句话，死哩嘛活哩（哈）我不怕"。用最原始的声音传递最深挚之感，酣畅淋漓地宣泄内心之情，既高亢嘹亮又宛转悠扬。

乐都瞿昙寺花儿会 瞿昙寺位于乐都区中心 17 公里的瞿昙镇，是一组古色古香的明代建筑群，民间流传"去了瞿昙寺，故宫再甭去"的俗谚，据说当初是仿照故宫修建的，有"小故宫"之称。历时六百余年，是藏传佛教的圣地，也是青海最著名的花儿盛会区之一。瞿昙寺花儿会从清代道光年间的庙会起逐渐发展成现在的规模，每年农历六月十四至十六举行，十四日拉开序幕，十五日进入高潮，十六日收尾。届时，从新城走到瞿昙寺大殿，歌手们在道路两旁或设帐对唱，或露天竞赛，拉的圈子或大或小，聚集的人数或少或多。在花儿擂台赛上，"开靶"的多数是女艺人。演唱曲令有"碾伯令""白牡丹令""尕马儿令""绯红花令""三闪令"等，有独唱、对唱及联唱等形式。参加者以乐都南山的藏族、汉族两个民族为主，亦有邻近各县及甘肃临夏的民间花儿歌手、游人云集于此。藏族、蒙古族喜爱的"拉伊"也在这里广泛演唱。用汉、藏两种语言搅在一起的"风搅雪花儿"，是瞿昙寺花儿会较为独特的演唱形式。而最能体现其民间特色的是两个阵营的对歌。如女歌手即兴向应战者唱："雄鹰在半天里转三转，翅膀在云彩里翘了；少年的把式往前站，比武的时候到了。"一经交锋不再泛泛地唱，而是系统地唱"有根本的花儿"，一问一答，有板有眼，依次献唱，争夺魁首。直到深夜千帐灯火里，歌手重新聚集在一起，再次进行花儿的长夜赛。由此，在民间交流的赛歌会上，许多歌手脱颖而出，从这里走向了省级舞台乃至西北地区舞台。

　　互助丹麻土族花儿会　互助土族自治县是中国唯一以土族为主体民族的自治县，丹麻镇距县治17公里。丹麻花儿会起源于明代后期，盛行于清代、民国及1949年前后，后一度衰落，1978年以后逐渐恢复。丹麻花儿会起初是当地土族民众为祈求风调雨顺、期盼五谷丰登而举办的朝山庙会，经过历史演变，成为展示土族民俗风情的一个重要文化场所。每年农历六月十一至十五，在丹麻乡的丹麻村唱青苗戏，远近民众赴会看戏，同时制定乡规民约加强护青。在这传统集会上，各族民众尤其是土族穿戴节日盛装，从四面八方会聚于此。于是，戏曲表演、花儿演唱及商品贸易的会期举行五天。各地花儿歌手如约而至，或对歌，或独唱，以歌传情，以歌会友。大多用汉语演唱，用土语演唱的，观众听不太明白，需要唱家解释一番。有时候一人想到好歌词，自己却不想唱，还可以同伙伴们商量，让伙伴唱，或是一人主唱，另一人随后跟唱。刚开始时，男女歌手喝青稞酒，酒酣耳热后，男女各自交换手中的酒瓶，然后同唱花儿——"换酒歌"，所选曲调平直，起伏旋律不大，听起来很顺耳。曲令主要有"尕连手令""黄花姐令""梁梁上浪来令""好花儿令""杨柳姐令""大眼睛令"等。

　　民和七里寺花儿会　民和回族土族自治县素有"青海东大门"之称，七里寺在民和县南古鄯镇境内的小积石山麓，这里有一处药水泉，旁边还有药王庙供民众烧香膜拜。这里的药水泉富含有人体所需的40余种微量元素，对人体患有的心血管、血液、神经系统、皮肤及消化系统等疾病均有明显疗效。药水泉七里寺花儿会是在喝泉水、赶庙会的过程中兴起的。每年农历六月六，四面八方的民族结伴盛装而来，最盛时有六七万人云集于此，通宵达旦地对唱花儿。这是民族自发组织的民间文化盛会，演唱者均为民间歌手。演唱形式有独唱、对唱及合唱等，无任何乐器伴奏。演唱的曲令多达数百种，主要有"古鄯令""马营令""二梅花令""东乡令"等，其中一些老歌手演唱的曲令在平时或在其他花儿会上很难听到。

西宁凤凰山花儿会 凤凰山即今那些南山公园，花儿会在每年农历四月初八举行，参会的民众人数达四五万。这是由青海省文化厅主办、青海省文化馆等单位承办的西北五省区大型花儿演唱会，为期三天。届时，从各地赶来的唱家、把式们即兴编唱，不同类型、不同风格的花儿在此充分展演。"西宁的梨儿长把子，好不过碾伯的果子；东瞅西端做啥哩，好不过跟前的妹子。"曲调轻松愉快，曲令丰富，如"西宁令""湟源令""白牡丹令""黄花令""山丹花令""绕三绕令""直令""好花儿令""尕连手令""杨柳姐令""乖嘴儿令""尕马令""河州大令"等。

青海花儿会会场和会期表

花儿会名称	时间	会期	地点
西宁南山公园花儿会	农历四月初八	3天	西宁市南山公园
西宁小游园花儿会	不定期		西宁小游园
大通老爷山朝山会	农历六月初六	5天	大通县城关镇
大通东峡花儿会	农历六月十五		大通县东峡乡
大通祁家寺花儿会	农历六月十五		大通县祁家寺
平安夏宗寺花儿会	农历六月初六	3天	海东市平安区寺台乡
平安拉千寺花儿会	农历立秋节		海东市平安区沙沟乡
平安冰岭山药水泉花儿会	农历六月初六		海东市平安区三合乡

续表

花儿会名称	时间	会期	地点
乐都瞿昙寺花儿会	农历六月十五	3天	海东市乐都区瞿昙镇
乐都老爷山朝山会	农历四月初六	3天	海东市乐都区引胜乡
乐都中坝花儿会	农历五月初五	2天	海东市乐都区中坝乡
乐都水峡花儿会	农历六月初六	3天	海东市乐都区李家乡
乐都老爷山花儿会	农历四月初八		海东市乐都区王家庄
贵德河东滴水涯花儿会	农历六月初六		贵德县河东乡太平村
贵德河滨公园花儿会	农历六月二十二	15天	贵德县河滨公园
互助五峰寺朝山会	农历六月初六		互助县五峰乡
互助丹麻花儿会	农历六月十五	5天	互助县丹麻乡
互助成远镇物资交流花儿会	农历二月初二	3天	互助县威远镇
互助松蕃寺花儿会	农历六月十三		互助县东合乡
互助佑宁寺花儿会	农历六月初六		互助县五十乡
互助白马寺物资交流花儿会	农历四月初八	3天	互助县红崖子沟乡
互助大庄花儿会	农历五月初五		互助县东沟乡大庄村
互助哈拉直沟毛荷堡花儿会	农历四月初八		互助县哈拉直沟乡毛荷堡村
民和七里寺花儿会	农历六月初六	3天	民和县古鄯镇
民和峡门花儿会	农历五月初五		民和县峡门乡
民和东沟花儿会	农历五月十二		民和县东沟乡
湟源县日月山之夏花儿会（主场）	农历六月初六	3天	湟源县人民公园
湟源县日月山之夏花儿会（副场）	农历六月初六	3天	湟源县日月乡
湟源县扎藏寺花儿会	农历六月初六	2天	湟源县佛海乡
湟中区水峡花儿会	农历六月十五	2天	西宁市湟中区上五庄乡
湟中区拉沙花儿会	农历六月初六		西宁市湟中区拉沙乡
湟中区南朔山花儿会	农历六月初六	3天	西宁市湟中区大源乡
湟中区药水滩花儿会	农历六月初六		西宁市湟中区上新庄乡
湟中区鲁沙尔公园花儿会	农历六月初六	3天	西宁市湟中区鲁沙尔镇
湟中区丹麻滩花儿会	农历六月十一		西宁市湟中区丹麻乡
湟中区土门关村花儿会	农历六月十三		西宁市湟中区田家寨乡土门关村
化隆县昂思多花儿会	农历五月初五	4天	化隆县昂思多乡
化隆县雄先花儿会	农历六月十五		化隆县雄先乡
化隆县茶甫药水泉花儿会	农历六月初六		化隆县茶甫乡
循化县道帏花儿会	农历六月初六		循化县道帏乡

资料来源：吉狄马加主编：《青海花儿大典》，青海人民出版社，2010，第394~395页。

第五节　青海湖祭海

青海湖位于青藏高原东北部，湖水面积约 4473 平方公里，湖水容量 850 亿立方米，是中国最大的内陆咸水湖，青海省也因青海湖而得名。历史上青海湖有"西海""鲜水""鲜海""卑禾羌海"之称。从北魏时称为"青海"，藏语称"措温布"，蒙古语称"库库诺尔"，意思是青色的海。其主要补给河流有布哈河、伊克乌兰河、泉吉河、哈尔盖河、甘子河、黑马河和倒淌河等，湖区有丰富的鱼类和鸟类资源，湖内盛产裸鲤，是青海省主要的水产资源地。整个青海湖是由湖面和海心山、鸟岛、沙岛、三块石及一郎剑、二郎剑两个沙堤组成。海心山的藏语译音为"措娘"，意思是指青海湖的湖心。在藏族的理解中，青海湖就好似一位躺着的女神，而海心山就是女神的心脏。鸟岛藏语译音是"才哇日"，意思就是女神的脾脏。而人们常说的耳海，所处的位置相当于女神耳朵的部位，故而将其形象比喻为耳环。周、秦及两汉时期，青海湖一带是羌人居住的区域。南北朝、隋唐时为吐谷浑、吐蕃所游牧，吐谷浑还在青海湖西边建有首都伏俟城。"伏俟"汉意为"王者之城"，其遗址至今尚在，距青海湖约 15 公里。唐宋元时期环湖周围为藏族游牧居住。明代时，蒙古族进入青海湖地区，之后直到民国，青海湖流域一直为藏族和蒙古族生息之地。清雍正四年（1726），在今共和县倒淌河乡黄科村西修建了海神庙，碑亭正面刻汉、满、蒙三体文字，背面阴刻有"雍正四年九月吉日立"的字样，这里是祭海的场所。

一　起源传说

第一种传说：汉朝的一位皇帝往羌地派遣使者，给羌王赠送一包针（针是拥有精兵锐器的象征物），羌王意识到，汉皇要派兵侵占羌地。羌王就给汉皇回赠用蓝布包的一瓶水。汉皇见到此水后，断定羌地有威胁汉地的大海。于是，就派探子去侦察。探子看见盈满欲溢之大海在高原山间，惊涛骇浪，汹涌澎湃。如有几十个人挖几十个时辰，就有可能顷刻间翻江倒海，把整个汉地淹没的危险。探子回去后，把所见到的情景禀报皇帝。汉朝君臣们商议，消除这个隐患的对策是，每年派使者去青海祭海神，祈祷海水不要溢出降灾。同时，配制抑制海水上涨的药物，往海水中投放，从此一种祭海活动一直沿袭下来。

第二种传说：清雍正二年，青海蒙古族首领罗卜藏丹津反清，大将军年羹尧奉命前来平乱。当清军追击罗卜藏丹津到青海湖时，人困马乏，求水不得。因青海湖是咸水湖，大部队守着偌大的青海湖犯愁。年大将军正要打算下令士兵掘地寻水，正好来了一队骑兵。无意间有几个马蹄子正好踏上了地上的泉眼，顿时淡水喷涌而出！大将军不禁欢呼："这是青海湖的神灵在保佑我们啊！"将士们顿时士气大振，连连胜利。雍正帝听闻后，大为高兴，诏封"灵显宣威青海神"，御赐神位，并派官员到青海湖边立碑致祭，还修筑了海神碑亭。自此开始了官方祭祀青海湖的活动。到了乾隆年间，礼部奉敕按名山大川例，规定每三年祭祀一次，在秋天时用祭祀"四渎"典礼规格祭青海湖。

二　祭海类型

（一）官方正祀

青海湖历代封号　有关祭海活动，在殷墟甲骨文卜辞中有"燎祭西王母"的记载。到了唐代唐玄宗天宝十年（751）正月，曾封青海湖神为广润王，遣使礼祭。之后由于变乱，曾一度中断。到宋仁宗康定元年（1040），遣使通知，加封青海神为通圣广润王。宋理宗宝祐元年（1253）蒙古大兵进军青海。《元史·宪宗纪》载：宪宗四年（1254）"会诸王于颗颗脑儿之西，乃祭天于日月山"。抑或是统治者祭海的最早记录。清雍正帝封为青海灵显大渎之尊神，并刻有一块"灵显青海之神"石碑，立在青海湖东岸。

清代祭海 在青海湖滨正式举行祭海，始于清代。清康熙二十九年（1690），召集蒙古各部首领，会盟于察汉城，从政治上开始进行笼络活动。雍正元年（1723），时任四川提督、奋威将军岳钟琪督师追剿蒙古亲王罗卜藏丹津于此，"青海之神显灵"地涌泉水的事奏闻朝廷。后朝廷将青海蒙古厄鲁特部编为 29 旗，划定牧地，并设置"钦差办理青海蒙古番子事务大臣"（乾隆后简称西宁办事大臣），首次规定在钦差大臣的参与下，每年秋季在青海湖边会盟一次。雍正三年（1725），钦差大臣前来主祭。起初每年秋季由派出的钦差主祭，西宁办事大臣陪祭。清雍正四年（1726）三月，清廷诏封青海"水神"为"灵显宣威青海神"（青海灵显大渎之尊神），遣官至海边立碑致祭，并筑碑亭①。这块祭海石碑高 150 厘米，宽 74 厘米，厚 14.5 厘米。碑的正面自左向右为蒙古、满、汉文三行、三体双色阴刻竖文，汉字为"灵显青海之神"，满文、蒙古文均同此义。雍正题"正恒"，乾隆题"青海胜景"。但由于种种原因，这些历朝皇帝题封的祭海石碑鲜有传世。乾隆三十八年（1773），礼部奉敕按照名山大川例，规定每年秋举行一次祭海会盟活动。此后相沿成例，每年农历七月十五至海滨致祭。嘉庆九年（1804）将祭海亭移至察汉城。道光三年（1823）陕甘总督那彦成命环湖藏族亦参加祭海会盟，这是藏族参与祭海会盟之始。光绪三年（1877），清廷赐海神庙"威靖河湟"匾，并在西宁郡城西门外建修海神庙，为西宁府、道、镇、县地方官春秋祭祀之所。光绪二十八年（1902），改由西宁办事大臣主祭。蒙古王公、札萨克、贝勒及千百户陪祭。其时致祭有不到者，理藩院按规定处罚：凡札萨克不到的扣俸银三年，依次类推。光绪三十三年（1907），西宁办事大臣为便于向海神致祭，决定扩建海神庙，光绪三十四年（1908）竣工，作为固定的祭海场所。海神庙正殿三间，殿门及守庙兵丁的宿舍七间。

---

① 《钦定大清会典》卷 36，《礼部·同各省之列于祀典者》："灵显宣威青海神，祭于甘肃西宁府城。每岁秋季致祭，如至会盟之年，委员致祭。祭以少牢，上香读祝，三献迎神，送神。承祭官与陪祭官俱行三跪九叩礼。"

正殿中立碑一座，上刻"灵显青海之神位"七个大字，庙前有"青海胜景"牌坊。

民国祭海　民国政府时期，国民党有时也派大员来青致祭，例由青海省政府主席致祭。届时由各蒙藏王公千百户会集于青海湖滨，由主祭官献三牲（牛2头、绵羊8只）以及藏香、糖果、蜡烛、俎豆等，另有龙旗1对、御仗4根、哈达1条及汉、满、蒙3种文字的祭文各1份。诵读祭文后，将活羊十余只赶入湖中，祭品也全部投入。会后举行赛马活动，欢乐一天，到东科寺举行会盟、抢宴。会宴规定了今年一大宴、明年一小宴。逢大宴的一年，每位王公的座前设点心糖果，每桌汤羊一只，还有绸缎袍褂衣料以及茶封、小刀、火镰、鼻烟等物品，按爵职大小分配；小宴的一年，每个王公宴前只设肉菜八碗，没有羊只，其他礼品和大宴相同。入宴就座后，钦差大臣举杯请各王公共同饮酒，酒过三巡，会宴完毕。在宴毕后，另准备肉菜两桌，抬到院心，由各王公千百户的随从们进行抢取，名曰"抢宴"。俗谓"抢得食物入口，可望一生无病"。[①]参加宴会的人们各自收拾物品，并在皇帝牌位前顶礼谢恩而退。"宴会完毕以后，蒙古王公由盟长领导，谒见钦差大臣，奉送哈达、马匹、毪毯等物，然后报告一年来各族内发生的纠纷事件及王公病故（出缺）呈请袭职等一切要案，若能及时处理则及时处理，不能处理则定期调查处理或派员到当地处理。"

祭海与会盟　祭海的政治手段和目的就是会盟。会盟地点，以前在察罕托罗亥（在今共和县倒淌河境内）筑城处扎帐举行。因诸多不便，后改在湟源县南东科尔寺。祭海次日，钦差大臣、西宁总兵、蒙古王公和藏族千百户集于东科尔寺大经堂院内，举行会盟宴会。会上设皇帝万岁牌位，钦差大臣和总兵官坐上席，左列蒙古左翼王公，右列藏族千、百户。由钦差大臣宣读皇帝谕旨后，即宣布政令。然后将一年中发生的蒙藏内部

---

① 汪祖华：《祭青海记》，《新西北月刊》第4卷第2、3期合刊。

诸多纠纷当面质对清楚，由钦差大臣评断处理。预定次年朝贡、觐见等事项。那时祭海会盟一次往返需时半个月，钦差大臣等所需的车辆马匹、轿夫役使数百人，均由湟中、湟源县的农民轮流承担，农民把这一差徭叫"海差"。

祭海程式　清末至民国初期，祭海与会盟一度中断，至民国二年（1913）仍循旧例举行。由西宁办事长官廉兴主祭并宣布清帝退位、民国成立的消息。事后又以左右翼正副盟长与29旗王公、贝勒、台吉名义，致电中央，表示"共和成立，五族一家，联合各族，同敦亲睦"。祭海时"当今皇帝万岁万万岁"的牌位换成"中华民国万岁"，仪式照旧，行跪拜礼。民国二十六年（1937），甘肃省政府教育厅厅长马鹤天来青主持祭海，改跪拜礼为三鞠躬。祭海仪式为：1. 全体肃立。2. 主祭官就位。3. 奏乐。4. 唱党歌。5. 向党国国旗暨孙总理遗像三鞠躬。6. 主祭恭读总理遗嘱。7. 祭致：（1）进香；（2）进帛；（3）进祭文；（4）读祭文；（5）全体向海神三鞠躬；8. 望嘹；9. 放礼炮；10. 礼成。民国三十七年（1948）时任西北军政副长官兼青海省主席马步芳因时局紧张，委派刚察千户华宝藏为主祭，组织蒙藏王公千百户举行祭海典礼。此后，祭海与会盟活动停止。这是自清以来延续100多年的祭祀青海典礼的最后一次。

（二）民间祭祀

祭祀形式　民众在湖滨垒砌的桑赤（煨桑台）煨上一堆盛大的桑，然后众僧侣、信徒数百人在活佛的带领下，开始围绕着搭建的经幡诵经，吹海螺等法器。接着向空中抛撒印有鹿马的纸片，并向湖中倾倒食物。诵经完毕，神坛祭祀开始，活佛与僧侣各执祭器围绕神坛缠绕羊毛绳，并在神坛周围插上镇邪驱妖的箭与其他祭器，霎时间号角吹响，烟雾缭绕，信徒跪拜，人欢马叫。祭毕神坛，"祭海"正式开始，手执各种祭品的僧侣与信徒在活佛的带领下，浩浩荡荡地向湖边奔去。到了湖边，先由活佛诵经做法事，众僧侣、信徒高举着祭品（宝瓶）簇拥在活佛身后，得到活佛指令后，大家纷纷将祭品抛向湖中，霎时湖水中浪花四溅，信徒呐喊欢呼。此时更有许多老人、妇女跪在湖边，摘下身上的护身符用湖水洗涤，据说这天用湖水洗护身符，可保一年平安。还有许多小伙子骑着马下湖狂奔，同样也是想获得神湖的庇佑。"祭海"之后，牧民们便举行赛马活动。"祭海"的另一项内容就是祈雨。当地有"祭海之后必有雨"的说法，据当地人讲，每年"祭海"后数小时内必定降雨。

刚察僧俗祭海 1958年至1976年间，刚察地区的祭海活动一度中断。20世纪80年代以来，居住在青海湖周围的农牧民群众，逐渐恢复了从前以"敖包祭"为形式的祭祀青海神的活动。1980年，全国人大常委会副委员长、第十世班禅额尔德尼·确吉坚赞大师和第六世嘉木样活佛等高僧大德亲临祭海台主持祭海仪式。如今信教僧俗群众和宗教职业者的正当宗教活动受到最大限度的尊重和保护，刚察地区牧民群众自发恢复祭海，政府机关和公务人员不参与祭海活动。祭海的地点一般集中在哈尔盖的"羊头俄博"、沙柳河的"牛头俄博"和泉吉的"马头俄博"，现在逐步发展成为以泉吉"达休俄博"为主的祭海活动。每年4月至5月，全县各地僧俗群众少则数百人、多则近千人在达赖圣泉进行盛大的佛事宗教活动，在祭海台举行规模宏大的祭海仪式。祭海有一定的程序，一般包括法师引舞者表演——奏乐——致祭——鸣炮——煨桑——跳欠——向海中投放祭物等。当点燃佛灯、煨起大桑时，众人面向青海湖跪拜，在僧侣的带领下，众僧齐声诵经，俗人则在荡漾的海水声和喧闹的锣鼓声中放鞭炮、点松枝。祭海开始，由活佛或宗教人士宣读祭文，众人欢呼高跳，将装有五色粮食、珍珠、玛瑙、珊瑚、金银珠宝以及珍贵绸缎等宝物的袋子和其他祭品投入海中。随后，人们尽情跳舞、对唱助兴。并杀牛宰羊野炊，将祭海活动推向高潮。青海湖地区的广大藏族、蒙古族民众通过这种古老的祭祀活动，祈求海神和各路神灵福佑一方五谷丰登、六畜兴旺、风调雨顺，保障人们平安吉祥的安宁生活。

三 祭海仪式

（一）准备

搭建拉则 先要在高凸处选择一处面海的位置，挖一个坑，由活佛埋上金银珠宝、珊瑚玛瑙、茶叶柏香、五谷杂粮、名贵药材、绸缎、佛教经文，堆以青白色石块，形成长约 5 米、高约 1 米的方台，台上将沙柳枝用羊毛绳子、经布捆成高约 3 米的圆锥体，中间插一根 4 米多高的木质金刚杵，在周围树枝边插上灵箭、长矛等兵器作为"法器"，据说有降魔伏邪的功能。树枝上饰以红布条和藏文经幡等。在拉则四面八方用白石垒成若干个高约 33 厘米的圆锥体堆，堆与堆距离为 3 米，一直通向海边。刚察县泉吉"达休"俄博即马头俄博，因其靠近沙陀寺，建造年代久远，成为青海湖周围最重要的祭海活动场所之一。

搭建桑台 与搭建拉则相对应的是搭建桑台。桑台是由石块砌成的边长约 5 米、高约 1.5 米的实心台子，以便放置松柏树枝、牛粪、青稞、酥油、茶叶等物。煨桑也叫"烟祭"，是藏区非常普遍的一种宗教仪式，藏语称"拉桑"，意为"供祭给神灵的香烟"。

制作宝瓶 宝瓶梵名音译作"代日则"，与宝藏神、多闻天王和增禄天母脚下典型的金瓶不同，是用哈达、磕磕、彩色布或绸子等，将各色粮食、酥油、茶叶、钱币乃至金银珠宝等包裹，用五彩毛线绳扎成小至几两，大至几斤的小包，是给海神的奠仪礼包。制作好的宝瓶应严保素净，切不可触及荤腥物。

搭建临时经堂 每年农历四月二十日左右，寺僧开始在祭海台搭建临时经堂，为方便僧众集体诵经，帐篷一般能容纳 200~300 人。大帐中设有活佛的法座，摆放各种法器、供品和经书，悬挂唐卡等。按照传统，僧人晚上均住在大帐中，但现在有条件的僧人住在自己的帐篷中。

供奉玛尼堆 玛尼堆藏语称"多崩"，即十万经石之意。在雪域高原，我们可以发现，不论是关津路口，或是神圣之地，都能看到刻有经文图符的祈祷石堆，这就是玛尼堆。朝圣的信徒们每过玛尼堆必转三圈，在堆上放一颗石块，或请"多哥"艺人代刻一块或数块有六字观音神咒等经文图符的玛尼石供奉，作为一次祈祷，等于念了一遍经文。玛尼堆年复一年地增高，有的形成小山，有的座座相连，形成一堵神圣的墙。那山和墙被认为是人世与天地神祇的界线。又是人间与天地神界的交会点、连接点。玛尼堆是无数朝圣者用虔诚信念堆塑的信仰巨作，也成为神山、圣湖的一大人文景观。

插挂经幡 插挂经幡是将印有各种咒语、祈祷语佛颂和图符的经幡，挂在"拉则"旁的嘛尼杆上。图符形象多为度母及虎、狮、鹏、龙等。

诵经 要诵经十余日。参加法会的密咒师、活佛和僧人约50人，主要念诵供养经，还有玛尼、六月之供养等。法会期间总共完成3500次供，包括：上师供；水供；药师佛，水供；大威德金刚，献八供；依古贡保护法简仪，食子和二水供。所做法事活动是依据诵经仪轨的内容制作一种称作"亚居康桑"的模型，是一种禳灾供神用模型。"居"即禳解术，"亚居康桑"意即高高供献之妙善宫殿，用白羊毛线缠绕木条做的房屋楼阁模型，呈白色。"亚居"专门用于祭供十三战神，而且在诵经完毕后要供在山顶等高处。

（二）具体仪式

"煨桑"祭供 农历五月初四，在青海湖滨，先由喇嘛或长者高声诵念经文、真言、颂词，由一位长者登上"桑台"点燃松柏枝。标志着仪式正式开始。煨桑是告于天地诸神的仪式，以烟雾把天和地连在一起。据说，在煨桑过程中燃烧松柏枝所产生的香气，不仅让凡人有清香、舒适感，对山神的殿堂同样也起着芳香作用，山神闻到也会因此高兴、快乐。所以藏族信徒们以这种香味作为敬天地诸神的一项贡品。同时，也希望山神、鲁神（水神）会因愉快而降福给敬奉它的世俗百姓。"煨桑"既起到"净化"圣地的作用，也起到迎神的祭祀礼佛效果。

放风马 放风马是青藏高原古老高传统习俗。"风马"，藏语称"隆达"，是指印在红、黄、兰、白、绿五色纸上的一种图案，纸呈四方形，长宽两寸左右，中央印有一匹驮摩尼宝珠的骏马，上有日月，四角印有龙（鲁）、鹏、虎、狮四种动物，其寓意是风马飞扬时，好运像腾空而起的骏马、威震四海的猛虎、咆哮如雷的雪山狮子、展翅千里的大鹏、独霸长空的玉龙一样亨通。有的风马在四角只印"鲁"等动物的藏文名称，有的只印六字真言等，有的则刻印有好几匹宝马，有三马、四马、十马，十马为尊。每当祭祀山神时，向空中抛撒风马就成为一项不可少的重要内容，既是向山神供奉坐骑宝马，也是向山神祈求福运吉祥。

转廓拉 藏语意为转圈，亦称转经，即绕行拉则、祭台的祈祷仪式。信教群众认为，神山、圣湖养育了他们，而山神、鲁神（水神）又护佑着他们，因此他们对神山、圣湖常怀有一种感念之情，认为能绕行这些神圣的地方一周，可得到礼佛敬神的功德，于是他们就不避风险、不知疲倦地转廓拉。转廓拉有步行和磕长头两种方式。前者手摇玛尼经轮，口诵六字真言绕转；后者以等身叩拜，即磕长头绕转。

磕长头 亦称磕"等身礼"。即五体投地的磕拜礼节，这是藏传佛教徒对天神、水神和佛教神灵最虔诚的祈祷膜拜方式。磕拜时双手合掌高举，触额部、口部和心部各一次，然后双膝跪地，全身俯卧，两手前伸，额触地面，在这里合掌代表领受了佛的旨意和教诲；触额、触口、触心窝代表心、口、意都能与佛心心相印，与佛融为一体。

抛掷宝瓶 转毕"敖包"，大家在长者的带领下，又纷纷走向湖岸，先蹲在湖水边的石块上，掬起清澈的湖水沐头、洗面，洗沐干净后再向海神诵经叩拜，然后恭恭敬敬从怀中取出宝瓶，用力投向湖中。宝瓶是祭海仪式中不可或缺的祭祀物品，内装有青稞、小麦、豌豆、玉米、蚕豆五种粮食，同时还将珊瑚、蜜蜡、玛瑙等碾成粉后与五谷混合在一起放入宝瓶，最后放入经幡，由高僧加持系带。投向海中的宝瓶等礼包沉得越快越好，这被认为是海神接受了人们的礼物，是即将降福佑的表示。在祭湖过程中，一些勇敢的青年骑手，往往跃马入湖，让湖水浸及马腹和马尾，以求海神保佑人强马壮。

祭海后的活动　祭海仪式结束之后，大家在草原上举行赛马、射箭、拔河、摔跤、打靶、歌舞等文娱、体育、物资交流活动，十分热闹。另外，祭海的前一日，各路商贩云集湖滨祭地，扎好帐幕，设好摊位，升起炉灶，给参祭、观礼人员准备好各种布匹、器皿、杂货、烟酒、糖果、食品及各种菜肴和饭食，以备顾客选用。因此祭地往往形成一个暂时的"白云帐城"，人们熙来攘往，各得其乐，各购所需，宛如内地的大型节日庙会一样。

放生　宗教徒赎买将被宰杀的动物放之山川，这是一种活祭形式，也是传承至今的一种最为普遍的民间习俗文化。藏区民众为了祈求家人平安、幸福吉祥而选择专门放生，将自家某一特定的牛或羊作为放生对象，任其自由生长，不役使也不杀和出售，任其老死，死后其皮肉也都不用。在藏传佛教信仰者来看，这是一种修善的行为。

跳欠　祭海之日，表演假面舞蹈以求祛祟迎新、消灾祈福，祈求海神保佑，是祭海民俗活动中新设的内容之一。每当祭海之日，环湖寺院的僧侣们便穿起锦绣长袍，戴上特制的面具，在鼓乐声和诵经声中起舞。

四　转湖

青海湖的转湖活动一般在羊年举行。据民间传说，五世达赖喇嘛赴京途经青海湖时，在青海湖开启了羊之宝藏门。此外，民间还有一种说法，即观音菩萨在青海湖广转法轮，超度众生之时适逢羊年，故而有羊年转湖的传统。藏历羊年，人们不远千里来到青海转湖，其目的不外乎以下几种。一是将青海湖及海心山意念为金刚亥母的坛城或莲花生大师的极乐世界，人们沿着青海湖畔磕等身长头，向以金刚亥母或莲花生大师为主的神圣三宝祷告，以期即身成佛或修成菩提道果，彻底脱离苦海。他们是蓝天白云下青海湖最神圣的形象代言人，正是由于他们的虔诚之旅，青海湖被当作人们向往的极乐世界。二是将青海湖视作聚集世间万物宝藏的财神龙宫，转湖祈祷，求得龙王爷的格外开恩，开启牛、马、羊和金银珠宝的伏藏之门，保佑人们五谷丰登、六畜兴旺，所有家人及亲朋好友不论身在何处，俱祈请保佑平安幸福；确保人不受疾病、盗匪、战争之祸；畜不遭豺狼、瘟疫之灾。蒙藏民众特定的祭海，也是一种文化的外在表征，他们既是转湖文化的孕育者，又是转湖文化的传承者。三是神奇的青海湖吸引着大批中外游客，其中有作家、艺术家、科学家和民俗研究专家等，他们是青海湖最忠实的崇拜者、义务的宣传员，他们的浪漫之旅对青海的对外宣传和旅游等经济社会的全面发展起到了积极的促进作用。

转湖方式 根据民间传说，转湖分西果日（外圈）和囊果日（里圈）两种转法。所谓西果日，就是将环湖周围的所有名山大川纳入转圈朝拜的范围。由于山路崎岖而漫长，靠骑马或步行转湖一周，须耗时 1~2 年。故而，除非有特殊情况，人们很少去转西果日；所谓囊果日，就是沿湖滨按顺时针方向转圈朝拜。途中名胜古寺须一一叩拜，因为在人们的观念中。这些古寺与神湖相辅相成，融为一体。当然，这种方式是自佛教传入藏区，人们皈依佛门之后所遵循的一种转湖方式。更早的转湖历史，可以追溯到"万物有灵崇拜"的本教时期，其方式则是按逆时针方向转圈，与佛教正好相反。

转湖起点与终点 关于转湖的起点和终点，环湖地区的藏族有很多不同的说法。大部分人认为不论从什么地方起头，只要围绕圣湖转满一圈就能功德圆满。但共和县黑马河乡的牧民坚持认为他们那里才是转湖的起点，因为当地有一座酷似骡子的岩石，传说这匹石骡是萨迦班智达驮经用的骡子的化身。当年，萨迦班智达曾与阔端会盟于凉州。当他驮着经卷从拉萨来到这里时。驮着经卷的骡子突然隐于岩石之中。岩石之上至今还清晰地烙有骡蹄印、狗爪印等。自此，人们先到这里煨桑祭祀，然后沿着湖滨按顺时针方向转湖，途中还要拜十世班禅祭祀台、公宝洞、沙陀寺、达赖圣泉、马头拉则、牛头拉则、羊头拉则、协玛阿东和海心山等圣境。

五　祭湖赞词

（一）青海湖赞词

转湖功德赞

数千空行齐聚赤雪嘉姆[①]，亿万比丘云集玛哈德瓦[②]，

金鱼银鱼徜徉圣湖中心，无价宝贝伏藏湛蓝湖底。

莲花生师造就玛哈德瓦，文成公主成就日月石山，

赤雪嘉姆招来百万飞鸟，帐房宾馆引来八方宾朋。

公宝洞[③]有天然象鼻天神，拉毛智[④]有天成神圣佛法，

曼曲[⑤]旁有释迦牟尼手印，协玛阿东[⑥]天然锣鼓声响。

神仙幻化象征极乐世界，神人超脱路为金刚隧道。

检验能否报答父母之恩石。格萨尔王的手足印等遗迹多。

一为使人返老还童之甘露，二为运来龙宫宝藏之秘诀，

三为不论时空圣湖之衣裳。皆为中外游客向往之处所。

若以虔诚之心转一圈，毫无疑问来世能成佛，

圣人有云即便意念此，顷刻消除恐惧之心理。

貌美心善名声布四方，求子求财悉数能如愿，

---

① 赤雪嘉姆：藏语音译，意为万帐王母或万部王母，系青海湖别称。
② 玛哈德瓦：藏语音译，海心山别称。
③ 公宝洞：藏语音译，意为怙主梁，指湖。
④ 拉毛智：藏语音译，意为骡子仙女，一山名。
⑤ 曼曲：藏语音译，意为药水。
⑥ 协玛阿东：藏语音译，意为鸣鼓沙山。

虔诚持戒转拜青海湖，心想事成没有不如意。

背负行李徒步转圣湖，顺路化缘充饥之食物，

毫不懈怠供奉三宝佛，如此便能求得佛加持；

中等转湖就是骑牛马，祈以坐骑为首众生灵，

不分敌我发愿菩提心，如此便能证得诸佛喜。

如不敬信佛法僧三宝，更不喜此空行之处所，

仅为游山玩水或出名，流浪至此岂能算积德。

十六尊者长期驻此地。措吉多杰 [①] 手掌印于湖，

万里晴空湛蓝青海湖。金银鱼类与日月同辉，

百万候鸟与群星斗艳，除了潮湿难辨湖与天。

措周让卓、竹钦郎格巴、五世达赖、阿柔格西等，

诸多贤哲修行之遗迹，尚能一一逐个来辨认。

祭海功德辞

佛曰："南瞻部洲的所有福禄，皆来自龙王玛者哇的功德。因浊世之人倒行逆施。使善类神灵失去功力。尤其是对他们的冒犯和冲撞，导致瘟疫、饥荒、战争等。那么，如何才能消除这些灾难呢？最殊胜的办法就是向大海、山崖进行伏藏。伏藏于大海，能使财源广进，生活富裕；消除瘟疫、饥荒和战争；消灾免祸，祈福纳祥。"

殊胜伏藏之宝瓶，

藏于大海和山崖，

既能招财又进宝，

又可消除人畜疫。

还有避邪与禳灾，

祈福纳祥皆如愿。

---

① 措吉多杰：莲花生大师别号。

赤雪嘉姆湖赞

在龙之处所有具有菩提之心的龙王，

达赖圣泉是"鲁曼嘉姆"处所；

卓隆沟中有度母极乐世界；

公保洞是七十五位藏让华公的处所；

达培拉则（马头俄博）是神驹伏藏门；

日丹拉则（羊头俄博）是绵羊伏藏门；

且诺纳秀（牛头俄博）是牦牛伏藏门；

东北如意珍宝小湖泊，是龙王藏宝宫殿门。

措果（湖头）、措久（湖尾）、才畦日（鸟岛）、

者毛智格（三块石）、洛哇日（肺子山）等有很多伏藏门。

青海湖的四周有岗噶日雪列南杰神山、阿尼杂玛日、

阿尼瓦燕、协玛阿东（击鼓沙滩）、协玛拉登（沙岛）、

毛兰木铜宝山、阿妈索格（野牛山）、多尼达（日月山）、

隆宝赛钦山、天峻山、智合桑毛等，

外观是巍峨的须弥山，

内观是战神的大城堡，

密观^①是显密佛海弘扬洲。

在内宏伟壮观的寺院，

神、年、龙等三界神灵，

将善业的法幢高高竖起。

邪恶魔鬼在这里丢盔弃甲，

所托事业无碍能速成，

如此神人供奉之大神，

---

① 外观、内观、密观：佛教观修本尊的方法或步骤。

赤雪嘉姆及其众随从，

煨桑供药及朵日玛。

敬献且玛酒茶奶。

叩首祈祷高声颂经文，

定能消除人畜之灾难，

增寿添福美名传四方，

心想事成犹如降甘露。

沙陀寺尕旦活佛撰《青海湖煨桑祭文·福禄如意源》

这里要讲的是，若想为殊胜措曼嘉姆[①]，则须做素朵日玛[②]，其上做蛇缠绕状，周边以日布（糌粑丸子）装饰，上面要浇撒鲁曼[③]，煨白桑[④]，供奉头茶、头酒及奶子，锦缎裹身，以六种密宗法印予以加持后念如下经文：

哞！——

无边大乐法身界，显现静猛诸幻景，

措吉喇嘛降诸魔，遵其佛语谨顶礼。

诸法无垢皆为空，本无利与害之别。

但为教化众有情，显现因缘诸果报。

北方圣地玛哈德瓦山[⑤]，名胜赤雪嘉姆青色湖，

住有龙界具有菩提心，措曼嘉姆[⑥]女王谨顶礼！

---

① 措曼嘉姆：藏语音译，青海湖湖神的古代称谓。
② 朵日玛：藏语音译，意为糌粑捏成的佛教供品。藏传佛教徒认为龙界沾荤即被污染并引起冲撞。
③ 撒鲁曼：藏语音译，意为龙药，一种类似于藏香的药品，藏族传统将其撒入湖泊、河流中，能清洁水源，治愈龙族疾病。
④ 白桑：桑有红桑和白桑之分，红桑即荤桑，佛教传入藏区之前，人们以活牲祭祀，称为红桑；佛教传入藏区后，对煨桑等祭祀习俗进行了适当的继承和改革，佛教不允许杀生，就将荤桑改为素桑，俗称白桑。
⑤ 此方位以整个藏区划分。
⑥ 措曼嘉姆：青海湖三界众生的女龙王。

外观龙女形象绿玉衣，佩戴珠宝项髻饰蛇头，

手持有求必应如意宝，胯下坐骑百年老乌龟。

此乃百万神龙之首领，措曼嘉姆主仆请受供！

内观其为施咒之女鬼，世间主母金刚更智玛。

坐骑犀牛手持刺蒺藜，威武超度十方诸生灵，

十万食肉空行共督阵，护佑地方空行请受供！

密观其为金刚瑜伽母，诸佛之母智慧度众生，

殊胜共同成就之源泉，空中主母随从请受供！

十三大地方保护神①，十三大高峰②之山神，

天峻白崖泰格年沁山，隆宝赛钦均为其随从，

神龙年界随从请受供！此等身语意③之所依物，

精美且用金银珠宝饰，依处拉则还有十三座，

敬献茶酒奶子等供品，所煨桑烟弥漫天空中。

替代物及真实珠宝器，实际供奉或以意念献。

吉祥措曼嘉姆及随从，祈为增寿添福受供品，

欢喜享用成就诸善业！若因愚昧无知犯罪孽，

冲撞神龙地方保护神，所有罪孽悉数诚忏悔，

敬请谅解祈求免惩处！赤雪嘉姆四面八方之，

所有王与臣民及牲畜。尽除疫病障碍和灾害，

上弦月般成就诸善业！切勿松懈时刻保护此，

护佑佛基显密二宗之吉祥具德法海喜乐洲④，

---

① 十三大地方保护神：大通河流域的十三个山神。

② 十三大高峰是岗喀日雪列南杰、拉确扎西泽森（日根山）、智格东日尕若（阿咪东索）、公保协热当玛（当麻日山）、爵阁拉日年宝（才塔目雪）、曲朵默勒牟武（又名桑杰奇毛纳格，指塄根山）、萨增玉叶冷宝（冷宝山）、南盖吉昌墨宝（默勒杂干，系顾实汗的寄魂山）、赞特牟日铜宝（又名加佐拉玉香康）、岗喀玉雄诺日、萧龙玛克措毛、尕兆堪椎匏帐、及恰勒布等。

③ 身语意：即为佛像、佛经和佛塔。

④ 法海喜乐洲：寺院名，指刚察大寺。

发扬光大普度众有情！

俄金叁木丁林巴《玛哈德瓦圣山赞词》[①]

享誉三界赤雪嘉姆湖，极乐世界具有内外密。

特别殊胜怙主观音等，征得地道罗汉无穷尽。

湖中莲花日月宝座上，莲花生现愤怒金刚像，

八十罗汉随从不离身，似海坛城犹如云翻滚。

母续空行之业如日光，威猛护法降伏做侍从。

出世众神数量无穷尽，殊胜佛语六字真言处，

佛陀第二观世音菩萨，文殊菩萨以及金刚手，

十六尊者阿罗汉随从，住有无数菩提萨陀佛。

顶部住有玛米达三尊[②]，中流砥柱佛法三师徒[③]，

伏藏新旧密宗传承师。雪域藏区名胜聚于此，

石子草木皆为佛身像。叩头修行功德不必数，

闻思此地亦能脱恶趣，此生定能救度八苦难。

在此若能修行三十天，一世就可征得持明果。

玛哈德瓦圣山之顶部，自现意修空行母身像。

尚有斯杰姜雄玛[④]修法，具德空行众神之处所。

大象翘鼻般的山头上，藏有成就金刚经秘诀，

度母神众亦在此安居，还有毗卢杂纳[⑤]三伏藏，

另有伏藏金银二十驮。山崖留有加持封存印，

一份伏藏就在此地埋，曾为九大持明修行山。

在那三角形的岩洞中，藏有全套密咒修习法，

---

① 俄金叁木丁林巴：在青海湖修行时意念中的玛哈德瓦圣山。

② 玛米达三尊：指藏传佛教噶举派创始人玛日巴、米拉日巴及达布哇师徒三尊。

③ 三师徒：指藏传佛教格鲁派创始人宗喀巴、贾曹杰、克珠杰师徒三尊。

④ 斯杰姜雄玛：系世界主母，其坐骑为野马。

⑤ 毗卢杂纳：莲花生大师高徒，系佛教前弘期七试人之一。

黑脸夜叉守护不擅离，禳解非议密法亦在此。

在那黑色乌龟山崖上，甘露宝瓶泉水潺潺流，

此乃包治百病之良药。滔滔河水青龙盘地^①处，

住有佛海无数众生灵。意念心之伏藏有四份，

秘修洞穴一百零八处，此乃众多持明修行宫，

毗卢杂纳珊瑚伏藏存。野猪石^②上藏有银擦擦^③

亦为毗卢杂纳之伏藏。宝贝之王壮美山顶上，

返老还童甘露不枯竭。红色帷幔般的山顶上。

阿尕撒玛然杂^④自然现。白色海螺崖上可观瞻，

天然十万空行之手印，占巴南夸^⑤脚印自显现，

天成叶西措吉^⑥长寿瓶，亦有八十成就长寿水，

更有千百宝物之伏藏。存有金母羊伏藏，

一百零八条河流，贤劫千佛之身像，

怙主众神皆云集。降伏魔女金刚橛，

攀登天堂之台阶，包治百病殊胜药，

满地皆是沙金石。大象雄鹰之山崖，

一百零八伏藏存。斯底^⑦碧波湖面上，

显现莲花生手印。湖中繁衍诸龙族，

恒常在此献歌舞。到此山中修行者，

普度众生得虹化^⑧。在此山中养性者，

---

① 青龙盘地：指布哈河，藏语通常将河水比喻为青龙，寓其壮观。
② 野猪石：指当地有一块状如野猪卧在地上的磐石。
③ 擦擦：宗教用品，小浮屠。一般大小若拳心，呈圆锥形，有佛像、佛塔、经文，由木头或金属制作而成。
④ 阿尕撒玛然杂：梵文字母。
⑤ 占巴南夸：莲花生大师的二十五位王臣学徒之一。
⑥ 叶西措吉：莲花生大师女徒。
⑦ 斯底：梵语音译，意为智慧。
⑧ 虹化：即虹化身，藏传佛教高僧修行到一定程度后，以虹化之身往生到极乐世界，此世不留遗体或遗体变小呈新生婴儿状。

一世能睹本尊颜。上此叩头又转山。

此生解脱轮回苦。在此山中供佛者，

消除罪孽得持明。在此施舍器具等，

无病往生极乐界。在此山中点油灯，

来世定获暇满身^①。在此山中放隆达^②，

美名定能传三界。即便遥祭此山者，

定获加持除厄运。山顶转够十五圈，

功在念颂四亿经。若在山腰转七圈，

功在念颂六亿经。若在山脚转五圈，

功在念颂六亿经^③。

殊胜道场——青海湖

据班玛尕然法王云：青海湖者，外观为龙王菩提萨陀及鲁曼嘉姆等百万龙族之城；内观为观世音菩萨的道场——普陀山；密观为莲花生大师的铜色山极乐世界。碧波荡漾的湖中小岛玛哈德瓦山是无数佛陀的修行之地。是三怙主、莲花生、十六尊者、二十五位王臣、八十罗汉、玛日巴、米拉日巴、达布哇、萨迦五法王、宗喀巴师徒三尊等所有新旧密续之传承上师修行过的殊胜道场。有诗赞曰：

力士拔来印度之名山，玛哈德瓦填湖镇灾难。

作为众生修行之福田，疑是拓印玛哈德瓦像。

---

① 暇满身：人身。即远离地狱、饿鬼、旁生、边鄙人、长寿天、执邪见、佛不出世、喑哑等八种无暇和具备生为人、生于中土、诸根全具、未犯无间、敬信佛教、值佛出世、佛法住世、入佛法和有善师等十圆满。

② 隆达：藏语音译，意为风马。长期供奉、施散或念诵可助人成就功名。

③ 在此仅指六字真言玛尼经。

（二）山神赞词

杂玛日山神煨桑赞词

巍峨琼泽^①山之顶，金碧辉煌宫殿中，

年沁^②杂玛日山神，煨桑献新请受用！

上下左右诸山峰，平川河流及悬崖，

所有神灵请用桑，祈把福禄降于此！

山神之王杂玛日，及其随从请受供，

护佑瑜伽众师徒，成就正果弘佛法。

瓦彦山神煨桑赞词

吉祥！

极乐法身殊胜宫中，根本上师本尊及护法，

山神男女战神生命神，五守舍神前来享用桑！

尤为山神之王瓦彦尊，披挂整齐持枪端宝瓶，

坐骑白里透明天鹅马。偶尔在家扮作牧羊人。

随从瓦彦密妃及子女，大臣还有百万威武师，

虔诚祈祷驾云来此地，恭请享用煨桑与献新！

密咒手印加持之妙欲，堆积如山几欲挡神路，

众神好比乌云滚滚来，尽情享用虔诚供奉物！

密咒"然"字生出金火焰，熊熊燃烧柏枝与香料，

还有五谷粮食做成的，饮食锦缎桑烟弥满天。

谨向上师本尊护法等，五守舍神以及救命神，

尤其殊胜山神瓦彦尊，供桑献新恭请享用之！

赐予长寿无穷尽妙欲，护佑子民成就心中想！

---

① 琼泽：系藏语音译，指杂玛日神山。

② 年沁：系藏语音译，意为非常厉害的神。

上旬月般具德威武身，发出震破敌胆之吼声，

降伏敌魔赐我安乐心！愚障遮蔽我等身语意，

但凡冲撞尊驾请谅解！出门相送回家要迎接。

在家之时亦要勤护佑！平常如影随形莫离弃，

成就心想之事别懈怠！

亥日神山煨桑赞词

珍宝垒起的亥日山 [1] 上，住着殊胜神子 [2] 铎旦航秀，

请带着龙女及众多随从，驾临此处尽情享用这些，

密咒和三昧耶加持的供桑！不论居家、在外或出行，

请护佑我等永不离弃！

第六节　赛马会

一　赛马会概述

赛马会起源　赛马会是藏区传统的节会形式，也是藏民族独具特色的民族节日。藏族赛马会的历史由来已久。一般在每年的 8 月举行，为期 3 天、5 天或 10 多天不等。藏族传统上过着逐水草而居的游牧生活，是马背上成长起来的民族。马在藏族人民心目中占有极为重要的位置，马对牧人来说，不仅是运输工具，也是的战争工具，更是生活中的亲密伙伴。骑马是游牧民族从事畜牧生产的一种必要的技能，也是游牧民族与外族作战的一种必要本领。传说松赞干布就是凭着天驹神蹄而统一了雪域藏区。而赛马是蒙藏民众十分喜爱的一项活动，早年赛马，还是检阅士兵的一种形式。它不仅是农牧闲暇

---

① 亥日山：位于刚察县境内的一座神山。

② 神子：传说亥日山神是阿尼玛卿最小的儿子，故有此说。

时集会、交流农牧业生产经验的场所，而且是民族精神的展示。古代藏族人骁勇强悍、尚武善骑，为了抵御外敌，牧区部落几乎皆是亦兵亦民。于是在赛马中检阅应战能力及武器装备。男子年满十五岁即为士兵，平时从事农牧业生产，战时则投入战斗，所需之枪弹、战马，由牧民自备，每年的赛马大会上要进行一次检查。古时的赛马会集中了他们祭祀神灵、选拔人才、竞技习武等多项内容，是生活中非常重要的一件事。后来，军事备战的内容逐渐消失，传统的赛马会更多地转向娱乐和欢庆。

赛马会规模 在藏区有许多不同规模、不同内容的赛马会，有村或乡举行的小型赛马会，有规模更大一些的县级赛马会，也有州级的大规模赛马会。从内容看，有的以单纯竞技性赛马活动为主，有的还带有一些宗教色彩，在赛马前举行种种宗教活动，如朝山、祭祀等。在藏区规模最为盛大的赛马节有西藏自治区江孜达玛节（藏语意为赛马射箭节），那曲、当雄赛马节，青海省玉树地区赛马会，甘肃省天祝藏区赛马会和四川省红原地区的牦牛节。在赛马会期间，往往还要进行歌舞演出、文化娱乐及物资交流等活动，是亲朋好友聚会、青年男女寻找意中人的最好机会。总之，人们对赛马会倾注了极大的热情。

二 竞技规则与项目

参与形式 在藏区，乡、村级的小型赛马会，牧民可以自由参加，一般说来都是以一家一户为单位，每家每户选送一匹赛马。而以县、专区为单位举行的一年一度的大型赛马会，参赛的骑手和赛马，往往是从小型赛马会上层层选拔出来的优秀骑手和赛马。在骑手们看来，赛马不仅仅是一种娱乐活动，也不单单是骑术和意志的比拼，赛马获胜，赢得的不仅仅只是荣誉，而且还会有一年来的福运，预示着这家将好运连连，诸事顺意。

比赛规则 赛马将要开始时，参赛人马上场，小骑手们则由父亲牵马进入赛场，骑手们贴着马头拉紧缰绳，虔诚地环绕场中央设置的煨桑台转一圈，再到指定地点。煨桑台香烟缭绕，台前由喇嘛念经祝祷，祈祷平安吉祥，祈祷赛马会圆满完成。赛马会的比赛开始时，以枪声或号声为令，比赛项目主要有跑马赛、走马赛和马术比赛。

走马赛 藏语称"达久"，走马是赛马的一种，侧重比赛马的"走手"即走姿和速度。一般为短距离赛跑，步伐和速度并重，有1000米、2000米、3000米、5000米，要求马的驰骋脚力完全符合"走马"奔跑训练标准，规定马的四蹄不能腾空，讲究马的形态、步态，马行走时要有节奏，步伐平稳匀称整齐、四蹄不乱且速度快，骑手随着马走的节奏身体晃动。无论跑道多长，参赛之马必须"步趋不乱"地走到尽头，倘中途步子略有参差，虽速度惊人，早于群马，也不能取胜。如果在比赛中出现走马步伐混乱，判以步伐犯规，给予加时处罚或取消比赛资格。这种比赛一般由有经验丰富的中年人参加，用的是五岁以上的成年马，比赛讲求一个"稳"，要稳中求快，骑手需和马匹配合得非常好，勒紧缰绳，身体略向后仰，在跑动中与马一起保持优美的姿势，如果出现跑马等动作就会被认作犯规而罚下。走马比赛，人们把马的步法看作主要标准之一。既要看速度快慢，还要将马在跑动时前腿抬举的高低、步法是否平稳等作为条件，评出等次，予以奖励。获得名次的马随之也就名声大震，身价倍增。这种走马的训练，一般从幼马开始。起初专力练步，不疾不徐，由专人牵马穿行梯架，使马的前蹄拔高，近于胸腹部。待步子功力足、骤驰稳、跑技熟，再训练跑技与快速并重的双培术，并培养马在竞走中如何加鞭超速以战胜对方的灵性。这类马的训练，往往花一年半载的工夫方能参赛。乐都、民和、湟中、化隆四县每年在乐都瞿昙镇药草台举行的赛马会就有此类比赛。

速度赛马 此类赛马侧重马的疾驰力，只求速度，不讲求驰骋术的高超与否。赛马时，用精致鞍垫、笼头、彩带把马打扮一新，但也有些参赛马为了减轻负重，不备马鞍、马笼头，是一匹光背马。对于骑手而言，身材越矮小、体重越轻就越有利。有些地区专门从13岁至15岁的少年中挑选骑技高的骑手，骑光背马参加比赛。赛马的距离长短不一，有10多公里远程赛，也有 5 公里以下中程赛。比赛采取分批次进行,以最先达到目的地者为胜,各组决出优胜者,再比赛,最后决出胜负。得胜者连人带马被大家簇拥着披红挂彩,热烈庆贺一番。速度赛马被列为我国少数民族传统体育运动会正式比赛项目之后,其比赛内容和规则日趋完善。夺冠的骑手被人们称为英雄,是个人、家族乃至本地区的荣誉。长者为骑手献上洁白的哈达,并祝福身体健康,永葆青春。姑娘们手捧青稞美酒,唱着悠扬动听的歌向英雄敬酒,主办者也向骑手祝贺,并给予物质奖励。

障碍远程赛马 藏区有的地方叫"格萨尔王赛马式"。此类参赛的马,体型大、身形健美、爆发力较好,赛道选在有小山坡、水塘、弯路等复杂地形的地方,有时还设置火圈、土堆、矮土墙、栅栏等增加难度,赛程一般5000 米左右,先顺利穿越障碍到达插有旗帜的终点者得胜。在比赛时主要在考虑驭马技巧是否纯熟、是否按规定时间完成所有障碍的基础上,以马的驰骋速度作为评分标准。

骑马射箭 跑马射箭也是一项仿效古代骁骑的竞赛项目,参赛者身穿具有吐蕃时代特征的戎装,弓箭以传统弓为主,一般用竹或木制成。在规定的赛程内,运动员骑马在奔驰的骏马上弯弓射箭,向相距 50 米的两个靶标射出箭支。以命中率高低决胜负。

跑马射击 在长方形场地上设置靶架、气球等,进行跑马射击赛。在赛程内骑手骑马持枪向相距 35 米的两个气球射击,以命中率决出胜负。跑马射击开始,观众形成两道巨大围墙,踮脚伸腰,争观盛况,每到终点前冲刺之际,观众呼声雷动,马性陡起,飞驰而去,射击枪声,轰轰作响。

轻乘赛 以马的驰速和骑手的马上技巧相结合而进行的赛马,大都为单人单马、单人双马、双人双马等,有规定动作和自选动作。内容包括跑马夺旗、跑马射箭、跑马耍枪、跑马拾哈达、骑马点火枪、跑马倒立、藏身、翻滚、站立等。以及各种马术表演,动作有快速跃登、马背前迎、镫里藏身、鞍心倒立、左右侧横躺等等。以马的奔驰速度、骑手技巧纯熟度、是否按规定时间完成动标准作为评判胜负的依据。

跑马耍枪 这种比赛极为讲究套路动作，骑手先用右手将叉子火枪举至头顶，以顺时针方向转圈，接着将枪支从身后递至左手举到头顶，按逆时针方向转图，随后从马脖子下把枪转至右手射靶。

跑马拾哈达 在马术竞技项目中，跑马拾哈达的场面最为激烈，在马道两旁放置哈达、帽子、藏刀、银圆等，骑手们须在疾驰的马背上，将这些东西拣回，依据所拣数量多少决出名次。赛道两旁放置的哈达、帽子、藏刀、银圆，凡骑手能跑马拾取者就归他们所有，以此增加比赛的刺激与趣味性。

骑马点火枪 骑马点火枪在牧区藏族群众中进行得较多，一般在每年农历正月十五或重要节日举行，以玉树赛马会、黄南州藏族赛马会的表演最为上乘。枪手携带火药袋、捻子（导火线），边跑马，边打枪（无射击目标，枪响即可）。比赛时，一骑手骑马在前引导，火枪手持土制火枪，骑马随后。由于枪手要左手持枪，右手装药、点火，必须放开缰绳乘骑，这里就要考验马和骑手的默契与感情。比赛时，赛场跑道上，引马先跑过，火枪手骑马紧随其后，头上围插一排冒着烟的火绳，口中衔着两排火药的纸筒，策马飞奔的同时，枪手取下一个纸筒，将火药从枪口装入枪膛内，从头上拔下一根火绳，点燃枪内火药。一连串动作连贯、迅速、娴熟。枪口火光一闪，一声巨响，装火药的纸筒随之飞上天空。在1公里的道上，优秀选手装火药、点火枪可达20次左右。以马跑的速度、放枪次数多的为优胜。这一活动传说有二：一是说始于唐朝，是藏王松赞干布迎娶文成公主时以此开道；二是说始于明代，因在部落之间纠纷时有发生，为了取胜而训练骁勇善战的飞马火枪手，后来部落纷争平息了，骑马点火枪由军事活动演变为群众喜闻乐见的体育活动。

马术表演 在牧区盛大的节庆时，为了丰富活动内容，一些赛马高手便会进行马术表演，如跑马倒立、站立、悬体、藏身等，极为精彩和惊险。骑手们以高超的技艺，在飞驰的马背上，脚踏马镫，上身后仰，手抓马尾，头几乎挨地，但保持平衡，不晃动、不摔下马来，或双手抓鞍子，身躯倒立马背，双腿可分可交叉，跑马倒立要求骑手在驰骋的马背上稳稳倒立，裁判视其时间的长短和立姿的曲直打分。跑马站立是指骑手双手脱缰，稳稳站立在飞驰的马背上。跑马悬体要求骑手在奔驰的骏马上，用脚尖紧勾马镫，全身仰面悬挂于坐骑侧面，堪称是马术绝技。马下藏身比赛中，骑手一脚踩镫，腿弯曲，手抓马鬃或马鞍，有时把身体蜷缩在马的背上，有时贴于马腹。赛马飞奔的过程中，观众往往只见马而不见人。单人跳鞍的骑手在奔跑着的马背上不断地从马鞍的左右跳上跳下。不仅要有极好的弹跳力，还需要掌握好上下马的角度。

三 相关民俗文化

服饰表演 玉树地区的康巴服饰很有特色，华美而艳丽。玉树传统的藏袍，分冬夏两装，有常服、礼服两种。讲求用料、色彩、造型、装饰等，主要用料有氆氇、毛呢、绸缎，以及藏羯羊皮、羊羔皮等，装饰用料有各种锦缎和皮子等。就款式而言，男式藏袍肩宽体阔，后摆留裙褶，袖长而宽，造型潇洒大方。女式藏袍简洁适身。线条流畅，造型优美，风格典雅秀丽。节日服装要配以琳琅满目的装饰和配饰。除了金银饰品，还通常配以蜜蜡、珊瑚、松耳石等材质的饰物。这些饰物同样有很多讲究，而且价格不菲。有的服装整套下来，价值达数十万甚至上百万元，是家庭中很大一部分财产，被当作宝贝代代相传。

跳羌姆 开幕式中一般有羌姆表演。羌姆大致有两类，一类为"神舞"，另一类为"娱舞"。"神舞"主要表现佛教故事或护法神镇魔禳灾等内容，有对亲临现场的信教群众产生除障免灾等加持作用的说法。"娱舞"是旨在活跃节日气氛，愉悦信众的一种娱乐功能较强的舞蹈，如雪狮舞以及模拟珍禽异兽的各种表演形式等。这些表演项目之后，就是群众自由的跳舞和狂欢，场面十分热闹。

跳郭哇　即武士舞，玉树特有的一种风格独特的礼仪性民间舞蹈，主要在寺院庙会或部落重大礼仪性场合表演。表演者均为男性俗民，头戴垂有红丝穗的圆形高筒帽，藏语称"觉拉"，身着盛装，佩戴"嘎吾"（银制镀金护身佛龛）、项链等饰物。表演队形以转圈为主，旌旗导前，长号开道，一人击钹领舞，后有一至两名持剑拿盾的舞者，其余皆持剑握弓。随着领舞者的钹击节奏而舞，中间穿插着说"郭斜"（道白）、唱"郭勒"（歌）。其特点是舞姿徐缓庄重，气氛肃穆，场面宏大、凝重，被誉为"藏族仪仗舞"。

热伊　是一种精美绝伦的舞蹈种类，具有优美动听的音乐旋律、丰富多彩的舞蹈语汇、奇特的表演形式、幽默诙谐而富有情趣的舞蹈动作。"热伊"有《索莱姆索》、《孜琼尕松卓玛》以及素有藏族交际舞之称的《琼珠索那措》等舞蹈。

热巴　是一种注重技巧，以鼓点伴奏、踏节而舞的民间舞种。一般由藏族民间艺人组成的歌舞班子演出，需经数年传授训练，方能胜任角色。

啦　是一种表演性很强的民间舞。是众人参与的集体群舞，舞蹈队形为圆圈式，节奏先慢后快，调低沉舒缓、庄重饱满，动律沉稳有力，动作大、节奏慢，如双臂的舒展、腿脚的起落，都悠然缓慢地进行，落脚无声雄健有力。

伊　是一种不分男女、老少自娱的民间歌舞。其表演形式是男女舞队各列成整圆舞蹈队形。男女同时起舞，先由男队唱一遍"伊"的唱腔，然后女队重唱一遍，男女歌声此起彼伏，舞蹈自始至终同步进行，男舞粗犷洒脱，女舞轻柔妩媚，一刚一柔，形成了反差鲜明的舞风。舞蹈从开始的轻歌曼舞到最后的狂舞劲舞而逐步推向高潮。伊的旋律欢快流畅、悦耳动听，舞姿抒情优美、节奏明快，动作变化多。

《格萨尔》说唱　《格萨尔》一直以来深受藏族民众的喜爱，至今，史诗的传统仍在藏族民众生活中占有重要地位。说唱艺人是史诗最直接的创作者、继承者和传播者，他们对于史诗的传承具有巨大作用。每逢大型节庆，相关的《格萨尔》文化节目便会在其间进行展演。玉树赛马会中往往专门设立会场（格萨尔文化中心）进行《格萨尔》文化展示，除了传统的《格萨尔》艺人说唱之外，还以藏戏的形式来演示藏族民众喜闻乐见的《格萨尔》故事，如《赛马称王》《大食施才》《嘉洛婚俗》等，用歌、舞、剧三者结合的综合艺术形式为《格萨尔》史诗的传播丰富新的途径和领域。

四　信仰与禁忌

信仰　赛马开始前要举行宗教仪式，请僧人念经。牧民们则要煨桑，向神山献祭。在山上垒玛尼堆，挂上新的经幡等，祈祷神灵保佑吉祥平安、人畜兴旺、竞赛获胜。贡西仓《赛马祝词》中说："欲界第二重天（即三十三天）之主帝释天在位时，战神和三十三天之神云集雪域藏岭，诸护法如狂风暴雨从天而降，一举降伏了妖魔鬼怪，赐众生以吉祥幸福。于是，天地同乐，人、神纷纷策马扬鞭，在宽阔的草地上举行了历史上第一次赛马，以示庆祝。"有关于赛马的传说和故事，最有名的是《赛马称王》。有的地方把藏历五月初四的祭山会直接称为格萨尔纪念日，说明了赛马在藏区的影响。有的地方赛马活动和祭山是融在一起的。在头人和所属寺院的活佛喇嘛的带领下，家家户户自备帐篷及祭祀山神的各种供品，在神山附近搭篷生炊。男人们登山把经幡和木箭插入祭坛，燃柏香枝敬神，待浓烟腾起便开始骑马转山，扬撒隆达（一种四角印有龙凤宝马图案的小纸符），放声祈祷山神降福禳灾，保佑人畜平安。之后，便是为期数天的赛马。

禁忌　早在比赛前好几个月，参赛的马便不再使用而投入严格的训练，并且加强营养和精心照料。赛马前十天半月，骑手们就要加紧驯马。驯马的方法是每天给马披裹毡子跑两次，早、午、晚要把马牵到河中洗澡。一般要给马泡水或泼水，直到肌肉发抖再牵上岸慢慢遛。这样训练过的马耐力好，跑起来不喘气。参赛的马打扮得漂漂亮亮，配上漂亮的鞍具。牧人爱马如命，平时不骑快马，只有在仲夏至初秋，牲畜进入产奶期后，才快马放牧，增强其运动量和食欲。藏历五月初四举行盛大的祭山活动的前两天，选出最好的马让其禁食，藏语称之为达香，这是因为饱肚马禁止参赛。

吊马 在赛马中，需要马与人组成了一个和谐的整体。骑手要表现出高超的技艺，首先要慧眼独具，选择骏逸超群的骏马，其次还要对骏马进行吊驯，熟谙马的习性。赛马前一月，要"吊马"，即进行赛前的热身赛，给马吊膘，逐渐增强其驰骋的能力。"吊马"后，马耳如竹削，身瘦有神。赛马前要将马鬃扎起小辫儿，并修束尾巴。扎小辫儿是防止马鬃挡住马的眼睛，修束尾巴是为了减少阻力。有的还在修束马鬃和马尾时掺上各种颜色的布条，不同颜色的布条可以作为区别马的标志。赛马前骑手要给马洗刷躯体，有的还给马戴上铜铃，给马系上彩绸项圈，使马精神抖擞，焕然一新。

第二章　特色民俗（下）

随着漫长的民族发展进程和各民族间的文化交流互动，青海各世居民族形成了一些独具地域、民族特点的特色民俗，如撒拉族的骆驼戏、海西州蒙古族的那达慕大会、回族的宴席曲、河湟社火、塔尔寺酥油花以及昆仑神话等。这些特色民俗对各世居民族文化传承、推动民族间文化互动和青海民俗旅游业发展具有非常重要的作用。

第一节　撒拉族骆驼戏

一　起源传说

骆驼戏，也称"骆驼舞""玩骆驼"，撒拉语称"对委奥依纳"，是撒拉族人民传统的婚礼民俗活动，在清末和民国时期普遍流行于青海省海东市循化、化隆两县撒拉族聚居区，其表演内容主要反映了撒拉族先民东迁的历史。据考证，《骆驼舞》的产生及发展形成有六七百年的历史。撒拉族民间认为，在婚娶喜庆的佳日表演《骆驼舞》，是"遵先祖遗嘱而行"，为的是追忆撒拉族先民从中亚撒马尔罕长途迁徙定居青海省循化县的原因及艰难历程。

骆驼戏的起源与撒拉族人民东迁历史是分不开的。传说，从前居住在撒马尔罕[①]的尕勒莽和阿合莽兄弟两人，因在当地具有很高的宗教威望，因而遭到国王的嫉恨和迫害，被诬为偷牛者。后来冤情虽澄清，但他们惧怕受到新的迫害，决定离开故土，远走他乡。尕勒莽和阿合莽兄弟带领同族 18 人，离开了撒马尔罕。出发前，当地的一位"沃里"（伊斯兰教中有学识的人）告诉他们带上故乡的一瓶水和一袋土，以后要是走到水土质量相同的地方，就安居下来。于是兄弟二人带领族人，牵了一头白骆驼，驮着手抄本《古兰经》和故乡的水土，向东方走去。他们走了 17 个月，经过天山北路，进嘉峪关，经河西走廊，辗转到达洮州，进入甘家滩。尕勒莽等人离开撒马尔罕后另有 45 个同情者随后跟来，经天山南路进入青海，沿着青海湖南岸东行，先到贵德，走尖扎滩，经同仁龙车，辗转至元珠沟，因疲劳过度，遂有 12 个人留下来，其余人继续东行，终于在甘家滩与尕勒莽等相遇。他们牵着骆驼继续前进，进入今循化境内，经夕场沟，越过孟达山，上了奥土斯山，这时天色已黑，匆忙中走失了骆驼，便点起火把在山沟里寻找，但寻找未果。第二天天亮后，他们下山到达今循化县街子附近时，发现一眼泉水，泉水清澈见底，而走失的骆驼卧在泉水中不起，尕勒莽用木棍捣骆驼，骆驼遂化为白石，木棍则变成了一株常青树。众人无不惊异，这时记起了"沃里"的话，于是装了一瓶水，捧了一捧土，发现和他们家乡的水土质量完全一样，大家便决定在此地定居下来。撒拉族人民将这一民族东迁的过程改编为骆驼戏，并在婚礼上表演，以示不忘先人艰难的迁徙历程。

二　展演方式

骆驼戏通常是在撒拉族婚礼之夜举行，一般由四人表演，道具有《古兰

---

① 撒马尔罕：乌兹别克语，意为肥沃的土地，为中亚古老城市，是古代丝绸之路上重要的枢纽城市，由善于经商的粟特人修建，现为乌兹别克斯坦第二大城——撒马尔罕州首府，在该国境东南部泽拉夫尚河谷地。

经》、火把、杆秤、水瓶、搭链、拐杖等。表演服饰有皮毛制作的骆驼道具服、长袍、披风等。其表演可分为三部分。第一部分为蒙古人与撒拉族先民的对话；第二部分是表演撒拉族先民万里东迁的艰难历程，用民族语韵朗读诗句；最后是骆驼表演，观众抢拾撒在地上的核桃，从而让气氛达到高潮。

表演时，由两人扮演阿訇①，一名阿訇右手持杖、左手怀抱《古兰经》，另一名阿訇手牵白骆驼随后，他们绕行场地一周，以示东迁行程。这时，一位扮演蒙古人的角色上场，双方见面用阿拉伯语问候"赛俩目"，随后用撒拉语进行对话表演：

蒙古人：阿訇，你们从哪里来？

阿訇：我们从遥远的撒马尔罕来。

蒙古人：你们牵的是什么？

阿訇：我们牵的是骆驼。

蒙古人：骆驼驮的是什么？

阿訇：骆驼驮的是水、土、秤、经。

蒙古人：你们驮着这些东西到哪里去？

阿訇：我们要到随尼（中国）地方叶给尼（定居）去。

蒙古人：你能不能给我们讲一讲你们不远万里，历经艰难险阻到随尼（中国）地方的经历？让我们也知道知道。

众人：依的尔（撒拉语，意为"好"）。

阿訇：呀！既然这样，我就将我们艰辛的历程详尽地叙说一遍，请你们细听。②

---

① 根据撒拉族东迁传说，尕勒莽和阿合莽本身就是阿訇。
② 郭晓虹、王海龙：《撒拉族"骆驼戏"仪式文化解读》，《青海师范大学学报》2014年第2期。

于是阿訇便将尕勒莽等人如何遭受陷害，又是如何从撒马尔罕出走的经历详细叙述一番。其后在表演过程中，表演者每说唱一段后，就绕场一周，或是走到场上一角，或是走到场中央，以表示先民们走过的不同路线和地域。

> 蒙古人：你们路上第一站住在什么地方？
>
> 阿訇：到达的地方是金扎和银扎（地名）。
>
> 蒙古人：在路上骆驼吃什么？
>
> 阿訇：吃的是芨芨草。
>
> 蒙古人：在路上的人穿什么？
>
> 阿訇：穿的是树皮。

而后延续这样一问一答的形式，阿訇叙述的内容为："我们到了金扎、银扎（地名），称一称水土都不够，就继续前进，到了吐蕃，风大沙大，荒漠无边，这不是我们生活的地方。再往前走，到了甘加滩，这里是无边无际的大草原，是畜牧的好地方，称一称水土也差不多，可是拿了金银也没处买粮秣，这里不是落脚的地方。最后我们来到奥土斯山[①]，夜色已晚，忽然众人发现骆驼不知去向。于是，我们一行人点燃火把，山上点起火堆，寻找骆驼。第二天旭日东升，霞光万丈，发现骆驼卧在吉祥而清澈的泉边，化为一座白色的石骆驼，于是拿出秤，称一称水刚好，称一称土刚好。孟达山（山名）山高林茂，大儿子可以打猎砍柴过日子；清水（水名）水缓黄河宽，二儿子可以伐木搭筏子推光阴；街子（地名）骆驼卧清泉的地方，是我们的立根的地方，三儿子济贫抑富固根子；苏织（地名）田广草山阔，四儿子可畜牧种庄稼过时光。"

> 蒙古人：你们为什么要演"对委奥依纳"？
>
> 阿訇：先祖告诉我们，婚礼上演"对委奥依纳"，说说先祖艰苦历

---

① 奥土斯山，今青海循化县街子镇以西。

程、万里东迁的历史，让后人永远铭记。再就是给婚娶的人家助助兴。

这时阿訇用力拉骆驼，但骆驼卧地不起，阿訇又说："我的骆驼变成石头了，只有吃了撒马尔罕的食品才能站起来跳舞。"

蒙古人：它吃什么食品？

阿訇：它吃的是卡斯卡斯馍馍和恰合恰合包子，还有枣和核桃。

这时，主人端上馍馍、包子，新郎双手捧盘端上红枣装入骆驼的褡裢内，骆驼慢慢起身。最后，骆驼的装扮者将事先准备好的核桃撒向人群，人们争相食之，场内的气氛达到高潮。

三 传承保护

骆驼戏在明清和民国时期较为普遍，到 20 世纪 60 年代，因受宗教、政治及社会文化变迁等因素的影响，撒拉族聚居区很少有人表演骆驼戏。骆驼戏在撒拉族历史文化的发展中占有重要位置，但因为缺乏保护和传承而出现逐渐消亡的迹象。2015 年 5 月的循化撒拉族自治县文广局举办撒拉族传统婚礼习俗培训班，近 50 名撒拉族文化爱好者参加此次培训，特邀撒拉族婚礼国家级非物质文化遗产代表性传承人韩占祥、省级非物质文化遗产代表性传承人韩文良，对撒拉族婚俗各个环节进行了详细的讲解，尤其对骆驼戏进行了详解。这在很大程度上加强了非物质文化遗产保护和传承力度，同时促进了对骆驼戏的弘扬和传承。

四 相关民俗文化

骆驼戏虽然是在欢庆的时候表演的节目，而且并没有关于苦难的叙述，但是看完的人都会深深体会到撒拉族先民的不易，传承着民族记忆，延续着民族精神，加强了民族的共情，影响和教育着一代又一代撒拉族人。骆驼戏是撒拉族婚礼仪式的核心内容之一，支撑着婚礼的过程。在表演完骆驼戏后，撒拉族婚礼中还有唱宴席曲等民俗活动。宴席曲的传统曲目有赞美撒拉族妇女美貌和装束的《阿丽玛》，也有即兴演唱，夸新郎英俊潇洒、学识渊博，赞新娘美貌惊人、温柔贤惠的。撒拉族宴席曲在演唱过程中还配有简单的舞蹈动作。

第二节　回族宴席曲

宴席曲也叫"莱曲儿"，是流行于青海回族群众中的一种民间曲艺。青海回族宴席曲以仪式的形式出现在民族婚宴和喜庆场面，通常在回族的婚礼、乔迁及其他喜庆场合表演。回族宴席曲产生于元代，其音乐具有西域和蒙古族古调的色彩，又吸收了中国西部多民族民间音乐的元素，曲调既有西北民间音乐的特点，同时保留了元、明、清时期西北少数民族歌舞小曲的音乐特点[1]。依据宋词元曲的发展和残存的宴席曲曲调、曲文来看，回族宴席曲是产生于当时的一种民族民间散曲；以音乐形态和文学来分析，是回族民间广泛流行的礼仪歌和民俗小曲。清代《陕甘劫余录》载："河州的西部与新疆的交界处，居民很复杂，风俗也不同，缠头回回每逢有婚礼的时候，聚男女两家的亲友，举行跳舞，谓之围囊。"说明回族在婚礼上表演宴席曲，在清代就已经很盛行。宴席曲的曲调风格几乎涵盖了青海民间音乐的特点，既委婉、细腻、活泼、优美，长于抒情，又善于叙事，优美朴素。

---

① 张晓君：《回族宴席曲的传承与流变》，《青海师范大学学报》2015 年第 5 期。

一　表演方式

表演方式　宴席曲的表演以唱为主，演唱程序一般是从"表白词"开始，曲把式们来到东家大门口，唱《恭喜曲》，进到家中拉开场子后，先由曲把式头儿致赞词——《表礼》，然后开始正式的演唱。演唱的起首曲为《抬起吗头儿瞧》，接下来根据主人所点的曲目，一一进行表演。如果这一家出现两组演唱，要进行对阵打擂，你一歌我一曲，不把对方唱得哑口无言绝不罢休。宴席曲的演唱，有唱一晚的，也有接连唱三晚的，主要根据艺人的情况而定，宴席曲演唱到最后以《谢东家》结束。宴席曲中还有化妆（化装）小品节目，如《拉鹅》《拉骆驼》《怕老婆顶灯》《小放牛》《碗儿匠》等，说、唱、演相结合，是具有相当难度的表演形式。

演唱形式　宴席曲的演唱形式有独唱、对唱、齐唱等。其中倒唱，是宴席曲演唱中的一个特殊现象。一首曲从头（到）尾演唱完后，改换一种曲调后倒唱回来《倒唱四季》《孟姜女》《十里长亭送亲人》等，倒唱时的调子一般热烈欢快。不论哪种形式的演唱，通常不用乐器伴奏，常伴以舞蹈，依靠歌声、舞蹈、表情等引人入胜，曲调通常婉转柔和，歌声优美动听，节奏欢快。演唱者还往往会吸引观众参与歌唱和喝彩，气氛热烈。宴席曲多以方阵队形对舞，舞蹈主要有"鹰舞""鹦哥舞""筛子舞"等。除了大传，一般的散曲、季节歌、五更调都可以，边唱边舞，也可以采取歌伴舞的形式表演。其动作特点常与回族的劳动、生活、习俗相关联，由于回族歌曲常用凤凰、蝴蝶、牡丹、鸽子等雍容华贵的形象和羊羔、青草、甘泉等与民族生活息息相关的事物起兴，动作秀而不拘，美而不俗，柔中有韧、潇洒自如，抒发了宴席中的喜庆欢快之情。

曲目内容　宴席曲的曲目内容丰富，题材广泛，涉及祝贺、劝喻、征战、商旅、控诉以及传说故事等多方面内容，依据演唱风格和内容，可分为五类，包括叙事曲、五更曲、打调（也称"打搅儿"）、酒曲和散曲。叙事曲如《满拉哥》《蓝桥担水》《方四娘》等，五更曲如《五更哭》《五更莫奈何》等，打调如《园子家》《大脚婆娘》等，酒曲如《尕老汉》等，散曲如《恭喜曲》《青溜溜青》《十二个月》等。这些宴席曲大多有原始的曲牌名称，有的以衬词命名，如《牡丹月里来》《野麦青》《莲花落》《黄菊花》等；有的以人名命名，如《方四娘》《王哥》等；有的以题名命名，如《蓝桥相会》《青溜溜青》《五更月》等；有的以唱词第一句或其中一句命名，如《虎喇马》《一山松柏一山花》等。多数曲调是专曲专用，如《莫奈何》《虎喇马》等，也有少数曲调可以套用不同的唱词。曲调的表现手法多为平铺直叙，也有以物寓情的，唱腔特点多婉转、悲凉、缓慢、深沉，但也有少部分是欢快、跳跃、小调风格的。一般无音乐伴奏，为烘托气氛，表演者在表演时就地取材，左手拿宴席中所用的小瓷碟，右手捏筷子，有节奏地敲击瓷碟边。在强、弱、缓、急等音伴奏下，时而高亢，时而低沉。这些宴席曲涵盖了回族群众数百年来生产、生活、爱情、婚姻等方方面面的历史，可以说是全景式表现回族历史的音乐史诗，是研究回族的历史、风俗习惯、语言文学以及文化等的重要资料。

唱词句式 宴席曲的唱词句式自由，词格不是很严格。一段唱词中从五字到八字、九字句并存的现象很多，也有长短句型混合词格，还有一些多字句词格，如《虎喇马》："虎喇的马儿我拉上了出门走，一走两走我到了荒草野滩里，荒草野滩里我得了个头痛脑热的病，我身旁里守的是姑舅两姨亲，我身铺上马儿的汗缇了睡，我身盖上马儿的搭盖了睡……"但不管是长句还是短句，均以通俗易懂、上口顺畅为要。押韵也不十分严格，通常两句一韵，转韵自由。采用青海的汉语方音演唱，但唱词中有许多回族特有的语音词汇，如"跳"念作"桥"，"霜"念作"商"，"店"念成"间"，"阿哥"念成"阿尕"等。此外，还大量使用"哎""噢""耶""哟"等虚词、衬词，构成了宴席曲的重要音乐特色。

二 传承与保护

传承方式 青海回族宴席曲的传承方式主要有自然传承和家庭传承两种方式。自然传承主要为回族婚礼宴席等场所传播。此外，因人口迁移和流动，也在一定程度传播了青海回族宴席曲。宴席曲的历史和地域传承过程，既保留了许多原汁原味的曲令，同时也自然地吸收了当地的音乐元素，从而形成了自己独特的演唱风格。家庭传承主要为父子传承，但受宗教文化和传统文化影响，青海回族宴席曲家庭传承的规模和人数相对较少。

保护措施 回族宴席曲受到了地方政府的重视。通过挖掘、搜集和整理举措，又通过举办文化演出和民间演出等活动，回族宴席曲得到保护和传承。2006年，门源县的回族宴席曲被列入省级非物质文化遗产名录。马成云整理的"门源地方志暨民间文化丛书"之一《婚典喜乐·宴席曲》一书，内有 90 多首宴席曲 ①。2008 年，门源县回族宴席曲被列入第二批国家非物质文化遗产名录，回族宴席曲更加受到广泛关注和重视。2011 年，由青海省音乐家协会和门源县政府配合出资，联合录制了宴席曲光盘《大地芬芳》，受到省内外宴席曲爱好者的喜爱。2012 年门源县文化局又在《婚典喜乐·宴席曲》一书的基础上，再次搜集整理，出版了《门源回族宴席曲》，编入词曲近 130 首。

三 相关民俗文化

青海回族宴席曲又叫"家曲"，是与所谓"野曲"（"花儿"）相对的。所谓"家曲"就是在家里、村庄里演唱的歌曲。"花儿"是在野外唱的曲子，不准在家里、村庄里唱。宴席曲一般也只许在婚礼或其他喜庆的日子里才进行演唱，平常不随便唱。1949 年以后，此种规矩虽有突破，但有些地方仍然

---

① 马成云：《婚典喜乐·宴席曲》，中国文史出版社，2007。

保留着。宴席曲歌手只能演唱传统的叙事故事，要是歌手唱词不当，就会遭到主人的指责。演唱宴席曲时主要运用委婉细腻或活泼优美等声腔，一般不用乐器伴奏，全凭丰富的声音、表情，伴随舞蹈动作取得感人效果。当地有"家里要唱《莫奈何》，出门了要唱《祁太福》"的习俗。

第三节　蒙古族"那达慕"

"那达慕"，蒙古族语有游戏、娱乐、游艺等意思，是以蒙古族传统游牧文化和民间信仰为基础，逐渐演化为集体育竞技、交际娱乐、服饰、饮食、歌舞、仪式等内容于一身的盛大集会，是青海蒙古族最为重要的传统节日[①]。作为蒙古族传统节日盛会，其由来已久，源起与蒙古族游牧文化和北方原始宗教萨满教的敖包祭祀活动关系密切，作为蒙古族独特的民族文化象征，一直都伴随着各地蒙古族的延续发展。13 世纪初，蒙古族首领每当举行"大忽勒台"，即大聚会时，除了制定法规、任免官员、奖惩等外，还会举办有规模的"那达慕"。《蒙古秘史》中的《成吉思汗碑铭》[②]，在记述青海蒙古族民间故事、蒙古族英雄史诗时，都有对"那达慕"的记载和描述。在元朝时，"那达慕"已经在蒙古草原地区广泛开展起来，并逐渐成为军事体育项目。

---

① 贺喜焱：《"那达慕"的传承与创新研究——以青海省海西州"那达慕"为例》，《青海师范大学学报》2014 年第 5 期。

② 《成吉思汗碑铭》：此碑发现于贝加尔湖东则尼布楚区乌鲁伦古河附近，1819 年被运往俄国，现存俄罗斯圣彼得堡的爱尔米达什博物馆内。该碑系花岗岩材质，上刻有五行古体蒙古文，约有一庹长。该碑文第一行首刻"成吉思汗"一语，研究铭文的学者们便将其命名为《成吉思汗碑铭》，也有称为《成吉思汗石碑》或《也孙格·蔑儿干的光明碑》。铭文汉译为："成吉思汗，征服了撒儿塔兀勒百姓，蒙古国之那颜们欢宴于布哈·苏赤海时，也孙格·洪古图尔远至三百三十五度处射箭以中。"1211 年，成吉思汗率众征讨中亚撒儿塔兀勒花剌子模，是此后向亚、欧两洲进行旷日持久大战的首捷。为宣扬蒙古汗国之威，于不合速赤忽地方，举行盛大会盟和欢宴，全蒙古地区的贵族们前往庆贺时，专门举行射箭比赛。成吉思汗的侄子也孙格·蔑儿干向三百三十五庹远的地方射中一箭，为永远纪念这一空前绝后的壮举，特立此碑。

元朝统治者规定，蒙古族的男子必须具备摔跤、骑马、射箭这三项基本技能。到了清代，"那达慕"逐步变成了由官方定期召集的有组织、有目的的游艺活动，以苏木（相当于乡）、旗、盟为单位，半年、一年或三年举行一次。当地最早以"祭海""祭敖包"的形式，于每年七、八月牧草茂、牛羊肥壮时盛举行"那达慕"，此俗沿袭至今，以展示各自的技能，显现自己的才干。

一　表现形态

摔跤　在蒙古语中，摔跤被称作"搏克"，"搏克沁"指摔跤手。搏克比赛是"男儿三艺"中牧民最喜闻乐见、并且广泛参与的群体性活动。摔跤人数是双数，总数不能出现奇数；比赛通常会实行单淘汰制，每轮淘汰半数，一跤定胜负，败者不再上场，胜者与其他胜者交手；裁判由德高望重者担任；队员膝盖以上的任何部位着地便为失败。摔跤手在比赛中讲究摔跤技巧，采用预防对方攻击和自己出击的站姿、步伐与抓法，主要靠腰部、腿部、臂部动作的协调配合及其力量、技巧的充分发挥，通过各种动作来与对方角力，如捉、拉、扯、推、压、晃等。一方摔倒即为败者。

赛马　蒙古族是马背上的民族，马对牧民来说是生产生活离不开的好伙伴，因此，赛马的历史非常悠久。蒙古族人从幼年时就要练习马术，十几岁时便可随族人外出围猎、打仗。传统赛马不备鞍，这样减少了马的负荷，使马儿的身体不受束缚，可以加快马的奔跑速度，同时更加考验了骑手的骑马技术。现在的"那达慕"大会中赛马竞技一般分为跑马赛和走马赛。参赛的马要严加挑选，一般赛马要求有匀称的体态，四肢强壮有力，整体精神焕发。每个骑手在参赛时都要将自己的赛马装扮漂亮，如在马尾部挽起彩色的丝绸绣球，在马笼头上也要佩戴色彩艳丽的绸带。跑马赛，主要是比马的速度，赛程有 20 公里、30 公里、40 公里不等，骑手在与马的配合中要控制好马，并达到最快速度，最后以马先到者为胜。走马赛，主要考验马步伐的稳健与轻快，相对跑马赛更加有难度。比赛有严格的规定，要求马的前后蹄必须交错前进，不能同时离地，否则视为犯规。骑手控制好马的速度的同时，步态还要行进有序，否则很容易出现犯规情况。比赛中以速度快、步子稳、耐力强、姿势美的马获胜。不论跑马还是走马都要求骑手装束精干，以便比赛。在赛马比赛中获胜，骑手可以获得极高的奖赏和荣誉，马的身价也会随之提高。

射箭 这是蒙古族"男儿三艺"之一。对于游牧民族而言，草原自然环境以及当时复杂的社会环境都要求普通的牧民要有过硬的骑射生存本领。频繁的征战、激烈兼并，弓箭对于古代蒙古族人们而言，既是游牧生活中必备的狩猎工具，也是战争武器。骑射之技精湛与否，会影响到部落牧民的生存命运。所以，射箭也逐渐成为那达慕活动中不可或缺的竞技项目。射箭比赛主要有两种形式：立射与骑射。参赛时，每一个射手都要自备马匹和弓箭，传统比赛对于弓箭的样式、弓的拉力、箭的质料、长度等并没有统一规定。常见的普通弓箭一般弓身用竹木做成，两端用皮筋弦系紧；箭用柳条做杆，鹰羽做尾，长约1米左右。立射比赛，射程一般距离45米或70米，比赛会根据性别和年龄分成男子组、女子组和少年组。比赛要求选手们从指定距离用同样数目的箭来射靶，按组轮流射箭，一般规定每人射9箭，分3轮射完，以射中靶标的中心环、内环、外环多少来统计分数，决定名次。骑射比赛，非常考验射手的精准度以及骑马的技巧，难度更胜一筹。比赛时，要设置专门的跑道，中间要横一条约三四米宽、半米深的障碍沟，沿途还要设三个靶位，靶标一般由不同颜色和形状棉絮布袋做成，靶标相距约二三十米。比赛规定为一马3箭，每人每轮射3支箭，共三轮射9支。最后以中靶箭数的多少评定名次。

二 传承保护

海西州"那达慕"的传承保护 1982年海西州人民政府以物资交流的形

式举办了首届"那达慕"大会。1983 年，乌兰县人民政府举办了首届"那达慕"大会，使海西"那达慕"的发展步入了一个新的台阶。1988 年 8 月 5 日，在都兰县巴隆草原举办了海西州第一届"那达慕"大会。1992 年 8 月 1 日，乌兰县举办了海西州第二届"那达慕"大会。2001 年 8 月 8 日，在德令哈市举办了海西州第三届"那达慕"大会。2005 年 7 月 26 日，在格尔木市举办了海西州第四届"那达慕"大会。青海海西蒙古族"那达慕"于 2007 年被列入第二批省级非物质文化代表作目录；2008 年，被列入国家级非物质文化遗产代表作名录①。

河南县"那达慕"的传承保护　青海省黄南州河南蒙古族自治县的那达慕大会于每年 8 月 1 日举行。1986 年河南县举行第一次"那达慕"大会，并将每年的 8 月 1 日定为"那达慕"日。在"那达慕"仪式活动恢复之前，河南县的"那达慕"活动绝大多数是由人们自发组织的一种民间娱乐活动，并且具有较为浓厚的宗教含义，在进行祭山、煨桑等宗教活动时举行，后来逐渐从宗教活动中分离出来，成为全县定期举行的体育比赛活动。1986 年，此类民族或民间体育活动被当时的政府正式命名为"那达慕"，写入 1989 年制定并通过的《河南蒙古族自治县自治条例》中，规定："每年农历八月初一为自治县蒙古族的传统节日——那达慕"。

三　相关民俗文化

"那达慕"盛会与蒙古族敖包祭祀活动关系密切，因此在早期的大会开幕前还要进行大规模的祭祀活动。僧人焚香点灯，念经诵佛，祈求神灵保佑，消灾消难。开幕式后举行以摔跤、赛马、射箭、赛布鲁、套马、下蒙古棋等为主要内容的民族传统项目竞技比赛。其中被称为"男儿三艺"的摔跤、赛马和射箭最能体现"那达慕"大会的特点。此盛会发展到现

---

① 跃进:《国家级非物质文化遗产：海西蒙古族"那达慕"》,《柴达木开发研究》2013 年第 5 期。

在，部分地区融入了田径、拔河、排球、篮球等体育竞赛项目，还有武术、马球、骑马、射箭、乘马斩劈、马竞走、乘马技巧运动、摩托车等精彩表演。

第四节　河湟社火

一　概述

社火又称"耍社火"，是一项民间传统的综合性文化活动，包括舞蹈、杂技、杂耍、武术、鼓乐等，是群众在年节庆典、庙会上自娱自乐的、表演性强的民间歌舞技艺活动的统称。社火是原始文化现象的延续，是先民们在劳动生产和现实生活中派生出来的，反映当时人们对自然现象和社会现象的朴素认识，逐渐形成一种个人行为和社会行为相结合的祭祀活动[①]。当代社火是一种集民俗文化、民间仪式、民族艺术为一体的综合性文娱活动，是中华民族灿烂文化中一个重要的组成部分。分布于青海省东部地区湟水流域和黄河两岸地区的汉族、土族及部分藏族在每年正月也有"耍社火"的习俗，这些地区所表演的社火因统称为河湟社火。河湟社火历史悠久、文化内涵深厚、表演形式独特，深受河湟人民喜爱。河湟社火凝聚了河湟各民族人民的历史和民族文化，是当地人们庆贺新春的一种重要方式。改革开放以来，河湟社火迎来了春天。河湟社火为河湟地区社会繁荣、民族团结、丰富群众文化生活，加强社会主义精神文明建设和青海文化的大发展、大繁荣做出了积极贡献。

社火传说　社火来源于古老的土地崇拜与火崇拜。社，即土地神；火，即火祖，是传说中的火神。在以农业文化著称的中国，土地是人们立足之

---

① 冶英生编著：《河湟社火》，九州出版社，2013，第 2 页。

本，它为人类的生存发展奠定了物质基础。火，是人们熟食和取暖之源，也是人类生存发展必不可少的条件，远古人们凭着原始思维认为火也有"灵"，并视之为具有特殊含义的神物，加以崇拜。古老的土地崇拜与火崇拜，产生了祭祀社与火的风俗，随着社会的发展和人们认识能力的提高，在祭祀社火的仪式中逐渐增加了娱乐的成分，成为规模盛大、内容丰富的民间娱乐活动。在关于社火发展的民间传说中，楚庄公化装突围的传说较为普遍。相传，在一次战斗中，楚庄公的军队被包围，突围时，楚庄公化装成一位衣衫褴褛、尘垢满面的哑巴，在社火队伍的掩护下，仓皇逃走。说明当时中原地区普遍存在"耍社火"的现象。而后人认为楚庄公就是现在社火中"哑巴"和"灯官"的原型。

社火传入河湟 社火何时进入河湟地区，目前为止还未发现有正史记载，相关信息只存在于民间传说中。传说在明洪武年间，南京珠玑巷的群众在春节耍社火时，有一个"胖婆娘"的角色，有好事者为讨好朱元璋，说社火中的"胖婆娘"是影射马皇后。因为马皇后长得胖，而且有一双大脚，当时百姓私下称马皇后为"马大脚"。朱元璋听信谗言，将珠玑巷的百姓全部发配到河湟地区，而社火也随这些被发配的人传入河湟地区。虽然传说不可全信，但明灭元后，为防范残元势力，在河湟地区实行军政合一的卫所制度，派驻由中原而来的军士驻防，同时又将大量普通民众迁入河湟地区，因此，此说也有可鉴之处。但社火传入河湟地区的时期应远远早于明代。有学者认为，早在西汉时期，随着大量汉族迁入河湟地区，中原地区传统的节庆活动也随之传入河湟地区，如除夕、元宵灯会等。而今天盛行于河湟地区的社火中还随处可见唐代"狮子舞"的元素就是例证。宋代收复河湟地区后，随着大量军士的进入，中原地区的汉族传统节庆文娱活动也传入河湟地区。时至明代，大量迁入河湟地区的汉族军士和百姓进一步丰富了河湟社火，并在每年春节"耍社火"，使得这一传统民俗一直延续至今。

二 表演方式

地社火与高社火 地社火是指在地上表演的社火，是相对于在高抬、高跷上表演的高社火而言。地社火有龙舞、狮子舞、秧歌、划旱船、八洞神仙、太平鼓等。高社火就是指演员在高抬、高跷上表演的社火。主要演出内容有民间小说、神话故事、历史小说人物等。

白社火与黑社火 白指在白天表演的社火。白社火规模宏大、角色众多，装扮华丽讲究，一般有出村表演和坐场表演。出演白社火时，各村都有固定的日子。黑社火是主要在夜晚表演的社火。一般从正月十一演至正月十七，主要为坐场表演。有不同于白社火的表演节目，有顶灯、滚灯、老秧歌、旱船、竹马、货郎、"舞火龙"等。

三 人物形象

神话传说人物 河湟社火中的神话传说人物，多为安邦佑民、增福添寿和保佑当地风调雨顺、五谷丰登的神仙。其中最著名的有八仙，如张果老、铁拐李、汉钟离、吕洞宾、韩湘子、何仙姑、蓝采和、曹国舅；孙悟空；白娘子等。在表演中，八仙庄严持重，神态飘逸，唱词以青海道情为主，宣扬劝善惩恶、孝悌仁义。孙悟空也作为除暴降魔的神仙，挥舞"金箍棒"，一般用来维持社火秩序。灯官也是河湟社火中的重要角色，他是神和人之间的中介。灯官手拿笏板或小笤帚，既有神的神态，又有官的形象。部分地方也将灯官称为"火神官"，他是社火的总头目。此外，河湟社火中还有十二位神化了的人，即"大娘"。传说她们是王母娘娘殿前的十二位仙女。有的地方也将"大娘"叫拉花姐，但两者实为不同角色。拉花姐是社火中男扮女装的角色，是唱秧歌的女主角。

历史故事人物 历史人物主要包括历史上有影响或比较典型的人物，如唐将秦叔宝、尉迟恭等。在高抬的人物造型中，多数为被世人称颂和崇敬的历史人物，如刘备、赵云、关羽、赵匡胤、包公、岳飞、杨家将人物等。

丑角 河湟社火中也有"无丑不成戏"的说法。因此，河湟社火中也有一些造型滑稽、表演夸张、引人捧腹的丑角，如"哑巴"。据传说，哑巴的由来与楚庄王有关，河湟社火中"哑巴"的地位也可以印证这一传说，如河湟社火中就认为"哑巴不说话，社火里面他为大"。"哑巴"可以吃给"灯官"准备的食物。"胖婆娘"也是河湟社火中的丑角之一。"胖婆娘"由男子扮演，头裹毛巾，满头戴花，身穿大红色长袍，体胖腹大，怀中抱着名为"火神保"的木制婴儿；表演时，时而快步前行，时而扭捏徘徊，语言风趣，惹人哄笑。此外，河湟社火中的丑角还有"世不全"、"马报子"、"倒浆水"（即王辩）、"买膏药"、"邋遢婆儿"、"花翻姐儿"、"婉儿匠"（即轱碌儿匠）、"张货郎"、"闪大娘"、"傻公子"等。虽然是丑角，但在河湟社火中，这些角色却有很重要的地位。虽然在社火中这些丑角往往用来增加社火的喜剧色彩，但观众非常尊重这些丑角，反映出社火关注底层、尊重弱者的一种普遍关怀。

四 社火分布与特色

（一）分布区域

青海省内各地社火虽然来源相同，但各地社火内容又不尽相同，受地理环境、民族宗教等因素影响，省内各地社火在表演方式、表演内容等方面也各有特色，部分地区社火极具民族特色和当地特色。河湟社火按表演特色和地域特色可分为西宁市社火及下辖湟源、湟中、大通三县社火，海东市平安区、互助县、乐都区和海南州贵德县社火，黄南州同仁县社火等。

（二）地域特色

1. 西宁市社火

表演区域 西宁市区社火主要分布在西宁市城中区、城东区、城西区、城北区、湟中区和市辖的湟源县、大通县。由于社火表演场域的不同，西宁市区社火与乡镇社火也略有不同。社火表演在内容总体编排、艺术技巧、演唱方式等方面别具一格。表演队伍精干，节目新奇而又古朴典雅，褒扬升平，娱神乐人。

表演内容　传统西宁社火表演队伍有内、外场之分。内场是传统西宁社火的主体队伍，有龙灯、狮子、旱船、牦牛、竹马、霸王鞭、太平鼓，太平灯——伞灯、滚灯、太湖灯、八大光棍、落花姐儿、低跷、高跷（有条件的还出高抬）。外场是活跃在内场前后左右的辅助部分，有前后队外场和随队外场之分。前队外场有秦琼、敬德、大哑巴、世不全、报儿和穿街游巷进行演唱的八仙道情。后队外场有倒浆水（即王辩）、买膏药、邋遢婆儿、花烦姐儿、婉儿匠（即轱辘儿匠）、张货郎、闪大娘等，专以癫狂和滑稽取笑的"身子"（即角色）。随队外场有胖婆娘、傻公子、专管光棍和姐儿的王妈。

表演乐器　传统西宁社火的鼓乐有太平鼓、唢呐，常伴于社火、龙舞和搬船等活动中。大鼓、大镲和马锣组成的打击乐（俗称家什），为整个社火队伍统一步点。三弦、扬琴、板胡、二胡和笛子组成的民乐随队伴奏（俗称弦索），伴奏音乐是以西宁地方曲艺——越弦音乐为主，常用传统曲牌有《双八谱》《满天星》《柳叶青》《四字柳叶青》等。演唱的民歌和小调有一百多首。

2. 湟中地区社火

表演区域　湟中社火主要分布在总寨镇、上新庄镇、田家寨镇、鲁沙尔镇、甘河滩镇、多巴镇、拦隆口镇、上五庄镇、李家山镇、西堡镇、土门关乡、海子沟乡等乡镇。湟中社火中最具特色的为拦隆口镇千户营村的千户营高抬和西堡镇葛家寨村的"出僧官"、田家寨镇下洛麻村的"出阎王"。

千户营高抬　千户营高抬主要表演内容为人物和其他造型。高抬底部为木制台，台板中央是一根高3米左右的铁杆，铁杆上面有踏板，踏板上是8岁左右的男童演员。这些儿童站在踏板上，扮演成各种人物，手执各种器具，演员周围有各种鲜艳夺目的纸花造型。整个高抬木架由四个壮年人抬起，旁边还有两人手执"木拐"，辅助支撑架上的演员。以前，千户营村高抬只有5组，1949年后增加到9组，其中一组为"魁星"高抬，这组高抬年年不变，其余八组高抬年年更换，多反映古戏内容，例如《铡美案》《麻姑献寿》《白蛇传》《哪吒闹海》《隋唐传》《杨家将》《岳家将》《水浒》《封神榜》等；"文革"期间有《红灯记》《白毛女》《智取威虎山》等内容；现在也有推陈出新的内容，例如《人寿年丰》《民族团结》《三江源》《西王母》等。

千户营高抬以精湛的技艺和独特的民间艺术特色而闻名青海地区，是河湟地区最早出现的高抬。据当地老人口述记忆，当地高抬是在明代由南京传来，至今已有六百多年的历史。在20世纪三四十年代，千户营高抬就在西宁地区民间社火比赛中艺压群芳，独占鳌头，到现在还流传着许多佳话。2006年10月，千户营高抬代表青海省参加广东省广州市番禺举办的第八届中国民间艺术节，荣获中国民间艺术家协会颁发的"山花奖"、民间艺术表演奖，并被评为民俗礼仪表演入围作品。2006年11月，湟中千户营高抬被列入省级非物质文化遗产名录。2008年，湟中千户营高抬被列入国家级非物质文化遗产名录。

葛家寨"出僧官"　湟中区西堡镇葛家寨村"出僧官"被称作"汉族村庄里的藏族社火"，每年农历二月初三举行。"出僧官"社火主要表演内容为藏族群众迎接、参拜"活佛"，祈求祥和平安的一种社火广场表演活动。但所有演员为葛家寨村汉族群众。农历二月初三表演开始时，"僧官"队伍在鞭炮声进入广场。社火队由一位甩着长鞭的光头喇嘛领头，两个带着鸡冠帽的黄衣僧人吹着法号紧随其后。一个由小孩子扮演的"小活佛"，在两列鼓乐僧侣的簇拥下绕场两周，落座于广场北边的高架上。随后，"藏族富人"代表骑着牛马，带着随从进场。衣着光鲜的"藏族老爷们"伏身叩拜，虔诚地为"活佛"献上哈达。然后，普通群众也喝着进场，争先恐后地为"活佛"敬献哈达、许愿。之后，带着牛头马头面具的"跳欠"队伍在时急时缓的鼓点声中跳轻松欢快的"跳欠"（神舞）。

下洛麻村"出阎王" 湟中区田家寨镇下洛麻村的"出阎王"社火一般在农历正月十六其他社火节目表演完后举行。演出中最主要的"身子"有阎王、判官、张三、石大哥、柳二哥，另外还有随从阎王和判官的 10 余个大小鬼魂、牛头马面等。在一片喧嚣的锣鼓声中，阎王和判官坐着轿子，在小鬼和牛头马面的簇拥下从庙中出发，来到演出场地。演出中，首先出场的是石大哥、柳二哥和张三哥，唱腔以当地民间社火小调和眉户戏唱腔等为主，演唱内容丰富多彩，他们三人手持扇子一边喝酒，一边演唱，张三哥演唱较多，这也是整个社火演员中演唱水平最好的，他唱的唱腔丰富，唱词幽默诙谐、意义深远。高亢嘹亮、婉转优美、悦耳动听的声音打动了阴曹地府的阎王爷，阎王便派两个小鬼来将张三哥抓来，在阴间押运过程中，张三哥目睹了阴间十八层地狱人的生死轮回、因果报应，两个小鬼一边讲解，张三哥一边富有深情的演唱，他用富有感情的皮影唱腔演唱，来教育、劝说观众。张三哥的演唱逗乐了阎王和众多鬼神，最终因张三哥善良的品行、精彩的演唱感动了阎王，阎王认为张三哥唱得好，阳寿未尽，让他重返阳间。

3. 湟源县社火

湟源县在传统汉族社火的基础上吸取了兄弟民族特别是藏族歌舞的传统，于是出现了一些具有地方特色的社火节目，丰富了社火的内容。在湟源，各乡镇都有社火存在。但在具体的表演内容方面又略有不同，体现出浓郁的地方特色，其中县域南部乡村的社火中唢呐几乎贯穿于每一个社火节目，而西部乡村的社火节目中自始至终都没有唢呐的声音。高跷的步伐也不一样。湟源县社火中日月乡的哈城社火和城关镇光华村社火独具特色。

4. 大通县社火

展演区域 大通社火主要分布在长宁镇、景阳镇、黄家寨镇、桥头镇、桦林乡、城关镇、青林乡、青山乡等乡镇。其中最有特色的是大通县黄家寨乡黄西村的蛙图腾祭祀舞"四片瓦"和大通傩舞老羊歌。

四片瓦　传说有一年当地庄稼受到虫害，先民们一筹莫展，突然有一天晚上青蛙铺天盖地而来，蛙声连天，很快消除了虫害，保住了庄稼，青蛙从此成为当地的保护神。村民为了酬谢蛙神，就在自己的脸上用绿色画上青蛙纹形，两手各捏两片用骆驼骨做成瓦片状的道具，发出像蛙叫的清脆声音，并把青蛙的各种动作编成舞蹈表演，以此祭祀蛙神。后来，这一习俗由每年在庄稼成熟期间祭祀青蛙的仪式逐渐演绎为今天辞旧迎新的社火表演。"四片瓦"社火表演舞蹈优美，双手拉瓦、抬腿踢瓦、左右击瓦等动作，变幻出如跑四门、走太极、拧麻花等各种舞蹈队形，寓意风调雨顺、四季平安。

傩舞老羊歌　社火表演中演员头戴羊角帽而得名。该舞蹈的角色被当地的群众尊称为社火中的大神祇。一般由四个演员组成，这是因为社火中遗存了唐开元以后傩仪中"方相氏"为四人的习俗。现今大通社火队伍中，"老羊歌"的角色大多是由四个演员组成，演员头戴羊角帽（獬豸冠），帽子上贴满了黄色烧纸剪成的碎纸条，在帽子口沿左、右两侧各贴一个用烧纸折叠成的扇形"玛子"，以示他们不是凡人，而是具有神力的神祇。2006 年 11 月，大通傩舞老羊歌被列入省级非物质文化遗产名录。

5. 海东市社火

展演区域　海东市主要有平安区、乐都区等地的社火。其中，平安区社火分布在平安区平安镇、小峡镇、三合镇、古城回族乡、沙沟乡、巴藏沟乡等地区。平安社火历史悠久，明初至民国时期，高羌祁土司衙门每年组织社火演出。在早期的社火演出活动中带有较为浓厚的迷信色彩。明永乐年间，乩思观（今古城乡古城村）一带、东沟四庄子（今三合镇的仲家村、新安村、湾子村、寺台村）也有社火演出，民国时期盛兴。中华人民共和国成立初期，每年春节几乎村村闹社火，并吸收了山西、陕北大秧歌形式，增加了革命的内容，演出新颖生动。社火不仅在本村演出，还可约至邻村演出，以联络村际、人际关系。

平安区社火　内场的主要传统节目有龙舞、狮子舞、跑旱船（有的地方分男女船）、大头罗汉戏柳翠、八大光棍、拉花姐、钱棍、高跷、庄稼人（喜神）等，外场的传统节目有高抬、胖婆娘、傻公子、妄辩、卖羊肉等。乐队由锣和弦乐组成，吹奏的主要曲牌有《柳叶儿青》《八谱儿》《大红袍》《满天星》《纱帽翅》等。锣鼓的鼓点有《三起三落》《倒凰三点头》《小秦王乱点兵》等。演唱内容十分广泛，常用的有《十盏灯》《十道黑》《孟姜女》《十样锦》《闹五更》《采花》等。随着时代的发展，社火中出现了扇子舞、藏舞、撒拉族舞、维吾尔族舞及其他歌舞节目，内容有歌颂党的改革开放、富民政策、计划生育、保护生态环境以及民族团结等。平安社火中"敬德洗马"和"新安神狮舞"，具有悠久的历史，其表演形式独特，极具地域和民族特色。

互助县社火 互助县的威远、高寨、丹麻、五峰、五十等乡镇都有社火。受民族文化因素影响，互助社火也具有很强的民族特点，互助社火中有轮子秋、安昭舞等民族传统文化活动。互助社火中较为著名的有威风锣鼓，哈拉直沟白崖村的毛草社火，威远镇凉州营村表演的舞龙，五十镇巴洪村的旱船表演，台子乡新城村的罗汉拜年，西山乡马莲滩村太平鼓，东和乡宋家庄村的种皇田，五十镇的百狮贺春，松多乡华热藏舞，塘川镇大庄村的霸王鞭，五峰镇、威远镇的高抬和山城村的"四片瓦"等。

乐都区社火 乐都历史悠久，文化灿烂，在全省享有"文化县"的美誉。乐都的碾伯镇、高庙镇、瞿昙镇、洪水镇、下营藏族乡、达拉土族乡、马营乡等19个乡镇都有社火，遍布城乡的乐都社火，就是乐都文化艺苑中一朵硕大艳丽的奇葩。具有浓郁地方特色的社火有乐都区的高庙社火、乐都区碾伯镇北门村的"竹马"舞蹈、乐都区洪水镇马家营和王家村的火龙舞等。

乐都高庙社火 乐都高庙社火已有200多年的历史，内容丰富，形式多样，地方特色鲜明，其中高跷、亭子和小唱并称为当地社火"三绝"，亭子又是其中最具特色的表演项目。高庙亭子（高抬）是春节社火的主要组成部分，流传在乐都区高庙镇的东、西两村，以及乐都区老鸦、城中等村中，一般在正月初八至正月十六演出。高庙亭子分为花草和硬功夫两种。花草是用彩纸剪成牡丹、莲花、梅花等插在亭子上的，然后将小演员们固定在花草的枝头或花蕊上。硬功夫指不用花枝装束，而是直接将道具安装在车上，将铁杆隐藏在道具里面，再将演员固定在道具上。

乐都高庙亭子　高庙亭子造型多变、构图精美、艺术风格独特，集民间剪纸、戏剧表演、技巧杂耍于一体，充分体现了当地民间高超的手工技艺和艺术风格。乐都高庙亭子的代表作品有《龙凤配》《十字坡》《宝莲灯》《花亭相会》《天女散花》《牛郎织女》《佘太君挂帅》《辕门斩子》等。

乐都社火舞火龙　火龙舞流行于洪水镇马家营、下王家等村。正月，制作火龙的人家开始用干柳条、麦草秸秆等扎制成"火龙"，扎制的火龙形象逼真、栩栩如生。每条"火龙"都要扎成12节，象征着一年的十二个月，全村共扎制24条"火龙"，代表24个节气。家家户户制作的火龙按顺序编号，正月十四这天夜晚开始"舞火龙"，以欢度元宵，喜迎新岁，祈愿来年风调雨顺、百业兴旺、五谷丰登。"舞火龙"最讲究"中头彩"，谁家的"火龙"最先到达中心会场，谁家就"中头彩"。当夜幕降临圆月初升时，随着"送火龙"的号令声，一百二十个年轻人分成两队，拿着火把走出会场，烧香点灯，化表奠酒，祭拜山神。这时只见片片火烟映红夜空，照亮山野，两队火把奔跑着犹如"两条火龙"从山头蜿蜒而下，恰似两条巨龙从天而降，令人目眩惊喜，恍若梦幻。当两条长长火龙进村后，锣鼓震天，鞭炮齐鸣，人们欢呼鼓掌。两条"火龙"分别通过两个小彩门，迅即融合成一条大"火龙"，从大彩门进入篝火场地，绕场几圈，又分成24条小"火龙"，24条火龙被点燃，这时，千道万道的火花交织在一起，争奇斗艳，把偌大一个龙身变成一片欢乐的火的海洋。"龙"人一起欢腾，一起跳跃，把现场的气氛推向高潮！

洪水镇火龙舞　洪水镇的表演已经由单一的火把点燃活动发展到集社火表演、彩灯展览、焰火燃放、篝火晚会为一体的综合性文化娱乐活动，规模不断扩大，观赏人数不断增加，影响逐渐扩大，成为乐都区春节文化活动中的一道独特景观。2009年11月，乐都洪水镇火龙舞被列入省级非物质文化遗产名录。

6. 贵德社火

贵德社火主要分布在三河地区和尕让、东沟汉族群众聚居的地方，其中河阴镇的城关、西家嘴、大史家村，河东乡的太平、下罗家、王屯，河西镇的上刘屯、下刘屯、贡拜、格尔加，东沟乡的周屯，尕让乡的亦扎石村、千户村都有社火队。尕让乡亦扎石村古城历史久远，其社火更具地方特色。

7. 同仁县社火

保安社火 保安地区的汉人是明代戍边移民的后裔，周边均为少数民族。故这一地区社火表演具有明、清军营文化特色。民国后，营制改革，军籍后裔传承旧习，并学习借鉴临夏、临洮、永靖等地社火的表演形式和内容，并逐步改造、完善充实，逐渐成为独具当地特色，并具有军营汉文化色彩的社火表演形式。

同仁社火 主要表演内容有舞狮、舞龙、排灯、鲻子翻身鼓、高跷、武角、跑驴、跑竹马、武术、流星、棍术、霸王鞭、旱船、卖膏药、八大光棍、狮子贺户、卸将等。丑角人物有喜郎、喜婆、货郎、猪八戒等。

五 传承保护

社火特点 河湟社火在其延续过程中，糅合了青海其他民族的一些民俗文化和艺术形式，形成了丰富多彩且独具高原特色的社火艺术，有舞龙、舞狮、高台、高跷、旱船、秧歌等数十种表演形式，以及近百种脍炙人口的社火小调。这些表演形式和演唱小调在青海各民族中广为流传，深受人们的喜爱。整个社火融音乐、舞蹈、曲艺、戏曲、杂艺等于一体。词曲内容包罗万象、浩瀚丰富，涉及社会生活的各个层面，其内容记载了当地的文化、民俗、历史、宗教、地理、节气、生态、民族等各个领域，以其不可替代的艺术形式，庆祝春节这个中华民族最古老最隆重的传统节日。每年的正月，在"不点花灯月不圆，不耍社火难过年""锣鼓不响，庄稼不长"等传统思想的影响下，河湟各地的社火表演非常热闹，将正月里的节日气氛渲染得异常热闹红火，使春节变成了一个热闹非凡的"狂欢节"。

传承保护 近年来，随着人们现代生活节奏的加快，社火这个延续了上千年的民间艺术形式面临着前所未有的挑战。现代文化、外来文化对传统文化的强烈冲击，致使社火词曲中的一些古代故事、典故逐渐被人们遗忘，社火的传统韵味不断流失，河湟社火正面临着前所未有的考验。可喜的是，近几年河湟社火逐步得到了文化部门的扶持，青海省一批社火项目被纳入非物质文化遗产名录，农民的演出积极性得到了很大的提高，每年正月一直到农历二月二，是河湟社火的集中展演期，也是河湟人民闹春的狂欢期。

六 相关民俗文化

河湟地区流传着"不点花灯月不圆，不耍社火难过年"之说，由此可见，点花灯与"耍社火"作为河湟地区重要的民俗活动，是密不可分的。从古至今，每年正月十五河湟地区除"耍社火"外，还有灯会观花灯、赏酥油花、吃元宵等习俗。元宵节晚上，河湟各城镇主要街道要挂灯笼、观灯会、闹元宵。城镇灯会上的花灯造型主要有神话传说人物或神话故事、日常生活、各种动物、梅兰竹菊各式花卉等。河湟地区著名的灯会有乐都七里店九曲黄河灯会、塔尔寺酥油花灯会①、湟源排灯会。

乐都区七里店九曲黄河灯会是河湟地区元宵灯俗之一，在每年的正月十四至正月十六日举办，正月十五最为盛大。九曲黄河灯会传承了中国民间岁时节日文化精髓，兼具地方特色文化，具有很高的艺术价值。七里店九曲黄河灯会，由乐都区碾伯镇的马家台、七里店、李家、水磨湾四个村的村民共同举办，因灯会举办地与区中心相距7里，故以"七里店"命名，也叫

_____

① 详见本章第四节。

"九宫八卦阵"。灯会每三年举办两次，俗称"三年两头"，点灯会期三天，从正月十四开始到正月十六结束。每晚 7 点点灯，约 11 点结束，整个黄河灯会犹如一片灯海，灯光忽明忽暗，神秘而壮观。2008 年，乐都七里店黄河灯会被列入国家级非物质文化遗产名录①。

湟源排灯起源于清代中期，流传于青海省湟源县城关镇，其产生可追溯至清代嘉庆、道光年间，至今已有 200 多年的历史。当初街市商家为在夜间招徕顾客，纷纷制作商号广告招牌，内燃蜡烛，十分醒目，此后又逐步发展成为有底座、图案、形式迥异，能横跨街道的排灯，每逢元宵佳节便进行展出。2006 年，湟源排灯被列入第一批国家级非物质文化遗产名录。

河湟农村汉族居住区元宵节晚上还有送火把、跳火堆的古老习俗。正月十五下午，用菜籽杆或树枝为骨干，外绑胡麻草，将麦秆等扎成火把。火把共绑成七节。还有的在火把里面卷上鞭炮。绑好后，供放在当堂院中。待夜幕降临时，人人都在家里插香燃灯、点火把。点火把先把主房内的灯点上火，再到院地里转上三圈后出门。出门后把事先在大门口放好的三堆草点着，再送到长期固定的石磊、俄博或高山顶上。送火把时，全村的人一个跟着一个，在山间小道、山岭上奔跑，远看像一条火龙在曲曲折折的山岭上蜿蜒盘旋，犹如火龙游荡，特别壮观。老人们出门观看火把，通过火把燃烧的旺盛程度和颜色来判断来年的庄稼收成的好坏。如火把特别红旺，则预示来年小麦、胡麻丰收。假如在正月十五晚上点火把时，偶然下雪的话，则有"正月十五雪打灯，今年庄稼落太平"。正月十五晚上下雪就预示这年的庄稼会平安丰收，不会受到雷打雨浇等自然灾害的破坏。跳火堆，也叫"跳冒火"，据说跳火堆可以祛瘟消灾，百病消散。看完花灯，送完火把，跳完火堆，再回家吃元宵，喻示着一年团团圆圆、平平安安。

---

① 鄂崇荣、隋艺：《移民视野下的河湟灯会仪式与文化内涵——乐都七里店九曲黄河灯会的文化人类学田野调查》，《青海社会科学》2013 年第 4 期。

第五节　酥油花

一　起源传说

酥油花是青海西宁市湟中区塔尔寺的"艺术三绝"之一。用酥油作原料，捏塑成佛祖、天神、人物、动物以及各种花卉草木、宫室建筑等形象，并有机地组合成佛经故事以及重大历史传说故事的艺术品。在每年正月十五夜间向僧俗观众展出，称为"酥油花会"①。展出时，由民族管乐器为主组成的花架乐队演奏出节奏缓稳、庄严肃穆的花架音乐乐曲，来烘托宗教气氛，并随着灯光的闪动，在含蓄典雅的音乐中，展示出酥油花雕塑的千姿百态。塔尔寺酥油花集雕塑艺术之大成，具有很高的艺术水平和独特的艺术风格，规模宏大壮观，内容丰富多彩。

起源传说　关于酥油花的产生，有两种传说。第一种传说认为，公元 641 年，唐朝同吐蕃联姻，文成公主被迎到拉萨时，带去了一尊释迦牟尼 12 岁等身像。后来将佛像供奉于大昭寺，吐蕃人民为了表示敬意，在佛像前敬献了供物，按照佛教的规矩，佛像前的供物有六种，即花、涂香、水、果品、熏香和佛灯，以表示"六度"（布施、持戒、忍辱、精进、禅定、智慧）。因时值冬日，六供之一的鲜花无处寻觅，聪明的吐蕃人民就用纯洁的酥油塑花供奉，从此，用酥油做花献佛成为习俗，各藏传佛教寺院相继采用，视为礼佛珍品。另一传说是，明永乐七年（1409），宗喀巴大师首次在拉萨大昭寺发起祈愿大法会。有天晚上大师做梦梦见荆棘变为明灯，杂草化为鲜花，并有无数奇珍异宝，五光十色，灿烂夺目。醒来后，他为了再现美妙的梦境，立即组织艺僧用酥油塑造梦中奇景，供奉于佛前，并成为习俗，年年正月十五日供奉。酥油

---

① 　赵宗福:《塔尔寺酥油花散论》,《民族艺术》2000 年第 2 期。

花艺术和正月十五酥油花会很快就传到宗喀巴大师的诞生地塔尔寺，并代代相传①。

二 制作流程

制作机构 塔尔寺设两个专门制作酥油花的机构，一个叫"杰宗曾扎"，一个叫"贡茫曾扎"，俗称"上花院"和"下花院"。每院有艺僧二十人左右，这些艺僧一般在十五六岁入院，终身从艺。上、下两个花院分别有总监（也称"掌尺"），主持商议并决定当年酥油花的题材、构图、制作分工等事项。酥油花艺术继承藏传佛教艺术"精""繁""巧"的特点，其设计、制作自古是师徒口手相传，一般都在封闭的环境里精心制作。在制作酥油花的过程中，上下两个花院相互竞争，并对酥油花选题、进程等方面相互保密。

准备工作 在制作酥油花前，上下两院就酥油花的制作要事先进行大量的准备工作。其中主要有规制、选题、备料、准备工具、布局等。规制就是指在制作酥油花时选取模板。一幅完整的酥油花作品，由几个板块组成。其中下花院有9块板，称为"老板"；上花院有7块板。模板组装的位置和次序都不变。其中塑造主佛、大金堂和金瓦寺等三块板的内容几乎没有变化，主佛（称为"章尖"）大多是三大菩萨，即观音菩萨、文殊菩萨和金刚手菩萨，其中观音和文殊做得相对较多。在藏传佛教中，这三尊像的造型、神态、相貌基本一致，唯有观音菩萨手中塑有鲜花，右手花上塑"8"字形念珠；文殊菩萨右手塑一柄宝剑；金刚手菩萨的右手握"多杰"（法器名），以此作为各塑像的区别。汉式左为大，藏式右为大，故而这些标志物都塑在右手上。紧贴主佛的两侧，是两块窄板，称为"娃娃板"，一般塑一列三个孩童，有的手执酒壶，有的端酒杯，有的手拿宝器。"娃娃板"的两边各有两

---

① 此部分内容主要参考了《中国节日志·春节志》（光明日报出版社，2014）中霍福研究员的《塔尔寺酥油花调查报告》部分，在此谨致谢意。

块长方形的大板，这四块板上塑造的才是当年酥油花中的故事内容，这个部分每年都有变化，基本不会重复。

制作选题 塔尔寺每年的酥油花选题都由花院的"掌尺"和其他经法较好的艺僧查阅经文，共同商议确定后报寺管会批准。寺管会只负责拨付经费，并不参与选题运作。酥油花的内容多取材于佛教故事，主要有佛本生故事、历史故事和民间传说，如《释迦牟尼本生故事》《莲花生本生故事》《弥勒本生故事》《格萨尔》《智美更登王子》《空行母卓娃桑姆》《香巴拉》《玛嘎达贤》《唐僧西天取经》《文成公主进藏》等故事。也有反映现实题材的作品，如1957年的灯节上，花架正中为天安门城楼，毛主席和达赖、班禅三座塑像凭栏远望。在"大跃进"期间，有《木兰从军》和反映农业生产方面的酥油花，如《修水库》《碾场》《种庄稼》等。1963年，灯节展出《文成公主进藏》和《唐僧取经》等传统展品的同时，还展出了酥油花盆景，内容有《学文化》《开山修路》等新内容。1991年1月12日，在北京民族文化宫西大厅展出了酥油花《文成公主进藏》。其中也有一些反映现实生活的作品，如《学文化》《开山修路》《开国大典》《喜鹊踏梅》等酥油花盆景。

设计构思 题材确定之后，"掌尺"和大家商量、构思、设计，如在《文成公主进藏》中，大致的布局有长安城、逻些城、禄东赞求婚、松赞干布成亲等若干场面，将这些画面单元先在四块板上画出布局图。"掌尺"是艺术总监，他根据各个艺僧的特点，将订房子以及塑人物、桥、山、花等任务分给大家，其中主佛像要由"掌尺"来完成，这是一条惯例。其他师傅都有一个僧人帮忙。酥油花制作过程中没有现成的图案可供参考，一切要靠个人对主题的领悟，充分发挥各自的艺术创造性，表现出他们的技艺水平。因为不用考虑主佛、大经堂和金瓦寺三部分的内容，艺僧们主要考虑的是如何将当年的选题表现在四个板块上。这就要求将故事内容进行分解，分为几个单元进行制作，一个单元一个场景，表现一个小故事。最后将这些单元组合起来，形成连贯的故事情节，组成一个完整的作品。

油塑用料 用料主要是酥油和颜料。酥油是从牛奶中提取的精华，主要成分为脂肪，呈白色或略带黄色，酥油细腻，延展性好，可塑性强，但容易融化乃至变质变色。如上所述，酥油花要求用白酥油。酥油花属彩塑，所以在塑制的过程中，要将酥油加工成不同的颜色。原来的颜料是将各种矿物颜料研磨成粉，按比例糅合在白酥油中，制成各种形状不同的彩色坯料，像儿童玩的橡皮泥一样。据说，矿物颜料中的红色取自玛瑙，绿色取自翡翠，白色取自珍珠，黄色取自黄金，黑色取自地下深处的木炭，蓝色取自孔雀石。这些矿物用杵臼加工成了精细无比的颜料，还用到心红、朱神砂等，这些颜色被称为"土色"，可以与细腻的酥油充分混合。1958 年以后出现了干粉包装的广告色，现在市场有了便宜经济的粉装颜料，使用起来更加方便。金饰部分贴的是真金铂。艺僧们不再为加工颜料而付出额外的劳动。此外，还要用到铁丝、茜芨草叶（也称为芨芨草）、麻等辅助材料，其中铁丝就有粗细不同的三种规格。

使用工具 酥油花主要为手工制作，用得最多的工具是木刀。木刀为艺僧们自己创造的，用冬青等木料加工。木刀一头为锥状，另一头如同小脚，脚底为刃部，可以用来割断酥油。据说，在一些花瓣、叶片的加工过程中，还用到一些模具，这些模具是保密的，外人不易看到。由于酥油花的融点很低，15℃就会变形，25℃左右就会融化，为了防止体温对酥油花的影响，艺僧们在捏制之前都要把手浸泡在刺骨的雪水中，为防手温回暖，必须不时浸冰水、抓冰块，让手指保持冰凉。

扎骨架 艺僧们称为"扎草人"。酥油柔软，遇热易消融，因而必须附着在较硬的骨架上才能成型。在一般的佛事活动中，用炒面作为载体便可，因为所贴酥油量少花小。而在大型的酥油花作品中，要用铁丝、茜芨草叶、麻等扎成骨架，先将茜芨草叶用开水浸泡，使之变软有柔性，再根据主题和所表现的内容，加工成大大小小不同形态的"骨架"。那几天里，所有的艺僧都坐在院子里扎草人，骨架形状各异，有亭台楼阁、单人单骑、飞鸟猛兽等，有时又合二为一，如人骑在马上等。这些骨架外人尚不知要塑成什么形状，只有艺僧们心里有数。这些加工技巧非经多年的反复练习揣摩是不得要领的。如主佛观音菩萨的"8"字形念珠骨架，是先将铁丝弯成基本形状后，再将麻边蘸胶缠绕而成。

扎骨架口诀　艺僧们掌握着一定的口诀，如"行七坐五跪四盘三半"，即以头为标准长度，站立的人为七头高，坐立的人为五头高，跪立人为四头高，盘腿坐的是三头半高，两肩之间为三头宽。头的大小有十二个数，即十二指，如脸有两手宽，脚长为一脸宽，菩萨的腰为一头宽，眼睛、鼻子、嘴宽等都要符合《佛像度量经》的要求。马等动物的比例基本是参照人来制作的。

做初坯　做初坯用的是上一年酥油花上的酥油，这是传统。将上一年作品中五颜六色的酥油取下来，砸碎后铺开，用铁丝耙梳理去除杂质和大的混合物，再将冷的麦草灰掺入其中，用粗木棒槌使劲砸酥油和草灰，并碾压揉捏，使二者充分混合，变成黑酥油，再加工成硬而具有弹性的黑色塑造油泥，用手捏成烧饼模样的圆胚料，存放在木箱中备用。做初坯就是要做出"大样"，即基本的模样和框架结构。艺僧们把黑酥油用泥塑的方法裹贴在骨架上，完成基本的造型。基本形体做好后，须经掌尺喇嘛对形体姿态、尺寸大小、整体结构比例等进行修改、审定后才算定型。基本要求是造型要生动，比例要准确，符合总体设计的要求，这道工序一般由技艺过硬的骨干艺僧去做。至于用陈年酥油花酥油做初坯的原因，艺僧们有多种说法：一是形成的传统，长时间放置的酥油会如同蛋糕一样容易变硬，便于加工；二是为了节省，做一幅酥油花需500斤左右的酥油，用上年的酥油自然是为了节省。

上色　即在初坯上敷塑彩色酥油。彩色酥油是艺僧们自己加工的，方法是将颜料和入白酥油中，反复揉成红、黄、蓝等几种重颜色酥油备用，其他颜色由敷塑者根据需要自己配制，如蓝色加黄色可以变成绿色。每一种颜色又可加工成深浅不同的四种颜色，如绿色就有墨绿色、深绿色、中绿色、浅绿色等。金瓦寺、佛像的金饰部分等要贴真金铂，以求色泽亮丽。颜色中没有黑色，眉毛等黑色是用黑酥油做成的。为了使酥油光滑细腻，便于操作，艺僧们先掐取重色酥油并浸入冰水中反复捻洗、糅合、去杂质、增韧性，揉搓成膏状备用，再涂塑在形体上。敷面、描眉、点唇、塑花、点蕊等都是精细活，要仔细地敷塑在初胚上。一些特别之处还要进行饰金描银、点缀晕染。其中，彩色的花朵叶片、玉饰宝玩是用模具塑成的。每一部分在未完成时都是用细铁丝临时固定在木地板上的。

一般情况下，谁做初坯，上色部分也由谁完成。说明上色是从初坯到成品之间的关键环节，是表现艺僧们高超技艺的地方，他们将已经打好的腹稿通过手指呈现出来，边创作，边修改，直到自己满意为止。人物的造型上，艺僧们采用了"洋为中用，古为今用"的方法，即佛教经文是印度的，但酥油花人物是中国人，有些外国人物只能根据想象做一些变化。

艺僧洗手　先将塑的初坯用铁钉等固定在小方桌面上，立起桌面，抵地的两条桌腿上压着重物，以保持桌子稳定。工作时，艺僧们先用烫水和豌豆面粉洗手，再将手浸入冰冷的水中降温。之后大家都背靠着窗户墙，坐在墙根，借助自然光线，对桌面上的初坯上色。酥油易于融化，制作需在低温下进行。隆冬的青海气温本来就很低，酥油花作坊中的温度要求更低，不能生炉子。为防止强光刺眼，并造成花坊中温度过高，下午时还要将门窗用布遮蔽起来。工作过程中，每人身旁放置一个水盆和一个豌豆面盘，豌豆面粉作为洗油剂，抓一些豆面粉，在水中清洗油手，既能除油，又不会伤皮肤。在需要洗净手上黏糊的彩色酥油，换取其他颜色的酥油，或者工作结束时，都用豆面粉来洗手。

塑件组合　单件作品塑制完成后，按照总体设计要求，组合成一个个场景。场景的组装首先要确定主要人物的位置，然后围绕主要人物搭配其他人物或动物。场景的布置与唐卡布局非常相似。这些场景在主要的四块木板上进行组装，用一根根铁钉将造型钉在木板上，这些铁钉长短不一，最长的有二尺五左右，最短的也有五寸以上。铁钉的长短决定了人物位置的远近。这项工作由一两个手艺较好的艺僧来完成，其他艺僧可以参谋。各种造型都安装到位，分单元固定在大木板上，布局完整的立体画面就呈现出来了，情态逼真，栩栩如生。这些造型高高低低，件件悬空，疏密相间，错落有致，保持一定的倾斜度。主佛板是独立的，不用组装，另有两条约 50 公分宽的"娃娃板"，在上面可以做佛像，也可以做娃娃像。这些木板已经形成了固定的组装位置，有榫头，可以组合。因为多年使用，浸透了酥油，厚重而油黑，加上几百斤的酥油和铁钉，整个展板重千斤。

酥油花开光　正月十五一大早，酥油花院的僧人们都起早忙碌。在一片诵经声中，"掌尺"嵌上佛像眼仁，给佛像开光，几名喇嘛向佛像洒圣水和青稞，象征佛像有了灵气。太阳落山前后，僧人们打开花坊门窗，将酥油花搬到院子里，用冷水喷淋，洗去尘埃，使酥油花更加鲜亮，同时有降温的作用。此后便是绑花架僧人们的事了，捏塑酥油花的艺僧们并不参与搭架工作。

酥油花展出　展出时，首先要布置会场，准备和固定展台，即所说的"绑花架"。布置会场前，以前会由负责值勤的"铁棒喇嘛"来"净场"，晓谕信众和游客暂时离开展览场地，现在由武警战士维持会场秩序。绑架装台的僧人们也有花院身份，平时分散在各经院的僧人们在接到通知后，必须参加自己花院的绑花架，这是惯例。酥油花的布展由正副两位掌尺指挥。掌尺三年一换，正掌尺退职后，副掌尺继任为正掌尺，再选新手继任为副掌尺，依次轮换，这种体制保证了绑花架的技艺传承。据说下花院的绑花架僧人有120 多人。因为两架作品同时展出，会场布置也成了一种竞赛，僧人们或用车拉，或用手抬，小心而飞快地将酥油展板从花院运到各自的展区，并麻利地捆绑上架，中间不能出现差错。

布置锦棚　锦棚也称为"灯棚"。正月十四开始绑花架的僧人们就将各自花院的酥油花杆捡抬出来，主要有 5 根大杆，杆上固定位置钉有铁环。整理麻绳，一个酥油花杆要 9 根麻绳，4 根杆共有 36 根绳。正月十五下午，绑花架僧人集合，在绑架掌尺的指挥下开始搭建锦棚，锦棚搭建在辩经院外面的露天空地上。先挖 4 个柱坑，栽立 4 根花杆，其中上花院的锦棚在辩经院的南面，下花院的锦棚在辩经院的东面，两棚相距约 100 米。锦棚呈正方形，边长约 10 米，高约 15 米，东、南、西三面用唐卡围成，每面墙上有堆绣唐卡 21 幅，这些唐卡归各花院所有。根据当年的酥油花内容，唐卡的内容也不相同，主要有"卓玛""班禅重日"（音译）等 4 种。锦棚上方为顶棚，层层叠叠，象征九重天。两个花院的锦棚基本一致。上花院在锦棚西面安置酥油花，下花院在自己锦棚的北面摆放酥油花。

固定花架 酥油花架的绑法也基本相同。先在固定地点栽一根高大的酥油花主杆，将梯形花杆绑到主杆 T 上形成一个高 12 米、宽 9 米的等腰三角形。最上面的三角形图案，叫做"仄尖"（音译），其下绑圆形的"经轮"，"经轮"大小不一，有 28 个之多，下面依次是金瓦殿、大经堂和主佛像，主佛两侧依次是"娃娃板"和四块酥油花板。这些板设计有插槽，装好主佛板后，左右两边依次顺着凹槽水平推进即可，最后在主佛两侧装好蟠龙锦柱，形成佛龛。装好的酥油花主佛向前呈 20 度左右的斜度，视觉上形成俯视效果，观者抬头即可观看全景。这种布置同时也是为了防止酥油花自上而下融化，融液弄坏下面的造型。绑好展板，组合完成后，在花架前布置约 4 米长的五层台阶式供桌，每层陈设若干堆糖果等供品，点若干酥油灯。再抬来铁栅栏护在前面，使游人不能直接触及酥油花。展架后面的九间殿外临街处搭建台子，供艺僧吹奏花架音乐。

花架音乐伴奏 在酥油花的展示过程中，还有花架乐队在酥油花架的后面演奏音乐。花架乐队也被称为"道儿"，他们演奏的音乐被称为"花架音乐"。花架乐队与寺院仪仗乐队不同，仪仗乐队的僧人们平时分属各个学院，而花架乐队则终身隶属于上下花院，他们有专用的演奏乐谱、演奏方式和传承方式。2011 年，塔尔寺上下花架乐队共有 25 人，主要乐器有笛子、管子、笙等吹奏乐器和鼓、钹镲、云锣等打击乐器，笙是近年来才加入的。竹笛是主奏乐器，笛子数可增可减。其中，云锣从原来的七云锣改成了现在的十云锣。乐器的建制与民乐队基本相同。据说以前演奏的乐谱有四五十首，近年来常演奏的乐曲有《八仙》《八谱》《闪杆金桥》《尤斯格日》《顺风点》《白木营》《绿麒麟》《斯周》《金钱落地》《德沁格日》10 首，另有《太平》《金钱丝》《八男进宝》3 首工尺谱。在贵宾光临塔尔寺时，僧众列队迎送过程中演奏的也是这些乐曲，不过要加入唢呐、筚篥、螺号等乐器。

花架音乐调式 大多为五声和六声 B 徵调式，旋法没有小二度音程，四度以上的大跳也不多见，旋律以上下平稳级进为主，曲调平缓，显得庄严沉静，富有宗教色彩。花架音乐中打击乐和吹奏乐交替进行，演奏以齐奏为主，节奏平稳，速度缓慢，一般不加装饰音。乐句和长音常用下滑音来结束。艺僧们认为，由于花架音乐是神圣音乐，演奏时不许乱加花音。平日里，两个花院基本不开门，艺僧们也不能聚焦演奏，花架音乐只在酥油花捏塑工作开始、酥油花人物花卉上架和酥油佛像的开光等几个阶段演奏。藏传佛教认为，笛声来自天籁，是音乐供养的最佳音响。花架音乐是口传心授，一个师傅一次只带两个徒弟。

花架乐曲来历 一种说法是由一位名叫"哈日欠巴"的东北蒙古人传来的。另一说法认为早期的乐曲有些来自汉传佛教寺院，其中《万年欢》《月儿高》等乐曲据说来自五台山。塔尔寺与五台山关系密切，佛教认为，五台山是文殊的道场，而宗喀巴在藏传佛教中被认为是文殊的化身。因此，有一些塔尔寺的高僧常到五台山去讲佛和修持。由于这些缘故，现今花架乐队的建制和演奏的乐曲，保留了汉族地区的乐器和音乐特点。

三 传承保护

对外展示 酥油花的对外宣传工作自 20 世纪 50 年代就已开始了，1959年，艺僧罗桑尖措与西安电影制片厂合作，拍摄了酥油花艺术纪录片，在全国各地放映。1960 年，艺僧罗藏丹主在西宁参加了《收租院》的复制工作，全组塑了近百个大小人物，显示了新的风格。改革开放以来，酥油花的外宣进一步加强，特别是 1991 年 1 月 10 日至 2 月 21 日，由文化部民族文化司、国家民委文化宣传司、青海省文化厅、青海省民族宗教事务委员会、青海省湟中县人民政府、塔尔寺寺管会、北京民族文化宫联合主办，青海省文化厅、塔尔寺寺管会、北京民族文化宫承办，在北京民族文化宫举办了塔尔寺酥油花展览，展出内容为《文成公主进藏》。艺僧们用了一个多月时间，共塑造了 200 多个各具神韵的人物形象。历时 42 天的展览产生了广泛的社会影响。参与此次酥油花制作的艺僧共有 23 人，其中有藏族艺僧 16 人、土族艺僧 5 人、蒙古族艺僧 1 人、汉族艺僧 1 人。1993 年，塔尔寺酥油花在北京、深圳、河南等地进行了巡回展出，引起了轰动。

建馆保存 1990 年，塔尔寺建起了酥油花陈列馆，这是一座歇山顶式建筑，共三间，高 15 米。酥油花馆内展厅的空间不大，屋内正中是一架封闭的玻璃展架，里面装有空调。酥油花作品就陈放在玻璃展架内，对着正门的是下花院的作品，背面是上花院的作品，每年灯会一结束，艺僧们把酥油花从灯棚花架上小心翼翼地卸下，抬到酥油花馆，一一安装到位。因为空间有限，作品只能每年一换。展架周围容不下很多人，观众只能绕展架一周来观赏。

非遗传承保护 2006 年，酥油花被列入第一批国家级非物质文化遗产保护名录，尕藏尖措也被批准为第三批国家级非遗项目代表性传承人。随着 2011 年 6 月 1 日《非物质文化遗产法》的正式实施，塔尔寺酥油花得到法律的保护。2010 年，国家为酥油花展馆拨专款 140 万元，另拨款 20 万元用于保护酥油花工艺。经文化部非遗司和青海省文化厅协调指导，新建符合塔尔寺建筑风格的展馆，并委托中国艺术研究院建筑艺术研究所编制设计了《青海塔尔寺酥油花改扩建项目建议书》，新的酥油花馆预算投资 2000 万元。

四 相关民俗文化

每年正月，塔尔寺都会举行酥油花灯会，藏语称为"觉阿却巴"，意为"（正月）十五日供奉"，俗称"灯节"。酥油花灯会为塔尔寺传统节日。相传酥油花灯会起源于明永乐年间。每年正月十五，上下花院制作精美的酥油花作品，并在素负盛名的塔尔寺展出。西藏、四川、甘肃和青海各地的成千上万民众不远千里而来，欣赏绚丽多彩的酥油花。1949 年之后，塔尔寺的酥油花灯会焕发出了新的生命力，其酥油花制作的技艺更为高超，题材及内容也更为丰富多彩，除了传统的取材于宗教故事的题材外，还增加了天仙配、白蛇传、嫦娥奔月、文成公主进藏等为广大民众喜闻乐见的多种题材，受到了国家领导人及海内外游客的好评。

第六节　昆仑神话

一　昆仑神话与昆仑山

昆仑神话是中国古典神话的主体，也是中华文明的源头之一。昆仑神话是中国古代神话的重要组成部分，生成于西北地区，与东部沿海的蓬莱神话齐名，成为影响深远的两个神话系统。昆仑神话作为中国远古文化的神圣话语，是中国古典神话中故事最丰富、影响最大的神话系统，也可以说是中国古代神话的精华部分。从现存的古典资料看，昆仑神话首先是以昆仑山及其相关的神话人物如黄帝、西王母为主题的神话，其次是与这些神话相关的各种稍零散的神话，如嫦娥等神仙、开明兽等神兽、不死树等神树，还有共工、伏羲、大禹、周穆王、东王公、汉武帝等传说故事。在昆仑神话中，可以说昆仑山是东方的"奥林匹斯山"，是众神的乐园，因此山上有不少的神仙。在这些神灵当中，对后世影响最大的要数妇孺皆知的王母娘娘，原型为西王母。

文献记载　中国古书称昆仑山为昆仑丘，又名昆仑墟。记载昆仑山的有《山海经》《穆天子传》等先秦典籍，另有秦汉以来的《淮南子》等。世人皆认为昆仑山在中国的西方。《竹书纪年》谓："周穆王西征昆仑丘。"《山海经》注："海内昆仑之墟，在西北，帝之下都，方八百里，高万仞。面有九井，以玉为槛；旁有九门，开明兽守之。"又谓："西海之南，流沙之滨，赤水之后，黑水之前，有大山，名曰昆仑之丘。有神，人面虎身，有文有尾，皆白，处之。其下有弱水渊环之，其外有炎火之山，投物辄然。有人戴胜，虎齿，有豹尾，穴处，名曰西王母。此山万物尽有。"《水经注》记："山在西北，去嵩高五万里，地之中也。高万一千里，河水出其东北陬，屈从其东南流，入渤海。"《前汉·昆仑山注》："山高二千五百余里，日月所相隐，蔽为光明。"《渤海十洲记》："昆仑山有三角：其一角正干北辰，名阆风巅；其一正西，名元圃台；其一正东，名昆仑宫，有五城十二楼。"

神话昆仑山 昆仑山也写作"崑崙山""崐崘山"，是所有名山大川中最为神秘的地方，在古人的超凡想象里，它是大地上一个巨大的隆起体块，象征着中华民族伟岸的体魄。而"仑"则有屈曲盘结的状貌，"崙"是大山下仍有连绵不断的山脉，好像列册一样有序排置。昆仑周围的四座大山也都是些迷茫混沌、不知详情的神山，它们实际上是昆仑山的支辅，与昆仑山共同组成了一个雄浑广大的神境世界。

地理昆仑山 位于青藏高原北部，是西藏自治区与新疆维吾尔自治区的界山，向东延伸到青海省的中部。西起帕米尔高原，向东延伸至四川盆地西北部，东西长达 2500 公里、南北宽 150 公里，平均海拔 5500~6000 米，是我国大陆中部地形的骨架。由于昆仑山以巨大的高度和长度横贯亚洲中部，因此又有"亚洲脊柱"之称。昆仑山脉西高东低，按地势分西、中、东三段。

"帝之下都" 神话中的昆仑山是天帝的"下都"，又号称昆陵（也写作"昆岐"）、昆仑虚、昆仑丘，位于西海的戌地和北海的亥地方位，离东海岸有十三万里远，离咸阳四十六万里。山的东南是积石圃，西北是北户之室，东北与大火之井相邻，西南可达承渊之谷。北户之室的周边长达三万里，像一条身子长九万里的巨蛇绕山三匝，伸长头就可以饮到沧海的海水。显然，北户之室及其巨蛇充当着昆仑山外围门户和守卫者的角色。

昆仑山之广 文献记载的昆仑山非常广阔，如《山海经》说方圆八百里，《博物志》则说有一万里。昆仑山周边由弱水和炎火山环绕，将昆仑山与外面的世俗世界隔绝。弱水紧绕昆仑山，水宽七百余里，表面上波澜不起，但水质极弱，别说是载舟，就是扔进一片鸿毛，也能沉到水底，可见俗人是没办法渡过去的。弱水外边就是大火熊熊的炎火山，每年四月开始生火，直到十二月才熄火，火灭后即非常寒冷，火起时熊熊不能接近，扔进一点东西顷刻间便灰飞烟灭，常人根本无法靠近。

昆仑山之高　昆仑山非常辽阔高大，各类文献关于它的面积和高度的说法五花八门。如《山海经》说方圆八百里，《博物志》则说有一万里；至于昆仑的高度，一说离平地有万仞（七八千丈）之高，一说高三万六千里，一说高一万一千里，一说高两千五百里，《淮南子》则更具体地说高达一万一千里一百一十四步二尺六寸。

昆仑山外围　神话中的昆仑山并不是一座孤山，而是由许多山水神灵拱绕，如弱水和炎火山就环绕在昆仑山周围，将其与外面的世俗世界隔开。据《河图玉版》记载，昆仑山以北有九万里，有龙伯国；山的东面有大秦，以东十万里是佻国，再十万里是中秦国。据《山海经》记载，昆仑山东北方向有槐江之山，此山物产丰富，有琅玕、黄金、彩玉、银子、雄黄等。此山还有一条小河，清澈干净的河水流向昆仑瑶池。昆仑山东北还有一座峚山，据说是黄帝的御用宝山。山上有丹木，其果实吃后不会感到饥饿。丹水发源于此山，水中多白玉。昆仑山东边还有钟山，有神兽守护，还有一座残缺不全的山，即不周山。昆仑山西边有玉山，是西王母的居所。西边还有积石山，即大禹治水的地方，是河源圣山。西边还有西王母山，物产丰富。在昆仑山西南（一说西北）有稷泽，据说是周民族安葬其始祖后稷的圣地，附近有大泽，周围山水环绕。

昆仑山建筑　昆仑山上还有昆仑宫、阆风巅、悬圃堂等宫殿，这些宫殿周边琼花仙树竞相开放，金台楼阁鳞次栉比。此外，还有天墉城，方圆千里，城上有金台五座、玉楼十二所。附近的北户山、承渊山上也有墉城，同样金台玉楼，处处是碧玉之堂，琼花之室，紫翠丹房，流光映霞，据说是西王母居住的圣地。

昆仑铜柱　和建木一样，昆仑铜柱也是众神上天下地的天梯。神话传说昆仑铜柱高不可测，直入云霄，周长三千里，是支撑天庭的柱子，也是交通天地的神道。《神异经·中荒经》中记载"昆仑之山，有铜柱焉，其高入天，所谓天柱也。"晋朝文人张华的《昆仑铜柱铭》说昆仑铜柱"其大如天，员（圆）周如削，肤体美焉！"

昆仑山神兽 昆仑山上有许多长相怪异、狰狞恐怖的猛兽，如开明兽、陆吾、土蝼、离朱等。开明兽是昆仑山的守护神，体大如虎，有九头，面目似人，面向东方而立，守卫着昆仑山。据说陆吾也是昆仑山的守护神，其形状如虎，面目似人，有九尾，四爪十分锋利，《庄子》中称陆吾为"肩吾"，根据形状和职责，有学者认为开明兽和陆吾实为一种。土蝼也是一种猛兽，形状似羊，貌似温驯，实则凶猛，专门吃人。离朱，也写作离珠，据说是琅玕树的守护神，经常睡在琅玕树旁边的服常树上，有三头，视力异常发达，是黄帝专门派来守护琅玕树的。昆仑山上还有一条体长九万里的巨蛇，绕山三匝，守护着昆仑山，传说此蛇伸头就可以饮到沧海的海水，是昆仑山外围门户和守卫者。昆仑山中还有一种身体比牛大的老鼠，体重达千斤，浑身长着像蚕丝一样细的毛，毛长有两尺。这种老鼠可以在火中活动，当它在火中时，满身通红，而离开火时，其体毛又变得雪白。而且这种老鼠最怕水，遇水则会死亡。据说用这种老鼠毛织成的布叫火浣布，用火浣布做成的衣服，穿在身上既保暖又耐脏，而一旦脏了，则要在火中洗，衣服不但不会被烧坏，相反会变得很干净，像新的一样。据说在周穆王时代，西戎还向周穆王进贡过这种火浣布。

昆仑山鸟禽 昆仑山上有一些凤凰鸾鸟、六头大鸟、凤鸟、钦原等鸟禽。凤凰鸾鸟脚下踩着蛇，鸟头上顶着蛇，鸟胸上也挂着红色的蛇；还有长着六个头的大鸟，这些凤凰鸾鸟和六头鸟都在开明兽西边，也是昆仑山的守护神。昆仑山上还有一种凤鸟，形态漂亮，有五彩羽毛，体态美丽华贵。鸟身上还能显现文字，能唱歌跳舞。昆仑山黄帝宫殿周围还有一种猛禽，叫钦原。钦原大如鸳鸯，形如马蜂，有毒，凡被钦原蛰到的人或动植物都会死亡。

窫窳 窫窳是烛龙之子，本是另外一个地方的天神。窫窳老实善良，但被蛇身人面的天神贰负在大臣危的教唆下杀害，黄帝得知此事后很生气，就派神将危抓获，用枷套住右脚，反绑住双手和头发，拴在西方的疏属山山头的大树下面，并将窫窳的尸体抬到昆仑山上，命令手下的巫师用不死药将窫窫窳救活。但窫窳被救活后，竟又跳入弱水中，变成了龙首人面，马尾虎爪，形体如牛的怪物，并到处吃人，后被后羿射杀。

昆仑山植物 昆仑山上长满了各种神树，有建木、若木、寿木、绛树、珠树、玉树、文玉树、璇树、碧树、瑶树、不死树、沙棠树、琅玕树、圩琪树、鸟秩树、木禾、圣木曼竞等等。这些植物都有神奇的用途，如建木，高达七八十丈，盘根错节，坚不可动，树叶大如华盖，结有黄色果实。建木还是昆仑山上众神上天下地的通道；不死树上的果实人吃了就可以长生不老；沙棠树的果实人吃了会凫水，在水中不会沉下去；珠树、玉树、文玉树、璇树、碧树、瑶树、琅玕树上结出的果实是各种各样的玉，供昆仑山上的各种凤凰、鸾鸟食用。昆仑山上还有一种叫"薲"的草，食用后可以消除疲劳。"视肉"也是昆仑山上一种看起来像肉一样的植物，形状似牛肝，长有两只小眼睛，不仅味道鲜美，而且取之不尽，摘下一块，马上就会长出一块。

昆仑玉 昆仑玉，又称青海玉，产自昆仑山脉东缘青海省部分，与和田玉同处于一个成矿带。昆仑玉质地细润、淡雅清爽、油性好、透明度高。昆仑玉有白玉、灰玉、青玉、白带绿、糖包白等。昆仑玉质纯而温润，其上品晶莹圆润、纯洁无瑕、无裂纹、无杂质。经科学检测，昆仑玉石中含有硒、锌、铜、钴、锰等多种微量元素。长期佩玉，对人的健康十分有益，其中微量元素逐步被人体吸收，保持体内各种元素的平衡，能够起到祛病健身的作用。《千字文》中记载说："玉出昆冈"，昆仑山盛产美玉，是中国玉文化最重要的发祥地之一。在昆仑神话中，昆仑玉是生长在树上的，如珠树、玉树、文玉树、璇树、碧树、瑶树、琅玕树、圩琪树等，都是生长玉的树，传说昆仑山的仙师们把昆仑玉种在苗圃中，尽心呵护一千年才泌出一滴玉膏，非常难种。在昆仑神话中，这些长在玉树上的玉，是凤凰等神兽的食物，屈原的"吾与重华游兮瑶之圃，登昆仑兮食玉英"诗中，也将玉作为一种食物。据现代科学考察，从大约45亿年前地球上出现以片麻岩、板岩和片麻状花岗岩组成太古代地层到使亚洲发生褶皱、变质、断裂的喜马拉雅运动形成的新生代地层，地球内部经历了多代地壳变化，产生了各种各样不同类型的石类。昆仑山与喜马拉雅山交会处也是两大地质板块交会点。不断的运动和撞击，在板块间巨大的挤压力量和地底岩浆的共同作用下，形成的矿物结构，就是昆仑玉石。青海昆仑玉开发的历史悠久，据中国社会科学院考古研究所专家学者鉴定，距今四千多年前我国黄河上游的齐家文化遗址、马家窑文化遗址、喇家遗址、都兰古墓遗址等中，都有成品及半成品青海昆仑玉。河南汲县古墓竹简记载：周穆王曾驾着八匹骏马，日行三万里，到昆仑山瑶池会见西王母。临别时西王母约他三年后再来，还送他 8 车宝玉。说明早在西周时期，昆仑玉已经作为贵重的礼物流入中原地区。

昆仑山特征　昆仑山以高大著称，日月行经昆仑，都会被山光遮拦，一派光明避隐的样子。因此，高是昆仑山的显著特征之一。据《昆仑志》记载，昆仑山共分为三层，也就是三个神境层次。下面是樊桐，中间是悬圃阆风，上面是增城，便是天庭，是天帝黄帝居住的地方。山上还有醴泉、瑶池等仙地，是人们十分向往的地方。每层神境都有不同的奇妙风物，凡人登之也能长生不死①。

二　昆仑神话故事

共工触不周山　史籍记载："共工与颛顼争为天子，不胜，怒而触不周之山，使天柱折，地维绝。"一说"诸侯有共工氏，任智刑以强，霸而不王，以水乘木，乃与祝融战，不胜而怒，乃头触不周山崩，天柱折，地维缺。"共工氏驾着龙凌空而起，猛地撞向昆仑山（不周山）。一声震天巨响，昆仑山拦腰折断，山体轰然崩塌。天地发生巨变，山川移动，河流改道，大地向东南塌陷。天空向西北倾倒，日月星辰都变异了位置。共工的神话抑或应验了亿万年前喜马拉雅的造山运动。

女娲补天　"女娲消炼五色石以补苍天，断鳌足以立四极。"女娲熔炼

---

① 赵宗福:《昆仑神话与昆仑文化》,《青海社会科学》2010 年第 4 期。

五彩神石来补缀天穹，斩断巨龟之足来做撑天支柱，杀死黑龙以解救中原人民，积聚芦灰以堵塞平地涌出的大水。苍天补好了，四极立定了，淫水平息了，冀州安定了，毒虫猛兽杀死了，人民才得以生存。

精卫填海　"炎帝之少女名曰精卫。精卫游于东海，溺而不返，故为精卫，常衔西山之木石，以堙于东海。"西山，即西方的山——昆仑山。精卫鸟从昆仑山上衔来木石，决心填平大海，用以比喻人类要意志坚决，不畏艰难，决心要从陆地文明向着海洋文明过渡。

鲧禹治水　尧在位时，暴发了大洪水，大地上到处洪水横流，人民房屋被冲毁，田地被淹，庄稼绝收，处处瘟疫肆虐，饿殍满野，于是尧召集各方诸侯商议治水之策，众诸侯推荐了鲧，于是尧派鲧去治水。鲧在治水时，一味采取堵的方法，并从黄帝那里盗取了能自动封堵洪水的"息壤"。虽然洪水被堵住，但鲧盗取"息壤"的事情也让黄帝发现，黄帝一怒之下，将鲧杀死在羽山。鲧的儿子禹长大后，立志继承父亲的治水大业，并吸取了鲧治水失败的经验教训，采取疏导的办法。传说禹在疏浚河道时让一条叫应的龙走在前面，用应龙的尾巴勾画河道，开山导河时，遇到难以开凿的坚硬之处，禹便化身为一头大熊，嘴拱爪刨，并让一只大乌龟背着"息壤"，在河道两岸撒上"息壤"，从而使两岸增高。禹治水不辞辛苦，"三过家门而不入"，据说他因为治水落下疾病，腰脚痛疼，行走时一瘸一拐，好像在跳一种奇怪的舞一样，人们便将禹走路的姿势称为"禹步"。禹历经千辛万苦，终于将洪水引向大海，治水取得成功。禹治水有功，得到神人认可。舜死后，人民推举禹做大首领。大禹治水的神话传说流传数千年，为后人传颂，直到今天，我国许多地方有以禹名字命名的地方，有的地方还有禹王庙，以纪念这位伟大的治水英雄。

嫦娥奔月　嫦娥为后羿之妻，因窃西王母不死之药，惧怕惩处而奔月。嫦娥遂托身于月，化为蟾蜍。嫦娥变成蟾蜍后，在月宫中终日被罚捣不死药，过着寂寞清苦的生活。

白蛇传　"白蛇传"神话也与昆仑山相关。"白娘子盗仙草"中传说金山寺僧法海嫉恨许仙与白素贞美满姻缘，警告许仙，白素贞为蛇妖所变。端阳节日，许仙听从法海之言，劝白素贞饮雄黄酒，白素贞现出原形，许仙受惊吓而死。白蛇潜入昆仑山，盗取灵芝仙草，遭鹤鹿二仙阻止，白素贞被打败，恰在此时，南极仙翁出于同情而赠以灵芝，救活了许仙。

三 神话人物

女娲与伏羲 传说宇宙初开的时候（一说大洪水过后），大地上只有女娲和伏羲兄妹两人，再没有其他人。为了人类继续在大地上繁衍生息，女娲和伏羲商量结为夫妻，但因两人为兄妹关系，行夫妻之事有违伦理，于是两人商议在昆仑山顶上两人分别在两处点燃烟火，若烟雾在空中汇合成一股，则结为夫妻，若两股烟各自散去，则不能结为夫妻。结果，两股烟在空中汇合到了一起，于是女娲和伏羲就结为了夫妻。关于女娲和伏羲依据天意结为夫妻的传说还有好几种，有绕行昆仑山，还有滚磨扇、绕树跑，等等。两人结为夫妻后，据说生下了一百二十个儿子，每个儿子一个姓氏，这就是天下各种姓氏的由来。

西王母 全名为白玉龟台九灵太真金母元君，简称王母，又称金母，俗称王母娘娘，是道教著名神仙之一。关于西王母的来历，自古众说纷纭。《山海经》记载"西海之中南，流沙之滨，赤水之后，黑水之前，有山，名曰昆仑之丘……有人戴胜，虎齿，有尾，穴处，名曰西王母"；"西王母其状如人，豹尾虎齿而擅啸，蓬发戴胜，是司天之厉及五残"。这里所描绘的西王母，是一个介于人兽、人神之间的图腾形象。而在《庄子》《淮南子》《易林》等典籍中，西王母已经被改造成为一位得道不死的仙家和掌"不死之药"的吉祥神。在《穆天子传》《汉武帝内传》《博物志》等小说作品以及李商隐等诗人的浪漫诗歌中，西王母则被塑造成一位尊贵美丽、温柔多情、能诗擅歌的女王。如《汉武帝内传》谓西王母"文采鲜明，光仪淑穆。带灵飞大绶，腰佩分景之剑。头上大华结，戴太真晨婴之冠。履元玄凤文之舄。视之年可卅许，修短得中，天姿掩蔼，容颜绝世，真灵人也"。在道教的神仙谱系中，西王母又被崇奉为道家尊神、女仙领袖。成书于唐代的道教典籍《墉城集仙录》中记载："西王母体柔顺之本，为极阴之元，位配西方，母养群品，天上天下，三界十方，女子之登仙得道者，咸所隶焉。"西王母最终成了一位天姿国色、神通广大的女仙，母仪三界，尊贵而神圣。到了宋朝，西王母的形象已然成型，但时人将许多神仙传说故事都附会到西王母身上。宋代以后，西王母的身份逐渐转变成王母娘娘，她的神格也有了新的变化，成为无所不能的人间尊神。

瑶池　昆仑河源头黑海被认定是西王母的瑶池，《穆天子传》载西王母宴请周穆王于瑶池，相传瑶池的园里有蟠桃树，食之可长生不老。昆仑山纳赤台的昆仑泉，传说创造神凡摩赴西王母寿宴的归途中，饮兴未艾，信手把盛西王母馈赠的瑶池琼浆的金樽扔下，金樽掷地，琼浆四溢，溢出的琼浆化为隆冬不冻的"圣水"，即昆仑泉。

黄帝　昆仑神话中黄帝是最大的天神，号称轩辕氏，居住在昆仑山上，在后土神的辅助下，统管并治理天地。昆仑神话中，黄帝有四张脸，可以眼观四路，耳听八方，是一个万能的英雄。他发明了马车，所以又被称为轩辕氏，还创造了锅碗釜灶，发明了凿井、取火、煮饭，缝制旗帜、华盖，创制冕旒，制造宝鼎，打造镜子，制作战鼓，发明音乐等。

四　神话遗迹

西王母石室　《汉书·地理志》记载："金城郡临羌西北至塞外，有西王母石室、仙海、盐池，北则湟水所出。"临羌即今青海湟中县多巴镇一带，西北行过日月山（塞），即为西王母石室、青海湖（仙海）、茶卡盐池，湟水发源于青海湖北边。根据考古发现，所谓西王母石室就在天峻县关角乡，当地有一处巨大的自然岩洞，门前有古建筑遗址，并发现为数较多的汉代瓦当等建筑用料，在汉魏晋南北朝时此处修建有规模颇大的西王母寺。十六国时，北凉主沮渠蒙逊在征战之余，"遂循海而西至盐池，祀西王母寺"。当时在当地各民族中还流传着一些关于西王母活动的传说。段国《沙州记》就提到，沙州（青海贵南县）东北青海湖一带有大山，"羌胡父老传云：是西王母樗蒲山"。以上资料证明，远古的西王母的确居牧在青海湖边草原，并留下了石室等遗迹。

昆仑神祠　汉代学者孔安国注《史记》中引王肃语说道："地理志：金城临羌县有昆仑祠。"汉晋时期在今青海湖北有昆仑神祠，是为昆仑神话的文化遗迹之一。其附近的大山被当地羌胡父老称为"西王母樗蒲山"，当做神山来崇拜。

导河积石　积石山有大、小之分。大积石山就是现在青海西南部的巴颜喀拉山，为昆仑山脉中支，在青海境内与黄河源头有关，是黄河的发源地。小积石山在青海东部，叫拉脊山，绵延170公里，东南部延伸至甘肃南部。拉脊山南边循化县境内的积石峡，相传就是大禹导河治水的起点。《尚书·禹贡》记载：大禹"导河自积石，至龙门，入于沧海"。《史记·夏本纪》记载：禹"道河积石，至于龙门，……入于海"。历史上中原王朝曾在小积石山一带设置过积石军、积石州、积石所、积石关等军事机构和行政建制，元代还建有积石州元帅府。现在的循化县政府所在地叫做积石镇，境内的积石峡两岸均是由第三纪红层形成的丹霞地貌，壁峭沟深，峡道狭窄，黄河从中湍急而流，形势险要。当地民间认为这就是当年大禹王劈山疏河的遗迹。相传积石山巍峨高峻，蜿蜒几十里，挡住黄河的滚滚水流，每到雨季，拥塞的黄河水泛滥成灾。禹王爷从东方沿黄河西上，来到积石山，察看了地形，便带领万民挖山削崖，在积石山开凿一道峡谷。时有一条恶龙横行过来，挡住峡谷的开凿。禹王一斧劈下，把恶龙斩成两段，继续凿山。直到现在，积石峡两岸的崖壁还是红红的，传说就是禹王爷当年斩恶龙留下的斑斑血迹。禹王率众凿成一条石峡，滔滔黄河顺峡东流而去，消除了这一带的水患。这条峡谷，就是现在的积石峡。20世纪50年代以前这里建有禹王庙，祭祀大禹。

五 相关活动

(一)学术活动

昆仑文化与西王母神话国际学术论坛 2010 年 8 月 21~27 日在青海会议中心举行。省委常委、宣传部长吉狄马加出席会议,省、市有关领导和来自国内外的近两百名学术专家参加了开幕式。在主题论坛上,北京大学教授陈连山、台湾师范大学教授钟宗宪、青海省社会科学院教授赵宗福等人分别做了题为《论古代昆仑神话的真实性》《生死相系的司命之神》《昆仑神话与昆仑文化》的报告,赢得了与会者的广泛赞同。

昆仑神话与世界创世神话国际学术论坛 2011 年 7 月 18 日至 7 月 22 日,由中共青海省委宣传部、中国民俗学会、青海省社会科学院、格尔木市人民政府、湟源县人民政府共同举办的"昆仑神话与世界创世神话国际学术论坛"在西宁召开。来自美国、越南、突尼斯、荷兰、泰国、印度、爱沙尼亚、蒙古、匈牙利、俄罗斯、澳大利亚、日本、德国、马来西亚及中国北京、山东、安徽、上海、甘肃、广西、台湾、青海等国家和地区的近 60 位知名学者参加了此次会议。中共青海省委常委、宣传部部长吉狄马加,青海省政协副主席鲍义志,中国民俗学会名誉会长刘魁立,中国社会科学院民族文学研究所所长、中国民俗学会会长朝戈金等领导和专家参加了开幕式。青海省委常委、宣传部长吉狄马加在开幕式上做了题为《神话永远闪烁着远古文明的诗性光辉》的演讲。青海省社会科学院党组书记、院长,中国民俗学会副会长赵宗福主持开幕式。在为期 4 天的学术交流中,国内外学者紧紧围绕 21 世纪学界对东西方创世神话的文化诠释和意义发掘,昆仑神话及其文化传统,神话学与昆仑文化、地域文化以及世界文化的研究以及世界创世神话研究等主题展开了学术讨论和学术考察。

昆仑神话的现实精神与探险之路国际学术论坛 2012 年 8 月 18 日,由青海省委宣传部、中国民俗学会、青海省社会科学院、青海省旅游局和青海省民俗学会主办的"昆仑神话的现实精神与探险之路国际学术论坛"在青海省西宁市开幕。在本次论坛上，来自国内外和海内外的近百名专家学者，就打造昆仑文化品牌，研究神话在 21 世纪的现实意义与探险精神，促进昆仑神话与世界文化生态、自然环境、旅游环境融会发展开展讨论和对话，以着力推进昆仑文化与多学科之间的交叉研究，在国际与多学科的广阔背景上展示青海的文化魅力和文化形象。

2013 中国昆仑文化国际学术论坛 2013 年 8 月 18~21 日，由中共青海省委宣传部、中国民俗学会、青海省社会科学院、格尔木市委市政府、青海省民俗学会联合主办的"2013 中国昆仑文化国际学术论坛"在青海省格尔木市举行。50 多位来自德国、英国、韩国、马来西亚、日本等国家和中国台湾以及中国社会科学院、北京大学、清华大学等知名高校和研究机构的专家学者齐聚昆仑山下，围绕昆仑神话在昆仑文化中的地位、昆仑文化与山岳信仰、昆仑文化与旅游生态等主题，进行了深入研讨和广泛交流。

2014 昆仑文化与丝绸之路经济带国际学术论坛 2014 年 8 月 10 日，由中共青海省委宣传部、中国民俗学会、青海省社会科学院、格尔木市委市政府共同举办的"2014 昆仑文化与丝绸之路经济带国际学术论坛"隆重开幕。本次论坛紧紧围绕"昆仑文化与文化事业建设""丝绸之路经济带建设""文化产业与经济社会发展"三大主题，从不同学科视角全面探讨并不断丰富和拓展昆仑文化内涵与外延，增强以昆仑文化为内核的文化软实力价值导向和资源整合功能；深化和扩展丝绸之路经济带建设科学内涵和行动思路，为青海更好融入丝绸之路经济带建设发挥积极推动作用；有力拓展和提高了丝绸之路经济带各区域文化交流广度及认同高度，以理性学术创建和极具启发的对策建议促进文化产业和经济社会融合发展。

（二）湟源县王母故里敬母大典

第一届西王母祭拜大典 2009 年 8 月 21 日，由青海昆仑文化研究会筹委会、青海省对外文化交流协会主办，湟源县人民政府、西宁市文广局、西宁市旅游局、西宁市文联承办的"青海·湟源首届中华昆仑文化周暨西王母祭拜大典"在青海省湟源县宗家沟隆重开幕。青海省副省长吉狄马加、青海省政协副主席鲍义志、中国书画界联合会理事会常务副主席李国华、北京昆仑文化研究及易学专家以及湟源县委县政府领导和文化界名人参加了祭拜大典。青海省社会科学院院长赵宗福主持了大典。在昆仑文化周期间，还举行了西王母文化论坛、湟源县文化旅游宣传推介、招商引资洽谈、昆仑之丘攀登、民俗文化展演等系列文化活动。

第二届西王母祭拜大典　2010 年 8 月 22 日，由青海省昆仑文化研究会、青海省对外文化交流协会、湟源县人民政府主办的青海湟源"第二届西王母祭拜大典"在青海省湟源县宗家沟西王母石室前举行。国内外学术界众多知名专家学者参加了祭拜大典。祭拜大典仪式由青海省社会科学院院长、青海昆仑文化研究会会长赵宗福主持，青海省作协副主席、著名作家井石恭读了西王母祭文。祭拜大典吸引了周边数千民众和省内外众多游客观礼参拜。

首届中华母亲节暨第三届王母故里敬母大典　2011 年 7 月 19 日在青海省湟源县宗家沟景区举行。此次大典由中国民俗学会、青海省社会科学院、青海省妇女联合会主办，青海昆仑文化研究会、青海省对外文化交流协会、湟源县人民政府承办。国内外、省内外的近 60 名嘉宾和数万群众参加了大典。西王母是昆仑文化中的核心人物，被尊称为华夏母亲。此次敬拜大典将西王母文化与中华母亲文化相结合，湟源推选出的 9 位优秀母亲被邀请参加了祭拜大典。通过缅怀中华民族共同的母亲，旨在敬母爱母，传播以中华远古文明为基础的王母文化，进一步推动昆仑文化研究。

第二届中华母亲节暨第四届王母故里敬母大典　2012 年 8 月 19 日，由中国民俗学会、西宁市人民政府、青海省社会科学院、青海省妇女联合会、中国女企业家协会主办，青海省民俗学会、青海昆仑文化研究会、青海省妇女手工制品协会、西宁市文广局、湟源县人民政府承办，青海省委宣传部、省文化和新闻出版厅、省对外宣传办公室、省旅游局、省文联、西宁市委宣传部、西宁市旅游局、西宁市文联支持，以"走进王母故里、缅怀中华母亲"为主题的第二届中华母亲节暨第四届王母故里敬母大典，在湟源县日月藏族乡大石头村宗家沟隆重举行。省政协副主席鲍义志及省市有关领导和专家学者出席。美、德、韩等国的近 80 名嘉宾和数万群众参加了开幕仪式。

第五届西王母祭拜大典 2013 年 8 月 22 日，由中国民俗学会、青海省社会科学院主办，西宁市人民政府、青海省民俗学会、青海昆仑文化研究会、湟源县人民政府承办，青海省委宣传部、青海省文化和新闻出版厅、青海省委对外宣传办公室、青海省旅游局、青海省文联、中国女摄影家协会协办，以"念祖思亲、传孝敬母"为主题的第五届西王母祭拜大典在湟源县宗家沟如期举行。省市有关部门负责人、专家学者、知名人士和环湖六县、西宁市四区两县领导以及湟源县四大班子成员参加了大典。此次西王母祭拜大典，在祭拜西王母的基础上，突出"念祖思亲、传孝敬母"的主题，使湟源独特的历史文化更具魅力、更富内涵，对于继承和弘扬敬母传统，提升民族文化认同感，推进中华民族优秀历史文化的繁荣和发展，打造"文化旅游名县"具有重要的推动作用。

第六届西王母祭拜大典 2014 年 9 月，由中国民俗学会、青海省体育局、青海省妇女联合会主办，青海省民俗学会、青海昆仑文化研究会、中共湟源县委、湟源县人大常委会、湟源县人民政府、湟源县政协承办的第六届西王母祭拜大典在王母故里宗家沟隆重举行。祭拜大典仪式由中国民俗学会副会长、青海省民俗学会会长、青海省社会科学院院长赵宗福主持，省政协副主席鲍义志以及省、市有关领导，中央电视台等各媒体记者，省内外文化名人、专家学者、书法家、摄影家和四区两县有关部门负责人及湟源县四大班子成员、各单位负责人、企业家代表、社会各界人士参加了大典。活动当天还举行了"青海·湟源西王母文化论坛""传承挖掘地域特色文化推动文化融合发展讲座"，举办了"湟源映像·秋游丹噶尔城"摄影、书画采风等活动。

（三）格尔木祭拜昆仑山大典活动

2013 中国青海昆仑山敬拜大典 2013 年 8 月 18 日，在昆仑山脚下，青海省各级领导、海峡两岸和香港澳门主流媒体记者、国内外专家学者等 300 余人齐聚于此，问道昆仑，朝觐昆仑神山，"2013 中国青海昆仑山敬拜大典暨山宗水源—昆仑文化活动周"开幕。格尔木市政府市长罗保卫致欢迎辞，青海省委常委、宣传部部长吉狄马加宣布活动开幕。中国民俗学会副会长、青海省社会科学院院长、青海昆仑文化研究会会长赵宗福主持敬拜大典。格尔木市政协主席芦苇兴作为大典主祭人恭诵祭文，并敬献花篮拜祭，随后宗教界代表、文化界代表、工商企业界代表等依次敬拜。本次祭山活动旨在探索昆仑文化的实现形式，积极推动文化与旅游融合发展，构建以昆仑文化为主体的多元文化新格局。祭拜大典之后，举行了中国昆仑文化国际学术论坛。

2014 年昆仑山敬拜大典 2014 年 8 月 11 日，由中国民俗学会、格尔木市人民政府、青海省民俗学会共同主办的"2014 中国（青海）世界山地纪录片暨昆仑文化国际论坛昆仑山敬拜大典"在海拔 4300 米的昆仑山玉珠峰脚下举行，来自国内外的专家学者以及格尔木市各族、各界代表 500 余人参加祭拜大典。敬拜大典包括敬献祭品、鸣鼓焚香、敬献花篮、恭读祭文、向昆仑山行鞠躬礼、敬献鼓乐歌舞等。中国民俗学会副会长、青海省社会科学院院长、青海省民俗学会会长、青海昆仑文化研究会会长赵宗福主持敬拜大典。格尔木市政协主席芦苇兴恭诵祭文，并敬献花篮拜祭，随后宗教界代表、文化界代表及工商企业界代表依次敬拜。玉珠峰、玉虚峰均为青海省昆仑山对外开放的山峰，是朝圣和修炼的圣地。通过庄严、庄重的敬拜仪式去寻根问祖，展示一个古老民族文化记忆的时代传承，唤起对文化根源的认同和对灵魂家园的追溯与思考，赞颂中华民族悠久灿烂的历史文化，进一步增进民族的凝聚力，坚定强烈的文化自信心和民族自豪感。

2015 中国青海昆仑山敬拜大典 2015 年 9 月 1 日，由中国民俗学会、青海省社会科学院、青海省民俗学会、格尔木市人民政府共同主办的"2015·中国青海昆仑山敬拜大典"在昆仑山玉珠峰下举行，敬拜大典由中国民俗学会副会长、青海省民俗学会会长、青海昆仑文化研究会会长赵宗福主持。中国民俗学会副会长、山东省民俗学会会长、山东大学博士生导师刘德龙，教育部课程教材研究所研究员、人民教育出版社编审顾之川以及格尔木市各族各界群众一同参加了敬拜活动。大典主祭人、格尔木市政协主席芦苇兴恭诵祭文，并敬献花篮拜祭，社会各界嘉宾和当地群众也依次进行了敬拜。敬拜活动在进一步挖掘昆仑文化资源，提升格尔木作为昆仑神话的发源地、道教文化的发祥地和昆仑文化诞生地的影响力，探索昆仑文化的实现形式，积极推动文化与旅游融合发展，构建以昆仑文化为主体的多元文化新格局等方面产生了积极的推进作用。

2016 中国青海格尔木昆仑山敬拜大典 2016 年 8 月 17 日，由中国民俗学会、青海省文联、格尔木市人民政府、青海省民俗学会、青海昆仑文化研究会等共同主办的"2016 中国青海格尔木昆仑山敬拜大典"在昆仑山玉珠峰脚下举办，来自学术界、宗教界及当地群众数千人参加了此次敬拜大典。中国民俗学会副会长、青海省民俗学会会长、青海昆仑文化研究会会长赵宗福主持敬拜大典。台湾成功大学特聘教授陈益源在敬拜大典上恭诵祭文。随后，宗教界代表、文化界代表、企业界代表等分别进行了敬拜活动。通过庄重的敬拜仪式寻根问祖，展示古老民族文化记忆的时代传承。

第七编

机构与人物

第一章　机构

20世纪以后，在党和政府的领导下，结合青海省文化发展的实际和大局，一批文化领域的职能机构应运而生，它们最大限度地整合资源，积极主动开展优秀民间文化的搜集、挖掘、整理、保护和传承工作，推动了青海民俗文化的繁荣发展。与此同时，一批民俗研究专家和爱好者，依托不同的研究平台，让充满高原人世代生存智慧的民俗文化重新焕发光彩，将青海历史悠久的民俗文化精彩地展示给世人。

第一节　职能机构

一　管理机构

青海省文化和新闻出版厅非物质文化遗产处　主要业务范围：拟订全省非物质文化遗产保护规划并组织实施，起草有关法规、规章；组织开展非物质文化遗产普查工作；组织国家级、省级非物质文化遗产代表项目及其传承人、保护传承场所的评审、申报等工作；指导全省非物质文化遗产保护名录体系建设；指导优秀民族民间文化的传承、普及、宣传等工作。

青海省文化和新闻出版厅艺术处　主要业务范围：拟订文化艺术事业

发展规划；指导艺术创作与生产，扶持具有代表性、示范性、实验性和地方特色的文化艺术品种，扶持体现社会主义核心价值体系的文艺作品和代表省级水准及民族特色的文艺院团，推动各门类艺术的发展；制定并组织实施省直艺术表演团体发展规划，指导其业务建设；指导、协调全省性艺术展演、展览以及重大文艺活动；拟订艺术人才建设规划，指导艺术教学工作。

青海省文化和新闻出版厅工艺美术保护管理办公室　主要业务范围：依据国务院《传统工艺美术保护条例》，指导传统工艺美术的保护、抢救、发展工作；负责工艺美术行业发展规划和行业技术标准拟定；协助组织工艺美术产品质量监督与检查；协助组织全省工艺美术系列专业技术人员职称评审和艺人荣誉的评审工作。

二　行业机构

青海省非物质文化遗产保护中心（青海省艺术研究所）　主要业务范围：承担全省民间舞蹈、民歌、戏曲资源的收集、整理、研究和传播工作；承担全省民族民间文化资源普查，并提出保护措施和方案，负责对涉危的民族民间文化进行抢救、挖掘和整理，承担民族民间文化传承人（传承单位）的保护与培养，负责建立全省民族民间文化全貌的档案资料数据库。

西宁市非物质文化遗产传承保护中心　西宁市非物质文化遗产保护中心成立于2013年8月，是西宁市文化广播电视局下属事业单位，现有职工8名。主要职能有：1.制定本地区非遗保护相应的法律法规，对非物质文化遗产保护工作进行政策咨询；2.组织开展普查工作；3.指导项目单位非遗保护计划的实施；4.进行非物质文化遗产保护的理论研究；5.举办学术、展览、展演等公益活动，交流、推介宣传保护工作的成果和经验；6.组织实施研究成果的发表和人才培训等工作；7.对濒危非物质文化遗产进行挖掘、整理、保护；8.及时完成省厅非遗处和市文化旅游广电局等上级单位安排部署的各项工作。

　　截止到 2016 年，西宁市共有国家级"非遗"保护项目 13 项，青海省级
"非遗"保护项目 29 项，西宁市级"非遗"保护项目 61 项。国家级"非遗"
项目代表性传承人 5 人，省级传承人 56 人。

　　青海省文化馆协会　成立于 2015 年 3 月，其前身是青海省群众文化学
会。协会成立以来，始终坚持党的"二为"方向、"双百"方针，从全省
文化工作的现状和实际出发，坚持"以人为本"，把"面向社会，服务于
人民群众"作为根本，挖掘、继承、弘扬青海民族民间艺术，组织、策
划、举办全省高质量大型群众文化活动，在各类艺术培训、创作、理论研
究方面做出了不懈努力。主要业务范围：收集整理民间文化遗产，组织开
展群众文化活动，宣传科学文化知识。

第二节　民俗博物馆

一　公共博物馆

　　中国青海柳湾彩陶博物馆　青海乐都柳湾彩陶博物馆位于乐都县东
17 公里高庙乡柳湾村北，于 2002 年 5 月 28 日顺利落成，2004 年 4 月 28
日正式对外开放，是我国最大的以展示彩陶文化为主的专题博物馆。博物
馆分上下两层，外形酷似在青海出土的大通舞蹈纹彩陶盆。博物馆总投资
450 万元，占地面积 5830 平方米，可供展览面积 1500 平方米，馆藏文物
37925 件，彩陶就占一半之多，馆藏的彩陶文物数量在全国首屈一指，这
些彩陶造型多样、制作精美。彩陶文物的收藏、研究、展览是彩陶博物馆
的主要职能，墓葬的复原陈列是彩陶博物馆的最大特色。馆内的彩陶文物
主要包含马家窑文化的半山类型、马厂类型和齐家文化、辛店文化四种古
文化类型，如裸体人像彩陶壶、彩陶靴、人头像彩陶壶、提梁罐、蛙纹彩

陶瓮、鸮面罐及骨制刀叉勺和大量的新石器时代的磨制石器，反映了新石器时代晚期至青铜时代高原地区空前繁荣的彩陶艺术。墓地所包含的文化类型之多、墓葬之密集、文物之丰富，震惊国内外考古界，为研究青海高原原始社会晚期经济、文化的发展，以及甘青地区远古文化提供了丰富的史料，具有极高的学术价值。柳湾墓地的全面发掘，使人们认识到早在远古时代，先民们就劳动、生息、繁衍在青海地区这块广袤的土地上，彩陶工艺源远流长。主要业务范围：负责对彩陶的收藏保护、研究和开发工作。

青海省博物馆（青海民族博物馆） 青海省博物馆是隶属于青海省文化和新闻出版厅的公益性事业单位。博物馆于 1979 年筹建，1986 年 9 月 26 日正式建馆。博物馆坐落于西宁市新宁广场东侧，占地 17000 平方米，建筑面积 20800 平方米，是青海省唯一的省级综合性博物馆，承担着全省历史文化资源的收藏、保护、研究、展示的重要功能。博物馆自筹备起，就致力于地方历史、民族、民俗、宗教等文物的搜集和研究，如今馆藏各类文物已达 47000 余件。新馆开放以来，推出了以时代先后为排序、以实物的形式集中反映青海不同历史时期的发展概貌、分别自成体系、各具特色的专题陈列，现有藏品 1 万多件。博物馆馆藏文物以彩陶、藏传佛教艺术品、民族民俗文物为特色。《江河源文明——青海历史文物陈列》《青海非物质文化遗产展》较全面地介绍了青海悠久的历史和博大精深的地方民族文化艺术。其中有旧石器时代的打制石器，新石器时代和青铜器时代的石器、骨器、陶器和铜器，汉、唐时的铜印、铜俑、铜镜、碑刻、写经、木俑、铜钟、波斯银币，元代的纸币、石造像，明、清时期的瓷器、书画等。民族文物中有文字铜印、服饰，包括明、清王朝给少数民族地方官员的封诰以及佛经、佛像、唐卡、法器等宗教艺术品。革命文物中有中国工农红军长征经过青海果洛时遗留的公文包、铜锅、军帽等。上述藏品以远古时代的彩陶、历代传世的民族文物和宗教艺术品最有特色。主要业务范围：承担文物的征集、收藏、陈列展出、研究和对外文物交流工作；负责征集、鉴定、收藏、保管和展览民族文物，开展馆藏民族文物及民族学、民族史、民族博物馆学等方面的研究，组织民族文化交流活动。

青海民俗博物馆　成立于 2004 年，是以民国时期马步芳私宅"馨庐"为基础修缮改造而成的。"馨庐"始建于 20 世纪 40 年代，是目前青海省保存最完整的具有典型地域特色的古建筑群，因其在建筑材料上选用了大量的玉石，民间又称为"玉石公馆"，具有较高的历史文物价值，1986 年被青海省政府确定为省级重点文物保护单位。"馨庐"整个院落占地近 3 万平方米，建筑面积 6000 余平方米，共有房屋 290 间，分别由前院、中院、南院、西一号院、西二号院、西三号院以及后花园 7 个独立而又联系的院落组成，院落设计精巧，建筑古朴典雅。博物馆有奇石馆、玉石厅、民居楼、民俗展馆、排灯、古油坊、古磨房等 15 个展室（厅），集中、详细展示了青海高原民族民俗风情。民俗展馆还设有藏族、土族、回族、撒拉族、蒙古族等展厅，游客可以直观地感受到不同民族的文化、家居生活等。

青海民族大学民族博物馆　前身为筹建于 1987 年的青海民族学院民族民俗文物陈列室，2009 年 10 月扩建为"青海民族大学民族博物馆"，并正式挂牌。青海民族大学民族博物馆是青海省目前唯一的高等院校民族博物馆，旨在挖掘、抢救和保护、研究、宣传青海高原世居民族的民俗历史文化遗产。自 1985 年正式展出以来，民族博物馆分藏族、回族、土族、撒拉族和蒙古族等 5 个民族展室，展出文物及民俗用品 6000 余件，取得了显著的社会效益和教学效益。

二　民间博物馆

藏医药文化博物馆　建成于 2006 年，建筑总面积达 1.2 万平方米，是一座反映藏文化的综合性博物馆。博物馆整体结构共分三层。一层和二层设有藏医史、曼唐器械、古籍文献、藏药标本、天文历算、彩绘大观六大展厅；

负一层建有班智达藏艺展销精品城。各大展厅根据不同的展示内容，通过环境再现、唐卡雕塑、文物展示、高科技模拟等方式和手法，展示了中国藏医药文化博大精深的丰富内涵。藏医药文化具有数千年的历史传承，文献丰富，内容广博，在世界医药文化领域独树一帜。由于特殊的地理环境和人为的因素，它的一些独特的药物炮制方法和经验、珍贵的文化典籍、绘画技法濒临灭绝和失传。藏医药文化博物馆具有挖掘、征集、保护、展示、研究、教学和普及等多种功能，对挽救、保护藏医药文化起到了重要作用。

青海藏文化博物馆 建成于 2006 年，建筑总面积达 1.2 万平方米，是一座全面收藏、保护、展示和研究藏文化的综合性博物馆。按照规划，藏文化博物馆二期项目建成后，博物馆将在原有 2 万余件（张）文物、现有 10 个展厅的基础上再增设青藏文明史展厅、精品文物展厅、民间艺术展厅、学术报告厅、文物库房、文物修复室、研究室等。同时，配套建设五星级文化主题酒店、青藏文化交流中心等辅助设施。建成后，将形成一个由藏文化博物院、青藏高原自然博物馆、昆仑玉文化博物馆 3 座博物馆组成的博物馆群。

青海湖藏族民俗博物馆 位于青海省海南藏族自治州共和县，是一家藏族民俗主题博物馆，其中藏族女性服饰是馆藏中的一大亮点，展陈有簪子、发卡、骨环、玉磐、发珠饰链及各类耳环，项琏、珠饰、托架（远古金属圣物）、嘎乌等各类护身饰件，展品丰富，种类齐全，比较全面地反映了青海安多藏族的民俗文化。

乐都民俗博物馆 建成于 2013 年，在碾伯镇崖湾村正式挂牌成立。该博物馆占地总面积 1330 平方米，建筑面积 600 平方米，由乐都区个人投资 100 余万元兴建。出于对"老旧物件"的热爱，乐都民俗博物馆创始人段富德对传统文化情有独衷，历时 20 多年的搜集，共收藏传统民俗器物 1000 余件，包括彩陶、玉雕、木雕、壁画、皮影、明清家具等，其中不少藏品弥足珍贵，真实反映了乐都悠久灿烂的历史文化和河湟地区丰富多彩的民俗文化。

青海天骢文化艺术博物馆 由青海天骢文化艺术有限责任公司、青海省彩陶文化学会及社会各界收藏爱好者共同组建,系青海省民间收藏爱好者展示珍藏、鉴品赏藏、学习交流的平台。内部展有远古彩陶,各民族生产用具、生活器具等,种类比较丰富。该博物馆致力于弘扬河湟的历史文化,传播青藏高原藏传文化,以青海省民间收藏艺术精品展示、专题展览、学习论坛等多种方式,践行"一带一路"文化交流,建立起对外宣传、联系的桥梁,旨在提升人文品质、宣传大美青海文化。

第三节 研究机构和基地

一 研究机构

青海省文物考古研究所 成立于 1974 年 5 月,前身为青海省文物考古队,1985 年正式更名为青海省文物考古研究所,是青海省唯一具有考古发掘团体领队资格的文物考古类科研单位,承担着全省的文物保护、考古调查、勘探、发掘和文物研究工作任务;拥有可移动文物技术保护设计乙级资质、可移动文物修复二级资质、文物保护工程勘察设计乙级资质。主要业务范围:承担全省文物的考古、发掘、研究和保护工作。

青海师范大学民俗学教研室 成立于 1996 年,原属青海师范大学中文系教研室,一直承担本校的本科生与研究生 18 门相关课程的教学工作。2015 年7 月,调整至新组建的法学与社会学学院;现为校级民俗学教学团队,也是开放型的教学与科研团队;由 10 位专职教师组成,都拥有硕士以上学历和副教授以上职称,其中博士 5 人,教授 4 人。在教授队伍中,有 3 人受聘于省内外其他高校,或为客座教授,或为特聘研究员,或是学术研究中心委员会的委员。2003 年青海师范大学民俗学教研室被批准为民俗学专业硕士研究生招生点，是青藏地区高校唯一的民俗学科硕士学位授权点；2004 年开始民俗学专业硕士研究生招生，目前有民俗文化学、区域民俗学、民间文学 3 个稳定的研究方向；2007 年民俗学学科被确立为省级重点学科。在科研方面，团队成员或独立承担有国家社会科学基金项目、国家 985 项目、全国高校古籍整理项目、教育部人文科学项目等 12 项，其中昆仑文化与中华文明研究是青海省迄今唯一的国家级重大项目；独立担纲或积极撰稿参与了青海省一批富有特色的研究成果如《昆仑神话》、《青海花儿大典》、青海省非物质文化遗产丛书（10 种）、西北民俗文化丛书（8 种）、青海民俗学精品论丛（10 种）等，且在近年来的青海省哲学社会科学评奖中获得一、二、三等奖和青海文学艺术奖一等奖 10 次以上。在社会公益活动方面，团队的多数成员在青海省的一级学会青海省民俗学会中是中坚力量，担任着会长、副会长、副秘书长及理事等职，还兼任省级和市级的非物质文化遗产保护中心的主任、副主任和委员等职务，在积极申报和评审省级和市级各类非物质文化遗产保护项目中，发挥了积极作用。

青海民族大学民俗学教研室　前身为青海省民族研究所民俗研究室，成立于 1988 年，下设有青海省非物质文化遗产研究基地（省级），现有在编专职人员 4 人，其中 2 人为教授，1 人为副教授，1 人为讲师，为民族学、社会学等专业的硕士研究生和本科生讲授民俗学课程。始终关注青海乃至西北各民族民俗文化研究，积极挖掘、研究民族民间文化，以服务于地方社会。20 世纪 90 年代初，以民俗研究室为基础力量筹备并成立青海省民族民俗文化用品陈列室，2008 年建立新馆更名为青海民族大学民族博物馆。老一辈学者李文实、许英国等在青海民间文学"三套集成"工程工作中，积累了大量的民俗文化资料，并形成良好的学术传统。主持出版了《西海风情》《中国民俗大系——青海卷》《青海民间文化新探》《热贡艺术》等著作，在《民俗研究》《西北民族研究》《青海民族研究》等学术期刊发表学术论文 40 余篇，主持、参与和完成国家社科基金项目 7 项。民俗学教研室教师兼任西宁市、青海省非物质文化遗产保护工作委员会委员，积极参与各级非物质文化遗产代表性项目的评审，省级、国家级文化生态保护实验区的申报与评审等工作，还协助省民委和省委统战部开展相关服务地方社会调研工作。

二　研究基地

2015 年，青海省文化和新闻出版厅在有关单位推荐、申报基础上，经过调查研究，将青海民族大学民族学与社会学学院、青海省社会科学院民族宗教研究所和青海师范大学计算机学院作为青海省首批非物质文化遗产研究基地。这些基地依托青海省高等院校、科研机构的人才优势，加大非物质文化遗产的研究力度，促进青海省非物质文化遗产的传承和传播。研究基地将发挥人才和学科优势，本着"传承保护、合作研究、共同发展"的原则，参与青海省非物质文化遗产保护工作，在决策咨询、课题研究、资料搜集等方面提供专业指导和服务。

第四节　社会团体

一　专业研究团体

青海省民俗学会　成立于 2012 年 5 月 11 日，由青海省民俗学者和民俗文化爱好者依法登记、自愿组成的具有专业性和学术性的法人社会团体。现有在册会员 100 人，其中拥有硕士、博士学位的近 80 人，是青海省各学会中学历层次最高和学术阵容最强大的学会。青海省民俗学会的成立标志着青海民俗文化研究由零散无依、各自为政转变为学术合力、走向集约化发展。青海省民俗学会以建设青海特色的地方民俗学为己任，立足青海的民俗文化实际，以青海民俗文化为研究对象，同时将青海民俗文化放置在全国乃至国际的民俗学学术视野中，以田野作业为基本功，深入基层调查研究，力求做出具有国内国际水准的民俗文化调查研究成果。学会成立以后，不断增强学术软实力，遵循学术规范，追求学术品质，以优异的业绩来赢得学术话语权，真正树立起青海民俗学者的形象，树立起青海人的形象。部分会员先后立项"昆仑文化与中华文明研究""青海多元民俗文化圈研究"等国家社科基金项目10余项。特别是以学会会长赵宗福教授为首席专家的"昆仑文化与中华文明研究"项目，是迄今为止青海省人文科学和自然科学界唯一一项国家重大课题。青海省民俗学会成立以来，先后组织举办"2014'昆仑文化与丝绸之路经济带国际学术论坛"等高端国际国内学术会议近10次，邀请海内外知名专家学者100余人次来学会做学术报告，学会先后有200余人（次）的专家学者与全国各省（市、自治区）及境外学术机构和组织开展了交流活动。学会会员先后出版各类著作近20部，发表学术论文100余篇，在国内民俗学界产生了较大影响，为宣传介绍青海民俗文化积累了较为丰富的民俗研究学理经验。同时，2014年学会创办了《中国民俗学集刊》，是青海省唯一由社会团体主办在国家级出版社出版的刊物。

青海省昆仑文化研究会　成立于2012年8月，是青海省唯一以昆仑文化为研究主题的学术研究机构，会员由青海省在昆仑文化及相关领域卓有建树的省内外专家学者组成。研究会成立以后，对昆仑文化与吐谷浑、昆仑玉路与丝绸之路、古羌族历史与昆仑文化、西王母与上古神话等课题进行了积极研究。昆仑文化是以昆仑山为载体的一种文化，反映的是中华民族追求理想、自强不息的民族精神，是宣传青海文化的重要平台。研究会在具体工作实践中，重点从昆仑文化的概念、起源、地位、建设方向等方面开展研究，为打造青海文化品牌、推动和带动相关产业发展做出了积极贡献。

青海藏族研究会　成立于1998年5月，现有会员680多名。其宗旨是以党和国家的路线、方针、政策为指导，坚持祖国统一，坚持各民族平等团结和共同繁荣进步，研究青海藏族历史、文化、经济等理论问题及实际问题，为促进青海藏族地区的经济建设和社会事业发展，开展有益的社会活动。研究会成立以来，在编撰出版藏族社区志和协调联系白内障眼科手术治疗、农牧民就业培训、藏文化内涵的旅游开发等方面取得了引人瞩目的成绩。

青海回族研究会 成立于 1994 年，办有内部刊物《青海回族》，出版了《赭墨集》《足音》等展现青海回族历史与人物风采的普及图书。由民族出版社和宗教文化出版社出版的《青海回族史》和《青海伊斯兰教》，系统全面地展示了青海回族在河湟流域的开发和经济社会发展中所发挥的重要作用，不仅对繁荣青海的民族宗教研究具有重要的意义，同时也填补了青海回族史和伊斯兰教研究方面的一项空白。

青海撒拉族研究会 成立于 1992 年，以本民族学术研究人员为主体，吸收省内外各族各界热心并致力于撒拉族研究的专家学者及有关人士。研究会的宗旨是，坚持实事求是、理论联系实际的原则，贯彻百家争鸣的方针，开展撒拉族文化研究，探讨撒拉族社会发展中出现的实际问题，增强民族自尊心和自信心，促进撒拉族地区的社会和谐，为实现各民族共同繁荣发展、实现中华民族伟大复兴的中国梦做出贡献。青海撒拉族研究会业务范围有：（1）组织会员学习宣传党和政府关于民族问题的理论和方针政策，开展有利于各民族团结进步、促进社会和谐稳定的各项活动；（2）围绕撒拉族政治、经济、文化、教育、语言等领域，开展学术研究和文化交流活动，增进民间交流，加强国内外合作交流；（3）围绕丝绸之路经济带和青海省"三区"建设等，开展撒拉族经济发展研究，为党和政府提供相关决策依据和工作建议；（4）发挥研究会优势，积极开展形式多样的科技咨询和信息服务活动，培养民族人才，推进撒拉族社会经济文化事业的发展；（5）协助有关部门承担一定范围的社会事务，团结群众，推动新青海建设。

青海土族研究会 成立于 1992 年，始终坚持为民族地区政治、经济、文化事业服务的宗旨，面向基层，关注民生，立足大局，放眼未来，积极宣传党和国家的方针政策，组织参与土乡的经济建设和社会发展，共同探讨土族文化的精深内涵，弘扬民族优秀传统文化，为促进民族文化发展繁荣，做了大量卓有成效的工作。同时，研究会还积极扩大对外文化交流与合作，组织会员开展多种形式的学术研讨活动，鼓励和表彰在学术研究方面取得丰硕成果的专家学者，在培养少数民族优秀人才、提升民族文化软实力、培育民族文化特色、丰富民族文化内涵、打造民族文化品牌、拓宽民族文化发展空间方面做出了重要贡献。青海土族研究会主办的安召纳顿节，已成为开发文化资源、展示文化魅力、弘扬优秀民族文化的知名品牌。青海土族研究会创办的《中国土族》杂志，坚持积极向上、突出特色、雅俗共赏、大气包容的办刊原则，多角度、全方位、立体化介绍民族历史文化、生活风情，展示民族特质和形象，提升民族文化的精神品位，促进民族团结，满足人民群众的精神文化生活需求。

青海蒙古族研究会 成立于 2000 年，主办有《青海蒙古》内部刊物，先后成立了海西研究中心和海北分会，并在各有关州市县下设 17 个联络组。研究会积极弘扬那达慕传统文化，2010~2014 年，与省委统战部和省民宗委联合举办了五届西宁地区那达慕大会，组织开展搏克、夏尕、布格等蒙古族民间传统游艺比赛，丰富了群众文化生活，取得良好的社会效益。自 2013 年以来，连续派人员参加海北州海晏县、祁连县和黄南州河南县等地区那达慕大会，指导那达慕各类民俗活动，举行蒙古族全羊席传统仪式，丰富了那达慕喜庆色彩。该会遵循"学术交流、促进发展、规范行为"的工作原则，不断创新，大力推进青海蒙古学研究的发展，积极开展历史、文化、教育、经济等方面的学术研讨活动，2016~2017 年，陆续审定出版德令哈市《柯鲁克旗志》、格尔木市《台吉乃尔旗志》、都兰县《巴隆旗志》《宗加旗志》《班禅香日德旗志》、乌兰县《柯柯旗志》《达布孙戈壁旗志》等蒙古文旗志及《海南蒙古历史演变》和蒙古文、藏文版《黄河南蒙古志》。

青海土楼观昆仑文化艺术研究院 省级文物保护单位——西宁市北山土楼观至今有 1700 多年的历史，素有"九窟十八洞"之称，被誉为中国第二大悬空寺，是古湟中八景之一。研究院成立于 2006 年，对青海省道教文化挖掘、收集、整理、研究，昆仑文化、西王母文化研究，开展省内外、国内外的书画摄影艺术交流、展览等活动，进一步带动青海省旅游事业的发展具有积极的意义。

二　专业协会团体

青海省民间文艺家协会　是青海各民族民间文艺工作者自愿结合而成的专业性群众团体，简称青海省民协。1955 年，青海省首届文艺工作者代表大会在高原古城西宁召开，会上做出了《关于发展少数民族文艺的决定》。为了贯彻这一《决定》精神，青海省文联在其机关刊物《青海湖》编辑部设立了一个专门从事民间文学搜集、整理的民间文学研究小组，是为青海省民间文艺家协会的前身。民间文学研究小组成立后的短短四年中，在青海民间文学的搜集、整理、研究等方面取得了令人瞩目的成绩。尤其值得一提的事，被誉为东方"伊利亚特"的藏族长篇英雄史诗《格萨尔王传》源源不断地刊发问世，引起了巨大的反响，为此，中共中央宣部发文责成青海省文联负责该史诗的搜集整理工作。青海省民协致力于发展青海各民族民间文艺事业，坚持民间文艺为人民服务，团结全省各民族民间文艺工作者，积极搜集、整理、推广、研究各民族民间文艺。其主要任务是：在巩固、提高现有民间文艺家队伍的基础上，发展会员；指导州、县民间文艺组织；规划、组织全省民族民间文艺的调查、搜集、翻译和编印工作；组织和开展省内民间文艺学术活动，举办学术年会，加强研究和信息交流；组织或推荐具有青海地方特色的民间艺术演出或作品，参加区域或全国性的展演活动等。

青海省舞蹈家协会　成立于 1949 年，是青海省各民族舞蹈艺术家自愿结合的专业性群众团体，简称青海舞协。此前，全省没有专业舞蹈队伍。1949 年青海解放后，在中国人民解放军部队文工团的影响和带动下，秧歌、腰鼓、藏舞、土族舞等舞蹈艺术被挖掘、推广，群众性的舞蹈活动在全省各地开始活跃起来。青海舞协的宗旨：促进和活跃舞蹈艺术创作，进行理论学术研究及作品评论，举行专业舞蹈比赛，发掘、培养舞蹈人才，开展群众性舞蹈活动，丰富大众文化生活，组织舞蹈文化交流，繁荣和发展具有中国特色、青海特点的舞蹈艺术事业。

青海省民族民间艺术品工艺美术协会　成立于 2008 年，由黄南热贡艺术馆等 35 家企事业单位联合组建。青海民族民间艺术品是青海独特人文地理、民俗风物、民族特质、丰富文化内蕴等在艺术品方面的一种体现，是青海文化资源的一个重要组成部分。协会的成立，标志着青海省民族民间艺术品工艺美术行业在资源整合、优势互补、加强行业管理职能、提高市场竞争力、促进文化产业等方面又迈出了可喜的一步。协会通过组织民族歌舞、热贡艺术、传统手工艺、工艺美术等艺术活动与韩国、美国、英国、新西兰、墨西哥、肯尼亚、贝宁和港澳台地区开展文化交流活动，有力地宣传了青海的民族民间文化，提升了青海的文化内涵和文化形象。同时，每年组织文化产业单位参加"西部文博会""深圳文博会""北京文博会"等一系列大型展会活动，连续举办青海国际唐卡艺术节与文化遗产博览会、青海民族民间工艺美术品展，推动了文化资源与资本、产品与市场的对接，取得了良好的社会效益和经济效益。

青海省妇女手工制品协会　成立于 2012 年，是一个以服务行业从业人员为主，以推进妇女就业创业为宗旨的全省性、行业性、非营利性的社会组织。协会积极推进男女两性平等，拓宽妇女就业渠道，推进技能培训、文化交流、项目开发等，维护行业发展整体利益和会员合法利益，为青海省妇女事业发展做出了积极贡献。

第二章　人物

　　青海高原各民族在长期的生产与生活中和谐共存、相互交流，创造并形成了独特的、丰富多彩的民俗文化。进入 21 世纪以来，随着经济社会的发展，民俗文化的保护、传承和研究工作日益受到政府的重视，涌现了一批民俗领域的研有所长、成果丰硕的专家学者，一大批民间艺人被授予优秀文化传承人荣誉称号，他们对民俗文化的挖掘、研究、保护和传承发挥着重要作用。

第一节　国家级非物质文化遗产代表性传承人

一　国家级非物质文化遗产代表性传承人名录

表 1　国家级非遗传承人汇总[①]

姓名	项目类别	项目名称	批次	性别	民族	出生年月
才让旺堆（已故）	民间文学	格萨（斯）尔	一	男	藏	1938.6

----

　　① 青海省国家级、省级非物质文化遗产传承人名录，截至 2017 年 12 月。

姓名	项目类别	项目名称	批次	性别	民族	出生年月
达哇扎巴	民间文学	格萨（斯）尔	一	男	藏	1978.4
何金梅	民间文学	拉仁布与吉门索	一	女	土	1967.2
李发秀	传统美术	土族盘绣	一	女	土	1959.11
更登达吉	传统美术	热贡艺术	一	男	藏	1964.8
启加（已故）	传统美术	热贡艺术	一	男	藏	1940.5
杨增贵	传统美术	灯彩（湟源排灯）	一	男	汉	1944.7
杨永良	传统美术	加牙藏族织毯技艺	一	男	汉	1962.1
马得林	传统音乐	花儿（老爷山花儿会）	二	男	回	1949.1
马明山	传统音乐	花儿（丹麻土族花儿会）	二	女	土	1963.9
赵存禄	传统音乐	花儿（七里寺花儿会）	二	男	东乡	1929.6
张英芝	传统音乐	花儿（七里寺花儿会）	二	女	土	1945.5
王存福	传统音乐	花儿（瞿昙寺花儿会）	二	男	汉	1952.7
切吉卓玛	传统音乐	藏族拉伊	二	女	藏	1942.8
昂加措	传统舞蹈	锅庄舞（玉树卓舞）	二	男	藏	1945.7
阿吾	传统舞蹈	土族於菟	二	男	土	1950.5
仁青加	传统戏剧	藏戏（黄南藏戏）	二	男	藏	1966.12
多杰太（已故）	传统戏剧	藏戏（黄南藏戏）	二	男	藏	1948.11
才仁索南	传统音乐	康巴拉伊	三	男	藏	1971.12
茶汉扣文（已故）	民间文学	汗青格勒	三	男	蒙古	1934.8
达哇战斗	传统音乐	藏族民歌（玉树民歌）	三	男	藏	1979.4
安宝龙	传统舞蹈	回族宴席曲	三	男	回	1952.7
布扎西	传统舞蹈	锅庄舞（囊谦卓根玛）	三	男	藏	1961.3
才哇	传统舞蹈	锅庄舞（称多白龙卓舞）	三	男	藏	1949.2
刘钧	曲艺	青海平弦	三	男	汉	1949.4
李得顺（已故）	曲艺	青海越弦	三	男	汉	1926.9
尕藏尖措	传统美术	塔尔寺酥油花	三	男	藏	1942.9
贡保才旦	传统技艺	石雕（泽库和日寺石刻）	三	男	藏	1934.4
查·巴智（已故）	传统美术	藏文书法（果洛德昂洒智）	三	男	藏	1925.2
西合道	传统美术	热贡艺术	三	男	藏	1946.12
娘本	传统美术	热贡艺术	三	男	土	1971.2
罗藏旦巴	传统美术	热贡艺术	三	男	藏	1965.11

续表

姓名	项目类别	项目名称	批次	性别	民族	出生年月
夏吾角	传统美术	热贡艺术	三	男	土	1966.4
龙多然杰	传统技艺	藏族金属锻造技艺（藏刀锻制技艺）	三	男	藏	1949.9
马进明	传统技艺	撒拉族篱笆楼营造技艺	三	男	撒拉	1949.11
李先加	传统医药	藏医药浴疗法	三	男	藏	1963.9
俄　日	传统医药	藏药阿如拉炮制技艺	三	男	藏	1963.6
尕玛措尼	传统医药	藏药阿如拉炮制技艺	三	男	藏	1956.7
桑　杰	传统医药	七十味珍珠丸赛太炮制技艺	三	男	蒙古	1943.7
尼　玛	传统医药	七十味珍珠丸赛太炮制技艺	三	男	藏	1933.12
索　克（已故）	民间文学	汗青格勒	四	男	蒙古	1946.1
道吉才让	传统舞蹈	藏族螭鼓舞	四	男	藏	1962.4
李先加	传统戏剧	藏戏（黄南藏戏）	四	男	藏	1940.1
靳生昌（已故）	传统戏剧	皮影戏（河湟皮影戏）	四	男	汉	1931.4
沈永宁	曲艺	贤孝（西宁贤孝）	四	男	汉	1948.3
刘延彪	曲艺	青海下弦	四	男	汉	1942.1
罗藏昂秀	传统美术	塔尔寺酥油花	四	男	藏	1962.1
桑格达杰	传统美术	藏文书法（果洛德昂洒智）	四	男	藏	1972.3
白玛群加	传统技艺	陶器烧制技艺（藏族黑陶烧制技艺）	四	男	藏	1978.1
果洛折求	传统技艺	碉楼营造技艺（藏族碉楼营造技艺）	四	男	藏	1941.3
何　满	传统技艺	银铜器制作及鎏金技艺	四	男	汉	1965.4
当曾本	民俗	热贡六月会	四	男	藏	1970.4
夏吾才让	民俗	热贡六月会	四	男	藏	1978.2
董思明	民俗	土族婚礼	四	男	土	1963.9
韩占祥	民俗	撒拉族婚礼	四	男	撒拉	1942.7
李富先	民俗	抬阁（湟中县千户营高台）	四	男	汉	1963.3
旦增多杰	民俗	藏族服饰	四	男	藏	1946.11

二 国家级非物质文化遗产代表性传承人简介

李得顺（已故） 男，汉族，1925 年出生，青海省西宁市人。青海越弦国家级传承人（第三批）。自幼喜欢民间曲艺，11 岁首次登台演唱越弦和平弦。16 岁开始正式演唱越弦《全家福》《草坡传信》，平弦《皇姑出家》《罗真归山》《大佛殿钱行》等曲目。1978~1985 年，应湟中县文化馆的邀请参加全县眉户讲习班；其间协助文化馆整理越弦以及平弦的传统唱词和曲谱，唱词和唱腔在《青海民间曲艺选——湟中专辑》和《越弦音乐》中收录出版。1992 年省文化厅在互助县举办的全省农牧民戏剧曲艺调研中，演唱的平弦《大佛殿钱行》《罗真归山》，越弦《草坡传信》《全家福》等被省电台收藏，并在"农村俱乐部"节目多次播放。

查·巴智（已故） 男，藏族，1925 年出生，青海省果洛州人。藏文书法国家级传承人（第三批）。果洛州达日县德昂洒智藏文书法唯一的持有者和传承人。"德昂洒智"因源自果洛州达日县德昂乡而得名，开始于吐蕃王朝时期，至今已有数百年历史。"德昂洒智"是对果洛地区流传和使用的一种独具特色的藏文书写与制作墨纸工艺的统称，主要器具有笔、墨、纸、砚、写字版、文具盒、毛刷、砚台、打线器等物品，堪称藏族"文房四宝"。以前作为德昂洒智藏文书法唯一的持有者和传承人，学习书法的藏族儿童常来他的住处学习。但学习者为数不多，加之年龄小，理解能力有限，尤其是理解高深的书法艺术，掌握基本要领，并达到自制纸笔、运笔自如、书写流畅、字体美观的要求，道路较漫长。查·巴智去世后，可以说德昂洒智藏文书法艺术的传承正处于青黄不接的状态。

茶汉扣文（已故） 男，蒙古族，青海省海西州人。蒙古族史诗《汗青格勒》国家级传承人（第三批）。著名说唱艺人乌子尔的徒弟，从 15 岁开始学习《汗青格勒》《格斯尔》等民间故事。2005 年 9 月，在第三届柴达木"孟赫嘎拉"牧民文化节上，演唱蒙古族英雄史诗《汗青格勒》并获得二等奖。

2007年9月，在第六届柴达木"孟赫嘎拉"牧民文化节上，演唱蒙古族英雄史诗《汗青格勒》并获得一等奖。2008年，被授予"青海省非物质文化遗产项目汗青格勒代表性传承人"称号。2009年，被授予"国家级非物质文化遗产项目汗青格勒代表性传承人"称号，同年被授予"青海蒙古族著名的民间艺人"称号。

启加（已故） 男，藏族，1940年生，青海省黄南州人。中国工艺美术大师、热贡艺术国家级传承人（第一批）。从小聪明伶俐，8岁时在本村寺院出家为僧，少年时随舅爷到塔尔寺、拉卜楞寺绘制大幅的壁画和唐卡。1979年被热贡艺术研究所吸收。1988年在"中国首届民间长城艺术节"展览中作品《阿底夏尊者》荣获二等奖。1994年8月被列入《中国现代美术家名人大辞典》。1998年12月《释迦牟尼传法》经国家美术家联合会，中韩美术家联合会审核推荐，入选韩国"1998世界美术大展"并在韩国的汉城展出，其作品被韩国碑林园收藏。2001年9月在江苏省美术馆举办个人唐卡艺术展，作品《持国天王》被美术馆收藏；同年由文化部文化市场发展中心艺术品质部批准并颁发ISC2001艺术品价值认定证书。2006年7月被授予青海省一级工艺美术大师荣誉称号。2006年12月被授予中国工艺美术大师荣誉称号。

才让旺堆（已故） 男，藏族，青海省海西州人。格萨（斯）尔国家级传承人（第一批）。1988年被吸收为中国民间文艺家协会会员、青海省文学艺术界联合会第三届委员。1990年7月由青海省文联吸收为《格萨尔》史诗研究所正式干部。2003年被聘任为青海省民间文艺家协会荣誉主席。2005年被评为享受国务院特殊津贴专家。生前他能说唱120部《格萨尔》史诗，其中《陀岭之战》《吉祥五祝福》《南铁宝藏宗》等分别于不同时间段由青海民族出版社等出版。曾被中国社科院、国家民委、文化部等部委授予"《格萨尔》说唱家""突出贡献的先进个人""《格萨尔》史诗代表性传承人"等荣誉称号。曾荣获省级有关部门授予的"在青海从事文学艺术事业40年作出贡献"荣誉证书、首届《格萨尔》史诗民间艺人演唱会中荣获一等奖、全省文化系统"晚霞奖"、青海省有突出贡献者文艺家、先进个人等称号。

多杰太（已故） 男，藏族，1948年出生，青海省黄南州人。藏戏国家级传承人（第二批）。青海省藏剧团、黄南藏族自治州民族歌舞团第七任团长，国家一级编剧，著名藏族剧作家，享受政府特殊津贴的专家。曾创作排练了舞蹈、歌曲、小品、话剧、藏剧等艺术作品近百（篇）部。其中，《诺桑王子》获青海省庆祝新中国成立35周年优秀作品奖；《苏吉尼玛》获全国少数民族题材戏剧剧本银奖、青海省庆祝新中国成立40周年优秀作品奖；《藏王的使者》获1991年青海省文艺调演编剧一等奖、导演二等奖、1992年全国少数民族题材戏剧剧本银奖、1993年中宣部"五个一工程"入选作品奖、首届曹禺戏剧文学作品提名奖、第六届文华新剧目奖；《金色的黎明》获青海省庆祝新中国成立50周年文艺调演导演一等奖；《纳桑贡玛的悲歌》获第十二届孔雀奖、少数民族题材戏剧剧本银奖、青海民族文化旅游节专业文艺调演编剧二等奖、导演一等奖。2004年，获第六届曹禺戏剧文学作品提名奖；2005年，《格桑花开的时候》获青海民族文化旅游节专业文艺调演综合一等奖、导演二等奖；2006年，在果洛藏族自治州排演了格萨尔剧《狮虎合璧》，上演并获成功；2008年，排演完格萨尔剧《赛马称王》。

索克（已故） 男，蒙古族，1946年出生，青海省海西州人。蒙古族史诗《汗青格勒》国家级传承人（第四批）。自小非常聪明，记忆力超强，过耳不忘。20世纪70年代末80年代初，接受了省内外民间文学爱好者和民间文学专家们的多次采访，说唱了很多蒙古族英雄史诗和民间传说故事。他说唱的《格斯尔》（9部）、《七岁的道尔吉海巴特尔》、《青海蒙古二十四旗的来历》、《白石羊》、《冰雹石》等史诗故事传说和他的传略被选入《青海蒙古族简史》《黑旋风》《青海蒙古族格斯尔传说》《青海蒙古族民间口头文学集锦》等书中。

赵存禄 男，东乡族，1929年出生，甘肃省东乡县人。花儿国家级传承人（第二批）。曾任青海省民和县文学艺术界联合会副主席、中国民间文艺家协会会员，出版有民歌集《民和歌谣选》，先后发表《青海回族人民的"花儿"介绍》《"花儿"的来龙去脉再探》《土族情歌"库咕茄"》等论文。赵存禄在收集和整理青海民间文学的同时，根据自己的人生经历，于1979年完成了长篇"花儿"叙事诗《东乡人之歌》。

尼玛　男，藏族，1933年出生，青海省西宁市人。七十味珍珠丸赛太泡制技艺国家级传承人（第三批），青海省藏医院名誉院长。长期工作实践中，尼玛以师带徒、传帮带的方式完好保留了藏药"佐太"编造的共同技艺。七十味珍珠丸赛太炮制技艺一直被视为是藏医药领域内技术水平最高、工艺最复杂、周期最长、难度最大的一项炮制工艺，其炮制的流程十分讲究，具有很强的实践性和经验性。

贡保才旦　藏族，1934年出生，青海省黄南州人。石雕国家级传承人（第三批）。自幼聪明好学，博采众长，善于泥塑、绘画，精于石刻艺术。20世纪80年代，同德县聘请藏区的画师为夏日仓寺画佛像，结果请来的画师没有一个人能够独立完成佛像的绘制，唯独他胸有成竹地画出了精美的佛像，这件事让他的名声远播。在《泽库县志》的彩色插图里，收录了贡保才旦的多件作品。《莲花生大师》雕刻连同《和睦四瑞》，在2002年青海民族文化旅游节"青海民族民间工艺美术展"的评选中获得金奖。

刘延彪　男，汉族，1942年出生，青海省西宁市人。青海下弦国家级传承人（第四批）。自7岁起先后自学贤孝、青海平弦、青海越弦。经多年努力学习，现在能演唱多种曲种，如西宁贤孝、青海道情、官弦、秦腔、青海平弦、西宁下弦、青海越弦、青海灯影戏。除演唱多种曲种外，同时自学乐理知识，掌握了多种乐器的演奏技能，如三弦、扬琴、四胡、二胡、板胡、凤凰琴。曾参加过全国、省、市、县举办的文艺演出并获得了好评，1988年11月参加第二届全国残疾人艺术周，演奏的板胡独奏曲《椒香飘出黄河源》荣获西北赛区创作一等奖、演奏优秀奖；1989年参加第二届全国残疾人艺术调研，自拉自唱的《尕老汉》获民政部、文化部三等奖；2004年参加西宁地区第一届青海地方曲艺大赛，演唱的《李彦贵卖水》荣获演唱一等奖。

切吉卓玛 女，藏族，1942 年出生，青海省海南州人。藏族拉伊国家级传承人（第二批）。从 9 岁起就学唱"拉伊"，是家族中传唱"拉伊"的第四代传承人。1979 年 7 月，经贵德县文化局的推荐，参加了青海省在乐都县瞿昙寺举办的首届东部农业区九县各民族"花儿"邀请赛，获得了藏族"拉伊"比赛项目的一等奖。1980 年 10 月，第十世班禅额尔德尼·却吉坚赞大师到青海视察工作时，其代表海南州的藏族"拉伊"歌手受到了接见。1981 年 6 月，经过自己口述，整理出版了首本藏文版原生态《藏族拉伊集》，给艺术家、作家们提供了第一手写作素材。1993 年，应西藏自治区文化部门的邀请，赴拉萨参加西北五省区藏族"拉伊"的邀请赛，荣获优秀奖。2009 年 6 月，在自己家中举办了第一期藏族"拉伊"培训班，培训学员 8 名；2010 年 1 月，举办了第二期藏族"拉伊"培训班，培训学员 15 人。2011 年 3 月，个人出资举办了为期 3 天的藏族"拉伊"民间艺人座谈交流会。

韩占祥 男，撒拉族，1942 年出生，青海省循化县人。撒拉族婚礼国家级传承人（第四批）。1961 年毕业于西北民族学院，是 20 世纪 60 年代撒拉族唯一的一名大学生，毕业后被分配到青海省循化县工作，一直致力于研究和挖掘撒拉族民族文化。曾两次把撒拉族的"花儿"唱进北京。2002 年，在青海省政府的支持下韩占祥发起的撒拉族民间文艺研究会成立，着手搜集、整理和记录流失在民间的撒拉族文化。目前已经完成了包括口头文学、风俗民情等 110 万字的撒拉族文化三套图书。

桑 杰 男，蒙古族，1943 年出生，青海省西宁市人。主任医师，享受国务院特殊津贴专家，七十味珍珠丸赛太泡制技艺国家级传承人（第三批）。他从 12 岁开始随父学医，至今从医 40 余年，1976 年毕业于北京中医药大学，对现代医学、中医学、蒙医学、藏医学都有较高的造诣。他应用多学科知识，在临床上积累了独具特色的治疗方法，对治疗内科、妇科、心脑血管疾病方面尤为擅长，先后完成《藏医混乱品种的鉴别》等多项国家级科研课题，参与编写《青海省中草药汇编》《青藏药用动物》《青海省藏药标准》

等，其中，《藏医艾灸疗法及临床应用》获省科技成果奖。

杨增贵　男，汉族，1944 年出生，青海省湟源县人。排灯艺术国家级传承人（第一批）。自小聪慧好学，十几岁时跟舅舅走南闯北，花边雕刻也日趋成熟。1953 年，拜在湟源县第二代排灯制作工匠艺人李增瑞门下。1959 年，其父去世，丢下了他们母子三人。为此，他一边上学，一边在空闲时做木工活，补贴家用。1963 年，20 岁的他已经成为当地著名的木工艺人。1992 年，湟源排灯重新被大家重视，他被湟源县文化馆邀请参与了制作排灯的工作。2005 年，他与湟源县文化馆其他排灯艺人一起研制的中堂式排灯被文化部民间艺术研究机构收藏。2006 年，他与湟源县文化馆其他排灯艺人一起研制开发的排灯被列入国家级非物质文化遗产保护名录。

张英芝　女，土族，1945 年出生，青海省民和县人。花儿国家级传承人（第二批）。其代表作品青海花儿《青溜溜青》在上海《中国民歌》杂志发表。1987 年在全省民歌调演中获二等奖。1990 年，在民和县三川地区文艺汇演中演唱花儿，获一等奖。除了创作和演唱花儿，她还通过收徒，努力传承花儿，培养了不少当地土族花儿歌手。比较有名的有喇进寿、喇正海、包淑兰（女）、石英花（女）。2008 年，她被国家评为三川花儿会传承人。

西合道　男，藏族，1946 年出生，青海省黄南州人。热贡艺术国家级传承人（第三批）。西合道执着追求，信念坚定，孜孜不倦，建树颇丰，在继承和发扬传统技法的基础上，汲取百家之长，使其作品绚丽大方，画面构图精细复杂，线条绘画严谨细腻，唐卡人物形象丰富多彩。先后参加 2005 年上海民间艺术博览会，2006 年首届国际影响重大的文化艺术交流活动，其艺术作品多次获得金奖、特殊贡献奖等荣誉，被国内外有关部门及许多信徒争相收藏。现为中国工艺美术大师、中国美术家协会会员、中国唐卡鉴定专家、中央美术学院唐卡专家名誉教授、热贡艺术协会常务理事、热贡艺术协会唐卡鉴定领导小组组长，是中国艺术研究院在全国首次聘任的 30 名民间艺术作品研究员之一。

沈永宁 男，汉族，1948 年出生，青海省西宁市人。贤孝国家级传承人（第四批）。善长板胡、二胡、三弦的演奏和伴奏，得到了曲艺爱好者的好评。1986 年参加全国新曲（书目）比赛获文化部三等奖；1989 年参加全国天鹅杯戏曲广播剧比赛获三等奖；1997 年参加全国水利部第二届戏曲艺术节获优秀奖；2010 年参加省电视台举办的"青海省丹噶尔杯·原生态青海地方曲艺大赛"荣获三等奖。40 多年来经常在省电台、电视台录音录像。

刘　钧 男，汉族，1949 年出生，青海省西宁市人。青海平弦国家级传承人（第三批）。15 岁始学习平弦和青海地方曲艺。能演唱《岑母教子》《玉堂春》《断桥》等平弦、越弦、道情、贤孝等传统段子 30 多个。1986 年参加"全国曲艺新曲（书）目比赛"，获文化部音乐设计三等奖和伴奏鼓励奖；1988 年参加"西宁市首届地方曲艺比赛"，获一等奖；1989 年参加"西宁地区曲艺、戏剧清唱比赛"获业余组二等奖；1991 年参加"西宁地区庆祝建党 70 周年群众文艺汇演"获创作一等奖；2002 年参加"中国第四届曲艺节"，演唱的"青海情"在北京首次登上长安大戏院；2004 年参加"西宁地区青海地方曲艺大赛"获一等奖；1997 年、2007 年两次参加青海电视台春节晚会，演唱青海地方曲艺。其演唱的《岑母教子》《十不亲》《张生跳墙》《天亮前夕》被省昆仑音响公司制成磁带和光碟发行。

马得林 男，回族，1949 年出生，青海省大通县人。花儿国家级传承人（第二批）。先后任中小学教师、教导主任、校长，退休后专门从事青海花儿的编创、研究，现为青海花儿研究会理事。2003 年编写的《新编大传花儿》由青海人民出版社出版。2008 年，他被文化部确定为国家级非物质文化遗产（老爷山花儿会）代表性传承人。2009 年 6 月，参加了文化部举办的第四个中国非物质文化遗产——少数民族传统音乐舞蹈专场展演；2013 年，他编写的《花儿千首漫青海》由青海人民出版社出版。从 1986 年开始至 2003 年，全面搜集整理大传花儿，共搜集、整理、创作了 1059 首。其间，个人创作了一部分大传花儿作品。

马进明 男，撒拉族，1949 年出生，青海省循化县人。撒拉族篱笆楼营造技艺国家级传承人（第三批）。1991 年起转行从事文物管理工作，先后学习、研究、传承篱笆楼营造技艺 40 年，在《中国文化报》《青海文化》发表《论撒拉族古民居篱笆楼的建筑》等论文。2007 年，独立申报成功"撒拉族篱笆楼营造技艺为国家级非物质文化遗产项目"。2009 年向县社会发展局提交《撒拉族篱笆楼扩展项目前期工程的可行性报告》，同年 10 月，在县政府、文广局文化馆支持下，组织 20 名思想好、有文化、有兴趣的青年开展篱笆楼营造技艺传习活动，举办学习班，编做篱笆扇墙、篱笆门，创制新式石花砖块，设计出一套具有时代民族地方特色的木、砖、瓦做雕饰图案集。2012 年，参加第五届青海省国际唐卡文化遗产博览会生产性保护展，进行篱笆编做，受到强卫书记和文化部非遗司副司长的高度评价。

阿吾 男，土族，1950 年出生，青海省黄南州人。年都乎土族於菟祭祀七世法师。1967 年初中毕业后务农。1980 年，作为法师家的第七代传人，开始主持每年的土族於菟活动。1998 年担任年都乎村第四生产队队长。平日主要以务农为主，闲暇时制作唐卡、堆绣。在年都乎村，家家屋顶都有经幡，只有阿吾家的经幡是有华盖的，因为他家是拉哇（法师）世家。阿吾家祖祖辈辈主持着於菟的仪式。

安宝龙 男，回族，1952 年出生，青海省海北州人。门源回族宴席曲演唱队负责人，回族宴席曲国家级传承人（第三批）。自幼喜爱各种音乐，并酷爱宴席曲。2003 年参加青海省民族文化旅游节演出曲目《白鹦哥》荣获全省二等奖；2005 年参加青海省民族文化旅游节演出曲目《妻儿回》获全省一等奖；2009 年参加青海省农牧区文艺调研演出新编剧目《小康路上的门源人》获铜奖。2010 年 3 月参加全国少数民族文艺汇演；2010 年 9 月参加上海世博会"青海周"演出；2011 年 6 月参加文化部举办的"薪火相传——中国非物质文化遗产传承人师徒同台展演"活动。2007 年配合门源县委、县政府、县志办整理出版了《婚典喜乐宴席曲》一书。

王存福 男，汉族，1952 年出生，青海省海东市人。花儿国家级传承人（第二批）。13 岁开始学习花儿，1981 年和花儿皇后苏平同台。1984 年和"花儿王"朱仲禄同台演唱，声名鹊起。1987 年，在青海省第一届"花儿杯"电视公开赛中荣获三等奖；1996 年，创编的花儿《我走时你心酸吗不酸》和《越看尕妹越罕稀》在青海省首届"江河源之夏"艺术节全省花儿歌手大奖赛中荣获优秀奖。2001 年；在第二届"中国大型花儿演唱会"上获最佳歌手称号；2002 年，荣获全省老年文艺调演声乐二等奖。

尕玛措尼 男，藏族，1956 年出生，青海省玉树州人。教授，藏医主任医师，硕士研究生导师。藏药阿如拉炮制技艺国家级传承人（第三批）。从事藏医药教学、临床、科研等工作 40 余年，先后承担《藏医方剂学》和《藏药药理学》等藏医、藏药学专业 10 多门主干课程的教学任务。担任《帝玛尔·丹增彭措医著选集》编审委员，参与完成《藏医放血疗法》和《藏医艾灸疗法及临床应用》，担任青海藏医学院藏医专科系列教材《藏医病机学》的主编，"藏医古文献精品丛书"的编辑整理委员。主编的《藏药学原理》《藏医药理学》《藏药鉴定学》等藏医、藏药专业系列教材（37 种）荣获国家级教学成果二等奖、青海省教学成果一等奖、青海大学教学成果一等奖；多次获得"优秀教师"奖、"小岛奖励金"及青海大学医学院教学成果一等奖等。

李发秀 女，土族，1959 年出生，青海省互助县人。土族盘绣国家级传承人（第一批）。七八岁时开始学习土族盘绣针法，14 岁即学会土族刺绣的多种针法及基本构图，十七八岁便亲手绣制完成了自己的嫁妆，从艺 30 余年。曾在第四届世界妇女大会"中国传统工艺技术女能手操作表演"和北京奥运会期间的"中国故事"等大型活动中展示技艺。2007 年 6 月被文化部授予国家级非物质文化遗产项目代表性传承人；2009 年，她的盘绣作品在"锦绣中华"中国织绣精品大展中获金奖；2010 年被授予青海省二级民间工艺师荣誉称号。多年来，利用农闲季节组织当地刺绣爱好者传授盘绣技艺，并且自 1996 年至 2004 年多次在县里少数民族乡镇土族刺绣培训班授课，现已培养 800 多名盘绣人。

杨永良 男，汉族，1962 年出生，青海省湟中县人。藏族织毯技艺国家级传承人（第一批）。12 岁开始就在父亲的指导下编织简单的卡垫、坐垫、马褥毯等。15 岁开始能独立完成捻线、采集染色织物、染色线、放线（机架子上缠绕经线）、裁制各种图案的藏毯等多种工序。1988 年，他和杨永刚背着自己制作的藏毯走南闯北，开阔了眼界，积累了丰富的藏毯制作经验。2007 年，被文化部评为国家级非物质文化遗产项目加牙藏族织毯技艺的代表性传承人。

董思明 男，土族，1963 年出生，青海省互助县人。土族婚礼国家级传承人（第四批）。自在校期间就树立了从事文艺工作的思想观念，在各种乐器很匮乏的学校只接触了手风琴及破旧的脚踏风琴。中学毕业后，因家境困难，辍学回家务农，热衷于本村的文化宣传工作。在长期实践中，他熟悉了土族婚礼的各种仪式和内容，对土族婚礼文化艺术的保护的传承发挥了一定作用。

李富先 男，汉族，1963 年出生，青海省西宁市人。湟中县千户营高台国家级传承人（第四批）。其祖上一直以做高台为业，到他这一代已经传承了 12 代。在十五六岁时他就跟着父亲李生英学习搭高台了，那时候村里搭高台的人家也只有 9 户，虽说是手艺人，但是一直以务农为主业。2006 年带领着青海湟中县拦隆口镇千户营村的表演队在广东番禺参加了全国第八届中国民间文艺"山花奖"的活动，当时同去参赛的还有广东、广西、福建、内蒙古的高台表演队，湟中的高台表演队在 20 多场高台表演中获奖。

马明山 女，土族，1963 年出生，青海省互助县人。花儿国家级传承人（第二批）。自幼喜欢唱歌的她有很好的音乐天赋，因家境贫寒小学三年级就辍学务农。1987 年 9 月互助文化馆工作人员专门找到她，邀请她参加青海省第一届"花儿"杯电视公开赛，并以一曲《梁梁上浪来》一鸣惊人，荣获了一等奖。她的"花儿"曲令众多，唱腔悠扬，深受广大群众喜爱。她曾多次参加省内外、地区等举办的各种大中型文化活动，多次获奖。1983~2002 年，多次受邀参加中央电视台及省电视台的"土族'花儿'"录音工作。2008 年应邀参加文化部主办的国际民歌博览周活动。

更登达吉 男，藏族，1964 年生，青海省同仁县人。藏传佛教格鲁派僧人，热贡艺术国家级传承人（第一批）。著名工艺美术大师夏吾才郎之子，7 岁随父学习唐卡，经过数十年的磨炼，其艺术创作和学识水准都有着较高造诣。曾到四川阿坝州红原县万象大寺、甘肃拉卜楞寺等地绘制间唐，青海省循化县方都寺绘有《六道轮回图》《千手观音》等间唐 30 多幅，塔儿寺金瓦殿中修复间唐《六道轮回图》，隆务寺文殊殿中绘有《极乐世界》。其绘制的唐卡《宗喀巴大师本生传》《吾屯族源说》现供奉于吾屯寺弥勒殿门庭右侧。《吾屯族源说》在 2000 年 7 月 15 日被央视《东方时空》栏目专题介绍。其作品远销美国、英国、澳大利亚、香港、台湾、澳门等 10 多个国家和地区。作品《文成公主进藏》于 1997 年在《民族百花》奖第三届中国少数民族美术作品展览中荣获铜奖;《四大天王》于 2003 在中国青海·民族文化旅游节"青海民族民间工艺美术品展"中荣获二等奖。2006 年 7 月 28 日，在青海省第四届民族文化旅游节荣获"青海省工艺美术一级大师"的称号。

何 满 男，汉族，1965 年出生，青海湟中县人。16 岁开始跟随父亲学艺。他打造的一座镌刻着"吉祥八宝"和龙纹图案的纯银大火锅，在深圳文博会上拿了金奖。2011 年，他的作品纯银双把银壶和单把银壶被中国工艺美术馆收藏。如今，他的银铜器已经远销到欧美及东南亚等国家和地区。何满是省级一级美术工艺师、湟中县银铜器协会会长，他研发制作的"大银壶""保健杯"等银铜器曾获全省工艺美术二等奖。湟中银铜器制作及鎏金技艺项目，已入选第三批国家级非物质文化遗产名录。

罗藏旦巴 男，藏族，1965 年出生，青海省黄南州人。热贡艺术国家级传承人（第三批）。8 岁时拜誉有"热贡艺术四大天王"之称的更藏大师为师。1997 年，作品《东方持国天王》在第三届中国美术家协会和中国少数民族美术家促进会举办的"迎香港回归美术作品展"中获铜奖。2001 年《释迦牟尼出家修行记》，经文化部市场文化发展中心和美术家联合会评审通过并颁发ISC2001 质量鉴定证书。2004 年《释迦牟尼在瓦纳斯说法》被中国书画艺术促进世界华人文学艺术界联合会纪念毛泽东同志 110 周年诞辰系列活动组委会特发荣誉证书。作品《文殊三估主》收录于纪念毛泽东同志诞辰 110 周年艺术精品集。

仁青加 男，藏族，1966 年出生，青海省黄南州人。藏戏国家级传承人（第二批）。1984 年 7 月从黄南州民师毕业后赴青海教育学院数学专业进修，喜爱文学的他从 1985 年开始藏文学的创作，常在报纸上发表藏语诗歌作品。他根据世界最长史诗《罗摩衍那》的汉语译本编写了第一个藏语微缩版的《罗摩衍那》剧本。1997 年和 2005 年，两次赴北京广播学院和中国艺术研究院进修学习。2006 年，成为黄南州民族歌舞剧团团长。1996 年，任导演并扮演主要角色的大型现代藏戏《藏王的使者》获文化部第六届文华新剧目奖、全国"五个一工程"入选奖；1998 年，主持编排的大型现代藏戏《金色的黎明》，获青海省"五个一工程"入选作品奖，获文化部第九届文华新剧目奖；2003 年，大型雪域风情歌舞《香巴拉的祝福》获全省文艺调演导演一等奖、演出一等奖；2006 年，大型现代藏戏《格桑花开的时候》获全国少数民族戏剧会演综合金奖以及优秀导演奖。

夏吾角 男，土族，1966 年出生，青海省黄南州人。热贡艺术国家级传承人（第三批）。幼年跟从父亲和叔父学习泥塑、唐卡技艺，高中毕业后分别师从热贡艺术四大天王——夏吾才让、尖木措、更藏、久美，系统学习泥塑、唐卡、壁画等热贡艺术门类，为其艺术创作奠定了坚实的基础。之后经过 30 余年的刻苦研修，在艺术创作上形成了自己的独特风格，并建院授徒，先后培养出 60 余名优秀的热贡艺术家。曾受邀赴北京、上海、青海、西藏、甘肃、四川、内蒙古以及海外众多国家创作各类泥塑、唐卡作品数万余件，获得海内外 70 余个艺术奖项，其作品曾在德国、荷兰、比利时、韩国、泰国等国家展览。2015 年，被评为"第四届青海省非公有制经济人士优秀中国特色社会主义事业建设者"。

娘　本　男，土族，1971年出生，青海省黄南州人。热贡艺术国家级传承人（第三批）。在20多年的艺术实践中，吸取各家所长，在继承"热贡艺术"传统风格的基础上，积极探索，大胆创新。在藏传佛教"热贡艺术"与汉族工笔画的特色相互结合方面有了突破性进展，逐步形成了作品色彩绚丽大方、画面构图精细复杂、线条绘画严谨细腻、画面人物神态生动的独特艺术风格。2008年1月捐赠中国美术馆《护法金刚》《土神》《黑金四壁观音》《四壁观音》并获收藏证书。2008年7月，亲自绘制了三幅《福娃》唐卡赠送北京奥组委，被北京奥组委收藏；2009年9月，亲手绘制了见证藏汉民族大团结的《文成公主进藏》和再现开国盛世的《开国大典》两幅唐卡，赠予国务院办公厅；2009年11月，为纪念澳门回归十周年，组织画师创作了一幅以改革开放三十周年为主题的热贡唐卡创新作《回归十周年》，并捐赠给澳门特别行政区，收到了原澳门特别行政区行政长官何厚铧亲笔回复的感谢信。2013年获中国工艺美术大师称号。

白玛群加　男，藏族，1978年出生，青海省玉树州人。藏族黑陶烧制技艺国家级传承人（第四批），是藏族黑陶烧制技艺的第三代传人。从2001年起潜心学习古老的黑陶手工技艺。2006年成立了藏族民间黑陶工艺有限责任公司，打破传统的家庭式作坊及传承方式，逐步建成传统与现代工艺相结合的囊谦藏族民间黑陶工艺基地，在保护、传承制陶手艺的同时，也带动当地牧民学习手艺，增加收入。目前，已经培养了110余名学生学习黑陶烧制技艺。

达哇扎巴　男，藏族，1978年出生，青海省玉树州人。格萨（斯）尔国家级传承人（第一批）。达哇扎巴从小在家放牧，15岁开始说唱《格萨尔》的故事。他的说唱风格独特、曲调丰富多样，按不同的人物和不同的故事情节变化曲调。根据其自报的目录有153部之多，是截至目前青海省《格萨尔》艺人中掌握部头最多的。目前，他已说唱录制了26部《格萨尔》新部本，其中记录整理了《夏赤纳布茶宗》《阿扎羊宗》《勒赤察宗》《延牟尼神宗》等10多部，已正式出版了《勒赤察宗》和《延牟尼神宗》。其中，《勒赤察宗》

2003 年获青海省第五届文艺评奖优秀奖。2007 年他被文化部授予《格萨尔》史诗代表性非物质文化遗产传承人",2009 年被评为全国文化系统劳动模范。

达哇战斗　男,藏族,1979 年出生,青海省玉树州人。藏族民歌国家级传承人(第三批)。七岁开始学唱民歌,并在家人的帮助下寻访到家乡的其他民歌老艺人,学习《东普达哇珠尕》。经过几年的刻苦学习,达哇战斗逐渐成长为一名优秀的民间歌手。2002 年 7 月在曲麻莱县民间歌舞团的选拔赛中,以《东普达哇珠尕》一举夺魁,随后进入曲麻莱县民间歌舞团成为一名歌唱演员,专注于玉树民歌演唱。他演唱的《东普达哇珠尕》,以其独特的唱腔和迥然不同的韵律,给人们留下了深刻印象。2008 年 12 月被确定为省级非物质文化遗产项目藏族民歌的代表性传承人。

第二节　省级非物质文化遗产代表性传承人

表 2　省级非遗传承人汇总

姓名	项目类别	项目名称	性别	出生年月
桓　贡	传统美术	热贡艺术	男	1973.6
桑斗合	传统美术	热贡艺术	男	1963.5
当曾本	民俗	热贡六月会	男	1970.4
兰本加	民俗	热贡六月会	男	1966
夏吾才让	民俗	热贡六月会	男	1978.2
李毛加	传统音乐	同仁嘛尼调	女	1957.12
格日尖参	民间文学	玛域《格萨尔》书传史诗	男	1967.12
达日曲	传统戏剧	青海马背藏戏	男	1975.9
才　华	传统戏剧	青海马背藏戏	男	1971.6
巴　才	民间文学	年保玉则神话	男	1948.8
嘉仓·贡保拉青(贡拉)	民间文学	阿尼玛卿雪山神话传说	男	1947.1

姓名	项目类别	项目名称	性别	出生年月
邬金·丹增智华	民间文学	格萨尔年保玉则雪山神话传说	男	1968.4
张有吉	传统技艺	湟源陈醋酿造技艺	男	1962.2
晁世庭	曲艺	青海越弦（湟源）	男	1966.2
李生顺	传统技艺	湟源陈醋酿造技艺	男	1972.8
张全礼	曲艺	青海平弦（湟源）	男	1947.3
波毛卓麻	传统舞蹈	尚尤则柔	女	1928.10
拉毛	传统舞蹈	尚尤则柔	女	1951.5
多杰措	传统美术	贵南藏绣	女	1964.4
尕尔玛	传统音乐	藏族扎念弹唱	男	1956.8
多杰才排	传统音乐	藏族扎念弹唱	男	1976.7
才吉（已故）	传统音乐	藏族唱经调	女	1924.8
徐秀福	民俗	土族纳顿节	男	1945.8
乔正祥	民俗	土族纳顿节	男	1935.6
李长命	民俗	土族纳顿节	男	1949.6
王存瑚	传统戏剧	目莲宝卷	男	1932.6
马彦雄	民间文学	财宝神	男	1959.7
包吉元	民俗	民和果花会	男	1950.1
鲍呈新	民俗	土族纳顿节	男	1949.1
尼玛	民间文学	汗青格勒	男	1941.12
金花	传统音乐	蒙古族长调音乐	女	1943.12
吴星	民俗	那达慕	男	1959.6
李立新	民俗	那达慕	男	1960.8
仁青	民俗	蒙古族祭火仪式	男	1935.5
吴英·其梅格	传统技艺	蒙古族服饰制作	女	1963.9
邱龙	传统技艺	蒙古族木雕技艺	男	1958.4
华来（已故）	传统技艺	藏族黑牛毛帐篷制作技艺	男	1943.6
巴拉桑	传统体育	蒙古族达罗牌	男	1955.5
李永俊	曲艺	青海平弦（湟中）	男	1957.12
乔应菊	传统美术	湟中堆绣	女	1960.1
徐全熙	传统美术	湟中堆绣	男	1945
党明汉	传统美术	湟中农民画	男	1962

续表

姓名	项目类别	项目名称	性别	出生年月
旦 正	传统美术	湟中农民画	男	1944.7
孟鳌奎	传统美术	湟中农民画	男	1938.2
文国录	民俗	千户营高台	男	1961.8
范明周	民俗	千户营高台	男	1955.2
郭祖成	传统体育	湟中却西德哇村古老游戏	男	1962.8
李宝洲	传统美术	湟中壁画	男	1961.2
王海寿	传统技艺	湟中陈家滩传统木雕	男	1972.6
华松兰	传统音乐	南佛山"花儿"会	女	1962.4
赵洪彪	传统体育	大有山民间传统武术	男	1943.6
旦曲更桑	传统美术	酥油花	男	1965.8
罗藏仁增	传统美术	酥油花	男	1963.6
彭措坚参	传统美术	酥油花	男	1971.3
坚参华藏	传统美术	酥油花	男	1965.1
安全刚	传统音乐	回族宴席曲	男	1984.4
马成海	传统音乐	回族宴席曲	男	1956.3
杜才珠	民俗	华热藏族服饰	男	1949.2
尖合加木措	民俗	青海湖祭海	男	1963.8
尼么东周	民俗	青海湖祭海	男	1973.9
斗格才让	民俗	青海湖祭海	男	1978.1
格 热	传统音乐	阿柔逗曲	男	1976.8
群措卓玛	传统音乐	郭米则柔	女	1974.7
索布扎	民俗	阿柔招婿婚俗	男	1978.12
王凤英	传统美术	河湟剪纸	女	1967.2
拉木却乎	民间文学	蒙古族颂词	男	1956.6
韩文良	民俗	撒拉族婚礼	男	1952.3
仁青加	传统舞蹈	藏族螭鼓舞	男	1959.8
马光辉	民俗	撒拉族服饰	男	1954.1
马建新	民俗	撒拉族服饰	男	1963.7
张进锋	民间文学	撒拉族谚语歇后语	男	1949.1
湛明升	传统音乐	丹麻土族花儿会	男	1942.8
席淑花	传统音乐	丹麻土族花儿会	女	1963.8

姓名	项目类别	项目名称	性别	出生年月
麻宝琴	传统美术	土族盘绣	女	1945.9
马有莲	传统美术	土族盘绣	女	1950.12
李延海	民俗	土族婚礼	男	1953.2
王统国	传统舞蹈	土族安召	男	1962.8
席玉秀	传统舞蹈	土族安召	女	1964.12
林菊花	民间文学	拉仁布与吉门索	女	1948.10
索成龙	民间文学	拉仁布与吉门索	男	1956.9
李延德	民俗	土族民间法舞	男	1947.11
李生龙（已故）	民间文学	祁家延西	男	1925.6
李占森	民俗	互助土族棒棒会	男	1962.2
马安奎	民俗	互助土族棒棒会	男	1964.2
石怀军	民俗	"二月二"擂台庙会	男	1943.1
张吉然	民俗	土族服饰	女	1956.1
席秀忠	民俗	土族服饰	女	1956.6
胡宗显（已故）	传统体育	土族轮子秋	男	1942.6
张守生（已故）	传统体育	土族轮子秋		1956.4
姚生德	传统技艺	酩馏酒酿造技艺	男	1949.7
董兴林	传统技艺	酩馏酒酿造技艺	男	1940.6
席恒雄	传统音乐	祁家延西　丹麻土族花儿会	男	1961.8
江巴江才（已故）	传统舞蹈	玉树依舞	男	1954.2
旦增加措	传统舞蹈	玉树依舞	男	1970.11
扎南	传统舞蹈	玉树依舞	男	1962.9
罗求培	传统舞蹈	玉树依舞	男	1962.9
公保	传统舞蹈	玉树卓舞	男	1950.1
扎西才仁	传统舞蹈	玉树卓舞	男	1965.3
尕旺	传统舞蹈	囊谦卓干玛	男	1971.10
尕玛昂加	传统舞蹈	囊谦卓干玛	男	1949.12
巴德多杰	传统舞蹈	称多白龙卓舞	男	1947.2
边巴	传统体育	玉树赛马会	男	1958.8
扎哇	传统体育	玉树赛马会	男	1953.6
才仁塔新	传统音乐	玉树民歌	男	1983.11

姓名	项目类别	项目名称	性别	出生年月
昂文达杰	传统音乐	玉树民歌	男	1967.12
白玛永西	传统音乐	玉树民歌	女	1981.12
娘许扎西	传统音乐	玉树民歌	男	1957.9
才仁多丁	民俗	玉树藏族服饰	男	1948.2
尕玛代青	传统技艺	藏族金属锻造技艺	男	1960.10
扎　旺	传统技艺	藏族黑陶烧制技艺	男	1928.12
扎西旺加	传统技艺	藏族黑陶烧制技艺	男	1973.2
青梅让丁	民间文学	康巴拉伊	男	1986
鲍仁欠本	传统体育	南山射箭	男	1949.12
马元虎	民俗	九曲黄河灯会	男	1949.12
李尖参	传统体育	南山射箭	男	1953.4
赵世荣	民俗	九曲黄河灯会	男	1952.2
日浪太	民间文学	藏族婚宴十八说	男	1953.8
宗者拉杰	传统美术	热贡艺术	男	1951.12
郭启全	曲艺	青海越弦	男	1942.11
甘玉花	曲艺	西宁贤孝	女	1946.3
刘世红	曲艺	青海越弦	男	1970.4
李守满	曲艺	青海越弦	男	1967.5
刘世维	传统音乐	青海河湟民间小调	男	1946.1
张永清	曲艺	青海平弦	男	1944.5
李鹏起	传统舞蹈	大头罗汉戏柳翠	男	1941.11
杨学海	传统体育	西宁八门拳	男	1949.9
安国梁	民俗	老爷山朝山会	男	1939.2
靳永红	传统戏剧	河湟皮影戏	男	1962.1
景增贵	曲艺	青海平弦	男	1928.5
李洪盛	曲艺	西宁贤孝	男	1959.1
刘国龙	传统戏剧	河湟皮影戏	男	1964.8
刘成社	传统美术	大通农民画	男	1956.9
尚启德	传统舞蹈	四片瓦	男	1963.7
史家星	传统美术	大通农民画	男	1963.5

姓名	项目类别	项目名称	性别	出生年月
宋宝元	传统音乐	老爷山花儿会	男	1967.3
周邦辉	传统戏剧	河湟皮影戏	男	1974.5
苏德英	传统技艺	桥儿沟砂罐	男	1968.9
刘毅	曲艺	青海越弦	男	1957.7
冶进元	传统音乐	老爷山花儿会	男	1942.2
杨铎林	曲艺	青海平弦	男	1956.6
朱锦忠（已故）	传统美术	大通农民画	男	1950.5
才智	民间文学	格萨（斯）尔	男	1967.2
牛万福	民间文学	布柔哟	男	1949.7
姚玉梅	民间文学	布柔哟	女	1957.8
索德元	民间文学	祁家延西	男	1971.9
韩占祥	民间文学	骆驼泉的传说	男	1942.10
土老	民间文学	布由加国的传说	男	1984.8
秋日青	民间文学	汗青格勒	男	1939.2
乔格生	民间文学	辉特美日根特木尼的传说	男	1953.12
罗藏更尕	传统音乐	塔尔寺藏传佛教"花架"音乐	男	1965.6
罗藏官却	传统音乐	塔尔寺藏传佛教"花架"音乐	男	1964.3
雷有顺	传统音乐	南佛山花儿会	男	1966.6
鲁金花	传统音乐	土族宴席曲	女	1956.3
韩永胜	传统音乐	土族宴席曲	男	1960.11
韩英德	传统音乐	撒拉族民歌	男	1967.4
马二子	传统音乐	土族民间歌曲"库咕茄"	女	1967.3
李桂英	传统音乐	花儿（七里寺花儿会）	女	1946.12
吕清兰	传统音乐	民和土族婚礼歌	女	1962.10
杨永堂	传统音乐	民和土族婚礼歌	男	1949.2
吕建跃	传统音乐	民和土族婚礼歌	男	1964.8
国卫	传统音乐	青海蒙古族长调音乐	男	1971.9
古力	传统音乐	海西蒙古族民歌	男	1956.4
乌兰巴特尔	传统音乐	海西蒙古族民歌	男	1963.12
更登东智	传统音乐	隆务寺佛教音乐	男	1963.11
本吉措	传统音乐	南宗尼姑寺诵经乐	女	1975.8

姓名	项目类别	项目名称	性别	出生年月
项知卓么	传统音乐	南宗尼姑寺诵经乐	女	1975.6
才合杰	传统音乐	藏族拉伊	男	1967.9
吉毛加	传统音乐	藏族拉伊	女	1968.9
旦正本	传统音乐	青海藏族酒曲	男	1983
索南卓玛	传统音乐	青海藏族唱经调音乐	女	1968
井国新	传统音乐	青海汉族民间小调	女	1958
马登花	传统音乐	青海汉族民间小调	女	1957
黄立加	传统舞蹈	夏尔群鼓舞	男	1934
冉有和	传统舞蹈	北门"封神舞"	男	1956
王发新	传统舞蹈	新安狮子舞	男	1974
祁永贤	传统舞蹈	竹马子	男	1949
郭汉录	传统舞蹈	土族鼓舞	男	1948
多杰尼玛	传统舞蹈	巴吾巴姆舞	男	1975
索昂多德	传统舞蹈	禅古寺宗教法舞	男	1974
达哇才仁	传统舞蹈	锅哇（玉树武士舞）	男	1958
吕占禄	传统戏剧	崖尔寺诺彦审喇嘛剧	男	1952
关却乎	传统戏剧	藏戏（黄南藏戏）	男	1947
成林巴生	传统戏剧	格吉斯日寺静锰生死轮回剧	男	1964
何青山	传统戏剧	青海民间小戏	男	1963
陈兴元	传统戏剧	青海民间小戏	男	1963
曹长德	传统戏剧	青海眉户戏	男	1952
刘永铭	曲艺	青海搅儿	男	1951
毛延奎	曲艺	青海官弦	男	1955
张发鑫	曲艺	青海道情	男	1946
赵生起	曲艺	青海道情	男	1949
巴德加	曲艺	折嘎	男	1946
尕玛元丁	曲艺	折嘎	男	1941
马全辉	传统体育	西宁八门拳	男	1954
李本加	传统体育	热贡马术	男	1946
达瓦太	传统体育	藏族夹棋	男	1952
罗藏克宗	传统美术	湟中堆绣	男	1969

续表

姓名	项目类别	项目名称	性别	出生年月
印巴尖措	传统美术	湟中壁画	男	1968
才旦加	传统美术	石雕（泽库和日寺石刻）	男	1971
朋措乎拉夫旦	传统美术	石雕（泽库和日寺石刻）	男	1964
朱二奴	传统美术	河湟刺绣	女	1966
达力玛	传统美术	海西蒙古族刺绣	女	1940
昂文色格	传统美术	藏娘唐卡	男	1960
更登达智	传统美术	热贡艺术（坛城）	男	1978
土 旦	传统美术	热贡艺术（堆绣）	男	1974
尕藏才让	传统美术	热贡艺术（泥塑）	男	1967
夏吾冷知	传统美术	热贡艺术（铜雕）	男	1966
扎西尖措	传统美术	热贡艺术（唐卡）	男	1967
王义元	传统技艺	河湟皮影制作技艺	男	1961
张永全	传统技艺	河湟皮影制作技艺	男	1966
史生福	传统技艺	湟中陈家滩传统木雕	男	1965
索得山	传统技艺	土族擀毡技艺	男	1970
马牙古白	传统技艺	撒拉族口弦制作技艺	男	1969
马才乙地	传统技艺	撒拉族篱笆楼营造技艺	男	1965
马成龙	传统技艺	马营"传统豌豆手工粉条"制作技艺	男	1949
夏吾他	传统技艺	同仁刻版印刷技艺	男	1962
夏吾李加	传统技艺	同仁刻版印刷技艺	男	1971
张宪忠	传统技艺	藏族鎏钴技艺	男	1962
官 保	传统技艺	酸奶鞣牛羊皮技艺	男	1962
阿 多	传统技艺	香达藏纸手工制作技艺	男	1979
苏义其美格	传统技艺	海西蒙古族服饰制作工艺	女	1971
却素荣（已故）	传统技艺	蒙古包制作技艺	男	1947
才仁求培	传统技艺	藏族传统手工编结技艺	男	1958
班玛才仁	传统医药	藏药"吉合协"炮制技艺	男	1976
尼玛才让	传统医药	藏医放血疗法	男	1970
红 兵	传统医药	海西蒙医震动复位疗法	男	1969
焦格巴	传统医药	海西蒙医铜银烙疗法	男	1965
尕 登	传统医药	海西民间青盐药用技艺	男	1930

续表

姓名	项目类别	项目名称	性别	出生年月
王应和	民俗	乐都洪水火龙舞	男	1968
王才华	民俗	德都蒙古全席	男	1954
格布德	民俗	汪什代海藏族婚俗	男	1942
孕英巴（已故）	民俗	茶卡盐湖祭湖	男	1928
洛藏金美德	民俗	海西蒙古族祭敖包	男	1975
三知加	民俗	尖扎达顿宴	男	1948
先巴扎西	民俗	热贡六月会	男	1962
娘吉合加	民俗	热贡"获康"祭祀活动	男	1973
韩发科	民俗	保安社火	男	1965
加羊卓玛	民俗	青海安多藏族服饰	女	1964
阿学明	民俗	乐都北山跑马	男	1956
巴行前	民俗	乐都北山跑马	男	1957

第三节　民俗研究学人

　　长期以来，有一大批专家学者致力于调查、搜集、整理、研究青海省各民族的民俗，推出了一大批有分量的成果，培养了一大批高水平的民俗学者，形成了具有青海特点的民俗学科体系，为移风易俗、规范思想、维护秩序、促进社会主义物质文明和精神文明建设、丰富世界文化宝库做出了贡献。近年来，在非物质文化遗产保护日益受到关注的大趋势下，青海省民俗学会首次整合全省民俗研究力量，立足于青海的民俗文化实际，以青海民俗文化为研究对象，以田野作业为基本功，深入基层调查研究，推出民俗文化调查研究的力作，放眼国内国际的学术语境，以地方民俗文化研究为内核，运用学科前沿的理论方法，推出了一批代表青海学术水平乃至在全国具有一定影响、能够经得起实践和历史检验的优秀民俗文化调查研究成果，使青海民俗文化研究成果在全国乃至于国际学术平台上有一席之地。现将目前青海民俗研究部分学人情况汇总成表（见表3）。

表3　部分民俗研究者

姓名	民族	单　位	职称或职务
朱仲禄（已故）	汉族	青海省文联	
许英国（已故）	汉族	青海民族学院中文系	教授
李友楼（已故）	汉族	青海省文联	
王歌行（已故）	汉族	青海省文联	
李文实（已故）	汉族	青海民族学院中文系	教授
朱刚（已故）	回族	青海民族学院中文系	教授
马光星	土族	青海省文联	青海民俗学会顾问
董绍宣（已故）	汉族	西宁市文联	
罗耀南（已故）	汉族	西宁市文联	
王浩	汉族	青海省文联	
黄恩荣	汉族	青海省文联	
刘凯（已故）	汉族	青海省文联	
朱世奎	汉族	青海社会科学院	青海民俗学会顾问
赵宗福	汉族	青海省人民政府参事室 青海省社会科学院	省政府参事、中国民俗学会副会长、青海民俗学会会长、教授、民俗学博士
马成俊	撒拉族	青海民族大学	副校长、教授 人类学博士
文忠祥	土族	青海师范大学法学与社会学学院	教授、民族学博士
米海萍	蒙古族	青海师范大学法学与社会学学院	教授、民俗学硕士
唐仲山	藏族	青海民族大学民族学与社会学学院	教授、主任、民俗学硕士
鄂崇荣	土族	青海省社会科学院民族宗教研究所	民族学研究员、所长 宗教学博士
霍　福	汉族	青海省图书馆副馆长	研究馆员、民俗学硕士
蒲生华	汉族	青海师范大学民族师范学院	教授、民俗学硕士
杨　卫	土族	青海民族大学学报编辑部	教授、历史学博士
李言统	汉族	青海师范大学法学与社会学学院	教授、民俗学博士
商文娇	汉族	青海师范大学音乐学院	副教授、民俗学硕士
王永昌	汉族	中共青海省委宣传部文艺处	处长、民俗学硕士
尼玛江才	藏族	青海省玉树州博物馆	馆长、民俗学硕士
邢海珍	土族	青海师范大学新闻学院	副教授、法学硕士

续表

姓名	民族	单　位	职称或职务
跃　进	蒙古族	青海省海西州群艺馆	民俗学研究员
胡　芳	土族	青海省社会科学院文史研究所	研究员、民俗学硕士
完玛冷智	藏族	青海省藏语系佛学院	副院长、译审、藏学硕士
李臣玲	藏族	青海大学省情研究中心	教授、主任、民族学博士
马文慧	回族	青海省社会科学院社会学研究所	副研究员
王文业	汉族	青海师范大学美术学院	党总支书记、民俗学硕士
刘永红	汉族	青海师范大学法学与社会学学院	教授、民俗学博士
马岩芳	回族	西宁市群艺馆	副研究员、民俗学硕士
马都尕吉	藏族	青海师范大学法学与社会学学院	副教授、民族学博士
刘大伟	汉族	青海师范大学人文学院	副教授、民俗学硕士
甘　泉	汉族	青海师范大学美术学院	副主任、教授、民俗学硕士
贺喜焱	满族	青海师范大学法学与社会学学院	副教授、民俗学硕士
耿英春	藏族	青海师范大学民族师范学院	副教授、民俗学硕士
王小明	汉族	青海师范大学美术学院	副教授、民俗学硕士
毕艳君	汉族	青海社会科学院文史研究所	副研究员
拉毛	藏族	青海师范大学美术学院	副教授、民俗学硕士
晏周琴	汉族	青海大学省情研究中心	副教授、民俗学博士

第八编

民俗文献

第一章　典籍文献

中国的典籍浩如烟海、汗牛充栋，是承载民俗文化的主要载体之一。青海在历史上处中央王朝的西部边郡体系中，常常被视为"万山环抱""孤悬河外"的文化僻远地，因此受诸多历史与观念等因素限制，专门记载青海民俗内容的文献比较少且不成系统。本章根据现有的各类文字载体和整理研究成果，分为考古文献、史志文献、民俗志文献、"十套集成"文献、河湟民间文艺文献及其他文献等几个方面加以概述，从中可窥青海民俗发生、发展及演变的规律与特征之一斑，也可凸显民俗文化文献的"存史"、"资政"和"教化"的传统功能。

第一节　考古文献

一　综合文献

《青海柳湾》（上、下册）　青海省文物管理考古队、中国社会科学院考古研究所合编，文物出版社1984年出版，是青海省第一部考古学专著。此书主要介绍柳湾墓地，该墓地是迄今中国考古发掘中最大的一处原始社会晚期氏族公共墓地，所发掘的生产工具、生活用具、武器和装饰品数以万计，向人们展示出原始社会晚期湟水两岸氏族先民农耕渔猎的生动画面；分析了柳湾1500座马家窑文化半山类型、马厂类型，属于齐家文化、辛店文化墓葬，对各个阶段的墓葬形制、葬具、葬式和随葬器物做了详尽说明，并研究了这批墓葬的陶器组合、形制特点及其他发展演变规律和各时期的墓葬所反映的文化内涵、埋葬习俗、经济生活、社会性质等问题；为研究者深入探讨中国西北地区数千年前古代的经济民俗、生活民俗和丧葬民俗与艺术民俗等提供了宝贵资料。

《民和阳山》 青海省文物考古研究所编，文物出版社1990年出版。此书介绍了阳山墓地属马家窑文化半山类型文化，共发掘墓葬230座，有成年男女合葬墓、同性合葬墓、成年男女与小孩合葬墓，系由两个血亲系统并互相通婚的氏族集团墓地。有祭祀圆坑12处，出土大量彩陶罐、彩陶壶、夹砂陶、夹砂罐以及陶喇叭等物品。彩陶基本元素有网格纹、方格纹、菱格纹、水波纹、三角纹、条带纹、连格纹、圆圈纹等。还有相当数量的生产工具如以石器为主的斧、锛、刀、凿、纺轮、球等。丰富了对半山、马厂文化的认识，为认识和研究当时原始先民的生产民俗、生活民俗、信仰民俗、丧葬民俗和艺术民俗等提供了重要的实物依据。

《上孙家寨汉晋墓》 青海省文物考古研究所编，文物出版社1993年出版。此书介绍了上孙家寨墓地含有马家窑类型墓葬，对齐家文化、卡约文化村落遗址以及汉代墓群等复杂文化内涵做了科学描述。分析了近200座墓葬的形制结构、埋葬习俗、随葬品基本情况，认为其文化面貌既含有汉文化因素，又在不同程度上保留着固有的土著文化，即羌人文化传统。是研究青海东部地区秦汉至魏晋时期的民族文化构成、经济民俗尤其是丧葬民俗、日常生活民俗等的重要资料。

《民和核桃庄》 青海省文物考古研究所、青海省文物管理处、西北大学文博学院联合编著，科学出版社2004年出版。此书介绍核桃庄墓地因位于民和县核桃庄乡而得名，是一处有血缘关系的氏族墓群，属于青铜时代的辛店文化类型。清理墓葬367座，大多为竖穴墓，葬式有一次葬、二次扰乱葬；

出土瓮、罐、盆等陶器 500 余件，上有红黑色的弧线纹、菱格纹、鸟纹、几何纹、回纹、S 纹等。铜、石、骨质生产工具、生活用具和装饰品 2690 余件。其墓地布局、规模与葬俗表现出甘青地区的一般性与特殊性，为研究青海古代社会民俗、物质民俗和精神民俗等提供了全新的资料。

《青海省第三次全国文物普查资料精选》《青海省第三次全国文物普查资料精选》编委会编辑，2011 年内部印行。此书在全省登记的 6411 处不可移动文物中精选 201 处，按照古遗址、古墓葬、古建筑、石窟寺及石刻、近现代重要史迹及代表性建筑和其他六大类文物类别的体例进行编排，时间跨度从地质时代的中更新世到当代，突出了地方文化和文化遗产精髓特点。这些实物为研究青海远古以来历史上不同民族的生产、生活、建筑、信仰及审美等习俗提供了真实可信的资料。

二 彩陶与岩画文献

《青海彩陶》 青海省文物考古队编，文物出版社 1980 年出版，是青海省第一本彩陶图录专著。该书选择 1949 年以后青海陆续出土的代表性彩陶器物 185 件，即新石器时代的马家窑类型、半山类型和马厂类型，铜石并用时代的齐家文化、卡约文化、辛店文化、唐汪式文化和诺木洪文化中出土的彩陶器物之精华，分为壶、罐、盆、钵、瓶、杯等类，把器物上绘有的图案分为几何纹、动植物纹、网纹、弧线三角纹、圆圈纹、锯齿纹等几十种，直观展示出青海各个不同时期的彩陶特点及其纹饰在各个文化中的特点，揭示了这些纹饰在各个文化时期演变的规律特征，对彩陶的发生、发展以及相互影响情况有一个概括了解，有助于对青海早期的艺术民俗、民间工艺民俗和审美民俗的深入研究。

《青海柳湾彩陶选粹》 中国社会科学院考古研究所、中国青海柳湾彩陶博物馆编著，上海古籍出版社 2014 年出版。青海柳湾遗址为我国迄今黄河上游规模最为宏大、出土文物最为丰富的原始社会晚期氏族公共墓葬群。在柳湾出土的彩陶数量之多、艺术价值之高、文化底蕴之厚，在世界文化遗产史中都是屈指可数的。因此，柳湾也被誉为"彩陶王国"。此书所选图录，是从柳湾博物馆馆藏近 2 万件彩陶中精选出来 300 件彩陶器物，且是以前在其他的图录中零散出现过而 90% 还没有公开的器物。这本图录对欣赏、研究彩陶所具有的民俗文化表征提供了新的实物资料。

《青海省志·彩陶志》 青海省地方志编纂委员会编，主编为张武明，黄山书社 1995 年出版，是第一部关于青海彩陶文化的省级特色志。对青海彩陶的发现、分布和发掘情况做了介绍，分析了青海彩陶的仰韶文化、马家窑文化、齐家文化、卡约文化和辛店文化六个大类文化特征和承袭关系，以及陶器产生、发展、兴盛、衰退和消亡的整个演变过程；揭示了彩陶从原料、成型、彩绘到焙烧的整个过程，将彩陶分为瓶、壶、罐、盆、钵、豆、鼎、瓮等，对其上面的彩色纹饰加以解读，最后对彩陶文化的族属、类型问题等进行了描述，对研究青海远古先民的社会生活民俗、民间工艺民俗和审美民俗等有较高的资料价值。

《青海彩陶纹饰》 刘溥著，青海人民出版社 1989 年出版，图文并茂，以图为主，对青海地区新石器时代、青铜器时代各类文化彩陶的主要纹饰做了详尽的分类介绍。研究了青海彩陶的装饰发展过程：从初期自然形态的模拟，到绚丽多姿的图腾艺术的盛兴，最后走上简单潦草的纯几何纹样。概括了彩陶装饰的艺术特点，认为彩陶装饰手法与陶器造型紧密结合，构图运用虚实结合，结构严谨，展现出丰富的实用功能与装饰想象力。分析了马家窑类型、半山类型、马厂类型及齐家文化、卡约文化、辛店文化纹饰的主要特点，并总结了马家窑文化的几种主体纹饰涡纹、蛙纹、葫芦纹的演变规律。对于研究原始先民艺术民俗、工艺民俗和审美民俗有较高的参考价值。

《半山与马厂彩陶研究》 李水城著，北京大学出版社 1998 年出版，是一部有关中国彩陶研究的力作。此书以中国史前时代最为丰富的半山、马厂类型彩陶为研究对象，对约 4000 件彩陶及其花纹进行谱系编年研究，最终获得了对半山、马厂彩陶器形与花纹演变规律的新认识。对中国含彩陶因素考古学文化不断"西渐"的理论做了系统的阐述论证，深入探讨了彩陶文化特质与黄土地带及旱作农业的关系，还就彩陶器形与花纹的关系、彩陶这一文化现象与制陶工艺技术间的关系、半山与马厂彩陶的历史地位等问题进行了有意义的探讨。此书后附有近800处半山、马厂时期遗址的资料索引，在研究艺术民俗、民间工艺民俗等方面有着重要的资料价值。

《岩石上的历史画卷——青海海西岩画》《岩石上的历史画卷》编委会编，主编为王敬斋，执行主编为辛峰，中国民族摄影艺术出版社2012年出版。此书结合第三次全国文物普查和21世纪以来发现的岩画新资料编辑而成，用大量图录图片介绍了25处海西蒙古族藏族自治州境内岩画、岩刻，认为著名的天峻县鲁茫沟、卢森岩画，格尔木野牛沟岩画与昆仑山南麓加林山岩画等，形成了中国"C"形岩画长廊最重要的骨架，时间跨度大，历青铜时代、秦汉时期、中古至近代、近代至当代，属北方草原岩画系统。从画面和内容分析，其经济形态、生活方式乃至宗教信仰具有很强的共同性，是不同时期游牧文化的历史遗迹，为研究青海地区先秦、秦汉以来古代民族的生产民俗、生活民俗、信仰民俗及民间工艺习俗等，提供了可靠资料。

《青海岩画：史前艺术中二元对立思维及其观念的研究》 汤惠生、张文华著，科学出版社2001年出版。此书是一部系统介绍和研究青海岩画的著作，插图300余幅，全面地展现出方圆1000公里的青海地区迄今发现的13处岩画，考证了岩画产生的年代，分别解说蹲踞式人形、牛、人骑马、羊、犬、车、鹿、兽搏图、虎、鹰、生殖图、大象、X射线风格、连臂舞等十几种常见的图像模式。运用二元对立理论，解析岩画各种图形因素所表现的文化原型及其意义，并同国内其他地区岩画作品进行参照比较，尝试还原古代游牧和狩猎社会的精神生活轨迹。将青海岩画与马家窑彩陶图案相互比较，参考古文献中的相关记载和民族学调查的资料，对这种原始仪式性舞蹈的起源及社会意义，做出了详尽的分析和阐发。运用综合分析法和微腐蚀断代法对岩画进行了断代分析，有助于对青海游牧民族的社会生活民俗、艺术民族和民间工艺民俗等的加深认识和纵深研究。

《中国柴达木岩画》 多杰才旦主编，青海民族出版社 2013 年 3 月出版。本书以汉文和藏文两种文字并配图片的形式，展示了格尔木市野牛沟岩画、德令哈市怀头他拉岩画，都兰县卢斯沟、巴哈魔力、德普沟岩画，天峻县卢森、鲁茫沟岩画，乌兰县巴里河滩、柯柯沙、柯柯山岩画，大柴旦红土沟岩画等，反映古代当地族群生产、生活、战争、宗教等丰富多彩的社会景致，从物质生活、精神生活以及政治生活三个方面解读，对研究柴达木地区的早期民俗生活及人文历史有参考价值。

《玉树岩画》 尼玛江才著，青海人民出版社 2016 年出版。该书是第一本对玉树通天河流域岩画群进行系统调查和研究的专著。作者在经过大量实地调查基础上，将通天河流域现存岩画的分布地点、保存现状及岩画制作技法做了较为详细描述，尤其是对曲麻莱县境内 15 处岩画、治多县境内 2 处岩画、称多县境内 6 处岩画及玉树市境内 4 处岩画，1780 个单体图像，按内容将题材分为狩猎、畜牧、战争、凹穴、棋盘、农耕、车辆及信仰符号等加以介绍和说明，并分析了岩画所包含的动物崇拜、生殖崇拜、神灵献祭岩刻习俗的功能和文化意义。

三　综合文献

《青海古代文化》 赵生琛、谢端琚、赵信著，青海人民出版社 1985 年出版。此书是一本汇集文物古迹与考古学发掘研究、凝聚作者近 30 年考古经验的心血之作。开篇对青海文物考古事业发展历程做了翔实的介绍和概括，可谓青海考古学简史；对 1949 年以来青海境内发掘的古文化遗址和遗物，按照古代文化发展序列，分为原始社会、汉魏晋、唐宋元明三个时期，分为石器和陶器、城址、墓葬、古建筑等类，并加以介绍和评述。所编制的《青海文物考古学主要文献目录》《青海古文化遗址简表》附于书后，对于研究青海古代的物质民俗、精神民俗、工艺美术民俗等提供了直观可靠和第一手的资料。

《青海考古五十年文集》 青海省文化厅、青海省文物考古研究所编，青海人民出版社1999年出版。此书从《青海考古学会会刊》《青海文物》等期刊中精选36篇代表性论文，集中反映1949年以来青海省考古与考古研究50年的成果。内容涉及青海旧石器时代、中石器时代和新石器时代考古分析，宗日遗址性质、彩陶纹饰与艺术探析，齐家文化玉石器、青铜时代土著卡约文化新认识，民和核桃庄家山头类型、诺木洪文化类型研究，汉代墓葬与诸种文物考略，都兰墓祭祀建筑与丧葬殉牲习俗，青海地区古代文明起源，青藏高原玻璃器及乐都西来寺水陆画初探等。对于研究远古以来青海精神民俗、物质民俗及社会生活民俗等有重要的参考价值。

《宗日遗址文物精粹及论述选集》 格桑本、陈洪海主编，四川科学技术出版社1999年出版。此书包括《宗日遗址的发掘》《宗日墓地的墓葬形制》等10篇探讨性文章和230余幅彩图。因这是当时中国新石器时代为数不多的重大发现之一，当属与马家窑文化类型相并行的一种新的文化类型，被命名为"宗日文化"，延续1500年之久，后被齐家文化替代。共清理341座墓葬、18个灰坑、18个祭祀坑，出土文物23000件。其中，两组13人舞蹈纹彩陶盆、二人抬物纹彩陶盆等相当罕见，骨叉、骨勺、骨刀等餐具绝无二致，石棺葬具、二次扰乱葬式、火焚葬具、墓上标志、墓祭等极具地域特色，不仅对研究中国古代西北民族史有重大意义，也为我们认识和了解青海地区远古时期原始先民的日常生活民俗、工艺美术民俗、丧葬民俗、信仰民俗等，提供了极具价值的第一手资料。

《从柳湾墓地到河湟地区史前考古学研究》 刘宝山著，三秦出版社2010年出版。此书对马家窑文化和齐家文化的分布特点与基本特征，尤其是对柳湾墓地的分期与布局、人口和社会、农业起源与柳湾墓地经济、彩陶源流和艺术特征及其所反映的先民思想文化、原始社会习俗与信仰崇拜、文化交流与人群迁移等问题，突破单纯的器物类型学和实物描述风格式写作，运用考古学与民族学、人类学和文化学相结合的理论方法，进行了立体透视研究。对史前河湟地区乃至甘青地区人类社会结构和意识形态、生存环境的演变、农业起源和传播等重大问题多有自己的见解，勾勒出较为完整的史前社会生活画卷，对研究青海史前丧葬民俗、经济民俗、手工艺民俗及信仰民俗等提供了科学可靠的参考资料。

《西陲之地与东西方文明》 许新国著，北京燕山出版社 2006 年出版。此书精选作者考古学论文 37 篇，主要包括青海史前新石器时代与青铜时代诸文化特征与定位的思考、汉晋时代青海出土文物考略等内容。其中对都兰墓葬群出土文物与文化墓葬的族属是灭国后吐谷浑邦国的论述、对青海丝绸之路的重要地位和作用的重新评价、对都兰丝织品与金银器的东西方系统的区分探析、对墓葬制形与制度的分析及绘画方面的研究等有诸多见解。其将青海考古文化置于东西方文明横向比较的宽阔视野中加以研究，认为青海地区的考古学文化具有多源的结构特点，体现了多民族和东西方文明的共同作用和结果。所提供的新思路和提出的新问题，对研究青海民俗文化史、民俗文化事象等均有启发意义。

《青海古建筑图论》 张君奇著，青海人民出版社 2015 年出版。此书对青海古建筑屋顶样式、著名寺院建筑结构、各类建筑殿堂样式、藏式佛寺建筑、各式亭台、各式牌坊及古建筑装饰等皆有精准专业的描述和论说，尤其探讨了青海民居庄廓院落的布局和特点，为青海古建筑研究填补空白之作，对于研究青海居住民俗、建筑工艺民俗等有较高的参考价值。

第二节　史志与文学文献

一　历史文献

《穆天子传》《穆天子传》又称《周王游行记》，为西晋学者们整理出的汲冢书之一，主要记载了周穆王巡游天下、专程西巡昆仑而见西王母之事。该书自整理问世于晋武帝太康二年（281 年），不仅经历了著录学者"由史而子"

的变化认识，还对之进行注校、辩证连版累牍，从未中断过，仅清代和民国年间，就有陈逢衡《穆天子传补正》、郝懿行《穆天子传注补》、孙诒让《穆天子传札迻》、丁谦与金蓉镜《穆天子传集解》等。综合来看，趋于史书或小说。其中持史书观点者认为，从先秦的《竹书纪年》《左传》，到汉代《史记·秦本纪》和《史记·赵世家》等史部文献看，史家对穆天子西巡一事皆持相信态度而专门作了记载。岑仲勉指出"穆天子即历史上之穆王，本无疑问"①。杨宽著《西周史》认为该书作者采自从西周到战国的游牧部族的祖先河宗氏参与周穆王西游的神话传说，世代口头相传而不替，直到战国初期才被魏国史官采访所得，成为《穆天子传》的主要内容②。尹盛平认为《穆天子传》成书于战国时期当是可信的，不过战国人讲述周穆王西巡狩见到西王母的故事，难免有夸张演义的成分，但也不能因此否定穆王出访西王母的史实，"如果说过去对周穆王西巡狩见西王母的史实还持怀疑或半信半疑的态度，那么周原考古的重要发现，使得这一故事更加可信，甚至完全可以成为史实了"③。日本学者白川静指出，《穆天子传》形成于战国后期，虽是故事体文学作品，但也多少有史实的反映，"远游西北的故事，是在与西北有交通往来的地区，以信仰西方昆仑等为背景而产生的"④。简而言之，此书是根据西周人历史传说，结合战国人远行见闻等，基于史料、神话传说而写成的历史典籍。

《后汉书·西羌传》《后汉书》120卷，记录了东汉一朝的历史。《后汉书·西羌传》是记载青海、甘肃羌人从先秦至东汉末年历时千余年历史的专传，从中原王朝视角第一次描述了青海高原的山川地理形势，记述了羌人的历史渊源、社会组织、生活习俗、婚姻家庭、信仰崇拜、道德风尚、民族交往、部族活动及经济生产等状况，为研究先秦、秦汉时期青海的民俗提供了较为可信的材料。

---

① 岑仲勉：《〈穆天子传〉西征地理概测》，《中山大学学报》（社会科学版）1957年第2期。
② 杨宽：《西周史》，上海人民出版社，1999，第604~619页。
③ 尹盛平：《周原文化与西周文明》，江苏教育出版社，2005，第302页。
④ ［日］白川静著《两周史略》，袁林译，三秦出版社，1992，第61~67页。

正史《吐蕃传》 纪传体"二十六史"，因体裁较为全面且由官方修纂，在体例上有传承和延续特点而被称为"正史"。《旧唐书》《新唐书》《旧五代史》《新五代史》《宋史》5 部正史立"吐蕃传"，记载了青藏高原吐蕃从唐初至五代的活动历史。记述其起源发展、政权组织、经济生产、军事征战及吐蕃与中原王朝关系等，涉及婚姻丧葬、服饰发饰、宗教信仰和道德风尚等民俗内容，是了解和研究吐蕃民俗史必不可少的参考资料。

正史《吐谷浑传》 《晋书》《魏书》《宋书》《南齐书》《梁书》《周书》《北史》《南史》《隋书》《旧唐书》《新唐书》《新五代史》12 部正史立"吐谷浑传"，记载西晋末年鲜卑慕容部一支由首领吐谷浑率领离开辽东向西迁徙，辗转移居今青海草原，及其与中原王朝保持联系、畅通丝绸之路青海道的历史。这 12 个专传除了在内容上因时代变迁而有所差异外，其历史渊源、迁徙历程、对外交往，尤其是经济生产、婚姻丧葬、服饰发饰、风物土产、饮食居住等民俗内容大体相同，是研究魏晋至唐宋时期吐谷浑民俗文化的重要参考资料。

正史《党项传》 《隋书》《北史》《旧唐书》《新唐书》《新五代史》5 部正史主要记载了生息于青藏高原东部的古老民族党项羌人建立西夏政权前在青南、川西北一带活动的历史。记述了党项羌的原世居地人们生产生活习俗、服饰习俗、部落组织习俗和信仰占卜习俗。如今党项羌人已消失在历史长河中，但从史书的记载中仍可窥党项羌民俗一斑。

《皇清职贡图》 清代傅恒等编撰，凡 9 卷。此书记述海外诸国及国内各民族风貌，总共绘制 300 种不同的民族与地区男、女人物图像，每幅图皆附有文字说明，简要介绍该民族与清王朝的关系与风土民情。其卷五为甘肃地区，有"西宁县土指挥祁宪邦等所辖东沟等族""西宁县缠头民""西宁县哆吧番民""西宁县土指挥金事汪于昆所辖土民""碾伯县土指挥同知李国栋所辖东沟等族土民""碾伯县土指挥同知祁在玑所辖达子湾等族番民""碾伯县南北两山番民""摆羊戎通判所辖番民""大通卫土千户纳花布藏所辖兴马等族番民""归德所番民""漳腊营辖口外三郭罗克番民"等，是研究 200 多年前青海藏族、土族、蒙古族和回族等多民族生活状态和习俗的较为可靠的资料。

《玉树调查记》 周希武著，1920 年上海商务印书馆出版，台湾成文出版社 1968 出版，藏学家吴均校释后，青海人民出版社 1986 出版整理本。1914 年，作者到玉树了解调查地方沿革和甘川藏边界纠纷，之后写成此书。该书采用志书体，分部落、山脉、水道、地形、政治、宗教、风俗、实业、掌故、考证 10 个大类；每篇开始都写有一段小序，以勾画轮廓和概要叙述沿变，然后记事、列表，共 40 余万字；对玉树地区的山川地貌、部落土司、宗教风俗、牧业种植等均做了详细记录和考证，还对人们所关心的玉树 25 族的宗教风俗详尽记述，对民众生活的各种情况，书中也均有记载；是了解 20 世纪初青海尤其是玉树地区自然和社会风貌不可多得的资料。

二　地理文献

《水经注》 北魏郦道元著，凡 40 卷。此书是古代中国最全面、最系统的综合性地理名著，因注解汉代桑钦著《水经》而得名，以《水经》为纲，详细记载了千余条大小河流。书中所引用的大量文献有很多在后世散失了，其卷一和卷二详细记黄河发源昆仑山，流经青海境东入兰州，间记河水所流之处有关青海的神话传说、历史遗迹、人物掌故等，对研究青海河源信仰、昆仑神话及历史地理等有重要的参考价值。

《河源纪略》 清代纪昀、陆锡熊编纂，凡 36 卷。乾隆四十七年（1782）清高宗根据侍卫阿弥达专程到青海祭告河神及考察黄河源头报告，特作御制河源诗一章，系以案语。同时命纪昀、陆锡熊等据阿弥达等人上溯河源并实地勘察，又寻绎史传旁稽众说，撰成此书。资料翔实，内容丰富，既是研究青海省历史地理的重要资料，又是研究河源信仰及河源探寻史的重要文献。

《青海记》 民国年间康敷镕编纂，全书万余字，专门记述民国初期青海情况。对青海境内的蒙古名称、藏族种落、住址所在，其户口、畜牧、矿产、垦地、森林、出产、名山、水源、路程、寺院"名酋"（知名头人、有实力的土司）、古迹、气候、方域及蒙、"番"（藏族）强弱等做了较为详尽的记载，使后世对清末民初时期的青海省情、蒙古族与藏族等多元民族民俗文化有一概览式了解。

《青海志略》 民国时期许崇灏（公武）撰，商务印书馆 1943 年初版，1945 年再版。该书写于抗战最艰苦时期，提供青海最基本情况，以期待建设抗战后方。共 11 章，客观介绍了青海的历史沿革、自然地理、农牧渔猎业和工业经济发展状况，汉、藏、蒙、回、土和撒拉族分布，衣食住行、生育婚姻丧葬及争讼复仇等民俗，现行教育及交通建设等，对于研究民国时期青海多民族的风俗有参考价值。

三　地方志文献

（一）总志

《山海经》 对中国地方志起源问题的看法达 17 种之多，其中以清代顾祖禹为代表的研究者认为《山海经》是地方志的开山之作[①]，历代方志凡涉及山川内容必然祖绍此书。此书年代未详、作者未详，是公认的古代奇书，最早由西汉学者刘歆整理，现传世底本为晋代文学家郭璞的注本，对于了解原文有极大帮助。全书 3 万余字，分为 18 篇（包括《山经》5 篇、《海经》13 篇），顺序是南、西、北、东，可能与古人"天南地北"习俗有关，无疑是一部早期地志之书。其中《西山经》记载今陕西、甘肃和青海地方，内容以山川地形和异国远人的生活情态为纲，横跨地理、神话与民俗、历史、科学、宗教、文学等领域。此书最重要的价值在于保存了夸父逐日、精卫填

[①] 参见（清）顾祖禹《读史方舆纪要》凡例；王以忠《〈山海经〉图与职贡图》，载《禹贡》半月刊第 1 卷第 1 期。

海、鲧禹治水、共工怒触不周山、后羿射日、西王母使青鸟、禹杀相柳等百余则片断的昆仑神话。

《嘉庆重修一统志·西宁府》 清朝官修志书，凡560卷，另加凡例、目录2卷。排序："首京师，次直隶，次盛京，次江苏、安徽、山西、山东、河南、陕西、甘肃、浙江、江西、湖北、湖南、四川、福建、广东、广西、云南、贵州，次新疆，次蒙古、各藩部，次朝贡各国。"并按照"自京师以下，每省有统部，总叙一省大要。各府、厅、直隶州自有分卷，凡所属之县入焉。蒙古各藩统部，分卷悉照各省体例"的体例描述①，当时的青海隶属于甘肃省，在"西宁府"下，有"形势""风俗""祠庙""寺观""仙释"等人文例目，为研究明清时期青海民俗文化提供了许多宝贵的资料。

（二）省志

（乾隆）《甘肃通志》 清代许容等监修，李迪等编纂，凡50卷、36目。以目述事，依次为图考、星野、建置沿革、疆域（附形胜）、山川、城池、公署、学校、关梁、祠祀、贡赋兵防、水利、异递、驿邮、盐法、茶马、物产、风俗、古迹、祥异、陵墓、封爵、职官、名宦、选举、人物、忠节、孝义、隐逸、流寓、仙释、方伎、烈女、艺文、杂记。记事始于上古，止于清初，其中祠祀志、茶马志、物产志和风俗志卷记有西宁府，即今青海东部的信仰民俗、经济民俗、社会生活民俗，文字简约，是研究明清时期青海民俗的参考资料。

（宣统）《甘肃新通志》 清代升允、长庚监修，安维峻等编纂。100卷，立总目为天文、舆地、建置、祠祀、学校、兵防、职官、人物、艺文、志余10项，36子目。总目之首各有序言说明，又于子目之上加以小引，或作论说跋尾，对旧志内向来沿讹袭谬之处，随即更正或加按语说明。记事起于甘肃历史源渊，止于宣统元年。记载青海民俗的主要在"舆地志"之

---

① 《嘉庆重修一统志·凡例》。

"风俗""方言""时令""物产"，"建置志"之"茶法"，"祠祀志"之"坛庙""礼器""祠宇""寺观"，"兵防志"之"蒙部""番部""土族"等子目中，为研究青海语言民俗、节日民俗、经济民俗、信仰民俗及蒙古族、藏族民俗文化等方面，提供了比较丰富的资料。

（民国）《甘肃通志稿》 民国刘郁芬监修，杨思、张维等编纂。全书130卷、17纲，即舆地、建置、民族、民政、财赋、教育、军政、交通、外交、职官、选举、人物、艺文、金石、纪事、变异、杂记，下列93目。记事始于周秦，止于民国初。记载青海民俗内容的主要在"建置志"和"民族志"子目中，对青海古今少数民族习俗、儒释道及近代以来基督教等民俗信仰、汉语方言与蒙藏满语言文字流布、汉蒙回藏民族的衣食起居与婚丧嫁娶及节日民俗、多民族民俗文化相互之间的交融等，都有较为翔实的记载。

（三）卫所志与府志

（万历）《西宁卫志》 明代刘敏宽、龙膺编纂。原志佚，从顾炎武《天下郡国利病书》中辑出"地理志""兵防志""纲领志"3卷10篇。其中"兵防志"中的"堡寨"篇较为详细地列出西宁周围村寨名称及里数；"番族"篇简述青海藏族部落名称及其住牧地，是了解明代汉族村落民俗、藏族部落民俗不可或缺的资料。

（顺治）《西宁志》 清代苏铣修撰。分"地理志""建置志""官师志""兵防志""岁计志""人物志""艺文考"7卷，记载了明清时期青海东部地区的社会内容。其中"地理志"中的"风俗""物产"，"建置志"中的"坛墠""祠祀"，"兵防志"中的"堡寨"，"艺文考"等记载了明代青海经济民俗、信仰民俗及村落民俗资料。其"风俗"曰："俗尚佛教，人习射猎。夏秋少暑，冬春多寒。毳皮为衣，酥渖煎茶。彝人以皮马为礼，畜养为业。力农务学，不殊内地。"文字简略，真实反映了当时青海各民族民俗文化的交融。

（康熙）《碾伯所志》 清代李天祥纂，不分卷。分为名称、沿革、疆域、所城、驿城、故城、街衢、市集、公署、崇祀、民祀、寺观、番寺、古迹、冢墓、庄堡、古寨、桥梁、关隘、山岭、峡谷、川流、池泉、土司、番族、习尚、土宜、赋税、选举、人物、列女和附记等32目，内容简短。记事上起周秦，下迄清初，范围涉及今青海乐都、民和及化隆等县的经济民俗、信仰民俗、村落民俗等内容的资料。

（乾隆）《西宁府新志》 清代杨应琚纂修。凡40卷，列星野、地理、建制、祠祀、田赋、武备、官师、献征、纲领、艺文10志、105子目。卷首附有西宁府，西宁、碾伯二县，巴燕戎、贵德两厅，大通卫、黄河和五峰山等舆图10幅，是传世至今较完整的一部青海地方志书。涉及民俗的有"地理志"之"风俗"，"建置志"之"街市""堡寨""关隘"，"祠祀志"，"武备志"之"驼马""番族"，"献征志"之"列女""仙释""方技"等目，是研究清代西宁、青海乃至西北社会道德风尚、都市民俗、村落民俗、信仰民俗、民间医药乃至藏族民俗文化的可靠资料。

（光绪）《西宁府续志》 清代邓承伟监修，民国时基生兰续纂，分地理、建置、祠祀、田赋、武备、官师、献征、纲领、艺文及志余10卷、44目。体例、纲目均仿杨应琚新志。所记起自乾隆十二年（1747），止于光绪四年（1878），多记同治年间事迹。记载青海经济民俗、村落民俗、信仰民俗、丧葬民俗、社会民俗等方面内容主要在"地理志"之"风俗""物产"，"建置志"之"堡寨""津梁""漏泽园"，"祠祀志"之"坛壝""祠庙""寺观""祥异"，"田赋志"之"岁榷""茶法""盐法""钱法"，"献征志"之"孝义""列女""仙释"等卷目中。

（四）厅志与县志

（乾隆）《循化厅志》 清代龚景瀚编、李本源纂修，分8卷，分列舆地、建置、沿革、分野、形胜、疆域、山川、古迹、关津、城池、营汛、兵粮、官署、仓廒、学校、义学、驿站、族寨工屯、官师、祠庙、寺院、土司、人物、水利、农桑、盐法、茶法、经费、风俗、物产、夷情、回变32目。"祠庙"专指汉族传统之祠宇，有关帝庙、火神庙、城隍庙、马神庙、河源神庙、子孙娘娘庙、土地祠庙等。其中，河源神庙之建造始末、庙貌规制，录有清帝谕旨和御制《建庙记》《祭文》。"寺院"则较为详尽地记述了包括藏传佛教之寺与伊斯兰教之清真寺，是研究今循化、黄南同仁等地藏族、撒拉族及汉族民俗文化最为重要的参考资料。

（光绪）《丹噶尔厅志》 清代张庭武监修，杨治平编纂，8卷，分历史、政绩、兵事、绘图、选举、耆旧、列女、地理、森林、户口、水利、贡赋、动物、植物、矿物、商务、实业、风俗、宗教、山脉、水源、道路、险隘、古迹、人类、艺文、义勇、杂记等37目。丹噶尔，即今湟源。此志虽属简略，但条贯流晰，多存信史，首次完整翔实地记载了湟源的自然和社会风貌，是研究清代尤其是民国年间湟源物质民俗、信仰民俗、社会民俗、商贸民俗、礼仪民俗、村落民俗和饮食民俗等的重要资料。

（民国）《贵德县志》 姚钧等编纂。分天文、地理、人事和艺文4卷、47目。记载汉代至民国年间贵德的自然与社会人文。此志内容虽多抄自《西宁府新志》和《甘肃新通志》，且有抄录失误处而遭后人诟病，但在"地理志"中有关贵德一地的生产民俗、商贸民俗、节日民俗、语言民俗、婚姻丧葬民俗、村落民俗、信仰民俗等记述还是有参考价值的。

（民国）《大通县志》 刘运新、廖溪苏等编纂。6卷，下分天文、地理、建置、赋税、职官、种族、人品、物产、艺文9目，较为详细地记载了大通自清初至民国初年的自然风貌、建制沿革、经济物产、文化教育和民族宗教等，对大通地区汉族、藏族、回族和土族等的信仰民俗、村落民俗、服饰民俗、社会民俗、经济民俗等有较详细的记述。

（民国）《玉树县志稿》 不著纂修人名。手抄本10卷，有列部落、山脉、水道、地形、政治、宗教、风俗、实业、掌故、考证，另有附录。开篇为玉树县地图和玉树25族分布及住牧图。有关玉树的交通民俗、信仰民俗、经济民俗、婚丧嫁娶民俗等，集中于"地形志"、"宗教志"、"风俗志"和"实业志"等。

《青海风土概况调查集》 青海省图书馆等汇编。此书收集 1920~1930 年代西宁、大通、互助、乐都、民和、巴燕、循化、湟源、门源、同仁、共和、贵德、玉树、都兰 14 个县的风土调查集，卷首辑有青海省介绍、青海概况。收录了《西宁县风土调查记》《甘肃大通县风土调查录》《青海省大通县风土调查概况》《互助县风土调查记》《乐都县风土概况调查录大纲》《民和县风土调查记》《青海省巴燕县风土调查概况》《循化县风土概况调查大纲》《湟源县风土调查录》《青海省湟源县风土概况调查大纲》《门源县风土调查记》《同仁县风土概况调查大纲》《共和县风土调查记》《共和县风土概况调查大纲》《青海省贵德县风土调查大纲》《玉树县风土概况调查大纲》《都兰县风土概况调查记》等，共计 17 篇。体例基本一致，属两级分目体，总目有 7 类：疆域沿革、种族户口、宗教风俗、山川气候、人情习惯、古迹名胜、政治实业，如实记述了信仰民俗、婚姻丧葬民俗、衣食起居民俗等内容，折射出青海省在民国时期的社会面貌，有助于了解民国时期的青海及其民俗文化。

（五）新型方志"民俗"专章述要

在第一轮社会主义新方志的编纂过程中，青海 6 个民族自治州和 34 个县（含自治县）相继完成了州志、县志的撰写。各州县的志书结构基本一致，分为地理、经济、政治、文化、社会和人物 6 编，下分若干章节。在"文化编"的"文学艺术"与"群众文化"专章中简要介绍了本行政区内的世居民族的民间文学、民间戏剧、民间娱乐活动等；在"社会编"中列有"习俗"专章，简要地将本行政区域内各民族的衣食住行民俗、饮食与节日民俗、婚丧嫁娶民俗、社会与礼仪民俗、语言民俗等做了或详或简的记述。80 余部行业志与特色志，如《青海湖志》《唐蕃古道志》《彩陶志》《宗教志》《公路交通志》《高原生物志》《农业、渔业志》《林业志》《畜牧志》《盐业志》《手工业志》《经济贸易志》《粮食志》《金融志》《民族志》《方言志》

《特产志》《旅游志》《医药卫生志》《体育志》等，涉及青海交通民俗、物质生产民俗、物质生活民俗、语言民俗、经济民俗、信仰民俗、娱乐民俗及医药保健民俗等方面内容，因有鲜明的地域特色与民族特色，可供研究者参考。

四 文学文献

《西海郡谣》 东晋十六国时期，今青海地区常常处于混战之中，给这里生活的各族民众带来了深重灾难，亦激起了被压迫者的怨愤，"朔马心何悲？念旧中心劳；燕雀何徘徊？意欲还故巢"。道出了民众不满军阀掠夺人口、希望归还故乡的心情，语言朴素而感人至深。

青海《竹枝词》 清代以来在青海汉文学逐渐兴盛之时，相继出现了"泛咏风土"的竹枝词作品，主要有叶礼的《甘肃竹枝词》（在清代今青海东部地区归甘肃管辖）、朱绪曾的《巴燕戎格竹枝词》、恭钊的《湟中竹枝词》与《续湟中竹枝词》、李焕章的《河阴竹枝词》、邓星南的《河阴竹枝词和章》、宁赞丞的《河阴竹枝词和章》、赵万青的《河阴竹枝词和章》、杨文汉的《西宁八属风俗竹枝词》以及基生兰的《元朔山老虎洞竹枝词》等。这些作品以其特有的"有韵的地方志"和"鲜明的风情画"笔调记录了清代以来青海的农牧业生产民俗、商贸民俗、衣食住行民俗、各民族信仰民俗、婚丧民俗、节日娱乐民俗等，对于研究青海历史民俗有参考价值。

《庄学本全集》（上、下） 李媚、王璜生、庄文骏主编，中华书局2009年7月出版。本书收集了从1934年到20世纪50年代摄影家和人类学家进行摄影和民族考查时所拍摄的3000多张照片、全部旅行日记及部分考察报告等，内容涉及青、甘、川、滇四省的羌族、藏族、回族、土族、东乡族、撒拉族、保安族、彝族及纳西族等，考察日记、报告及照片等发表在当时的《良友画报》《申报》《中华画报》《西南边疆》《康导月刊》等上，有"他日欲编西北史，取材写实仗先生"的赞誉。其中第一章"走进果洛"、第二章

"行走甘青"，有 1100 余幅图片和大量考察文字是写今青海果洛、西宁及周边、海南及玉树的人与事，涉及青海的藏族、汉族、蒙古族、回族、土族和撒拉族 6 个世居民族，为后世保存了客观真实的图像资料和文字资料，对于研究青海多民族的服饰民俗、信仰民族、经济生产民俗、饮食民俗及婚姻家庭民俗等，具有重要的参考价值。

《河湟民间文学集》(1~12 集) 青海省西宁市文联编，1981 年至 1989 年间以内部铅印本形式，陆续印行 12 集，共 260 万字，其中收集整理了河湟多民族的民间故事与传说 180 余篇、民间曲艺作品 95 篇、民间歌谣 850 余首、民间小调小曲 250 篇、民间戏曲 20 部、相关民俗研究动态 136 篇，还推出专栏，专门介绍民间艺人的事迹与贡献，保存了大量有价值的河湟民间文学资料。

《青海藏族情歌三百首·附汉族近代歌谣》 许英国编，系中国民间文艺研究会青海分会编的"青海民族民间文学资料"丛书的第四辑，为 1984 年未公开出版的内部铅印本，是较早整理的有关青海藏族民间情歌的整理文本。

《青海藏族民间谚语选》 许英国选编，青海人民出版社 1987 年 11 月出版，是作者亲自搜集的属于 1949 年以前的流传在藏族口头的谚语，共收入 2600 条。主要内容是有关总结生产经验、传播生产知识的，如天文气象、物候时令，反映善恶观、家庭伦理、道德修养、认识阶级本质等的 16 类，为研究藏族谚语的产生、发展及传承提供了基本资料。

《青海湖民间故事集》(上、下) 青海湖景区保护利用局、青海省民间文艺家协会编，中国文联出版社 2009 年 6 月出版。所选作品包括了流传在环青海湖地区多民族口头叙事文学的多种体裁 202 篇。多民族民间传说有青海湖风物传说、格萨尔风物传说、历史人物传说及环湖风物传说；多民族生活故事包括童话故事、生活故事、机智人物故事以及动物故事等。其材料大多来源于 20 世纪 80 年代以来搜集的环湖各州县《中国民间故事集成》原始卷本、省民协组织专家新进搜集到的地方风物传说及民间故事。既是一本民间文化普及读物，又是一部严格遵循学术规范而加以搜集整理和翻译的民间文化资料。

《社火词曲选注》 罗耀南编著，青海人民出版社 1993 年 6 月出版。此书是作者通过大量田野作业，对青海尤其是流传于湟中县、西宁市的社火词进行搜集整理而成的。内容包括社火小调、表说词、民间小戏和典型曲谱，比较系统地叙述了社火的形成演变与发展流变，资料性强，为民间文化的研究提供了较为真实可靠的第一手材料。

《花儿集》 西宁市文化馆编，1979 年 10 月内部铅印本，系《西宁演唱》内部刊物的特刊。所收录的民歌"花儿"大多是 1978 年以后在"花儿会"上现场记录的，新编与新作者居多，也有少部分在公开选集中没有的传统"花儿"，主要分为献歌、瞿昙寺花儿会采风录、莲花山花儿会采风录、叙事花儿录以及花儿的研究等几个方面。基本上保持了"花儿"的原貌，有着重要的资料价值。

《青海民间小调》 青海省群众艺术馆编，1978 年 12 月内部铅印本。此集选入 150 首民间小调，主要是回族、汉族的，还有部分是土族和撒拉族用汉语演唱的小调。内容分为秧歌调、小调、祝酒歌、酒令、回族宴席曲等，主要介绍了各种曲调，意在反映在曲调名称上，一个曲子因民族不同和演唱场所各异而呈现出调名与唱词不相同的多元状况。

《平弦》 青海省群众艺术馆编，1985 年内部铅印本。主要精选和收录以西宁市为中心的湟中、湟源、大通、互助、乐都等地流传的平弦 57 篇，内容取材于神话传说、古典历史名著、传统民间故事、近代生活故事及元明杂剧和各种戏曲剧本等。其来源大多为私家藏手抄本，也有部分是表演现场的记录本、青海省群艺馆藏本等。此书坚持"忠实记录、慎重整理"的原则，为曲艺演唱者、爱好者以及研究者提供了可靠的资料。

《越弦》 青海省群众艺术馆编，1985 年内部铅印本。此集是在西宁市城东区文化馆编印的《地方曲艺选》、湟中县文体局编印的《青海曲艺选》、湟源县文化馆编印的《湟源曲艺选》等基础上编辑而成的，一共 57 篇（段），基本上都是现场演唱的文本化记录。内容以反映民间生活故事的题材见长，传统的段子出自唐宋传奇、金元杂剧、明清小说及近代民间生活等，为曲艺演唱者和爱好者提供了演唱的素材，也为研究民间文艺提供了可靠的资料。

《塔尔寺的传说》 韩生魁、马光星编，青海人民出版社 1990 年出版。此书收集了以宗教圣地塔尔寺为中心传说圈的宗教与世俗故事 80 篇，有宗喀巴大师的传说、达赖与班禅的传说，也有围绕塔尔寺的地方风物与人物传说，有香火味与泥土味相互交织的特点，能够帮助读者了解本地的宗教文化和世俗文化。

《青海乡俗》 孙考著，青海人民出版社 1984 年出版，1992 年出版增订本。本书作者生于斯长于斯，对家乡民俗生活有较为深刻的体验，用叙述散文的方式，通俗性地书写了青海河湟地区各民族的物质民俗、社会民俗、精神民俗及语言民俗等，有助于读者了解青海民俗文化的方方面面。

《清末丹噶尔民间楹联大全》 阎泰昶编，青海人民出版社 2011 年 6 月出版。此书系清末家藏抄本，内容上分为春联、婚联、贺联、神联、行业联、挽联等 1452 副，几乎包括了湟源民间节庆、婚丧嫁娶、神坛庙宇及生活百事的方方面面，其中有专用联、特殊联，如 "有继母续娶" 用联、"殡兼娶" 用联、"寿兼娶" 用联及 "男女同挽" 用联等，反映了湟源丰富的民间文化生活，为研究者提供了真实可靠的资料。

第三节　民俗志文献

一　综合性文献

《中华全国风俗总志》 民国时期胡朴安编，上海广益书局 1923 年出版。分上、下两编，上编 10 卷，引述大量历史资料，介绍了有史以来中国各地的风土人情、乡俚民风；下编 10 卷，是作者根据当时笔记、杂志及报纸对当时各地风俗的记录。书中的行政区划、各地称谓与今有很大不同。有关青海藏族、蒙古族衣食起居民俗、信仰民俗、婚丧嫁娶民俗及行旅交通民俗等多辑录在下编中。

《青海风土记》 杨希尧著，1928年西宁区公署印刷局印制本，1933年、1935年亚细亚学会铅印本。作者系青海循化县积石镇人，1909年进入北京法政专门学校学习，毕业后于1916年返回兰州工作，后担任过西宁县县长一职。此书是作者应20世纪20~30年代"开发西北"的呼声，用自己独特的视角为世人了解青海而写，1931年新亚细亚学会出版，被列入"国立北京大学中国民俗学会民俗丛书"第43辑，由东方文化局出版，当时的国民政府要员林竞、陇上名士周希武为其作序。周希武在序文中评价说，作者"以社会学的眼光，写实派的笔墨，刻画青海风俗，淋漓尽致"，将青海风俗分为十10章节，即婚姻、养育、衣食、居处、职业、集会、物产、宗教及丧葬等，比较真实地描写了当时青海的风土人情，为人们认识青海起到了重要的先导作用。

《中国地方志民俗资料汇编·西北卷》 丁世良、赵放主编，北京图书馆出版社1989年9月出版。本书所收的青海民俗资料，主要是从《最近至青海》（民国二十三年铅印本）、《青海志略》（民国二十三年上海商务印书馆铅印本）、《青海风土记》（民国二十二年铅印本）、《青海》（民国三十四年上海商务印书馆铅印本）、《玉树调查记》（民国九年上海商务印书馆铅印本）等书中辑出，内容有礼仪民俗、服饰民俗、饮食民俗、信仰民俗等，对于研究当时青海的民俗文化很有帮助。

《撒拉族风俗志》 马学义、马成俊编著，中央民族学院出版社1989年11月出版，系"民俗文库"丛书之一。主要包括撒拉族的社会组织结构、物质生产与生活、人生仪礼、民间文学、民间游艺及禁忌等内容。此书首次对撒拉族风俗进行了较为系统的描述。

《青海风俗简志》 朱世奎、周生文、李文斌著，青海人民出版社1994年出版。此书是第一部综合反映青海6个世居民族风俗的专著，着重从生产、生活、礼仪、岁时、社会等方面的习俗，对汉族、藏族、回族、撒拉族、土族和蒙古族民俗文化做了较为翔实的介绍，凸显了青海民俗的民族性、地域性及宗教性特点，对习俗沿革、地域特点、生产和生活方式、文化传承、民族心理及多民族风俗相互影响渗透与交融等方面的认识和研究有重要参考价值。

《中国民俗大系·青海民俗》　赵宗福、马成俊主编，甘肃人民出版社2004年出版。此书凡12章，以青海民俗文化产生与嬗变为开篇，分为生产民俗、村落民俗、宗族民俗、居住民俗、饮食民俗、服饰民俗、岁时节日民俗、人生礼仪民俗、民间信仰民俗、民间艺术及其民俗10个板块，进行了较为细致和科学的深度描述。首次提出青海民俗文化从信仰而言有3个既相互交叉交融又各自独立的文化圈，即藏传佛教文化圈、伊斯兰教文化圈和汉儒文化圈，概括性地指出青海民俗具有民族多元文化并存、民俗文化在多民族中表现出趋同性与一致性的文化景观特点。

《青海民俗》　米海萍、贺喜焱编著，甘肃人民出版社2008出版。此书系甘肃省古籍文献整理编译中心编"中国民俗知识丛书"之一。分概述篇、生产篇、居住篇、服饰篇、饮食篇、岁时节日篇、家族篇、人生礼仪篇、信仰篇及民间艺术篇等，内容较为翔实系统，文字浅显易懂，是一本雅俗共赏的有关青海民俗文化的普及性读物。

《中国节日志·春节》（青海卷）　中国节日志编辑委员会、《中国节日志·春节（青海卷）》课题组著，本卷主编赵宗福，光明日报出版社2014年出版。此书为文化部民族民间文艺发展中心主持的国家社科基金特别委托项目子课题之一的成果，按照节日志体例框架由综述、志略、调查报告、后记等部分组成。在文献梳理与实地调查并重的基础上，科学客观而又较为具体全面地描述了对共同传承和共同享用在青海汉族、藏族、土族和蒙古族中间的春节这一重大节日所展示的民俗文化事象，用规范平实的文字记录了青海各民族传统节日在当下环境中的生活状态与历史演进过程。

《中国节日志·土族青苗会》　中国节日志编辑委员会、《中国节日志·土族青苗会》课题组著，本卷主编赵宗福、胡芳，光明日报出版社 2016 年出版。此书为文化部民族民间文艺发展中心主持的国家社科基金特别委托项目，按照节日志体例框架，由综述、志略、调查报告、参考文献及后记等部分组成。这是在对青海互助、民和、大通、同仁，甘肃天祝、卓尼展开田野调查基础上完成的，就土族青苗会所呈现的与汉、藏等多民族共享的民俗文化事象，进行了多方位的、客观的和规范的记录与分析。

《青海风物志》《青海风物志》编写组编著，青海人民出版社 1985 年出版。此书系"中国风物志"丛书之一，比较集中地描述了青海的历史变迁、山川风貌、民族宗教、乡土民俗、物产风味及文化艺术等。其中的民族风情、民间艺术、独特民俗、珍禽异兽、奇花异草、土特名产、名食小吃等民俗文化内容，具有鲜明的民族与地域特色。

《江河源头的民俗与旅游》 寒竹著，旅游教育出版社 1995 年出版。此书系"中国民俗·旅游丛书"之一"青海卷"，以旅游为主线，从民俗视角分析和描述青海各地的风土民情、重要景物，所述内容大多为田野调查而得，用轻松流畅的笔调写成，对一般研究者、民俗工作者有着重要的参考价值。

《江源藏俗录》 梁钦著，华艺出版社 1993 年出版。此书系作者在江河源头的玉树藏族自治州生活 30 年的实录，分衣饰录彩、食俗杂志、民舍风采、行旅今昔、家庭琐记、婚嫁奇趣、丧葬异风、礼俗六记、艺苑歌舞、体坛异姿、节日记胜、牧场风情、四季采撷、狩猎生活、百匠艺录、商市见闻、俗民佛事、佛寺探秘、禁忌种种等 20 个专题，如实描述了玉树藏族特有的物质民俗、精神民俗、社会民俗和民间工艺民俗，具有可资参考的资料价值。

《果洛藏族社会》 邢海宁著，中国藏学出版社 1994 年出版。本书是作者通过大量田野考察并参考相关藏汉文史籍而成。对果洛地区的历史、1958 年以前果洛藏族的分布及其部落组织系统、传统的游牧经济、婚姻制度、民间习惯法及宗教信仰等，做了较为客观而全面的介绍，列有汉藏文对照的专有名词及索引，对于读者系统地了解果洛民俗文化很有帮助。

《青海目连戏》 徐明、霍福著，青海人民出版社2007年出版。本书在探讨目连戏相关问题时，主要对现存青海民间的手抄本《目连宝卷》和《目连救母幽冥宝传》进行了整理。民和县民间保存的《目连宝卷》是中国目前唯一一部保存齐全的目连戏剧本，被誉为"中国古老戏曲活化石"。2007年青海省人民政府公布其为省级非物质文化遗产保护项目。

《青海蒙古族风俗志》 纳·才仁巴力、洪峰著，青海民族出版社2015年出版。此书为第一本有关青海蒙古族风俗文化的著作，记录和描述了居住在柴达木盆地蒙古族的衣食住行、婚丧嫁娶、人生仪礼、生产劳动及信仰崇拜等民俗，总结了蒙古族风俗文化的基本特点，如实反映了在现代化生活方式、生产方式融入蒙古族传统生活后所出现的新观念、新思想及社会变迁。

二 中国民间文艺十套集成·青海卷

《中国民间故事集成·青海卷》 中国民间文学集成青海卷编辑委员会、《中国民间故事集成·青海卷》编辑委员会编，本卷主编为王歌行，中国ISBN中心2007年出版。此书大部分作品选自1985年以来全省民间文学普查基础上编印的中国民间文学集成青海卷州、市、县卷资料本，选有青海6个世居民族698篇、140万字的作品。分神话、传说和故事3类，下分14小类，附录中列有"青海省常见故事类型索引"。所选作品突出了科学性和代表性，具有较高的民间文学欣赏价值和研究价值。

《中国歌谣集成·青海卷》 中国民间文学集成青海卷编辑委员会、《中国民间故事集成·青海卷》编辑委员会编，本卷主编为许英国、马光星，中国ISBN中心2008年出版。此书以州、县歌谣集成资料本为主，汇集了青海传统与当代的1300首歌谣，按民族编辑，根据内容一般分为劳动歌、时政歌、仪式歌、生活歌、传说故事歌、情歌及儿歌等，较为全面地反映了青海6个世居民族歌谣的概貌、流传及演变轨迹。

《中国谚语集成·青海卷》 中国民间文学集成青海卷编辑委员会、《中国民间故事集成·青海卷》编辑委员会编，本卷主编为冯国寅，中国 ISBN 中心 2007 年出版。此书汇集青海 6 个世居民族的 16000 余条谚语，根据内容编排次序，分为事理谚、修养谚、社交谚、时政谚、生活谚、家庭谚、风土谚、自然谚、农林谚、工商谚和文教谚 10 类，下分 59 小类。每条谚语后标明所属民族和采录地区（汉族谚语标从略，青海 6 州、8 县、1 地、3 市），"花儿谚"属各民族共同创作和共同享用，不标族属和地区，较为全面地反映了青海谚语分布流传状貌。

《中国民间歌曲集成·青海卷》　"中国民间歌曲集成"全国编辑委员会、《中国民间歌曲集成·青海卷》编辑委员会编，本卷主编为黄荣恩等，中国 ISBN 中心 2000 年出版。此书收录了 965 首青海省各民族、各地区、各种题材内容和体裁形式的民歌，并按音乐特点把青海各民族民歌分为：东部地区各民族的号子、花儿、小调、宴席曲、勒（酒曲）、拉依（山歌）、则柔（表演唱）等；西南地区藏族康巴方言区的拉勒（山歌）、卓（歌舞曲）、伊（歌舞曲）等；西北部的藏族安多方言区拉依、勒、蒙族长调、短调等；东南部藏族的拉依、勒、嘛尼调、伊、婚礼曲、则柔、东连（弹唱）等。"概述"部分描述了青海地理历史、民族文化及经济发展与民歌的关系，介绍了青海民歌的题材、体裁、青海民歌的分类、分布及其音乐特点等。

《中国民族民间器乐曲集成·青海卷》　"中国民族民间器乐曲集成"全国编辑委员会、《中国民族民间器乐曲集成·青海卷》编辑委员会编，本卷主编为王承喜，中国 ISBN 中心 2005 年出版。此书把所收乐曲分为民间器乐曲和宗教音乐两大类。民间器乐曲按演奏形式分为合奏曲和独奏曲，合奏曲中包括弦索乐、锣鼓乐、鼓吹乐；独奏曲按乐器分为三弦、板胡、箫、笛子（藏族）、牛角胡（藏族）五种。宗教音乐分佛教音乐、道教音乐、伊斯兰教经韵 3 类。其中，藏传佛教音乐又分经韵、鼓吹乐、花架音乐；汉传佛教音乐只收经韵；道教音乐分经韵、法器曲、云锣曲、法师鼓曲；伊斯兰教只收经韵，较为系统完整地辑录了青海的民族民间器乐曲文化遗产。

《中国戏曲音乐集成·青海卷》　"中国戏曲音乐集成"全国编辑委员

会、《中国戏曲音乐集成·青海卷》编辑委员会编，本卷主编为陈秉智，中国 ISBN 中心 2003 年出版。由综述、图表、剧种音乐和人物介绍 4 部分组成，并依此顺序编排。其中，剧种音乐分为青海平弦戏、青海眉户戏、安多藏戏、秦腔和豫剧，"曲谱目录"，唱段标题为文字标题、剧名、折名、行当和板式（曲牌）名，较为系统地梳理和整理了青海的戏曲音乐优秀遗产。

《中国曲艺音乐集成·青海卷》"中国曲艺音乐集成"全国编辑委员会、《中国曲艺音乐集成·青海卷》编辑委员会编，本卷主编为陈秉智，中国 ISBN 中心 1998 年出版。记述了青海境内汉、藏、蒙古、回、撒拉 5 个民族的 14 个曲种。其中，汉族曲种 9 个、藏族曲种 3 个、蒙古族曲种 1 个、回族和撒拉族共有的曲种 1 个。所载曲谱，均以艺人演唱的录音为准，记谱则按有关规定进行了规范。曲种、曲目、腔调、曲牌等所使用的名称为传统的惯用名称，凡少数民族语言演唱的曲种，藏语转写为拉丁字母，并将汉文意译词的一段或数段配入曲谱，其余的汉文意译词附在曲谱之后；蒙古语转写为蒙文标准语音标，汉文意译词附在曲谱之后，便于研究者参考。

《中国民族民间舞蹈集成·青海卷》　中国民族民间舞蹈集成总编辑部、青海省卷编辑部编，本卷主编为陈秉智，中国 ISBN 中心 2001 年出版。较为系统地记述了青海传统的汉族舞蹈、藏族舞蹈、回族舞蹈、蒙古族舞蹈、土族舞蹈和撒拉族舞蹈，各民族传统舞蹈发展的历史与现状。技术说明部分如舞曲、动作、场记、服饰、道具等采用图文对照、音舞结合的方法加以介绍，阅读时需文字、乐谱和插图相互对照。其中的动作说明以"人体方位"定向，场记说明以"舞台方位"定向，并根据介绍舞蹈音乐及其研究的需要，选入本民族代表性曲目。

《中国戏曲志·青海卷》"中国戏曲志"编辑委员会、《中国戏曲志·青海卷》编辑委员会编，本卷主编为陈秉智，中国 ISBN 中心 1998 年出版。本卷内容分综述、图表、志略和传记 4 类，其中"志略"是主干部分，包括青海省的剧种、剧目、音乐、表演、舞台美术、机构、演出习俗、文物古迹、报刊专著、轶闻传说、谚语口诀、人物传记等。在青海戏曲的历史与现状、整理青海的戏曲资料工作、概括 1949 年以来青海戏曲改革工作的经验教训等方面记述较为系统，是一部保留较为完善的戏曲文献。

《中国曲艺志·青海卷》"中国曲艺志"全国编辑委员会、《中国曲艺志·青海卷》编辑委员会编，本卷由青海省群众艺术馆编纂，中国 ISBN 中心 2009 年出版。本卷内容分综述、图表、志略和传记 4 类，其中"志略"包括青海省的现有曲种、曲（书）目、音乐、表演、舞台美术、机构、演出场所、演出习俗、文物古迹、报刊专著、轶闻传说、谚语口诀等，认定青海古今的本土及外来曲艺品种共 38 个，其中，本地曲种 22 个、外来曲种 16 个；少数民族曲种 10 个，包括藏族曲种 5 个、蒙古族曲种 1 个、土族曲种 1 个、回族曲种 2 个、撒拉族曲种 1 个。对青海各民族曲艺发展的历史和现状记述较为全面和系统，填补了青海曲艺整体研究与综合整理的诸多空白。

三 河湟民间文艺代表性丛书

河湟民间文艺代表性丛书系在青海省文化厅直接领导下，由青海省文化馆（即原来的群众艺术馆）主持策划、九州出版社从 2011 年至 2016 年陆续出版的丛书，获 2016 年青海省第十一次哲学社会科学优秀成果三等奖。现任馆长颜宗成先生担任总主编，副主编为石永、李锦辉、冶春荣、鲁占奎、冶英生等。该丛书凡 13 种：《青海平弦词本》《青海越弦音乐》《青海下弦》《青海越弦词本》《河湟民间刺绣》《青海平弦音乐》《河湟皮影》（上、下册）《青海弦索音乐》《青海社火》《青海民间小调》《贤孝》（上、下）、《青海道情》《青海民间小戏》。叙述民间音乐类专业记录的曲谱、代表性人物；说唱类既保留了典雅、颇富文采的语词，又如实保留了河湟的方言俗语和宾语前置等特殊语法的语言；刺绣类记录了皮绣、毡堆绣及藏绣等富有地域特色的材质使用工具、绣法等；皮影类深描了皮影道具制作过程和演出戏班组织机构。总之，以"博物馆式的展示平台"，集中展示了青海河湟民间文艺精华，从中能够领略到河湟民间文艺与中华文化大传统和各民族间的血缘关系，能够唤起文化记忆，强化文化情感，加强文化保护传承意识，增强各民族文化自觉[①]。作者们大多是长期从事民间文化的工作者，时刻关注民间文化，全面搜集、忠实记录并慎重整理，尽量保持了作品的本真风貌。作为一套数百万字规模的丛书，大部分来自青海省群艺馆和相关机构专业人员长期调查的第一手资料，是一部颇具史料价值的河湟民间文艺集成和河湟民俗文化志，为民间文艺学、民俗文化学、民族音乐学、地域文化学的深入研究，提供了具有很高参考价值的原始资料，为这些学科的资料学建设积累了科学扎实的文献；同时也是当下文化建设的急需资料，为学术的薪火相传起到了承前启后的良好作用。

第四节　其他文献

一　代表性花儿文献述要

（一）1949年以前代表性文献

张亚雄《花儿集》首版于1940年在重庆出版，二版于1948年在兰州出版，三版于1986年8月由中国文联出版公司出版；台湾翻印于1973年。分上下两编，上编为学术研究成果，下编精选花儿歌词650首，第一次把花儿分为河湟花儿和洮岷花儿两大类。此书既是第一部研究花儿的学术专著，又是忠实记录整理花儿的典范性文献。王云阶编著的《山丹花》出版于1944年，是作者夫妇1943年在西宁学校音乐教学时收集的花儿及曲谱，当时刊登在《青海民国日报》的《乐艺》副刊上，后汇集成册，对花儿曲子的介绍和传播发挥了重要作用。

[①] 赵宗福：《河湟民间文艺资料编纂的多重意义价值——〈河湟民间文艺代表作丛书〉》，载颜宗成、石永主编《河湟民间文艺代表作丛书》之一《青海下弦》，九州出版社，2012，序。

（二）20 世纪 50 年代至 70 年代代表性文献

朱仲禄编《花儿选》于 1957 年 2 月由西北人民出版社出版，是 1949 年以来第一本花儿选集，选录整理基本做到了忠实记录、慎重整理，较有资料价值。《青海山歌》整理辑录者为兰州大学中文系师生，1957 年由甘肃人民出版社出版，"山歌"几乎都是河湟花儿，许多是新搜集到的作品，资料价值高。《青海花儿选》1958 年 5 月由青海人民出版社出版，收集花儿 550 首，分政治花儿、爱情花儿、歌唱新社会花儿三辑，第一、二辑由马甘、韩昌林提供，第三辑由杨正荣提供。他们都是长期从事民间文学工作者，保持了浓厚的泥土气息。王歌行、刘文泰选的《花儿与少年》，1957 年 12 月由青海人民出版社出版，选编青海花儿歌词 500 多首，因选编者都是生长于河湟的诗人和民间文艺专家，故在编选时着重思想性与艺术性的统一。《花儿资料专集》由青海省民间文学研究会于 1961 年 8 月内部编印，是《青海民族民间文学资料》的第 17 集，分历史花儿、爱情花儿、劳动斗争花儿、抗战花儿和解放后花儿 5 部分，所收录的花儿数量在同时期花儿选集中最多。青海省民研会《传统花儿专集》内部编印于 1979 年，共收录花儿 2500 余首，是 1949 年以来搜集花儿最多的本子，内容丰富，且忠实记录，为花儿研究者提供了第一手资料。谢承华编辑的《花儿集》由西宁市文化馆 1979 年 10 月印行，收录花儿 600 余首，所选花儿大多属于精华作品，有较高的研究参考价值。青海省群艺馆编著《青海花儿曲选》，是 1979 年 7 月印行的内部资料本，分回族花儿、土族花儿、撒拉族花儿、汉族花儿和新编花儿 5 部分，收集不同风格的花儿曲令百余首。

（三）20 世纪 80 年代以后的代表性文献

朱刚选编的《传统花儿百首》1982 年 7 月由青海人民出版社出版，所选传统爱情花儿脍炙人口。罗耀南《花儿词话》2001 年 9 月由青海人民出版社出版，对 700 多首传统花儿歌词按句型结构与词语特点兼顾词义表达方法加以分类，就其中所蕴含的历史典故、方言古语、蒙藏语汇及风土民情等进行了诠释，有助于对青海花儿的深度理解。滕晓天《青海花儿话青海》2002年6月由香港银河出版社出版，分上下篇，上篇通过解析花儿内容展现青海历史与文化风貌，下篇系统分析了花儿的19种修辞手法。马正元《青海撒拉族花儿曲选》2004年10月由青海人民出版社出版，选入循化地区流行的花儿歌词和曲谱60多首。朱仲禄《爱情花儿》2002年4月由敦煌文艺出版社出版，是依据作者生活经历和演唱实践所搜集创作的花儿，内容分为爱的心花、河湟花儿、洮泯花儿、陇中花儿、河湟传统花儿5部分，其中浸透着作者人生阅历与视为生命的花儿情结。马德林《新编大传花儿》2003年6月由青海人民出版社出版，较为系统地记录整理和创编传统大传花儿1000余首，在挖掘花儿资源方面产生了积极影响。颜宗成主编的《青海花儿新篇》2006年7月由中国文联出版社出版，收入21世纪以来所创作的新花儿1000余首，体现了新的时代气息。滕晓天等主编的《青海花儿选》2009年2月由香港银河出版社出版，分上下篇，上篇精选传统爱情花儿500余首，下篇选新作500余首，以展示青海各民族新生活和新的精神风貌。颜宗成主编的《青海花儿·创作歌曲集》2010年4月由青海人民出版社出版，搜集了流传在青海境内的传统曲令218首，是一本词曲相配、收录曲令较全的花儿演唱与研究的资料集。

二　民族民俗文献述要

广义的民族文献是指相关少数民族的口头语言、文字符号、实践仪式、文化实物等反映民族知识和文化的一切载体，但本节所指主要是藏文典籍文献。在敦煌古藏文写卷《敦煌本吐蕃历史文书》中[①]，有许多歌谣和占卜词。1957年英国古藏文学者F.W.托玛斯考释编著有6章内容的《东北藏古代民间文学》一书[②]，李友义、王青山翻译，四川民族出版社1986年2月出版，

---

① 王尧：《敦煌古藏文文献探索集》，陈践译注，上海古籍出版社，2008。
② 东北藏是指今天青海、甘肃藏区及部分四川藏区，东北藏古代民间文学指在这一带地区流传的藏族古代民间文学。

翻译和介绍了古代藏族的6篇民间文学作品，保留了11世纪吐蕃早期的谚语、卜辞和散韵相间的民间故事。

《尸语故事》是一部深受藏族民众喜爱的以连串插入式方式讲述的民间故事文本集，国内外流传有多个版本的手抄本、木刻本，青海省民间文学研究会1961年编印的《青海民族民间文学资料》第15集即为《说不完的故事》，汉文译本的21章本由青海民族出版社1962年出版，是研究青藏高原民众的生活史、心灵史、高原民族文化的资料。

《西藏王统记》，萨迦·索南坚赞著[1]，又名《王统世系明鉴》，是融历史、文学于一体的名著，其第十三章"迎娶甲木萨汉公主"以迎娶文成公主为主线，将汉藏民族友好关系史融入生动的民间传说"八难婚使"加以叙述，在史实叙述中展现了人物活动、地方风物。

《汉藏史集》，达仓宗巴·班觉桑布著[2]，亦是一部简述佛教发展史、蒙藏关系史和萨迦政权史的名作。其中"茶叶和碗在吐蕃出现的故事"一节采用民间叙述方式讲述了汉地茶叶和制碗技术传入青藏高原的故事；在"茶叶的种类"一节中记述了饮茶习俗，在"鉴别碗的好坏的知识"一节中讲述了制碗工艺民俗。

《安多政教史》，智观巴·贡却乎丹巴饶吉的名著[3]，分3编18章，是有关安多地区藏传佛教发展、藏汉民族交往的地方专史。在第三章"圣教在多麦地区弘传情况概述"中有文成公主进藏时日月山来历的传说，在第六章"论湟水南岸与黄河北岸地区政教发展情况"中有宗喀巴大师与塔尔寺风物传说、瞿昙寺的隆国殿下葬建文帝（原文为"永乐皇帝"）的传说、夏琼寺

① （元）萨迦·索南坚赞：《西藏王统记》，刘立千译，西藏人民出版社，1987。另有陈庆英、仁庆扎西译注本为《王统世系明鉴》，辽宁人民出版社，1985。

② （明）达仓宗巴·班觉桑布：《汉藏史集——贤者喜乐瞻部洲明鉴》，陈庆英译，西藏人民出版社，1986。

③ （清）智观巴·贡却乎丹巴饶吉：《安多政教史》，吴均、毛继祖、马世林译，甘肃人民出版社，1989。安多是藏语地名汉译，古译为"多麦"，到元代又译作"脱思麻"或"朵思麻"，藏语意为"末尾或下部"，具体指今青海巴颜喀喇山以东，包括甘肃与四川阿坝藏族自治州北部在内的广大地区。

及其风物传说等口承民俗。

《格萨尔王传》是中国三大英雄史诗之一，是世界上发现的史诗中演唱篇幅最长的英雄史诗，从其生成、基本定型到不断演进，包含了藏族文化的全部原始内核，具有很高的学术价值、美学价值和欣赏价值，是研究古代藏族社会的一部百科全书，被誉为"东方的荷马史诗"。《格萨尔王传》代表着古代藏族文化的最高成就，是在藏族古代神话传说、诗歌和谚语等民间文学的丰厚基础上产生和发展起来的，提供了宝贵的原始社会的形态和丰富的资料。据不完全统计，青海省收集到的藏文手抄本、木刻本百余种，整理出版说唱本 50 余种，汉译原文本 50 余种，收集整理的资料约占全国的一半。

三　其他民俗文献

《青海藏区部落习惯法资料集》　张济民主编，青海人民出版社 1993 年出版。青海藏区部落习惯法体现传统社会中统治阶级意志的社会行为表现，在藏区部落生活中居于支配地位。此书对青海海西蒙古族藏族自治州、海南藏族自治州、海北藏族自治州、黄南藏族自治州、果洛藏族自治州及玉树藏族自治州的部落法规，西藏那曲专区、甘肃甘南藏族自治州及四川甘孜藏族自治州的习惯法进行了汇集翻译和整理注释，涉及维持部落政体、生产经济、军事武装、宗教信仰、财产继承、缔结婚姻及刑事民法等内容，对于研究藏区的社会制度民俗有较高的参考价值。

《青海省非物质文化遗产名录图典》《青海省非物质文化遗产名录图典》编辑委员会编，由青海人民出版社 2012 年出版。此书共收录图片 800 余幅，以图文并茂形式，系统地介绍了青海省 64 项国家级项目、86 项省级项目的历史渊源、分布地区、表现形态、文化价值、现阶段存活状态及保护成效等，直观而形象地记述了这些非物质文化遗产项目时代变迁与民族民间文化的发展变化，集知识性与学术性于一体，是一部较为完整介绍青海入选国家级、省级非物质文化遗产名录的专著，有助于研究青海世居各民族活态民俗生活与文化。

《馆藏青海文献目录》 青海省图书馆编，青海人民出版社 1988 年 6 月出版。此书从本图书馆收藏的有关青海地方文献中精选 4000 余种，以馆藏文献情况分为哲学、社会科学、语言与文学艺术、历史与地理、自然科学、应用科学、综合性图书及报刊 8 类，各类之下再列若干子目。著录项目依次为书名、著者、版本、稽核和附注等。其中在历史与地理大类下列有"风俗"子目，专门收录了民国时期发表在学术刊物上有关青海民俗的文章目录，可供民俗史研究参考。

《青海地方史报刊资料索引》（1870~1989） 李树玫、王志善编，青海人民出版社 1992 年出版，这是有关青海历史与文化研究的第一本资料索引。编者查阅了百余年国内出版发行的 300 多种报刊杂志，搜集出有关青海地方史论文资料篇目，分历史、民族、人物、考古、语言文字等 16 类，总计 4000 余条。其中，风俗习惯索引归类在"历史、地理"大类中，细分为各民族风俗总论、藏族风俗、蒙古族风俗、回族风俗、土族风俗、其他民族风俗和各民族民间传统体育活动等 8 小类，为研究者提供了较为翔实的目录资料。

第二章　研究文献

综观青海民俗文化的研究成果，内容几乎涉及当地民俗文化的方方面面，有关信仰民俗、物质民俗的研究硕果累结，有关口承民俗的整理杰作纷呈，有关社会民俗的调查华章盈耳，尤其是对具有青海地域特色的河湟花儿、昆仑神话、英雄史诗《格萨尔》等的研究影响甚大、成绩斐然。从业已发表的研究成果及数量来看，民俗专著比比皆是，民俗丛书屡见不鲜，民俗论文不知凡几，加之多年来获得的各级各类民俗奖项和获批的国家社科基金民俗类项目，青海民俗研究文献和成果可谓蔚为壮观。

第一节　花儿研究

一　花儿研究专著

《花儿集》 张亚雄著，1940 年于重庆出版发行，1948 年和 1986 年分别在兰州、北京增订再版，台湾翻印于 1973 年。全书有 15.3 万字，分上下两编，上编分别从花儿源流、民情风俗、流传演变、文学特质、音乐艺术、流派结构等方面做了梳理与研究；下编分 30 个门类，遴选了 650 首河湟花儿和洮岷花儿。该论著第一次将花儿分为河湟花儿和洮岷花儿两大系统，明确了花儿"令""调"的区别。

《山丹花》 王云阶编著，由上海音乐出版社 1944 年出版。该书是作者在青海地区教学期间，采集大量青海民歌的基础上汇编而成。当时的《青海民国日报》的《乐艺》副刊上，每期刊发他搜集整理的民歌，主要内容为青海花儿及曲谱、民间小调、中国音乐史稿等。后来他将这些民歌和成果汇集成册，命名为《山丹花》。这是我国最早的一部从音乐艺术层面研究花儿的专著。

《花儿通论》 赵宗福著，青海人民出版社 1989 年出版。本书分上、下两编，上编从花儿的命名到渊源，从诗词格律到音乐艺术，从产生发展到变迁演化，由形式到内涵进行论述；下编就花儿的整理、创作、研究以及花儿歌手等做了进一步论述。这是新中国第一部花儿理论专著，通过对花儿的产生、发展、演变和研究历史的梳理，将花儿研究由零散推向全面、整体的研究阶段。

《青海花儿大典》 吉狄马加为主编，赵宗福为执行主编，青海人民出版社 2010 年出版。全书分综述、词选、曲令、花儿会、花儿传承人、花儿创作、花儿研究 7 个部分，展示了青海花儿文本类型的调查和搜集，融汇了花儿的音乐艺术、民间文化、展演空间、享用主体和研究成果等内容形式。基本上囊括了花儿的精髓，既有理论性又有实用性，更有研究价值，对于促进花儿演唱的民俗健康发展、推动花儿的学术研究、保护和发展花儿的非物质文化遗产等方面均有示范意义。

《花儿王朱仲禄——人类学情景中的民间歌手》 张君仁著，敦煌文艺出版社 2004 年出版。该书是作者在其音乐学博士论文基础上几经修改增补而成的著作，以音乐人类学的特殊视域，对著名花儿歌手朱仲禄个人生活历程和艺术生涯做了传记式记叙，对其一生的花儿情结及其对花儿发展、艺术研究等做了论述。书中还选入由朱仲禄演唱的花儿 158 首。

《西部花儿散论》 刘凯著，广西人民出版社 1995 年出版。该论著从民间文学、语言学、民族学、民俗学等学科视角，对花儿的历史渊源、流变发展、流派体系、格律押韵、方言俚词、展演形式、民族特点等进行阐释论述和归纳分析。

《走近花儿》　李泰年著，青海人民出版社 2001 年出版。该书指出花儿这一民歌样式是河湟民众爱情史上的文明信号，是民众自行构建的和谐平台和文化载体，是人与自然和谐共处的赞曲，是老百姓自娱自乐的精神家园，是河湟大地上的朴野乡音。认为花儿在音乐曲令上具有昆仑神话般的诡谲，在风格上能与十五国风相媲美，是高原上唱响的天籁之音。

《花儿词话》　罗耀南著，青海人民出版社 2001 年出版。本书搜集了 700 多首花儿文本，按花儿体式特点，分类为故事起兴篇、叠字篇、顶真篇、嵌数篇、谐音篇、独木桥体篇及杂体篇等，就文本所涉及的历史典故、民俗风情、方言俚语等做了全面注解，并对所收集的花儿做了文学鉴赏和评析。

《青海花儿话青海》　滕晓天著，香港银河出版社 2002 年出版。该论著分上下两篇。上篇从花儿文本中展现青海历史悠久、文化独特，讴歌了青海壮美山河、淳朴民风；下篇通过具体的花儿文本，重点分析花儿蕴含的多种修辞手法和艺术风格。

《青海花儿论集》　颜宗成为主编，滕晓天、师守成、井石为副主编，中国文联出版社 2006 年出版。该论集收录了理论研究与基础工作、继承传统和不断创新、非遗传承和与时俱进、市场需求与花儿产业、花儿民俗和花儿走向、网络花儿与审美价值、花儿社会学和民族特征、花儿音乐与曲令发展等方面的研究论文近 70 篇，为研究者和花儿爱好者提供了有益的学术信息。

《青海花儿论集》（2）　张武明任名誉主编，滕晓天、井石、颜宗成为主编，金陵书社出版公司 2009 年出版。本论集主要选辑了 2006 年后多次举行的花儿研讨会会议论文成果，分别从继续探讨打造花儿品牌、花儿的非物质文化遗产保护、花儿艺术特质、挖掘民间花儿资源、纪念和研究朱仲禄花儿成就、花儿创作评介、展示花儿人的艺术人生等方面进行选辑整理。

《花儿春秋》　滕晓天、井石、颜宗成为主编，九州出版社 2011 年出版。该书梳理了青海花儿的历史发展与演变轨迹，归纳了花儿演唱的特点、花儿的歌词格律、音乐特色与艺术流派，分析了花儿的传统形式内容及其创新和传承实践，并评述了花儿的理论研究，还对花儿产业化做了积极倡导和展望。

《出门人与守望者之歌——花儿艺术简论》 阿进录、党永芬著，青海人民出版社 2012 年出版。此书是在中国共产党第十七届六中全会提出文化大发展大繁荣新形势下对花儿进行的专门研究。文化是民族凝聚力、创造力和综合国力竞争的重要因素，打造"花儿"民族文化品牌；以"花儿"的开发、保护和发展为出发点和落脚点，阐发"花儿"作为文化系统的结构功能为重点；从"花儿"与多民族的依存关系等方面，较为深入地分析了"花儿"品牌和"花儿"产业的制约因素及解决的机制。

二 花儿研究论文

《青海花儿新论》 萌竹著，发表于《西北通讯》1947 年第 8 期。该文首先明确了花儿的民间歌谣属性，然后从花儿的演唱语境、花儿的命名、花儿的调令、花儿的内容、演唱花儿的时间等方面对青海花儿做了系统的梳理和分析。文章还将青海花儿与贵州苗族情歌做了比较分析，认为二者形式相近、内容相若，只是音调迥异。

《"花儿"语言的音乐美》 朱刚著，刊载于《青海民族学院学报》1979 年第 3 期。本文从花儿的节奏和韵律两方面入手，探讨了花儿语言的音乐美。文章认为花儿的节奏是以基本固定的字数所组成的几组声音的间隔而促成旋律的抑扬顿挫；同时强调了花儿韵律的重要性，指出韵律是花儿音乐美感的又一要素。

《"花儿"与〈诗经·国风〉》 李文实著，刊发于《青海民族学院学报》1980 年第 4 期。该文探讨了花儿的名称和起源，认为花儿产生不早于元明时期。在分析花儿的创作手法时，指出其与《诗经》的赋、比、兴三种艺术手法一脉相承。

《论"花儿"的旋法特点及艺术规律》 张谷密著，刊载于《音乐研究》1981 年第 2 期。该文就青海"花儿"而论，其独特风格的形成，是同青海高原的风貌，人民群众的劳动、生活和习惯，以及独特的语言音调等密切相关的。本文主要对青海"花儿"音乐的旋律构成方法进行了分析，以探索形成其风格特点的艺术规律。

《"花儿"的艺术特征及演唱风格》 苏平著，发表于《民间文学论坛》1983 年第 4 期。该文从花儿的调式、曲式、旋法特征等方面探索了花儿的艺术特征，认为花儿主要以五声性的徵调式、商调式和羽调式为主要调式特征，以二乐句乐段、三乐句乐段和少数四乐句乐段为典型的曲式结构，以典型的徵调式花儿腔曲调为其旋发特点；演唱风格主要包括尖音唱法、苍音唱法、轻音唱法和两担水唱法。

《"花儿"演唱风格与民族声乐艺术》 张莲葵著，刊载于《青海师范大学学报》2005 年第 3 期。本文通过对回族、撒拉族及土族"花儿"的演唱方法进行分析与研究，认为各民族的花儿在演唱风格上是相互借鉴、互动发展的，把不同民族的演唱风格，用科学的演唱方法融汇贯穿到演唱中，使"花儿"这一民族声乐艺术取百家之长，不断丰富和完善，逐步向多元、多样化发展。

《禁忌与狂欢——浅谈"花儿"的文化特征与社会功能》 刘永红著，刊载于《青海民族研究》2006 年第 1 期。该文运用巴赫金狂欢理论，强调作为西北民俗文化事象的"花儿"具有禁忌与狂欢的文化特征，表现出对社会的调适和整合，体现了文化和社会的互动关系。

《西北花儿的研究保护与学界的学术责任》 赵宗福著，刊载于《民间文化论坛》2007 年第 3 期。文章认为保护西北花儿等带有表演性质的程式化的遗产，不仅要求学者学习和运用先进的理论与方法，更新学术观念，还应该深入花儿存活的文化传统实际，解密花儿口头传承的普遍内在机制，挖掘出各地区、各民族花儿口头传承的个性价值，从宏观和微观上全面准确地理解和把握花儿，进而在非物质文化遗产的保护中真正发挥学者应有的参与层次和学术功能。

《"牡丹"：一个"花儿"经典意象的文化分析》 阿进录著，发表于《青海民族研究》2007 年第 4 期。本文以"花儿"中最经典的比兴意象——"牡丹"为例，说明"花儿"的比兴意象不只是具有形式上的意义，更有特殊的历史文化内涵，具有深刻的文化象征意义。

《民歌花儿的民间指涉和文本使用》 李言统著，发表于《青海民族研究》2008 年第 4 期。该文认为民歌花儿是一种口头演唱艺术，其文本在从口头向书面转化的过程中，经过了文人学者搜集、整理、改编、创制、出版等一系列的工序，这样写成的书面文本与花儿存活的真实图景之间的距离不断拉大。文章采用文本回溯的方法，对历年形成的花儿书面文本进行追溯，以揭示花儿演唱的民间性及在文本使用中呈现出来的特殊性。

《西北花儿的文化形态与文化传承》 赵宗福著，刊载于《西北民族研究》2011 第 1 期。该文指出花儿作为一种地域文化，有其独特的地理生态、民族历史和民俗文化等传承语境，正是在如此传承语境下，形成了花儿的文化形态，如独特的基本类型、歌词格律、曲式结构和思想内容。花儿在明代生成之后，就是以这样的文化形态不断传承，而且基本上在民间以口头形式传承发展。而在新中国成立后尊重民间文化以及文化教育普及、现代媒体变化等新语境中，花儿的传承出现了书面传承形式，著名花儿歌手纷纷登上精英文化平台，出现次生态花儿，花儿传播空间日趋广阔且多样化。因此，即使在经济全球化和文化现代化的未来，花儿这种民间文化仍然将传承、繁荣下去。

《城镇化背景中的花儿保护与国家在场》 刘大伟著，刊载于《青海社会科学》2015 年第 1 期。本文从花儿的当下语境分析入手，探讨了"国家在场"与花儿保护的良性互动及其有效路径，指出了在二者互动过程中可能出现的问题，并提出了相应的对策，认为"国家力量"的强力保障是花儿艺术得以真正受保护的必要条件。

第二节　昆仑神话研究

一　专著与论文集

《昆仑神话》 赵宗福著，青海人民出版社 2005 年出版。本书围绕昆仑神话的基本内涵、生成发展、文化价值等几个命题展开论述，认为神话是民族文化的源头，昆仑是民族精神的象征，昆仑神话是中华文明之光。该论著通过对神话昆仑山风貌的梳理和描述，点明神话中理想世界的昆仑仙乡，充满着原始朴野的意味；通过对昆仑女神西王母故事的整理和分析，厘清了西王母形象的发展脉络；通过对昆仑其他故事的搜集和评述，指出昆仑在纷繁的神话网络中的厚重和丰盈；通过对昆仑神话和青海的关系之解读，认为青海高原是孕育和滋养昆仑神话的一片重要沃土；通过对昆仑神话影响力的阐释，强调昆仑神话在广远绵渺的时空当中的巨大作用，是一种永恒的文化精神。

《昆仑文化论集》　王承喜主编，青海人民出版社 2002 年出版。该论集是在 2000 年举办"海峡两岸昆仑文化考察与学术研讨会"时所提交的会议论文的基础上形成的。全书共收集涉及昆仑文化、青海民俗等内容的学术论文 38 篇，其主旋律是增进两岸文化和学术的相互了解与交流，共同研究中华民族文化的历史渊源，继承和弘扬民族文化，振奋民族精神，凝聚民族力量。

《昆仑神话与西王母神话论文集》　赵宗福主编，青海人民出版社 2011 年出版。该论文集是在中共青海省委宣传部、中国民俗学会、青海省社会科学院、湟源县人民政府主办的"昆仑文化与西王母神话国际学术论坛暨青海湟源昆仑文化周"基础上结集而成的。全书共收集海内外与会学者的论文 28 篇，内容主要是对神话、昆仑文化和西王母神话等方面进行讨论和评述。

《昆仑神话与世界创世神话国际学术论坛论文集》　赵宗福主编，青海人民出版社 2012 年出版。该论文集是在中共青海省委宣传部、中国民俗学会、青海省社会科学院、格尔木市人民政府、湟源县人民政府主办的"昆仑神话与世界创世神话国际学术论坛"基础上结集而成的。全书从来自 16 个国家和地区的 40 多位著名专家学者提交的论文中遴选出 27 篇优秀论文，以"汉、英文合璧"的形式出版发行，所收论文对昆仑神话、昆仑文化及世界创世神话等命题展开讨论和研究。

《昆仑神话的现实精神与探险之路国际学术论坛论文集》　赵宗福主编，青海人民出版社 2013 年出版。该论文集是在中共青海省委宣传部、中国民俗学会、青海省社会科学院、青海省旅游局、青海省民俗学会主办的"昆仑神话的现实精神与探险之路国际学术论坛"基础上结集而成的。全书从来自中国大陆、香港、台湾，美国、德国、韩国、叙利亚等地区和国家的专家学者所提交的论文中遴选出 18 篇优秀论文编辑成册，所收论文立足当代国际学术发展的前沿，采用跨学科、多领域研究方法，对昆仑文化、昆仑神话、旅游文化以及以"昆仑"为核心的广阔外延领域进行了学理性讨论。

《2013 年中国昆仑文化国际学术论坛论文集》 赵宗福主编，青海人民出版社 2014 年出版。该论文集是在中共青海省委宣传部、中国民俗学会、青海省社会科学院、格尔木市人民政府、青海省民俗学会主办的"2013 年中国昆仑文化国际学术论坛"之际，从参会论文中遴选出中外学者的 30 篇论文结集而成。所收论文主要围绕昆仑神话在昆仑文化中的地位、西王母在不同地域的形象、依托昆仑文化发展旅游经济、阐释昆仑中的文化本真性等主题，进行学术观点交流，分享昆仑文化的神奇和瑰丽。

二 代表论文

《论"虎齿豹尾"的西王母》 赵宗福著，1993 年发表在《北京师范大学学报》上。文章从《山海经》中数次对西王母"虎齿豹尾"的描述入手，经过细致考证和分析，认为"虎齿豹尾"很可能是古代巫术展演中的面具。该文首次运用人类学与民俗学理论方法特别是原型理论和民族志材料进行论证，提出了西王母的原型是远古以青海湖为中心地带的原始部落酋长兼大女巫的新论断。

《试析西王母神话与羌族社会》 荣宁著，发表于《青海民族研究》1995年第 1 期。该文强调任何神话的产生、流传，都离不开一定的社会背景，西王母神话亦不例外。文章通过古代文献中关于西王母神话的记述，并结合有关考古资料，对西王母神话及其社会背景做了分析。

《岗仁波钦信仰与昆仑神话》 赵宗福著，刊载于《西北民族研究》1995年第 1 期。此文论述了藏族佛教徒和苯教徒、印度教徒以及耆那教徒对冈底斯山主峰岗仁波钦的虔诚膜拜历久不衰，在中印、汉藏文化发生交流后，汉民族又把冈底斯山主峰岗仁波钦认定为昆仑山，使之更具有了无与伦比的神圣地位。文章认为汉族民众之所以将岗仁波钦附会为昆仑山，是因为各民族在崇拜河流源头的高山或原始的和人为的宗教神灵方面，有着人类共有的心灵相通性，另外汉藏文化交流的密切频繁也是生成这一文化现象的主因。

《西王母考》　崔永红著，刊载于《青海民族学院学报》2002 年第 4 期。本文在学界争论的西王母是历史上确有其人、历史题材小说中的形象、神话传说中的神仙三种观点的基础上，指出作为人的西王母应是西周初期活动在环青海湖地区的羌人母（幕、膜、穆）部落首领，不一定是女性。《山海经》中对西王母形象的描绘是笼罩在神之光环下傩文化现象的记录，现存同仁县年都乎村土族的"於菟"舞极可能是这种傩文化的"活化石"。

《神话昆仑与西王母原相》　刘锡诚著，发表于《西北民族研究》2002 年第 4 期。该文仅限于神话昆仑与山神西王母而展开论述，认为"神话昆仑"是一个有限制的概念，昆仑之丘是"帝之下都"，是诸神聚集之山，如同聚集了众神的古希腊之奥林匹斯山，昆仑之丘又是"天地之脐""天之中柱"，把天地连接起来；西王母的原相是昆仑山神，其职司是刑杀之神，兼为古之医巫；西王母是昆仑之丘（西王母之山）的王者，她有自己的领地，显然系一个原始部落的女头领（酋长）。

《论昆仑神话与昆仑文化》　赵宗福著，刊发于《青海社会科学》2010 年第 4 期。文章指出昆仑神话是中国古典神话的主体，也是中华文明的源头之一，而她与青海高原的昆仑文化有着密不可分的关系。该文主要梳理了昆仑神话的文化意象、神话昆仑山的基本风貌和女神西王母形象的文化变迁，从 5 个方面探讨了昆仑神话与青海的密切关系，进而论述了昆仑文化的基本概念和在中华民族史上的神圣地位。

《西王母神话的现代表达——读罗兰·巴特的〈神话学〉》　万建中著，刊载于《青海社会科学》2010 年第 5 期。该文指出，同其他上古神话一样，西王母神话一直被封存在古代典籍之中。认为复活西王母神话，一方面需借助现代传媒，使西王母神话转化为其他体裁样式的神话叙事；另一方面，可以西王母神话为标签，制造出符合现代人心理需求的文化产品，使西王母神话进入市

场。西王母神话的思想内核与当代人们基本的生活追求相契合，仍具有流传的
肥沃土壤，这对发掘和弘扬西王母神话这一文化遗留提供了多种可能性。

《昆仑神话之魅及其旅游实现》 徐赣丽著，刊发于《青海社会科学》
2012 年第 6 期。文章强调昆仑神话具有独特的魅力和不可替代性，开发以其
为核心的昆仑文化品牌是未来青海旅游甚至是西部旅游的重要课题。重点论
述了作为旅游资源的昆仑神话及其文化的旅游开发类型，并提出了如何围绕
昆仑神话进行旅游开发的具体措施。

《昆仑神话与中国传说中的"失乐园"故事》 邵宁宁著，发表于《甘肃
社会科学》2016 年第 1 期。文章认为片段性地散见于《山海经》等典籍的昆
仑神话，从不同层面透露了天地阻隔前后中国文明的不同特点。作为精神事
件的"绝地天通"，不但标志了人类历史的一次重要飞跃，而且深刻影响了
其后中国文化及社会观念的走向。

**《绝地天通——以苏雪林建设对昆仑神话主题解说为起点的一些相关考
查》** 王孝廉著，发表于《黄山高等专科学校学报》1999 年第 5 期。本文从
苏雪林研究昆仑神话主题解说作为起点，提出另一个和昆仑神话（仙乡乐园
神话）有关的"绝地天通"（失乐园神话）的神话类型，即由源于古氏羌裔
的彝族"田地津梁断"、瑶族的断地天通以及颛顼的"绝地天通"神话考察
了古代中国各民族神话之间的交融，进而探讨古代异民族之间神话上的流
变、置换、传播与再生等。文章认为生息在今中国西部洮、湟流域的古羌人
所崇拜的圣山神殿，当是神话昆仑的原型。

第三节　《格萨尔》研究

一　研究专著

《格萨尔史诗和说唱艺人的研究》 法国藏学家石泰安著，耿升译，1994

年由西藏人民出版社出版。2012 年，由中国藏学出版社再版。中译本全书 64 万字，共 3 卷 10 章，研究了史诗的起源、文本、演变、分布，以及史诗的内容等诸多问题。石泰安突破当时只把格萨尔史诗当作文学作品来研究的学术观念，拓宽了格萨尔史诗的研究领域，研究中材料丰富翔实、分析深刻、谨慎，多角度、多层次、多种方法的整合，构建了自己的理论体系。

《〈格萨尔〉论要》 王兴先著，甘肃民族出版社 1991 年出版，2002 年出版增订本。全书 30 万字，内容包括藏族《格萨尔》史诗的思想内涵、藏族《格萨尔》史诗中的宗教文化、藏族《格萨尔》史诗中的民俗文化、藏族《格萨尔》史诗中的军事思想内涵等。

《〈格萨尔〉人物研究》 吴伟著，1992 年 6 月由群言出版社出版。该论著从《格萨尔》人物的结构、性格、原型与十几个人物专论（8 篇）纵横两个方面多角度、多层次地展开了综合研究，将史诗庞杂的人物结构归纳为从几个三环式结构到花型结构的基本模式，将文化人类学的理论和方法与文学文化学、精神分析等现代文学理论相结合，把人物原型归纳为图腾（以"寄魂物"的形式存在）、自我意识（对姓名的关注、"自报家门"式的自我肯定）、信仰（对神佛、君王、英雄的崇拜）三个层次。

《〈格萨尔〉新探（藏文）》 角巴东主、恰嘎旦正著，1994 年由青海民族出版社出版。全书 30 万字，对有关《格萨尔》的历史文化、宗教信仰、民俗习惯、流传区域、古籍史料、碑文绘画、遗迹传说、部落渊源、版本整理、语言艺术、说唱艺人、人物形象、艺术特色、翻译风格及《格萨尔》的产生和发展等进行了探讨。作者认为《格萨尔》产生于藏民族的童年时期，到吐蕃时期，大部分史诗内容和艺术表现形式已基本形成，但作为岭格萨尔王的英雄事迹的流传和发展是 11 世纪后期才开始。《格萨尔》迄今还在继续充实和发展。该论著还就《格萨尔》所描写的空间环境、部落渊源等，结合地名考证、现存有关遗址等，论证了姜、门、霍尔、魔——岭国四大邻邦的地理位置分别是：今云南的丽江，西藏的错那县、当雄县、巴青县。姜、门、霍尔、魔等的先民原先曾在西藏的山南一带，后因寻觅草场、部落战争等原因，逐渐迁移到了不同地区。

《民间诗神——格萨尔艺人研究》 杨恩洪著，中国藏学出版社 1995 年出版。该专著建立在作者长期深入的田野调查、采访艺人所取得的大量第一手资料之上。著述分为上编、下编两部分。上编对格萨尔说唱艺人的社会地位与贡献、艺人说唱的形式、艺人的分布与类型、托梦神授及其与藏族传统文化的关系等进行了论述。下编是作者在亲赴藏族、蒙古族及土族地区采访的 40 余位艺人的基础上，撰写了其中的 22 位具有代表性的藏族、蒙古族、土族民间艺人的评传。记录了这些史诗艺人的生活经历及说唱生涯，为人们提供了 20 世纪 80~90 年代艺人说唱及史诗传播的活资料。

《〈格萨尔〉论》 降边嘉措著，内蒙古大学出版社 1999 年出版，全书 18 章、43 万字，对《格萨尔》的历史文化背景，地位、价值，史诗艺人，史诗所涉及的历史、文化等多个方面进行了研究。

《〈格萨尔〉学史稿》 扎西东珠、王兴先编著，2002 年由甘肃民族出版社出版。该书是国内外第一部《格萨尔》学史，全书 51 万字，从《格萨尔》的搜集、整理与抢救，译介与编纂、出版，多学科研究，人物与成果分 4 编 16 章运用编年史与专题史相结合的方法，对《格萨尔》的史实做了总结与归纳。

《果洛〈格萨尔〉信仰研究》 索南多杰著，民族出版社 2014 年出版。该著以果洛为研究的田野点，以民间口传资料、风物遗迹、民间信仰与仪式为考察对象，对史诗与藏传佛教和苯教的关系、史诗与民族和部落的关系、史诗与区域和文化的关系、史诗与历史和现实的关系、史诗的传承和保护的关系方面做了梳理和探究。

《〈格萨尔王传〉史诗歌手研究——基于青海玉树地区史诗歌手的田野调查》 央吉卓玛著，中国社会科学出版社 2015 年出版。全书 30 万字，作者在个人田野作业的基础上，以史诗歌手为着眼点，以史诗歌手的生命史叙事为立足点，从《格萨尔》说唱艺术、史诗歌手展演的基本形态、史诗歌手的传统文化内质与功能、史诗歌手面对的困境与未来方面做了探究。

二　代表论文

《关于〈格萨尔〉历史内涵问题的若干探讨》　黄文焕著，发表于《西藏研究》1981 年创刊号。文中认为《格萨尔》主要是西藏佛教前弘期（指公元 7~9 世纪中叶期，即吐蕃奴隶制时代后期）的人们，根据那个时代的基本史实来创作的长诗；而非西藏佛教后弘期（指公元 10 世纪下半叶以后的封建农奴制时代）中的人们，根据某种主观愿望创作出来的，也就是说《格萨尔》是以吐蕃时代（特别是其末期）实有的一些主要头面人物及其相互关系的基本事态为依据来塑造自己的主要人物，这部巨著的最初创作者们也是吐蕃时代的人。

《岭·格萨尔论》　吴均著，发表于《民族文学研究》1984 年第 1 期。作者认为格萨尔是历史人物，并且历史上的格萨尔不是藏族，起码在吐蕃王国初期，还没有把他当作藏族来对待。而岭·格萨尔是史诗说唱家虚构塑造出的传奇人物。岭·格萨尔的塑造，可能始于吐蕃王国崩溃后的大混乱时代。而作为模特儿的林葱土司的祖先也活动在这个时期。文章从格萨尔、唃厮罗所处的不同时代、名字的不同构成、所据地域的不同、活动范围的不同等几个方面进行比较，反驳了格萨尔，即唃厮罗之说。

《〈格萨尔〉结构形式和结构功能考察》　王哲一著，发表于《格萨尔研究》1985 年第 2 期，文章用系统论的方法分析了《格萨尔》这部史诗单纯而又庞杂的结构。从分析《格萨尔》后期的多部头化，同它早期结构形式的封闭性和结构功能的开放性特征的关系入手，认为格萨尔一生的活动是一个"封闭系统"，以格萨尔一生的活动为基本线索的史诗，由这个封闭系统构成了整体框架。这个环形结构在形式上的封闭性，是基于它首尾相连（从天上来又回到天上）而言。环形结构功能的开放性，是指《格萨尔》在流传过程中又把许多具有审美意义的历史事件、人物传说、神话故事、趣闻轶事吸收到这个环形结构上来的功能特质而言。开放性功能的直接效应是把原来分章本（史诗的早期故事或文本）的某一章扩充为某一部和创造出新的部头来。即那个环形结构虽是封闭的，但其功能（即作品内部章与章之间、部与部之间的环节链）是开放的，这种开放性功能使其具有了不断增加其战争故事的可能。从史诗文本结构的视角，解释了《格萨尔》在流传过程中，何以会像滚雪球一样越滚越大，以至于成为当今世界卷帙最为浩繁的英雄史诗。

《岭尕尔与白兰——格萨尔"故乡"初探》 马岱川与扎西东珠著，发表于《民族文学研究》1987 年增刊。该文认为《格萨尔》中的"岭尕尔国"（白岭国）就是活跃于北周至隋、唐之时的白兰部落，格萨尔故事主要发生在这个时代。该文从白兰和岭尕尔有同一的发祥地与疆域、白兰和岭尕尔处于同一个时代、白兰一名就是"岭尕尔"一词的义音合璧之译、关于格萨尔名前的多种冠词四个方面论证了"岭尕尔就是白兰"。从这个基本观点出发，认为藏文史籍中记载的"霍尔·格萨尔""北方格萨尔""祝固·格萨尔""昌·格萨尔"，其实质都是指"白兰·格萨尔"，即"岭·格萨尔"。

《试论〈格萨尔〉诸多分部本产生的原因》 何天慧著，发表于《西北民族学院学报》1990 年第 4 期。文章认为，在史诗创作过程中，逐渐形成的固定的模式是分部本不断产生的诸多因素之一。描写战争的史诗创作模式，可以概括成一个公式：事端发生—调兵遣将—双方交战—取胜收兵。按照这个格式，艺人们在创作新的说部时，首先要安排一个事端，作为战争的起因。这个事端，或是抢婚，或是劫商，或是争夺财物，等等。作者只要遵循这个固定的模式，去组织故事内容、编排故事情节，一个新的分部本唱部是很容易被创作出来了。

《裕固族〈格萨尔故事〉内涵及其原型》 武文著，发表于《民族文学研究》1991 年第 1 期，文章探讨了《格萨尔》与裕固族神话、故事、传说、史诗的关系，认为《格萨尔》故事从头至尾弥漫着一种神奇色彩和怪诞气氛。作为故事的主角格萨尔，给人的整体印象是经他置换了天神；而作为故事的主体情节——格萨尔的诞生、成亲、降除九头妖、血战白可汗等的叙述原则被严格地囚围于神话的模式中。这种现象深刻地隐寓着裕固族社会和文化的历史雏形，同时也暗含着裕固族政治和经济的历史结构。格萨尔的诞生在裕固族故事中以一种隐喻式的原形叙述，即通过神话的方式暗示格萨尔所具有的神性，其感生神话情节的排列与组合完全符合我国其他民族感生神话的结构模式。格萨尔命运的几次大转机无一不是在巫术信仰的氛围中通过实施一套"技术"手段实现的。而巫术信仰在格萨尔故事中的渗透直接来自裕固族神话的影响。神话思维的构想，反映于神话创作中，必然会形成"祭司兼国王"型人物。

《论〈格萨尔〉说唱音乐的历史演变及其艺术特色》 边多著，发表于《西藏研究》1991 年第 4 期。文章认为《格萨尔》说唱曲所特有的三个乐句组成一乐段的结构形式，来自西藏古老的民间说唱"古尔鲁"。这种形式是与三句一段的唱词结构相一致的。另外，在《格萨尔》说唱音乐结构形式中，还有两种基本的曲式结构形式，一是上下两句组成一个乐段的曲式结构形式，一是共有四个乐句组成一个乐段的曲式结构形式。这两种曲式结构形式都与西藏其他民间歌曲的结构有着非常密切的关系，同时又与古代民间"古尔鲁"有着千丝万缕的特殊关系。《格萨尔》音乐在艺术形式上，继承和发展了藏族古老的说唱艺术"古尔鲁"，而在吐蕃赤松德赞时期，"古尔鲁"又分为民间和宗教两种，《格萨尔》就是西藏民间"古尔鲁"方面的一个典型的具有代性的作品。

《〈格萨尔王传〉的神灵系统——兼论相关的宗教问题》 丹珠昂奔著，发表于《民族文学研究》1992 年第 1 期。文章从辨析《格萨尔》的神灵系统入手，认为"抑苯扬佛"论或"抑佛扬苯"论都有失偏颇。有苯无佛，不是格萨尔；有佛无苯，不是格萨尔；有苯有佛、佛苯互谤，才是格萨尔。还认为宗教、史实、神话是构成《格萨尔王传》的三块基石。没有宗教，格萨尔就没有灵魂；没有史实，格萨尔就没有社会历史环境；没有神话，格萨尔就没有无比的力量和新鲜活泼的生命色彩，也就没有如此完美的艺术效果。

《论英雄史诗的"母题结构"及〈格萨尔〉中的"幻变母题"》 徐国琼

著，发表于《西藏研究》1996 年第 4 期。文章具体分析了《格萨尔》史诗中的母题，认为所谓的史诗"母题"即指许多不同内容的史诗相似的"情节结构"。探讨不同民族史诗的"母题结构"，可以进一步了解不同史诗之间的互相联系，了解不同民族之间的文化交往关系，了解不同史诗之间共同的"母题结构"规律，既有利于揭示史诗古老的文化内涵，也有利于不同民族史诗的比较研究。

《"玛桑格萨尔王"及其相关氏族杂考——〈格萨尔〉古氏族研究之一》
孙林、保罗著，发表于《中国藏学》1996 年第 4 期。作者将文化人类学研究与历史考证、宗教学及神话学研究相结合，认为神话传说中的神灵与现实社会里的人类之间有着千丝万缕的联系，也就是说，诸如恰神、穆神、玛桑、念神、龙神等所谓神灵并不单纯是宗教学意义上的崇拜对象，他们更主要地显示了文化人类学上的价值：在人们的观念中，神灵氏族与人类之间保持着世代的亲缘关系。所以，以历史上的格萨尔为基础的传说，其族属是有迹可循的。格萨尔父亲的家族世系"穆布董氏"及格萨尔母亲的家族世系"玛桑念部落"藏族远古氏族如董族、高族、噶族、扎族构成错综复杂的姻亲关系与血缘关系。且扎氏是岭国一个实体部族，被视为岭国之母系，与念氏、玛桑氏一样为格萨尔的娘舅家族。

《格萨尔史诗的源头及其历史内涵》 尊胜著，发表于《西藏研究》2001年第 2 期。该文认为《格萨尔》史诗虽然呈现出口头和文本交织的繁杂局面，但史诗的整体结构却十分清晰：史诗以格萨尔为中心，纵向追溯了祖先"董"氏族的渊源和传承，横向铺叙了格萨尔一生的丰功伟绩，每个故事在这个坐标中都有适当的位置。史诗的核心内容讲述从"董"氏族到岭部落的衍变过程。史诗提供的这些发展线索，能从历史典籍中得到证实。因此，可以确信，"岭"部落、"岭·格萨尔"在藏族史上实有其事，而不是民间艺人编造出来的。对史诗产生的年代，经过与藏族最早的《玛桑故事》进行比较研究，认为它至少在止贡赞普时代已初具雏形，并在民间广为流传。并由此推断，格萨尔史诗在藏族民间流传有两千年的历史。一些史诗的文本宗教色彩几乎掩盖了世俗的内容。研究、欣赏格萨尔史诗必须拨开宗教的迷雾，寻找格萨尔的原型。

《论〈格萨尔〉的程式化结构特点及其传承规律》 马都尕吉著，发表于《西藏研究》2005 年第 1 期。作者指出《格萨尔》不仅规模宏大，其突出特点还在于它是一部至今仍被广大群众传唱着、不断丰富着和传承着的"活形态"史诗。民间口头传唱是其主要的流传形式。这部鸿篇巨著的生成和传承与其程式化的结构特点紧密相关。文章从结构入手，衍用口头诗学中"程式"和"主题"的术语概念，结合《格萨尔》自身所属的语言系统及文化传统的特点，对其整体结构、分部本结构、唱词结构、叙唱语言和曲调五个方面做出了具体的程式化解析；分析了《格萨尔》中"程式"与"主题"的具体内容，阐述了艺人如何利用"程式"和"主题"创作与传承史诗；探究了产生这种程式化的结构特点及传承规律的思想渊源，说明了史诗程式化的特点为艺人的即兴创作。

《关帝信仰与格萨尔崇拜——以拉萨帕玛日格萨尔拉康为中心的讨论》 加央平措著，发表于《中国社会科学》2010 年第 2 期。文章认为清代以降，关帝信仰不仅传到甘青川藏区，由此也流传到西藏地区，并融入藏传佛教文化中，成为藏传佛教的一员护法神。其形象依次转化成：护法神与战神关帝、卫则姊妹、尚论多杰东都、赤尊赞、格萨尔王与财神关帝、多闻天王、格萨尔王；其名称依次演化成：关老爷或关云长、云长热咱、真日杰布（意译）、格萨尔王。关帝首先由高僧活佛吸纳为藏传佛教护法神，继之被藏族民众转化成格萨尔，最后又在高僧智者与能工巧匠的打造下实现了格萨尔拉康，即关帝庙文化景象。关帝信仰传到藏族地区后转化为格萨尔崇拜现象，不是关帝被误读为格萨，而是关帝信仰藏传佛教化与藏族化的结果，同时也是异质文化本土化的一个典型案例。

《英雄、神话和隐喻：格萨尔王作为藏族民间认同和佛教原型》 郁丹著，发表于《西北民族研究》2009 年第 2 期。文章主要考察了《格萨尔》史诗中人物的文化和宗教意义。在文化现实的层面上，认为《格萨尔》民间传说是藏族民间文化认同的一个标志，蕴含着历史的和神话的内容；在宗教学和心理学的意义上，还认为格萨尔王也是一个原型人物（archetype）。从荣格心理学的角度来理解，格萨尔人物的功能不仅局限在作为藏族民族英雄的框架中，更重要的是，他契合了藏传佛教历史上高僧大德的教义传播和大乘佛教中的菩萨的理念。虽然格萨尔王是一个藏族特有的民间人物，但他仍具有超越个人和跨文化的原型品质。

《关于传统〈格萨尔〉早期版本》 曼秀·仁青道吉著，发表于《西藏研究》2009 年第 1 期。文章提出《格萨尔》版本研究首先应该区别早期版本和现代艺人的说唱本，论述如何辨别传统《格萨尔》早期版本的六道工序及其六大特征，即辨别《格萨尔》早期版本中"同一类题材"之间的"变异本"，从而确立其中的"善本"，也即"传统本"；再通过母题研究，按整体故事情节的发展和人物的生卒安排等内容，排列出《格萨尔》早期版本里"非同类题材"的各个"善本"之间的次序，从而揭示一整套《格萨尔》版本的源流及其完整体系。这个"完整的体系"也就是"传统《格萨尔》早期版本"，可分五大类，即《格萨尔》前三部、中五部、降伏四魔、十八大宗、后三部，共计 35 个部本。

《〈格萨尔〉伏藏文本中的"智态化"叙事模式——丹增扎巴文本解析》 诺布旺丹著，发表于《西藏研究》2009 年第 6 期。《格萨尔》的伏藏文本即可以列入"自撰口述文本"文本的范畴。作者考察丹增扎巴的《格萨尔》故事文本后认为他与一般意义上的伏藏文本不尽相同，他把佛教伏藏中的"智态化"伏藏传承方式纳入其创作中，演绎成为史诗文本的创作理念和方法论，形成了一种独特的叙事模式，成为神授、掘藏、圆光等传承之外的又一重要的《格萨尔》叙事类型和传承方式。

《〈格萨尔王传〉史诗歌手展演的仪式及信仰》 央吉卓玛著，发表于《青海社会科学》2011 年第 2 期。《格萨尔》史诗歌手是丰富史诗并承担表演责任的主要载体。《格萨尔》仍以活的形态被人传唱，应归功于神奇的史诗歌手。鉴于史诗歌手对史诗及史诗传承的重要意义，文章在广泛的田野调查的基础上，对史诗歌手表演的仪式过程进行了梳理和归纳，在此基础上探讨史诗歌手表演的文化内质与功能。

《历史记忆与文化认同——〈格萨尔〉史诗的文化功能》 马都尕吉著，发表于《青海社会科学》2011 年第 6 期。文章认为史诗往往以真实的历史事件为基础，包含并传递悠远的历史和文化信息，具有一定的历史真实性。《格萨尔》是藏族人民对自身久远历史的整体记忆和文化传统的深层积淀，同时，《格萨尔》作为藏族民间文化的最高成就之一，在强化族群记忆、维护族群文化认同方面具有独特功能，并从历史记忆和文化认同两个方面论析了藏族英雄史诗《格萨尔》的文化功能。

《格萨尔口头传承与民族文化保护》 杨恩洪著，发表于《青海社会科学》2012 年第 1 期。文章指出新中国成立后，我国先后进行了两次大规模的对史诗格萨尔的抢救与保护工作，通过半个世纪的持续抢救与保护，格萨尔口头传统得到了有效传承并走向了世界。这两次大规模的抢救工作之所以取得重大成就，关键在于从中央到地方政府的高度重视、大力支持。但是，不容乐观的是，目前这一口头传统正在走向衰弱，因此保护与抢救格萨尔口头传统，是我们继续面对的一个重大课题。党的十七届六中全会，又一次为抢救与保护史诗格萨尔口头传统带来了难得的机遇。但只有让基层从事非遗保护的干部认识到位，做到文化自觉、文化自信及文化自强，才能把民族文化的保护落到实处。目前非遗保护的理论滞后于人们申遗的热情，保护的机制与措施还不够全面与完善，非遗保护中的若干理论问题还有待进一步厘清，如对口头传统的保护，是将其记录成文字放入博物馆，还是在发展变化中加以保护等。

《〈格萨尔王传〉生存的地理生态语境》 索南措著，发表于《青海师范大学民族师范学院》2016 年第 1 期。文章认为今天格萨尔文化形成了两种不同的流传区域。一是以三江源地区为主的"核心流传区域"，另一个是后来随着文化和商业的来往，逐渐辐射和流传，直至周边邻国和地区，形成了一个跨地域、跨民族、跨国界的巨大的格萨尔史诗带或格萨尔文化圈。18 世纪后，史诗传播媒介伴随着人类社会的进步与发展也在不断叠加，史诗呈现的样态也在随之变化，史诗传播的范围亦不受地理生态环境的掣肘，也就不局限于中国西部游牧文化圈，抑或是格萨尔传播的核心区以及辐射带，遍及全国甚至波及全球。

《〈格萨尔〉向何处去？——后现代语境下的〈格萨尔〉史诗演述歌手》
诺布旺丹著，发表于《西藏研究》2016 年第 3 期。作者认为后现代语境下身份符号的改变和城市化生活的开始，使部分《格萨尔》艺人面对这样一个全新的环境，在适应都市生活的同时他们的思维方式和精神生活也日趋被"都市化"，从而消弭了艺术创造的原动力，遮蔽了诗性思维和诗性智慧的灵光，也稀释了口头传统的纯洁性。这是对《格萨尔》史诗传统前所未有的冲击和异化，并表现出根本性和结构性异化的特征。

第四节 民俗研究丛书

一 西北民俗文化研究丛书

《青海多元民俗文化圈研究》 赵宗福等著，中国社会科学出版社 2012年出版。本成果把研究视角放在多民族地区的青海多元民俗文化圈这一中国文化实际，从理论与实践上进行全方位的探索，以具体研究过程来构建民俗文化圈的研究模式。在总结历史和现实成功经验的基础上，着眼于多民族地区社会文化的未来发展，就如何合理利用和保护多元民俗文化圈资源，从而促进区域文化社会的建设，做出思考和阐述。同时采用文献梳理与田野调查相结合、民俗文化学与民族文化学相结合、比较学与主题学相结合的方法，并从民俗学、文化人类学、宗教文化学等多学科角度，以开阔的学科与学术视角，来认识多民族多元文化并存区域文化格局与民族关系。该书荣获第十次青海哲学社会科学优秀成果一等奖。

《青藏地区民族民间文学研究》 米海萍等著，中国社会科学出版社 2012 年出版。本书阐述了深藏于各民族原初性神话深层结构的时空观、具有储存社会历史文化信息特殊功能的民间传说、"生活史式"的民间故事所具有世界性的类型化特征，探讨了民间歌谣内容与认识教育审美诸功能、叙事诗的"单线递进式"叙述艺术手法和主题与典型场景程式化特征，民间曲艺的审美特性，以及谚语、谜语、歇后语本土化特征和与生俱来的民俗属性。该书荣获青海省第七届文学艺术奖、第十次青海哲学社会科学优秀成果三等奖。

《神圣建构与世俗秩序——土族民间信仰与社会生活互动研究》 文忠祥著，中国社会科学出版社 2012 年出版。该书在充分的田野调查资料与文献资料相结合的基础上，剖析了土族民间信仰的文化语境，架构出土族村落的空间结构和时间制度，介绍了土族民众的信仰对象、信仰表现形式、信仰媒介及展演空间，分析其长期存在的原因及特征。在民间信仰与土族社会生活互动关系的视角下，从道德、政治、经济、文化、日常生活、民众信仰经验及认同等方面，阐释了民间信仰对于土族民众生活的影响范围和程度。

《青海宝卷研究》 刘永红著，中国社会科学出版社 2012 年出版。本书强调宝卷是集文学、信仰、教化于一体的民间说唱的文本，《青海宝卷念卷》是国内所存为数不多的活态念卷，是明清以来遗存下来的"宝卷流民间宗教"的重要表现形态。青海宝卷依赖于特定的地域文化和民俗环境，呈现出乡土文化、民族文化的特质，具有浓厚的乡土性、通俗性和大众性的特征。宝卷的演唱、传承建立在青海多元文化、多元宗教与丰富的民俗文化的语境之上，成为地域性民间文化的宝贵财富。该书荣获第十次青海哲学社会科学优秀成果三等奖。

《多元村落民俗文化研究——以青海苏木世村落为个案》 霍福著，中国社会科学出版社 2012 年出版。本书以青海省西宁市湟中县苏木世村为研究对象，对这个自然村落中藏汉村民的物质生产、物质生活、人生仪礼、岁时节庆、口承民俗，以及在社会转型过程中村落民俗变迁等进行民俗志考察和实证研究。提出了支配村落民俗文化的四种结构关系，即"信仰—仪式"结构、"礼仪—道德"结构、"价值—观念"结构和"文化—权力"结构，强调国家政权力量是通过这四种结构关系对村落传统民俗发生作用的。指出这些结构的"解构"和"建构"是经常的，村落民俗因此呈现出动态演变的特征。该成果荣获青海省第七届文学艺术奖。

《河湟汉族传统婚礼歌研究》 蒲生华、马建华著，中国社会科学出版社2013年出版。本书围绕河湟汉族传统婚礼歌，探讨了它的源流、语境、歌者、文本、程式、主题及功能等问题，认为婚礼歌源于古代婚嫁歌谣和婚礼辞令，在具体演变过程中是随着婚礼仪式的消长和展演场域的转移而不断变迁的，是在河湟地区特殊的自然地理、人文社会和历史文化语境中得以传演。婚礼歌的歌者是在一定的范型之下进行表演，且不断与在场者交流互动。每一首歌都有数量不等的异文本，每一首歌都在文本网络中与其他文本构成互文本关系。这些具有口头传统的文本，本身含有一整套习惯形成的规则——程式，它为歌者的表演提供了极大的便捷，其间的感谢、逗乐和信仰三大主题既有口头诗学中的主题意义，又有文艺学中的主题特征。婚礼歌在这一地区长期存在和传承的基础是其独特的社会功能和文化价值，因而对它的保护显得尤为重要。该成果荣获青海省第七届文学艺术奖、第十一次青海哲学社会科学优秀成果三等奖。

《〈格萨尔王传〉史诗歌手研究：基于青海玉树地区史诗歌手的田野调查》 央吉卓玛著，中国社会科学出版社2015年出版。本书在梳理前人研究史诗《格萨尔王传》相关成果的基础上，聚焦学者对史料的表演者——史诗歌手的探讨和研究，并通过借鉴近年来学界在故事讲述家及史诗歌手研究方面所取得的理论成果，以实际的田野调查和史诗歌手的生命史叙事为立足点，对史诗歌手的相关问题进行探讨。

《青海民间信仰——以多民族文化为视角》 鄂崇荣著，中国社会科学出版社2016年出版。本书介绍了民间信仰在中国的社会的概况、研究现状，并结合作者自身多年深入青海地区基层考察民间文化的经历，对青海的多民族民间信仰的研究成果进行了重点介绍，用大量的图片、事例、仪式来讲述民间信仰的普遍性与特殊性，尤其强调在多元文化背景下多种民间信仰的共融性及民族间的相互尊重、和谐发展。

二 青海省首批国家级非物质文化遗产代表作名录丛书

《土族纳顿》 文忠祥著，青海人民出版社 2010 年出版。该书从土族传统节日纳顿的文化语境、历史渊源、神灵体系、狂欢特质、文化功能、非遗保护等方面叙述了这一黄河上游规模最大、历时最长的民间狂欢活动。强调纳顿节是土族人民为了庆祝丰收、酬谢神灵保佑而举行的大型民间祭祀活动，它与当地的自然地理环境、社会人文环境具有密切而直接的关系，提出了对这一具有很高文化价值的非物质文化的保护措施。

《黄南藏戏》 曹娅丽著，青海人民出版社 2010 年出版。本书从历史文化语境、演出组织、传承人、艺术特征、剧目表演、人文价值等角度对长期存活于黄南地区的藏戏做了系统介绍。指出这一综合性的文化遗产，不仅有其独特性、活态性、传承性、流变性、民族性、地域性，还具有历史、文化、审美、科学、和谐、教育、经济等功能，强调其文化价值和现实意义。

《热贡艺术》 唐仲山著，青海人民出版社 2010 年出版。本书从热贡艺术产生的文化生态背景与发展传承着手，界定了热贡文化的内涵，重点描述了唐卡艺术、雕塑艺术，解读了年都乎村落传统的於菟仪程和仪式。认为热贡文化具有原生态、多元性与宗教性特质，分析了热贡艺术的现状，并提出了保护的原则与基本思路。

《河湟绝艺》 辛秉文、马桂花、冶青措、霍福著，青海人民出版社 2010 年出版。该著作选取湟源排灯、土族盘绣、酥油花、加牙藏毯等几项典型的河湟地区传统绝艺，凸显了排灯制作的传统工艺和绚丽彩绘，叙述了土族盘绣的华彩绝伦和美学旨趣，阐释了酥油花的精美制作和文化价值，解说了加牙藏毯的奇工异巧和传承艺人。指出这些河湟绝艺是经民众锤炼和传承的传统文化，其中凝结着民族的性格和精神，蕴含着民众对真、善、美的价值追求。

《藏族歌舞》 李错毛、牟英琼著，青海人民出版社 2010 年出版。本书从藏族歌舞的文化语境入手，追溯了其悠久历史，辨析了其与佛教、藏族民间艺术的渊源；立足于"拉伊"和"卓"，突出了藏族歌舞的形式多样和风格优美；通过对康巴、安多两地歌舞的比较，阐明了二者的内在联系和外部差异；介绍了藏族歌舞的传承人，表达了这些文化遗产历久不衰、后继有人。该书强调藏族歌舞作为一种文化现象，不仅内容丰盈，而且极具文化价值。

《热贡六月会》 吕霞、贾一心著，青海人民出版社 2010 年出版。本书着眼于热贡地区的六月会，将荟萃于隆务河两岸各村"鲁若"活动中的神舞、龙舞、军舞等尽数展现。通过对各村六月会表演仪式的描述和对比，客观分析了六月会产生的文化土壤、文化空间、六月会的分布展演、渊源特征、保护传承等问题，重在展示热贡六月会厚重、深邃的文化意蕴和丰富、生动的表演形式。

《河湟民间叙事诗》 马光星著，青海人民出版社 2010 年出版。本书从河湟地区各民族民间叙事诗的文化语境、主要作品和传承保护等方面来展现这一民间文学样式的丰富多彩。通过对《拉布仁与吉门索》《马五哥与尕豆妹》《福羊之歌》《祁家延西》《太平哥儿》《方四娘》《不幸的察瓦绒》《日月情》等河湟著名民间叙事诗的分析、解读，指出这些叙事诗是广大民众智慧的民间文化结晶，真实地反映出当时民众的生活现实和思想情感。

《河湟花儿与花儿会》 李言统、陈荣、王国林著，青海人民出版社 2010 年出版。该成果以乐都瞿坛寺花儿会、民和七里寺花儿会、大通老爷山花儿会、互助丹麻土族花儿会为主要考察对象，兼论杰出的花儿传承人。强调不同语境、不同民族的花儿和花儿会的形成背景和展演方式，在分析比较其共性特征和个性差异的基础上，凸显河湟花儿和花儿会的文化价值和现实意义。

《雪域传奇〈格萨尔〉》 角巴东主、马都尕吉著，青海人民出版社 2010

年出版。本书从《格萨尔》史诗概况、说唱艺人类型、传承方式、说唱程式、风物传说、文化价值等方面论述了这部伟大英雄史诗的外部特质和深邃内涵。指出结构宏伟、内容丰富、卷帙浩繁的《格萨尔》，在长期的流传过程中不断充实和完善，它代表着古代藏族文学的最高成就，凝结着藏族人民的聪明才智和伟大创造力，是他们智慧的结晶、知识的宝库。

《土族婚礼·撒拉族婚礼》　贺喜焱、马伟著，青海人民出版社 2010 年出版。本书以土族、撒拉族婚礼为研究对象，论述了两个少数民族婚礼的文化语境、婚礼程序和文化特征，指出土族、撒拉族婚礼具有独特的文化价值和社会功能，应予以合理保护和开发研究。

三　《青海民俗文化论萃丛编》丛书

《青海民俗文化论萃丛编》由赵宗福主编，蒲生华副主编，2016 年 12 月由青海人民出版社出版。青海民俗文化是具有独特民族性与地域性的文化，深入调查研究各类民俗文化事象，既有现实意义，又有学术价值。多年来，青海的民俗学者们创作了大量涉及青海民俗文化方面的论著，成果大多刊载于国内外各种学术期刊。2012 年 5 月青海省民俗学会成立后，形成了学历层次高、学术积淀厚的民俗学研究队伍。本丛书第一批共 10 册，内容以民俗文化为主，主要涉及理论与应用民俗、物质民俗、岁时民俗、礼仪民俗、信仰民俗、口承民俗、艺术民俗、西王母文化、河湟花儿及田野调查研究等多个领域，主要收集学会会员研究成果中的精品之作。

《理论与应用民俗研究》　李卫青编。本书收录了有关理论民俗和应用民俗的论文共计 24 篇，包括以史学理论和方法研究古代民俗文献、民俗发展史，以民俗文化圈理论支撑语言民俗和村落民俗，以"帕里 - 洛德"理论论证河湟民间叙事文学，以非物质文化遗产有关理论论证"非遗"保护方法以及发展民俗文化产业等。大多站在应用的角度，对具体的民俗问题进行研究，探讨民俗在当代社会的发展变化，讨论了民俗的应用范围、应用对象和应用前景等问题。

《物质民俗研究》 马岩芳编。本书收录学术论文23篇，从服饰、饮食、居住、建筑等几个方面，集中反映了对青海物质民俗的学理思考和研究。服饰民俗方面涉及世居青海的藏族、回族、土族、撒拉族等民族服饰的审美情趣、文化内涵、实用功能和变迁发展；饮食民俗述及青海饮食文化中的饮茶、饮酒习俗和撒拉族"羊背子"食俗文化；居住民俗论及河湟庄廓和藏族帐篷；建筑艺术以塔尔寺和洪水泉清真寺等为研究对象，揭示其文化内涵。

《礼仪民俗研究》 耿英春编。本书荟萃了包括社会礼俗、人生礼俗、宗教仪式和民间仪式等范畴的论文共23篇。大多论述青海各民族农事祭祀民俗和祭海活动，婚丧嫁娶中的礼仪及其文化变迁，人际交往中的称谓习惯及变化过程，尤其突出了土族求雨仪式、"装脏"仪式、村落保护神信仰仪式、"於菟"仪式中的仪式过程和信仰文化。

《岁时民俗研究》 贺喜焱编。本书共收录24篇论文，以文化象征、仪式功能等作为理论对中国传统节俗、宗教节日以及民间庙会等岁时民俗进行了系统描述和论证分析。其中以青海各民族岁时节日民俗为主，涉及汉族春节习俗、"社火"文化、"田社"习俗、老爷山"朝山会"，土族"纳顿"节、"於菟"节俗，藏族"六月会"，蒙古族"那达慕"等。

《信仰民俗研究》 马文慧编。本书遴选了研究各种宗教信仰、民间崇拜和心意民俗的论文共25篇，尤其对佛教、道教、伊斯兰教等宗教信仰和信众心理做了描述和探讨，对二郎神、猫鬼神等民间神灵、精怪展开田野调查和学理分析，对从事宗教活动的神职人员进行追踪式描述和研讨，对信仰文化浓郁的口承民俗予以分析研究等，基本包括青海地区的大多信仰民俗事象和民间文学中的信仰元素。

《口承民俗研究》 胡芳编。本书收录了对青海当地流行的神话、传说、故事、歌谣、史诗、小戏、谚语、谜语、歇后语等的调查研究成果共26篇。从不同研究视角，或揭示其文化内涵，或梳理出其中的历史发展脉络，或探寻其有益而巨大的社会价值，或描述其风格迥异的展演方式，立体式论及各类口承民俗的性质、特征及社会功能。

《艺术民俗研究》　邢海珍编。本书收录包括民间美术、民间音乐、民间舞蹈、民间工艺等内容的论文共 27 篇。主要对西宁平弦曲艺、"纳顿"锣鼓音乐、河湟宴席曲、河湟皮影展演、宝卷念唱曲调等艺术形式进行解读，展示河湟地方民间音乐的独特魅力；而通过对面具舞、神鼓舞、"安召"舞等民间舞蹈的分析，揭示其浓郁的宗教及娱乐特征；还对唐卡、酥油花、木雕、农民画等民间工艺美术进行写实与深度描写，凸显鲜明的民族性和本土化特色。

《河湟"花儿"研究》　马建华编。该书收录有关"花儿"的学术论文 23 篇，内容涉及"花儿"理论研究、"花儿"文本研究、"花儿"史研究、"花儿"会调查及"花儿"文化事象研究等方面。运用非物质文化遗产理论、原型批评理论、狂欢理论、表演理论等国内外前沿学术理论与方法，深度解析"花儿"的保护传承、经典意象、即兴表演等；阐述"花儿"的文本使用、情歌基调、民俗特质等独特的文本特征；从"花儿"的产生时间、发展演变等方面，展示其历史渊源；在"花儿"会的调查报告中，描述其展演场域和在场效果。

《昆仑神话研究》　刘大伟编。该书收录了有关昆仑神话研究方面的学术论文 23 篇，或从古代文献中抽绎出昆仑神话内容，探寻古代人民的哲学思想和民族精神；或从建设文化名片、打造文化品牌的实际出发，揭示昆仑神话对当地的现实意义与当代价值。其中对昆仑神话中的核心神灵西王母的多维解读，形成了昆仑神话研究的学术高潮，尤其是对"虎齿豹尾"形象的独到见解，对其始祖母神格的精辟考释，多为学界所称道。

《田野调查研究》　李玉英编。本书收录了对青海多地实地的民俗调查研究报告共 17 篇，每篇田野报告都是在研究者们"参与观察"的基础上进行"深度描写"的。内容主要集中在民间信仰、节日民俗两个方面，兼及对一些民族习惯法和独特婚俗变迁的调查和研究。其中，信仰方面包括各地庙会、地方神祇和村寨俗信的实地调查和研究，节俗包括春节节俗、"纳顿"傩舞和"於菟"巫风等内容，调查较为系统翔实，分析较为透彻。

第五节　其他代表性学术成果

一　学术专著

《神秘的热贡文化》　马成俊主编，北京文化艺术出版社 2003 年出版。该书对热贡地区的地望、口碑传承、原始信仰、藏传佛教、古今建筑、彩绘艺术、著名艺人、泥塑工艺、服饰文化、婚丧仪礼、巫风傩祭、热贡藏戏、五屯语言等热贡艺术做了描述和分析，并将各种文化的神秘元素隐贯其间加以阐释。

《土族民间信仰解读——地方性信仰与仪式的宗教人类学研究》　鄂崇荣著，甘肃民族出版社 2008 年出版。该著作对土族民间信仰体系中的结构内容、仪式形式、历史源流、社会功能以及神职人员等方面做了纵向梳理和横向剖析，既凸显了土族民间信仰的丰富多彩，又兼顾民众的信仰心理和时空选择。

《土族口头传统与民俗文化》　邢海燕著，甘肃人民出版社 2008 年出版。本书对土族散文类和韵文类口头传统分别从多元叙事模式和程式化表达两方面展开论述，同时对反映生活智慧的土族谚语、谜语、俗语等从其展演的文化背景和现场情景入手，探索其自身的内部运行规律，并且将土族口头传统置于具体的文化语境中去认知它所存在的多元文化空间以及表现出的独有特征和民俗功能。

《村落·信仰·仪式——河湟流域藏族民间信仰文化研究》　谢热著，社会科学文献出版社 2010 年出版。本书从自然崇拜、图腾信仰、祖先崇拜、巫术信仰、灵魂信仰、征兆与占卜等层面阐释了河湟流域藏族民间信仰的生发和演变过程，在以村落为基本单位的民间信仰仪式中演绎着人们的精神生活，传达着民众的精神追求。

《阿尼玛卿山神研究》 才贝著，民族出版社 2012 年出版。本书主要介绍和论述了阿尼玛卿山神形象的象征意义、阿尼玛卿的神山模式——玛卿岗日、圣地田野、当前果洛阿尼玛卿朝圣路线、主要圣地、阿尼玛卿朝圣路线、圣地对比研究及思考、阿尼玛卿深邃而多样的仪式世界、作为净化和烟供的供桑、天地浑成之自然仪式等内容。指出藏族山神是一个复杂的文化体系，在其历史发展中呈现出史前文化、苯教文化和藏传佛教文化形态，有着边缘与边界的区分，也有着记忆与认同功能。

《热贡艺术》(修订本) 马成俊著，文化艺术出版社 2012 年出版。本书对热贡的地理位置与历史沿革，热贡艺术的生成、发展及保护，热贡艺术的种类等问题做了简要介绍；对彩绘、雕塑、唐卡、堆绣、建筑、舞蹈、"六月歌会"等热贡艺术进行了全面阐述，着重反映了这些文化遗产的基本面貌、表现形态、美学或工艺上的主要特点和历史演进过程，以及目前有代表性的主要传人，同时也触及当地政府为继承与保护这一文化遗产所做的工作和未来的计划。

《神圣的文化建构：土族民间信仰源流》 文忠祥著，人民出版社 2012 年出版。该书认为土族民间信仰是在万物有灵观念基础上产生的自然崇拜、祖先崇拜、鬼灵信仰的综合体，具有较为松散的组织体系和一定的宗教性。本书内容在关注土族民间信仰的发生空间，论述土族民间信仰图景基础上，通过对土族民间信仰典型仪式的内容和各种象征的深入分析，探析土族民间信仰背后更为深刻的观念和意识，寻找隐藏在具体表现形式背后的内在逻辑，说明民间信仰在土族社会中的影响和发展趋势。

《故事歌研究——以 20 世纪以来甘青汉语故事歌为例》 李言统著，民族出版社 2013 年出版。本书对 20 世纪以来河湟民族走廊中的甘青汉族民间叙事长诗，从其演变过程、文本类型、叙事特征、情节主题、审美个性及文化价值等方面做了较为系统的分析，不仅提出了"故事歌"概念，而且将之放置在具体语境中加以研究。

《德都蒙古民间文学研究文集》 僧格编，民族出版社 2014 年出版。系"德都（青海）蒙古历史文化丛书"之一。本书分为理论与概述、史诗与民间故事、民歌与祝词、非物质文化遗产 4 个类目，选编了自 20 世纪 80 年代以来国内有关青海德都蒙古族民间文学研究的代表性论文 24 篇，较为集中地反映了德都蒙古族民间文学研究的最新动态。

《德都蒙古民间文学概要》 纳·才人巴力著，民族出版社 2014 年出版。系"德都（青海）蒙古历史文化丛书"之一。该书对德都蒙古族民间文学归类为民间诗歌、英雄史诗、民歌、谚语、传说、故事、民间儿歌等，从内容思想、语言特色、人物形象等方面进行了叙述和分析，总结其地域文化特点，是了解德都蒙古族民间文学的重要参考书。

《德都蒙古民俗与文化变迁研究论集》 僧格编，民族出版社 2014 年出版。系"德都（青海）蒙古历史文化丛书"之一。此书在内容上分饮食与服饰民俗、信仰民俗、婚姻与家庭与人生礼仪、传统社会文化变迁、文化涵化与族群认同 5 编，选辑了国内学术界研究德都蒙古族以汉文发表的有关德都蒙古族民俗及其社会文化变迁的 34 篇论文，集中展现了 20 世纪 80 年代以后德都蒙古族民俗及传统文化变迁、文化涵化与族群认同等方面的研究成果。

《青海台吉乃尔蒙古人人生仪礼及其音乐研究》 崔玲玲著，中央民族大学出版社 2006 年出版。青海台吉乃尔蒙古人的音乐文化是蒙古族音乐文化中的重要一支，也是一笔丰厚的民族文化遗产。其人生仪礼中的仪式及音乐，不仅体现了台吉乃尔民众丰富的民俗和多彩的音乐，也体现了蒙古族悠久的传统文化。此书借鉴民俗学中有关人生仪礼的研究理论，以台吉乃尔蒙古人的人生仪礼及仪式音乐的实际情况为基础，结合其传统观念，尝试制作了一个研究模式图，进行分析、解释，即将台吉乃尔蒙古人人生仪礼的总体看作一个完整的圆圈，从中间分开，上半部分为人们由生到死的过程中的仪礼，称其为生活仪礼；下半部分为人由死到生的轮回过程中的仪礼，称其为信仰仪礼。这两部分仪礼的总和，体现出一个台吉乃尔蒙古人传统观念中完整的人生仪礼的过程。通过对青海台吉乃尔蒙古人的人生仪礼的仪式及其音乐的考察研究，既可以看到蒙古族古老文化的遗存，也可看到其传统文化的变迁过程。

《撒拉族音乐文化概论》 苍海平著，上海音乐学院出版社 2010 年出版。本书参照中国民间音乐的分类方法结合撒拉族民族音乐特点，将撒拉族民间音乐分为民歌、歌舞、民族器乐，而将其中民歌又分为劳动号子、宴席曲、小调、儿歌、"玉儿"、花儿六大类，较为系统地介绍和分析了撒拉族民间音乐及其风俗文化。

《大文化与小传统——民俗文化论萃》 赵宗福、米海萍主编，科学出版社 2016 年出版。本书以民俗文化为主题，从中国大文化的宏观视角，主要运用民俗学和文化学的理论和方法进行了创新性研究，全书分为文化篇、理论篇、民间文学篇、民俗篇和田野调查篇 5 个板块，内容多集中于昆仑文化及昆仑神话、多民族民歌花儿及花儿会、土族民俗文化、多民族民间文学、多民族信仰及英雄史诗等几个方面，对中国尤其是西北地区诸多具有代表性的民俗文化事象进行了分析研究。

《沉睡的记忆——神话传说、彩陶纹饰解读与田野调查》 霍福著，青海民族出版社 2010 年出版。此书为作者原创性学术论文集，分为文化认知与神话原型、彩陶纹饰文化解读、宗教记忆的人文遗存、民间祭祀的文化视角 4 个部分，将青海地域民俗文化置于中国大传统文化语境中，予以坐标式定位和理解，既有对青海民俗文化史的梳理与特点把握，又有注重活态文化的田野考察。

《土族婚丧文化》 李克郁、李美玲、李永翎著，青海人民出版社 2003 年出版。此书对土族传统社会中的婚姻形式与婚俗仪程、丧葬类型与丧葬习俗以及家庭关系等，进行了较为系统的阐述，并指出这些习俗的地域特点。对民族学、人类学的研究提供了较为翔实的资料。

《青海面具艺术》 马达学著，青海人民出版社 2006 年出版。此书图文并茂，对青海面具根据不同功用分为藏传佛教寺院的"羌姆"面具（各教派面具）、藏戏面具及民间歌舞面具（含龙舞面具、舞蹈面具及社火面具）等，对藏戏面具的起源与制作加以说明，并对其造型艺术所蕴含的文化意义做了较为详尽的说明。

《人生狂欢——黄河上游民间傩》 马光星、赵清阳、徐秀福著，青海人民出版社 2003 年出版。本书对黄河上游三川地区和热贡地区的傩文化这一民俗现象进行了介绍，就其中所包容的宗教信仰、神话解释及诸多习俗等内容中的祭祀活动和舞蹈戏剧表演形式进行了描述和分析。

《甘肃土人的婚姻》 ［比利时］许让著，费孝通、王同惠译，辽宁教育出版社 1998 年出版。此书是许让神父在 20 世纪初来西宁周围传教期间所写，对土族不同形式婚姻与相关婚姻仪程进行了较为细致的描述和研究。后附有潘乃谷《土族婚姻家庭的变迁》、高丙中《文化影响与文化重构》二文，对研究土族婚俗文化有较高的参考价值。

二 学术论文

（一）民间文学

《土族民间故事刍议》 星全成著，发表于《青海民族研究》1999 年第 1 期。该文指出，历史上的土族虽然没有自己的文字，但在长期的生活和生产实践中，土族人民依靠自己的聪明才智创作出了大量的民间文学作品，在一定程度上丰富了祖国的民间文化宝库。文章通过对土族民间故事的基本内容、艺术特色的分析和探讨，使更多的人了解土族积极健康的思想倾向和独特的审美情趣。

《文化重构的历史缩影——土族创世神话探析》 胡芳著，发表于《民族文学研究》2005 年第 4 期。文章指出土族的创世神话丰富而零乱，呈现出了极其复杂的形态。作者从其原生创世神话和受汉藏文化影响后产生的次生创世神话入手，对其发展脉络进行梳理，探究了土族创世神话的文化蕴涵，并指出这是土族受多重文化影响之后进行文化重构的历史缩影。

《甘青河湟地区"财宝神"文化内蕴阐释》 毕艳君著，发表于《民族文学研究》2007 年第 1 期。文章指出"财宝神"是流传于甘青河湟地区的一种民间艺术形式，它在土族地区和一些汉族地区广泛传唱且形成了自己别有特色的文化意蕴。本文从传统汉文化特征、地方差异性及文化价值取向等不同角度对其进行了分析和阐释。

《多元历史记忆与族群认同变迁——从土族神话传说看民和土族认同的历史变迁》 鄂崇荣著，发表于《青海民族学院学报》2008 年第 2 期。本文以土族的起源、发展、形成与延续为背景，探讨在历史时空变幻中，土族的历史记忆和族群认同经历了怎样的传递和调适过程，以及当前土族精英分子如何利用部分历史记忆和学术资源影响土族民众，土族民众如何利用历史记忆资源获取各种利益，从而为土族族群自我认同的历史变迁及现存的学术争论提供借鉴。

《论印度故事对藏族故事的影响——以几则动物故事为例》 索南措著，发表于《语文学刊》2009 年第 12 期。文章根据流传在藏区的几则寓言，印证了印度动物故事对藏族寓言的影响，认为藏族故事在沟通印度和中国中原地区汉族民间故事中起着重要的作用。

《青藏地区民间传说的文化史价值》 胡芳著，发表于《青海社会科学》2010 年第 1 期。该文认为青藏地区丰富多彩的民间传说是各民族历史记忆的特殊呈现，隐现着各民族历史和文化演进的脉络，包孕着深厚博大的文化内涵，是各民族人民用幻想的、传奇的口头叙事构建起来的原始"口述史"，具有历史、宗教、民俗等多方面的文化史研究价值和意义。

《青藏地区民族民间文学的文本传承》 米海萍著，发表于《青海师范大学学报》2011 年第 3 期。本文认为民间文学的传承，一般采取民众口耳相传、口传心授的方式。由青藏地区各民族所创作的民间文学，是中国民间文学的有机组成部分，除了有口头传承的一般规律特点外，其文本传承有独特之处，主要表现为当今的"三套集成"传承、汉文典籍和藏文典籍相对完整的传承，还有藏文纯文本的民间文学传承。

《一段人间佳话—部个人史诗——浅谈〈文成公主〉传说的文化内涵》 央吉卓玛著，发表于《学理论》2011年第9期。本文主要以吐蕃时期藏王松赞干布派遣请婚使者嘎尔·禄东赞前往唐朝求亲，唐太宗为了考验来使的智谋和吐蕃的国力，向婚使提出的一系列难题为主线，阐释了"文成公主"这一民间帝王将相传说的文化内涵，同时对传说中的传说核（这里指传说的原初形态）和传说的流变状况，以及婚礼中的各种试婚习俗进行了分析。

《土族宝卷〈佛说大明六字真言嘛尼经〉初探》 刘永红著，发表于《青海民族研究》2012年第3期。文章指出《佛说大明六字真言嘛尼经》是土族宝卷中历史最早、流传最为广泛的一部宝卷。这部宝卷保留了民间教派宗教的思想内核，但受当地浓厚的藏传佛教的影响，形成了明显的地域特色和民族特色。强调土族活态宝卷念卷是最近发现的唯一现存的少数民族宝卷念卷，这一民间说唱与民俗宗教文化是土族宝贵的文化财富。

《河湟口传文学中的佛教圣迹信仰》 蒲生华著，发表于《青海社会科学》2014年第3期。该文指出佛教圣迹是佛教文化的重要载体之一，河湟地区的佛教圣迹主要由佛寺、佛塔和佛教高僧的修行处等构成，这些圣迹不仅在河湟地区随处可见，而且在当地的口传文学中屡被传诵。文章认为在民间话语下的这些佛教圣迹无一例外地浸染着神圣、瑰丽、奇幻、灵性、特异等特征，这是表演者刻意为之，目的是唤起民众对这些佛教圣迹的崇信和景仰。

（二）民俗事象

《青海汉俗的建构特色及意蕴》 朱世奎著，发表于《青海社会科学》1996年第6期。这是一篇较早探讨青海汉族民俗文化的文章之一，作者归纳出青海汉族民俗具有保守性、变通性、交融性及互补性，并透过对大量实例的考查，阐述了青海汉族文化的一些基本的价值观，如对待生与死、贵与贱、庄与谐及男与女的独有的认识哲理意蕴。

《江河源头话"於菟"——青海同仁年都乎土族"於菟"舞考析》 秦永

章著，发表于《中南民族大学学报》2000 年第 1 期。本文在考察巴楚古俗的基础上，对青海省同仁县年都乎土族的祭祀舞蹈"於菟"（虎）舞做了一番分析，指出它与古代巴楚地区的崇虎尚巫之俗一脉相承。文章认为，明初江南一带（包括巴楚地区）的一部分汉人，来到青海同仁地区屯边守塞，其中不少汉人与当地土著居民融合，同时也将这一习俗带到青海同仁土族地区。

《论民俗文化圈及其本位偏见》　马成俊著，发表于《青海民族研究》2000 年第 3 期。该文认为民俗文化圈是由各民族所居住的生态环境、经济生活方式以及历史文化背景组成的，世界上的各个集团、民族、国家相应地形成了不同于其他集团、民族和国家的民俗文化圈。在一国之内，由于民族不同、地域环境有别也形成了许多民俗文化圈。各文化圈之间自然就会产生许多偏见甚至诋毁，这既不利于社会的稳定，又有害于民族间的理解和信任。

《藏族信仰文化的历史变迁与藏区社会进步》　蒲文成著，发表于《青海民族学院学报》2002 年第 1 期。文章认为藏族的信仰文化随着藏区经济基础的变化而变化，同时指出近几十年来，藏传佛教的政治作用、寺院经济结构以及群众的信仰观念、程度和信仰方式等均发生明显变化，而这种信仰文化的历史变迁充分反映出藏族社会经济的发展和民族的进步。

《三川土族"纳顿"解读》　文忠祥著，发表于《民族研究》2005 年第 3 期。本文在调查三川土族纳顿的基础上，认为纳顿出现在土族先民由游牧转向农耕以后，是一种祈求和庆祝丰收的活动，具有显著的地方特色和民族特色。文章从信仰体系、农事色彩、组织体系、军事生活的影响、宗族意识、供品、舞蹈、法拉与法师等方面对纳顿进行了系统解读。

《安多地区的二郎神信仰》　贾伟、李臣玲著，发表于《民族研究》2005 第 6 期。该文指出汉族地区历史上所信仰的二郎神在安多藏区也广泛存在，并且在长期的民族互动中，形成了独具特色的信仰体系。本文在田野调查的基础上，结合有关历史文献的记载，对安多藏区的二郎神信仰做了一些探讨。

《河湟汉族婚俗中抢婚文化的"遗留物"》　蒲生华著，发表于《青海民族研究》2005 年第 3 期。本文就青海河湟汉族婚俗中的闭户拒纳，藏匿物件；昏时嫁娶，挑灯引路；涂扮公公，妆抹"阿伯"；酒酣设擂，拇战争胜等习俗惯制展开分析，认为这些民俗事象皆是古抢婚文化的遗留。强调抢婚虽然已成为过去，但抢婚形式所具有的原生态的仪式及文化内涵如今在许多地区的婚俗中仍以不同方式保留着。

《青海汉族"田社"习俗与春社关系探析》 贺喜焱著，发表于《青海社会科学》2011 年第 6 期。本文以青海汉族"田社"习俗为研究对象，从名称与时间、祭祀神主和主题、祭祀场所与类型、祭祀仪式 4 个方面探讨了"田社"与传统春社的关系，认为"田社"习俗是传统春社在青海汉族民间社会结合祭祖仪式的演化和变迁。

《河源昆仑与土地崇拜》 米海萍著，发表于《青海社会科学》2012 年第 5 期。文章认为"河出昆仑"是昆仑文化的重要内容，也是中国人的古老信仰之一，这是一种在万物有灵观念基础上产生的河源信仰与昆仑仙乡信仰错综交织的文化心理和土地崇拜文化表象。其中蕴含了上古人们对土地有巨大生命力（万物土中生）的亲和体验与认识；而鲧窃"息壤"治水的悲壮，成就了禹治水患成功和"敷土定九州"的功业；周穆王西游沉玉于河、树槐于昆仑山的祭祀活动，则是土地崇拜的具象，也是"予一人"拥有国家最高权力和全部土地的折射。

《同仁县年都乎村村落山神信仰与村落民俗的民族志分析》 唐仲山著，发表于《西北民族研究》2012 年第 3 期。本文通过对年都乎村村落山神信仰与村落民俗的民族志分析，探讨了村落信仰与仪式、民俗空间与村落社会建构之间的关系。认为神灵信仰和仪式构成了社会形貌的象征展示方式，精神世界的神灵存在是现实世界中仪式举行的观念依据，祈求护佑的功利性意愿使得作为村落守护神的外来神并没有受到客观上的排斥，即便是既有的历史文化冲突也被主观上包容或消解。

《大通县城关镇城隍庙会的历史变迁及社会功能》 邢海珍著，发表于《青海社会科学》2013 年第 4 期。文章以青海省大通县城关镇城隍信仰及其庙会活动为调查研究对象，指出其城隍庙会活动，是一种集城隍民间祭祀、商品交流与民间技艺汇演于一体，以隍庙为中心的民俗文化活动，反映了这一区域内民众的价值取向和多元信仰，以及多元文化和谐共存的现状。

《试论青海藏族服饰中的心意民俗》 耿英春著，发表于《青海社会科学》2014年第2期。文章以青海藏族服饰为研究对象，分别从祭神敬祖、祈福求吉、辟邪驱魔、免灾祛病4个方面探讨了青海藏族服饰所具有的象征意义，认为其所折射出来的精神内涵非常丰富，极具地域特色，同时也具有一定的典型性。

（三）民间艺术

《青海民间藏戏面具艺术》 马达学著，发表于《青海民族学院学报》1998年第3期。本文从藏传佛教文化内涵和宗教精神的角度，对青海民间藏戏面具的起源、形成、发展、演变以及制作工艺和独特的艺术魅力进行了探讨。认为青海民间藏戏面具艺术历史悠久、制作精美、内涵丰富、风格独特。

《论河湟皮影戏展演中的口头程式》 赵宗福著，发表于《文艺研究》2000年第4期。文章认为河湟皮影戏有自己的话语程式，艺人们根本不用影卷等书面文本，也用不着演前彩排，即可表演甚至即兴创作演出大型或连台情节生动、唱词唱腔优美的戏。它体现了民间文艺传承口头性与民俗文化程式化的特性。本文对河湟皮影戏艺人在展演中对大小不等的三种"词"即叙事单元的模式记忆和艺术重构以及艺人与观众间内部沟通的话语问题做了研究，以图解释民间文艺创作的秘诀。

《塔尔寺酥油花散论》 赵宗福著，发表于《民族艺术》2000年第2期。本文就塔尔寺酥油花的渊源、发展、价值等进行了系统论述，指出塔尔寺"艺术三绝"之一的酥油花具有极高的艺术价值，酥油花从西藏传入塔尔寺后，由于多民族文化的相互影响、竞争机制的长期运作、专业艺人的精心传承，成为藏传佛教文化和藏族艺术中的精品。

《青海台吉乃尔蒙古人婚礼与婚礼仪式音乐研究》 崔玲玲著，发表于《中央音乐学院学报》2006 年第 1 期。该文通过对青海台吉乃尔蒙古人的婚礼仪式及其音乐的实录描述和音乐结构分析，认为其中存在着仪式与仪式音乐的并行发展结构，亦即仪式音乐曲式结构同其仪式结构结为一体、同型同构的文化构成现象。指出在该类仪式音乐具有的大型"二部性"结构里，还包含了引子、联曲体（第一部分）、变奏体与回旋体混合结构（第二部分）和尾声等细部结构特征；人生仪礼音乐的结构因素，同其社会文化中的传统因素与新接纳的外来因素这一对矛盾因素之间也存在着必然的联系。

《青海塔尔寺的酥油花艺术》 秦永章著，发表于《中央民族大学学报》2007 年第 2 期。文章强调酥油花是青藏高原藏传佛教艺术中的一朵奇葩，它具有非常重要的艺术价值，其中青海塔尔寺的酥油花尤为著名，成为该寺"艺术三绝"之一，同时也指出了塔尔寺酥油花艺术的特殊工艺要求使其后继乏人，甚至出现了衰微的迹象。

《从青海社火看本土音乐的文化变迁》 苍海平著，发表于《音乐艺术》2007 第 4 期。本文以社火的孕育、形成、演变、融合、发展为研究点，以青海社火为例，寻求本土音乐文化在高度文明社会中的变迁、传承与可持续发展之路。

《土族婚礼歌演唱模式解析——以民和土族婚礼情境为例》 文忠祥著，发表于《青海民族大学学报》2012 年第 3 期。文章认为土族婚礼歌演唱结构模式包括演唱的时序结构模式、演唱角色结构模式、演唱者结构模式等。土族婚礼歌表演过程通过表演者之间，表演者与观众、东家等的互动，成为婚礼语境中一种极为有效的交流方式。

《青海安多藏族服饰民俗文化功能刍议》 耿英春著，发表于《青海民族研究》2012 年第 3 期。本文将服饰作为一种符号，从民俗文化学和民族社会学的角度，对青海安多藏族服饰文化的族徽标识功能、身份标志功能、礼俗规范功能、祈福求吉功能及装饰审美功能等进行了分析和阐释，以此来揭示安多藏族服饰深厚的文化内蕴。

《青海塔尔寺建筑中的神圣等级》 霍福著，发表于《民间文化论坛》2014 年第 5 期。文章通过对塔尔寺建筑样式和风格的透视，认为这些在 600 多年的发展过程中相继建成的殿堂和僧宅，都是围绕着以大金瓦殿为中心辐射开来，构建了一种神圣的等级秩序。

《从〈法王舞〉看青海塔尔寺音乐的文化内涵》 魏攀登著，发表于《贵州民族研究》2014 年第 11 期。文章从塔尔寺舞蹈音乐的语境、特征、内涵等恒定、变异方面，透视来自不同地域、民族、文化因素的影响，透视佛教音乐在青海的发展、变迁概况。认为塔尔寺节日活动的表演、宗教仪式、舞蹈形式，都和宗教音乐紧紧地结合在一起，并围绕着佛教的教义、法事展开，折射出一种宗教文化的活力。

（四）田野报告

《青海"於菟"巫风调查报告》 唐仲山著，发表于《民俗研究》2003 年第 3 期。该文对流行于年都乎地区的"於菟"系列活动做了翔实的田野调查，认为这种古风所蕴藏的文化含量是异常丰富而独特的。它既有原始宗教遗迹，亦与藏传佛教并行；既有娱神性质，又有娱人功能；既是驱疫除邪活动，又是丰产巫术活动；既有丰富的饮食文化，又不乏禁忌内容；既有严格的组织制度，又有全民参与特征，指出青海"於菟"巫风是各种文化因子交会相融形成的独特民俗文化现象。

《青海苏木世村的农事祭祀活动》 霍福著，发表于《民族研究》2004 年第 2 期。文章以青海省西宁市湟中县的一个偏僻山村——苏木世为田野作业点，通过对这里的农事祭祀的调查分析，指出居住在这里的汉、藏两个兄弟民族，在长期的相互影响下，形成了有别于纯藏语区或纯汉语区的习俗，这在当地独特的民间农事祭祀仪式活动中颇为明显。

《对汉藏边界汉族民间信仰中神祇和仪式的田野调查——以乐都县中坝藏族乡为例》 鄂崇荣著，发表于《青海社会科学》2006 年第 4 期。本文以汉藏边界地区乐都县中坝藏族乡为个案，对当地汉族民间信仰中的主要神祇及其相关仪式进行了初步调查，认为当地民众的民间信仰或多或少受到了藏传佛教的影响，同时也指出这些与各种神祇有关的信仰仪式成为维护和巩固当地地方性社会文化秩序的重要象征。

《藏族信仰崇拜中的山神体系及其地域社会象征——以热贡藏区的田野研究为例》 索端智著，发表于《思想战线》2006 年第 2 期。文章以热贡藏区的山神信仰体系为田野考察对象，认为山神信仰是藏区社会的一种集体表象，是藏族文化中重要的象征体系，体系化建构的山神与社会结构具有紧密的相互映照关系，从山神与社会结构关系的视角去透视山神体系，可以发现守护神信仰体系的不同圈层隐喻的是藏区大小不同的地域社会，所谓藏区四大或九大山神的说法，在一定意义上正是藏区不同区域社会的象征。

《青海省互助县唐日台村龙王信仰调查报告》 刘大伟著，发表于《青海民族研究》2006 年第 3 期。本文通过实地田野作业，对当地民间龙王信仰的内容及相关民俗活动进行了调查分析，认为唐日台村龙王信仰作为地方及民族文化系统中的活态民俗事象，是围绕农业生产与生活而展开的具有地方性、民族性特征的信仰活动。

《移民视野下的河湟灯会仪式与文化内涵——乐都七里店九曲黄河灯会的文化人类学田野调查》 鄂崇荣、隋艺著，发表于《青海社会科学》2013 年第 4 期。本文对乐都七里店九曲黄河灯会起灯、望灯等仪式进行了较为详细的描述。认为九曲黄河灯会深受道教、生育信仰和移民文化的影响，民间信仰的逐渐衰退和宗族观念的逐步淡化，导致黄河九曲灯会在某种程度上走向衰落。但九曲黄河灯俗这一民俗事象被列入第二批国家级非物质文化遗产名录的事实，又说明政府的支持为此类信仰民俗注入了活力。

《乡土社会农事祭祀与社会控制——对民和县桥头村青苗善事的民俗学调查》 李言统著，发表于《西北民族研究》2015 年第 3 期。本文通过对桥头村官房和庙宇举行的青苗善事仪式的描述，认为这一农事祭祀仪式在传统乡土社会中，与基层行政管理相协调，为保持农业生产秩序、促进乡土社会和谐发展起到了很重要的作用。

《神圣的民俗化与民间信仰的多元性——青海省大通县老爷山"朝山会"调研》 邢海珍著，发表于《青海社会科学》2011 年第 6 期。文章通过对青海省大通县老爷山"朝山会"的实地调研，认为这是集"朝山会"与"花儿会"于一身的独特民俗文化，有着严密的民间组织和完整的朝山仪式。在多民族的参与中，这一活动不仅反映了当地广大民众的价值取向和多元信仰，而且促使这一区域形成了多元文化的和谐共存，对研究该地区民族民间文化具有深远的民俗文化意义。

《祈愿：信仰仪式中现实心理与性灵感召之介——以青海民和新民乡三官殿玉清境洞阴大帝解厄仪式为个案》 李卫青著，发表于《青海社会科学》2015 年第 3 期。本文以青海省民和回族土族自治县新民乡三官殿在下元节举行的信仰阒会为田野对象，分析了三官殿解厄信仰仪式的表现形态及其在承担民众现实心理和性灵感召之介中的精神内涵，指出这是一种当地善男信女历久传承的民间信仰习俗，是民众祈求吉祥、消弭灾祸的心理外显。

附 录

附录一　参考文献

（一）理论类

钟敬文:《民俗学概论》，上海文艺出版社，1998。

乌丙安:《中国民俗学》，辽宁大学出版社，1985。

周星:《民俗学的历史、理论与方法》，商务印书馆，2006。

董晓萍:《田野民俗志》，北京师范大学出版社，2003。

万建中:《民间文学引论》，北京大学出版社，2006。

祁连休:《中国民间文学史》，河北教育出版社，2008。

马西沙、韩秉方:《中国民间宗教史》，中国社会科学出版社，2004。

赵宗福等著《青海多元民俗文化圈研究》，中国社会科学出版社，2012。

鄂崇荣:《青海民间信仰——以多民族文化为视角》，中国社会科学出版社，2016。

马成俊:《青海民间文化新探》，民族出版社，2008。

霍福:《多元村落民俗文化研究——以青海苏木世村落为个案》，中国社会科学出版社，2012。

马成俊:《神秘的热贡文化》，文化艺术出版社，2003。

青海省艺术研究所:《青海民族民间文化》，陕西旅游出版社，2004。

赵宗福:《昆仑神话》，青海人民出版社，2005。

寒竹：《江河源头的民俗与旅游》，中国旅游教育出版社，1995。

刘永红：《青海宝卷研究》，中国社会科学出版社，2013。

米海萍：《青藏地区民族民间文学研究》，中国社会科学出版社，2012。

蒲生华、马建华：《河湟汉族传统婚礼歌研究》，中国社会科学出版社，2013。

赵宗福：《花儿通论》，青海人民出版社，1989。

吉狄马加、赵宗福：《青海花儿大典》，青海人民出版社，2010。

李言统：《河湟花儿与花儿会》，青海人民出版社，2010。

李言统：《故事歌研究——以 20 世纪以来甘青汉语故事歌为例》，民族出版社，2013。

陈克编著《中国语言民俗》，天津人民出版社，1993。

曲彦斌：《民俗语言学》，辽宁教育出版社，2004。

陈原：《社会语言学》，学林出版社，1983。

黄涛：《中国民俗通志·民间语言志》，山东教育出版社，2005。

谭汝为：《民俗文化语汇通论》，天津古籍出版社，2004。

中国艺术人类学学会：《艺术人类学的理论与田野（上、下）》，上海音乐学院出版社，2008。

卿希泰、唐大潮：《道教史》，江苏人民出版社，2006。

才让：《藏传佛教信仰与民俗》，民族出版社，1999。

邢海宁：《果洛藏族社会》，中国藏学出版社，1994。

才让太、顿珠拉杰：《苯教史纲要》，中国藏学出版社，2012。

才贝：《阿尼玛卿山神研究》，民族出版社，2012。

赵永红：《神奇的藏族文化》，民族出版社，2003。

索南多杰、唐仲山编著《神湖记忆》，青海人民出版社，2009。

央吉卓玛：《〈格萨尔王传〉史诗歌手研究——基于青海玉树地区史诗歌手的田野调查》，中国社会科学出版社，2015。

角巴东主、马都尕吉：《雪域传奇〈格萨尔〉》，青海人民出版社，2010。

陈庆英主编《藏族部落制度研究》，中国藏学出版社，2002。

安俭：《中国游牧民族部落制度研究》，甘肃人民出版社，2005。

张济民主编《寻根理枝：藏族部落习惯法通论》，青海人民出版社，2002。

陈庆英主编《藏族部落制度研究》，中国藏学出版社，2002。

格勒：《论藏族文化的起源、形成与周围民族的关系》，中山大学出版社，1988。

李兴华、秦惠彬、冯今源、沙秋真：《中国伊斯兰教史》，中国社会科学出版社，1998。

马通：《中国伊斯兰教派与门宦制度史略》，宁夏人民出版社，2000。

马通：《丝绸之路上的穆斯林文化》，宁夏人民出版社，2000。

马通：《中国伊斯兰教派门宦溯源》，宁夏人民出版社，2004。

喇秉德、马文慧：《青海伊斯兰教》，宗教文化出版社，2009。

喇秉德、马文慧：《河湟回族历史与文化》，青海人民出版社，2010。

马忠、马小琴主编《青海回族民间文化集》，青海人民出版社，2012。

喇秉德：《青海回族史》，民族出版社，2009。

喇秉德、马小琴：《青海回族简史》，青海人民出版社，2013。

赖存理：《回族商业史》，中国商业出版社，1988。

邱树森主编《中国回族大词典》，江苏古籍出版社，1992。

洪梅香、刘伟：《回族砖雕艺术》，宁夏人民出版社，2005。

马建新：《撒拉族文化概览》，青海人民出版社，2010。

芈一之：《撒拉族史》，四川民族出版社，2004。

芈一之、张科：《撒拉族简史》，青海人民出版社，2013。

文忠祥：《神圣建构与世俗秩序——土族民间信仰与社会生活互动研究》，中国社会科学出版社，2012。

文忠祥：《神圣的文化建构——土族民间信仰源流》，人民出版社，2012。

鄂崇荣：《土族民间信仰解读——地方性信仰与仪式的宗教人类学研究》，

甘肃民族出版社，2008。

李克郁：《土族婚丧文化》，青海人民出版社，2003。

马光星、闫国良：《土族文化概览》，青海人民出版社，2010。

李志农、丁柏峰主编《土族——青海互助县大庄村调查》，云南大学出版社，2004。

吕建福：《土族史》，中国社会科学出版社，2002。

土族简史编写组：《土族简史》，青海人民出版社，1982。

国家民委民族问题五种丛书编辑委员会青海省编辑组编《青海土族社会历史调查》，青海人民出版社，1985。

贾晞儒：《德都蒙古文化简论》，民族出版社，2014。

跃进：《青海海西蒙古族风俗文化》，青海人民出版社，2009。

贾晞儒：《青海蒙古语言文化纵论》，青海民族出版社，2006。

僧格、塔娜：《德都蒙古民俗与文化变迁研究论集》，民族出版社，2014。

纳·才仁巴力：《德都蒙古民间文学概要》，民族出版社，2014。

僧格：《德都蒙古民间文学研究文集》，民族出版社，2014。

青格力：《德都蒙古历史考论（上、下）》，民族出版社，2014。

芈一之、张科：《青海蒙古族简史》，青海人民出版社，2013。

跃进：《柴达木民间文化——海西州非物质文化遗产》，青海人民出版社，2012。

贾晞儒：《德都蒙古文化简论》，民族出版社，2014。

张士闪、耿波：《中国艺术民俗学》，山东人民出版社，2008。

冶存荣：《民间艺术》，五洲传播出版社，2007。

张道一：《张道一论民艺》，山东美术出版社，2008。

潘鲁生：《民艺学论纲》，北京工艺美术出版社，1998。

唐家路：《民间艺术的文化生态论》，清华大学出版社，2006。

隆荫培、徐尔充、欧建平：《舞蹈知识手册》，上海音乐出版社，1999。

青海省艺术研究所：《青海艺术史》，青海人民出版社，2015。

马盛德、曹娅丽:《人神共舞:青海宗教祭祀舞蹈考察与研究》,文化艺术出版社,2005。

曹娅丽:《黄南藏戏》,青海人民出版社,2010。

王耀华、乔建中:《音乐学概论》,高等教育出版社,2005。

袁静芳:《中国传统音乐概论》,上海音乐出版社,2000。

周青青:《中国民间音乐概论》,人民音乐出版社,2003。

杜亚雄:《中国各少数民族民间音乐概述》,人民音乐出版社,1993。

田联韬:《中国少数民族传统音乐》,中央民族大学出版社,2001。

乐声:《中华乐器大典》,民族出版社,2002。

曹本冶:《中国传统民间仪式音乐研究(西北卷)》,云南人民出版社,2003。

张谷密:《西海乐论》,青海人民出版社,1991。

马占山:《土族音乐文化实录》,中国文联出版社,2006。

苍海平:《撒拉族音乐文化概论》,上海音乐出版社,2010。

嘉雍群培:《雪域乐学新论》,中央民族大学出版社,2007。

崔玲玲:《青海台吉乃尔蒙古人人生仪礼及其音乐研究》,中央民族大学出版社,2006。

王海霞:《中国民间美术社会学》,江苏美术出版社,1995。

靳之林:《中国民间美术》,五洲传播出版社,2004。

孙建民:《中国民间美术教程》,天津人民出版社,2005。

吕品田:《中国民间美术观念》,湖南美术出版社,2007。

左汉中:《中国民间美术造型》,湖南美术出版社,2006。

马建设:《青藏民族工艺美术》,青海人民出版社,1999。

马建设:《藏传佛教工艺美术》,青海民族出版社,2013。

马达学:《青海美术史》,青海人民出版社,2014。

马达学:《青海面具艺术》,青海人民出版社,2006。

《中国民族建筑》编写委员会:《中国民族建筑(第二卷)》,江苏科学技术出版社，1998。

张君奇：《青海古建筑图论》，青海人民出版社，2014。

薛建华、付平：《法器面具》，青海人民出版社，2012。

马有福主编《青海民族服饰》，青海民族出版社，2013。

马建新：《撒拉族服饰》，青海民族出版社，2013。

吕胜中：《造型原本》，生活·读书·新知三联书店，2002。

郭泮溪：《中国民间游戏与竞技》，上海三联书店，1996。

青海省志编纂委员会编《青海历史纪要》，青海人民出版社，1987。

崔永红等：《青海通史》，青海人民出版社，1999。

王昱：《青海简史》，青海人民出版社，1992。

崔永红：《青海经济史（古代卷）》，青海人民出版社，1998。

翟松天：《青海经济史（近代卷）》，青海人民出版社，1998。

翟松天、崔永红：《青海经济史（当代卷）》，青海人民出版社，2004。

李建胜：《清代——民国西宁社会生活史》，人民出版社，2012。

陈光国：《青海藏族史》，青海民族出版社，1997。

顾执中、陆怡：《到青海去》，中国青年出版社，2012。

王致中、魏丽英：《明清西北社会经济史研究》，三秦出版社，1989。

吴承明：《中国的现代化、市场与社会》，生活·读书·新知三联书店，2001。

刘幼生、宋大川、张铁刚：《中国命相研究（上中下）》，山西人民出版社，1992。

（二）典籍资料类

胡朴安：《中华全国风俗志》，河北人民出版社，1986。

袁珂：《中国社会传说词典》，上海辞书出版社，1985。

袁珂：《山海经校注》，北京联合出版公司，2014。

朱世奎主编《青海风俗简志》，青海人民出版社，1994。

赵宗福、马成俊主编《中国民俗大系·青海民俗》，甘肃人民出版社，2004。

米海萍、贺喜焱：《中国民俗知识·青海民俗》，甘肃人民出版社，2008。

赵宗福主编《中国节日志·春节（青海卷）》，光明日报出版社，2014。

赵宗福主编《中国节日志·土族青苗会》，光明日报出版社，2016。

孙考：《青海乡俗》，青海人民出版社，1984。

《青海风物志》编写组：《青海风物志》，青海人民出版社，1985。

林有盛：《西宁方言寻古》，青海人民出版社，2003。

朱世奎主编《西宁方言词语汇典》，青海人民出版社，2003。

青海省西宁市文联编《河湟民间文学集（内部资料本）》，1~12 辑，1981~1989。

颜宗成、李锦辉：《青海平弦词本》，九州出版社，2011。

李锦辉、赵生彦编《青海平弦音乐》，青海人民出版社，2011。

颜宗成、石永编《青海越弦词本》，九州出版社，2011。

颜宗成、石永编《青海越弦音乐》，九州出版社，2011。

石永：《平越官下述略》，中国文联出版社，2011。

周尚俊：《青海眉户》，青海人民出版社，2011。

梁钦：《江源藏俗录》，华艺出版社，1993。

陈有仓：《河湟婚俗》，青海人民出版社，2010。

米海萍、乔生华：《土族史料集》，青海人民出版社，2015。

韩建业：《青海撒拉族史料集》，青海人民出版社，2006。

青海省社会科学院：《塔尔寺概况》，青海人民出版社，1987。

纳·才仁巴力：《青海蒙古族风俗志》，青海民族出版社，2014。

索南多杰：《中国格萨尔文化之乡：玛域果洛》，青海人民出版社，2010。

中国故事集成青海卷编辑委员会编《中国民间故事集成·青海卷》，中国 ISBN 中心，2008。

中国歌谣集成青海卷编辑委员会编《中国民间歌谣集成·青海卷》，中国 ISBN 中心，2008。

中国谚语集成青海卷编辑委员会编《中国民间谚语集成·青海卷》，中国 ISBN 中心，2008。

《青海省非物质文化遗产名录图典》编辑委员会编《青海省非物质文化遗产名录图典》，青海人民出版社，2012。

《玉树州非物质文化遗产名录图典》编辑委员会编《玉树州非物质文化遗产名录图典》，青海民族出版社 2011。

《西宁市非物质文化遗产名录图典》编辑委员会编《西宁市非物质文化遗产名录图典》，2014 年内部彩印本。

《青海回族民间故事》，青海人民出版社，1985。

《青海藏族民间故事》，青海人民出版社，1984。

《青海回族宴席曲》，青海人民出版社，1987。

贾晞儒：《青海湖畔的传说》，青海人民出版社，1981。

轩锡明：《贵德民间故事》，青海人民出版社，2014。

万玛才旦译《西藏：说不完的故事》，青海人民出版社，2014。

班贡帕巴·鲁珠：《尸语故事》，李朝群译，中国国际广播出版社，2016。

许英国：《青海藏族民间谚语选》，青海人民出版社，1987。

马学义、马成俊：《撒拉族风俗志》，中央民族学院出版社，1989。

王昱：《青海方志资料类编（上、下）》，青海人民出版社，1988。

青海省地方志编纂委员会编《青海省志·彩陶志》，黄山书社，1995。

青海省地方志编纂委员会编《青海省志·体育志》，黄山书社，1997。

青海省地方志编纂委员会编《青海省志·宗教志》，西安出版社，2000。

青海省地方志编纂委员会编《青海省志·农业志渔业志》，青海人民出版社，1993。

青海省地方志编纂委员会编《青海省志·农牧机械志》，青海人民出版社，1993。

青海省地方志编纂委员会编《青海省志·科学技术志》，西安出版社，

2000。

青海省地方志编纂委员会编《青海省志·特产志》，黄山书社，2000。

汤惠生：《岩画上的历史画卷——青海海西岩画》，中国民族摄影艺术出版社，2012。

青海百科全书编委员会编《青海百科全书》，中国大百科全书出版社，1998。

周伟洲：《吐谷浑资料辑录》，青海人民出版社，1992。

全国政协文史和学习委员会、青海省政协学习和文史委员会：《撒拉族百年实录（上下）》，中国文史出版社，2015。

青海文史资料研究委员会编《青海文史资料集萃·工商经济卷》，2001年铅印本。

青海文史资料研究委员会编《青海文史资料集萃·社会卷》，2001年铅印本。

青海文史资料研究委员会编《青海文史资料集萃·民族宗教卷》，2001年铅印本。

青海文史资料研究委员会编《青海文史资料集萃·人物卷》，2001年铅印本。

杨津梅主编《青海果树志》，青海人民出版社，2005。

郭鹏举：《青海地道地产药材》，陕西科学技术出版社，1996。

青海省卫生厅主编《青海民间草药》，青海人民出版社，1984。

马守荣搜集《嘎迪林耶（杨门门宦）历代道祖简历》，1992。

杨门门宦内部资料《中国伊斯兰教嘎迪林耶杨门门宦简史》，2001。

杨门门宦内部资料《伊斯兰教嘎迪林耶（杨门门宦）道统谱系》，2005。

任延黎：《天主教知识读本》，宗教文化出版社，2015。

附录二 国家级、省级非物质文化遗产代表性项目名录

（一）国家级非物质文化遗产代表性名录表①

1. 民间文学（共计8项）

序号	编号	项目名称	申报地区或单位	获批时间 / 批次
1	I-27	格萨尔	青海省	2006 年 第一批
2	I-29	拉仁布与吉门索	青海省互助土族自治县	
3	I-69	康巴拉伊	青海省治多县	2008 年 第二批
4	I-70	汗青格勒	青海省海西蒙古族藏族自治州	
5	I-77	藏族婚宴十八说	青海省	
6	I-108	阿尼玛卿雪山传说	青海省果洛藏族自治州	2011 年 第三批
7	I-143	骆驼泉传说	青海省循化撒拉族自治县	2017 年 第四批
8	I-154	祁家延西	青海省互助土族自治县	

---

① 注：项目名录的编号为国务院公布的国家级非物质文化代表性项目名录编号。

2. 传统音乐（共计11项）

序号	编号	项目名称	申报地区或单位	获批时间/批次
1	II-20	老爷山花儿会	青海省大通回族土族自治县	2006年 第一批
		丹麻土族花儿会	青海省互助土族自治县	
		七里寺花儿会	青海省民和回族土族自治县	
		瞿昙寺花儿会	青海省乐都县	
2	II-21	藏族拉伊	青海省海南藏族自治州	
3	II-115	藏族民歌（玉树民歌）	青海省玉树藏族自治州	2008年 第二批
4	II-118	回族宴席曲	青海省门源回族自治县	
5	II-131	藏族扎木聂弹唱	青海省海南藏族自治州	
6	II-138	佛教音乐（青海藏族唱经调音乐）	青海省兴海县	
7	II-138	塔尔寺藏传佛教"花架"音乐	青海省湟中县	2011年 第三批
8	II-146	青海汉族民间小调	青海省西宁市	
9	II-160	撒拉族民歌	青海省循化撒拉族自治县	2017年 第四批
10	II-105	蒙古族民歌	青海省海西蒙古族藏族自治州	
11	II-115	藏族民歌（藏族酒曲）	青海省海南藏族自治州	

3. 传统舞蹈（共计9项）

序号	编号	项目名称	申报地区或单位	获批时间/批次
1	III-19	弦子舞（玉树依舞）	青海省玉树藏族自治州	2008年 第一批扩展项目
2	III-20	锅庄舞（玉树卓舞）	青海省玉树藏族自治州	2006年 第一批
3	III-20	锅庄舞（称多白龙卓舞）	青海省称多县	2008年 第一批扩展项目
4	III-20	锅庄舞（囊谦卓干玛）	青海省囊谦县	
5	III-40	土族於菟	青海省同仁县	2006年 第一批
6	III-92	藏族螭鼓舞	青海省循化撒拉族自治县	2008年 第二批
7	III-93	则柔（尚尤则柔）	青海省贵德县	
8	III-109	安昭	青海省互助土族自治县	2011年 第三批
9	III-130	锅哇（玉树武士舞）	青海省玉树藏族自治州	2017年 第四批

4. 传统戏剧（共计3项）

序号	编号	项目名称	申报地区或单位	获批时间／批次
1	Ⅳ-80	藏戏（黄南藏戏）	青海省黄南藏族自治州	2006年 第一批
2	Ⅳ-80	藏戏（青海马背藏戏）	青海省果洛藏族自治州	2008年 第一批扩展项目
3	Ⅳ-91	皮影戏（河湟皮影戏）	青海省大通回族土族自治县	

5. 曲艺（共计4项）

序号	编号	项目名称	申报地区或单位	获批时间／批次
1	Ⅴ-19	贤孝（西宁贤孝）	青海省西宁市	2008年 第一批扩展项目
2	Ⅴ-92	青海平弦		2008年 第二批
3	Ⅴ-93	青海越弦		
4	Ⅴ-92	青海下弦	青海省	

6. 传统体育、游艺与杂技（共计3项）

序号	编号	项目名称	申报地区或单位	获批时间／批次
1	Ⅵ-42	传统箭术（南山射箭）	青海省乐都县	2008年 第二批
2	Ⅵ-43	赛马会（玉树赛马会）	青海省玉树藏族自治州	
3	Ⅵ-45	土族轮子秋	青海省互助土族自治县	

7. 传统美术（共计7项）

序号	编号	项目名称	申报地区或单位	获批时间／批次
1	Ⅶ-24	土族盘绣	青海省互助土族自治县	2006年 第一批
2	Ⅶ-48	塔尔寺酥油花	青海省湟中县	
3	Ⅶ-49	热贡艺术	青海省同仁县	
4	Ⅶ-50	灯彩（湟源排灯）	青海省湟源县	
5	Ⅶ-56	石雕（泽库和日寺石刻）	青海省泽库县	2008年 第二批
6	Ⅶ-64	藏文书法（果洛德昂洒智）	青海省果洛藏族自治州	
7	Ⅶ-72	湟中堆绣	青海省湟中县	

8. 传统技艺（共计8项）

序号	编号	项目名称	申报地区或单位	获批时间/批次
1	Ⅷ-22	加牙藏族织毯技艺	青海省湟中县	2006年第一批
2	Ⅷ-98	陶器烧制技艺（藏族黑陶烧制技艺）	青海省囊谦县	2008年第二批
3	Ⅷ-22	藏族金属锻造技艺（藏刀锻制技艺）	青海省玉树藏族自治州	
4	Ⅷ-185	撒拉族篱笆楼营造技艺	青海省循化撒拉族自治县	
5	Ⅷ-78	同仁刻版印刷技艺	青海省同仁县	2011年第三批
6	Ⅷ-186	碉楼营造技艺（班玛藏族碉楼营造技艺）	青海省班玛县	
7	Ⅷ-196	湟中银铜器制作及鎏金工艺	青海省湟中县	
8	Ⅷ-221	藏族鎏钴技艺	青海省	2017年10月24日星期二第四批

9. 传统医药（共计4项）

序号	编号	项目名称	申报地区或单位	获批时间/批次
1	Ⅸ-9	藏医药（藏医药浴疗法）	青海省藏医院	2008年第一批扩展名录
2	Ⅸ-9	藏医药（藏药阿如拉炮制技艺）	青海省金诃藏药药业股份有限公司	
3	Ⅸ-9	藏医药（七十味珍珠丸赛太炮制技艺）	青海省金诃藏药药业股份有限公司	
4	Ⅸ-9	藏医药（山南藏医药浴法、藏医放血疗法）	西藏自治区山南地区、青海省	2017年第四批

10.民俗（共计13项）

序号	编号	项目名称	申报地区或单位	获批时间/批次
1	X -29	土族纳顿节	青海省民和回族土族自治县	2006年 第一批
2	X -43	热贡六月会	青海省同仁县	
3	X -48	那达慕	青海省海西蒙古族藏族自治州	2008年 第一批扩展项目
4	X -56	土族婚礼	青海省互助土族自治县	2006年 第一批
5	X -57	撒拉族婚礼	青海省循化撒拉族自治县	2006年 第一批
6	X -71	元宵节（九曲黄河灯俗）	青海省乐都县	
7	X -86	青海湖祭海	青海省海北藏族自治州	
8	X -87	抬阁（湟中县千户营高台）	青海省湟中县	2008年 第二批
9	X -113	藏族服饰（玉树藏族服饰）	青海省玉树藏族自治州	
10	X -113	藏族服饰（华热藏族服饰）	青海省门源回族自治县	
11	X -115	土族服饰	青海省互助土族自治县	
12	X -116	撒拉族服饰	青海省循化撒拉族自治县	
13	X -113	藏族服饰	青海省海南藏族自治州	2017年 第四批

（二）省级非物质文化遗产代表性名录表

1. 民间文学（共计16项）

序号	编号	项目名称	申报地区或单位	获批时间/批次
1	I-3	财宝神	民和县政府	2006年 第一批
2	I-3	撒拉族谚语、歇后语	循化撒拉族自治县	
3	I-5	年宝玉则雪山神话传说	果洛藏族自治州	2008年 第二批
4	I-6	海西藏族民间谚语	海西蒙古族藏族自治州	
5	I-8	河湟民族民间故事	青海省图书馆	
6	I-9	海晏蒙古族民间颂词	海晏县	

序号	编号	项目名称	申报地区或单位	获批时间／批次
7	I-1	玛域《格萨尔》书传史诗	果洛藏族自治州	2011 年 第三批
8	I-2	格萨尔赛马称王传说	玛多县	
9	I-3	森姜·珠姆故里的传说	玛多县	
10	I-1	布柔哟	互助县文化馆	2017 第四批
11	I-2	骆驼泉的传说	循化撒拉族自治县	
12	I-3	辉特美日根特木尼的传说	海西州群艺馆	
13	I-4	岗格尔肖合力雪山传说	天峻县文化馆	
14	I-5	西王母石室传说	天峻县文化馆	
15	I-6	扎陵湖和鄂陵湖的传说	玛多县文化馆	
16	I-7	布由加国的传说	称多县文化馆	

2. 传统音乐（共计14项）

序号	编号	项目名称	申报地区或单位	获批时间／批次
1	II-1	民和土族婚礼歌	民和回族土族自治县	2008 年 第二批
2	II-3	格吉萨三扎	杂多县	
3	II-7	青海民间弦索音乐	青海省文化馆	
4	II-9	阿柔逗曲	祁连县	
5	II-10	郭米则柔	祁连县	
6	II-1	土族宴席曲	互助土族自治县	2011 年 第三批
7	II-2	青海花儿曲令	青海省花儿研究会	
8	II-5	隆务寺佛教音乐	同仁县	
9	II-6	同仁嘛尼调	同仁县	
10	II-8	南佛山花儿会	湟中县	
11	II-9	青海蒙古族长调音乐	都兰县	
12	II-1	南宗尼姑寺诵经乐	尖扎县文体广电旅游局	2017 年 第四批
13	II-2	土族民间歌曲"库咕茄"	民和县文化馆	
14	II-3	撒拉族民歌	循化撒拉族自治县	

3. 传统舞蹈（共计14项）

序号	编号	项目名称	申报地区或单位	获批时间／批次
1	Ⅲ-3	大通傩舞老秧歌	大通县政府	2006年 第一批
2	Ⅲ-5	大通蛙图腾祭祀舞"四片瓦"	大通回族土族自治县	2008年 第二批
3	Ⅲ-6	海南宗教法舞鹿舞	海南藏族自治州	
4	Ⅲ-1	苯教法舞	同仁县	2011年 第三批
5	Ⅲ-2	热贡"羌姆"	黄南藏族自治州	
6	Ⅲ-4	大头罗汉戏柳翠	西宁市城北区	
7	Ⅲ-1	竹马子	平安县文化馆	2017年 第四批
8	Ⅲ-2	新安狮子舞	平安县文化馆	
9	Ⅲ-3	土族鼓舞	民和县文化馆	
10	Ⅲ-4	夏尔群鼓舞	循化县文化馆	
11	Ⅲ-5	二十一度母金刚法舞	兴海县文化馆	
12	Ⅲ-6	巴吾巴姆舞	称多县文化馆	
13	Ⅲ-7	禅古寺宗教法舞	玉树县文体广电局	
14	Ⅲ-9	北门"封神舞"	乐都县文化馆	

4. 传统戏剧（共计6项）

序号	编号	项目名称	申报地区或单位	获批时间／批次
1	Ⅳ-1	民和"目莲宝卷"	民和回族土族自治县	2008年 第二批
2	Ⅳ-3	青海眉户戏	青海省文化馆、平安县	
3	Ⅳ-1	刚察寺院藏戏	刚察县	2011年 第三批
4	Ⅳ-1	崖尔寺诺彦审喇嘛剧	民和县文化馆	2017年 第四批
5	Ⅳ-2	格吉斯日寺静锰生死轮回剧	杂多县文化旅游广电局	
6	Ⅳ-3	青海民间小戏	青海省文化馆	

5. 曲艺（共计4项）

序号	编号	项目名称	申报地区或单位	获批时间/批次
1	V -1	青海道情	青海省文化馆	
2	V -2	青海搅儿	西宁市群艺馆	2017 年
3	V -3	折嘎	玉树县文体广电局	第四批
4	V -4	青海官弦	青海省文化馆	

6. 传统体育、游艺与杂技（共计8项）

序号	编号	项目名称	申报地区或单位	获批时间/批次
1	VI -1	藏族棋艺	青海省文联	2006 年
2	VI -2	湟中县却西德哇村古老游戏	湟中县政府	第一批
3	VI -1	青海大有山民间传统武术	湟中县	
4	VI -2	西宁八门拳	西宁市城东区	2011 年
5	VI -3	青海蒙古达罗牌	格尔木市	第三批
6	VI -4	藏族夹棋	海南藏族自治州	
7	VI -1	热贡马术	同仁县文体广电局	2017 年
8	VI -2	德都蒙古布格围鹿棋	格尔木市文化馆	第四批

7. 传统美术（共计10项）

序号	编号	项目名称	申报地区或单位	获批时间/批次
1	VII -5	湟中县农民画	湟中县政府	2006 年
2	VII -6	大通县农民画	大通县政府	第一批
3	VII -3	贵南藏绣	贵南县	2008 年 第二批
4	VII -1	青海坛城艺术	青海省艺术研究所	
5	VII -2	湟中壁画	湟中县	
6	VII -3	海西蒙古族木雕	格尔木市	2011 年
7	VII -4	河湟刺绣	青海省文化馆	第三批
8	VII -5	河湟剪纸	海晏县	
9	VII -1	海西蒙古族刺绣	德令哈市文化馆	2017 年
10	VII -2	藏娘唐卡	玉树州群艺馆	第四批

8. 传统技艺（共计22项）

序号	编号	项目名称	申报地区或单位	获批时间/批次
1	Ⅷ—3	撒拉族寺院古建筑技艺	循化撒拉族自治县	2008年 第二批
2	Ⅷ—4	撒拉族皮筏子	循化撒拉族自治县	
3	Ⅷ—6	青海塔秀寺彩粉坛城	贵南县	
4	Ⅷ—8	大通桥儿沟砂罐	大通回族土族自治县	
5	Ⅷ—9	河湟皮影制作技艺	湟中县	
6	Ⅷ—10	威远酩馏酒	互助土族自治县	
7	Ⅷ—11	湟源陈醋酿造技艺	湟源县	
8	Ⅷ—4	青海青稞酒传统酿造技艺	互助土族自治县	2011年 第三批
9	Ⅷ—5	海西蒙古族服饰制作工艺	格尔木市	
10	Ⅷ—6	湟中陈家滩传统木雕	湟中县	
11	Ⅷ—7	湟中民间彩绘泥塑	湟中县	
12	Ⅷ—8	青海藏族黑牛毛帐篷制作技艺	天峻县	
13	Ⅷ—1	酸奶鞣牛羊皮技艺	海晏县文化馆	2017年 第四批
14	Ⅷ—2	湟源民居建筑石刻技艺	湟源县文化馆	
15	Ⅷ—3	土族擀毡技艺	互助县文化馆	
16	Ⅷ—4	马营"传统豌豆手工粉条"制作技艺	民和县文化馆	
17	Ⅷ—5	撒拉族口弦制作技艺	循化县文化馆	
18	Ⅷ—6	蒙古包制作技艺	格尔木市文化馆	
19	Ⅷ—7	石焖烤全羊	贵南县文化馆	
20	Ⅷ—8	拉加藏靴制作技艺	果洛州群艺馆	
21	Ⅷ—9	香达藏纸手工制作技艺	囊谦县文化馆	
22	Ⅷ—10	藏族传统手工编结技艺	曲麻莱县文化馆	

9. 传统医药（共计8项）

序号	编号	项目名称	申报地区或单位	获批时间/批次
1	Ⅸ-1	海西蒙医震动复位疗法	海西蒙古族藏族自治州	2011年 第三批
2	Ⅸ-2	海西蒙医铜银烙疗法	海西蒙古族藏族自治州	
3	Ⅸ-1	海西民间青盐药用技艺	海西州群艺馆	2017年 第四批
4	Ⅸ-2	蒙医正骨疗法	德令哈市文化馆	
5	Ⅸ-3	藏药"佐太"炮制技艺	青海久美藏药药业有限公司	
6	Ⅸ-4	藏药"欧太"炮制技艺	金诃藏药股份有限公司	
7	Ⅸ-5	藏药"吉合协"炮制技艺	金诃藏药股份有限公司	
8	Ⅸ-6	西北郭氏正骨术	青海省中医院	

10. 民俗（共计37项）

序号	编号	项目名称	申报地区或单位	获批时间/批次
1	Ⅹ-5	华热藏族婚礼	门源县政府	2006年 第一批
2	Ⅹ-6	海西蒙古族婚礼	海西州政府	
3	Ⅹ-7	海西蒙古族剪发礼	海西州政府	
4	Ⅹ-2	玉树天葬	玉树藏族自治州	2008年 第二批
5	Ⅹ-6	海西蒙古族祭敖包	海西蒙古族藏族自治州	
6	Ⅹ-7	互助土族哪哪会	互助土族自治县	
7	Ⅹ-8	威远镇"二月二"擂台庙会	互助土族自治县	
8	Ⅹ-12	大通老爷山朝山会	大通回族土族自治县	
9	Ⅹ-13	化隆香里胡拉村"护化"庙会	化隆回族自治县	
10	Ⅹ-14	乐都高庙社火	乐都县	
11	Ⅹ-15	青海苏木世村农事祭祀	青海省艺术研究所	
12	Ⅹ-16	河湟汉族丧俗	青海省艺术研究所	
13	Ⅹ-17	青海卓仓藏族婚礼	青海人民广播电台	

序号	编号	项目名称	申报地区或单位	获批时间／批次
14	X-1	西海拉卜则祭	刚察县	2011 年第三批
15	X-2	热贡"获康"祭祀活动	同仁县	
16	X-3	土族民间法舞	互助土族自治县	
17	X-4	阿柔招婿习俗	祁连县	
18	X-5	热贡年俗	黄南藏族自治州	
19	X-6	保安社火	黄南藏族自治州	
20	X-7	民和果花会	民和回族土族自治县	
21	X-8	乐都洪水火龙舞	乐都县	
22	X-9	乐都北山跑马	乐都县	
23	X-10	海西蒙古族民间祭火	格尔木市	
24	X-11	海南藏族少女成年礼	海南藏族自治州	
25	X-12	贵德六月庙会	贵德县	
26	X-1	朝青海湖习俗	海晏县文化馆	2017 年第四批
27	X-2	回族婚俗	门源县文化馆	
28	X-3	尖扎达顿宴	尖扎县文体广电旅游局	
29	X-4	湟中加牙"四月八"庙会	湟中县文化馆	
30	X-5	土族"背口袋"饮食习俗	互助县文化馆	
31	X-6	仲家龙王庙会	平安县文化馆	
32	X-7	撒拉族饮食习俗	循化县文化馆	
33	X-8	汪什代海藏族婚俗	海西州群艺馆	
34	X-9	茶卡盐湖祭湖	乌兰县文化馆	
35	X-10	德都蒙古全席	德令哈市德都蒙古文化风情园	
36	X-11	东宗寺天文历算法	久治县文化馆	
37	X-12	青海安多藏族服饰	海南藏族自治州	

附录三　民俗学类国家社科基金项目表

序号	项目名称	主持人	项目类型	批准号
1	昆仑文化与中华文明研究	赵宗福	重大项目	13&ZD084
2	黄河上游小民族非物质文化遗产的抢救与保护研究	马成俊	一般项目	06BMZ021
3	多元文化背景下多民族民间信仰互动共享与变迁研究	鄂崇荣	一般项目	09BZJ081
4	青藏地区基层宗教组织与社会稳定的社会学研究	马文慧	一般项目	10BSH020
5	青海藏区民族村落传统文化与和谐社会构建研究	唐仲山	一般项目	12BMZ014
6	青海少数民族传统节日文化传承与创新研究	贺喜焱	一般项目	12BMZ035
7	洮岷宝卷研究	刘永红	一般项目	14BZJ037
8	非物质文化遗产视野下的青藏地区民族民间戏剧研究	李玲珑	一般项目	16BZW169
9	青海高原多元民俗文化圈形成发展与现实意义	赵宗福	西部项目	04XZW011
10	甘青地区土族民间信仰与构建和谐社会研究	文忠祥	西部项目	07XMZ008
11	多民族村落民俗文化结构及其演变研究	霍福	西部项目	07XMZ021
12	青藏地区民族民间文学研究	米海萍	西部项目	08XZW021
13	青海宝卷研究	刘永红	西部项目	09XZJ011
14	青海多民族族群的历史记忆与重构——以民间文学为例	毕艳君	西部项目	09XZW021
15	藏传佛教造型艺术的民俗文化学考察	霍福	西部项目	12XZJ007
16	河湟方言文化与民俗学特质研究	张筠	西部项目	12XMZ060
17	河湟民族走廊各民族口传文学中的信仰文化研究	蒲生华	西部项目	12XZJ016

续表

序号	项目名称	主持人	项目类型	批准号
18	青海多民族地区嘛尼信仰及其社会作用研究	李言统	西部项目	13XMZ056
19	《格萨尔》史诗的历史人类学研究	马都尕吉	西部项目	13XZW032
20	藏传佛教文化在港澳台地区的传播与发展态势研究	鄂崇荣	西部项目	15XMZ023
21	河湟汉藏影戏民俗文化学研究	李玉英	西部项目	15XMZ060
22	丝绸之路"青海道"多民族民俗艺术发展研究	拉毛卓玛	艺术学西部项目	15EA169
23	安多地区多元文化共生现象与构建和谐社会关系研究	贾伟	青年项目	06CMZ011
24	河湟民族走廊多民族庄廓民居的文化空间研究	刘大伟	青年项目	14CMZ011

附录四　民俗文化研究成果奖项表

（一）中国青年哲学社会科学奖与中国民间文学作品奖表

序号	成果名称	作者	成果类型	奖项名称	获奖时间
1	《论"虎齿豹尾"的西王母》	赵宗福	论文	第一届中国青年哲学社会科学优秀成果奖	1994 年
2	《格萨尔王传·霍岭大战之部》	青海民间文艺研究会	专著	第一届中国民间文学作品一等奖	1994 年
3	《骆驼泉》	马学义搜集整理	专著	第一届中国民间文学作品三等奖	1994 年
4	《格萨尔王传·霍岭战争》	王歌行、左可国、刘宏亮整理	专著	第二届中国民间文学作品二等奖	1994 年
5	《青海藏族民间故事》	董绍宣等搜集整理	专著	第二届中国民间文学作品三等奖	1994 年

（二）青海省哲学社会科学优秀成果奖表

序号	成果名称	作者	成果类型	奖项名称	获奖时间
1	《花儿通论》	赵宗福	专著	青海省第二次哲学社会科学优秀成果三等奖	1995 年
2	《花儿词话》	罗耀南	专著	青海省第五次哲学社会科学优秀成果二等奖	2003 年
3	《论河湟皮影戏展演中的口头程式》	赵宗福	论文	青海省第六次哲学社会科学优秀成果二等奖	2005 年
4	《神秘的热贡文化》	马成俊	专著	青海省第七次哲学社会科学优秀成果二等奖	2006 年
5	《青海目连戏》	徐明、霍福	专著	青海省第七次哲学社会科学优秀成果二等奖	2006 年
6	《地方文化系统中的王母娘娘信仰》	赵宗福	论文	青海省第七次哲学社会科学优秀成果二等奖	2006 年
7	《论民俗文化圈及其本位偏见》	马成俊	论文	青海省第七次哲学社会科学优秀成果三等奖	2006 年
8	《西北花儿的研究保护与学界的学术责任》	赵宗福	论文	青海省第八次哲学社会科学优秀成果一等奖	2009 年
9	《论昆仑神话与昆仑文化》	赵宗福	论文	青海省第九次哲学社会科学优秀成果一等奖	2011 年
10	《青海多元民俗文化圈研究》	赵宗福	专著	青海省第十次哲学社会科学优秀成果一等奖	2013 年
11	《中国节日志·春节（青海卷）》	赵宗福	专著	青海省第十一次哲学社会科学优秀成果二等奖	2016 年
12	青海省首批非物质文化遗产代表作名录丛书（10 册）	曹萍、赵宗福	编著	青海省第九次哲学社会科学优秀成果三等奖	2011 年
13	《美善唐卡》	吕霞	专著	青海省第九次哲学社会科学优秀成果三等奖	2011 年
14	《沉睡的记忆——神话传说、彩陶纹饰解读与田野调查》	霍福	专著	青海省第九次哲学社会科学优秀成果三等奖	2011 年

序号	成果名称	作者	成果类型	奖项名称	获奖时间
15	《青海宝卷研究》	刘永红	专著	青海省第十次哲学社会科学优秀成果三等奖	2013 年
16	《阿尼玛卿山神研究》	才贝	专著	青海省第十次哲学社会科学优秀成果三等奖	2013 年
17	《贡本与贡本措周——塔尔寺与塔尔寺六族供施关系演变研究》	张海云	专著	青海省第十次哲学社会科学优秀成果三等奖	2013 年
18	《青藏民族民间文学研究》	米海萍	专著	青海省第十次哲学社会科学优秀成果三等奖	2013 年
19	《格萨尔》汉译本系列丛书	角巴东主	译著	青海省第十次哲学社会科学优秀成果三等奖	2013 年
20	《同仁县年都乎村村落山神信仰与村落民俗的民族志分析》	唐仲山	论文	青海省第十次哲学社会科学优秀成果三等奖	2013 年
21	《青海省〈格萨尔〉著名说唱艺人》（藏文）	黄智等	专著	青海省第十一次哲学社会科学优秀成果二等奖	2016 年
22	《河湟汉族婚礼歌研究》	蒲生华、马建华	专著	青海省第十一次哲学社会科学优秀成果三等奖	2016 年
23	《原生文化与青藏民间戏曲研究》	王志强	专著	青海省第十一次哲学社会科学优秀成果三等奖	2016 年
24	《河湟民间文艺代表作丛书》	颜宗成	专著	青海省第十一次哲学社会科学优秀成果三等奖	2016 年
25	《社火起源研究》	李智信	专著	青海省第十一次哲学社会科学优秀成果三等奖	2016 年
26	《青海蒙古民间故事类型研究》	邰银枝	译著	青海省第十一次哲学社会科学优秀成果三等奖	2016 年

（三）青海省文学艺术奖表

序号	名称	作者	成果类型	奖项	获奖时间
1	《论河湟皮影戏展演中的口头程式》	赵宗福	论文	青海省第五届文学艺术奖	2005 年
2	《青海"於菟"巫风调查报告》	唐仲山	论文		
3	《青海苏木世村的农事祭祀活动》	霍福	论文		
4	《人神狂欢——黄河上游民间傩》	马光星	专著		
5	《青海花儿话青海》	滕晓天	专著		
6	《〈格萨尔〉风物遗迹传说》	角巴东主	专著		
7	《岭·格萨尔的生活原型》	赵秉理	论文		
8	《关于〈格萨尔王〉传》	索南卓玛	专著		
9	《试探〈格萨尔〉史诗中有关马的描述》	娘吾才让	论文		
10	《格萨尔王传——赤列察宗》	达哇扎巴	说唱本		
11	《青海目连戏》	徐明、霍福	专著	青海省第六届文学艺术奖	2009 年
12	《青海民和民族民间故事与传说》	杨琪昌	专著		
13	《青海湖民间故事集》	青海省民间文艺家协会、青海湖管理局	著作		
14	《昆仑神话》	赵宗福	专著		
15	《青海同仁屯堡人端午节俗调查分析》	唐仲山	论文		
16	《历史的痕迹》	索南多杰	专著		
17	《民间文学三套集成》	青海省民间文艺家协会	著作		
18	《岁月的痕迹》	王文中	著作		
19	《土族纳顿面具舞解读》（1、2）	文忠祥	论文		
20	《〈格萨尔〉与藏族民俗研究》	吴钰	专著		
21	《雪域高原的史诗文化——〈格萨尔〉与青海》	角巴东主	专著		
22	《史诗与文化研究》	南拉加	专著		
23	《〈格萨尔〉文化散论》	索南卓玛	专著		

续表

序号	名称	作者	成果类型	奖项	获奖时间
24	《青藏地区民族民间文学研究》	米海萍等8人	专著	青海省第七届文学艺术奖	2014年
25	《多元村落民俗文化研究——以青海苏木世村落为个案》	霍福	专著		
26	《河湟汉族传统婚礼歌研究》	蒲生华、马建华	专著		
27	《雪域拉伊十二卷》（丛书）	文扎	著作		
28	《黄南民间文化》（丛书）	黄南州群艺馆	著作		
29	《德都蒙古情歌》	跃进、东梅、额日登其美格	著作		
30	《同仁县年都乎村村落山神信仰与村落民俗的民族志分析》	唐仲山	论文		
31	《〈格萨尔〉遗产的戏剧人类学研究》	曹娅丽	专著		
32	《〈格萨尔〉初论》	娘吾才让	专著		
33	《佛教与民间格萨尔信仰中的朵马供法比较研究》	索本加	论文		
34	《撒拉族音乐文化概论》	苍海平	专著		
35	《青海藏传佛教文化》	多杰仁宗、满当烈、晁元清、王玫	专著		
36	《门源回族宴席曲音乐文化特征研究》	杨尚京	论文		

（四）青海省民间文艺奖·民间文艺优秀研究成果奖表

序号	名称	作者	成果类型	奖项	获奖时间
1	青海花儿大典	吉狄马加，赵宗福	著作	一等奖	
2	土族民间信仰解读	鄂崇荣		二等奖	
3	热贡文化艺术研究	黄南州群众艺术馆			
4	青海省首批国家级非物质文化遗产代表作名录丛书	曹萍		三等奖	
5	青海蒙古族民间文学研究	跃进			
6	格萨尔初论	娘吾才让			
7	撒拉族文化概况	马建新		优秀奖	
8	循化藏族民俗文化	拉浪才让			
9	藏族民间文学研究	扎保			
10	花儿春秋	滕晓天，井石，颜宗成			
11	青海茶文化形成的民俗文化学分析	唐仲山	论文	一等奖	2012 年
12	信仰民俗与区域社会秩序	文忠祥			
13	宗教型《格萨尔王传》文本概述	索加本		二等奖	
14	青藏地区民族民间文学的文本传承	米海萍			
15	谈隆务寺"羌姆"的造型艺术及其内涵	夏吾增太			
16	从四大圆圈纹到蛙纹的嬗变——柳湾马扩彩陶主体纹饰的民俗学解读	霍福			
17	青海蒙古庆典民歌及其演唱传统	玉梅		三等奖	
18	青藏地区民间传说的文化史价值	胡芳			
19	非物质文化遗产保护视野下的土族婚礼传承研究	贺喜焱			
20	"牡丹"：一个"花儿"经典意象的文化分析	阿进录			
21	安多热贡地区的节日民俗	多杰吉			
22	鲍曼及其表演理论述评——以河湟花儿"演唱"为例	刘大伟			
23	被除与求子——花儿会与上巳节比较研究	徐四辈		优秀奖	
24	从《格萨尔》史诗谈人与动物之关系	黄毛草			
25	试论卓仓藏族婚俗的仪式象征	巴盖措			
26	青海蒙古人的述说传统与民间故事的传播现状	仁增			
27	"猪头卦师"故事类型解析	郇银枝			
28	青海蒙古族民间文学研究概况	呼和			
29	青海大通老爷山朝山会考述	陈荣			
30	藏传佛教文化的世俗化	李姝睿			
31	土族民间信仰中的神职人员探析	杨卫			
32	青海化隆地区回族宴席舞考察报告	马桂花			

附录五　祭拜西王母祭文五篇

（一）2009年祭西王母文

赵宗福（中国民俗学会副会长、民俗学博士、教授）

维公元二零零九年八月二十一日，岁次己丑，时届初秋戊戌吉日，金风和煦，稼禾硕黄。青海昆仑文化研究会、青海省对外文化交流协会诚邀省内外各界人士及湟源民众，云集王母故里，谨以拳拳之心、眷眷之情，敬献琼花玉澧，雅乐香荐，恭祭我民族母亲西王母曰：

巍巍昆仑，神州文明故乡；赫赫王母，华夏民族萱堂。我族肇造，开辟洪荒。遂居石室，浴瑶池，使青鸟，孕灵藏。行五刑法制，序四时阴阳。乃以虎齿豹尾之形，统领西戎氐羌之邦。文化随族群渐神州迁播，精神以神话弥华夏弘扬。七夕训导汉武帝，八骏诗会周穆王。敦教风化，尊行伦理，亲睦九族，庥映八方。道统奉为女仙总领，黎民尊称天地母娘。懿德惠慈，绵绵久长。如昆仑巍巍，犹江河汤汤。

星移斗转，岁月沧桑。革故鼎新，改革开放。故里宏业，载恢载煌。民族美美共荣，社会融融和畅。铁龙雪域穿梭，健儿环湖腾骧。诗坛风雅，天韵流芳；经贸辐辏，聚会隆昌。我大美青海，令寰宇神往。人流摩踵，盛誉昭彰。河海昆仑，百业炽旺。值此居安思进，儿女使命不忘。科学创新，克成裕强。稳定发展，伟业小康。践行中枢壮猷，繁荣文化赞襄。饮流怀源，膏雨甘棠。赓续文明之源流，仰绍王母之祚光。

昆仑江河，源远流长；王母湟水，文明发祥。数千年文脉承传，逢盛世光华未央。景仰先圣懿德，再创明朝辉煌。硕秋昭告，佑我阜康。大礼既成，伏惟尚飨。

（二）2011年祭西王母文

徐正英（中国人民大学文学院教授、古典文献学博士后）

维公元二零一一年七月十九日，农历辛卯年六月十九，金风送爽，硕果飘香。青海昆仑文化研究会、青海省对外文化交流协会诚邀海内外各界人士及湟源民众，谨以拳拳之心、眷眷之情，敬献琼花雅乐，香荐玉澧，恭祭我民族母亲西王母曰：

粤若稽古，昆仑之丘，流沙之滨，洪荒未辟，荆棘遍野，猛兽食端民，鸷鸟攫老弱。吾祖王母，着虎饰，佩豹尾，居石穴，浴瑶池，使青鸟，统戎羌；辨日月以授时，论医药而民康，执璇瑰以演礼，行五刑而法治；演歌，兴舞，赋诗，做文；于是文物肇造，典制略陈。继而修德振武，广交先进，亲睦九族，和洽万邦。助黄帝战蚩尤，教夏禹理洪水；八骏诗会周穆王，七夕德训汉武帝。懿德播于神州，美名传遍华夏，道尊女仙之首，民称天地母娘。

始昆仑，渐中土，龙脉赓续，薪火炽旺，代有宏发，激励后人。洎于今者，外则讲信修睦，树和平发展之形象；内则关注民生，建民富国强之伟业。历数十载奋发踔厉，国力年有所进，民生日臻康阜，法制渐次周备，文教益见昌隆。凡我华夏之子孙，莫不吐气扬眉，心畅意快哉！

瞻彼故里，成就辉煌，民族团结共荣，社会蒸蒸日上。乘西部开发快车，年逾一成增长。铁路公路四通，牧业工业齐昌，文教体系完备，医疗更有保障。大美风光展异彩，多元文化结硕果。在兹念兹，益感我先祖之佑也

巍巍昆仑，万山之祖；苍苍"巴""唐"，"江""河"之源。华族肇兴，虽谓多元，实际一体。祈我天母，佑我康成，俎豆洁盛，尚其歆享！

（三）2012年祭西王母文

鲍鹏山（知名文化学者、文学博士、上海开放大学教授）

维公元二零一二年八月十九日，壬辰孟秋之吉，素风涤暑，嘉禾凝露。诚邀海内外各界人士及湟源民众，成此嘉会，谨以拳拳悃诚，奉时花雅乐，俎馐醴浆之仪，恭祭我民族母亲西王母曰：

粤若稽古。昆仑之墟，流沙之滨。荆棘所钟，虎豹为群。民罹苦病，灾厄常萦。惟我王母，蓬头穴处。司天五刑，治此西土。演礼正位，赋诗兴舞。织衣耕食，民赖康阜。声教暨远，轩鬻中原。尧涉流沙，咨询雅言。虞舜布功，献夫白环。理水承教，九州乂安。穆王闻治道而歌黄竹。武帝聆嘉音以会甘泉。

赫赫王母！德泽百代，功被遐荒。道奉女真之首，民尊天地母娘。昆仑摩天之巍巍，江河行地之汤汤。启我后昆，恢廓发扬。固本则木茂，浚源而流长。

今我国家肇基，六十三载。治继三王，文敷四海。讦谟定命，远猷壮采。黄竹悠悠，白云在天。吾等会王母之故里，喜鸿图之新镌。市廛扑地，货殖贸迁。周行辐辏，挂辖架肩。承天景命，月恒日升。灵气所煦，万物嘉生。礼法周备，远近毕清。黔首康宁，欣保太平。念兹在兹，益感国运之昌隆与夫王母懿德慈惠之长且久也！

万古所法，仰惟神圣。祗严祀事，祈鉴精诚。佑我邦家，永底升平。福兹亿兆，庶业鼎兴。

尚其歆格！

（四）2013年祭西王母文

李炳海（著名古典文学专家，中国人民大学教授、文学博士）

公元二〇一三年八月二十二日，岁在癸巳，时维孟秋。我青海省妇联、青海省文化交流协会、青海省民俗学会，偕海内外各界人士及湟源民众，谨以虔诚肃穆之心，敬奏雅乐，奉献鲜花，恭敬旨酒时馐，祭奠我民族显妣西王母。

曰：粤若稽古，鸿蒙之初。天造草昧，王母举武。受命不迁，临我西土。穴居虎啸，邦国是主。仰观日月以授时，俯察民瘼而医疾。执刑厉而回邪惩，兴礼乐而恩泽施。玄功潜化，年丰物遂。禅西土以麒游之福，示四方以凤翔之瑞。皇皇哉！泱泱哉！英声蜚，美名扬。

而乃励精图治，亲睦九族，庥荫八方，德被中土。黄帝获助，蚩尤倾覆。尧询雅言，舜受琼琚。禹承教，治水土。穆天子，歌黄竹。汉武帝，赏仙曲。道奉女仙之首，民尊天地母娘。昆仑巍巍，河湟洋洋。王母之德，山高水长。

方今革故鼎新，务实求真，俊乂翼翼，协同奋进。崇节俭，尚诚信，重民生，固根本。飞船天际遨游，蛟龙大洋深潜。国泰民安之盛世，已开其端；民族复兴之梦想，鼎力共圆。河清海宴，饮水思源，仰吾王母之灵光仙环。

观览故里，大美青海，和气所居。物宝天华，享誉寰宇。辉光日新，浩浩盐湖。生机勃发，亭亭玉树。四通之衢达天下，岂有道里悠远之叹吁；穿梭银鹰通四海，何存青鸟取食之辛苦！佛寺古刹，梵呗法鼓。藏乡草场，轻歌曼舞。於戏！显妣王母，实为西海藐姑射之神。值此吉日良辰，祈吾王母吉祥，祐我百姓安康。俎豆馨香，来格来享！

尚飨！

（五）2014年祭西王母文

高莉芬（著名神话学学者、文学博士、台湾政治大学特聘教授）

维公元二零一四年九月，岁次甲午，秋高骑爽，硕果馨香。中华锦绣，龙凤呈祥。中国民俗学会、青海省民俗学会、青海省妇联，诚邀海内外各界人士及湟源民众，谨怀赤诚之心，奉俎豆之仪，恭祭我民族母亲西王母曰：

吾祖王母，厚德无量。我族肇基，开辟洪荒。穴居石室，司领戎羌。役使青鸟，歌舞凤凰。授图黄帝，天下安康。赐环虞舜，乐音琯皇。赠策大禹，河水清扬。穆王八骏，瑶池宴张。白云赋诗，雅音难忘。汉武七夕，盛斋醴觞。蟠桃玉盘，训诲布降。惠施黎群，泽及帝王。疗心医体，演礼法匪。济世救劫，秽俗涤荡。西华至妙，统摄阴阳。洞阴至尊，仙籍归掌。养育天地，位配西方。灵风朗啸，瑞气云翔。圣功懿德，万古流芳。女仙之首，天地母娘。

昆仑巍巍，湟水汤汤。日月神山，屏障西海高岗。胜地古城，融集各族四方。扼江河之上游，控沃野之无疆。衢道四通，百业兴昌。故里宏业，成就辉煌。人杰地灵，经济科学裕强。风清日永，万物敷荣和良。文化承传，源远流长。杞梓梗楠，咸成栋梁。团结共荣，士农工商。地利人和，相得益彰。庚续中华之道统，仰绍王母之慈光。母恩浩荡，寰宇瞩望。造福生民，锡赐祯祥。巍巍昆仑，神州故乡。赫赫王母，华胄共仰。元元情怀，拳拳心香。祈我天母，佑我家邦。

祭礼大成，伏维尚飨！

后　记

　　《青海民俗志》是青海省地方志编纂委员会委托我组织青海省民俗学会编纂的特色志。2015年9月立项后，我作为学会会长和课题主持人，协调组建了近30位成员的课题组，并召集会议讲述了编纂原则、学术目标和具体的撰写思路。即准确把握和再现青海多民族民俗文化，并在现行的地方志体例与民俗志学科理论方法有机结合方面做出新的探索，以现行地方志形式为志书载体，以民俗学话语体系为表述核心，灵活运用民俗志的深描理论方法和标志性文化理论，突出青海多民族民俗文化特色，形成有品质、有特色、国内同类著作中质量上乘的民俗志书。在征得大家原则同意的基础上，委托米海萍教授起草了编纂方案，然后又经过了多次集中讨论、完善。2016年3月初正式启动，召开课题承担动员暨编纂培训专题会，依据每个参与者的学术研究领域与学术专长，分配了撰写任务，明确了调查写作细则。之后就进入了连续不断的文献杷梳、田野调查和研究撰写阶段。

　　2016年底，完成初稿一百多万字。之后，先后两次邀请省内外相关专家对文稿进行了审阅。针对专家所指出的问题，课题组成员利用周末和寒暑假时间，再次做了田野作业、文献查阅及修改增补文稿的工作，个别章节的撰写，进行了多达六、七次的反复修改与补充，就其中需要调整内容的编排、增补、调研的民俗事象及文献查阅的核对等，进行了又一次细致的商讨与敲定，并从大家田野作业时提供的各类图片中，精选出代表性的图片400余幅，出版时采用了 199 幅。

2018 年 3 月，由省地方志编纂委员会办公室组织的专家组对本课题成果进行终审。在会上，省地方志编纂委员会办公室领导和专家们对志稿给予了高度评价，一致认为是一部上乘之作，同时也提出了一些建设性意见。终审会后，根据评审会意见，课题组主要成员集中用整整两天的时间，对书稿进行了第六次逐字逐句的审查修改，并就部分内容提出了加工补充的具体思路与要求。课题组还委托米海萍教授再次统稿，最后由我把关定稿。志书样书形成后，杨松义主任和我又分别进行了仔细审读修改，杨主任提出了许多志书正式出版的规范意见。在此基础上，由霍福研究馆员做了最后的统稿。课题组同仁经过五年细致的文献梳理、田野调查、认真撰写和反复修改，终于完成了这部洋洋将近一百五十万字的民俗志书。

《青海民俗志》是第一次对青海民俗文化完整、系统和立体地梳理。全志共 8 编 27 章，以物质生产民俗、物质生活民俗、社会组织民俗、社会生活民俗、口承民俗、特色民俗、机构与人物、民俗文献为主体框架，按照地方志的体例格式，对青海民俗文化进行全方位、多角度的忠实记录与深度描述。其中，综述由赵宗福教授、晏周琴博士撰写；大事记由邢海珍副教授、米海萍教授编写；第一编由霍福研究馆员主撰，唐仲山教授和跃进研究馆员参与部分撰写；第二编第一章由甘泉教授撰写，第二章由王文业教授撰写，第三章和第四章由刘大伟副教授撰写；第三编第一章、第二章由文忠祥教授撰写，第三章由马都尕吉教授撰写；第四编第一章由贺喜焱副教授、徐世霞硕士撰写，第二章由耿英春副教授撰写，第三章由李国顺教授撰写，第四章由王小明副教授、米海萍教授撰写，第五章、第七章由何志芳教授撰写，第六章由米海萍教授、李俊杰副教授撰写；第五编第一章由李言统教授撰写，第二章由张筠副研究员撰写，第三章由李玉英副研究员撰写；第六编第一章由马都尕吉教授撰写，第二章由杨军副研究员撰写；第七编第一章、第二章由李卫青助理研究员撰写；第八编第一章由米海萍教授撰写，第二章由蒲生华教授撰写；附录部分由邢海珍副教授收集整理。此外，鄂崇荣研究员在有关精神民俗文化的研究撰写中付出了极大的努力。

在此需要说明的是，以上撰写者基本上是经过民俗学专业或相近专业科班训练，并具有多年民俗学研究积淀与田野调查经历，其中有博士学位的 7 位、硕士学位的 19 位，正高职称的 13 位、副高职称的 13 位。正是这样一支专业素养优良的编纂队伍，加上他们长期田野调查得来的第一手资料，志书不仅撰写规范，而且资料翔实，较为全面科学地展示和保存了青海多民族的民俗文化。这里，要向所有参与志书撰写、审阅修改的同仁表示衷心的感谢！由于某些原因，在这次出版时暂缺了精神民俗的部分内容；同时由于成于志书成于众人之手，遗漏粗疏和文风不一之处在所难免，期待国内外同仁们的指正。

感谢青海省地方志编纂委员会办公室杨松义主任等领导的关怀与支持；感谢杨松义、李泰年、马成俊、祁正贤、才仁巴力、完玛冷智、胡芳等各民族评审专家们的认真指导；感谢青海省民族宗教事务委员会马忠、马小琴两位回族学者的严格把关；感谢省地方志编纂委员会办公室师玉洁女士做了大量组织协调工作；感谢社会科学文献出版社任文武、高振华、王玉霞三位编辑，他们为此书的出版付出了的巨大心血；感谢著名民俗学家、中国民俗学会名誉会长乌丙安教授和中国社会科学院学部委员、中国民俗学会原会长朝戈金教授，二位在百忙之中为本志欣然做序，鼓励有加。特别是乌丙安先生尚未见到志书出版就已仙逝，令人感念不已。还要感谢为课题组成员调查提供丰富材料的谈访者和摄影者。更感谢传承发展民俗文化的青海各民族父老乡亲，他们所创造、传承、享用的民俗文化，就是本志的内容！

赵宗福

2018 年 11 月 14 日

图书在版编目（CIP）数据

青海民俗志：全四册 / 青海省地方志编纂委员会编
. -- 北京：社会科学文献出版社，2021.2（2022.5重印）
ISBN 978-7-5201-5918-0

Ⅰ.①青… Ⅱ.①青… Ⅲ.①风俗习惯－青海 Ⅳ.
①K892.444

中国版本图书馆CIP数据核字（2019）第296048号

青海民俗志（全四册）

编　　者 / 青海省地方志编纂委员会
主　　编 / 赵宗福

出 版 人 / 王利民
组稿编辑 / 任文武
责任编辑 / 高振华　王玉霞　丁　凡　连凌云　杨　雪　李　淼　李艳芳
责任印制 / 王京美

出　　版 / 社会科学文献出版社·城市和绿色发展分社（010）59367143
　　　　　地址：北京市北三环中路甲29号院华龙大厦　邮编：100029
　　　　　网址：www.ssap.com.cn
发　　行 / 社会科学文献出版社（010）59367028
印　　装 / 北京虎彩文化传播有限公司

规　　格 / 开　本：787mm×1092mm 1/16
　　　　　印　张：104 插　页：4.5 字　数：1481千字
版　　次 / 2021年2月第1版　2022年5月第2次印刷
书　　号 / ISBN 978-7-5201-5918-0
定　　价 / 980.00元（全四册）

读者服务电话：4008918866